カタカナで引く

KENKYUSHA SPELLING DICTIONARY 2nd Ed.

スペリング辞典

第2版

研究社編集部 編

KENKYUSHA

はじめに

本辞典は語や語句の「スペリング」を調べて使うことに特化した辞典である。この辞典はどんな時に役に立つのか？ 例えば、メールやレポート、論文などを英文で書いているときに、ある単語が頭に浮かんでいるものの、うろ覚えで綴りがあやしい (あるいは、語法を確認したい) ので辞典を引こうとするのだが、載っていない。恐らく、綴りが違っているのだろうと、考えられる様々な綴りで引くのだが、なかなかヒットしない。…といった経験はないだろうか。海外のサイトに直接アクセスしたいときなどにも、肝心の検索ワードが入力できず (間違っているため)、たどり着けない。ネイティブが言っていたことで、部分的に分からないことがあって、その語の音を一生懸命思い出して調べるのだが、辞典に載っていない、などなど。既存の辞典では〈スペリング〉を調べるのは、時としてなかなか大変である。本辞典は、英語をよく使う人ほど必要となる辞典ではないかと思われる。

本改訂版は、見出し語は 7 万 3276 項目。2003 年 4 月刊の初版に約 2 万項目を追加し、必要に応じて修正を施したものである。

しかし、英語の音を正確に日本語のカタカナに移すのは至難の業である。そもそもまったく成り立ちの違う言語同士なので、発音記号ではなく、カタカナで表記することにはかなりの無理がある。b と v、r と l、s と th などを日本語では、特別な工夫をしない限り、きちんと区別して表現できないが、あえて割り切った作り方を本辞典では行なった。いたずらに複雑化して引きにくくなるのを避けるためである。よって、best も vest も「ベスト」、lace も race も「レース」、sick も chic も thick も「シック」の項に登場する。

また、日本語と英語では、母音の数も種類も違う。flower (花) と flour (小麦粉) などのように、本来、同音異義語である場合は、同じ「フラワー」の項にあっても、なんの問題もないが、例えば、burn (燃える) と barn (納屋) が同じ「バーン」の項に出ているからといって、同じ発音であるとは限らないので、運用には十分注意が必要である。

英米で違う発音をする単語 (例: direct の「ディレクト」と「ダイレクト」など) や、１つの単語に複数の発音が可能な場合（例: depot の「ディーポー」と「デポー」など）や、日本語として表記の仕方に幅があるような場合 (例: routine の「ルーチン」と「ルーティーン」など) は、同じ単語が違ったカタカナ表記で複数の箇所に登場する場合がある。ヒットする確率を高めるためにあえて行なったが、どうか、ご理解をいただきたい。

収録語は、中規模の英和辞典の英語見出しをほぼすべてカタカナ表記し、さらに、IT 関連用語、科学、医学・薬学関連の専門語、ファッション、料理、スポーツ、文芸、音楽、美術、映画、商品名、ブランド名、地名、各ジャンルの人名（現役有名人も含む）などをかなり補強した。マスメディアを賑わす（「ロヒンギャ」「ブレグジット」「アカハラ」「ドルチェ & ガッバーナ」「グランピング」「エアロゾル」「サイトカイン・ストーム」といった）世相語や時事語は特に積極的に収録したつもりである。また、それらのなかには、英語以外のフランス語、ドイツ語、イタリア語、スペイン語、ポルトガル語、オランダ語、ロシア語といった言語も含まれている。インターネットで、海外サイトへ直接アクセスする際などに大いに役立つものと期待する。

編集に際し、特に留意した点は以下のとおりである。

(1) 同じ項の単語は、できるだけ使われる頻度の高い方を先に挙げた。明らかな頻度の差がある場合のみであるが、例えば、「ライス」であれば、rice (米)、lice (シラミ) の順とした。

(2) カタカナ語で、日本語の慣用にしたがった省略である場合は、矢印でクロスレファレンスを施した。例えば、「ゼネコン」⇨「ゼネラル・コンストラクター」とした。

(3) 一般的な人名は、姓と名を個別に立項したが、著名人の名前は、利用の便を考え、フルネームで言われるときの形で挙げた。例えば、「ゲイツ」と「ビル」ではなく、「ビル・ゲイツ」とした。

(4) 一部の地名などには、現地綴りと英語綴りを併記した。例えば、「フィレンツェ」は、Firenze, Florence とした。

(5) 丸括弧 (　) は、省略可能を表わす。例えば、「マングース」の mongoos(e) は、mongoos と mongoose の両方の綴りが可能であることを表わす。

(6) ブラケット [　] は、置き換え可能を表わす。例えば、「マグナ・カルタ」の Magna Carta [Charta] は、Magna Carta と Magna Charta の両方の表記が可能であることを表わす。

☆

本辞典の編集に当たっては、限られた時間のなかで最善を尽くしたつもりであるが、今後、利用者の方々の声を反映させながら改善を図っていきたい。ご支援とご教示をいただければ幸いである。

2021 年 3 月

研究社編集部

ア

アー　ah, are, er, err
アーウィン　Irwin
アーカー　Aaker
アーカイバー　archiver
アーカイバル　archival
アーカイブ　archive
アーガイル　argyle, -gyll
アーガス　Argus
アーカンサン　Arkansan
アーカンソー　Arkansas
アーキオゾーイック　Archeozoic, -chaeo-
アーキオプテリクス　archaeopteryx
アーキオメトリー　archaeometry, -che-
アーキオロジー　archaeology, -che-
アーキオロジカル　archaeological
アーキオロジスト　archaeologist
アーキタイパル　archetypal
アーキタイプ　archetype
アーキテクチャー　architecture
アーキテクチュラル　architectural
アーキテクト　architect
アーキテクトニック　architectonic
アーキテクトニックス　architectonics
アーキトレーブ　architrave
アーキビスト　archivist
アーキペラゴー　archipelago
アーキミーディアン　Archimedean
アーギュアブル　arguable
アーギュー　argue
アーギュファイ　argufy
アーギュメンタティブ　argumentative
アーギュメンテーション　argumentation
アーギュメント　argument
アーク　arc, ark, erk, irk
アーク・ウェルディング　arc welding
アークエンジェル　archangel
アークサム　irksome
アークティック　arctic
アークティック・オーシャン　Arctic Ocean
アークティック・サークル　arctic circle
アークティック・ゾーン　arctic zone
アークトゥルス　Arcturus
アーク・ファーネス　arc furnace
アーク・ライト　arc light
アークライト　Arkwright
アーク・ランプ　arc lamp
アーケイイズム　archaism
アーケイイック　archaic
アーケイズム　archaism
アーケイック　archaic
アーケイン　arcane
アーケード　arcade
アーケーナム　arcanum
アーケーン　arcane
アーケオロジー　archaeology, -che-
アーゴット　argot, ergot
アーコロジー　arcology
アーゴン　ergon
アーサ　ASA
アーサー　Arthur
アーサイン　ursine
アーサライト　arthurite
アーサリアン　Arthurian
アージ　urge
アーシー　earthy
アージー・バージー　argy-bargy
アージェンシー　urgency
アージェンティーナ　Argentina
アージェンティン　Argentine
アージェント　urgent, argent
アージュアス　arduous
アーシューラー　Ashura
アーシュラマ　ashrama
アージル　argil
アース　earth
アース・カラー　earth color
アースキン　Erskine
アースクウェイク　earthquake

アース・クロゼット　earth closet
アース・コンシャス　earth-conscious
アース・サイエンス　earth science
アースシー　Earthsea
アースシェイキング　earthshaking
アース・シャタリング　earth-shattering
アース・ステーション　earth station
アーストホワイル　erstwhile
アース・トレマー　earth tremor
アースナット　earthnut
アースナル　arsenal
アースバウンド　earthbound
アース・フレンドリー　earth-friendly
アースボーン　earthborn
アース・マザー　earth mother
アースマン　earthman
アース・ムーバー　earthmover
アースラ　Ursula
アースライティス　arthritis
アースリー　earthly
アースリティック　arthritic
アースリング　earthling
アースロスコープ　arthroscope
アースロスコピック　arthroscopic
アースロポダス　arthropodous
アースロポダル　arthropodal
アースロポダン　arhtropodan
アースロポッド　arthropod
アースワーク　earthwork
アースワーズ　earthwards
アースワード　earthward
アースワーム　earthworm
アーセナイド　arsenide
アーセナル　Arsenal, arsenal
アーセニカル　arsenical
アーセニック　arsenic
アーソナス　arsonous
アーソニスト　arsonist
アーソン　arson
アーダー　ardor, ardour
アーチ　arch
アーチー　archie, Archy, Archie
アーチウェー　archway
アーチエネミー　archenemy
アーチェリー　archery
アーチコンサーバティブ　archconservative
アーチザナル　artisanal
アーチザン　artisan
アーチスト　artist, artiste
アーチダイオシーズ　archdiocese
アーチダイオセサン　archdiocesan
アーチダッチー　archduchy
アーチダッチェス　archduchess
アーチダム　arch dam
アーチディーコン　archdeacon
アーチデューク　archduke
アーチト　arched
アーチトップ　archtop
アーチビショップ　archbishop
アーチビショップリック　archbishopric
アーチフィーンド　archfiend
アーチプリースト　archpriest
アーチボルド　Archibald
アーチャー　archer
アーチライバル　archrival
アーチン　urchin
アーテ　Ate
アーティー　Artie, arty
アーティージャン・ウェル　artesian well
アーティー・ファーティー　arty-farty
アーティカリア　urticaria
アーティキュラー　articular
アーティキュラトリー　articulatory
アーティキュレーション　articulation
アーティキュレーター　articulator
アーティキュレート　articulate
アーティクル　article
アーティクルド　articled
アーティザナル　artisanal
アーティザン　artisan
アーティスティック　artistic
アーティスト　artist, artiste
アーティストリー　artistry
アーティチョーク　artichoke
アーティファクト　artifact, -te-
アーティフィサー　artificer
アーティフィシャリティー　artificiality
アーティフィシャル　artificial
アーティフィシャル・インセミネーション　artificial insemination
アーティフィシャル・インテリジェンス　artificial intelligence
アーティフィシャル・ランゲージ　artificial language

アーティフィシャル・レスピレーション artificial respiration
アーティフィス artifice
アーティラリー artillery
アーティラリーマン artilleryman
アーティレリー artillery
アーティレリーマン artilleryman
アーテリアル arterial
アーテリー artery
アーテリオール arteriole
アーテリオスクレロシス arteriosclerosis
アーデン Arden
アーデンシー ardency
アーデント ardent
アート art
アートシー artsy
アートシー・ファートシー artsy-fartsy
アート・セラピー art therapy
アードバーク aardvark
アート・ハウス art house
アート・フェアー art fair
アートフル artful
アート・ペーパー art paper
アードマン Aadman
アートレス artless
アートワーク artwork
アーナー earner
アーナンダ Ananda, ananda
アーニー Ernie
アーニングズ earnings
アーニングズ・リレーテッド earnings-related
アーネスティーン Ernestine
アーネスト earnest, Earnest
アーネスト・ヘミングウェイ Ernest Hemingway
アーネスト・マネー earnest money
アーノルド Arnold
アーノルド・パーマー Arnold Palmer
アーバー arbor, arbour, Abba
アーバー・デー Arbor Day
アーバス Arbus
アーバナ Urbana
アーバナイズ urbanize
アーバナイゼーション urbanization
アーバナイト urbanite
アーバニスト urbanist
アーバニゼーション urbanization
アーバニティー urbanity
アーパネット ARPANET
アーバノロジー urbanology
アーバノロジスト urbanologist
アーバン urban
アーバン・デクライン urban decline
アーバン・リニューアル urban renewal
アーヒー ahi
アービター arbiter
アービトラージ arbitrage
アービトラージャー arbitrageur, arbitrager
アービトラブル arbitrable
アービトラメント arbitrament, -re-
アービトラリー arbitrary
アービトラリリー arbitrarily
アービトラル arbitral
アービトレーション arbitration
アービトレーター arbitrator
アービトレート arbitrate
アービトレス arbitress
アービュータス arbutus
アービン Irvine
アービング Irving
アープ Earp
アーフェルカンプ Avercamp
アーブル oeuvre
アーベイン urbane
アーペル Arpels
アーボーリアル arboreal
アーボリータム arboretum
アーボリスト arborist
アーボレッセント arborescent
アーマ Irma
アーマー armor, armour, Armagh
アーマー・クラッド armor-clad
アーマード armored
アーマード・カー armored car
アーマー・プレート armor plate
アーマダ armada
アーマチャー armature
アーマッド Ahmad
アーマメント armament
アーマラー armorer
アーマリー armory, armoury
アーマンド Armand

アーミー army
アーミー・アント army ant
アーミーニアン Armenian
アーミー・リスト Army List
アーミーワーム armyworm
アーミスティス armistice
アーミスティス・デー Armistice Day
アーミッシュ Amish
アーミテージ Armitage
アーミン ermine
アーミンド ermined
アーム arm
アームズ・コントロール arms control
アームストロング Armstrong
アームズ・レース arms race
アームチェア armchair
アームド armed
アームバンド armband
アームピット armpit
アームフル armful
アームホール armhole
アームレス armless
アームレスト armrest
アーム・レスリング arm wrestling
アームレット armlet
アーメン amen
アーモーリアル armorial
アーモンド almond
アーモンド・アイ almond eye
アーヤトッラー ayatollah, -tul-
アーユルヴェーダ Ayurveda
アーユルヴェーディスト Ayurvedist
アーユルヴェーディック Ayurvedic
アーユルベーダ Ayurveda
アーユルベーディスト Ayurvedist
アーユルベーディック Ayurvedic
アーラン erlang
アーリアン Aryan, Arian
アーリー early
アーリー・アダプター early adapter
アーリー・アドプター early adopter
アーリー・ウォーニング early warning
アーリー・オンセット early-onset
アーリータイムズ Early Times
アーリー・バード early bird
アーリー・モダン・イングリッシュ Early Modern English
アーリーン Arlene, -leen, -line
アーリン Arlyn
アーリントン Arlington
アール earl, are
アール・グレイ Earl Grey
アール・ジーン Earl Jean
アールダム earldom
アール・デコ art deco
アール・ヌーボー art nouveau
アールベルク Arlberg
アール・マーシャル Earl Marshal
アーレークトー Alecto
アーレフ aleph
アーレン Arlen
アーロー Arlo
アーロン Aaron
アーロン・バシャ Aaron Basha
アーン earn, Arne, urn
アーンスト Ernst
アーント aren't
アーンド・インカム earned income
アーンド・ラン earned run
アーンド・ラン・アベレージ earned run average
アイ I, eye, aye, ay
アイア ire
アイアイ aye-aye
アイアス eyas
アイアフル ireful
アイアン iron
アイアンウェア ironware
アイアンウッド ironwood
アイアン・エイジ Iron Age
アイアン・オキサイド iron oxide
アイアン・カーテン iron curtain
アイアンクラッド ironclad
アイアン・グレー iron gray
アイアンサイズ ironsides
アイアンストーン ironstone
アイアンバウンド ironbound
アイアンバス iambus
アイアンビック iambic
アイアンブ iamb
アイアン・メイデン Iron Maiden
アイアン・モールド iron mold
アイアンモンガー ironmonger
アイアンモンガリー ironmongery

アイアン・ラング iron lung
アイアン・レーションズ iron rations
アイアンワーカー ironworker
アイアンワーク ironwork
アイアンワークス ironworks
アイーダ Aïda, Aida
アイウィットネス eyewitness
アイ・ウェイウェイ Ai Weiwei
アイウォール eyewall
アイウォッシュ eyewash
アイエスオー ISO
アイエルツ IELTS
アイオーティー IoT
アイ・オープナー eye-opener
アイ・オープニング eye-opening
アイオダイズ iodize
アイオダイド iodide
アイオディーン iodine, -din
アイオナ Iona
アイオナイザー ionizer
アイオナイザブル ionizable
アイオナイズ ionize
アイオナイゼーション ionization
アイオニゼーション ionization
アイオノスフィア ionosphere
アイオノマー ionomer
アイオライト iolite
アイオロス Aeolus
アイオワ Iowa
アイオワン Iowan
アイガー Eiger
アイカーン Icahn
アイカップ eyecup
アイキーア Ikea
アイキナイト aikinite
アイ・キャッチャー eye-catcher
アイ・キャッチング eye-catching
アイク Eyck, Ike
アイグナー Aigner
アイクポッド Ikepod
アイクラウド iCloud
アイグラス eyeglass
アイコニック iconic
アイコノクラスティック iconoclastic
アイコノクラスト iconoclast
アイコノクラズム iconoclasm
アイコノグラフィー iconography
アイコノロジー iconology
アイコン icon
アイ・コンタクト eye contact
アイザー either
アイザー・オア either-or
アイサイト eyesight
アイサス AISAS
アイザック Isaac
アイシー icy
アイシェード eyeshade
アイシクル icicle
アイ・シャドー eye shadow
アイショット eyeshot
アイシング icing
アイシング・シュガー icing sugar
アイシングラス isinglass
アイス ice
アイズ ides
アイス・アックス ice ax(e)
アイス・ウォーター ice water
アイス・エイジ ice age
アイズ・オンリー eyes only
アイス・キャップ ice cap
アイス・キューブ ice cube
アイスキュロス Aeschylus
アイスクリーム ice cream
アイスクリーム・コーン ice-cream cone
アイスクリーム・ソーダ ice-cream soda
アイス・コールド ice-cold
アイス・シート ice sheet
アイス・ショー ice show
アイス・スケーター ice skater
アイス・スケーティング ice skating
アイス・スケート ice skate
アイス・ステーション ice station
アイスト iced
アイストレイン eyestrain
アイス・トレー ice tray
アイス・トング ice tongs
アイスバーグ iceberg
アイスバーン Eisbahn
アイスハウス icehouse
アイスバウンド icebound
アイス・バケット ice bucket
アイス・バッグ ice bag
アイス・パック ice pack
アイス・パット ice pat

アイス・ビール ice beer
アイス・ピック ice pick
アイス・フィールド ice field
アイスフォール icefall
アイス・フリー ice-free
アイスブレーカー icebreaker
アイス・フロー ice floe
アイス・ペイル ice pail
アイスボート iceboat
アイスボックス icebox
アイス・ホッケー ice hockey
アイスマン iceman
アイスランダー Icelander
アイスランディック Icelandic
アイスランド Iceland
アイス・リンク ice rink
アイゼナハ Eisenach
アイゼンバーグ Eisenberg
アイゼンハワー Eisenhower
アイソ is-, iso-
アイソアー eyesore
アイソクロナス isochronous
アイソクロナル isochronal
アイソクロニズム isochronism
アイ・ソケット eye socket
アイソサーマル isothermal
アイソサーム isotherm
アイソサイクリック isocyclic
アイソザイム isozyme
アイソシリーズ isosceles
アイソスタシー isostasy
アイソタイプ isotype
アイソトープ isotope
アイソトニック isotonic
アイソトピック isotopic
アイソトロピック isotropic
アイソトロン isotron
アイソバー isobar
アイソパック isopach
アイソプター isopter
アイソポス Aesop
アイソマー isomer
アイソマライズ isomerize
アイソマライゼーション isomerization
アイソメトリカル isometrical
アイソメトリック isometric
アイソメリック isomeric
アイソレーショニスト isolationist
アイソレーショニズム isolationism
アイソレーション isolation
アイソレーション・ホスピタル isolation hospital
アイソレーション・ワード isolation ward
アイソレーター isolator
アイソレーテッド isolated
アイソレート isolate
アイダ Ida, AIDA
アイダー eider
アイダーダウン eiderdown
アイダカ AIDCA
アイダス AIDAS
アイダホ Idaho
アイダホアン Idahoan
アイ・チャート eye chart
アイチューンズ iTunes
アイデア idea
アイデアライズ idealize
アイデアリー ideally
アイデアリスティック idealistic
アイデアリスト idealist
アイデアリズム idealism
アイデアル ideal
アイディア idea
アイディアライズ idealize
アイディアリー ideally
アイディアリスティック idealistic
アイディアリスト idealist
アイディアリズム idealism
アイディアリティー ideality
アイディー・カード ID card
アイディエーション ideation
アイディエート ideate
アイティネラリー itinerary
アイディリック idyllic
アイディル idyl(l)
アイテズボド eisteddfod
アイデティック eidetic
アイテニアム Ithanium, Itanium
アイテマイズ itemize
アイテマイゼーション itemization
アイテミゼーション itemization
アイテム item
アイデム idem
アイデンティカル identical

アイデンティキット　identikit
アイデンティック　identic
アイデンティティー　identity
アイデンティティー・カード　identity card
アイデンティティー・クライシス　identity crisis
アイデンティティー・パレード　identity parade
アイデンティファイ　identify
アイデンティファイアブル　identifiable
アイデンティフィケーション　identification
アイデンティフィケーション・カード　identification card
アイデンティフィケーション・パレード　identification parade
アイド　eyed
アイトゥース　eyetooth
アイドーロン　eidolon
アイドカ　AIDCA
アイドカス　AIDCAS
アイ・ドクター　eye doctor
アイドクレース　idocrase
アイ・ドナー　eye donor
アイドマ　AIDMA
アイドラー　idler
アイドライズ　idolize
アイドライゼーション　idolization
アイ・トラッキング　eye-tracking
アイドラトラス　idolatrous
アイドラトリー　idolatry
アイドラトレス　idolatress
アイドリー　idly
アイドリゼーション　idolization
アイドリング　idling
アイドリング・ストップ　idling stop
アイドル　idol, idle
アイドル・タイム　idle time
アイドルネス　idleness
アイドル・ホイール　idle(r) wheel
アイドレーター　idolater, -tor
アイドロッパー　eyedropper
アイナ　Ina
アイヌ　Ainu
アイネイアス　Aeneas
アイネーイス　Aeneid
アイネス　Ines
アイネズ　Inez
アイバー　ivor, iver
アイパッチ　eyepatch
アイパッド　iPad
アイバン　Ivan
アイ・バンク　eye bank
アイバンホー　Ivanhoe
アイビー　ivy
アイビーエマー　IBMer
アイピース　eyepiece
アイビー・スタイル　Ivy style
アイビード　ivied
アイ・ビーム　I-beam
アイビー・リーガー　Ivy Leaguer
アイビー・リーグ　Ivy League
アイビス　ibis
アイヒマン　Eichmann
アイ・フォーメーション　I formation
アイフォン　iPhone
アイブズ　Ives
アイブック　iBook
アイブライト　eyebright
アイブラウ　eyebrow
アイブラウ・ペンシル　eyebrow pencil
アイフル　eyeful
アイベックス　ibex
アイホール　eyehole
アイボール　eyeball
アイポッド　iPod
アイポッパー　eyepopper
アイポッピング　eyepopping
アイホップ　IHOP
アイボリー　ivory
アイボリー・コースト　Ivory Coast
アイボリー・タワー　ivory tower
アイマール　Aimar
アイマック　iMac
アイマックス　IMAX
アイマラ　Aymara
アイムス　Imus
アイメア　Eimear
アイラ　Islay, Ira
アイライナー　eyeliner
アイラッシュ　eyelash
アイランダー　islander
アイランド　island
アイランド・キッチン　island kitchen
アイリー　irie

アイリーナ　Irina
アイリーン　Irene, Eileen, Ai-
アイリス　iris, Iris
アイリッシズム　Irishism
アイリッシュ　Irish
アイリッシュ・ウイスキー　Irish whiskey
アイリッシュウーマン　Irishwoman
アイリッシュ・コーヒー　Irish coffee
アイリッシュ・シー　Irish Sea
アイリッシュ・シチュー　Irish stew
アイリッシュ・セッター　Irish setter
アイリッシュ・テリア　Irish terrier
アイリッシュ・パブ　Irish pub
アイリッシュ・ブル　Irish bull
アイリッシュ・ポテト　Irish potato
アイリッシュマン　Irishman
アイリッシュ・ルネッサンス　Irish Renaissance
アイリッド　eyelid
アイル　aisle, isle
アイル・シート　aisle seat
アイルトン・セナ　Ayrton Senna
アイルランド　Ireland
アイルワース　Isleworth
アイレス　eyeless
アイレックス　ilex
アイレット　eyelet, islet
アイレニック　irenic
アイロニー　irony
アイロニカリー　ironically
アイロニカル　ironical
アイロニック　ironic
アイロニング　ironing
アイロニング・ボード　ironing board
アイロン　iron
アイロン・オン　iron-on
アインシュタイン　Einstein
アインスタイニウム　einsteinium
アイントホーフェン　Eindhoven
アウア　our
アウアーバック　Auerbach
アウアーバッハ　Auerbach
アウアズ　ours
アウアセルフ　ourself
アウアセルブズ　ourselves
アウイナイト　hauynite
アヴィバ　Aveva
アウェアー　aware
アウェイ　aweigh
アウェイク　awake
アウェイクニング　awakening
アウェイクン　awaken
アウェイト　await
アウェー　away
アヴェダ　Aveda
アウエルバッハ　Auerbach
アウォーク　awoke
アウォークン　awoken
アウォード　award
アウォッシュ　awash
アウグスティヌス　Augustine
アウグストゥス　Augustus
アウクスブルク　Augsburg
アウシュビッツ　Auschwitz
アウスター　ouster
アウステルリッツ　Austerlitz
アウスト　oust
アウスレーゼ　Auslese
アウター　outer, outa, outta
アウター・イヤー　outer ear
アウター・ウーマン　outer woman
アウターウェア　outerwear
アウター・スペース　outer space
アウター・マン　outer man
アウターモスト　outermost
アウタルキー　autarky
アウチ　ouch
アウディ　Audi
アウティー　outie
アウティング　outing
アウテージ　outage
アウト　out
アウトアーン　outearn
アウトアクト　outact
アウトアチーブ　outachieve
アウト・アンド・アウター　out-and-outer
アウト・アンド・アウト　out-and-out
アウトウィット　outwit
アウトウェア　outwear
アウトウェイ　outweigh
アウトウォーク　outwalk
アウトウォーン　outworn
アウトウォッチ　outwatch
アウト・オブ　out of

アウト・オブ・コート　out-of-court
アウト・オブ・ザ・ウェー　out-of-the-way
アウト・オブ・ステート　out-of-state
アウト・オブ・タウナー　out-of-towner
アウト・オブ・タウン　out-of-town
アウト・オブ・デート　out-of-date
アウト・オブ・ドアー　out-of-door
アウト・オブ・ドアーズ　out-of-doors
アウト・オブ・バウンズ　out-of-bounds
アウト・オブ・ポケット　out-of-pocket
アウトカースト　outcaste
アウトカム　outcome
アウトガン　outgun
アウト・カントリー　out-country
アウトキャスト　outcast
アウトクライ　outcry
アウトクラス　outclass
アウトグロー　outgrow
アウトグロース　outgrowth
アウトクロッシング　outcrossing
アウトクロップ　outcrop
アウトゲス　outguess
アウトゴー　outgo
アウトゴーイング　outgoing
アウトサート　outsert
アウトサイズ　outsize
アウトサイダー　outsider
アウトサイダー・アート　outsider art
アウトサイド　outside
アウトサイド・ブロードキャスト　outside broadcast
アウトジェネラル　outgeneral
アウトシャイン　outshine
アウトスイング　outswing
アウトスウィング　outswing
アウトスカーツ　outskirts
アウトスコア　outscore
アウトスタンディング　outstanding
アウトステア　outstare
アウトステイ　outstay
アウトステーション　outstation
アウトストラーダ　autostrada
アウトストリップ　outstrip
アウトストレッチ　outstretch
アウトストレッチト　outstretched
アウトスプレッド　outspread
アウトスペンド　outspend
アウトスポークン　outspoken
アウトスマート　outsmart
アウト・ゼア　out-there
アウトセット　outset
アウトセル　outsell
アウトソーシング　outsourcing
アウトソース　outsource
アウトソール　outsole
アウトターン　outturn
アウトテイク　outtake
アウトディスタンス　outdistance
アウトデーテッド　outdated
アウトデュエル　outduel
アウトドアー　outdoor
アウドドアーズ　outdoors
アウトドアーズマン　outdoorsman
アウトドアジー　outdoorsy
アウトドゥー　outdo
アウトトーク　outtalk
アウトドライブ　outdrive
アウト・トレー　out-tray
アウトドロー　outdraw
アウトナンバー　outnumber
アウトバースト　outburst
アウトバーン　autobahn
アウトハウス　outhouse
アウトバウンド　outbound
アウトバック　outback
アウトハッスル　outhustle
アウトパフォーマンス　outperformance
アウトパフォーム　outperform
アウトバランス　outbalance
アウトビッド　outbid
アウトビルディング　outbuilding
アウトファイト　outfight
アウトフィールダー　outfielder
アウトフィールド　outfield
アウトフィッター　outfitter
アウトフィット　outfit
アウトフェース　outface
アウトフォール　outfall
アウトフォックス　outfox
アウトプット　output
アウトフランク　outflank
アウトブリード　outbreed
アウトプレー　outplay
アウトブレーク　outbreak

アウトプレース　outplace
アウトプレースメント　outplacement
アウトブレーブ　outbrave
アウトフロー　outflow
アウトプロデュース　outproduce
アウト・フロント　out-front
アウトペーシェント　outpatient
アウトペース　outpace
アウト・ヘロッド　out-Herod
アウトポア　outpour
アウトポアリング　outpouring
アウトポイント　outpoint
アウトボート　outvote
アウトボード　outboard
アウトポール　outpoll
アウトポスト　outpost
アウトボックス　outbox
アウトマッチ　outmatch
アウトマヌーバー　outmaneuver, -manoeuvre
アウトマン　outman
アウトモーデッド　outmoded
アウトモード　outmode
アウトモスト　outmost
アウトライアー　outlier
アウトライイング　outlying
アウトライダー　outrider
アウトライト　outright
アウトライド　outride
アウトライバル　outrival
アウトライン　outline
アウトラスト　outlast
アウトラン　outrun
アウトランク　outrank
アウトランダー　outlander
アウトランディッシュ　outlandish
アウトランド　outland
アウトリーチ　outreach
アウトリガー　outrigger
アウトリブ　outlive
アウトルック　outlook, Outlook
アウトルック・エクスプレス　Outlook Express
アウトレイ　outlay
アウトレージ　outrage
アウトレージャス　outrageous
アウトレスル　outwrestle
アウトレット　outlet
アウトレンジ　outrange
アウトロー　outlaw
アウトロー・ストライク　outlaw strike
アウトローリー　outlawry
アウトワーカー　outworker
アウトワーク　outwork
アウトワーズ　outwards
アウトワード　outward
アウトワード・バウンド　outward-bound
アウフラウフ　auflauf
アウユイタック　Auyuittuq
アウラ　aura
アウラキ　Awlaki
アウランガーバード　Aurangabad
アウリッシュ　owlish
アウル　owl
アウル・ライト　owl-light
アウレット　owlet
アウワナ　auwana
アウン・サン・スー・チー　Aung San Suu Kyi
アエターティス　aetatis
アエネアス　Aeneas
アエネーイス　Aeneid
アエラ　aera
アオータ　aorta
アオザイ　ao dai
アオリスト　aorist
アガー　agar
アガー・アガー　agar-agar
アカースト　accursed, accurst
アガースト　aghast
アカウンタビリティー　accountability
アカウンタブル　accountable
アカウンタンシー　accountancy
アカウンタント　accountant
アカウンティング　accounting
アカウント　account
アカウント・アグリゲーション　account aggregation
アカウント・エグゼクティブ　account executive
アカウント・カレント　account current
アカウント・ブック　account book
アカウント・ペイヤブル　account payable
アカウント・レシーバブル　account receivable

アカガネアイト　akaganeite
アガサ　Agatha
アガシ　Agassi
アカシア　acacia
アカスタム　accustom
アカスタムド　accustomed
アガタ　agata, Agatha
アカディア　Acadia
アカディーミア　academia
アカディーム　academe
アカデミア　academia
アカデミー　academy
アカデミー・アウォード　Academy Award
アカデミカル　academical
アカデミシズム　academicism
アカデミシャン　academician
アカデミズム　academism
アカデミック　academic
アカデミック・イヤー　academic year
アカデミック・ハラスメント　academic harassment
アカデミック・フリーダム　academic freedom
アガニャ　Agana
アカハラ　⇨アカデミック・ハラスメント
アカプルコ　Acapulco
アガペー　agape
アカペラ　a cappella, a capella
アガメムノン　Agamemnon
アガリクス　agaricus
アカリサイド　acaricide
アガリック　agaric
アカルチャレーショナル　acculturational
アカルチャレーション　acculturation
アカルチャレーティブ　acculturative
アカルチャレート　acculturate
アカルボース　acarbose
アガルマトライト　agalmatolite
アガロース　agarose
アカロフ　Akerlof
アカンサイト　acanthite
アカンサス　acanthus
アカンパニー　accompany
アカンパニスト　accompanist
アカンパニメント　accompaniment
アキー　ackee, akee
アギー　Aggie
アキシナイト　axinite
アキノ　Aquino
アキノラ　Akinola
アキューイティー　acuity
アキューザー　accuser
アキューザティブ　accusative
アキューザトリー　accusatory
アキュージング　accusing
アキューズ　accuse
アキューズド　accused
アキュート　acute
アキューミネート　acuminate
アキューミュラティブ　accumulative
アキューミュレーション　accumulation
アキューミュレーター　accumulator
アキューミュレーティブ　accumulative
アキューミュレート　accumulate
アキューメン　acumen
アキュゼーション　accusation
アキュテイン　Accutane
アキュパンクチャー　acupuncture
アキュパンクチャリスト　acupuncturist
アキュプリル　Accupril
アキュプレッシャー　acupressure
アキュプレッシャリスト　acupressurist
アキュムレーター　accumulator
アキュラ　Acura
アキュラシー　accuracy
アキュレイリ　Akureyri
アキュレート　accurate
アキレス　Achilles
アギレラ　Aguilera
アキン　akin
アキンボ　akimbo
アグ　ag
アクア　aqua
アクアカルチャー　aquaculture
アクアケード　aquacade
アクアスキュータム　Aquascutum
アクアセラピー　aquatherapy
アクアダクト　aqueduct
アクアチント　aquatint
アクアティック　aquatic
アクアノート　aquanaut
アクア・パッツァ　acqua pazza
アクアビクス　aquabics
アクアビット　aquavit

アクアフィーナ　Aquafina
アクア・フォルティス　aqua fortis
アクアプラント　aquaplant
アクアブレード　Aquablade
アクアプレーン　aquaplane
アクアポリン　aquaporin
アクアマリン　aquamarine
アクアラング　aqualung
アクア・レギア　aqua regia
アクイアス　aqueous
アクイエッス　acquiesce
アクイエッセンス　acquiescence
アクイエッセント　acquiescent
アクイカルチャー　aquiculture
アクイジション　acquisition
アクイジティブ　acquisitive
アクイッタル　acquittal
アクイッタンス　acquittance
アクイット　acquit
アクィナス　Aquinas
アクイファー　aquifer
アクイラ　Aquila
アクイリニティー　aquilinity
アクイリン　aquiline
アクウィラ　Aquila
アクーシュマン　accouchement
アクーター　accoutre, -ter
アクーターメント　accoutrement, -ter-
アグーチ　agouti, -ty
アクエインタンス　acquaintance
アクエインタンスシップ　acquaintanceship
アクエイント　acquaint
アクエリアス　Aquarius
アクエリアム　aquarium
アクエリアン　Aquarian
アクシアル　axial
アクシーズ　axes
アクシーデンス　accedence
アクシード　accede
アクシオナ　Acciona
アクシオマティック　axiomatic
アクシオム　axiom
アクシオン　Acción
アクシス　axis
アクシデンス　accidence
アクシデンタリー　accidentally
アクシデンタル　accidental
アクシデント　accident
アクシデント・インシュアランス　accident insurance
アクシナイト　axinite
アクショーノフ　Aksyonov
アクショナブル　actionable
アクション　action
アクション・グループ　action group
アクション・コミッティー　action committee
アクション・ステーション　action station
アクション・パックト　action-packed
アクション・プログラム　action program
アクション・ペインティング　action painting
アクション・リレー　action replay
アクシラ　axilla
アクシラリー　axillary
アクシル　axil
アクスブリッジ　Uxbridge
アクスル　axle
アクスルツリー　axletree
アクセサライズ　accessorize
アクセサリー　accessory, -sary
アクセシビリティー　accessibility
アクセシブル　accessible
アクセス　access
アクセス・タイム　access time
アクセス・ロード　access road
アクセッション　accession
アクセプター　accepter, acceptor
アクセプタビリティー　acceptability
アクセプタブル　acceptable
アクセプタンス　acceptance
アクセプタンス・ハウス　acceptance house
アクセプテーション　acceptation
アクセプト　accept
アクセラレーション　acceleration
アクセラレーター　accelerator
アクセラレーティブ　accelerative
アクセラレート　accelerate
アクセラロメーター　accelerometer
アクセル　axel, Axel
アクセルロッド　Axelrod
アクセレラティブ　accelerative
アクセレラント　accelerant
アクセレリン　accelerin
アクセンチュアル　accentual

アクセンチュエーション　accentuation
アクセンチュエート　accentuate
アクセント　accent
アクセント・マーク　accent mark
アクセントレス　accentless
アクソーリアス　uxorious
アクソナル　axonal
アクソン　axon
アクター　actor
アクチナイド　actinide
アクチニウム　actinium
アクチニド　actinide
アクチニン　actinin
アクチノイド　actinoid
アクチノグラフ　actionograph
アクチノマイシン　actinomycin
アクチノメーター　actinometer
アクチノライト　actinolite
アクチビン　activin
アクチュアライズ　actualize
アクチュアライゼーション　actualization
アクチュアリアル　actuarial
アクチュアリー　actually, actuary
アクチュアリゼーション　actualization
アクチュアリティー　actuality
アクチュアル　actual
アクチュエーター　actuator
アクチュエート　actuate
アクチン　actin
アクティニズム　actinism
アクティニック　actinic
アクティノライト　actinolite
アクティビスト　activist
アクティビズム　activism
アクティビティー　activity
アクティブ　active
アクティブウェア　activewear
アクティブ・カーボン　active carbon
アクティブ・サスペンション　active suspension
アクティブ・セーフティー　active safety
アクティブ・ノイズ・コントロール　active noise control
アクティベーション　activation
アクティベーター　activator
アクティベート　activate
アクティング　acting
アクト　act
アクト・アウト　act out
アクトス　Actos
アクトレシー　actressy
アクトレス　actress
アクトン　Acton
アグニ　Agni
アグヌス・デイ　Agnus Dei
アクネ　acne
アグネール　agnail
アグネス　Agnes
アグノスティシズム　agnosticism
アグノスティック　agnostic
アクノリッジ　acknowledge
アクノリッジメント　acknowledgment, -edge-
アクバル　Akbar
アグフレーション　agflation
アグマチン　agmatine
アクメ　acme
アクラ　Accra
アクライマタイズ　acclimatize
アクライマタイゼーション　acclimatization
アグラウンド　aground
アグラデーション　aggradation
アグラビック　agravic
アグラベーション　aggravation
アグラベーティング　aggravating
アグラベート　aggravate
アクラメーション　acclamation
アグランダイズ　aggrandize
アグランダイズメント　aggrandizement
アグリ　Ugli
アグリー　agree, ugly
アグリーアブリー　agreeably
アグリーアブル　agreeable
アグリー・カスタマー　ugly customer
アクリーション　accretion
アグリー・ダックリング　ugly duckling
アクリート　accrete
アグリード　agreed
アグリーブ　aggrieve
アグリーム　agleam
アグリーメント　agreement
アグリカルチャー　agriculture
アグリカルチャリスト　agriculturist
アグリカルチャル　agricultural

アグリクラフト　agricraft
アグリゲーション　aggregation
アグリゲート　aggregate
アグリコン　aglycon, -cone
アクリジン　acridine
アグリター　aglitter
アグリツーリスト　agritourist
アグリツーリズム　agritourism
アクリッド　acrid
アグリッパ　Agrippa
アクリディティー　acridity
アクリノール　acrinol
アグリパワー　agripower
アグリビジネス　agribusiness
アクリビティー　acclivity
アグリファイ　uglify
アクリフラビン　acriflavine
アクリメーション　acclimation
アクリメート　acclimate
アクリモーニアス　acrimonious
アクリモニー　acrimony
アグリモニー　agrimony
アクリリック　acrylic
アクリリック・アシッド　acrylic acid
アクリリック・レジン　acrylic resin
アクリルアミド　acrylamide
アクリルアルデヒド　acrylaldehyde
アクリレート　acrylate
アクリロニトリル　acrylonitrile
アクルー　accrue
アクルーアル　accrual
アグルーティナティブ　agglutinative
アグルーティネーション　agglutination
アグルーティネート　agglutinate
アグルチニン　agglutinin
アクレイム　acclaim
アグレス　aggress
アグレッサー　aggressor
アグレッシブ　aggressive
アグレッション　aggression
アクレディッタブル　accreditable
アクレディット　accredit
アクレディテーション　accreditation
アクレディテッド　accredited
アグレマン　agrément
アグレリアニズム　agrarianism
アグレリアン　agrarian
アグロ　aggro, agro
アクロアイト　achroite
アグロエコノミック　agroeconomic
アグロエコロジカル　agroecological
アグロー　aglow
アグロクライマトロジー　agroclimatology
アグロケミカル　agrochemical
アクロシン　acrosin
アクロス　across
アクロス・ザ・ボード　across-the-board
アクロスティック　acrostic
アグロツーリスト　agrotourist
アグロツーリズム　agrotourism
アクロテリオン　acroterion, -rium
アグロナチュラ　Agronatura
アクロニム　acronym
アグロノミー　agronomy
アグロノミカル　agronomical
アグロノミスト　agronomist
アグロバイオロジー　agrobiology
アグロバクテリウム　agrobacterium
アクロバット　acrobat
アクロバティック　acrobatic
アクロバティックス　acrobatics
アグロビジネス　agrobusiness
アクロフォービア　acrophobia
アグロフォレストリー　agroforestry
アグロフューエル　agrofuel
アクロポリス　acropolis
アクロマティック　achromatic
アグロメレーション　agglomeration
アグロメレーティブ　agglomerative
アグロメレート　agglomerate
アクロレイン　acrolein
アクロン　Akron
アクワイア　acquire
アクワイアド　acquired
アクワイアド・テースト　acquired taste
アクワイアメント　acquirement
アゲーズ　agaze
アゲート　agate
アゲートウェア　agateware
アゲーブ　agave
アゲープ　agape
アケメネス　Achaemenes
アケロン　Acheron
アゲン　again

アゲンスト　against
アコー　Accor
アゴー　ago
アゴーグ　agog
アゴーゴー　à gogo
アコースティック　acoustic
アコーダンス　accordance
アコーダント　accordant
アコーディオニスト　accordionist
アコーディオン　accordion
アコーディオン・ウォール　accordion wall
アコーディオン・ドア　accordion door
アコーディオン・プリーツ　accordion pleats
アコーディング　according
アコーディングリー　accordingly
アコーデオン　accordion
アコード　accord
アコスト　accost
アゴナイジング　agonizing
アゴナイズ　agonize
アゴナイズド　agonized
アコナイト　aconite
アゴナル　agonal
アゴニー　agony
アゴニー・アント　agony aunt
アゴニー・コラム　agony column
アゴニスト　agonist
アコニターゼ　aconitase
アコニチン　aconitine
アコマ　Acoma
アコモデーション　accommodation
アコモデーション・ビル　accommodation bill
アコモデーション・ラダー　accommodation ladder
アコモデーティング　accommodating
アコモデート　accommodate
アゴラ　agora
アコライト　acolyte
アゴラフォービア　agoraphobia
アゴラフォービック　agoraphobic
アコレート　Accolate
アコレード　accolade
アコンカグア　Aconcagua
アコンプリス　accomplice
アコンプリッシュ　accomplish
アコンプリッシュト　accomplished
アコンプリッシュメント　accomplishment
アサ　ASA
アザー　other
アザー・ウーマン　other woman
アサーション　assertion
アサースト　athirst
アサーテイナブル　ascertainable
アサーティブ　assertive
アサーティブネス・トレーニング　assertiveness training
アザー・ディレクテッド　other-directed
アサーテイン　ascertain
アサート　assert
アサートン　Atherton
アザー・ハーフ　other half
アサービック　acerbic
アサービティー　acerbity
アサーブ　acerb
アザーワールド　otherworld
アザーワールドリー　otherworldly
アザーワイズ　otherwise
アサイズマティック　aseismatic
アサイド　aside
アサイナブル　assignable
アサイニー　assignee
アサイメント　assignment
アサイラム　asylum
アサイン　assign
アサインメント　assignment
アザシクロノール　azacyclonol
アザシクロプロパン　azacyclopropane
アザシチジン　azacitidine
アサシネーション　assassination
アサシネーター　assassinator
アサシネート　assassinate
アサシン　assassin
アザセリン　azaserine
アザチオプリン　azathioprine
アサド　Assad
アサバスカ　Athabasca, -ka
アサベート　acerbate
アザレア　azalea
アザロ　Azzaro
アサンダー　asunder
アサンプション　assumption
アサンプティブ　assumptive
アサンブラージュ　assemblage

アジア　Asia
アジアーゴ　Asiago
アジアティック　Asiatic
アジア・マイナー　Asia Minor
アシーナ　Athena
アシーニアン　Athenian
アシール　Achille
アジェイセンシー　adjacency
アジェイセント　adjacent
アシェームド　ashamed
アジェクティバル　adjectival
アジェクティブ　adjective
アシエンダ　hacienda
アジェンダ　agenda
アジェンデ　Allende
アシグネーション　assignation
アシクロビル　acyclovir
アシジュアス　assiduous
アシジュイティー　assiduity
アシジュラス　acidulous
アシジュレート　acidulate
アシジュレント　acidulent
アジズ　Aziz
アシスター　assistor
アシスタンス　assistance
アシスタント　assistant
アシスタント・ディレクター　assistant director, AD
アシスタント・プロフェッサー　assistant professor
アシスティブ　assistive
アシスト　assist
アシスト・ガス　assist gas
アジスロマイシン　azithromycin
アジタート　agitato
アシッド　acid
アシッド・ジャズ　acid jazz
アシッド・テスト　acid test
アシッド・ドロップ　acid drop
アシッド・ハウス　acid house
アジットプロップ　agitprop
アシッドヘッド　acidhead
アシッド・ライン　acid line
アシッド・レイン　acid rain
アシディーミア　acidemia
アシディック　acidic
アシディティー　acidity
アシディファイ　acidify
アシディフィケーション　acidification
アジテーション　agitation
アジテーター　agitator
アジテート　agitate
アシデミア　acidemia
アシデュアス　assiduous
アシデュイティー　assiduity
アジド　azide
アシドーシス　acidosis
アジドチミジン　azidothymidine
アシドティック　acidotic
アシドフィルス　acidophilus
アシナイン　asinine
アシニー　assignee
アシニニティー　asininity
アシニン　asinine
アシノー　assignor
アジフェニン　adiphenine
アシフルオルフェン　acifluorfen
アジマス　azimuth
アジマリン　ajmaline
アシミラティブ　assimilative
アシミラブル　assimilable
アシミレーション　assimilation
アシミレーティブ　assimilative
アシミレート　assimilate
アシモフ　Asimov
アジャー　ajar
アジャーニ　Adjani
アジャーン　adjourn
アジャーンメント　adjournment
アジャイル　agile
アジャクシオ　Ajaccio
アジャスター　adjuster, adjustor
アジャスタブル　adjustable
アジャスタブル・ペッグ　adjustable peg
アジャスト　adjust
アジャストメント　adjustment
アジャッジ　adjudge
アシャレット　usherette
アジャンクティブ　adjunctive
アジャンクト　adjunct
アジャンタ　Ajanta
アシャンティ　Ashanti
アジャン・プロボカトゥール　agent provocateur

アシュアー　assure
アジュアー　adjure
アシュアード　assured
アシュアランス　assurance
アジューディケーション　adjudication
アジューディケーティブ　adjudicative
アジューディケート　adjudicate
アシューマブル　assumable
アシューミング　assuming
アシューム　assume
アシュームド　assumed
アジュール　azure
アシュケナージ　Ashkenazy, Ashkenazi
アシュタンガ・ヨガ　ashtanga yoga
アジュタント　adjutant
アシュトン　Ashton
アジュバント　adjuvant
アシュビー　Ashby
アシュベリー　Ashbery
アシュラー　ashlar, -ler
アジュライト　azurite
アシュラム　asulam
アシュリー　Ashley
アジュレーション　adjuration, adulation
アジュレーター　adulator
アジュレート　adulate
アショア　ashore
アジョイニング　adjoining
アジョイン　adjoin
アショーカ　ashoka, asoka, Aśoka
アジリジン　aziridine
アジリティー　agility
アシル　acyl
アジル　agile
アジン　azine
アシンクロナス　asynchronous
アシンクロニー　asynchrony
アシンクロニズム　asynchronism
アシンプトマティック　asymptomatic
アシンメトリー　asymmetry
アシンメトリカル　asymmetrical
アシンメトリック　asymmetric
アス　ass, arse, us
アズ　as, adz, adze
アスウォート　athwart
アスウォートシップス　athwartships
アスース　Asus
アスーマブル　assumable
アスーム　assume
アスームド　assumed
アズーリ　Azzurri
アズール　azure
アスエージ　assuage
アスエーシブ　assuasive
アスカップ　ASCAP
アズカバン　Azkaban
アスカム　Ascham
アスカンス　askance
アスカント　askant
アスキー　ASCII
アスキス　Asquith
アズキ・ビーン　adzuki bean
アスキャップ　ASCAP
アスキュー　askew
アスキング　asking
アスキング・プライス　asking price
アスク　ask
アスクイント　asquint
アスクライバブル　ascribable
アスクライブ　ascribe
アスクリプション　ascription
アスコービック・アシッド　ascorbic acid
アスコット　Ascot
アスコット・タイ　ascot tie
アスコリ　Ascoli
アスコルビック・アシッド　ascorbic acid
アスコルビル　ascorbyl
アズダ　Asda
アスター　Astor, aster, astir
アスターン　astern
アスタウンディング　astounding
アスタウンド　astound
アスタキサンチン　astaxantin
アスタチン　astatine
アスタナ　Astana
アスタ・マニャーナ　hasta mañana
アスタリスク　asterisk
アステア　Astaire
アスティグマティズム　astigmatism
アスティグマティック　astigmatic
アスディック　asdic, ASDIC
アズテカン　Aztecan
アズテック　Aztec
アステミゾール　astemizole

アステュート astute
アステリスク asterisk
アステリズム asterism
アステロイド asteroid
アステローペ Asterope
アストゥリアス Asturias
アストゥリアン Asturian
アストニッシュ astonish
アストニッシュメント astonishment
アストニッシング astonishing
アストライド astride
アストラカン Astrakhan
アストラゼネカ AstraZeneca
アストラドル astraddle
アストラル astral
アストリア Astoria
アストリー Astley
アストリンジェンシー astringency
アストリンジェント astringent
アストレイ astray
アストロ astr-, astro-
アストロケミストリー astrochemistry
アストロサイト astrocyte
アストロジオロジー astrogeology
アストロズ (Houston) Astros
アストロターフ Astroturf
アストロドーム astrodome
アストロノーティカル astronautical
アストロノーティクス astronautics
アストロノート astronaut
アストロノマー astronomer
アストロノミー astronomy
アストロノミカル astronomical
アストロバイオロジー astrobiology
アストロハッチ astrohatch
アストロフィジカル astrophysical
アストロフィジシスト astrophysicist
アストロフィジックス astrophysics
アストロフェル Astrophel
アストロペー Asterope
アストロラーベ astrolabe
アストロロジー astrology
アストロロジカル astrological
アストロロジャー astrologer
アストン・ビラ Aston Villa
アストン・マーチン Aston Martin
アスナール Aznar
アスパージョン aspersion
アスパース asperse
アスパイア aspire
アスパイアリング aspiring
アスパラガス asparagus
アスパラギナーゼ asparaginase
アスパラギン asparagine
アスパルテーム aspartame
アスピーテ Aspite
アスピック aspic
アスピディストラ aspidistra
アスピラント aspirant
アスピリン aspirin
アスピレーション aspiration
アスピレーター aspirator
アスピレーテッド aspirated
アスピレート aspirate
アスプ asp
アスファルティック asphaltic
アスファルト asphalt
アスファルト・ジャングル asphalt jungle
アスフィクシア asphyxia
アスフィクシエーション asphyxiation
アスフィクシエート asphyxiate
アスフォデル asphodel
アスプレー Asprey
アスペクト aspect
アスベスト asbestos, -tus
アスベストーシス asbestosis
アスペリティー asperity
アスペルガー Asperger
アスペン Aspen
アスホール asshole
アスマ asthma
アズマ asthma
アスマティック asthmatic
アズマティック asthmatic
アスマラ Asmara
アスラ asura
アズライト azurite
アスラン Aslan
アスラント aslant
アスリーツ・フット athlete's foot
アスリート athlete
アスリープ asleep
アズレージョ azulejo
アスレチック athletic

アスレチックス (Oakland) Athletics
アスレティシズム athleticism
アスレティック athletic
アスレティックス athletics
アズレン azulene
アスロープ aslope
アズロマラカイト azuromalachite
アスロン Athlon
アスワド Aswad
アスワン Aswan, Ass(o)uan
アスンシオン Asuncion
アセアン ASEAN
アセイ assay
アセイヤー assayer
アセイラント assailant
アセイル assail
アセオン Aceon
アセカルブロマール acecarbromal
アセクシャル asexual
アセクシュアリティー asexuality
アセグラトン aceglatone
アセサブル assessable
アセス assess
アセスメント assessment
アセタート acetate
アセタール acetal
アセタゾラミド acetazolamide
アセタゾルアミド acetazolamide
アセタミプリド acetamiprid
アセチラーゼ acetylase
アセチル acetyl
アセチルコリン acetylcholine
アセチルコリンエステラーゼ acetylcholinesterase
アセチルサリシリック・アシッド acetylsalicylic acid
アセチル・シルク acetyl silk
アセチルスピラマイシン acetylspiramycin
アセチルフェネトライド acetylpheneturide
アセチルブロマイド acetyl bromide
アセチレーション acetylation
アセチレート acetylate
アセチレン acetylene
アセッサー assessor
アセッサブル assessable
アセット asset
アセット・アロケーション asset allocation
アセット・クラス asset class
アセット・ストリッパー asset stripper
アセット・ストリッピング asset stripping
アセット・スワップ asset swap
アセット・プレー asset play
アセット・マネージャー asset manager
アセット・マネジメント asset management
アセット・マネジャー asset manager
アセティカル ascetical
アセティシズム asceticism
アセティック acetic, ascetic
アセティック・アシッド acetic acid
アセテート acetate
アセテート・ファイバー acetate fiber
アセトアニリド acetanilide
アセトアミノフェン acetaminophen
アセトアルデヒド acetaldehyde
アセトール acetol
アセトニトリル acetonitrile
アセトバクター acetobacter
アセトフェノン acetophenone
アセトヘキサミド acetohexamide
アセトン acetone
アセナフテン acenaphthene
アセナリン Acenalin
アセノクマリン acenocoumarin
アセノクマロール acenocoumarol
アセバレーション asseveration
アセバレート asseverate
アセフェート acephate
アセプシス asepsis
アセプティック aseptic
アセブトロール acebutolol
アセベレーション asseveration
アセベレート asseverate
アセラ Acela
アゼリア azalea
アゼリー Azeri
アゼルバイジャニ Azerbaijani
アゼルバイジャニアン Azerbaijanian
アゼルバイジャン Azerbaijan, -dzhan
アセロラ acerola
アセンション ascension
アセンション・デー Ascension Day
アセンズ Athens
アセンダンシー ascendancy, -ency
アセンダンス ascendance, -ence

アセンダント　ascendant, -ent
アセンディング　ascending
アセンデンシー　ascendancy, -ency
アセンデント　ascendant, -ent
アセント　assent
アセンド　ascend
アセンブリー　assembly
アセンブリーウーマン　assemblywoman
アセンブリー・プラント　assembly plant
アセンブリーマン　assemblyman
アセンブリー・ライン　assembly line
アセンブリー・ランゲージ　assembly language
アセンブリー・ルーム　assembly room
アセンブリッジ　assemblage
アセンブル　assemble
アセンブレージ　assemblage
アソーシャブル　associable
アソーシャル　asocial
アソーティング　assorting
アソーテッド　assorted
アソート　assort
アソートメント　assortment
アソールト　assault
アソシアティブ　associative
アソシアブル　associable
アソシエーション　association
アソシエーション・フットボール　association football
アソシエーティブ　associative
アソシエーテッド・プレス　Associated Press
アソシエート　associate
アソシエート・プロフェッサー　associate professor
アゾトバクター　azotobacter
アゾトメーター　azotometer
アソナンス　assonance
アソナント　assonant
アソパオ　Asopao
アゾフェニレン　azophenylene
アゾレス　Azores
アゾロ　Asolo
アダ　Adah
アター　utter, attar
アダー　adder, udder
アダージョ　adagio
アターモスト　uttermost
アタイア　attire
アタカマ　Atacama
アタカマイト　atacamite
アタクシア　ataxia
アタクシー　ataxy
アタクシック　ataxic
アダクション　adduction
アダクト　adduct
アタシェ　attaché
アタッカー　attacker
アタック　attack
アダックス　addax
アタッシュ・ケース　attaché case
アタッチ　attach
アタッチト　attached
アタッチメント　attachment
アタッチャブル　attachable
アタップ　atap
アダド　Adad
アタナシウス　Athanasius
アタビスティック　atavistic
アタビズム　atavism
アダプター　adapter, adaptor
アダプタビリティー　adaptability
アダプタブル　adaptable
アダプティブ　adaptive
アダプテーション　adaptation
アダプト　adapt
アダプトゲン　adaptogen
アタブリン　Atabrine
アダマイト　adamite
アダマンタン　adamantane
アダマンチノーマ　adamantinoma
アダマンティン　adamantine
アダマント　adamant
アダム　Adam
アダムサイト　adamsite
アダムズ　Adams, Addams
アダムズ・アップル　Adam's apple
アタラクシア　ataraxia
アタラクシー　ataraxy
アタラクシック　ataraxic
アタラクティック　ataractic
アタラックス　Atarax
アタランス　utterance
アタランテー　Atalanta
アタリ　Atari

アタリー　utterly
アダリムマブ　adalimumab
アダルタラー　adulterer
アダルタレス　adulteress
アダルテラス　adulterous
アダルテラント　adulterant
アダルテリー　adultery
アダルテレーション　adulteration
アダルテレーター　adulterator
アダルテレート　adulterate
アダルト　adult
アダルト・エジュケーション　adult education
アダルト・チルドレン　adult children
アダルトフッド　adulthood
アダルバート　Adalbert
アタルバ・ベーダ　Atharva-Veda
アダンブレート　adumbrate
アチーバブル　achievable
アチーブ　achieve
アチーブメント　achievement
アチーブメント・クオーシェント　achievement quotient
アチーブメント・テスト　achievement test
アチェ　Aceh, Acheh
アチェ・ジャヤ　Aceh Jaya
アチソン　Acheson
アチュー　ahchoo, achoo
アチューン　attune
アッカー　Acker
アッカーマン　Ackermann
アックス　ax, axe
アックスマン　axman, axe-
アックフィールド　Uckfield
アッザーム　Azzam
アッサイ　assai
アッサム　Assam
アッシー　ashy
アッジェ　Atget
アッシェン　ashen
アッシジ　Assisi
アッシャー　usher, Usher, Asher
アッシュ　ash, ASH
アッシュ・ウェンズデー　Ash Wednesday
アッシュ・カン　ash can, ashcan
アッシュトレイ　ashtray
アッシュパン　ashpan
アッシュビル　Asheville
アッシュ・ビン　ash bin
アッシュフォード　Ashford
アッシュ・ブロンド　ash blond(e)
アッシュベリー　Ashbery
アッシュマン　ashman
アッシュモア　Ashmore
アッシュランド　Ashland
アッシュワース　Ashworth
アッシリア　Assyria
アッシリアン　Assyrian
アッセイ　assay
アッセン　Assen
アッセンブラー　assembler
アッタボーイ　attaboy
アッチェレランド　accelerando
アッティカ　Attica, Attic
アッテンボロー　Attenborough
アット　at, @
アットサイン　at sign, @
アット・パー　at par
アットホーム　at home
アットマーク　⇨アットサイン
アット・リスク　at-risk
アッパー　upper
アッパーカット　uppercut
アッパー・クラス　upper class, upper-class
アッパー・クラスト　upper crust
アッパークラスマン　upperclassman
アッパーケース　uppercase
アッパー・サークル　upper circle
アッパー・ストーリー　upper story
アッパー・チェンバー　upper chamber
アッパー・ハウス　upper house
アッパー・ハンド　upper hand
アッパー・ミドル　upper middle
アッパーモスト　uppermost
アッパー・リージョンズ　upper regions
アッパーワークス　upperworks
アッバス　Abbas
アッビ　Abbe
アッピアン・ウェー　Appian Way
アッピッシュ　uppish
アッピティー　uppity
アップ　up, app.
アップ・アンド・カマー　up-and-comer
アップ・アンド・カミング　up-and-coming

アップ・アンド・ダウン　up-and-down
アップウェル　upwell
アップエンド　upend
アッフェンピンシャー　affenpinscher
アップカミング　upcoming
アップ・カントリー　up-country
アップキープ　upkeep
アップキャスト　upcast
アップグレード　upgrade
アップグロース　upgrowth
アップコンバーター　upconverter
アップコンバート　upconvert
アップサージ　upsurge
アップサイクリング　upcycling
アップサイクル　upcycle
アップサイズ　upsides
アップサイド　upside
アップサイド・ダウン　upside-down
アップサイド・ダウン・ケーキ　upside-down cake
アップシフト　upshift
アップショット　upshot
アップスイング　upswing
アップスウィープ　upsweep
アップスウィング　upswing
アップスウェプト　upswept
アップスケール　upscale
アップスタート　upstart
アップスタンディング　upstanding
アップステアー　upstair
アップステアーズ　upstairs
アップステージ　upstage
アップステート　upstate
アップストア　App Store
アップストリーム　upstream
アップストローク　upstroke
アップスプリング　upspring
アップスロープ　upslope
アップ・セル　up-sell
アップターン　upturn
アップターンド　upturned
アップダイク　Updike
アップタイト　uptight
アップタイム　uptime
アップタウン　uptown
アップチャック　upchuck
アップテイク　uptake
アップティック　uptick
アップテーク　uptake
アップデータブル　updatable
アップデート　update
アップテンポ　up-tempo
アップドゥー　updo
アップ・トゥー・ザ・ミニット　up-to-the-minute
アップ・トゥー・デート　up-to-date
アップトーカー　uptalker
アップトーク　uptalk
アップドラフト　updraft
アップトレンド　uptrend
アップビート　upbeat
アップヒーバル　upheaval
アップヒーブ　upheave
アップヒル　uphill
アップフィールド　upfield
アップブリンギング　upbringing
アップブレード　upbraid
アップ・フロント　up-front
アップヘルド　upheld
アップホール　uphaul
アップホールダー　upholder
アップホールド　uphold
アップホルスター　upholster
アップホルスタード　upholstered
アップホルスタラー　upholsterer
アップホルスタリー　upholstery
アップマーケット　upmarket
アップマンシップ　upmanship
アップモスト　upmost
アップライジング　uprising
アップライズ　uprise
アップライト　upright
アップライト・ピアノ　upright piano
アップランド　upland
アップリアー　uprear
アップリケ　appliqué
アップリバー　upriver
アップリフティング　uplifting
アップリフト　uplift
アップリンク　uplink
アップル　apple
アップルート　uproot
アップルカート　applecart
アップル・グリーン　apple green

アップル・サイダー　applecider
アップルジャック　applejack
アップルソース　applesauce
アップルタイザー　Appletiser
アップル・ツリー　apple tree
アップルティーニ　appletini
アップル・パイ　apple pie, apple-pie
アップルパイ・オーダー　apple-pie order
アップルパイ・ベッド　apple-pie bed
アップルビー　Appleby
アップル・ポリッシャー　apple-polisher
アップル・ポリッシュ　apple-polish
アップレイズ　upraise
アップロアー　uproar
アップローダー　uploader
アップローダブル　uploadable
アップロード　upload
アップローリアス　uproarious
アップワーズ　upwards
アップワード　upward
アディアバティック　adiabatic
アディー　Addie, Addy
アディーリア　Adelia
アディオス　adios
アディクション　addiction
アディクティブ　addictive
アディクト　addict
アディゲ　Adygea, Adygei, Adyghe
アティシュー　atishoo
アディショナリティー　additionality
アディショナル　additional
アディション　addition
アディス　Addis
アディス・アベバ　Addis Ababa [Abeba]
アディソニアン　Addisonian
アディソン　Addison
アディソンズ・ディジーズ　Addison's disease
アディダス　adidas
アティチュード　attitude
アティック　attic
アティック・ウィット　Attic wit
アティック・オーダー　Attic order
アティック・ソルト　Attic salt
アディッジ　adage
アディット　adit
アディティブ　additive
アティテューディナイズ　attitudinize
アティテューディナス　attitudinous
アティテューディナル　attitudinal
アティテュード　attitude
アテイナビリティー　attainability
アテイナブル　attainable
アティピカル　atypical
アディプシン　adipsin
アディポーズ　adipose
アディポサイト　adipocyte
アディポサイトカイン　adipocytokine
アディポシティー　adiposity
アディポネクチン　adiponectin
アティラウ　Atyrau
アティルト　atilt
アディロンダック　Adirondack
アディロンダック・マウンテンズ　Adirondack Mountains
アテイン　attain
アディング・マシン　adding machine
アテインメント　attainment
アデージ　adage
アデクイット　adequate
アデクオシー　adequacy
アテステーション　attestation
アテスト　attest
アテトーシス　athetosis
アテナ　Athena
アデナーゼ　adenase
アテナエウム　Athenaeum, -ne-
アテニュアブル　attenuable
アテニュエーション　attenuation
アテニュエーター　attenuator
アテニュエート　attenuate
アデニリル　adenylyl
アデニン　adenine
アテネ　Athens
アテネウム　Athenaeum, -ne-
アデノイド　adenoid
アデノウイルス　adenovirus
アデノーマ　adenoma
アデノシル　adenosyl
アデノシルコバラミン　adenosylcobalamin
アデノシン　adenosine
アデノトーム　adenotome
アデノパシー　adenopathy
アデノマタス　adenomatous

アテノロール　atenolol
アデプス　adeps
アデプト　adept
アデュー　adieu
アデュース　adduce
アテューン　attune
アデラ　Adela
アデライナ　Adelina
アデライン　Adeline
アデリア　Adelia
アデリーナ　Adelina
アデリーン　Adeline
アデル　Adele
アデルバート　Adelbert
アデルミン　adermin, -mine
アデレイド　Adelaide
アデレード　Adelaide
アテローム　atheroma
アデロール　Adderall
アテロコラーゲン　atelocollagen
アデン　Aden
アテンション　attention
アテンション・デフィシット・ディスオーダー　attention deficit disorder, ADD
アテンション・デフィシット・ハイパーアクティビティー・ディスオーダー　attention deficit hyperactivity disorder, ADHD
アデンダ　addenda
アデンダム　addendum
アテンダンス　attendance
アテンダンス・アラウアンス　attendance allowance
アテンダンス・センター　attendance centre
アテンダント　attendant
アテンチン　Attentin
アテンディー　attendee
アテンティブ　attentive
アテンド　attend
アデンドゥム　addendum
アテンプト　attempt
アテンポ　a tempo
アト　atto-, @
アド　ad, add
アドアラー　adorer
アド・イン　add-in
アド・インフィニトゥム　ad infinitum
アドゥー　ado
アドウーマン　adwoman
アドウェア　adware
アトウォーター　Atwater
アトウッド　Atwood
アトーナル　atonal
アトーニー　attorney
アトーニー・ジェネラル　attorney general
アドービ　adobe
アドーラビリティー　adorability
アドーラブル　adorable
アトール　atoll
アトーン　atone
アド・オン　add-on
アドーン　adorn
アトーンメント　atonement
アドーンメント　adornment
アトキンズ　Atkins
アトキンソン　Atkinson
アトス　Athos
アドセンス　AdSense
アドソーブ　adsorb
アドソープション　adsorption
アドソープティブ　adsorptive
アドソーベント　adsorbent
アトップ　atop
アド・ナウセアム　ad nauseam
アトナリティー　atonality
アトニー　atony
アドニス　Adonis
アドニス・ブルー　Adonis blue
アドニトール　adonitol
アドバーサリー　adversary
アドバーシティー　adversity
アドバース　adverse
アドパーソン　adperson
アドバーテント　advertent
アドバート　advert
アドバービアル　adverbial
アドバーブ　adverb
アドバイザー　adviser, advisor
アドバイザビリティー　advisability
アドバイザブル　advisable
アドバイザリー　advisory
アドバイス　advice
アドバイズ　advise
アドバイズメント　advisement
アドバイゾリー　advisory

アドバウゾン　advowson
アドバゲーミング　advergaming
アドバゲーム　advergame
アドバサリアル　adversarial
アドバタイザー　advertiser
アドバタイジング　advertising
アドバタイズ　advertise, -tize
アドバタイズメント　advertisement
アト・バット　at bat, at-bat
アドバトリアル　advertorial
アドバンス　advance
アドバンス・ガード　advance guard
アドバンス・コピー　advance copy
アドバンスト　advanced
アドバンスト・スタンディング　advanced standing
アドバンスト・レベル　Advanced level
アドバンスメント　advancement
アドバンテージ　advantage
アドバンテージド　advantaged
アドバンテージャス　advantageous
アドビ　Adobe
アドヒアー　adhere
アドヒアレンス　adherence
アドヒアレント　adherent
アトピー　atopy
アドヒーシブ　adhesive
アドヒージョン　adhesion
アドピープル　adpeople
アドビル　Advil
アトファン　Atophan
アドプション　adoption
アドプター　adopter
アドプティー　adoptee
アドプティブ　adoptive
アドプト　adopt
アドベクション　advection
アトペン　atopen
アドベンチャー　adventure
アドベンチャーサム　adventuresome
アドベンチャー・プレーグラウンド　adventure playground
アドベンチャラー　adventurer
アドベンチャラス　adventurous
アドベンチャリスティック　adventuristic
アドベンチャリズム　adventurism
アドベンチャレス　adventuress
アドベンティシャス　adventitious
アドベンティスト　Adventist
アドベント　advent
アドベント・サンデー　Advent Sunday
アドボ　adobo
アト・ホーム　at-home
アドボカシー　advocacy
アドホクラシー　adhocracy
アドボケーター　advocator
アドボケート　advocate
アドホック　ad hoc
アドマイアー　admire
アドマイアラー　admirer
アドマイアリング　admiring
アトマイザー　atomizer, -iser
アトマイズ　atomize, -ise
アトマイゼーション　atomization, -isation
アドマス　admass
アドマン　adman
アドミクスチャー　admixture
アトミシティー　atomicity
アトミスティック　atomistic
アトミズム　atomism
アトミゼーション　atomization, -isation
アドミタンス　admittance
アトミック　atomic
アトミック・ウェイト　atomic weight
アトミック・エージ　atomic age
アトミック・エナジー　atomic energy
アトミック・エネルギー　atomic energy
アトミック・エネルギー・オーソリティー　Atomic Energy Authority
アトミック・カクテル　atomic cocktail
アトミック・クラウド　atomic cloud
アトミック・クロック　atomic clock
アドミックス　admix
アトミック・ストラクチャー　atomic structure
アトミック・セオリー　atomic theory
アトミック・ソルジャー　atomic soldier
アトミック・ナンバー　atomic number
アトミック・パイル　atomic pile
アトミック・パワー　atomic power
アトミック・ボム　atomic bomb
アトミック・ボリューム　atomic volume
アトミック・マス　atomic mass
アトミック・マス・ユニット　atomic mass

unit
アドミッシブル admissible
アドミッション admission
アドミッタンス admittance
アドミット admit
アドミニスター administer
アドミニストラティブ administrative
アドミニストレーション administration
アドミニストレーター administrator
アドミニストレート administrate
アドミラブル admirable
アドミラル admiral
アドミラルシップ admiralship
アドミラルズ・カップ Admiral's Cup
アドミラルティー admiralty
アドミレーション admiration
アドミン admin
アトム atom
アトム・スマッシャー atom smasher
アトム・ボム atom bomb
アトモキセチン atomoxetine
アトモスト utmost
アトモスフィア atmosphere
アトモスフェリック atmospheric
アトモスフェリックス atmospherics
アトモスフェリック・プレッシャー atmospheric pressure
アドモニション admonition
アドモニッシュ admonish
アドモニトリー admonitory
アドラー Adler
アトラクション attraction
アトラクター attractor, attracter
アトラクタント attractant
アトラクティブ attractive
アトラクト attract
アトラジン atrazine
アトラス atlas
アトラス・マウンテンズ Atlas Mountains
アトラビリアス atrabilious
アドラフィニル adrafinil
アトランタ Atlanta
アトランタ・ファルコンズ Atlanta Falcons
アトランタ・ホークス Atlanta Hawks
アトランダム at random
アトランティアン Atlantean
アトランティシスト Atlanticist
アトランティシズム Atlanticism
アトランティス Atlantis
アトランティック Atlantic
アトランティック・オーシャン Atlantic Ocean
アトランティック・スタンダード・タイム Atlantic standard time
アトランティック・タイム Atlantic time
アドリア Adriatic
アドリアーノ Adriano
アドリアマイシン Adriamycin
アトリウム atrium
アトリエ atelier
アドリエンヌ Adrienne
アトリション attrition
アド・リビトゥム ad libitum
アトリビューション attribution
アトリビュート attribute
アトリビュタブル attributable
アトリビュティブ attributive
アドリブ ad lib, ad-lib
アドリフト adrift
アドル addle
アドルド addled
アトルバスタチン atorvastatin
アドルフ Adolf
アドルファス Adolphus
アドルブレーンド addlebrained
アドレーション adoration
アドレサビリティー addressability
アドレサブル addressable
アドレシー addressee
アドレシン addressin
アドレス address
アドレス・ブック address book
アドレッサー addresser, addressor
アドレッサブル addressable
アドレッセンス adolescence
アドレッセント adolescent
アドレナーキ adrenarche
アドレナージック adrenergic
アドレナリン adrenaline
アドレナル adrenal
アドレニン adrenine
アドレノトキシン adrenotoxin
アドレノドキシン adrenodoxin
アドロイト adroit

アトローシャス　atrocious
アトロシティー　atrocity
アトロシン　atroscine
アトロピズム　atropism
アトロピニズム　atropinism
アトロピン　atropine, -pin
アトロフィー　atrophy
アトロポス　Atropos
アドワーズ　AdWords
アド・ワローレム　ad valorem
アナ　Anna
アナーキー　anarchy
アナーキカル　anarchical
アナーキスティック　anarchistic
アナーキスト　anarchist
アナーキズム　anarchism
アナーキック　anarchic
アナーバー　Ann Arbor
アナールズ　annals
アナイアレーション　annihilation
アナイアレート　annihilate
アナイス　Anaïs
アナイソトロピー　anisotropy
アナイソトロピック　anisotropic
アナウェアー　unaware
アナウェアーズ　unawares
アナウンサー　announcer
アナウンス　announce
アナウンスメント　announcement
アナキン　Annakin
アナキン・スカイウォーカー　Anakin Skywalker
アナグノリシス　anagnorisis
アナクライシス　anaclisis
アナグラム　anagram
アナクリシス　anaclisis
アナクリティック　anaclitic
アナクロニスティック　anachronistic
アナクロニズム　anachronism
アナコルーソン　anacoluthon
アナコンダ　anaconda
アナザー　another
アナサジ　Anasazi
アナ・スイ　Anna Sui
アナスタシア　Anastasia
アナスチグマート　anastigmat
アナスティグマット　anastigmat
アナスティグマティック　anastigmatic
アナストロゾール　anastrozole
アナセマ　anathema
アナセマタイズ　anathematize
アナターゼ　anatase
アナットー　annatto
アナテマ　anathema
アナトール　Anatole
アナトマイズ　anatomize
アナトミー　anatomy
アナトミカリー　anatomically
アナトミカル　anatomical
アナトミスト　anatomist
アナトミック　anatomic
アナトリア　Anatolia
アナニマス　anonymous
アナハイム　Anaheim
アナバシン　anabasine
アナバプティスト　Anabaptist
アナフィラキシー　anaphylaxis, Anaphylaxie
アナフィラクシス　anaphylaxis
アナフィラクティック　anaphylactic
アナフォラ　anaphora
アナフォリック　anaphoric
アナブリッジド　unabridged
アナペスティック　anapestic, -paes-
アナペスト　anapest, -paest
アナベル　Annabel, -belle, -bella
アナポリス　Annapolis
アナボリズム　anabolism
アナボリック　anabolic
アナボリック・ステロイド　anabolic steroid
アナライザー　analyzer, -lyser
アナライザブル　analyzable, -lysable
アナライズ　analyze, -lyse
アナリシス　analysis
アナリスト　analyst, annalist
アナリティカル　analytical
アナリティック　analytic
アナリティック・ジオメトリー　analytic geometry
アナリティックス　analytics
アナル　anal, annul
アナルゲシア　analgesia
アナルゲシック　analgesic
アナルコ・サンディカリズム　anarcho-

syndicalism
アナルシム analcime
アナル・フィン anal fin
アナルメント annulment
アナレクト analects
アナレプティック analeptic
アナロガス analogous
アナログ analogue, -log
アナログ・コンピュータ analog computer
アナロジー analogy
アナロジカル analogical
アナロジャイズ analogize
アナン Annan
アナンシエーション annunciation
アナンシエーター annunciator
アナンダ Ananda
アナンダミド anandamide
アニー Annie
アニー・オークリー Annie Oakley
アニージー uneasy
アニージネス uneasiness
アニージリー uneasily
アニーズ unease
アニーブン uneven
アニーミア anemia, anae-
アニーミック anemic, anae-
アニーリング annealing
アニール anneal
アニエス・ベー agnès b.
アニェッリ Agnelli
アニェホ añejo
アニオン anion
アニシード aniseed
アニシジン anisidine
アニス anis, anise
アニスアルデヒド anisaldehyde
アニストン Aniston
アニセット anisette
アニソール anisole
アニタ Anita
アニバーサリー anniversary
アニマ anima
アニマート animato
アニマトロニクス animatronics
アニマトロニック animatronic
アニマリスティック animalistic
アニマリズム animalism
アニマリティー animality
アニマル animal
アニマル・アシステッド・セラピー animal assisted therapy
アニマルキュール animalcule
アニマル・トラッキング animal tracking
アニマル・トラック animal track
アニマル・マグネティズム animal magnetism
アニマル・ライツ animal rights
アニミスティック animistic
アニミスト animist
アニミズム animism
アニムス animus
アニメ anime
アニメーション animation
アニメーター animator, -mater
アニメーテッド animated
アニメート animate
アニモシティー animosity
アニヤ・ハインドマーチ Anya Hindmarch
アニュアライズ annualize
アニュアル annual
アニュアル・リポート annual report
アニュアル・リング annual ring
アニュイタント annuitant
アニュイティー annuity
アニュー anew
アニュージュアリー unusually
アニュージュアル unusual
アニュス・デイ Agnus Dei
アニュラー annular
アニュラー・エクリプス annular eclipse
アニュラス annulus
アニュラリティー annularity
アニュリズマル aneurysmal, -ris-
アニュリズム aneurysm, -rism
アニョロッティ agnolotti
アニリン aniline, -lin
アニリン・ダイ aniline dye
アヌーク Anouk
アヌシー Annecy
アヌス anus
アヌラー annular
アネイブル unable
アネクセーション annexation
アネクドータル anecdotal

アネクドーテージ　anecdotage
アネクドート　anecdote
アネスシージオロジー　anesthesiology, -aes-
アネスシージオロジスト　anesthesiologist
アネステシア　anesthesia, -aes-
アネステシオロジー　anesthesiology, -aes-
アネステシオロジスト　anesthesiologist
アネステタイズ　anesthetize
アネステタイゼーション　anesthetization
アネステティスト　anesthetist
アネステティゼーション　anesthetization
アネステティック　anesthetic, -aes-
アネックス　annex
アネッタ　Annetta
アネット　Annette
アネッリ　anelli
アネホ　añejo
アネモネ　anemone
アネモフィリー　anemophily
アネモメーター　anemometer
アネリド　annelid
アネルギー　anergy
アネロイド　aneroid
アネロビクス　anaerobics
アノイ　annoy
アノイイング　annoying
アノイヤンス　annoyance
アノイリン　aneurine
アノインター　anointer
アノイント　anoint
アノイントメント　anointment
アノード　anode
アノー・ドミニー　anno Domini, A.D.
アノード・レイ　anode ray
アノクシア　anoxia
アノクシック　anoxic
アノダイズ　anodize
アノダイゼーション　anodization
アノダイン　anodyne
アノディゼーション　anodization
アノテーション　annotation
アノテーター　annotator, -tater
アノテート　annotate
アノニマス　anonymous
アノニミティー　anonymity
アノニム　anonym
アノビュラント　anovulant
アノフェレス　anopheles
アノマー　anomer
アノマラス　anomalous
アノマリー　anomaly
アノミー　anomie, anomy
アノラック　anorak
アノレクシア　anorexia
アノレクシック　anorexic
アノン　anon.　⇨アノニマス
アバ　Abba
アハー　aha, ah ha
アバー　aver
アバーシブ　aversive
アバージョン　aversion
アバージョン・セラピー　aversion therapy
アバース　averse
アパーセプション　apperception
アパーチャー　aperture
アパーテイン　appertain
アパーテナンス　appurtenance
アパーテナント　appurtenant
アバート　avert
アパート　apart
アバードポイズ　avoirdupois
アパートメント　apartment
アパートメント・ハウス　apartment house
アパートメント・ビルディング　apartment building
アパートメント・ホテル　apartment hotel
アバーメント　averment
アバール　Avar
アバイア　Avaya
アバイディング　abiding
アバイド　abide
アバウ　avow
アバウアル　avowal
アバウチ　avouch
アバウト　about
アバウド　avowed
アバウト・フェイス　about-face
アバウンド　abound
アバカス　abacus
アバカビル　abacavir
アバクロ　⇨アバクロンビー
アバクロンビー　Abercrombie
アバシー　abbacy

アパシー　apathy
アパシー・シンドローム　apathy syndrome
アバズ　abuzz
アバスチン　Avastin
アパセティック　apathetic
アバター　avatar
アパタイト　apatite
アバダン　Abadan
アパチャー　aperture
アバック　aback
アバッシュ　abash
アパッシュ　Apache
アバッシュト　abashed
アパッチ　Apache
アバット　abut
アバットメント　abutment
アバディーン　Aberdeen
アバディーン・アンガス　Aberdeen Angus
アパトー　Apatow
アバトワール　abbatoir
アパネージ　appanage, apanage
アバビル　Ababil
アバブ　above
アバブグラウンド　aboveground
アバフト　abaft
アバブ・パー　above par
アバブボード　aboveboard
アバブ・メンションド　above-mentioned
アバマ　Abama
アハマディネジャド　Ahmadinejad
アバミューン　Abamune
アパミン　apamin
アバヤ　abaya
アパラチアン　Appalachian
アパラチク　apparatchik
アパラトゥス　apparatus
アバランシュ　avalanche
アバリシャス　avaricious
アパリション　apparition
アバリス　avarice
アパルーサ　Appaloosa
アバルト　Abarth
アパルトヘイト　apartheid
アパレル　apparel
アバローニ　abalone
アバロン　Avalon, Avallon
アバンギャルディスト　avant-gardist
アバンギャルディズム　avant-gardism
アバンギャルド　avant-garde
アバンキュラー　avuncular
アバンダン　abandon
アバンダンス　abundance
アバンダント　abundant
アバンダンド　abandoned
アバンダンメント　abandonment
アバンチュール　aventure
アバンディア　Avandia
アヒ　ahi
アピア　Apia
アピアー　appear
アピアランス　appearance
アビー　abbey, Abbey, Abbie
アピーザー　appeaser
アピーザブル　appeasable
アヒージョ　ajillo
アピース　apiece
アピーズ　appease
アピーズメント　appeasement
アピーリング　appealing
アピール　appeal
アビエイ　Abyei
アビエーション　aviation
アピオール　apiole, apiol
アビオニクス　avionics
アピカル　apical
アピカルチャー　apiculture
アピカルチュリスト　apiculturist
アビガン　Avigan
アピキサバン　apixaban
アビゲール　Abigail
アピゲニン　apigenin
アピシット・ウェチャチワ　Abhisit Vejjajiva
アビシニア　Abyssinia
アビシニアン　Abyssinian
アビジャン　Abidjan
アビジン　avidin
アビス　abyss, Avice
アビズマル　abysmal
アピタイザー　appetizer
アビタシオン　habitation
アビタミノーシス　avitaminosis
アビッド　avid
アビディティー　avidity
アビトゥア　Abitur

アビニョン　Avignon
アビヤンガ　Abhyanga
アビューザー　abuser
アビューザブル　abusable
アビューシブ　abusive
アビューズ　abuse
アピラーゼ　apyrase
アビランド　Haviland
アビリティー　ability
アビントン　Abington
アブ　Ab
アプ　app
アファー　afar
アファーマティブ　affirmative
アファーマティブ・アクション　affirmative action
アファーマブル　affirmable
アファーム　affirm
アファーメーション　affirmation
アファイア　afire
アファウル　afoul
アファビリティー　affability
アファブル　affable
アファレント　afferent
アフィーリオン　aphelion
アフィールド　afield
アフィシオナード　aficionado, affi-
アフィス　aphis
アフィダーウィット　affidavit
アフィックス　affix
アフィッド　aphid
アフィデービット　affidavit
アブ・イニシオ　ab initio
アフィニティー　affinity
アフィリエーション　affiliation
アフィリエート　affiliate
アフェアー　affair
アフェージア　aphasia
アフェージアック　aphasiac
アフェージック　aphasic
アフェクショネート　affectionate
アフェクション　affection
アフェクティブ　affective
アフェクティング　affecting
アフェクテーション　affectation
アフェクト　affect
アフェクトレス　affectless
アフェシス　aphesis
アフェレシス　aphaeresis, apher-
アフォアセッド　aforesaid
アフォアソート　aforethought
アフォアメンションド　aforementioned
アフォーダビリティー　affordability
アフォーダブル　affordable
アフォード　afford
アフォーレステーション　afforestation
アフォーレスト　afforest
アフォガート　affogato
アフォティック　aphotic
アブ・オマール　Abu Omar
アフォリスト　aphorist
アフォリズム　aphorism
アフォルティオーリ　a fortiori
アフガニ　afghani
アフガニスタン　Afghanistan
アフガン　Afghan
アフガン・ハウンド　Afghan hound
アブグレイブ　Abu Ghraib
アブサーディスト　absurdist
アブサーディズム　absurdism
アブサーディティー　absurdity
アブサード　absurd
アブザード　absurd
アプサラ　apsara
アブサロム　Absalom
アブジェクション　abjection
アブジェクト　abject
アブシジン　abscisin
アプシス　apsis
アブシッサ　abscissa
アブジャ　Abuja
アブジュアー　abjure
アブジュレーション　abjuration
アブシンス　absinth(e)
アブシンチン　absinthin
アブズ　abs
アプス　apse
アブスコパル　abscopal
アブスコンド　abscond
アブスティーミアス　abstemious
アブステイナー　abstainer
アブスティネンス　abstinence
アブスティネント　abstinent
アブステイン　abstain

アブステンション　abstention
アブストラクショニスト　abstractionist
アブストラクショニズム　abstractionism
アブストラクション　abstraction
アブストラクティブ　abstractive
アブストラクテッド　abstracted
アブストラクト　abstract
アブストルース　abstruse
アブセール　abseil
アブセス　abscess
アブセスト　abscessed
アプセッティング　upsetting
アプセット　upset
アプセット・プライス　upset price
アブセンス　absence
アブセンティア　absentia
アブセンティー　absentee
アブセンティーイズム　absenteeism
アブセント　absent
アブセントリー　absently
アブソーバー　absorber
アブゾーバー　absorber
アブソーバビリティー　absorbability
アブソーバブル　absorbable
アブゾーバブル　absorbable
アブソービング　absorbing
アブゾービング　absorbing
アブソーブ　absorb
アブゾーブ　absorb
アブソープション　absorption
アブゾープション　absorption
アブソープション・スペクトラム　absorption spectrum
アブソープティブ　absorptive
アブゾープティブ　absorptive
アブソーブド　absorbed
アブゾーブド　absorbed
アブソーベンシー　absorbency
アブゾーベンシー　absorbency
アブソーベント　absorbent
アブゾーベント　absorbent
アブソリュート　absolute
アブソルーション　absolution
アブソルーティスティック　absolutistic
アブソルーティスト　absolutist
アブソルーティズム　absolutism
アブソルート　absolute, Absolut
アブソルート・アルコール　absolute alcohol
アブソルート・シーリング　absolute ceiling
アブソルート・ゼロ　absolute zero
アブソルート・テンパラチャー　absolute temperature
アブソルート・バリュー　absolute value
アブソルート・ピッチ　absolute pitch
アブソルート・マジョリティー　absolute majority
アブソルートリー　absolutely
アブソルブ　absolve
アブゾルブ　absolve
アフター　after
アフター・アワーズ　after-hours
アフターイメージ　afterimage
アフターエフェクト　aftereffect
アフターグロー　afterglow
アフターグロース　aftergrowth
アフターケア　aftercare
アフターシェーブ　aftershave
アフターショック　aftershock
アフターズ　afters
アフターソート　afterthought
アフタータックス　aftertax
アフターダンプ　afterdamp
アフターテイスト　aftertaste
アフター・ディナー　after-dinner
アフターデッキ　afterdeck
アフタートリートメント　aftertreatment
アフターバース　afterbirth
アフターバーナー　afterburner
アフタープレー　afterplay
アフターマーケット　aftermarket
アフターマス　aftermath
アフターモスト　aftermost
アフターライフ　afterlife
アフターワーズ　afterwards
アフターワード　afterward, afterword
アブダクション　abduction
アブダクター　abductor
アブダクティー　abductee
アブダクト　abduct
アフタヌーン　afternoon
アフタヌーンズ　afternoons
アフタヌーン・ティー　afternoon tea
アブ・ダビ　Abu Dhabi
アプタマー　aptamer

アフタマス　aftermath
アフット　afoot
アブディエル　Abdiel
アブディケーション　abdication
アブディケーター　abdicator
アブディケート　abdicate
アプティテュード　aptitude
アプティテュード・テスト　aptitude test
アプテラ　Aptera
アプテラス　apterous
アプテリックス　apteryx
アフト　aft
アプト　apt
アブドゥラ　Abdullah
アブドゥル　Abdul
アプドーマ　apudoma
アブドミナル　abdominal
アブドメン　abdomen
アフトン　Afton
アプトン　Upton
アブナー　Abner
アプニア　apnea, apnoea
アプニーア　apnea, apnoea
アブニゲーション　abnegation
アブニゲート　abnegate
アブノーマライズ　abnormalize
アブノーマリティー　abnormality
アブノーマル　abnormal
アブノーマル・サイコロジー　abnormal psychology
アフパク　AfPak
アブハジア　Abkhazia
アプフェルシュトルーデル　apfelstrudel
アブフラクション　abfraction
アブホアー　abhor
アブホアラー　abhorrer
アブホアレンス　abhorrence
アブホアレント　abhorrent
アフマディネジャド　Ahmadinejad
アプライ　apply
アプライアンス　appliance
アプライズ　apprise, apprize
アプライト　upright
アプライド　applied
アブラウト　ablaut
アプラウト　ablaut
アブラカダブラ　abracadabra
アブラスチン　ablastin
アフラック　Aflac
アフラックス　afflux
アフラッター　aflutter
アブラティブ　ablative
アフラトキシン　aflatoxin
アブラハム　Abraham
アブラプト　abrupt
アブラプトネス　abruptness
アブラモビッチ　Abramovich
アプリ　⇨アプリケーション
アプリー　appellee
アプリーシアティブ　appreciative
アプリーシアブル　appreciable
アプリーシエーション　appreciation
アプリーシエーター　appreciator
アプリーシエート　appreciate
アプリーシャブル　appreciable
アブリービエーション　abbreviation
アブリービエート　abbreviate
アプリオリ　a priori
アフリカ　Africa
アフリカーナー　Afrikaner, -kaa-, -ca-
アフリカーンス　Afrikaans
アフリカティブ　affricative
アフリカナイズ　Africanize
アフリカナイゼーション　Africanization
アプリカビリティー　applicability
アプリカブル　applicable
アフリカン　African
アフリカン・アメリカン　African-American
アプリカント　applicant
アフリカン・バイオレット　African violet
アフリクション　affliction
アフリクティブ　afflictive
アフリクト　afflict
アプリケ　appliqué
アプリケーション　application
アプリケーション・プログラム　application program
アフリケート　affricate
アブリコ　abricot
アプリコット　apricot
アブリッジ　abridge
アブリッジメント　abridgment, abridge-
アブリビエーション　abbreviation
アブリビエート　abbreviate

アプリヘンシブ　apprehensive
アプリヘンシブル　apprehensible
アプリヘンション　apprehension
アプリヘンド　apprehend
アプリリア　Aprilia
アブリル　Avril
アブリン　abrin
アブルーション　ablution
アプルーバブル　approvable
アプルーバル　approval
アプルーブ　approve
アプルーブド・カー　approved car
アプルーブド・スクール　approved school
アブルーム　abloom
アフルエンザ　affluenza
アフルエンス　affluence
アフルエント　affluent
アフルエント・ソサエティー　affluent society
アブルッツォ　Abruzzo
アプレイザー　appraiser
アプレイザル　appraisal
アプレイズ　appraise
アフレイド　afraid
アフレー　affray
アブレーシブ　abrasive
アブレーション　ablation
アブレージョン　abrasion
アブレーズ　ablaze
アブレーター　ablator
アフレータス　afflatus
アブレード　abrade
アフレーム　aflame
アプレスキー　après-ski
アブレスト　abreast
アフレック　Affleck
アフレッシュ　afresh
アプレット　applet
アプレンティー　aplenty
アプレンティス　apprentice
アプレンティスシップ　apprenticeship
アフロ　Afro, Afro-
アフロ・アジアン　Afro-Asian
アフロ・アメリカン　Afro-American
アフロ・エイジアン　Afro-Asian
アプローズ　applause
アプローチ　approach
アプローチ・ショット　approach shot
アプローチャビリティー　approachability
アプローチャブル　approachable
アフロート　afloat
アブロード　abroad
アプロード　applaud
アブロガブル　abrogable
アプロクシメーション　approximation
アプロクシメート　approximate
アブロゲーション　abrogation
アブロゲート　abrogate
アフロ・サクソン　Afro-Saxon
アプロチニン　aprotinin
アフロディージアック　aphrodisiac
アフロディテ　Aphrodite
アプロバトリー　approbatory
アプロバルビタール　aprobarbital
アフロビート　Afrobeat
アプロプリアブル　appropriable
アプロプリエーション　appropriation
アプロプリエーター　appropriator
アプロプリエート　appropriate
アプロベーション　approbation
アプロベート　approbate
アプロポ　apropos
アプロム　aplomb
アフロント　affront
アベ　ave
アペアレント　apparent
アペアレントリー　apparently
アベイヤンス　abeyance
アベイラビリティー　availability
アベイラブル　available
アベイル　avail
アベー　abbey
アベース　abase
アペース　apace
アベート　abate
アベートメント　abatement
アベーラビリティー　availability
アベーラブル　available
アベール　avail
アベス　abbess
アベスタ　Avesta
アベスタン　Avestan
アベスティック　Avestic
アペタイザー　appetizer
アペタイジング　appetizing

アペタイト　appetite
アペックス　apex
アベッター　abettor, abetter
アヘッド　ahead
アベット　abet
アベットメント　abetment
アベニュー　avenue
アペニン　Apennines
アベベ　Abebe
アベ・マリア　Ave Maria
アベラード　Abelard
アベラール　Abélard
アペラティブ　appellative
アベランシー　aberrancy
アベランジェ　Havelange
アベランス　aberrance
アベラント　aberrant
アペラント　appellant
アベリーノ　Avellino
アペリエント　aperient
アペリティフ　apéritif, aper-
アベル　Abel
アベルチン　Avertin
アベレージ　average
アベレーショナル　aberrational
アベレーション　aberration
アペレーション　appellation
アペレート　appellate
アベンジ　avenge
アベンジャー　avenger
アペンダント　appendant, -ent
アベンチュリン　aventurine, -rin, avan-
アペンディクス　appendix
アペンディサイティス　appendicitis
アペンディシーズ　appendices
アペンディックス　appendix
アペンデージ　appendage
アペンデクトミー　appendectomy, appendicectomy
アベンド　abend
アペンド　append
アベンヌ　Avène
アポ　⇨アポイントメント
アボイダブル　avoidable
アボイダンス　avoidance
アボイド　avoid
アポインティー　appointee
アポインティブ　appointive
アポインテッド　appointed
アポイント　appoint
アポイントメント　appointment
アホーイ　ahoy
アボーショニスト　abortionist
アボーション　abortion
アポーション　apportion
アポーションメント　apportionment
アポーズ　appose
アボーティブ　abortive
アボート　abort
アボード　aboard, abode
アポート　aport
アポーリング　appalling
アポール　appall, -pal
アボカド　avocado
アボガドロ　Avogadro
アポカリプス　apocalypse
アポカリプティック　apocalyptic
アボキナーゼ　Abbokinase
アポクリファ　Apocrypha
アポクリファル　Apocryphal
アポクリン　apocrine
アボケーション　avocation
アポコピー　apocope
アポジー　apogee
アポジショナル　appositional
アポジション　apposition
アポジット　apposite
アポジティブ　appositive
アポスタシー　apostasy
アポスタタイズ　apostatize
アポステート　apostate
アポステリオリ　a posteriori
アポストリカル　apostolical
アポストリック　apostolic
アポストリック・サクセッション　apostolic succession
アポストレート　apostolate
アポストロファイズ　apostrophize
アポストロフィー　apostrophe
アポセオーシス　apotheosis
アポセオサイズ　apotheosize
アポセカリー　apothecary
アポセカリーズ・ウェイト　apothecaries' weight

アボセット　avocet, -set
アポセム　apothegm, apophthegm
アボタバード　Abbottabad
アポッスル　apostle
アボット　abbot, Abbott
アポトーシス　apoptosis
アポドシス　apodosis
アポフェリチン　apoferritin
アポプトーシス　apoptosis
アポプレクシー　apoplexy
アポプレクティック　apoplectic
アポプロテイン　apoprotein
アボベンゾン　avobenzone
アポマトックス　Appomattox
アボミナブル　abominable
アボミネーション　abomination
アボミネーター　abominator
アボミネート　abominate
アポリア　aporia
アボリジナル　aboriginal
アボリジニー　aborigine
アボリショニスト　abolitionist
アボリショニズム　abolitionism
アボリション　abolition
アボリッシャブル　abolishable
アボリッシュ　abolish
アポリティカル　apolitical
アポリネール　Apollinaire
アポリポプロテイン　apolipoprotein
アポロ　Apollo
アポローグ　apologue
アホロートル　axolotl
アポローニアン　Apollonian
アポロジア　apologia
アポロジー　apology
アポロジェティック　apologetic
アポロジェティックス　apologetics
アポロジスト　apologist
アポロジャイズ　apologize
アポロニアン　Apollonian
アポロン　Apollo
アホワール　awhirl
アホワイル　awhile
アポン　upon
アマーシャム　Amersham
アマースト　Amherst
アマーティ　Amati
アマウント　amount
アマス　amass
アマスメント　amassment
アマゾニア　Amazonia
アマゾニアン　Amazonian
アマゾン　Amazon
アマゾン・アント　Amazon ant
アマチュア　amateur
アマチュアリズム　amateurism
アマデウス　Amadeus
アマトール　amatol
アマドラ　Amadora
アマトリー　amatory
アマトリチャーナ　amatriciana
アマナ　Amana
アマナール　Amanar, Amânar
アマニチン　amanitin
アマヌエンシス　amanuensis
アマベラ　Amabella
アマベル　Amabel, -belle
アマランス　amaranth
アマリア　Amalia
アマリリス　amaryllis
アマリロ　Amarillo
アマル　Amal
アマルガム　amalgam
アマルガメーション　amalgamation
アマルガメート　amalgamate
アマルテア　Amalthea
アマルフィ　Amalfi
アマレッティ　amaretti
アマレット　amaretto
アマロイド　amaroid
アマング　among
アマンダ　Amanda
アマンタジン　amantadine
アマンディーヌ　amandine
アマンド　amande
アミ　ami, amie
アミアンタス　amianthus
アミーガ　Amiga
アミーゴ　amigo
アミーナビリティー　amenability
アミーナブル　amenable
アミーバ　amoeba, ameba
アミービック　amebic, amoebic
アミーリア　Amelia

アミーリオラティブ　ameliorative
アミーリオレーション　amelioration
アミーリオレーティブ　ameliorative
アミーリオレート　ameliorate
アミカビリティー　amicability
アミカブル　amicable
アミグダラ　amygdala
アミグダリン　amygdalin
アミス　amiss, amice
アミッド　amid
アミッドシップ　amidship(s)
アミティー　amity
アミド　amide
アミトラズ　amitraz
アミトリプチリン　amitriptyline
アミドン　amidone
アミナーゼ　aminase
アミネーション　amination
アミノ・アシッド　amino acid
アミノアシル　aminoacyl
アミノアンチピリン　aminoantipyrine
アミノトランスフェラーゼ　aminotransferase
アミノトルエン　aminotoluene
アミノパラチオン　aminoparathion
アミノビフェニル　aminobiphenyl
アミノピリン　aminopyrine
アミノフィリン　aminophylline
アミノフェノール　aminophenol
アミノベンゼン　aminobenzene
アミノメチル　aminomethyl
アミフェナゾール　amiphenazole
アミホスチン　amifostine
アミュージング　amusing
アミューズ　amuse
アミューズ・グール　amuse-gueule
アミューズド　amused
アミューズ・ブーシュ　amuse-bouche
アミューズメント　amusement
アミューズメント・アーケード　amusement arcade
アミューズメント・スペース　amusement space
アミューズメント・パーク　amusement park
アミュニション　ammunition
アミュレット　amulet
アミラーゼ　amylase
アミル　amyl
アミレース　amylase
アミロイド　amyloid
アミロイドージス　amyloidosis
アミロース　amylose
アミロペクチン　amylopectin
アミロリド　amiloride
アミン　amine, Amin
アム　am
アムウェイ　Amway
アムール　amour, Amur
アムジェン　Amgen
アムステル　Amstel
アムステルダム　Amsterdam
アムダール　Amdahl
アムトラック　Amtrak, amtrac, -tra(c)k
アムニージア　amnesia
アムニージアック　amnesiac
アムニオセンティーシス　amniocentesis
アムニオティック　amniotic
アムニオティック・フルーイッド　amniotic fluid
アムニオン　amnion
アムネスティー　amnesty
アムネスティー・インターナショナル　Amnesty International
アムハラ　Amhara
アムハリック　Amharic
アムホテリシン　amphotericin
アムリッツァル　Amritsar
アムリノン　amrinone
アムンゼン　Amundsen
アメージング　amazing
アメーズ　amaze
アメーズメント　amazement
アメーバ　ameba, amoeba
アメシスト　amethyst
アメスラン　Ameslan
アメダス　AMeDAS
アメックス　AMEX
アメトプテリン　amethopterin
アメトリン　ametrine
アメニティー　amenity
アメニティー・ベッド　amenity bed
アメラシアン　Amerasian
アメリカ　America
アメリカーナ　Americana

アメリカーノ　Americano
アメリカ・オンライン　America Online, AOL
アメリカナイズ　Americanize
アメリカナイゼーション　Americanization
アメリカニスト　Americanist
アメリカニズム　Americanism
アメリカニゼーション　Americanization
アメリカン　American
アメリカン・イーグル　American eagle
アメリカン・イングリッシュ　American English
アメリカン・インディアン　American Indian
アメリカン・サイン・ランゲージ　American Sign Language
アメリカン・ドリーム　American dream
アメリカン・フットボール　American football
アメリカン・プラン　American plan
アメリカン・ブリー　American bully
アメリカン・リーグ　American League
アメリカン・リージョン　American Legion
アメリカン・レボリューション　American Revolution
アメリコー　AmeriCorps
アメリシウム　americium
アメリッポン　Amerippon
アメリンディアン　Amerindian
アメリンド　Amerind
アメン　Amen
アメンズ　amends
アメンダブル　amendable
アメンチア　amentia
アメンド　amend
アメンドメント　amendment
アモ　ammo
アモイ　Amoy
アモウニアック　ammoniac
アモー　ammo
アモータイザブル　amortizable
アモータイズ　amortize, -tise
アモール　amor
アモキシシリン　amoxicillin, -oxy-
アモコ　Amoco
アモサイト　amosite
アモジメチコン　amodimethicone
アモス　Amos
アモック　amok, amuck
アモティゼーション　amortization
アモバルビタール　amobarbital
アモラス　amorous
アモラル　amoral
アモルファス　amorphous
アモンティリヤード　amontillado
アヤックス　Ajax
アヤトラ　ayatollah, -tul-
アユ　ayu
アユタヤ　Ayutthaya
アラ　a la, à la
アラー　Allah
アラーク　Arak
アラージェニック　allergenic
アラージスト　allergist
アラージック　allergic
アラート　alert
アラーミスト　alarmist
アラーミング　alarming
アラーム　alarm
アラーム・クロック　alarm clock
アラーム・ベル　alarm bell
アライ　ally, awry
アライアンス　alliance
アライアンス・ブーツ　Alliance Boots
アライク　alike
アライズ　arise, Allies
アライト　alight, aright
アライド　allied
アライバル　arrival
アライブ　alive, arrive
アライメント　alignment, aline-
アライン　align, aline
アラインメント　alignment, aline-
アラウ　allow
アラウアブル　allowable
アラウアンス　allowance
アラウィ　Allawi
アラウィート　Alaouite, Alawite
アラウザル　arousal
アラウズ　arouse
アラウド　aloud
アラウンド　around
アラウンド・ザ・クロック　around-the-clock
アラカチャ　arracacha
アラカルト　a la carte, à la carte

アラガン　Allergan
アラキドニック　arachidonic
アラキング　à la king
アラクニッド　arachnid
アラクノイド　arachnoid
アラクリティー　alacrity
アラクロール　alachlor
アラゴナイト　aragonite
アラゴン　Aragon
アラジー　allergy
アラジン　Aladdin
アラス　Arras
アラスカ　Alaska
アラスカ・スタンダード・タイム　Alaska standard time
アラスカ・タイム　Alaska time
アラスカ・ハイウェー　Alaska Highway
アラスカ・ペニンスラ　Alaska Peninsula
アラスカン　Alaskan
アラステア　Alastair
アラック　arrack
アラディン　Aladdin
アラナ　Alana
アラナート　alanate
アラニル　alanyl
アラニン　alanine
アラネート　alanate
アラパイマ　arapaima
アラバスター　alabaster
アラハバード　Allahabad
アラバマ　Alabama
アラバマン　Alabaman
アラバミアン　Alabamian
アラバン　araban
アラビア　Arabia
アラビアータ　arrabbiata
アラビアン　Arabian
アラビアン・キャメル　Arabian camel
アラビアン・シー　Arabian Sea
アラビアン・ナイト　Arabian Nights' Entertainments
アラビアン・ペニンスラ　Arabian Peninsula
アラビー　Araby
アラビカ　arabica
アラビズム　Arabism
アラビック　Arabic
アラビック・ニューメラル　Arabic numeral
アラビック・フィギュア　Arabic figure
アラビトール　arabitol
アラビドプシス　arabidopsis
アラビノース　arabinose
アラビリティー　arability
アラブ　Arab
アラファト　Arafat
アラブル　arable
アラベス　Alaves
アラベスク　arabesque
アラベラ　Arabella
アラベル　Arabel
アラミス　Aramis
アラミド　aramid
アラム　alum, arum
アラムコ　Aramco
アラムストーン　alumstone
アラムナ　alumna
アラムナス　alumnus
アラメイック　Aramaic
アラモ　Alamo
アラモアナ　Ala Moana
アラモード　a la mode, à la mode
アララト　Ararat
アラリック　Alaric
アラル　Aral
アラルダイト　Araldite
アラワイ　Ala Wai
アラン　Alan, Allan, Allen, Aran, Arran
アラン・アイランズ　Aran Islands
アランソン　Alençon
アランチーニ　arantini
アランチーノ　arantino
アラン・デュカス　Alain Ducasse
アラント　arrant
アラントイン　allantoin
アラン・ドロン　Alain Delon
アラン・プロスト　Alain Prost
アラン・ミクリ　alain mikli
アラン・レネ　Alain Renais
アリ　Ali
アリア　aria
アリアー　arrear
アリアドネ　Ariadne
アリアナ　Ariana
アリアニコ　Aglianico
アリアレージ　arrearage

アリアンツ　Allianz
アリー　Ali, Allie, Ally, alee
アリーカ　areca
アリージャンス　allegiance
アリーナ　arena
アリーナ・シアター　arena theater
アリー・パリー　Ally Pally
アリービエーション　alleviation
アリービエーティブ　alleviative
アリービエート　alleviate
アリー・マクビール　Ally McBeal
アリーリック　allelic
アリール　allele
アリーロモーフ　allelomorph
アリーン　Aline
アリイン　alliin
アリウス　Arius
アリエ　Allier
アリエス　Aries
アリエリー　Ariely
アリエル　Ariel
アリガル　Aligarh
アリカンテ　Alicante
アリクイッパ　Aliquippa
アリゲーション　allegation
アリゲーター　alligator
アリゲーター・ペア　alligator pear
アリコ　Alico
アリゴテ　Aligoté
アリサ　Alisa, harissa
アリザリン　alizarin
アリシア　Alicia
アリシン　allicin
アリス　Alice
アリス・スプリングス　Alice Springs
アリスター　Alister
アリステア　Alistair
アリスト　aristo
アリストートル　Aristotle
アリストクラシー　aristocracy
アリストクラット　aristocrat
アリストクラティック　aristocratic
アリストティーリアン　Aristotelian, -lean
アリストテレス　Aristotle
アリストファネス　Aristophanes
アリズミア　arrhythmia, arhyth-
アリスメティカル　arithmetical
アリスメティシャン　arithmetician
アリスメティック　arithmetic
アリスメティック・プログレッション　arithmetic progression
アリスメティック・ミーン　arithmetic mean
アリゾナ　Arizona
アリゾナ・カージナルス　Arizona Cardinals
アリゾナン　Arizonan
アリソン　Allison
アリタリア　Alitalia
アリチアミン　allithiamine
アリッサ　Alissa, Alyssa
アリット　alit
アリッド　arid
アリディティー　aridity
アリテラティブ　alliterative
アリテレーション　alliteration
アリテレーティブ　alliterative
アリテレート　alliterate
アリネーシャス　arenaceous
アリバイ　alibi
アリババ　Ali Baba
アリビースト　arriviste
アリピプラゾール　aripiprazole
アリファティック　aliphatic
アリベデルチ　arrivederci
アリメンタリー　alimentary
アリメンタリー・カナル　alimentary canal
アリメンタル　alimental
アリメンテーション　alimentation
アリメント　aliment
アリモニー　alimony
アリュアー　allure
アリュアリング　alluring
アリューシブ　allusive
アリューシャン　Aleutian
アリューシャン・アイランズ　Aleutian Islands
アリュージョン　allusion
アリュード　allude
アリュービアム　alluvium
アリュービアル　alluvial
アリュレート　ululate
アリル　allyl
アリル・アルコール　allyl alcohol
アリルエストレノール　allylestrenol
アリンガム　Allingham

アリント　Arinto
アル　Al
アル・アサド　Al Assad
アル・アラビーア　Al Arabiya
アルウィン　Alwin
アルーバ　Aruba
アルービアム　alluvium
アルービアル　alluvial
アルービオン　alluvion
アルーフ　aloof
アルガ　alga
アルガー　Algar
アル・カーイム　Al Qaim
アルカイダ　Al-Qaeda
アル・カイム　Al Qaim
アルカ・セルツァー　Alka-Seltzer
アルカディア　Arcadia
アルカディアン　Arcadian
アルカテル　Alcatel
アルカテル・ルーセント　Alcatel-Lucent
アルカトラズ　Alcatraz
アルカナ　arcana
アルカニン　alkannin
アルカネット　alkanet
アルカリ　alkali
アルカリニティー　alkalinity
アルカリ・メタル　alkali metal
アルカリン　alkaline
アルガル　algal
アルガルベ　Algarve
アルカロイド　alkaloid
アルカローシス　Alkalosis
アルカン　alkane
アルガン・オイル　argan oil
アルガンダーブ　Arghandab
アルガンダブ　Arghandab
アルカンナ　alkanet
アルカンニン　alkannin
アルキド　alkyd
アルギナーゼ　arginase
アルギナート　alginate
アルギニン　arginine
アルキメデス　Archimedes
アルキャン　Alcan
アルキュオネー　Alcyone
アルギュラ　arugula
アルキル　alkyl
アルキルアミン　alkylamine
アルキルアリールサルフォネート
alkylarylsulfonate
アルキルアリールスルフォネート
alkylarylsulfonate
アルキルフェノール　alkylphenol
アルキレート　alkylate
アルキレン　alkylene
アルキン　alkyne
アルギン　Algin
アルクマール　Alkmaar
アルケマイズ　alchemize
アルケミー　alchemy
アルケミスト　alchemist
アルケン　alkene
アルコ　arco
アルコア　Alcoa
アルゴー　Argo
アルコーブ　alcove
アルコール　alcohol
アルコーロメーター　alcoholometer
アルコキシル　alkoxyl
アルコゲル　alcogel
アルゴス　Argus, Argos
アルゴセラピー　algotherapy
アルコゾル　alcosol
アルゴテラピー　algotherapy
アルゴノート　Argonaut
アルコホール　alcohol
アルコホリズム　alcoholism
アルコホリック　alcoholic
アルコホリックス・アノニマス　Alcoholics Anonymous
アルコラート　alcoholate
アルゴラグニア　algolagnia
アルゴラグニー　algolagnia
アルゴリズミック　algorithmic
アルゴリズム　algorithm
アルゴル　ALGOL, Algol
アルコロジー　arcology
アルゴロジー　algology
アルゴン　argon
アルゴンキアン　Algonquian, -kian
アルゴンキン　Algonquin, -kin
アルサー　ulcer
アルザシアン　Alsatian
アルザス　Alsace

アルサドル　Al-Sadr
アルサラス　ulcerous
アルサレーション　ulceration
アルサレート　ulcerate
アル・ザワヒリ　al-Zawahiri
アルジー　Algie, Algy, algae
アルシーア　Althea
アルジェ　Algiers
アルジェブラ　algebra
アルジェブライカル　algebraical
アルジェブライスト　algebraist
アルジェブライック　algebraic
アルジェリア　Algeria
アルジェリアン　Algerian
アルジオキサ　aldioxa
アルシオネ　Alcyone
アルジカルブ　aldicarb
アルジサイド　algicide, -gae-
アルジパン　Algipan
アルジャー　Alger
アルジャーノン　Algernon
アル・ジャジーラ　Al-Jazeera
アルシャバブ　al-Shabab
アルジャンタン　Argentan
アルジロール　Argyrol
アルシン　arsine
アルズウォーター　Ullswater
アルスター　Ulster
アルストニア　Alstonia
アルストニン　alstonine
アルストム　Alstom
アルスフェナミン　arsphenamine
アルス・ロンガ・ウィータ・ブレウィス　ars longa, vita brevis
アルセーヌ・ルパン　Arsène Lupin
アルセニド　arsenide
アルセロール　Arcelor
アルセロールミッタル　ArcelorMittal
アルセロキシロン　alseroxylon
アルゼンチン　Argentine
アルゼンティーナ　Argentina
アルソニウム　arsonium
アルタ　Alta
アルダ　Alda
アルタイ　Altai, Altay
アルタイック　Altaic
アルタイト　altaite
アルタイル　Altair
アルタカリフォルニア　Alta California
アルダクトン　Aldactone
アルダビール　Ardabil
アルタビスタ　AltaVista
アルタミラ　Altamira
アルタモント　Altamont
アルダン　Ardant
アルチザン　artisan
アルチムボルド　Arcimboldo
アルツハイマー・ディジーズ　Alzheimer's disease
アルテア　Altair
アルティアック　Artiach
アルディカーブ　aldicarb
アルティスタ　Artista
アルティテューディナス　altitudinous
アルティテュード　altitude
アルティテュード・シックネス　altitude sickness
アルティマ　ultima, Altima
アルティマ・ツーレ　ultima Thule
アルティメーター　altimeter
アルティメータム　ultimatum
アルティメート　ultimate
アルティメート・コンスティテュエント　ultimate constituent
アルティメット　ultimate
アルティモ　ultimo
アルテイン　Artane
アルテエーテル　arteether
アルテス　Altesse
アルデハイド　aldehyde
アルデバラン　Aldebaran
アルデヒド　aldehyde
アルテプラーゼ　alteplase
アルテミア　artemia
アルテミシニン　artemisinin
アルテミス　Artemis
アルテリアー　ulterior
アルテレノール　arterenol
アルデンテ　al dente
アルト　alt, alto
アルド　Aldo
アルトゥルイズム　altruism
アルドオキシム　aldoxime
アルドース　aldose

アルドール　aldol
アルドキシム　aldoxime
アルト・クレフ　alto clef
アルトコイン　altcoin
アルト・サックス　alto sax
アルドシド　aldoside
アルドステロニズム　aldosteronism
アルドステロン　aldosterone
アルドテトロース　aldotetrose
アルトドルフ　Altdorf
アルドヘキソース　aldohexose
アルドペントース　aldopentose
アルトホルン　althorn
アルドメット　Aldomet
アルドラーゼ　aldolase
アルトラキュリウム　Altracurium
アルトリア　Altria
アルドリル　Aldoril
アルドリン　aldrin
アルト・レリーボ　alto-relievo
アルトロース　altrose
アルトン　Alton
アルナ　ulna
アルナイト　alunite
アルナチャルプラデシュ　Arunachal Pradesh
アルニカ　arnica
アルニコ　Alnico
アルニシン　arnicin
アルノー　Arnault
アルバ　alba, alb, Alba, Alva, -vah
アルバー　Alvar
アルバータ　Alberta
アルバート　Albert
アルパート　Alpert
アルバイシン　Albaicín
アルバイト　albite
アルパイン　Alpine
アルパカ　alpaca
アルバカーキ　Albuquerque
アルバコア　albacore
アルバス・ダンブルドア　Albus Dumbledore
アルバスピジン　albaspidin
アルハズミ　al-Hazmi
アルバトロス　albatross
アルバニア　Albania
アルバニアン　Albanian
アルバマイシン　albamycin
アルバム　album
アルバリーニョ　Albariño
アルパルガタス　alpargatas
アルバン　Alban, Alvan
アルハンゲリスク　Archangel
アルバンヌ　Arbanne
アルハンブラ　Alhambra
アルヒーフ　archive
アルビオン　Albion
アルビカンズ　albicans
アルピデム　alpidem
アルピニスト　alpinist
アルビニズム　albinism
アルビノ　albino
アルビューミナス　albuminous
アルビン　Albin, Alvin
アルピン　Alpine
アルプ　alp
アルファ　alpha
アル・ファイエド　Al Fayed
アルファ・ウェーブ　alpha wave
アルファガラクトシダーゼ　alphagalactosidase
アルファ・グロブリン　alpha globulin
アルファ・シンドローム　alpha syndrome
アルファタ　Al Fatah
アルファ・テスト　alpha test
アルファニュメリック　alphanumeric
アルファ・パーティクル　alpha particle
アルファプロジン　alphaprodine
アルファベタイズ　alphabetize
アルファベット　alphabet
アルファベット・スープ　alphabet soup
アルファベット・ストック　alphabet stock
アルファベティカル　alphabetical
アルファ・メール　alpha male
アルファ・リズム　alpha rhythm
アルファルファ　alfalfa
アルファ・レイ　alpha ray
アルファ・ロメオ　Alfa Romeo
アルフィー　Alfie
アルフィナンツ　allfinanz
アルフェンタニル　alfentanil
アルフォンス　Alphonse
アルフォンソ　Alphonso
アルプス　Alps

アルブチン　arbutin
アルプデュエズ　Alpe d'Huez
アルブテロール　albuterol
アルブミネート　albuminate
アルブミノイド　albuminoid
アルブミン　albumin
アルブメン　albumen
アルブモース　albumose
アルフョロフ　Alferov
アルプラゾラム　alprazolam
アルフレード　Alfredo
アルフレスコ　alfresco
アルフレッド　Alfred
アルプレノロール　alprenolol
アルブレヒト　Albrecht
アルベールビル　Albertville
アルベオラー　alveolar
アルベオラス　alveolus
アルペジオ　arpeggio
アルヘシラス　Algeciras
アルペッジョ　arpeggio
アルベド　albedo
アルベルタ・フェレッティ　Alberta Ferretti
アルベルト　Alberto
アルベルト・ザッケローニ　Alberto Zaccheroni
アルベロベッロ　Alberobello
アルベン　Alben
アルペン　Alpine
アルペンストック　alpenstock
アルペント　Alupent
アルペンホルン　alpenhorn
アルボア　Arbois
アルボーリオ　Arborio
アルボマイシン　albomycin
アルマ　Alma
アルマイト　alumite
アルマゲドン　Armageddon
アルマジロ　armadillo
アルマダ　armada
アルマトゥイ　Almaty
アルマナック　almanac
アルマニャック　armagnac
アルマ・マテル　alma mater
アルミナ　alumina
アルミナイズ　aluminize
アルミナス　aluminous
アルミナム　aluminum
アルミニウム　aluminium
アルミノン　aluminon
アルメイダ　Almeida
アルメダールス　Almedahls
アルメニア　Armenia
アルメニアン　Armenian
アルメリア　Almería
アルメリク　Almeric
アルメリック　Almeric
アルモドバル　Almodóvar
アルリカ　Ulrica, -ka
アルル　Arles
アルルカン　arlequin
アル・ローカー　Al Roker
アルンヘム　Arnhem
アレイ　array
アレイヘム　Aleikhem
アレイメント　arraignment
アレイン　arraign
アレインメント　arraignment
アレウト　Aleut
アレー　alley, allay, array
アレーウェー　alleyway
アレー・キャット　alley cat
アレージ　ullage
アレース　Ares
アレート　arête
アレーン　arene
アレキサンダー　Alexander
アレキサンダー・マックイーン　Alexander McQueen
アレキサンドライト　alexandrite
アレキシサイミア　alexithymia
アレキシン　alexin, -ine
アレキパ　Arequipa
アレクサ　Alexa
アレクサンダー　Alexander
アレグザンドラ　Alexandra
アレクサンドリア　Alexandria
アレクサンドリアン　Alexandrian
アレクサンドリン　Alexandrine
アレクサンドル　Aleksandr, Alexandre
アレクサンドロス　Alexander
アレクシア　alexia
アレクシス　Alexis
アレクセイ　Aleksei, -sey

アレクター　arrector
アレグラ　Allegra
アレグリア　Alegria
アレグレット　allegretto
アレグロ　allegro
アレゲーニー・マウンテン　Allegheny Mountains, Alleghenies
アレゴライズ　allegorize
アレゴリー　allegory
アレゴリカル　allegorical
アレゴリスト　allegorist
アレゴリック　allegoric
アレコリン　arecoline
アレサ・フランクリン　Aretha Franklin
アレジ　Alesi
アレシーア　Alethea
アレス　Ares
アレスター　arrester, arrestor
アレスター・フック　arrester hook
アレスター・ワイヤー　arrester wire
アレスタブル　arrestable
アレスティング　arresting
アレスト　arrest
アレスリン　allethrin
アレック　Alec, Aleck
アレックス　Alex
アレッサンドラ　Alessandra
アレッサンドロ　Alessandro
アレッジ　allege
アレッジド　alleged
アレッツォ　Arezzo
アレッポ　Aleppo
アレトリス　Aletris
アレトリン　allethrin
アレナ　arena
アレバ　Areva
アレパ　arepa
アレハンドロ　Alejandro
アレフ　aleph
アレルギー　allergy
アレルゲン　allergen
アレルヤ　alleluia(h), -ja
アレロパシー　allelopathy
アレロパシック　allelopathic
アレン　Allen
アレンジ　arrange
アレンジメント　arrangement
アレンジャー　arranger
アレンタウン　Allentown
アレンビー　Allenby
アレンビック　alembic
アロイ　alloy
アロイー　arrowy
アロイシアス　Aloysius
アロイソロイシン　alloisoleucine
アロイン　aloin
アロエ　aloe
アロエ・ベラ　aloe vera
アロエロティシズム　alloeroticism
アロエロティズム　alloerotism
アロー　arrow, alow
アロース　allose
アローズ　arose
アローヘッド　arrowhead
アローマ　aroma
アロールート　arrowroot
アローワンス　allowance
アローン　alone
アロガンス　arrogance
アロガント　arrogant
アロギー　alogia
アロキサジン　alloxazine
アロキサン　alloxan
アログループ　allogroup
アロケーション　allocation
アロゲーション　arrogation
アロケート　allocate
アロゲート　arrogate
アロザイム　allozyme
アロステリック　allosteric
アロタイプ　allotype
アロット　allot
アロットメント　allotment
アロトロープ　allotrope
アロトロピー　allotropy
アロトロピズム　allotropism
アロハ　aloha
アロパシー　allopathy
アロハ・シャツ　aloha shirt
アロパトリー　allopatry
アロパトリック　allopatric
アロバルビタール　allobarbital
アロファンアミド　allophanamide
アロフォーン　allophone

アロフト　aloft
アロプラスチック　alloplastic
アロプラスティック　alloplastic
アロプリノール　allopurinol
アロペシア　alopecia
アロマ　aroma
アロマコロジー　aromacology
アロマシン　Aromasin
アロマセラピー　aromatherapy
アロマセラピスト　aromatherapist
アロマターゼ　aromatase
アロマティック　aromatic
アロマテラピー　aromatherapy
アロマテラピスト　aromatherapist
アロマトセラピー　aromatotherapy
アロメトリー　allometry
アロモーフ　allomorph
アロヨ　arroyo
アロワナ　arowana
アロング　along
アロングサイド　alongside
アロングショア　alongshore
アロンソ　Alonso
アロンゾ　Alonzo
アロンゾー　Alonso
アワー　hour
アワーグラス　hourglass
アワード　award
アワー・ハンド　hour hand
アワーリー　hourly
アワー・ロング　hour-long
アン　an, Ann, Anne
アンアーギュアブル　unarguable
アンアース　unearth
アンアースリー　unearthly
アンアーム　unarm
アンアームド　unarmed
アンアーリング　unerring
アンアーンド　unearned
アンアイデンティファイアブル　unidentifiable
アンアイデンティファイド　unidentified
アンアイデンティファイド・フライング・オブジェクト　unidentified flying object, UFO
アンアウェアー　unaware
アンアカウンタブル　unaccountable
アンアカスタムド　unaccustomed
アンアカンパニード　unaccompanied
アンアクセプタビリティー　unacceptability
アンアクセプタブル　unacceptable
アンアクセンテッド　unaccented
アンアクノレッジド　unacknowledged
アンアコンプリッシュト　unaccomplished
アンアサーティブ　unassertive
アンアシェームド　unashamed
アンアスーミング　unassuming
アンアスクト　unasked
アンアセーラブル　unassailable
アンアタッチト　unattached
アンアタラブル　unutterable
アンアダルテレーテッド　unadulterated
アンアテイナブル　unattainable
アンアテンデッド　unattended
アンアドーンド　unadorned
アンアドバイズド　unadvised
アンアドプテッド　unadopted
アンアトラクティブ　unattractive
アンアナウンスト　unannounced
アンアバッシュト　unabashed
アンアピーザブル　unappeasable
アンアピーリング　unappealing
アンアフェクテッド　unaffected
アンアプト　unapt
アンアブリッジド　unabridged
アンアフレイド　unafraid
アンアプローチャブル　unapproachable
アンアフロディージアック　unaphrodisiac
アンアベーテッド　unabated
アンアベーラブル　unavailable
アンアベーリング　unavailing
アンアペタイジング　unappetizing
アンアボイダブル　unavoidable
アンアポロジェティック　unapologetic
アンアメリカン　un-American
アンアロイド　unalloyed
アンアンサード　unanswered
アンアンサラブル　unanswerable
アンアンビギュアス　unambiguous
アンアンビギュイティー　unambiguity
アンアンビシャス　unambitious
アンイーコール　unequal
アンイーコールド　unequaled, -equalled
アンイージー　uneasy
アンイージネス　uneasiness

アンイージリー　uneasily
アンイーズ　unease
アンイータブル　uneatable
アンイーブン　uneven
アンイールディング　unyielding
アンイコール　unequal
アンイコールド　unequaled, -equalled
アンイディオマティック　unidiomatic
アンイニシエーテッド　uninitiated
アンイベントフル　uneventful
アンイマジナティブ　unimaginative
アンイマジナブル　unimaginable
アンイングリッシュ　un-English
アンインジャード　uninjured
アンインシュアード　uninsured
アンインストーラー　uninstaller
アンインストール　uninstall
アンインスパイアド　uninspired
アンインスパイアリング　uninspiring
アンインタラプティブル　uninterruptible
アンインタラプテッド　uninterrupted
アンインタレスト　uninterest
アンインテリジェント　unintelligent
アンインテリジビリティー　unintelligibility
アンインテリジブル　unintelligible
アンインテレスティング　uninteresting
アンインテレステッド　uninterested
アンインテレスト　uninterest
アンインテンショナル　unintentional
アンインテンデッド　unintended
アンインバイティング　uninviting
アンインバイテッド　uninvited
アンインハビタブル　uninhabitable
アンインハビテッド　uninhabited
アンインピーチャブル　unimpeachable
アンインピーデッド　unimpeded
アンインヒビテッド　uninhibited
アンインフォーマティブ　uninformative
アンインフォームド　uninformed
アンインプルーブド　unimproved
アンインプレスト　unimpressed
アンインプレッシブ　unimpressive
アンインペアード　unimpaired
アンインポータント　unimportant
アンウィアリード　unwearied
アンウィールディー　unwieldy
アンウィッティング　unwitting
アンウィナブル　unwinnable
アンウィリング　unwilling
アンウィンキング　unwinking
アンウェアリー　unwary
アンウェージド　unwaged
アンウェーバリング　unwavering
アンウェッド　unwed, -wedded
アンウェプト　unwept
アンウェル　unwell
アンウェルカム　unwelcome
アンウォーンテッド　unwonted
アンウォッシュト　unwashed
アンウォッチャブル　unwatchable
アンウォランタブル　unwarrantable
アンウォランテッド　unwarranted
アンウォンテッド　unwanted
アンエイデッド　unaided
アンエイリアナブル　unalienable
アンエクイボカル　unequivocal
アンエクサイティング　unexciting
アンエグザンプルド　unexampled
アンエクスパゲーテッド　unexpurgated
アンエクスプレイナブル　unexplainable
アンエクスペクテッド　unexpected
アンエクセプショナブル　unexceptionable
アンエクセプショナル　unexceptional
アンエコノミカル　uneconomical
アンエコノミック　uneconomic
アンエシカル　unethical
アンエジュケーテッド　uneducated
アンエモーショナル　unemotional
アンエレクタブル　unelectable
アンエンディング　unending
アンエンデュアラブル　unendurable
アンエンビアブル　unenviable
アンエンプロイド　unemployed
アンエンプロイメント　unemployment
アンエンプロイヤブル　unemployable
アンエンライトンド　unenlightened
アンオーガナイズド　unorganized
アンオーソドクシー　unorthodoxy
アンオーソドックス　unorthodox
アンオーソライズド　unauthorized
アンオープンド　unopened
アンオールタード　unaltered
アンオキュパイド　unoccupied
アンオフィシャル　unofficial

アンオブザーブド　unobserved
アンオブジェクショナブル　unobjectionable
アンオブテイナブル　unobtainable
アンオブトルーシブ　unobtrusive
アンオリジナル　unoriginal
アンオルタラブル　unalterable
アンカ　Anka
アンカー　anchor
アンガー　anger, Unger
アンカーウーマン　anchorwoman
アンカー・セル　anchor cell
アンカー・テキスト　anchor text
アンガーデッド　unguarded
アンガード　ungurad, ungird
アンカーパーソン　anchorperson
アンカーマン　anchorman
アンカール　uncurl
アンカインド　unkind
アンカインドリー　unkindly
アンカウンタブル　uncountable
アンカウンテッド　uncounted
アンガジェ　engagé
アンガス　Angus
アンカット　uncut
アンカップル　uncouple
アンカバー　uncover
アンカバード　uncovered
アンガバナブル　ungovernable
アンカラ　Ankara
アンカラード　uncolored
アンカリング　anchoring
アンカルティベーテッド　uncultivated
アンカレッジ　anchorage, Anchorage
アンギーナ　angina
アンギーナ・ペクトリス　angina pectoris
アンギオテンシン　angiotensin
アンギッシュ　anguish
アンギッシュト　anguished
アンギフテッド　ungifted
アンキャップ　uncap
アンキャニー　uncanny
アンキャラクタリスティック　uncharacteristic
アンキュアド　uncured
アンギュエンタリー　unguentary
アンギュエント　unguent
アンギュラー　angular
アンギュラー・ベロシティー　angular velocity
アンギュラー・モーメンタム　angular momentum
アンギュラリティー　angularity
アンギュレーション　angulation
アンギュレート　angulate, ungulate
アンキラブル　unkillable
アンキロシス　ankylosis, -chy-
アンク　ANK, ankh
アンクース　uncouth
アンクール　uncool
アンクエスチョナブリー　unquestionably
アンクエスチョナブル　unquestionable
アンクエスチョニング　unquestioning
アンクエスチョンド　unquestioned
アンクエンチャブル　unquenchable
アンクォータブル　unquotable
アンクォート　unquote
アンクォリファイ　unqualify
アンクオリファイド　unqualified
アングザイエティー　anxiety
アンクシャス　anxious
アンクション　unction
アンクスト　angst
アンクタッド　UNCTAD
アンクチュアス　unctuous
アンクチュオシティー　unctuosity
アンクックト　uncooked
アングラ　⇨アンダーグラウンド
アングラー　angler
アンクラウデッド　unclouded
アングラウンデッド　ungrounded
アンクラウンド　uncrowned
アンクラシファイド　unclassified
アンクラスプ　unclasp
アンクラッシャブル　uncrushable
アングラッジング　ungrudging
アンクラッタード　uncluttered
アンクラッド　unclad
アングラマティカル　ungrammatical
アングラマラス　unglamorous
アングリア　Anglia
アンクリアー　unclear
アングリアン　Anglian
アングリー　angry
アングリー・ヤング・メン　angry young men

アンクリーン　unclean
アングリーン　ungreen
アングリカニズム　Anglicanism
アングリカン　Anglican
アングリカン・コミュニオン　Anglican Communion
アングリカン・チャーチ　Anglican Church
アングリサイズ　Anglicize, -cise
アングリシズム　Anglicism
アンクリスチャン　unchristian
アンクリティカル　uncritical
アングリング　angling
アンクル　uncle, ankle
アングル　angle, Angle, Ingres
アングルー　anglue
アングルード　unglued
アングルサイト　anglesite
アンクル・サム　Uncle Sam
アンクル・ソック　ankle sock
アンクル・トム　Uncle Tom
アングル・ブラケット　angle bracket
アングルベリー　angleberry
アンクルボーン　anklebone
アングルワーム　angleworm
アングレーシャス　ungracious
アングレーズ　anglaise
アングレースフル　ungraceful
アングレートフル　ungrateful
アンクレームド　unclaimed
アングレサイト　anglesite
アンクレット　anklet
アンクレンチ　unclench
アングロ　Anglo
アングロ・アイリッシュ　Anglo-Irish
アングロ・アメリカン　Anglo-American
アングロ・インディアン　Anglo-Indian
アンクローク　uncloak
アンクローズ　unclose, unclothe
アンクローズド　unclosed, unclothed
アングロ・カトリシズム　Anglo-Catholicism
アングロ・カトリック　Anglo-Catholic
アングロ・サクソン　Anglo-Saxon
アンクロス　uncross
アンクロスト　uncrossed
アングロスフィア　Anglosphere
アンクロッグ　unclog
アングロ・ノルマン　Anglo-Norman
アングロ・ヒスパニック　Anglo-Hispanic
アングロフィリア　Anglophilia
アングロフィル　Anglophile, -phil
アングロフォービア　Anglophobia
アングロフォーブ　Anglophobe
アングロフォン　anglophone
アングロ・フレンチ　Anglo-French
アングロマニア　Anglomania
アングロマニアック　Anglomaniac
アンクワイアト　unquiet
アンゲインリー　ungainly
アンケライト　ankerite
アンケンプト　unkempt
アンコイル　uncoil
アンコーク　uncork
アンコオペラティブ　uncooperative
アンコームド　uncombed
アンコール　Angkor, encore
アンコール・トム　Angkor Thom
アンコール・ワット　Angkor Wat [Vat]
アンゴスチュラ・ビターズ　Angostura Bitters
アンゴスツラ　angostura
アンゴッドリー　ungodly
アンゴッドリネス　ungodliness
アンコネクテッド　unconnected
アンコマーシャル　uncommercial
アンコミュニカティブ　uncommunicative
アンコモン　uncommon
アンゴラ　Angora, Angola
アンゴラ・キャット　Angora cat
アンゴラ・ゴート　Angora goat
アンコラプト　uncorrupt
アンゴラ・ラビット　Angora rabbit
アンゴラン　Angolan
アンコン　ancon, -cone
アンコンカラブル　unconquerable
アンコンサーン　unconcern
アンコンサーンド　unconcerned
アンコンシダード　unconsidered
アンコンシャス　unconscious
アンコンショナブル　unconscionable
アンコンスティテューショナル　unconstitutional
アンコンディショナル　unconditional
アンコンディションド　unconditioned
アンコントローラブル　uncontrollable

アンコントロールド uncontrolled
アンコンファームド unconfirmed
アンコンフォータブル uncomfortable
アンコンプリヘンディング uncomprehending
アンコンプリメンタリー uncomplimentary
アンコンプロマイジング uncompromising
アンコンペティティブ uncompetitive
アンコンベンショナリティー unconventionality
アンコンベンショナル unconventional
アンサー answer, anther
アンサーカムサイズド uncircumcised
アンサートン uncertain
アンサートンティー uncertainty
アンサートンティー・プリンシプル uncertainty principle
アンサーパスト unsurpassed
アンサービサブル unserviceable
アンサー・モード answer mode
アンサイエンティフィック unscientific
アンサイト unsight
アンサイトリー unsightly
アンサインド unsigned
アンサウンド unsound
アンサクセスフル unsuccessful
アンザス ANZUS
アンサステイナブル unsustainable
アンサスペクティング unsuspecting
アンサスペクテッド unsuspected
アンサチュレート unsaturate
アンザック Anzac
アンサティスファイイング unsatisfying
アンサティスファイド unsatisfied
アンサティスファクトリー unsatisfactory
アンサドル unsaddle
アンサニタリー unsanitary
アンサファラブル unsufferable
アンサブスタンシエイテッド unsubstantiated
アンサブスタンシャル unsubstantial
アンサプライジング unsurprising
アンサポータブル unsupportable
アンサポーテッド unsupported
アンサラー answerer
アンサラブル answerable
アンサリード unsullied
アンサリング・サービス answering service
アンサリング・マシン answering machine
アンサング unsung
アンサンクフル unthankful
アンサンブル ensemble
アンシア Anthea
アンシアル uncial
アンジー Angie
アンシーイング unseeing
アンシーシング unceasing
アンシーズ unsheathe
アンシーズナブル unseasonable
アンシーズンド unseasoned
アンシーデッド unseeded
アンシート unseat
アンシーミック anthemic
アンシームリー unseemly
アンシール unseal
アンシーン unseen
アンジェイ・ワイダ Andrzej Wajda
アンシェーカブル unshakable, -shakeable
アンシェークン unshaken
アンシェーデッド unshaded
アンシェーブン unshaven
アンジェニュ ingenue, -gé-
アンジェネラス ungenerous
アンジェラ Angela
アンジェラス Angelus
アンジェリーナ Angelina
アンジェリカ Angelica
アンジェリカ・ヒューストン Anjelica Huston
アンジェリカル angelical
アンジェリコ Angelico
アンジェリック angelic
アンジェロ Angelo
アンジェロー Angelou
アンジオジェネシス angiogenesis
アンジオスパーマス angiospermous
アンジオスパーマル angiospermal
アンジオスパーム angiosperm
アンシステマティック unsystematic
アンシップ unship
アンジップ unzip
アンシビライズド uncivilized
アンシビル uncivil
アンシャープ unsharp

アンシャクル unshackle
アンジャスティファイアブル unjustifiable
アンジャスティファイド unjustified
アンジャスト unjust
アンシャル uncial
アンシャン Anshan
アンシャン・レジーム ancien régime
アンシュアー unsure
アンジュラトリー undulatory
アンジュラント undulant
アンジュレーション undulation
アンジュレート undulate
アンショッカブル unshockable
アンショッド unshod
アンシラリー ancillary
アンシンカビリティー unthinkability
アンシンカブル unthinkable
アンシンキング unthinking
アンシンパセティック unsympathetic
アンシンメトリカル unsymmetrical
アンスイートンド unsweetened
アンスウェイド unswayed
アンスータブル unsuitable
アンスーテッド unsuited
アンスキッパブル unskippable
アンスキルド unskilled
アンスキルフル unskillful, -skilful
アンスクールド unschooled
アンスクランブル unscramble
アンスクリプチュラル unscriptural
アンスクリプテッド unscripted
アンスクリュー unscrew
アンスクルーピュラス unscrupulous
アンスケーズド unscathed
アンスケジュールド unscheduled
アンスコム Anscombe
アンスタック unstuck
アンスタッフィー unstuffy
アンスタディード unstudied
アンスティック unstick
アンスティンティング unstinting
アンステーテッド unstated
アンステーブル unstable
アンステディー unsteady
アンストッパビリティー unstoppability
アンストッパブル unstoppable
アンストップ unstop
アンストラクチャード unstructured
アンストラップ unstrap
アンストラング unstrung
アンストリング unstring
アンストレスト unstressed
アンスピーカブル unspeakable
アンスプール unspool
アンスペアリング unsparing
アンスペクタキュラー unspectacular
アンスペシファイド unspecified
アンスポイルト unspoilt
アンスポイルド unspoiled
アンスポークン unspoken
アンスポーツマンライク unsportsmanlike
アンスポーティング unsporting
アンスポッテッド unspotted
アンスマイリング unsmiling
アンスラサイト anthracite
アンスラックス anthrax
アンスレッド unthread
アンスロポイド anthropoid
アンスロポジェニー anthropogeny
アンスロポジェニック anthropogenic
アンスロポジェネシス anthropogenesis
アンスロポジェネティック anthropogenetic
アンスロポセントリック anthropocentric
アンスロポソフィー anthroposophy
アンスロポファガス anthropophagous
アンスロポファジー anthropophagy
アンスロポメトリー anthropometry
アンスロポモーファイズ anthropomorphize
アンスロポモーフィズム anthropomorphism
アンスロポモーフィゼーション anthropomorphization
アンスロポロジー anthropology
アンスロポロジカル anthropological
アンスロポロジスト anthropologist
アンスロポロジック anthropologic
アンスワービング unswerving
アンセイ unsay
アンセイバリー unsavory
アンセーバリー unsavory
アンセーフ unsafe
アンセーラブル unsalable, -saleable
アンセクシー unsexy

アンセスター　ancestor
アンセストラル　ancestral
アンセストリー　ancestry
アンセストレス　ancestress
アンセックス　unsex
アンセックスト　unsexed
アンセット　Ansett
アンセッド　unsaid
アンセトリング　unsettling
アンセトル　unsettle
アンセトルド　unsettled
アンセトルメント　unsettlement
アンセミック　anthemic
アンセム　anthem
アンセラブル　unsellable
アンセリウム　anthurium
アンゼリカ　angelica
アンセリン　anserin(e)
アンセル　Ansel
アンセルフィッシュ　unselfish
アンセルフコンシャス　unselfconscious
アンセルム　Anselm
アンセレモーニアス　unceremonious
アンセンサード　uncensored
アンセンティメンタル　unsentimental
アンソーシャビリティー　unsociability
アンソーシャブル　unsociable
アンソーシャル　unsocial
アンソーティッド　unsorted
アンソート　unsought, unthought
アンソールド　unsold
アンソニー　Anthony
アンゾフ　Ansoff
アンソフィスティケーテッド　unsophisticated
アンソフィライト　anthophylite
アンソリシテッド　unsolicited
アンソルバブル　unsolvable
アンソルブド　unsolved
アンソロジー　anthology
アンソロジスト　anthologist
アンソロジャイズ　anthologize
アンソン　Anson
アンタ　anta
アンダー　under
アンダーアーム　underarm
アンダーアクティビティー　underactivity
アンダーアクティブ　underactive
アンダーアクト　underact
アンダーアチーバー　underachiever
アンダーアチーブ　underachieve
アンダーアチーブメント　underachievement
アンダーアプリシエーテッド　underappreciated
アンダーインシュア　underinsure
アンダーインベスト　underinvest
アンダーインベストメント　underinvestment
アンダーウェア　underwear
アンダーウェイト　underweight
アンダーウェルム　underwhelm
アンダーウォーター　underwater
アンダーエイジ　underage
アンダーエクスポーズ　underexpose
アンダーエスクポージャー　underexposure
アンダーエスティメート　underestimate
アンダーエンプロイド　underemployed
アンダーエンプロイメント　underemployment
アンダーカート　undercart
アンダーカード　undercard
アンダーガード　undergird
アンダーガーメント　undergarment
アンダーカーレント　undercurrent
アンダーカウント　undercount
アンダーカット　undercut
アンダーカバー　undercover
アンダーキャピタライズ　undercapitalize
アンダーキャリエージ　undercarriage
アンダークォート　underquote
アンダークック　undercook
アンタークティカ　Antarctica
アンタークティック　antarctic
アンタークティック・オーシャン　Antarctic Ocean
アンタークティック・サークル　antarctic circle
アンタークティック・ゾーン　Antarctic Zone
アンダーグラウンド　underground
アンダーグラジュエート　undergraduate
アンダークラス　underclass
アンダークラスマン　underclassman
アンダーグラッド　undergrad
アンダークロージング　underclothing

アンダークローズ　underclothes
アンダーグロース　undergrowth
アンダーゴー　undergo
アンダーコート　undercoat
アンダーコンフィデンス　underconfidence
アンダーサイズ　undersize
アンダーサイズド　undersized
アンダーサイド　underside
アンダーサイン　undersign
アンダーサインド　undersigned
アンダー・ザ・カウンター　under-the-counter
アンダー・ザ・テーブル　under-the-table
アンダーサンプル　undersample
アンダーシー　undersea
アンダーシーズ　underseas
アンダーシェリフ　undersheriff
アンダーシャツ　undershirt
アンダーシュート　undershoot
アンダーショーツ　undershorts
アンダーショット　undershot
アンダースカート　underskirt
アンダースコア　underscore
アンダースタッフト　understaffed
アンダースタディー　understudy
アンダースタンダブル　understandable
アンダースタンディング　understanding
アンダースタンド　understand
アンダーステア　understeer
アンダーステート　understate
アンダーステートメント　understatement
アンダーストゥッド　understood
アンダースラング　underslung
アンダーセクレタリー　undersecretary
アンダーセックスト　undersexed
アンダーセル　undersell
アンダーソーシャライズド　undersocialized
アンダーソン　Anderson
アンダーソンビル　Andersonville
アンダーダイアグノーズ　underdiagnose
アンダーダン　underdone
アンダーチャージ　undercharge
アンダーテイカー　undertaker
アンダーテイキング　undertaking
アンダーテイク　undertake
アンダーディベロップト　underdeveloped
アンダーデターミネーション　underdetermination
アンダーデターミン　underdetermine
アンダートウ　undertow
アンダートーン　undertone
アンダードッグ　underdog
アンダードレス　underdress
アンダーナーリッシュト　undernourished
アンダーナリッシュ　undernourish
アンダーニース　underneath
アンターニッシュト　untarnished
アンダーパー　under par
アンダーパス　underpass
アンダーパフォーマンス　underperformance
アンダーパフォーム　underperform
アンダーバリュー　undervalue
アンダーバリュエーション　undervaluation
アンダーハング　underhung
アンダーパンツ　underpants
アンダーハンデッド　underhanded
アンダーハンド　underhand
アンダービッド　underbid
アンダーピニング　underpinning
アンダーピン　underpin
アンダーファンド　underfund
アンダーフィード　underfeed
アンダーフェッド　underfed
アンダーフェルト　underfelt
アンダーフット　underfoot
アンダープライス　underprice
アンダーブラッシュ　underbrush
アンダープリビリッジド　underprivileged
アンダープルーフ　underproof
アンダープレー　underplay
アンダーブレッド　underbred
アンダーフロアー　underfloor
アンダーフロー　underflow
アンダープロダクション　underproduction
アンダープロット　underplot
アンダーペイ　underpay
アンダーペインティング　underpainting
アンダーベスト　undervest
アンダーベリー　underbelly
アンダーボート　undervote
アンダーボス　underboss
アンダーポピュレーション　underpopulation
アンダーポピュレーテッド　underpopulated

アンダーマイン undermine
アンダーマン underman
アンダーマンド undermanned
アンダーメンションド undermentioned
アンダーモスト undermost
アンダーユース underuse
アンダーユーズ underuse
アンダーユーティライズ underutilize
アンダーユーティライゼーション underutilization
アンダーユーティリゼーション underutilization
アンダーライ underlie
アンダーライイング underlying
アンダーライター underwriter
アンダーライティング underwriting
アンダーライト underwrite
アンダーライプ underripe
アンダーライン underline
アンダーラン underrun
アンダーリアクション underreaction
アンダーリアクト underreact
アンダーリソース underresource
アンダーリプリゼント underrepresent
アンダーリポート underreport
アンダーリング underling
アンダーレイ underlay
アンダーレート underrate
アンダーレプリゼント underrepresent
アンダーレポート underreport
アンダーワールド underworld
アンダーンド unturned
アンタイ untie
アンダイアグノースト undiagnosed
アンダイアグノーズド undiagnosed
アンタイアリング untiring
アンタイイング untying
アンダイイング undying
アンダイジェスティブル undigestible
アンタイディー untidy
アンタイムリー untimely
アンダウテッド undoubted
アンタゴナイザブル antagonizable
アンタゴナイズ antagonize
アンタゴニスティック antagonistic
アンタゴニスト antagonist
アンタゴニズム antagonism
アンタシッド antacid
アンタック untuck
アンタッチト untouched
アンタッチャブル untouchable
アンタップト untapped
アンタナナリボ Antananarivo
アンダマン Andaman
アンダメージド undamaged
アンダルサイト andalusite
アンダルシア Andalusia
アンダルシアン Andalusian
アンダン undone
アンタングル untangle
アンダンテ andante
アンダンティーノ andantino
アンタント entente
アンタント・コルディアール entente cordiale
アンチ anti
アンチアクネ antiacne
アンチアボーション antiabortion
アンチ・アメリカン anti-American
アンチ・インテレクチュアル anti-intellectual
アンチ・インフラマトリー anti-inflammatory
アンチ・インペリアリスト anti-imperialist
アンチ・インペリアリズム anti-imperialism
アンチウイルス antivirus
アンチウォー antiwar
アンチエアクラフト antiaircraft
アンチェイスト unchaste
アンチェーン unchain
アンチエスタブリッシュメント antiestablishment
アンチェックト unchecked
アンチエメティック antiemetic
アンチエレクトロン antielectron
アンチェンジド unchanged
アンチェンジャブル unchangeable
アンチオーソリテリアン antiauthoritarian
アンチオキシダント antioxidant
アンチ・カトリック anti-Catholic
アンチキャピタリスト anticapitalist
アンチキャピタリズム anticapitalism
アンチキャンサー anticancer
アンチキリスト Antichrist
アンチクライナル anticlinal

アンチクライマクチック　anticlimactic
アンチクライマックス　anticlimax
アンチクライン　anticline
アンチグラビティー　antigravity
アンチクレリカリズム　anticlericalism
アンチクレリカル　anticlerical
アンチ・グローバリスト　anti-globalist
アンチ・グローバリズム　anti-globalism
アンチ・グローバリゼーション　anti-globalization
アンチクロックワイズ　anticlockwise
アンチゲン　antigen
アンチコアギュラント　anticoagulant
アンチコミュニスト　anticommunist
アンチコローシブ　anticorrosive
アンチコロニアリスト　anticolonialist
アンチコロニアリズム　anticolonialism
アンチコロニアル　anticolonial
アンチサイエンス　antiscience
アンチサイクリカル　anticyclical
アンチサイクロン　anticyclone
アンチサテライト　antisatellite
アンチサブマリン　antisubmarine
アンチシージャー　antiseizure
アンチ・ジー・スーツ　anti-G suit
アンチスードリフィック　antisudorific
アンチスコービュティック　antiscorbutic
アンチスタティック　antistatic
アンチスパズモディック　antispasmodic
アンチスモーキング　antismoking
アンチスレーバリー　antislavery
アンチ・セマイト　anti-Semite
アンチ・セミティズム　anti-Semitism
アンチ・セミティック　anti-Semitic
アンチセラム　antiserum
アンチソーシャル　antisocial
アンチタイプ　antitype
アンチタンク　antitank
アンチダンピング　antidumping
アンチチョイス　antichoice
アンチテーゼ　Antithese, antithesis
アンチデプレッサント　antidepressant
アンチデモクラティック　antidemocratic
アンチテラー　antiterror
アンチドータル　antidotal
アンチドート　antidote
アンチ・ドーピング　anti-doping, antidoping
アンチトクシック　antitoxic
アンチトクシン　antitoxin
アンチトラスト　antitrust
アンチトレード　antitrade
アンチニューク　antinuke
アンチニュークリアー　antinuclear
アンチニュートロン　antineutron
アンチノージア　antinausea
アンチノック　antiknock
アンチノベル　antinovel
アンチノミー　antinomy
アンチパースピラント　antiperspirant
アンチパーソネル　antipersonnel
アンチパーティクル　antiparticle
アンチバイオティック　antibiotic
アンチハイパーテンシブ　antihypertensive
アンチバイラル　antiviral
アンチパイレティック　antipyretic
アンチバクテリアル　antibacterial
アンチバリスティック　antiballistic
アンチヒーロー　antihero
アンチビジネス　antibusiness
アンチヒスタミニック　antihistaminic
アンチヒスタミン　antihistamine
アンチビビセクショニスト　antivivisectionist
アンチビビセクショニズム　antivivisectionism
アンチピリン　antipyrine, -rin
アンチファーティリティー　antifertility
アンチフェブリル　antifebrile
アンチフェミニズム　antifeminism
アンチフリーズ　antifreeze
アンチフリクション　antifriction
アンチプロトン　antiproton
アンチボディー　antibody
アンチポバティー　antipoverty
アンチポリューショニスト　antipollutionist
アンチポリューション　antipollution
アンチマカサ　antimacassar
アンチマグネティック　antimagnetic
アンチマター　antimatter
アンチマラリア　antimalaria
アンチマラリアル　antimalarial
アンチミサイル　antimissile
アンチモニー　antimony
アンチモン　antimony

アンチャーチ　unchurch
アンチャーチト　unchurched
アンチャーテッド　uncharted
アンチャリタブル　uncharitable
アンチャレンジド　unchallenged
アンチュータード　untutored
アンチョビー　anchovy
アンチョビー・トースト　anchovy toast
アンチル　Antilles
アンチレイシスト　antiracist
アンチレイシズム　antiracism
アンチロガリズム　antilogarithm
アンチログ　antilog
アンチ・ロマン　anti-roman
アンツィー　antsy
アンツイスト　untwist
アン・ツー・カー　en-tout-cas
アンデアン　Andean
アンティ　anti
アンディアン　Andean
アンティー　ante, auntie, aunty
アンディー　Andy
アンティーク　antique
アンディーズ　undies
アンティータム　Antietam
アンティーチ　unteach
アンティーブ　Antibes
アンディ・ウォーホル　Andy Warhol
アンティグア・バーブーダ　Antigua and Barbuda
アンティクイティー　antiquity
アンティクエーテッド　antiquated
アンティクエリアニズム　antiquarianism
アンティクエリアン　antiquarian
アンティクエリー　antiquary
アンディグニファイ　undignify
アンディグニファイド　undignified
アンティゴナス　Antigonous
アンティゴネー　Antigone
アンティゴノス　Antigonus
アンティシーデンス　antecedence
アンティシーデント　antecedent
アンティジェン　antigen
アンティシパトリー　anticipatory
アンディシプリンド　undisciplined
アンティシペーション　anticipation
アンティシペーター　anticipator
アンティシペート　anticipate
アンディジャン　Andijan, Andijon, Andizhan
アンディスガイズド　undisguised
アンディスカバード　undiscovered
アンディスカバラブル　undiscoverable
アンディスターブド　undisturbed
アンディスチャージド　undischarged
アンディスティンギッシュト　undistinguished
アンティストロフィ　antistrophe
アンティストロペ　antistrophe
アンディスピューテッド　undisputed
アンディスメイド　undismayed
アンティセティカル　antithetical
アンティセティック　antithetic
アンティセプシス　antisepsis
アンティセプティック　antiseptic
アンティチェンバー　antechamber
アンティック　antic
アンティディルービアン　antediluvian
アンティデート　antedate
アンティネイタル　antenatal
アンティノミー　antinomy
アンディバイデッド　undivided
アンティパシー　antipathy
アンティパスト　antipasto
アンティパセティック　antipathetic
アンディフィーテッド　undefeated
アンディフェンデッド　undefended
アンティフォナル　antiphonal
アンティフォニー　antiphony
アンティフォン　antiphon
アンティペナルト　antepenult
アンティベラム　antebellum
アンディベロップト　undeveloped
アンディペンダブル　undependable
アンティポード　antipode
アンティ・ポスト　ante-post
アンティポダル　antipodal
アンティポディアン　antipodean
アンティポデス　antipodes
アンディミニッシュト　undiminished
アンテイムド　untamed
アンティライナム　antirrhinum
アンディリューテッド　undiluted
アンティル　until, Antilles

アンティルーム　anteroom
アンティンジド　untinged
アンデーテッド　undated
アンテーマブル　untamable, untameable
アンデクレアード　undeclared
アンテザー　untether
アンデザーブド　undeserved
アンデザイアラビリティー　undesirability
アンデザイアラブル　undesirable
アンデサイデッド　undecided
アンデシーブ　undeceive
アンデス　Andes
アンテステッド　untested
アンデターミンド　undetermined
アンデッド　undead
アンテドラッグ　antedrug
アンテナ　antenna
アンデナイアブル　undeniable
アンテナビリティー　untenability
アンテナブル　untenable
アンテナンテッド　untenanted
アンデベロップト　undeveloped
アンデマンディング　undemanding
アンテ・メリディエム　ante meridiem, AM
アンデモクラティック　undemocratic
アンデモンストラティブ　undemonstrative
アンデュー　undue
アンテュータード　untutored
アンデューリー　unduly
アンデュラトリー　undulatory
アンデュラント　undulant
アンデュレーション　undulation
アンデュレート　undulate
アンテリアー　anterior
アンデリート　undelete
アンデリバード　undelivered
アンテルーム　anteroom
アンデルセン　Andersen
アンデレ　Andrew
アンテロープ　antelope
アント　ant, aunt
アンド　and
アントイーター　anteater
アントゥー　unto
アンドゥー　undo
アンドゥーイング　undoing
アントウェルペン　Antwerp
アン・ドゥ・トロワ　un, deux, trois
アントゥラージュ　entourage
アントゥルー　untrue
アントゥルース　untruth
アントゥルースフル　untruthful
アントゥワード　untoward
アンド・オア　and/or
アントート　untaught
アントーニオ　Antonio
アンドーバー　Andover
アントールド　untold
アンドーンテッド　undaunted
アント・カウ　ant cow
アント・サリー　Aunt Sally
アントシアニジン　anthocyanidin
アントシアニン　anthocyanin
アント・ジェマイマ　Aunt Jemima
アンドック　undock
アントニア　Antonia
アントニー　Antony
アントニオ　Antonio
アントニオ・アマート　Antonio Amato
アントニマス　antonymous
アントニム　antonym
アントノフ　Antonov
アントヒル　anthill
アントベアー　antbear
アンドメスティケーテッド　undomesticated
アンドラ　Andorra
アントラー　antler
アント・ライオン　ant lion
アントライド　untried
アントラサイト　anthracite
アントラストワージー　untrustworthy
アンドラダイト　andradite
アントラブルド　untroubled
アントラベルド　untraveled
アントラメルド　untrammeled
アントランスレータブル　untranslatable
アンドリアノフ　Andrianov
アントリーテッド　untreated
アンドリンカブル　undrinkable
アンドルー　Andrew
アンドルーズ　Andrews
アントル・ヌー　entre nous
アントルプルヌール　entrepreneur
アントルポ　entrepôt

アントルメ　entremets
アントレ　entrée, entree
アンドレ　André
アンドレア　Andrea
アンドレアス　Andreas
アンドレイ　Andrei
アントレインド　untrained
アンドレ・ケルテス　André Kertész
アンドレス　undress
アンドレスト　undressed
アントレプレナー　entrepreneur
アンドレムト・オブ　undreamt-of
アンドレムド・オブ　undreamed-of
アンドレ・ロート　André Lhote
アンドロイド　android
アンドロー　undraw
アンドロクレス　Androcles
アンドロゲン　androgen
アンドロジナス　androgynous
アンドロジニー　androgyny
アンドロス　Andros
アンドロステノール　androstenol
アンドロステロン　androsterone
アンドロステンジオール　androstenediol
アンドロステンジオン　androstenedione
アンドロセントリック　androcentric
アントロッドゥン　untrodden
アンドロポーザル　andropausal
アンドロポーズ　andropause
アンドロポフ　Andropov
アンドロマケー　Andromache
アンドロメダ　Andromeda
アントワーヌ　Antoine
アントワープ　Antwerp
アントワイン　untwine
アントワネット　Antoinette
アントン　Anton
アンナ　Anna
アンナーブ　unnerve
アンナ・カレーニナ　Anna Karenina
アンナチュラル　unnatural
アンナ・モリナーリ　Anna Molinari
アンナン　Annam
アンナンバード　unnumbered
アンニュイ　ennui
アンヌム　annum
アンネイブル・コントロール　unable (to) control
アンネーマブル　unnameable
アンネームド　unnamed
アンネセサリー　unnecessary
アンネセサリリー　unnecessarily
アンネ・フランク　Anne Frank
アンノウアビリティー　unknowability
アンノウアブル　unknowable
アンノウイング　unknowing
アンノウン　unknown
アンノウン・ウォリアー　Unknown Warrior
アンノウン・ソルジャー　Unknown Soldier
アンノーティスト　unnoticed
アンバー　amber, umber, unbar, Invar
アンバーグリス　ambergris
アンパーシーバブル　unperceivable
アンバージャック　amberjack
アンパーソン　unperson
アンパーターブド　unperturbed
アンバーデン　unburden
アンハート　unhurt, unheart
アンハード　unheard
アンハード・オブ　unheard-of
アンパードナブル　unpardonable
アンバーニッシュト　unvarnished
アンハーネス　unharness
アンハームド　unharmed
アンバーライト　amberite
アンパーラメンタリー　unparliamentary
アンバール　Anbar
アンパイア　umpire
アンバイアスト　unbiased, -biassed
アンバイアブル　unviable
アンハイジーニック　unhygienic
アンハイドライド　anhydride
アンハイドロティック　anhidrotic
アンバインド　unbind
アンバウド　unbowed
アンバウンデッド　unbounded
アンバウンド　unbound
アンパクタージュ　empaquetage
アンバサダー　ambassador
アンバサダーシップ　ambassadorship
アンバサドーリアル　ambassadorial
アンバサドレス　ambassadress
アンパサンド　ampersand, &
アンバスケード　ambuscade

アンパズル unpuzzle
アンパック unpack
アンバックト unbacked
アンバックル unbuckle
アン・パッサン en passant
アンハッピー unhappy
アンパトリオティック unpatriotic
アンバトン unbutton
アンバトンド unbuttoned
アンパニッシュト unpunished
アンハピネス unhappiness
アンパブリッシュト unpublished
アンハプン unhappen
アンパラタブル unpalatable
アンパラレルド unparalleled
アンバランス unbalance, imbalance
アンバランスト unbalanced
アンハリード unhurried
アンバル Anbar
アンハロード unhallowed
アンバン unban
アンバンク unbank
アンパンクチュアリティー unpunctuality
アンパンクチュアル unpunctual
アンハンド unhand
アンバンドル unbundle
アンビータブル unbeatable
アンヒーディング unheeding
アンヒーテッド unheated
アンヒーデッド unheeded
アンビートゥン unbeaten
アンビエンス ambience, -ance
アンビエント ambient
アンビエント・ミュージック ambient music
アンビカミング unbecoming
アンビギュアス ambiguous
アンビギュイティー ambiguity
アンビグラム ambigram
アンビシャス ambitious
アンビション ambition
アンピシリン ampicillin
アンヒストリカル unhistorical
アンヒストリック unhistoric
アンピック unpick
アンヒッチ unhitch
アンビット ambit
アンヒップ unhip
アンビデクステリティー ambidexterity
アンビデクストラス ambidextrous
アンヒドロティック anhidrotic
アンビノウン unbeknown
アンビノウンスト unbeknownst
アンビバレンス ambivalence
アンビバレント ambivalent
アンピュティー amputee
アンピュテーション amputation
アンピュテート amputate
アンビュラトリー ambulatory
アンビュランス ambulance
アンビュランス・チェーサー ambulance chaser
アンビュラント ambulant
アンビュレート ambulate
アンビライカス umbilicus
アンビリーバー unbeliever
アンビリーバブル unbelievable
アンビリーバボー ⇨アンビリーバブル
アンビリービング unbelieving
アンビリーフ unbelief
アンビリカル umbilical
アンビリカル・コード umbilical cord
アンビル anvil
アンビルト unbuilt
アンビルド unbuild
アンピン unpin
アンヒンジ unhinge
アンプ amp
アンファーティライズド unfertilized
アンファーニッシュト unfurnished
アンファール unfurl
アンファウンデッド unfounded
アンファシー unfussy
アンファスン unfasten
アンファゾマブル unfathomable
アンファゾムド unfathomed
アンファッショナブル unfashionable
アンファニー unfunny
アン・ファミーユ en famille
アンファミリアー unfamiliar
アンファン unfun
アンファンクショナル unfunctional
アンファンデッド unfunded
アンファン・テリブル enfant terrible
アンフィーリング unfeeling

アンフィールド　Anfield
アンフィシアター　amphitheater, -theatre
アンフィシアトリカル　amphitheatrical
アンフィシアトリック　amphitheatric
アンフィックス　unfix
アンフィット　unfit
アンフィニッシュト　unfinished
アンフィビア　Amphibia
アンフィビアス　amphibious
アンフィビアン　amphibian
アンフィプロステュロス　amphiprostyle
アンフィボール　amphibole
アンフィルタラブル　unfilterable
アンフェアー　unfair
アンフェイスフル　unfaithful
アンフェイリング　unfailing
アンフェインド　unfeigned
アンフェーズド　unfazed
アンフェーディング　unfading
アンフェーバラブル　unfavorable, -vour-
アンフェタミニル　amphetaminil
アンフェタミン　amphetamine
アンフェッター　unfetter
アンフェッタード　unfettered
アンフェノール　Amphenol
アンフェプラモン　amfepramone
アンフォーカスト　unfocus(s)ed
アンフォーギバブル　unforgivable
アンフォーゲッタブル　unforgettable
アンフォーシーン　unforeseen
アンフォースト　unforced
アンフォーチュネート　unfortunate
アンフォームド　unformed
アンフォールタリング　unfaltering
アンフォールド　unfold
アンフォテリック　amphoteric
アンフォラ　amphora
アンフォロー　unfollow
アンブザム　unbosom
アンフック　unhook
アンブッシュ　ambush
アンプットダウナブル　unputdownable
アンプティー　umpty
アンプティーン　umpteen
アンプティーンス　umpteenth
アンフュメ　Enfume
アンブラ　umbra
アンブライドルド　unbridled
アンプラグ　unplug
アンプラクティカル　unpractical
アンプラクティスト　unpracticed, -practised
アンプラグド　unplugged
アンフラタリング　unflattering
アンフラッギング　unflagging
アンブラッシング　unblushing
アンフラッタリング　unflattering
アンフラッパビリティー　unflappability
アンフラッパブル　unflappable
アンプラムド　unplumbed
アンフリー　unfree
アンプリー　amply
アンフリーケンテッド　unfrequented
アンフリーズ　unfreeze
アンフリーダム　unfreedom
アンブリッジャブル　unbridgeable
アンプリテュード　amplitude
アンプリテュード・モジュレーション　amplitude modulation
アンプリテンシャス　unpretentious
アンプリファイ　amplify
アンプリファイアー　amplifier
アンプリフィケーション　amplification
アンプリペアード　unprepared
アンプリポゼッシング　unprepossessing
アンプリメディテーテッド　unpremeditated
アンブリンキング　unblinking
アンプリンシプルド　unprincipled
アンプリンタブル　unprintable
アンフリンチング　unflinching
アンブル　amble
アンプル　ample, ampoule, -pule, -pul
アンフルートフル　unfruitful
アンブルサイド　Ambleside
アンフルフィルド　unfulfilled
アンブレージ　umbrage
アンプレースト　unplaced
アンプレーヤブル　unplayable
アンプレザント　unpleasant
アンプレシデンテッド　unprecedented
アンプレジュディスト　unprejudiced
アンブレスト　unblessed, unblest
アンフレッジド　unfledged
アンプレディクタブル　unpredictable

アンブレミッシュト unblemished
アンブレラ umbrella
アンブレラ・スタンド umbrella stand
アンフレンド unfriend
アンフレンドリー unfriendly
アンブロ Umbro
アンブロークン unbroken
アンブロージア ambrosia
アンブロージアル ambrosial
アンブローズ Anbrose
アンフローズン unfrozen
アンプロセスト unprocessed
アンプロダクティブ unproductive
アンフロック unfrock
アン・ブロック en bloc
アンプロテクテッド unprotected
アンプロナウンサブル unpronounceable
アンプロフィッタブル unprofitable
アンプロフェッショナル unprofessional
アンプロボークト unprovoked
アンプロミシング unpromising
アンプロンプチュ impromptu
アンプロンプテッド unprompted
アンペア ampere
アンペア・アワー ampere-hour
アンペア・ターン ampere-turn
アンペアド unpaired
アンベアラブル unbearable
アンベアリイング unvarying
アンペイド unpaid
アンペイド・ワーク unpaid work
アンベール unveil
アンヘジテーティング unhesitating
アンベノニウム ambenonium
アンベル umbel
アンヘルシー unhealthy
アンヘルスフル unhealthful
アンヘルプフル unhelpful
アンペレージ amperage
アンペログラフィー ampelography
アンペロスタット amperostat
アンペロメトリー amperometry
アンベンディング unbending
アンベンド unbend
アンホイ Anhui
アンホイザー・ブッシュ Anheuser-Busch
アンボイスト unvoiced
アンホース unhorse
アンホープト・フォー unhoped-for
アンホーリー unholy
アンホールサム unwholesome
アンボーン unborn
アンボセプター amboceptor
アンポピュラー unpopular
アンポピュラリティー unpopularity
アンポピュレーテッド unpopulated
アンポリティカル unpolitical
アンポリューテッド unpolluted
アンボルテッド unbolted
アンボルト unbolt
アンボン Ambon
アンボンポワン embonpoint
アンマークト unmarked
アンマーシフル unmerciful
アンマインドフル unmindful
アンマスク unmask
アンマズル unmuzzle
アン・マッス en masse
アンマッチト unmatched
アンマナーリー unmannerly
アンマネージャブル unmanageable
アンマリード unmarried
アンマン Amman, unman
アンマンド unmanned
アンマンリー unmanly
アンミーニング unmeaning
アンミクスト unmixed, -mixt
アンミステイカブル unmistakable, -mistakeable
アンミックスト unmixed, -mixt
アンミッサブル unmissable
アンミティゲーテッド unmitigated
アンミュージカル unmusical
アンミルド unmilled
アンムーア unmoor
アンムーブド unmoved
アンメイク unmake
アンメイド unmade
アンメーター ammeter
アンメジャード unmeasured
アンメット unmet
アンメンショナブル unmentionable
アンメンダブル unmendable
アンモダン unmodern

アンモナイアカル　ammoniacal
アンモナイト　ammonite
アンモニア　ammonia
アンモニア・ウォーター　ammonia water
アンモニアクム　ammoniac, ammoniacum
アンモニアゴム　ammoniac, ammoniacum
アンモニアック　ammoniac
アンモニウム　ammonium
アンモラル　unmoral
アンモレステッド　unmolested
アンユーザブル　unusable
アンユージュアリー　unusually
アンユージュアル　unusual
アンユーズド　unused
アンユースフル　unuseful
アンヨーク　unyoke
アンラ　UNRWA
アンラーニド　unlearned
アンラーン　unlearn
アンラーント　unlearnt
アンライク　unlike
アンライクリー　unlikely
アンライクリフッド　unlikelihood
アンライセンスト　unlicensed
アンライティアス　unrighteous
アンライバルド　unrival(l)ed
アンライプ　unripe
アンラインド　unlined
アンラッキー　unlucky
アンラッチ　unlatch
アンラップ　unwrap
アンラバブル　unlovable
アンラビング　unloving
アンラブド　unloved
アンラブリー　unlovely
アンラフルド　unruffled
アンラベル　unravel
アンラベルメント　unravelment
アンリ　Henry
アンリアライザブル　unrealizable
アンリアライズド　unrealized
アンリアリスティック　unrealistic
アンリアリティー　unreality
アンリアル　unreal
アンリーシュ　unleash
アンリーズナブル　unreasonable
アンリーズニング　unreasoning
アンリーダブル　unreadable
アンリーチャブル　unreachable
アンリール　unreel
アンリガーデッド　unregarded
アンリカバラブル　unrecoverable
アンリクワイテッド　unrequited
アンリザーブド　unreserved
アンリジェネレート　unregenerate
アンリ・ジロー　Henri Giraud
アンリステッド　unlisted
アンリストリクテッド　unrestricted
アンリスポンシブ　unresponsive
アンリゾルバブル　unresolvable
アンリゾルブド　unresolved
アンリット　unlit
アンリップ　unrip
アンリトゥン　unwritten
アンリトン・ロー　unwritten law
アンリバブル　unlivable
アンリファインド　unrefined
アンリプリゼンタティブ　unrepresentative
アンリフレクティブ　unreflective
アンリペンタント　unrepentant
アンリマーカブル　unremarkable
アンリマークト　unremarked
アンリミッティング　unremitting
アンリミテッド　unlimited
アンリライアビリティー　unreliability
アンリライアブル　unreliable
アンリリーブド　unrelieved
アンリレーテッド　unrelated
アンリレンティング　unrelenting
アンリワーディング　unrewarding
アンリワーデッド　unrewarded
アンルース　unloose
アンルースン　unloosen
アン・ルート　en route
アンルーリー　unruly
アンルックト・フォー　unlooked-for
アンレー　onlay
アンレース　unlace
アンレード　unlade
アンレギュレーテッド　unregulated
アンレコーデッド　unrecorded
アンレコグナイザブル　unrecognizable
アンレコグナイズド　unrecognized
アンレジスター　unregister

アンレス unless
アンレスト unrest
アンレストリクテッド unrestricted
アンレストレインド unrestrained
アンレスポンシブ unresponsive
アンレゾルバブル unresolvable
アンレゾルブド unresolved
アンレタード unlettered
アンレッド unlead, unread
アンレディー unready
アンレブンド unleavened
アンレミッティング unremitting
アンレリジャス unreligious
アンロード unload
アンローフル unlawful
アンロール unroll
アンロック unlock
アンワーカビリティー unworkability
アンワーカブル unworkable
アンワージー unworthy
アンワージリー unworthily
アンワールドリー unworldly
アンワイズ unwise
アンワインド unwind
アンワル・アウラキ Anwar al-Awlaki
アンワル・イブラヒム Anwar Ibrahim

イ

イア　ear, year
イアーゴー　Iago
イアース　Iaas
イアーソーン　Jason
イアウィッグ　earwig
イアエイク　earache
イアショット　earshot
イアスプリッティング　earsplitting
イアドラム　eardrum
イア・トランペット　ear trumpet
イアトロジェニック　iatrogenic
イアドロップ　eardrop
イアバッド　earbud
イア・ピアシング　ear-piercing
イアピース　earpiece
イアプラグ　earplug
イアフラップ　earflap
イアフル　earful
イアマーク　earmark
イアマフ　earmuff
イアラ　era
イアリー　eerie, eery
イアリリー　eerily
イアリング　earring
イアローブ　earlobe
イアワックス　earwax
イアン　Ian, Iain
イアン・ソープ　Ian Thorpe
イー・ウエイスト　e-waste
イー・ウェースト　e-waste
イーオン　aeon, eon
イーガー　eager
イーガー・ビーバー　eager beaver
イーガン　Egan
イー・キャッシュ　e-cash
イーク　eke, eek
イーグル　eagle
イーグル・アイ　eagle eye
イーグル・アイド　eagle-eyed
イーグルス　Eagles
イーグルバーガー　Eagleburger
イーグレット　eaglet, egret
イーコール　equal
イー・コマース　e-commerce
イーサー　ether, aether
イーザー　either
イーザー・オア　either-or
イーサーネット　Ethernet
イーサン　Ethan
イージアス　Egeus
イージー　easy
イージーゴーイング　easygoing
イージージェット　easyJet
イージー・ストリート　easy street
イージー・タッチ　easy touch
イージー・チェア　easy chair
イージー・トゥ・フォロー　easy-to-follow
イージー・ピージー　easy-peasy
イージー・マネー　easy money
イー・シガレット　e-cigarette
イージス　Aegis
イージネス　easiness
イージリー　easily
イーズ　ease
イースター　Easter
イースター・アイランド　Easter Island
イースター・ウイーク　Easter week
イースター・エッグ　Easter egg
イースター・サンデー　Easter Sunday
イースタータイド　Eastertide
イースター・デー　Easter day
イースター・バニー　Easter bunny
イースター・マンデー　Easter Monday
イースタナー　easterner
イースタリー　easterly
イースタン　eastern
イースタン・オーソドックス・チャーチ　Eastern Orthodox Church

イースタン・スタンダード・タイム　eastern standard time
イースタン・タイム　eastern time
イースタン・チャーチ　Eastern Church
イースタン・ヘミスフィア　Eastern Hemisphere
イースタンモスト　easternmost
イースタン・ローマン・エンパイア　Eastern Roman Empire
イースティー　yeasty
イースト　east, yeast
イースト・インディア・カンパニー　East India Company
イースト・インディーズ　East Indies
イーストウッド　Eastwood
イースト・エンダー　East Ender
イースト・エンド　East End
イースト・コースト　East Coast
イースト・サイド　East Side
イースト・サウスイースト　east-southeast
イースト・サセックス　East Sussex
イースト・チャイナ・シー　East China Sea
イースト・ノースイースト　east-northeast
イーストバウンド　eastbound
イーストマン・コダック　Eastman Kodak
イースト・リバー　East River
イーストワーズ　eastwards
イーストワード　eastward
イーズフル　easeful
イーズメント　easement
イーセリアル　ethereal, -rial, aethe-
イーゼル　easel
イータ　eta
イーター　eater
イー・タックス　e-Tax
イータブル　eatable
イータリー　eatery
イーチ　each
イー・チケット　e-ticket
イーディス　Edith, Edyth, Edythe
イーディパル　Oedipal
イー・テイラー　e-tailer
イー・テイル　e-tail
イーティング　eating
イーティング・ディスオーダー　eating disorder
イーティング・ハウス　eating house
イート　eat
イートゥン　eaten
イードゥン　Edun
イートニアン　Etonian
イートン　Eton
イートン・カラー　Eton collar
イートン・カレッジ　Eton College
イートン・ジャケット　Eton jacket
イートン・メス　Eton mess
イーナ　Ena
イーニー・ミーニー・マイニー・モー　eenie-meenie-minie-moe
イーニッド　Enid
イーネス　Ines
イーノ　Eno
イーノック・アーデン　Enoch Arden
イーノファイル　oenophile, oenophilist
イーバ　Eva
イーバー　Ivor
イー・パブリッシング　e-publishing
イービー　Evie
イーピーウィング　EPWING
イーピゲネイア　Iphigenia
イーファ　Aoife
イーフェ　Aoife, Aeife
イーブズ　eaves
イーブズドロッパー　eavesdropper
イーブズドロップ　eavesdrop
イー・ブック　e-book
イーブリー　evilly
イーフリイム　Ephraim
イーブリン　Evelyn
イーブル　evil
イーブル・アイ　evil eye
イーブル・テンパード　evil-tempered
イーブルドゥーアー　evildoer
イーブルドゥーイング　evildoing
イーブル・マインデッド　evil-minded
イーブル・ワン　Evil One
イーブン　even
イーブン・スティーブン　even stephen, even steven
イーブンソング　evensong
イーブンタイド　eventide
イーブン・テンパード　even-tempered
イーブンハンデッド　evenhanded
イーブン・マネー　even money

イーブンリー evenly
イーベイ eBay
イーマックス Emacs
イー・マネー e-money
イームズ Eames
イー・メール E-mail, e-mail, email
イー・モビリティ e-mobility
イーヨー Eeyore
イー・ラーニング e-learning
イーライ Eli, Ely
イーライ・リリー Eli Lilly
イーリアス Iliad
イーリアン・パイプ uillean(n) pipe
イーリー Ely
イーリング Ealing
イール eel
イールグラス eelgrass
イールディング yielding
イールド yield
イールド・カーブ yield curve
イヴ・サンローラン Yves Saint Laurent
イェイ yay, yea
イェイ・セイヤー yea-sayer
イエーガー jaeger, ja-, jä-, ya-
イェーガー Yeager
イェーツ Yeats, Yates
イェーテボリ Göteborg, Gothenburg
イェール Yale
イェシーバ yeshiva(h)
イェシバ yeshiva(h)
イエス yes, Jesus
イエズス Jesuit
イエスタイヤー yesteryear
イエスタデー yesterday
イエス・ノー・クエスチョン yes/no question
イェスペルセン Jespersen
イエス・マン yes-man
イェッグ yegg
イェット yet
イェップ yep
イエティー yeti
イエメナイト Yemenite
イエメニ Yemeni
イエメン Yemen
イェル yell
イェルパー yelper
イェルプ yelp
イエロー yellow
イエローイー yellowy
イエローイッシュ yellowish
イエロー・オーカー yellow ocher
イエロー・カード yellow card
イエロー・キャブ Yellow Cab
イエローケーキ yellowcake
イエロー・シー Yellow Sea
イエロー・ジャーナリズム yellow journalism
イエロー・ジャケット yellow jacket
イエローストーン Yellowstone
イエローストーン・ナショナル・パーク Yellowstone National Park
イエロー・ストリーク yellow streak
イエローテール yellowtail
イエロー・ドッグ yellow dog, yellow-dog
イエローナイフ Yellowknife
イエローハンマー yellowhammer
イエロー・フィーバー yellow fever
イエローフィン yellowfin
イエロー・ブック Yellow Book
イエロー・ページ Yellow Pages
イエローベリー yellowbelly
イエロー・ベリード yellow-bellied
イエロー・ペリル yellow peril
イエロー・ライン yellow line
イエロー・リバー Yellow River
イエロー・リボン yellow ribbon
イェン yen
イェンセン Jensen
イオ Io
イオシーン Eocene
イオス Ios
イオタ iota
イオナミン Ionamin
イオニア Ionia
イオニアン Ionian
イオニアン・シー Ionian Sea
イオニウム ionium
イオニクス ionics
イオニック Ionic
イオネスコ Ionesco
イオノマー ionomer
イオノマイシン ionomycin
イオヘキソール iohexol
イオラニ Iolani

イオン　ion
イオン・エクスチェンジ　ion exchange
イオン・トラップ　ion trap
イオン・ビーム　ion beam
イカット　ikat
イカボド　Ichabod
イカリア　Icaria
イカロス　Icarus, Ikaros
イギー・ポップ　Iggy Pop
イキトス　Iquitos
イグアス　Iguaçu, Iguazú
イクアトリアル　equatorial
イクアトリアル・ギニア　Equatorial Guinea
イグアナ　iguana
イクアニミティー　equanimity
イクアビリティー　equability
イクアブル　equable
イクイノクシャル　equinoctial
イクイノックス　equinox
イクエーショナル　equational
イクエーション　equation
イクエーター　equator
イクエート　equate
イクオリティー　equality
イクオリテリアン　equalitarian
イグザクション　exaction
イグザクティテュード　exactitude
イグザクティング　exacting
イグザクト　exact
イグザクトリー　exactly
イグザジャレーション　exaggeration
イグザジャレーテッド　exaggerated
イグザジャレート　exaggerate
イグザスパレーション　exasperation
イグザスパレート　exasperate
イグザミナー　examiner
イグザミニー　examinee
イグザミネーション　examination
イグザミネーション・ペーパー　examination paper
イグザミン　examine
イグザム　exam
イグザルテーション　exaltation
イグザンプル　example
イクシーディング　exceeding
イクシーディングリー　exceedingly
イクシード　exceed
イクシオロジー　ichthyology
イグジビット　Xzibit
イクセプショナブル　exceptionable
イクセプショナル　exceptional
イクセプション　exception
イクセプト　except
イグゾールト　exalt
イクタス　ictus
イクタモール　ichthammol
イグナイター　igniter, -nitor
イグナイト　ignite
イグナシオ　Ignacio
イグナツ　ignatz
イグナッツ　ignatz
イグナリナ　Ignalina
イグニアス　igneous
イグニション　ignition
イグニス・ファトゥウス　ignis fatuus
イグニッション　ignition
イクニューモン　ichneumon
イクニューモン・フライ　ichneumon fly
イグネイシアス　Ignatius
イグノアー　ignore
イグノーブル　ignoble
イグノミニアス　ignominious
イグノミニー　ignominy
イグノラームス　ignoramus
イグノランス　ignorance
イグノラント　ignorant
イグボー　Igbo
イグルー　igloo, iglu
イグレシアス　Iglesias, Yglesias
イクワイン　equine
イケア　Ikea
イケナム　Ickenham
イコーリー　equally
イコーリテリアン　equalitarian
イコール　equal
イコール・オポチュニティーズ・コミッション　Equal Opportunities Commission
イコール・サイン　equal(s) sign
イコール・パートナー　equal partner
イコール・ライツ・アメンドメント　Equal Rights Amendment
イコサノール　icosanol
イコサン　icosane
イコノクラズム　iconoclasm

イコノミー economy
イコノロジー iconology
イコライザー equalizer
イコライズ equalize
イコライゼーション equalization
イコル ichor
イコン icon, Ikon
イサカ Ithaca
イサク Isaac
イサク・ディーネセン Isak Dinesen
イザドア Isadore
イザドーラ Isadora
イザドラ Isadora
イザベラ Isabella
イザベル Isabel, -belle
イザヤ Isaiah
イジー Izzy
イジーアン Aegean
イジェクション ejection
イジェクション・シート ejection seat
イジェクター ejector
イジェクター・シート ejector seat
イジェクト eject
イジェクトメント ejectment
イジェフスク Izhevsk
イシス Isis
イジドア Isidore, Isidor
イジドーラ Isidora
イジトール iditol
イシマエライト Ishmaelite
イシマエル Ishmael
イシャウッド Isherwood
イシュアー issuer
イシュアブル issuable
イシュアンス issuance
イシュー issue
イシュタル Ishtar
イジュティハード ijtihad
イズ is
イズー Iseult, Yseult
イスールト Iseult, Yseult
イスカリオテ Iscariot
イスカンダル Iskandar
イスキア Ischia
イスケミア ischemia
イスタンブール Istanbul
イスト -ist
イスファハン Isfahan
イズベスチヤ Izvestia
イスマス isthmus
イスミアン isthmian
イズム ism, -ism
イスラ Isla
イスラエライト Israelite
イスラエリ Israeli
イスラエル Israel
イスラマイズ Islamize
イズラマイズ Islamize
イスラマイゼーション Islamization
イズラマイゼーション Islamization
イスラマイト Islamite
イスラマバード Islamabad
イスラミスト Islamist
イスラミズム Islamism
イスラミゼーション Islamization
イズラミゼーション Islamization
イスラミック Islamic
イスラム Islam
イスラモフォービア Islamophobia
イスラモフォービック Islamophobic
イズリントン Islington
イズント isn't
イ・スンマン Yi Seung-man
イゼベル Jezebel
イソ is-, iso-, ISO
イソアミル isoamyl
イソアロキサジン isoalloxazine
イソアンドロステロン isoandrosterone
イソエタリン isoetharine
イソオクタン isooctane
イソカルボキサジド isocarboxazid
イソキサチオン isoxathion
イソキノリン isoquinoline
イソクエルチトリン isoquercitrin
イソクスプリン isoxsuprine
イソケルシトリン isoquercitrin
イソシアナート isocyanate
イソシアニド isocyanide
イソシアネート isocyanate
イソシトラート isocitrate
イソシトレート isocitrate
イソソルビド isosorbide
イソタイプ isotype
イソチペンジル isothipendyl

イソップ　Aesop
イソトレチノイン　isotretinoin
イソニアジド　isoniazid
イソニトリル　isonitrile
イソニペカイン　isonipecaine
イソノリン　Isonorin
イソパラフィン　isoparaffin
イソバレルアルデヒド　isovaleraldehyde
イソプター　isopter
イソブタノール　isobutanol
イソブタン　isobutane
イソブチル　isobutyl
イソブチレン　isobutylene
イソフラボン　isoflavone
イソプリノシン　Isoprinosine
イソフルラン　isoflurane
イソプレナリン　isoprenaline
イソプレン　isoprene
イソプロチオラン　isoprothiolane
イソプロテレノール　isoproterenol
イソプロパノール　isopropanol
イソプロピル　isopropyl
イソプロピルアンチピリン　isopropylantipyrine
イソベル　Isobel
イソホロン　isophorone
イソマルトース　isomaltose
イソメテプテン　isometheptene
イソメラーゼ　isomerase
イソルジル　Isordil
イゾルデ　Isolde
イソロイシン　isoleucine
イタケー　Ithaca
イタニウム　Ithanium
イタリア　Italy
イタリアーナ　Italiana
イタリアナイズ　Italianize
イタリアナイゼーション　Italianization
イタリアネート　Italianate
イタリアン　Italian
イタリサイズ　italicize
イタリック　italic
イタル・タス　ITAR-TASS
イチョン　Icheon
イッキー　icky
イック　ick
イッセイ　issei
イッタラ　iittala
イッチ　itch
イッチー　itchy
イッツ　it's, its
イッツィー・ビッツィー　itty-bitty, itsy-bitsy
イッテルビウム　ytterbium
イット　it
イッド　Yid
イットセルフ　itself
イットリア　yttria
イットリウム　yttrium
イッピー　yippie
イップ　yip
イデアル　ideal
イディアサバル　Idiazabal
イディオシー　idiocy
イディオシンクラシー　idiosyncrasy, -cy
イディオシンクラティック　idiosyncratic
イディオタイプ　idiotype
イディオット　idiot
イディオット・カード　idiot card
イディオット・ボード　idiot board
イディオット・ボックス　idiot box
イディオティック　idiotic
イディオトロピック　idiotropic
イディオパシー　idiopathy
イディオマティカル　idiomatical
イディオマティック　idiomatic
イディオム　idiom
イディッシュ　Yiddish
イティネラリー　itinerary
イティネラント　itinerant
イティネレート　itinerate
イデー・フィクス　idée fixe
イデオグラフ　ideograph
イデオグラム　ideogram
イデオローグ　ideologue
イデオロギー　ideology
イデオロジカル　ideological
イデオロジスト　ideologist
イデオロジック　ideologic
イデベノン　idebenone
イデム　idem
イテラティブ　iterative
イテレーション　iteration
イテレーティブ　iterative
イテレート　iterate

イド id
イドース idose
イドラ Hydra, idola
イトラコナゾール itraconazole
イドリス Idris
イナーシア inertia
イナーシア・セリング inertia selling
イナーシャル inertial
イナータンス inertance
イナート inert
イナーベート innervate
イナクティビティー inactivity
イナクティブ inactive
イナクト enact
イナニション inanition
イナニティー inanity
イナバウアー Ina Bauer
イナビリティー inability
イナビル Inavir
イナフ enough
イナモラータ inamorata
イナンデーション inundation
イナンデート inundate
イニー Innie
イニエスタ Iniesta
イニシアティブ initiative
イニシアトリー initiatory
イニシエーション initiation
イニシエーター initiator
イニシエート initiate
イニシャライズ initialize
イニシャライゼーション initialization
イニシャリゼーション initialization
イニシャル initial
イニシュモア Inishmore
イニスキリング Inniskilling
イニミカル inimical
イニュアー inure
イニューメラブル innumerable
イニューメレート innumerate
イニュエンド innuendo
イニング inning
イヌイット Inuit
イヌーメラブル innumerable
イヌーメレート innumerate
イヌク Inuk
イヌピアク Inupiaq
イヌピアト Inupiat
イヌリン inulin
イネーブラー enabler
イネーン inane
イネクストリカブル inextricable
イネクソラブル inexorable
イネス Ines, Innes
イネズ Inez
イネディブル inedible
イネビタビリティー inevitability
イネビタブル inevitable
イネファビリティー ineffability
イネファブル ineffable
イネフェーサブル ineffaceable
イネプティテュード ineptitude
イネプト inept
イネブライエティー inebriety
イネブリエーション inebriation
イネブリエーテッド inebriated
イネブリエート inebriate
イネラクタビリティー ineluctability
イネラクタブル ineluctable
イネラスティシティー inelasticity
イネランシー inerrancy
イネラント inerrant
イノーガニック inorganic
イノーギュラル inaugural
イノーギュレーション inauguration
イノーギュレーション・デー Inauguration Day
イノーギュレート inaugurate
イノーマス enormous
イノキュアス innocuous
イノキュラビリティー inoculability
イノキュラブル inoculable
イノキュラム inoculum
イノキュレーション inoculation
イノキュレート inoculate
イノシトール inositol
イノセンス innocence
イノセント innocent
イノベーション innovation
イノベーター innovator
イノベーティブ innovative
イノベート innovate
イパネマ Ipanema
イバノフ Ivanov

イバン　Iban, Ivan
イビサ　Ibiza, Iviza
イビチャ・オシム　Ivica Osim
イビデム　ibidem
イフ　if, iff
イブ　eve, Eve, Yves
イプ　ipu
イフィー　iffy
イフェクト　effect
イプシロン　epsilon
イプスウィッチ　Ipswich
イプセン　Ibsen
イプソ・ファクト　ipso facto
イフタール　iftar
イブニング　evening
イブニング・ガウン　evening gown
イブニング・クラス　evening class
イブニング・スクール　evening school
イブニング・スター　evening star
イブニング・ドレス　evening dress
イブニング・プリムローズ　evening primrose
イブニング・プレヤー　evening prayer
イブニング・ペーパー　evening paper
イブプロフェン　ibuprofen
イプ・ヘケ　ipu heke
イプラール　Ipral
イプラトロピウム　ipratropium
イブラヒム　Ibrahim
イブラヒモビッチ　Ibrahimović
イプリンドール　iprindole
イプロジオン　iprodione
イプロニアジド　iproniazid
イプロベラトリル　iproveratril
イブン・バツータ　Ibn Battuta
イブン・バットゥータ　Ibn Battuta
イブンングズ　evenings
イベット　Yvette
イベリア　Iberia
イベリアン　Iberian
イベリアン・ペニンスラ　Iberian Peninsula
イベリコ　Ibérico
イペリット　yperite
イベルメクチン　ivermectin
イベンチュアリー　eventually
イベンチュアリティー　eventuality
イベンチュアル　eventual
イベンチュエート　eventuate
イベント　event
イベント・スタッフ　event staff
イベント・プランナー　event planner
イベントフル　eventful
イベント・リスク　event risk
イベントレス　eventless
イボ　Ibo
イポー　Ipoh
イボガイン　ibogaine
イホスファミド　ifosfamide
イボンヌ　Yvonne
イマーゴ　imago
イマージェンシー　emergency
イマーシブ　immersive
イマーシブ・テクノロジー　immersive technology
イマーション　immersion
イマージョン　immersion
イマーション・ヒーター　immersion heater
イマージョン・ヒーター　immersion heater
イマース　immerse
イマースト　immersed
イマーム　imam, imaum
イマキュラシー　immaculacy
イマキュレート　immaculate
イマキュレート・コンセプション　Immaculate Conception
イマザリル　Imazalil
イマジスト　imagist
イマジズム　imagism
イマジナティブ　imaginative
イマジナブル　imaginable
イマジナリー　imaginary
イマジネーション　imagination
イマジン　imagine
イマチニブ　imatinib
イマテリアル　immaterial
イマニュエル　Immanuel
イマネンシー　immanency
イマネンス　immanence
イマネント　immanent
イミーディアシー　immediacy
イミーディエート　immediate
イミーディエート・コンスティテュエント　immediate constituent
イミーディエートリー　immediately
イミグラント　immigrant

イミグレーション　immigration
イミグレート　immigrate
イミシビリティー　immiscibility
イミシブル　immiscible
イミダクロプリド　imidacloprid
イミダゾール　imidazole
イミダゾリン　imidazoline
イミタティブ　imitative
イミダプリル　imidapril
イミタブル　imitable
イミッジ　image
イミテーション　imitation
イミテーション・グリーン　imitation green
イミテーター　imitator
イミテーティブ　imitative
イミテート　imitate
イミド　imide
イミネンシー　imminency
イミネンス　imminence
イミネント　imminent
イミプラミン　imipramine
イミュアー　immure
イミュータビリティー　immutability
イミュータブル　immutable
イミューナイズ　immunize
イミューニティー　immunity
イミューノジェン　immunogen
イミューン　immune
イミュナイズ　immunize
イミュナイゼーション　immunization
イミュニゼーション　immunization
イミュニティー　immunity
イミュノアッセイ　immunoassay
イミュノサプレッシブ　immunosuppressive
イミュノサプレッション　immunosuppression
イミュノデフィシェンシー　immunodeficiency
イミュノロジー　immunology
イミュノロジカル　immunological
イミュノロジスト　immunologist
イミュノロジック　immunologic
イ・ミョンバク　Lee Myung Bak
イムーバビリティー　immovability
イムーバブル　immovable
イムーバブル・フィースト　immovable feast
イ・ムジチ　I Musici
イムノセラピー　immunotherapy
イムノプレシピテーション　immunoprecipitation
イムノブロッティング　immunoblotting
イムノブロット　immunoblot
イメージ　image
イメージ・キャラクター　image character
イメージ・コンサルタント　image consultant
イメージ・コンシャス　image-conscious
イメージ・スキャナー　image scanner
イメージセッター　imagesetter
イメージ・ビデオ　image video
イメージボード　imageboard
イメージ・メーカー　image maker
イメージャリー　imagery
イメージング　imaging
イメディカブル　immedicable
イメルダ　Imelda
イメンシティー　immensity
イメンス　immense
イモータリティー　immortality
イモータル　immortal
イモーテル　immortelle
イモゴライト　imogolite
イモジェン　Imogen
イモビール　immobile
イモビライザー　immobilizer
イモビライズ　immobilize
イモビリティー　immobility
イモラ　Imola
イモレーション　immolation
イモレート　immolate
イヤー　year, ear
イヤー・アラウンド　year-around
イヤー・ウォーマー　ear warmer
イヤーエイク　earache
イヤー・エンド　year-end
イヤー・オン・イヤー　year-on-year
イヤード　eared
イヤード・シール　eared seal
イヤードラム　eardrum
イヤー・トランペット　ear trumpet
イヤードロップ　eardrop
イヤーバッド　earbud
イヤーピース　earpiece
イヤーブック　yearbook
イヤープラグ　earplug

イヤーフラップ earflap
イヤーフル earful
イヤーマーク earmark
イヤーマフ earmuff
イヤー・ラウンド year-round
イヤーリー yearly
イヤーリング yearling
イヤー・ループス ear loops
イヤーレス・シール earless seal
イヤーローブ earlobe
イヤーロング yearlong
イヤーワックス earwax
イヤバッド earbud
イヤホン earphone
イヤリング earring, earing
イヨネスコ Ionesco
イラーキー Iraqi, Iraki
イライアス Elias
イライザ Eliza
イライジャ Elijah
イラキ Iraqi, Iraki
イラキーヤ Iraqiya
イラク Iraq, Irak
イラジエーション irradiation
イラシビリティー irascibility
イラシブル irascible
イラショナリティー irrationality
イラショナル irrational
イラストラティブ illustrative
イラストリアス illustrious
イラストレーション illustration
イラストレーター illustrator
イラストレーティブ illustrative
イラストレーテッド illustrated
イラストレート illustrate
イラニアン Iranian
イラプション irruption
イラプト irrupt
イラワジ Irrawaddy
イラン Iran
イランイラン ylang-ylang, ilang-ilang
イリア Ilya
イリアス Iliad
イリアッド Iliad
イリーガル illegal
イリーナ Irina
イリカバラブル irrecoverable
イリガブル irrigable
イリクイッド illiquid
イリクレーマブル irreclaimable
イリゲーショナル irrigational
イリゲーション irrigation
イリゲーティブ irrigative
イリゲート irrigate
イリコンサイラビリティー irreconcilability
イリコンサイラブル irreconcilable
イリジウム iridium
イリシット illicit
イリス iris, Iris
イリスペクティブ irrespective
イリスポンシビリティー irresponsibility
イリスポンシブル irresponsible
イリタティブ irritative
イリタビリティー irritability
イリタブル irritable
イリタント irritant
イリディーマブル irredeemable
イリテーション irritation
イリテーティング irritating
イリテーテッド irritated
イリテート irritate
イリデッセンス iridescence
イリデッセント iridescent
イリデューシビリティー irreducibility
イリデューシブル irreducible
イリテラシー illiteracy
イリテレート illiterate
イリドイド iridoid
イリトリーバブル irretrievable
イリノイ Illinois
イリノイアン Illinoisan
イリノテカン irinotecan
イリバーシビリティー irreversibility
イリバーシブル irreversible
イリフュータビリティー irrefutability
イリフュータブル irrefutable
イリプレーサブル irreplaceable
イリプレッシビリティー irrepressibility
イリプレッシブル irrepressible
イリプローチャブル irreproachable
イリペアラブル irreparable
イリベラリティー illiberality
イリベラル illiberal
イリボーカブル irrevocable

イリミタブル illimitable
イリムーバブル irremovable
イリヤ Ilya
イリューシブ illusive
イリュージョニスト illusionist
イリュージョニズム illusionism
イリュージョン illusion
イリューソリー illusory
イリューミン illumine
イリュミナティブ illuminative
イリュミナント illuminant
イリュミネーション illumination
イリュミネーター illuminator
イリュミネーティブ illuminative
イリュミネーティング illuminating
イリュミネーテッド illuminated
イリュミネート illuminate
イル ill
イル・アドバイズド ill-advised
イル・ウィッシャー ill-wisher
イル・ウィル ill will
イルーシブ illusive
イルージョニスト illusionist
イルージョニズム illusionism
イルージョン illusion
イルーソリー illusory
イルーミン illumine
イル・エクイップト ill-equipped
イル・オーメンド ill-omened
イルク ilk
イルクーツク Irkutsk
イルグーン Irgun
イル・コンシダード ill-considered
イル・ジャッジド ill-judged
イル・スーテッド ill-suited
イル・スタード ill-starred
イルセ Ilse
イル・タイムド ill-timed
イル・ディスポーズド ill-disposed
イル・デファインド ill-defined
イル・テンパード ill-tempered
イル・ドゥーチェ Il Duce
イルドフランス Île-de-France
イル・トリート ill-treat
イル・トリートメント ill-treatment
イル・ネイチャード ill-natured
イルネス illness
イル・ヒューマード ill-humored
イル・ファウンデッド ill-founded
イル・フィッティング ill-fitting
イル・フェイテッド ill-fated
イル・フェーバード ill-favored
イル・フェームド ill-famed
イル・ブラッド ill blood
イル・ブリーディング ill breeding
イル・ブレッド ill-bred
イル・マナード ill-mannered
イルミナティブ illuminative
イルミナント illuminant
イルミネーション illumination
イルミネーター illuminator
イルミネーティブ illuminative
イルミネーティング illuminating
イルミネーテッド illuminated
イルミネート illuminate
イルムス Illums
イルメナイト ilmenite
イル・ユース ill-use
イル・ユーセージ ill-usage
イレ ire
イレイザー eraser
イレイシュア erasure
イレイス erase
イレイズ erase
イレーザー eraser
イレーサブル erasable
イレーザブル erasable
イレーシュア erasure
イレーション elation
イレース erase
イレーズ erase
イレーディアンシー irradiancy
イレーディアンス irradiance
イレーディエーション irradiation
イレーディエート irradiate
イレーテッド elated
イレート elate, irate
イレギュラー irregular
イレギュラリティー irregularity
イレジスティブル irresistible
イレジティマシー illegitimacy
イレジティメート illegitimate
イレジビリティー illegibility
イレジブル illegible

イレゾリューション　irresolution
イレゾリュート　irresolute
イレッサ　Iressa
イレデンティスト　irredentist
イレデンティズム　irredentism
イレバレンス　irreverence
イレバレント　irreverent
イレブン　eleven
イレブンジズ　elevenses
イレブンス　eleventh
イレブン・ナイン　eleven nine
イレブン・プラス　eleven-plus (examination)
イレメディアブル　irremediable
イレラバンシー　irrelevancy
イレラバンス　irrelevance
イレラバント　irrelevant
イレリジャス　irreligious
イロカノ　Ilocano
イロコイ　Iroquois
イロコイアン　Iroquoian
イロコス　Ilocos
イロジカル　illogical
イワノフ　Ivanov
イワン　Ivan
イワン・イワノビッチ　Ivan Ivanovich
イン　in, inn, yin
インアーティキュレート　inarticulate
インアーティスティック　inartistic
インアキュラシー　inaccuracy
インアキュレート　inaccurate
インアクション　inaction
インアクセシビリティー　inaccessibility
インアクセシブル　inaccessible
インアクティビティー　inactivity
インアクティブ　inactive
インアクティベート　inactivate
インアズマッチ・アズ　inasmuch as
インアデクイット　inadequate
インアデクオシー　inadequacy
インアテンション　inattention
インアテンティブ　inattentive
インアドバーテンシー　inadvertency
インアドバーテンス　inadvertence
インアドバーテント　inadvertent
インアドバイザブル　inadvisable
インアドミッシビリティー　inadmissibility
インアドミッシブル　inadmissible
インアニメート　inanimate
イン・アブセンティア　in absentia
インアプティテュード　inaptitude
インアプト　inapt
インアプリーシアティブ　inappreciative
インアプリーシアブル　inappreciable
インアプリカブル　inapplicable
インアプローチャブル　inapproachable
インアプロプリエート　inappropriate
インアポジット　inapposite
インイクイタス　iniquitous
インイクイティー　iniquity
インイクオリティー　inequality
インイグザクティテュード　inexactitude
インイグザクト　inexact
インイミタブル　inimitable
インエイリアナビリティー　inalienability
インエイリアナブル　inalienable
インエクイタブル　inequitable
インエクイティー　inequity
インエクスキューザブル　inexcusable
インエクスティンギッシャブル　inextinguishable
イン・エクストレミス　in extremis
インエクスパート　inexpert
インエクスパイアブル　inexpiable
インエクスピーディエンシー　inexpediency
インエクスピーディエント　inexpedient
インエクスプリカブル　inexplicable
インエクスプレッシブ　inexpressive
インエクスプレッシブル　inexpressible
インエクスペリエンス　inexperience
インエクスペリエンスト　inexperienced
インエクスペンシブ　inexpensive
インエグゾースティブル　inexhaustible
インエジュカブル　ineducable
インエスケーパブル　inescapable
インエスケーパブルネス　inescapableness
インエスティマブル　inestimable
インエッセンシャル　inessential
インエディブル　inedible
インエデュカブル　ineducable
インエフィカシー　inefficacy
インエフィケーシャス　inefficacious
インエフィシェンシー　inefficiency
インエフィシェント　inefficient

インエフェクチュアル　ineffectual
インエフェクティブ　ineffective
インエラスティック　inelastic
インエラディカブル　ineradicable
インエリジビリティー　ineligibility
インエリジブル　ineligible
インエレガンス　inelegance
インエレガント　inelegant
インオーガニック　inorganic
インオースピシャス　inauspicious
インオーセンティシティー　inauthenticity
インオーセンティック　inauthentic
インオーディネート　inordinate
インオーディブル　inaudible
インオフェンシブ　inoffensive
インオブザーバンス　inobservance
インオペラティブ　inoperative
インオペラブル　inoperable
インオポチューン　inopportune
インオルタラブル　inalterable
インカ　Inca
イン・カー　in-car
インカー　incur
インカーシブ　incursive
インカージョン　incursion
インカーセレーション　incarceration
インカーセレーター　incarcerator
インカーセレート　incarcerate
インカーナダイン　incarnadine
インカーネーション　incarnation
インカーネート　incarnate
インカーブ　incurve
インカブロック　Incabloc
インカミング　incoming
インカム　income
インカム・グループ　income group
インカム・ゲイン　income gain
インカム・サポート　income support
インカム・タックス　income tax
インカルキュラブル　incalculable
インカルケーション　inculcation
インカルケート　inculcate
インガルス　Ingalls
インカルパブル　inculpable
インカルペーション　inculpation
インカルペート　inculpate
インカン　Incan
インカンテーション　incantation
インカンデセンス　incandescence
インカンデセント　incandescent
イン・カントリー　in-country
イン・カンパニー　in-company
インカンベンシー　incumbency
インカンベント　incumbent
インキー　inky
インキーパー　innkeeper
インキーピング　innkeeping
インギャザー　ingather
インギャザリング　ingathering
インキャパシタント　incapacitant
インキャパシティー　incapacity
インキャパシテーション　incapacitation
インキャパシテーター　incapacitator
インキャパシテート　incapacitate
インキャルキュラブル　incalculable
インキュアラビリティー　incurability
インキュアラブル　incurable
インキュアリアス　incurious
インキュバス　incubus
インキュベーション　incubation
インキュベーター　incubator
インキュベート　incubate
インク　ink, inc.
インクイジション　inquisition
インクイジター　inquisitor
インクイジティブ　inquisitive
インクイジトリアル　inquisitorial
インクウェル　inkwell
イングーシ　Ingush
イングーシェチア　Ingushetia, Ingushetiya
インクエスト　inquest
インクジェット　ink jet
インクスタンド　inkstand
インクパッド　inkpad
インクブロット　inkblot
インクホーン　inkhorn
インクポット　inkpot
インク・ボトル　ink bottle
イングマール・ベルイマン　Ingmar Bergman
インクライン　incline
インクラインド　inclined
インクラインド・プレーン　inclined plane
イン・クラウド　in-crowd
インクラステーション　incrustation, en-

インクラスト　incrust
イングラティテュード　ingratitude
イングラハム　Ingraham
イングラフト　ingraft
イングラム　Ingram
イングランダー　Englander
イングランド　England
インクリーシング　increasing
インクリーシングリー　increasingly
インクリース　increase
イングリーディエント　ingredient
イングリッシュ　English
イングリッシュウーマン　Englishwoman
イングリッシュ・スパロー　English sparrow
イングリッシュ・スピーキング　English-speaking
イングリッシュ・セッター　English setter
イングリッシュ・チャネル　English Channel
イングリッシュ・デイジー　English daisy
イングリッシュ・ブレックファースト　English breakfast
イングリッシュ・ホルン　English horn
イングリッシュ・マフィン　English muffin
イングリッシュマン　Englishman
イングリッシュ・レボリューション　English Revolution
イングリッド　Ingrid
インクリネーション　inclination
インクリノメーター　inclinometer
インクリプション　encryption
インクリプト　encrypt
インクリボン　inkribbon
インクリミネート　incriminate
インクリメンタル　incremental
インクリメント　increment
インクリング　inkling
インクルーシブ　inclusive
インクルージョナリー　inclusionary
インクルージョン　inclusion
インクルーディング　including
インクルード　include
イン・グループ　in-group
イングルヌック　inglenook
イングレーシアトリー　ingratiatory
イングレーシエーション　ingratiation
イングレーシエーティング　ingratiating
イングレーシエート　ingratiate
イングレート　ingrate
イングレーン　ingrain
イングレーンド　ingrained
イングレス　ingress
インクレチン　incretin
イングレディエント　ingredient
インクレディビリティー　incredibility
インクレディブル　incredible
インクレデューリティー　incredulity
インクレデュラス　incredulous
インクレメンシー　inclemency
インクレメンタリズム　incrementalism
インクレメント　inclement
イングローイング　ingrowing
インクロージャー　inclosure
インクローズ　inclose
イングローリアス　inglorious
イングローン　ingrown
インクワイア　inquire
インクワイアラー　inquirer
インクワイアリー　inquiry
インクワイアリー・エージェント　inquiry agent
インクワイアリング　inquiring
インクワイエテュード　inquietude
インケース　incase
インケーパビリティー　incapability
インケーパブル　incapable
インゲマー　Ingemar
インゴーイング　ingoing
インコーエート　inchoate
インコーシャス　incautious
インコーポレアル　incorporeal
インコーポレーション　incorporation
インコーポレーター　incorporator
インコーポレーテッド　incorporated
インコーポレート　incorporate
インコグニートー　incognito
インコタームズ　Incoterms
インゴット　ingot
インコネル　Inconel
インコヒーレンシー　incoherency
インコヒーレンス　incoherence
インコヒーレント　incoherent
インコミュータブル　incommutable
インコミュニカティブ　incommunicative
インコミュニカブル　incommunicable

インコムーニカードー incommunicado
インコメンシュラブル incommensurable
インコメンシュレート incommensurate
インコメンスラブル incommensurable
インコメンスレート incommensurate
インコモーディアス incommodious
インコモード incommode
インコラプティブル incorruptible
インコラプト incorrupt
インコリジブル incorrigible
インコレクト incorrect
インコロイ Incoloy
インコングルアス incongruous
インコングルーイティー incongruity
インコンクルーシブ inconclusive
インコンシーバビリティー inconceivability
インコンシーバブル inconceivable
インコンシケンシャル inconsequential
インコンシケンス inconsequence
インコンシケント inconsequent
インコンシステンシー inconsistency
インコンシステント inconsistent
インコンシダラブル inconsiderable
インコンシダレート inconsiderate
インコンシデラブル inconsiderable
インコンシデレート inconsiderate
インコンスタンシー inconstancy
インコンスタント inconstant
インコンスピキュアス inconspicuous
インコンセクエンシャル inconsequential
インコンセクエンス inconsequence
インコンセクエント inconsequent
インコンソーラブル inconsolable
インコンティネンス incontinence
インコンティネント incontinent
インコンテスタブル incontestable
インコントローラブル incontrollable
インコントロバーティビリティー incontrovertibility
インコントロバーティブル incontrovertible
インコンバーティブル inconvertible
インコンバスティビリティー incombustibility
インコンバスティブル incombustible
インコンパティブル incompatible
インコンパラビリティー incomparability
インコンパラブル incomparable
インコンピテンシー incompetency
インコンピテンス incompetence
インコンピテント incompetent
インコンビニエンス inconvenience
インコンビニエント inconvenient
インコンビンシブル inconvincible
インコンプライアント incompliant
インコンプリーション incompletion
インコンプリート incomplete
インコンプリヘンシビリティー incomprehensibility
インコンプリヘンシブル incomprehensible
インコンプリヘンション incomprehension
インコンプレッシブル incompressible
インコンモーディアス incommodious
インコンモード incommode
インザーギ Inzaghi
インサージェンシー insurgency
インサージェンス insurgence
インサージェント insurgent
インサーション insertion
インサーティテュード incertitude
インサート insert
インサート・モード insert mode
イン・サービス in-service
インサーマウンタブル insurmountable
インサイザー incisor
インサイシブ incisive
インサイジャー incisure
インサイズ incise
インサイダー insider
インサイダー・ディーリング insider dealing
インサイダー・トレーディング insider trading
インサイテーション incitation
インサイト insight, incite
インサイド inside
インサイド・インフォメーション inside information
インサイド・ジョブ inside job
インサイド・ストーリー inside story
インサイド・トラック inside track
インサイトフル insightful
インサイド・レポート inside report
インサイド・ワーク inside work
インサセプティブル insusceptible
インサニタリー insanitary

インサニティー　insanity
インサニテーション　insanitation
インサファラブル　insufferable
インサフィシェンシー　insufficiency
インサフィシェント　insufficient
インサブオーディネーション　insubordination
インサブオーディネート　insubordinate
インサブスタンシャル　insubstantial
インサポータブル　insupportable
インサルーブリアス　insalubrious
インサルティング　insulting
インサルテーション　insulation
インサルテーター　insulator
インサルト　insult
インサレクショニスト　insurrectionist
インサレクション　insurrection
インシアード　INSEAD
インジーニアス　ingenious
インシーム　inseam
インジウム　indium
インジェクション　injection
インジェクター　injector
インジェクト　inject
インジェスチョン　ingestion
インジェスト　ingest
インジェニュアス　ingenuous
インジェニューイティー　ingenuity
インシグニア　insignia
インシグニフィカンス　insignificance
インシグニフィカント　insignificant
インジケーター　indicator
インジゴ　indigo
インジゴブルー　indigo blue
インシジョン　incision
インシステンシー　insistency
インシステンス　insistence
インシステント　insistent
インシスト　insist
インシディアス　insidious
インシデンス　incidence
インシデンタリー　incidentally
インシデンタル　incidental
インシデント　incident
イン・シトゥー　in situ
インジナビル　indinavir
インシニュエーション　insinuation
インシニュエーティブ　insinuative
インシニュエーティング　insinuating
インシニュエート　insinuate
インシネレーション　incineration
インシネレーター　incinerator
インシネレート　incinerate
インシピエンシー　incipiency
インシピエンス　incipience
インシピエント　incipient
インシピッド　insipid
インシピディティー　insipidity
インシビリティー　incivility
インジャー　injure
インジャスティス　injustice
インジャリー　injury
インジャリー・タイム　injury time
インジャン　Injun
インジャンクション　injunction
インジャン・ジョー　Injun Joe
インシュア　insure
インシュアード　insured
インシュアラー　insurer
インシュアラブル　insurable
インシュアランス　insurance
インシュアラント　insurant
インジューディシャス　injudicious
インシュラー　insular
インシュラリズム　insularism
インシュラリティー　insularity
インジュリアス　injurious
インシュリン　insulin
インシュレーティング・テープ　insulating tape
インシュレート　insulate
インショア　inshore
インショアリング　inshoring
イン・ジョーク　in-joke
インシンシア　insincere
インシンセリティー　insincerity
インスイング　inswing
インスウィング　inswing
インスーシアンス　insouciance
インスーシアント　insouciant
インスーペラブル　insuperable
インスクライブ　inscribe
インスクリプション　inscription
インスクルータブル　inscrutable

インスタグラマブル　instagrammable
インスタグラム　Instagram
インスタビリティー　instability
インスタレーション　installation
インスタンシエーション　instantiation
インスタンシエート　instantiate
インスタンス　instance
インスタンテーニアス　instantaneous
インスタント　instant
インスタント・カメラ　instant camera
インスタント・ブック　instant book
インスタント・メッセージ　instant message
インスタント・メッセージング　instant messaging
インスタントリー　instantly
インスタント・リプレイ　instant replay
インスツルメンツ　instrument
インスティゲーション　instigation
インスティゲーター　instigator
インスティゲート　instigate
インスティチューショナル　institutional
インスティチューション　institution
インスティチュート　institute
インスティテューショナライズ　institutionalize
インスティテューショナライゼーション　institutionalization
インスティテューショナリゼーション　institutionalization
インスティテューショナル　institutional
インスティテューション　institution
インスティテュート　institute
インスティル　instill, instil
インスティレーション　instillation
インスティンクチュアル　instinctual
インスティンクティブ　instinctive
インスティンクト　instinct
インステート　instate
インステーブル　instable
インステッド　instead
インステップ　instep
イン・ストア　in-store
インストア・ブランチ　in-store branch
インストア・マーチャンダイジング　in-store merchandising
インストーラー　installer
インストール　install, instal
インストールメント　installment, -stal-
インストールメント・プラン　installment plan
インストラクション　instruction
インストラクター　instructor
インストラクティブ　instructive
インストラクト　instruct
インストルメンタリスト　instrumentalist
インストルメンタリティー　instrumentality
インストルメンタル　instrumental
インストルメンタル・ナンバー　instrumental number
インストルメンテーション　instrumentation
インストルメント　instrument
インストルメント・パネル　instrument panel
インストルメント・フライイング　instrument flying
インストルメント・ボード　instrument board
インストルメント・ランディング　instrument landing
インストレーション　installation
インスパイア　inspire
インスパイアード　inspired
インスパイアリング　inspiring
インスピリット　inspirit
インスピレーショナル　inspirational
インスピレーション　inspiration
インスブルック　Innsbruck
インスペクション　inspection
インスペクター　inspector
インスペクターシップ　inspectorship
インスペクト　inspect
インスペクトレート　inspectorate
インスラ　insula
インスラー　insular
インスラリズム　insularism
インスラリティー　insularity
インスリノーマ　insulinoma
インスリン　insulin
インスリン・グラルギン　insulin glargine
インスレーティング・テープ　insulating tape
インスレート　insulate
インセイン　insane
インセーシエート　insatiate
インセーシャブル　insatiable
インセキュアー　insecure

インセキュリティー　insecurity
インセクティサイダル　insecticidal
インセクティサイド　insecticide
インセクティボア　insectivore
インセクティボラス　insectivorous
インセクト　insect
インセクトイド　insectoid
インセスチュアス　incestuous
インセスト　incest
インセッサント　incessant
インセット　inset
インセパラビリティー　inseparability
インセパラブル　inseparable
インセプション　inception
インセプティブ　inceptive
インセミネーション　insemination
インセミネート　inseminate
インセンシエント　insentient
インセンシティビティー　insensitivity
インセンシティブ　insensitive
インセンシビリティー　insensibility
インセンシブル　insensible
インセンス　incense
インセンセート　insensate
インセンディアリー　incendiary
インセンディアリズム　incendiarism
インセンティバイズ　incentivize
インセンティブ　incentive
インソーシング　insourcing
インソーファー　insofar
インソーマッチ　insomuch
インソール　insole
インソブライエティー　insobriety
インソムニア　insomnia
インソムニアック　insomniac
インソリュビリティー　insolubility
インソリュブル　insoluble
インソルバブル　insolvable
インソルベンシー　insolvency
インソルベント　insolvent
インソレーション　insolation
インソレンス　insolence
インソレント　insolent
インター　inter, inter-
インターアーバン　interurban
インターアイランド　interisland
インターウィーブ　interweave
インターエージェンシー　interagency
インターエスニック　interethnic
インターオキュラー　interocular
インターオフィス　interoffice
インターオペラビリティー　interoperability
インターオペラブル　interoperable
インターガバメンタル　intergovernmental
インターカラリー　intercalary
インターカリージエート　intercollegiate
インターカルチュラル　intercultural
インターカレーション　intercalation
インターカレート　intercalate
インターカントリー　intercountry
インターギャラクティック　intergalactic
インターグレーシャル　interglacial
インターコース　intercourse
インターコスタル　intercostal
インターコネクション　interconnection
インターコネクティビティー　interconnectivity
インターコネクト　interconnect
インターコミュニオン　intercommunion
インターコミュニケーション　intercommunication
インターコミュニケーション・システム　intercommunication system
インターコミュニケート　intercommunicate
インターコム　intercom
インターコンチネンタル　intercontinental
インターコンバーション　interconversion
インターコンバージョン　interconversion
インターコンバート　interconvert
インターサービス　interservice
インターシード　intercede
インタージェクショナル　interjectional
インタージェクション　interjection
インタージェクト　interject
インタージェクトリー　interjectory
インタージェネレーショナル　intergenerational
インターシステム　intersystem
インターシティー　intercity
インタースコラスティック　interscholastic
インタースティシャル　interstitial
インタースティス　interstice
インタースティミュラス　interstimulus
インターステート　interstate

インターステート・コマース・コミッション Interstate Commerce Commission
インターステラー interstellar
インタースパーション interspersion
インタースパース intersperse
インタースペース interspace
インタースペシフィック interspecific
インターセクシュアル intersexual
インターセクション intersection
インターセクト intersect
インターセックス intersex
インターセッサー intercessor
インターセッション intercession
インターセプション interception
インターセプター interceptor, -cepter
インターセプティブ interceptive
インターセプト intercept
インターセルラー intercellular
インターゾーン interzone
インタータイダル intertidal
インターチェンジ interchange
インターチェンジャブル interchangeable
インターツイスト intertwist
インターディクション interdiction
インターディクター interdictor
インターディクティブ interdictive
インターディクト interdict
インターディクトリー interdictory
インターディシプリナリー interdisciplinary
インターディペンデンシー interdependency
インターディペンデンス interdependence
インターディペンデント interdependent
インターディペンド interdepend
インターテクスチュアリティ intertextuality
インターデノミネーショナル interdenominational
インターデパートメンタル interdepartmental
インタートライバル intertribal
インタートワイン intertwine
インターナショナライズ internationalize
インターナショナライゼーション internationalization
インターナショナリズム internationalism
インターナショナリゼーション internationalization
インターナショナル international, Internationale
インターナショナル・システム・オブ・ユニッツ International System of Units
インターナショナル・スタンダード・ブック・ナンバー International Standard Book Number
インターナショナル・デート・ライン international date line
インターナショナル・リレーションズ international relations
インターナショナル・ロー international law
インターナライズ internalize
インターナル internal
インターナル・レベニュー internal revenue
インターナル・レベニュー・サービス Internal Revenue Service
インターニー internee
インターニーシン internecine
インターニスト internist
インターニュークリアー internuclear
インターネガティブ internegative
インターネシーン internecine
インターネット Internet
インターネット・エクスプローラー Internet Explorer
インターネット・バンキング Internet banking
インターノート internaut
インターパーソナル interpersonal
インターパーティー interparty
インターバル interval
インターバンク interbank
インタービーン intervene
インターフィアー interfere
インターフィアレンス interference
インターフェア interfere
インターフェイス interface, interfaith
インターフェーシング interfacing
インターフェース interface
インターフェロメーター interferometer
インターフェロメトリー interferometry
インターフェロン interferon
インターフュージョン interfusion
インターフューズ interfuse
インタープラネタリー interplanetary
インターブリード interbreed
インタープリター interpreter

インタープリタティブ　interpretative
インタープリット　interpret
インタープリティブ　interpretive
インタープリテーション　interpretation
インタープリテーティブ　interpretative
インターブルー　Interbrew
インタープレー　interplay
インターペネトレート　interpenetrate
インターペレート　interpellate
インターベンショニスト　interventionist
インターベンショニズム　interventionism
インターベンション　intervention
インターポーザー　interposer
インターポーズ　interpose
インターポール　Interpol
インターポジション　interposition
インターポレーション　interpolation
インターポレート　interpolate
インターホン　interphone
インターマリー　intermarry
インターマリッジ　intermarriage
インターミーディアリー　intermediary
インターミーディエート　intermediate
インターミーディエート・スーパーバイザー　intermediate supervisor
インターミクサブル　intermixable
インターミクスチャー　intermixture
インターミックス　intermix
インターミッション　intermission
インターミッテンス　intermittence
インターミッテント　intermittent
インターミット　intermit
インターミナブル　interminable
インターミングル　intermingle
インターメタリック　intermetallic
インターメドル　intermeddle
インターメント　interment
インターモーダル　intermodal
インターモジュレーション　intermodulation
インターラード　interlard
インターライブラリー　interlibrary
インターライン　interline
インターラクション　interaction
インターラディキュラー　interradicular
インターリーフ　interleaf
インターリーブ　interleave
インターリオ　intaglio
インターリニアー　interlinear
インターリュード　interlude
インターリレーション　interrelation
インターリレーションシップ　interrelationship
インターリレーテッド　interrelated
インターリレート　interrelate
インターリンク　interlink
インタールード　interlude
インターレーシャル　interracial
インターレース　interlace, interrace
インターレグナム　interregnum
インターレリジャス　interreligious
インターロイキン　interleukin
インターローパー　interloper
インターロープ　interlope
インターロキューション　interlocution
インターロキュター　interlocutor
インターロキュトリー　interlocutory
インターロキュトリクス　interlocutrix
インターロキュトリス　interlocutrice
インターロキュトレス　interlocutress
インターロック　interlock
インターン　intern, interne
インターンシップ　internship
インターンメント　internment
インダイジェスチョン　indigestion
インダイジェスティビリティー　indigestibility
インダイジェスティブル　indigestible
インダイジェステッド　indigested
インダイター　indicter, -or
インダイタブル　indictable
インダイティー　indictee
インダイト　indict
インダイトメント　indictment
インダイレクション　indirection
インダイレクト　indirect
インダクション　induction
インダクション・コイル　induction coil
インダクション・ヒーティング　induction heating
インダクター　inductor
インダクタンス　inductance
インダクティー　inductee
インダクティビティー　inductivity
インダクティブ　inductive
インタクト　intact

インダクト　induct
インダクトシン　inductosyn
インダス　Indus
インダストリアス　industrious
インダストリアライズ　industrialize
インダストリアライゼーション　industrialization
インダストリアリー　industrially
インダストリアリスト　industrialist
インダストリアリズム　industrialism
インダストリアリゼーション　industrialization
インダストリアル　industrial
インダストリアル・アーキオロジー　industrial archaeology
インダストリアル・アーツ　industrial arts
インダストリアル・アクション　industrial action
インダストリアル・エステート　industrial estate
インダストリアル・エンジニアリング　industrial engineering
インダストリアル・サイコロジー　industrial psychology
インダストリアル・スクール　industrial school
インダストリアル・ディジーズ　industrial disease
インダストリアル・デザイナー　industrial designer
インダストリアル・デザイン　industrial design
インダストリアル・パーク　industrial park
インダストリアル・ユニオン　industrial union
インダストリアル・リレーションズ　industrial relations
インダストリアル・レボリューション　Industrial Revolution
インダストリー　industry
インダストリーワイド　industrywide
インダパミド　indapamide
インタビュアー　interviewer
インタビュイー　interviewee
インタビュー　interview
インタビューアー　interviewer
インタラクション　interaction
インタラクティブ　interactive
インタラクト　interact
インタラプション　interruption
インタラプター　interrupter, -ruptor
インタラプティブル　interruptible
インタラプト　interrupt
インダルジ　indulge
インダルジェンス　indulgence
インダルジェント　indulgent
インタレステッド　interested
インタレスト　interest
インダン　indan
インタンジブル　intangible
インチ　inch
インチミール　inchmeal
インチャー　incher
インチョワン　Yinchuan
インチョン　Inchon, Incheon
インチワーム　inchworm
インディア　India
インディア・インク　India ink
インディアナ　Indiana
インディアナ・ジョーンズ　Indiana Jones
インディアナ・ペイサーズ　Indiana Pacers
インディアナポリス　Indianapolis
インディアナポリス・コルツ　Indianapolis Colts
インディアナン　Indianan
インディアニアン　Indianian
インディア・ペーパー　India paper
インディア・ラバー　india rubber
インディアン　Indian
インディアン・インク　Indian ink
インディアン・エレファント　Indian elephant
インディアン・オーシャン　Indian Ocean
インディアン・ギバー　Indian giver
インディアン・クラブ　Indian club
インディアン・コーン　Indian corn
インディアン・サマー　Indian summer
インディアンズ　(Cleveland) Indians
インディアン・テリトリー　Indian Territory
インディアン・ファイル　Indian file
インディアン・ヘンプ　Indian hemp
インディアン・ミール　Indian meal
インディアン・ミューティニー　Indian Mutiny

インディー　Indy, indie
インディーズ　Indies
インディーズ・ブランド　indies brand
インディーセンシー　indecency
インディーセント　indecent
インディーセント・アソールト　indecent assault
インディーセント・エクスポージャー　indecent exposure
インディード　indeed
インディオ　Indio
インディカティブ　indicative
インテイク　intake
インディグナント　indignant
インディグニティー　indignity
インディグネーション　indignation
インディケーション　indication
インディケーター　indicator
インディケート　indicate
インディゴ　indigo
インディゴ・ブルー　indigo blue
インディサーニブル　indiscernible
インディシア　indicia
インディジェナス　indigenous
インディジェンス　indigence
インディジェント　indigent
インディシプリン　indiscipline
インディ・ジョーンズ　Indiana Jones
インディスクリート　indiscreet, indiscrete
インディスクリミネート　indiscriminate
インディスクレション　indiscretion
インディスティンギッシャブル　indistinguishable
インディスティンクティブ　indistinctive
インディスティンクト　indistinct
インディスピュータブル　indisputable
インディスペンサビリティー　indispensability
インディスペンサブル　indispensable
インディスポーズ　indispose
インディスポーズド　indisposed
インディスポジション　indisposition
インディソリュビリティー　indissolubility
インディソリュブル　indissoluble
インディック　Indic
インディテックス　Inditex
インディビジビリティー　indivisibility
インディビジブル　indivisible
インディビデュアライズ　individualize
インディビデュアリー　individually
インディビデュアリスティック　individualistic
インディビデュアリスト　individualist
インディビデュアリズム　individualism
インディビデュアリティー　individuality
インディビデュアル　individual
インディビデュエート　individuate
インティファーダ　intifada
インディファレンス　indifference
インディファレンティズム　indifferentism
インディファレント　indifferent
インディフェンシブル　indefensible
インディペンデンシー　independency
インディペンデンス　independence
インディペンデンス・デー　Independence Day
インディペンデンス・ホール　Independence Hall
インディペンデント　independent
インディペンデント・スクール　independent school
インディペンデントリー　independently
インティマシー　intimacy
インティミデーション　intimidation
インティミデーター　intimidator
インティミデート　intimidate
インティメーション　intimation
インティメート　intimate
インディレクション　indirection
インテギュメント　integument
インデクス　index
インデクセーション　indexation
インデクライナブル　indeclinable
インテグラル　integral
インテグラル・キャルキュラス　integral calculus
インテグリティー　integrity
インテグリン　integrin
インテグレーショニスト　integrationist
インテグレーション　integration
インテグレーター　integrator
インテグレーテッド　integrated
インテグレーテッド・サーキット　integrated circuit

インテグレート　integrate
インデコーラス　indecorous
インデコールム　indecorum
インデコラス　indecorous
インデサイシブ　indecisive
インデサイファラブル　indecipherable
インデシジョン　indecision
インテジャー　integer
インデスクライバブル　indescribable
インテスタシー　intestacy
インテスティナル　intestinal
インテスティン　intestine
インテステート　intestate
インデストラクティブル　indestructible
インデターミナシー　indeterminacy
インデターミナブル　indeterminable
インデターミネーション　indetermination
インデターミネート　indeterminate
インデックス　index
インデックス・ナンバー　index number
インデックス・ファンド　index fund
インデックス・フィンガー　index finger
インデックス・リンクト　index-linked
インデファイナブル　indefinable
インデファティガビリティー　indefatigability
インデファティガブル　indefatigable
インデフィージブル　indefeasible
インデフィニット　indefinite
インデフィニット・アーティクル　indefinite article
イン・デプス　in-depth
インデムニティー　indemnity
インデムニファイ　indemnify
インデムニフィケーション　indemnification
インテュイショナル　intuitional
インテュイショニスト　intuitionist
インテュイショニズム　intuitionism
インテュイション　intuition
インテュイティブ　intuitive
インデュー　indue
インテューイット　intuit
インテューイティブ　intuitive
インデューサー　inducer
インデュース　induce
インデュースメント　inducement
インデュービタブル　indubitable
インテュメッス　intumesce
インデュラティブ　indurative
インデュレート　indurate
インテリア　interior
インテリア・デコレーション　interior decoration
インテリア・デコレーター　interior decorator
インテリア・デザイナー　interior designer
インテリア・デザイン　interior design
インテリア・ファブリック　interior fabric
インテリア・モノローグ　interior monologue
インテリアライズ　interiorize
インテリアライゼーション　interiorization
インテリアリゼーション　interiorization
インテリオリティー　interiority
インデリカシー　indelicacy
インデリケート　indelicate
インテリゲンチャ　intelligentsia, -tzia
インテリジェンス　intelligence
インテリジェンス・クオーシェント　intelligence quotient, IQ
インテリジェンス・テスト　intelligence test
インテリジェンス・デパートメント　intelligence department
インテリジェント　intelligent
インテリジビリティー　intelligibility
インテリジブル　intelligible
インテリスタ　Intelista
インデリビリティー　indelibility
インデリブル　indelible
インテリム　interim
インテル　Intel
インテルサット　Intelsat
インテルポスト　Intelpost
インテルメッツォ　intermezzo
インテレクチャル　intellectual
インテレクチュアライズ　intellectualize
インテレクチュアライゼーション　intellectualization
インテレクチュアリゼーション　intellectualization
インテレクチュアリティー　intellectuality
インテレクチュアル　intellectual
インテレクト　intellect
インテレスティング　interesting
インテレステッド　interested

インテレスト　interest
インテレスト・グループ　interest group
インテロガティブ　interrogative
インテロガトリー　interrogatory
インテロゲーション　interrogation
インテロゲーション・ポイント　interrogation point
インテロゲーション・マーク　interrogation mark
インテロゲーター　interrogator
インテロゲート　interrogate
インテンシティー　intensity
インテンシブ　intensive
インテンシファイ　intensify
インテンシファイアー　intensifier
インテンシフィケーション　intensification
インテンシブ・ケア　intensive care
インテンシブ・ケア・ユニット　intensive care unit
インテンショナル　intensional
インテンション　intension
インデンション　indention
インテンションド　intentioned
インテンス　intense
インテンダント　intendant
インデンチャー　indenture
インデンテーション　indentation
インテンデッド　intended
インテント　intent
インテンド　intend
インデント　indent
インテンパレート　intemperate
インテンペランス　intemperance
インド　India
インドア　indoor
インドアーズ　indoors
イントゥー　into
インドウェリング　indwelling
インドウェル　indwell
インドーサイル　indocile
インドース　indorse
イン・トートー　in toto
イントーナー　intoner
インドール　indole, Indore
イントーン　intone
イントクシカント　intoxicant
イントクシケーション　intoxication
イントクシケーティング　intoxicating
イントクシケーテッド　intoxicated
イントクシケート　intoxicate
インドクトリネーション　indoctrination
インドクトリネート　indoctrinate
インドクロン　Indoklon
インドシナ　Indochina, Indo-Chinese
インドシリティー　indocility
イントネーション　intonation
イントネート　intonate
インドネシア　Indonesia
インドネシアン　Indonesian
インドフェノール　indophenol
インドミタビリティー　indomitability
インドミタブル　indomitable
インドメタシン　indomethacin
インド・ヨーロピアン　Indo-European
イントラ　intra-
インドラ　Indra
イントラクタビリティー　intractability
イントラクタブル　intractable
イントラシステム　intrasystem
イントラステート　intrastate
イントラスト　intrust
イントラセルラー　intracellular
イントラネット　intranet
イントラパーティー　intraparty
イントラバスキュラー　intravascular
イントラビーナス　intravenous
イントラマスキュラー　intramuscular
イントラミューラル　intramural
イントラモレキュラー　intramolecular
イントラユーテリン　intrauterine
イントラリージョナル　intraregional
イントラ・レーシック　intra Lasic
イントランシジェンシー　intransigency
イントランシジェンス　intransigence
イントランシジェント　intransigent
イントランジティブ　intransitive
インドリ　indri
イントリーガー　intriguer
イントリーギング　intriguing
イントリーグ　intrigue
イントリカシー　intricacy
イントリケート　intricate
イントリンシック　intrinsic
イントルーシブ　intrusive

イントルージョン intrusion
イントルーダー intruder
イントルード intrude
イン・トレー in-tray
イントレピッド intrepid
イントレピディティー intrepidity
イントレラブル intolerable
イントレランス intolerance
イントレラント intolerant
インドレンス indolence
インドレント indolent
イントロ intro, intro-
イントロイト introit
インドローン indrawn
イントロジェクション introjection
イントロジェクト introject
イントロスペクション introspection
イントロスペクティブ introspective
イントロダクション introduction
イントロダクトリー introductory
イントロデュース introduce
イントロバージョン introversion
イントロバーテッド introverted
イントロバート introvert
イントロン intron
インナー inner
インナー・イヤー inner ear
インナー・ウーマン inner woman
インナー・サークル inner circle
インナー・シティー inner city
インナーズ innards
インナースプリング innerspring
インナー・スペース inner space
インナーソール innersole
インナー・ディレクテッド inner-directed
インナー・マッスル inner muscle
インナー・マン inner man
インナーモスト innermost
インナー・モンゴリア Inner Mongolia
インニュートリション innutrition
インニュメラブル innumerable
インニュメレート innumerate
インヌートリション innutrition
インヌメラブル innumerable
インヌメレート innumerate
インネート innate
インバーカーギル Invercargill
インパーシャリティー impartiality
インパーシャル impartial
インバージョン inversion
インバース inverse
インバース・フローター inverse floater
インパーセプティブル imperceptible
インパーソナリティー impersonality
インパーソナル impersonal
インパーソネーション impersonation
インパーソネーター impersonator
インパーソネート impersonate
イン・パーソン in-person
インバーター inverter
インパーターバブル imperturbable
インバータブレート invertebrate
インパーティネンス impertinence
インパーティネント impertinent
インバーテッド・カンマ inverted comma
インバート invert
インパート impart
インパービアス impervious
インパーフェクション imperfection
インパーフェクト imperfect
インパーフォレート imperforate
インパーマネンス impermanence
インパーマネント impermanent
インパーミアビリティー impermeability
インパーミアブル impermeable
インパーミッシブル impermissible
インハーモニアス inharmonious
インハーモニック inharmonic
インバール Invar
インパール Imphal
インパイエティー impiety
インバイオラビリティー inviolability
インバイオラブル inviolable
インバイオレート inviolate
インバイティー invitee
インバイティング inviting
インバイト invite
インバイブ imbibe
イン・ハウス in-house
インバウンド inbound
インパウンド impound
インパクター impactor
インパクテッド impacted
インパクト impact

インパクト・ローン　impact loan
インパチェンス　impatiens
インパッサビリティー　impassability
インパッサブル　impassable
インパッシビティー　impassivity
インパッシブ　impassive
インパッションド　impassioned
インパッス　impasse
インバネス　Inverness
インパネル　impanel
インハビタブル　inhabitable
インハビタント　inhabitant
インハビット　inhabit
インパラ　impala
インバランス　imbalance
インバランスト　imbalanced
インバリアビリティー　invariability
インバリアブル　invariable
インバリッド　invalid
インバリディズム　invalidism
インバリディティー　invalidity
インバリデート　invalidate
インバリュアブル　invaluable
インパルシビティー　impulsivity
インパルシブ　impulsive
インパルシブネス　impulsiveness
インパルション　impulsion
インパルス　impulse
インパルス・パーチェス　impulse purchase
インパルス・バイ　impulse buy
インパルス・バイイング　impulse buying
インバルネラブル　invulnerable
インパルパブル　impalpable
インハレーション　inhalation
インハレーター　inhalator
インヒアー　inhere
インピアス　impious
インピアリアス　imperious
インピーダンス　impedance
インピーチ　impeach
インピーチメント　impeachment
インピーチャブル　impeachable
インピード　impede
イン・ビーボー　in vivo
インヒーレンシー　inherency
インヒーレンス　inherence
インヒーレント　inherent
インビクタス　Invictus
インビゴレーティング　invigorating
インビゴレート　invigorate
インビジビリティー　invisibility
インビジブル　invisible
インビジブル・インポーツ　invisible imports
インビジブル・エクスポーツ　invisible exports
インビジブル・ハンド　invisible hand
インビジブル・リスク　invisible risk
インビジレート　invigilate
インピタス　impetus
インピッシュ　impish
インビディアス　invidious
インビティー　invitee
インビテーショナル　invitational
インビテーション　invitation
イン・ビトウィーン　in-between
イン・ビトロ　in vitro
インヒビション　inhibition
インビビション　imbibition
インヒビター　inhibitor, -iter
インヒビット　inhibit
インヒビテッド　inhibited
インヒビン　inhibin
インビボ　in vivo
インピュア　impure
インピュイッサント　impuissant
インビュー　imbue
インピュータブル　imputable
インピューデンス　impudence
インピューデント　impudent
インピュート　impute
インピューナブル　impugnable
インヒューマニティー　inhumanity
インヒューマン　inhuman
インヒューム　inhume
インピューン　impugn
インピュテーション　imputation
インピュニティー　impunity
インヒュメーン　inhumane
インピュリティー　impurity
インビルト　in-built
インピンジ　impinge
インビンシビリティー　invincibility
インビンシブル　invincible
インビンシブル・アーマダ　Invincible

Armada
インピンジャー　impinger
インプ　imp
インファー　infer
インファークション　infarction
インファークト　infarct
インファータイル　infertile
インファーティリティー　infertility
インファーティル　infertile
インファーナル　infernal
インファーマリー　infirmary
インファーミティー　infirmity
インファーム　infirm
インファーラブル　inferable
インファイター　infighter
インファイティング　infighting
インファイト　infight
インファウナ　infauna
インファチュエーション　infatuation
インファチュエーテッド　infatuated
インファチュエート　infatuate
インファナル　infernal
インファマス　infamous
インファミー　infamy
インファリビリティー　infallibility
インファリブリー　infallibly
インファリブル　infallible
インファレンシャル　inferential
インファレンス　inference
インファンシー　infancy
インファンタ　infanta
インファンタイル　infantile
インファンタイル・パラリシス　infantile paralysis
インファンティサイド　infanticide
インファンティリズム　infantilism
インファンティリティー　infantility
インファンティン　infantine
インファント　infant
インファント・スクール　infant school, infants' school
インファント・プロディジー　infant prodigy
インファントリー　infantry
インファントリーマン　infantryman
インフィージブル　infeasible
インフィールダー　infielder
インフィールド　infield
インフィールド・フライ　infield fly
インフィデリティー　infidelity
インフィデル　infidel
インフィニタイバル　infinitival
インフィニチュード　infinitude
インフィニット　infinite
インフィニティー　infinity
インフィニティブ　infinitive
インフィニテシマル　infinitesimal
インフィニテシマル・キャルキュラス　infinitesimal calculus
インフィニテュード　infinitude
インフィル　infill
インフィルトレーション　infiltration
インフィルトレーター　infiltrator
インフィルトレート　infiltrate
インフェクシャス　infectious
インフェクション　infection
インフェクティー　infectee
インフェクティブ　infective
インフェクト　infect
インフェステーション　infestation
インフェスト　infest
インフェリアー　inferior
インフェリオリティー　inferiority
インフェリオリティー・コンプレックス　inferiority complex
インフェリシタス　infelicitous
インフェリシティー　infelicity
インフェルノ　inferno
インフォ　info
インフォーマー　informer
インフォーマティックス　informatics
インフォーマティブ　informative
インフォーマリティー　informality
インフォーマル　informal
インフォーマント　informant
インフォーム　inform
インフォームド　informed
インフォームド・コンセント　informed consent
インフォーメーショナル　informational
インフォーメーション　information
インフォーメーション・サイエンス　information science
インフォーメーション・セオリー　information theory

インフォーメーション・テクノロジー information technology
インフォーメーション・デスク information desk
インフォーメーション・レトリーバル information retrieval
インフォールド infold
インフォグラフィックス infographics
インフォシーク Infoseek
インフォシス Infosys
インフォテインメント infotainment
インフォテック infotech
インフォデミック infodemic
インフォマーシャル infomercial, informercial
インフォマティクス informatics
インフォマティックス informatics
インフォメーション information
インプット input
インプット・アウトプット input/output
インフュージブル infusible
インフュージョン infusion
インフューズ infuse
インフュリエート infuriate
インフラ infra, infra- ⇨インフラストラクチャー
インプライ imply
イン・フライト in-flight
インプライド implied
インフラオービタル infraorbital
インプラカビリティー implacability
インプラカブル implacable
インフラクション infraction
インプラクティカビリティー impracticability
インプラクティカブル impracticable
インプラクティカリティー impracticality
インプラクティカル impractical
インフラクラス infraclass
インフラサウンド infrasound
インフラストラクチャー infrastructure
インフラストラクチュラル infrastructural
インフラックス influx
インフラ・ディッグ infra dig
インフラマトリー inflammatory
インフラマビリティー inflammability
インフラマブル inflammable
インフラメーション inflammation
インフラレッド infrared
インプランタブル implantable
インプランテーション implantation
インプラント implant
インフランマビリティー inflammability
インフランマブル inflammable
インフリークエンシー infrequency
インフリークエンス infrequence
インフリークエント infrequent
インフリーケンシー infrequency
インフリーケンス infrequence
インフリーケント infrequent
インブリーディング inbreeding
インブリード inbreed
インフリクシマブ infliximab
インフリクション infliction
インフリクト inflict
インプリケーション implication, imprecation
インプリケート implicate, imprecate
インプリサイス imprecise
インプリシット implicit
インプリズン imprison
インプリズンメント imprisonment
インプリゾナー imprisoner
インプリゾナブル imprisonable
インプリゾン imprison
インプリゾンメント imprisonment
インプリマートゥル imprimatur
インプリマチュア imprimature
インプリマチュラ imprimatura
インプリメンテーション implementation
インプリメント implement
インフリンジ infringe
インプリンティング imprinting
インプリント imprint
インブルー imbrue, em-
インフルーエント influent
インプルーデンス imprudence
インプルーデント imprudent
インプルーバブル improvable
インプルーブ improve
インプルーブメント improvement
インフルエンザ influenza
インフルエンサー influencer
インフルエンシャル influential
インフルエンス influence

インフルエント influent
インプルメンテーション implementation
インプルメント implement
インフレ ⇨インフレーション
インフレーショナリー inflationary
インフレーショニズム inflationism
インフレーション inflation
インフレータブル inflatable
インフレーテッド inflated
インフレート inflate
インフレーム inflame
インフレクシビリティー inflexibility
インフレクシブル inflexible
インフレクショナル inflectional
インフレクション inflection, -flexion
インフレクト inflect
インプレグナビリティー impregnability
インプレグナブル impregnable
インプレグネーション impregnation
インプレグネート impregnate
インプレサリオ impresario
インプレシジョン imprecision
インプレショニスティック impressionistic
インプレショニスト impressionist
インプレショニズム impressionism
インプレス impress
インフレ・ターゲット inflation target
インプレッシブ impressive
インプレッシブル impressible
インプレッショナブル impressionable
インプレッショニスト impressionist
インプレッショニズム impressionism
インプレッション impression
インブレッド inbred
インプロアー implore
インフロー inflow
インプローシブ implosive
インプロージブル implausible
インプロージョン implosion
インプロード implode
インブローリオ imbroglio
インプロパー improper
インプロパー・フラクション improper fraction
インプロバイズ improvise
インプロバイズド improvised
インプロバイゼーション improvisation
インプロバビリティー improbability
インプロバブル improbable
インプロビゼーション improvisation
インプロビデンス improvidence
インプロビデント improvident
インプロブ improv
インプロプライエティー impropriety
インフロレッセンス inflorescence
インフロレッセント inflorescent
インペアー impair
インベイ inveigh
インベイグル inveigle
インペイシェンス impatience
インペイシェント impatient, inpatient
インヘイラー inhaler
インヘイル inhale
インペーシェンス impatience
インペーシェント impatient, inpatient
インベーシブ invasive
インベージョン invasion
インベーダー invader
インベード invade
インヘーラント inhalant
インペール impale
インペカビリティー impeccability
インペカブル impeccable
インペキューニアス impecunious
インベクティブ invective
インベシリティー imbecility
インベシル imbecile
インベスター investor
インベスティガティブ investigative
インベスティガトリー investigatory
インベスティゲーション investigation
インベスティゲーター investigator
インベスティゲーティブ investigative
インベスティゲート investigate
インベスティチュア investiture
インベスト invest
インベストメント investment
インベストメント・アナリスト investment analyst
インベストメント・カウンセラー investment counselor
インベストメント・カンパニー investment company
インベストメント・トラスト investment

trust
インベストメント・バンカー investment banker
インペチュアス impetuous
インペチュオシティー impetuosity
インベッド imbed
インペディメンタ impedimenta
インペディメント impediment
インベテラシー inveteracy
インベテレート inveterate
インペニテンス impenitence
インペニテント impenitent
インペネトラビリティー impenetrability
インペネトラブル impenetrable
インベブ InBev
インペラー impeller, impellor
インペラティブ imperative
インペリアス imperious
インペリアリスト imperialist
インペリアリズム imperialism
インペリアル imperial
インペリアル・ガロン imperial gallon
インヘリター inheritor
インヘリタブル inheritable
インヘリタンス inheritance
インヘリタンス・タックス inheritance tax
インペリッシャビリティー imperishability
インペリッシャブル imperishable
インヘリット inherit
インヘリトリックス inheritrix
インヘリトレス inheritress
インペリル imperil
インペル impel
インベルターゼ invertase
インペレント impellent
インベンション invention
インベンター inventor, -ter
インベンティブ inventive
インペンディング impending
インベント invent
インペンド impend
インベントリー inventory
インポ ⇨インポテンツ
インボイス invoice
インボーク invoke
インポージング imposing
インポーズ impose
インポーター importer
インポータブル importable
インポータンス importance
インポータント important
インポータントリー importantly
インポーチューン importune
インポーチュネート importunate
インポーテーション importation
インボード inboard
インポート import
イン・ホーム in-home
インポールダー empolder, im-
インボーン inborn
インボケーション invocation
インポジション imposition
インポシビリティー impossibility
インポシブル impossible
インポスター impostor, -ter
インポスチャー imposture
インポスト impost
インホスピタブル inhospitable
インホスピタリティー inhospitality
インポチュニティー importunity
インボックス inbox
インポッシブル impossible
インポテンシー impotency
インポテンス impotence
インポテンツ Impotenz, ED
インポテント impotent
インポバリッシュ impoverish
インホフタンク imhoff tank
インポライト impolite
インボランタリー involuntary
インポリティック impolitic
インボリューション involution
インボリュート involute
インボルブ involve
インボルブド involved
インボルブメント involvement
インポンダラブル imponderable
インマチュア immature
インマチュリティー immaturity
インマテリアリティー immateriality
インマテリアル immaterial
インマルサット INMARSAT
インミュータビリティー immutability
インミュータブル immutable

インムーバビリティー immovability
インムーバブル immovable
インムーバブル・フィースト immovable feast
インメート inmate
インメジャラブル immeasurable
インメディカブル immedicable
イン・メモリアム in memoriam
インメモリアル immemorial
インモータライズ immortalize
インモービライズ immobilize
インモスト inmost
インモデスティー immodesty
インモデスト immodest
インモデラシー immoderacy
インモデレート immoderate
インモビール immobile
インモビリティー immobility
インモラリティー immorality
インモラル immoral
イン・ユア・フェイス in-your-face
イン・ユア・フェース in-your-face
インライン inline
インライン・スケート inline skate
インラッシュ inrush
インラッシング inrushing
インランダー inlander
インランド inland
インランド・シー inland sea
インランド・レベニュー Inland Revenue
インリー inly
インレイ inlay
インレイド inlaid
イン・レー in re
インレー inlay
インレット inlet
イン・ロー in-law
イン・ローコー・パレンティス in loco parentis
インロート in-wrought
インロード inroad
インワーズ inwards
インワード inward
インワードリー inwardly

ウ

ヴァイアラス　virus
ヴァクシン　vaccine
ヴァセリン　Vaseline
ヴァットヴィレール　Wattwiller
ヴァレンティノ　Valentino
ヴァンクリーフ　Van Cleef
ヴァンドーム　Vendôme
ヴァン・ヘイレン　Van Halen
ウィ　we, oui
ウィアウルフ　werewolf, werwolf
ウィアディー　weirdie, weirdy
ウィアド　weird
ウィアドー　weirdo
ウィアド・シスターズ　Weird Sisters
ウィー　wee, Wie, Wii
ウィー・ウィー　wee-wee
ウィーク　week, weak
ウイークエンズ　weekends
ウイークエンダー　weekender
ウイークエンド　weekend
ウイークデー　weekday
ウイークデーズ　weekdays
ウイークナイツ　weeknights
ウイークナイト　weeknight
ウイーク・ニード　weak-kneed
ウイークネス　weakness
ウイークフィッシュ　weakfish
ウィーク・ポイント　weak point
ウイークリー　weekly, weakly
ウイークリング　weakling
ウィークロング　weeklong
ウイークン　weaken
ウィージャ　Ouija
ウィーズリー　Weasley
ウィーゼリー　weaselly, weasely
ウィーゼル　weasel, Wiesel
ウィーゼル・フェースト　weasel-faced
ウィーゼル・ワード　weasel word
ウィーダー　weeder
ウィーデ　vide
ウィーディー　weedy
ウィーデーリセット　videlicet
ウィート　wheat
ウィード　weed
ウィード・キラー　weed killer
ウィートグラス　wheatgrass
ウィート・ブラン　wheat bran
ウィードル　wheedle
ウィーナー　wiener, wei-, weaner
ウィーニー　weenie, -ny, -ney, weinie, wienie
ウィーバー　weaver
ウィーパー　weeper
ウィーピー　weepie, weepy
ウィービル　weevil
ウィービング　weaving
ウィーピング　weeping
ウィーピング・ウィロー　weeping willow
ウィーブ　weave
ウィープ　weep
ウィーラー　wheeler
ウィーリー　wheelie
ウィール　weal
ウィールダー　wielder
ウィールチェアー　wheelchair
ウィールド　wield, weald
ウィーン　Vienna, wean
ウィーンシー　weensy
ウィーンリング　weanling
ヴィヴィアン・ウエストウッド　Vivienne Westwood
ヴィヴィアン・タム　Vivienne Tam
ヴィエトリ　Vietri
ウィキ　wiki
ウィキア　Wikia
ウィキアップ　wickiup, wikiup, wickyup
ウィキッド　wicked
ウィキトラベル　Wikitravel

ウィキペディア　Wikipedia
ウィキペディアン　Wikipedian
ウィキメディア　Wikimedia
ウィキリークス　WikiLeaks
ウィグモア　Wigmore
ウィグラー　wiggler
ウィグリー　wiggly
ウィクリフ　Wyclif(fe), Wic(k)-
ウイグル　Uighur, Uigur
ウィグル　wiggle
ウィグレット　wiglet
ウィグワグ　wigwag
ウィグワム　wigwam
ウィケット　wicket
ウィケット・キーパー　wicketkeeper
ウィザー　whither, wither
ウィザーズ　withers
ウィザースプーン　Witherspoon
ウィザード　wizard
ウィザードリー　wizardly, wizardry
ウィザウト　without
ウィザリング　withering
ウィジー　withy
ウィジウィグ　WYSIWYG
ウィジェット　widget
ウィジョン　widgeon, wigeon
ウィス　withe
ウィズ　with, withe, wiz
ウィズ・イット　with-it
ウィズイン　within
ウィズオール　withal
ウィスカー　whisker
ウィスカズ　Whiskas
ウイスキー　whisky, -key
ウィスコンシン　Wisconsin
ウィズスタンド　withstand
ウィズダム　wisdom
ウィズダム・トゥース　wisdom tooth
ウィスタリア　wistaria
ウィスタン　Wystan
ウィステリア　wisteria
ウィスト　wist
ウィストフル　wistful
ウィズドルー　withdrew
ウィズドロー　withdraw
ウィズドローワル　withdrawal
ウィズドローワル・シンプトム　withdrawal symptom
ウィズドローン　withdrawn
ウィスパー　whisper
ウィスパラー　whisperer
ウィスパリング　whispering
ウィスパリング・ギャラリー　whispering gallery
ウィスパリング・キャンペーン　whispering campaign
ウィスピー　wispy
ウィスプ　wisp
ウィズホールディング・タックス　withholding tax
ウィズホールド　withhold
ウィズン　wizen, weazen
ウィズンド　wizened, weazened
ウィタード　Whittard
ヴィダル・サスーン　Vidal Sassoon
ウィチタ　Wichita
ウィッカー　wicker
ウィッカーワーク　wickerwork
ウィッギング　wigging
ウィック　wick
ウィッグ　wig
ウィッグド　wigged
ウィックロー　Wicklow
ウィッシー・ウォッシー　wishy-washy
ウィッシャー　wisher
ウィッシュ　wish
ウィッシュフル　wishful
ウィッシュフル・シンキング　wishful thinking
ウィッシュボーン　wishbone
ウィッシング・ウェル　wishing well
ウィッズ　width
ウィッズウェーズ　widthways
ウィッズワイズ　widthwise
ウィッター　witter
ウィッチ　witch
ウィッチェリー　witchery
ウィッチクラフト　witchcraft
ウィッチズ・サバス　witches' sabbath
ウィッチ・ドクター　witch doctor
ウィッチ・ハント　witch-hunt
ウィッチ・ヘーゼル　witch hazel
ウィッチャリー　Wycherley
ウィッチング　witching

ウィッチング・アワー　witching hour
ウィッティー　witty
ウィッティング　witting
ヴィッテル　Vittel
ウィット　wit
ウィットネス　witness
ウィットネス・スタンド　witness stand
ウィットネス・ボックス　witness-box
ウィットビー　Whitby
ウィットレス　witless
ウィティシズム　witticism
ウィテカー　Whitacre, Whitaker
ウイデンティティー　wedentity
ウィドー　widow
ウィドード　widowed
ウィドー・ハンター　widow hunter
ウィドーフッド　widowhood
ウィトゲンシュタイン　Wittgenstein
ウイトラコチェ　huitlacoche, cuitlacoche
ヴィトロガッティ　Vitologatti
ウィドワー　widower
ウィナー　winner
ウィナーズ・テイク・オール　winners take all
ウィナブル　winnable
ウィニー　Winnie
ウイニー・ザ・プー　Winnie-the-Pooh
ウィニフレッド　Winifred
ウィニペグ　Winnipeg
ウィニング　winning
ウィニング・ポスト　winning post
ウィノー　winnow
ヴィノセラピー　vinotherapy
ヴィノテラピー　vinotherapy
ウィノナ　Winona
ウィフ　whiff
ウィフィー　whiffy
ウィフェット　whiffet
ウィフラー　whiffler
ウィフル　whiffle
ウィプロ　Wipro
ウイミン　women
ウイミンカインド　womenkind
ウイミンズ・インスティテュート　Women's Institute
ウイミンズウェア　womenswear
ウイミンズ・スタディーズ　women's studies
ウイミンズ・ムーブメント　women's movement
ウイミンズ・ライツ　woman's [women's] rights
ウイミンズ・リベレーショニスト　women's liberationist
ウイミンズ・リベレーション　women's liberation
ウイミンズ・ルーム　women's room
ウイミンフォーク　womenfolk(s)
ウィムジー　whimsy, -sey
ウイメン　women
ウイメンズウェア　womenswear
ウィラ　Willa
ウィラード　Willard
ウィラル　Wirral
ウィリアム　William
ウィリアムズ　Williams
ウィリアムズバーグ　Williamsburg
ウィリアム・テル　William Tell
ウィリー　Willie, willy
ウィリーズ　willies
ウィリー・ニリー　willy-nilly
ウィリー・ワンカ　Willy Wonka
ウィリス　Willis
ウィリング　willing
ウィル　will, Will
ウィルキー　Wilkie
ウィルキンソン　Wilkinson
ウィルコ　wilco
ウィルシャー　Wilshire
ウイルス　virus
ウイルス・チェッカー　virus checker
ウィルスト　whilst
ウィルソン　Wilson
ウィルソンズ・ディジーズ　Wilson's disease
ウィルダー　wilder
ウィルダーメント　wilderment
ウィルダネス　wilderness
ウィルダネス・エリア　wilderness area
ウィルト　wilt
ウィルド　willed
ウィルトシャー　Wiltshire
ウィルドビースト　wildebeest
ウィルトン　Wilton
ウィルバー　Wilbur
ウィルバート　Wilbert
ウィルバーフォース　Wilberforce

ウィルパワー　willpower
ウィル・バンク　will bank
ウィルフル　willful, wil-
ウィルフレッド　Wilfred, Wilfrid
ウィルヘルミナ　Wilhelmina
ウィルヘルム　Wilhelm
ウィルマ　Wilma
ウィルマット　Wilmut
ウィルミントン　Wilmington
ウィレム　Willem
ウィロー　willow
ウィローウィー　willowy
ウィロー・パターン　willow pattern
ウィロビー　Willoughby
ウィン　win, whin, Wynn
ウィン・ウィン　win-win
ウィンウッド　Winwood
ウィンカー　winker
ウィンガー　winger
ウィンク　wink
ウィング　wing
ウイング・コマンダー　wing commander
ウイングスパン　wingspan
ウイングスプレッド　wingspread
ウイング・チェア　wing chair
ウィングチップ　wingtip
ウイングド　winged
ウイング・ナット　wing nut
ウイングバック　wingback
ウィンクル　winkle
ウィンクル・ピッカー　winkle-picker
ウィンクルピッカーズ　winklepickers
ウイングレス　wingless
ウィンザー　Windsor
ウィンザー・タイ　Windsor tie
ウィンザー・チェア　Windsor chair
ウィンサム　winsome
ウィンシー　wincey, -sey
ウィンシエット　winceyette
ウィンス　wince
ウィンストン　Winston
ウィンスレット　Winslet
ウィンズロー　Winslow
ウィンスロップ　Winthrop
ウィンター　winter
ウインター・ガーデン　winter garden
ウインターキル　winterkill
ウィンターグリーン　wintergreen
ウインター・スポーツ　winter sports
ウインター・スリープ　winter sleep
ウインター・ソルスティス　winter solstice
ウインタータイム　wintertime
ウインター・メロン　winter melon
ウィンダミア　Windermere
ウィンダム　Wyndham
ウインタライズ　winterize
ウインタリー　wintery
ウィンチ　winch
ウィンチェスター　Winchester
ウィンチカム　Winchcombe
ウィンチコム　Winchcombe
ウインディー　windy
ウィンデージ　windage
ウインデッド　winded
ウィンテル　Wintel
ウィンド　wind
ウインド・インストルメント　wind instrument
ウィンドウ　window
ウインドウズ　Windows
ウィンドウ・ディスプレー　window display
ウインドー　window
ウインドー・エンベロップ　window envelope
ウインドー・クリーニング　window cleaning
ウインドー・シート　window seat
ウインドー・シェード　window shade
ウインドー・ショッパー　window-shopper
ウインドー・ショッピング　window-shopping
ウインドー・ショップ　window-shop
ウインドーシル　windowsill
ウインドー・ドレッシング　window dressing
ウインドー・フレーム　window frame
ウインドーペイン　windowpane
ウインドー・ボックス　window box
ウインドーレス　windowless
ウインドー・レッジ　window ledge
ウインド・ゲージ　wind gauge
ウインド・コーン　wind cone
ウインドサーフ　windsurf
ウインドサーファー　windsurfer
ウインドサーフィン　windsurfing
ウインドシールド　windshield

ウインドシールド・ワイパー　windshield wiper
ウインドジャマー　windjammer
ウインドスウェプト　windswept
ウインドスクリーン　windscreen
ウインドスクリーン・ワイパー　windscreen wiper
ウインド・スケール　wind scale
ウインドストーム　windstorm
ウインド・スリーブ　wind sleeve
ウインド・ソック　wind sock
ウインドチーター　windcheater
ウィンド・チャイム　wind chime
ウィンドチル　windchill
ウインド・トンネル　wind tunnel
ウィンド・ハープ　wind harp
ウインドパイプ　windpipe
ウインドバッグ　windbag
ウィンド・パワー　wind power
ウインド・ファーム　wind farm
ウィントフーク　Windhoek
ウインド・フォース　wind force
ウインドフォール　windfall
ウインドフラワー　windflower
ウインドプルーフ　windproof
ウインドブレーカー　windbreaker
ウインドブレーク　windbreak
ウインドブローン　windblown
ウィンド・ベル　wind-bell
ウインド・ボーン　wind-borne
ウインドホバー　windhover
ウインドミル　windmill
ウインドラス　windlass
ウイントリー　wintry
ウインドレス　windless
ウインドロー　windrow
ウインドワード　windward
ウィントン　Wynton
ウィンナ　Vienna
ウィンナー　wiener, wei-
ウィンナー・シュニッツェル　Wiener schnitzel
ウィンナ・ソーセージ　Vienna sausage
ウィンパー　whimper
ウィンピー　wimpy
ウィンピッシュ　wimpish
ウィンプ　wimp
ウィンフィールド　Winfield
ウィンフリー　Winfrey
ウィンブル　wimble
ウィンプル　wimple
ウィンブルドン　Wimbledon
ウー　woo, ooh
ウーヴル　oeuvre
ウーゴ　Hugo
ウーシー　Wuxi
ウージー　Uzi, woozy, oozy
ウーシュー　wushu
ウーズ　Ouse, ooze
ウースター　Worcester, Wooster
ウーステッド　worsted
ウーズナム　Woosnam
ウーゼム　Usedom
ウーゼル　ouzel, -sel
ウーゾ　ouzo
ウータン・クラン　Wu-Tang Clan
ウート　Woot
ウード　oud
ウードル　oodle
ウードルズ　oodles
ウートレ　outré
ウーナ　Oona, Oonagh, Una
ウーバーイーツ　Uber Eats
ウーハン　Wuhan
ウーピー・ゴールドバーグ　Whoopi Goldberg
ウーピーズ　woopies
ウーフ　woof, oof
ウーファー　woofer
ウーフィー　oofy
ウープシー　woopsie
ウーブル　oeuvre
ウーベ　Uwe
ウーマナイザー　womanizer
ウーマナイズ　womanize
ウーマニスト　womanist
ウーマニズム　womanism
ウーマニッシュ　womanish
ウーマン　woman
ウーマンカインド　womankind
ウーマン・サフレージ　woman [women's] suffrage
ウーマンズ・ライツ　woman's [women's] rights

ウーマンフッド　womanhood
ウーマンライク　womanlike
ウーマンリー　womanly
ウーマン・リブ　women's lib
ウーム　womb
ウーリー　woolly, wooly
ウーリー・ヘッデッド　wooly-headed
ウーリー・マインデッド　wooly-minded
ウール　wool
ウールギャザリング　woolgathering
ウールグローワー　woolgrower
ウールサック　woolsack
ウールパック　woolpack
ウール・ファット　wool fat
ウールリッチ　Woolrich
ウーロンゴン　Wollongong
ウーロン・ティー　oolong tea
ウーンデッド　wounded
ウーンド　wound
ウェア　wear, ware, where, weir
ウェア・ケア　wear care
ウェアハウジング　warehousing
ウェアハウス　warehouse
ウェアハウス・ストア　warehouse store
ウェアハウスマン　warehouseman
ウェアラー　wearer
ウェアラビリティー　wearability
ウェアラブル　wearable
ウェアラブル・コンピュータ　wearable computer
ウェアリー　weary, wary
ウェアリサム　wearisome
ウェアリネス　weariness
ウェアリリー　wearily
ウェアリング　wearing
ウェイ　way, weigh
ウェイ・アウト　way out, way-out
ウェイ・イン　way in, weigh-in
ウェイイング・マシン　weighing machine
ウェイウェイ　Weiwei
ウェイウォーン　wayworn
ウェイクボーディング　wakeboarding
ウェイクボード　wakeboard
ウェイサイド　wayside
ウェイス　Weiss
ウェイ・ステーション　way station
ウエイスト　waste, waist
ウェイター　waiter
ウェイティー　weighty
ウェイティング　waiting, weighting
ウェイティング・ゲーム　waiting game
ウェイティング・リスト　waiting list
ウェイティング・ルーム　waiting room
ウェイテッド　weighted
ウェイト　wait, weight
ウェイト・ウォッチャー　weight-watcher
ウェイトスタッフ　waitstaff
ウェイトパーソン　waitperson
ウェイト・ベルト　weight belt
ウェイトリスト　waitlist
ウェイト・リフター　weight lifter
ウェイト・リフティング　weight lifting
ウェイトレス　waitress, weightless
ウェイトローズ　Waitrose
ウェイトロン　waitron
ウェイバー　waiver
ウェイビル　waybill
ウェイフ　waif
ウェイブ　wave, waive
ウェイフィッシュ　waifish
ウェイフェアラー　wayfarer
ウェイフェアリング　wayfaring
ウェイブフォーム　waveform
ウェイフライク　waiflike
ウェイブリッジ　weighbridge
ウェイマーカー　waymarker
ウェイマーク　waymark
ウェイマス　Weymouth
ウェイレイ　waylay
ウェイワード　wayward
ウェイン　Wayne, Wain, wain
ウェインスコット　wainscot
ウェインライト　wainwright
ウェー　way
ウェーキー・ウェーキー　wakey-wakey
ウェーキング　waking
ウェーク　wake
ウェーク・アップ　wake-up
ウェークフル　wakeful
ウェークン　waken
ウェーコー　Waco
ウェージ　wage
ウェージ・アーナー　wage earner
ウェージ・クレーム　wage claim

ウェージ・スケール　wage scale
ウェージ・スレーブ　wage slave
ウェージ・フリーズ　wage freeze
ウェージャー　wager
ウェージワーカー　wageworker
ウェースター　waster
ウェースティング　wasting
ウェースト　waste
ウェースト・ウォーター　waste water
ウェースト・パイプ　waste pipe
ウェーストバスケット　wastebasket
ウェーストフル　wasteful
ウェースト・プロダクト　waste product
ウェーストペーパー　wastepaper
ウェーストペーパー・バスケット　wastepaper basket
ウェーストランド　wasteland
ウェーストレル　wastrel
ウエーター　waiter
ウェーダー　wader
ウェーダブル　wadable, wade-
ウェーディング・バード　wading bird
ウェーディング・プール　wading pool
ウェーデルン　wedeln
ウェード　wade
ウェート・トレーニング　weight training
ウェートレス　waitress
ウェートローズ　Waitrose
ウェーニー・ウィーディー・ウィーキー　veni, vidi, vici
ウェーバー　weber, waver, Weber
ウェービー　wavy
ウェーブ　wave
ウェーファー　wafer
ウェーファー・シン　wafer-thin
ウェーブガイド　waveguide
ウェーブスキー　waveski
ウェーブ・バンド　wave band
ウェーブフォーム　waveform
ウェーブリー　wavery
ウェーブレス　waveless
ウェーブレット　wavelet
ウェーブレンクス　wavelength
ウェーリング・ウォール　Wailing Wall
ウェール　wail, wale
ウェールズ　Wales
ウェーン　wane
ヴェオリア　Veolia
ウェクスフォード　Wexford
ウェザー　weather, whether, wether
ウェザー・アイ　weather eye
ウェザーウォーン　weatherworn
ウェザーグラス　weatherglass
ウェザーコック　weathercock
ウェザー・サテライト　weather satellite
ウェザー・シップ　weather ship
ウェザー・ステーション　weather station
ウェザー・ストリッピング　weather stripping
ウェザー・ストリップ　weather strip
ウェザー・チャート　weather chart
ウェザー・バウンド　weather-bound
ウェザービー　Weatherby
ウェザー・ビートゥン　weather-beaten
ウェザー・フォーキャスト　weather forecast
ウェザープルーフ　weatherproof
ウェザー・ベイン　weather vane
ウェザーボーディング　weatherboarding
ウェザーボード　weatherboard
ウェザー・マーチャンダイジング　weather merchandising
ウェザー・マップ　weather map
ウェザーマン　weatherman
ウェザー・レポート　weather report
ウェザー・ワイズ　weather-wise
ウェザビー　Wetherbee
ウェザライズ　weatherize
ウェザリング　weathering
ウェス　Wes
ウェスカー　Wesker
ウエスコ　Wesco
ウェスター　wester
ウェスターグレン　Westergren
ウエスタナー　westerner
ウエスタナイズ　westernize
ウエスタナイゼーション　westernization
ウェスタリー　westerly
ウェスタリング　westering
ウエスタン　western
ウエスタン・オーストラリア　Western Australia
ウエスタン・サモア　Western Samoa
ウエスタン・チャーチ　Western Church
ウエスタン・ヘミスフィア　Western

Hemisphere
ウエスタンモスト　westernmost
ウエスタン・ローマン・エンパイア　Western Roman Empire
ウェスティン　Westin
ウエスティング　westing
ウェスティン・ボナベンチャー　Westin Bonaventure
ウエステージ　wastage
ウエスト　west, waist
ウエスト・インディアン　West Indian
ウエスト・インディーズ　West Indies
ウエスト・エンド　West End
ウエスト・カントリー　West Country
ウエストクロス　waistcloth
ウエスト・コースト　West Coast
ウエストコート　waistcoat
ウエスト・サイド　West Side
ウエスト・サウスウエスト　west-southwest
ウエスト・サセックス　West Sussex
ウエスト・ジャーマニー　West Germany
ウエスト・ディープ　waist-deep
ウエスト・ノースウエスト　west-northwest
ウエスト・バージニア　West Virginia
ウエスト・ハイ　waist-high
ウエストバウンド　westbound
ウエストバスケット　wastebasket
ウエスト・バッグ　waist bag
ウエストパック　Westpac
ウエストハム　West Ham
ウエストバンド　waistband
ウェストファーレン　Westphalia
ウエストブロムウィッチ　West Bromwich
ウエスト・ポイント　West Point
ウエストボーン　Westbourne
ウエスト・ミッドランズ　West Midlands
ウエストミンスター　Westminster
ウエストミンスター・アビー　Westminster Abbey
ウエストモーランド　Westmoreland, Westmorland
ウエスト・ヨークシャー　West Yorkshire
ウエストライン　waistline
ウエストワーズ　westwards
ウエストワード　westward
ウェストン　Weston
ウェスリアン　Wesleyan
ウェズリアン　Wesleyan
ウェスリー　Wesley
ウェズリー　Wesley
ウェズレー　Wesley
ウェセックス　Wessex
ウェタ・デジタル　Weta Digital
ウェチャチワ　Vejjajiva
ウェッジ　wedge
ウェッジー　wedgie, wedgy
ウェッジウッド　Wedgwood
ウェッジ・シェイプト　wedge-shaped
ウェッジド　wedged
ウェッジ・ヒール　wedge heel
ウェッタビリティー　wettability
ウェッタブル　wettable
ウェッティッシュ　wettish
ウェッティング　wetting
ウェッティング・エージェント　wetting agent
ウェット　wet, whet
ウェッド　wed
ウェット・ガス　wet gas
ウェット・スーツ　wet suit
ウェットストーン　whetstone
ウェット・ドック　wet dock
ウェット・ドリーム　wet dream
ウェット・ナース　wet nurse
ウェットバック　wetback
ウェット・ブランケット　wet blanket
ウェット・モップ　wet mop
ウェットランド　wetland
ウェット・ルック　wet look
ウェッドロック　wedlock
ウェッビング　webbing
ウェッブ　Web, web
ウェッブ・トード　web-toed
ウェディング　wedding
ウェディング・カード　wedding card
ウェディング・ケーキ　wedding cake
ウェディング・デー　wedding day
ウェディング・ドレス　wedding dress
ウェディング・ナイト　wedding night
ウェディング・バンド　wedding band
ウェディング・ブレックファースト　wedding breakfast
ウェディング・マーチ　wedding march
ウェディング・リング　wedding ring

ヴェトナム　Vietnam
ウエハー　wafer
ウエハース　wafers
ウェビソード　webisode
ウェブ　Web, web
ウェブカム　webcam
ウェブキャスト　webcast
ウェブキャム　webcam
ウェブ・サイト　Web site
ウェブジン　webzine
ウェブスター　Webster
ウェフト　weft
ウェプト　wept
ウェブフット　webfoot
ウェブ・ページ　Web page
ウェブマスター　webmaster
ウェブメール　webmail
ウェブルーミング　webrooming
ウェブロガー　weblogger
ウェブログ　weblog
ウェブワーク　webwork
ウエボス・ランチェロス　huevos rancheros
ウェポナイズ　weaponize
ウェポン　weapon
ウェポンリー　weaponry
ウエラ　Wella
ウェラー　Weller
ウェリー　welly, -lie
ウェリン　Welwyn
ウェリントン　Wellington
ウェル　well
ウェル・アーンド　well-earned
ウェル・アジャステッド　well-adjusted
ウェル・アップホルスタード　well-upholstered
ウェル・アドバイズド　well-advised
ウェル・アフェクテッド　well-affected
ウェル・アポインテッド　well-appointed
ウェル・インテンションド　well-intentioned
ウェル・インフォームド　well-informed
ヴェルヴィータ　Velveeta
ウェル・ウィッシャー　well-wisher
ウェル・ウィッシング　well-wishing
ウェルウィッチア　welwitschia
ウェル・ウーマン　well-woman
ヴェルヴェット・アンダーグラウンド　Velvet Underground
ウェル・ウォーン　well-worn
ウェル・エスタブリッシュト　well-established
ウェル・オイルド　well-oiled
ウェル・オーダード　well-ordered
ウェル・オフ　well-off
ウェルカム　welcome
ウェルカム・マット　welcome mat
ウェルギリウス　Vergil, Vir-
ウェルキン　welkin
ウェルク　whelk
ウェル・グラウンデッド　well-grounded
ウェル・グルームド　well-groomed
ウェル・ケプト　well-kept
ウェル・コネクテッド　well-connected
ウェル・コンダクテッド　well-conducted
ウェル・コンディションド　well-conditioned
ウェル・サムド　well-thumbed
ウェルシー　wealthy
ウェル・ジャッジド　well-judged
ウェルシュ　Welsh, Welch, welsh, welch
ウェルシュウーマン　Welshwoman
ウェルシュ・コーギー　Welsh corgi
ウェルシュマン　Welshman
ウェルシュ・ラビット　Welsh rabbit
ウェルス　wealth
ウェルズ　Wells
ウェルス・タックス　wealth tax
ウェルズ・ファーゴ　Wells Fargo
ウェルスプリング　wellspring
ウェル・スペント　well-spent
ウェル・スポークン　well-spoken
ウェルズリー　Wellesley
ウェル・ソート・アウト　well-thought-out
ウェル・ソート・オブ　well-thought-of
ウェルター　welter
ウェルダー　welder, -dor
ウェルターウェイト　welterweight
ウェル・ターンド　well-turned
ウェル・タイムド　well-timed
ウェルダビリティー　weldability
ウェルダブル　weldable
ウェル・ダン　well-done
ウェルチ　welsh, welch
ウェル・チョーズン　well-chosen
ウェル・ディスポーズド　well-disposed
ウェルディング　welding

ウェル・デファインド　well-defined
ウェルト　welt
ウェルド　weld
ウェル・トゥー・ドゥー　well-to-do
ウェル・トライド　well-tried
ウェル・ドレスト　well-dressed
ウェル・トロッドン　well-trodden
ウェル・ナイ　well-nigh
ウェル・ニット　well-knit
ウェルネス　wellness
ウェル・ノウン　well-known
ウェル・バランスト　well-balanced
ウェル・ハング　well-hung
ウェル・ビーイング　well-being
ウェル・ヒールド　well-heeled
ウェル・ビヘイブド　well-behaved
ウェル・ビラブド　well-beloved
ウェル・ビルト　well-built
ウェルプ　whelp
ウェル・ファウンデッド　well-founded
ウェル・ファウンド　well-found
ウェル・フィックスト　well-fixed
ウェルフェア　welfare
ウェルフェア・ステート　welfare state
ウェルフェアリズム　welfarism
ウェルフェア・ワーカー　welfare worker
ウェルフェア・ワーク　welfare work
ウェル・フェーバード　well-favored
ウェル・フェッド　well-fed
ウェル・プリザーブド　well-preserved
ウェル・ブレッド　well-bred
ウェル・プロポーションド　well-proportioned
ウェル・ペイド　well-paid
ウェルヘッド　wellhead
ウェルボア　wellbore
ウェルボーン　wellborn
ウェル・マークト　well-marked
ウェル・マッチト　well-matched
ウェル・マナード　well-mannered
ウェル・ミーニング　well-meaning
ウェルム　whelm
ウェル・メイド　well-made
ウェル・メント　well-meant
ウェル・ラインド　well-lined
ウェル・ラウンデッド　well-rounded
ウェル・レッド　well-read
ヴェレダ　Weleda
ウェン　wen, when
ウェンガー　Wenger
ウェンス　whence
ウェンズデー　Wednesday
ウェンズデーズ　Wednesdays
ウェンゼル　Wenzel
ウェンチ　wench
ウェンチョウ　Wenzhou
ウエンツ　Wentz
ウェンディー　Wendy
ウェンディー・ハウス　Wendy house
ウェンデル　Wendell
ウェント　went
ウェンド　wend
ウェントワース　Wentworth
ウォア　wore
ウォー　war, woe, Waugh
ウォー・ウィアリー　war-weary
ウォーウォーン　warworn
ウォーカー　walker
ウォーカソン　walkathon
ウォーカブル　walkable
ウォーキー・トーキー　walkie-talkie, walky-talky
ウォーキング　walking, Woking
ウォーキング・ウーンデッド　walking wounded
ウォーキング・オン・パート　walking-on part
ウォーキング・ジェントルマン　walking gentleman
ウォーキング・シューズ　walking shoes
ウォーキング・スティック　walking stick
ウォーキング・ディクショナリー　walking dictionary
ウォーキング・ペーパーズ　walking papers
ウォーキング・レディー　walking lady
ウォーク　walk, woke
ウォークアウェー　walkaway
ウォークアウト　walkout
ウォーク・アップ　walk-up
ウォークアバウト　walkabout
ウォーク・イン　walk-in
ウォークイン・クローゼット　walk-in closet
ウォークウェー　walkway
ウォークオーバー　walkover
ウォーク・オン　walk-on

ウォーク・スルー　walk-through
ウォークマン　Walkman
ウォー・クライ　war cry
ウォー・クライム　war crime
ウォー・クラウド　war cloud
ウォークラフト　warcraft
ウォー・クリミナル　war criminal
ウォー・グレーブ　war grave
ウォークン　woken
ウォー・ゲーム　war game
ウォー・コレスポンデント　war correspondent
ウォーシップ　warship
ウォーソー　Warsaw
ウォーター　water
ウォーダー　warder
ウォーター・アイス　water ice
ウォーターウィード　waterweed
ウォーター・ウイングズ　water wings
ウォーターウェー　waterway
ウォーターウォーン　waterworn
ウォーターカラー　watercolor
ウォーターカラリスト　watercolorist
ウォーター・ガン　water gun
ウォーター・キャノン　water cannon
ウォーター・キュア　water cure
ウォーター・クーラー　water cooler
ウォーター・クール　water-cool
ウォーター・クールド　water-cooled
ウォーター・グラス　water glass
ウォータークラフト　watercraft
ウォータークレス　watercress
ウォーター・クロゼット　water closet
ウォーター・ゲージ　water gauge
ウォーター・ゲート　water gate
ウォーターゲート　Watergate
ウォーターコース　watercourse
ウォーター・サイクル　water cycle
ウォーターサイド　waterside
ウォーター・サプライ　water supply
ウォーターシェッド　watershed
ウォーター・ジャケット　water jacket
ウォーター・ジャンプ　water jump
ウォーター・シュート　water chute
ウォーター・スキー　water ski, water-ski
ウォーター・スキーイング　water-skiing
ウォーター・スキーヤー　water-skier
ウォータースケープ　waterscape
ウォーター・スネーク　water snake
ウォータースパウト　waterspout
ウォーター・スパニエル　water spaniel
ウォーター・スプライト　water sprite
ウォータースプラッシュ　watersplash
ウォーター・スポーツ　water sports
ウォーター・スライド　water slide
ウォーター・ソフナー　water softener
ウォーター・ソリュブル　water-soluble
ウォーター・ソルブル　water-soluble
ウォータータイト　watertight
ウォーター・タワー　water tower
ウォーター・タンク　water tank
ウォーター・チェスナット　water chestnut
ウォーター・テーブル　water table
ウォータード　watered
ウォータード・ダウン　watered-down
ウォーター・トラップ　water trap
ウォーター・ニンフ　water nymph
ウォーター・バード　water bird
ウォーター・パイプ　water pipe
ウォーター・ハザード　water hazard
ウォーター・バス　water-bus
ウォーターバック　waterbuck
ウォーター・バッグ　water bag
ウォーター・バット　water butt
ウォーター・バッファロー　water buffalo
ウォーター・バレー　water ballet
ウォーターパワー　waterpower
ウォーター・ビートル　water beetle
ウォーター・ビスケット　water biscuit
ウォーター・ピストル　water pistol
ウォーターファウル　waterfowl
ウォーター・ファウンテン　water fountain
ウォーターフォード　Waterford
ウォーターフォール　waterfall
ウォーター・ブリスター　water blister
ウォータープルーフ　waterproof
ウォータープルーフィング　waterproofing
ウォーターフロント　waterfront
ウォーター・ベアラー　Water Bearer
ウォーター・ベーパー　water vapor
ウォーター・ベッド　water bed
ウォーターベリー　Waterbury
ウォーター・ヘン　water hen
ウォーターホイール　waterwheel

ウォーターボーディング　waterboarding
ウォーター・ホール　water hole
ウォーター・ボール　water vole
ウォーターボーン　waterborne
ウォーター・ボトル　water bottle
ウォーター・ポリューション　water pollution
ウォーター・ポロ　water polo
ウォーターマーク　watermark
ウォーターマン　waterman
ウォーター・ミル　water mill
ウォーター・メイン　water main
ウォーター・メーター　water meter
ウォーター・メドー　water meadow
ウォーターメロン　watermelon
ウォーター・モカシン　water moccasin
ウォーター・ライト　water right
ウォーターライン　waterline
ウォーター・ラット　water rat
ウォーター・リペレント　water-repellent
ウォーター・リリー　water lily
ウォータールー　Waterloo
ウォーター・レート　water rate
ウォーター・レジスタント　water-resistant
ウォーターレス　waterless
ウォーター・レベル　water level
ウォーターログ　waterlog
ウォーターロックト　waterlocked
ウォーターロッグド　waterlogged
ウォーターワークス　waterworks
ウォーター・ワゴン　water wagon
ウォータイム　wartime
ウォー・ダメージ　war damage
ウォータリー　watery
ウォータリング・カート　watering cart
ウォータリング・カン　watering can
ウォータリング・プレース　watering place
ウォータリング・ホール　watering hole
ウォータリング・ポット　watering pot
ウォーダン　Woden
ウォー・ダンス　war dance
ウォー・チェスト　war chest
ウォーティー　warty
ウォーデン　warden
ウォート　wart
ウォード　ward, woad
ウォー・トーン　war-torn
ウォードシップ　wardship
ウォートホッグ　warthog
ウォードルーム　wardroom
ウォードレス　wardress
ウォートン　Wharton
ウォーニング　warning
ウォーニング・カラレーション　warning coloration
ウォーニング・トラック　warning track
ウォーニング・ランプ　warning lamp
ウォーバートン　Warburton
ウォーパス　warpath
ウォービゴン　woebegone, wobe-
ウォーフ　wharf
ウォーブ　wove
ウォーフィンガー　wharfinger
ウォーフェア　warfare
ウォーフェージ　wharfage
ウォーブ・ペーパー　wove paper
ウォーブラー　warbler
ウォー・ブライド　war bride
ウォーフル　wo(e)ful
ウォーブル　warble
ウォープレーン　warplane
ウォーブン　woven
ウォー・ベイビー　war baby
ウォー・ペイント　war paint
ウォーヘッド　warhead
ウォー・ポエット　war poet
ウォーホース　warhorse
ウォーホル　Warhol
ウォーボンネット　warbonnet
ウォーマー　warmer
ウォーマッド　WOMAD
ウォーミッシュ　warmish
ウォーミング・パン　warming pan
ウォーム　warm
ウォーム・アップ　warm-up
ウォーム・ギア　worm gear
ウォームス　warmth
ウォーム・スタート　warm start
ウォームド・アップ　warmed-up
ウォームド・オーバー　warmed-over
ウォーム・ハーテッド　warm-hearted
ウォーム・ブート　warm boot
ウォーム・ブラッデッド　warm-blooded
ウォーム・フロント　warm front
ウォーム・ラミネート　warm laminate

ウォームリー　warmly
ウォー・メモリアル　war memorial
ウォーモンガー　warmonger
ウォーモンガリング　warmongering
ウォーライク　warlike
ウォーリアー　warrior
ウォーリー　Wally
ウォーリング　warring
ウォール　wall
ウォールアイ　walleye
ウォールアイド　walleyed
ウォー・ルーム　war room
ウォールカバリング　wallcovering
ウォールコット　Walcott
ウォール・ストリーター　Wall Streeter
ウォール・ストリート　Wall Street
ウォールソール　Walsall
ウォールター　Walter
ウォールデン　Walden
ウォールト　Walt
ウォールド　walled, wold
ウォール・トゥー・ウォール　wall-to-wall
ウォールドー　Waldo
ウォールドーフ・サラダ　Waldorf salad
ウォール・ドローイング　wall drawing
ウォールトン　Walton
ウォールナット　walnut
ウォール・ニュースペーパー　wall newspaper
ウォール・バーズ　wall bars
ウォールフラワー　wallflower
ウォール・ペインティング　wall painting
ウォールペーパー　wallpaper
ウォールボード　wallboard
ウォールラス　walrus
ウォールラス・マスターシュ　walrus mustache
ウォーレ・ショインカ　Wole Soyinka
ウォーレス　warless
ウォーレン　Warren, warren
ウォーレン・ビーティ　Warren Beaty
ウォーローディズム　warlordism
ウォーロード　warlord
ウォー・ローン　war loan
ウォーロック　warlock
ウォーン　warn, worn
ウォーン・アウト　worn-out
ウォーンテッド　wonted, wanted
ウォーント　won't, wont
ウォガウォガ　Wagga Wagga
ウォズ　was
ヴォス　Voss
ウォズニアック　Wozniak
ウォズント　wasn't
ウォダム　Wadham
ウォッカ　vodka
ウォック　wok
ウォックス・ポプリー　vox populi
ウォックス・ポプリー・ウォックス・デイー　vox populi vox Dei
ウォッジ　wodge, wadge
ウォッシー　washy
ウォッシェテリア　washeteria
ウォッシャー　washer
ウォッシャー・アップ　washer-up
ウォッシャーウーマン　washerwoman
ウォッシャー・ドライヤー　washer-dryer
ウォッシャブル　washable
ウォッシュ　wash
ウォッシュアウト　washout
ウォッシュアップ　washup
ウォッシュ・アンド・ウェア　wash-and-wear
ウォッシュクロス　washcloth
ウォッシュスタンド　washstand
ウォッシュタブ　washtub
ウォッシュデー　washday
ウォッシュト・アウト　washed-out
ウォッシュト・アップ　washed-up
ウォッシュ・ドローイング　wash drawing
ウォッシュハウス　washhouse
ウォッシュハンド・スタンド　washhand stand
ウォッシュベイスン　washbasin
ウォッシュボウル　washbowl
ウォッシュボード　washboard
ウォッシュマン　washman
ウォッシュラグ　washrag
ウォッシュルーム　washroom
ウォッシング　washing
ウォッシング・アップ　washing-up
ウォッシング・ソーダ　washing soda
ウォッシング・デー　washing day
ウォッシング・パウダー　washing powder
ウォッシング・マシーン　washing machine

ウォッチ　watch
ウォッチ・グラス　watch glass
ウォッチ・クリスタル　watch crystal
ウォッチケース　watchcase
ウォッチストラップ　watchstrap
ウォッチタワー　watchtower
ウォッチ・チェーン　watch chain
ウォッチドッグ　watchdog
ウォッチ・ナイト　watch night
ウォッチバンド　watchband
ウォッチフル　watchful
ウォッチ・ポケット　watch pocket
ウォッチマン　watchman
ウォッチ・ミーティング　watch meeting
ウォッチ・メーカー　watchmaker
ウォッチメーキング　watchmaking
ウォッチャー　watcher, wotcher
ウォッチャブル　watchable
ウォッチワード　watchword
ウォッチング　watching
ウォッディング　wadding
ウォッド　wad
ウォップ　wop
ウォドル　waddle
ウォブラー　wobbler
ウォブリー　wobbly
ウォブリング　wobbling, wabbling
ウォブル　wobble, wabble
ウオモ　uomo
ウォラー　Waller
ウォラップ　wallop
ウォランター　warrantor, warranter
ウォランタブル　warrantable
ウォランティー　warranty, warrantee
ウォラント　warrant
ウォラント・オフィサー　warrant officer
ウォリアー　warrior
ウォリー　Wally
ウォリス　Wallis
ウォリック　Warwick
ウォリックシャー　Warwickshire
ウォリントン　Wallington, Warrington
ウォルコット　Walcott
ウォルサム　Waltham
ウォルシュ　Walsh
ウォルソール　Walsall
ウォルター　Walter
ヴォルデモート　Voldemort
ウォルデン　Walden
ウォルドーフアストリア・ホテル　Waldorf-Astoria Hotel
ウォルト・ディズニー　Walt Disney
ウォルトン　Walton
ウォルナット　walnut
ウォルフォウィッツ　Wolfowitz
ウォルフガング・シュッセル　Wolfgang Schüssel
ウォルフラマイト　wolframite
ウォルフラム　wolfram
ウォルポール　Walpole
ウォルマート　Wal-Mart
ウォルワース　Walworth
ウォレ・ショインカ　Wole Soyinka
ウォレス　Wallace
ウォレット　wallet
ウォンキー　wonky
ウォンキッシュ　wonkish
ウォンク　wonk
ウォンサン　Wonsan
ウォンズワース　Wandsworth
ウォンティング　wanting
ウォンテッド　wanted
ウォント　want
ウォント・アド　want ad
ウォンバット　wombat
ウカヤリ　Ucayali
ウガリット　Ugarit
ウガンダ　Uganda
ウガンダン　Ugandan
ウクライナ　Ukraine
ウクレレ　ukulele
ウサイン・ボルト　Usain Bolt
ウジュンパンダン　Ujung Pandang
ウス　wuss, wussy
ウスアイア　Ushuaia
ウスター　Worcester, Wooster
ウスターシャー　Worcestershire
ウスターシャー・ソース　Worcestershire sauce
ウスター・ソース　⇨ウスターシャー・ソース
ウズベキスタン　Uzbekistan
ウズベク　Uzbek, Us-
ウズベグ　Uzbeg, Us-
ウダイプル　Udaipur

ウッジー　woodsy
ウッズマン　woodsman
ウッタラーカンド　Uttarakhand
ウッタルプラデシュ　Uttar Pradesh
ウッタルプラデッシュ　Uttar Pradesh
ウッディー　Woody
ウッデッド　wooded
ウッド　wood, would
ウッド・アルコール　wood alcohol
ウッドウインド　woodwind
ウッド・ウール　wood-wool
ウッド・エングレーバー　wood engraver
ウッド・エングレービング　wood engraving
ウッド・カーバー　wood-carver
ウッド・カービング　wood carving
ウッドカッター　woodcutter
ウッドカッティング　woodcutting
ウッドカット　woodcut
ウッドクラフト　woodcraft
ウッド・ケミカルズ　wood chemicals
ウッドコック　woodcock
ウッドシェッド　woodshed
ウッドストック　Woodstock
ウッド・スピリット　wood spirit
ウッド・スラッシュ　wood thrush
ウッド・ソレル　wood sorrel
ウッド・ターニング　wood turning
ウッド・タール　wood tar
ウッドチップ　woodchip
ウッドチャック　woodchuck
ウッド・ニンフ　wood nymph
ウッドノート　woodnote
ウッドパイル　woodpile
ウッドバイン　woodbine
ウッドハウス　woodhouse, Wodehouse, Woodhouse
ウッドハル　Woodhull
ウッド・パルプ　wood pulp
ウッド・ビー　would-be
ウッド・ピジン　wood pigeon
ウッドブリッジ　Woodbridge
ウッドブロック　woodblock
ウッドペッカー　woodpecker
ウッド・ペレット　wood pellet
ウッド・ボアラー　wood borer
ウッドマン　woodman
ウッドヤード　woodyard
ウッド・ラウス　wood louse
ウッドラフ　woodruff
ウッドランダー　woodlander
ウッドランド　woodland
ウッドロー　Woodrow
ウッドロット　woodlot
ウッドワーキング　woodworking
ウッドワーク　woodwork
ウッドワード　Woodward
ウッドワーム　woodworm
ウップス　oops
ウディネーゼ　Udinese
ウドムルチア　Udmurtia
ウドムルト　Udmurt
ウバ　Uva
ウバー　über-, uber-
ウバーラ　uvala
ウバイト　uvite
ウパニシャッド　Upanishad
ウファ　Ufa
ウフィツィ　Uffizi
ウプサラ　Uppsala, Upsala
ウプシロン　upsilon
ウプラ　Upra
ウブリエット　oubliette
ウブロ　Hublot
ウブンツ　ubuntu
ウブントゥ　ubuntu
ウベ　Uwe
ウベニメクス　ubenimex
ウミアク　umiak, -ack, -aq
ウムフ　oomph
ウムラウト　umlaut
ウラジーミル　Vladimir
ウラジオストック　Vladivostok
ウラジスラフ・スルコフ　Vladislav Surkov
ウラジミール　Vladimir
ウラシル　uracil
ウラニア　Urania
ウラニウム　uranium
ウラニン　uranine
ウラノス　Uranus
ウラマー　ulama
ウラル　Ural
ウラル・アルタイ　Ural-Altaic
ウラン　⇨ウラニウム
ウラン・バートル　Ulan Bator

ウリエル　Uriel
ウリッジ　Woolwich
ウリッチ　Woolwich
ウリベ　Uribe
ウリベート　Uliveto
ウル　Ur, wool
ウルガタ　vulgate
ウルグアイ　Uruguay
ウルグアイアン　Uruguayan
ウルグアイ・ラウンド　Uruguay Round
ウルコット　Wolcott
ウルサ・マイナー　Ursa Minor
ウルサ・メージャー　Ursa Major
ウルサン　Ulsan
ウルズガーン　Uruzgan, Oruzgan
ウルズガン　Uruzgan, Oruzgan
ウルスラ　Ursula
ウルソジオール　ursodiol
ウルティマ　ultima
ウルドゥー　Urdu
ウルトラ　ultra, ultra-
ウルトライスト　ultraist
ウルトライズム　ultraism
ウルトラコンサーバティブ　ultraconservative
ウルトラサウンド　ultrasound
ウルトラショート　ultrashort
ウルトラソニック　ultrasonic
ウルトラソニックス　ultrasonics
ウルトラナショナリスト　ultranationalist
ウルトラナショナリズム　ultranationalism
ウルトラハイ　ultrahigh
ウルトラバイオレット　ultraviolet
ウルトラハイ・フリークエンシー　ultrahigh frequency
ウルトラボックス　Ultravox
ウルトラ・マイクロスコープ　ultramicroscope
ウルトラ・マイクロスコピック　ultramicroscopic
ウルトラマリン　ultramarine
ウルトラモダニスト　ultramodernist
ウルトラモダニズム　ultramodernism
ウルトラモダン　ultramodern
ウルトラモンタン　ultramontane
ウルトラライト　ultralight
ウルバーハンプトン　Wolverhampton
ウルビノ　Urbino
ウルフ　wolf, Woolf, Wolfe
ウルファ　Urfa
ウルフィッシュ　wolfish
ウルフェナイト　wulfenite
ウルフガング　Wolfgang
ウルフギャング・パック　Wolfgang Puck
ウルフシュミット　Wolfschmidt
ウルブズ　wolves
ウルフスキン　wolfskin
ウルフスベーン　wolfsbane, wolf's bane
ウルフソン　Wolfson
ウルフハウンド　wolfhound
ウルフフィッシュ　wolffish
ウルフベリー　wolfberry
ウルフ・ホイッスル　wolf whistle
ウルベリーン　wolverine, -ene
ウルマン　Ullman
ウルムチ　Urumchi, Urumqi
ウルリカ　Ulrica, -ka
ウルリヒ・ミューエ　Ulrich Mühe
ウルル　Uluru
ウルワース　Woolworth
ウルン　woolen, woollen
ウレアーゼ　urease
ウレタン　urethane, -than
ウレタン・フォーム　urethane foam
ウロキナーゼ　Urokinase
ウロトロピン　urotropin
ウロンゴン　Wollongong
ウンウントリウム　ununtrium
ウンター・デン・リンデン　Unter den Linden
ウンデカン　undecane
ウンブリア　Umbria
ウンベルト　Humberto
ウンマ　umma(h)

エ

エア　air, heir, eyre, Eyre
エアー　Ayr
エアーウルフ　Airwolf
エアーズロック　Ayers Rock
エア・アト・ロー　heir at law
エア・アペアレント　heir apparent
エア・インテイク　air intake
エアウェー　airway
エアウェーブ　airwave
エア・エクスプレス　air express
エア・カーゴ　air cargo
エア・カーテン　air curtain
エア・カバー　air cover
エア・ガン　air gun
エア・キス　air kiss
エア・ギター　air guitar
エア・キャバルリー　air cavalry, air cav
エア・クール　air-cool
エア・クールド　air-cooled
エア・クッション　air cushion
エアクラフト　aircraft
エアクラフト・キャリアー　aircraft carrier
エアクラフトマン　aircraft(s)man
エア・クリーナー　air cleaner
エアクルー　aircrew
エアグロー　airglow
エア・コーチ　air coach
エア・コマンド　air command
エアコム　Eircom
エア・コモドア　air commodore
エア・コリドー　air corridor
エア・コンディショナー　air conditioner
エア・コンディショニング　air-conditioning
エア・コンディション　air-condition
エア・コンディションド　air-conditioned
エア・コンプレッサー　air compressor
エア・サービス　air service
エア・サック　air sac
エアシック　airsick
エアシックネス　airsickness
エアシップ　airship, heirship
エア・シャフト　air shaft
エア・ショー　air show
エアスクリュー　airscrew
エア・ステーション　air station
エア・ストライク　air strike
エアストリーム　airstream
エアストリップ　airstrip
エアスピード　airspeed
エアスペース　airspace
エアゾール　aerosol
エア・ターミナル　air terminal
エアタイト　airtight
エアタイム　airtime
エア・タクシー　air taxi
エア・ダム　air dam
エア・チェック　air check
エア・チェンバー　air chamber
エアデート　airdate
エアデール・テリア　Airedale terrier
エア・トゥー・エア　air-to-air
エア・トゥー・サーフェス　air-to-surface
エア・トラフィック・コントローラー　air-traffic controller
エア・トラフィック・コントロール　air-traffic control
エアドローム　airdrome
エアドロップ　airdrop
エアトン　Ayrton
エアバースト　airburst
エアハート　Earhart
エア・パイラシー　air piracy
エアバス　airbus, Airbus
エア・バッグ　air bag
エア・パワー　air power
エアフィールド　airfield
エア・フィット・シューズ　air fit shoes
エアフェア　airfare

エアフォイル　airfoil
エア・フォース　air force
エア・フォース・ワン　Air Force One
エアブラシ　airbrush
エア・ブラッダー　air bladder
エア・プラント　air plant
エア・プリザンプティブ　heir presumptive
エア・ブリック　air brick
エアプルーフ　airproof
エアプレイ　airplay
エアフレイト　airfreight
エアプレー　airplay
エア・ブレーキ　air brake
エアフレーム　airframe
エアプレーン　airplane
エア・プレッシャー　air pressure
エアフロー　airflow
エア・フロント　air front
エア・ベース　air base
エアヘッド　airhead
エアベッド　airbed
エアボート　airboat
エアポート　airport
エアポート・タックス　airport tax
エア・ホール　air hole
エアボーン　airborne
エア・ポケット　air pocket
エア・ホステス　air hostess
エア・ホッケー　air hockey
エア・ポリス　air police
エア・ポリューション　air pollution
エア・ポンプ　air pump
エア・マイル　air mile
エア・マウス　air mouse
エア・マス　air mass
エア・マットレス　air mattress
エアマン　airman
エア・ミス　air miss
エアメール　airmail
エアモビール　airmobile
エア・ライト　air right
エアライナー　airliner
エア・ライフル　air rifle
エアライン　airline
エアリアリスト　aerialist
エアリアル　aerial
エアリー　airy, aerie, aery
エアリー・フェアリー　airy-fairy
エアリフト　airlift
エアリリー　airily
エア・リンガス　Aer Lingus
エアリング　airing
エアリング・カッボード　airing cupboard
エア・ルート　air route
エアルーム　heirloom
エア・レイド　air raid
エアレーション　aeration
エアレーター　aerator
エアレート　aerate
エア・レーン　air lane
エアレス　airless, heiress
エア・レター　air letter
エアロ　Aero
エアローブ　aerobe
エアログラム　aerogram, -gramme
エアロスタット　aerostat
エアロスタティクス　aerostatics
エアロスタティックス　aerostatics
エアロスペース　aerospace
エアロスミス　Aerosmith
エアロゾル　aerosol
エアロダイナミカル　aerodynamical
エアロダイナミクス　aerodynamics
エアロダイナミック　aerodynamic
エア・ロック　air lock
エアロドローム　aerodrome
エアロノーティカル　aeronautical
エアロノーティクス　aeronautics
エアロノーティック　aeronautic
エアロノート　aeronaut
エアロバイク　Aerobike
エアロバティック　aerobatic
エアロバティックス　aerobatics
エアロビクス　aerobics
エアロビサイズ　aerobicise
エアロビック　aerobic
エアロフォルム　aeroforme
エアロプレーン　aeroplane
エアロポーズ　aeropause
エアロボクシング　aeroboxing
エアロポステール　Aéropostale
エアロメカニクス　aeromechanics
エアロライト　aerolite
エアロロジー　aerology

エアロロジスト　aerologist
エアワージー　airworthy
エアンスト　Ernst
エイ　eh
エイヴィア　Avia
エイキー　achy
エイク　ache, Eyck
エイケン　Aiken
エイコサノイド　eicosanoid
エイコサペンタエノイック　eikosapentaenoic
エイゴン　Aegon
エイサ　Asa
エイサー　Acer
エイジ　age
エイジア　Asia
エイシアード　Asiade
エイジアティック　Asiatic
エイジアン　Asian
エイシーイスティカル　atheistical
エイシーイスティック　atheistic
エイシーイスト　atheist
エイシーイズム　atheism
エイジ・オールド　age-old
エイジ・グループ　age-group
エイジ・グレード　age-grade
エイジス　aegis, egis
エイジズム　ageism, agism
エイジド　aged
エイジ・ブラケット　age bracket
エイジレス　ageless
エイジレス・ライフ　ageless life
エイジロング　agelong
エイジング　aging, age-
エイジング・ハラスメント　aging harassment
エイシンクロニー　asynchrony
エイシンクロニズム　asynchronism
エイス　eighth
エイズ　AIDS, Aids
エイズ・ウイルス　AIDS virus
エイセクシャル　asexual
エイセクシュアリティー　asexuality
エイゼンシテイン　Eisenstein
エイゼンシュテイン　Eisenstein
エイダ　Ada, Adah
エイタクティック　atactic
エイダン　Aidan
エイチ　aitch
エイチボーン　aitchbone
エイティー　eighty
エイティーシックス　eighty-six
エイティーン　eighteen
エイティーンス　eighteenth
エイティエス　eightieth
エイト　eight, ate
エイド　aid, aide
エイトアワー　eight-hour
エイトケン　Aitken
エイド・ステーション　aid station
エイトック　ATOK
エイトフォールド　eightfold
エイドリアーナ　Adriana
エイドリアン　Adrian, Adrien, Adrienne
エイバイオティック　abiotic
エイバイオロジカル　abiological
エイハブ　Ahab
エイビー　Abie
エイビエーション　aviation
エイビス　Avis, Avice
エイピッシュ　apish
エイブ　Abe
エイプ　ape
エイプマン　ape-man
エイブラハム　Abraham
エイブラム　Abram
エイブラモフ　Abramoff
エイブリー　ably, Avery
エイブリル　Averil
エイプリル　April
エイプリル・フール　April fool
エイプリル・フールズ・デー　April Fools' [Fool's] Day
エイブル　able
エイブル・アート　able art
エイペック　APEC
エイペックス　APEX
エイベル　Abel
エイボリー　Avory
エイボン　Avon
エイミアビリティー　amiability
エイミアブル　amiable
エイミー　Amy, Aimee
エイミー・ワインハウス　Amy Winehouse

エイミス Amis
エイミュージア amusia
エイム aim
エイムレス aimless
エイメン amen
エイモス Amos
エイリアシング aliasing
エイリアス alias
エイリアナブル alienable
エイリアニスト alienist
エイリアネーション alienation
エイリアネート alienate
エイリアン alien
エイリー Ailey
エイルウィン Aylwin
エイルズベリー Aylesbury
エイレネ Irene
エイワックス AWACS, Awacs
エインシェント ancient
エインシェント・ヒストリー ancient history
エインズリー Ainsley, Aynsley
エインズワース Ainsworth
エイント ain't, an't
エイントウィッスル Entwistle
エイントホーフェン Eindhoven
エイントリー Aintree
エヴァンゲリオン Evangelion
エウスタキオ・チューブ Eustachian tube
エウセビオ Eusebio
エウテルペ Euterpe
エウヘニオ Eugénio
エウメニデス Eumenides
エウリディーケ Eurydice
エウリピデス Euripides
エウリュディケ Eurydice
エウローペー Europa
エウロパ Europa
エーアイ AI
エーオン Aon
エーカー acre
エーカレッジ acreage
エーギュイッシュ aguish
エーギュー ague
エーキンズ Eakins
エークイアス aqueous
エーグル Aigle
エーグレット aigret(te)
エーゲ Aegean
エーコ Eco
エーコーン acorn
エー・サイド A-side
エージ age
エージアティック Asiatic
エージアン Asian
エージアン・インフルエンザ Asian influenza
エージェンシー agency
エージェンティブ agentive
エージェント agent
エージェント・オレンジ Agent Orange
エージェント・ナウン agent noun
エージ・グループ age-group
エージ・シュート age shoot
エージズム ageism, agism
エージド aged
エージド・フェイル aged fail
エージ・ブラケット age bracket
エージレス ageless
エージング aging, ageing
エース ace
エータ eta
エーテライズ etherize
エーテリアル ethereal, -rial, aethe-
エーテル ether, aether
エーデルワイス edelweiss
エード aid, aide
エートス ethos
エーバ Ava
エービアリー aviary
エーピアリー apiary
エーピアリスト apiarist
エービアン avian
エービアン・インフルエンザ avian influenza
エービエーション aviation
エービエーター aviator
エービオニック avionic
エービオニックス avionics
エーピカル apical
エーピカルチャー apiculture
エーピカルチュリスト apiculturist
エーブリー ably, every
エープリル April
エープリル・フール April fool
エープリル・フールズ・デー April Fools' [Fool's] Day

エーブル　able
エー・プルーリブス・ウーヌム　e pluribus unum
エー・フレーム　A-frame
エーベルト　Ebert
エームズ　Ames
エーメ　Aimée
エーメリー　Amery
エーモリー　Amory
エーライン　A-line
エーリアス　alias
エーリエル　Ariel
エーリヒ　Erich
エーリング　ailing
エール　yell, ale, ail, Eire, Yale
エールハウス　alehouse
エール・フランス　Air France
エールメント　ailment
エー・レベル　A level
エーロゲル　aerogel
エーロゾル　aerosol
エーロフォイル　aerofoil
エーンズワース　Ainsworth
エオシノフィル　eosinophil, -phile
エオシン　eosin, -sine
エオス　Eos
エオリアン　Aeolian
エオリアン・ハープ　aeolian harp
エカチェリンブルグ　Yekaterinburg
エカテリンブルグ　Yekaterinburg
エガリテリアニズム　egalitarianism
エガリテリアン　egalitarian
エキサイター　exciter
エキサイティング　exciting
エキサイテッド　excited
エキサイト　excite
エキサイトメント　excitement
エキザクタ　Exakta
エキシビショナー　exhibitioner
エキシビション　exhibition
エキシマー　excimer
エキシマ・レーザー　excimer laser
エキスティックス　ekistics
エキステンダー　extender
エキストラ　extra
エキストラ・ベース・ヒット　extra-base hit
エキスパート　expert
エキスパート・システム　expert system
エキスパティーズ　expertise
エキスパンサイル　expansile
エキスパンシブ　expansive
エキスパンシブル　expansible
エキスパンショニスト　expansionist
エキスパンショニズム　expansionism
エキスパンション　expansion
エキスパンス　expanse
エキスパンダー　expander
エキスパンダブル　expandable
エキスパンド　expand
エキスプレス　express
エキスプレス・デリバリー　express delivery
エキスプレス・レーン　express lane
エキスポ　expo, expositon
エキスポーター　exporter
エキスポータブル　exportable
エキスポーテーション　exportation
エキスポート　export
エキスポート・リジェクト　export reject
エキセドリン　Excedrin
エキセメスタン　exemestane
エキセントリシティー　eccentricity
エキセントリック　eccentric
エキソガマス　exogamous
エキソガミー　exogamy
エキソジェナス　exogenous
エキゾチック　exotic
エキゾチック・ダンサー　exotic dancer
エキゾティカ　exotica
エキゾティシズム　exoticism
エキゾティズム　exotism
エキゾティック　exotic
エキソネレート　exonerate
エキソバイオロジー　exobiology
エキドナ　echidna
エキドノトキシン　echidnotoxin
エキナセア　echinacea
エキヌス　echinus
エキネーシア　echinacea
エキノコックス　echinococcus
エキノダーム　echinoderm
エキュー　ecu, Ecu, ECU
エキュメニカル　ecumenical, oec-
エキュメニシズム　ecumenicism
エキュメニズム　ecumenism

エクアドラン　Ecuadoran
エクアドリアン　Ecuadorean, -dorian
エクアドル　Ecuador
エクアビリティー　equability
エクアブル　equable
エクイアンギュラー　equiangular
エクイタビリティー　equitability
エクイタブル　equitable
エクイップ　equip
エクイップメント　equipment
エクイティー　equity
エクイティー・キッカー　equity kicker
エクイティー・キャピタル　equity capital
エクイティー・ファイナンス　equity finance [financing]
エクイディスタンス　equidistance
エクイディスタント　equidistant
エクイティ・ファイナンス　equity finance
エクイテーション　equitation
エクイバレンシー　equivalency
エクイバレンス　equivalence
エクイバレント　equivalent
エクイページ　equipage
エクイポイズ　equipoise
エクイボカル　equivocal
エクイボケーション　equivocation
エクイボケート　equivocate
エクイラテラル　equilateral
エクイリブリアム　equilibrium
エクイリブレーション　equilibration
エクイリブレート　equilibrate
エクエストリアニズム　equestrianism
エクエストリアン　equestrian
エクエリー　equerry
エクオリン　aequorin
エクゴニン　ecgonine
エクサ　exa-
エグザーション　exertion
エグザート　exert
エクサーバン　exurban
エグザーバン　exurban
エクサービア　exurbia
エグザービア　exurbia
エクサーブ　exurb
エグザーブ　exurb
エクサープティブル　excerptible
エクサープト　excerpt
エクサイズ　excise
エクサイター　exciter
エクサイタビリティー　excitability
エクサイタブル　excitable
エクサイティング　exciting
エクサイテッド　excited
エクサイト　excite
エクサイトメント　excitement
エグザイル　exile, EXILE
エグザクション　exaction
エグザクティテュード　exactitude
エグザクティング　exacting
エグザクト　exact
エグザクトリー　exactly
エクササイザー　exerciser
エクササイズ　exercise
エクササイズ・ブック　exercise book
エグザサベーション　exacerbation
エグザサベート　exacerbate
エグザジャレーション　exaggeration
エグザジャレーテッド　exaggerated
エグザジャレート　exaggerate
エグザスパレーション　exasperation
エグザスパレート　exasperate
エクサバイト　exabyte
エグザミナー　examiner
エグザミニー　examinee
エグザミネーション　examination
エグザミネーション・ペーパー　examination paper
エグザミン　examine
エグザム　exam
エグザルタント　exultant
エクサルテーション　exultation
エグザルテーション　exaltation, exultation
エグザルト　exult
エグザンプル　example
エクシーディング　exceeding
エクシーディングリー　exceedingly
エクシード　exceed
エグジギュアス　exiguous
エクシジェンシー　exigency
エクシジェンス　exigence
エクシジェント　exigent
エクシジョン　excision
エグジスティング　existing
エグジステンシャリスト　existentialist

エグジステンシャリズム　existentialism
エグジステンシャル　existential
エグジステンス　existence
エグジステント　existent
エグジスト　exist
エクシット　exit
エグジット　exit
エクシット・パーミット　exit permit
エグジット・パーミット　exit permit
エクシット・ビザ　exit visa
エグジット・ビザ　exit visa
エクシット・ポール　exit poll
エグジット・ポール　exit poll
エクシビショナー　exhibitioner
エクシビショニスト　exhibitionist
エクシビショニズム　exhibitionism
エクシビション　exhibition
エグジビター　exhibitor, -iter
エグジビット　exhibit
エグジュード　exude
エグジューベランス　exuberance
エグジューベラント　exuberant
エクシュデーション　exudation
エグジラレーション　exhilaration
エグジラレーティング　exhilarating
エグジラレート　exhilarate
エクス　ex
エグズード　exude
エグズーベランス　exuberance
エグズーベラント　exuberant
エクス・オフィキオー　ex officio
エクスカーシブ　excursive
エクスカージョニスト　excursionist
エクスカージョン　excursion
エクス・カテドラ　ex cathedra
エクスカベーショー　excavatio
エクスカベーション　excavation
エクスカベーター　excavator
エクスカベート　excavate
エクスカリバー　Excalibur
エクスカルペート　exculpate
エクスキジット　exquisite
エクスキャリバー　Excalibur
エクスキューザブル　excusable
エクスキューズ　excuse
エクスクイジット　exquisite
エクス・グラーティアー　ex gratia
エクスクラマトリー　exclamatory
エクスクラメーション　exclamation
エクスクラメーション・ポイント　exclamation point
エクスクラメーション・マーク　exclamation mark
エクスクリーション　excretion
エクスクリータ　excreta
エクスクリート　excrete
エクスクルーシエーティング　excruciating
エクスクルーシエート　excruciate
エクスクルーシビティー　exclusivity
エクスクルーシブ　exclusive
エクスクルーシブリー　exclusively
エクスクルージョナリー　exclusionary
エクスクルージョニスト　exclusionist
エクスクルージョニズム　exclusionism
エクスクルージョン　exclusion
エクスクルーディング　excluding
エクスクルード　exclude
エクスクレーブ　exclave
エクスクレーム　exclaim
エクスクレッセンス　excrescence
エクスクレッセント　excrescent
エクスクレトリー　excretory
エクスクレメント　excrement
エクスケルシオール　excelsior
エクスコギテート　excogitate
エクスコミュニケーション　excommunication
エクスコミュニケート　excommunicate
エクスコリエーション　excoriation
エクスコリエート　excoriate
エクス・コン　ex-con
エクス・サービス　ex-service
エクス・サービスマン　ex-serviceman
エクスターナライズ　externalize
エクスターナリズム　externalism
エクスターナリティー　externality
エクスターナル　external
エクスターミネーション　extermination
エクスターミネーター　exterminator
エクスターミネート　exterminate
エクスターン　extern
エクスタシー　ecstasy
エクスタティック　ecstatic
エクスタペーション　extirpation

エクスタペート extirpate
エクスタント extant
エクスチェッカー exchequer
エクスチェンジ exchange
エクスチェンジ・オーダー exchange order
エクスチェンジ・ステューデント exchange student
エクスチェンジャー exchanger
エクスチェンジャブル exchangeable
エクスチェンジ・レート exchange rate
エクステ Extè
エクス・ディビデンド ex dividend
エクス・ディレクトリー ex-directory
エクスティンギッシャー extinguisher
エクスティンギッシャブル extinguishable
エクスティンギッシュ extinguish
エクスティンクション extinction
エクスティンクト extinct
エクスデーション exudation
エクステニュエーション extenuation
エクステニュエート extenuate
エクステラ Xterra
エクステリアー exterior
エクステリトリアル exterritorial
エクステンサー extensor
エクステンシブ extensive
エクステンシブル extensible
エクステンショナル extensional
エクステンション extension
エクステンシン extensin
エクステンダブル extendable
エクステンデッド extended
エクステンデッド・ファミリー extended family
エクステンデッド・プレー extended play
エクステント extent
エクステンド extend
エクステンポライズ extemporize
エクステンポライゼーション extemporization
エクステンポラリー extemporary
エクステンポレ extempore
エクステンポレーニアス extemporaneous
エクストーショナー extortioner
エクストーショニスト extortionist
エクストーショネート extortionate
エクストーション extortion
エクストート extort
エクストール extol, -toll
エクストラ extra
エクストラオーディナリー extraordinary
エクストラカリキュラー extracurricular
エクストラギャラクティック extragalactic
エクストラクション extraction
エクストラクター extractor
エクストラクティブ extractive
エクストラクト extract
エクストラコンスティテューショナル extraconstitutional
エクストラジューディシャル extrajudicial
エクストラセンソリー extrasensory
エクストラセンソリー・パーセプション extrasensory perception
エクストラダイタブル extraditable
エクストラダイト extradite
エクストラ・タイム extra time
エクストラチューバル extratubal
エクストラディション extradition
エクストラテリトリアリティー extraterritoriality
エクストラテリトリアル extraterritorial
エクストラ・テレストリアル extra-terrestrial, ET
エクストラネット extranet
エクストラバート extravert
エクストラバガンザ extravaganza
エクストラバガンス extravagance
エクストラバガント extravagant
エクストラバスキュラー extravascular
エクストラバセーション extravasation
エクストラバセート extravasate
エクストラビーヒキュラー extravehicular
エクストラビガンス extravagance
エクストラビガント extravagant
エクストラポレーション extrapolation
エクストラポレート extrapolate
エクストラマリタル extramarital
エクストラミューラル extramural
エクストラユーテリン extrauterine
エクストラリーガル extralegal
エクストリーミスト extremist
エクストリーミズム extremism
エクストリーム extreme
エクストリーム・アンクション extreme

unction
エクストリームリー extremely
エクストリカブル extricable
エクストリケーション extrication
エクストリケート extricate
エクストリンシック extrinsic
エクストルーシブ extrusive
エクストルージョン extrusion
エクストルード extrude
エクストレーニアス extraneous
エクストレミティー extremity
エクストローディネア extraordinaire
エクストロバージョン extroversion
エクストロバーテッド extroverted
エクストロバート extrovert
エクストロフィー extrophy
エクスパート expert
エクスパイア expire
エクスパイアリー expiry
エクスパイラトリー expiratory
エクスパウンド expound
エクスパゲーション expurgation
エクスパゲート expurgate
エクスパダイト expedite
エクスパット expat
エクスパティーズ expertise
エクスパトリエーション expatriation
エクスパトリエート expatriate
エクスパルシブ expulsive
エクスパルション expulsion
エクスパルション・オーダー expulsion order
エクス・パルテ ex parte
エクスハレーション exhalation
エクスパンサイル expansile
エクスパンジ expunge
エクスパンシブ expansive
エクスパンシブル expansible
エクスパンショニスト expansionist
エクスパンショニズム expansionism
エクスパンション expansion
エクスパンス expanse
エクスパンダブル expandable
エクスパンド expand
エクスピアトリー expiatory
エクスピアブル expiable
エクスピーディエンシー expediency
エクスピーディエンス expedience
エクスピーディエント expedient
エクスピエーション expiation
エクスピエーター expiator
エクスピエート expiate
エクスヒューム exhume
エクスヒュメーション exhumation
エクスピラトリー expiratory
エクスピレーション expiration
エクスフォリアント exfoliant
エクスフォリエーター exfoliator
エクスプラナトリー explanatory
エクスプラネーション explanation
エクスプリーティブ expletive
エクスプリカティブ explicative
エクスプリカトリー explicatory
エクスプリカブル explicable
エクスプリケーション explication
エクスプリケーティブ explicative
エクスプリケート explicate
エクスプリシット explicit
エクスプレイナブル explainable
エクスプレイン explain
エクスプレショニスト expressionist
エクスプレショニズム expressionism
エクスプレション expression
エクスプレションレス expressionless
エクスプレス express
エクスプレスウェー expressway
エクスプレス・デリバリー express delivery
エクスプレスマン expressman
エクスプレスリー expressly
エクスプレッシブ expressive
エクスプレッシブル expressible
エクスプレッショニスト expressionist
エクスプレッショニズム expressionism
エクスプレッション expression
エクスプレッセージ expressage
エクスプレティブ expletive
エクスプロアー explore
エクスプロイター exploiter
エクスプロイタティブ exploitative
エクスプロイタブル exploitable
エクスプロイテーション exploitation
エクスプロイト exploit
エクスプローシブ explosive
エクスプロージョン explosion
エクスプロード explode

エクスプローラー　explorer, Explorer
エクスプロプリエーション　expropriation
エクスプロプリエート　expropriate
エクスプロラティブ　explorative
エクスプロラトリー　exploratory
エクスプロレーション　exploration
エクスヘイル　exhale
エクスペーシエーション　expatiation
エクスペーシエート　expatiate
エクスペクタンシー　expectancy
エクスペクタンス　expectance
エクスペクタント　expectant
エクスペクテーション　expectation
エクスペクト　expect
エクスペクトラント　expectorant
エクスペクトレーション　expectoration
エクスペクトレート　expectorate
エクスペディア　Expedia
エクスペディエンシー　expediency
エクスペディエンス　expedience
エクスペディエント　expedient
エクスペディシャス　expeditious
エクスペディショナリー　expeditionary
エクスペディション　expedition
エクスペラー　expeller
エクスペリエンシャル　experiential
エクスペリエンス　experience
エクスペリエンスト　experienced
エクスペリメンター　experimenter, -tor
エクスペリメンタリズム　experimentalism
エクスペリメンタル　experimental
エクスペリメンテーション　experimentation
エクスペリメント　experiment
エクスペル　expel
エクスペンシブ　expensive
エクスペンス　expense
エクスペンス・アカウント　expense account
エクスペンダブル　expendable
エクスペンディチャー　expenditure
エクスペンド　expend
エクスポ　expo, exposition
エクスポージャー　exposure
エクスポージャー・メーター　exposure meter
エクスポーズ　expose
エクスポーズド　exposed
エクスポーター　exporter
エクスポータブル　exportable
エクスポーテーション　exportation
エクスポート　export
エクスポート・リジェクト　export reject
エクスポーネンシャル　exponential
エクスポーネント　exponent
エクスポジション　exposition
エクスポジター　expositor
エクスポジトリー　expository
エクスポスチュレート　expostulate
エクス・ポスト・ファクト　ex post facto
エクスポゼ　exposé, expose
エクスポネンシャル　exponential
エクスムア　Exmoor
エクス・リブリス　ex libris
エクス・ワラント　ex-warrant
エクセーウント　exeunt
エクセキューショナー　executioner
エクセキューション　execution
エクセキュート　execute
エグゼキュター　executor
エグゼキュタント　executant
エクゼキュティブ　executive
エグゼキュティブ　executive
エグゼキュトリックス　executrix
エグゼクティブ　executive
エグゼクティブ・オフィサー　executive officer
エグゼクティブ・マンション　Executive Mansion
エクセクラブル　execrable
エクセクレーション　execration
エクセクレート　execrate
エクセジェシス　exegesis
エクセシブ　excessive
エクセス　excess
エクセター　Exeter
エクセッシブ　excessive
エクセプショナブル　exceptionable
エクセプショナル　exceptional
エクセプション　exception
エクセプト　except
エクゼマ　eczema
エクセル　excel
エクセルギー　exergy
エクセルシオー　excelsior
エクセレンシー　excellency

エクセレンス excellence
エクセレント excellent
エクセントリシティー eccentricity
エクセントリック eccentric
エグゼンプション exemption
エグゼンプト exempt
エグゼンプラー exemplar
エグゼンプラリー exemplary
エグゼンプリー・グラーティアー exempli gratia
エグゼンプリファイ exemplify
エグゼンプリフィケーション exemplification
エグゾースチョン exhaustion
エグゾースティブ exhaustive
エグゾースティブル exhaustible
エクゾーステッド exhausted
エグゾーステッド exhausted
エクゾースト exhaust
エグゾースト exhaust
エグゾースト・パイプ exhaust pipe
エグゾータティブ exhortative
エグゾータトリー exhortatory
エグゾート exhort
エグゾービタンス exorbitance
エグゾービタント exorbitant
エグゾールト exalt
エクソカープ exocarp
エクソガマス exogamous
エクソガミー exogamy
エクソサイズ exorcise, -cize
エクソジェナス exogenous
エクソシスト exorcist
エクソシズム exorcism
エクソスケルタル exoskeletal
エクソスケルトン exoskeleton
エクソスフィア exosphere
エグゾセ Exocet
エクソダス exodus
エグゾティカ exotica
エグゾティック exotic
エグゾテーション exhortation
エクソテリック exoteric
エグゾネレーション exoneration
エグゾネレート exonerate
エクソバイオロジー exobiology
エクソプラネット exoplanet
エグゾルト exalt
エクソン Exxon
エクソンモービル ExxonMobil
エクトサーム ectotherm
エクトダーム ectoderm
エクトピック ectopic
エクトプラズミック ectoplasmic
エクトプラズム ectoplasm
エクトロピック ectropic
エグバート Egbert
エクフォライズ ecphorize
エクフラシス ecphrasis, ekphrasis
エクマン Ekman
エクメーネ ecumene
エクモ ECMO
エクラ éclat
エグランタイン eglantine
エグリージャス egregious
エクリジアスティカス Ecclesiasticus
エクリチュール écriture
エクリプス eclipse
エクリプティカル ecliptical
エクリプティック ecliptic
エクリン eccrine
エクルー écru
エクルズ Eccles
エクルズ・ケーキ Eccles cake
エクルストン Ecclestone
エグルストン Eggleston
エクレア éclair
エクレクティシズム eclecticism
エクレクティック eclectic
エクレシア ecclesia
エクレシアスティカル ecclesiastical
エクレシアスティシズム ecclesiasticism
エクレシアスティック ecclesiastic
エクレシアステス Ecclesiastes
エグレス egress
エクレストン Ecclestone
エクローグ eclogue
エクワイン equine
エコ ec-, eco-
エゴ ego
エゴイスティカル egoistical
エゴイスティック egoistic
エゴイスト egoist
エゴイズム egoism

エコ・イノベーション　eco-innovation
エコ・エフィシェンシー　eco-efficiency
エコー　echo, ecco
エコーイー　echoey
エコーイック　echoic
エコーウイルス　echovirus, ECHO virus
エコー・サウンダー　echo sounder
エコー・チェンバー　echo chamber
エコール　école
エコーロケーション　echolocation
エコカタストロフィー　ecocatastrophe
エコ・コンシャス　eco-conscious
エコサート　ECOCERT
エコサイド　ecocide
エコジェネティクス　ecogenetics
エコジェネティックス　ecogenetics
エコシステム　ecosystem
エコ・ステーション　eco-station
エコストア　ecostore
エコスピーシーズ　ecospecies
エコスフィア　ecosphere
エコセメント　ecocement
エゴセントリシティー　egocentricity
エゴセントリズム　egocentrism
エゴセントリック　egocentric
エコタイプ　ecotype
エコツアー　ecotour
エコツーリスト　ecotourist
エコツーリズム　ecotourism
エゴティスティカル　egotistical
エゴティスティック　egotistic
エゴティスト　egotist
エゴティズム　egotism
エゴ・ディフェンス　ego-defense
エコディベロップメント　ecodevelopment
エコテクノロジー　ecotechnology
エコデベロップメント　ecodevelopment
エコテロリスト　ecoterrorist
エコテロリズム　ecoterrorism
エコドゥーム　ecodoom
エコトープ　ecotope
エコトーン　ecotone
エコトキシコロジー　ecotoxicology
エゴ・トリップ　ego trip
エコノ・ナショナリズム　econo-nationalism
エコノボックス　econobox
エコノマイザー　economizer
エコノマイズ　economize
エコノミー　economy
エコノミー・クラス　economy class
エコノミー・サイズ　economy-size
エコノミカル　economical
エコノミクス　economics
エコノミスト　economist
エコノミック　economic
エコノミック・ジオグラフィー　economic geography
エコノミックス　economics
エコノメトリック　econometric
エコノメトリックス　econometrics
エコ・バンク　eco-bank
エコ・ビジネス　eco-business
エコビレッジ　ecovillage
エコファーマー　ecofarmer
エコフィジオロジー　ecophysiology
エコフォン　Echofon
エコフリーク　ecofreak
エコ・フレンドリー　eco-friendly
エコベール　Ecover
エコマジネーション　ecomagination
エコマテリアル　ecomaterial
エゴマニア　egomania
エゴマニアカル　egomaniacal
エゴマニアック　egomaniac
エゴミス　egomyth
エコ・ラベル　eco-label
エコリージョン　ecoregion
エゴ・リビドー　ego-libido
エゴレス　egoless
エコロジー　ecology, oecol-
エコロジカル　ecological
エコロジスト　ecologist
エゴン・シーレ　Egon Schiele
エサウ　Esau
エジェクション　ejection
エジェクション・シート　ejection seat
エジェクタ　ejecta
エジェクター　ejector
エジェクター・シート　ejector seat
エジェクト　eject
エジェクトメント　ejectment
エジェスタ　egesta
エシェリキア　Esherichia
エシェロン　echelon, Echelon

エシカル　ethical
エシシスト　ethicist
エジソン　Edison
エシック　ethic
エシックス　ethics
エジプシャン　Egyptian
エジプト　Egypt
エジプトロジー　Egyptology
エジプトロジスト　Egyptologist
エジャキュラトリー　ejaculatory
エジャキュレーショー　ejaculatio
エジャキュレーション　ejaculation
エジャキュレート　ejaculate
エシャロット　échalote, shallot
エジュカティブ　educative
エジュカブル　educable
エジュケーショナリスト　educationalist
エジュケーショナル　educational
エジュケーショナル・パーク　educational park
エジュケーショニスト　educationist
エジュケーション　education
エジュケーター　educator
エジュケーティブ　educative
エジュケーテッド　educated
エジュケート　educate
エシュロン　echelon, Echelon
エジンバラ　Edinburgh
エス　ess
エスオーエス　SOS
エスカーダ　Escada
エスカープメント　escarpment
エスカッチョン　escutcheon
エスカトロジー　eschatology
エスカベーチェ　escabeche
エスカペード　escapade
エスカルゴ　escargot
エスカレーション　escalation
エスカレーター　escalator
エスカレート　escalate
エスカレード　escalade
エスカロップ　escalope
エスキモー　Eskimo
エスキモー・ドッグ　Eskimo dog
エスキュレント　esculent
エスクード　escudo
エスクリン　esculin, aes-
エスクロー　escrow
エスクワイアー　esquire
エスケーピー　escapee
エスケーピスト　escapist
エスケーピズム　escapism
エスケープ　escape
エスケープ・アーティスト　escape artist
エスケープ・クローズ　escape clause
エスケープ・ハッチ　escape hatch
エスケープ・ベロシティー　escape velocity
エスケープ・メカニズム　escape mechanism
エスケープメント　escapement
エスケープ・ロード　escape road
エスケーポロジー　escapology
エスケーポロジスト　escapologist
エスコート　escort
エスコート・エージェンシー　escort agency
エスコート・クラブ　escort club
エスコフィエ　Escoffier
エスシージア　esthesia, aesthesia
エスシージャ　esthesia, aesthesia
エスシン　escin, aescin
エスター　Esther
エスタゾラム　estazolam
エスタブリッシュ　establish
エスタブリッシュト　established
エスタブリッシュメンテリアン　establishmentarian
エスタブリッシュメント　establishment
エスタンシア　estancia
エスチート　escheat
エスチュアリー　estuary
エスチュー　eschew
エステ　⇨エステティック
エスディージーズ　SDGs [=Sustainable Development Goals]
エスティーム　esteem
エスティベーション　aestivation, es-
エスティベート　aestivate, es-
エスティマブル　estimable
エスティメーション　estimation
エスティメーター　estimator
エスティメート　estimate
エスティ・ローダー　Estée Lauder
エステート　estate
エステート・エージェント　estate agent
エステート・カー　estate car

エステート・タックス estate tax
エステティカル aesthetical, es-
エステティクス aesthetics, es-
エステティシズム aestheticism, es-
エステティシャン esthéticien
エステティック aesthetic, esthétique
エステファン Estefan
エステラ Estella
エステラーゼ esterase
エステル ester, Esther, Estelle
エステロリシス esterolysis
エステロリティック esterolytic
エストニア Estonia, -tho-
エストニアン Estonian, -tho-
エストラーダ Estrada
エストラゴン estragon, Estragon
エストラジオール estradiol, oes-
エストラス estrus, oestrus
エストラス・サイクル estrous cycle
エストリオール estriol
エストリルド Estrild
エストリン estrin, oes-
エストレージャ・ダム Estrella Damm
エストレンジ estrange
エストレンジド estranged
エストロゲン estrogen, oes-
エストロジェニック estrogenic
エストロン estrone, oes-
エスニカル ethnical
エスニシティー ethnicity
エスニック ethnic
エスニック・グループ ethnic group
エスニック・クレンジング ethnic cleansing
エスニック・メディア ethnic media
エスニック・ルック ethnic look
エスノグラファー ethnographer
エスノグラフィー ethnography
エスノグラフィック ethnographic
エスノサイエンス ethnoscience
エスノセントリズム ethnocentrism
エスノセントリック ethnocentric
エスノポップ ethnopop
エスノメディシン ethnomedicine
エスノロジー ethnology
エスノロジカル ethnological
エスノロジスト ethnologist
エスノロジック ethnologic
エスパー esper
エスパーニャ España
エスパイ espy
エスパウザー espouser
エスパウザル espousal
エスパウズ espouse
エスパドリーユ espadrille
エスパニョール Espanyol
エスパリエ espalier
エスピオナージュ espionage
エスプラナード esplanade
エスプリ esprit
エスプリ・ド・コール esprit de corps
エスプレッソ espresso
エスプレッソ・コン・パナ espresso con panna
エスプレッソ・マキアート espresso macchiato
エスペシャリー especially
エスペシャル especial
エスペランティスト Esperantist
エスペラント Esperanto
エズミ Esmé
エスモロール esmolol
エズモンド Esmond
エズラ Ezra
エゼキエル Ezekiel
エゼチミブ ezetimibe
エセックス Essex
エセル Ethel
エセルバート Ethelbert
エソテリカ esoterica
エソテリック esoteric
エソファガス esophagus, oesoph-
エソファジアル esophageal
エソロジー ethology
エタ Etta
エターナイズ eternize
エターナライズ eternalize
エターナル eternal
エターナル・シティー Eternal City
エターナル・チェーン eternal chain
エターナル・トライアングル eternal triangle
エターナル・ライフ eternal life
エターニティー eternity
エターニティー・リング eternity ring
エタール ethal

エタナール　ethanal
エタネルセプト　etanercept
エタノール　ethanol
エタノールアミン　ethanolamine
エタベリン　ethaverine
エタミバン　etamivan, ethamivan
エダム　Edam
エタリウム　aethalium
エタル　ethal
エタン　ethane
エタンジオール　ethanediol
エタンニトリル　ethanenitrile
エチオコラノロン　etiocholanolone
エチオナミド　ethionamide
エチオニン　ethionine
エチオピア　Ethiopia
エチオピアン　Ethiopian
エチオピック　Ethiopic
エチオポルフィリン　etioporphyrin
エチオン　ethion
エチケット　etiquette
エチジウム　ethidium
エチステロン　ethisterone
エチゾラム　etizolam
エチドカイン　etidocaine
エチドロネート　etidronate
エチナメート　ethinamate
エチニール　ethinyl
エチニル　ethynyl
エチュード　étude
エチリデン　ethylidene
エチル　ethyl
エチル・アルコール　ethyl alcohol
エチルアンフェタミン　ethylamphetamine
エチルエストレノール　ethylestrenol
エチルスチバミン　ethylstibamine
エチルチオメトン　ethylthiometon
エチルパラベン　ethylparaben
エチルベンゼン　ethylbenzene
エチルマーキュリー　ethylmercury
エチルモルヒネ　ethylmorphine
エチレフリン　etilefrine
エチレン　ethylene
エチレンイミン　ethyleneimine
エチレン・グリコール　ethylene glycol
エチレンジアミン　ethylenediamine
エチン　ethyne
エッカート　Eckhart
エッグ　egg
エッグ・ウィスク　egg whisk
エッグカップ　eggcup
エッグ・クリーム　egg cream
エッグ・シェープト　egg-shaped
エッグシェル　eggshell
エックス　ex
エックス・クロモソーム　X chromosome
エックス・コン　ex-con
エックス・サービス　ex-service
エックス・サービスマン　ex-serviceman
エックス・ディビデンド　ex dividend
エックス・ディレクトリー　ex-directory
エッグ・スプーン　egg spoon
エックスボックス　Xbox
エックス・レイ　X ray, X-ray
エックス・レーテッド　X-rated
エッグ・セル　egg cell
エッグ・タイマー　egg timer
エッグタルト　egg tart
エッグ・ドナー　egg donor
エッグノッグ　eggnog
エッグビーター　eggbeater
エッグフーヤン　egg foo yong, egg fu yung
エッグプラント　eggplant
エッグヘッド　egghead
エッグ・ベネディクト　eggs Benedict
エッグ・ホワイト　egg white
エッグ・ロール　egg roll
エッケホモ　ecce homo
エッジ　edge
エッシー　Essie
エッジー　edgy
エッジウェア　Edgware
エッジウェーズ　edgeways
エッジ・コンピューティング　edge computing
エッシャー　Escher
エッジャー　edger
エッジレス　edgeless
エッジワース・カイパー・ベルト　Edgeworth-Kuiper Belt
エッジワイズ　edgewise
エッジング　edging
エッジング・シアーズ　edging shears

エッセイ essay
エッセイ・クエスチョン essay question
エッセイスト essayist
エッセイヤーズ essayage
エッセン Essen
エッセンシャリー essentially
エッセンシャリズム essentialism
エッセンシャル essential
エッセンシャル・オイル essential oil
エッセンス essence
エッソ Esso
エッタ Etta
エッダ Edda
エッチ etch
エッチャー etcher
エッチング etching
エッツィー Etsy
エッブ ebb
エッフェル・タワー Eiffel Tower
エッブ・タイド ebb tide
エディアール Hediard
エディー Eddie, eddy
エディー・バウアー Eddie Bauer
エティオピア Ethiopia
エティオピアン Ethiopian
エティオピック Ethiopic
エティオレート etiolate
エティオロジー etiology, aeti-
エティオロジカル etiological, aeti-
エディクト edict
エティケット etiquette
エディション edition
エディシレート edisylate
エディソン Edison
エディター editor
エディター・アット・ラージ editor-at-large
エディター・イン・チーフ editor in chief
エディターシップ editorship
エディツィオーネ Edizione
エディット edit
エディット・ピアフ Edith Piaf
エディトリアライザー editorializer
エディトリアライズ editorialize
エディトリアライゼーション editorialization
エディトリアリゼーション editorialization
エディトリアル editorial
エディトリクス editrix
エディトリックス editrix
エディトレス editress
エディネット EDINET
エティハド Etihad
エディパル Oedipal
エディピズム edipism
エディビリティー edibility
エディファイ edify
エディファイイング edifying
エディフィケーション edification
エディフィス edifice
エディプス Oedipus
エディプス・コンプレックス Oedipus complex
エディブル edible
エティモロジー etymology
エティモロジカル etymological
エティモロジスト etymologist
エデイン edeine
エディンバラ Edinburgh
エデスチン edestin
エデッサ Edessa
エデテート edetate
エデニック Edenic
エデマ edema, oede-
エデュース educe
エテュード étude
エデュカティブ educative
エデュカブル educable
エデュケーショナリスト educationalist
エデュケーショナル educational
エデュケーショナル・パーク educational park
エデュケーショニスト educationist
エデュケーション education
エデュケーター educator
エデュケーティブ educative
エデュケーテッド educated
エデュケート educate
エデュテイメント edutainment
エデルマン Edelman
エテン ethene
エデン Eden
エテンザミド ethenzamide
エデンテート edentate
エド Ed
エドゥアルド Eduardo

エドウィーナ　Edwina
エドウィン　Edwin
エトゥフェ　étouffée, etouffee
エトー　Eto'o
エドガー　Edgar
エトキシエタン　ethoxyethane
エトキシル　ethoxyl
エトクスゾラミド　ethoxzolamide
エトクロルビノール　ethchlorvynol
エトス　ethos
エトセトラ　et cetera, etcétera, etc.
エドセル　Edsel
エドテック　EdTech
エトトイン　ethotoin
エトナ　Etna, Aetna
エドナ　Edna
エトプロパジン　ethopropazine
エトヘキサジオール　ethohexadiol
エトヘプタジン　ethoheptazine
エトポシド　etoposide
エドマンド　Edmund
エドム　Edom
エドモンズ　Edmonds
エドモンド　Edmond, Edmund
エドモントン　Edmonton
エトランゼ　étranger
エトルスカン　Etruscan
エトルフィン　etorphine
エトルリア　Etruria
エトレチナート　etretinate
エトロ　Etro
エトログ　ethrog, etrog, esrog
エドロホニウム　edrophonium
エドワーズ　Edwards
エドワーディアン　Edwardian
エドワード　Edward
エトワール　étoile
エナージェティック　energetic
エナージェティックス　energetics
エナーベーション　enervation
エナーベーター　enervator
エナーベーティブ　enervative
エナーベート　enervate
エナジー　energy
エナジー・ストーン　energy stone
エナジー・ドリンク　energy drink
エナジャイザー　energizer
エナジャイズ　energize
エナジャイゼーション　energization
エナミン　enamine
エナメル　enamel
エナメルウェア　enamelware
エナラプリル　enalapril
エナンシエーション　enunciation
エナンシエート　enunciate
エナンチオマー　enantiomer
エニ　ENI
エニアック　ENIAC
エニー　any
エニーウェー　anyway
エニーキャスト　anycast
エニータイム　anytime
エニープレース　anyplace
エニーホエア　anywhere
エニーモア　anymore
エニウェア　anywhere
エニグマ　enigma
エニグマティカル　enigmatical
エニグマティック　enigmatic
エニシング　anything
エニスキレン　Enniskillen
エニスコーシー　Enniscorthy
エニハウ　anyhow
エニバディー　anybody
エニューメラティブ　enumerative
エニューメレーション　enumeration
エニューメレーティブ　enumerative
エニューメレート　enumerate
エニュメラティブ　enumerative
エニュメレーション　enumeration
エニュメレーティブ　enumerative
エニュメレート　enumerate
エニュリーシス　enuresis
エニワン　anyone
エヌ　en
エヌーメラティブ　enumerative
エヌーメレーション　enumeration
エヌーメレーティブ　enumerative
エヌーメレート　enumerate
エヌビディア　NVIDIA
エヌメラティブ　enumerative
エヌメレーション　enumeration
エヌメレーティブ　enumerative
エヌメレート　enumerate

エネイブリング　enabling
エネイブル　enable
エネーブラー　enabler
エネマ　enema
エネミー　enemy
エネルギー　energy
エネルギッシュ　energisch
エノー　Hainault
エノーマス　enormous
エノーミティー　enormity
エノーラ　Enola
エノール　enol
エノキサシン　enoxacin
エノキサパリン　enoxaparin
エノク　Enoch
エノビッド　Enovid
エノラート　enolate
エノラ・ゲイ　Enola Gay
エノロジー　enology, oenology
エバ　Eva, Eve
エバー　ever
エバーグリーン　evergreen
エバーグレーズ　everglades
エバーグレード　everglade
エバート　evert, Evert
エバートン　Everton
エバーブルーミング　everblooming
エバープレゼント　everpresent
エバーモア　evermore
エバーラスティング　everlasting
エバキュイー　evacuee
エバキュエーション　evacuation
エバキュエート　evacuate
エパサ・マーカーソン　Epatha Merkerson
エバディ　Ebadi
エバネッス　evanesce
エバネッセンス　evanescence
エバネッセント　evanescent
エバポレーション　evaporation
エバポレーテッド・ミルク　evaporated milk
エバポレート　evaporate
エバ・ミルク　⇨エバポレーテッド・ミルク
エバリュエーション　evaluation
エバリュエート　evaluate
エバン　Evan
エバンゲライズ　evangelize
エバンゲライゼーション　evangelization
エバンゲリオン　Evangelion
エバンゲリカリズム　evangelicalism
エバンゲリカル　evangelical
エバンゲリスティック　evangelistic
エバンゲリスト　evangelist
エバンゲリズム　evangelism
エバンゲリゼーション　evangelization
エバンゲリック　evangelic
エバンゲル　evangel
エバンジェライズ　evangelize
エバンジェライゼーション　evangelization
エバンジェリカリズム　evangelicalism
エバンジェリカル　evangelical
エバンジェリスティック　evangelistic
エバンジェリスト　evangelist
エバンジェリズム　evangelism
エバンジェリゼーション　evangelization
エバンジェリック　evangelic
エバンジェリン　Evangeline
エバンジェル　evangel
エバンズ　Evans
エビアン　evian
エピアンドロステロン　epiandrosterone
エビータ　Evita
エピエストリオール　epiestriol
エピカープ　epicarp
エピカテキン　epicatechin
エピガロカテキン　epigallocatechin
エピキュア　epicure
エピキュリアニズム　Epicureanism
エピキュリアン　epicurean
エピキュリズム　epicurism
エビクション　eviction
エビクト　evict
エピグラフ　epigraph
エピグラフィー　epigraphy
エピグラマティスト　epigrammatist
エピグラマティック　epigrammatic
エピグラム　epigram
エピクロス　Epicurus
エピグロッティス　epiglottis
エピクロロヒドリン　epichlorohydrin
エピゲノム　epigenome
エピゴーネン　epigone, -gon
エピサイクロイド　epicycloid
エピサラミウム　epithalamium
エピシーリアル　epithelial

エピジェネティクス　epigenetics
エピジオトミー　episiotomy
エピスコーパル　episcopal
エピスコパシー　episcopacy
エピスコパリアニズム　Episcopalianism
エピスコパリアン　Episcopalian
エピスタ　Evista
エピスタシス　epistasis
エピステモロジー　epistemology
エピステモロジカル　epistemological
エピストラリー　epistolary
エピスパーム　episperm
エピスリー　épicerie
エピセット　epithet
エピセリアル　epithelial
エピセリウム　epithelium
エビセレーション　evisceration
エビセレート　eviscerate
エピセンター　epicenter
エピソード　episode
エピソーム　episome
エピソディック　episodic
エピダーミス　epidermis
エピタキシャル　epitaxial
エピタクシー　epitaxy
エピタフ　epitaph
エピック　epic
エピッスル　epistle
エピディーミオロジー　epidemiology
エピディーミオロジカル　epidemiological
エピディーミオロジスト　epidemiologist
エピディーミオロジック　epidemiologic
エピテストステロン　epitestosterone
エピデミオロジー　epidemiology
エピデミオロジカル　epidemiological
エピデミオロジスト　epidemiologist
エピデミオロジック　epidemiologic
エピデミシティー　epidemicity
エピデミック　epidemic
エピデュラル　epidural
エビデンシャリー　evidentiary
エビデンシャル　evidential
エビデンス　evidence
エビデント　evident
エビデントリー　evidently
エピドート　epidote
エピトープ　epitope
エピトキソイド　epitoxoid
エピトマイズ　epitomize
エピトミ　epitome
エピトロコイド　epitrochoid
エピネフリン　epinephrine
エピバイオティック　epibiotic
エピファイティズム　epiphytism
エピファイト　epiphyte
エピファウナ　epifauna
エピファナス　epiphanous
エピファニー　Epiphany
エピファニック　epiphanic
エピフィティック　epiphytic
エピフェノミノン　epiphenomenon
エピフェノメノン　epiphenomenon
エピフォラ　epiphora
エピフォン　Epiphone
エピブラスト　epiblast
エピペン　EpiPen
エピマー　epimer
エピメラーゼ　epimerase
エピレナミン　epirenamine
エピレプシー　epilepsy
エピレプティック　epileptic
エピロイア　epiloia
エピローグ　epilogue, -log
エビンス　evince
エファーベッス　effervesce
エファーベッセンス　effervescence
エファーベッセント　effervescent
エファビレンツ　efavirenz
エファプス　ephapse
エファルジェンス　effulgence
エファルジェント　effulgent
エファレント　efferent
エフィー　Effie
エフィート　effete
エフィカシー　efficacy
エフィケーシャス　efficacious
エフィジー　effigy
エフィシェンシー　efficiency
エフィシェンシー・エキスパート　efficiency expert
エフィシェンシー・エンジニア　efficiency engineer
エフィシェンシー・バー　efficiency bar
エフィシェント　efficient

エフェース　efface
エフェキソール　Effexor
エフェクサー　Effexor
エフェクター　effector
エフェクチュアリー　effectually
エフェクチュアル　effectual
エフェクチュエーション　effectuation
エフェクチュエート　effectuate
エフェクティブ　effective
エフェクト　effect
エフェソス　Ephesus
エフェドラ　ephedra
エフェドリン　ephedrine, -rin
エフェミナシー　effeminacy
エフェミネート　effeminate
エフェメラル　ephemeral
エフォート　effort
エフォートレス　effortless
エフ・クレフ　F clef
エプコット　Epcot
エプシロン　epsilon
エプスタイン　Epstein
エプソム　Epsom
エプソム・ソルト　Epsom salt(s)
エフト　eft
エフ・ナンバー　f-number
エフューシブ　effusive
エフュージョン　effusion
エフューズ　effuse
エフライム　Ephraim
エブラズ　Evraz
エフラックス　efflux
エブリ　every
エブリウェア　everywhere
エブリエンス　ebullience
エブリエント　ebullient
エブリション　ebullition
エブリシング　everything
エブリデイ　everyday
エブリバディ　everybody
エブリプレース　everyplace
エブリマン　everyman
エブリワン　everyone
エブリン　Evelyn
エフルービア　effluvia
エフルエンス　effluence
エフルエント　effluent
エフルジェンス　effulgence
エフルジェント　effulgent
エフロレッス　effloresce
エフロレッセンス　efflorescence
エフロレッセント　efflorescent
エフロン　Efron, Ephron
エプロン　apron
エプロン・ステージ　apron stage
エプロン・ストリング　apron string
エフロンテリー　effrontery
エペ　épée, epee
エベーシブ　evasive
エベージョン　evasion
エベード　evade
エペソ　Ephesian, Ephesus
エベニーザー　Ebenezer
エベレスト　Everest
エベレット　Everett
エベン　Eben
エベンキ　Evenki
エポエチン　Epoetin
エボーク　evoke
エポカ　Epoca
エボカティブ　evocative
エポカル　epochal
エポキシ　epoxy
エポキシド　epoxide
エポキシプロパン　epoxypropane
エボケーション　evocation
エボケーター　evocator
エポジェン　Epogen
エポック　epoch
エポック・メーキング　epoch-making
エボナイト　ebonite
エボニー　ebony
エボニクス　Ebonics
エボニックス　Ebonics
エポニマス　eponymous
エポニム　eponym
エホバ　Jehovah
エボラ・ウイルス　Ebola virus
エボリューショナリー　evolutionary
エボリューショナル　evolutional
エボリューショニスト　evolutionist
エボリューショニズム　evolutionism
エボリューション　evolution
エボルブ　evolve

エポレット epaulet(te)
エマ Emma
エマージ emerge
エマージェンシー emergency
エマージェンシー・メディカル・テクニシャン emergency medical technician
エマージェンシー・ルーム emergency room
エマージェンス emergence
エマージェント emergent
エマーション emersion
エマージョン emersion
エマージング・ウィルス emerging virus
エマージング・ディジーズ emerging disease
エマージング・マーケット emerging market
エマグラム emagram
エマシエーション emaciation
エマシエーテッド emaciated
エマシエート emaciate
エマスキュラティブ emasculative
エマスキュラトリー emasculatory
エマスキュレーション emasculation
エマスキュレート emasculate
エマソン Emerson
エマニュエル Emanuel, Emmanuel
エマニュエル・ウンガロ Emanuel Ungaro
エマニュエル・シュリーキー Emmanuelle Chriqui
エマネーション emanation
エマネート emanate
エマルシファイ emulsify
エマルシファイアー emulsifier
エマルシフィケーション emulsification
エマルション emulsion
エマルジョン emulsion
エマルション・ペイント emulsion paint
エマルシン emulsin
エマンシペーション emancipation
エマンシペーター emancipator
エマンシペート emancipate
エミー Emmy, -mie
エミール Emil, emir, emeer, Emile
エミール・ガレ Émile Gallé
エミグラント emigrant
エミグレ émigré, emigre
エミグレーション emigration
エミグレート emigrate
エミッサリー emissary
エミッシブ emissive
エミッション emission
エミッター emitter
エミット emit
エミナンス・グリーズ éminence grise
エミネム Eminem
エミネンス eminence
エミネント eminent
エミネント・ドメイン eminent domain
エミュー emu
エミュラス emulous
エミュレーション emulation
エミュレーター emulator
エミュレート emulate
エミリア Emilia, Emillia
エミリア・ロマーニャ Emilia-Romagna
エミリー Emily, -lie
エミリオ・プッチ Emilio Pucci
エミレーツ Emirates
エミレート emirate, emeer-
エム em
エム・エス・ドス MS-DOS
エムシー emcee
エムトリシタビン emtricitabine
エムペグ MPEG
エムリン Emlyn
エムルシン emulsin
エメット emmet, Emmet, Emmett
エメティック emetic
エメライン Emmeline, Em-
エメラルド emerald
エメラルド・アイル Emerald Isle
エメラルド・グリーン emerald green
エメリー Emmery, emery
エメリー・ペーパー emery paper
エメリー・ボード emery board
エメリタス emeritus
エメリル・ラガッセ Emeril Lagasse
エメリン Emmeline, Em-
エメルソン Emerson
エメンタール Emment(h)aler, Emment(h)al
エメンデーション emendation
エメンデート emendate
エメンド emend
エモーショナリスト emotionalist

エモーショナリズム　emotionalism
エモーショナル　emotional
エモーショナル・クォーシェント　emotional quotient, EQ
エモーション　emotion
エモーションレス　emotionless
エモーティコン　emoticon
エモーティブ　emotive
エモート　emote
エモジン　emodin
エモリー　Emory
エモリエント　emollient
エモリュメント　emolument
エラ　era, Ella
エラー　error
エラータ　errata
エラートゥム　erratum
エライジン　elaidin
エライド　elide
エラクテーション　eructation
エラクト　eruct
エラゴン　Eragon
エラスターゼ　elastase
エラスタチナール　elastatinal
エラスタンス　elastance
エラスチシン　elasticin
エラスチック　elastique
エラスチン　elastin
エラスティケーテッド　elasticated
エラスティサイズ　elasticize
エラスティシティー　elasticity
エラスティック　elastic
エラストイジン　elastoidin
エラストーザー　elastoser
エラストプラスト　Elastoplast
エラストマー　elastomer
エラストメリック　elastomeric
エラスムス　Erasmus
エラディカブル　eradicable
エラディケーション　eradication
エラディケーター　eradicator
エラディケート　eradicate
エラティック　erratic
エラテリウム　elaterium
エラテリン　elaterin
エラト　Erato
エラビル　Elavil
エラプション　eruption
エラプス　elapse
エラプティブ　eruptive
エラプト　erupt
エラボレーション　elaboration
エラボレート　elaborate
エラリー　Ellery
エラリー・クイーン　Ellery Queen
エラン　élan, Elan
エラント　errant
エランド　errand, eland
エラン・ビタール　élan vital
エリア　area
エリアウェー　areaway
エリア・カザン　Elia Kazan
エリア・コード　area code
エリア・スタディー　area study
エリアソン　Eliasson
エリアル　aerial
エリー　Erie, Ellie
エリース　Elise
エリーズ　Elise
エリーゼ　Elise
エリーティスト　elitist
エリーティズム　elitism
エリート　elite
エリーニュエス　Erinyes
エリオジクチオール　eriodictyol
エリオス　helios, Helios
エリオット　Eliot
エリカ　erica, Erica
エリカ・バドゥ　Erykah Badu
エリクシル　elixir
エリクソン　Erickson, Ericsson
エリゲロン　erigeron
エリサ　Elisa
エリザビーサン　Elizabethan
エリザベス　Elizabeth, Elisabeth
エリザベス・アーデン　Elizabeth Arden
エリシット　elicit
エリジビリティー　eligibility
エリジブル　eligible
エリシペラス　erysipelas
エリジョン　elision
エリス　Eris, Ellis
エリス・アイランド　Ellis Island
エリスライト　erythrite

エリスリチル erythrityl
エリスルロース erythrulose
エリスロース erythrose
エリスロール erythrol
エリスロクラスト erythroclast
エリスロデキストリン erythrodextrin, -dextrine
エリスロフレイン erythrophleine
エリスロマイシン erythromycin
エリスロン erythron
エリセ Erice
エリゼ Élysée
エリソン Ellison
エリツィン Yeltsin
エリック Eric
エリック・クラプトン Eric Clapton
エリック・ロメール Eric Rohmer
エリテマトーデス erythematosus
エリトリア Eritrea
エリトリトール erythritol
エリトロース erythrose
エリトロフィル erythrophyll
エリトロポイエチン erythropoietin
エリトロポエチン erythropoietin
エリナー Eleanor, Elinor
エリナシン erinacine
エリニン elinin
エリプシス ellipsis
エリプス ellipse
エリプソメトリー ellipsometry
エリプティカル elliptical
エリプティック elliptic
エリブルス Elbrus
エリミネーション elimination
エリミネート eliminate
エリモシナリー eleemosynary
エリヤ Elijah
エリューシブ elusive
エリュージョン elusion
エリューソリー elusory
エリュード elude
エリュエート eluate
エリュエント eluent
エリュシオン Elysium
エリュシデーション elucidation
エリュシデーター elucidator
エリュシデート elucidate
エリュダイト erudite
エリュディション erudition
エリン Erin
エリント elint, ELINT
エリントン Ellington
エリンバー elinvar
エル el., el, ell, Elle
エルーシブ elusive
エルージョン elusion
エルーソリー elusory
エルード elude
エルートリエーション elutriation
エルートリエート elutriate
エルエル・クール・ジェー L.L. Cool J
エルエルビーン L.L.Bean
エルガー Elgar
エルガストプラスム ergastoplasm
エルカトニン elcatonin
エルガマル ElGamal
エルカラファテ El Calafate
エルキューイ Ercuis
エルギン Elgin
エルク elk
エルグ erg
エルクハウンド elkhound
エル・グレコ El Greco
エルゲネコン Ergenekon
エルケム Elkem
エルゴ ergo
エルゴカルシフェロール ergocalciferol
エルゴグラフ ergograph
エルゴグラフィック ergographic
エルゴグラム ergogram
エルゴスタット ergostat
エルゴステロール ergosterol
エルゴタミン ergotamine
エルゴチオネイン ergothioneine
エルゴチニン ergotinine
エルゴトキシン ergotoxine
エルゴノビン ergonovine
エルゴノミクス ergonomics
エルゴノミスト ergonomist
エルゴノミック ergonomic
エルゴメーター ergometer
エルゴメトリー ergometry
エルゴメトリック ergometric
エルゴメトリン ergometrine

エルゴン　ergon
エルサ　Elsa
エルザ　Elsa
エルザッツ　ersatz
エルサルバドル　El Salvador
エルサレム　Jerusalem
エルサレム・アーティチョーク　Jerusalem artichoke
エルシー　Elsie
エルジェ　Hergé
エルシデーション　elucidation
エルシデーター　elucidator
エルシデート　elucidate
エル・シド　El Cid
エルシニア　Yersinia
エルジン　Elgin
エルス　else, Erse
エルスウェア　elsewhere
エルステッド　oersted
エルズミア　Ellesmere
エルズワース　Ellsworth
エルセーヴ　Elsève
エルセグンドー　El Segundo
エルセントロ　El Centro
エルダー　elder
エルダーケア　eldercare
エルダーフラワー　elderflower
エルダーベリー　elderberry
エルダーベリー・ワイン　elderberry wine
エルダイト　erudite
エルタム　Eltham
エルダリー　elderly
エルディション　erudition
エルデスト　eldest
エルドアン　Erdoğan
エル・ドライバー　L-driver
エルドラド　El Dorado, Eldorado
エルドリッジ　Eldridge
エルドレッド　Eldred
エルナンデス　Hernández
エルニーニョ　El Niño
エルニド　El Nido
エルバ　Elba
エルバー　elver
エルバート　Elbert
エルハイ　elhi
エルバイト　elbaite
エルバイラ　Elvira
エルパソ　El Paso
エルバラダイ　ElBaradei
エルピー・ガス　LP gas
エルビウム　erbium
エルビス　Elvis
エルビス・プレスリー　Elvis Presley
エルビタックス　Erbitux
エルビッシュ　elvish
エルビラ　Elvira
エルフ　elf
エルフィッシュ　elfish
エルフィン　elfin
エルブズ　elves
エルブルス　Elbrus
エルフルト　Erfurt
エル・プレート　L-plate
エルフロック　elflock
エルベ　Elbe
エルベルト　Herberto
エルボー　elbow
エルボー・グリース　elbow grease
エルボールーム　elbowroom
エルマー　Elmer
エルミタージュ　Hermitage, ermitage
エルム　elm
エルメス　Hermès
エルメネジルド・ゼニア　Ermenegildo Zegna
エルモ　Elmo
エルモア　Elmore
エルモシーヨ　Hermosillo
エルモシヨ　Hermosillo
エルモロ　El Morro
エルロイ　Ellroy
エルロチニブ　erlotinib
エルロン　aileron
エルンスト　Ernst
エレイン　Elaine
エレーション　elation
エレーテッド　elated
エレート　elate
エレーナ　Elena
エレオプテン　eleoptene, elae-
エレガンシー　elegancy
エレガンス　elegance
エレガント　elegant

エレクショニアー　electioneer
エレクショニアリング　electioneering
エレクション　election
エレクション・デー　election day
エレクター　elector, erector
エレクタイル　erectile
エレクタブル　electable, erectable
エレクチュアリー　electuary
エレクティブ　elective
エレクティリティー　erectility
エレクティル　erectile
エレクティル・ディスファンクション　erectile dysfunction, ED
エレクト　elect, erect
エレクトラ　Electra
エレクトラ・コンプレックス　Electra complex
エレクトラル　electoral
エレクトラル・カレッジ　electoral college
エレクトラル・ロール　electoral roll
エレクトリカル　electrical
エレクトリカル・ストーム　electrical storm
エレクトリシティー　electricity
エレクトリシャン　electrician
エレクトリック　electric
エレクトリック・アイ　electric eye
エレクトリック・イール　electric eel
エレクトリック・ショック　electric shock
エレクトリック・ショック・セラピー　electric shock therapy
エレクトリック・ストーム　electric storm
エレクトリック・チェア　electric chair
エレクトリック・レイ　electric ray
エレクトリファイ　electrify
エレクトリフィケーション　electrification
エレクトレート　electorate
エレクトロ　electr-, electro-
エレクトロアナリシス　electroanalysis
エレクトロアナリティカル　electroanalytical
エレクトロインジェクション　electroinjection
エレクトロ・エンセファログラフ　electroencephalograph
エレクトロ・エンセファログラム　electroencephalogram
エレクトロード　electrode
エレクトロ・カージオグラフ　electrocardiograph
エレクトロ・カージオグラム　electrocardiogram
エレクトロキューション　electrocution
エレクトロキュート　electrocute
エレクトログラフ　electrograph
エレクトログラム　electrogram
エレクトロクロマトグラフィー　electrochromatography
エレクトロケミカル　electrochemical
エレクトロケミストリー　electrochemistry
エレクトロコルチン　electrocortin
エレクトロコンバルシブ　electroconvulsive
エレクトロコンバルシブ・セラピー　electroconvulsive therapy
エレクトロシネレシス　electrosyneresis
エレクトロショック・セラピー　electroshock therapy
エレクトロスコープ　electroscope
エレクトロスタティック　electrostatic
エレクトロスタティックス　electrostatics
エレクトロストリクション　electrostriction
エレクトロスピニング　electrospinning
エレクトロセラピー　electrotherapy
エレクトロセラピスト　electrotherapist
エレクトロセラピューティック　electrotherapeutic
エレクトロダイナミカル　electrodynamical
エレクトロダイナミック　electrodynamic
エレクトロダイナミックス　electrodynamics
エレクトロタイプ　electrotype
エレクトロテクニカル　electrotechnical
エレクトロテクノロジー　electrotechnology
エレクトロデポジション　electrodeposition
エレクトロニカ　electronica
エレクトロニクス　electronics
エレクトロニック　electronic
エレクトロニック・コテージ　electronic cottage
エレクトロニック・コマース　electronic commerce
エレクトロニック・サーベイランス　electronic surveillance
エレクトロニック・データ・プロセッシング　electronic data processing
エレクトロニック・フラッシュ　electronic flash

エレクトロニック・マネー　electronic money
エレクトロニック・ミュージック　electronic music
エレクトロニック・メール　electronic mail
エレクトロニック・ライブラリー　electronic library
エレクトロネガティブ　electronegative
エレクトロフォーカシング　electrofocusing
エレクトロフォーム　electroform
エレクトロフォトグラフィー　electrophotography
エレクトロプレート　electroplate
エレクトロポジティブ　electropositive
エレクトロポレーション　electroporation
エレクトロポレート　electroporate
エレクトロマグネット　electromagnet
エレクトロマグネティズム　electromagnetism
エレクトロマグネティック　electromagnetic
エレクトロメーター　electrometer
エレクトロモーティブ　electromotive
エレクトロライザー　electrolyzer
エレクトロライズ　electrolyze
エレクトロライト　electrolyte
エレクトロラックス　Electrolux
エレクトロリシス　electrolysis
エレクトロリティック　electrolytic
エレクトロ・ルミネッセンス　electro-luminescence
エレクトロン　electron
エレクトロン・オプティックス　electron optics
エレクトロン・ガン　electron gun
エレクトロン・チューブ　electron tube
エレクトロン・ボルト　electron volt
エレクトロン・マイクロスコープ　electron microscope
エレジー　elegy
エレジャイアック　elegiac
エレジャイズ　elegize
エレッセ　ellesse
エレドイシン　eledoisin
エレナ　Elena
エレノア　Eleanor
エレバン　Yerevan
エレファンタ　Elephanta
エレファンタイアシス　elephantiasis
エレファンティン　elephantine
エレファント　elephant
エレファントイド　elephantoid
エレプシン　erepsin
エレベーション　elevation
エレベーター　elevator
エレベーテッド　elevated
エレベート　elevate
エレボス　Erebus
エレマイト　eremite
エレミ　elemi
エレミティカル　eremitical
エレミティック　eremitic
エレミヤ　Jeremiah
エレメンタリー　elementary
エレメンタリー・スクール　elementary school
エレメンタリー・パーティクル　elementary particle
エレメンタル　elemental
エレメント　element
エレモール　elemol
エレン　Ellen
エロ　⇨エロティック
エロイーズ　Eloise, Heloise, Héloïse
エロイカ　Eroica
エローシブ　erosive
エロージョン　erosion
エロード　erode
エローニアス　erroneous
エロープ　elope
エローラ　Ellora
エロール　Errol
エロキューション　elocution
エロクエンス　eloquence
エロクエント　eloquent
エロケンス　eloquence
エロケント　eloquent
エロジェナス　erogenous
エロジェナス・ゾーン　erogenous zone
エロス　Eros
エロチカ　erotica
エロチシズム　eroticism
エロチズム　erotism
エロチック　erotic
エロティカ　erotica
エロティシズム　eroticism

エロティズム　erotism
エロティック　erotic
エロトフォービック　erotophobic
エロトマニア　erotomania
エロトロジー　erotology
エロトロジカル　erotological
エロトロジスト　erotologist
エロル　Errol
エロンゲーション　elongation
エロンゲート　elongate
エン　yen
エンアクト　enact
エンアクトメント　enactment
エンカウンター　encounter
エンカウンター・グループ　encounter group
エンガディン　Engadine
エンカルタ　Encarta
エンガルフ　engulf
エンカレッジ　encourage
エンカレッジメント　encouragement
エンカレッジング　encouraging
エンカンバー　encumber
エンカンブランス　encumbrance
エンキャプシュレーション　encapsulation
エンキャプシュレート　encapsulate
エンキャンプ　encamp
エンキャンプメント　encampment
エンキンドル　enkindle
エンクラステーション　incrustation, en-
エンクラスト　encrust
エンクラストメント　encrustment
エングラフト　engraft
エンクリプション　encryption
エンクリプト　encrypt
エングレイン　engrain
エングレーバー　engraver
エングレービング　engraving
エンクレーブ　enclave
エングレーブ　engrave
エンクロージャー　enclosure
エンクローズ　enclose
エンクローチ　encroach
エンクローチメント　encroachment
エングロス　engross
エングロスト　engrossed
エングロスメント　engrossment
エングロッシング　engrossing
エンクワイアー　enquire
エンクワイアリー　enquiry
エンケージ　encage
エンゲージ　engage
エンゲージド　engaged
エンゲージメント　engagement
エンゲージメント・リング　engagement ring
エンゲージ・リング　engagement ring
エンゲージング　engaging
エンケース　encase
エンケラドス　Enceladus
エンゲル　Engel
エンゲルス　Engels
エンゲルバート　Engelbart
エンゴージ　engorge
エンコースティック　encaustic
エンコーダー　encoder
エンコーディング　encoding
エンコード　encode
エンコードメント　encodement
エンコーミアム　encomium
エンコンパス　encompass
エンサークル　encircle
エンサイクロペディア　encyclopedia, -pae-
エンサイクロペディスト　encyclopedist, -pae-
エンサイクロペディック　encyclopedic, -pae-
エンサイファー　encipher
エンザイム　enzyme
エンサイル　ensile
エンサイン　ensign
エンサラダ　ensalada
エンジェル　angel, Angell
エンジェル・ダスト　angel dust
エンシエロ　encierro
エンジェンダー　engender
エンシクリカル　encyclical
エンジナリー　enginery
エンジニア　engineer
エンジニアリング　engineering
エンシノ　Encino
エンジャムメント　enjambment, -jambe-
エンシュアー　ensure
エンシュージアスティック　enthusiastic
エンシュージアスト　enthusiast
エンシュージアズム　enthusiasm

エンシューズ　enthuse
エンシュライン　enshrine
エンシュラインメント　enshrinement
エンシュラウド　enshroud
エンジョイ　enjoy
エンジョイメント　enjoyment
エンジョイヤブル　enjoyable
エンジョイン　enjoin
エンジョインメント　enjoinment
エンシレージ　ensilage
エンジン　engine
エンジン・ドライバー　engine driver
エンジン・ルーム　engine room
エンスー　⇨エンスージアスト, ensue
エンスーイング　ensuing
エンスージアスティック　enthusiastic
エンスージアスト　enthusiast
エンスージアズム　enthusiasm
エンスーズ　enthuse
エンスコンス　ensconce
エンスタタイト　enstatite
エンスネアー　ensnare
エンスレーバー　enslaver
エンスレーブ　enslave
エンスレーブメント　enslavement
エンスローリング　enthralling
エンスロール　enthrall, -thral
エンスローン　enthrone
エンセファライティス　encephalitis
エンセファログラフィー　encephalography
エンセファロパシー　encephalopathy
エンセファロン　encephalon
エンゼル　angel
エンゼル・ケーキ　angel cake
エンゼルス　(Los Angeles) Angels
エンゼルフィッシュ　angelfish
エンゾジノール　Enzogenol
エンター　enter
エンターテイナー　entertainer
エンターテイナブル　entertainable
エンターテイニング　entertaining
エンターテイン　entertain
エンターテインメント　entertainment
エンタープライザー　enterpriser
エンタープライジング　enterprising
エンタープライズ　enterprise
エンタイア　entire
エンタイアティー　entirety
エンタイアリー　entirely
エンタイシング　enticing
エンタイス　entice
エンタイトル　entitle
エンタイトルメント　entitlement
エンダイブ　endive
エンダウ　endow
エンダウメント　endowment
エンダウメント・インシュアランス endowment insurance
エンダウメント・ポリシー　endowment policy
エンタシス　entasis
エンタブラチュア　entablature
エンダモロジー　endermologie, endermology
エンタルピー　enthalpy
エンタングル　entangle
エンタングルメント　entanglement
エンチェイス　enchase
エンチェイン　enchain
エンチェーン　enchain
エンチャンター　enchanter
エンチャンティング　enchanting
エンチャント　enchant
エンチャントメント　enchantment
エンチャントレス　enchantress
エンチラーダ　enchilada
エンディアー　endear
エンディアメント　endearment
エンディアリング　endearing
エンディアン　endian
エンティティー　entity
エンテイル　entail
エンディング　ending
エンデインジャー　endanger
エンデインジャード　endangered
エンデーンジャー　endanger
エンデーンジャード　endangered
エンデバー　endeavor, -our
エンテベ　Entebbe
エンデミック　endemic
エンデュアー　endure
エンデュアラブル　endurable
エンデュアランス　endurance
エンデュアリング　enduring

エンデュー　endue
エンデュミオン　Endymion
エンデュロ　enduro
エンテライティス　enteritis
エンテリック　enteric
エンテロウイルス　enterovirus
エンテロトキシン　enterotoxin
エンテロロジー　enterology
エンデンジャー　endanger
エンデンジャード　endangered
エンド　end, end-, endo-
エントゥーム　entomb
エントゥームメント　entombment
エンドウェーズ　endways
エンドーサー　endorser
エンドーサブル　endorsable
エンドーシー　endorsee
エンドース　endorse
エンドースメント　endorsement
エンドカープ　endocarp
エンドガミー　endogamy
エンドカンナビノイド　endocannabinoid
エンドクライン　endocrine
エンドクリノロジー　endocrinology
エンドクリノロジカル　endocrinological
エンドクリノロジスト　endocrinologist
エンドクリノロジック　endocrinologic
エンドクリン　endocrine
エンドゲーム　endgame
エンド・コンシューマー　end consumer
エンドサイトーシス　endocytosis
エンドシート　endsheet
エンドシーリアル　endothelial
エンドジェナス　endogenous
エンドジェニック　endogenic
エンドスケルタル　endoskeletal
エンドスケルトン　endoskeleton
エンドスコープ　endoscope
エンドスコピック　endoscopic
エンド・ステージ　end-stage
エンドスルファン　endosulfan
エンドセリン　endothelin
エンドソーム　endosome
エンドダーム　endoderm
エンド・テーブル　end table
エンドトキシン　endotoxin
エンドブレイン　endbrain
エンド・プレー　end play
エンドブレーン　endbrain
エンドプレジャー　endpleasure
エンド・プロダクト　end product
エンドペーパー　endpaper
エンド・ポイント　end point
エンドモスト　endmost
エントモロジー　entomology
エントモロジカル　entomological
エントモロジスト　entomologist
エンド・ユーザー　end user
エントラスト　entrust
エントラップ　entrap
エントラップメント　entrapment
エンド・ラン　end run
エントランシング　entrancing
エントランス　entrance
エントランスウェー　entranceway
エントランス・フィー　entrance fee
エントランスメント　entrancement
エントラント　entrant
エントリー　entry
エントリーウェー　entryway
エントリーシート　entry sheet
エントリーティー　entreaty
エントリート　entreat
エントリー・ビザ　entry visa
エントリー・レベル　entry-level
エントリー・ワード　entry word
エンドリン　endrin
エンドルフィン　endorphin
エントレイルズ　entrails
エントレイン　entrain
エンドレス　endless
エントレンチ　entrench
エントレンチト　entrenched
エントロピー　entropy, Entropie
エンドワイズ　endwise
エントワイン　entwine
エンノーブル　ennoble
エンノーブルメント　ennoblement
エンバー　ember
エンバーク　embark
エンバーケーション　embarkation, -ca-
エンバーゴ　embargo
エンバー・デイズ　ember days
エンバーマー　embalmer

エンバーミング embalming
エンバーム embalm
エンバームメント embalmment
エンパイア empire
エンパイア・ステート Empire State
エンパイア・ステート・ビルディング Empire State Building
エンバイロー enviro
エンバイロン environ
エンバイロンズ environs
エンバイロンメンタリスト environmentalist
エンバイロンメンタリズム environmentalism
エンバイロンメンタル environmental
エンバイロンメンタル・アート environmental art
エンバイロンメンタル・サイエンス environmental science
エンバイロンメント environment
エンバイロンメント・フレンドリー environment-friendly
エンパサイズ empathize
エンバシー embassy
エンパシー empathy
エンパシック empathic
エンバトル embattle
エンバトルメント embattlement
エンパナーダ empanada
エンパナダ empanada
エンパネル empanel
エンバラス embarrass
エンバラスメント embarrassment
エンバラッシング embarrassing
エンパワー empower
エンパワーメント empowerment
エンバンク embank
エンバンクメント embankment
エンハンサー enhancer
エンハンス enhance
エンビアス envious
エンビアブル enviable
エンビー envy
エンピエマ empyema
エンビジョン envision
エンビゼッジ envisage
エンビター embitter
エンビターメント embitterment
エンピリアル empyreal
エンピリアン empyrean
エンピリカル empirical
エンピリシスト empiricist
エンピリシズム empiricism
エンピリック empiric
エンファサイズ emphasize
エンファシス emphasis
エンファティック emphatic
エンフィーブル enfeeble
エンフィールド Enfield
エンフィジーマ emphysema
エンフィレード enfilade
エンフォーサー enforcer
エンフォーサビリティー enforceability
エンフォーサブル enforceable
エンフォース enforce
エンフォースト enforced
エンフォースメント enforcement
エンフォールド enfold
エンプティー empty
エンプティー・カロリー empty calorie
エンプティー・ネスト・シンドローム empty-nest syndrome
エンプティネス emptiness
エンプティ・ネスト empty nest
エンブラウン embrown, im-
エンフランチャイズ enfranchise
エンフランチャイズメント enfranchisement
エンブリオ embryo
エンブリオ・トランスファー embryo transfer
エンブリオニック embryonic
エンブリオロジー embryology
エンブリオロジカル embryological
エンブリオロジスト embryologist
エンブリトル embrittle
エンフルラン enflurane
エンブレイズン emblazon
エンブレージャー embrasure
エンブレース embrace
エンプレースメント emplacement
エンプレーン enplane, emplane
エンプレス empress
エンブレマイズ emblemize
エンブレマタイズ emblematize
エンブレマティカル emblematical

エンブレマティック　emblematic
エンブレム　emblem
エンブレル　Enbrel
エンプロイ　employ
エンプロイアビリティー　employability
エンプロイー　employee, -ploye
エンブロイダー　embroider
エンブロイダリー　embroidery
エンプロイメント　employment
エンプロイメント・エージェンシー　employment agency
エンプロイメント・オフィス　employment office
エンプロイヤー　employer
エンプロイヤブル　employable
エンブロイル　embroil
エンブロイルメント　embroilment
エンブロケーション　embrocation
エンベイ　embay
エンベズラー　embezzler
エンベズル　embezzle
エンベズルメント　embezzlement
エンベッド　embed
エンペラー　emperor
エンペラー・ペンギン　emperor penguin
エンベリッシュ　embellish
エンベリッシュメント　embellishment
エンベロープ　envelope
エンベロップ　envelop
エンベロップメント　envelopment
エンボイ　envoy, envoi
エンボールデン　embolden
エンボス　emboss
エンボスメント　embossment
エンボッシング　embossing
エンボディー　embody
エンボディメント　embodiment
エンポリウム　emporium
エンポリオ・アルマーニ　Emporio Armani
エンボリズム　embolism
エンマー　emmer
エンミティー　enmity
エンメッシュ　enmesh
エンメッシュメント　enmeshment
エンヤ　Enya
エンラージ　enlarge
エンラージメント　enlargement
エンラージャー　enlarger
エンライトゥン　enlighten
エンライトゥンメント　enlightenment
エンライトニング　enlightening
エンライブン　enliven
エンラップ　enwrap
エンラプチャー　enrapture
エンラプト　enrapt
エンリーズ　enwreathe
エンリコ　Enrico
エンリスティー　enlistee
エンリステッド・ウーマン　enlisted woman
エンリステッド・マン　enlisted man
エンリスト　enlist
エンリストメント　enlistment
エンリッチ　enrich
エンリッチメント　enrichment
エンレイジ　enrage
エンレイジド　enraged
エンレース　enlace
エンローリー　enrollee
エンロール　enrol, -roll
エンロールメント　enrol(l)ment

オ

オア　or, ore
オアシス　oasis
オアハカ　Oaxaca
オアフ　Oahu
オアペック　OAPEC
オイ　oi
オイゲノール　eugenol
オイゲン　Eugen
オイスター　oyster
オイスター・ソース　oyster sauce
オイスター・ファーム　oyster farm
オイスター・ベッド　oyster bed
オイタナジー　Euthanasie
オイチシカ　oiticica
オイディプス　Oedipus
オイラー　Euler, oiler
オイリー　oily
オイル　oil
オイル・ウェル　oil well
オイル・エンジン　oil engine
オイル・カラー　oil color
オイルカン　oilcan
オイル・クリーナー　oil cleaner
オイルクロス　oilcloth
オイル・ケーキ　oil cake
オイル・サンド　oil sand
オイルシード　oilseed
オイル・シェール　oil shale
オイルスキン　oilskin
オイル・スリック　oil slick
オイル・タンカー　oil tanker
オイル・ドラム　oil drum
オイルド・レザー　oiled leather
オイル・パーム　oil palm
オイル・ファイアード　oil-fired
オイル・フィールド　oil field
オイル・フェンス　oil fence
オイル・プレス　oil press
オイル・プロデューシング　oil-producing
オイルベアリング　oilbearing
オイル・ペインティング　oil painting
オイル・ペイント　oil paint
オイル・ペーパー　oil paper
オイルマン　oilman
オイル・ミール　oil meal
オイルリッグ　oilrig
オインク　oink
オイントメント　ointment
オウ　owe
オウィディウス　Ovid
オウイング　owing
オウエイシス　oasis
オウナー　owner
オウパー　opah
オウム　Aum
オウン　own
オウン・ゴール　own goal
オウン・ブランド　own brand
オー　awe, oh, ow
オーイング　owing
オー・インスパイアリング　awe-inspiring
オーウェリアン　Orwellian
オーウェル　Orwell
オーエン　Owen, Eoin
オーカ　orca
オーカー　ocher, ochre
オーガー　augur
オーガスタ　Augusta
オーガスタス　Augustus
オーガスタン　Augustan
オーガスティン　Augustine
オーガスト　August, august
オーガスミック　orgasmic
オーガスム　orgasm
オーガナイザー　organizer
オーガナイジング・アビリティ　organizing ability
オーガナイズ　organize

オーガナイズド organized
オーガナイゼーショナル organizational
オーガナイゼーション organization
オーガナイゼーション・マン organization man
オーガニシズム organicism
オーガニズム organism
オーガニゼーショナル organizational
オーガニゼーション organization
オーガニゼーション・マン organization man
オーガニック organic
オーカム oakum
オーカラス ocherous, ochreous
オーガン organ
オーガンザ organza
オーガンジー organdy, -die
オーガンディー organdy, -die
オーキッド orchid
オーギュスト Auguste
オーギュリー augury
オーク oak, auk
オーク・アップル oak apple
オーク・ゴール oak gall
オークショニア auctioneer
オークション auction
オークション・ブリッジ auction bridge
オークス Oaks
オーク・ツリー oak tree
オークニー・アイランズ Orkney Islands
オーグメンタティブ augmentative
オーグメンテーション augmentation
オーグメント augment
オークモント Oakmont
オークランド Oakland, Auckland
オークランド・レイダーズ Oakland Raiders
オークリー Oakley
オーグリッシュ ogr(e)ish
オークル ocher, ochre
オーグル ogle, ogre
オーグレス ogress
オークワード awkward
オークワード・エイジ awkward age
オークン oaken
オーケー OK, O.K., okay, okeh, okey
オーケストラ orchestra
オーケストラ・ストールズ orchestra stalls
オーケストラ・ピット orchestra pit
オーケストラル orchestral
オーケストレーション orchestration
オーケストレート orchestrate
オーケナイト okenite
オーサー author
オーサーシップ authorship
オーサム awesome
オーサリング authoring
オーサリング・ツール authoring tool
オーサレス authoress
オージアスティック orgiastic
オーシー Aussie
オージー Aussie, orgy
オージー・ヌーボー Aussie nouveau
オージー・パーティー orgy party
オージェ auger
オーシオース otiose
オーシバル Orcival
オージャー osier
オージャイト augite
オー・シャックス aw-shucks
オーシャナリアム oceanarium
オーシャノグラファー oceanographer
オーシャノグラフィー oceanography
オーシャノグラフィカル oceanographical
オーシャノグラフィック oceanographic
オーシャン ocean
オーシャン・エンジニアリング ocean engineering
オーシャンゴーイング oceangoing
オーシャンビュー oceanview
オーシャンフロント oceanfront
オース oath, os
オースカルテーション auscultation
オースター Auster
オースティアー austere
オースティン Austin, Austen
オーステナイト austenite
オーステリティー austerity
オースト oast
オーストハウス oasthouse
オーストラック awestruck
オーストラライト australite
オーストラリア Australia
オーストラル austral
オーストラレーシア Australasia

オーストラレーシアン　Australasian
オーストリア　Austria
オーストリア・ハンガリー　Austria-Hungary
オーストリアン　Austrian
オーストリクン　awestricken
オーストレーリアン　Australian
オーストロネシア　Austronesia
オースピシャス　auspicious
オースピス　auspice
オーゼール　Auxerre
オーセンチック　authentic
オーセンティケーション　authentication
オーセンティケート　authenticate
オーセンティシティー　authenticity
オーセンティック　authentic
オーソエピー　orthoepy
オーソエピスト　orthoepist
オーソグラフィー　orthography
オーソグラフィカル　orthographical
オーソグラフィック　orthographic
オーソクレース　orthoclase
オーソゴナル　orthogonal
オーソティック　orthotic
オーソドクシー　orthodoxy
オーソドックス　orthodox
オーソドックス・チャーチ　Orthodox Church
オーソドンティスト　orthodontist
オーソドンティックス　orthodontics
オーソピーディスト　orthopedist, -pae-
オーソピーディック　orthopedic, -pae-
オーソピーディックス　orthopedics, -pae-
オーソライズ　authorize
オーソライズド　authorized
オーソライズド・バーション　Authorized Version
オーソライゼーション　authorization
オーソリアル　authorial
オーソリゼーション　authorization
オーソリティー　authority
オーソリテーティブ　authoritative
オーソリテリアニズム　authoritarianism
オーソリテリアン　authoritarian
オーソン　Orson
オーソン・ウェルズ　Orson Wells
オーター　oater
オーダー　order, odor, odour
オーターキー　autarchy, autarky
オーダード　ordered
オーダー・フォーム　order form
オーダー・ブック　order book
オーダー・ペーパー　order paper
オーダーレス　odorless, odourless
オータコイド　autacoid
オーダシティー　audacity
オータム　autumn
オータム・クロッカス　autumn crocus
オータムナル　autumnal
オーダラス　odorous
オーダラブル　orderable
オーダリー　orderly
オーチャード　orchard
オーツナイト　autunite
オーディアス　odious
オーディアム　odium
オーディー　Audie
オーディール　ordeal
オーディエンス　audience
オーディオ　audio
オーティオース　otiose
オーディオカセット　audiocassette
オーディオテープ　audiotape
オーディオビジュアル　audiovisual
オーディオフィル　audiophile
オーディオ・フリーケンシー　audio frequency
オーディオメーター　audiometer
オーディション　audition
オーティス　Otis
オーティスティック　autistic
オーティズム　autism
オーディター　auditor
オーディット　audit
オーディトリー　auditory
オーディトリウム　auditorium
オーディナリー　ordinary
オーディナリー・シーマン　ordinary seaman
オーディナル　ordinal
オーディナル・ナンバー　ordinal number
オーディナンス　ordinance
オーディネーション　ordination
オーディネート　ordinate
オーディビリティー　audibility
オーディブル　audible

オーデイン　ordain, Odin
オーデーシャス　audacious
オーデコロン　eau de cologne
オーデュア　ordure
オーデン　Auden
オート　auto, aut-, auto-, aught, ought, oat, haute, haut
オード　ode, Aude
オートアクティベーション　autoactivation
オートアンチボディー　autoantibody
オートイノキュレーション　autoinoculation
オートイミューン　autoimmune
オートイミュナイゼーション　autoimmunization
オートイミュニゼーション　autoimmunization
オートインジェクター　autoinjector
オートイントクシケーション　autointoxication
オートインフェクション　autoinfection
オードヴィー　eau-de-vie
オードゥボン　Audubon
オートエロティシズム　autoeroticism
オートエロティズム　autoerotism
オートカタルシス　autocatharsis
オート・キュイジーヌ　haute cuisine
オートキュー　Autocue
オートクソナス　autochthonous
オート・クチュール　haute couture
オートクラシー　autocracy
オートクラシス　autoclasis
オートクラット　autocrat
オートクラティカル　autocratical
オートクラティック　autocratic
オートグラフ　autograph
オートグラフ・アルバム　autograph album
オートグラフィック　autographic
オートグラフト　autograft
オートグラフ・ブック　autograph book
オートクリン　autocrine
オートクレーブ　autoclave
オートクロス　autocross
オートケーキ　oatcake
オートケード　autocade
オート・コート　auto court
オート・コレクト　auto-correct
オートコンプリート　autocomplete
オートサイド　autocide
オートサジェスチョン　autosuggestion
オートサジェスティビリティー　autosuggestibility
オートサジェスティブル　autosuggestible
オートサジェスト　autosuggest
オートシェイプ　autoshape
オートシェープ　autoshape
オートジェナス　autogenous
オートジェニー　autogeny
オートジェニタル　autogenital
オートジャイロ　autogiro, -gyro
オートスコピー　autoscopy
オートセーブ　autosave
オートセクシュアリズム　autosexualism
オートセラム　autoserum
オートセンシティビティー　autosensitivity
オートダイダクト　autodidact
オートダフェ　auto-da-fé
オートトクシック　autotoxic
オートトクシン　autotoxin
オートトマス　autotomous
オートトミー　autotomy
オートトミック　autotomic
オートトランスフォーマー　autotransformer
オートトランスフュージョン　autotransfusion
オートトランスフューズ　autotransfuse
オートトランスプランテーション　autotransplantation
オートトランスプラント　autotransplant
オートトロフ　autotroph
オートトロフィー　autotrophy
オートトロフィック　autotrophic
オート・ナース　auto-nurse
オードナンス　ordnance
オードナンス・サーベー　Ordnance Survey
オートノマス　autonomous
オートノミー　autonomy
オートノミック　autonomic
オートノメーション　autonomation
オートハープ　Autoharp
オートバイオグラファー　autobiographer
オートバイオグラフィー　autobiography
オートバイオグラフィカル　autobiographical
オートバイオグラフィック　autobiographic

オートパイロット autopilot
オートバクシネーション autovaccination
オートピア autopia
オートヒプノーシス autohypnosis
オートヒプノティズム autohypnotism
オートヒプノティック autohypnotic
オートファゴソーム autophagosome
オートファゴリソソーム
autophagolysosome
オートファジー autophagy
オートファジック autophagic
オートフィリア autophilia
オートフォーカス autofocus
オートフォービア autophobia
オートプシー autopsy
オートプラスチック autoplastic
オートプラスティー autoplasty
オートプラスティック autoplastic
オードブル hors d'oeuvre
オートフロー autoflow
オートペン autopen
オートマ ⇨オートマチック
オートマタ automata
オートマチック automatic
オートマット Automat
オートマティズム automatism
オートマティック automatic
オートマティック・ディレクション・ファインダー
automatic direction finder
オートマティック・データ・プロセシング
automatic data processing
オートマティック・テラー・マシン automatic teller machine
オートマティック・トランスミッション
automatic transmission
オートマティック・パイロット automatic pilot
オートマティック・ピストル automatic pistol
オートマトン automaton
オートミール oatmeal
オートミクシス automixis
オートメーカー automaker
オートメーション automation
オドメーター odometer
オートメーテッド・テラー・マシーン
automated teller machine
オートメート automate
オートモーティブ automotive
オートモービル automobile
オートモビリスト automobilist
オートライシン autolysin
オートライズ autolyze, -lyse
オートラトリー autolatry
オートラン ortolan
オードラント odorant
オートリアクティブ autoreactive
オードリー Audrey, Awdry
オートリカス Autolycus
オートリシス autolysis
オートリシン autolysin
オートリセート autolysate
オートリティック autolytic
オードリ・ヘップバーン Audrey Hepburn
オートレギュレーション autoregulation
オートロガス autologous
オートロック autolock
オートワーカー autoworker
オートワクチン autovaccine
オーナー owner
オーナー・オキュパイヤー owner-occupier
オーナーシップ ownership
オーナー・ドライバー owner-driver
オーナーレス ownerless
オーナス onus
オーナス・プロバンダイ onus probandi
オーナス・プロバンディ onus probandi
オーナメンタル ornamental
オーナメンテーション ornamentation
オーナメント ornament
オーナリー ornery
オーニソロジー ornithology
オーニソロジカル ornithological
オーニソロジスト ornithologist
オーニング awning
オーネート ornate
オーバー over, over-
オーバーアーチ overarch
オーバーアーチング overarching
オーバーアーム overarm
オーバーアクティビティー overactivity
オーバーアクティブ overactive
オーバーアクト overact
オーバーアチーバー overachiever

オーバーアチーブ　overachieve
オーバーアチーブメント　overachievement
オーバーアバンダンス　overabundance
オーバーアバンダント　overabundant
オーバーアンクシャス　overanxious
オーバー・アンダー　over-under
オーバーアンビシャス　overambitious
オーバーイーガー　overeager
オーバー・イージー　over easy
オーバーイート　overeat
オーバーイシュー　overissue
オーバーインシュアランス　overinsurance
オーバーインダルジ　overindulge
オーバーインダルジェンス　overindulgence
オーバーインダルジェント　overindulgent
オーバーウィーニング　overweening
オーバーウィーン　overween
オーバーウェイト　overweight
オーバーウェルミング　overwhelming
オーバーウェルム　overwhelm
オーバーウォッチ　overwatch
オーバーエイジ　overage
オーバーエイジド　overaged
オーバーエグザーション　overexertion
オーバーエグザート　overexert
オーバーエクステンション　overextension
オーバーエクステンド　overextend
オーバーエクスプロイト　overexploit
オーバーエクスポージャー　overexposure
オーバーエクスポーズ　overexpose
オーバーエジュケート　overeducate
オーバーエスティメーション　overestimation
オーバーエスティメート　overestimate
オーバーエモーショナル　overemotional
オーバーエンスージアスティック
overenthusiastic
オーバーエンファサイズ　overemphasize
オーバーエンファシス　overemphasis
オーバーオー　overawe
オーバーオール　overall
オーバーカバー　overcover
オーバーカム　overcome
オーバーカラー　overcollar
オーバーカレント　overcurrent
オーバーキャスト　overcast
オーバーキャパシティー　overcapacity
オーバーキャピタライズ　overcapitalize
オーバーキュアリアス　overcurious
オーバーキル　overkill
オーバークラウディング　overcrowding
オーバークラウデッド　overcrowded
オーバークラウド　overcloud
オーバークリティカル　overcritical
オーバーグレーズ　overgraze
オーバーグロース　overgrowth
オーバーグローン　overgrown
オーバークロップ　overcrop
オーバーケア　overcare
オーバーケアフル　overcareful
オーバーコイル　overcoil
オーバーコーシャス　overcautious
オーバーコート　overcoat
オーバーコミットメント　overcommitment
オーバーコンフィデンス　overconfidence
オーバーコンフィデント　overconfident
オーバーコンペンセーション
overcompensation
オーバーコンペンセート　overcompensate
オーバーサーブド　overserved
オーバーサイズ　oversize
オーバーサイズド　oversized
オーバーサイト　oversight
オーバーサイド　overside
オーバー・ザ・カウンター　over-the-counter
オーバー・ザ・トップ　over-the-top
オーバーサブスクライブ　oversubscribe
オーバーサブスクリプション
oversubscription
オーバーサプライ　oversupply
オーバーサンプル　oversample
オーバーシー　oversea, oversee
オーバーシーアー　overseer
オーバーシーズ　overseas
オーバーシーディング　overseeding
オーバーシード　overseed
オーバーシェア　overshare
オーバージェネラス　overgenerous
オーバーシャドー　overshadow
オーバーシューズ　overshoes
オーバーシュート　overshoot
オーバーショット　overshot
オーバージン　aubergine
オーバーシンプリファイ　oversimplify
オーバーシンプリフィケーション

oversimplification
オーバースイング　overswing
オーバースカート　overskirt
オーバースクルーピュラス　overscrupulous
オーバースタッフ　overstuff
オーバースタッフト　overstuffed
オーバーステア　oversteer
オーバーステイ　overstay
オーバースティミュレーション　overstimulation
オーバースティミュレート　overstimulate
オーバーステート　overstate
オーバーステップ　overstep
オーバーストック　overstock
オーバーストライク　overstrike
オーバーストライク・モード　overstrike mode
オーバーストラング　overstrung
オーバーストレイン　overstrain
オーバーストレス　overstress
オーバーストレッチ　overstretch
オーバースピル　overspill
オーバースプレッド　overspread
オーバースペンド　overspend
オーバースリープ　oversleep
オーバースロー　overthrow
オーバーセックスト　oversexed
オーバーセット　overset
オーバーゼラス　overzealous
オーバーセル　oversell
オーバーセンシティブ　oversensitive
オーバーターン　overturn
オーバーダイ　overdye
オーバータイア　overtire
オーバーダイアグノーズ　overdiagnose
オーバーダイグノーシス　overdiagnosis
オーバータイム　overtime
オーバータスク　overtask
オーバータックス　overtax
オーバーダブ　overdub
オーバーダン　overdone
オーバーチャー　overture
オーバーチャージ　overcharge
オーバーテイク　overtake
オーバーディベロップ　overdevelop
オーバーデターミネーション　overdetermination
オーバーデターミン　overdetermine
オーバーデュー　overdue
オーバーデリケート　overdelicate
オーバードゥー　overdo
オーバードーズ　overdose
オーバードーセージ　overdosage
オーバートーン　overtone
オーバードッグ　overdog
オーバートップ　overtop
オーバードライブ　overdrive
オーバードラフト　overdraft, -draught
オーバードラマタイズ　overdramatize
オーバートランプ　overtrump
オーバードリンク　overdrink
オーバートレイン　overtrain
オーバードレス　overdress
オーバードロー　overdraw
オーバードローン　overdrawn
オーバーナイター　overnighter
オーバーナイト　overnight
オーバーニー・ストッキングズ　overknee stockings
オーバーパーテッド　overparted
オーバーバーデン　overburden
オーバーハーベスト　overharvest
オーバーバイ　overbuy
オーバーバイト　overbite
オーバーハイプ　overhype
オーバーパス　overpass
オーバーパティキュラー　overparticular
オーバーバランス　overbalance
オーバーバリュー　overvalue
オーバーバリュエーション　overvaluation
オーバーパワー　overpower
オーバーパワリング　overpowering
オーバーハング　overhang
オーバーハンド　overhand
オーバーヒア　overhear
オーバーヒート　overheat
オーバービジー　overbusy
オーバービッド　overbid
オーバービュー　overview
オーバービルド　overbuild
オーバーファティーグ　overfatigue
オーバーファミリアー　overfamiliar
オーバーファミリアリティー　overfamiliarity
オーバーファンディング　overfunding

オーバーフィード　overfeed
オーバーフィッシュ　overfish
オーバーフィル　overfill
オーバーフォール　overfall
オーバーフォンド　overfond
オーバーブッキング　overbooking
オーバーブック　overbook
オーバーフライ　overfly
オーバープライス　overprice
オーバーフライト　overflight
オーバーブラウス　overblouse
オーバープラス　overplus
オーバーブリム　overbrim
オーバープリント　overprint
オーバーフル　overfull
オーバープルーフ　overproof
オーバープレー　overplay
オーバープレゼンス　overpresence
オーバーフロー　overflow
オーバーブロー　overblow
オーバーブローン　overblown
オーバープロダクション　overproduction
オーバープロテクション　overprotection
オーバープロテクティブ　overprotective
オーバープロテクト　overprotect
オーバープロデュース　overproduce
オーバーベア　overbear
オーバーベアリング　overbearing
オーバーペイ　overpay
オーバーペイメント　overpayment
オーバーヘッド　overhead
オーバーヘッド・アラウワンス　overhead allowance
オーバーヘッド・コスト　overhead cost
オーバーヘッド・プロジェクター　overhead projector, OHP
オーバーボート　overvote
オーバーボード　overboard
オーバーホール　overhaul
オーバーホールド　overhold
オーバーボールド　overbold
オーバーポピュレーション　overpopulation
オーバーポピュレーテッド　overpopulated
オーバーマスタリング　overmastering
オーバーマッチ　overmuch, overmatch
オーバーマントル　overmantel
オーバーユース　overuse
オーバーユーズ　overuse
オーバーライ　overlie
オーバーライダー　overrider
オーバーライディング　overriding
オーバーライト　overwrite
オーバーライド　override
オーバーライト・モード　overwrite mode
オーバーライプ　overripe
オーバーラップ　overlap
オーバーラン　overrun
オーバーランド　overland
オーバーリアクション　overreaction
オーバーリアクト　overreact
オーバーリー　overly
オーバーリーチ　overreach
オーバーリーフ　overleaf
オーバーリープ　overleap
オーバーリプリゼント　overrepresent
オーバールール　overrule
オーバールック　overlook
オーバーレイ　overlay
オーバーレート　overrate
オーバーレプリゼント　overrepresent
オーバーロート　overwrought
オーバーロード　overload, overlord
オーバーロング　overlong
オーバーワーク　overwork
オーバーン　auburn
オーハイ　Ojai
オーパイン　opine
オーパス　opus
オーパスワン　Opus One
オーバム　ovum
オーバリアル　ovarial
オーバリアン　ovarian
オーバリー　ovary
オーバル　oval
オーバル・オフィス　Oval Office
オービー　Obie
オーピー　Opie
オービー・ジーワイエヌ　ob-gyn, ob/gyn
オーピウミズム　opiumism
オーピウム　opium
オーピウム・デン　opium den
オーピウム・ポピー　opium poppy
オーピエート　opiate
オーピオロジー　opiology

オービソン　Orbison
オービター　orbiter
オービダクト　oviduct
オービタル　orbital
オービット　orbit
オービパラス　oviparous
オービフォーム　oviform
オーピメント　orpiment
オーフ　oaf
オーブ　orb
オーファネージ　orphanage
オーファン　orphan
オーファン・ドラッグ　orphan drug
オーフィーアン　Orphean
オーフィッシュ　oafish
オープナー　opener
オープニング　opening
オープニング・アワーズ　opening hours
オープニング・タイム　opening time
オープニング・ナイト　opening night
オープラ　Oprah
オーブラック　Aubrac
オーフリー　awfully
オーブリー　Aubrey
オーフル　awful
オーブル　oeuvre
オーフン　often
オーブン　oven
オープン　open
オープン・アームド　open-armed
オープン・アイド　open-eyed
オープン・アウトクライ　open outcry
オープン・アンド・シャット　open-and-shut
オーブンウェア　ovenware
オープン・エア　open air, open-air
オープン・エンデッド　open-ended
オープン・エンド　open-end
オープン・カット　open cut
オープンキャスト　opencast
オープン・ゲーム　open game
オープン・コース　open course
オープン・サンドイッチ　open sandwich
オープン・シー　open sea
オープン・シークレット　open secret
オープン・シーズン　open season
オープン・ショップ　open shop
オープン・スクール　open school
オープン・スタンス　open stance
オープン・スペース　open space
オープン・セサミ　open sesame
オープン・ソース　open source, open-source
オーフンタイムズ　oftentimes, ofttimes
オープン・チェック　open cheque
オープン・デー　open day
オープンデーティング・システム　opendating system
オープン・ドア　open door
オープン・バー　open bar
オープンハーテッド　openhearted
オープン・ハート　open-heart
オープン・ハウス　open house
オープン・ハンデッド　open-handed
オープン・フェース　open-face
オープン・フェースト　open-faced
オープン・ブック　open book
オープン・プラン　open plan
オープン・プリズン　open prison
オーブンプルーフ　ovenproof
オープン・ポート　open port
オープン・マーケット　open market
オープン・マインデッド　open-minded
オープンマウズド　openmouthed
オープン・ユニバーシティー　open university
オープンリー　openly
オープン・リール　open-reel
オープン・ループ　open-loop
オープン・レター　open letter
オーブン・レディー　oven-ready
オープンワーク　openwork
オーベート　ovate
オーベルジュ　Auberge, auberge
オーベルニュ　Auvergne
オー・ヘンリー　O. Henry
オーボイスト　oboist
オーボイド　ovoid
オーボエ　oboe
オーボワー　au revoir
オーマ　Omagh
オーマイガー　oh my god, omigod
オーマイゴッシュ　oh my gosh, omigosh
オーマイゴッド　oh my god, omigod
オーマン　Orman
オーミック　ohmic

オーム　ohm
オームズ　alms
オームズギバー　almsgiver
オームズギビング　almsgiving
オームズハウス　almshouse
オームメーター　ohmmeter
オーメン　omen
オーラ　aura
オーラ・ソーマ　Aura Soma, Aura-Soma
オーラフ　Olaf
オーラリ　orrery
オーラル　oral, aural
オーラル・コミュニケーション　oral communication
オーラル・セックス　oral sex
オーラル・ヒストリー　oral history
オーラル・ピル　oral pill
オーラル・メソッド　oral method
オーランドー　Orlando
オーランド・ブルーム　Orlando Bloom
オーランド・マジック　Orlando Magic
オーリアンダー　oleander
オーリー　awry
オーリーリア　Aurelia
オーリエート　aureate
オーリエル　oriel
オーリオール　aureole
オーリオグラフ　oleograph
オーリオマーガリン　oleomargarin(e)
オーリキュラ　auricula
オーリキュラー　auricular
オーリクル　auricle
オーリック　auric
オーリフェラス　auriferous
オーリン　Orrin
オール　all, awl, oar
オール・アウト　all-out
オール・アップ・ウェイト　all-up weight
オール・アメリカン　all-American
オール・アラウンド　all-around, all-round
オールイン　all-in
オール・インクルーシブ　all-inclusive
オール・インポータント　all-important
オール・イン・レスリング　all-in wrestling
オール・イン・ワン　all-in-one
オールウェーズ　always
オール・ウェザー　all-weather
オールウェザー・トラック　all-weather track
オール・エレクトリック　all-electric
オール・エンコンパシング　all-encompassing
オール・エンブレーシング　all-embracing
オール・オア・ナッシング　all-or-nothing
オール・オア・ナン　all-or-none
オールオーバー　allover
オール・クリアー　all clear
オールグレン　Algren
オールコット　Alcott
オール・スター　all-star
オールスパイス　allspice
オールズマン　oarsman
オールズマンシップ　oarsmanship
オールズモビル　Oldsmobile
オール・セインツ・デー　All Saints' Day
オール・ソウルズ・デー　All Souls' Day
オールソー　also
オールゾー　although
オールソープ　Althorp
オールソー・ラン　also-ran
オールソップ　Alsop
オールター　alter, altar
オールダー　alder
オールターピース　altarpiece
オールター・ボーイ　altar boy
オールダーマストン　Aldermaston
オールター・レール　altar rail
オール・タイム　all-time
オールダス　Aldous
オールダニー　Alderney
オールダム　Oldham
オールディー　oldie, oldy
オールディー・ワールディー　olde-worlde
オールディス　Aldis
オールディッシュ　oldish
オール・デー　all-day
オールデン　Alden
オールト　alt
オールド　old
オールド・イングリッシュ　Old English
オールド・イングリッシュ・シープドッグ　Old English sheepdog
オールド・ウーマニッシュ　old-womanish
オールド・ウーマン　old woman
オールトゥギャザー　altogether
オールド・エイジ　old age

オールド・エイジ・ペンション　old-age pension
オールド・ガード　Old Guard
オールド・ガール　old girl
オールド・カントリー　old country
オールド・グローリー　Old Glory
オール・ド・コンバ　hors de combat
オールド・スクール　old school
オールド・スクール・タイ　old school tie
オールドスター　oldster
オールド・スタイル　old style
オールド・ステージャー　old stager
オールド・ソルジャー　old soldier
オールド・タイマー　old-timer
オールド・タイム　old-time
オールド・テスタメント　Old Testament
オールドトラフォード　Old Trafford
オールド・ニック　Old Nick
オールドパー　Old Parr
オールド・ハット　old hat
オールドバラ　Aldeburgh
オールド・ハリー　Old Harry
オールド・ハンド　old hand
オールド・ピープルズ・ホーム　old people's home
オールド・ビック　Old Vic
オールド・ビル　Old Bill
オールド・ファッションド　old-fashioned
オールドフィールド　Oldfield
オールド・フォーギー　old fog(e)y
オールド・フレンチ　Old French
オールド・ボーイ　old boy
オールド・ボーイ・ネットワーク　old boy(s') network
オールド・マスター　old master
オールド・マン　old man
オールド・ミス　⇨オールド・メード
オールド・メーディッシュ　old-maidish
オールド・メード　old maid
オールド・ライン　old-line
オールド・ラッグ　old lag
オールド・ラング・ザイン　auld lang syne
オールドリッジ　Aldridge
オールドリッチ　Aldrich
オールドレッド　Aldred
オールド・レディー　old lady
オールド・ワールド　Old World, old-world
オールド・ワイブズ・テール　old wives' tale
オールド・ワン　old one
オールトン　Alton
オール・ナイター　all-nighter
オール・ナイト　all-night
オール・パーパス　all-purpose
オールバニー　Albany
オール・パワフル　all-powerful
オールバン　Alban
オールビー　Albee
オール・フールズ・デー　All Fools' Day
オール・フォーズ　all fours
オールブライト　Albright
オール・ブラックス　All Blacks
オールブラン　All-Bran
オールボワール　au revoir
オールマイティー　almighty
オールマン・ブラザーズ・バンド　Allman Brothers Band
オールモスト　almost
オールライト　alright
オール・ラウンダー　all-arounder, -rounder
オールレディー　already
オールロック　oarlock
オーレ　au lait, ore
オーレイ　olé
オーレート　orate
オーレオマイシン　Aureomycin
オーロビル　Auroville
オーロラ　Aurora
オーロラ・アウストラーリス　aurora australis
オーロラ・ボレアーリス　aurora borealis
オーロラル　auroral
オーロン　Orlon
オーン　awn
オカー　occur
オカーレンス　occurrence
オカピ　okapi
オカリナ　ocarina
オカルティスト　occultist
オカルティズム　occultism
オカルト　occult
オキーフ　O'Keeffe
オキサイド　oxide
オキサシクロペンタジエン　oxacyclopentadiene
オキサシリン　oxacillin

オキサゼパム　oxazepam
オキサゾラム　oxazolam
オキサトミド　oxatomide
オキサボロン　oxabolone
オキサリス　oxalis
オキサリック・アシッド　oxalic acid
オキサリプラチン　oxaliplatin
オキサンドロロン　oxandrolone
オキシアセチレン　oxyacetylene
オキシカイン　oxykine
オキシゲナーゼ　oxygenase
オキシコドン　oxycodone
オキシコンチン　OxyContin
オキシジェネーション　oxygenation
オキシジェネート　oxygenate
オキシジェン　oxygen
オキシダーゼ　oxidase
オキシダイザー　oxidizer
オキシダイザビリティー　oxidizability
オキシダイザブル　oxidizable
オキシダイズ　oxidize
オキシダイゼーション　oxidization
オキシダント　oxidant
オキシディック　oxidic
オキシデーション　oxidation
オキシデーティブ　oxidative
オキシデート　oxidate
オキシテトラサイクリン　oxytetracycline
オキシド　oxide
オキシドール　oxydol
オキシトシン　oxytocin
オキシベンゾン　oxybenzone
オキシメステロン　oxymesterone
オキシメトロン　oxymetholone
オキシモルフォン　oxymorphone
オキシモルホン　oxymorphone
オキシモロン　oxymoron
オキシラン　oxirane
オキシロフリン　oxilofrine
オキシン　oxine
オキュパイ　occupy
オキュパイヤー　occupier
オキュパンシー　occupancy
オキュパント　occupant
オキュペーショナル　occupational
オキュペーショナル・セラピー　occupational therapy
オキュペーション　occupation
オキュラー　ocular
オキュリスト　oculist
オクサイド　oxide
オクサナ　Oksana
オクシー　oxy
オクシジェネーション　oxygenation
オクシジェネート　oxygenate
オクシジェン　oxygen
オクシダイザー　oxidizer
オクシダイザビリティー　oxidizability
オクシダイザブル　oxidizable
オクシダイズ　oxidize
オクシダイゼーション　oxidization
オクシディック　oxidic
オクシデーティブ　oxidative
オクシデート　oxidate
オクシデンタリズム　Occidentalism
オクシデンタル　occidental
オクシデント　Occident
オクシパット　occiput
オクシピタル　occipital
オクシモロン　oxymoron
オグジリアリー　auxiliary
オクスフォード　Oxford
オクスブリッジ　Oxbridge
オクスプレノロール　oxprenolol
オクセン　oxen
オクソ　Oxo
オクソニアン　Oxonian
オクソ・バイオデグレーダブル　oxo-biodegradable
オクターブ　octave
オクタコサン　octacosane
オクタゴナル　octagonal
オクタゴン　octagon
オクタデカン　octadecane
オクタデセニル　octadecenyl
オクタノイル　octanoyl
オクタノール　octanol
オクタビアヌス　Octavian
オクタビオ　Octavio
オクタヘドライト　octahedrite
オクタヘドロン　octahedron
オクタメーター　octameter
オクタン　octane
オクタント　octant

オクタン・ナンバー　octane number
オクタン・レーティング　octane rating
オクチサレート　octisalate
オクチル　octyl
オクチルアミン　octylamine
オクチルドデカノール　octyldodecanol
オクチルフェノール　octylphenol
オクテービア　Octavia
オクテービアス　Octavius
オクテーボ　octavo
オクテット　octet(te)
オグデン　Ogden
オクト　octo-, octa-, oct-
オクトーバー　October
オクトーバーフェスト　Oktoberfest
オクトクリレン　octocrylene
オクトジェネリアン　octogenarian
オクトシラブル　octosyllable
オクトチアミン　octotiamine
オクトパス　octopus
オクトパミン　octopamine
オクトルーン　octoroon
オクトレオチド　octreotide
オクラ　okra
オ・グラタン　au gratin
オクラトキシン　ochratoxin
オクラホマ　Oklahoma
オクラホマ・シティー　Oklahoma City
オクラホマン　Oklahoman
オ・クラン　au courant
オクルーシブ　occlusive
オクルーデッド・フロント　occluded front
オクルード　occlude
オクロック　o'clock
オケアニス　Oceanid
オケアノス　Oceanus
オケーシー　O'Casey
オケージョナリー　occasionally
オケージョナル　occasional
オケージョン　occasion
オコーナー　O'Connor
オコナー　O'Connor
オコンネル　O'Connell
オザーク　Ozark
オザグレル　ozagrel
オサスナ　Osasuna
オサマ・ビンラディン　Osama bin Laden
オサリバン　O'Sullivan
オシ　Ossi, Osh
オシアス　osseous
オシアン　Ossian
オジー　Ozzie
オジー・オズボーン　Ozzy Osbourne
オシーン　Oisin
オシェトラ　Oscietra
オシファイ　ossify
オシフィケーション　ossification
オジブウェー　Ojibwa, -way
オシム　Osim
オシメン　ocimene
オ・ジュ　au jus
オシュアリー　ossuary
オシュコシュ　Oshkosh
オシラトリー　oscillatory
オシリス　Osiris
オシレーション　oscillation
オシレーター　oscillator
オシレート　oscillate
オシログラフ　oscillograph
オシロスコープ　oscilloscope
オス　os
オズ　Oz
オスカー　Oscar
オスカー・メイヤー　Oscar Mayer
オスカー・ワイルド　Oscar Wilde
オスカル　Oscar
オスキュレーション　osculation
オスキュレート　osculate
オスタルジー　Ostalgie
オステオアースライティス　osteoarthritis
オステオクラスト　osteoclast
オステオジェネシス　osteogenesis
オステオジェネティック　osteogenetic
オステオパシー　osteopathy
オステオパシック　osteopathic
オステオパス　osteopath
オステオブラスト　osteoblast
オステオポローシス　osteoporosis
オステオポロティック　osteoporotic
オステオロジー　osteology
オステリア　osteria
オステンシブ　ostensive
オステンシブル　ostensible
オステンテーシャス　ostentatious

オステンテーション　ostentation
オストポリティーク　Ostpolitik
オストミー　ostomy
オストメイト　ostomate
オストラキスモス　ostracism
オストラサイズ　ostracize
オストラシズム　ostracism
オストリッチ　ostrich
オストロゴート　Ostrogoth
オストロゴシック　Ostrogothic
オズバート　Osbert
オスプレイ　Osprey
オスマン　Osman
オスミウム　osmium
オスモーシス　osmosis
オスモース　osmose
オズモース　osmose
オスモティック　osmotic
オズモンド　Osmond
オスラー　ostler
オズリック　Osric
オスロ　Oslo
オズワルト　Oswalt
オズワルド　Oswald
オセアニア　Oceania
オセアニアン　Oceanian
オセアニック　oceanic
オセチア　Osetia, Ossetia
オセラス　ocellus
オセルタミビル　Oseltamivir
オセロ　Othello
オセロット　ocelot
オゾケライト　ozokerite
オゾナー　ozoner
オゾナイザー　ozonizer
オゾナイズ　ozonize
オゾナイゼーション　ozonization
オゾニゼーション　ozonization
オゾノスフィア　ozonosphere
オゾン　ozone
オゾン・フレンドリー　ozone-friendly
オゾン・ホール　ozone hole
オゾン・レイヤー　ozone layer
オタゴ　Otago
オダリスク　odalisque, -lisk
オタワ　Ottawa
オックス　ox
オックスアイ　oxeye
オックスタン　oxtongue
オックステール　oxtail
オックスハード　oxherd
オックスファム　Oxfam, OXFAM
オックスフォード　Oxford
オックスフォードシャー　Oxfordshire
オックスフォード・ブルー　Oxford blue
オックスフォード・ユニバーシティー　Oxford University
オックスブラッド　oxblood
オックスブリッジ　Oxbridge
オックスボウ　oxbow
オックスリップ　oxlip
オックソン　Oxon.
オッシー　Aussie
オッズ　odds
オッズ・オン　odds-on
オッズメーカー　oddsmaker
オッソ・ブーコ　osso buco, osso bucco
オッソ・ブッコ　osso buco, osso bucco
オッター　otter
オッターハウンド　otterhound
オッディティー　oddity
オッド　odd, od, ’od
オットー　Otto
オッド・ジョバー　odd jobber
オッド・ジョブマン　odd-jobman
オッドネス　oddness
オッドボール　oddball
オットマン　Ottoman
オッド・マン・アウト　odd man out
オッドメント　oddment
オッドリー　oddly
オップアート　op art
オップエド　op-ed
オッフェンバック　Offenbach
オッペンハイマー　Oppenheimer
オディンガ　Odinga
オデオン　Odéon, Odeon
オデッセー　Odyssey
オデッタ　Odetta
オデット　Odette
オテッロ　Otello
オデュッセイア　Odyssey
オデュッセウス　Odysseus
オトゥール　hauteur, auteur, O’Toole

オトラリンゴロジー　otolaryngology
オトラント　Otranto
オドラント　odorant
オドリフェラス　odoriferous
オトロジー　otology
オドントロジー　odontology
オドンネル　O'Donnell
オナー　honor, honour
オナー・システム　honor system
オナーズ・リスト　honours list
オナー・ロール　honor roll
オナイダ　Oneida
オナシス　Onassis
オナニー　Onanie
オナニズム　onanism
オナラブリー　honorably
オナラブル　honorable
オナラブル・メンション　honorable mention
オナラリー　honorary
オナラリウム　honorarium
オナリー　honoree
オナリフィック　honorific
オナレリアム　honorarium
オニール　O'Neill
オニオン　onion
オニオンスキン　onionskin
オニオン・ドーム　onion dome
オニックス　onyx
オネーギン　Onegin
オネガ　Onega
オネスティー　honesty
オネスト　honest
オネスト・トゥー・グッドネス　honest-to-goodness
オネストリー　honestly
オネラス　onerous
オノマトピア　onomatopoeia
オノマトピーイック　onomatopoeic
オノマトペー　onomatopée
オノンダガ　Onondaga
オバート　overt
オバートネス　overtness
オバーリン　Oberlin
オパール　opal
オハイオ　Ohio
オバジ　Obagi
オパシティー　opacity
オパシファイ　opacify
オバデヤ　Obadiah
オバマ　Obama
オパライズ　opalize
オパライン　opaline
オバルブミン　ovalbumin
オパレッセンス　opalescence
オパレッセント　opalescent
オバンボ　Ovambo
オハンロン　O'Hanlon
オビ　obi
オビア　obeah
オピアム　opium
オビーシティー　obesity
オビース　obese
オビーディエンス　obedience
オビーディエント　obedient
オビエド　Oviedo
オピオイド　opioid
オビチュアリー　obituary
オビット　obit
オビテル・ディクトゥム　obiter dictum
オピニオネーティブ　opinionative
オピニオネーテッド　opinionated
オピニオン　opinion
オピニオン・ポール　opinion poll
オピニオン・リーダー　opinion leader
オピューン　oppugn
オビュレーション　ovulation
オビュレート　ovulate
オピュレンス　opulence
オピュレント　opulent
オフ　off
オブ　of
オファー　offer
オファトリー　offertory
オファリー　Offaly
オファリング　offering
オファル　offal
オフィーリア　Ophelia
オフィサー　officer
オフィシエーション　officiation
オフィシエーター　officiator
オフィシエート　officiate
オフィシナル　officinal
オフィシャス　officious

オフィシャリー　officially
オフィシャリーズ　officialese
オフィシャリズム　officialism
オフィシャル　official
オフィシャル・サイト　official site
オフィシャル・サプライヤー　official supplier
オフィシャルダム　officialdom
オフィシャル・レシーバー　Official Receiver
オフィシャント　officiant
オフィス　office
オフィス・アワーズ　office hours
オフィス・オートメーション　office automation
オフィス・ガール　office girl
オフィス・ビルディング　office building
オフィス・ブロック　office block
オフィス・ベアラー　office-bearer
オフィス・ボーイ　office boy
オフィスホルダー　officeholder
オフィスメート　officemate
オフィス・ワーカー　office worker
オフィス・ワークステーション　office workstation
オフィッシュ　offish
オフ・イヤー　off year
オフィング　offing
オプ・エド　op-ed
オフェンシブ　offensive
オフェンス　offense, offence
オフェンスレス　offenseless
オフェンダー　offender
オフェンディング　offending
オフェンド　offend
オフ・オフ・ブロードウェー　off-off-Broadway
オフカット　offcut
オフ・カラー　off-color
オフ・キー　off-key
オフキャスト　offcast
オフ・キルター　off-kilter
オフ・グリッド　off-grid
オブザーバー　observer
オブザーバトリー　observatory
オブザーバブル　observable
オブザーバンス　observance
オブザーバント　observant
オブザービング　observing
オブザーブ　observe
オフ・サイト　off-site
オフサイド　offside
オフ・ザ・ウォール　off-the-wall
オフ・ザ・カフ　off-the-cuff
オフ・ザ・シェルフ　off-the-shelf
オフ・ザ・ブックス　off-the-books
オブザベーショナル　observational
オブザベーション　observation
オブザベーション・カー　observation car
オブザベーション・ポスト　observation post
オフ・ザ・ペッグ　off-the-peg
オフ・ザ・ラック　off-the-rack
オフサルミア　ophthalmia
オフサルミック　ophthalmic
オフサルモスコープ　ophthalmoscope
オフサルモロジー　ophthalmology
オフサルモロジカル　ophthalmological
オフサルモロジスト　ophthalmologist
オフサルモロジック　ophthalmologic
オフ・ザ・レコード　off-the-record
オブシークイアス　obsequious
オフ・シーズン　off-season
オプジーボ　Opdivo
オブシーン　obscene
オブジェ　objet
オブジェクショナブル　objectionable
オブジェクション　objection
オブジェクター　objector
オブジェクティビスト　objectivist
オブジェクティビズム　objectivism
オブジェクティビティー　objectivity
オブジェクティブ　objective
オブジェクティファイ　objectify
オブジェクティブ・レンズ　objective lens
オブジェクト　object
オブジェクト・グラス　object glass
オブジェクト・コード　object code
オブジェクト・レッスン　object lesson
オブジェクト・レンズ　object lens
オブジェ・ダール　objet d'art
オブシディアン　obsidian
オブジャゲート　objurgate
オフシュート　offshoot
オフショア　offshore
オフショアリング　offshoring
オプショナル　optional

オプショナル・ツアー optional tour
オプション option
オプシン opsin
オブスキュア obscure
オブスキュランティスト obscurantist
オブスキュランティズム obscurantism
オブスキュリティー obscurity
オブスキュレーション obscuration
オフスクリーン offscreen
オブスタクル obstacle
オブスタクル・コース obstacle course
オブスタクル・レース obstacle race
オプス・デイ Opus Dei
オブスティナシー obstinacy
オブスティネート obstinate
オフステージ offstage
オブステトリカル obstetrical
オブステトリシャン obstetrician
オブステトリック obstetric
オブステトリックス obstetrics
オブストラクショニスティック obstructionistic
オブストラクショニスト obstructionist
オブストラクショニズム obstructionism
オブストラクション obstruction
オブストラクター obstructor, -ter
オブストラクティブ obstructive
オブストラクト obstruct
オフ・ストリート off-street
オブストレペラス obstreperous
オフスプリング offspring
オブセクイズ obsequies
オブセス obsess
オブセッシブ obsessive
オブセッショナル obsessional
オブセッション obsession
オフセッティング offsetting
オフセット offset
オブセニティー obscenity
オフ・センター off-center
オプソナイズ opsonize
オプソニック opsonic
オプソニファイ opsonify
オプソニン opsonin
オブソリート obsolete
オブソレッセンス obsolescence
オブソレッセント obsolescent
オブダクション obduction
オプタティブ optative
オプチミスト optimist
オフ・チャンス off chance
オブチュース obtuse
オプティカル optical
オプティカル・アート optical art
オプティカル・グラス optical glass
オプティカル・スキャニング optical scanning
オプティカル・ディスク optical disk [disc]
オプティカル・ファイバー optical fiber
オプティカル・マウス optical mouse
オプティクス optics
オプティシャン optician
オプティック optic
オプティックス optics
オブテイナブル obtainable
オプティマ optima
オプティマイザー optimizer
オプティマイズ optimize
オプティマイゼーション optimization
オプティマス Optimus
オプティマム optimum
オプティマル optimal
オプティマル・ヘルス optimal health
オプティミスティック optimistic
オプティミスト optimist
オプティミズム optimism
オプティミゼーション optimization
オブテイン obtain
オフ・デー off day
オブテュース obtuse
オフ・デューティー off-duty
オブデュラシー obduracy
オブデュレート obdurate
オフト oft
オプト opt
オプト・アウト opt-out
オプト・イン opt-in
オプトエレクトロニクス optoelectronics
オプトエレクトロニック optoelectronic
オプトグラム optogram
オフトタイムズ ofttimes
オプトメーター optometer
オプトメカニカル・マウス optomechanical mouse

オプトメトリー　optometry
オプトメトリスト　optometrist
オフトラック　offtrack
オブトルーシブ　obtrusive
オブトルージョン　obtrusion
オブトルード　obtrude
オブノクシャス　obnoxious
オブバース　obverse
オフハンド　offhand
オブビアス　obvious
オフ・ピーク　off-peak
オフビート　offbeat
オブビエーション　obviation
オブビエート　obviate
オフピステ　off-piste
オブファスケーション　obfuscation
オブファスケート　obfuscate
オフ・プッティング　off-putting
オフ・プライス　off-price
オフプリント　offprint
オフ・ブロードウェー　off-Broadway
オフ・ホワイト　off-white
オフ・メッセージ　off-message
オプラ　Oprah
オブライエン　O'Brien
オブライジ　oblige
オブライジング　obliging
オフ・ライセンス　off-license
オフ・ライン　off-line
オフ・ライン・ミーティング　off-line meeting
オフランプ　off-ramp
オブリーク　oblique
オブリガート　obbligato, obli-
オブリガトリー　obligatory
オブリクイティー　obliquity
オブリゲーション　obligation
オブリゲート　obligate
オブリゴーア　obligor
オブリジー　obligee
オブリテレーション　obliteration
オブリテレート　obliterate
オブリビアス　oblivious
オブリビオン　oblivion
オフ・リミッツ　off-limits
オブレーション　oblation
オブレート　oblate
オフ・レーベル　off-label
オフレコ　⇨オフ・ザ・レコード
オプレス　oppress
オプレッサー　oppressor
オプレッシブ　oppressive
オプレッション　oppression
オフ・ローディング　off-roading
オフ・ロード　off-road, off-load
オフロキサシン　ofloxacin
オブロクイー　obloquy
オプロブリアス　opprobrious
オプロブリアム　opprobrium
オブロング　oblong
オペ　op
オペア　au pair
オヘア・エアポート　O'hare Airport
オベイ　obey
オベイサンス　obeisance
オベイサント　obeisant
オペーク　opaque
オベーション　ovation
オペック　OPEC
オペラ　opera
オペラ・グラス　opera glass
オペラ・コミック　opéra comique
オペラティック　operatic
オペラティブ　operative
オペラ・ハウス　opera house
オペラ・ハット　opera hat
オペラビリティー　operability
オペラ・ブッファ　opera buffa
オペラブル　operable
オペランド　operand
オベリスク　obelisk
オペル　Opel
オペレーショナライズ　operationalize
オペレーショナル　operational
オペレーショナル・リサーチ　operational research
オペレーション　operation
オペレーションズ・リサーチ　operations research
オペレーション・センター　operation center
オペレーション・ローリー　Operation Raleigh
オペレーター　operator
オペレーティング　operating
オペレーティング・システム　operating

system
オペレーティング・リース　operating lease
オペレート　operate
オペレッタ　operetta
オベロイ　Oberoi
オベロン　Oberon
オペロン　operon
オボアルブミン　ovalbumin
オホー　oho
オポーズ　oppose
オポーズド　opposed
オホーツク　Okhotsk
オポーネント　opponent
オボグロブリン　ovoglobulin
オポジショニスト　oppositionist
オポジション　opposition
オポジッション・パーティー　opposition party
オポジット　opposite
オポジット・ナンバー　opposite number
オポチューニスティック　opportunistic
オポチューニティー　opportunity
オポチューン　opportune
オポチュニスティック　opportunistic
オポチュニスト　opportunist
オポチュニズム　opportunism
オポチュニティー　opportunity
オポッサム　opossum
オボビテリン　ovovitellin
オボフラビン　ovoflavin
オボムチン　ovomucin
オポルト　Oporto
オボレシチン　ovolecithin
オマージュ　hommage, homage
オマータ　omertà, -ta
オマーニ　Omani
オマール　homard
オマーン　Oman
オマハ　Omaha
オマリー　O'Malley
オマル　Omar
オミクロン　omicron, -kron
オミッシブル　omissible
オミッション　omission
オミット　omit
オミディア　Omidyar
オミナス　ominous
オム　homme
オムスク　Omsk
オムニアム　omnium
オムニアム・ギャザラム　omnium-gatherum
オムニシェンス　omniscience
オムニシェント　omniscient
オムニチャネル　omni-channel, omnichannel
オムニバス　omnibus
オムニフェリアス　omnifarious
オムニプレゼンス　omnipresence
オムニプレゼント　omnipresent
オムニボア　omnivore
オムニポテンス　omnipotence
オムニポテント　omnipotent
オムニボラス　omnivorous
オムレツ　omelet(te)
オムレット　omelet(te)
オメガ　omega, Omega
オメガスリー　omega-3
オメプラゾール　omeprazole
オライリー　O'Reilly
オラキュラー　oracular
オラクル　oracle
オラトリー　oratory
オラトリオ　oratorio
オラトリカル　oratorical
オラニエ　Oranje
オラファー・エリアソン　Olafur Eliasson
オラン　Oran
オランウータン　orangutan, -outan, -tang
オランザピン　olanzapine
オランジュリー　orangery, -rie
オランダ　⇨ホランド
オランデーズ　hollandaise
オリアンジナス　oleaginous
オリー　Ollie
オリーブ　olive
オリーブ・オイル　olive oil, Olive Oyl
オリーブ・クラウン　olive crown
オリーブ・グリーン　olive green
オリーブ・ツリー　olive tree
オリーブ・ドラッブ　olive drab
オリーブ・ブランチ　olive branch
オリエンタライズ　orientalize
オリエンタリスト　orientalist
オリエンタリズム　orientalism

オリエンタル　oriental
オリエンテーション　orientation
オリエンテーション・コース　orientation course
オリエンテート　orientate
オリエンテーリング　orienteering
オリエンテッド　oriented
オリエント　orient
オリオウ　olio
オリオール　oriole
オリオールズ　(Baltimore) Orioles
オリオン　Orion
オリオンズ・ベルト　Orion's Belt
オリガーキー　oligarchy
オリガーク　oligarch
オリガルヒ　oligarch
オリゲネス　Origen
オリゴサカライド　oligosaccharide
オリゴシーン　Oligocene
オリゴジーン　oligogene
オリゴトロフィー　oligotrophy
オリゴトロフィック　oligotrophic
オリゴヌクレオチド　oligonucleotide
オリゴプソニー　oligopsony
オリゴフルクトース　oligofructose
オリゴペプチド　oligopeptide
オリゴポリー　oligopoly
オリゴポリスティック　oligopolistic
オリゴポリスト　oligopolist
オリゴマー　oligomer
オリゴマイシン　oligomycin
オリゴメライゼーション　oligomerization
オリゴメリゼーション　oligomerization
オリゴメリック　oligomeric
オリザニン　oryzanin
オリザノール　oryzanol
オリジナティブ　originative
オリジナリー　originally
オリジナリスト　originalist
オリジナリズム　originalism
オリジナリティー　originality
オリジナル　original
オリジナル・インストルメント　original instrument
オリジナル・シン　original sin
オリジネーション　origination
オリジネーター　originator
オリジネーティブ　originative
オリジネート　originate
オリジン　origin
オリジンズ　Origins
オリス　orris, -rice
オリスルート　orrisroot
オリゼニン　oryzenin
オリックス　oryx
オリッサ　Orissa
オリノコ　Orinoco
オリノコ・タール　Orinoco tar
オリバー　Oliver
オリバー・カーン　Oliver Kahn
オリバー・ストーン　Oliver Stone
オリバー・ツイスト　Oliver Twist
オリバンダー　Ollivander
オリビア　Olivia
オリビエ　Olivier
オリビン　olivine
オリブ　Olives
オリフィシャル　orificial
オリフィス　orifice
オリベイラ　Oliveira
オリベッティ　Olivetti
オリベナイト　olivenite
オリュンポス　Olympus
オリンパス　Olympus
オリンピア　Olympia
オリンピアード　Olympiad
オリンピアン　Olympian
オリンピック　Olympic
オリンピック・ゲームズ　Olympic Games
オリンポス　Olympus
オルガ　Olga
オルガスム　orgasm
オルガニスト　organist
オルガネラ　organelle
オルガノゲル　organogel
オルガノゾル　organosol
オルガノハロゲン　organohalogen
オルガノン　organon
オルガン　organ
オルガン・グラインダー　organ-grinder
オルガン・ブローワー　organ-blower
オルガン・ロフト　organ loft
オルキス　orchis
オルグレン　Algren

オルザグ　Orszag
オルジェー　orgeat
オルシノール　orcinol
オルセイン　orcein
オルセー　Orsay
オルセン　Olsen
オルソ　orth-, ortho-
オルソクレース　orthoclase
オルソケラトロジー　orthokeratology
オルソン　Olson
オルター・エゴ　alter ego
オルターナティブ　alternative
オルターナティブ・コンジャンクション　alternative conjunction
オルターナティブ・スクール　alternative school
オルターナティブ・メディスン　alternative medicine
オルダーマン　alderman
オルタケーション　altercation
オルタケート　altercate
オルタナティブ　alternative
オルタネーション　alternation
オルタネーター　alternator
オルタネーティング・カーレント　alternating current
オルタネート　alternate
オルタレーション　alteration
オルテガ　Ortega
オルテタミン　ortetamine
オルデン　Olden
オルデンバーグ　Oldenburg
オルデンブルク　Oldenburg
オルト　orth-, ortho-
オルトカイン　orthocaine
オルトキー　Alt key
オルトトリジン　orthotolidine
オルドビシャン　Ordovician
オルトフェニルフェノール　orthophenylphenol
オルトルイズム　altruism
オルニチン　ornithine
オルバーマン　Olbermann
オルファクション　olfaction
オルファクトメーター　olfactometer
オルファクトメトリー　olfactometry
オルファクトリー　olfactory
オルフェウス　Orpheus
オルフェナドリン　orphenadrine
オルメルト　Olmert
オルモル　ormolu
オルラーヌ　Orlane
オルリー　Orly
オルロジェリー　horlogerie
オルロフ　Orlov
オレ　olé
オレアイダ　Ore-Ida
オレアンドマイシン　oleandomycin
オレイ　Olay
オレイアス　oread
オレイル　oleyl
オレイン　olein
オレウム　oleum
オレーション　oration
オレーター　orator
オレオ　Oreo
オレオグラフ　oleograph
オレオレジン　oleoresin
オレガノ　oregano
オレゴニアン　Oregonian
オレゴン　Oregon
オレゴン・トレール　Oregon Trail
オレス　oleth
オレステス　Orestes
オレフィニック　olefinic
オレフィン　olefin, -fine
オレン　Oren
オレンジ　orange
オレンジー　orangy, orangey
オレンジエード　orangeade
オレンジッシュ　orangish
オレンジ・ピール　orange peel
オレンジ・ブロッサム　orange blossom
オレンジ・ペコー　orange pekoe
オレンジ・ボウル　Orange Bowl
オレンジャリー　orangery, -rie
オレンジ・ラフィー　orange roughy
オロジェニー　orogeny
オロソムコイド　orosomucoid
オロタンド　orotund
オロチョン　Oroqen
オロンテス　Orontes
オン　on
オン・アゲン・オフ・アゲン　on-again, off-

again
オンエア　on air
オンカミング　oncoming
オングストローム　angstrom, ångström
オンゴーイング　ongoing
オンコール　on-call
オンコジーン　oncogene
オンコジェネシス　oncogenesis
オンコスト　oncost
オンコロジー　oncology
オンコロジカル　oncological
オンコロジスト　oncologist
オン・サイト　on-site
オンサイド　onside
オン・ザ・シーン　on-the-scene
オン・ザ・ジョブ　on-the-job
オン・ザ・スポット　on-the-spot
オンシジューム　oncidium
オンショア　onshore
オンショアリング　onshoring
オンス　ounce
オン・スクリーン　on-screen
オンステージ　onstage
オン・ストリート　on-street
オン・ストリーム　on-stream
オンスロート　onslaught
オンセット　onset
オンダーチェ　Ondaatje
オンタリアン　Ontarian
オンタリオ　Ontario
オンダンセトロン　ondansetron
オンデマンド　on demand
オントゥー　onto
オントジェニー　ontogeny
オントロジー　ontology
オンブズマン　ombudsman
オンブレ　ombre, omber, hombre
オンフロー　onflow
オンボード　onboard
オン・メッセージ　on-message
オン・ライセンス　on-license
オン・ライン　on-line
オンライン・ショッピング　online shopping
オンライン・バンキング　online banking
オンラッシュ　onrush
オンラッシング　onrushing
オンランプ　on-ramp
オンリー　only
オンリー・ワン・アース　Only One Earth
オン・リミッツ　on-limits
オンルッカー　onlooker
オンルッキング　onlooking
オンワーズ　onwards
オンワード　onward

カ

カー　car, Carr, cur, Karr
ガー　gar
カー・ウォッシュ　car wash
ガーガー　gaga
カーカス　carcass, carcase
カーキ　khaki
ガーキン　gherkin, ger-
カーク　kirk, Kirk
カークウッド　Kirkwood
カークパトリック　Kirkpatrick
カークビー　Kirkby
ガーグル　gargle, gurgle
カーゴ　cargo
ガーゴイル　gargoyle
カー・コート　car coat
カーゴ・パンツ　cargo pants
カーゴ・ポケット　cargo pocket
カーゴマスター　Cargomaster
カーサ　casa
カージ　khazi
カーシー　Kashi
カージー　kersey
カーシェアリング　car sharing
カージオグラフ　cardiograph
カージオグラム　cardiogram
カージオパルモナリー　cardiopulmonary
カージオロジー　cardiology
カーシック　carsick
カージナルス　(St. Louis) Cardinals
カーシノジェニック　carcinogenic
カーシブ　cursive
カーシャ　kasha
カージャック　carjack
ガーシュイン　Gershwin
カーショールトン　Carshalton
カース　curse
カーズ　Carr's
ガース　garth, girth, Garth
ガース・コントロール　girth control
カースス・ベルリー　casus belli
カースティー　Kirsty
カースティン　Kerstin
カーステン　Kirsten
カースト　caste, cursed, curst
ガーズ・バン　guard's van
ガーズマン　guardsman
カースル　castle
ガーゼ　gauze
カーソリアル　cursorial
カーソリー　cursory
カーソル　cursor
カーソン　Carson
カーソン・シティー　Carson City
ガーダ　Gerda
カーター　Carter, carter
カーダー　carder, cadre
ガーター　garter, gutter
ガーダー　girder
ガーター・ステッチ　garter stitch
ガーター・スネーク　garter snake
ガーター・ベルト　garter belt
カーダシアン　Kardashian
ガーダシル　Gardasil
カー・チェイス　car chase
カー・チェース　car chase
カーツィー　curtsy, curtsey
カーツワイル　Kurzweil
カーディアック　cardiac
ガーディアン　guardian
ガーディアン・エンジェル　guardian angel
ガーディアンシップ　guardianship
カーディー　curdy, qadi
ガーティー　Gertie, Gerty
カーディオバスキュラー　cardiovascular
カーディオロジー　cardiology
カーディガン　cardigan
カーティス　Curtis
ガーディナー　Gardiner

カーディナル　cardinal
カーディナル・ナンバー　cardinal number
カーディナル・バーチューズ　cardinal virtues
カーディナル・フラワー　cardinal flower
カーディナル・ポインツ　cardinal points
カーディフ　Cardiff
カーティラジナス　cartilaginous
カーテイル　curtail
カーティレージ　cartilage
カーティン　Curtin
カーディング　carding
カーテージ　cartage
カーテシアン　Cartesian
カーテシー・ライト　courtesy light
ガーデッド　guarded
ガーデナー　gardener
ガーデニア　gardenia
ガーデニング　gardening
カーデュ　Cardhu
カーテン　curtain
ガーデン　garden
ガーデン・アパートメント　garden apartment
カーテン・ウォール　curtain wall
ガーデン・クォーツ　garden quartz
カーテン・コール　curtain call
ガーデン・サバーブ　garden suburb
ガーデン・シティー　garden city
ガーデン・センター　garden center
ガーデン・パーティー　garden party
ガーデン・ハウス　garden house
ガーデン・バラエティー　garden-variety
カーテン・レイザー　curtain raiser
カーテン・レクチャー　curtain lecture
カート　cart, kart, curt, Kurt, kat, khat, qat, quat
カード　card, curd
ガート　girt, Gert
ガード　guard, gird
カード・インデックス　card index, card-index
カートゥーニスト　cartoonist
カートゥーニッシュ　cartoonish
カートゥーン　cartoon
カード・カタログ　card catalog [catalogue]
カード・キャリング　card-carrying
カートグラファー　cartographer
カートグラフィー　cartography
カートグラフィカル　cartographical
カートグラフィック　cartographic
カード・ゲーム　card game
カード・シャーク　card shark
カードシャーパー　cardsharper
カードシャープ　cardsharp
カード・テーブル　card table
ガード・ドッグ　guard dog
カート・トラック　cart track
ガートナー　Gartner
ガードハウス　guardhouse
カードバス　CardBus
カード・パンチ　card punch
カード・ファイル　card file
カードプレイヤー　cardplayer
カートホイール　cartwheel
カート・ホース　cart horse
カード・ボート　card vote
カードボード　cardboard
カードボード・シティー　cardboard city
カードホールダー　cardholder
カードホルダー　cardholder
カードホン　cardphone
カートライト　cartwright
カードラン　curdlan
カートリッジ　cartridge
カートリッジ・ペーパー　cartridge paper
カートリッジ・ベルト　cartridge belt
カードル　curdle
ガードル　girdle
ガートルード　Gertrude
ガードルーム　guardroom
ガードレール　guardrail
カート・ロード　cart road, cartload
カード・ローン　card loan
ガードワラ　gurdwara
カートン　carton
ガーナ　Ghana, garner
カーナバル　carnaval
カーナビー・ストリート　Carnaby Street
カー・ナビゲーション　car navigation
カーナリティー　carnality
カーナル　carnal
ガーニアン　Ghanian
カーニー　carny

ガーニー　gurney
ガーニーズ　Ghanese
ガーニチャー　garniture
ガーニッシー　garnishee
ガーニッシュ　garnish
ガーニッシュメント　garnishment
カーニバル　carnival
カーニボラス　carnivorous
カーニング　kerning
カーヌスティ　Carnoustie
ガーネイアン　Ghanaian
カーネージ　carnage
カーネーション　carnation
カーネギー　Carnegie
カーネギー・ホール　Carnegie Hall
ガーネット　garnet, Garnett
カーネリアン　carnelian
カーネル　colonel, kernel
カーネル・コーン　kernel corn
カーネル・サンダース　Colonel Sanders
カーネル・ブリンプ　Colonel Blimp
カーバー　carver, Kaaba, Ka'ba, Caaba
ガーバー　Gerber
カー・パーク　car park
カーハート　Carhartt
ガーハート　Gerhart
ガーハード　Gerhard
カーバーン　carbarn
カーバイド　carbide
カーバチャー　curvature
カーバメート　carbamate
カーバリー　carvery
カーパル　carpal
カーバンクル　carbuncle
カービー　curvy, Kirby
ガービー　Garvey
カービュライズ　carburize
カービュレット　carburet
カービリニアー　curvilinear
カービリニアル　curvilineal
カーヒル　Cahill
カービン　carbine
カービング　carving
カーピング　carping
カービング・ナイフ　carving knife
カービング・フォーク　carving fork
カーフ　calf, kerf
カーブ　curve, carve, carb, curb
カープ　carp
ガーブ　garb
ガーファ　GAFA
カーブ・アウト　carve-out
カーファックス　carfax
カーブ・アップ　carve-up
ガーファンクル　Garfunkel
ガーフィールド　Garfield
ガーフィッシュ　garfish
カーフィリー　Caerphilly
カーブート・セール　car-boot sale
カー・プール　car pool, carpool
カーフェア　carfare
カー・フェリー　car ferry
カー・フォーン　car phone
カーブ・クローリング　kerb-crawling
カーブサイド　curbside
カーフスキン　calfskin
カーブストーン　curbstone
カーブ・チェーン　curve chain
カーブド　curved
カーブ・ドリル　kerb drill
カーブボール　curveball
カーフュー　curfew
カーフ・ラブ　calf love
ガーブル　garble
カーブ・ルーフ　curb roof
ガーベイ　Garvey
ガーベージ　garbage
ガーベージ・カン　garbage can
ガーベージ・コレクター　garbage collector
ガーベージ・トラック　garbage truck
ガーベージマン　garbageman
カーペッティング　carpeting
カーペット　carpet
カーペット・スウィーパー　carpet sweeper
カーペット・スリッパー　carpet slipper
カーペットバッガー　carpetbagger
カーペットバッグ　carpetbag
カーペット・ボミング　carpet bombing
ガーベラ　gerbera
カーペンター　carpenter
カーペンターズ　Carpenters
カーペントリー　carpentry
カーボイ　carboy
カーポート　carport

カーホップ　carhop
カーボナイズ　carbonize
カーボナイゼーション　carbonization
カーボナス　carbonous
カーボナタイト　carbonatite
カーボニゼーション　carbonization
カーボニック　carbonic
カーボニフェラス　carboniferous
カーボネーシャス　carbonaceous
カーボネーション　carbonation
カーボネート　carbonate
カーボハイドレート　carbohydrate
カーボランダム　Carborundum
ガーボロジー　garbology
カーボン　carbon
カーボン・オフセット　carbon offset
カーボン・クレジット　carbon credit
カーボン・コピー　carbon copy
カーボン・サイクル　carbon cycle
カーボン・シンク　carbon sink
カーボン・ダイオキサイド　carbon dioxide
カーボン・デーティング　carbon dating
カーボン・デート　carbon-date
カーボン・テトラクロライド　carbon tetrachloride
カーボン・ニュートラル　carbon neutral
カーボン・ファイバー　carbon fiber
カーボン・フォーティーン　carbon 14
カーボン・ブラック　carbon black
カーボン・ペーパー　carbon paper
カーボン・モノキサイド　carbon monoxide
カーマ　kerma
カーマイケル　Carmichael
カーマジョン　curmudgeon
カーマスートラ　Kamasutra
カーミット　Kermit
カーミン　carmine
カーミング・シグナル　calming signal
カーム　calm
カームネス　calmness
カームリー　calmly
カーメーカー　carmaker
カーメラ　Carmela, -mella
カーメル　Carmel
カーメン　Carmen
ガーメント　garment
ガーメント・バッグ　garment bag
カーモード　Kermode
カーラ　Carla, Kara, Karla
ガーラ　gala
カーラー　curler
カーライル　Carlyle, Carlisle
カーラッシュ　Curlash
カーラ・ブルーニ　Carla Bruni
ガーランド　garland
カーリー　curly, Carly, Kali
ガーリー　girlie, girly
カー・リース　car lease
カーリキュー　curlicue, curly-
ガーリッキー　garlicky
ガーリック　garlic
ガーリッシュ　girlish
カーリン　Carlin
カーリング　curling, Carling
カーリング・アイアン　curling iron
カーリング・ストーン　curling stone
カール　curl, Carl
ガール　girl, guar, gare
カールー　curlew
ガール・ガイド　girl guide
ガール・スカウト　girl scout
カールスバーグ　Carlsberg
カールソン　Carlson
カール・ツァイス　Carl Zeiss
カールド　curled
カールトン　Carleton, Carlton
ガールフッド　girlhood
ガール・フライデー　girl Friday
ガールフレンド　girlfriend
カールペーパー　curlpaper
カーレド・ホッセイニ　Khaled Hosseini
カーレンシー　currency
カーレント　current
カーレント・アカウント　current account
カーレント・アセッツ　current assets
カーレントリー　currently
カーロ　Kahlo
カーロー　Carlow
カーロード　carload
カーロス　Carlos
カーロッタ　Carlotta
カーロフ　Karloff
カーン　Kahn, Khan
ガーンジー　Guernsey

カーンプル　Kanpur
カイ　chi, kai
ガイ　guy
ガイア　Gaea, Gaia
カイアズマス　chiasmus
ガイアナ　Guyana
カイアナイト　kyanite, cyanite
ガイアニーズ　Guyanese
カイーク　caïque, caique
カイエ　cahier
カイエン　cayenne
カイエン・ペッパー　cayenne pepper
ガイガー　Geiger
ガイガー・カウンター　Geiger counter
ガイガー・ミュラー・カウンター　Geiger-Müller counter
カイク　kike
カイザー　kaiser
ガイザー　geyser
カイザースラウテルン　Kaiserslautern
カイザー・パーマネンテ　Kaiser Permanente
ガイシンガー　Geisinger
ガイズ　guise
ガイスト　Geist
カイゼル　kaiser
ガイダンス　guidance
カイチン　chitin
ガイデッド・ツアー　guided tour
ガイデッド・ミサイル　guided missile
カイテル　Keitel
カイト　kite
ガイド　guide
ガイドウェー　guideway
カイトサーファー　kitesurfer
カイトサーフィング　kitesurfing
ガイド・ドッグ　guide dog
ガイトナー　Geithner
カイト・バルーン　kite balloon
ガイドブック　guidebook
カイトボーダー　kiteboarder
カイトボーディング　kiteboarding
ガイドポスト　guidepost
カイトマーク　kitemark
ガイドライン　guideline
ガイド・ワード　guide word
ガイネコロジー　gynecology
ガイネコロジスト　gynecologist
カイネスセティック　kinesthetic
カイネチン　kinetin
カイネティック　kinetic
カイネティックス　kinetics
ガイノセントリック　gynocentric
カイバー　Khyber
カイバル　Khyber
カイピリーニャ　caipirinha
カイブ　kibe
ガイ・フォークス・デー　Guy Fawkes Day
カイボッシュ　kibosh, ky-
カイマー　Kaymer
カイマン　caiman, cay-
カイヤナイト　kyanite, cyanite
カイヨー　Cailliaud
カイラリティー　chirality
カイラル　chiral
ガイランゲルフィヨルド　Geirangerfjord
カイリー　kylie, kyley
カイリー・ミノーグ　Kylie Minogue
カイリュー　Cailliaud
カイル　Kyle
ガイル　guile
カイルア　Kailua
ガイルフル　guileful
ガイルレス　guileless
カイロ　Cairo
ガイ・ロープ　guy rope
カイログラファー　chirographer
カイログラフィー　chirography
カイロス　kairos
カイロプラクター　chiropractor
カイロプラクティック　chiropractic
カイロポディー　chiropody
カイロポディスト　chiropodist
カイロマンシー　chiromancy
カイロミクロン　chylomicron
カイン　Cain
カインダブ　kind of
カインド　kind
カインドネス　kindness
カインドハーテッド　kindhearted
カインドリー　kindly
カウ　cow
カウアー　cower
カウアイ　Kauai, Kaui
ガウェイン　Gawain

カウエル　Cowell
カウガール　cowgirl
カウキャッチャー　cowcatcher
ガウジ　gouge
カウシェッド　cowshed
ガウス　gauss
ガウス・アクション　Gauss Action
ガウス・メーター　gauss meter
カウスリップ　cowslip
カウダ　cauda
カウタウ　kowtow
カウチ　couch
カウチ・グラス　couch grass
カウチ・ポテト　couch potato
ガウチャー　Goucher
カウチャント　couchant
カウチュク　caoutchouc
ガウチョ　gaucho
カウチン・セーター　Cowichan sweater
ガウティー　gouty
カウディヨ　caudillo
ガウト　gout
カウハード　cowherd
カウバード　cowbird
カウハイド　cowhide
カウハウス　cowhouse
カウパット　cowpat
カウパンチャー　cowpuncher
カウハンド　cowhand
カウピー　cowpea
カウヒール　cowheel
カウフィッシュ　cowfish
カウフマン　Kaufman
カウベル　cowbell
カウペンズ　Cowpens
カウボーイ　cowboy
カウボーイ・ハット　cowboy hat
カウポーク　cowpoke
カウポックス　cowpox
カウマン　cowman
カウリ　kauri, -rie, -ry
カウリー　cowrie, -ry, Cowley
カウリック　cowlick
カウリング　cowling
カウル　cowl
カウワード　coward
カウワードリー　cowardly
カウワディス　cowardice
ガウン　gown
カウンシラー　councillor, -cilor
カウンシル　council
カウンシル・スクール　council school
カウンシル・タックス　council tax
カウンシル・ハウス　council house
カウンシルマン　councilman
ガウンズマン　gownsman
カウンセラー　counselor, -sellor
カウンセリー　counselee
カウンセリング　counseling, -selling
カウンセル　counsel
カウンター　counter, counter-
カウンターアーギュメント　counterargument
カウンターアクション　counteraction
カウンターアクティブ　counteractive
カウンターアクト　counteract
カウンターアタック　counterattack
カウンターアトラクション　counterattraction
カウンターアピール　counterappeal
カウンターイリタント　counterirritant
カウンターインサージェンシー　counterinsurgency
カウンターインテュイティブ　counterintuitive
カウンターインテューイティブ　counterintuitive
カウンターインテリジェンス　counterintelligence
カウンターウェイト　counterweight
カウンターエグザンプル　counterexample
カウンターエスピオナージュ　counterespionage
カウンターオフェンシブ　counteroffensive
カウンターカルチャー　counterculture
カウンターカレント　countercurrent
カウンタークレーム　counterclaim
カウンタークロックワイズ　counterclockwise
カウンターサイン　countersign
カウンターシグナチャー　countersignature
カウンターシンク　countersink
カウンタースカープ　counterscarp
カウンターストライク　counterstrike

カウンターストローク counterstroke
カウンタースパイ counterspy
カウンターチェック countercheck
カウンターチェンジ counterchange
カウンターチャージ countercharge
カウンターテナー countertenor
カウンターデモンストレーション counterdemonstration
カウンターデモンストレーター counterdemonstrator
カウンターデモンストレート counterdemonstrate
カウンターテロリスト counterterrorist
カウンターテロリズム counterterrorism
カウンタートップ countertop
カウンタードラッグ counterdrug
カウンタートレード countertrade
カウンターパート counterpart
カウンターバランス counterbalance
カウンターパンチ counterpunch
カウンターパンチャー counterpuncher
カウンターフェイト counterfeit
カウンターフォイル counterfoil
カウンターフォース counterforce
カウンターブラスト counterblast
カウンターブロー counterblow
カウンタープログラミング counterprogramming
カウンタープロダクティブ counterproductive
カウンタープロット counterplot
カウンタープロポーザル counterproposal
カウンターベイリング・デューティー countervailing duty
カウンターベイル countervail
カウンターペーン counterpane
カウンターポイズ counterpoise
カウンターポイント counterpoint
カウンターマーチ countermarch
カウンターマン counterman
カウンターマンド countermand
カウンタームーブ countermove
カウンターメジャー countermeasure
カウンター・リフォーメーション Counter-Reformation
カウンターレボリューショナリー counterrevolutionary
カウンターレボリューション counterrevolution
カウンタブル countable
カウンティー county
カウンティー・カウンシル county council
カウンティー・クリケット county cricket
カウンティー・コート county court
カウンティー・シート county seat
カウンティー・スクール county school
カウンティー・タウン county town
カウンティー・バラ county borough
カウンティー・ファミリー county family
カウンティー・フェア county fair
カウンティングハウス countinghouse
カウンテス countess
カウンテナンス countenance
カウント count
カウントダウン countdown
カウント・ナウン count noun
カウント・ベイシー Count Basie
カウントレス countless
カエサリアン Caesarean, -ian
カエサリアン・セクション Caesarean section
カエサリスト Caesarist
カエサリズム Caesarism
カエサル Caesar
カオス chaos
カオティック chaotic
カオ・マン・ガイ khao man gai
カオラウ cao lau
カオラック Khao Lak
カオリナイト kaolinite
カオリン kaolin, -line
カオルーン Kowloon
カカ Kaká
ガガーリン Gagarin
カカオ cacao
カカオ・マス cacao mass
カガメ Kagame
カキナダ Kakinada
カギュ Kagyu
カギュー Kagyu
カクーニング cocooning
カグール cagoule, kagoule
カクストン Caxton
カクタイ cacti

カクタス　cactus
カクテル　cocktail
カクテル・ドレス　cocktail dress
カクテル・パーティー　cocktail party
カクテル・ラウンジ　cocktail lounge
カクトゥス　cactus
カコクセナイト　cacoxenite
カコグラフィー　cacography
カコフォナス　cacophonous
カコフォニー　cacophony
ガザ・ストリップ　Gaza Strip
カサット　Cassatt
カサノバ　Casanova
カサバ　casaba, cassaba
カザフ　Kazakh, Kazak
カザフスタン　Kazakhstan
カサブランカ　Casablanca
カサ・ミラ　Casa Milà
カザルス　Casals
カザン　Kazan
ガザンダー　gazunder
カサンドラ　Cassandra
ガザンプ　gazump, -zumph
ガシアス　gaseous
カシータ　casita
カシーノ　casino
ガジェット・バッグ　gadget bag
カシオ　Casio
カシオペア　Cassiopeia
カシス　cassis
カジノ　casino
ガシファイ　gasify
ガシフィケーション　gasification
カシミア　Cashmere
カシミール　Kashmir
カシャーサ　cachaca, -ça
カシャガン　Kashagan
カジュアル　casual
カジュアル・ウォーター　casual water
カジュアル・フラワー　casual flower
カシュー　cashew, cachou
カシューナッツ　cashew nut
カシュガル　Kashgar
カシュクール　cache-coeur
カジョ　Cayo
カジョー　Cudjo, Cudjoe
カジョール　cajole
ガジリオン　gazillion
カス　cuss
ガス　gas, Gus
カズー　kazoo
ガス・オイル　gas oil
ガス・ガズラー　gas-guzzler
ガス・ガズリング　gas-guzzling
カスカディア　Cascadia
カスカラ　cascara
カスク　cask, casque
ガス・クールド　gas-cooled
カスケード　cascade
カスケード・レンジ　Cascade Range
カスケット　casket, casquette
ガスケット　gasket
ガスコイン　Gascoigne
ガス・ステーション　gas station
カスター・オイル　castor oil
カスター・オイル・プラント　castor-oil plant
カスター・シュガー　castor sugar
カスタード　custard
カスター・ビーン　castor bean
ガス・タービン　gas turbine
ガスタス　Gustus
カスタディー　custody
ガスタトリー　gustatory
カスタネット　castanet
カスタマー　customer
カスタマー・セントリック　customer-centric
カスタマー・ハウス　⇨カスタム・ハウス
カスタマー・レポ　customer repo
カスタマイザビリティー　customizability
カスタマイザブル　customizable
カスタマイズ　customize
カスタマイゼーション　customization
カスタマリー　customary
カスタム　custom
カスタム・デザインド　custom-designed
カスタム・ハウス　customhouse, customs-
カスタム・ビルト　custom-built
カスタム・メイド　custom-made
カスタム・メード　custom-made
ガス・タンク　gas tank
ガス・チェンバー　gas chamber
ガスティー　gusty
カスティール・ソープ　Castile soap
カスティリアン　Castilian

カスティリオーネ Castiglione
カスティリヤ Castile
カスティリャ Castile, Castilla
ガステーション gustation
カステラ castella
カステラネタ Castellaneta
カステルバジャック Castelbajac
カステレーテッド castellated
ガスト gust
ガストー gusto
カストーディアル custodial
カストーディアン custodian
カストディー custody
カストラート castrato
ガストライティス gastritis
ガストリー ghastly
カストリーズ Castries
ガストリック gastric
ガストリン gastrin
カストレーション castration
カストレート castrate
ガストレクトミー gastrectomy
カストロ Castro
ガストロインテスティナル gastrointestinal
ガストロエンテライティス gastroenteritis
ガストロエンテロロジー gastroenterology
カストロール Castrol
ガストロカメラ gastrocamera
ガストロスコープ gastroscope
ガストロノミー gastronomy
ガストロノミカル gastronomical
ガストロノミック gastronomic
ガストロパシー gastropathy
ガストロパブ gastropub
ガストロヘパティック gastrohepatic
ガストロポッド gastropod
ガストロリス gastrolith
ガストロロジー gastrology
ガストロロジスト gastrologist
ガストン Gaston
ガズニー Ghazni
カズネージ cozenage
カスバ Casbah, Kasbah
ガスパー gasper
カスバート Cuthbert
ガス・バーナー gas burner
ガスパール Gaspard
ガス・ハイドレート gas hydrate
ガスパチョ gazpacho
ガスバッグ gasbag
カスパロフ Kasparov
カスピ Caspian
カスピッド cuspid
カスピデート cuspidate
カスピドー cuspidor, -dore
カスプ cusp
ガスプ gasp
ガス・ファイア gas fire
ガス・ファイアード gas-fired
ガス・フィッター gas fitter
ガスプロム Gazprom
ガスホルダー gasholder
ガス・マスク gas mask
ガスマン gasman
カズム chasm
ガス・メーター gas meter
カズラ chasuble
ガズラー guzzler
ガス・ライター gas lighter
ガスライト gaslight
ガス・ランプ gas lamp
ガスリー Guthrie
ガス・リング gas ring
ガズル guzzle
カスレー cassoulet
カスロン Caslon
ガスワークス gasworks
カズン cousin, cozen
カズン・イン・ロー cousin-in-law
カズン・ジャーマン cousin-german
カズンフッド cousinhood
カズンリー cousinly
カゼイン casein
ガゼーボ gazebo
ガゼッティア gazetteer
カセット cassette
ガセット gusset
ガゼット gadget, gazette
ガゼティア gadgeteer
カセドラル cathedral
ガゼトリー gadgetry
ガゼル gazelle
カセロール casserole
カソウェアリー cassowary

カソード　cathode, kath-
カソード・レイ　cathode ray
カソード・レイ・チューブ　cathode-ray tube
カソック　cassock
ガソホール　gasohol
ガソメーター　gasometer
カソリック　Catholic
ガソリン　gasoline, -lene
ガソリン・スタンド　⇨ガス・ステーション
ガター　gutter
カターニア　Catania
カターリ　Qatari, Katari
カタール　Qatar, Katar
カダール　khaddar
カタクーム　catacomb
カタクリズマル　cataclysmal
カタクリズミスト　cataclysmist
カタクリズミック　cataclysmic
カタクリズム　cataclysm
カタゲン　catagen
カタコーム　catacomb
カタコンベ　catacomb
カタストロフィー　catastrophe
カタストロフィスト　catastrophist
カタストロフィズム　catastrophism
カタストロフィック　catastrophic
カタトニア　catatonia
カタニア　Catania
カダバー　cadaver
カタパルト　catapult
カタファルク　catafalque
ガダフィ　Gaddafi
カダベラス　cadaverous
カダベリン　cadaverine
カタボリズム　catabolism, ka-
カタボリック　catabolic
カタマウンテン　cat-a-mountain, cat-o'-
カタマウント　catamount
カタマラン　catamaran
カタマラン・ヨット　catamaran yacht
カタラーゼ　catalase
カタライザー　catalyzer
カタライズ　catalyze
カタラクト　cataract
カタラン　Catalan
ガタリ　Guattari
カタリーナ　Katharina
カタリシス　catalysis
カタリスト　catalyst
カタリティック　catalytic
カタリティック・クラッカー　catalytic cracker
カタリティック・コンバーター　catalytic converter
カタル　catarrh
カタルーニャ　Catalonia, Catalunya
ガダルカナル　Guadalcanal
カタルシス　catharsis, ka-
カタルティック　cathartic
カタルパ　catalpa
カタレプシー　catalepsy
カタレプティック　cataleptic
カタロガー　cataloger, -loguer
カタログ　catalog, -logue
カタロニア　Catalonia
カタンザーロ　Catanzaro
カタンザロ　Catanzaro
カチーフ　kerchief
カチオン　cation, kat-
カチナ　katc(h)ina
カチャトーラ　cacciatora
カチャトーレ　cacciatore
カチョカバロ　caciocavallo
カチン　cathine, Kachin-
カチンスキ　Kaczyński
カツァブ　Katsav
カッコルド　cuckold
ガッサー　gasser
カッサータ　cassata
カッサバ　cassava
ガッサン　Gassan
カッサンドラ　Cassandra
ガッシー　gassy, gushy, gussy, gussie
カッシーニ　Cassini
カッシーラー　Cassirer
カッジェル　cudgel
ガッシャー　gusher
ガッシュ　gush
ガッジョン　gudgeon
ガッシング　gushing
カッスル　castle
カッター　cutter
ガッター　gutter
ガッタースナイプ　guttersnipe

ガッター・プレス　gutter press
ガッタラル　guttural
ガッチャ　gotcha
カッチャー　Kutcher
カッツ　Katz
ガッツ　guts
ガッツィー　gutsy
ガッティー　gutty
カッティング　cutting
カッティング・エッジ　cutting edge
カッティング・ルーム　cutting room
カッテージ・チーズ　cottage cheese
ガッデム　goddam(n)
カット　cut
カッド　cud, quad
ガット　got, gut, gat
カットアウェー　cutaway
カットアウト　cutout
カットアウト・ボックス　cutout box
カットアップ　cutup
カット・アンド・ドライ　cut-and-dry
カット・アンド・ペースト　cut and paste
ガットゥーゾ　Gattuso
カットウォーター　cutwater
カットオーバー　cutover
カットオフ　cutoff
カット・グラス　cut glass
ガット・コース　gut course
カットスロート　cutthroat
カットバック　cutback
カット・プライス　cut-price
カットラー　cutler
カットライン　cutline
カットラス　cutlass, -las
カットラリー　cutlery
カット・レート　cut-rate
ガットレス　gutless
ガット・ロット　gut-rot
カットワーム　cutworm
カッパ　kappa, cuppa
カッパー　cupper
カッパーフィールド　Copperfield
カッパ・ジョー　cuppa joe
カッパドキア　Cappadocia
カッピング　cupping
カッピング・グラス　cupping glass
カップ　cup
カップケーキ　cupcake
カップ・タイ　cup tie
カップ・ファイナル　Cup Final
カップフル　cupful
カップベアラー　cupbearer
カップボード　⇨カバード
カップホールダー　cupholder
カップホルダー　cupholder
カップリング　coupling
カップリング・シュガー　coupling sugar
カップル　couple
カッペリーニ　capellini, Cappellini
カツレツ　cutlet
カディー　Cuddie
カティー・サーク　Cutty Sark
カディス　Cádiz
カディス・フライ　caddis fly
カディマ　Kadima
カティン　Katyn
カテーテル　catheter
カテカイズ　catechize
カテガット　Kattegat
カテキスト　catechist
カテキズム　catechism
カテキュー　catechu
カテキューメン　catechumen
カテキン　catechin
カテケティカル　catechetical
カテケティック　catechetic
カテコール　catechol
カテコールアミン　catecholamine
カテゴライズ　categorize
カテゴリー　category
カテゴリカル　categorical
カデット　cadet, Kadett
カデット・コー　cadet corps
カテドラ　cathedra
カテドラル　catedral, cathedral
カテナチオ　catenaccio
カテナリー　catenary
カテニン　catenin
カテネーション　catenation
カテネート　catenate
カテリーナ　Caterina
カデンツ　cadence
カデンツァ　cadenza
ガトウィック・エアポート　Gatwick Airport

カドゥーシウス　caduceus
カドー　Caddo
ガトー　gateau, gâ-
ガトー・ショコラ　gâteau au chocolat
カトーバ　Catawba
カドヘリン　cadherin
カトマイザー　cartomizer
カトマンズ　Katmandu, Kath-
カドミウム　cadmium
カドミウム・イエロー　cadmium yellow
カドミウム・セル　cadmium cell
カドモス　Cadmus
カトラリー　cutlery
カドリ　cadre
カドリー　cuddly
カトリーナ　Katrina
カドリール　quadrille
カトリオナ　Catriona
カトリサイズ　catholicize
カトリシズム　Catholicism
カトリシティー　catholicity
カトリック　Catholic
カトリック・エピッスル　Catholic Epistles
カトリック・チャーチ　Catholic Church
ガドリナイト　gadolinite
ガドリニウム　gadolinium
カトリン　Katrine
ガトリン　Gatlin
ガトリング　Gatling
ガトリング・ガン　Gatling gun
カトル　cuttle
カドル　cuddle
カドルサム　cuddlesome
カトルフィッシュ　cuttlefish
カトルボーン　cuttlebone
カトレア　cattleya
カドワラダー　Cadwallader
カナ　Cana
カナード　canard
カナカ　Kanaka
カナスタ　canasta
カナダ　Canada
カナダ・グース　Canada goose
カナダ・デー　Canada Day
カナダ・ドライ　Canada Dry
カナック　Canuck
ガナッシュ　ganache
カナッペ　canapé
カナディアニズム　Canadianism
カナディアン　Canadian
カナディアン・フレンチ　Canadian French
カナディアン・ベーコン　Canadian bacon
カナナラ　Kununurra
カナバニン　canavanine
カナビス　cannabis
カナビス・サタイバ　Cannabis sativa
カナベラル　Canaveral
カナマイシン　kanamycin
カナライズ　canalize
カナリア　canary
カナリア・アイランズ　Canary Islands
カナリア・イエロー　canary yellow
カナリス　canalis
カナリヤ　canary
カナル　canal
カナルサイド　canalside
カナル・ゾーン　Canal Zone
カナルボート　canalboat
カナン　Canaan
カナンガ　Cananga
カニー　canny
ガニー　gunny
ガニーサック　gunnysack
カニエ　Kanye
カニエ・ウェスト　Kanye West
カニキン　cannikin
カニシャス　Canisius
カニス・マイナー　Canis Minor
カニス・メージャー　Canis Major
カニバライズ　cannibalize
カニバライゼーション　cannibalization
カニバリスティック　cannibalistic
カニバリズム　cannibalism
カニバル　cannibal
カニューレ　cannulae
カニンガム　Cunningham
カニング　cunning
カニングハム　Cunningham
カヌー　canoe
カヌーイスト　canoeist
カヌート　Canute, Cnut, Knut
カヌードル　canoodle
カヌレ　cannelé
ガネーシャ　Ganesha, -nesh

カネリーニ　cannellini
カネロニ　canne(l)loni
カノーラ　canola
カノーラ・オイル　canola oil
カノッサ　Canossa
カノナイズ　canonize
カノナイゼーション　canonization
カノニカライズ　canonicalize
カノニカライゼーション　canonicalization
カノニカリゼーション　canonicalization
カノニカル　canonical
カノニカル・アワーズ　canonical hours
カノニシティー　canonicity
カノニゼーション　canonization
カノネード　cannonade
カノン　canon, cannon
カノンボール　cannonball
カノン・ロー　canon law
カバ　cava, kava
カバー　cover
カバーアップ　cover-up
カバーオール　coverall
カバー・ガール　cover girl
カバー・クロップ　cover crop
カバー・ストーリー　cover story
カバーチャー　coverture
カバー・チャージ　cover charge
カバーデール　Coverdale
カバート　covert
カバード　cupboard
カバード・オプション　covered option
カバート・コート　covert coat
カバード・ブリッジ　covered bridge
カバード・ライター　covered writer
カバード・ラブ　cupboard love
カバード・ワゴン　covered wagon
カバーニャ　cabana, -baña
カバー・ノート　cover note
カバーリッド　coverlid
カバーレット　coverlet
カパケーリー　capercaillie
カパケールジー　capercailzie
カバザイト　chabazite
カバディ　Kabaddi
カバティーナ　cavatina
カバナ　cabana, -baña
ガバナー　governor
ガバナー・ジェネラル　governor-general
ガバナーシップ　governorship
カバナ・セット　cabana set
ガバナビリティー　governability
ガバナブル　governable
ガバナンス　governance
ガバニング　governing
ガバネーター　governator
ガバネス　governess
カバブ　kabob, kebab, kebob, cabob
ガバペンチン　gabapentin
ガバメンタル　governmental
ガバメント　government
ガバメント・イッシュー　government issue
ガバメント・サープラス　government surplus
ガバメント・セキュリティー　government security
ガバメント・ペーパー　government paper
カハラ　Kahala
カバラ　cabala, cabbala(h), kab(b)a-
カバラー　caballer
カバリスティック　cabalistic, kabbalistic
カバリズム　cabalism
カバリング　covering
カバリング・ノート　covering note
カバリング・レター　covering letter
カバル　cabal
カパルア　Kapalua
カバルカード　cavalcade
カバルディノ・バルカリア　Kabardino-Balkaria
カバルディノ・バルカル　Kabardino-Balkar
カバレージ　coverage
カバレッジ　coverage
カバレロ　caballero
ガバン　govern
ガバンメンタル　governmental
ガバンメント　government
ガビアル　gavial
カビー　covey
カビーホール　cubbyhole
カヒコ　kahiko
カピサ　Kapisa
カビタス　covetous
カピトル　Capitol
カピバラ　capybara

カビラ Kabila
カビリア Cabiria
カフ cuff
カブ cub
ガフ guff
カファー Kaffir
カファッフル kerfuffle, car-, kur-
カフィ cafe
カフィア・ライム caffir lime
カフィー Cuffee, Cuffy
カフィール Kaffir, Kafir
カフィエ kaffiyeh
カフー Cafu
カブウェ Kabwe
カブース caboose
カブーリ Kabuli
カブール Kabul
カプール Kapur
カフェ café, cafe
カフェイン caffeine, -fein
カフェ・オレ café au lait
カフェ・カーテン café curtain
カフェティエール cafetière
カフェテリア cafeteria
カフェ・ノワール café noir
カフェ・モカ caffè mocha
カフェ・ラテ caffè latte
ガフォー guffaw
カフカ Kafka
カフカエスク Kafkaesque
カフカス ⇨コーカシア
カプサイシノイド capsaicinoid
カプサイシン capsaicin
カプサンチン capsanthin
カプシュラー capsular
カフス cuffs
カブス (Chicago) Cubs
カブ・スカウト Cub Scout
カフスボタン ⇨カフ・リンクス
カプセル capsule
カフタン caftan, kaftan
カプチーノ cappuccino
カプチン Capuchin
カプット kaput, -putt
カプトプリル captopril
カフナ kafuna, kahuna
カプラー coupler
カプラン Kaplan
カプリ Capri
カプリース caprice
ガブリエラ Gabriela
ガブリエル Gabriel, Gabrielle
カブリオール cabriole
カプリオール capriole
カプリコーン Capricorn
カプリシャス capricious
カプリス caprice
カプリチョーザ capriciosa
カプリッチョ capriccio
カプリ・パンツ capri pants
カプリリル caprylyl
カフリンク cufflink
カプリング coupling
カフ・リンクス cuff links
カフルイ Kahului
カプレーゼ caprese
カプレット couplet
カブ・レポーター cub reporter
カブレラ Cabrera
カプロラクタム caprolactam
カブン coven
カベーシャス curvaceous, -cious
カペッロ Capello
カベラス Cabela's
ガベル gavel
カベルゴリン cabergoline
カペルナウム Capernaum
カベルネ・ソービニヨン Cabernet Sauvignon
カポ capo
カポーティ Capote
カボート cavort
カホオラウェ Kahoolawe
ガボール Gabor
カホキア Cahokia
カポジ・サルコーマ Kaposi's sarcoma
カボション cabochon
カポタスト capotasto
カポック kapok, ca-
カボット Cabot
ガボット gavotte, -vot
カポディモンテ Capodimonte
カポナータ caponata
ガボニーズ Gabonese

カポネ　Capone
カボベルデ　Cape Verde
カポレジーム　caporegime
ガボローネ　Gaborone
ガボロジー　garbology
ガボン　Gabon
ガマ　Gama
カマー　comer
カマーバンド　cummerbund, kum-
カマズレン　chamazulene
カマチョ　Camacho
カマユラ　Kamayura
カマラドリー　camaraderie
カマロ　Camaro
カマンベール　Camembert
ガミー　gummy
カミーズ　kameez
ガミーヌ　gamine
カミーユ　Camille
カミール　Camille
カミオカンデ　Kamiokande
カミカゼ　kamikaze
カミソール　camisole
カミック　Kamik
カミツレ　⇨カモミール
カミュ　Camus
カミラ　Camilla
カミルレ　⇨カモミール
カミロ　Camillo
カミン　Comyn
ガミン　gamin
カミング　coming
カミング・アウト　coming-out
カミングズ　Cummings
カム　come, cam, cum
ガム　gum
ガム・アカシア　gum acacia
カムアッタブル　come-at-able
カムアッパンス　comeuppance
ガム・アラビック　gum arabic
カム・オン　come-on
カムカム　camu-camu
カムクワット　kumquat, cum-
カムコーダー　camcorder
カムジャタン　gamjatang
カムシャフト　camshaft
ガムシュー　gumshoe
カムストック　Comstock
カムダウン　comedown
カムチャツカ　Kamchatka
ガム・ツリー　gum tree
ガムドロップ　gumdrop
カムバック　comeback
カム・ヒザー　come-hither
カムフラージュ　camouflage
カムラン　Cam Ranh
ガムラン　gamelan
カムリ　Camry
カムリー　comely
ガム・レジン　gum resin
ガメイ　Gamay
ガメー　Gamay
ガメート　gamete
カメオ　cameo
ガメサ　Gamesa
カメハメハ　Kamehameha
カメラ　camera
カメラ・アイ　camera-eye
カメラ・オブスキュラ　camera obscura
カメラ・シャイ　camera-shy
カメラマン　cameraman
カメリア　camellia, camelia
カメル　camel
カメルーニアン　Cameroonian
カメルーン　Cameroon, -oun
カメルズ・ヘア　camel's hair
カメルバック　camelback
カメル・ヘア　camel hair
カメレオニック　chameleonic
カメレオン　chameleon
カメレライト　kammererite
カモ　camo
カモフラージュ　camouflage
カモマイル　⇨カモミール
カモミール　chamomile
カモミラ　chamomilla
カモン　come-on
ガモン　gammon
カヤッカー　kayaker
カヤック　kayak, kaiak
カヤナイト　kyanite, cyanite
カヤパ　Cayapa
カヤプテン　cajeputene
ガヤルド　Gallardo

カヤン　Kayan
カユーガ　Cayuga
カユプテ　cajeput, cajuput
ガラ　gala, Gullah
カラー　color, colour, collar, calla
カラー・アナリスト　color analist
カラー・アレンジメント　color arrangement
カラー・ウォッシュ　color wash
カラー・ガード　color guard
カラーキャスト　colorcast
カラー・コード　color code, color-code
カラー・コーン　color cone
カラ・アザール　kala-azar
カラー・サプルメント　color supplement
カラー・スキーム　color scheme
カラー・スタッド　collar stud
カラー・ダイナミックス　color dynamics
カラー・ディスプレイ　color display
カラーテレビ　⇨カラーテレビジョン
カラーテレビジョン　color television [TV]
カラード　colored
ガラード　Garrard
カラー・バー　color bar
カラー・バックラッシュ　color backlash
カラーファースト　colorfast
カラー・フィールド　color-field
カラー・ブラインド　color-blind
カラー・ベアラー　color-bearer
カラーボーン　collarbone
カラーラ　Carrara
カラー・ライン　color line
カラーリスト　colorist
カラーリング　coloring
カラーレス　colorless
カライナ　carina
カラウザル　carousal
カラウズ　carouse
カラウパパ　Kalaupapa
カラカウア　Kalakaua
カラカス　Caracas
カラカラ　Caracalla
カラギーナン　carageenan
カラクール　karakul
ガラクタン　galactan
ガラクチトール　galactitol
ガラクチン　galactin
ガラクトース　galactose
ガラクトキナーゼ　galactokinase
ガラクトサミン　galactosamine
ガラクトサン　galactosan
ガラクトシダーゼ　galactosidase
ガラクトシド　galactoside
ガラクトシル　galactosyl
ガラクトシルセラミド　galactosylseramide
ガラクトリピド　galactolipid
ガラクトリピン　galactolipin
ガラゴ　galago
カラコルム　Karakorum
ガラ・コンサート　gala concert
カラザ　chalaza
カラザース　Carruthers
カラザーズ　Carruthers
カラジウム　caladium
カラジッチ　Karadžić
カラシニコフ　Kalashnikov
カラジャス　Carajás
カラジュ　Karaj
カラス　callous, Callas
ガラス　glass
ガラス・セラミック　glass-ceramic
ガラタ　Galata
カラチ　Karachi
カラチャガナク　Karachaganak
カラック　carrack
カラッシュ　calash
カラット　carat, karat
ガラテイア　Galatea
ガラテヤ　Galatia
カラドック　Caradoc
カラトラバ　Calatrava
ガラナ　guarana
ガラパゴス　Galápagos
カラバッシュ　calabash
カラバッジョ　Caravaggio
ガラハッド　Galahad
カラハリ　Kalahari
ガラパン　Garapan
ガラビーヤ　galabeya
カラビナ　carabiner
カラビニア　carabineer, -nier
カラフ　carafe
カラブース　calaboose
カラブリア　Calabria
カラフル　colorful

カラペイス　carapace
カラマーゾフ　Karamazov
カラマス　calamus
カラマズー　Kalamazoo
カラマリ　Calamari
カラマンシー　calamansi
カラミタス　calamitous
カラミティー　calamity
カラミフェン　caramiphen
カラミン　calamine
カラム　column
カラム・クロマトグラフィー　column chromatography
カラムス　calamus
カラムニアス　calumnious
カラムニー　calumny
カラムニエート　calumniate
ガラム・マサラ　garam masala
カラメル　caramel
ガラモン　Garamond
ガラモンド　Garamond
カラヤン　Karajan
カラライズ　colorize
カララブル　colorable
カララント　colorant
カラリスト　colorist
カラリズム　colorism
カラリメトリー　colorimetry
カラリング　coloring
カラレーション　coloration
ガランガル　galangal
カランクル　caruncle
カランダッシュ　Caran d'Ache
ガランタミン　galanthamine
ガランティーヌ　galantine
カラント　currant
カランド　calando
ガラント　gallant
カランドリア　calandria
ガランフ　galumph
カランボーラ　carambola
ガリ　got it
ガリア　Gallia, Gaul, Gallic
ガリアーノ　Galliano
カリアリ　Cagliari
カリー　curry, -rie
ガリー　galley, gully, gulley
カリーコーム　currycomb
カリージアン　collegian
カリージエート　collegiate
カリージエート・チャーチ　collegiate church
カリーナ　Carina
カリーニングラード　Kaliningrad
カリーン　careen
ガリウム　gallium
カリエ　currier
カリエス　caries
カリエスフリー　caries-free
カリオカ　carioca
カリオガミー　karyogamy
カリオストロ　Cagliostro
カリオソーム　karyosome
カリオファージ　karyophage
カリオフィレン　caryophyllene
カリオペ　Calliope
カリオロジー　cariology
ガリオン　galleon
カリカチュア　caricature
カリカチュアライズ　caricaturize
カリカチュアリスト　caricaturist
カリカット　Calicut
カリキュラー　curricular
カリキュラム　curriculum
カリグラ　Caligula
カリグラファー　calligrapher, calig-
カリグラフィー　calligraphy, calig-
カリグラフィスト　calligraphist, calig-
カリグラフィック　calligraphic, calig-
カリクレイン　kallikrein
ガリシア　Galicia
カリシーズ　calyces
カリシウイルス　calicivirus
ガリシズム　gallicism
カリジン　kallidin
カリスタ　Calista
カリステニック　calisthenic, callis-
カリステニックス　calisthenics, callis-
カリスト　Callisto
カリスマ　charisma
カリスマティック　charismatic
カリソプロドール　carisoprodol
カリタ　Carita
ガリツィア　Galicia
ガリック　Gallic

カリックス　calyx
カリッシュ　currish
カリテ　qualite
カリナ　carina
カリナリー　culinary
カリニャン　Carignan
カリバー　caliber, -bre
ガリバー　Gulliver
ガリバルディ　Garibaldi
カリビアン　Caribbean
カリビアン・シー　Caribbean Sea
カリピジアン　callipygian
ガリビリティー　gullibility
カリフ　caliph, kal-, -if
カリブ　Carib
ガリフィアナキス　Galifianakis
カリブー　caribou
カリフェート　caliphate, -if-
カリフォルニア　California
カリフォルニア・ポピー　California poppy
カリフォルニア・ロール　California roll
カリフォルニアン　Californian
カリフォルニウム　californium
カリプソ　Calypso, calypso
カリブディス　Charybdis
ガリフナ　Garifuna
カリフラワー　cauliflower
カリフラワー・イヤー　cauliflower ear
ガリブル　gullible
カリブレーション　calibration
カリブレーター　calibrator
カリブレート　calibrate
カリホルニウム　californium
ガリマール　Gallimard
カリマンタン　Kalimantan
カリム　Karim
カリム・ラシッド　Karim Rashid
カリモフ　Karimov
カリヨン　carillon
カリラ　CAOL ILA
ガリラヤ　Galilee
ガリリーアン　Galilean, -laean
ガリレイ　Galilei
ガリレオ　Galileo
カリロン　carillon
カリン　Karin
カル　cull
ガル　gull
カルーア　kahlúa
ガル・ウイング　gull-wing
カルーガ　Kaluga
カルーセル　carousel, carrou-
カルーソ　Caruso
ガルーダ　Garuda
ガルート　galoot
ガルーリティー　garrulity
ガル・オペロン　gal operon
カルカッタ　Calcutta
カルガリー　Calgary
ガルガンチュアン　Gargantuan
カルキ　kalk
カルキュラス　calculus
カルキュラビリティー　calculability
カルキュラブル　calculable
カルキュレーション　calculation
カルキュレーター　calculator
カルキュレーティブ　calculative
カルキュレーティング　calculating
カルキュレーテッド　calculated
カルキュレート　calculate
カルグーリー　Kalgoorlie
カルクス　calx
カルケアリアス　calcareous, -carious
カルコサイト　chalcocite
カルコパイライト　chalcopyrite
カルコン　chalcone
カルザイ　Karzai
カルサイト　calcite
カルサイン　calcine
ガルシア　García
カルジアゾール　cardiazol
ガルシア・マルケス　Garcia Márquez
カルシーズ　calces
カルシウム　calcium
カルシウム・オキサイド　calcium oxide
カルシウム・カーバイド　calcium carbide
カルシウム・カーボネート　calcium carbonate
カルジオリピン　cardiolipin
カルシック　calcic
カルシティック　calcitic
カルシトニン　calcitonin
カルシトリオール　calcitriol
ガルシニア　garcinia

カルシネーション　calcination
カルシノゲネシス　carcinogenesis
カルシノゲン　carcinogen
カルシノマ　carcinoma
カルシファイ　calcify
カルシフィケーション　calcification
カルシフェラス　calciferous
カルシフェロール　calciferol
カルシン　calcine
カルス　callus
カルスタ　⇨カルチュラル・スタディーズ
カルステロン　calusterone
カルスト　karst
カルセケストリン　calsequestrin
カルセドニー　chalcedony, cal-
カルダー　Calder
カルタゲナー　Kartagener
カルタゴ　Carthage
カルダモン　cardamom, -mum, -mon
カルダリウム　caldarium
カルダン　Cardin
ガルチ　gulch
カルチエ・ラタン　Quartier latin
カルチノイド　carcinoid
カルチャー　culture
カルチャー・ショック　culture shock
カルチャー・センター　cultural center
カルチャード　cultured
カルチャー・バルチャー　culture-vulture
カルチャー・ラグ　culture lag
カルチュラル　cultural
カルチュラル・アンスロポロジー　cultural anthropology
カルチュラル・アンスロポロジスト　cultural anthropologist
カルチュラル・スタディーズ　cultural studies
カルチュラル・ラグ　cultural lag
カルチュラル・リテラシー　cultural literacy
カルチュリスト　culturist
カルチョ　calcio
カルツォーネ　calzone
カルデア　Chaldean
カルデアン　Chaldean
カルディ　Kaldi
カルティエ　Cartier
カルティエ・ブレッソン　Cartier-Bresson
カルディサック　cul-de-sac
カルティスト　cultist
カルティッシュ　cultish
カルティバー　cultivar
カルティバブル　cultivable
カルティベーション　cultivation
カルティベーター　cultivator
カルティベータブル　cultivatable
カルティベーテッド　cultivated
カルティベート　cultivate
カルテオロール　carteolol
カルテク　Caltech
カルテックス　Caltex
カルテット　quartet(te)
カルデラ　caldera
カルテライズ　cartelize
カルテル　cartel
カルデロン　Calderón
カルト　cult
カルトゥーシュ　cartouch, cartouche
カルトゥジオ　Carthusian
カルドーゾ　Cardoso
カルドール　cardol
カルト・フィギュア　cult figure
カルト・ブランシュ　carte blanche
カルドン　cardoon
カルナタカ　Karnataka
ガルニエ　Garnier
カルニチン　carnitine
カルニボア　carnivore
カルネ・アサーダ　carne asada
カルノシン　carnosine
カルパース　CalPERS
カルバート　culvert
カルバクロール　carvacrol
カルバコール　carbachol
カルバゾール　carbazole
カルパッチョ　carpaccio
カルバドス　calvados
ガルバナイズ　galvanize
ガルバニズム　galvanism
ガルバニック　galvanic
カルバニリド　carbanilide
ガルバヌム　galbanum
ガルバノスタット　galvanostat
ガルバノメーター　galvanometer
カルパビリティー　culpability
カルパブル　culpable

カルバペネム　carbapenem
カルバマゼピン　carbamazepine
カルバミド　carbamide
カルバミノ　carbamino
カルバミル　carbamyl
カルバメート　carbamate
カルバリー　Calvary
カルバリル　carbaryl
カルバン・クライン　Calvin Klein
カルビ　kalbi, galbi
カルビーノ　Calvino
カルピオーネ　carpione
カルビニスティカル　Calvinistical
カルビニスティック　Calvinistic
カルビニスト　Calvinist
カルビニズム　Calvinism
カルビノール　carbinol
カルピプラミン　carpipramine
カルビン　Calvin
ガルフ　gulf
ガルプ　gulp
ガルフウィード　gulfweed
カルフール　Carrefour
カルフェドン　carphedon
カルフェナジン　carphenazine
カルフェンタニル　carfentanil, carfentanyl
カルプス　carpus
ガルフ・ステーツ　Gulf States
ガルフ・ストリーム　Gulf Stream
カルプリット　culprit
ガルブレイス　Galbraith
カルベジロール　carvedilol
ガルベストン　Galveston
カルベニシリン　carbenicillin
ガルボ　Garbo
カルボアニオン　carbanion
カルボキシラーゼ　carboxylase
カルボキシル　carboxyl
カルボシステイン　carbocisteine
カルボナーダ　carbonada
カルボナート　carbonate
カルボナーラ　carbonara
カルボニウム　carbonium
カルボニル　carbonyl
カルボヒドラート　carbohydrate
カルポフ　Karpov
カルボプラチン　carboplatin
カルボフラン　carbofuran
カルボマー　carbomer
カルボマイシン　carbomycin
カルボラニル　carboranyl
カルボリック　carbolic
カルボリン　carboline
カルボン　carvone
カルマ　Karma
カルマイド　culmide
カルマパ　Karmapa
カルミナティブ　carminative
カルミネーション　culmination
カルミネート　culminate
カルミン　carmine
カルム　Callum, culm
カルムイキア　Kalmykia
カルムイク　Kalmyk
カルメット　calumet
カルメル　Carmel
カルメン　Carmen
カルモジュリン　calmoduline
カルモフール　carmofur
ガルモント　Garmont
カルロス　Carlos
カルロス・ゴーン　Carlos Ghosn
ガレ　Gallé
カレイドスコープ　kaleidoscope
カレイドスコピカル　kaleidoscopical
カレイドスコピック　kaleidoscopic
ガレイン　gallein
カレー　curry, -rie, Calais
ガレー　galley, Galler
ガレージ　garage
ガレージ・セール　garage sale
ガレージマン　garageman
カレー・パウダー　curry powder
カレーム　Carême
カレーラス　Carreras
ガレオン　galleon
カレキシコ　Calexico
カレ・コペンハーゲン　Carré Copenhagen
カレス　caress
ガレス　Gareth
カレッジ　college, courage
カレッジエイト　collegiate
カレッジ・スラング　college slang
カレッジ・トライ　college try

カレッジ・プディング　college pudding
カレット　caret, cullet
ガレット　galette, gullet
カレドナイト　caledonite
カレドニア　Caledonia
カレドニアン　Caledonian
ガレナ　galena
カレリア　Karelia
ガレリア　galleria
カレル　Carell
カレン　Caren, Karen, Cullen
カレンシー　currency
カレンシー・ボード　currency board
カレンズ　calends, kal-
カレンダー　calendar, colander, cullen-
カレンダー・イヤー　calendar year
カレンダー・スプレッド　calendar spread
カレンダー・デー　calendar day
カレンダー・マンス　calendar month
カレンチュア　calenture
カレンデュラ　calendula
カレント　current
カレント・イングリッシュ　current English
カレン・ブリクセン　Karen Blixen
カロ　Caro
ガローア　galore
カロース　callose
カローラ　corolla
カローン　Charon
カロシティー　callosity
カロチド　carotid
カロチナーゼ　carotenase
カロチノイド　carotenoid
カロチャ　Kalocsa
カロチン　carotene
ガロッシュ　galosh, galoshe
ガロット　garrote, -rotte, garotte
カロテノイド　carotenoid
カロブ　carob
カロメル　calomel
カロライト　carrollite
カロライナ　Carolina
カロライナ・パンサーズ　Carolina Panthers
カロリー　calorie, -ry
カロリック　caloric
カロリニアン　Carolinian
カロリフィック　calorific
カロリメーター　calorimeter
カロリン　Caroline
カロル　carol
カロン　Charon
ガロン　gallon
カワード　coward, Coward
カワードリー　cowardly
カワカワ　kawakawa
カワディス　cowardice
カン　can
ガン　gun
カン・オープナー　can opener
カンガ　Kanga
ガンガー　Ganga
カンガ・クリケット　kanga cricket
カンガルー　kangaroo
カンガルー・クロージャー　kangaroo closure
カンガルー・コート　kangaroo court
カンガルー・ラット　kangaroo rat
カンカン　cancan
ガン・キャリエージ　gun carriage
ガンク　gunk
カングー　Kangoo
ガング・ホー　gung ho
ガングリオーマ　ganglioma
ガングリオシド　ganglioside
ガングリオン　ganglion
カンクロイド　cancroid
カンクン　Cancún
カンゴール　Kangol
ガンコットン　guncotton
ガン・コントロール　gun control
ガンサイト　gunsight, gunsite
カンザス　Kansas
カンザスシティー・チーフス　Kansas City Chiefs
カンザン　Kansan
ガンジ　gunge
ガンジー　Gandhi
ガンジス　Ganges
カンジダ　candida
ガンシップ　gunship
ガンジャ　ganja, -jah
ガン・シャイ　gun-shy
ガンショット　gunshot
ガンズ・アンド・ローゼズ　Guns N' Roses
カンスー　Gansu

ガンストック　gunstock
ガンスミス　gunsmith
ガンスリンガー　gunslinger
ガンスリンギング　gunslinging
ガンセル　gunsel
カンタ　kantha
カンター　cantor
カンタータ　cantata
カンタービレ　cantabile
ガンダーラ　Gandhara
ガンダーラン　Gandharan
カンタキサンチン　canthaxanthin
カンタス　Qantas
カンダハル　Kandahar
カンタブリア　Cantabria
カンタブリジアン　Cantabrigian
カンタベリー　Canterbury
カンタベリー・テールズ　Canterbury Tales
カンタム　quantum
カンタリス　cantharis
カンタループ　cantaloup(e)
ガンダルフ　Gandalf
カンタンケラス　cantankerous
カンチャナブリ　Kanchanaburi
カンチレバー　cantilever
カンツォーネ　canzone
カンツォネッタ　canzonetta
カンティアニズム　Kantianism
カンティアン　Kantian
ガンディアン　Gandhian
ガンディー　Gandhi
カンティーナ　cantina
カンティーン　canteen
カンティクル　canticle
カンティレート　cantillate
カンディンスキー　Kandinsky
カンデッセンス　candescence
カンデッセント　candescent
カンテ・ホンド　cante hondo, cante jondo
カンデラ　candela
カンデラーブルム　candelabrum
カンデリラ　candelilla
カント　cant, canto, cunt, Kant
カンド　canned
カントゥア　contour
カントー　Can Tho
カントーンメント　cantonment
ガントク　Gangtok
ガント・チャート　Gantt chart
ガンドッグ　gundog
カント・ドッグ　cant dog
カントニーズ　Cantonese
カント・フック　cant hook
カントリー　country
ガントリー　gantry
カントリー・アンド・ウェスタン　country and western
カントリーウーマン　countrywoman
カントリー・カズン　country cousin
カントリー・クラブ　country club
カントリーサイド　countryside
カントリーシート　countryseat
カントリー・ジェントルマン　country gentleman
カントリー・ダンス　country-dance
カントリー・パーティー　country party
カントリー・ハウス　country house
カントリーファイ　countrify, -try-
カントリー・ファンド　country funds
カントリーマン　countryman
カントリー・ミュージック　country music
カントリー・リスク　country risk
カントリー・ロック　country rock
カントリーワイド　countrywide
カントリファイド　countrified, -try-
カントレル　Cantrell
カントン　Canton, canton
カンドンブレ　candomblé
カンナ　canna
カンナー　canner
ガンナー　gunner
ガン・ナッツ　gun nuts
カンナバーロ　Cannavaro
カンナビス　cannabis
カンナビノイド　cannabinoid
カンナビノール　cannabinol
カンナム　Gangnam
カンナリー　cannery
ガンナリー　gunnery
カンニバル　cannibal
カンニング　cunning, canning
カンヌ　Cannes
カンヌン　Gangneung

ガンネット　gannet
ガンネル　gunnel, gunwale
カンバー　cumber
カンバーサム　cumbersome
カンパーニャ　Campagna
カンバーランド　Cumberland
ガンパウダー　gunpowder
ガンパウダー・プロット　Gunpowder Plot
カンバサー　canvasser, -vaser
カンバス　canvas, -vass
カンバセーショナリスト　conversationalist
カンバセーショナル　conversational
カンバセーション　conversation
カンパニア　Campania
カンパニー　company
カンパニー・エコノミスト　company economist
カンパニー・ストア　company store
カンパニー・セクレタリー　company secretary
カンパニー・ユニオン　company union
カンパニーレ　campanile
カンパヌラ　campanula
カンパネッラ　Campanella
カンパネルラ　Campanella
カンパノロジー　campanology
カンパラ　Kampala
カンパリ　Campari
ガンビア　Gambia
カンビアッソ　Cambiasso
ガンビアン　Gambian
ガンビー　gumby
ガンビーノ　Gambino
カンピオン　campion
ガンピズム　Gumpism
ガンビット　gambit
カンピロバクター　campylobacter
カンプ　Camp
ガンプ　gump
カンファー　camphor
カンファー・ツリー　camphor tree
カンファー・ボール　camphor ball
ガンファイア　gunfire
ガンファイター　gunfighter
ガンファイト　gunfight
カンファレンス　conference
カンフー　kung fu
カンプール　Kanpur
カンフェン　camphene
カンフォリック　camphoric
ガンプション　gumption
カンプチア　Kampuchea
カンプトテシン　camptothecin
カンプ・ノウ　Camp Nou
カンブリア　Cumbria, Cambria
カンブリアン　Cambrian
カンフル　camphor, canful
ガンプレイ　gunplay
カンベイ　Cambay
カンポ　campo
ガンボイル　gumboil
ガンポイント　gunpoint
ガンホー　gung ho
ガンボー　gumbo, gom-
ガンボート　gunboat
ガンボート・ディプロマシー　gunboat diplomacy
ガンボジ　gamboge
カンボジア　Cambodia
カンボジアン　Cambodian
カンポット　Kampot
カンボン　Cambon
カンポン　kampung
ガンボン　Gambon
カンマ　comma
ガンマ　gamma, gumma
ガンマウト　gamut
ガンマ・グロブリン　gamma globulin
ガンマ・レイ　gamma ray
ガンマン　gunman
ガンメタル　gunmetal
ガン・モール　gun moll
ガンランナー　gunrunner
ガンランニング　gunrunning
ガン・ルーム　gun room
カンレノン　canrenone

キ

キア　Kia
ギア　gear, Gere
ギアシフト　gearshift
ギア・スティック　gear stick
キアズマ　chiasma
ギアナ　Guiana
キアニ　Kayani
キアヌ・リーブス　Keanu Reeves
ギアヘッド　gearhead
ギア・ホイール　gear wheel
ギアボックス　gearbox
キアラ　Chiara, Kiara
キアラン　Ciaran
ギアリング　gearing
ギア・レバー　gear lever
キアロスクーロ　chiaroscuro
キアン　Cian
キー　key, quay
キーウィ　kiwi
キーウィ・フルーツ　kiwi fruit
キーウェーティン　Keewatin
キー・ウエスト　Key West
キーオ　Keough
キーオン　Keown
キー・カレンシー　key currency
キーガン　Keegan
ギーキー　geeky
ギーク　geek
キー・クラブ　key club
キーコイ　kikoi
ギーザー　geezer
キーサイド　quayside
キーシー　Kesey
キー・シグナチャー　key signature
キース　Keith
ギース　geese
キーストーン　keystone
キーストローク　keystroke
キースペース　keyspace
キース・ヘリング　Keith Haring
キースホンド　keeshond
キース・ムーン　Keith Moon
キースリー　Keighley
キース・リチャーズ　Keith Richards
キー・チェーン　key chain
キーツ　Keats
キーティング　Keating
キート　Quito
キード　keyed
キートップ　keytop
キートン　Keaton, Kiton
キーノート　keynote
キーノート・アドレス　keynote address
キーバ　kiva
キーパー　keeper
キー・パーソン　key person
キーパッド　keypad
キーパンチ　keypunch
キーパンチャー　keypuncher
キー・ピッチ　key pitch
キーピング　keeping
キーフ　kef, kief
キープ　keep, quipu, quippu
キーファー　Kiefer
キープセーク　keepsake
キープ・フィット　keep fit, keep-fit
キーブル　Keble
キー・ポイント　key point
キーボーディスト　keyboardist
キーボード　keyboard
キーホール　keyhole
キーホルダー　⇨キー・リング
キーマ　kheema
キー・マネー　key money
キーマン　Keemun
キームン　Keemun
キーラ　chela
キーラー　Keeler, Keillor

キー・ライム　Key lime
キーラ・ナイトレイ　Keira Knightley
キー・リング　key ring
キール　keel
ギールグッド　Gielgud
キールズ　Kiehl's
キールバーサ　kielbasa
キールホール　keelhaul
キーレス　keyless
キーロガー　keylogger, key logger
キーロフ　Kirov
キーワード　key word
キーワチン　Keewatin
キーン　keen, Keane, Keene
キーンホルツ　Kienholz
キーンリー　keenly
キウイ　kiwi
キウイ・フルーツ　kiwi fruit
キエフ　Kiev, Kiyev
ギエム　Guillem
キオスク　kiosk, kiosque
ギガ　giga-
ギガジュール　gigajoule
ギガトン　gigaton
ギガバイト　gigabyte
ギガビット　gigabit
ギガフロップス　gigaflops, GFLOPS
ギガヘルツ　gigahertz
キガリ　Kigali
ギガワット　gigawatt
ギグ　gig
ギグ・エコノミー　gig economy
ギグス　Giggs
キクラデス　Cyclades
キグリー　Quigley
ギグリー　giggly
ギグル　giggle
キケ　Quique
キケロ　Cicero
ギザ　Giza, Gizeh
ギザード　gizzard
キサナドゥー　Xanadu
キサンタン　xanthan
キサンタン・ガム　xanthan gum
キサンチン　xanthin
キサンテン　xanthene
キサントン　xanthone
ギジェルモ　Guillermo
キシニョフ　Kishinev
キシラン　xylan
キシリトール　xylitol
キジル　Kyzyl
キシルロース　xylulose
キシレノール　xylenol
キシレン　xylene
キシロース　xylose
キシロカイン　Xylocaine
キシログルカン　xyloglucan
キス　kiss
キス・アンド・テル　kiss-and-tell
キス・アンド・ライド・システム　kiss-and-ride system
キス・カール　kiss curl
キスメット　kismet
ギズモ　gizmo, gis-
キスラー　Kistler
キスリング　Kissling
キスワヒリ　Kiswahili
キセノン　xenon
ギター　guitar
キダム　Quidam
ギタリスト　guitarist
キダルト　kidult
キチン　chitin
キッカー　kicker
キック　kick
キックオフ　kickoff
キック・スターター　kick starter
キック・スタート　kick start
キックスタンド　kickstand
キック・ターン　kick turn
キックダウン　kickdown
キックバック　kickback
キック・プリーツ　kick pleat
キックボール　kickball
キックボクサー　kickboxer
キックボクシング　kickboxing
キッサー　kisser
キッサブル　kissable
キッシュ　quiche
ギッシュ　Gish
キッシュ・ロレーヌ　quiche lorraine
ギッシング　Gissing
キッシング・カズン　kissing cousin

キッシング・キン　kissing kin
キッシンジャー　Kissinger
キッズ　kids
キッズ・ムービー　kids' movie
キッズ・ルーム　kids' room
キッチー　kitschy
キッチネット　kitchenet(te)
キッチュ　kitsch
キッチン　kitchen
キッチン・イーター　kitchen eater
キッチンウェア　kitchenware
キッチン・ガーデン　kitchen garden
キッチン・キャビネット　kitchen cabinet
キッチン・シンク　kitchen sink, kitchen-sink
キッチン・ドリンカー　kitchen drinker
キッチン・ポリス　kitchen police
キッチン・ミドゥン　kitchen midden
キッチンメード　kitchenmaid
キット　kit, Kit
キッド　kid
ギット　git
キットカット　KitKat
キッド・グラブ　kid glove
キッドスキン　kidskin
キッド・スタッフ　kid stuff
キッドソン　Kidston
キッドナッパー　kidnaper, -napper
キッドナップ　kidnap
キット・バッグ　kit bag
キッバ　kibbe
キッパー　kipper
ギッパー　Gipper
ギッバス　gibbous
キップ　kip
キップ・スキン　kip skin
キティー　kitty, Kitty
キディー　kiddie, kiddy
ギディー　giddy
キティーウェーク　kittiwake
キティー・コーナー　kitty-corner
キティー・コーナード　kitty-cornered
キティー・ホーク　Kitty Hawk
ギデオン　Gideon
キトゥニッシュ　kittenish
キトゥン　kitten
キドー　kiddo
キトサン　chitosan
キドニー　kidney
キドニー・シェイプト　kidney-shaped
キドニー・ストーン　kidney stone
キドニー・ドナー　kidney donor
キドニー・ビーンズ　kidney beans
キドニー・マシン　kidney machine
キトニッシュ　kittenish
ギトモ　Gitmo
キトン　Kiton, kitten
キナ　kina, cinchona
キナーゼ　kinase
キナクリン　quinacrine
キナプリル　quinapril
ギニア　Guinea
ギニア・ビサウ　Guinea-Bissau
ギニア・ファウル　guinea fowl
ギニア・ヘン　guinea hen
キニー　Kinney
ギニー　guinea
キニーネ　quinine
ギニー・ピッグ　guinea pig
キニエラ　quiniela
キニナーゼ　kininase
キニノゲン　kininogen
キニン　kinin
キネシオロジー　kinesiology
キネシオロジスト　kinesiologist
キネシクス　kinesics
ギネス　Guinness
キネスコープ　kinescope
キネスセティック　kinesthetic
ギネス・ブック　Guinness Book of Records
キネチン　kinetin
キネティックス　kinetics
キネマ　cinema
キネマティカリー　cinematically
キネマティカル　kinematical
キネマティクス　kinematics
キネマティック　cinematic
キネマトグラフ　cinematograph
キネマトグラフィー　cinematography
キネマトグラフィック　cinematographic
キノア　quinoa
キノック　Kinnock
キノホルム　chinoform

キノリン　quinoline
キノロン　quinolone
キノン　quinone
ギバー　giver
キビッツ　kibitz, kibbitz
ギブ　Gibb, give
ギブアウェー　giveaway
ギブアップ　give up
ギブ・アンド・テーク　give-and-take
ギフォード　Gifford
ギブサイト　gibbsite
ギブズ　Gibbs
ギプス　gypsum
ギブソン　Gibson
キブツ　kibbutz
ギフテッド　gifted
ギフト　gift
ギフト・エコノミー　gift-economy
ギフト・サーティフィケート　gift certificate
ギフト・バウチャー　gift voucher
ギフト・ホース　gift horse
ギフト・ラップ　gift-wrap, gift wrap
ギブバック　giveback
キプリング　Kipling
キブル　kibble
キプロス　Cyprus
ギブン　given
ギブン・ネーム　given name
キボーキアン　Kevorkian
キホーテ　Quixote
ギボン　Gibbon, gibbon
キマイラ　chimera
ギミー　gimme
ギミー・キャップ　gimme cap
ギミッキー　gimmicky
ギミック　gimmick
キミ・ライコネン　Kimi Räikkönen
キム　Kim
キム・イルソン　Kim Il Sung, Kim Il-sung
キム・ジョンイル　Kim Jong Il, Kim Jong-il
キム・ジョンウン　Kim Jong Un, Kim Jong-un
キム・ジョンチョル　Kim Jong Chul, Kim Jong-chul
キム・ジョンナム　Kim Jong Nam, Kim Jong-nam
キムチ　kimchi, kimchee
キム・デジュン　Kim Dae Jung
ギムナジウム　gymnasium
ギムネマ　gymnema
ギムネマ・シルベスタ　Gimnema sylvesta
キム・ヨジョン　Kim Yo-jong
キム・ヨナ　Kim Yuna
キム・ヨンサム　Kim Young-sam
キムリア　Kymriah
キムリック　Cymric
ギムレット　gimlet
ギムレット・アイド　gimlet eyed
キメラ　chimera
キメリカル　chimerical
キメリック　chimeric
ギモーブ　guimauve
キモシン　chymosin
キモセラピー　chemotherapy
キモセラピスト　chemotherapist
キモセラピューティック　chemotherapeutic
キモトリプシン　chymotrypsin
キモノ　kimono, kimona
ギヤ　gear
ギャグ　gag
ギャグ・オーダー　gag order
ギャグスター　gagster
ギャグマン　gagman, gags-
キャクル　cackle
ギャグル　gaggle
キャザー　Cather
ギャザー　gather
ギャザラー　gatherer
ギャザラム　gatherum
キャサリーナ　Katharina
キャサリン　Catherine, Katherine, Katharine, Kathryn
ギャザリング　gathering
キャサリン・ハムネット　Katharine Hamnett, Katherine Hamnett
キャサリン・ホイール　Catherine wheel
キャサル　Cathal
キャシア　cashier
キャシー　Cathy, Cathie, Kathy, Kathie, Cassie
キャシェ　cachet
ギャジェット　gadget
ギャジェティア　gadgeteer
ギャジェトリー　gadgetry

キャシディー　Cassidy
キャシテライト　cassiterite
ギヤシフト　gearshift
キャシャロット　cachalot
キャジュアル　casual
キャジュアルティー　casualty
キャジュイスティカル　casuistical
キャジュイスティック　casuistic
キャジュイスト　casuist
キャジュイストリー　casuistry
キャジョール　cajole
キャス　Cass
キャス・キッドソン　Cath Kidston
キャスク　cask
キャスケット　casquette
ギャスケル　Gaskell
ギャスコイン　Gascoigne, Gascoyne
キャスター　caster, castor
キャスター・シュガー　caster sugar
キャスタブル　castable
キャスティゲーション　castigation
キャスティゲート　castigate
ギヤ・スティック　gear stick
キャスティング　casting
キャスティング・ネット　casting net
キャスティング・ボート　casting vote
キャスト　cast
キャスト・アイアン　cast iron, cast-iron
キャストアウェー　castaway
キャスト・ウォール　cast wall
キャスト・オフ　cast-off, castoff
キャスト・ネット　cast net
キャストレーション　castration
キャストレート　castrate
ギャストン　Gaston
キャスパー　Caspar, Casper
ギャスパー　Gaspar
キャスリーン　Kathleen
キャスリン　Kathryn
キャセイ　Cathay
キャセイ・パシフィック　Cathay Pacific
キャセロール　casserole
キャターウォール　caterwaul
キャダバー　cadaver
キャタパルト　catapult
キャタピラー　caterpillar
キャタピラー・トレッド　caterpillar tread
キャダベラス　cadaverous
キャタラクト　cataract
キャッサバ　cassava
キャッジ　cadge
キャッシャー　cashier
キャッシャブル　cashable
キャッシュ　cash, cache
ギャッシュ　gash
キャッシュ・アンド・キャリー　cash-and-carry
キャッシュ・オン・デリバリー　cash on delivery
キャッシュ・カード　cash card
キャッシュ・カウ　cash cow
キャッシュ・クロップ　cash crop
キャッシュ・ストラップト　cash-strapped
キャッシュ・ディスカウント　cash discount
キャッシュ・ディスペンサー　cash dispenser
キャッシュ・デスク　cash desk
キャッシュ・バー　cash bar
キャッシュバック　cashback
キャッシュブック　cashbook
キャッシュ・フロー　cash flow
キャッシュポイント　cashpoint
キャッシュボックス　cashbox
キャッシュ・マシン　cash machine
キャッシュ・メモリー　cache memory
キャッシュ・レジスター　cash register
キャッシュレス　cashless
キャッシング　cashing
キャッスル　castle
キャッチ　catch
キャッチ・アップ　catch-up
キャッチ・アンド・リリース　catch and release
キャッチー　catchy
キャッチウェイト　catchweight
キャッチオール　catchall
キャッチ・クロップ　catch crop
キャッチ・コピー　catch copy
キャッチフライ　catchfly
キャッチフレーズ　catchphrase
ギャッチ・ベッド　Gatch bed
キャッチペニー　catchpenny
キャッチメント　catchment
キャッチメント・エリア　catchment area
キャッチャー　catcher

キャッチワード　catchword
キャッチング　catching
キャッツ・アイ　cat's-eye
キャッツ・ウィスカーズ　cat's whiskers
キャッツキル・マウンテンズ　Catskill Mountains
キャッツ・パジャマ　cat's pajamas
キャッツ・ポー　cat's-paw
キャッティー　catty
キャッティッシュ　cattish
キャッテリー　cattery
キャット　cat
ギャッド　Gad, gad
ギャッドアバウト　gadabout
キャット・アンド・ドッグ　cat-and-dog
キャット・アンド・マウス　cat and mouse
キャットウォーク　catwalk
キャットガット　catgut
キャットキン　catkin
キャットコール　catcall
キャットスーツ　catsuit
キャットテール　cattail
キャットナップ　catnap
キャットニップ　catnip
キャット・バーグラー　cat burglar
キャットバード　catbird
キャットバード・シート　catbird seat
キャットハウス　cathouse
キャットフィッシュ　catfish
ギャッドフライ　gadfly
キャットヘッド　cathead
キャットボート　catboat
キャットミント　catmint
キャットライク　catlike
ギャツビー　Gatsby
キャップ　cap
ギャップ　gap
ギャッファー　gaffer
キャップ・アンド・トレード　cap-and-trade
ギャップ・イヤー　gap year
キャップストーン　capstone
キャップ・スリーブ　cap sleeve
キャップス・ロック・キー　Caps Lock key
キャップ・ハイト　cap hight
キャップフル　capful
キャディー　caddie, caddy
キャディー・カート　caddie cart
キャディッシュ　caddish
キャデラック　Cadillac
キャド　cad, CAD
キャドベリー　Cadbury
キャトラル　Cattrall
キャトル　cattle
キャトル・ガード　cattle guard
キャトル・グリッド　cattle grid
キャトル・ケーキ　cattle cake
キャトルフォイル　quatrefoil
キャトルマン　cattleman
キャニー　canny
キャニオン　canyon, cañon
キャニスター　canister, cannis-
ギャニミード　Ganymede
キャネル　cannel
キャネル・コール　cannel coal
ギャネンドラ　Gyanendra
キャノーラ　canola
キャノーラ・オイル　canola oil
キャノット　cannot
キャノニカル　canonical
キャノネード　cannonade
キャノピー　canopy
キャノン　cannon, canon, Canon
キャノンボール　cannonball
キャパ　Capa
ギャバ　GABA
キャバーン・クラブ　Cavern Club
キャパシタ　capacitor
キャパシター　capacitor
キャパシタンス　capacitance
キャパシティー　capacity
キャパシティブ　capacitive
キャパシテーション　capacitation
キャパシテーター　capacitator
キャパシテーティブ　capacitative
キャパシテート　capacitate
ギャバジン　gabardine
キャバナ　Kavanagh
キャバナス　cavernous
キャバリア・キング・チャールズ・スパニエル　cavalier King Charles spaniel
キャバリエ　cavalier
キャパリソン　caparison
キャバルケード　cavalcade
キャバルリー　cavalry

キャバレー cabaret
キャバン cavern
キャビア caviar, caviare
キャビアット caveat
キャビー cabby, cabbie
ギャビー gabby
キャピタライズ capitalize
キャピタライゼーション capitalization
キャピタリー capitally
キャピタリスティック capitalistic
キャピタリスト capitalist
キャピタリズム capitalism
キャピタリゼーション capitalization
キャピタル capital
キャピタル・インテンシブ capital-intensive
キャピタル・インベストメント capital investment
キャピタル・エクスペンディチャー capital expenditure
キャピタル・グッズ capital goods
キャピタル・クランチ capital crunch
キャピタル・ゲイン capital gain
キャピタル・サム capital sum
キャピタル・ストック capital stock
キャピタル・テリトリー capital territory
キャピタル・トランスファー・タックス capital transfer tax
キャピタル・リース capital lease
キャピタル・レビー capital levy
キャピタル・ロス capital loss
キャピチュレーション capitulation
キャピチュレート capitulate
キャビティー cavity
キャビティー・ウォール cavity wall
キャビテーション cavitation
キャピテーション capitation
キャピテーション・グラント capitation grant
キャピテュレーション capitulation
キャピテュレート capitulate
キャピトル Capitol
キャピトル・ヒル Capitol Hill
キャピトン capiton
キャビネット cabinet
キャビネット・プディング cabinet pudding
キャビネットメーカー cabinetmaker
キャビネットメーキング cabinetmaking
キャビネットリー cabinetry
キャビネットワーク cabinetwork
キャピラリー capillary
キャピラリー・アトラクション capillary attraction
キャピラリティー capillarity
キャビル cavil
キャビン cabin
ギャビン Gavin
キャビン・アテンダント cabin attendant, CA
キャビン・クラス cabin class, cabin-class
キャビン・クルーザー cabin cruiser
キャビン・フィーバー cabin fever
キャビン・ボーイ cabin boy
キャブ cab
ギャフ gaff, gaffe
ギャブ gab
キャフェ café, cafe
キャフェテリア cafeteria
キャブ・オーバー cab-over
キャプサイザル capsizal
キャプサイズ capsize
キャプシカム capsicum
キャプシダル capsidal
キャプシド capsid
キャプシャス captious
キャプシュラー capsular
キャプション caption
キャプスタン capstan
キャブスタンド cabstand
キャプター captor
キャブタイヤ・ケーブル cabtire cable
キャプタン captan
キャプチャー capture
キャプティビティー captivity
キャプティブ captive
キャプティブ・バルーン captive balloon
キャプティベーション captivation
キャプティベーティング captivating
キャプティベート captivate
キャプテン captain
キャプテンシー captaincy
キャプテン・ビーフハート Captain Beefheart
キャブドライバー cabdriver
キャプトレス captress

ギャブフェスト　gabfest
キャブマン　cabman
キャプラ　Capra
キャブ・ランク　cab rank
キャブリオレー　cabriolet
キャプリシャス　capricious
ギャブル　gabble
キャブレター　carburetor, -er; carburettor, -retter
キャプレット　Capulet
キャペーシャス　capacious
キャベジン　cabagin
キャベツ　cabbage
キャベッジ・パーム　cabbage palm
キャベッジ・バタフライ　cabbage butterfly
キャベッジワーム　cabbageworm
キャベンディッシュ　Cavendish-
ギヤ・ホイール　gear wheel
ギヤボックス　gearbox
キャボット　Cabot
ギヤマン　diamant
ギャミー　gammy
キャミソール　camisole
キャミニッカー　camiknickers
キャム　CAM
キャムデン　Camden
キャメラ　camera
キャメラマン　cameraman
キャメル　camel
キャメルズ・ヘア　camel's hair
キャメルトウ　cameltoe
キャメルバック　camelback
キャメル・ヘア　camel hair
キャメロット　Camelot
キャメロン　Cameron
キャメロン・ディアス　Cameron Diaz
ギャモン　gammon
キャラ　Cara, Kara　⇨キャラクター
ギャラ　⇨ギャランティー
キャラー・ガス　Calor gas
キャラウェイ　Callaway
キャラウェー　caraway
キャラウェー・シード　caraway seed
ギャラガー　Gallagher
ギャラクシー　galaxy
キャラクター　character
キャラクター・アクター　character actor
キャラクター・アクトレス　character actoress
キャラクター・アサシネーション　character assassination
キャラクター・スケッチ　character sketch
キャラクターフル　characterful
キャラクターレス　characterless
キャラクタライズ　characterize
キャラクタライゼーション　characterization
キャラクタリスティック　characteristic
ギャラクティック　galactic
キャラコ　calico
ギャラシズ　galluses
キャラス　callous, callus
ギャラップ　Gallup
ギャラップ・ポール　Gallup poll
キャラハン　Callaghan
キャラバン　caravan
キャラバン・サイト　caravan site
キャラバンサリー　caravansary
キャラバンセライ　caravanserai
キャラバン・パーク　caravan park
キャラベル　caravel, -velle
キャラマス　calamus
キャラムニアス　calumnious
キャラムニー　calumny
キャラムニエート　calumniate
キャラメライズ　caramelize
キャラメル　caramel
ギャラリー　gallery
ギャラリスト　gallerist
ギャランター　guarantor
ギャランティー　guarantee, guaranty
ギャランティード・カー　guaranteed car
ギャラント　gallant
ギャラントリー　gallantry
キャリア　career
キャリアー　carrier
キャリアー・ウェーブ　carrier wave
キャリアー・バッグ　carrier bag
キャリアー・ピジン　carrier pigeon
キャリア・ウーマン　career woman
キャリアティド　caryatid
キャリア・パス　career path
キャリアリスト　careerist
キャリアリズム　careerism
キャリー　carry, Carrie

キャリーアウト　carryout
キャリー・オーバー　carry-over
キャリーオール　carryall
キャリー・オン　carry-on
キャリー・コット　carry-cot
キャリー・トレード　carry trade
キャリーン　careen
キャリオール　cariole, carri-
キャリオカ　carioca
キャリオン　carrion
キャリオン・クロー　carrion crow
キャリス　Charis
ギャリソン　garrison
ギャリソン・キーラー　Garrison Keillor
ギャリソン・タウン　garrison town
キャリッジ　carriage
キャリバー　caliber, -bre
キャリパー　caliper, calli-
キャリバン　Caliban
ギャリバント　gallivant
キャリブレーション　calibration
キャリブレーター　calibrator
キャリブレート　calibrate
キャリヤー　carrier
キャリル　Caryl
キャリン　Carin, Karyn
キャリング・キャパシティー　carrying capacity
キャリング・チャージ　carrying charge
キャル　Cal
ギャル　gal
キャルキュラス　calculus
キャルキュラティブ　calculative
キャルキュラブル　calculable
キャルキュレーション　calculation
キャルキュレーター　calculator
キャルキュレーティブ　calculative
キャルキュレーティング　calculating
キャルキュレーテッド　calculated
キャルキュレート　calculate
キャルクス　calx
キャルス　CALS
ギャルソン　garçon
ギャル・フライデー　gal Friday
ギャルラス　garrulous
ギャレー　galley
キャレット　caret
ギャレット　garret, Garret, Garrett
ギヤ・レバー　gear lever
キャレル　carrel, -rell
ギャロ　Gallo
キャロウェイ　Calloway
ギャロウェイ　Galloway
キャロー　callow
ギャローズ　gallows
ギャローズ・バード　gallows bird
ギャローズ・ヒューマー　gallows humor
ギャロス　Garros
キャロッティー　carroty
キャロット　carrot
キャロット・アンド・スティック　carrot-and-stick
ギャロッピング　galloping
ギャロップ　gallop, galop
キャロム　carom
キャロメル　calomel
キャロライン　Caroline
キャロリン　Carolyn
キャロル　carol, Carol, Carroll
キャン　can
キャンカー　canker
ギャンガー　ganger
キャンカーワーム　cankerworm
キャンカラス　cankerous
ギャング　gang, gangue
ギャングウェー　gangway
ギャングスタ　gangsta
ギャングスター　gangster
ギャングスターダム　gangsterdom
ギャングバスター　gangbuster
ギャング・バング　gang bang
ギャングプランク　gangplank
ギャングランド　gangland
ギャングリー　gangly
ギャングリーン　gangrene
ギャングリオン　ganglion
ギャングリナス　gangrenous
ギャングリング　gangling
ギャングル　gangle
キャンサー　cancer
キャンサー・スティック　cancer stick
キャンサラス　cancerous
キャンサル　canthal
キャンサレーション　canceration

キャンセラブル　cancelable, cancellable
キャンセル　cancel
キャンセレーション　cancellation, -cela-
キャンター　canter, cantor
キャンダー　candor, -dour
ギャンダー　gander
キャンダシー　Candace
キャンダス　Candace
キャンタベリー　Canterbury
キャンティー　Chianti
キャンディー　Candee, candy, Kandy
キャンディー・アス　candy ass
キャンディー・ストライパー　candy striper
キャンディー・ストライプ　candy stripe
キャンディー・ストライプト　candy striped
キャンディータフト　candytuft
キャンディード　candied
キャンティーナ　cantina
キャンディーフロス　candyfloss
キャンティーン　canteen
キャンディス　Candice
キャンディダ　Candida
キャンディダシー　candidacy
キャンディダチュア　candidature
キャンディデート　candidate
キャンディド　candid
キャンディド・カメラ　candid camera
キャンティレバー　cantilever
キャンデーシ　Candace
キャンデリラ　candelilla
キャント　can't, cant
キャンドゥー　can-do
キャント・ドッグ　cant dog
キャント・フック　cant hook
キャンドラー　Candler
キャントル　cantle
キャンドル　candle
キャンドルウィック　candlewick
キャンドルスティック　candlestick
キャンドルパワー　candlepower
キャンドルピン　candlepin
キャンドルマス　Candlemas
キャンドルライト　candlelight
キャンナー　canner
キャンナリー　cannery
キャンニング　canning
キャンバー　camber
キャンパー　camper
キャンバーウェル　Camberwell
キャンバサー　canvasser, -vaser
キャンバス　canvas, -vass
キャンパス　campus
キャンピー　campy
キャンピオン　campion
キャンピングガス　Campingaz
キャンピング・トレーラー　camping trailer
キャンプ　camp
ギャンプ　gamp
キャンプ・エッガーズ　Camp Eggers
キャンプグラウンド　campground
キャンプサイト　campsite
キャンプ・シュワブ　Camp Schwab
キャンプスツール　campstool
キャンプ・チェア　camp chair
キャンプ・デービッド　Camp David
キャンプファイア　campfire
キャンプ・フォロワー　camp follower
キャンプ・ベッド　camp bed
キャンプ・ペンドルトン　Camp Pendleton
キャンプ・ミーティング　camp meeting
ギャンブラー　gambler
キャンブリック・ティー　cambric tea
ギャンブリング　gambling
キャンフル　canful
ギャンブル　gamble
キャンプ・ルジューン　Camp Lejeune
ギャンブレル・ルーフ　gambrel roof
キャンペーナー　campaigner
キャンペーン　campaign
キャンペーン・ガール　campaign girl
キャンベラ　Canberra
キャンベル　campbell
キャンベルタウン　Campbeltown
キャンポリー　camporee
ギャンボル　gambol
キュア　cure
キュア・オール　cure-all
キュアラブル　curable
キュアリアス　curious
キュアレス　cureless
キュイジーヌ　cuisine
キュイジニエ　cuisinier
キュイラス　cuirass
キュー　cue, queue

キューアノン　QAnon
キュー・ガーデンズ　Kew Gardens
キューカンバー　cucumber
キューク　cuke
ギューゴー　gewgaw
キューザック　Cusack
キュー・ジャンプ　queue-jump
キューティー　cutie, cutey
キューティクル　cuticle
キューティス　cutis
キュート　cute
キュートシー　cutesy
キューバ　Cuba
キューバー　cuber
キューバン　Cuban
キューピー　kewpie
キュービカル　cubical
キュービクル　cubicle
キュービスト　cubist
キュービズム　cubism
キュービック　cubic
キュービット　cubit
キューピッド　Cupid
キューブ　cube
キュープライト　cuprite
キューブリック　Kubrick
キューブ・ルート　cube root
キューボイド　cuboid
キューポラ　cupola
キューミュラティブ　cumulative
キューリー　Curie
キューリー・ポイント　Curie point
キューレット　culet
キュエリー　query
キュクロプス　Cyclops
ギュスターブ　Gustave
キュナード　Cunard
キュニアフォーム　cuneiform
キュピディティー　cupidity
キュプセロス　Cypselus
キュプリック　cupric
キュプルム　cuprum
キュプロニッケル　cupronickel
キュベ　cuvée
キュベレ　Cybele
キュミュラス　cumulus
キュミュラティブ　cumulative
キュミュロストレータス　cumulostratus
キュミュロニンブス　cumulonimbus
ギュメ　guillemet
キュラシー　curacy
キュラソー　Curaçao
キュラティブ　curative
キュリー　Curie
キュリー・ポイント　Curie point
キュリウム　curium
キュリオシティー　curiosity
キュレイ　curé
キュレーター　curator
キュレート　curate
キュレタージュ　curettage
キュレット　curette, -ret
キュレネ　cyrene
キュロス　Cyrus
キュロット　culotte
ギュンター・シャボウスキー　Günter Schabowski
キュンメル　kümmel
ギヨーム　Guillaume
キョンジュ　Gyeongju
キラー　killer
キラー・アプリケーション　killer application
キラー・インスティンクト　killer instinct
ギラード　Gillard
キラー・ホエール　killer whale
キラウエア　Kilauea
キラリティー　chirality
キラル　chiral
ギラロッシュ　Guy Laroche
ギラン　Gillan
ギラン・バレー　Guillain-Barré
キリ　kiri
ギリアム　Gilliam
キリアン　Cillian, Killian
ギリアン　GuyLian
ギリー　gillie, gilly, ghillie
ギリー・シューズ　gillie shoes
キリエ　kyrie
キリエ・エレイソン　kyrie eleison
キリエンコ　Kiriyenko
キリオン　quillion
キリコ　Chirico
キリスト　Christ
キリバス　Kiribati

キリマンジャロ　Kilimanjaro
キリル　Cyrillic
キリング　killing
キリング・ボトル　killing bottle
キル　kill
ギル　Gil, gill, Gill
キルギス　Kyrgyz, Kirghiz, Kirgiz
キルギスタン　Kyrgyzstan
キルクーク　Kirkuk
キルケー　Circe
キルケゴール　Kierkegaard
キルケニー　Kilkenny
キルゴア　Kilgore
キルシュ　kirsch
キルシュトルテ　kirschtorte
キルシュバッサー　kirschwasser
キルジョイ　killjoy
ギルズマン　guildsman
ギルダ　Gilda
キルター　kilter
ギルダー　guilder
キルデア　Kildare
ギルティー　guilty
キルティング　kilting, quilting
ギルディング　gilding
キルテッド　quilted
ギルデッド　gilded
ギルデロイ・ロックハート　Gilderoy Lockhart
ギルデンスターン　Guildenstern
キルト　quilt, kilt
ギルト　guilt, gilt
ギルド　guild, gild
ギルト・エッジド　gilt-edged
ギルド・ソーシャリズム　guild socialism
ギルト・トリップ　guilt-trip
ギルドホール　guildhall
ギルトレス　guiltless
ギル・ネット　gill net
ギルバート　Gilbert
キルバーン　Kilburn
キルパトリック　Kilpatrick
キルビー　Kilby
ギルビー　Gilbey
キルヒナー　Kirchner
ギルフォード　Guildford
キルマー　Kilmer
キルマーノック　Kilmarnock
ギルマール　Guillemard
ギルモア　Gilmore, Gilmour
ギルモット　guillemot
キルロイ　Kilroy
ギルロイ　Gilroy
キルン　kiln
キレーション　chelation
キレーター　chelator
キレート　chelate
ギレスピー　Gillespie
キロ　kilo, kilo-
キロエレクトロン　kiloelectron
キロカロリー　kilocalorie
キログラム　kilogram, -gramme
キログラム・カロリー　kilogram calorie
キロサイクル　kilocycle
キロジュール　kilojoule
ギロチン　guillotine
キロトン　kiloton
キロベース　kilobase
キロヘルツ　kilohertz
キロボー　kilobaud
キロボルト　kilovolt
キロメートル　kilometer, -tre
キロラド　kilorad
キロリットル　kiloliter
キロワット　kilowatt
キロワット・アワー　kilowatt-hour
キン　kin
ギンガー　Gienger
キンカジュー　kinkajou
ギンガム　gingham
キンキー　kinky
キンキー・ブーツ　kinky boots
キンキー・ルック　kinky look
キンク　kink
キング　king, King
キングカップ　kingcup
キング・クラブ　king crab
キング・クリムゾン　King Crimson
キング・コブラ　king cobra
キング・コング　King Kong
キング・サーモン　king salmon
キング・サイズ　king-size
キングサイズド　king-sized
キングサウド　King Saud

キングシップ　kingship
キンクス　Kinks
キングズ・イーブル　king's evil
キングズ・イングリッシュ　King's English
キングズ・カウンセル　King's Counsel
キングスタウン　Kingstown
キングストン　Kingston
キングストン・アポン・テムズ　Kingston upon Thames
キングズ・ベンチ　King's Bench
キングズ・ランサム　king's ransom
キングズリー　Kingsley
キングダム　kingdom
キング・チャールズ・スパニエル　King Charles spaniel
キングバード　kingbird
キングピン　kingpin
キングフィッシャー　kingfisher
キングフィッシュ　kingfish
キング・ポスト　king post
キングボルト　kingbolt
キングメーカー　kingmaker
キング・リア　King Lear
キングリー　kingly
ギングリッチ　Gingrich
キングレット　kinglet
キンケイド　Kincaid, Kinkaid
ギンコー　ginkgo
キンコーズ　Kinko's
ギンコー・ナット　ginkgo nut
キンシップ　kinship
キンシャサ　Kinshasa
キンスウーマン　kinswoman
キンスキー　Kinski
ギンズバーグ　Ginsburg
キンスフォーク　kinsfolk
キンスマン　kinsman
キンセアネーラ　quinceañera
キンゼー　Kinsey
キンセラ　Kinsella
キンダーガーテン　kindergarten
キンダーガートナー　kindergartner, -gartener
キンダーガルテン　Kindergarten
キンタイア　Kintyre
キンタル　quintal
キンデルダイク　Kinderdijk
キントゼン　quintozene
キンドリング　kindling
キンドル　kindle
キンドレッド　kindred
キンバリー　Kimberley, Kimberly
キンバル　Kimball
キンヒドロン　quinhydrone
ギンプ　gimp
キンフォーク　kinfolk
キンブル　Kimball
キンポ　Gimpo
キンボロン　quinbolone
キンメル　Kimmel

ク

クアー　qua
クアークー　Quaco
クアーシー　Quashee
クアーズ　Coors
クアーミン　Quamin
クアーメ　Quame
グアール　guar
グアイアズレン　guaiazulene
グアイフェネシン　guaifenesin
クアオ　Quao
グアダラハラ　Guadalajara
グアダルカナル　Guadalcanal
グアテマラ　Guatemala
グアテマラン　Guatemalan
グアド　gourd
クアドラジェナリアン　quadragenarian
クアドラジェネリアン　quadragenarian
クアドリプリージア　quadriplegia
クアドリプリージック　quadriplegic
クァドリリオン　quadrillion
グアドループ　Guadeloupe
グアナコ　guanaco
グアナゾロ　guanazolo
グアナバラ　Guanabara
グアナミン　guanamine
グアニン　guanine
グアノ　guano
グアバ　guava
クアハウス　Kurhaus
グアム　Guam
グアヤキル　Guayaquil
グアヤコール　guaiacol
グアラニー　guarani
クアラルンプール　Kuala Lumpur
グアルディ　Guardi
グアルネリ　Guarneri
グアルネリウス　Guarnerius
クアンザ　Kwanza, Cuanza
グアンタナモ　Guantánamo
グアンチャーレ　guanciale
クアント　quant
クイアー　queer
クイアリー　query
クイージー　queasy, queazy
グイード　Guido
クイーニー　Queenie
クイーバ　Caoimhe
クイーン　queen, Queen
クイーン・アン　Queen Anne
クイーン・アント　queen ant
クイーン・コンソート　queen consort
クイーン・サイズ　queen-size
クイーン・サイズド　queen-sized
クイーンシップ　queenship
クイーンズ　Queens
クイーンズ・イングリッシュ　Queen's English
クイーンズ・カウンセル　Queen's Counsel
クイーンズ・ベンチ　Queen's Bench
クイーンズランド　Queensland
クイーン・ダウイジャー　queen dowager
クイーン・ビー　queen bee
クイーンフッド　queenfood
クイーン・ポスト　queen post
クイーン・マザー　queen mother
クイーンリー　queenly
クイーン・レグナント　queen regnant
クイヴァリ　quivery
クイクソティズム　quixotism
クイクソティック　quixotic
クイジカル　quizzical
クイズ　quiz
クイズ・ショー　quiz show
クイズマスター　quizmaster
クイズリング　quisling
クイチョウ　Guizhou
クイッキー　quickie
クイック　quick

クイック・アンド・ダーティー　quick-and-dirty
クイックサンディー　quicksandy
クイックサンド　quicksand
クイックシルバー　quicksilver
クイックステップ　quickstep
クイックセット　quickset
クイック・タイム　quick time
クイックタイム　QuickTime
クイック・チェンジ　quick-change
クイック・テンパード　quick-tempered
クイックネス　quickness
クイック・ファイア　quick-fire
クイック・フィックス　quick fix
クイック・フリーズ　quick-freeze
クイック・マッサージ　quick massage
クイックライム　quicklime
クイックリー　quickly
クイックン　quicken
クイッター　quitter
クイッタンス　quittance
クイッツ　quits
クイット　quit
クイッド　quid
クイッド・プロー・クオー　quid pro quo
クイッフ　quiff
クイップ　quip
クイップスター　quipster
クィディッチ　Quidditch
クイニー・アマン　Kouign Amann
クイニョン　Quy Nhon
グイネビア　Guinevere
クイバー　quiver
クイバリー　quivery
クイブル　quibble
クイベリー　quivery
クイム　quim
クイヤン　Guiyang
クィリナス・クィレル　Quirinus Quirrell
クイリン　Guilin
クイル　quill
クイルワート　quillwort
クイン　quin, Quinn
クインクエンニアル　quinquennial
クインクワジェシマ　Quinquagesima
クインクワジェネリアン　quinquagenarian
クインシー　Quincy
クインジー　quinsy
クインス　quince
クインズベリー・ルールズ　Queensberry rules
クインセンテナリー　quincentenary
クインタプル　quintuple
クインタプレット　quintuplet
クインチュラ　Quintura
クインティリオン　quintillion
クインテッセンシャル　quintessential
クインテッセンス　quintessence
クインテット　quintet, -tette
クイント　quint
クインビー　Quimby
クー　coup, coo
グー　goo
グーイー　gooey
グウィネス　Gwyneth
グウィネズ　Gwynedd
グウィン　Gwyn, Gwynn, Gwynne
クウェイント　quaint
クウェーク　quake
クウェークプルーフ　quakeproof
クウェーサー　quasar
クウェーティ　Kuwaiti, -weiti
クウェート　Kuwait, -weit
クウェスチョン　question
グウェニー　Gwennie
グウェン　Gwen
グウェンダ　Gwenda
グウェント　Gwent
グウェンドリン　Gwendolen, -lene, -line, -lyn
グウェンドレン　Gwendolen, -lene
クウォーミッシュ　qualmish
クウォーム　qualm
クウォランティーン　quarantine
クウォンタ　quanta
クウォンタイズ　quantize
クウォンタム　quantum
クウォンティタティブ　quantitative
クウォンティティー　quantity
クウォンティファイアー　quantifier
クウォンティファイアブル　quantifiable
クウォンティフィケーション　quantification
クーガー　cougar
クーカバラ　kookaburra

クーキー　kooky, kookie
クーク　kook
グーク　gook
グー・グー　gugu, goo-goo
グーグラー　Googler
クー・クラックス・クラン　Ku Klux Klan
グーグル　Google
グーグルプレックス　Googleplex
グーゴル　googol
グーシー　goosey, goosy
グース　goose
クーズー　kudu, koodoo, koedoe
グース・エッグ　goose egg
グース・ステップ　goose step
グースネック　gooseneck
グース・バンプス　goose bumps
グース・ピンプルズ　goose pimples
グースフット　goosefoot
グースフレッシュ　gooseflesh
グースベリー　gooseberry
グースベリー・ブッシュ　gooseberry bush
クーツ　Coutts
クーティー　cootie
クーデター　coup d'état
グーテン・ターク　guten Tag
グーテン・モルゲン　guten Morgen
クート　coot
クードグラース　coup de grâce
クードス　kudos
グーニー　goony, gooney
グーニーズ　Goonies
グーニー・バード　gooney bird
クーバー　Coover, Cubba, Cuba
クーパー　cooper, Cooper, Cowper
クーバーズ　kuvasz
クーパーズタウン　Cooperstown
クープ　co-op, coop
グーフ　goof
グープ　goop
グーフ・アップ　goof-up
グーフィー　goofy
グーフ・オフ　goof-off
グーフボール　goofball
クーフリン　Cuchulain, -ainn, Cúchulainn
クーペ　coupé, -pe
クーベルタン　Coubertin
クーベルチュール　couverture
クーヘン　kuchen
クーポン　coupon
クーポン・ボンド　coupon bond
クーポン・レート　coupon rate
クーム　combe, comb, coomb(e)
クーラー　cooler
グーラーグ　Gulag
グーラッシュ　goulash
クーラント　coolant
クーリー　coulee, coulée, coolie, -ly, coulis
クーリー・ハット　coolie hat
クーリエ　courier, Courier
クーリッジ　Coolidge
クーリッシュ　coolish
グーリッシュ　ghoulish
クーリング・オフ　cooling-off
クーリング・タワー　cooling tower
クール　cool, cours, Kur, Kool, Cuil
グール　ghoul
クール・アンド・ザ・ギャング　Kool & The Gang
グールー　guru
クール・ウール　cool wool
クールエイド　Kool-Aid
グールズビー　Goolsbee
グールド　Gould
クールネス　coolness
クールノー　Cournot
クール・バッグ　cool bag
クール・ブイヨン　court bouillon
クールベ　Courbet
クールヘッデッド　coolheaded
クールマイヨール　Courmayeur
クールリー　coolly, cooly
クーロアール　couloir
クーロン　coulomb
クーン　coon, Kuhn
グーン　goon
クーンズ　Koons
クーンスキン　coonskin
クーンツ　Koontz
グーンバー　goombah
クーンハウンド　coonhound
クエイント　quaint
クエーカー　quaker

クエーカリズム　quakerism
クエーキング・アスペン　quaking aspen
クエーク　quake
クエークプルーフ　quakeproof
クェーサー　quasar
クェーサイ　quasi, quasi-
クエーバー　quaver
クエーバリー　quavery
クエーベリー　quavery
クエール　quail, Quayle
クエスチョナー　questioner
クエスチョナブル　questionable
クエスチョニング　questioning
クエスチョネア　questionnaire
クエスチョン　question
クエスチョン・タイム　question time
クエスチョン・マーク　question mark
クエスチョン・マスター　question master
クエスト　quest, Qwest
クエッタ　Quetta
クエリー　query
クエリュラス　querulous
クエル　quell
グエル　Güell
クエルシトリン　quercitrin
クェルセチン　quercetin
クエルチトリン　quercitrin
クエルナバカ　cuernavaca
クエルボ　Cuervo
クエルラス　querulous
クエロ　Quaero
クエンチ　quench
クエンチレス　quenchless
クエンティン　Quentin
クエンティン・タランティーノ　Quentin Tarantino
クオイト　quoit
クオイン　quoin
クォーク　quark
クオーシェント　quotient
クオース　quoth
クオータ　quota
クォーター　quarter
クォーター・アワー　quarter hour
クォータースタッフ　quarterstaff
クォーター・セッションズ　quarter sessions
クォーター・デー　quarter day
クォーターデッキ　quarterdeck
クォーター・ノート　quarter note
クォーターバック　quarterback
クォーターファイナリスト　quarterfinalist
クォーターファイナル　quarterfinal
クォーター・ホース　quarter horse
クォーターマスター　quartermaster
クォーターマスター・ジェネラル　quartermaster general
クォーター・ライト　quarter light
クォータイル　quartile
クォータ・システム　quota system
クォータビリティー　quotability
クォータブル　quotable
クォータリー　quarterly
クォーツ　quartz
クオーティディアン　quotidian
クォーテーション　quotation
クォーテーション・マークス　quotation marks
クォート　quote, quart, quarto
クォード　Quad
クオーミッシュ　qualmish
クオーム　qualm
クオーラム　quorum
クオーリー　quarry
クオーリーマン　quarryman
クオーレート　quorate
クオーレル　quarrel
クオーレルサム　quarrelsome
クオジ　quasi, quasi-
クオターナリー　quaternary
クオタニウム　quaternium
クオッシュ　quash
クオッド　quad, quod
クオッド・ウィデー　quod vide
クオットレイン　quatrain
クオッフ　quaff
クオテーション　quotation
クオテーション・マークス　quotation marks
クオドラジェシマ　Quadragesima
クオドラティック　quadratic
クオドラフォニック　quadraphonic
クオドランギュラー　quadrangular
クオドラングル　quadrangle
クオドラント　quadrant
クオドリ　quadri-

クオドリプリージア　quadriplegia
クオドリプリージック　quadriplegic
クオドリラテラル　quadrilateral
クオドリリオン　quadrillion
クオドループル　quadruple
クオドルーン　quadroon
クオドルプリケート　quadruplicate
クオドルプレット　quadruplet
クオドルペッド　quadruped
クオドレンニアル　quadrennial
クオポー　Quapaw
クオモ　Cuomo
クオランティーナブル　quarantinable
クオランティーン　quarantine
クオリア　qualia
クオリティー　quality
クオリティー・アシュアランス　quality assurance
クオリティー・コントロール　quality control
クオリテーティブ　qualitative
クオリファイ　qualify
クオリファイアー　qualifier
クオリファイアブル　qualifiable
クオリファイイング　qualifying
クオリファイド　qualified
クオリフィケーション　qualification
クオンタ　quanta
クオンタイズ　quantize
クオンタム　quantum
クオンダム　quondam
クオンタム・セオリー　quantum theory
クオンタム・フィジックス　quantum physics
クオンタム・メカニックス　quantum mechanics
クオンタム・リープ　quantum leap
クオンダリー　quandary
クオンティティー　quantity
クオンティティー・サーベイヤー　quantity surveyor
クオンティテーティブ　quantitative
クオンティファイ　quantify
クオンティファイアー　quantifier
クオンティファイアブル　quantifiable
クオンティフィケーション　quantification
クグロフ　gugelhupf, kugelhopf, kouglof
クサンティッペ　Xanthippe, -tip-
クシー　xi
グジェール　gougère
クシェット　couchette
グジャラート　Gujarat
クシュタート　Gstaad
クシュナー　Kushner
クズ　kudzu (vine)
クスクス　couscous
クスコ　Cuzco, Cusco
グスターボ・ドゥダメル　Gustavo Dudamel
グスタフ　Gustav
グスタブ　Gustav, Gustave
グスタフスベリ　Gustavsberg
グスタフ・マーラー　Gustav Mahler
クズネッツ　Kuznets
クセノン　xenon
クセルクセス　Xerxes
クゾン　Couzon
クチクラ　cuticle
クチマ　Kuchma
クチュール　couture
クチュリエ　couturier
クチュリエール　couturiere
クチン　Kuching
クッカー　cooker
クッカリー　cookery
クッカリー・ブック　cookery book
クッキー　cooky, cookie
クッキー・カッター　cookie-cutter
クッキー・モンスター　Cookie Monster
クッキング　cooking
クック　cook, Cook, Cooke
グック　gook
クックアウト　cookout
クックー　cuckoo
クックウェア　cookware
クックー・クロック　cuckoo clock
クックー・スピット　cuckoo spit
クック・オフ　cook-off
クックストーブ　cookstove
クック・チル　cook-chill
クックトップ　cooktop
クックハウス　cookhouse
クックブック　cookbook
グッゲンハイム　Guggenheim
クッシー　cushy
クッション　cushion

グッズ　goods
クツターウン　Kutztown
グッタペルカ　gutta-percha
グッチ　Gucci
クッツェー　Coetzee
グッデイ　good day
グッディー　goody, goodie
グッディー・グッディー　goody-goody
グッディッシュ　goodish
グッド　good
グッド・アフタヌーン　good afternoon
グッド・イブニング　good evening
グッドウィル　goodwill
グッド・エッグ　good egg
グッド・オフィシィズ　good offices
グッド・サイズド　good-sized
グッド・サマリタン　good Samaritan
グッド・シング　good thing
グッド・スピード　good speed
グッド・センス　good sense
グッド・デイ　good day
グッド・テンパード　good-tempered
グッド・ナイト　good night
グッド・ネイチャード　good-natured
グッド・ネイバー　good-neighbor
グッドネス　goodness
グッドバイ　good-by(e), goodby(e), goodbye
グッド・ヒューマード　good-humored
グッド・フェイス　good faith
グッド・フェロー　good fellow
グッド・フェローシップ　good-fellowship
グッド・フォー・ナッシング　good-for-nothing
グッド・ブック　good book
グッド・フライデー　Good Friday
グッド・ホープ　Good Hope
グッド・モーニング　good morning
グッドリー　goodly
グッド・ルッカー　good-looker
グッド・ルッキング　good-looking
グッド・ルックス　good looks
クッパ　kukpap, gukbap
グッピー　guppy
クナ　Cuna, Kuna
グナ　guna
クナール　Kunar, Konar
クナイプ　Kneipp
クナックブルスト　knackwurst
クヌート　Canute, Cnut, Knut
クネセト　Knesset, -seth
グノー　Gounod
クノッソス　Knossus, Cnossos
クノップフ　Knopf
クパチーノ　Cupertino
クビカ　Kubica
クビサ　Kubica
クピド　Cupid
クフ　Khufu
グプタ　Gupta
クベッチ　kvetch
グベルナトリアル　gubernatorial
クマホス　coumaphos
クマリン　coumarin
クミス　koumis(s), koumyss, kumiss, kumis, kumys
クミン　cumin, cummin
クム　cum
クム・ディビデンド　cum dividend
クムルス　cumulus
クムロストラートゥス　cumulostratus
クムロニンブス　cumulonimbus
グメーリン　Gmelin
クメール　Khmer
クメール・ルージュ　Khmer Rouge
クメン　cumene
クラーク　clerk, Clarke
クラーク・ケント　Clark Kent
クラークシップ　clerkship
クラークス　Clarks
クラークスドープ　Klerksdorp
クラークスビル　Clarksville
クラークソン　Clarkson
クラークリー　clerkly
クラージー　clergy
クラージーマン　clergyman
グラース　Grasse
グラーティス　gratis
グラーベン　graben
グラーマ　grama
グラーマ・グラス　grama grass
クラール　kraal
クラーレ　curare
クライ　cry

クライアー　crier
クライアント　client
クライアントシップ　clientship
クライアントレス　clientless
クライイング　crying
クライオ　cry-, cryo-
クライオサージェリー　cryosurgery
クライオジェニック　cryogenic
クライオジェニックス　cryogenics
クライオジェン　cryogen
クライオニクス　cryonics
クライオニック　cryonic
クライオバイオロジー　cryobiology
クライオポンプ　cryopump
クライキー　crikey
グライシーミア　glycemia, -cae-
クライシス　crisis
クライシス・マネージメント　crisis management
クライズデール　Clydesdale
クライスト　Christ
クライストチャーチ　Christchurch
クライストライク　Christlike
クライスラー　Chrysler
グライダー　glider
グライディング　gliding
クライテリオン　criterion
クライト　krait
クライド　Clyde
グライド　glide
グライド・パス　glide path
クライトン　Creighton, Crichton
クライノイド　crinoid
クライノプチロライト　clinoptilolite
クライフ　Cruyff
クライブ　Clive
グライプ　gripe
クライプス　cripes
クライベイビー　crybaby
クライマー　climber
クライマクティック　climactic
クライマクテリック　climacteric
クライマックス　climax
クライマティック　climatic
クライマトロジー　climatology
クライマトロジカル　climatological
クライマトロジスト　climatologist
クライマブル　climbable
グライミー　grimy
クライミング　climbing
クライミング・アイアン　climbing iron
クライミング・フレーム　climbing frame
クライム　crime, climb, clime
グライム　grime
クライム・ストーリー　crime story
クライム・ダウン　climb-down
クライム・ライター　crime writer
クライメート　climate
クライン　cline, Klein
グラインダー　grinder
グラインディング　grinding
グラインド　grind
グラインドストーン　grindstone
グラインドボーン　Glyndebourne
クラインフェルター　Klinefelter
グラウアー　glower
クラヴィッツ　Kravitz
グラウコーマ　glaucoma
グラウコマ　glaucoma
クラウス　Klaus
グラウス　grouse
クラウダー　clowder
クラウチ　Crouch
グラウチ　grouch
グラウチー　grouchy
グラウチネス　grouchiness
クラウチング・スタート　crouching start
クラウディア・シーファー　Claudia Schiffer
クラウディー　cloudy
クラウディー・タイプ　cloudy type
クラウディオ　Claudio
クラウディング・アウト　crowding out
クラウデッド　crowded
クラウト　clout, Klout
クラウド　cloud, crowd
グラウト　grout
クラウド・キャッスル　cloud-castle
クラウド・キャップト　cloud-capped
クラウド・コンピューティング　cloud computing
クラウド・シーディング　cloud seeding
クラウドスケープ　cloudscape
クラウドソーシング　crowdsourcing
クラウド・チェンバー　cloud chamber

クラウドバースト cloudburst
クラウドバンク cloudbank
クラウドファンディング crowdfunding
クラウドファンド crowdfund
クラウド・プラー crowd puller
クラウド・プリーザー crowd-pleaser
クラウドベリー cloudberry
クラウドランド cloudland
クラウドレス cloudless
クラウドレット cloudlet
クラウニッシュ clownish
クラウニング crowning
クラウネリー clownery
グラウラー growler
グラウリング growling
グラウル growl
クラウン crown, clown
クラウン・オフィス Crown Office
クラウン・キャップ crown cap
クラウン・コート Crown Court
クラウン・コロニー crown colony
クラウン・ジュエル crown jewel
クラウン・ジュエルズ crown jewels
グラウンズキーパー groundskeeper
グラウンズマン groundsman
グラウンダー grounder
グラウンディング grounding
クラウンド crowned
グラウンド ground
グラウンドアウト groundout
グラウンドウォーター groundwater
グラウンド・カバー ground cover
グラウンドキーパー groundkeeper
グラウンド・グラス ground glass
グラウンド・クルー ground crew
グラウンド・クロース ground cloth
グラウンド・ゴルフ ground golf
グラウンド・コントロール ground control
グラウンド・コントロール・アプローチ ground-control approach
グラウンド・コントロールド・アプローチ ground-controlled approach
グラウンドシート groundsheet
グラウンドスウェル groundswell
グラウンド・スクワレル ground squirrel
グラウンド・スタッフ ground staff
グラウンド・ストローク ground stroke
グラウンド・スピード ground speed
グラウンドセル groundsel
グラウンド・ゼロ ground zero
グラウンド・トゥー・エア ground-to-air
グラウンド・トゥー・グラウンド ground-to-ground
グラウンドナット groundnut
グラウンド・ビーフ ground beef
グラウンド・プラン ground plan
グラウンドブレーキング groundbreaking
グラウンド・フロア ground floor
グラウンド・フロスト ground frost
グラウンド・ベイト ground bait
グラウンド・ボール ground ball
グラウンドホッグ groundhog
グラウンドホッグ・デー Groundhog('s) Day
グラウンドマン groundman
グラウンドリング groundling
グラウンド・ルール ground rule
グラウンドレス groundless
グラウンド・レント ground rent
グラウンドワーク groundwork
グラウンド・ワイヤー ground wire
クラウン・プリンス crown prince
クラウン・プリンセス crown princess
クラウン・ランド crown land
クラカワー Krakauer
クラクション Klaxon
グラクソ・スミスクライン GlaxoSmithKline
クラクフ Kraków, Cracow
グラサ・マシェル Graça Machel
グラシアーノ Graciano, Gratiano
グラシアス gracias
グラジオラス gladiolus
クラシカル classical
クラシサイズ classicize
クラシシスト classicist
クラシシズム classicism
クラシズム classism
クラシック classic
クラシック・スペース classic space
クラシック・レース classic races
クラシファイ classify
クラシファイアブル classifiable
クラシファイド classified
クラシフィケーション classification

グラジュアリスティック　gradualistic
グラジュアリスト　gradualist
グラジュアリズム　gradualism
グラジュアル　gradual
グラジュエーション　graduation
グラジュエーテッド　graduated
グラジュエート　graduate
グラシリス　gracilis
グラシン　glassine
クラシンスキー　Krasinski
クラス　class, crass
グラス　glass, grass
グラス・アーム　glass arm
グラス・アイ　glass eye
クラス・アクション　class action
グラスウィージャン　Glaswegian
グラス・ウィドー　grass widow
グラス・ウィドワー　grass widower
グラス・ウール　glass wool
グラスウェア　glassware
クラス・ウォー　class war
グラス・カッター　glass cutter
グラス・クロース　glass cloth
グラスゴー　Glasgow
グラス・コート　grass court
クラス・コンシャス　class-conscious
グラス・シーリング　glass ceiling
グラス・ジョー　glass jaw
グラス・スキー　grass ski
グラス・スティーガル　Glass-Steagall
クラス・ストラグル　class struggle
グラス・スネーク　glass snake
クラスタ　crusta
クラスター　cluster
クラスター・ヘデイク　cluster headache
クラスティー　crusty
クラスティック　clastic
クラステーシア　Crustacea
クラステーシャ　Crustacea
クラステーシャン　crustacean
クラステッド　crusted
クラスト　crust
グラストンベリー　Glastonbury
グラスノスチ　glasnost
クラスノダル　Krasnodar
グラスハウス　glasshouse
グラスパブル　graspable
グラスピング　grasping
クラスプ　clasp
グラスプ　grasp
グラス・ファイバー　glass fiber
グラスファルト　glasphalt, glassphalt
グラス・フィード　grass-feed
クラスプ・ナイフ　clasp knife
グラスフル　glassful
グラスブローイング　glassblowing
グラスブローワー　glassblower
グラスホッパー　grasshopper
グラス・ボトム・ボート　glass bottom boat
グラスミア　Grasmere
グラスメーカー　glassmaker
グラスメーキング　glassmaking
クラスメート　classmate
グラスランド　grassland
クラス・リスト　class-list
クラスリン　clathrin
グラス・ルーツ　grass roots
グラス・ルート　grass root
クラスルーム　classroom
クラスレート　clathrate
クラスレス　classless
グラスワーカー　glassworker
クラスワーク　classwork
グラスワーク　glasswork
グラスワークス　glassworks
クラダー・リング　Claddagh ring
グラタン　gratin
グラチエ　grazie
クラッカー　cracker
クラッカージャック　crackerjack
クラッカーズ　crackers
クラッカー・バレル　cracker-barrel
クラッギー　craggy
クラッキング　cracking
クラック　crack, clack, claque, cluck
クラッグ　crag
グラッグ　glug
クラック・アップ　crack-up
クラックジョー　crackjaw
クラックスマン　cracksman
クラッグズマン　cragsman
クラックダウン　crackdown
クラックト　cracked
クラックネル　cracknel

クラック・ハウス　crack house
クラックブレーンド　crackbrained
クラックヘッド　crackhead
クラックポット　crackpot
クラックリング　crackling
クラックル　crackle
クラックルウェア　crackleware
クラッジ　kludge, kluge
グラッジ　grudge
クラッシー　classy
クラッジー　Kludgy
グラッシー　glassy, grassy
クラッシャー　crusher
クラッシャブル　crushable
クラッシュ　crush, crash, clash
クラッシュ・ストップ　crash stop
クラッシュ・ダイブ　crash dive, crash-dive
クラッシュ・バー　crush bar
クラッシュ・パッド　crash pad
クラッシュ・バリア　crash barrier, crush barrier
クラッシュプルーフ　crashproof
クラッシュ・ヘルメット　crash helmet
クラッシュ・ホールト　crash halt
クラッシュ・ランディング　crash-landing
クラッシュ・ランド　crash-land
クラッシュワージー　crashworthy
クラッシング　crashing, crushing
グラッジング　grudging
グラッセ　glacé
クラッター　clutter, clatter
クラッチ　clutch, crutch
クラッチ・バッグ　clutch bag
クラッチ・ヒッター　clutch hitter
クラッツ　klutz
クラッツィー　klutzy
グラッツィエ　grazie
クラッディー　cruddy
クラッディング　cladding
グラッデン　gladden
クラッド　crud, clad
グラット　glut
グラッド　glad, grad
グラッド・アイ　glad eye
グラッドストーン　Gladstone
グラッドストーン・バッグ　Gladstone bag
グラットナス　gluttonous
グラットニー　gluttony
グラッド・ハンド　glad hand, glad-hand
グラッド・ラグズ　glad rags
グラッドリー　gladly
グラットン　glutton
グラッパ　grappa
クラッパー　clapper, crapper, crupper
クラッパー・ブリッジ　clapper bridge
クラッパー・ボード　clapper board
クラッビー　crabby
クラッピー　crappy, crappie
グラッビー　grabby, grubby
クラップ　clap, clapp, crap
グラッフ　gruff
グラッブ　grab, grub
クラップシューター　crapshooter
クラップシュート　crapshoot
クラップス　craps
グラッブステーク　grubstake
グラッブ・ストリート　Grub Street, Grubstreet
クラッブド　crabbed
クラップト・アウト　clapped-out
クラップトラップ　claptrap
グラッブ・バッグ　grab bag
グラッブ・ハンドル　grab handle
クラップボード　clapboard
グラップル　grapple
グラッブ・レール　grab rail
グラディエーター　gladiator
グラディス　Gladys
グラティテュード　gratitude
グラティファイ　gratify
グラティファイイング　gratifying
グラティフィケーション　gratification
グラデーション　gradation
グラデート　gradate
グラテューイタス　gratuitous
グラテューイティー　gratuity
グラトナイト　gratonite
グラナイト　granite
グラナイトウェア　graniteware
グラナダ　Granada
クラナド　Clannad
グラナドス　Granados
クラナハ　Cranach
グラナリー　granary

クラニア　crania
クラニー　cranny
グラニー　granny, -nie
グラニー・アネックス　granny annex
グラニータ　granita
クラニード　crannied
グラニー・ノット　granny knot
グラニー・フラット　granny flat
クラニウム　cranium
クラニオサクラル　craniosacral
クラニオセイクラル　craniosacral
クラニオセークラル　craniosacral
クラニッシュ　clannish
グラニット　granite
グラニュール　granule
グラニュラー　granular
グラニュラリティー　granularity
グラニュレーショー　granulatio
グラニュレーション　granulation
グラニュレーター　granulator, -later
グラニュレーテッド・シュガー　granulated sugar
グラニュレート　granulate
グラニュロサイト　granulocyte
グラノーラ　granola
グラノファイアー　granophyre
グラノフィリック　granophyric
グラノラ　granola
グラノリシック　granolithic
グラノリス　granolith
クラバー　clubber
グラバー　Glover, grabber
クラバシン　clavacin
クラバチン　clavatin
クラバット　cravat
クラバブル　clubbable
クラパム　Clapham
グラハム　graham
クラビ　Krabi
グラビア　gravure
クラビー　clubby
クラビーア　clavier
クラビクル　clavicle
クラビコード　clavichord
グラビタス　gravitas
グラビッド　gravid
グラビティー　gravity
グラビテーショナル　gravitational
グラビテーション　gravitation
グラビテート　gravitate
グラビメーター　gravimeter
グラビメトリック　gravimetric
クラピュラス　crapulous
クラピュレンス　crapulence
クラピュレント　crapulent
クラビング　clubbing
クラフ　Clough
クラブ　club, crab
グラフ　Graf, Graff, graph
グラブ　glove, grab
グラファイト　graphite
クラブ・アップル　crab apple
グラフィカシー　graphicacy
グラフィカル　graphical
グラフィクス　graphics
グラフィック　graphic
グラフィック・アート　graphic arts
グラフィックス　graphics
グラフィティー　graffiti
クラブウェーズ　crabways
クラブウッド　crabwood
グラフェン　graphene
グラフォロジー　graphology
グラフォロジスト　graphologist
クラブ・カクタス　crab cactus
クラブグラス　crabgrass
クラブ・サンドイッチ　club sandwich
グラフター　grafter
クラフツウーマン　craftswoman
クラフツピープル　craftspeople
クラフツマン　craftsman
クラフツマンシップ　craftsmanship
クラフティー　crafty
クラフト　craft, kraft
グラフト　graft
クラフト・ビア　craft beer
クラフト・ユニオン　craft union
クラフトワーク　Kraftwerk
クラプトン　Clapton
グラフトン　Grafton
グラプネル　grapnel
クラブハウス　clubhouse
グラブハブ　GrubHub
クラブフェース　clubface

クラブフット　clubfoot
グラフ・ペーパー　graph paper
クラブマン　clubman
クラブミート　crabmeat
クラブ・ラウス　crab louse
グラブラクス　gravlax
グラブラックス　gravlax
グラプリング・アイアン　grappling iron
グラプリング・フック　grappling hook
クラブワイズ　crabwise
グラベラ　glabella
グラベリー　gravelly
グラベル　gravel
クラポー　crapaud
クラマー　crammer, clamor, -our
グラマー　grammar, glamour, -or
グラマー・スクール　grammar school
グラマティカリティー　grammaticality
グラマティカル　grammatical
クラマト　Clamato
グラマトロジー　grammatology
グラマブル　grammable
グラマライズ　glamorize, -our-
グラマライゼーション　glamorization, -our-
クラマラス　clamorous
グラマラス　glamorous, -our-
グラマリアン　grammarian
グラマリゼーション　glamorization
グラマン　Grumman
クラミー　clammy, crummy
グラミー　Grammy
クラミジア　chlamydia
グラミシジン　gramicidin
グラミン・バンク　Grameen Bank
クラム　clam, cram, crumb
グラム　gram, gramme, glam, glum
クラムジー　clumsy
クラムシェル　clamshell
クラムダウン　cramdown
クラム・チャウダー　clam chowder
クラムフル　cram-full
クラムベーク　clambake
グラム・モレキュール　gram-molecule
クラムリー　Crumley
グラメリアン　grammarian
グラモフォーン　gramophone
クララ　Clara
クララベラ　clarabella, clari-
クララベル　Clarabelle
クラランス　Clarins
クラリー　clary
クラリー・セージ　clary sage
クラリオン　clarion
クラリス　Clarice
クラリスロマイシン　clarithromycin
クラリッサ　Clarissa
クラリッジ　Claridge
クラリティー　clarity
クラリネッティスト　clarinet(t)ist
クラリネット　clarinet
クラリファイ　clarify
クラリファイアー　clarifier
クラリフィケーション　clarification
クラリン　curarine
クラリンダ　Clarinda
クラレット　claret
クラレンス　Clarence
クラレンドン　Clarendon
クラン　clan, Klan
グラン　gran
クランカー　clunker
クランガー　clanger, clangor, -our
クランガラス　clangorous, -ourous
クランキー　clunky, cranky
クランク　crank, clank, clunk
クラング　clang, clung
クランクケース　crankcase
クランクシャフト　crankshaft
グラン・クリュ　grand cru
グランジ　Grange, grunge
クランシー　Clancy
グランジー　grungy
クランシップ　clanship
グランジュラー　glandular
グランジ・ロック　grunge rock
グランシング　glancing
グランス　glance
グランズ　glans
クランストン　Cranston
クランズマン　clansman, Klansman
グランタ　Granta
グランター　grantor
グランダディー　grandaddy, granddaddy
グラン・ダム　grande dame

クランチ　crunch
クランチー　crunchy
クランチャー　cruncher
グラン・チャコ　Gran Chaco
グランツーリスモ　granturismo, GT
グランツマンシップ　grantsmanship
グランデ　grande
グランティー　grantee
グランディー　grandee, Grundy
グランディーイズム　Grundyism
グランディーシップ　grandeeship
グランディオース　grandiose
グランディオシティー　grandiosity
グランディロクエンス　grandiloquence
グランディロクエント　grandiloquent
クランデスティン　clandestine
グランデュラー　glandular
グラント　grant, Grant, grunt
グランド　grand, ground, gland
グランドアンクル　granduncle
グランドアント　grandaunt
グラント・イン・エイド　grant-in-aid
グラン・トゥーリズモ　gran turismo
グランドゥール　grandeur
グラント・エレメント　grant element
グランド・オール・オプリー　Grand Ole Opry
グランド・オールド・パーティー　Grand Old Party
グランド・オールド・マン　grand old man
グランド・オペラ　grand opera
グランドキッド　grandkid
グランド・キャニオン　Grand Canyon
グランド・キュヴェ　Grande Cuvée
グランドサン　grandson
グランド・ジュアリー　grand jury
グランドスタンダー　grandstander
グランドスタンディング　grandstanding
グランドスタンド　grandstand
グランドスタンド・フィニッシュ　grandstand finish
グランドスタンド・プレー　grandstand play
グランド・スラム　grand slam
グランド・ダッチー　grand duchy
グランド・ダッチェス　grand duchess
グランドダッド　gran(d)dad
グランドチャイルド　grandchild
グランド・ツアー　grand tour
グランド・ティートン　Grand Teton
グランド・デューク　grand duke
グランドドーター　granddaughter
グランド・ナショナル　Grand National
グランドニース　grandniece
グランドネフュー　grandnephew
グランドパ　⇨グランパ
グランド・ハイアット　Grand Hyatt
グランドパパ　grandpapa
グランド・バンクス　Grand Banks
グランド・ピアノ　grand piano
グランド・ビーフ　ground beef
グランドファーザー　grandfather
グランドファーザー・クロック　grandfather clock
グランドファーザーズ・クロック　grandfather's clock
グランドペアレント　grandparent
グランドマ　⇨グランマ
グランドマザー　grandmother
グランドマザー・クロック　grandmother clock
グランドマザーズ・クロック　grandmother's clock
グランドマザーリー　grandmotherly
グランドママ　grandmama
グランド・ラマ　Grand Lama
グランドリー　grandly
グラントル　gruntle
グランパ　grandpa
クランバー　clamber
クランパー　krumper
グランパス　grampus
グランピアン　Grampian
クランビー　crumby
クランピー　clumpy
グランピー　grumpy
グランビル　Granville
グランピング　glamping
クランプ　clamp, clump, cramp, crump, krump
グランプ　grump
クランプ・アイアン　cramp iron
クランプーン　crampoon
クランプダウン　clampdown
クランプト　cramped
グランプリ　grand prix

クランブリー crumbly
グランブリング grumbling
クランブル crumble
クランプル crumple
グランブル grumble
クランプル・ゾーン crumple zone
クランペット crumpet
クランベリー cranberry
クランポン crampon
グランマ grandma
グランマ・モーゼズ Grandma Moses
クリア clear, curia, courier
クリアー clear
クリアー・アイド clear-eyed
クリアーウェー clearway
クリアー・カット clear-cut
クリア・エア・タービュランス clear air turbulence
グリアジン gliadin
クリアストーリー clerestory
クリアストリーム Clearstream
クリア・ヘッデッド clear-headed
クリアランス clearance
クリアランス・セール clearance sale
クリアリー clearly
クリアリング clearing
クリアリングハウス clearinghouse
クリアロマイザー clearomizer
クリー Cree
グリー glee
グリーア Greer
クリーキー clique, creaky
クリーキッシュ cliquish
クリーク clique, creak, creek
クリーグ klieg
グリーク Greek
グリーグ Grieg
グリーク・オーソドックス・チャーチ Greek Orthodox Church
グリーク・カトリック Greek Catholic
グリーク・ギフト Greek gift
グリーク・クロス Greek cross
グリーク・ゴッド Greek god
グリーク・チャーチ Greek Church
グリーク・フレット Greek fret
グリー・クラブ glee club
グリーク・レター・ソロリティー Greek-letter sorority
グリーク・レター・フラターニティー Greek-letter fraternity
グリーザー greaser
グリーシー greasy
グリージー greasy
グリーシー・スプーン greasy spoon
クリーシェ cliché
グリーシャン Grecian
グリーシャン・ノーズ Grecian nose
クリース crease, Kris
クリーズ Cleese, crise
グリース Greece, grease
グリースウッド greasewood
グリース・ガン grease gun
グリースプルーフ greaseproof
グリースペイント greasepaint
グリース・モンキー grease monkey
グリーゼ Gliese
クリータ creta
グリーター greeter
クリーチャー creature
クリーチャー・コンフォート creature comfort
グリーディー greedy
グリーティング greeting
グリーティング・カード greeting card
クリーデンス credence
クリート cleat
クリード creed
グリート greet
グリード greed
グリードヘッド greedhead
クリーナ crena
クリーナー cleaner
グリーナー gleaner
グリーナウェイ Greenaway
クリーナビリティー cleanability
クリーナブル cleanable
グリーナリー greenery
グリーニー greeny
グリーニズム greenism
グリーニッシュ greenish
クリーニング cleaning
グリーニング gleaning, greening
クリーニング・ウーマン cleaning woman
クリーバー cleaver

クリーパー creeper
クリーパード creepered
グリーバス grievous
グリーバス・ボディリー・ハーム grievous bodily harm
グリーバンス grievance
クリーピー creepy
クリーピー・クローリー creepy-crawly
クリーピング creeping
クリーピング・ジーザス creeping Jesus
クリーブ cleave
クリープ creep
グリーフ grief
グリーブ grieve, glebe, greave, grebe
グリーファー griefer
クリープショー creepshow
グリーフ・ストリクン grief-stricken
クリーブランド Cleveland
クリーブランド・キャバリアーズ Cleveland Cavaliers
クリーブランド・ブラウンズ Cleveland Browns
グリーフル gleeful
クリーベージ cleavage
クリーマー creamer
クリーマトリー crematory
クリーマリー creamery
クリーミー creamy
クリーム cream
グリーム gleam
クリーム・イエロー cream yellow
クリーム・カラード cream-colored
クリーム・クラッカー cream cracker
クリーム・スキミング cream skimming
クリーム・ソース cream sauce
クリーム・ソーダ cream soda
クリーム・チーズ cream cheese
クリーム・ティー cream tea
クリーム・パフ cream puff
クリーム・バン cream bun
クリーム・ホーン cream horn
クリーム・レイド cream laid
クリール creel
クリーン clean
グリーン green, Greene, glean
グリーン・アイド green-eyed
クリーン・アップ clean-up
グリーン・アルガ green alga
クリーン・アンド・ジャーク clean and jerk
グリーン・インテリア green interior
グリーンウォッシュ greenwash
グリーンウッド greenwood
クリーン・エネルギー clean energy
グリーン・オン・ブルー green-on-blue
グリーン・カード green card
クリーン・カット clean-cut
グリーン・カンパニー green company
グリーンキーパー greenkeeper
グリーングローサー greengrocer
グリーングローサリー greengrocery
グリーンゲージ greengage
クリーン・コール・テクノロジー clean coal technology
グリーン・コーン green corn
グリーン・コンシューマリズム green consumerism
グリーン・サービサイジング green servicizing
グリーン・サム green thumb
クリーン・シェーブン clean-shaven
グリーン・ジャイアント Green Giant
グリーンスウォード greensward
グリーンスタッフ greenstuff
グリーンストーン greenstone
グリーンスパン Greenspan
グリーンズボロ Greensboro
グリーンスリーブズ Greensleeves
グリーン・タートル green turtle
グリーン・タフ green tuff
グリーン・ティー green tea
クリーンテク cleantech
クリーンナップ clean-up, cleanup
グリーンネス greenness
グリーン・パーティー Green Party
グリーンハート greenheart
グリーンハウス greenhouse
グリーンハウス・エフェクト greenhouse effect
グリーンハウス・ガス greenhouse gas
グリーンバック greenback
クリーン・ハンズ clean hands
グリーンピース Greenpeace
グリーン・ファット green fat
グリーンフィールド Greenfield

グリーン・フィンガーズ　green fingers
グリーンフィンチ　greenfinch
グリーンフライ　greenfly
グリーンブラット　Greenblatt
クリーン・フロート　clean float
グリーンベイ・パッカーズ　Green Bay Packers
グリーン・ペーパー　green paper
グリーン・ペッパー　green pepper
グリーンベルト　greenbelt
グリーン・ベレー　Green Beret
グリーンホーン　greenhorn
グリーン・マニューア　green manure
グリーン・メーラー　green mailer
グリーン・メール　green mail
グリーン・ライト　green light
グリーンライト　greenlight
グリーンランド　Greenland
クリーンリー　cleanly
クリーン・リビング　clean-living
クリーン・リムド　clean-limbed
クリーン・ルーム　clean room
グリーンルーム　greenroom
グリーン・レボリューション　green revolution
クリエ　courier
クリエーショニスト　creationist
クリエーショニズム　creationism
クリエーション　creation
クリエーター　creator
クリエーティビティー　creativity
クリエーティブ　creative
クリエート　create
グリエール　Gruyère
クリエンテル　clientele
クリオ　curio, Clio
グリオ　Griot
グリオーマ　glioma
クリオール　Creole
グリオキサール　glyoxal
グリオキサラーゼ　glyoxalase
グリオキサリン　glyoxaline
クリオキノール　clioquinol
クリオグロブリン　cryoglobulin
クリオスタット　cryostat
グリオトキシン　gliotoxin
クリオフィブリノゲン　cryofibrinogen
クリオプローブ　cryoprobe
クリオプロテイン　cryoprotein
クリオライト　cryolite
クリオロ　criollo
クリキシバン　Crixivan
グリクラジド　gliclazide
グリケーション　glycation
クリケッター　cricketer
クリケッティー　crickety
クリケット　cricket
クリケット・バッグ　cricket bag
グリゲリアス　gregarious
グリコーゲン　glycogen
グリコール　glycol
グリコサミノグリカン　glycosaminoglycan
グリコシド　glycoside
グリコプロテイン　glycoprotein
グリコリシス　glycolysis
グリコリピッド　glycolipid
グリコリピド　glycolipid
グリサード　glissade
クリサリス　chrysalis
クリサンセマム　chrysanthemum
クリシェ　cliché
グリシャム　Grisham
クリシュナ　Krishna
グリシン　glycine
クリス　Chris
グリス　Gris
グリズウォルド　Griswold
クリス・クリングル　Kriss Kringle
クリスクロス　crisscross
クリスタベル　Christabel
クリスタライズ　crystallize, -talize
クリスタライゼーション　crystallization
クリスタリン　Cristaline, crystalline
クリスタリン・レンズ　crystalline lens
クリスタル　crystal, Cristal
クリスタル・ウエディング　crystal wedding
クリスタル・ガイザー　Crystal Geyser
クリスタル・グラス　crystal glass
クリスタル・クリアー　crystal-clear
クリスタル・ゲイザー　crystal gazer
クリスタル・ゲイジング　crystal gazing
クリスタル・パレス　Crystal Palace
クリスタル・ボール　crystal ball
クリスタル・マウンテン　Crystal Mountain

クリスタロイド crystalloid
クリスタログラファー crystallographer
クリスタログラフィー crystallography
クリスチャナイズ Christianize
クリスチャニア Christiana
クリスチャニティー Christianity
クリスチャン Christian
クリスチャン・エラ Christian era
クリスチャン・サイエンス Christian Science
クリスチャン・サイエンティスト Christian Scientist
クリスチャンセン Christiansen
クリスチャン・ディオール Christian Dior
クリスチャン・ニューライト Christian New Right
クリスチャン・ネーム christian name
クリスチャン・ラクロア Christian Lacroix
クリスチャンリー Christianly
クリスチャン・ルブタン Christian Louboutin
クリスティアーノ・ロナウド Cristiano Ronaldo
クリスティアナ Christiana
クリスティアニティー Christianity
クリスティー Christie, christie, christy, Kristie, Kristy
クリスティーズ Christie's
クリスティーナ Christina
クリスティーン Christine
クリスティン Kristen, Kristin
クリステンセン Christensen
グリスト grist
クリストフ Christoph, Christophe
クリストファー Christopher
クリストフル Christofle
グリストミル gristmill
クリストル Kristol
クリスナー christener
クリスニング christening
クリスピー crispy
クリスピー・クリーム・ドーナツ Krispy Kreme Doughnuts
クリスピン Crispin
クリスプ crisp
クリスプブレッド crispbread
クリスマス Christmas, Xmas
クリスマス・アイランド Christmas Island
クリスマス・イブ Christmas Eve
クリスマス・カード Christmas card
クリスマス・カクタス Christmas cactus
クリスマス・キャロル Christmas carol
クリスマス・ケーキ Christmas cake
クリスマス・ストッキング Christmas stocking
クリスマスタイド Christmastide
クリスマスタイム Christmastime
クリスマス・ツリー Christmas tree
クリスマス・デー Christmas Day
クリスマス・プディング Christmas pudding
クリスマス・ボックス Christmas box
クリスマス・ホリデーズ Christmas holidays
クリズム chrism
グリスリー grisly, gristly
グリズリー grizzly
グリズリー・ベア grizzly bear
グリスル gristle
グリズル grizzle
グリズルド grizzled
クリスン christen
グリスン glisten
クリスンダム Christendom
グリセード glissade
グリセミック・インデックス glycemic index
クリセラ Crys-Cera
グリセリド glyceride
グリセリル glyceryl
グリセリン glycerin, glycerine
グリゼル Grizel
グリゼルダ Griselda
グリセロール glycerol
クリセン chrysene
クリソコラ chrysocolla
クリソタイル chrysotile
クリソライト chrysolite
グリター glitter
グリタリー glittery
グリタリング glittering
グリチルリチン glycyrrhizin
クリツィア Krizia
クリッカティ・クラック clickety-clack
クリッカブル clickable
クリッキー crickey
クリック click, Couric
グリッグ grig

クリック・クラック　click-clack
クリックスルー　clickthrough
クリック・ビートル　click beetle
グリッサンド　glissando
クリッシー　Chrissie, Chrissy
グリッシーニ　grissini
クリッシー・ハインド　Chrissie Hynde
クリッター　critter, -tur
グリッチ　glitch
グリッツ　grits, glitz
グリッツィー　glitzy
グリッティー　gritty
グリッテラーチ　glitterati
グリット　grit
グリッド　grid
グリッドアイアン　gridiron
グリッド・コンピューティング　grid computing
グリッド・パリティー　grid parity
グリッドロック　gridlock
クリッパー　clipper
クリッパン　Klippan
クリッピー　clippie, clippy
グリッピー　grippy
クリッピング　clipping
グリッピング　gripping
クリッブ　crib
クリップ　clip
グリップ　grip, grippe
クリップアート　clipart
クリップ・オン　clip-on
クリップ・クロップ　clip-clop
クリップ・ジョイント　clip joint
クリッブ・デス　crib death
クリップト　clipped
クリップボード　clipboard
クリティーク　critique
クリティカリティー　criticality
クリティカル　critical
クリティカル・パス　critical path
クリティカル・マス　critical mass
クリティサイズ　criticize, -cise
クリティシズム　criticism
クリティック　critic
クリティバ　Curitiba
クリテーシャス　cretaceous
クリテリオン　criterion
クリトリス　clitoris
グリドル　griddle
グリドル・ケーキ　griddle cake
クリニーク　Clinique
クリニカル　clinical
クリニカル・サーモメーター　clinical thermometer
クリニシャン　clinician
クリニック　clinic
グリニッジ　Greenwich
グリニッジ・タイム　Greenwich time
グリニッジ・ビレッジ　Greenwich Village
グリニッジ・ミーン・タイム　Greenwich mean time
クリネックス　Kleenex
クリノイド　crinoid
クリノプチロライト　clinoptilolite
クリノメーター　clinometer
クリノリン　crinoline
グリバウスカイテ　Grybauskaitė
クリフ　cliff
グリフ　glyph
グリブ　glib
グリフィー　Griffey
グリフィス　Griffith
グリフィン　griffin
グリフィンドール　Gryffindor
クリフォード　Clifford
グリフォン　griffon, gryphon
クリフサイド　cliffside
グリフター　grifter
クリプティカル　cryptical
クリプティック　cryptic
クリプト　crypt
グリフト　grift
クリフ・ドウェラー　cliff dweller
クリプトカレンシー　cryptocurrency
クリプトキサンチン　cryptoxanthin
クリプトグラフィー　cryptography
クリプトグラム　cryptogram
クリプトシステム　cryptosystem
クリプトスポリジウム　cryptosporidium
クリプトナイト　Kryptonite
クリプトメリア　cryptomeria
クリフトン　Clifton
クリプトン　krypton
クリフ・ハンガー　cliff-hanger

クリフ・ハンギング　cliff-hanging
グリブリド　glyburide
クリプリング　crippling
クリプル　cripple
クリブレーション　cribration
グリベック　Gleevec
クリベッジ　cribbage
クリベッジ・ボード　cribbage board
グリベル　Grivel
グリベンクラミド　glibenclamide
グリホサート　glyphosate
グリマー　glimmer
グリマス　grimace
クリマトリアム　crematorium
グリマリング　glimmering
グリマルキン　grimalkin
クリミア　Crimea
クリミアン・ウォー　Crimean War
クリミアン・タタールズ・メソッド　Crimean Tatar's method
クリミナライズ　criminalize
クリミナライゼーション　criminalization
クリミナリー　criminally
クリミナリゼーション　criminalization
クリミナリティー　criminality
クリミナル　criminal
クリミナル・ロー　criminal law
クリミネーション　crimination
クリミネート　criminate
クリミノロジー　criminology
クリミノロジカル　criminological
クリミノロジスト　criminologist
グリム　Grimm, grim
グリムショー　Grimshaw
グリムズビー　Grimsby
クリムゾン　crimson
クリムゾン・レーキ　crimson lake
クリムト　Klimt
クリメインズ　cremains
クリメーション　cremation
クリメーター　cremator
クリメート　cremate
クリモグラフ　climograph
グリュイエール　Gruyère
グリューワイン　gluhwein
クリュッグ　Krug
クリュディテ　crudités
クリュテムネストラ　Clytemnestra
クリヨン　Crillon
クリル　CLIL, krill, kril, Kuril(e)s
グリル　grill, grille
グリルス　grilse
グリルルーム　grillroom
グリルワーク　grillwork
クリン　curine
グリン　grin
クリンカー　clinker
クリンカー・ビルト　clinker-built
クリンギー　clingy
クリンギング　clinging
クリンク　clink
クリング　cling
クリングストーン　clingstone
クリンクリー　crinkly, -kley
クリンクル　crinkle
グリンゴ　gringo
クリンゴン　Klingon
クリンジ　cringe
クリンジワージー　cringeworthy
クリンズマン　Klinsmann
クリンチ　clinch
グリンチ　Grinch
クリンチャー　clincher
グリンデルバルド　Grindelwald
クリント　Clint
グリント　glint
クリントナイト　clintonite
クリントニアン　Clintonian
クリントノミクス　Clintonomics
クリントノミックス　Clintonomics
クリントン　Clinton
クリンネス　cleanness
クリンパー　crimper
クリンピー　crimpy
クリンプ　crimp
グリンプス　glimpse
クリンプリン　Crimplene
クリンプル　crimple
グル　guru
クルー　crew, clue, clew, Crewe
グルー　glue, grew
グルーイー　gluey
クルーイド　Clwyd
クルーエット　cruet

グルーエリング　grueling, -elling
クルーエル　cruel, crewel
グルーエル　gruel
クルーエルティー　cruelty
クルーエルティー・フリー　cruelty-free
クルーエルワーク　crewelwork
グルーオン　gluon
クルーガー　Kluger, Kreuger, Kruger
クルーガーランド　Krugerrand
クルー・カット　crew cut
クルーグマン　Krugman
クルーザー　cruiser
グルーサム　gruesome
クルージー　Kludgy
クルーシファー　crucifer
クルーシファイ　crucify
クルーシフィクション　crucifixion
クルーシフィックス　crucifix
クルーシフォーム　cruciform
クルーシブル　crucible
クルーシャル　crucial
クルージング　cruising
クルージング・スピード　cruising speed
クルース　crwth
クルーズ　cruise
グルー・スニッファー　glue-sniffer
グルー・スニッフィング　glue-sniffing
クルーズ・ミサイル　cruise missile
クルーソー　Crusoe
クルーゾー　Clouseau
グルータメート　glutamate
クルーディティー　crudity
グルーティナス　glutinous
グルーティノシティー　glutinosity
クルード　crude
グルード　glued
クルード・オイル　crude oil
クルーナー　crooner
クルーニー　Clooney
クルー・ネック　crew neck
グルーバー　groover
グルーパー　grouper
グルービー　groovy
グルーピー　groupie
グルーピング　grouping
クループ　croup, croupe
グルーブ　groove
グループ　group
グループ・インシュアランス　group insurance
グループウェア　groupware
グループ・キャプテン　group captain
グループ・サウンズ　group sounds
グループシンク　groupthink
グループ・セラピー　group therapy
グループ・ダイナミックス　group dynamics
グループ・テクノロジー　group technology
グループ・プラクティス　group practice
グループ・ライト　group right
グループ・リビング　group living
グルー・ポット　glue pot
グルーポン　Groupon
グルーマー　groomer
クルーマン　crewman
グルーミー　gloomy
グルーミオ　Grumio
グルーミング　grooming
グルーム　gloom, groom
グルームズマン　groomsman
クルーラー　cruller, krul-
クルーレス　clueless
クルーン　croon
グルカ　Gurkha
グルガオン　Gurgaon
グルカゴン　glucagon, glucogan
グルカン　glucan
クルキッド　crooked
クルクミノイド　curcuminoid
クルクミン　curcumin
グルコース　glucose
グルココルチコイド　glucocorticoid
グルコゴン　glucogan
グルコサミン　glucosamine
グルコシド　glucoside
グルコシノレート　glucosinolate
グルコノラクトン　gluconolactone
グルコピラノース　glucopyranose
グルコマンナン　glucomannan
クルサード　Coulthard
グルジア　Georgia
グルジアン　Georgian
クルジェット　courgette
クルジスタン　Kurdistan
グルシトール　glucitol

クルス　Cruz
クルゼ　Kurze
クルゼイロ　cruzeiro
クルセーダー　crusader
クルセード　crusade
グルタチオン　glutathione
グルタミック・アシッド　glutamic acid
グルタミナーゼ　glutaminase
グルタミル　glutamyl
グルタミン　glutamine
グルタメート　glutamate
グルタラール　glutaral
グルタルアルデヒド　glutarardehyde
クルタレ　kkultarae
クルック　crook
グルック　Gluck
クルックシャンク　Cruikshank
クルックシャンクス　Crookshanks
クルックス　crux
クルックネック　crookneck
クルックバックト　crookbacked
クルッツェン　Crutzen
クルップ　Krupp
クルテク　Krtek
グルテチミド　glutethimide
グルテン　gluten
グルデン　gulden
クルド　Kurd
グルド　gourde
クルドサック　cul-de-sac
クルト・ワイル　Kurt Weill
クルトン　crouton
グルナッシュ　Grenache
グルニエ　grenier
グルネード　grenade
クルノー　Cournot
グルノーブル　Grenoble
クルバジェ　Courvoisier
クルピエ　croupier
クルベット　curvet
グルマン　gourmand
グルミット　Gromit
クルム　culum
グルメ　gourmet
クレア　Clare, Clair
グレア　glare
クレアチニン　creatinine
クレアチン　creatine
クレアボワイヤンス　clairvoyance
クレアボワイヤント　clairvoyant
グレアム・グリーン　Graham Greene
グレアリー　glary
グレアリング　glaring
クレイ　clay, Creagh
グレイ　gray, grey, Gray
クレイイー　clayey
クレイイッシュ　clayish
クレイオー　Clio
クレイク　crake
クレイグ　Craig
クレイグズリスト　Craigslist
クレイ・コート　clay court
クレイジー　crazy
クレイジー・カット　Krazy Kat
クレイジー・ペイビング　crazy paving
クレイジー・ボーン　crazy bone
クレイズ　craze
グレイストーク　Greystoke
グレイッシュ　grayish
クレイト　crate
グレイト　great
グレイト・バリア・リーフ　Great Barrier Reef
グレイトフル・デッド　Grateful Dead
クレイドル　cradle
クレイドル・スナッチャー　cradle snatcher
クレイドルソング　cradlesong
クレイトン　Clayton
クレイニア　crania
クレイニアム　cranium
クレイニアル　cranial
グレイニー　grainy
クレイ・パイプ　clay pipe
クレイ・ピジン　clay pigeon
クレイビング　craving
クレイブ　crave
クレイプ　crape
クレイフィッシュ　crayfish
グレイブズ　Graves
クレイプ・マートル　crape myrtle
クレイブン　craven
クレイマー　Kramer
グレイ・マーケット　gray market
クレイメーション　Claymation

グレイメール graymail
クレイモア claymore
グレイル grail
クレイン crane, Crane
グレイン grain
グレイン・エレベーター grain elevator
クレイン・フライ crane fly
クレー clay, Klee
グレー gray, grey, Gray
クレーイー clayey
クレーイッシュ clayish
グレーイッシュ grayish
グレー・エミネンス gray eminence
グレー・エリア gray area
グレー・カラー gray collar
クレーク crake
クレー・コート clay court
グレーザー glazer
グレーザブル grazeable, grazable
グレーシアー glacier
グレージアー glazier, grazier
クレージー crazy
グレーシー Gracie
クレージー・キルト crazy quilt
クレージー・ペービング crazy paving
クレージー・ボーン crazy bone
グレーシエーション glaciation
グレーシエート glaciate
グレーシオロジー glaciology
グレーシオロジカル glaciological
グレーシオロジスト glaciologist
クレージャス courageous
グレーシャス gracious
グレーシャル glacial
グレーシャル・エポック glacial epoch
グレーシャル・ピリオド glacial period
クレーシュ crèche
クレージュ Courrèges
クレージング crazing
グレージング glazing, grazing
グレージング・レストラン grazing restaurant
クレーズ craze
グレース grace, Grace
グレーズ glaze, graze
グレー・スクワレル gray squirrel
グレースケール grayscale, greyscale
グレース・ケリー Grace Kelly
グレーズド glazed
グレース・ノート grace note
グレース・ピリオド grace period
グレースフル graceful
グレースランド Graceland
グレースレス graceless
グレー・ゾーン gray zone
クレーター crater
グレーター greater, grater
グレーダー grader
グレーター・ロンドン Greater London
グレーディエント gradient
グレーティング grating
グレーテル Gretel
クレート crate
クレード clade
グレート great, grate
グレード grade, glade
グレート・アンクル great-uncle
グレート・アント great-aunt
グレート・ウォー Great War
グレート・ウォール Great Wall
グレート・エイプ great ape
クレードー credo
グレート・カロリー great calorie
グレート・グランドサン great-grandson
グレート・グランドチャイルド great-grandchild
グレート・グランドドーター great-granddaughter
グレート・グランドファーザー great-grandfather
グレート・グランドペアレント great-grandparent
グレート・グランドマザー great-grandmother
グレード・クロッシング grade crossing
グレートコート greatcoat
グレート・サークル great circle
グレート・シール great seal
グレード・スクール grade school
グレート・ソルト・レーク Great Salt Lake
グレート・ディバイド Great Divide
グレート・デーン Great Dane
グレート・デプレッション Great Depression
グレート・トー great toe

グレート・ドッグ　Great Dog
グレート・ニース　great-niece
グレート・ネフュー　great-nephew
グレート・バリア・リーフ　Great Barrier Reef
グレート・ファイア　Great Fire
グレート・ブリテン　Great Britain
クレートフル　crateful
グレートフル　grateful
グレート・プレーンズ　Great Plains
グレート・ベアー　Great Bear
グレード・ポイント・アベレージ　grade point average
クレードル　cradle
グレート・レークス　Great Lakes
クレーニオトミー　craniotomy
クレーニオメトリー　craniometry
クレーニオメトリック　craniometric
グレーバー　graver
クレー・パイプ　clay pipe
グレーハウンド　greyhound, gray-
グレーハウンド・レーシング　greyhound racing
グレー・パワー　gray power
グレービアード　graybeard
グレービー　gravy
グレービー・トレイン　gravy train
グレービー・ボート　gravy boat
クレー・ピジン　clay pigeon
クレービング　craving
クレーブ　crave
クレープ　crape, crepe, crêpe
グレーブ　grave
グレープ　grape
クレーフィッシュ　crayfish
グレーブサイド　graveside
グレープ・シュガー　grape sugar
クレープ・シュゼット　crêpe suzette
グレープショット　grapeshot
グレーブストーン　gravestone
グレーブディッガー　gravedigger
クレープデシン　crêpe de chine
グレープバイン　grapevine
グレープフルーツ　grapefruit
クレープ・ペーパー　crepe paper
クレープ・マートル　crape myrtle
グレーブヤード　graveyard
グレーブヤード・シフト　graveyard shift
グレー・フライアー　Grey Friar, Gray Friar
グレーブラス　glabrous
クレープ・ラバー　crepe rubber
クレーブン　craven
グレーブン　graven
グレーブン・イメージ　graven image
クレーマー　claimer, Kramer, Kroemer
グレー・マター　gray matter
クレーマブル　claimable
クレーマント　claimant
グレーミオ　Gremio
クレーム　claim
クレーム・アングレーズ　crème anglaise
クレーム・ド・カシス　crème de cassis
クレームドマント　crème de menthe
クレーム・ブリュレ　crème brûlée
グレーメール　graymail
グレー・リテラチャー　gray literature
クレール　Clair
クレーン　crane
グレーン　grain
グレーン・エレベーター　grain elevator
グレーン・サイド　grain side
グレーンジ　grange
グレーンジャー　granger
グレーンフィールド　grainfield
クレオ　Cleo
クレオソート　creosote
クレオソール　creosol
クレオパトラ　Cleopatra
クレオラ　Crayola
グレガー　Gregor
グレコ　Greco
グレゴリアン　Gregorian
グレゴリアン・カレンダー　Gregorian calendar
グレゴリアン・チャント　Gregorian chant
グレゴリー　Gregory
グレゴリオ　Gregorio
グレコ・ローマン　Greco-Roman
クレシェンド　crescendo
クレシダ　Cressida
クレジット　credit
クレジット・アカウント　credit account
クレジット・カード　credit card
クレジット・クランチ　credit crunch

クレジット・スクイーズ　credit squeeze
クレジット・セール　credit sale
クレジット・タイトル　credit titles
クレジット・トランスファー　credit transfer
クレジット・ノート　credit note
クレジットホリック　creditholic
クレジット・ユニオン　credit union
クレジット・ライン　credit line
クレジット・レイティング　credit rating
クレジットワージー　creditworthy
グレシャム　Gresham
グレシャムズ・ロー　Gresham's law
クレシル　cresyl
クレス　cress
クレズ　Klez
クレス・オルデンバーグ　Claes Oldenburg
クレスチン　krestin
クレステッド　crested
クレステッド・テン　Crested Ten
クレスト　crest
クレストール　Crestor
クレストフォールン　crestfallen
クレスポ　Crespo
クレセット　cresset
クレセント　crescent
クレゾール　cresol
クレソン　cresson, cress
クレタ　Crete
グレタ　Greta
グレタ・ガルボ　Greta Garbo
クレチナス　cretinous
クレチニズム　cretinism
クレチン　cretin
グレツキー　Gretzky
クレッグ　Clegg
グレッグ　Greig
クレッシェンド　crescendo
クレッセント　crescent
グレッチ　Gretsch
グレップ　grep
クレディター　creditor
クレディタブル　creditable
クレディット　credit
クレティナス　cretinous
クレディビリティー　credibility
クレディビリティー・ギャップ　credibility gap
クレディブル　credible
クレデューリティー　credulity
クレデュラス　credulous
クレデンザ　credenza
クレデンシャル　credential
クレデンス　credence
クレド　credo
クレトン　cretonne
グレナダ　Grenada
グレナッシュ　Grenache
グレナディエ　grenadier
グレナディエ・ガーズ　Grenadier Guards
グレナディン　grenadine
クレネル　crenel
クレネレーテッド　crenel(l)ated
クレネレート　crenellate
クレバー　clever
クレバー・クレバー　clever-clever
クレバー・ディック　clever dick
クレバス　crevasse
クレパスキュール　crepuscule
クレパスキュラー　crepuscular
クレバリー　cleverly
クレビス　crevice, clevis
クレピテート　crepitate
クレフ　clef
クレフト　cleft
クレプト　crept
クレプトクラシー　kleptocracy
クレプトクラット　kleptocrat
クレフト・センテンス　cleft sentence
クレフト・パレート　cleft palate
クレプトマニア　kleptomania, clepto-
クレプトマニアック　kleptomaniac
クレフト・リップ　cleft lip
クレポン　crepon
クレマ　crema
クレマスチン　clemastine
クレマチス　clematis
クレマトリー　crematory
クレマトリウム　crematorium
クレミー　Clemmie
クレム　Clem
クレムゾン　Clemson
クレムリノロジー　Kremlinology
クレムリノロジスト　Kremlinologist
クレムリン　kremlin

グレムリン gremlin
クレメンシー clemency
クレメンス Clemens
クレメンタイン clementine
クレメンテ Clemente
クレメンティーナ Clementina
クレメント clement
クレモナ Cremona
グレモラータ gremolata
クレヤボヤンス clairvoyance
クレヤボヤント clairvoyant
クレヨン crayon
クレリカリズム clericalism
クレリカル clerical
クレリシー clerisy
クレリック cleric
クレリヒュー clerihew
グレン glen, Glen, Glenn
グレンイーグルズ Gleneagles
グレンガリー glengarry
グレンコア Glencore
グレンコー Glencoe, Glen Coe
クレンザー cleanser
クレンザブル cleansable
クレンショー・メロン Crenshaw melon
クレンジング・デパートメント cleansing department
クレンズ cleanse
グレンダ Glenda
クレンチ clench
グレン・チェック glen check
クレンチャー clencher
クレンツ Krenz
グレンデール Glendale
グレンフィディック Glenfiddich
グレンフェル Grenfell
クレンブテロール clenbuterol
グレンモランジー Glenmorangie
クレンリー cleanly
グレンリヴェット Glenlivet
クレンリネス cleanliness
グレンロイヤル Glenroyal
クロアチア Croatia
クロイ cloy
クロイイング cloying
クロイスター cloister
クロイスタード cloistered
クロイストラル cloistral
クロイソス Croesus
クロイツフェルト・ヤコブ・ディジーズ Creutzfeldt-Jakob disease
クロイド Cloyd
クロイドン Croydon
グロイン groin
クロウ crow, Crowe
グロウコーマ glaucoma
クロウズ・ネスト crow's nest
クロウズ・フィート crow's-feet
クロウバー crowbar
クロウフット crowfoot
クロエ Chloé
クロー claw, craw, crow, Crowe
グロー grow, glow
グローイー glowy
グローイング growing, glowing
グローイング・ペインズ growing pains
クローカー croaker
クローガー Kroger
グローカス glaucous
グローカライズ glocalize
グローカライゼーション glocalization
グローカリゼーション glocalization
グローカル glocal
クローキング cloaking
クローク cloak, croak
クローク・アンド・ダガー cloak-and-dagger
クロークルーム cloakroom
クローケー croquet
グローコーマ glaucoma
グローコマ glaucoma
クローザー closer
グローサー grocer
グローサテリア groceteria
グローサリー grocery
クローシェ crochet
グロー・シェーディング Gouraud shading
クロージャー closure, clothier, crosier, -zier
クローシュ cloche
クロージング closing, clothing
クロース close, cloth
クローズ close, clothe, clothes, clause, cloze
グロース growth

グローズ　gloze
クローズアウト　closeout
クローズ・アップ　close-up
クロース・イヤーズ　cloth ears
グロース・インダストリー　growth industry
クロース・ウォーブン　close-woven
クロース・キャップ　cloth cap
クロース・クォーターズ　close quarters
クロース・グレーンド　close-grained
クロース・クロップト　close-cropped
クロース・コール　close call
クロース・シェーブ　close shave
クロース・ショット　close shot
グロース・ストック　growth stock
クロース・セット　close-set
クローズダウン　closedown
クローズ・ツリー　clothes tree
クローズド　closed
クローズド・サーキット　closed circuit
クローズド・サーキット・テレビジョン　closed-circuit television
クローズド・ショップ　closed shop
クローズド・スタンス　closed stance
クローズド・ドア　closed-door
クローズド・ブック　closed book
クローズド・プライマリー　closed primary
クローズド・ループ　closed loop
クロース・ニット　close-knit
クロースネス　closeness
クロース・バイ　close-by
クロースバウンド　clothbound
クローズ・バスケット　clothes basket
クローズ・ハンガー　clothes hanger
クローズピン　clothespin
クロースフィステッド　closefisted
クロース・フィッティング　close-fitting
クローズブラシ　clothesbrush
クローズプレス　clothespress
クローズ・プロップ　clothes prop
クローズ・ペッグ　clothes-peg
クローズホース　clotheshorse
クローズポール　clothespole
クロース・ホールド　close-hauled
クローズ・ボックス　close box
グロース・ホルモン　growth hormone
クロースマウスト　closemouthed
クローズ・モス　clothes moth
クロース・ヤール　cloth yard
クローズライン　clothesline
クロース・ラン　close-run
クロースリー　closely
クロース・リップト　close-lipped
クローゼ　Klose
クローゼット　closet
クローダ　Clodagh
クローチャー　cloture
グローツ　groats
クローディア　Claudia
クローディアス　Claudius
グローディー　grody
クローディーヌ　Claudine
クローディーン　Claudine
クローディケーション　claudication
グロー・ディスチャージ　glow discharge
クローデット　Claudette
クローデル　Claudel
クロード　Claude
グロート　gloat, groat
クロード・シャブロル　Claude Chabrol
クロード・モンタナ　Claude Montana
クロード・ロラン　Claude Lorrain
クローナ　krona
クローナル　clonal
クローニー　crony
クローニー・キャピタリズム　crony capitalism
クローヌス　clonus
クローネ　krone
クローネンバーグ　Cronenberg
クローバー　clover, crowbar
グローバー　Grover
グローバーオール　Gloverall
クローバーリーフ　cloverleaf
クロー・バック　claw-back
グローバライズ　globalize
グローバリスト　globalist
グローバリズム　globalism
グローバリゼーション　globalization
グローバル　global
グローバル・ウォーミング　global warming
グローバル・パートナーシップ　global partnership
グローバル・パワー　global power
グローバル・ビレッジ　global village

グローバン　Groban
クロー・ハンマー　claw hammer
クローブ　clove
グローブ　globe, grove　⇨グラブ
グロープ　grope
クローフィッシュ　crawfish
グローフェ　Grofé
クローフォード　Crawford
グローブ・コンパートメント　glove compartment
グローブ・トロッター　globe-trotter
グローブ・トロッティング　globe-trotting
グローブナー　Grosvenor
グローブ・パペット　glove puppet
グローブフィッシュ　globefish
グローブ・ボックス　glove box
クローブン　cloven
クローブン・フーフ　cloven hoof
クローブン・フット　cloven foot
グローベート　globate
グローベックス　Globex
グローボース　globose
グローミング　gloaming
クローム　chrome
クローラー　crawler
クローラー・トラクター　crawler tractor
クローライト　chlorite
グロー・ランプ　glow lamp
グローリア　Gloria
クローリー　crawly, Crowley
グローリー　glory
グローリー・ホール　glory hole
クローリス　Chloris, Cloris
クローリティック　chloritic
クローリン　chlorine
クローリング・ペッグ　crawling peg
クロール　crawl
グロールシュ　Grolsch
クローレ　crore
グローワー　grower
グローワーム　glowworm
グローワブル　growable
クローン　clone, clon, crone
グローン　grown, groan
グローン・アップ　grown-up
クロカプラミン　clocapramine
クロカンブッシュ　croquembouche
クロキサシリン　cloxacillin
クロキサゾラム　cloxazolam
グロキシニア　gloxinia
グログラン　grosgrain
クロケット　croquette, Crockett
クロコダイル　crocodile
クロコダイル・クリップ　crocodile clip
クロコダイル・ティアーズ　crocodile tears
クロコディリアン　crocodilian
クロシドライト　crocidolite
グロシュラー　grossular
クロシン　crocin
クロス　cross, cloth, crosse
グロス　gross, gloss
クロス・アイ　cross-eye
クロス・アイド　cross-eyed
グロス・アウト　gross-out
クロス・アッセンブラー　cross assembler
クロス・イグザミネーション　cross-examination
クロス・イグザミン　cross-examine
クロス・インデックス　cross-index
クロスウインド　crosswind
クロスウェーズ　crossways
クロスウォーク　crosswalk
クロスオーバー　crossover
クロスカーレント　crosscurrent
クロスカット　crosscut
クロス・カルチュラル　cross-cultural
クロス・カントリー　cross-country
クロス・クエスチョン　cross-question
クロス・グレインド　cross-grained
クロス・ケーブル　cross cable
クロスゲーム　close game
クロスコート　crosscourt
クロス・コネクト　cross-connect
クロス・コンパイラー　cross compiler
クロス・ステッチ　cross-stitch
クロス・ストリート　cross street
クロス・セクション　cross section
クロス・セリング　cross-selling
クロス・セル　cross-sell
グロスター　Gloucester
グロスターシャー　Gloucestershire
クロスタウン　crosstown
クロス・チェック　cross-check
クロス・ツリー　crosstrees

クロスティーニ　crostini
クロステボール　clostebol
クロスト　crossed
クロス・トーク　cross talk
クロス・ドッキング　cross docking
グロス・ドメスティック・プロダクト　gross domestic product
クロストリジウム　clostridium
クロス・ドレス　cross-dress
クロストロフォービア　claustrophobia
クロストロフォービック　claustrophobic
グロス・トン　gross ton
グロス・ナショナル・プロダクト　gross national product
グロズヌイ　Grozny
クロスバー　crossbar
クロス・パーパス　cross-purpose
クロスハッチ　crosshatch
クロスパッチ　crosspatch
クロス・ハッチング　cross-hatching
クロス・バン　cross bun
クロスビー　Crosby
クロスピース　crosspiece
クロスビーム　crossbeam
クロスビル　crossbill
クロス・ファーティライズ　cross-fertilize
クロス・ファーティライゼーション　cross-fertilization
クロス・ファイア　cross fire
クロス・フェード　cross-fade
クロスプライ　cross-ply
クロス・プラットフォーム　cross-platform
クロスブリード　crossbreed
クロスブレッド　crossbred
クロスヘアーズ　crosshairs
グロス・ペイント　gloss paint
クロスベンチ　crossbench
クロスベンチャー　crossbencher
クロスボウ　crossbow
クロスボー　crossbow
クロス・ボーダー　cross-border
クロス・ホールディング　cross-holding
クロスボーンズ　crossbones
クロス・ポリネーション　cross-pollination
クロス・ポリネート　cross-pollinate
クロスポリマー　crosspolymer
クロス・マーケティング　cross-marketing
グロス・マージン　gross margin
クロス・マーチャンダイジング　cross-merchandizing
クロスマッチ　cross-match
クロス・メディア　cross media
クロス・ライセンス　cross license
クロスリー　crossly
グロスリー　grossly
グロス・リセッション　gross recession
クロス・リファー　cross-refer
クロス・レッグド　cross-legged
クロス・レファレンス　cross-reference
クロスロード　crossroad
クロスワート　crosswort
クロスワードパズル　crossword puzzle
クロスワイズ　crosswise
クロゼット　closet
クロチアゼパム　clotiazepam
クロチェット　crotchet
クロチェティー　crotchety
クロチン　crotin
クロッカス　crocus
クロッカリー　crockery
クロッギー　cloggy
グロッギー　groggy
クロック　clock, crock, croc
クロッグ　clog
グロック　Glock
グロッグ　grog
クロック・ウォッチ　clock watch
クロック・ウォッチャー　clock-watcher
クロック・ゴルフ　clock golf
クロックス　Crocs
クロック・タワー　clock tower
クロッグ・ダンス　clog dance
クロックフェース　clockface
クロックポット　Crock-Pot
クロック・マダム　croque-madame
クロック・ムッシュー　croque-monsieur
クロックメーカー　clockmaker
クロックライク　clocklike
クロック・ラジオ　clock radio
クロックワーク　clockwork
クロックワイズ　clockwise
クロッケ　cloque, cloqué
グロッケンシュピール　glockenspiel
グロッサー　grosser

クロッサブル　crossable
グロッサリー　glossary
グロッシー　glossy
グロッシー・マガジン　glossy magazine
クロッシュ　cloche
グロッシュラー　grossular
クロッシング　crossing
グロッタル　glottal
グロッタル・ストップ　glottal stop
クロッチ　crotch
グロッティー　grotty
グロッティス　glottis
クロッディッシュ　cloddish
クロッテッド・クリーム　clotted cream
クロット　clot
クロッド　clod
グロット　grotto, grot
クロッドホッパー　clodhopper
クロッバー　clobber
クロッパー　cropper
グロッピー　gloppy
クロップ　crop, clop
グロッブ　glob
グロップ　glop
クロップ・イアード　crop-eared
クロップウィード　cropweed
クロップ・クロップ　clop-clop
クロップ・ダスター　crop duster
クロップ・ダスティング　crop-dusting
クロップド　cropped
クロップド・パンツ　cropped pants
クロップ・フル　crop-full
クロップランド　cropland
クロップ・ローテーション　crop rotation
グロテスク　grotesque
グロテスクリー　grotesquerie, -query
クロテタミド　crotetamide
クロテッド・クリーム　clotted cream
クロト　Clotho
クロトリマゾール　clotrimazole
クロナゼパム　clonazepam
クロナッツ　cronut
クロニーイズム　cronyism
クロニクラー　chronicler
クロニクル　chronicle
クロニジン　clonidine
クロニック　chronic
クロノアンペロメトリー
chronoamperometry
クロノグラフ　chronograph
クロノス　Cronos, -nus, Kronos
クロノスコープ　chronoscope
クロノポテンシオメトリー
chronopotentiometry
クロノメーター　chronometer
クロノロジー　chronology
クロノロジカル　chronological
クロノロジスト　chronologist
グロピウス　Gropius
グロビュール　globule
グロビュラー　globular
グロビュラー・クラスター　globular cluster
グロビュリン　globulin
グロビン　globin
クロファジミン　clofazimine
クロフィブレート　clofibrate
クロフェダノール　clofedanol
クロフォード　Crawford
クロフター　crofter
クロフト　croft
グロブリン　globulin
クロプロパミド　cropropamide
グロベラー　grovel(l)er
グロベル　grovel
クロベンゾレックス　clobenzorex
クロマイト　chromite
クロマチン　chromatin
クロマティシティー　chromaticity
クロマティック　chromatic
クロマティックス　chromatics
クロマティン　chromatin
クロマトグラフィー　chromatography
クロマニョン　Cro-Magnon
クロミウム　chromium
クロミック　chromic
クロミナンス　chrominance
クロミフェン　clomifene, clomiphene
クロミプラミン　clomipramine
クロム　chrome
グロム　glom
クロム・イエロー　chrome yellow
クロムウェル　Cromwell
クロム・スチール　chrome steel
クロムレック　cromlech

グロメット grommet
クロモソーマル chromosomal
クロモソーム chromosome
クロモソーム・マップ chromosome map
クロラート chlorate
クロラール chloral
クロラール・ハイドレート chloral hydrate
クロライト chlorite
クロライド chloride
クロラムフェニコール chloramphenicol
グロリア gloria
グロリアス glorious
グロリアス・レボリューション Glorious Revolution
クロリック chloric
クロリティック chloritic
クロリド chloride
クロリネーション chlorination
クロリネート chlorinate
グロリファイ glorify
グロリフィケーション glorification
クロリンダ clorinda
クロルアクネ chloracne
クロルサリドン chlorthalidone
クロルジアゼポキシド chlordiazepoxide
クロルタリドン chlorthalidone
クロルデコン chlordecone
クロルテトラサイクリン chlortetracycline
クロルデン chlordan(e)
クロルニトロフェン chlornitrofen
クロルピリホス chlorpyrifos
クロルフェニラミン chlorpheniramine
クロルフェネシン chlorphenesin
クロルフェンビンホス chlorfenvinphos
クロルプロパミド chlorpropamide
クロルプロマジン chlorpromazine
クロルヘキシジン chlorhexidine
クロルメザノン chlormezanone
クロレート chlorate
クロレラ chlorella
クロロアセテート chloroacetate
クロロアセトン chloroacetone
クロロエチレン chloroethylene
クロロエテン chloroethene
クロロキシレノール chloroxylenol
クロロキン chloroquine
クロロシス chlorosis
クロロタロニル chlorothalonil
クロロチアジド chlorothiazide
クロロックス Clorox
クロロティック chlorotic
クロロトルエン chlorotoluene
クロロピクリン chloropicrin
クロロフィリン chlorophyllin
クロロフィル chlorophyl(l)
クロロフェノール chlorophenol
クロロフェン chlorophene
クロロブタノール chlorobutanol
クロロプラスト chloroplast
クロロフルオロカーボン chlorofluorocarbon, CFC
クロロプレン chloroprene
クロロベンゼン chlorobenzene
クロロホルム chloroform
クロロマイセチン Chloromycetin
クロロメザノン chlormezanone
クロワゾンネ cloisonné
クロワッサン croissant
クロンカイト Cronkite
クロンク clonk
クロンダイク Klondike
クロンマクノイズ Clonmacnoise
クワーキー quirky
クワーク quirk
クワーティー qwerty, QWERTY
クワート quirt
クワーフ quaff
クワイアー choir, quire
クワイアー・スクール choir school
クワイアーボーイ choirboy
クワイアーマスター choirmaster
クワイアー・ロフト choir loft
クワイアティズム quietism
クワイアト quiet
クワイアトゥン quieten
クワイアトリー quietly
クワイイータス quietus
クワイエチュード quietude
クワイエッセンス quiescence
クワイエッセント quiescent
クワイエット quiet
クワイエテュード quietude
クワイト quite
クワグマイア quagmire

クワジ　quasi, quasi-
クワス　kvas(s), quass
クワチャ　kwacha
クワッカリー　quackery
クワック　quack
クワッシュ　quash
グワッシュ　gouache
クワッド　quad
クワットレイン　quatrain
クワッフ　quaff
クワテルセンテナリー　quatercentenary
クワドラジェネリアン　quadragenerian
クワドラチャー　quadrature
クワドラプレット　quadruplet
クワドリプリージア　quadriplegia
クワドリプリージック　quadriplegic
クワドループル　quadruple
クワドルプリケート　quadruplicate
クワドルペッド　quadruped
クワフューズ　coiffeuse
クワフュール　coiffeur, coiffure
クワン　Kwan
クワンゴ　quango
クワンザ　Cuanza, Kwanza
クワンジュ　Kwangju
クワンダリー　quandary
クワント　quant
クンストハル　Kunsthal
クンタ・キンテ　Kunta Kinte
クンツ　Kunz
クンツァイト　kunzite
クンデラ　Kundera
クンドゥーズ　Kunduz
グンナルソン　Gunnarsson
クンニ　⇨クンニリングス
クンニリングス　cunnilingus
クンミン　Kunming

ケ

ケア　care
ケアード　cared, Caird
ケアウェア　careware
ケアウォーン　careworn
ケアギバー　caregiver
ケアギビング　caregiving
ケアテイカー　caretaker
ケアテイキング　caretaking
ケアテイク　caretake
ケアフリー　carefree
ケアフル　careful
ケア・マネージャー　care manager
ケア・マネジメント　care management
ケア・マネジャー　care manager
ケアラー　carer
ケア・ラベル　care label
ケアリー　Carey, Cary
ケアリング　caring
ケアレス　careless
ケアワーカー　care worker
ケアンズ　Cairns
ケアン・テリア　cairn terrier
ケイ　Kay, Kaye, cay
ゲイ　gay, Gaye
ゲイエティー　gaiety, gayety
ケイオティック　chaotic
ゲイコ　Geico
ゲイザー　gazer
ケイジャン　Cajun
ゲイズ　gaze
ゲイター　gaiter
ゲイダー　gaydar
ケイティー　Katie
ケイティディッド　katydid
ゲイテッド　gaited
ケイト　Kate
ゲイト　gate, gait
ケイト・ウィンスレット　Kate Winslet
ケイト・スペード　kate spade
ケイト・モス　Kate Moss
ケイトリン　Caitlin
ゲイナー　gainer
ケイニン　canine
ケイニング　caning
ゲイニングズ　gainings
ケイバー　caver
ケイパー　caper
ケイパビリティー　capability
ケイパブル　capable
ケイビー　cavy
ケイブ　cave
ゲイブ　gave, Gabe
ゲイブリエラ　Gabriela
ゲイブリエル　Gabriel, Gabrielle
ゲイブル　gable
ケイポン　capon
ゲイマン　Gaiman
ケイム　came
ゲイリー　gaily, gay-
ゲイル　Gail, Gayle, gale
ゲイロード　Gaylord
ケイン　Cain, cane, Caine
ゲイン　gain
ケインジアン　Keynesian
ケインシャム　Keynsham
ケインズ　Keynes
ゲインズビル　Gainesville
ゲインセイ　gainsay
ゲインフル　gainful
ケーオー　KO, k.o., kayo
ケーガン　Kagan
ゲーガン　Geoghegan
ケーキ　cake
ケーキング　caking
ケークウォーク　cakewalk
ゲーサーズバーグ　Gaithersburg
ケーサイ　quasi, quasi-
ゲーサイト　goethite

ケージ　cage, Cage
ゲージ　gauge, gage
ケーシアス　caseous
ケーシー　Casey
ケージー　cagey, cagy
ケージ・バード　cage bird
ケージャン　Cajun
ケージリング　cageling
ケーシング　casing
ケース　case
ケース・エンディング　case-ending
ケース・ショット　case shot
ケース・シラー　Case-Shiller
ケース・スタディー　case study
ケース・ナイフ　case knife
ケース・ハーデン　case-harden
ケース・バイ・ケース　case-by-case
ケースバウンド　casebound
ケース・ヒストリー　case history
ケースブック　casebook
ケース・マネジメント　case management
ケースメント　casement
ケース・ロー　case law
ケースロード　caseload
ケースワーカー　caseworker
ケースワーク　casework
ケーソン　caisson
ケーソン・ディジーズ　caisson disease
ケーター　cater
ケーターハム　Caterham
ゲータイト　goethite
ケータハム　Caterham
ケータラー　caterer
ケータリング　catering
ゲータレード　Gatorade
ケータレス　cateress
ケーダンス　cadence
ゲーテ　Goethe
ゲーテッド・コミュニティー　gated community
ケート　Kate
ゲート　gate
ゲートウェー　gateway
ゲートキーパー　gatekeeper
ゲート・クラッシャー　gate-crasher
ゲート・クラッシュ　gate-crash
ゲートハウス　gatehouse
ゲートフォールド　gatefold
ゲート・ボール　gate ball
ゲートポスト　gatepost
ゲート・マネー　gate money
ゲート・レッグ　gate leg
ゲートレッグ・テーブル　gateleg table
ケーナ　quena, cuena
ケーナイン　canine
ケーニング　caning
ケーバー　caber
ケーパー　caper
ケーパビリティー　capability
ケーパブル　capable
ケービー　cavy
ケーヒル　Cahill
ケービング　caving
ケーブ　cave
ケープ　cape
ゲープ　gape
ケーブ・イン　cave-in
ケープ・カナベラル　Cape Canaveral
ケープ・コッド　Cape Cod
ケープスキン　capeskin
ケープタウン　Cape Town, Capetown
ケーブ・ドウェラー　cave dweller
ケープトニアン　Capetonian
ケープ・ホーン　Cape Horn
ケーブマン　caveman
ケーブル　cable
ゲーブル　gable
ケーブルウェー　cableway
ゲーブル・エンド　gable end
ケーブル・カー　cable car
ケーブルキャスト　cablecast
ケーブルグラム　cablegram
ケーブル・ステッチ　cable stitch
ケーブルズ・レンクス　cable's length
ケーブル・テレビ　cable TV
ケーブル・テレビジョン　cable television
ゲーブルド　gabled
ケーブル・トランスファー　cable transfer
ケーブル・ニット　cable knit
ケーブルビジョン　cablevision
ケーブル・モデム　cable modem
ゲーブル・ルーフ　gable roof
ケーブル・レールウェー　cable railway
ケーポン　capon

ケーマート Kmart
ゲーミー gamy, gamey
ゲーミフィケーション gamification
ゲーミング gaming
ゲーム game
ゲーム・ウォーデン game warden
ゲームキーパー gamekeeper
ゲームキューブ GameCube
ゲームコック gamecock
ゲームサム gamesome
ゲームスター gamester
ゲームズマン gamesman
ゲームズマンシップ gamesmanship
ゲーム・セオリー game theory
ゲーム・バード game bird
ゲーム・フィッシュ game fish
ゲーム・プラン game plan
ゲームプレー gameplay
ゲーム・ポイント game point
ゲームリー gamely
ゲーム・リザーブ game reserve
ケーラ Kayla
ケーラー Köhler
ケーリー Cayley
ゲーリー Gary, Gehry
ゲーリック Gaelic
ゲーリッグ Gehrig
ゲーリッシュ garish
ゲーリング Goering
ケール kale, kail
ゲール Gael, gale, Gail, Gayle
ゲールタハト Gaeltacht
ケーレブ Caleb
ケーン cane, Kane
ゲーン gain
ケーン・シュガー cane sugar
ゲーンズバラ Gainsborough
ゲーンズボロ Gainsborough
ケーン・チェア cane chair
ケーンブリック cambric
ケーンブレーク canebrake, -break
ケーンワーク canework
ケオプス Cheops
ゲオポリティーク Geopolitik
ケグラー kegler, kegeler
ケサディーヤ quesadilla
ケシア Kesia
ケジック Keswick
ケシャ Kesha
ケジャリー kedgeree
ケジャン gejang
ゲシュタポ Gestapo
ゲシュタルト gestalt
ゲシュタルト・サイコロジー Gestalt psychology
ゲス guess
ケスクセ Qu'est-ce que c'est?
ゲスティメート gues(s)timate
ゲスト guest
ゲスト・ジュエリー guest jewelry
ケストナー Kästner
ゲスト・ナイト guest night
ゲストハウス guesthouse
ゲストリノン gestrinone
ゲスト・ルーム guest room
ケストレル kestrel
ゲスワーク guesswork
ケセラセラ que será, será
ゲゼルシャフト gesellschaft
ケソン Kaesŏng, Gaeseong
ケソン・シティー Quezon City
ケタミン ketamine
ケチャ kechak, Quecha
ケチャップ ketchup, catsup
ケチュア Quechua, Ke-
ケツァール quetzal
ケック keck
ケッグ keg
ケッグ・ビール keg beer
ゲッコー gecko
ケッズ Keds
ゲッセマネ Gethsemane
ゲッソ gesso
ゲッター getter
ゲッタブル gettable
ケッチ ketch
ゲッツ Getz
ゲッツー get two
ゲッティー Getty
ゲッティンゲン Göttingen
ゲット get
ゲットアウェー getaway
ゲット・アウト get-out
ゲットアッタブル getatable

ゲットアップ　getup, get-up
ゲット・アップ・アンド・ゴー　get-up-and-go
ゲットー　ghetto
ゲットー・ブラスター　ghetto blaster
ゲット・ゴー　get-go
ゲット・トゥゲザー　get-together
ゲット・リッチ・クイック　get-rich-quick
ケップ　Kep
ケッペル　Keppel
ケッヘル・ナンバー　Köchel number
ゲティスバーグ　Gettysburg
ゲティスバーグ・アドレス　Gettysburg Address
ケテン　ketene
ゲド　Ged
ケトアシドーシス　ketoacidosis
ケトアシドティク　ketoacidotic
ケトーシス　ketosis
ケトース　ketose
ケトヘキソース　ketohexose
ケトベミドン　ketobemidone
ケトラ　Keturah
ケトル　kettle
ケトルドラム　kettledrum
ケトロラック　ketorolac
ケトン　ketone
ケナフ　kenaf
ケナン　Kennan
ケニー　Kennie, Kenny
ゲニスタ　genista
ゲニステイン　genistein
ケニヤ　Kenya
ケニヤッタ　Kenyatta
ケニヤン　Kenyan
ケニヨン　Kenyon
ケニルワース　Kenilworth
ケニング　Kenning
ケニントン　Kennington
ケネス　Kenneth
ケネソー　Kennesaw
ケネディー　Kennedy
ケネディー・インターナショナル・エアポート　Kennedy International Airport
ケネディー・スペース・センター　Kennedy Space Center
ケネバンクポート　Kennebunkport
ゲネプロ　⇨ゲネラルプローベ
ゲネラルプローベ　Generalprobe
ケネルム　Kenelm
ゲノミクス　genomics
ゲノム　genome, -nom
ゲバリスタ　Guevarista
ゲバルト　Gewalt
ケピ　kepi
ケビン　Kevin
ケフ　kef
ケファリン　cephalin
ケフィア　kefir
ケフィール　kefir
ゲフィチニブ　gefitinib
ゲフィン　Geffen
ケプト　kept
ケブラー　Kevlar
ケプラー　Kepler
ケブラビーク　Keflavík
ケベッカー　Quebecer
ケベック　Quebec, Québec
ゲヘナ　Gehenna
ケマージー　chemurgy
ゲマインシャフト　gemeinschaft
ゲマラ　Gemara
ケマリスト　kemalist
ケマリズム　kemalism
ケミカル　chemical
ケミカル・ピーリング　chemical peeling
ケミカル・メース　Chemical Mace
ケミスト　chemist
ケミストリー　chemistry
ケミソープション　chemisorption
ケムインフォマティクス　cheminformatics
ゲムシタビン　gemcitabine
ゲムズボック　gemsbok
ケモ　chemo
ケモインフォマティクス　cheminformatics
ケモスタット　chemostat
ケモスフェア　chemosphere
ケモセラピー　chemotherapy
ケモセラピスト　chemotherapist
ケモセラピューティック　chemotherapeutic
ケモタクシス　chemotaxis
ケモプロテクション　chemoprotection
ケラ　cella
ゲラ　galley
ケラー　Keller

ゲラート・グリンデルバルド　Gellert Grindelwald
ケライノー　Celaeno
ケラグエン　kelaguen
ケラチノサイト　keratinocyte
ケラチン　keratin
ケラティナス　keratinous
ケラトシス　keratosis
ケラトトミー　keratotomy
ケラトリシス　keratolysis
ゲラニオール　geraniol
ゲラニル　geranyl
ケララ　Kerala
ゲラン　Guerlain
ケランド　Kelland
ケリア　kerria
ケリー　Kelly, Kerry, Keri
ゲリー　Gerry
ケリー・バッグ　Kelly bag
ゲリマンダー　gerrymander
ゲリラ　guerrilla, guerilla
ゲル　gel
ケルアック　Kerouac
ケルアン　Kairouan
ゲルギエフ　Gergiev
ゲルク　Gelug
ケルシトリン　quercitrin
ケルシトロシド　quercitroside
ケルシメリン　quercimelin
ケルズ　Kells
ケルセチン　quercetin
ケルセン　kelthane
ゲルダ　Gerda
ゲルダー・ローズ　guelder rose
ゲルダナマイシン　geldanamycin
ケルチ　Kerch
ケルティック　Celtic, Keltic
ケルティック・クロス　Celtic cross
ゲルディング　gelding
ケルテス　Kertész
ケルト　Celt, Kelt
ゲルド　geld
ケルドセン　Kjeldsens
ゲルドフ　Geldof
ゲルニカ　Guernica
ケルビエル　Kerviel
ケルビム　cherub
ケルビン　kelvin
ケルビン・スケール　Kelvin scale
ケルプ　kelp
ゲルプ　Gelb
ケルベロス　Cerberus
ケルマ　kerma
ゲルマニア　Germania
ゲルマニウム　germanium
ケルマンシャー　Kermanshah
ケルワン　Kairouan
ケルン　Köln, Cologne, cairn
ケレス　Ceres
ケレスティヌス　Celestine
ケレンスキー　Kerensky
ゲレンデ　Gelände
ケロアン　Kairouan
ケロイダル　keloidal, che-
ケロイド　keloid, che-
ケロウナ　Kelowna
ケロゲン　kerogen
ケロシン　kerosine, -sene
ケロッグ　Kellog
ゲロルシュタイナー　Gerolsteiner
ケン　Ken, ken
ケンジントン　Kensington
ケンジントン・ガーデンズ　Kensington Gardens
ゲンズブール　Gainsbourg
ケンタウルス　centaur, Centaurus
ケンタキアン　Kentuckian
ケンタッキー　Kentucky
ケンタッキー・ダービー　Kentucky Derby
ケンタッキーフライドチキン　Kentucky Fried Chicken
ケンダル　Kendal, Kendall
ゲンチアン・ビター　gentian bitter
ケンティッシュ　Kentish
ゲンテン　genten
ケント　Kent
ケント・ペーパー　Kent paper
ケンドリック　Kendrick
ケントリッジ　Kentridge
ケンネル　kennel
ケンプ　kemp
ケンブリッジ　Cambridge
ケンブリッジシャー　Cambridgeshire
ケンブリッジ・ブルー　Cambridge blue

コ

コア　core
ゴア　Goa, gore, Gore
コアーシブ　coercive
コアージョン　coercion
コアース　coerce
コアーティ　coati
コア・カリキュラム　core curriculum
コアキシャル　coaxial, -axal
コアギュラント　coagulant
コアギュレーション　coagulation
コアギュレート　coagulate
コア・コンピタンス　core competence
コア・コンピテンス　core competence
コアジュター　coadjutor
コア・タイム　core time
コア・ダンプ　core dump
ゴアテックス　Gore-Tex
コア・ネットワーク　core network
コア・メモリー　core memory
コアラ　koala
コアラー　corer
コアリション　coalition
コアレッサー　coalescer
コアレッス　coalesce
コアレッセンス　coalescence
コアレッセント　coalescent
コアントロー　Cointreau
コイ　coy
ゴイ　goy
コイアー　coir
コイーコール　coequal
コイーバル　coeval
ゴイ・クン　goi cuon
コイサン　Khoisan
ゴイター　goiter, -tre
コイタス　coitus
コイチョウ　Guizhou
コイトフォービア　coitophobia
コイナー　coiner
コイネージ　coinage
コイフ　coif
コイプー　coypu, -pou
コイヤン　Guiyang
コイララ　Koirala
コイル　coil
コイン　coin, coign(e)
コインサイド　coincide
コインシデンス　coincidence
コインシデンタル　coincidental
コインシデント　coincident
コインシュアランス　coinsurance
コイン・ビジネス　coin business
コインブラ　Coimbra
コイン・ボックス　coin box
コイン・ランドリー　coin laundry
コヴィッド・ナインティーン　COVID-19
コウコウ　cocoa
コウタウ　kotow
コエアー　coheir
コエアレス　coheiress
コエーリョ　Coelho
コエグジステンス　coexistence
コエグジステント　coexistent
コエグジスト　coexist
コエクステンシブ　coextensive
コエジュケーショナル　coeducational
コエジュケーション　coeducation
コエターナル　coeternal
コエッド　coed
コエディター　coeditor
コエフィシェント　coefficient
コエボリューション　coevolution
コエンザイム　coenzyme
コエンドロ　coriander
コー　caw, corps
ゴー　go
ゴーアー　goer
コーアジャスト　coadjust

ゴー・アズ・ユー・プリーズ　go-as-you-please
ゴー・アヘッド　go-ahead
コーアンカー　coanchor
コーイション　coition
コーイタス　coitus
コーイタル　coital
コーイヌール　koh-i-noor
ゴーイング　going
ゴーイング・オーバー　going-over
ゴーイングズ・オン　goings-on
コーエン　Coen, Cohen
コーオーサー　coauthor
ゴー・オフ　go-off
コーオプション　co-option
コーオプテーション　co-optation
コーオプト　co-opt
コーオペラティブ　cooperative
コーオペレーション　cooperation
コーオペレーター　cooperator
コーオペレート　cooperate
コーカー　corker
ゴー・カート　go-cart, go-kart
コーカサス　Caucasus, Caucasia
コーカシア　Caucasia
コーカシアン　Caucasian
コーカス　caucus
コーカソイド　Caucasoid
ゴーガン　Gauguin
コーキー　corky
コーギー　corgi, corgy
ゴーキー　gawky, Gorky
ゴーギャン　Gauguin
コーキング　caulking, calking, corking
コーク　Coke, coke, Cork, cork, calk, caulk
ゴーク　gork, gawk
コークウッド　corkwood
コークス　coax, coke
コークスクリュー　corkscrew
コーク・ティップト　cork-tipped
コークト　corked
コークヘッド　cokehead
ゴーグル　goggle
コークレア　cochlea
コーケイジャー　Caucasia
コーケージ　corkage
ゴー・ゲッター　go-getter
ゴーゴー　go-go
ゴーゴリ　Gogol
コーサ　Xhosa
コーサー　courser
コーサイン　cosign
コーザティブ　causative
コーザ・ノストラ　Cosa Nostra
コーザリティー　causality
コーザル　causal
ゴージ　gorge
コージー　cozy, cosy
ゴージー　gauzy
コージー・ミステリー　cozy mystery
ゴージェット　gorget
コージェネ　⇨コージェネレーション
コージェネレーション　cogeneration
コージェンシー　cogency
コージェント　cogent
コーシグナトリー　cosignatory
コーシャス　cautious
ゴージャス　gorgeous
コーシャム　corsham
ゴーシュ　gauche
ゴーシュリー　gaucherie
コーショナリー　cautionary
コーション　caution
コース　course, coarse
コーズ　cause
ゴース　gorse
コーズウェー　causeway
コース・グレーンド　coarse-grained
コーズ・セレーブル　cause célèbre
コースター　coaster, costar
コースタル　coastal
コースティック　caustic
ゴー・ステディー　go steady
コースト　coast
ゴースト　ghost
コースト・ガード　coast guard
コーストガードマン　coastguard(s)man
ゴースト・ストーリー　ghost story
ゴースト・タウン　ghost town
コースト・トゥー・コースト　coast-to-coast
ゴーストバスターズ　Ghostbusters
ゴーストライター　ghostwriter
ゴーストライト　ghostwrite

コーストライン　coastline
コーストランド　coastland
ゴーストリー　ghostly
コーストワーズ　coastwards
コーストワード　coastward
コーストワイズ　coastwise
コース・フィッシュ　coarse fish
コースポンサー　cosponsor
コーズ・マーケティング　cause marketing
コーズマン　corpsman
コーズリー　causerie
コーズレス　causeless
コースレット　corselet, -lette
ゴー・スロー　go-slow
コースワーク　coursework
コースン　coarsen
コーゼーション　causation
コーダ　cauda, coda
ゴーダ　Gouda
コーダー　coder, Cawdor
ゴータイト　goethite
ゴータマ　Gautama
コーダル　caudal
コーチ　coach, Coach
コーチェア　cochair
コーチゾン　cortisone
コーチ・ビルト　coach-built
コーチマン　coachman
コーチワーク　coachwork
コーチン　Cochin
コーチング　coaching
コーツ　Coates
コーティ　coatee
コーティアー　courtier
コーティアス　courteous
コーディアリー　cordially
コーディアリティー　cordiality
コーディアル　cordial
ゴーディアン・ノット　Gordian knot
ゴーティー　goatee
ゴーディー　gaudy
コーディーリア　Cordelia
コーディエライト　cordierite
コーティカル　cortical
コーティザン　courtesan, -zan
コーディネーション　coordination
コーディネーター　coordinator
コーディネーティブ　coordinative
コーディネーティング・コンジャンクション　coordinating conjunction
コーディネート　coordinate
コーディファイ　codify
コーディファイアー　codifier
コーディファイアビリティー　codifiability
コーディフィケーション　codification
コーディペンデント　codependent
ゴーディマー　Gordimer
コーティング　coating
コーディング　coding
コーデージ　cordage
コーデート　caudate, cordate
コーテシー　courtesy
コーテシー・タイトル　courtesy title
コーデック　codec, CODEC
コーテックス　cortex
コーデックス　codex
コーデッド　corded
ゴー・デビル　go-devil
コーデュラ　Cordura
コーデュロイ　corduroy
コーデュロイ・ロード　corduroy road
コーテライズ　cauterize
コーテライゼーション　cauterization
コーデリア　Cordelia
コーテリー　coterie, cautery
コーテリゼーション　cauterization
コート　coat, court, caught, cote
コード　code, cord, chord
ゴート　goat, Goth
ゴード　goad, gaud, gourd
ゴー・トゥー・ミーティング　go-to-meeting
コードウッド　cordwood
コート・オーダー　court order
コート・カード　court card
コートサイド　courtside
コード・シェアリング　code sharing
コートシップ　courtship
コートジボワール　Côte d'Ivoire
コート・シュー　court shoe
コード・スイッチング　code-switching
ゴートスキン　goatskin
コート・ダジュール　Côte d'Azur
コートテール　coattail
コート・テニス　court tennis

コートドール　Côte-d'Or
コートドレス　coatdress, court dress
コード・ナンバー　code number
コートニー　Courtney
コートニー・ラブ　Courtney Love
コード・ネーム　code name
ゴートハード　goatherd
コートハウス　courthouse
コードバン　cordovan
コート・ハンガー　coat hanger
コードブック　codebook
コート・マーシャル　court-martial
コートヤード　courtyard
コードライバー　co-driver
コートリー　courtly
コートリー・ラブ　courtly love
コートル　chortle
コートルーム　coatroom, courtroom
コードレーン　cordlane
コードレス　cordless
コードレス・マウス　cordless mouse
コード・ワード　code word
コードン　cordon
ゴートン　Gorton
ゴードン　Gordon
ゴードン・ゲッコー　Gordon Gekko
ゴードン・セッター　Gordon setter
コーナー　corner
ゴーナー　goner
コーナーウェーズ　cornerways
コーナー・キック　corner kick
コーナー・ショップ　corner shop
コーナーストーン　cornerstone
コーナード　cornered
コーナーバック　cornerback
コーナー・ワーク　corner work
コーナーワイズ　cornerwise
コーナリング　cornering
コーニア　cornea
コーニアス　corneous
コーニアル　corneal
コーニー　corny, coney, cony
コーニー・アイランド　Coney Island
コーニーリア　Cornelia
コーニーリアス　Cornelius
コーニーリアン　cornelian
コーニス　cornice
コーニッシュ　corniche, Cornish
コーニッシュ・ペイスティー　Cornish pasty
コーニッシュマン　Cornishman
コーニュコーピア　cornucopia
コーニュコーピアン　cornucopian
コーニング　coning
コーネリアス　Cornelius
コーネル　cornel
コーネルピン　kornerupine
コーネル・ユニバーシティー　Cornell University
ゴー・ノー・ゴー　go-no-go
コーパートナー　copartner
ゴー・バイ　go-by
コーパイロット　copilot
コーハウジング　co-housing
コーパス　corpus
コーパスキュラー　corpuscular
コーパス・クリスティ　Corpus Christi
コーパスル　corpuscle
コーパセティック　copacetic, -peset-, -paset-
コーハビター　cohabitor, -iter
コーハビタント　cohabitant
コーハビット　cohabit
コーハビテーション　cohabitation
コーハビテート　cohabitate
コーパル　copal
コーバン　Corban
コーヒアー　cohere
コーピアス　copious
コーヒー　coffee
ゴービー　goby
コーヒー・エッセンス　coffee essence
コーヒー・カップ　coffee cup
コーヒー・クラッチ　coffee klatch, coffee-klatsch
コーヒー・ケーキ　coffee cake
コーヒーシブ　cohesive
コーヒー・ショップ　coffee shop
コーヒージョン　cohesion
コーヒー・スプーン　coffee spoon
コーヒー・ツリー　coffee tree
コーヒー・テーブル　coffee table
コーヒー・バー　coffee bar
コーヒーハウス　coffeehouse
コーヒー・ビーンズ　coffee beans

コービー・ブライアント　Kobe Bryant
コーヒー・ブレーク　coffee break
コーヒーポット　coffeepot
コーヒー・ミル　coffee mill
コーヒー・メーカー　coffee maker
コーヒー・モーニング　coffee morning
コーヒーレンシー　coherency
コーヒーレンス　coherence
コーヒーレント　coherent
コービステップ　corbiestep
ゴー・ビトゥイーン　go-between
コーピュレンシー　corpulency
コーピュレンス　corpulence
コーピュレント　corpulent
コーピング　coping
コーピング・ストーン　coping stone
コーフ　cough, calf
コーブ　cove, calve
コープ　cope, co-op, coop
ゴープ　gawp, gaup
ゴーファー　gopher, gofer
コーファイナンス　co-finance
コーファウンダー　cofounder
コーフ・シロップ　cough syrup
コープス　corpse
コープス・キャンドル　corpse candle
コープストーン　copestone
コーフ・ドロップ　cough drop
コーフマン　Kaufman
コープランド　Copland
ゴーフル　gaufre
コーベット　Corbett
コーベライト　covellite
コーベル　corbel, Korbel
コーホー　coho, -hoe
コーホート　cohort
コーポラ　corpora
コーポラタイズ　corporatize
コーポラティズム　corporatism
コーポラル　corporal
コーポレアル　corporeal
コーポレーション　corporation
コーポレーション・タックス　corporation tax
コーポレート　corporate
コーポレート・アイデンティティ　corporate identity, CI
コーポレート・ガバナンス　corporate governance
コーポレート・カラー　corporate color
コーポレート・シチズンシップ　corporate citizenship
コーマ　coma
コーマー　comber
コーマック　Cormac, Cormack
ゴーマンダイズ　gormandize
コーミング　combing, coaming
コーム　comb, corm, combe, Colm, coomb(e)
ゴームレス　gormless
コーメディカル　co-medical
コーモス　Comus
コーモラント　cormorant
コーラ　COLA, cola, kola, Cora
コーラー　caller, coaler
コーラー・アイディー　caller ID
コーライ　coli
コーラス　chorus, Corus
コーラス・ガール　chorus girl
コーラス・ライン　chorus line
コーラブル　callable
コーラル　coral, choral
コーラル・アイランド　coral island
コーラル・スネーク　coral snake
コーラル・ソサエティー　choral society
コーラル・リーフ　coral reef
コーラン　Koran, Qur'an
コーラングレ　cor anglais
コーリー　Corey, Cory
ゴーリー　Gorey, gory, goalie, goalee
コーリーン　chorine
コーリオニック　chorionic
コーリオプテラス　coleopterous
コーリオプテロン　coleopteron
コーリオン　chorion
ゴーリキー　Gorky, -ki
コーリション　coalition
ゴーリスト　Gaullist
ゴーリズム　Gaullism
コーリック　choric, Couric
コーリング　calling
ゴーリング　galling
コーリング・カード　calling card
コーリング・ステーション　coaling station
コール　call, coal, caul, cole, kohl

ゴール　goal, gall, Gaul
コール・アップ　call-up
ゴール・アベレージ　goal average
コール・イン　call-in
ゴールウェイ　Galway
コール・ウェイティング　call waiting
コール・オイル　coal oil
コール・オーバー　call-over
コール・オプション　call option
コール・ガール　call girl
コール・ガス　coal gas
ゴールキーパー　goalkeeper
ゴール・キック　goal kick
コール・サイン　call sign
コールシード　coleseed
コール・シーム　coal seam
コール・シグナル　call signal
コール・スカットル　coal scuttle
ゴールストーン　gallstone
コールズドン　Coulsdon
コール・スプレッド　call spread
コールスロー　coleslaw
ゴールズワージー　Galsworthy
コール・センター　call center
コールター　coulter, col-
コールダー　Calder
コール・タール　coal tar
ゴールディー　Goldie
コールディッシュ　coldish
ゴールディン　Goldin
ゴールディング　Golding
コールデコット　Caldecott
ゴールデン　golden
ゴールデン・イーグル　golden eagle
ゴールデン・イヤーズ　golden years
ゴールデン・ウエディング　golden wedding
ゴールデン・エイジ　golden age
ゴールデン・エイジャー　golden-ager
ゴールデン・オールディー　golden oldie
ゴールデン・カーフ　golden calf
ゴールデン・ガール　golden girl
ゴールデン・グローブ・アウォード　Golden Globe Award
ゴールデン・ゲート　Golden Gate
ゴールデン・ゲート・ブリッジ　Golden Gate Bridge
ゴールデン・コラール　Golden Corral
ゴールデンシール　goldenseal
ゴールデン・ジュビリー　golden jubilee
ゴールデン・シロップ　golden syrup
ゴールデン・ステート　Golden State
ゴールデンステート・ウォリアーズ　Golden State Warriors
ゴールテンダー　goaltender
ゴールデン・ディスク　golden disc
ゴールデン・デリシャス　Golden Delicious
ゴールデン・トライアングル　Golden Triangle
ゴールデン・パラシュート　golden parachute
ゴールデン・ハンドシェーク　golden handshake
ゴールデン・フリース　Golden Fleece
ゴールデン・ボーイ　golden boy
ゴールデン・ボールズ　golden balls
ゴールデン・ミーン　golden mean
ゴールデン・ルール　golden rule
ゴールデン・レトリーバー　golden retriever
ゴールデン・ロッド　goldenrod
コールド　cold
ゴールド　gold
コールド・アウェイ　called away
ゴールドウィン　Goldwyn
コールド・ウェーブ　cold wave
コールドウェル　Caldwell
コールド・ウォー　cold war
コールド・ウォーター　cold-water
ゴールド・カード　gold card
コールド・カッツ　cold cuts
ゴールド・カラー　gold collar
コールド・クリーム　cold cream
ゴールド・コースト　Gold Coast
コールド・コール　cold call
コールド・ショルダー　cold shoulder
コールド・スウェット　cold sweat
コールド・スタート　cold start
ゴールドスタイン　Goldstein
ゴールド・スタンダード　gold standard
コールド・スティール　cold steel
コールド・ストーレジ　cold storage
コールド・スナップ　cold snap
ゴールドスミス　goldsmith
コールド・ソア　cold sore
コールド・ソー　cold saw

コールド・ターキー　cold turkey
ゴールド・ダスト　gold dust
コールド・チゼル　cold chisel
ゴールド・ディスク　gold disc
ゴールド・ディッガー　gold digger
ゴールドバーグ　Goldberg
ゴールドバグ　goldbug
コールド・パック　cold pack
コールドバレエ　corps de ballet
ゴールドビーター　goldbeater
コールド・フィート　cold feet
ゴールドフィールド　goldfield
コールド・フィッシュ　cold fish
ゴールドフィッシュ　goldfish
ゴールドフィッシュ・ボウル　goldfish bowl
ゴールド・フィルド　gold-filled
ゴールドフィンガー　goldfinger
ゴールドフィンチ　goldfinch
コールド・ブート　cold boot
ゴールド・フォイル　gold foil
コールド・ブラッデッド　cold-blooded
ゴールドブリック　goldbrick
コールドプレイ　Coldplay
ゴールド・プレート　gold plate
コールド・フレーム　cold frame
コールド・フロント　cold front
ゴールド・マイン　gold mine
ゴールドマン・サックス　Goldman Sachs
コールド・ミート　cold meat
ゴールド・メダル　gold medal
コールド・ライト　cold light
ゴールド・ラッシュ　gold rush
コールド・リーディング　cold reading
ゴールド・リーフ　gold leaf
コールドロン　caldron, cauldron
ゴールトン　Galton
コール・ナンバー　call number
コールバーグ・クラビス・ロバーツ　Kohlberg Kravis Roberts
コール・ハーン　Cole Haan
コール・ハウス　coal house
コールバック　callback
コールバンカー　coalbunker
コールピット　coalpit
コール・ファイアード　coal-fired
コールフィールド　Caulfield, coalfield
コールフェース　coalface
コール・フォワーディング　call forwarding
ゴールフライ　gallfly
コール・ブラック　coal-black
ゴールブラッダー　gallbladder
コール・ベッド　coal bed
コールボーイ　callboy
コール・ボード　call-board
コールホール　coalhole
ゴールポスト　goalpost
コール・ボックス　call box
コール・マイナー　coal miner
コール・マイン　coal mine
ゴールマウス　goalmouth
コール・マネー　call money
コールマン　Coleman, Colman
コール・メジャーズ　coal measures
ゴール・ライン　goal line
コールラビ　kohlrabi
コールリッジ　Coleridge
コール・レート　call rate
コールレーン　Coleraine
ゴールレス　goalless
コール・ローン　call loan
コールワート　colewort
コーロン　colon
コーワーカー　co-worker
コーワーキング　coworking
コーン　corn, cone
ゴーン　gone, Ghosn
コーン・ウイスキー　corn whiskey
コーンウォール　Cornwall
コーンウォリス　Cornwallis
コーン・エクスチェンジ　corn exchange
コーン・オイル　corn oil
ゴーン・グース　gone goose
コーン・グリッツ　corn grits
コーンクリップ　corncrib
コーンクレーク　corncrake
コーン・コクル　corn cockle
ゴーン・ゴスリング　gone gosling
コーンコッブ　corncob
コーンコッブ・パイプ　corncob pipe
コーン・シュガー　corn sugar
コーン・シルク　corn silk
コーン・シロップ　corn syrup
コーンスターチ　cornstarch
コーンストーク　cornstalk

コーン・チップ　corn chip
コーンド　corned
ゴーント　gaunt
コーン・ドッグ　corn dog
コーンド・ビーフ　corned beef
コーン・ドリー　corn dolly
ゴーントレット　gantlet, gauntlet
コーンバーグ　Kornberg
コーン・パイプ　corn pipe
コーンハスカー　cornhusker
コーンハスキング　cornhusking
コーンハスク　cornhusk
コーンファクター　cornfactor
コーンフィールド　cornfield
コーン・フェッド　corn-fed
コーン・フラウアー　corn flour
コーンフラワー　coneflower, cornflower
コーンフレーク　cornflakes
コーン・ブレッド　corn bread
コーンヘッド　conehead
コーン・ベルト　Corn Belt
コーンポーン　cornpone
コーン・ポピー　corn poppy
コーンミール　cornmeal
コーン・ミント　corn mint
コーン・リカー　corn liquor
コーンロー　cornrow
コーン・ローズ　Corn Laws
コカ　coca
コカイン　cocaine, -cain
コカイン・ベビー　cocaine baby
コカコーラ　Coca-Cola
コカコロニゼーション　Cocacolonization
コカトゥー　cockatoo
コカトリス　cockatrice
コカミド　cocamide
コカミドプロピル　cocamidopropyl
コキ　Coqui
コキア　kochia
コキーユ　coquille
コギト・エルゴ・スム　cogito, ergo sum
コキナ　coquina
コキュ　cocu
コクーニング　cocooning
コクーン　cocoon
コクーン・シルエット　cocoon silhouette
コクサッキー・ウイルス　Coxsackie virus
コクシクッス　coccyx
コクスウェイン　coxswain, cockswain
コクスン　coxswain, cockswain
コクトー　Cocteau
コグナイザブル　cognizable, -sa-
コグニザンス　cognizance, -sance
コグニザント　cognizant
コグニション　cognition
コグニティブ　cognitive
コグネート　cognate
コグネート・オブジェクト　cognate object
コグノーメン　cognomen
コクピット　cockpit
コクラー　cockler
コクラン　Cochran
コ・クリエーション　co-creation
コグリン　Coughlin
コクル　cockle
ゴグル　goggle
ゴグル・アイド　goggle-eyed
コクルシェル　cockleshell
コクルバー　cocklebur
ゴグル・ボックス　goggle-box
コケイド　cockade
コケット　coquet, coquette
コケットリー　coquetry
コケティッシュ　coquettish
ココ　coco
ココア　cocoa
ココア・バター　cocoa butter
ココア・ビーンズ　cocoa beans
ココイル　cocoyl
ココット　cocotte
ココナツ　coconut
ココナツ・パーム　coconut palm
ココナツ・マッティング　coconut matting
ココバン　coq au vin
ココム　COCOM
ココモ　kokomo
ココヤム　cocoyam
コサ　Xhosa
コサージュ　corsage
コサイナー　cosigner
コサイン　cosine
コサック　Cossack
ゴサマー　gossamer
ゴサム　Gotham

コサムイ　Koh Samui
コシード　cocido
ゴシェナイト　goshenite
コジェネレーション　cogeneration
コジコーデ　Kozhikode
ゴシック　Gothic
ゴシック・アーキテクチャー　Gothic architecture
ゴシッピー　gossipy
ゴシッピスト　gossipist
ゴシップ　gossip
ゴシップ・コラム　gossip column
ゴシップモンガー　gossipmonger
コジテーション　cogitation
コジテーティブ　cogitative
コジテート　cogitate
ゴシポール　gossypol
コジモ　Cosimo
コジャック　Kojak
コシュトゥニツァ　Kostunica
ゴジラ　Godzilla
コジンスキー　Kosinski
コス　cos, Kos, Cos
ゴス　goth
コズグレーブ　Cosgrave
コスターモンガー　costermonger
コスタ・デル・ソル　Costa del Sol
コスタビ　Kostabi
コスタブランカ　Costa Blanca
コスタリカ　Costa Rica
コスタリカン　Costa Rican
コスチューマー　costumer
コスチューム　costume
コスチューム・ジュエリー　costume jewelry
コスチューム・ピース　costume piece
コスチューム・プレー　⇨コスチューム・ピース
コスチューム・ボール　costume ball
コスチュミエール　costumier
コスティブ　costive
コステロ　Costello
コスト　cost
コスト・アカウンタント　cost accountant
コスト・アカウンティング　cost accounting
コスト・エフェクティブ　cost-effective
コスト・オブ・リビング・インデックス　cost-of-living index
コストカッター　cost-cutter
コスト・クラーク　cost clerk
コストコ　Costco
コスト・パフォーマンス　cost performance
コスト・プライス　cost price
コスト・プラス　cost-plus
コスト・ベネフィット　cost-benefit
コストメアリー　costmary
コストリー　costly
コスト・リダクション　cost reduction
コスナー　Costner
コズビー　Cosby
コスプレ　cosplay
ゴスペラー　gospeler, -peller
ゴスペル　gospel
ゴスペル・ソング　gospel song
ゴスペル・トゥルース　gospel truth
ゴスホーク　goshawk
コスミック　cosmic
コズミック　cosmic
コスミック・ダスト　cosmic dust
コスミック・レイ　cosmic ray
コスミド　cosmid
コスメシューティカル　cosmeceutical
コスメスーティカル　cosmeceutical
コズメスーティカル　cosmeceutical
コスメティシャン　cosmetician
コスメティック　cosmetic
コズメティック　cosmetic
コスメティック・アクネ　cosmetic acne
コスメティック・セラピー　cosmetic therapy
コスメトロジー　cosmetology
コスメトロジスト　cosmetologist
コスモグラフィー　cosmography
コスモゴニー　cosmogony
コスモス　cosmos
コズモス　cosmos
コズモノート　cosmonaut
コズモポライト　cosmopolite
コスモポリス　cosmopolis
コズモポリス　cosmopolis
コズモポリタニズム　cosmopolitanism
コスモポリタン　cosmopolitan
コズモポリタン　cosmopolitan
コズモロジー　cosmology
コズモロジカル　cosmological
コズモロジスト　cosmologist
ゴスリング　gosling

コスレタス cos lettuce
コセカント cosecant
コセット cosset
ゴセリン Gosselin
コソバー Kosovar
コソバン Kosovan
コソボ Kosovo
ゴダード Goddard
コターミナス coterminous
ゴダール Godard
ゴダイバ Godiva
コタキナバル Kota Kinabalu
コダック Kodak
ゴタマイト Gothamite
ゴタム Gotham
コタンジェント cotangent
ゴチック Gothic
コチニール cochineal
コチャン Koh Chang
コチュジャン gochujang, kochujan
コチレドン cotyledon
コチロイド cotyloid
コッカー cocker, kocker
コッカー・スパニエル cocker spaniel
コッカス coccus
コッカメイミー cockamamie, cockamamy
コッカリーキー cock-a-leekie
コッキー cocky
コック cock, cook
コッグ cog
コックアイド cockeyed
コックアップ cockup, cock-up
コック・ア・ドゥードゥル・ドゥー cock-a-doodle-doo
コック・アンド・ブル・ストーリー cock-and-bull story
コッククロー cockcrow
コッククローイング cockcrowing
コッククロフト・ウォルトン Cockcroft-Walton
コックシュア cocksure
コックス cox, Cox
コックスウェイン coxswain, cockswain
コックス・オレンジ・ピピン Cox's Orange Pippin
コックスコーム coxcomb, cockscomb
コック・スパロー cock sparrow
コックチェーファー cockchafer
コックト・ハット cocked hat
コックニー cockney
コックニーイズム cockneyism
コックピット cockpit
コックファイティング cockfighting
コックファイト cockfight
コッグホイール cogwheel
コックホース cockhorse
コッグ・レールウェー cog railway
コックローチ cockroach
コックロビン cock robin
コックロフト cockloft
コッケレル cockerel
ゴッサマー gossamer
ゴッシポース gossypose
コッシャー kosher, kasher, cosher
コッジャー codger
ゴッシュ gosh
ゴッズ・エーカー God's acre
ゴッズ・ブック God's Book
コッター cotter
コッター・ピン cotter pin
ゴッダム goddam(n)
ゴッダムド goddamned
コッツウォルド Cotswolds
ゴッデス goddess
コット cot
コッド cod, Cod
ゴット got
ゴッド god
ゴットゥン gotten
ゴッド・オーフル god-awful
ゴッドサン godson
ゴッドスピード Godspeed
ゴッド・セイブ・ザ・クイーン God Save the Queen
ゴッドセント godsent
ゴッドセンド godsend
ゴッドチャイルド godchild
コット・デス cot death
ゴッドドーター goddaughter
コットニー cottony
コッドピース codpiece
ゴッドファーザー godfather
ゴッド・フィアリング God-fearing

コッドフィッシュ codfish
ゴッドフォーセイクン godforsaken
ゴッドフッド godhood
ゴッドフリー Godfrey
ゴットフリート Gottfried
ゴッドペアレント godparent
ゴッドヘッド godhead
ゴットホープ Godthaab
ゴッドマザー godmother
ゴッドライク godlike
ゴッドリー godly
ゴットリーブ Gottlieb
コッドリバー・オイル cod-liver oil
コッドリン codlin
コッドリング codling
ゴッドレス godless
コットン cotton
コットン・ウール cotton wool
コットンウッド cottonwood
コットン・キャンディー cotton candy
コットンシード cottonseed
コットンシード・オイル cottonseed oil
コットン・ジン cotton gin
コットンテール cottontail
コットン・ピッキング cotton-picking
コットン・ベルト Cotton Belt
コットン・ボウル Cotton Bowl
コットン・マウス cottonmouth
コットン・ミル cotton mill
コッパー copper
コッパー・サルフェート copper sulfate
コッパースミス coppersmith
コッパープレート copperplate
コッパーヘッド copperhead
コッパー・ボトムド copper-bottomed
コッパリー coppery
コップ cop, cup
コッファー coffer
コッファーダム cofferdam
コップ・アウト cop-out
コッフィン coffin
コップ・ショップ cop shop
コッヘル Kocher
ゴッホ Gogh
コッポラ Coppola
コティ Coty
コディアック Kodiak
コディシル codicil
ゴディバ Godiva
コディファイ codify
コティヤール Cotillard
コティヨン cotill(i)on
コデイン codeine
コテージ cottage
コテージ・インダストリー cottage industry
コテージ・オルネ cottage orné
コテージ・チーズ cottage cheese
コテージ・パイ cottage pie
コテージ・プディング cottage pudding
コテージ・ホスピタル cottage hospital
コテージ・ローフ cottage loaf
コテジャー cottager
ゴデチア godetia
ゴドウィン Godwin
ゴドー Godot
コトー・シャンプノワ Coteaux Champenois
コトパクシ Cotopaxi
コドル coddle
コナ Kona
コナーズ Connors
コナーベーション conurbation
コナイバー conniver
コナイバンス connivance
コナイブ connive
コナグラ ConAgra
コナクリ Conakry
ゴナダル gonadal
ゴナッド gonad
ゴナドトロピン gonadotropin
コナハト Connacht
コナリー Connolly
コナン Conan
コナンドラム conundrum
コニー Connie
コニー・アイランド Coney Island
コニカミノルタ Konica Minolta
コニカル conical
コニカルサイト conichalcite
コニック conic, Connick
コニファー conifer
コニフェラス coniferous
コニプション conniption
ゴニム Ghonim

コニヤ　Konya
コニャック　cognac
コニュービアル　connubial
コニング・タワー　conning tower
コネート　connate
コネクション　connection, -nexion
コネクター　connector, -necter
コネクタブル　connectable
コネクティビティー　connectivity
コネクティブ　connective
コネクティング・ルーム　connecting room
コネクティング・ロッド　connecting rod
コネクテッド　connected
コネクト　connect
コネストーガ　Conestoga
コネティカット　Connecticut
コネマラ　Connemara
コネリー　Connery
ゴネリル　Goneril
コノート　connote, Connacht
コノコ　Conoco
コノコフィリップス　ConocoPhillips
コノテーション　connotation
コノテーティブ　connotative
ゴノリア　gonorrhea, -rhoea
コバート　covert
コパーフィールド　Copperfield
コバーン　Coburn
コパカバーナ　Copacabana
コバチ　Kovács
コパ・デル・レイ　Copa del Rey
コパトーン　Coppertone
コバミド　cobamide
コハラ　Kohala
コバライネン　Kovalainen
コバラミン　cobalamin, -mine
コパ・リベルタドーレス　Copa Libertadores
コバルタイト　cobaltite
コバルト　cobalt
コバルト・イエロー　cobalt yellow
コバルト・ガラス　cobalt glass
コバルト・グリーン　cobalt green
コバルト・ブルー　cobalt blue
コバルト・ブルーム　cobalt bloom
ゴビ　Gobi
コピアー　copier
ゴビアン　Gobian
コピー　copy
コピーイスト　copyist
コピーイング・マシン　copying machine
コピー・エディター　copy editor
コピー・エディット　copy-edit
コピーキャット　copycat
コピー・コントロール・シーディー　copy control CD, CCCD
コピイスト　copyist
コピー・ツール　copy tool
コピーデスク　copydesk
コピーブック　copybook
コピー・プロテクト　copy-protect
コピーボーイ　copyboy
コピーホールド　copyhold
コピーホルダー　copyholder
コピーライター　copywriter
コピーライト　copyright
コピーライト・インダストリー　copyright industry
コピーライト・ライブラリー　copyright library
コピーリーダー　copyreader
コピーリード　copyread
コピーレフト　copyleft
コヒーレンス　coherence
コピス　coppice
コピヤー　copier
コピュラ　copula
コピュラティブ　copulative
コピュレーション　copulation
コピュレート　copulate
コブ　cob
ゴフ　Gough
ゴブ　gob
コファクター　cofactor
コフィン　coffin
コブウェッブ　cobweb
コブウェビー　cobwebby
コフーン　Colquhoun
コブ・サラダ　Cobb salad
コプス　copse
ゴブスマッキング　gobsmacking
ゴブスマックト　gobsmacked
コフタ　kofta
コプター　copter
コプティック　Coptic

コプティック・チャーチ　Coptic Church
コプト　Copt
コブナット　cobnut
コブナント　covenant
コプハ　copha
コブラ　cobra
コプラ　copra
コブラー　cobbler
ゴブラー　gobbler
コプラナー　coplanar
ゴブラン　Gobelin
コ・ブランディング　co-branding
コ・ブランド　co-brand
コプリー　Copley
コフリン　Coughlin
ゴブリン　goblin
コブル　cobble
ゴブル　gobble
コブルストーン　cobblestone
ゴブルディーグック　gobbledygook, -de-
ゴブレット　goblet
コプロセッサー　coprocessor
コペイカ　kopeck, -pek, copeck
コベタス　covetous
コベット　covet
ゴベット　gobbet
コベライト　covellite
コベリジェレント　cobelligerent
コペルニカン　Copernican
コペルニクス　Copernicus
コペルニシウム　copernicium
コベント・ガーデン　Covent Garden
コベントリー　Coventry
コペンハーゲン　Copenhagen
コボ　Kobo
コホート　cohort
コホッシュ　cohosh
コポリオール　copolyol
コポリマー　copolymer
コポリメリック　copolymeric
コボル　COBOL, Cobol
コマ　coma
コマーシャライズ　commercialize
コマーシャライゼーション　commercialization
コマーシャリズム　commercialism
コマーシャリゼーション　commercialization
コマーシャル　commercial
コマーシャル・アート　commercial art
コマーシャル・カリグラフィー　commercial calligraphy
コマーシャル・トラベラー　commercial traveler
コマーシャル・パッケージ　commercial package
コマーシャル・バンク　commercial bank
コマーシャル・ビーイクル　commercial vehicle
コマーシャル・ベース　commercial base
コマーシャル・ペーパー　commercial paper
ゴマージュ　gommage
コマース　commerce
コマトース　comatose
コマネチ　Comaneci
コマンダー　commander
コマンタレブー　Comment allez-vous?
コマンダント　commandant
コマンチ　Comanche
コマンディアー　commandeer
コマンディング　commanding
コマンド　command, commando
コマンド・パフォーマンス　command performance
コマンド・ペーパー　command paper
コマンド・ポスト　command post
コマンドメント　commandment
コマンド・モジュール　command module
コミ　Komi
コミー　commie, -my
コミカル　comical
コミゼレーション　commiseration
コミゼレート　commiserate
コミック　comic
コミック・オペラ　comic opera
コミック・ストリップ　comic strip
コミック・バンド　comic band
コミック・ブック　comic book
コミック・リリーフ　comic relief
コミッサリアト　commissariat
コミッサリー　commissary
コミッショナー　commissioner
コミッショネア　commissionaire
コミッション　commission
コミッション・エージェント　commission

agent
コミッションド・オフィサー commissioned officer
コミッション・プラン commission plan
コミッション・ブローカー commission broker
コミッタル committal
コミッティー committee
コミッティーウーマン committeewoman
コミッティーマン committeeman
コミット commit
コミットメント commitment
コミティー committee, comity
コミティーウーマン committeewoman
コミティーマン committeeman
コミニュート comminute
コミネーション commination
コミューター commuter
コミューター・マリッジ commuter marriage
コミュータティブ commutative
コミュータブル commutable
コミューテーター commutator
コミューテート commutate
コミュート commute
コミューナリスティック communalistic
コミューナリスト communalist
コミューナリズム communalism
コミューナル communal
コミューニオン communion
コミューニカブル communicable
コミューニカント communicant
コミューン commune
コミュテーション commutation
コミュテーション・チケット commutation ticket
コミュテーター commutator
コミュテーティブ commutative
コミュテート commutate
コミュナリスティック communalistic
コミュナリスト communalist
コミュナリズム communalism
コミュニオン communion
コミュニオン・テーブル communion table
コミュニカティブ communicative
コミュニカブル communicable
コミュニカント communicant
コミュニケ communiqué
コミュニケーション communication
コミュニケーション・コード communication cord
コミュニケーションズ・サテライト communications satellite
コミュニケーション・セオリー communication(s) theory
コミュニケーター communicator
コミュニケート communicate
コミュニスティック communistic
コミュニスト communist
コミュニスト・チャイナ Communist China
コミュニズム communism
コミュニタリアン communitarian
コミュニティー community
コミュニティー・アンテナ・テレビジョン community antenna television
コミュニティー・オーダー community order
コミュニティー・カレッジ community college
コミュニティー・サイニング community singing
コミュニティー・スピリット community spirit
コミュニティー・スポーツ community sports
コミュニティー・センター community center
コミュニティー・チェスト community chest
コミュニティー・チャージ community charge
コミュニティー・プロパティー community property
コミュニティー・ホーム community home
コミュニティー・メディシン community medicine
コミン Comyn
コミングル commingle
コミンテルン Comintern
コムイルフォー comme il faut
コム・ガー com ga
コムキャスト Comcast
コムサット Comsat
ゴムシューズ gumshoes
コムスコア comScore
コムタン gomtang

コムデックス　COMDEX
ゴムブーツ　gumboots
コムペール　compere, -père
コムレード　comrade
コムレードシップ　comradeship
ゴム・レジン　gum resin
コメコン　COMECON, Comecon
コメスティブル　comestible
コメックス　COMEX
コメット　comet
コメディアン　comedian
コメディー　comedy
コメディー・タッチ　comedy touch
コメディエンヌ　comedienne
コメディック　comedic
コメドー　comedo
コメモラティブ　commemorative
コメモレーション　commemoration
コメモレーティブ　commemorative
コメモレート　commemorate
コメンサリズム　commensalism
コメンサル　commensal
コメンシュラブル　commensurable
コメンシュレート　commensurate
コメンス　commence
コメンスメント　commencement
コメンスラブル　commensurable
コメンスレート　commensurate
コメンター　commenter
コメンダトリー　commendatory
コメンダブル　commendable
コメンタリー　commentary
コメンデーション　commendation
コメンテーター　commentator
コメンテート　commentate
コメント　comment
コメンド　commend
コメント・スパム　comment spam
コモ　Como
コモーション　commotion
コモーディアス　commodious
コモード　commode
コモディアス　commodious
コモディティー　commodity
コモディティゼーション　commoditization
コモディフィケーション　commodification
コモド　Komodo
コモドアー　commodore
コモドアーズ　Commodores
コモド・ドラゴン　Komodo dragon
コモド・リザード　Komodo lizard
コモナー　commoner
コモナリティー　commonality
コモナルティー　commonalty
コモニッジ　commonage
ゴモラ　Gomorrah, -rha
コモロ　Comoros
コモン　common
コモン・アジェンダ　common agenda
コモン・イヤー　common year
コモンウィール　commonweal
コモンウェルス　commonwealth
コモン・エラ　Common Era
コモン・キャリア　common carrier
コモン・グラウンド　common ground
コモン・ジェンダー　common gender
コモン・ジュアリー　common jury
コモン・ストック　common stock
コモンセンシカル　commonsensical
コモンセンシブル　commonsensible
コモン・センス　common sense, commonsense
コモン・ソルト　common salt
コモン・タイム　common time
コモン・ディバイザー　common divisor
コモン・デノミネーター　common denominator
コモンドール　Komondor
コモン・ナウン　common noun
コモン・ファクター　common factor
コモン・フラクション　common fraction
コモン・プリーズ　common pleas
コモンプレース　commonplace
コモンプレース・ブック　commonplace book
コモン・プレヤー　common prayer
コモン・マーケット　common market
コモン・マルティプル　common multiple
コモン・ランド　common land
コモンリー　commonly
コモン・ルーム　common room
コモン・ロー　common law, common-law
ゴヤ　Goya
ゴヤール　Goyard

コヨーテ　coyote
コラー　choler
コラーゲナーゼ　collagenase
コラーゲン　collagen
コラージュ　collage
コラード　collard
コラール　chorale, corral
コライザ　coryza
コライド　collide
コラキジウム　coracidium
コラクル　coracle
コラゲーション　corrugation
コラゲーター　corrugator
コラゲーテッド　corrugated
コラゲート　corrugate
コラゲナーゼ　collagenase
コラシジウム　coracidium
コラスケーション　coruscation
コラスケート　coruscate
コラソン・アキノ　Corazon Aquino
ゴラッソ　golazo
コラテラライズ　collateralize
コラテラル　collateral
コラテラル・ダメージ　collateral damage
コラニック　Koranic
コラプサー　collapsar
コラプシブル　collapsible
コラプション　corruption
コラプス　collapse
コラプティブ　corruptive
コラプティブル　corruptible
コラプト　corrupt
コラボレーション　collaboration, corroboration
コラボレーター　collaborator, corroborator
コラボレーティブ　collaborative, corroborative
コラボレート　collaborate, corroborate
コラミン　colamine
コラム　Colum, column
コラムド　columned
コラムナー　columnar
コラムニエーション　columniation
コラムニスト　columnist
コラレス　Colares
ゴラン　Golan
コランダー　colander, cullen-
コランダム　corundum
コラントレン　cholanthrene
コリア　Korea
コリアー　collier
ゴリアテ　Goliath
コリアン　Korean
コリアンダー　coriander
コリアンドロール　coriandrol
コリー　collie, colly
ゴリー　golly
コリーア　Korea, chorea
コリーア・ストレート　Korea Strait
コリーアン　Korean
コリーアン・ウォー　Korean War
コリーウォブルズ　collywobbles
コリーグ　colleague
コリード　corrido
コリーン　Colleen
ゴリウォッグ　golliwog, -wogg
コリウス　coleus
コリエリー　colliery
コリオグラファー　choreographer
コリキュラス　colliculus
コリゲンドゥム　corrigendum
コリザ　coryza
コリジブル　corrigible
コリジョン　collision
コリジョン・コース　collision course
コリシン　colicin, -cine
コリス　Collis
コリスター　chorister
コリスチン　colistin
コリセウム　coliseum
コリダー　corridor
コリダー・トレイン　corridor train
コリダリス　corydalis
コリッキー　colicky
コリック　colic
コリティス　colitis
コリドー　corridor
コリバノフ　Kolyvanov
コリプレッサー　corepressor
コリメーター　collimator
コリューシブ　collusive
コリュージョン　collusion
コリュード　collude

ゴリラ　gorilla
コリレーション　correlation
コリレーション・コーエフィシェント　correlation coefficient
コリレート　correlate
コリン　choline, corrin, Colin, Corinne
コリンエステラーゼ　cholinesterase
コリンシアン　Corinthian
コリンズ　collins
コリンスキー　kolinsky, -ski
コリント　Corinth
コリントス　Corinth
コリンナ　Corinna
コル　col
コルカタ　Kolkata
コルカノン　colcannon
コルク　cork
コルク・オーク　cork oak
コルゲーション　corrugation
コルゲーター　corrugator
コルゲーテッド　corrugated
コルゲート　corrugate, Colgate
ゴルゴタ　Golgotha
ゴルゴニン　gorgonin
コルコバド　Corcovado
ゴルゴン　Gorgon
ゴルゴンゾーラ　Gorgonzola
コルザ　colza
コルサージュ　corsage
コルサコフ　Korsakoff
コルシカ　Corsica
コルシカン　Corsican
コルセア　corsair
コルセット　corset
コルセットリー　corsetry
コルダイト　cordite
コルチカム　colchicum
コルチコイド　corticoid
コルチコステロイド　corticosteroid
コルチコステロン　corticosterone
コルチコテンシン　corticotensin
コルチコトロピン　corticotropin
コルチゾール　cortisol
コルチゾン　cortisone
コルチャーク　Kolchak
コルチャック　Kolchak
コルチン　cortin
コルツ　Colts
コルツフット　coltsfoot
ゴルディアン・ノット　Gordian knot
ゴルディータ　gordita
コルディエラス　Cordilleras
ゴルディオス　Gordius
コルティッシュ　coltish
ゴルディロックス　Goldilocks
コルテージュ　cortege, cortège
コルテス　Cortés, -tez
コルテックス　cortex
コルト　colt, Colt
コルドバ　cordoba, Córdoba
コルドファン　Kordofan
コルドベス　Cordobés
コルトレーン　Coltrane
コルトン　Colton
コルドン・ブルー　cordon bleu
コルネア　cornea
コルネアル　corneal
コルネイユ　Corneille
コルネッティスト　cornet(t)ist
コルネット　cornet
コルネリアーニ　Corneliani
コルバイン　corvine
ゴルバチョフ　Gorbachev
コルバン　corban
コルビー　Colby
ゴルビー　Gorby
コルヒチン　colchicine
ゴルフ　golf
ゴルファー　golfer
ゴルフ・ウィドー　golf widow
ゴルフ・カート　golf cart
ゴルフ・クラブ　golf club
ゴルフ・コース　golf course
コルプス・デリクティー　corpus delicti
コルブト　Korbut
ゴルフ・ボール　golf ball
ゴルフ・リンクス　golf links
コルベール　Colbert
コルベット　corvette, corvet
コルホーズ　kolkhoz, -khos, -koz
コルム　Corum
ゴルムド　Golmud
コルレオーネ　Corleone
コレア　Correa

コレーション　collation
コレーター　collator
コレート　collate
コレオグラフ　choreograph
コレオグラファー　choreographer
コレオグラフィー　choreography
コレオグラフィック　choreographic
コレオプシス　coreopsis
コレカルシフェロール　cholecalciferol
コレキシト　Corexit
コレクショナル　correctional
コレクション　collection, correction
コレクター　collector, corrector
コレクターズ・アイテム　collector's item
コレクターズ・ピース　collector's piece
コレクタブル　collectable, correctable
コレクティテュード　correctitude
コレクティバイズ　collectivize
コレクティビズム　collectivism
コレクティビティー　collectivity
コレクティブ　collective, corrective
コレクティブ・アンコンシャス　collective unconscious
コレクティブ・セキュリティー　collective security
コレクティブ・ナウン　collective noun
コレクティブ・バーゲニング　collective bargaining
コレクティブ・ファーム　collective farm
コレクティブ・フルーツ　collective fruit
コレクティブル　collectible
コレクト　collect, correct
コレクト・オン・デリバリー　collect on delivery
コレクト・コール　collect call
コレクトマニア　collectomania
コレグロビン　choleglobin
コレシストキニン　cholecystokinin
コレスタノール　cholestanol
コレスタン　cholestane
コレスチポール　colestipol
コレステリック　cholesteric
コレステリン　cholesterin
コレステロール　cholesterol
コレスポンディング　corresponding
コレスポンデンス　correspondence
コレスポンデンス・コース　correspondence course
コレスポンデンス・コラム　correspondence column
コレスポンデンス・スクール　correspondence school
コレスポンデント　correspondent
コレスポンド　correspond
コレッジョ　Correggio
コレット　collet, Colette, Collett, Collette
コレラ　cholera
コレラゲン　choleragen
コレラティビティー　correlativity
コレラティブ　correlative
コレリジョニスト　coreligionist
コレリック　choleric
ゴロ　⇨グラウンダー
コロイダル　colloidal
コロイド　colloid
コロー　Corot
コロークイアル　colloquial
コローシブ　corrosive
コロージョン　corrosion
コロード　corrode
コローニアル　colonial
コロキアリズム　colloquialism
コロキアル　colloquial
コロキー　colloquy
コロケーション　collocation
コロケート　collocate
コロサイ　Colossian
コロシアム　Colosseum, coliseum
コロジオン　collodion
コロストミー　colostomy
コロストラム　colostrum
コロセウム　Colosseum
コロタイプ　collotype
コロッケ　croquette
コロッサス　colossus
コロッサル　colossal
ゴロッシュ　golosh(e)
ゴロップ　gollop
コロナ　corona
コロナー　coroner
コロナイザー　colonizer
コロナイズ　colonize
コロナイゼーション　colonization

コロナウイルス　coronavirus
コロナ・エキストラ　Corona Extra
コロナ・エクストラ　Corona Extra
コロナリー　coronary
コロナリー・トロンボーシス　coronary thrombosis
コロナル　coronal
コロニアリスティック　colonialistic
コロニアリスト　colonialist
コロニアリズム　colonialism
コロニアル　colonial
コロニー　colony
コロニスト　colonist
コロニゼーション　colonization
コロニック　colonic
コロネーション　coronation
コロネード　colonnade
コロネット　coronet
コロノスコープ　colonoscope
コロノスコピー　colonoscopy
コロノスコピック　colonoscopic
コロフォン　colophon
コロホニー　colophony
コロホニウム　colophonium
コロボラント　corroborant
コロボリー　corroboree
コロボレーション　corroboration
コロボレーター　corroborator
コロボレーティブ　corroborative
コロボレート　corroborate
コロラ　corolla
コロラダン　Coloradan
コロラチュラ　coloratura
コロラド　Colorado
コロラトゥーラ　coloratura
コロラド・スプリングズ　Colorado Springs
コロラド・ビートル　Colorado beetle
コロラド・ポテト・ビートル　Colorado potato beetle
コロラリー　corollary
コロレクタル　colorectal
ゴロワーズ　Gauloises
コロン　colon, Cologne
コロン・クレンジング　colon cleansing
コロンバード　colombard
コロンバイン　columbine
コロンバス　Columbus
コロンバン　colombin
コロンビア　Colombia
コロンビアン　Colombian
コロンビーナ　columbine
コロンビウム　columbium
コロンブス　Columbus
コロンブス・デー　Columbus Day
コロンボ　Colombo
コワーキング　coworking
コワルスキー　Kowalski
コワンチョウ　Guangzhou
コン　con
コンヴァース　converse, Converse
コンカ　concha
コンガ　conga
コンカー　conquer, concur, conker
コンカーレンス　concurrence
コンカーレント　concurrent
コンカス　concuss
コンカッション　concussion
コンカテネーション　concatenation
コンカテネート　concatenate
コンカビティー　concavity
コンカラー　conqueror
コンカラブル　conquerable
コンカレント・エンジニアリング　concurrent engineering
コンキスタドール　conquistador
コンキスタドーレース　conquistadores
コンキューピセンス　concupiscence
コンキューピセント　concupiscent
コンキュバイン　concubine
コンキュビニッジ　concubinage
コンキリエ　conchiglie
コンク　conk, conch
ゴング　gong
ゴンクール　Goncourt
コンクエスト　conquest
コンクラーベ　conclave
コングラチュラトリー　congratulatory
コングラチュレーション　congratulation
コングラチュレーター　congratulator
コングラチュレート　congratulate
コングラチュレートリー　congratulatory
コングラッツ　congrats
コンクリーション　concretion
コンクリート　concrete

コンクリート・ジャングル　concrete jungle
コンクリート・ナンバー　concrete number
コンクリート・ポエトリー　concrete poetry
コンクリート・ミキサー　concrete mixer
コンクリート・ミュージック　concrete music
コングリガント　congregant
コングリゲーショナリスト　congregationalist
コングリゲーショナリズム　congregationalism
コングリゲーショナル　congregational
コングリゲーション　congregation
コングリゲート　congregate
コングルアス　congruous
コングルーイティー　congruity
コングルーエンス　congruence
コングルーエント　congruent
コンクルーシブ　conclusive
コンクルージョン　conclusion
コンクルーディング　concluding
コンクルード　conclude
コングルエンス　congruence
コングルエント　congruent
コングレカント　congrecant
コングレス　congress
コングレスウーマン　congresswoman
コングレスパーソン　congressperson
コングレスマン　congressman
コングレッショナル　congressional
コングレッショナル・レコード　Congressional Record
コングロマリット　conglomerate
コングロメレーション　conglomeration
コングロメレート　conglomerate
コンケーブ　concave
コンケーボ・コンケーブ　concavo-concave
コンケーボ・コンベックス　concavo-convex
コン・ゲーム　con game
コンケスト　conquest
コンゴ　Congo
コンコース　concourse
コンコーダンス　concordance
コンコーダント　concordant
コンコーディア　Concordia
コンコード　concord, Concord
コンコード・グレープ　Concord grape
コンコクション　concoction
コンコクト　concoct
コンコミタンス　concomitance
コンコミタント　concomitant
コンゴリーズ　Congolese
コンコルダート　concordat
コンコルダンス　concordance
コンコルディア　Concordia
コンコルド　Concorde
コンコロジー　conchology
コンサータ　Concerta
コンサーテッド　concerted
コンサート　concert
コンサート・オーバーチャー　concert overture
コンサート・グランド　concert grand
コンサートゴーアー　concertgoer
コンサート・パフォーマンス　concert performance
コンサート・ピッチ　concert pitch
コンサートマスター　concertmaster
コンサーニング　concerning
コンサーバティズム　conservatism
コンサーバティブ　conservative
コンサーバティブ・サージェリー　conservative surgery
コンサーバティブ・パーティー　Conservative Party
コンサーバトリー　conservatory
コンサーバンシー　conservancy
コンサーブ　conserve
コンサーベーショニスト　conservationist
コンサーベーション　conservation
コンサーベーション・エリア　conservation area
コンサーベター　conservator
ゴンザーロー　Gonzalo
コンサーン　concern
コンサーンド　concerned
コンサーンメント　concernment
コンサイス　concise
コンサイナー　consignor, -er
コンサイニー　consignee
コンサイン　consign
コンサインメント　consignment
コンサバ　⇨コンサーバティブ
コンサバトリー　conservatory
コンサベーショニスト　conservationist

コンサベーション conservation
コンサベーション・エリア conservation area
コンサマトリー consummatory
コンサメーション consummation
コンサメート consummate
コンサルタティブ consultative
コンサルタトリー consultatory
コンサルタンシー consultancy
コンサルタント consultant
コンサルティング consulting
コンサルテーション consultation
コンサルト consult
ゴンサレス González
ゴンザレス Gonzales
コンサングイニアス consanguineous
コンサングイニティー consanguinity
コンサンプション consumption
コンサンプティブ consumptive
コンシート conceit
コンシード concede
コンジーニアリティー congeniality
コンジーニアル congenial
コンシーバブル conceivable
コンシーブ conceive
コンシーラー concealer
コンシール conceal
コンジール congeal
コンシールメント concealment
コンジェ congé
コンジェクチャー conjecture
コンジェクチュラル conjectural
コンジェスチョン congestion
コンジェスティブ congestive
コンジェステッド congested
コンジェスト congest
コンジェニタル congenital
コンジェリーズ congeries
コンシエルジュ concierge
コンシエンシャス conscientious
コンシエンシャス・オブジェクション conscientious objection
コンシエンシャス・オブジェクター conscientious objector
コンシエンス conscience
コンシエンス・クローズ conscience clause
コンシエンス・ストリクン conscience-stricken
コンシエンス・スミトン conscience-smitten
コンシエンス・マネー conscience money
コンシケンシャル consequential
コンシケンス consequence
コンシケント consequent
コンシジョン concision
コンシステンシー consistency
コンシステンス consistence
コンシステント consistent
コンシスト consist
コンシストリー consistory
コンシダー consider
コンシダード considered
コンシダラブル considerable
コンシダリング considering
コンシダレーション consideration
コンシダレート considerate
コンジット conduit
コンシデラブル considerable
コンシデレーション consideration
コンシデレート considerate
コンジナー congener
コンジャー conjure
コンジャー・イール conger eel
コンシャス conscious
コンシャスネス consciousness
コンシャスネス・レイジング consciousness-raising
コンジャラー conjurer, -juror
コンジャンクション conjunction
コンジャンクタイバ conjunctiva
コンジャンクチャー conjuncture
コンジャンクティバイティス conjunctivitis
コンジャンクティブ conjunctive
コンジャンクト conjunct
コンシャンス conscience
コンシャンス・クローズ conscience clause
コンシャンス・ストリクン conscience-stricken
コンシャンス・スミトン conscience-smitten
コンシャンス・マネー conscience money
コンジュ Kongju
コンジュアー conjure
コンシューマー consumer
コンシューマー・インターポール Consumer Interpol

コンシューマー・グッズ　consumer goods
コンシューマー・クレジット　consumer credit
コンシューマー・デュアラブルズ　consumer durables
コンシューマー・プライス・インデックス　consumer price index
コンシューマー・リサーチ　consumer research
コンシューマブル　consumable
コンシューマリズム　consumerism
コンシューム　consume
コンシューメリズム　consumerism
コンジュガリティー　conjugality
コンジュガル　conjugal
コンジュガル・ライツ　conjugal rights
コンジュゲーション　conjugation
コンジュゲート　conjugate
コンシュラー　consular
コンジュレーション　conjuration
コンシュレート　consulate
コンジョイン　conjoin
コンジョイント　conjoint
コンショナブル　conscionable
コンシリアトリー　conciliatory
コンシリエーション　conciliation
コンシリエート　conciliate
コンシリエーレ　consigliere
コンジレーション　congelation
コンスイテュード　consuetude
コンスーマー　consumer
コンスーマブル　consumable
コンスーマリズム　consumerism
コンスーム　consume
コンスーメリズム　consumerism
コンスクリプショニスト　conscriptionist
コンスクリプション　conscription
コンスクリプト　conscript
コンスタネーション　consternation
コンスタネート　consternate
コンスタビュラリー　constabulary
コンスタブル　constable, Constable
コンスタンシア　Constantia
コンスタンシー　constancy
コンスタンス　Constance
コンスタンタイン　Constantine
コンスタンチノープル　Constantinople
コンスタンチン・フェオクチストフ　Konstantin Feoktistov
コンスタンティヌス　Constantine
コンスタンティノープル　Constantinople
コンスタンティン　Constantine, Konstantin
コンスタント　constant
コンスタントリー　constantly
コンスティテューショナライズ　constitutionalize
コンスティテューショナリスト　constitutionalist
コンスティテューショナリズム　constitutionalism
コンスティテューショナリティー　constitutionality
コンスティテューショナル　constitutional
コンスティテューション　constitution
コンスティテューティブ　constitutive
コンスティテュート　constitute
コンスティテュエンシー　constituency
コンスティテュエント　constituent
コンスティペーション　constipation
コンスティペーテッド　constipated
コンスティペート　constipate
コンステレーション　constellation
コンストラクショナル　constructional
コンストラクショニスト　constructionist
コンストラクショニズム　constructionism
コンストラクション　construction
コンストラクション・ペーパー　construction paper
コンストラクター　constructor
コンストラクティビズム　constructivism
コンストラクティブ　constructive
コンストラクト　construct
コンストリクション　constriction
コンストリクター　constrictor
コンストリクティブ　constrictive
コンストリクト　constrict
コンストルー　construe
コンストレイン　constrain
コンストレイント　constraint
コンストレインド　constrained
コンスパイア　conspire
コンスピキュアス　conspicuous
コンスピキュアス・コンサンプション

conspicuous consumption
コンスピラシー　conspiracy
コンスピラトリアル　conspiratorial
コンスピレーター　conspirator
コンスペクタス　conspectus
コンスラー　consular
コンスル　consul
コンスル・ジェネラル　consul general
コンスレート　consulate
コンセキュティブ　consecutive
コンセクエンシャル　consequential
コンセクエンス　consequence
コンセクエント　consequent
コンセクレーション　consecration
コンセクレート　consecrate
コンセッシブ　concessive
コンセッショナリー　concessionary
コンセッショネア　concessionaire
コンセッション　concession
コンセプション　conception
コンセプチュアライズ　conceptualize
コンセプチュアライゼーション　conceptualization
コンセプチュアリズム　conceptualism
コンセプチュアリゼーション　conceptualization
コンセプチュアル　conceptual
コンセプト　concept
コンセプト・カー　concept car
コンセプト・ビジネス　concept business
コンセルバトワール　conservatoire
コンセンサス　consensus
コンセンシュアル　consensual
コンセント　consent
コンセントリカル　concentrical
コンセントリック　concentric
コンセントレーション　concentration
コンセントレーション・キャンプ　concentration camp
コンセントレーテッド　concentrated
コンセントレート　concentrate
ゴンゾ　gonzo
コンソーシアム　consortium
コンソート　consort
コンソーラブル　consolable
コンソール　console
コンソール・テーブル　console table
コンソナンス　consonance
コンソナンタル　consonantal
コンソナント　consonant
コンソメ　consommé
コンソラトリー　consolatory
コンソリデーション　consolidation
コンソリデーテッド　consolidated
コンソリデーテッド・スクール　consolidated school
コンソリデーテッド・ファンド　consolidated fund
コンソリデート　consolidate
コンソル　consols
コンソレーション　consolation
コンソレーション・プライズ　consolation prize
コンターミナス　conterminous
コンダイン　condign
コンダオ　Con Dao
コンダクション　conduction
コンダクター　conductor
コンダクター・レール　conductor rail
コンダクタンス　conductance
コンダクティビティー　conductivity
コンダクティブ　conductive
コンダクティブル　conductible
コンタクト　contact
コンダクト　conduct
コンダクト・シート　conduct sheet
コンタクト・フライイング　contact flying
コンタクト・マン　contact man
コンタクトレス　contactless
コンダクトレス　conductoress
コンタクト・レンズ　contact lens
コンタックス　Contax
コンタドーラ　Contadora
コンタドール　Contador
コンタミナント　contaminant
コンタミネーション　contamination
コンタミネーター　contaminator
コンタミネート　contaminate
コンタンゴ　contango
コンチ　conch
コンチー　conchie, -chy
コンチェルティーナ　concertina
コンチェルト　concerto
コンチェルト・グロッソ　concerto grosso

コンチネンタル　continental
コンチネンタル・プラン　continental plan
コンチネンタル・ブレックファースト　continental breakfast
コンディ　Condi
コンティギュアス　contiguous
コンティギュイティー　contiguity
コンディショナー　conditioner
コンディショナリティー　conditionality
コンディショナル　conditional
コンディショニング　conditioning
コンディション　condition
コンディションド　conditioned
コンテイナー　container
コンテイナライズ　containerize
コンティニュア　continua
コンティニュアス　continuous
コンティニュアス・アセスメント　continuous assessment
コンティニュアム　continuum
コンティニュアル　continual
コンティニュアンス　continuance
コンティニュアント　continuant
コンティニュイティー　continuity
コンティニュイティー・ガール　continuity girl
コンティニュイティー・クラーク　continuity clerk
コンティニュー　continue
コンティニューイティー　continuity
コンティニュエーション　continuation
コンティニュエーティブ　continuative
コンティヌオ　continuo
コンティネンス　continence
コンティネンタル　continental
コンティネンタル・キルト　continental quilt
コンティネンタル・クライミット　continental climate
コンティネンタル・シェルフ　continental shelf
コンティネンタル・ディバイド　continental divide
コンティネンタル・ドリフト　continental drift
コンティネンタル・ブレックファースト　continental breakfast
コンティネント　continent
コンディメンタル　condimental
コンディメント　condiment
コンテイン　contain
コンティンジェンシー　contingency
コンティンジェンシー・セオリー　contingency theory
コンティンジェンシー・ファンド　contingency fund
コンティンジェント　contingent
コンティンジェント・フィー　contingent fee
コンテインド　contained
コンテインメント　containment
コンテージャス　contagious
コンテージョン　contagion
コンテキスト　context
コンテクスチュアル　contextual
コンテクスト　context
コンテスタント　contestant
コンテステーション　contestation
コンテスト　contest
コンデセンション　condescension
コンデセンディング　condescending
コンデセンド　condescend
コンテナ　container
コンテナ・ガーデン　container garden
コンテナシップ　containership
コンテナポート　containerport
コンテナリゼーション　containerization
コンテム　contemn
コンデム　condemn
コンデムド・セル　condemned cell
コンデムナトリー　condemnatory
コンデムネーション　condemnation
コンデュイット　conduit
コンデューシブ　conducive
コンテュージョン　contusion
コンテューズ　contuse
コンデュース　conduce
コンテューマシー　contumacy
コンテューメリー　contumely
コンテュマシー　contumacy
コンテュミーリアス　contumelious
コンテュメーシャス　contumacious
コンデンサー　condenser
コンデンサブル　condensable
コンテンシャス　contentious
コンテンション　contention
コンデンス　condense

コンデンス・ミルク　condensed milk
コンデンセーション　condensation
コンデンセーション・トレール　condensation trail
コンデンセート　condensate
コンテンダー　contender
コンテンツ　contents
コンテンテッド　contented
コンテント　content
コンテンド　contend
コンテントメント　contentment
コンテンプチュアス　contemptuous
コンテンプティブル　contemptible
コンテンプト　contempt
コンテンプラティブ　contemplative
コンテンプレーション　contemplation
コンテンプレーター　contemplator
コンテンプレーティブ　contemplative
コンテンプレート　contemplate
コンテンポラリー　contemporary
コンテンポレーニアス　contemporaneous
コント　conte, Comte
コントゥア　contour
コントゥア・ライン　contour line
コンドー　condo
コントーショニスト　contortionist
コントーション　contortion
コントート　contort
コンドーナブル　condonable
コンドーム　condom
コンドール　condole
コンドーレンス　condolence
コンドーン　condone
コンドッティエーレ　condottiere
コンドデンドリン　chondodendrin
コンドミニアム　condominium
コントラ　contra, contra-
ゴンドラ　gondola
コントライト　contrite
コンドライト　chondrite
コントライバー　contriver
コントライバブル　contrivable
コントライバンス　contrivance
コントライブ　contrive
コントライブド　contrived
コントラインディケーション　contraindication
コントラインディケート　contraindicate
ゴンドラ・カー　gondola car
コントラクション　contraction
コントラクター　contractor
コントラクタイル　contractile
コントラクチュアル　contractual
コントラクティブ　contractive
コントラクティブル　contractible
コントラクティリティー　contractility
コントラクティル　contractile
コントラクテッド　contracted
コントラクト　contract
コントラクト・ブリッジ　contract bridge
コントラスティー　contrasty
コントラスティブ　contrastive
コントラスティミュラント　contrastimulant
コントラスト　contrast
コントラセプション　contraception
コントラセプティブ　contraceptive
コンドラチェフ　Kondratieff
コントラディクシャス　contradictious
コントラディクション　contradiction
コントラディクト　contradict
コントラディクトリー　contradictory
コントラディスティンギッシュ　contradistinguish
コントラディスティンクション　contradistinction
コントラバシスト　contrabassist
コントラバス　contrabass
コントラパンタル　contrapuntal
コントラバンディスト　contrabandist
コントラバンド　contraband
コントラビーン　contravene
コントラプション　contraption
コントラフロー　contraflow
コントラベンション　contravention
コントラポジション　contraposition
コントラライエティー　contrariety
コントラリアン　contrarian
コントラリー　contrary
コントラリネス　contrariness
コントラリリー　contrarily
コントラリワイズ　contrariwise
コントラルト　contralto
コンドリーザ　Condoleezza
ゴンドリエ　gondolier

コンドリオソーム　chondriosome
コントリション　contrition
コントリビューショナル　contributional
コントリビューション　contribution
コントリビューター　contributor
コントリビュート　contribute
コントリビュトリー　contributory
コンドル　condor
コントルタン　contretemps
コントレール　contrail
コントレックス　Contrex
コンドロイチン　chondroitin
コントローラー　controller, comptroller
コントローラブル　controllable
コントローリング・インテレスト　controlling interest
コントロール　control
コントロール・エクスペリメント　control experiment
コントロール・キャラクター　control character
コントロール・コード　control code
コントロール・スティック　control stick
コントロール・タワー　control tower
コントロールド・デリバリー　controled delivery
コントロール・パネル　control panel
コントロール・ルーム　control room
コントロール・ロッド　control rod
コンドロサイト　chondrocyte
コントロバーシー　controversy
コントロバーシャリスト　controversialist
コントロバーシャル　controversial
コントロバーティスト　controvertist
コントロバーティブル　controvertible
コントロバート　controvert
コンバーサンス　conversance
コンバーサント　conversant
コンバージ　converge
コンバージェンシー　convergency
コンバージェンス　convergence
コンバージェント　convergent
コンバーション　conversion
コンバージョン　conversion
コンバース　converse, Converse
コンバースリー　conversely
コンバーゼンス　convergence
コンバーター　converter
コンバーター・レンズ　converter lens
コンバーチブル　convertible
コンバーチプレーン　convertiplane
コンバーティビリティー　convertibility
コンバーティブル　convertible
コンバート　convert
コンパートメンタライズ　compartmentalize
コンパートメンタライゼーション　compartmentalization
コンパートメンタリゼーション　compartmentalization
コンパートメンタル　compartmental
コンパートメンテーション　compartmentation
コンパートメント　compartment
コンパードレー　compadre
コンバイニング・フォーム　combining form
コンパイラー　compiler
コンパイル　compile
コンバイン　combine
コンパウンド　compound
コンパウンド・インテレスト　compound interest
コンパウンド・センテンス　compound sentence
コンパウンド・フラクション　compound fraction
コンパウンド・フラクチャー　compound fracture
コンパウンド・フラワー　compound flower
コンパウンド・リーフ　compound leaf
コンパクター　compactor, -pacter
コンパクト　compact
コンパクト・カー　compact car
コンパクト・ディスク　compact disc
コンパクト・ディスク・プレーヤー　compact disc player
コンパクトフラッシュ　CompactFlash
コンパス　compass
コンパス・カード　compass card
コンパス・ソー　compass saw
コンバスチョン　combustion
コンバスティビリティー　combustibility
コンバスティブ　combustive
コンバスティブル　combustible
コンバスト　combust

コンパス・ポイント　compass point
コンパスローズ　compass rose
コンバセーショナリスト　conversationalist
コンバセーショナル　conversational
コンバセーション　conversation
コンバセーション・ピース　conversation piece
コンパチ　⇨コンパチブル
コンパチビリティー　compatibility
コンパチブル　compatible
コンパック　Compaq
コンパッショネート　compassionate
コンパッション　compassion
コンパッション・ファティーグ　compassion fatigue
コンバッタント　combatant
コンバッティブ　combative
コンバット　combat
コンバット・ジャケット　combat jacket
コンバット・ファティーグ　combat fatigue
コンパティビリティー　compatibility
コンパティブル　compatible
コンパトリオット　compatriot
コンパトリオティック　compatriotic
コンパドレ　compadre
コンパニオナブル　companionable
コンパニオネート　companionate
コンパニオン　companion
コンパニオン・アニマル　companion-animal
コンパニオンウェー　companionway
コンパニオンシップ　companionship
コンパニオン・ハッチ　companion hatch
コンパニオン・プラント　companion plant
コンパラティブ　comparative
コンパラティブ・リテラチャー　comparative literature
コンパラティブ・リンギスティックス　comparative linguistics
コンパラブル　comparable
コンパラブル・ワース　comparable worth
コンパリソン　comparison
コンバルシブ　convulsive
コンパルシブ　compulsive
コンバルション　convulsion
コンパルション　compulsion
コンバルス　convulse
コンパルソリー　compulsory
コンパルソリー・パーチェス　compulsory purchase
コンパレーター　comparator
コンバレッス　convalesce
コンバレッセンス　convalescence
コンバレッセント　convalescent
コンパンクシャス　compunctious
コンパンクション　compunction
コンパンダー　compander
コンビ　combi
コンピアー　compeer
コンピート　compete
コンビーナー　convener, -nor
コンビーフ　⇨コーンド・ビーフ
コンビーン　convene
コンビクション　conviction
コンビクト　convict
コンピタンス　competence
コンピテンシー　competency
コンピテンス　competence
コンピテント　competent
コンビニエンス　convenience
コンビニエンス・ストア　convenience store
コンビニエンス・フード　convenience food
コンビニエント　convenient
コンビネーション　combination
コンビネーション・ジャンプ　combination jump
コンビネーション・ロック　combination lock
コンビネゾン　combinaison
コンビビアリティー　conviviality
コンビビアル　convivial
コンピュータ　computer
コンピュータ・ウイルス　computer virus
コンピュータ・グラフィックス　computer graphics
コンピュータ・ゲーム　computer game
コンピュータ・サイエンス　computer science
コンピュータ・セーフガード　computer safeguard
コンピュータフォビア　computerphobia
コンピュータブル　computable
コンピュータ・マインド　computer mind
コンピュータ・ユーティリティ　computer utility
コンピュータライザブル　computerizable

コンピュータライズ computerize
コンピュータライゼーション computerization
コンピュータ・ランゲージ computer language
コンピュータリスト computerist
コンピュータリゼーション computerization
コンピュータ・リテラシー computer literacy
コンピュータ・リテレート computer literate
コンピュート compute
コンピュサーブ CompuServe
コンピュテーショナル computational
コンピュテーショナル・リンギスティックス computational linguistics
コンピュテーション computation
コンピレーション compilation
コンピレーション・ファイル compilation file
コンビンシブル convincible
コンビンシング convincing
コンビンス convince
コンプ comp
コンファー confer
コンファーマティブ confirmative
コンファーマトリー confirmatory
コンファーム confirm
コンファームド confirmed
コンファーメーション confirmation
コンファーラー conferer
コンファイディング confiding
コンファイド confide
コンファイン confine
コンファインド confined
コンファインメント confinement
コンファウンデッド confounded
コンファウンド confound
コンファビュラトリー confabulatory
コンファビュレーション confabulation
コンファビュレート confabulate
コンファブ confab
コンファリー conferee, -ferree
コンファレンシャル conferential
コンファレンス conference
コンファレンス・コール conference call
ゴンファロン gonfalon
コンフィ confit
コンフィー comfy
コンフィギュア configure
コンフィグレーション configuration
コンフィスケート confiscate
コンフィズリー confiserie
コンフィダント confidant, confidante
コンフィチュール confiture
コンフィット comfit
コンフィデンシャリティー confidentiality
コンフィデンシャル confidential
コンフィデンス confidence
コンフィデンス・ゲーム confidence game
コンフィデンス・トリック confidence trick
コンフィデンス・マン confidence man
コンフィデント confident
コンフェクショナー confectioner
コンフェクショナーズ・シュガー confectioners' sugar
コンフェクショネリー confectionery
コンフェクション confection
コンフェス confess
コンフェスト confessed
コンフェッサー confessor
コンフェッショナル confessional
コンフェッション confession
コンフェッティ confetti
コンフェデ ⇨コンフェデレーション
コンフェデラシー confederacy
コンフェデレーション confederation
コンフェデレート confederate
コンフォーカル confocal
コンフォーター comforter
コンフォータブリー comfortably
コンフォータブル comfortable
コンフォート comfort
コンフォート・シューズ comfort shoes
コンフォート・スタイリスト comfort stylist
コンフォート・ステーション comfort station
コンフォートレス comfortless
コンフォーマブル conformable
コンフォーマンス conformance
コンフォーミスト conformist
コンフォーミティー conformity
コンフォーム conform
コンフォーメーション conformation
コンプトン Compton
コンフューシャス Confucius
コンフューシャニズム Confucianism

コンフューシャン Confucian
コンフュージョン confusion
コンフュージング confusing
コンフューズ confuse
コンフューズド confused
コンフュート confute
コンフュテーション confutation
コンプライ comply
コンプライアンシー compliancy
コンプライアンス compliance
コンプライアンス・オフィサー compliance officer
コンプライアンス・ハンドブック compliance handbook
コンプライアント compliant
コンプライズ comprise, -prize
コンフラグレーション conflagration
コンフラターニティー confraternity
コンフラックス conflux
コンフリー comfrey
コンプリーション completion
コンプリーティスト completist
コンプリート complete
コン・ブリオ con brio
コンフリクティング conflicting
コンフリクト conflict
コンプリケーション complication
コンプリケーテッド complicated
コンプリケート complicate
コンプリシティー complicity
コンプリヘンシビリティー comprehensibility
コンプリヘンシブ comprehensive
コンプリヘンシブ・スクール comprehensive school
コンプリヘンシブル comprehensible
コンプリヘンション comprehension
コンプリヘンド comprehend
コンプリメンタリー complimentary
コンプリメンタリー・クロージング complimentary closing
コンプリメンタリー・クローズ complimentary close
コンプリメンツ・スリップ compliments slip
コンプリメント compliment
コンプリン compline, -plin
コンフルエンス confluence
コンフルエント confluent
コンプルメンタリー complementary
コンプルメンタル complemental
コンプルメント complement
コンプレイサンス complaisance
コンプレイサント complaisant
コンプレイセンシー complacency
コンプレイセンス complacence
コンプレイセント complacent
コンプレイナント complainant
コンプレイン complain
コンプレイント complaint
コンフレーション conflation
コンフレート conflate
コンフレール confrere, -frère
コンプレクシティー complexity
コンプレクション complexion
コンプレシビリティー compressibility
コンプレシブル compressible
コンプレス compress
コンプレスト compressed
コンプレックス complex
コンプレックス・センテンス complex sentence
コンプレックス・フラクション complex fraction
コンプレックス・リキッド complex liquid
コンプレッサー compressor
コンプレッシビリティー compressibility
コンプレッシブ compressive
コンプレッシブル compressible
コンプレッション compression
コンプロマイジング compromising
コンプロマイズ compromise
コンフロンテーショナル confrontational
コンフロンテーション confrontation
コンフロント confront
コンペ ⇨コンペティション
コンベア Convair
コンペア compare, compere, -père
コンベアー conveyor, -er
コンベアー・ベルト conveyor belt
コンベイ convey
コンペイトリオット compatriot
コンペイトリオティック compatriotic
コンベイヤー conveyor, -er
コンベイヤー・ベルト conveyor belt

コンベイヤブル　conveyable
コンベイヤンサー　conveyancer
コンベイヤンシング　conveyancing
コンベイヤンス　conveyance
コンペートリオット　compatriot
コンペートリオティック　compatriotic
コンベクシティー　convexity
コンベクション　convection
コンベクソ・コンケーブ　convexo-concave
コンベクソ・コンベックス　convexo-convex
コンベクター　convector
コンベクティブ　convective
コンベックス　convex
コンペティション　competition
コンペティター　competitor
コンペティティブ　competitive
コンベヤー　conveyor, -er
コンベヤー・ベルト　conveyor belt
コンペリング　compelling
コンペル　compel
コンベルサツィオーネ　conversazione
コンペンサトリー　compensatory
コンベンショナライズ　conventionalize
コンベンショナリズム　conventionalism
コンベンショナリティー　conventionality
コンベンショナル　conventional
コンベンショナル・ウィズダム　conventional wisdom
コンベンショニアー　conventioneer
コンベンション　convention
コンペンセーション　compensation
コンペンセーティブ　compensative
コンペンセート　compensate
コンペンディアス　compendious
コンペンディアム　compendium
コンベンティクル　conventicle
コンベント　convent
コンベント・スクール　convent school
コンボ　combo
コンポ　compo
コンボイ　convoy
コンボーク　convoke
コンポーザー　composer
コンポージャー　composure
コンポーズ　compose
コンポーズド　composed
コンポート　compote, comport
コンポートメント　comportment
コンポーネント　component
コンボケーショナル　convocational
コンボケーション　convocation
コンポジション　composition
コンポジター　compositor
コンポジット　composite
コンポジット・テープ　composite tape
コンポジット・ビデオ　composite video
コンポスタブル　compostable
コンポスト　compost
コンポスト・パイル　compost pile
コンポスト・ヒープ　compost heap
コンポス・メンティス　compos mentis
コンボ・ボックス　combo box
コンボリューション　convolution
コンボリューテッド　convoluted
コンボリュート　convolute
コンボルビュラス　convolvulus
コンマ　comma
コン・マン　con man
コン・モート　con moto
コンヤ　Konya
コンラッド　Conrad

サ

ザ　the
サー　sir
ザー　za
サーイブ　sahib
サーウィン　Samhain, Samain
サーカ　circa, ca., c.
サーガ　saga
サーカシビリ　Saakashvili
サーカス　circus
サーカスティック　sarcastic
サーカズム　sarcasm
サーガ・ノベル　saga novel
サーカムアンビエント　circumambient
サーカムアンビュレーション　circumambulation
サーカムアンビュレート　circumambulate
サーカムサイズ　circumcise
サーカムシジョン　circumcision
サーカムスクライブ　circumscribe
サーカムスクリプション　circumscription
サーカムスクリプティブ　circumscriptive
サーカムスタンシエート　circumstantiate
サーカムスタンシャル　circumstantial
サーカムスタンス　circumstance
サーカムスタンスト　circumstanced
サーカムスペクション　circumspection
サーカムスペクティブ　circumspective
サーカムスペクト　circumspect
サーカムナビゲーション　circumnavigation
サーカムナビゲーター　circumnavigator
サーカムナビゲート　circumnavigate
サーカムフィランス　circumference
サーカムフェレンシャル　circumferential
サーカムフューズ　circumfuse
サーカムフルアス　circumfluous
サーカムフルエント　circumfluent
サーカムフレックス　circumflex
サーカムベンション　circumvention
サーカムベンティブ　circumventive
サーカムベント　circumvent
サーカムポーラー　circumpolar
サーカムルーナー　circumlunar
サーカムロキューション　circumlocution
サーカムロキュトリー　circumlocutory
サーキー　sarky
サーキタス　circuitous
サーキット　circuit
サーキット・コート　circuit court
サーキット・トレーニング　circuit training
サーキット・ブレーカー　circuit breaker
サーキット・ライダー　circuit rider
サーキトリー　circuitry
サーキュイティー　circuity
サーキュラー　circular
サーキュラー・スカート　circular skirt
サーキュラー・ソー　circular saw
サーキュラトリー　circulatory
サーキュラライズ　circularize
サーキュラリティー　circularity
サーキュレーション　circulation
サーキュレーター　circulator
サーキュレーティング・ライブラリー　circulating library
サーキュレート　circulate
ザークシーズ　Xerxes
サークス　circs
サークル　circle
サークレット　circlet
サーケーディアン　circadian
サーコート　surcoat
サージ　serge, sarge, surge
サージェリー　surgery
サージェント　sergeant, Sargent
サージェント・アット・アームズ　sergeant-at-arms
サージェント・メージャー　sergeant major
サージカル　surgical
サージカル・スピリット　surgical spirit

サージカルマスク　surgical mask
サーシャ　Sasha
サージャン　surgeon
サージャン・ジェネラル　surgeon general
サーシングル　surcingle
サース　SaaS
サーズ　SARS
サースティー　thirsty
サーズデー　Thursday
サースト　thirst
サータイトル　surtitle
サータックス　surtax
サーチ　search
サーチ・アンド・サーチ　Saatchi & Saatchi
サーチ・ウォラント　search warrant
サーチ・パーティー　search party
サーチ・ボット　search bot
サーチャー　searcher
サーチャージ　surcharge
サーチャブル　searchable
サーチュイン　sirtuin
サーチライト　searchlight
サーチング　searching
サーティー　thirty
サーティー・イヤーズ・ウォー　Thirty Years' War
サーティース　thirtieth
サーティー・セカンド・ノート　thirty-second note
サーティー・ナイン・アーティクルズ　Thirty-nine Articles
サーティーン　thirteen
サーティーンス　thirteenth
サーティテュード　certitude
サーティファイ　certify
サーティファイアー　certifier
サーティファイアブル　certifiable
サーティファイド　certified
サーティファイド・パブリック・アカウンタント　certified public accountant
サーティファイド・ミルク　certified milk
サーティファイド・メール　certified mail
サーティフィケーション　certification
サーティフィケート　certificate
サーディン　sardine
サート　cert
サード　third, surd, sard
サード・インターナショナル　Third International
サードゥー　sadhu, saddhu
サード・クラス　third class, third-class
サード・ストリーム　third stream
サード・デグリー　third degree, third-degree
サードニック　sardonic
サードニックス　sardonyx
サード・パーソン　third person
サード・パーティー　third party
サード・フィンガー　third finger
サード・フォース　third force
サード・ベース　third base
サード・ベースマン　third baseman
サード・マーケット　third market
サード・マン　third man
サートリアル　sartorial
サードリー　thirdly
サード・レーター　third-rater
サード・レート　third-rate
サード・レール　third rail
サード・ワールド　Third World
サートン　certain
サートンティー　certainty
サートンリー　certainly
サーナン　Cernan
サーニー　sarnie, sarn(e)y
サーニニズム　Saninism
サーネーム　surname
サーバー　server, Thurber
サーバイル　servile
サーパサブル　surpassable
サーパシング　surpassing
サーパス　surpass
サーバル　serval
サーバント　servant
サービエット　serviette
サービカル　cervical
サービサー　servicer
サービサイジング　servicizing
サービサイズ　servicize
サービサビリティー　serviceability
サービサブル　serviceable
サービス　service
サービスウーマン　servicewoman
サービス・エース　service ace

サービス・エリア　service area
サービス・クラブ　service club
サービス・コート　service court
サービス・ステーション　service station
サービス・チャージ　service charge
サービス・ブック　service book
サービス・フラット　service flat
サービス・ブレーク　service break
サービス・マーク　service mark
サービスマン　serviceman
サービス・ライン　service line
サービス・ロード　service road
サービター　servitor
サービチュード　servitude
サービックス　cervix
サーヒブ　sahib
サービリティー　servility
サービル　servile
ザーヒル　Zaher, Zahir, Zāhir
サービング　serving
サーフ　Cerf, surf, serf
サーブ　serve, Serb, Saab
サーファー　surfer
サーファーズ・イア　surfers' ear
サーファクタント　surfactant
サーブ・アンド・ボレー　serve-and-volley
サーフィー　surfy
サーフィン　surfing
サーフェス　surface
サーフェス・ウォーター　surface water
サーフェス・ソイル　surface soil
サーフェス・テンション　surface tension
サーフェス・トゥー・エア　surface-to-air
サーフェス・トゥー・サーフェス　surface-to-surface
サーフェス・モデル　surface model
サーフェット　surfeit
サーフ・キャスティング　surf casting
サープス　SERPS, Serps
サーフダム　serfdom
ザーフティグ　zaftig
サーフフッド　serfhood
サーフボート　surfboat
サーフボード　surfboard
サーブラ　sabra
サーフ・ライディング　surf-riding
サープラス　surplus
サープラス・バリュー　surplus value
サープリス　surplice
サープリスト　surpliced
サーブレット　servlet
サーベイ　survey
サーベイイング　surveying
サーベイヤー　surveyor
サーベイランス　surveillance
サーベイラント　surveillant
サーベラス　Cerberus
サーベル　saber, -bre
サーベンス・オクスリー　Sarbanes-Oxley
サーペンタイン　serpentine
サーペント　serpent
サーボ　servo
サーボメカニカル　servomechanical
サーボメカニズム　servomechanism
サーボモーター　servomotor
サーマイズ　surmise
サーマウンタブル　surmountable
サーマウント　surmount
サーマクール　ThermaCool
サーマ・ベーダ　Sama-Veda
サーマル　thermal
サーマル・キャパシティー　thermal capacity
サーマル・スプリング　thermal spring
サーマル・ニュートロン　thermal neutron
サーマル・バリア　thermal barrier
サーマル・プリンター　thermal printer
サーマル・ポリューション　thermal pollution
サーマル・ユニット　thermal unit
サーマル・リアクター　thermal reactor
サーミオニック　thermionic
サーミオニックス　thermionics
サーミオン　thermion
サーミスター　thermistor
サーミスト　psalmist
サーミック　thermic
サーム　psalm, therm, therm-
サーメ　Sami
サーメット　cermet
ザーメン　Samen
サーモ　thermo-
サーモエレクトリカル　thermoelectrical
サーモエレクトリック　thermoelectric
サーモクライン　thermocline
サーモクロミズム　thermochromism

サーモケミストリー　thermochemistry
サーモジェニック　thermogenic
サーモジェネシス　thermogenesis
サーモジェネティック　thermogenetic
サーモス　Thermos
サーモスタット　thermostat
サーモスタティック　thermostatic
サーモステーブル　thermostable
サーモスフィア　thermosphere
サーモス・ボトル　thermos bottle
サーモセッティング　thermosetting
サーモセット　thermoset
サーモダイナミクス　thermodynamics
サーモダイナミシスト　thermodynamicist
サーモダイナミック　thermodynamic
サーモディー　psalmody
サーモナイザー　sermonizer
サーモナイズ　sermonize
サーモニュークリアー　thermonuclear
サーモニュートラル　thermoneutral
サーモハライン　thermohaline
サーモピリオディック　thermoperiodic
サーモピリオド　thermoperiod
サーモファイル　thermophile
サーモフィリック　thermophilic
サーモプラスティック　thermoplastic
サーモヘイライン　thermohaline
サーモメーター　thermometer
サーモメトリー　thermometry
サーモレギュレーション　thermoregulation
サーモレギュレーター　thermoregulator
サーモン　salmon, sermon
サーモン・トラウト　salmon trout
サーモン・ピンク　salmon pink
サーモン・ラダー　salmon ladder
サーモン・リープ　salmon leap
サーリー　surly
サーリーアル　surreal
サーリーフ　Sirleaf
サーリネン　Saarinen
サール　Searle
サーレ　Salle
サーロイン　sirloin
サーンキヤ　Sankhya
サイ　sigh, psi, Cy
ザイ　thy
サイア　sire
サイアザイド　thiazide
ザイアジェン　Ziagen
サイアティカ　sciatica
サイアティック　sciatic
サイアナイド　cyanide
サイアニック　cyanic
サイアノーシス　cyanosis
サイード　Sayid
サイーフ　Saif
ザイール　Zaire, -ïre
サイウォー　psywar
サイエンス　science
サイエンス・パーク　science park
サイエンス・フィクション　science fiction, SF
サイエンティスト　scientist
サイエンティズム　scientism
サイエンティフィック　scientific
サイエントロジー　Scientology
サイエントロジスト　Scientologist
サイオニック　psionic
サイオン　psion, scion, cion
ザイオン　Zion
サイガ　saiga
サイカシン　cycasin
サイカド　cycad
ザイカム　Zicam
サイキアトリック　psychiatric
サイキカル　psychical
サイキック　psychic
サイク　psych, psych-, saic
サイクライズ　cyclize
サイクライゼーション　cyclization
サイクリカル　cyclical
サイクリシティー　cyclicity
サイクリスト　cyclist
サイクリゼーション　cyclization
サイクリック　cyclic
サイクリン　cyclin
サイクリング　cycling
サイクル　cycle
サイクルウェー　cycleway
サイクルカー　cyclecar
サイクル・クロス　cycle cross
サイクル・タイム　cycle time
サイクルトラック　cycletrack
サイクロイダル　cycloidal

サイクロイド cycloid
サイクログラフ cyclograph
サイクロジェネシス cyclogenesis
サイクロスタイル cyclostyle
サイクロディエン cyclodiene
サイクロトロン cyclotron
サイクロナイト cyclonite
サイクロニック cyclonic
サイクロネット cyclonet
サイクロピーアン cyclopean, -pi-
サイクロファイル psychrophile
サイクロフィリック psychrophilic
サイクロメーター psychrometer
サイクロメトリー psychrometry
サイクロメトリック psychrometric
サイクロン cyclone
サイケデリア phychedelia
サイケデリック psychedelic
サイコ psycho, psycho-, psych-
サイコアナライズ psychoanalyze
サイコアナリシス psychoanalysis
サイコアナリスト psychoanalyst
サイコアナリティカル psychoanalytical
サイコアナリティック psychoanalytic
サイコーシス psychosis
ザイゴート zygote
サイコ・オンコロジー psycho-oncology
サイコガルバノメーター psychogalvanometer
サイコキネシス psychokinesis
サイコキラー psychokiller
サイコグラフ psychograph
サイコグラフィックス psychographics
サイコグラム psychogram
サイコジェニック psychogenic
サイコシンセシス psychosynthesis
サイコセクシュアル psychosexual
サイコセラピー psychotherapy
サイコセラピスト psychotherapist
サイコソーシャル psychosocial
サイコソマティック psychosomatic
サイコティック psychotic
サイコトクシシティー psychotoxicity
サイコドラマ psychodrama
サイコドラマティック psychodramatic
サイコトロピック psychotropic
サイコトロピック・ハーブ psychotropic herb
サイコニューローシス psychoneurosis
サイコバイオグラファー psychobiographer
サイコバイオグラフィー psychobiography
サイコバイオグラフィカル psychobiographical
サイコパシー psychopathy
サイコパシック psychopathic
サイコパス psychopath
サイコパソロジー psychopathology
サイコパソロジスト psychopathologist
サイコバブル psychobabble
サイコビリー psychobilly
サイコファーマコロジー psychopharmacology
サイコファーマコロジカル psychopharmacological
サイコファーマコロジスト psychopharmacologist
サイコフィジオロジー psychophysiology
サイコプラズム psychoplasm
サイコメトリー psychometry
サイコモーター psychomotor
サイコリズム psychorhythm
サイコリンギスティックス psycholinguistics
サイコロジー psychology
サイコロジカル psychological
サイコロジカル・ウォーフェア psychological warfare
サイコロジカル・モーメント psychological moment
サイコロジスト psychologist
サイゴン Saigon
サイザブル sizable, sizeable
サイザル sisal
サイズ size, scythe
サイズ・サーバー size server
サイズマン sidesman
サイズミカル seismical
サイズミシティー seismicity
サイズミック seismic
サイズミック・アイソレーション seismic isolation
サイズミック・ゾーン seismic zone
サイズモグラフ seismograph
サイズモグラム seismogram
サイスモテクトニクス seismotectonics

サイズモメーター seismometer
サイズモロジー seismology
サイズモロジカル seismological
サイズモロジスト seismologist
ザイセルフ thyself
サイダー cider, cidre
サイダー・プレス cider press
サイティング sighting
サイディング siding
サイテーション citation
サイ・テク sci-tech
ザイデコ zydeco
サイテッド sighted
サイデッド sided
サイデンステッカー Seidensticker
サイト site, cite, sight
サイド side
サイドアーム sidearm
サイド・アームズ side arms
サイド・ウィスカーズ side-whiskers
サイド・ウインド side wind
サイドウェー sideway
サイドウェーズ sideways
サイドウォーク sidewalk
サイドウォーク・アーティスト sidewalk artist
サイドウォーク・スーパーインテンデント sidewalk superintendent
サイドウォール sidewall
サイド・エフェクト side effect
サイド・オン side-on
サイドカー sidecar
サイトカイニン cytokinin
サイトカイン cytokine
サイトカイン・ストーム cytokine storm
サイドカット sidecut
サイトカラシン cytochalasin
サイドキック sidekick
サイド・グランス side-glance
サイドサドル sidesaddle
サイトシー sightsee
サイトシーアー sightseer
サイト・シーイング sight-seeing
サイドシート sideseat
サイドショー sideshow
サイト・シンギング sight singing
サイトスクリーン sightscreen
サイドステッパー sidestepper
サイドステップ side step, sidestep
サイトスト cytost
サイドストリーム・スモーク sidestream smoke
サイドストローク sidestroke
サイドスピン sidespin
サイドスプリッティング sidesplitting
サイドスリップ sideslip
サイドスワイプ sideswipe
サイトソル cytosol
サイトゾル cytosol
サイド・タイトル side title
サイド・ディッシュ side dish
サイド・テーブル side table
サイドトラック sidetrack
サイト・ドラフト sight draft
サイド・ドラム side drum
サイト・トランスレーション sight translation
サイドバー sidebar
サイドバーンズ sideburns
サイドピース sidepiece
サイド・ビュー side view
サイドビュー・ミラー sideview mirror
サイトビリン cytovirin
サイトプラスト cytoplast
サイトプラズマティック cytoplasmatic
サイトプラズミック cytoplasmic
サイトプラズム cytoplasm
サイド・プレーヤー side player
サイド・ベンツ side vents
サイド・ホイーラー side-wheeler
サイド・ホース side horse
サイドボード sideboard
サイト・マップ site map
サイドマン sideman
サイトメガロウイルス cytomegalovirus
サイトメトリー cytometry
サイトラ ⇨サイト・トランスレーション
サイト・ライセンス site license
サイドライト sidelight
サイト・ライン sight line
サイドライン sideline
サイトリー sightly
サイト・リーディング sight-reading
サイト・リード sight-read

サイドル　sidle
サイトレス　sightless
サイトロジー　cytology
サイトロジスト　cytologist
サイドロング　sidelong
サイトワージー　sightworthy
サイドワーズ　sidewards
サイドワード　sideward
サイドワイズ　sidewise
サイドワインダー　sidewinder
サイナー　signer
サイナス　sinus
サイナスライク　sinuslike
サイネージ　signage
サイネキュア　sinecure
サイネリア　cineraria
サイノシュア　cynosure
サイノファイル　Sinophile
サイノフィル　Sinophil
サイノフォーブ　Sinophobe
サイバーアタック　cyberattack
サイバーウォー　cyberwar
サイバークライム　cybercrime
サイバーサーファー　cybersurfer
サイバーショップ　cybershop
サイバースクール　cyberschool
サイバースクワッター　cybersquatter
サイバースクワッティング　cybersquatting
サイバースクワット　cybersquat
サイバーストーカー　cyberstalker
サイバーストーキング　cyberstalking
サイバースペース　cyberspace
サイバーセキュリティー　cybersecurity
サイバーセックス　cybersex
サイバーソサイエティ　cybersociety
サイバーソサエティー　cybersociety
サイバーテロリズム　cyberterrorism
サイバーネーション　cybernation
サイバーネート　cybernate
サイバーノート　cybernaut
サイバーハイスト　cyberheist
サイバーパブリッシング　cyberpublishing
サイバーパンク　cyberpunk
サイバービジネス　cyberbusiness
サイバーフィジオロジー　cyberphysiology
サイバーポルノ　cyberporn
サイバーマーケティング　cybermarketing
サイバーモール　cybermall
サイバネティック　cybernetic
サイバネティックス　cybernetics
サイパン　Saipan
サイファー　cipher, cy-
サイファーテキスト　ciphertext
サイファーパンク　cipherpunk
サイ・ファイ　sci-fi
サイプラス　Cyprus
サイブラリー　cybrary
サイブリッド　cybrid
サイプレス　cy pres, cy-pres, cypress
サイボーグ　cyborg
サイホニック　siphonic
サイホン　siphon, sy-
サイホン・ボトル　siphon bottle
ザイマージー　zymurgy
サイマルキャスト　simulcast
サイマルタニーアティー　simultaneity
サイマルテーニアス　simultaneous
サイマルテーニアス・イクエーションズ
simultaneous equations
ザイム　zyme
サイメックス　SIMEX
ザイモシス　zymosis
サイモシン　thymosin
サイモナイズ　simonize, Simoniz
ザイモロジー　zymology
サイモン　Simon
サイモン・ピュアー　simon-pure
サイ・ヤング　Cy Young
サイラス　Cyrus, Silas
サイラス・マーナー　Silas Marner
サイラトロン　thyratron
サイリスター　thyristor
サイレージ　silage
サイレックス　silex
ザイレム　xylem
サイレン　siren
サイレンサー　silencer
サイレンス　silence
サイレンセスター　Cirencester
サイレント　silent
サイレント・キラー　silent killer
サイレント・パートナー　silent partner
サイレント・バイオレンス　silent violence
サイレント・マジョリティー　silent majority

サイレント・ランゲージ　silent language
サイロ　silo
サイロイド　thyroid
ザイロフォーン　xylophone
ザイロフォニスト　xylophonist
サイン　sign, sine
ザイン　thine
サイン・アップ　sign up
サイン・ウェーブ　sine wave
サイン・オフ　sign-off
サインナップ　sign up
サインフェルド　Seinfeld
サイン・ペインター　sign painter
サインボード　signboard
サインポスト　signpost
サイン・ライター　sign writer
サイン・ランゲージ　sign language
サウ　sow, sough, thou
ザウ　thou
サウアー　sour
ザウアークラウト　sauerkraut
サウアー・グレープス　sour grapes
サウウェスター　sou'wester
サウザー　souther
サウザリー　southerly
サウザンズ　thousandth
サウザンド　thousand
サウザンド・アイランド・ドレッシング　Thousand Island dressing
サウザンドフォールド　thousandfold
サウサンプトン　Southampton
サウジ　Saudi
サウジアラビア　Saudi Arabia
サウジ・アラムコ　Saudi Aramco
サウジー　Southey
サウス　south, souse
サウス・アジア　South Asia
サウス・アフリカ　South Africa
サウス・アフリカン　South African
サウス・アメリカ　South America
サウス・アメリカン　South American
サウスイースター　southeaster
サウスイースタリー　southeasterly
サウスイースタン　southeastern
サウスイースト　southeast
サウスイーストワーズ　southeastwards
サウスイーストワード　southeastward
サウスウエスター　southwester
サウスウエスタリー　southwesterly
サウスウエスタン　southwestern
サウスウエスト　southwest
サウスウエストワーズ　southwestwards
サウスウエストワード　southwestward
サウスウォルド　Southwold
サウス・オーストラリア　South Australia
サウス・カロライナ　South Carolina
サウス・カロリニアン　South Carolinian
サウス・コリア　South Korea
サウス・サウスイースト　south-southeast
サウス・サウスウエスト　south-southwest
サウス・シー・アイランズ　South Sea Islands
サウス・シー・アイランダー　South Sea Islander
サウス・シーズ　South Seas
サウス・ダコタ　South Dakota
サウス・ダコタン　South Dakotan
サウス・チャイナ・シー　South China Sea
サウスト　soused
サウスバウンド　southbound
サウスバンク　South Bank
サウス・ブリッジ　South Bridge
サウスポー　southpaw
サウス・ポール　south pole
サウス・ヨークシャー　South Yorkshire
サウスランド　southland
サウスワーズ　southwards
サウスワード　southward
サウダージ　saudade
サウディ　Saudi
サウディ・アラビア　Saudi Arabia
サウド　Saud
サウナ　sauna
ザウバー　Sauber
サウル　Saul
サウンダー　sounder
サウンディング　sounding
サウンディング・ボード　sounding board
サウンディング・ライン　sounding line
サウンド　sound
サウンドアライク　soundalike
サウンド・アンド・ライト・ショー　sound-and-light show
サウンド・ウェーブ　sound wave
サウンド・エフェクツ　sound effects

サウンド・エンジニア　sound engineer
サウンド・スカルプチャー　sound sculpture
サウンドスケープ　soundscape
サウンドステージ　soundstage
サウンド・スペクトログラム　sound spectrogram
サウンド・トラック　sound track, sound truck
サウンド・バイト　sound bite
サウンド・バリア　sound barrier
サウンド・ビジネス　sound business
サウンドプルーフ　soundproof
サウンド・ボーイ　sound boy
サウンドボード　soundboard
サウンド・ホール　sound hole
サウンドレス　soundless
サガ　saga
サカイアトリー　psychiatry
サカイアトリスト　psychiatrist
サガシティー　sagacity
サカジャウェア　Sacagawea, -ja-, Saka-
ザガット　Zagat
サカテカス　Zacatecas
サガナキ　saganaki
サガ・ノベル　saga novel
サガフォルム　Sagaform
サカム　succumb
ザカライア　Zachariah
ザカライアス　Zacharias
ザカリー　Zachary
サガン　Sagan
サギー　saggy
サキソフォーニスト　saxophonist
サキソフォン　saxophone
サギッシュ　thuggish
サキナビル　saquinavir
サギノー　Saginaw
サキャ　Sakya
サキュバス　succubus
サグ　sag
サクシーディング　succeeding
サクシード　succeed
サクシネート　succinate
サクシフレージ　saxifrage
サクション　suction
サクション・ポンプ　suction pump
サクシンクト　succinct
サクセス　success
サクセスフル　successful
サクセス・ルック　success look
サクセッサー　successor
サクセッシブ　successive
サクセッショナル　successional
サクセッション　succession
ザクセン　Saxony
サクソニー　Saxony
サクソフォーニスト　saxophonist
サクソフォン　saxophone
サクソルン　saxhorn
サクソン　Saxon
サクトリアル　suctorial
サグラダ・ファミリア　Sagrada Família
サクラム　sacrum
サクラメンタリズム　sacramentalism
サクラメンタル　sacramental
サクラメント　Sacramento, sacrament
サクラメント・キングス　Sacramento kings
サクラル　sacral
サクリスタン　sacristan
サクリスティー　sacristy
サクリファイス　sacrifice
サクリファイス・バント　sacrifice bunt
サクリファイス・ヒット　sacrifice hit
サクリファイス・フライ　sacrifice fly
サクリフィシャル　sacrificial
サクリリジャス　sacrilegious
サクリリッジ　sacrilege
サクリング　suckling
サクル　suckle
ザクレブ　Zagreb
サクロサンクティティー　sacrosanctity
サクロサンクト　sacrosanct
サグワーロ　saguaro, -hua-
サケ　sake, saké, saki
サゲーシャス　sagacious
サゲネー　Saguenay
サゴ　sago
サコシェ　sacoche
サコタッシュ　succotash
サコッシュ　sacoche
サゴ・パーム　sago palm
ザコパネ　Zakopane
サザーク　Southwark
サザーランド　Sutherland

ザ・ザ・ガボール　Zsa Zsa Gabor
サザナー　southerner
サザビー　Sotheby
サザビーズ　Sotheby's
サザン　southern
サザン・イングリッシュ　Southern English
サザン・クロス　Southern Cross
サザン・ヘミスフィア　southern hemisphere
サザン・ホスピタリティー　southern hospitality
サザンモスト　southernmost
サザン・ライツ　southern lights
ザジ　Zazie
サシー　sassy
サシェ　sachet
サシェー　sashay
サジェスチョン　suggestion
サジェスティビリティー　suggestibility
サジェスティブ　suggestive
サジェスティブル　suggestible
サジェスト　suggest
サシカイア　Sassicaia
ザジキ　tzatziki
サジタリアス　Sagittarius
サシャ・バロン・コーエン　Sacha Baron Cohen
サス　suss, sus, sass, SAS
ザス　thus
ザズ　zazz
サスウッド　sasswood
サスカチュワン　Saskatchewan
サスクワッチ　Sasquatch
サスケハナ　Susquehanna
サステイナブル　sustainable
サステイニング　sustaining
サステイニング・プログラム　sustaining program
サステイン　sustain
サステナブル　sustainable
サステナンス　sustenance
サスピシャス　suspicious
サスピション　suspicion
サスペクト　suspect
サスペンシブ　suspensive
サスペンション　suspension
サスペンション・ピリオド　suspension periods
サスペンション・ブリッジ　suspension bridge
サスペンション・ポイント　suspension points
サスペンス　suspense
サスペンス・アカウント　suspense account
サスペンスフル　suspenseful
サスペンソリー　suspensory
サスペンダー　suspender
サスペンダー・ベルト　suspender belt
サスペンディッド・コースター　suspended coaster
サスペンデッド・アニメーション　suspended animation
サスペンデッド・センテンス　suspended sentence
サスペンド　suspend
サゼスチョン　suggestion
サセックス　Sussex
サセプティビリティー　susceptibility
サセプティブ　susceptive
サセプティブル　susceptible
サセルドータリズム　sacerdotalism
サセルドータル　sacerdotal
サソール　Sasol
サターナイン　saturnine
サターニアン　Saturnian
サターン　Saturn
サタイア　satire
サタイエティー　satiety
サタイバ　sativa
サタデー　Saturday
サタデーズ　Saturdays
サタデー・ナイト・スペシャル　Saturday night special
サダト　Sadat
サタニスト　Satanist
サタニズム　Satanism
サタニック　satanic
サダム・フセイン　Saddam Hussein
ザダル　Zadar
サタン　Satan
サチ　Thaci, Thaçi
サチュレーション　saturation
サチュレーション・ポイント　saturation point

サチュレーテッド　saturated
サチュレート　saturate
サチン・テンドルカール　Sachin Tendulkar
サッカー　soccer, succor, succour, sucker
ザッカー　Zucker
ザッカーバーグ　Zuckerberg
サッカラーゼ　saccharase
サッカライド　saccharide
サッガリー　thuggery
サッカリファイ　saccharify
サッカリフィケーション　saccharification
サッカリメーター　saccharimeter
サッカリン　saccharin, saccharine
サッカレー　Thackeray
サッキー　sucky
サッキュレンス　succulence
サッキュレント　succulent
サッキング　sacking, sucking
サッキング・ピッグ　sucking pig
サッキング・フィッシュ　sucking fish
サック　sack, suck, sac, SAC
サッグ　thug
ザック　sack, Zach, Zack, Zac, Zak
ザック・エフロン　Zac Efron
サッククロス　sackcloth
サック・コート　sack coat
サックス　sax, saxophone, saxe
サックス・フィフス・アベニュー　Saks Fifth Avenue
サック・ドレス　sack dress
サックビル　Sackville
サックフル　sackful
サック・レース　sack race
ザッケローニ　Zaccheroni
サッサフラス　sassafras
サッシ　sash
サッジー　sudsy
サッシ・ウインドー　sash window
サッシカイア　Sassicaia
サッシ・コード　sash cord
サッシャ　Sacha
サッシュ　sash
サッズ　suds
サッチ　such, thatch
サッチェル　satchel
サッチモ　Satchmo
サッチャー　Thatcher
サッチャーズ・チルドレン　Thatcher's Children
サッチャリズム　Thatcherism
サッチライク　suchlike
ザッツ　that's
サッティー　suttee, sati
サット　sat
サッド　sad, thud
ザット　that
サットコム　satcom
サッド・サック　sad sack, sad-sack
サッドネス　sadness
サットバ　sattva
サッドリー　sadly
サットン　Sutton
ザッパ　Zappa
サッパー　sapper
ザッハトルテ　Sachertorte
サッピー　sappy
ザッピー　zappy
ザッピング　zapping
サップ　sup, sap
ザップ　zap
サッフィズム　sapphism
サッフィック　Sapphic
サップウッド　sapwood
サッフォー　Sappho, Psappho
サップヘッド　saphead
サップリング　sapling
サップレス　sapless
ザッポス　Zappos
サツマ　Satsuma
サテ　satay
サティ　Satie
サディアス　Thaddeus
サティアン　Satyam
サティーン　sateen
ザディコ　zydeco
サディスティック　sadistic
サディスト　sadist
サティスファイ　satisfy
サティスファイイング　satisfying
サティスファイド　satisfied
サティスファクション　satisfaction
サティスファクトリー　satisfactory
サディズム　sadism
サティベックス　Sativex

サティライアシス　satyriasis
サティライザー　satirizer
サティライザブル　satirizable
サティライズ　satirize
サティライゼーション　satirization
サティリカル　satirical
サティリスト　satirist
サティリック　satiric, satyric
サテニー　satiny
サテュリック　satyric
サテュロス　satyr
サテライト　satellite
サテライト・ステーション　satellite station
サテライト・ディッシュ　satellite dish
サテン　satin
サテンウッド　satinwood
サド　Sade, Thad
サドゥ　sadhu
サトゥルナリア　Saturnalia
サドカイ　Sadducee
ザドキエル　Zadkiel
サトクリフ　Sutcliff
サトナブ　satnav
サドマゾヒスティック　sadomasochistic
サドマゾヒスト　sadomasochist
サドマゾヒズム　sadomasochism
サドラー　saddler
サドリスト　Sadrist
サトル　subtle
サドル　saddle, Sadr
サドルクロス　saddlecloth
サドル・シューズ　saddle shoes
サドル・ステッチ　saddle stitch
サドル・ソア　saddle sore, saddlesore
サドル・ソープ　saddle soap
サトルティー　subtlety
サドルバッグ　saddlebag
サドル・ホース　saddle horse
サドルリー　saddlery
サドルレス　saddleless
サドン　sudden, sadden
サドン・インファント・デス・シンドローム　sudden infant death syndrome
サドン・デス　sudden death
サドンリー　suddenly
ザナドゥー　Xanadu
サナトリウム　sanatorium
ザナミビル　Zanamivir
サニー　sunny, sonny
サニー・サイド　sunny side
サニー・サイド・アップ　sunny-side up
サニーベール　Sunnyvale
サニタイザー　sanitizer
サニタイズ　sanitize
サニタイゼーション　sanitization
サニタリアム　sanitarium
サニタリアン　sanitarian
サニタリー　sanitary
サニタリー・ウェア　sanitary ware
サニタリー・エンジニア　sanitary engineer
サニタリー・エンジニアリング　sanitary engineering
サニタリー・タオル　sanitary towel
サニタリー・ナプキン　sanitary napkin
サニタリー・ベルト　sanitary belt
サニタリウム　sanitarium
サニティー　sanity
サニテーション　sanitation
サヌア　Sanaa
サノバビッチ　son of a bitch
サノフィ・アベンティス　Sanofi-Aventis
サハ　Sakha
サバ　Ça va?, Sabah
サパー　supper
サパー・クラブ　supper club
サバート　savate
サバーバナイズ　suburbanize
サバーバナイト　suburbanite
サバーバニズム　suburbanism
サバーバン　suburban
サバービア　suburbia
サバーブ　suburb
サパーレス　supperless
サバイバー　survivor
サバイバブル　survivable
サバイバリスト　survivalist
サバイバリズム　survivalism
サバイバル　survival
サバイバル・キット　survival kit
サバイバル・ゲーム　survival game
サバイビング　surviving
サバイブ　survive
ザバイヨーネ　zabaglione
サバイヨン　sabayon

サバス　Sabbath
ザパタ　Zapata
サバティーニ　Sabatini
サバティカル　sabbatical
サバティカル・イヤー　sabbatical year
サバテリアン　Sabbatarian
サパテロ　Zapatero
ザハ・ハディド　Zaha Hadid
サバビアン　Ça va bien.
サハラ　Sahara
サバラス　Savalas
サハラン　Saharan
サバラン　savarin
サハリン　Sakhalin
サバルターン　subaltern
サハロフ　Sakharov
サバント　savant
サバンナ　savanna, -nah
サビー　savvy
ザビエル　Xavier
サピエンス　sapience
サピエント　sapient
サビオラ　Saviola
サピッド　sapid
サピディティー　sapidity
サビナ　Sabena
サビネン　sabinen, sabinene
サピュラティブ　suppurative
サピュレーション　suppuration
サピュレーティブ　suppurative
サピュレート　suppurate
サビル　Savile
サビルロー　Savile Row
サビロイ　saveloy
サフ　sough
サブ　sub, sub-, sab
サファー　suffer
サブアークティック　subarctic
サファイア　sapphire
サファイス　suffice
サブアキュート　subacute
サブアクア　subaqua
サブアシッド　subacid
サブアシディティー　subacidity
サブアソシエーション　subassociation
サブアトミック　subatomic
サブアトム　subatom
サファラー　sufferer
サブアラクノイド　subarachnoid
サファラブル　sufferable
サファランス　sufferance
サファリ　safari
サファリ・ジャケット　safari jacket
サファリ・スーツ　safari suit
サファリ・パーク　safari park
サファリング　suffering
サブアルパイン　subalpine
サブアルピン　subalpine
サブアンタークティック　subantarctic
サフィシェンシー　sufficiency
サフィシェント　sufficient
サフィックス　suffix
ザフィルルカスト　zafirlukast
サブ・ウーファー　sub woofer
サブウェー　subway
ザブール　Zabul, Zabol
サブエージェント　subagent
サブエディター　subeditor
サブエディット　subedit
サフェド　Safed
サフォーク　Suffolk
サブオーダー　suborder
サブオーディネーション　subordination
サブオーディネーティブ　subordinative
サブオーディネート　subordinate
サブオービタル　suborbital
サフォケーション　suffocation
サフォケーティブ　suffocative
サフォケート　suffocate
サブオプティマム　suboptimum
サブオプティマル　suboptimal
サブカースト　subcaste
サブカルチャー　subculture
サブキャリア　subcarrier
サブキュート　subcute
サブキュテーニアス　subcutaneous
サブキングダム　subkingdom
サブクラス　subclass
サブクリティカル　subcritical
サブグループ　subgroup
サブクローニング　subcloning
サブコミッティー　subcommittee
サブコミュニティー　subcommunity
サブコンシャス　subconscious

サブコンティネンタル　subcontinental
サブコンティネント　subcontinent
サブコントラクター　subcontractor
サブコントラクト　subcontract
サブコンパクト　subcompact
サブサービエンス　subservience
サブサービエント　subservient
サブサーブ　subserve
サブサーフェス　subsurface
サブサイデンス　subsidence
サブサイド　subside
サブ・サハラン　sub-Saharan
サブジーナス　subgenus
サブジェーセント　subjacent
サブジェクション　subjection
サブジェクティビズム　subjectivism
サブジェクティビティー　subjectivity
サブジェクティブ　subjective
サブジェクト　subject
サブジェクト・カタログ　subject catalog
サブジェクト・マター　subject matter
サブシケンス　subsequence
サブシケント　subsequent
サブシステンス　subsistence
サブシステンス・アラウアンス　subsistence allowance
サブシステンス・ウェージ　subsistence wage
サブシステンス・ファーミング　subsistence farming
サブシステンス・マネー　subsistence money
サブシステンス・レベル　subsistence level
サブシステント　subsistent
サブシスト　subsist
サブシダイズ　subsidize
サブシディアリー　subsidiary
サブシディー　subsidy
サブシデンス　subsidence
サブジャンクティブ　subjunctive
サブ・ジューディシー　sub judice
サブシューマブル　subsumable
サブシューム　subsume
サブジュゲーション　subjugation
サブジュゲーター　subjugator
サブジュゲート　subjugate
サブジョイン　subjoin
サブスーマブル　subsumable
サブスーム　subsume
サブスクライバー　subscriber
サブスクライバー・トランク・ダイアリング　subscriber trunk dialling
サブスクライブ　subscribe
サブスクリプション　subscription
サブスクリプション・コンサート　subscription concert
サブスクリプション・テレビジョン　subscription television
サブスクリプト　subscript
サブスケンス　subsequence
サブスケント　subsequent
サブスタンシエーション　substantiation
サブスタンシエーティブ　substantiative
サブスタンシエート　substantiate
サブスタンシャリスト　substantialist
サブスタンシャリズム　substantialism
サブスタンシャリティー　substantiality
サブスタンシャル　substantial
サブスタンス　substance
サブスタンス・アビューザー　substance abuser
サブスタンス・アビューズ　substance abuse
サブスタンダード　substandard
サブスタンタイバル　substantival
サブスタンティブ　substantive
サブスティテューション　substitution
サブスティテュータブル　substitutable
サブスティテューティブ　substitutive
サブスティテュート　substitute
サブステーション　substation
サブストラータム　substratum
サブストラクチャー　substructure
サブストラトスフィア　substratosphere
サブストレート　substrate
サブスピーシーズ　subspecies
サブスペシフィック　subspecific
サブセクション　subsection
サブセット　subset
サブセルラー　subcellular
サブ・ゼロ　sub-zero
サブソイル　subsoil
サブソニック　subsonic
サブターフュージ　subterfuge
サブタイトル　subtitle
サブタイプ　subtype

サブダクション　subduction
サブチャプター　subchapter
サブチリシン　subtilisin
サブディーコン　subdeacon
サブティーン　subteen
サブディバイド　subdivide
サブディビジョン　subdivision
サブティライズ　subtilize
サブディレクトリー　subdirectory
サブテキスト　subtext
サブテナンシー　subtenancy
サブテナント　subtenant
サブデビュタント　subdebutante
サブデュー　subdue
サブデューアル　subdual
サブデュード　subdued
サブテレーニアス　subterraneous
サブテレーニアン　subterranean
サブテンド　subtend
サブトータル　subtotal
サブトピア　subtopia
サブドメイン　subdomain
サブトラクション　subtraction
サブトラクティブ　subtractive
サブトラクト　subtract
サブトロピカル　subtropical
サブトロピックス　subtropics
サブナノサイズ　subnanosize
サブナノメートル　subnanometer
サブネット　subnet
サブネットワーク　subnetwork
サブノートブック　subnotebook
サブノーマル　subnormal
サブパー　subpar
サブバーシブ　subversive
サブバージョン　subversion
サブバート　subvert
サブピーナ　subpoena, -pe-
サブヒューマン　subhuman
サブファスク　subfusc
サブファミリー　subfamily
サブプライム　subprime
サブブランド　subbrand
サブフリージング　subfreezing
サブフロアー　subfloor
サブプロット　subplot
サブベースメント　subbasement
サブヘッド　subhead
サブヘディング　subheading
サブベンション　subvention
サブマージ　submerge
サブマージェンス　submergence
サブマージド　submerged
サブマージナル　submarginal
サブマーシブル　submersible
サブマージブル　submergible
サブマージョン　submersion
サブマース　submerse
サブマクシラリー　submaxillary
サブマシンガン　submachine gun
サブマリナー　submariner
サブマリン　submarine
サブマリン・サンドイッチ　submarine sandwich
サブマリン・チェイサー　submarine chaser
サブミクロン　submicron
サブミッシブ　submissive
サブミッション　submission
サブミット　submit
サブミニアチュア　subminiature
サブミニアチュアライズ　subminiaturize
サブミニチュア　subminiature
サフュージョン　suffusion
サフューズ　suffuse
サブユニット　subunit
サプライ　supply
サプライ・サイド　supply-side
サプライズ　surprise
サプライ・チェーン　supply chain
サブライム　sublime
サプライヤー　supplier
サフラガン　suffragan
サフラガン・ビショップ　suffragan bishop
サブラクセーション　subluxation
サフラジェット　suffragette
サフラジスト　suffragist
サフラジズム　suffragism
サフラニー　saffrony
サフラワー　safflower
サフラン　saffron
サプランテーション　supplantation
サプラント　supplant
サプリアント　suppliant
サブリージョナル　subregional

サブリージョン　subregion
サブリース　sublease
サブリーナ　Sabrina
サプリーム　supreme
サプリカント　supplicant
サプリケーション　supplication
サプリケート　supplicate
サブリナ　Sabrina
サブリナ・パンツ　Sabrina pants
サブリミティー　sublimity
サブリミナル　subliminal
サブリミナル・プロジェクション　subliminal projection
サブリメーション　sublimation
サブリメート　sublimate
サプリメント　supplement
サプル　supple
ザプルーダー　Zapruder
サブルーチン　subroutine
サブルーティン　subroutine
サブルーテナント　sublieutenant
サブルーナー　sublunar
サブルーナリー　sublunary
サブルナ　sublunar
サプルメンタリー　supplementary
サプルメンタリー・ベネフィット supplementary benefit
サプルメンタリティー　supplementarity
サプルメンテーション　supplementation
サプルメント　supplement
サブレ　sablé
サフレージ　suffrage
サブレーション　sublation
サブレート　sublate
サプレス　suppress
サプレッサー　suppressor
サプレッサント　suppressant
サプレッシブ　suppressive
サプレッシブル　suppressible
サプレッション　suppression
サブレット　sublet
サブレフテナント　sublieutenant
サブローザ　sub rosa
サブロゲート　subrogate
サプロファイティズム　saprophytism
サベジェリー　savagery
サベックス　Savex
サベッジ　savage
サヘル　Sahel
サボ　sabot
サボイ　savoy
サボイ・オペラ　Savoy operas
サポーザブル　supposable
サポージング　supposing
サポーズ　suppose
サポーズド　supposed
サポーター　supporter
サポータブル　supportable
サポーティブ　supportive
サポーティング　supporting
サポート　support
サポーナイト　saponite
サボーネーション　subornation
サボールターン　subaltern
サボーン　suborn
サポジシャス　suppositious
サポジショナル　suppositional
サポジション　supposition
サポジティシャス　supposititious
サポジティブ　suppositive
サポジトリー　suppository
サポジラ　sapodilla
サボタージュ　sabotage
サポテク　Zapotec
サポテック　Zapotec
サボトゥール　saboteur
サボナ　Savona
サポナイト　saponite
サボナローラ　Savonarola
サポニファイ　saponify
サポニファイアブル　saponifiable
サポニフィケーション　saponification
サポニン　saponin
サポネーシャス　saponaceous
サボワール・ビーブル　savoir vivre
サボワール・フェール　savoir faire
サボン　savon
サマー　summer
サマー・ウェイト　summer-weight
サマー・スクール　summer school
サマーソールト　somersault
サマー・ソルスティス　summer solstice
サマータイド　summertide
サマー・タイム　summer time,

summertime
サマー・ハウス　summer house, summerhouse
サマー・バンク・ホリデー　Summer Bank Holiday
サマービル　Somerville
サマー・プディング　summer pudding
サマー・ブリーズ　summer breeze
サマーリー　summery
サマール　Samar
サマセット　somerset, Somerset
サマビル　Somerville
サマラ　samara, Samara, Samarra
サマライズ　summarize
サマラス　Samaras
サマランチ　Samaranch
サマリア　Samaria
サマリー　summary
サマリウム　samarium
サマリタン　Samaritan
サマルカンド　Samarkand
サマローリ　Samaroli
サマワ　Samawa(h)
サマンガン　Samangan
サマンサ　Samantha
サマンサ・タバサ　Samantha Thavasa
サミー　Sammy
サミー・ソーサー　Samy Sosa
サミズダット　samizdat
サミッティア　summiteer
サミット　summit
サミットリー　summitry
サミュエル　Samuel
サミュエルソン　Samuelson
サミング・アップ　summing-up
サム　some, sum, thumb, Sam, SAM
サムイ　Samui
サム・インデックス　thumb index
サムウェア　somewhere
サムウェー　someway
サムウェーズ　someways
サムギョプサル　samgyeopsal
サムゲタン　samgyetang
サムシング　something
サムズ・アップ　thumbs-up, thumbs up
サムスクリュー　thumbscrew
サムズ・ダウン　thumbs-down, thumbs down
サム・スペード　Sam Spade
サムスン　Samsung
サムソ　Samsø
サムソナイト　Samsonite
サムソン　Samson
サムター　Sumter
サムタイム　sometime
サムタイムズ　sometimes
サムタック　thumbtack
サムチョク　Samcheok, Samchok
サムデー　someday
サム・トータル　sum total
サムナー　Sumner
サムネイル　thumbnail
サムバーグ　Samberg
サムハウ　somehow
サムバック　sumbuck
サムバディー　somebody
サムファイア　samphire
サム・ブラウン・ベルト　Sam Browne belt
サムプリント　thumbprint
サムプレース　someplace
サムボディー　somebody
サムホワット　somewhat
サムライ　samurai
サムロー　samlor
サムワン　someone
サメーショナル　summational
サメーション　summation
ザメンホフ　Zamenhof
サモア　Samoa
サモア・スタンダード・タイム　Samoa standard time
サモアン　Samoan
サモエード　Samoyed, -yede
サモサ　samosa
サモス　Samos
サモトラケ　Samothrace
サモナー　summoner
サモラ　Zamora
サモワール　samovar
サモン　summon
サモンズ　summons
サラ　Sarah, Sara, thorough
ザラ　Zara
サラート　salat

サラーム　salaam
サライバ　saliva
サラウンディング　surrounding
サラウンド　surround
サラウンド・サウンド　sorround-sound
サラエボ　Sarajevo, Sera-
サラゴサ　Saragossa, Zaragoza
サラサーテ　Sarasate
サラザール　Salazar
サラザール・スリザリン　Salazar Slytherin
サラシア　sarasia
サラシティー　salacity
サラセニック　Saracenic
サラセン　Saracen
サラゼン　Sarazen
サラソタ　Sarasota
サラダ　salad
サラダ・オイル　salad oil
サラダ・クリーム　salad cream
サラダ・デーズ　salad days
サラダ・ドレッシング　salad dressing
サラダ・ボウル　salad bowl
サラッド　salad
サラディン　Saladin
サラトガ　Saratoga
サラバンド　saraband, -bande
サラフ　salaf
サラフィー　Salafi
サラフィスト　Salafist
サラフィズム　Salafism
サラブレッド　thoroughbred
サラマーゴ　Saramago
サラマス　thalamus
サラマンダー　salamander
サラマンドリアン　salamandrian
サラマンドリン　salamandrine
サラマンドロイド　salamandroid
サラミ　salami
サラミック　thalamic
サラミ・テクニック　salami technique
サラム　Salam
サラムス　thalamus
サラム・ファイヤド　Salam Fayyad
サラリー　salary
サラリーノ　Salarino
サラリーマン　salaryman
サラ・ルイーズ・ペイリン　Sarah Louise Palin
サラワク　Sarawak
サランドン　Sarandon
サランラップ　Saran Wrap
サリー　Sally, Sallie, sari, saree, sallee, sally, sully, surrey, Surrey
サリーナス　Salinas
サリー・メイ　Sally Mae
サリー・ラン　Sally Lunn
サリエリ　Salieri
サリシリック・アシッド　salicylic acid
サリシン　salicin, -cine
サリチラート　salicylate
サリチル・アシッド　salicylic acid
サリドマイド　thalidomide
サリドマイド・チャイルド　thalidomide child
サリドマイド・ベビー　thalidomide baby
サリナイズ　salinize
サリナイゼーション　salinization
サリニゼーション　salinization
サリニティー　salinity
サリネーション　salination
サリノメーター　salinometer
サリバリー　salivary
サリバン　Sullivan
サリファイ　salify
サリフェラス　saliferous
サリフ・ケイタ　Salif Keita
サリプル　Sar-e Pol, Sari Pul
サリベーション　salivation
サリベート　salivate
サリュータトーリアン　salutatorian
サリュータトリー　salutatory
サリュート　salute
サリュタリー　salutary
サリュテーション　salutation
サリン　sarin
サリンジャー　Salinger
サル　Sal, SAL
サルーキ　saluki
サルーブリアス　salubrious
サルーブリティー　salubrity
サルーン　saloon
サルーン・カー　saloon car
サルーン・バー　saloon bar
サルエル　sarrouel
ザルカウィ　al-Zarqawi

サルガッソー　sargasso
サルガド　Salgado
サルキー　sulky
サルク　sulk
サルコイドーシス　sarcoidosis
サルコー　salchow
サルコーマ　sarcoma
サルコジ　Sarkozy
サルコファガス　sarcophagus
サルコペニア　sarcopenia
サルサ　salsa, sarsa
サルサパリラ　sarsaparilla
サルサ・ベルデ　salsa verde
サルサ・メヒカーナ　salsa mexicana
サルサ・ロハ　salsa roja
サルシファイ　salsify
サルスエラ　zarzuela
サルズバーガー　Sulzberger
サルソリノール　salsolinol
サルタナ　sultana
サルタネート　sultanate
ザルダリ　Zardari
サルタン　sultan
ザルツブルク　Salzburg
サルディーニャ　Sardinia, Sardegna
サルディニア　Sardinia, Sardegna
サルティンバンコ　Saltimbanco
サルテーション　saltation
サルデーニャ　Sardinia, Sardegna
サルト　Sarto
サルトーリ　Sartori
サルトリー　sultry
サルトル　Sartre
サルバー　salvor, salver
サルバドール・ダリ　Salvador Dali
サルバトーレ　Salvatore
サルバドラン　Salvadoran
サルバドリアン　Salvadorean, -ian
サルビア　salvia
サルビアティ　Salviati
サルブ　salve
サルファー　sulfur, -phur; sulfa, -pha
サルファー・ダイオキサイド　sulfur dioxide
サルファイト　sulfite, -phite
サルファイド　sulfide, -phide
サルフェート　sulfate, -phate
サルフォ　sulf-, sulfo-, sulph-, sulpho-
サルフォネート　sulfonate, sulphonate
サルブタモール　salbutamol
サルフュラス　sulfurous, -phu-
サルフュリアス　sulfureous, -phu-
サルフュリック　sulfuric, -phu-
サルフュレート　sulfurate, -phu-
サルベージ　salvage
サルベージャブル　salvageable
サルベーショニスト　Salvationist
サルベーション　salvation
サルベーション・アーミー　Salvation Army
サルボ　salvo
サル・ボラティリ　sal volatile
サルマ　Salma
サルミ　salmi, salmis
サルメテロール　salmeterol
サルモディー　psalmody
サルモネラ　salmonella
サルン　sullen
サレーシャス　salacious
サレハ　Saleh
サレプティシャス　surreptitious
サレム・アルハズミ　Salem al-Hazmi
サレルノ　Salerno
サレワ　Salewa
サレンダー　surrender
サレンダー・バリュー　surrender value
サレンバーガー　Sullenberger
サロイアン　Saroyan
サロー　sallow, thorough
サローイッシュ　sallowish
サローゴーイング　thoroughgoing
サロート　Sarraute
サローフェア　thoroughfare
サロー・ペースト　thorough-paced
サロゲート　surrogate
サロゲート・マザー　surrogate mother
サロッド　sarod, sarode
サロペット　salopette
サロメ　Salome
サロモン　Salomon
サロン　salon, sarong
サロン・ド・テ　salon de thé
サロン・ミュージック　salon music
サワー　sour
サワー・オレンジ　sour orange
ザワークラウト　sauerkraut

サワーグラス　sour glass
サワー・クリーム　sour cream
サワー・グレープス　sour grapes
サワードウ　sourdough
サワープス　sourpuss
サワー・ボール　sour ball
サワー・マッシュ　sour mash
ザワヒリ　Zawahiri
サン　sun, son
ザン　than
サンアップ　sunup
サン・アントニオ　San Antonio
サンアントニオ・スパーズ　San Antonio Spurs
サン・イン・ロー　son-in-law
サン・エティエンヌ　Saint-Étienne
サン・オイル　sun oil
サンガー　Sanger
サンガム　sangam
サンキスト　Sankist, sun-kissed
サンキュー　thank you, thank-you
サンキュロット　sansculotte
サンギラン　Sangiran
サンク　thank, thunk, sank, sunk
サング　sang, sung
サングイナリー　sanguinary
サングイニアス　sanguineous
サングイニティー　sanguinity
サングイン　sanguine
サンク・コスト　sunk cost
サンクション　sanction
サンクス　thanks
サンクスギビング　thanksgiving
サンクスギビング・デー　Thanksgiving Day
サンクタム　sanctum
サンクチュアリー　sanctuary
サンクティティー　sanctity
サンクティファイ　sanctify
サンクティファイド　sanctified
サンクティフィケーション　sanctification
サンクティモーニアス　sanctimonious
サンクティモニー　sanctimony
サンクトゥス　Sanctus
サンクトペテルブルグ　St. Petersburg
サンク・フェンス　sunk fence
サンクフリー　thankfully
サンクフル　thankful
サングフロワ　sangfroid
サングラス　sunglass
サングリア　sangria
サンクレス　thankless
サンクレメンテ　San Clemente
サングロー　sunglow
サンクン　sunken
サンクン・ガーデン　sunken garden
サン・ゴッド　sun god
サンゴンサロ　São Gonçalo
サンサルバドル　San Salvador
サンシーカー　sunseeker
サンシェード　sunshade
サンジェルマン　Saint-German
ザンジバル　Zanzibar
サンジミニャーノ　San Gimignano
サンシャイニー　sunshiny
サンシャイン　sunshine
サンシャイン・ルーフ　sunshine roof
サンジャシント　San Jacinto
サンジョベーゼ　Sangiovese
サンズ　sans
サンスーツ　sunsuit
サンスクリット　Sanskrit, -scrit
サン・スター　sun star
サンスティーン　Sunstein
サンストーン　sunstone
サンストラック　sunstruck
サンストローク　sunstroke
サンスペル　Sunspel
サンスポット　sunspot
サンセイ　sansei
サンセール　Sancerre
サンセット　sunset
サンセリフ　sans serif, sanserif
サンソー　cinsault, cinsaut
サンタ　Santa
サンダー　sander, thunder, sunder
ザンダー　zander
サンダークラウド　thundercloud
サンダークラップ　thunderclap
サンダーシャワー　thundershower
サンダース　Sanders
サンダーズ　Sanders
サンダーストーム　thunderstorm
サンダーストラック　thunderstruck
サンダーチーフ　Thunderchief

サンタアナ　Santa Ana
サンダーバード　thunderbird
サンダーヘッド　thunderhead
サンダーボックス　thunderbox
サンダーボルト　thunderbolt
サンダーランド　Sanderland
サンダーリング　sanderling
サンダイアル　sundial
サンダウナー　sundowner
サンダウン　sundown
サンタカタリーナ　Santa Catarina
サンタクララ　Santa Clara
サンタクルーズ　Santa Cruz
サンタクルス　Santa Cruz
サンタ・クロース　Santa Claus
サンダスキー　Sandusky
サンタナ　Santana
サンタニオル　Sant Aniol
サンタバーバラ　Santa Barbara
サンタフェ　Santa Fe
サンタフェ・トレール　Santa Fe Trail
サンタモニカ　Santa Monica
サンダラス　thunderous
サンダリー　thundery
サンダリング　thundering
サンダル　sandal
サンダルウッド　sandalwood
サンタルチア　Santa Lucia
サンダルド　sandal(l)ed
サンタロール　santalol
サンタン　suntan
サン・ダンス　sun dance
サンダンス　Sundance
サンタンデール　Santander
サンタンデル　Santander
サンチアゴ　Santiago
サンチーム　centime
サンチェス　Sanchez, Sánchez
サンチョ・パンサ　Sancho Panza
サンティアゴ　Santiago
サンティアゴ・デ・コンポステーラ　Santiago de Compostéla
サンティアゴ・デ・コンポステラ　Santiago de Compostéla
サンディー　sandy, Sandy
サンディエゴ　San Diego
サンディエゴ・チャージャーズ　San Diego Chargers
サンディカリズム　syndicalism
サンディニスタ　Sandinista
サンディング　sanding
サンデー　Sunday, sundae
サンデー・クローズ　Sunday clothes
サンデーズ　Sundays
サンデー・スクール　Sunday school
サンデー・パンチ　Sunday punch
サンデー・ベスト　Sunday best
サン・テグジュペリ　Saint-Exupéry
サンデッキ　sundeck
サンテミリオン　St.-Émilion
サンデュー　sundew
サンテリア　Santeria
サンド　sand, Sandoz
サンドイッチ　sandwich
サンドイッチ・ケーキ　sandwich cake
サンドイッチ・コース　sandwich course
サンドイッチ・バー　sandwich bar
サンドイッチ・ボード　sandwich board
サンドイッチ・マン　sandwich man
サンド・ウェッジ　sand wedge
サンド・ウォッシュ　sand wash
サンドキャッスル　sandcastle
サンドグラス　sandglass
サンドシューズ　sandshoe
サントス　Santos
サンドストーム　sandstorm
サンドストーン　sandstone
サンド・ダラー　sand dollar
サン・ドッグ　sun dog
サンド・デューン　sand dune
サントドミンゴ　Santo Domingo
サンド・トラップ　sand trap
サントニン　santonin
サンドバー　sandbar
サンドハースト　Sandhurst
サンドパイパー　sandpiper
サンド・バギー　sand buggy
サンド・バス　sand bath
サンドバッガー　sandbagger
サンドバッグ　sandbag
サンドバンク　sandbank
サンドピット　sandpit
サンド・ヒル　sand hill
ザントフォールト　Zandvoort

サンドフライ　sandfly
サンドブラスト　sandblast
サンド・フリー　sand flea
サンド・ペインティング　sand painting
サンドペーパー　sandpaper
サンドボーイ　sandboy
サンドボーディング　sandboarding
サンドボード　sandboard
サンドホッグ　sandhog
サンドボックス　sandbox
サンドマン　sandman
サントメ　São Tomé
サンドメニコ　San Domenico
サントメ・プリンシペ　São Tomé and [e] Príncipe
サンド・ヨット　sand yacht
サントラ　⇨サウンド・トラック
サンドラ　Sandra
ザンドラ　Zandra
サンドラー　Sandler
サン・ドライド　sun-dried
サン・トラップ　sun-trap
サンドラ・ブロック　Sandra Bullock
サントラム　Santorum
サンドリー　sundry
サンドリーズ　sundries
サンドリンガム　Sandringham
サンドレス　sundress
サン・ドレンチト　sun-drenched
サンドロ　Sandro
サンドロッター　sandlotter
サンドロット　sandlot
サントロペ　St-Tropez
サンノゼ　San Jose
サンバ　samba
サンバー　sambar, -bur
サンバースト　sunburst
サンバーナーディーノ　San Bernardino
サンバーナーディノ　San Bernardino
サン・パーラー　sun parlor
サンバーン　sunburn
サン・バイザー　sun visor
サンパウロ　São Paulo
サンバス　sunbath
サン・ハット　sun hat
ザンバラン　zamberlan
サンバル　sambal
サンパレグリノ　Sanpellegrino, S.Pellegrino
サン・パワー　sun power
サン・パワード　sun-powered
サンパン　sampan
ザンビア　Zambia
ザンビアン　Zambian
サンビーム　sunbeam
サンピエトロ　St. Peter's
サンピング　thumping
サンプ　samp, sump, thump
サンファースト　sunfast
サンファン　San Juan
サンフィッシュ　sunfish
サン・フェルミン　San Fermin
サンプソン　Sampson
サンプチュアス　sumptuous
サンプチュアリー　sumptuary
サンプドリア　Sampdoria
サンプラー　sampler
サンブラインド　sunblind
サンプラス　Sampras
サンフラワー　sunflower
サンフランシスコ　San Francisco
サンフランシスコ・フォーティーナイナーズ　San Francisco 49ers
サンプリング　sampling
サンプリング・インスペクション　sampling inspection
サンプリング・エラー　sampling error
サンプル　sample
サンプル・インスペクション　sample inspection
サンプルーフ　sunproof
サン・ブロック　sun block
ザンブロッタ　Zambrotta
サン・プロテクション・ファクター　sun protection factor, SPF
サンベークト　sunbaked
サンベーズ　sunbathe
ザンベジ　Zambezi, -si
サン・ベッド　sun bed
サンベネデット　San Benedetto
サンベリーナ　Thumbelina
サンベルト　Sunbelt
サンベルナルディーノ　San Bernardino
サン・ヘルメット　sun helmet

サンボ　sambo
ザンボ　zambo
ザンボアンガ　Zamboanga
サン・ポーチ　sun porch
サンホセ　San José
サンボネ　Sambonet
サンボンネット　sunbonnet
サンマリノ　San Marino
サンマルコ　San Marco
サンミゲル　San Miguel
サンモリッツ　St. Moritz
サンライズ　sunrise
サンライズ・インダストリー　sunrise industry
サンライト　sunlight
サン・ラウンジ　sun lounge
サンラウンジャー　sunlounger
サンランプ　sunlamp
サンリット　sunlit
サンルーフ　sunroof
サンルーム　sunroom
サンレイ　sunray
サンレス　sunless
サンレモ　San Remo
サン・ワーシップ　sun worship
サンワーズ　sunwards
サンワード　sunward

シ

シ　si
ジ　the, di-
シア　shea, shire
シアー　sheer, shear, sere, sear
ジアー　jeer
シアーシャ　Saoirse
シアーズ　Sears
シアサッカー　seersucker
ジアスターゼ　diastase
ジアステレオマー　diastereomer
ジアセチル　biacetyl, diacetyl
ジアゼパム　diazepam
ジアゾール　diazole
ジアゾニウム　diazonium
シアター　theater, theatre
シアターゴーアー　theatergoer
シアターゴーイング　theatergoing
シアター・スポーツ　theater sports
シアトー　SEATO, Seato
シアトライト　Seattleite
シアトリカライズ　theatricalize
シアトリカル　theatrical
シアトリック　theatric
シアトル　Seattle
シアトル・シーホークス　Seattle Seahawks
シアトル・スーパー・ソニックス　Seattle Super Sonics
シアナジン　cyanazine
ジアニシジン　dianisidine
シアニック　cyanic
シアヌーク　Sihanouk
シアノアクリレート　cyanoacrylate
シアノエチレン　cyanoethylene
シアノグアニジン　cyanoguanidine
シアノコバラミン　cyanocobalamin, -mine
シアノシス　cyanosis
シア・バター　shea butter
ジアミン　diamine
シアメン　Xiamen
ジアモルヒネ　diamorphine
ジアモルフィン　diamorphine
シアラ　Ciara
シアラー　shearer
シアリダーゼ　sialidase
シアリング　searing
ジアルデヒド　dialdehyde
シアン　cyan
ジアン　Gien
ジアン・カイシエク　Chiang Kaishek
ジアン・ジエイシー　Jiang Jieshi
シー　she, see, sea
ジー　gee, jee, thee
シーア　Shi'ite, Shiite, Shia, Shi'a
シーアー　seer
シー・アーチン　sea urchin
シーアイト　Shi'ite, Shiite
シー・アイランド　sea island
シー・アイランド・コットン　sea island cotton
シー・アネモネ　sea anemone
シーアン　Xi'an, Xian
シー・イア　sea-ear
シーイスティック　theistic
シーイスト　theist
シーイズム　Shi'ism, Shiism, theism
シーイング　seeing
シーイング・アイ　Seeing Eye
シーイング・アイ・ドッグ　Seeing Eye dog
シーウィード　seaweed
シーウェー　seaway
シーウォータ　seawater
シーウォール　seawall
シー・ウルフ　sea wolf
シー・エレファント　sea elephant
シー・オッター　sea otter
ジーオマンサー　geomancer
ジーオマンシー　geomancy
ジーオマンティック　geomantic

シーカー　seeker
シーガー　Seager, Seeger, Segar
シーガート　seagirt
シー・カウ　sea cow
シーカム　cecum, cae-
シーガル　seagull, Segal
シーキズム　Sikhism
シー・キャプテン　sea captain
シー・キューカンバー　sea cucumber
シーク　seek, Sikh
ジーク　Zeke
シークイン　sequin
シーク・エラー　seek error
シークエル　sequel
シークエンス　sequence
シークエント　sequent
シーク・タイム　seek time
ジーグフェルド　Ziegfeld
ジークフリート　Siegfried
ジークムント　Siegmund
シー・グラス　sea grass
シーグラム　Seagram
シー・グリーン　sea green
シークレシー　secrecy
シークレット　secret
シークレット・エージェント　secret agent
シークレット・ギグ　secret gig
シークレット・サービス　secret service
シークレット・ソサエティー　secret society
シークレット・バロット　secret ballot
シークレット・ポリス　secret police
シークレット・ワーク　secret work
シークレティブ　secretive
シークレトリー　secretory
シー・クレフ　C clef
ジー・クレフ　G clef
シー・ケール　sea kale
シーゲル　Siegel
シーケンシャル　sequential
シーケンシング　sequencing
シーケンス　sequence
シーケント　sequent
ジーコ　Zico
シーゴーイング　seagoing
シーコースト　seacoast
シー・ゴート　she-goat
シーザー　Caesar
シーザー・サラダ　Caesar salad
シー・サーペント　sea serpent
シーサイド　seaside
ジーザス　Jesus
ジーザス・クライスト　Jesus Christ
ジーザス・フリーク　Jesus freak
シーサット　Seasat
シーザブル　seizable
シーザリアン　Caesarean, -ian
シーザリアン・セクション　Caesarean section
シーザリスト　Caesarist
シーザリズム　Caesarism
シージ　siege
シーシアス　Theseus
シー・シー　chi-chi
シーシー　chichi
ジー・ジー　gigi, gi-gi, gee-gee
シーシェル　seashell
シーシス　thesis
シーシック　seasick
シーシックネス　seasickness
シーシャ　shisha
シージャー　seizure
シージャック　seajack
シーシュース　Theseus
シーショア　seashore
シージング　seething, sheathing
シー・ジンピン　Xi Jinping
シース　cease, sheath
シーズ　seize, seeds, seethe, sheathe
ジーズ　these, jeez, jeeze, jees
シー・スイート　C-suite
シーズー　shih tzu
ジー・スーツ　G suit
シー・スカウト　sea scout
シースケープ　seascape
シース・シルエット　sheath silhouette
シーステッディング　seasteading
ジー・ストリング　G-string
シース・ナイフ　sheath knife
シーズナブル　seasonable
シーズナル　seasonal
シーズニング　seasoning
シー・スネーク　sea snake
シース・ヒーター　sheath heater
シース・ファイア　cease-fire

シーズマン　seed(s)man
シースルー　see-through
シースレス　ceaseless
シーズン　season, seisin, -zin
シーズン・チケット　season ticket
シーズンド　seasoned
シーソー　seesaw
シーソー・ゲーム　seesaw game
シー・ソルト　sea salt
シータ　theta
ジータ　zita
シーター　Sita
シーダー　cedar, seeder
ジーター　Jeter
シーダーウッド　cedarwood
シー・チェンジ　sea change
シーチャチョワン　Shijiazhuang
シーッ　sh
シーツ　sheets, Sheetz
ジーティ　ziti
シーディー　CD, seedy
シーディーアール　CD-R
シーディーアールダブリュー　CD-RW
シーディービデオ　CD-video
シーディーロム　CD-ROM
シーティング　seating, sheeting
シート　seat, sheet, cete
シード　seed, cede
ジード　Gide
シート・アンカー　sheet anchor
シード・オイスター　seed oyster
シート・オブ・ザ・パンツ　seat-of-the-pants
シードケーキ　seedcake
シードケース　seedcase
シード・コーン　seed corn
シー・ドッグ　sea dog
シード・プラント　seed plant
シードベッド　seedbed
シート・ベルト　seat belt
シート・ベルト・コンビンサー　seat belt convincer
シード・マネー　seed money
シート・ミュージック　sheet music
シートメート　seatmate
シート・メタル　sheet metal
シート・ライトニング　sheet lightning
シードリング　seedling
シードル　cidre, cider
シードレス　seedless
シートン　Seaton, Seton, Seyton
ジーナ　Gina
シーナイル　senile
ジーナス　genus
シーナリー　scenery
シーニア　senior
ジーニアス　genius
ジーニアリティー　geniality
ジーニアル　genial
シーニー　sheeny
ジーニー　genie, Jean(n)ie
シーニック　scenic
ジーニック　genic
シーニック・レールウェー　scenic railway
シーニン　Xining
ジーノ　Gino
ジーノタイプ　genotype
ジーノティピカル　genotypical
ジーノティピック　genotypic
シー・バース　sea berth
シーバード　seabird
シー・バス　sea bass
シーバスリーガル　Chivas Regal
シーバッグ　seabag
シーバム　sebum
シーバリー　thievery
シー・パワー　sea power
シーハン　Sheehan
シーバン　Theban
シービー　Seabee
シービッシュ　thievish
シーピッシュ　sheepish
ジーヒュー　Jehu
シービング　thieving
シー・ピンク　sea pink
シーフ　thief, sheaf
シーブ　thieve, sheave
シープ　sheep, seep
ジープ　jeep, Jeep
シー・ファイト　sea fight
シーファウル　seafowl
ジーブー　zebu
シーフード　seafood
シーフェアラー　seafarer
シーフェアリング　seafaring

ジー・フォース　G-force
シー・フォッグ　sea fog
シープシアラー　sheepshearer
シープシアリング　sheepshearing
ジーブズ　Jeeves
シープス・アイズ　sheep's eyes
シープスキン　sheepskin
シープスヘッド　sheepshead
シープ・ディップ　sheep-dip
シープドッグ　sheepdog
シープハーダー　sheepherder
シープフォールド　sheepfold
シー・ブリーズ　sea breeze
シー・ブリーム　sea bream
シープレーン　seaplane
シーフロア　seafloor
シーフロント　seafront
シーページ　seepage
シーベッド　seabed
シーベルト　sievert
ジー・ホイッズ　gee whiz, gee-whiz, gee whizz
シーホーク　Seahawk
シー・ホース　sea horse
シーボード　seaboard
シーポート　seaport
シーボーン　seaborne
シーボルト　Siebold
シーマーク　seamark
シー・マイル　sea mile
シーマウント　seamount
シーマティック　thematic
シーマン　seaman
ジーマン　G-man
シーマンシップ　seamanship
シーマンライク　seamanlike
シーミー　seamy
シーミング　seeming
シーム　seem, seam, theme
シームストレス　seamstress
シームリー　seemly
シームレス　seamless
ジーメール　Gmail
シーメン　semen
ジーメン　G-men
ジーメンス　siemens, Siemens
シーモア　Seymour
シーラ　Sheila
シーラー　sealer
シー・ライオン　sea lion
シーラカンス　coelacanth
シーラント　sealant
シーリア　Celia
シーリアム　Sealyham
シーリアム・テリア　Sealyham terrier
ジーリー　Geely
シーリフト　sealift
シー・リリー　sea lily
シーリング　ceiling
シーリング・プライス　ceiling price
シーリング・ワックス　sealing wax
シール　seal, Thiele
ジール　zeal
シー・ルーム　sea room
シールズ　Shields
シールスキン　sealskin
シールド　shield, sealed
シールド・オーダーズ　sealed orders
シールド・ブック　sealed book
シール・リング　seal ring
シーレ　Schiele
シー・レーン　sea-lane
シー・レッグズ　sea legs
シー・レベル　sea level
シー・ローバー　sea rover
シーワ　Siwa
シーワージー　seaworthy
シーワーズ　seawards
シーワード　seaward
シーン　scene, seen, sheen
ジーン　jean, Jean, gene, Gene
ジーン・アンプリフィケーション　gene amplification
シーンシフター　sceneshifter
ジーンズ　jeans
シーン・スティーラー　scene-stealer
ジーン・スプライシング　gene-splicing
ジーン・セラピー　gene therapy
ジーン・トランスプランテーション　gene transplantation
ジーン・プール　gene pool
シーン・ペインター　scene painter
ジーン・マップ　gene map
シェア　share

シェア・アウト　share-out
シェアード・フレグランス　shared fragrance
シェアウェア　shareware
シェアクロッパー　sharecropper
シェアクロップ　sharecrop
シェアホルダー　shareholder
シェアリング　sharing
シェアリング・エコノミー　sharing economy
シェイ　Shea
ジェイ　Jay
ジェイウォーク　jaywalk
シェイク　shake
シェイクスピア　Shakespeare
シェイクスピリアン　Shakespearean, -ian, -sperian
ジェイコブ　Jacob
ジェイストア　JSTOR
ジェイスン　Jason
ジェイダイト　jadeite
ジェイデン　Jayden
シェイド　shade
ジェイニー　Janey, Janie
シェイバー　shaver
シェイパー　shaper
ジェイバード　jaybird
ジェイハン　Ceyhan
ジェイビー　jayvee
シェイビング　shaving
シェイブ　shave
シェイプ　shape, SHAPE, Shape
シェイプリー　shapely
シェイプレス　shapeless
シェイブン　shaven
ジェイペグ　JPEG
シェイボン　Chabon
シェイマス　Seamas, Seamus, shamus
ジェイミー　Jamie
ジェイミソン　Jamison
ジェイムズ　James
ジェイラー　jailer, jailor, gaoler
ジェイル　jail, gaol
ジェイン・ドウ　Jane Doe
ジェー　jay
シェーカー　shaker
シェーカブル　shakable, shakeable
シェーカル・カプール　Shekhar Kapur
シェーキー　shaky
シェーク　shake
ジェーク　jake, Jake
シェークアウト　shakeout
シェーク・アップ　shake-up
シェークスピア　Shakespeare
シェークスピリアン　Shakespearean, -ian, -sperian
シェークダウン　shakedown
シェークン　shaken
シェーズ　chaise
シェーズ・ロング　chaise longue
ジェーダイト　jadeite
シェーディー　shady
シェーディング　shading
シェード　shade
ジェード　jade
ジェード・グリーン　jade green
シェード・ツリー　shade tree
シェードレス　shadeless
シェーバー　shaver
シェーパー　shaper
シェービアン　Shavian
ジェーピーモルガン・チェース　JPMorgan Chase
シェービング　shaving
シェービング・クリーム　shaving cream
シェービング・ブラシ　shaving brush
シェーブ　shave
シェープ　shape, SHAPE, Shape
ジェープ　jape
シェーファー　Sheaffer
シェープ・アップ　shape-up
ジェーブズ　Jabez
シェープリー　shapely
シェーブル　chèvre
シェープレス　shapeless
シェーブン　shaven
シェーマ　Schema
シェーマス　Seamas, Seamus, shamus
ジェーミー　Jamie
シェーム　shame
ジェームズ　James
ジェームズタウン　Jamestown
ジェームズ・ブラウン　James Brown
ジェームズ・ボンド　James Bond
ジェームソン　Jameson
シェームフェースト　shamefaced

シェームフル　shameful
シェームレス　shameless
ジェーラー　jailer, jailor, gaoler
シェエラザード　Scheherazade
シェール　shale, Cher
ジェール　jail, gaol
シェール・オイル　shale oil
シェール・ガス　shale gas
ジェール・デリバリー　jail delivery
ジェールバード　jailbird
ジェールブレーク　jailbreak
ジェールベイト　jailbait
シェーン　Shane
ジェーン　Jane, Jayn, Jayne, Jaynne
ジェーン・エア　Jane Eyre
ジェーン・ドウ　Jane Doe
シェーンベルク　Schönberg, Schoenberg
ジェサミン　Jessamyn, -mine
ジェシー　Jessie, Jesse
ジェシカ　Jessica
ジェス　Jess
ジェスイット　Jesuit
ジェスイティカル　Jesuitical
ジェスイティック　Jesuitic
シエスタ　siesta
ジェスター　jester
ジェスチャー　gesture
ジェスチャー・ランゲージ　gesture language
ジェスチュラル　gestural
ジェスティキュレーション　gesticulation
ジェスティキュレート　gesticulate
ジェスティング　jesting
ジェステーショナル　gestational
ジェステーション　gestation
ジェステート　gestate
ジェスト　jest
ジェスロ　Jethro
ジェダイ　Jedi
ジェダイト　jadeite
ジエタノールアミン　diethanolamine
ジエチルアミド　diethylamide
ジエチルカドミウム　diethylcadmium
ジェッソ　gesso
ジェッタ　Jetta
ジェッダ　Jedda, Jeddah
ジェッティー　jetty
シェッド　shed
ジェット　jet
ジェットウェイ　Jetway
ジェット・エンジン　jet engine
ジェットサム　jetsam
ジェット・ストリーム　jet stream
ジェット・セッター　jet setter
ジェット・セッティング　jet-setting
ジェット・セット　jet set
ジェットソンズ　Jetsons
ジェット・フライ　jet fly
ジェット・ブラック　jet-black
ジェットブルー　JetBlue
ジェット・プレーン　jet plane
ジェット・プロパルション　jet propulsion
ジェット・プロペルド　jet-propelled
ジェットポート　jetport
ジェットライナー　jetliner
ジェット・ラグ　jet lag
ジェット・リー　Jet Li
ジェティソナブル　jettisonable
ジェティソン　jettison
ジェド　Jed
シェトランド・ウール　Shetland wool
シェトランド・シープドッグ　Shetland sheepdog
シェトランド・ポニー　Shetland pony
ジェトロ　JETRO
シエナ　Siena, sienna
シェナンドア　Shenandoah
ジェニー　jenny, Jenny, Jennie
ジェニタリア　genitalia
ジェニタル　genital
ジェニック　genic
ジェニティブ　genitive
ジェニファー　Jennifer
ジェニファー・ロペス　Jennifer Lopez
ジェニュアル　genual
ジェニュイン　genuine
ジェニュフレクション　genuflection, -flexion
ジェニュフレクター　genuflector
ジェニュフレクト　genuflect
ジェニングズ　Jennings
ジェネシス　genesis
ジェネット　jennet
ジェネティカル　genetical

ジェネティクス　genetics
ジェネティシスト　geneticist
ジェネティック　genetic
ジェネティック・エンジニアリング　genetic engineering
ジェネティック・コード　genetic code
ジェネティックス　genetics
ジェネティック・フィンガープリンティング　genetic fingerprinting
ジェネティック・マーカー　genetic marker
ジェネティック・マップ　genetic map
ジェネラ　genera
ジェネラス　generous
ジェネラティブ　generative
ジェネラティブ・グラマー　generative grammar
ジェネラライズ　generalize
ジェネラライゼーション　generalization
ジェネラリー　generally
ジェネラリスト　generalist
ジェネラリゼーション　generalization
ジェネラリティー　generality
ジェネラル　general
ジェネラル・アセンブリー　general assembly
ジェネラル・アメリカン　General American
ジェネラル・エージェント　general agent
ジェネラル・エジュケーション　general education
ジェネラル・エディター　general editor
ジェネラル・エレクション　general election
ジェネラル・エレクション・デー　General Election Day
ジェネラル・サーティフィケート・オブ・エジュケーション　General Certificate of Education
ジェネラル・サーティフィケート・オブ・セカンダリー・エジュケーション　General Certificate of Secondary Education
ジェネラルシップ　generalship
ジェネラル・スタッフ　general staff
ジェネラル・ストア　general store
ジェネラル・ストライキ　general strike
ジェネラル・セマンティクス　general semantics
ジェネラル・デリバリー　general delivery
ジェネラル・パーパス　general-purpose
ジェネラル・プラクティショナー　general practitioner
ジェネラル・プラクティス　general practice
ジェネラル・ヘッドクォーターズ　general headquarters
ジェネラル・ポスト・オフィス　General Post Office
ジェネラル・マネージャー　general manager
ジェネリック　generic
ジェネリック・テクノロジー　generic technology
ジェネリック・ブランド　generic brand
ジェネレーショナル　generational
ジェネレーション　generation
ジェネレーション Y　generation Y
ジェネレーション・ギャップ　generation gap
ジェネレーター　generator
ジェネレーティブ　generative
ジェネレート　generate
ジェネロシティー　generosity
ジェノア　Genoa
ジェノイーズ　Genoese
ジェノサイダル　genocidal
ジェノサイド　genocide
ジェノタイプ　genotype
ジェノティピカル　genotypical
ジェノティピック　genotypic
ジェノバ　Genova
ジェノベーゼ　Genovese
シェパーデス　shepherdess
シェパード　shepherd, Shepard, Sheppard
シェパード・クルック　shepherd's crook
シェパード・チェック　shepherd('s) check
シェパード・ドッグ　shepherd dog
シェパード・パース　shepherd's purse
シェパード・パイ　shepherd's pie
シェパード・プレイド　shepherd('s) plaid
シェパートン　Shepperton
ジェパダイズ　jeopardize
ジェパディー　jeopardy
シェビー　Chevy
シェフ　chef
ジェフ　Jeff, Geoff
ジェファーソン　Jefferson
ジェファーソン・エアプレイン　Jefferson Airplane
ジェファーソン・スターシップ　Jefferson

Starship
ジェファソニアン Jeffersonian
シェフィールド Sheffield
シェフチェンコ Shevchenko
シェフ・ドゥーブル chef d'oeuvre
ジェフ・ベゾス Jeff Bezos
ジェフ・ベック Jeff Beck
シェフラー Schaeffler
ジェフリー Jeffrey, Geoffrey
シェブロン chevron
ジェペット Gepetto
シェヘラザード Scheherazade
ジェマ・イスラミア Jemaah Islamiyah, Jemaah Islamiah
ジェマイマ Jemima(h)
ジェミー jemmy
ジェミナイアン Geminian
ジェミニ Gemini
ジェミネート geminate
ジェム gem, Jem
ジェムザール Gemzar
ジェムストーン gemstone
シェムリアップ Siem Reap
ジェモロジー gemology, gemmol-
ジェモロジカル gemological, gemmological
ジェモロジスト gemologist, gemmol-
シエラ sierra
シェラー sheller
ジェラート gelato
ジェラード Gerard
ジェラシー jealousy
ジェラス jealous
シェラッキング shellacking
シェラック shellac, -lack
ジェラティナス gelatinous
ジェラティン gelatin, -tine
シェラトン Sheraton
シエラネバダ Sierra Nevada
ジェラルディーン Geraldine
ジェラルド Gerald
ジェラルメ Gérardmer
シエラレオネ Sierra Leone
ジェランド gerund
ジェリアトリシャン geriatrician
ジェリアトリスト geriatrist
ジェリアトリック geriatric
ジェリアトリックス geriatrics
シェリー Cherie, Cheri, sherry, Shelley, shelly
ジェリー jelly, jerry, Jerry, Gerry
ジェリード jellied
ジェリー・ビーン jelly bean
ジェリー・ビルダー jerry-builder
ジェリー・ビルト jerry-built
ジェリーフィッシュ jellyfish
ジェリー・ベイビー jelly baby
ジェリーライク jellylike
ジェリー・リグ jerry-rig
ジェリー・ロール jelly roll
ジェリカン jerrican
ジェリコ Jericho
シェリダン Sheridan
ジェリッド gelid
ジェリトル Geritol
シェリフ sheriff
シェリル Cheryl, Sheryl
シェル shell
ジェル jell, gel
シェルート cheroot
シェル・カンパニー shell company
シェル・ショック shell shock
ジェルジンスク Dzerzhinsk
シェルター shelter
シェルター・テント shelter tent
シェルタード sheltered
シェルターベルト shelterbelt
シェルターレス shelterless
シェルダック shelduck
シェルティー shelty, -tie
シェルド shelled
シェルドレーク sheldrake
シェルトン Shelton
シェルドン Sheldon
シェルパ Sherpa
シェルバック shellback
シェルビー Shelby
シェルビング shelving
シェル・ピンク shell pink
シェルフ shelf
シェルブ shelve
シェルファイア shellfire
シェルフィッシュ shellfish
シェルブール Cherbourg

シェルフ・マーク shelf mark
シェルフ・ライフ shelf life
シェルプルーフ shellproof
シェルワーク shellwork
ジェレマイア Jeremiah
ジェレマイアド jeremiad
ジェレミー Jeremy
シェレメチェボ・エアポート Sheremetyevo Airport
ジェロー Jell-O
ジェローム Jerome
シェロッド Sherrod
ジェロニモ Geronimo
ジェロボーアム jeroboam
ジェロルド Jerold, Jerrold
ジェロントクラシー gerontocracy
ジェロントロジー gerontology
ジェロントロジスト gerontologist
シェワルナゼ Shevardnadze
ジエン diene
ジェン gen, Jen
ジェンガ Jenga
シェンカー Schenker
ジェンキンズ Jenkins
ジェンコ genco
ジェンシャン gentian
ジェンソン・バトン Jenson Button
ジェンダー gender
ジェンダー・ギャップ gender gap
ジェンダー・バイアス gender bias
ジェンダーフリー gender-free
ジェンダー・ベンダー gender bender
ジェンタイル gentile
シェンチェン Shenzhen
ジェンツ gent
ジェンティーリズム genteelism
ジェンティール genteel
ジェンティリティー gentility
ジェント gent
ジェントリー gently, gentry
ジェントリファイ gentrify
ジェントリフィケーション gentrification
ジェントル gentle
ジェントルパーソン gentleperson
ジェントルフォークス gentlefolks
ジェントル・ブリーズ gentle breeze
ジェントルマン gentleman
ジェントルマン・アト・アームズ gentleman-at-arms
ジェントルマンズ・アグリーメント gentleman's agreement
ジェントルマン・ファーマー gentleman farmer
ジェントルマンライク gentlemanlike
ジェントルマンリー gentlemanly
ジェントルメンズ・アグリーメント gentlemen's agreement
ジェンナ Jenna
ジェンナー Jenner
ジェンネ Djenné
ジェンマ gemma
シェンヤン Shenyang
ジオ geo-
ジオイド geoid
ジオエンジニアリング geoengineering
ジオード geode
シオール Sheol
ジオール diol
ジオキサン dioxane
ジオキャッシャー geocacher
ジオキャッシュ geocache
ジオキャッシング geocaching
ジオグラファー geographer
ジオグラフィー geography
ジオグラフィカル geographical
ジオグラフィカル・マイル geographical mile
ジオグラフィック geographic
ジオクロノロジー geochronology
ジオケミスト geochemist
ジオケミストリー geochemistry
ジオコーダー geocoder
ジオコード geocode
ジオサーマル geothermal
ジオサーミック geothermic
ジオサイエンス geoscience
ジオサイエンティスト geoscientist
ジオステーショナリー geostationary
ジオストラテジー geostrategy
ジオストラテジスト geostrategist
ジオストラテジック geostrategic
ジオスフェア geosphere
ジオスペーシャル geospatial
ジオセントリック geocentric

シオソフィー theosophy
シオソフィカル theosophical
シオソフィスト theosophist
シオソフィック theosophic
ジオターゲティング geotargeting
ジオタグ geotag
ジオツーリズム geotourism
ジオット Giotto
ジオテキスタイル geotextile
ジオテクスタイル geotextile
ジオデシー geodesy
ジオデシカル geodesical
ジオデシック geodesic
ジオデティック geodetic
シオドア Theodore
シオドーラ Theodora
シオニスト Zionist
シオニズム Zionism
ジオフィジカル geophysical
ジオフィジシスト geophysicist
ジオフィジックス geophysics
ジオフォン geophone
ジオプター diopter, -tre
ジオ・フロント Geo Front
ジオポテンデャル geopotential
ジオポリティカル geopolitical
ジオポリティクス geopolitics
ジオポリティシャン geopolitician
シオボルド Theobald
ジオマグネティズム geomagnetism
ジオマグネティック geomagnetic
ジオメーター geometer
ジオメトリー geometry
ジオメトリカル geometrical
ジオメトリシャン geometrician
ジオメトリック geometric
ジオメトリック・プログレッション geometric progression
ジオモーフォロジー geomorphology
ジオラマ diorama
ジオレフィン diolefin
シオロジアン theologian
シオロジー theology
ジオロジー geology
ジオロジカリー geologically
シオロジカル theological
ジオロジカル geological
シオロジカル・バーチューズ theological virtues
シオロジスト theologist
ジオロジスト geologist
ジオロジック geologic
シオン Zion, Sion
シガー cigar
ジガー jigger
シカーダ cicada
ジガード jiggered
ジガーマスト jiggermast
シガエラ shigella
シカゴ Chicago
シカゴアン Chicagoan
シカゴ・ブルズ Chicago Bulls
シカゴ・ベアーズ Chicago Bears
シカトリス cicatrice
シカトリックス cicatrix
ジガノフ Ziganov
シカモア sycamore, sycomore
ジガリー・ポーカリー jiggery-pokery
シガリロ cigarillo
シガレット cigarette, -ret
シガレット・ケース cigarette case
シガレット・パンツ cigarette pants
シガレット・ホルダー cigarette holder
シガレット・ライター cigarette lighter
シギー ciggie, -gy
ジギー jiggy, Ziggy
シキソトロピー thixotropy
ジギタリス digitalis
ジギラニド digilanid
ジキル Jekyll
ジキル・アンド・ハイド Jekyll and Hyde
シク Sikh
シグ cig, Sigg
ジグ jig
ジグザグ zigzag
シクストゥス Sixtus
ジグソー jigsaw
ジグソー・パズル jigsaw puzzle
シグナス Cygnus
シグナチャー signature
シグナチャー・チューン signature tune
シグナチュア signature
シグナトリー signatory
シグナラー signaler, -naller

シグナライズ　signalize
シグナリー　signally
シグナリング　signaling
シグナル　signal
シグナル・タワー　signal tower
シグナル・ボックス　signal box
シグナルマン　signalman
シグニファイ　signify
シグニフィカンス　significance
シグニフィカント　significant
シグニフィカント・アザー　significant other
シグニフィケーション　signification
シグネット　signet, cygnet
シグネット・リング　signet ring
シグマ　sigma
ジグマール・ポルケ　Sigmar Polke
ジクマリン　dicoumarin
ジクマロール　dicumarol, -couma-
シグマンド　Sigmund
ジグミ・ケサル・ナムゲル・ワンチュク　Jigme Khesar Namgyal Wangchuck
ジグミ・シンゲ・ワンチュク　Jigme Singye Wangchuck
シグモイダル　sigmoidal
シグモイド　sigmoid
シクラーゼ　cyclase
シクライズ　cyclize
シクラゾドン　cyclazodone
ジグラット　ziggurat, zik(k)urat
シクラメート　cyclamate
シクラメン　cyclamen
シクランデレート　cyclandelate
シクリジン　cyclizine
ジグリセリド　diglyceride
シグリッド　Sigrid
シクリトール　cyclitol
シクリミン　cycrimine
ジグル　jiggle
シクロ　cyclo
シグロ　Siglo
シクロアルカン　cycloalkane
シクロオキシゲナーゼ　cyclooxygenase
ジクロキサシリン　dicroxacillin
シクロサリン　cyclosarin
シクロスポリン　cyclosporine, -rin
シクロセリン　cycloserine
シクロテート　cyclotate
シクロデキストリン　cyclodextrin
シクロパラフィン　cycloparaffin
シクロバルビタール　cyclobarbital
ジクロフェナク　diclofenac
シクロフェニル　cyclofenil
シクロプロパン　cyclopropane
シクロヘキサン　cyclohexane
シクロヘキサンブチレート　cyclohexanebutyrate
シクロヘキシミド　cycloheximide
シクロヘキシル　cyclohexyl
シクロヘキシルアミン　cyclohexylamine
ジクロベニル　dichlobenil
シクロベンザプリン　cyclobenzaprine
シクロペンタミン　cyclopentamine
シクロペントレート　cyclopentolate
シクロホスアミド　cyclophosamide
シクロホスファミド　cyclophosphamide
シクロメチカイン　cyclomethycaine
シクロメチコン　cyclomethicone
ジクロライド　dichloride
ジクロルボス　dichlorvos
ジクロロエタン　dichloroethane
ジクロロエチレン　dichloroethylene
ジクロロジフェニルジクロロエタン　dichlorodiphenyldichloroethane, DDD
ジクロロジフェニルトリクロロエタン　dichlorodiphenyltrichloroethane, DDT
ジクロロジフルオロメタン　dichlorodifluoromethane
ジクロロフェナルシン　dichlorophenarsine
ジクロロフェン　diclorophen
ジクロロプロパン　dichloropropane
ジクロロプロペン　dichloropropene
ジクロロベンゼン　dichlorobenzene
ジクロロメタン　dichloromethane
シケイダ　cicada
シケイン　chicane
シケインリー　chicanery
ジケトピペラジン　diketopiperazine
ジケトン　diketone
シゲラ　shigella
シケル　shekel
ジゴキシン　digoxin
シコニン　shikonin
ジコファン　dicophane
シコファンシー　sycophancy

シコファンティック　sycophantic
シコファント　sycophant
ジコホル　dicofol
シコルスキー　Sikorsky
ジゴロ　gigolo
シザー　scissor, thither
シザーズ　scissors
シザーズ・アンド・ペースト　scissors-and-paste
シザーズ・キック　scissors kick
シサプリド　cisapride
ジシアンジアミド　dicyandiamide
シシー　sissy
シシカバブ　shish kebab, -kabob
シシニウス　Sisinnius
シシファイド　sissified
シシフィアン　Sisyphean, Sisyphian
シシフォス　Sisyphus
ジジミウム　didymium
ジジム　didymium
ジジューン　jejune
シシュフォス　Sisyphus
シション　scission
シジョン　scission
ジシラビック　disyllabic, dissyl-
ジシラブル　disyllable, dissyl-
シシリー　Sicily
シシングハースト　Sissinghurst
シス　sis
ジス　this, JIS
ジズ　zizz
シスアド　⇨システム・アドミニストレーター
ジズー　Zizou
ジスカール・デスタン　Giscard d'Estaing
ジスキネジア　dyskinesia
ジスキネジー　dyskinesia
シスコ　Cisco
シスター　sister
シスター・イン・ロー　sister-in-law
シスターフッド　sisterhood
シスター・ボーイ　sister boy
シスターン　cistern
シスタイティス　cystitis
シスタチン　cystatin
シスタニ　Sistani
シスタミン　cystamin
シスタリー　sisterly
ジスチグミン　distigmine
シスチン　cystine
システィック　cystic
システィック・フィブローシス　cystic fibrosis
システイン　cysteine
システィン・チャペル　Sistine Chapel
システマタイズ　systematize
システマタイゼーション　systematization
システマティカル　systematical
システマティック　systematic
システミック　systemic
システミック・リスク　systemic risk
システム　system
システム・アドミニストレーター　system administrator
システム・インテグレーション　system integration
システム・インテグレーター　system(s) integrator
システム・キッチン　system kitchen
システムズ・アナリシス　systems analysis
システムズ・アナリスト　systems analyst
システムズ・エンジニア　systems engineer
システムズ・エンジニアリング　systems engineering
システム・ハウス　system house
システム・バス　system bath
システム・フローチャート　system flowchart
システムワイド　systemwide
ジステンパー　distemper
シスト　cyst, schist
ジスト　gist
シストゲン　cystogen
ジストニア　dystonia
ジストニー　dystonia
ジストマ　distoma
ジストロフィー　dystrophy
ジストロフィック　dystrophic
シストロン　cistron
シスプラチン　cisplatin
ジスプロシウム　dysprosium
シズマティック　schismatic
シズム　schism
ジスムターゼ　dismutase
シズラ　caesura, ce-
シズラー　sizzler
シスリー　thistly, Cicely

シズリング　sizzling
シスル　thistle
シズル　sizzle
シスルダウン　thistledown
シスルナ　cislunar
ジスルフィラム　disulfiram
ジスルホトン　disulfoton
シスレー　Sisley
ジゼル　Giselle
ジセレニド　diselenide
シセローニ　cicerone
シセロニアン　Ciceronian
シソーラス　thesaurus
シソニン　shisonin
シタール　sitar, sittar
シターン　cittern
シタコーシス　psittacosis
シタデル　citadel
ジタバグ　jitterbug
シタラビン　cytarabine
ジタン　Gitanes
ジダン　Zidane
シチズン　citizen
シチズンシップ　citizenship
シチュー　stew
シチューキン　Shchukin
シチュード　stewed
シチューパン　stewpan
シチュエーショナル　situational
シチュエーション　situation
シチュエーション・コメディー　situation comedy
シチュエーテッド　situated
シチュエート　situate
シチリア　Sicilia, Sicily
シチリアーナ　siciliana
シチリアン　Sicilian
シッカティブ　siccative
シッキー　sickie
シッキッシュ　sickish
シッキム　Sikkim
シック　sick, chic, thick, sic, Schick
シック・アウト　sick-out
シック・コール　sick call
シックサー　sixer
シックス　six
シックスカルド　thickskulled
シック・スキンド　thick-skinned
シックス・シグマ　six sigma
シックス・シューター　six-shooter
シックスス　sixth
シックスス・センス　sixth sense
シックスス・フォーマー　sixth former
シックスス・フォーム　sixth form
シックスス・フォーム・カレッジ　sixth-form college
シックスティー　sixty
シックスティース　sixtieth
シックスティーン　sixteen
シックスティーンス　sixteenth
シックスティーンス・ノート　sixteenth note
シックス・パック　six-pack
シックスフォールド　sixfold
シックス・フッター　six-footer
シックスペニー　sixpenny
シックスペンス　sixpence
シックセット　thickset
シックナー　thickener
シックニング　sickening, thickening
シックネス　sickness, thickness
シックネス・バッグ　sickness bag
シックネス・ベネフィット　sickness benefit
シック・ハウス　sick house
シック・ベイ　sick bay
シック・ペイ　sick pay
シックヘッド　thickhead
シックベッド　sickbed
シック・ヘデイク　sick headache
シック・ベネフィット　sick-benefit
シック・メーキング　sick-making
シックリー　sickly
シック・リーブ　sick leave
シック・リスト　sick list
シックル　sickle
シックルーム　sickroom
シックル・セル・アニーミア　sickle-cell anemia
シックン　sicken, thicken
シッケット　thicket
シッコー　sicko
ジッダ　Jidda, Jiddah
シッター　sitter
ジッター　jitter
ジッターバッグ　jitterbug

ジッタリー　jittery
シッダルタ　Siddhartha
シッダン　sit down
シッティー　shitty
シッティング　sitting
シッティング・ターゲット　sitting target
シッティング・ダック　sitting duck
シッティングボーン　Sittingbourne
シッティング・ルーム　sitting room
シッテンフェルド　Sittenfeld
シット　sit, shit
ジット　zit
ジッド　Gide
シット・アップ　sit-up, situp
シット・アポン　sit-upon
シット・イン　sit-in
シットコム　sitcom
シット・ダウン　sit-down
ジットニー　jitney
シットヘッド　shithead
シッパー　shipper, sipper
ジッパー　zipper
ジッバス　gibbous
ジッピー　zippy
ジッピー・タミー　gippy tummy
シッピング　shipping
ジッピング　zipping
シッピング・アーティクルズ　shipping articles
シッピング・エージェント　shipping agent
シッピング・マスター　shipping master
シップ　ship, sip
ジップ　zip, gyp, gip, jip
シップオーナー　shipowner
ジップカー　Zipcar
シップ・カナル　ship canal
ジップ・コード　zip code
シップシェープ　shipshape
シップス・アーティクルズ　ship's articles
シップス・チャンドラー　ship's chandler
シップストンオンストゥール　Shipston-on-Stour
シップス・ペーパーズ　ship's papers
シップス・ボート　ship's boat
シップ・チャンドラー　ship chandler
ジップ・トップ　zip-top
シップ・ビスケット　ship biscuit
シップビルダー　shipbuilder
シップビルディング　shipbuilding
ジップ・ファスナー　zip fastener
シップ・プランナー　ship planner
シップ・ブレーカー　ship-breaker
シップ・ブレッド　ship bread
シップ・ブローカー　ship broker
シップボード　shipboard
シップマスター　shipmaster
シップメート　shipmate
シップメント　shipment
シップヤード　shipyard
シップライト　shipwright
シップラップ　shiplap
シップレック　shipwreck
シップロード　shipload
ジップロック　ziplock
シップワーム　shipworm
ジッポー　Zippo
シテ　Cité
シティー　city
シティー・アイデンティティー　city identity
シティー・エディター　city editor
シティー・カウンシラー　city councilor
シティー・カウンシル　city council
シティー・カンパニー　City Company
シティー・シック　city chic
シティースケープ　cityscape
シティー・ステート　city-state
シティー・スリッカー　city slicker
シティー・ドッグ　city dog
シティー・ファーザー　city father
シティー・プランニング　city planning
シティー・ページ　city page
シティー・ホール　city hall
シティー・マネージャー　city manager
シティーワイド　citywide
シティグループ　Citigroup
シティコープ　Citicorp
シティズン　citizen
シティズンシップ　citizenship
シティズンズ・アドバイス・ビューロー　Citizens(') Advice Bureau
シティズンズ・バンド　citizens(') band
シティズンリー　citizenry
シティバンク　Citibank
シティファイ　citify

シティファイド　citified
シティ・フィールド　Citi Field
シデライト　siderite
シデリアル　sidereal
ジテルペン　diterpene
シド　Cyd
シド・ヴィシャス　Sid Vicious
シトー　Cîteaux, Cistercian
シトカ　Sitka
シトキサン　Cytoxan
シトキン　cytokine
シトクマン　Shtokman
シトクロム　cytochrome
シトシン　cytosine
シトステロール　sitosterol
シトソル　cytosol
シドナム　Sydenham
シドニー　Sidney, Sydney
シトラート　citrate
シトラール　citral
シトラス　citrus
シトリック・アシッド　citric acid
シトリン　citrine
シトレイト　citrate
シトロエン　Citroën
ジドロゲステロン　dydrogesterone
シトロネラ　citronella
シトロネラール　citronellal
シトロネラル　citronellal
シトロネロール　citronellol
シトロン　citron
シナー　sinner
シナイ　Sinai
シナゴーグ　synagogue
シナ・コバ　Sina Cova
シナジー　synergy, Cinergy
シナジスティック　synergistic
シナジズム　synergism
シナジャイズ　synergize
シナトラ　Sinatra
シナバー　cinnabar
シナプス　synapse
シナボン　Cinnabon
シナモン　cinnamon
シナリオ　scenario
シナリオ・ライター　scenario writer
シナリスト　scenarist
シナロア　Sinaloa
シナワット　Shinawatra
シナワトラ　Shinawatra
ジニ　Gini
シニア　senior
ジニア　zinnia
シニア・シティズン　senior citizen
シニア・チューター　senior tutor
シニア・ハイ・スクール　senior high school
シニア・ボランティア　senior volunteer
ジニアロジー　genealogy
ジニアロジカル　genealogical
ジニアロジスト　genealogist
シニー　shinny, -ney
ジニー　jinnee, jinni, ginny, Ginny
シニード　Sinead
ジニー・メイ　Ginnie Mae
シニオラ　Siniora
シニオリティー　seniority
シニカリー　cynically
シニカル　cynical
シニシズム　cynicism
シニスター　sinister
シニストラル　sinistral
シニック　cynic
ジニトロアニリン　dinitroaniline
ジニトロフェノール　dinitrophenol
シニフィアン　signifiant
シニフィエ　signifié
シニュアス　sinuous
シニュイー　sinewy
シニュー　sinew
シニュエート　sinuate
シニュオシティー　sinuosity
シニョーラ　signora
シニョール　signor, signore
シニョリーナ　signorina
シニョレ　Signoret
シニョン　chignon
シネアスト　cineast, -aste
シネイド　Sinéad
シネオール　cineole, -ol
シネカメラ　cinecamera
シネ・クア・ノン　sine qua non
シネクドキ　synecdoche
シネ・ディエー　sine die
ジネブ　zineb

シネファイル　cinephile
シネフリン　synephrine
シネプレックス　cineplex
シネプロジェクター　cineprojector
シネマ　cinema
シネマ・コンプレックス　cinema complex
シネマックス　Cinemax
シネマティカリー　cinematically
シネマティック　cinematic
シネマトグラフ　cinematograph
シネマトグラファー　cinematographer
シネマトグラフィー　cinematography
シネマトグラフィック　cinematographic
シネラマ　Cinerama
シネラリア　cineraria
シネラリー　cinerary
シネラリウム　cinerarium
シネレシス　syneresis
シノア　chinois
ジノセブ　dinoseb
シノッド　synod
ジノテフラン　dinotefuran
シノニマス　synonymous
シノニミー　synonymy
シノニム　synonym
シノプ　Sinop
シノファイル　Sinophile
シノフィル　Sinophil
シノフォーブ　Sinophobe
シノプシス　synopsis
シノプティック　synoptic
シノプティック・ゴスペルズ　synoptic Gospels
ジノプロストン　dinoprostone
シノペック　Sinopec
シノロジー　sinology
シノロジスト　sinologist
シノワズリー　chinoiserie
シバ　Siva, Sheba
ジバ　jibba, jibbah
シバー　shiver
ジバー　gibber
ジハーディー　jihadi
ジハーディスト　jihadist
ジハード　jihad, je-
シバーム　Shibam
ジバゴ　Zhivago
シバライト　Sybarite
シバリ　charivari
シバリー　shivery
シバリティック　sybaritic
シバル・グラス　cheval glass
シバルラス　chivalrous
シバルリー　chivalry
シバルリック　chivalric
シハロトリン　cyhalothrin
シバング　shebang
ジバンシー　Givenchy
シビア　severe
シビアリー　severely
ジビエ　gibier
シビック　civic
シビック・アントレプレナー　civic entrepreneur
シビックス　civics
シビック・センター　civic center
シビック・マインデッド　civic-minded
ジヒドロコデイン　dihydrocodeine
ジヒドロテストステロン　dihydrotestosterone
ジヒドロモルフィノン　dihydromorphinone
ジビニルアセチレン　divinylacetylene
ジビニル・エーテル　divinyl ether
ジビニルベンゼン　divinylbenzene
シビラ　Sybilla
シビライズ　civilize, -lise
シビライズド　civilized
シビライゼーション　civilization, -sa-
シビライン　sibylline
シビラント　sibilant
シビリアン　civilian
シビリゼーション　civilization, -sa-
シビリティー　civility
シビル　civil, sibyl, sybil
シビル・ウォー　civil war
シビル・エンジニア　civil engineer
シビル・エンジニアリング　civil engineering
シビル・サーバント　civil servant
シビル・サービス　civil service
シビル・ディスオビーディエンス　civil disobedience
シビル・ディフェンス　civil defense
シビル・パリッシュ　civil parish
シビル・マリッジ　civil marriage

シビル・ライツ　civil rights
シビルリー　civilly
シビル・リスト　civil list
シビル・リバティー　civil liberty
シビル・ロー　civil law
シブ　sieve, shiv, sib, sibb
ジフ　jiff, GIF
ジブ　jib
シファカ　sifaka
ジフィー　jiffy
ジフィー・バッグ　Jiffy bag
シフィリス　syphilis
シフィリティック　syphilitic
シブースト　chiboust
ジフェニル　diphenyl
ジフェンヒドラミン　diphenhydramine
シフォナード　chiffonade
シフォニエ　chiffonier, -fonnier
シフォロジー　psephology
シフォン　chiffon
シフォン・ケーキ　chiffon cake
ジブカイン　dibucaine
ジプサム　gypsum
ジプシアス　gypseous
ジプシー　gypsy, gipsy
ジプシー・キングス　Gipsy Kings
ジプシー・モード　gypsy mode
ジプシー・モス　gypsy moth
ジプソフィラ　gypsophila
シフター　shifter, sifter
ジブチ　Djibouti, Jib(o)u-
ジブチルティン　dibutyltin
シフティー　shifty
ジフテリア　diphtheria
シフト　shift, sift
シフト・キー　shift key
シブトラミン　sibutramine
シフトレス　shiftless
シフト・レバー　shift lever
ジプニー　jeepney
シブネフチ　Sibneft
ジブブーム　jibboom
ジブラルタル　Gibraltar
シプリアン　Cyprian
シプリオット　Cypriot
シブリング　sibling
ジフルーニサル　diflunisal
ジプレキサ　Zyprexa
ジブレット　giblet
シプロ　Cipro
ジプロック　Ziploc
シプロテロン　cyproterone
シプロフロキサシン　ciprofloxacin
シヘキサチン　cyhexatin
シベット　civet
ジベット　gibbet
シベット・キャット　civet cat
ジペプチド　dipeptide
シベリア　Siberia
シベリアン　Siberian
シベリアン・ハスキー　Siberian husky
シベリウス　Sibelius
ジベリッシュ　gibberish
シペルメトリン　cypermethrin
ジベレリン　gibberellin
ジベンゾフラン　dibenzofuran
ジペンテン　dipentene
シボーン　Siobhan
ジボラン　diborane
シボレー　Chevrolet
シボレス　shibboleth
シマー　shimmer, simmer
シマジン　simazine
シマリー　shimmery
シマロン　Cimarron
シミアン　simian
シミー　shimmy
ジミー　Jimmy, jimmy, Jimmie
ジミー・チュウ　Jimmy Choo
ジミー・ページ　Jimmy Page
シミター　scimitar, -iter, -etar, simitar
ジミニー・クリケット　Jiminy Cricket
シミュラクラム　simulacrum
シミュラティブ　simulative
シミュレーション　simulation
シミュレーター　simulator
シミュレーティブ　simulative
シミュレーテッド　simulated
シミュレート　simulate
シミラー　similar
シミラリティー　similarity
シミリー　simile
シミリテュード　similitude
シム　shim, sim

ジム　gym, Jim
シムーム　simoom
ジムカーナ　gymkhana, -ka-
ジムクラッカリー　gimcrackery
ジムクラック　gimcrack
ジム・クロー　Jim Crow
ジム・クローイズム　Jim Crowism
ジムジャムズ　jimjams
ジム・シューズ　gym shoes
ジムスリップ　gymslip
ジム・ダンディー　jim-dandy
ジムナジウム　gymnasium
ジムナスティック　gymnastic
ジムナスティックス　gymnastics
ジムナスト　gymnast
ジムネイジアム　gymnasium
シムネル　simnel
シムネル・ケーキ　simnel cake
ジムノスパーマス　gymnospermous
ジムノスパーミー　gymnospermy
ジムノスパーム　gymnosperm
シムノン　Simenon
ジムフレックス　Gymphlex
ジム・ラット　gym rat
ジメチコノール　dimethiconol
シメチコン　simethicone
ジメチコン　dimethicone
シメチジン　cimetidine
ジメチルカドミウム　dimethylcadmium
ジメチルグリオキサール　dimethylglyoxal
ジメチルジケトン　dimethyldiketone
ジメチルベンゼン　dimethylbenzene
ジメチルポリシロキサン　dimethylpolysiloxane
ジメチルホルムアミド　dimethylformamide
ジメトエート　dimethoate
ジメトン　demeton
ジメリジン　zimelidine
シメン　cymene
シモーン　Simone
シモン　Simon
シモンズ　Simmons
シャー　shah, shire, shirr
ジャー　jar
シャーウッド　Sherwood
シャーカー　shirker
ジャーカー　jerker
ジャーキー　jerky
ジャーキン　jerkin
シャーク　shark, shirk
ジャーク　jerk
ジャークウォーター　jerkwater
シャーク・ウォッチャー　shark watcher
ジャーク・オフ　jerk-off
シャークスキン　sharkskin
ジャーク・チキン　jerk chicken
ジャーゴン　jargon
シャーシー　chassis
ジャージー　Jersey
シャース　chasse
シャーティー　shirty
シャーティング　shirting
シャーデー　Sade
シャーデンフロイデ　Schadenfreude
シャード　shard
シャートゥーシュ　shahtoosh
シャーナ　Shanna, Shannah
ジャーナリーズ　journalese
ジャーナリスティック　journalistic
ジャーナリスト　journalist
ジャーナリズム　journalism
ジャーナル　journal
ジャーニー　journey
ジャーニーマン　journeyman
ジャーノ　journo
シャーパー　sharper
シャーピー　sharpie, sharpy
ジャービス　Jarvis
シャーピッシュ　sharpish
ジャービル　gerbil, -bille
シャープ　sharp
シャープ・アイド　sharp-eyed
ジャアファリ　Jaafari
シャープ・エンド　sharp end
シャープ・サイテッド　sharp-sighted
シャープシューター　sharpshooter
シャープ・セット　sharp-set
シャープ・タングド　sharp-tongued
シャープトン　Sharpton
シャープナー　sharpener
シャープ・ノーズド　sharp-nosed
シャープビル　Sharpeville
ジャーフル　jarful
シャーブルック　Sherbrooke

シャープン　sharpen
ジャーベイス　Gervais
シャーベット　sherbet, -bert
ジャーヘッド　jarhead
ジャーボーア　jerboa
シャーマス　shamus
シャーマナイズ　shamanize
ジャーマニー　Germany
シャーマニズム　shamanism
ジャーマニック　Germanic
シャーマン　shaman, Sherman
ジャーマン　German, german, Jarman
ジャーマン・コックローチ　German cockroach
ジャーマン・シェパード・ドッグ　German shepherd dog
ジャーマン・シルバー　German silver
ジャーマン・ミーズルズ　German measles
シャーミアン　Charmian
ジャーミサイダル　germicidal
ジャーミサイド　germicide
ジャーミナル　germinal
ジャーミネーション　germination
ジャーミネート　germinate
ジャーミン　Jermyn
ジャーム　germ
ジャーム・ウォーフェア　germ warfare
ジャーム・セル　germ cell
ジャームッシュ　Jarmusch
ジャーム・プラズマ　germ plasma
ジャーム・プラズム　germ plasm
ジャーメイン　germane, Jermaine
ジャーメーン　Germaine
シャーメン　Xiamen
ジャーモン　germon
シャーラタニズム　charlatanism
シャーラタン　charlatan
シャーラタンリー　charlatanry
シャーラップ　Shut up.
シャーリー　Shirley
シャーリーズ　Charlize
シャーリーン　Charlene
シャーリング　shearing, shirring
ジャーリング　jarring
シャール　Shirl
ジャール　Jarre
ジャールカンド　Jharkhand
シャーロッキアン　Sherlockian
シャーロック・ホームズ　Sherlock Holmes
シャーロッツビル　Charlottesville
シャーロット　Charlotte
シャーロットタウン　Charlottetown
シャーロット・ボブキャッツ　Charlotte Bobcats
シャイ　shy
シャイア・ラブーフ　Shia LaBeouf
シャイアン　Cheyenne
ジャイアンツ　(San Francisco) Giants
ジャイアンティズム　giantism
ジャイアンテス　giantess
ジャイアント　giant
ジャイアント・アントイーター　giant anteater
ジャイアント・キラー　giant killer
ジャイアント・スター　giant star
ジャイアント・セコイア　giant sequoia
ジャイアント・パンダ　giant panda
ジャイギャンティック　gigantic
ジャイク　Jaiku
シャイスター　shyster
ジャイナ　Jain, Jaina
シャイナー　shiner
シャイニー　shiny
ジャイニズム　Jainism
シャイニング　shining
ジャイノーマス　ginormous
シャイハ　sheika
シャイフ　sheik(h)
ジャイブ　jive, gibe, jibe
ジャイプール　Jaipur
シャイフダム　sheik(h)dom
ジャイブ・トーク　jive talk
ジャイラス　gyrus
ジャイラトリー　gyratory
ジャイルズ　Giles
ジャイレーション　gyration
ジャイレート　gyrate
ジャイロ　giro
シャイロー　Shiloh
ジャイロコプター　gyrocopter
ジャイロコンパス　gyrocompass
ジャイロスコープ　gyroscope
ジャイロスタビライザー　gyrostabilizer
シャイロック　Shylock

ジャイロボール　gyroball
シャイン　shine
ジャウア　giaour
ジャウスト　joust
シャウター　shouter
シャウト　shout
シャウト・アウト　shout-out
シャウト・アップ　shout-up
ジャウリー　jowly
ジャウル　jowl
ジャウンス　jounce
シャオシン　Shaoxing
ジャガー　jaguar, Jaguar, Jagger
ジャカード　jacquard
シャガール　Chagall
ジャガー・ルクルト　Jaeger-LeCoultre
ジャガノート　Juggernaut
ジャカルタ　Jakarta, Dja-
シャギー　shaggy
ジャギー　jaggy
シャギー・カーペット　shaggy carpet
シャギー・ドッグ・ストーリー　shaggy-dog story
シャキーラ　Shakira
ジャギッド　jagged
ジャギュアー　Jaguar
ジャギュラー　jugular
ジャギュラー・ベイン　jugular vein
シャグ　shag
ジャグ　jug, jag
ジャクージ　Jacuzzi
ジャクスタポーズ　juxtapose
ジャクスタポジション　juxtaposition
ジャクソニアン　Jacksonian
ジャクソン　Jackson
ジャクソンビル　Jacksonville
ジャクソンビル・ジャガーズ　Jacksonville Jaguars
シャクティ　Shakti
シャグド　shagged
ジャグフル　jugful
ジャグラー　juggler
シャグリーン　shagreen
ジャクリーン　Jacqueline
シャグリン　chagrin
シャクル　shackle
ジャグル　juggle
ジャグルリー　jugglery
ジャケット　jacket
ジャケット・ポテト　jacket potato
シャコー　shako
ジャコバイト　Jacobite
ジャコバン　Jacobin
ジャコビアン　Jacobean
ジャコビニズム　Jacobinism
ジャコメッティ　Giacometti
シャコンヌ　chaconne
ジャザサイズ　jazzercise
シャザム　shazam
シャシー　chassis
ジャジー　jazzy
ジャジメント　judgment, judgement
ジャジメント・デー　Judgment Day
ジャ・ジャ・ガボール　Zsa Zsa Gabor
シャシリク　shashlik, -lick, shaslik
シャス　chasse, Shas
ジャズ　jazz
ジャズ・エイジ　Jazz Age
シャスタ・デイジー　Shasta daisy
ジャスティス　justice
ジャスティスシップ　justiceship
ジャスティニアン　Justinian
ジャスティファイ　justify
ジャスティファイアビリティー　justifiability
ジャスティファイアブル　justifiable
ジャスティフィケーション　justification
ジャスティン　Justin
ジャスト　just
ジャスト・イン・タイム　just-in-time, JIT
ジャスト・フィット　just fit
ジャスパー　jasper
ジャスパーウェア　jasperware
ジャスパー・ジョーンズ　Jasper Johns
ジャズマン　jazzman
ジャスミン　jasmine, -min
ジャスミン・ティー　jasmine tea
ジャズメン　jazzmen
ジャスモン　jasmone
ジャスル　justle
シャター　shatter
シャダー　shudder
シャタープルーフ　shatterproof
ジャダライト　jadarite
シャタリング　shattering

シャツ　shirt
シャツウエスター　shirtwaister
シャツウエスト　shirtwaist
ジャッカネープス　jackanapes
ジャッカル　jackal
ジャッキー　Jackie
ジャッキー・チェン　Jackie Chan
ジャッキング　jacking
シャック　shack, shuck
ジャック　Jack, jack, Jacques
ジャックアス　jackass
ジャック・イン・オフィス　jack-in-office
ジャック・イン・ザ・ボックス　jack-in-the-box
ジャック・オー・ランタン　jack-o'-lantern
ジャック・オブ・オール・トレーズ　jack-of-all-trades
ジャック・ザ・リッパー　Jack the Ripper
ジャックスクリュー　jackscrew
ジャックストーン　jackstone
ジャックストロー　jackstraw
ジャックスナイプ　jacksnipe
ジャック・ター　jack-tar
ジャック・ダニエルズ　Jack Daniel's
ジャックト　jacked
ジャックドー　jackdaw
ジャックナイフ　jackknife
ジャックパーセル　Jack Purcell
ジャックハンマー　jackhammer
ジャックブーツ　jackboot
ジャックフルーツ　jackfruit
ジャック・フロスト　Jack Frost
ジャックポット　jackpot
ジャック・ラッセル　Jack Russell
ジャックラビット　jackrabbit
ジャック・ロジエ　Jacques Rozier
ジャック・ロビンソン　Jack Robinson
ジャッジ　judge
ジャッジ・アドボケート　judge advocate
ジャッジ・アドボケート・ジェネラル　judge advocate general
ジャッジシップ　judgeship
ジャッジメント　judgment, judgement
シャッシュ　shush
シャツ・スリーブ　shirt-sleeve
シャツ・スリーブド　shirt-sleeved
シャッセ　chassé
シャッター　shutter
ジャッダー　judder
シャッターバグ　shutterbug
シャッツカンマー　Schatzkammer
シャツテール　shirttail
シャット　shut, shat
シャッド　shad
ジャット　Judt, jut
ジャッド　Judd
シャット・アイ　shut-eye
シャットアウト　shutout
シャット・イン　shut-in
シャットオフ　shutoff
シャットダウン　shutdown
ジャッピー　Jappy
ジャップ　Jap
シャツ・ブラウス　shirt blouse
シャッフル　shuffle
シャッフルボード　shuffleboard
シャツフロント　shirtfront
シャッポ　chapeau
シャツレス　shirtless
シャテルドン　Chateldon
ジャド・アパトー　Judd Apatow
シャトー　château
シャドー　shadow
シャドーイー　shadowy
シャドーイング　shadowing
シャドー・キャビネット　shadow cabinet
シャドーグラフ　shadowgraph
シャトーヌフ・デュ・パプ　Châteauneuf-du-Pape
シャトーブリアン　Chateaubriand
シャドーボクシング　shadowboxing
シャドーボックス　shadowbox
シャドー・マスク　shadow mask
シャドーレス　shadowless
シャトー・ワイン　château wine
ジャドソン　Judson
シャドック　shaddock
シャトナー　Shatner
シャトル　shuttle
シャトルコック　shuttlecock
シャトル・サービス　shuttle service
シャトル・ディプロマシー　shuttle diplomacy
シャトル・バス　shuttle bus

シャトレーン　chatelaine
ジャトロファ　Jatropha
シャトン　chaton
シャナズ・エアラン　Seanad Éireann
ジャニーン　Janine
ジャニス　Janice, Janis
ジャニス・ジョプリン　Janis Joplin
ジャニター　janitor
シャニダール　Shanidar
ジャニュアリー　January
ジャネット　Janet, Jea(n)nette
シャネル　Chanel
ジャノウィッツ　Janowitz
シャノン　Shannon
ジャバ　Java
ジャバー　jabber
ジャバーウォッキー　jabberwocky
ジャバーウォック　jabberwock
ジャバスクリプト　JavaScript
シャバット　Shabbat, Shabath
ジャパナイズ　Japanize
ジャバニーズ　Javanese
ジャパニーズ　Japanese
ジャパニーズ・クインス　Japanese quince
ジャパニーズ・サイプレス　Japanese cypress
ジャパニーズ・シーダー　Japanese cedar
ジャパニーズ・スマイル　Japanese smile
ジャパニーズネス　Japaneseness
ジャパニーズ・パーシモン　Japanese persimmon
ジャパニーズ・ビートル　Japanese beetle
ジャパニズム　Japanism
ジャパニメーション　Japanimation
ジャパニング　Japanning
ジャパネスク　Japanesque
ジャパノファイル　Japanophile
ジャパノフォビア　Japanophobia
ジャパノロジー　Japanology
ジャパノロジスト　Japanologist
シャハブ　Shahab
シャパラル　chaparral
ジャパン　Japan, japan
ジャパン・カレント　Japan Current
ジャパン・ストリーム　Japan Stream
シャビ　Xabi, Xavi
シャビー　shabby
シャビー・ジェンティール　shabby-genteel
シャヒード　shahid, shaheed
ジャピーノ　Japino
ジャビルー　Jabiru
シャピロ　Schapiro, Shapiro
シャブ　shove
ジャブ　jab
ジャファ　Jaffa
シャフツベリー　Shaftesbury
シャフティー　shufty, -ti
シャフト　shaft
ジャフナ　Jaffna
シャブ・ヘイペニー　shove-halfpenny, -ha'penny
シャブリ　Chablis
シャブロル　Chabrol
シャベラー　shoveler, shoveller
ジャベリン　javelin
ジャベリン・スロー　javelin throw
シャベル　shovel
シャベル・ハット　shovel hat
シャベルフル　shovelful
シャベルボード　shovelboard
シャペロニッジ　chaperonage
シャペロン　chaperon, -one
シャボウスキー　Schabowski
シャポー　chapeau
ジャボット　jabot
ジャポニカ　japonica
ジャポニスム　japonisme
ジャポネズリ　japonaiserie
ジャポプティミズム　Japoptimism
シャマー　shammer
ジャマール　Jamal
ジャマイカ　Jamaica
ジャマイカン　Jamaican
シャマチュア　shamateur
シャマラン　Shyamalan
シャミー　shammy, shamoy
ジャミー　jammy
シャミーズ　Siamese
シャミーズ・キャット　Siamese cat
シャミーズ・ツインズ　Siamese twins
ジャミーラ　Jamila
ジャミソン　Jamison
シャミル　Shamir
ジャミロクワイ　Jamiroquai
シャム　Siam, sham

ジャム jam, jamb, jambe
ジャムカム jamcam
ジャムキャム jamcam
ジャム・ジャー jam jar
ジャム・セッション jam session
ジャム・パックト jam-packed
シャムロック shamrock
シャモア chamois
シャモニー Chamonix
ジャヤバルマン Jayavarman
ジャラップ jalap
シャラバン charabanc, char-à-banc
シャラフ Sharaf
シャラポワ Sharapova
ジャララバード Jalalabad
シャリ Shari
シャリーア sharia
シャリーフ sharif
シャリバリ charivari
シャリフ Sharif
シャル shall
ジャルージ jalousie
ジャルカンド Jharkhand
シャルキュトリー charcuterie
シャルケ Schalke
シャルジェ・ダフェール chargé d'affaires
シャルドネ Chardonnay
シャルトリューズ Chartreuse
シャルトルーズ Chartreuse
シャルパンティエ charpentier, Charpentier
シャルムーズ Charmeuse
シャルル・ジョルダン Charles Jourdan
シャルル・ド・ゴール・エアポート Charles de Gaulle Airport
シャルルマーニュ Charlemagne
シャルロット Charlotte
シャルロット・リュス charlotte russe
シャルワール shalwar, salwar
シャレー chalet
シャレード charade
ジャレット Jarrett
ジャレド Jared
シャロー shallow
シャローム shalom
ジャロサイト jarosite
シャロット shallot
ジャロッド Jarrod
ジャロッピー jalop(p)y, jallopy
シャロン Sharon
ジャワ Java
シャワー shower
シャワー・バス shower bath
シャワープルーフ showerproof
ジャワニーズ Javanese
ジャワ・マン Java man
シャワリー showery
シャン shun
ジャン Jan, Jann, Jean
ジャン・ウェナー Jann Wenner
シャンカー chancre
ジャンカー junker
シャンカール Shankar
シャンカル Shankar
ジャンカルロ・フィジケラ Giancarlo Fisichella
ジャンキー junkie, junky
シャンク shank
ジャンク junk
ジャンク・アート junk art
ジャンク・アクセサリーズ junk accessories
ジャンク・ショップ junk shop
ジャンクション junction
ジャンクション・ボックス junction box
シャンクスビル Shanksville
ジャンクチャー juncture
シャンクピース shankpiece
ジャンク・フード junk food
ジャンクボーラー junkballer
ジャンク・ボンド junk bond
ジャンクマン junkman
ジャンク・メール junk mail
ジャンクヤード junkyard
ジャングリー jangly
シャングリラ Shangri-la, Shangri-La
ジャングル jungle, jangle
ジャングル・ジム jungle gym
ジャンケット junket
ジャンゴ Django
シャンシー Shanxi
ジャンジャウィード Janjaweed
シャンゼリゼ Champs Élysées
ジャンセン Jansen
シャンソン chanson

ジャンタ junta
シャンター shunter
シャンタル Chantal
ジャンダルム gendarme
シャンタン shantung
シャンテ chanter
シャンティ chantey, chanty, shanty
シャンティイ Chantilly
シャンディー shandy
シャンティタウン shantytown
シャンデリア chandelier
シャンテレル chanterelle
シャント shunt
ジャント junto
シャントゥーズ chanteuse
ジャンドゥーヤ gianduja
シャントゥール chanteur
シャントン Shandong
シャンドン Chandon
ジャンニーニ Giannini
ジャンヌダルク Jeanne d'Arc, Joan of Arc
ジャンパー jumper
シャンパーズ champers
シャンパーニュ champagne
シャンハイ Shanghai, shanghai
ジャン・パトゥ Jean Patou
シャンバラ Shambala
ジャンバラヤ jambalaya
シャンパン ⇨シャンパーニュ
ジャンピー jumpy
シャンピニオン champignon
ジャンピング・ジャック jumping jack
ジャンプ jump
シャンプー shampoo
ジャンプ・シート jump seat
ジャンプ・ジェット jump jet
ジャンプ・ショット jump shot
ジャンプスーツ jumpsuit
ジャンプ・スタート jump start, jump-start
ジャンプ・ステーキ jump steak
ジャンプト・アップ jumped-up
ジャンプ・ボール jump ball
ジャンフランコ・フェッレ Gianfranco Ferré
シャンブル shamble
ジャンブル jumble
シャンブルズ shambles
ジャンブル・セール jumble sale
シャンブレー chambray
ジャンプ・ロープ jump rope
シャンペン ⇨シャンパーニュ
ジャンボ jumbo
ジャン・ポール・ゴルチェ Jean Paul Gaultier
ジャンボ・ジェット jumbo jet
ジャンボトロン JumboTron
ジャンボリー jamboree
シャンボリック shambolic
ジャン・マレー Jean Marais
ジャンム Jammu
ジャンル genre
シュア sure
シュア・シング sure thing
シュアティ surety
シュアファイア surefire
ジュアラー juror
シュアリー surely
ジュアリー jury
ジュアリーウーマン jurywoman
ジュアリー・ボックス jury box
ジュアリーマン juryman
ジュアリー・リグ jury-rig
ジュアリスティカル juristical
ジュアリスティック juristic
ジュアリスト jurist
ジュアン Juan
シュー shoe, shoo
ジュー Jew
ジューイッシュ Jewish
シュー・イン shoo-in
ジューク juke
ジュークボックス jukebox
ジューサー juicer
ジューシー juicy
シューシャイン shoeshine
ジュージュー juju
ジュージューブ jujube
ジュージュツ jujitsu, jujutsu
シューズ shoes
ジュース juice, deuce, jus
ジュースキント Süskind
ジュースト Joost, juiced
シューストリング shoestring
ジューズハープ Jews' [Jew's] harp

ジュースヘッド　juicehead
ジュースレス　juiceless
ジューダ　Judah
シューター　shooter
ジューダアイズ　Judaize
ジューダイスト　Judaist
ジューダイズム　Judaism
シュー・ツリー　shoe tree
ジューディーア　Judea
ジューディーアン　Judean, -daean
ジューディカチャー　judicature
ジューディカトリー　judicatory
ジューデイカル　Judaical
ジューディシャス　judicious
ジューディシャリー　judiciary
ジューディシャル　judicial
シューティスト　chutist
ジューデイック　Judaic
シューティング・アイアン　shooting iron
シューティング・ウォー　shooting war
シューティング・ギャラリー　shooting gallery
シューティング・ゲーム　shooting game
シューティング・スクリプト　shooting script
シューティング・スター　shooting star
シューティング・スティック　shooting stick
シューティング・ボックス　shooting box
シューティング・マッチ　shooting match
シューティング・レーンジ　shooting range
シューティング・ロッジ　shooting lodge
ジューテリウム　deuterium
シュート　shoot, chute, shute
シュード　pseud, pseudo, pseud-, pseudo-
ジュート　Jute, jute
ジュード　Jude
シュート・アウト　shoot-out
シュードエフェドリン　pseudoephedrine
シュードタキライト　pseudotachylyte
シュードニマス　pseudonymous
シュードニム　pseudonym
シュートファイティング　shootfighting
ジューノエスク　Junoesque
ジューバ　juba
ジュービランス　jubilance
ジュービラント　jubilant
ジュービリー　jubilee
ジュービレーション　jubilation
ジュービレート　jubilate
シュー・フィッター　shoe fitter
シューブラック　shoeblack
シュープリームス　Supremes
ジューベナイル　juvenile
ジューベナイル・コート　juvenile court
ジューベナイル・デリンケンシー　juvenile delinquency
ジューベナイル・デリンケント　juvenile delinquent
ジューベネッセンス　juvenescence
ジューベネッセント　juvenescent
シューベルト　Schubert
シューホーン　shoehorn
シューマッハ　Schumacher
シューマン　Schumann
シューミ　Schumi
シューメーカー　shoemaker
シューメーキング　shoemaking
シューラー　shura
ジューラー　juror
ジューリー　jury, Jewry
ジューリーウーマン　jurywoman
ジューリー・ボックス　jury box
ジューリーマン　juryman
ジューリスト　jurist
ジュール　joule
ジュールズ　Jules
シュールレアリスティック　surrealistic
シュールレアリスト　surrealist
シュールレアリズム　surrealism
シューレース　shoelace
シューレス　shoeless
シューレス・ジョー　Shoeless Joe
ジューン　June
ジューン・ブライド　June bride
ジュエス　Jewess
ジュエラー　jeweler, -eller
ジュエリー　jewelry, -ellery
ジュエル　jewel
ジュエル・ケース　jewel case
ジュエル・ボックス　jewel box
シュガー　sugar
シュガー・キャンディー　sugar candy
シュガー・クラフト　sugar craft
シュガーケーン　sugarcane

シュガーコーティング sugarcoating
シュガーコーテッド sugarcoated
シュガーコート sugarcoat
シュガー・ダディー sugar daddy
シュガー・ピー sugar pea
シュガー・ビート sugar beet
シュガープラム sugarplum
シュガー・フリー sugar-free
シュガー・ボウル Sugar Bowl
シュガー・メープル sugar maple
シュガーリー sugary
シュガーレス sugarless
シュガーローフ sugarloaf
シュコダ Škoda
ジュゴン dugong
シュス schuss
シュスター Schuster
シュゼット suzette
ジュゼッペ Giuseppe
シュタージ stasi
シュタイナー Steiner
シュタルガルト Stargardt
シュタルク Stark
シュタルダー Stalder
シュック shook
シュッセル Schüssel
シュツットガルト Stuttgart
シュッド should
ジュディー Judy
ジュディス Judith
シュティック shti(c)k, schti(c)k
ジュテーム Je t'aime.
シュテフィ Steffi
シュトーレン stollen
シュトクマン Shtokman
シュトックハウゼン Stockhausen
シュトラウス Strauss
シュトラスブルク Strasbourg
シュトルーデル strudel
シュトレン stollen
シュナーベル Schnabel
シュナイダー Schneider, Scheneider
シュナウザー schnauzer
シュナッパー schnapper
シュナップス schnap(p)s, shnaps
シュナニガン shenanigan
シュナン・ブラン Chenin Blanc
ジュニア junior
ジュニア・カレッジ junior college
ジュニア・スクール junior school
ジュニア・バーシティー junior varsity
ジュニア・ハイ・スクール junior high school
シュニール chenille
シュニッツァー Schnitzer
シュニッツェル schnitzel
シュニッツラー Schnitzler
ジュニパー juniper
シュヌーク schnook, shnook
ジュネ Genêt
ジュネーブ Genève, Geneva
ジュネーブ・コンベンション Geneva Convention
ジュネーブ・バンズ Geneva bands
シュネデール Schneider
ジュネビーブ Genevieve
ジュノー Juneau
シュノーケル snorkel
シュノズル schnozzle
ジュノ・ディアズ Junot Díaz
ジュバ jubba, jubbah
シュパーブ superb
シュバイツァー Schweitzer
シュバリエ chevalier
シュバル・ブラン Cheval Blanc
シュピーリ Spyri
ジュピター Jupiter
シュビッタース Schwitters
ジュピラー Jupiler
ジュビリー jubilee
ジュビレーション jubilation
ジュビレート jubilate
シュプール Spur
ジュブナイル juvenile
ジュブナイル・デリンクェンシー juvenile delinquency
ジュベニリア juvenilia
ジュベニリティー juvenility
シュマック schmuck, shmuck
シュマンシー schmancy
シュマン・ド・フェール chemin de fer
シュミーズ chemise
シュミット Schmidt
シュミット・トリガー Schmitt trigger

シュムーズ　schmooz(e), schmoos(e)
ジュメイラ　Jumeirah
シュメーリアン　Sumerian
シュメール　Sumer
シュモー　schmo(e), shmo(e)
シュモズル　schemozzle, she-
シュモルツ　schmal(t)z, shmaltz
ジュラ　Jura
ジュライ　July
シュライク　shrike
シュライバー　shriver, Schreiber
シュライン　shrine
シュラウド　shroud
ジュラシック　Jurassic
シュラスコ　churrasco
シュラッグ　shrug
シュラッビー　shrubby
シュラッブ　shrub
シュラッベリー　shrubbery
シュラティー　surety
シュラプネル　shrapnel
ジュラルミン　duralumin
シュランク　shrank, shrunk
シュランクン　shrunken
ジュリア　Julia
ジュリアード・スクール　Juilliard School
ジュリアーニ　Giuliani
ジュリアス　Julius
ジュリアス・シーザー　Julius Caesar
ジュリアナ　Juliana
ジュリアン　Julian
ジュリアン・カレンダー　Julian calendar
ジュリー　Julie
シュリーキー　Chriqui
シュリーク　shriek
ジュリーク　Julique
シュリーレン　schlieren
ジュリエッタ　Giulietta
ジュリエット　Juliet
ジュリエンヌ　julienne
ジュリスティカル　juristical
ジュリスディクション　jurisdiction
ジュリスティック　juristic
ジュリスト　jurist
ジュリスプルーデンス　jurisprudence
シュリッツ　Schlitz
ジュリディカル　juridical
シュリフト　shrift
シュリベル　shrivel
シュリル　shrill
シュリンカブル　shrinkable
シュリンキング・バイオレット　shrinking violet
シュリンク　shrink
シュリンクフレーション　shrinkflation
シュリンク・ラップ　shrink-wrap
シュリンケージ　shrinkage
シュリンプ　shrimp
シュルー　shrew
シュルーイッシュ　shrewish
シュルード　shrewd
シュルツ　Shultz
シュルバーグ　Schulberg
シュルマン　Schulman
シュレージンガー　Schlesinger
シュレーダー　Schroeder
シュレジンガー　Schlesinger
シュレシンジャー　Schlesinger
シュレジンジャー　Schlesinger
シュレック　Shrek
シュレッダー　shredder
シュレッド　shred
シュレップ　schlep(p), shlep(p)
ジュレップ　julep
シュローズベリー　Shrewsbury
シュローダー　Schroeder, Shroeder
シュローブタイド　Shrovetide
シュローブ・チューズデー　Shrove Tuesday
シュロッキー　schlocky
シュロック　schlock, shlock
シュロップシャー　Shropshire
シュワ　schwa, shwa
シュワー　schwa, shwa
シュワッブ　Schwab
シュワブ　Schwab
シュワルツェネッガー　Schwarzenegger
シュワルナゼ　Shevardnadze
シュンペーター　Schumpeter
ショア　shore
ジョアキム　Joachim, Joakim
ショアディッチ　Shoreditch
ショア・ディナー　shore dinner
ショアバード　shorebird
ショア・パトロール　shore patrol

ショアライン　shoreline
ショア・リーブ　shore leave
ショアレス　shoreless
ショアワーズ　shorewards
ショアワード　shoreward
ジョアン　Joanne, Joann, Jo Ann
ジョアンナ　Joanna
ジョイ　joy
ジョイアス　joyous
ジョイアスロン　joyathlon
ジョイス　Joyce
ジョイスティック　joystick
ジョイスト　joist
ジョイナー　joiner, Joyner
ジョイナリー　joinery
ジョイフル　joyful
ジョイライダー　joyrider
ジョイライド　joyride
ジョイレス　joyless
ジョイン　join
ショインカ　Soyinka
ジョインター　jointer
ジョインチャー　jointure
ジョインテッド　jointed
ジョイント　joint
ジョイント・コンサート　joint concert
ジョイント・ストック　joint stock
ジョイント・ストック・カンパニー　joint-stock company
ジョイント・ベンチャー　joint venture
ジョイント・リーダーシップ　joint leadership
ジョイントレス　jointless
ジョウン　Joan
ジョエル　Joel
ショー　show, Shaw
ジョー　jaw, joe, jo, Joe
ショーアー　shower
ショーアップ　showup
ジョーイ　joey, Joey
ショーイー　showy
ショーイング　showing
ショー・ウィンドー　show window
ショー・オフ　show-off
ジョーカー　joker
ショー・カード　show card
ショーガール　showgirl
ジョーキー　jokey, joky
ジョーク　joke
ジョークスター　jokester
ショーグネート　shogunate
ショーグン　shogun
ショーケース　showcase
ジョージ　George
ジョージア　Georgia
ジョージアナ　Georgiana
ジョージアン　Georgeann, Georgian
ジョージー　Josie, Georgie
ジョージーナ　Georgina
ジョージーン　Georgine
ジョージ・クロス　George Cross
ジョージ・ジェンセン　Georg Jensen
ジョージタウン　Georgetown
ジョージ・ハリスン　George Harrison
ショー・ジャンピング　show jumping
ジョージ・ルーカス　George Lucas
ジョーズ　jaws
ショーストッパー　showstopper
ショーストッピング　showstopping
ジョーゼット　georgette
ジョーゼット・クレープ　georgette crepe
ジョーゼフ　Joseph
ジョーゼフィン　Josephine
ショーダウン　showdown
ジョーダン　Jordan
ショーツ　shorts
ジョーディ　Jodi, Jodie
ショーティー　shorty, shortie
ショーティッシュ　shortish
ショーテージ　shortage
ショート　short, shoat, shote
ショート・アイアン　short iron
ショート・ウィンデッド　short-winded
ショート・ウェイト　short weight, short-weight
ショートウェーブ　shortwave
ショート・ウェステッド　short-waisted
ショートゥン　shorten
ショート・オーダー　short order
ショート・オッズ　short odds
ショートカット　shortcut
ショートカミング　shortcoming
ジョード・カリム　Jawed Karim
ショート・クーポン　short coupon
ショートクラスト　shortcrust

ショート・グレイン　short grain
ショートケーキ　shortcake
ショート・コール　short call
ショート・サーキット　short circuit, short-circuit
ショートサイテッド　shortsighted
ショート・シュリフト　short shrift
ショート・ショート　short short
ショート・ショート・ストーリー　short short story
ショート・スタッフト　short-staffed
ショート・ストーリー　short story
ショートストップ　shortstop
ショート・ストラドル　short straddle
ショート・ストラングル　short strangle
ショート・スポークン　short-spoken
ショート・セラー　short seller
ショート・セリング　short selling
ショート・ターム　short-term
ショート・タイム　short time
ショートチェンジ　shortchange
ショートチェンジャー　shortchanger
ショート・デイテッド　short-dated
ショート・テンパード　short-tempered
ショート・トン　short ton
ショートニング　shortening
ショートハンデッド　shorthanded
ショートハンド　shorthand
ショートフォール　shortfall
ショート・プット　short put
ショート・ブラック　short black
ショートブレッド　shortbread
ショート・ヘッジ　short hedge
ショートボード　shortboard
ショート・ホール　short haul
ショートホーン　shorthorn
ショート・ポジション　short position
ショート・ボンド　short bond
ショート・ライブド　short-lived
ショートリー　shortly
ショート・リスト　short list
ショート・リブ　short ribs
ショート・レーンジ　short-range
ショート・レッグ　short leg
ショート・ロイン　short loin
ジョー・ドロッパー　jaw dropper
ジョードロッピング　jawdropping
ショート・ワインデッド　short-winded
ショーナ　Shauna
ジョーナ　Jonah
ジョーナス　Jonas
ショーニー　Shawnee
ショーニーズ　Shoney's
ジョービアル　jovial
ショーピース　showpiece
ショー・ビジネス　show business
ショービズ　showbiz
ショービニスティック　chauvinistic
ショービニスト　chauvinist
ショービニズム　chauvinism
ショー・ビル　show bill
ジョーブ　Jove
ショーファー　chauffeur
ジョーブレーカー　jawbreaker
ショープレース　showplace
ショーペンハウアー　Schopenhauer
ショーボート　showboat
ジョーボーン　jawbone
ショーマン　showman
ショーマンシップ　showmanship
ショーメ　Chaumet
ショール　shawl, shoal
ショールーミング　showrooming
ショールーム　showroom
ショール・カラー　shawl collar
ショーレム・アレイヘム　Sholem Aleikhem
ショーロホフ　Sholokhov
ショーワー　shower
ショーン　Sean, Shaun, Shawn, shone, shorn, shown
ショーン・コネリー　Sean Connerey
ジョーンズ　Jones
ジョーンティー　jaunty
ジョーンディス　jaundice
ジョーンディスト　jaundiced
ジョーンティング・カー　jaunting car
ジョーント　jaunt
ジョカンディティー　jocundity
ジョカンド　jocund
ジョキュラー　jocular
ジョキュラリティー　jocularity
ジョギング　jogging
ジョグ　jog
ジョクジャカルタ　Yogyakarta, Jogja-,

Jok-, Djok-
ジョグ・トロット　jog trot
ジョグル　joggle
ジョコース　jocose
ジョコシティー　jocosity
ジョコビッチ　Djokovic
ショコラ　chocolat
ショコラティーヌ　chocolatine
ショコラティエ　chocolatier
ジョコンダ　Gioconda
ジョサー　josser
ジョサイア　Josiah
ジョシュア　Joshua
ジョシュ・グローバン　Josh Groban
ショショニ　Shoshoni, -nee
ジョス　joss
ショスコム　Shoscombe
ジョス・スティック　joss stick
ショスタコービッチ　Shostakovich
ジョス・ハウス　joss house
ジョスパン　Jospin
ジョスリン　Jocelyn
ジョスル　jostle
ジョゼ・サラマーゴ　José Saramago
ジョゼフ　Joseph
ジョゼフィン　Josephine
ジョセフソン　Josephson
ジョゼフソン　Josephson
ショッカー　shocker
ジョッガー　jogger
ジョッキ　jug　⇨マグ
ジョッキー　jockey
ジョッキー・キャップ　jockey cap
ジョッキー・クラブ　jockey club
ショッキング　shocking
ショッキングリー　shockingly
ショック　shock
ジョック　jock, Jock
ショック・アブソーバー　shock absorber
ショック・ウェーブ　shock wave
ショック・ストール　shock stall
ジョックストラップ　jockstrap
ショック・セラピー　shock therapy
ショック・タクティクス　shock tactics
ショック・トリートメント　shock treatment
ショック・トループス　shock troops
ショックプルーフ　shockproof
ジョッシュ　josh
ジョッター　jotter
ジョッティング　jotting
ショット　shot
ショッド　shod
ジョット　Giotto, jot
ショットガン　shotgun
ショットガン・ウエディング　shotgun wedding
ショットガン・ブライド　shotgun bride
ショットガン・マリッジ　shotgun marriage
ショットグラス　shot glass
ショット・バー　shot bar
ショット・ピーニング　shot peening
ショット・プッター　shot putter
ショット・プット　shot put
ショットメーキング　shotmaking
ショッパー　shopper
ジョッパーズ　jodhpurs
ショッピング　shopping
ショッピング・カート　shopping cart
ショッピング・センター　shopping center
ショッピング・バッグ・レディー　shopping-bag lady
ショッピング・モール　shopping mall
ショップ　shop
ショップ・アシスタント　shop assistant
ショップアホリック　shopaholic
ショップウインドー　shopwindow
ショップウォーカー　shopwalker
ショップウォーン　shopworn
ショップガール　shopgirl
ショップキーパー　shopkeeper
ショップキーピング　shopkeeping
ショップ・スチュワード　shop steward
ショップソイルド　shopsoiled
ショップトーク　shoptalk
ショップハウス　shophouse
ショップ・フロア　shop floor
ショップボーイ　shopboy
ショップリフター　shoplifter
ショップリフト　shoplift
ジョディ　Jody
ショディー　shoddy
ジョディー・フォスター　Jodie Foster
ショトーカ　chautauqua
ジョドパーズ　jodhpurs

ジョナサン　Jonathan
ジョニ　Joni
ジョニー　Johnny, -nie
ジョニー・アプルシード　Johnny Appleseed
ジョニー・ウォーカー　Johnnie Walker
ジョニー・クラポー　Johnny Crapaud
ジョニーケーキ　johnnycake, jonny-
ジョニー・デップ　Johnny Depp
ジョニー・ロットン　Johnny Rotton
ジョバー　jobber
ジョバーグ　Joburg
ショパール　Chopard
ジョバリー　jobbery
ショパン　Chopin
ジョバンニ　Giovanni
ジョビアリティー　joviality
ジョビアン　Jovian
ジョビング　jobbing
ジョブ　job
ショファー　chauffeur
ジョブ・アクション　job action
ジョブ・エンラージメント　job enlargement
ジョブシーカー　jobseeker
ジョブ・シェアリング　job sharing
ジョブズ　Jobs
ジョブセンター　jobcentre
ジョブ・バンク　job bank
ジョブ・ハンター　job-hunter
ジョブ・ハンティング　job hunting
ジョブ・ハント　job-hunt
ジョブ・ホッパー　job-hopper
ジョブ・ホップ　job-hop
ジョブホルダー　jobholder
ジョプリン　Joplin
ジョブレス　jobless
ジョブ・ロット　job lot
ジョブ・ワーク　job work
ショベル　shovel
ジョホールバール　Johor Bahru
ジョホールバル　Johor Bahru
ジョボビッチ　Jovovich
ショラン　shoran
ジョリー　jolly, Jolie
ジョリー・ボート　jolly boat
ジョリー・ロジャー　Jolly Roger
ジョリティー　jollity
ジョリビー　Jollibee
ジョリファイ　jollify
ジョリフィケーション　jollification
ジョルジオ・アルマーニ　Giorgio Armani
ジョルジオーネ　Giorgione
ジョルジュ・ブラック　Georges Braque
ジョルジョーネ　Giorgione
ショルダー　shoulder
ショルダー・ストラップ　shoulder strap
ショルダー・ノット　shoulder knot
ショルダー・ハーネス　shoulder harness
ショルダー・ハイ　shoulder-high
ショルダー・バッグ　shoulder bag
ショルダー・パッド　shoulder pad
ショルダー・ブレード　shoulder blade
ショルダー・ベルト　shoulder belt
ショルダー・ボード　shoulder board
ショルダー・ホルスター　shoulder holster
ショルダー・マーク　shoulder mark
ショルダー・ループ　shoulder loop
ショルダー・レンクス　shoulder-length
ジョルティー　jolty
ジョルト　jolt
ジョワ・ド・ビーブル　joie de vivre
ジョン　John, Jon
ジョン・オ・グローツ　John o'Groats
ジョン・ガリアーノ　John Galliano
ジョンキル　jonquil
ジョング　Jong
ジョン・コルトレーン　John Coltrane
ジョン・ザ・バプティスト　John the Baptist
ジョンストン　Johnston
ジョンストンズ　Johnstons
ジョン・スメドレー　John Smedley
ジョンソニアン　Johnsonian
ジョンソニーズ　Johnsonese
ジョンソン　Johnson, Jonson
ジョンディア　John Deere
ジョン・ドウ　John Doe
ジョン・ドーリー　John Dory
ジョン・バーリーコーン　John Barleycorn
ジョン・ハンコック　John Hancock
ジョン・ブル　John Bull
ジョンベネ　JonBenét
ジョン・マルコビッチ　John Malkovich
ジョン・レノン　John Lennon
ジョン・ロブ　John Lobb
シラ　Cilla

シラー　Schiller, Shiller, Syrah
ジラウジッド　Dilaudid
シラキュース　Syracuse
シラク　Chirac
シラス　cirrus
シラズ　Shiraz
シラスティック　Silastic
シラップ　syrup, sir-
シラノ　Cyrano
シラノール　silanol
シラバイズ　syllabize
シラバス　syllabus
シラバブ　syllabub, silla-, silli-
シラバリー　syllabary
シラビケーション　syllabication
シラビケート　syllabicate
シラビック　syllabic
シラビファイ　syllabify
シラビフィケーション　syllabification
ジラフ　giraffe
シラブル　syllable
シラブルド　syllabled
ジラム　ziram
シラン　silane
ジランチン　Dilantin
ジランドール　girandole
シラントロ　cilantro
シリア　Syria, cilia
シリアス　serious
シリアスリー　seriously
シリアム　psyllium
シリアライズ　serialize
シリアライゼーション　serialization
シリアル　serial, cereal
シリアル・インターフェース　serial interface
シリアル・ナンバー　serial number
シリアル・マウス　serial mouse
シリアル・ライツ　serial rights
シリアン　Syrian
ジリアン　Gillian, Jillian
シリー　silly
シリー・シーズン　silly season
シリー・シャリー　shilly-shally
シリーズ　series
シリーパテ　Silly Putty
ジリーフラワー　gillyflower, gilli-
シリウス　Sirius
シリエーティム　seriatim
シリエート　seriate
ジリオネア　zillionaire
ジリオン　jillion, zillion
シリカ　silica
シリカ・ゲル　silica gel
シリキウス　Siricius
シリケート　silicate
シリコイド　silicoid
シリコーシス　silicosis
シリコン　silicon, silicone
シリコン・アイランド　Silicon Island
シリコン・グラフィックス　Silicon Graphics
シリコン・チップ　silicon chip
シリコン・バレー　Silicon Valley
シリシファイ　silicify
シリマリン　silymarin
シリリック　Cyrillic
シリル　Cyril
シリング　shilling, schilling
シリンジ　syringe
シリンダー　cylinder
シリンドリカル　cylindrical
シリンドリック　cylindric
シル　shill, sill, thill, Syl
ジル　Jill, gill, jill
シルエット　silhouette
シルキー　silky, selky
シルキー・テリア　silky terrier
シルキン　Silkin
シルク　silk
シルク・コットン　silk cotton
シルク・スクリーン　silk screen
シルク・ストッキング　silk-stocking
シルク・ドゥ・ソレイユ　Cirque du Soleil
シルク・ハット　silk hat
シルク・ロード　Silk Road
シルクワーム　silkworm
シルクン　silken
ジルケ　Silke
シルケット　silket
ジルコニウム　zirconium
ジルコン　zircon
ジル・サンダー　Jil Sander
ジルチ　zilch
シルティー　silty
シルテーション　siltation

シルデナフィル　sildenafil
シルト　silt
ジルト　jilt
シルトストーン　siltstone
シルバ　Silva
ジルバ　jitterbug　⇨ジタバグ
シルバー　silver
シルバー・アイオダイド　silver iodide
シルバーウェア　silverware
シルバー・ウエディング　silver wedding
シルバー・エイジ　silver age
シルバー・オンライン　Silver-On-Line
シルバー・グレー　silver gray
シルバーサイド　silverside
シルバー・ジュビリー　silver jubilee
シルバー・シングル　silver single
シルバー・スクリーン　silver screen
シルバー・スタンダード　silver standard
シルバーストーン　Silverstone, SilverStone
シルバースミス　silversmith
シルバー・タングド　silver-tongued
シルバーナ　Silvana
シルバー・ナイトレート　silver nitrate
シルバー・バーチ　silver birch
シルバー・パーチ　silver perch
ジルバーブ　jilbab
シルバーフィッシュ　silverfish
シルバー・フォイル　silver foil
シルバー・フォックス　silver fox
シルバー・プレート　silver plate, silver-plate
シルバー・ペーパー　silver paper
シルバー・メダル　silver medal
シルバー・ライニング　silver lining
ジルパテロール　zilpaterol
シルバナ　Silvana
シルバニア　Sylvania
シルバヌス　Silvanus
シルバラード　Silverado
シルバリー　silvery
シルバン　sylvan, sil-
シルビア　Silvia, Sylvia
シルビー　Sylvie
シルビオ　Silvio
シルフ　sylph
シルフライク　sylphlike
シルベスター　Sylvester
ジルベルト　Gilberto
シルリアン　Silurian
ジレ　gilet
シレックス　silex
ジレット　Gillett, Gillette
シレプシス　syllepsis
ジレラ　Gilera
シレンテレート　coelenterate
ジレンマ　dilemma
シロアム　Siloam
シローシス　cirrhosis
ジロール　girolle
ジロカストラ　Gjirokastra
シロキサン　siloxane
シロキュミュラス　cirrocumulus
シロジスティック　syllogistic
シロジズム　syllogism
シロシビン　psilocybin
シロストレータス　cirrostratus
シロダーラ　Sirodhara
シロッコ　sirocco
シロッピー　syrupy
シロップ　syrup, sir-
ジロ・デ・イタリア　Giro d'Italia
シロティック　cirrhotic
シロホニスト　xylophonist
シロホン　xylophone
ジロンド　Gironde
シワ　Siwa
シン　thin, sin, shin, Singh
ジン　gin, jinn, zine, 'zine
シンカー　sinker, thinker
シンガー　singer, Singer
ジンガー　zinger
シンガー・ソングライター　singer-songwriter
シン・ガード　shin guard
ジンカイト　zincite
シンガス　syngas
シンカブル　sinkable, thinkable
シンガブル　singable
シンガポーリアン　Singaporean
シンガポール　Singapore
シンガマジッグ　thingamajig, -umajig
シンガミー　thingamy, -ummy
シンガンボブ　thingumbob
ジンギスカン　Genghis Khan
シンギュラー　singular, cingular

シンギュラライズ　singularize
シンギュラリー　singularly
シンギュラリティー　singularity
シンキング　thinking
シンキング・ファンド　sinking fund
シンク　think, sink, sync, synch
シング　thing, sing, Synge
ジンク　jink, zinc
ジング　zing
シング・アロング　sing-along
ジンク・オイントメント　zinc ointment
ジンク・オキサイド　zinc oxide
ジンク・サルフェート　zinc sulfate
ジンクス　jinx
シングソング　singsong
シンク・タンク　think tank
シンクチャー　cincture
シンクパッド　ThinkPad
シンク・ピース　think piece
ジンクピリチオン　zinc pyrithione
シンクフォイル　cinq(ue)foil
シンクホール　sinkhole
ジンク・ホワイト　zinc white
シン・クライアント　thin client
シングリー　singly
シングル　single, shingle
ジングル　jingle
シングル・エントリー　single entry
シングル・クリーム　single cream
シングル・クリック　single-click
シングル・シーター　single-seater
シングルズ　singles, shingles
シングル・スティック　singlestick
シングルズ・バー　singles bar
シングル・セックス　single-sex
シングル・デッカー　single-decker
シングル・トラック　single-track
シングルトン　singleton
シングルネス　singleness
シングル・ハンデッド　single-handed
シングル・ファイル　single file
シングル・ブラインド　single-blind
シングル・ブレステッド　single-breasted
シングル・ペアレント　single parent
ジングル・ベル　jingle bell
シングル・マインデッド　single-minded
シングル・マザー　single mother
シングル・モルト　single malt
シングル・ライン　single-line
シングル・レンズ・リフレックス・カメラ　single-lens reflex camera
シンクレア　Sinclair
シングレット　singlet
シンクレティズム　syncretism
シンクロトロン　synchrotron
シンクロナイズ　synchronize
シンクロナイズド・スイミング　synchronized swimming
シンクロナイゼーション　synchronization
シンクロナス　synchronous
シンクロニー　synchrony
シンクロニサーダ　sincronizada
シンクロニシティー　synchronicity
シンクロニズム　synchronism
シンクロニック　synchronic
シンクロメッシュ　synchromesh
ジンゴイスティック　jingoistic
ジンゴイスト　jingoist
ジンゴイズム　jingoism
ジンゴー　jingo
シンコナ　cinchona
シンコニック　cinchonic
シンコピー　syncope
シンコペーション　syncopation
シンコペーター　syncopator
シンコペート　syncopate
シンジ　singe
シンシア　sincere, Cynthia
シンシアリー　sincerely
シンシア・ローリー　Cynthia Rowley
シンジケート　syndicate
シンジケート・ローン　syndicate loan
シンシナティ　Cincinnati
シンシナティ・ベンガルズ　Cincinnati Bengals
ジンジバイティス　gingivitis
ジンジャー　ginger
ジンジャー・エール　ginger ale
ジンジャー・グループ　ginger group
ジンジャースナップ　gingersnap
ジンジャー・ビール　ginger beer
ジンジャーブレッド　gingerbread
ジンジャー・ポップ　ginger pop
ジンジャリー　gingery, gingerly

シン・シン　Sing Sing
シンス　since, synth
シン・スキンド　thin-skinned
シンセサイザー　synthesizer
シンセサイズ　synthesize
シンセシス　synthesis
シンセターゼ　synthetase
シンセタイズ　synthetize
シンセティカル　synthetical
シンセティック　synthetic
シンセリティー　sincerity
ジンセン　ginseng
シンター　sinter
シンダー　cinder
シンターゼ　synthase
シンダー・ブロック　cinder block
シンタクティカル　syntactical
シンタクティック　syntactic
シンタグマ　syntagma
シンタックス　syntax
ジンダル　Jindal
シンチ　cinch
シンチアン　Xinjiang
シンチグラフィー　scintigraphy
シンチグラフィック　scintigraphic
シンチレーション　scintillation
シンチレーティング　scintillating
シンチレート　scintillate
シンティー　shinty
シンディー　shindy, Cindy, Cindie
シンディカリスト　syndicalist
シンディカリズム　syndicalism
シンディケート　syndicate
シンディック　syndic
シンディッグ　shindig
シンティラ　scintilla
シンティレーション　scintillation
シンティレーティング　scintillating
シンティレート　scintillate
シンディ・ローパー　Cyndi Lauper
シンテターゼ　synthetase
シンデレラ　Cinderella
シンデレラ・コンプレックス　Cinderella complex
シンド　Sind, Sindh
シントー　Shinto
シントーイスト　Shintoist
シントーイズム　Shintoism
シンドバッド　Sindbad
シンドラー　Schindler
シンドラーズ・リスト　Schindler's List
シンドローム　syndrome
シンナー　thinner
ジンナー　Jinnah
シンナムアルデヒド　cinnamaldehyde
シンニッシュ　thinnish
シンハー　Singha
シンパー　simper
シンバイオーシス　symbiosis
シンバイオティクス　synbiotics
シンバイオティック　symbiotic
シンパサイザー　sympathizer
シンパサイズ　sympathize
シンパシー　sympathy
シンパシー・ストライキ　sympathy strike
シンバスタチン　simvastatin
シンパセティック　sympathetic
シンバッド　Sinbad
シン・パッド　shin pad
シンパティコ　simpatico
ジンバブエ　Zimbabwe
シンハラ　Sinhala
シンハラジャ　Sinharaja
シンハリーズ　Sinhalese
シンバリスト　cymbalist
シンバル　cymbal
シンバロン　cimbalom
シンビアン　Symbian
シンビオーシス　symbiosis
シンビオティック　symbiotic
シンビジウム　cymbidium
シン・ビン　sin bin
シンプ　simp
ジンファンデル　zinfandel
ジン・フィズ　gin fizz
シン・フィルム　thin film
シン・フェーン　Sinn Fein [Féin]
シンフェロポリ　Simferopol
シンフォニー　symphony
シンフォニー・オーケストラ　symphony orchestra
シンフォニック　symphonic
シンプソナイト　simpsonite
シンプソン　Simpson

シンプトマティック　symptomatic
シンプトン　symptom
シンプリー　simply
シンプリシティー　simplicity
シンプリスティック　simplistic
シンプリファイ　simplify
シンプリフィケーション　simplification
シンフル　sinful
シンブル　thimble
シンプル　simple
シンプル・インテレスト　simple interest
シンプル・サイモン　Simple Simon
シンプルトン　simpleton
シンブルフル　thimbleful
シンプルマインデッド　simpleminded
シンプル・マシン　simple machine
シンプレックス　simplex
シンベリン　Cymbeline
シンボーン　shinbone
シンポジア　symposia
シンポジウム　symposium
シンボライズ　symbolize
シンボライゼーション　symbolization
シンボリカル　symbolical
シンボリスト　symbolist
シンボリズム　symbolism
シンボリゼーション　symbolization
シンボリック　symbolic
シンボリック・ロジック　symbolic logic
シンボル　symbol
シンボロジー　symbology
シンボロジカル　symbological
シンボロジスト　symbologist
ジン・ミル　gin mill
シンメトライズ　symmetrize
シンメトリー　symmetry
シンメトリカル　symmetrical
シンメトリック　symmetric
シンメトレル　Symmetrel
ジンリキシャ　jinrikisha, rickshaw
シン・リジィ　Thin Lizzy
シンレス　sinless

ス

スイーツ　sweets
スイーティー　sweetie
スイーティー・パイ　sweetie pie
スイーティッシュ　sweetish
スイート　sweet, suite
スイート・ウィリアム　sweet william
スイートゥン　sweeten
スイート・オレンジ　sweet orange
スイート・コーン　sweet corn
スイートショップ　sweetshop
スイート・スポット　sweet spot
スイート・テンパード　sweet-tempered
スイート・トゥース　sweet tooth
スイート・トーク　sweet talk, sweet-talk
スイートニング　sweetening
スイートネス　sweetness
スイートハート　sweetheart
スイートハート・コントラクト　sweetheart contract
スイート・バジル・シード　sweet basil seed
スイート・ピー　sweet pea
スイートブライアー　sweetbrier, -briar
スイートブレッド　sweetbread
スイート・ベージル　Sweet Basil
スイート・ペッパー　sweet pepper
スイート・ホーム　sweet home
スイート・ポテト　sweet potato
スイートミート　sweetmeat
スイート・ルーム　suite room
スイーパー　sweeper
スイーピング　sweeping
スイープ　sweep
スイープステーク　sweepstake
スイープステークス　sweepstakes
スイ・ジェネリス　sui generis
スイス　Swiss
スイス・チーズ　Swiss cheese
スイス・チャード　Swiss chard
スイス・ロール　Swiss roll
スイソテル　Swissôtel
スイッチ　switch
スイッチェルー　switcheroo
スイッチオーバー　switchover
スイッチギア　switchgear
スイッチグラス　switchgrass
スイッチト・オン　switched-on
スイッチバック　switchback
スイッチ・ヒッター　switch-hitter
スイッチブレード　switchblade
スイッチボード　switchboard
スイッチマン　switchman
スイッチヤード　switchyard
スイッツァランド　Switzerland
スイフト　swift
スイフトレット　swiftlet
スイベル　swivel
スイベル・チェア　swivel chair
スイマー　swimmer
スイマソン　swimathon
スイミング　swimming
スイミング・クラブ　swimming club
スイミング・グラブ　swimming glove
スイミング・コスチューム　swimming costume
スイミング・トランクス　swimming trunks
スイミング・バス　swimming bath
スイミング・プール　swimming pool
スイム　swim
スイムウェア　swimwear
スイムスーツ　swimsuit
スイム・ブラダー　swim bladder
スインガー　swinger
スインギー　swingy
スインギング　swinging
スインギング・ドア　swinging door
スイング　swing
スイング・ウィング　swing-wing
スイング・シフト　swing shift

スイング・ドア　swing door
スイング・ブリッジ　swing bridge
スイング・ボーター　swing voter
スイングボート　swingboat
スイング・ミュージック　swing music
スインジング　swingeing
スー　sue, Sue, Sioux, sou, sous
ズー　zoo
スーアー　sewer
スーアー・ラット　sewer rat
スーアレージ　sewerage
スウィーティー　sweetie
スウィーティー・パイ　sweetie pie
スウィーティッシュ　sweetish
スウィーディッシュ　Swedish
スウィーディッシュ・ターニップ　Swedish turnip
スウィート　sweet, suite
スウィード　Swede
スウィート・ウィリアム　sweet william
スウィート・コーン　sweet corn
スウィートショップ　sweetshop
スウィート・テンパード　sweet-tempered
スウィート・トゥース　sweet tooth
スウィート・トーク　sweet talk, sweet-talk
スウィートネス　sweetness
スウィートハート　sweetheart
スウィートハート・コントラクト　sweetheart contract
スウィートブライアー　sweetbrier, -briar
スウィートブレッド　sweetbread
スウィート・ペッパー　sweet pepper
スウィート・ポテト　sweet potato
スウィートミート　sweetmeat
スウィートン　sweeten
スウィーニー　Sweeney
スウィーパー　sweeper
スウィーピング　sweeping
スウィープ　sweep
スウィープステーク　sweepstake
スウィープステークス　sweepstakes
スウィズ　swiz(z)
スウィズル　swizzle
スウィズル・スティック　swizzle stick
スウィッグ　swig
スウィッシュ　swish
スウィッツァランド　Switzerland
スウィフト　swift, Swift
スウィフトレット　swiftlet
スウィベル　swivel
スウィベル・チェア　swivel chair
スウィマソン　swimathon
スウィム　swim
スウィル　swill
スウィンガー　swinger
スウィンギー　swingy
スウィンギング　swinging
スウィンギング・ドア　swinging door
スウィング　swing
スウィング・ウィング　swing-wing
スウィング・サービス　swing service
スウィング・シフト　swing shift
スーイング・ソサエティ　suing society
スウィング・ドア　swing door
スウィング・ブリッジ　swing bridge
スウィングボート　swingboat
スウィング・ミュージック　swing music
スウィンジング　swingeing
スウィンドラー　swindler
スウィンドル　swindle
スウィントン　Swinton
スウィンバーン　Swinburne
スウーシュ　swoosh
スウーピー　swoopy
スウープ　swoop
スウーン　swoon
スウェア　swear
スウェアラー　swearer
スウェアリング　swearing
スウェアワード　swearword
スウェイ　sway
スウェイバック　swayback
スウェイン　swain
スーエージ　sewage
スーエージ・ディスポーザル　sewage disposal
スーエージ・ファーム　sewage farm
スーエージ・ワークス　sewage works
スウェーデン　Sweden
スウェール　swale
スウェッティー　sweaty
スウェット　sweat
スウェット・グランド　sweat gland
スウェット・シャツ　sweat shirt

スウェットショップ　sweatshop
スウェット・スーツ　sweat suit
スウェットパンツ　sweatpants
スウェットバンド　sweatband
スウェプト　swept
スウェプト・バック　swept-back
スウェリング　swelling
スウェル　swell
スウェルター　swelter
スウェルタリング　sweltering
スウェルド・ヘッド　swelled head
スウェルヘッド　swellhead
スウォア　swore
スウォージー　swarthy
スウォーム　swarm
スウォールン　swollen, swoln
スウォールン・ヘッド　swollen head
スウォーン　sworn
スウォッシュバクラー　swashbuckler
スウォッチ　swatch, Swatch
スウォット　swot
ズウォレ　Zwolle
ズーオロジー　zoology
スウォン　Suwon, Suweon
スウォンジー　Swansea
スーキー　Sukey, Sukie, Suky
ズーキーパー　zookeeper
スーク　souk, suq, Suke
ズーグマ　zeugma
スーザ　Sousa
スーサイダル　suicidal
スーサイド　suicide
スーサイド・パクト　suicide pact
スーザフォーン　sousaphone
スーザレン　suzerain
スーザレンティー　suzerainty
スーザン　Susan, Susanna(h), Susanne
スージー　Susie, Susy
スージー・アンド・ザ・バンシーズ　Siouxsie And The Banshees
スージー・オーマン　Suze Orman
スージー・クーパー　Susie Cooper
スージー・スー　Siouxsie Sioux
スー・シェフ　sous-chef
スージング　soothing
スーズ　soothe
スースセイヤー　soothsayer
スーター　suitor, Souter
スーダトリアム　sudatorium
スーダトリー　sudatory
スーダニーズ　Sudanese, Sou-
スータビリティー　suitability
スータブル　suitable
スータン　soutane
スーダン　Sudan
スー・チー　Suu Kyi
スーチャー　suture
スーチョウ　Suzhou
スーチョワン　Sichuan
スーツ　suits
スーツケース　suitcase
スウッシュ　swoosh
スーティー　sooty
スーティル　Sutil
スーティング　suiting
スーテッド　suited
スート　soot
スード　pseud, pseudo, pseud-, pseudo-
ズート　zoot
ズート・スート　zoot suit
スードニマス　pseudonymous
スードニム　pseudonym
スートラ　sutra
スードラ　Sudra
スードリフィック　sudorific
スーパー　super, super-
スーパーアグリ　Super Aguri
スーパーアッド　superadd
スーパーアニュアブル　superannuable
スーパーアニュエーション　superannuation
スーパーアニュエーテッド　superannuated
スーパーアニュエート　superannuate
スーパーアバンダンス　superabundance
スーパーアバンダント　superabundant
スーパー・アンビュランス　super ambulance
スーパーインデュース　superinduce
スーパーインテンデンス　superintendence
スーパーインテンデント　superintendent
スーパーインテンド　superintend
スーパーインポーズ　superimpose
スーパー・ウーファー　super woofer
スーパーウーマン　superwoman
スーパーエクセレント　superexcellent
スーパーエゴ　superego

スーパーエミネント superеminent
スーパーオーガニック superorganic
スーパーオーディネート superordinate
スーパーオキサイド superoxide
スーパーオキシド superoxide
スーパーオクサイド superoxide
スーパーカー supercar
スーパーカーゴ supercargo
スーパーギャラクシー supergalaxy
スーパークーリング supercooling
スーパークール supercool
スーパークラス superclass
スーパークラスター supercluster
スーパークリティカル supercritical
スーパーグルー superglue
スーパーグループ supergroup
スーパーコンダクター superconductor
スーパーコンダクティビティー superconductivity
スーパーコンダクティブ superconductive
スーパーコンダクト superconduct
スーパーコンピュータ supercomputer
スーパーサイズ supersize
スーパーサイズド supersized
スーパーサチュレート supersaturate
スーパーシークレット supersecret
スーパーシード supersede, -cede
スーパージェット superjet
スーパーシティー supercity
スーパージャイアント supergiant
スーパーシリアス supercilious
スーパースカラー superscalar
スーパースクライブ superscribe
スーパースクリプション superscription
スーパースクリプト superscript
スーパースケーラー superscalar
スーパースター superstar
スーパースターダム superstardom
スーパースティシャス superstitious
スーパースティション superstition
スーパーステーション superstation
スーパーステート superstate
スーパーストア superstore
スーパーストラクチャー superstructure
スーパーストリング superstring
スーパー・スプレッダー super spreader
スーパーセッション supersession
スーパーセット superset
スーパーセンシティブ supersensitive
スーパーセンター supercenter
スーパーソニック supersonic
スーパーソニックス supersonics
スーパーソニック・トランスポート supersonic transport
スーパー・タイフーン super typhoon
スーパータックス supertax
スーパータンカー supertanker
スーパーチャージ supercharge
スーパーチャージャー supercharger
スーパー・チューズデー Super Tuesday
スーパー・デューパー super-duper
スーパーナチュラリズム supernaturalism
スーパーナチュラル supernatural
スーパーナル supernal
スーパーニューメラリー supernumerary
スーパーネッティング supernetting
スーパーノート supernote
スーパーノバ supernova
スーパーハイウェー superhighway
スーパーバイザー supervisor
スーパーバイジング supervising
スーパーバイズ supervise
スーパーバイゾリー supervisory
スーパーハイ・フリークエンシー superhigh frequency
スーパーバグ superbug
スーパーパトリオット superpatriot
スーパーパワー superpower
スーパーヒート superheat
スーパーヒーロー superhero
スーパービーン supervene
スーパービジョン supervision
スーパーヒューマン superhuman
スーパーブ superb
スーパーファイン superfine
スーパーファンド superfund
スーパーフィシーズ superficies
スーパーフィシャリティー superficiality
スーパーフィシャル superficial
スーパーフォートレス Superfortress
スーパーフォスフェート superphosphate
スーパーフライ superfly
スーパーフルアス superfluous
スーパーフルーイティー superfluity

スーパーフルーツ superfruit
スーパー・ボウル Super Bowl
スーパーポーズ superpose
スーパーマーケット supermarket
スーパーマジョリティー supermajority
スーパーマン superman
スーパーメジャリティー supermajority
スーパーモデル supermodel
スーパーユーザー superuser
スーパー・ライス super-rice
スーパーラティブ superlative
スーパイン supine
スーパラブル superable
スーピー soupy
スー・ビッド sous vide
スーピマ Supima
スープ soup
スーフィ Sufi
スーフィズム Sufism
スーフィック Sufic
スープ・キッチン soup kitchen
スープ・チュリーン soup tureen
スープト・アップ souped-up
スーブニール souvenir
スープラ supra, supra-
スープラオービタル supraorbital
スープラナショナル supranational
スープラリーナル suprarenal
スープラリミナル supraliminal
ズープランクトン zooplankton
スープリーム supreme
スープリーム・ソビエト Supreme Soviet
スープリーム・ビーイング Supreme Being
スープリーモ supremo
スーブリケ soubriquet
スーブレット soubrette
スープレマシー supremacy
スープレマシスト supremacist
スーベニア souvenir
スーペリアー superior
スーペルリーガ Superliga
スーマック sumac, -mach
ズーマブル zoomable
ズーム zoom
ズームイン zoom in, zoom-in
ズーム・レンズ zoom lens
スーラ Seurat
ズールー Zulu
スーワー sewer
スーワー・ラット sewer rat
スーワレージ sewerage
スーン soon
ズーン Zune
スエージョン suasion
スエード suede, suède
スエズ Suez
スエズ・カナル Suez Canal
スエッティー sweaty
スエット sweat, suet
スエット・グランド sweat gland
スエット・シャツ sweat shirt
スエット・スーツ sweat suit
スエットパンツ sweatpants
スエットバンド sweatband
スエット・プディング suet pudding
スオミ Suomi
スオメンリンナ Suomenlinna
スカ ska
スカー scar
スカーゲン Skagen
スカージ scourge
スカー・ティッシュー scar tissue
スカーティング・ボード skirting board
スカート skirt
スカード scarred
スカーパー scarper
スカーバラ Scarborough
スカービー scurvy
スカーフ scarf, scurf
スカープ scarp
スカーフィー scurfy
スカーフスキン scarfskin
スカーフピン scarfpin
スカーフリング scarfring
スカーフ・ワイズ scarf-wise
スカーミッシュ skirmish
スカーリー scurry
スカール skirl
スカーレス scarless
スカーレット scarlet
スカーレット・ウーマン scarlet woman
スカーレット・オハラ Scarlett O'hara
スカーレット・ピンパーネル scarlet pimpernel

スカーレット・フィーバー　scarlet fever
スカーレット・ランナー　scarlet runner
スカイ　sky, Skye
スカイウェー　skyway
スカイ・ウェーブ　sky wave
スカイウォーク　skywalk
スカイウォリアー　Skywarrior
スカイキャップ　skycap
スカイ・サイン　sky sign
スカイジャッカー　skyjacker
スカイジャッキング　skyjacking
スカイジャック　skyjack
スカイスクレーパー　skyscraper
スカイスケープ　skyscape
スカイスル　skysail
スカイダイバー　skydiver
スカイダイビング　skydiving
スカイ・テリア　Skye terrier
スカイトレイン　Skytrain
スカイ・ハイ　sky-high
スカイ・パイロット　sky pilot
スカイブ　skive
スカイプ　Skype
スカイフック　skyhook
スカイブリッジ　skybridge
スカイ・ブルー　sky blue
スカイホーク　Skyhawk
スカイボーン　skyborne
スカイボックス　skybox
スカイ・マーシャル　sky marshal
スカイラーク　skylark
スカイライティング　skywriting
スカイライト　skylight
スカイライン　skyline
スカイラブ　Skylab
スカイレイダー　Skyraider
スカイロケット　skyrocket
スカイワーズ　skywards
スカイワード　skyward
スカウ　scow
スカウアー　scour
スカウアラー　scourer
スカウサー　Scouser
スカウス　scouse
スカウティング　scouting
スカウト　scout
スカウト・カー　scout car
スカウトマスター　scoutmaster
スカウル　scowl
スカウンドレル　scoundrel
スカジー　SCSI, scuzzy
スカズ　scuzz, scuz
スカズボール　scuzzball
スカッシュ　squash
スカッシュ・テニス　squash tennis
スカッシュ・ラケッツ　squash racquets
スカッチョン　scutcheon
スカット　scut
スカッド　Scud, scud
スカッド・ミサイル　Scud missile
スカッパー　scupper
スカッフ　scuff
スカッフィング　scuffing
スカッフラー　scuffler
スカッフル　scuffle
スカトール　skatole, skatol
スカトル　scuttle
スカトルバット　scuttlebutt
スカトロジー　scatology
スカニア　Scania
スカベンジ　scavenge
スカベンジャー　scavenger
スカポライト　scapolite
スカボロー　Scarborough
スカミー　scummy
スカム　scum
スカモニア　scammony
スカラ　Scala
スカラー　scholar
スカラーシップ　scholarship
スカラップ　scallop
スカラベ　scarab
スカラムーシュ　Scaramouch, -mouche
スカラムッチア　Scaramouch, -mouche
スカラリー　scholarly, scullery
スカリー　Sculley, Scully, scully
スカリラス　scurrilous
スカリリティー　scurrility
スカル　skull, scull
スカルキャップ　skullcap
スカルク　skulk, sculk
スカル・セッション　skull session
スカルダッジェリー　skulduggery, skull-, scul(l)-

スカルノ　Sukarno
スカルノプトゥリ　Sukarnoputri
スカルパ　Scarpa
スカルパー　scalper
スカルプ　scalp
スカルプター　sculptor
スカルプチャー　sculpture
スカルプチュラル　sculptural
スカルプチュレスク　sculpturesque
スカルプト　sculpt
スカルプトレス　sculptress
スカルペル　scalpel
スカルラッティ　Scarlatti
スカンキー　skanky
スカンク　skunk
スカンク・キャベッジ　skunk cabbage
スカンジウム　scandium
スカンジナビア　Scandinavia
スカンジナビアン　Scandinavian
スカンジナビアン・ペニンスラ　Scandinavian Peninsula
スカンダ　Skanda
スカンピ　scampi
スキー　ski
スキーイング　skiing
スキーウェア　skiwear
スキージー　squeegee
スキー・ジャンプ　ski jump
スキート　skeet
スキー・トウ　ski tow
スキー・プレーン　ski-plane
スキーボブ　skibob
スキーマ　schema
スキーマー　schemer
スキーミング　scheming
スキーム　scheme
スキーヤー　skier
スキー・ラン　ski run
スキーリケット　scilicet
スキー・リフト　ski lift
スキズマティック　schismatic
スキズム　schism
スキツォイド　schizoid
スキツォフレニア　schizophrenia
スキツォフレニック　schizophrenic
スキッター　skitter
スキッツォ　schizo
スキッティッシュ　skittish
スキット　skit
スキッド　skid
スキッドパン　skidpan
スキッドモア　Skidmore
スキッド・リッド　skid lid
スキットル　skittle
スキットルズ　Skittles
スキッド・ロー　skid row
スキッパー　skipper
スキッパブル　skippable
スキッピー　Skippy
スキッピング・ロープ　skipping rope
スキッフ　skiff
スキップ　skip
スキップジャック　skipjack
スキップジャック・ツナ　skipjack tuna
スキッフル　skiffle
スキップ・ロープ　skip rope
スキドゥー　ski(d)doo
スキナー　skinner, Skinner
スキニー　skinny
スキニー・ディップ　skinny-dip
スキビー　skivvy
スキポール・エアポート　Schiphol Airport
スキマー　skimmer
スキマタイズ　schematize
スキマティック　schematic
スキミング　skimming
スキム　skim
スキムボード　skimboard
スキム・ミルク　skim [skimmed] milk
スキャター　scatter
スキャターガン　scattergun
スキャター・クッション　scatter cushion
スキャターグッド　scattergood
スキャターショット　scattershot
スキャタード　scattered
スキャターブレイン　scatterbrain
スキャターブレインド　scatterbrained
スキャタリング　scattering
スキャッグ　scag, skag
スキャッター　scatter
スキャッターグッド　scattergood
スキャッタリング　scattering
スキャッティー　scatty
スキャット　scat

スキャッド　scad, skad
スキャップ　scab
スキャナー　scanner
スキャニング　scanning
スキャバード　scabbard
スキャパレリ　Schiaparelli
スキャビー　scabby
スキャピュラ　scapula
スキャピュラー　scapular
スキャフォールディング　scaffolding
スキャフォールド　scaffold
スキャブラス　scabrous
スキャベンジ　scavenge
スキャベンジャー　scavenger
スキャポライト　scapolite
スキャマー　scammer
スキャム　scam
スキャラワッグ　scalawag, scalla-
スキャリオン　scallion
スキャリファイ　scarify
スキャリワッグ　scallywag
スキャルピング　scalping
スキャロップ　scallop
スキャン　scan
スキャンション　scansion
スキャンダライザー　scandalizer
スキャンダライズ　scandalize
スキャンダライゼーション　scandalization
スキャンダラス　scandalous
スキャンダリゼーション　scandalization
スキャンダル　scandal
スキャンダル・シート　scandal sheet
スキャンダルモンガー　scandalmonger
スキャンティー　scanty
スキャンティーズ　scanties
スキャント　scant
スキャントリング　scantling
スキャンパー　scamper
スキャンピ　scampi
スキャンプ　scamp
スキュー　skew
スキューア　skua
スキューアー　skewer
スキュー・アイド　skew-eyed
スキューバ　scuba
スキューバ・ダイバー　scuba diver
スキューバ・ダイビング　scuba diving
スキューバ・ダイブ　scuba dive
スキューホイッフ　skewwhiff
スキューボールド　skewbald
スキラ　Scylla
スギライト　sugilite
スキル　skill
スキル・セット　skill set
スキルド　skilled
スキルド・ワーカー　skilled worker
スキルフル　skillful, skil-
スキル・マップ　skill map
スキル・ミスマッチ　skill mismatch
スキレット　skillet
スキン　skin
スキンク　skink
スキン・グラフティング　skin grafting
スキン・グラフト　skin graft
スキン・ケア　skin care
スキン・ゲーム　skin game
スキン・コンシャス　skin-conscious
スキンタイト　skintight
スキン・ダイバー　skin diver
スキン・ダイビング　skin diving
スキン・ダイブ　skin dive
スキン・ディープ　skin-deep
スキント　skint
スキンド　skinned
スキンピー　skimpy
スキンプ　skimp
スキン・フード　skin food
スキンフリント　skinflint
スキンフル　skinful
スキンヘッド　skinhead
スキン・ポップ　skin pop, skin-pop
スキン・マガジン　skin magazine
スキンレス　skinless
スクアラミン　squalamine
スクアラン　squalene
スクイーカー　squeaker
スクイーキー　squeaky
スクイーキー・クリーン　squeaky-clean
スクイーク　squeak
スクイーザー　squeezer
スクイージー　squeegee
スクイーズ　squeeze
スクイーズ・ボックス　squeeze-box
スクイーズ・ボトル　squeeze bottle

スクイーミッシュ　squeamish
スクイーラー　squealer
スクイール　squeal
スクイグル　squiggle
スクイズ　squeeze
スクイズバント　squeeze bunt
スクイズ・プレー　squeeze play
スクイッシー　squishy
スクイッジー　squidgy
スクイッシュ　squish
スクイッド　squid
スクイッブ　squib
スクイッフィー　squiffy
スクイブ　squib, Squibb
スクイレル　squirrel
スクイレル・ケージ　squirrel cage
スクインティー　squinty
スクイント　squint
スクイント・アイド　squint-eyed
スクウェア　square
スクーター　scooter
スクーデリア・トロ・ロッソ　Scuderia Toro Rosso
スクート　scoot
スクーナー　schooner
スクービー・ドゥー　Scooby-Doo
スクープ　scoop
スクープ・ネック　scoop neck
スクープ・ネット　scoop net
スクープフル　scoopful
スクーラー　schooler
スクーリング　schooling
スクール　school
スクール・アイデンティティ　school identity
スクール・イヤー　school year
スクール・エイジ　school age
スクール・オブ・ビジネス　school of business
スクールガール　schoolgirl
スクール・カウンセラー　school counselor
スクールキッド　schoolkid
スクール・サイコロジスト　school psychologist
スクールタイム　schooltime
スクールチャイルド　schoolchild
スクールティーチャー　schoolteacher
スクール・ディストリクト　school district
スクール・デー　school day
スクール・ハウス　school house, schoolhouse
スクール・バス　school bus
スクールフェロー　schoolfellow
スクールブック　schoolbook
スクールボーイ　schoolboy
スクール・ボード　school board
スクールマーミッシュ　schoolmarmish
スクールマーム　schoolmarm, -ma'am
スクールマスター　schoolmaster
スクールマン　schoolman
スクールミストレス　schoolmistress
スクールメート　schoolmate
スクールヤード　schoolyard
スクール・リーバー　school-leaver
スクールルーム　schoolroom
スクール・レポート　school report
スクールワーク　schoolwork
スクーン　Scone
スクエア　square
スクエア・アイズ　square-eyes
スクエア・アイド　square-eyed
スクエア・シューター　square shooter
スクエア・ショルダード　square-shouldered
スクエア・セイル　square sail
スクエア・ダンサー　square dancer
スクエア・ダンシング　square dancing
スクエア・ダンス　square dance
スクエア・ディール　square deal
スクエア・トウ　square toe
スクエア・トウド　square-toed
スクエアド・ペーパー　squared paper
スクエア・ノット　square knot
スクエア・バッシング　square-bashing
スクエア・ビルト　square-built
スクエア・ブラケット　square bracket
スクエア・メジャー　square measure
スクエアリー　squarely
スクエア・リッガー　square-rigger
スクエア・リッグド　square-rigged
スクエアリッシュ　squarish
スクエア・ルート　square root
スクエーラー　squalor
スクエルチ　squelch
スクオー　squaw
スクオーク　squawk

スクオーク・ボックス　squawk box
スクオール　squall
スクオッシー　squashy
スクオッシュ　squash
スクシニル　succinyl
スクシニルコリン　succinylcholine
スクショ　⇨スクリーンショット
スクシンイミド　succinimide
スクデット　scudetto
スクラーゼ　sucrase
スクライバー　scriber
スクライブ　scribe
スクラウンジ　scrounge
スクラウンジャー　scrounger
スクラッギー　scraggy
スクラッグ　scrag
スクラッグリー　scraggly
スクラッチ　scratch
スクラッチー　scratchy
スクラッチ・カード　scratch card
スクラッチ・パッド　scratch pad
スクラッチ・ヒット　scratch hit
スクラッチプルーフ　scratchproof
スクラッチ・ペーパー　scratch paper
スクラッチング　scratching
スクラッバー　scrubber
スクラッパー　scrapper
スクラッビー　scrubby
スクラッピー　scrappy
スクラッピッジ　scrappage
スクラッビング・ブラシ　scrubbing brush
スクラッフ　sclaff, scruff
スクラッブ　scrub
スクラップ　scrap
スクラップ・アンド・ビルド　scrap-and-build
スクラッフィー　scruffy
スクラッブウーマン　scrubwoman
スクラップ・ヒープ　scrap heap
スクラップブック　scrapbook
スクラッブ・ブラシ　scrub brush
スクラップ・ペーパー　scrap paper
スクラップ・マーチャント　scrap merchant
スクラップヤード　scrapyard
スクラッブランド　scrubland
スクラップル　scrapple
スクラブ　scrub
スクラブル　scrabble
スクラミッジ　scrummage
スクラム　scrum, scram
スクラムジェット　scramjet
スクラム・ハーフ　scrum half
スクラルファート　sucralfate
スクランチ　scrunch
スクラントン　Scranton
スクランピー　scrumpy
スクランプ　scrump
スクランプシャス　scrumptious
スクランブラー　scrambler
スクランブル　scramble
スクランブルド・エッグ　scrambled egg
スクリー　scree
スクリーチ　screech
スクリーチ・アウル　screech owl
スクリーチー　screechy
スクリーチング　screeching
スクリード　screed
スクリーニング　screening
スクリーマー　screamer
スクリーミング　screaming
スクリーム　scream
スクリーン　screen
スクリーン・キャプチャー　screen capture
スクリーンショット　screenshot
スクリーン・セーバー　screen saver
スクリーン・テスト　screen test
スクリーントーン　screentone
スクリーン・フォン　screen phone
スクリーンプレー　screenplay
スクリーン・ホン　screen phone
スクリーンライター　screenwriter
スクリップ　scrip
スクリプチャー　Scripture
スクリプチュラル　scriptural
スクリプティング　scripting
スクリプト　script
スクリプト・キディ　script kiddie
スクリプトライター　scriptwriter
スクリプトリアム　scriptorium
スクリブナー　scrivener, Scribner
スクリブラー　scribbler
スクリブル　scribble
スクリム　scrim
スクリムシャンク　scrimshank
スクリムショー　scrimshaw

スクリメージ　scrimmage
スクリュー　screw
スクリュー・アップ　screw-up
スクリュー・イン　screw-in
スクリュー・キャップ　screw cap
スクリュー・スレッド　screw thread
スクリュー・トップ　screw top
スクリュードライバー　screwdriver
スクリュードライバー・プラント　screwdriver plant
スクリュー・プロペラ　screw propeller
スクリューボール　screwball
スクリンピー　scrimpy
スクリンプ　scrimp
スクルーイー　screwy
スクルージ　Scrooge
スクルーティナイズ　scrutinize
スクルーティニア　scrutineer
スクルーティニー　scrutiny
スクルーピュラス　scrupulous
スクルーピュロシティー　scrupulosity
スクループル　scruple
スクレ　Sucre
スクレーパー　scraper
スクレーピー　scrapie
スクレーピング　scraping
スクレープ　scrape
スクレロサント　sclerosant
スクレロシス　sclerosis
スクレロチン　sclerotin
スクレロティック　sclerotic
スクレロプロテイン　scleroprotein
スクロース　sucrose
スクロータム　scrotum
スクローニー　scrawny
スクロール　scroll, scrawl
スクロール・ソー　scroll saw
スクロールド　scrolled
スクロール・バー　scroll bar
スクロールワーク　scrollwork
スクロフュラ　scrofula
スクロフュラス　scrofulous
スクワーター　squirter
スクワート　squirt
スクワート・ガン　squirt gun
スクワーム　squirm
スクワイア　squire
スクワイアラーキー　squir(e)archy
スクワッシー　squashy
スクワッシュ　squash
スクワッター　squatter
スクワッティー　squatty
スクワット　squat
スクワッド　squad
スクワッド・カー　squad car
スクワッブ　squab
スクワドロン　squadron
スクワドロン・リーダー　squadron leader
スクワビー　squabby
スクワブル　squabble
スクワラン　squalane
スクワリッド　squalid
スクワレル　squirrel
スクワレル・ケージ　squirrel cage
スクワレン　squalene
スクワンダー　squander
スケア　scare
スケアクロウ　scarecrow
スケアシティー　scarcity
スケアス　scarce
スケアスリー　scarcely
スケアディー・キャット　scaredy-cat, scairdy-cat
スケアド　scared
スケアヘッド　scarehead
スケアモンガー　scaremonger
スケアリー　scary, scarey
スケイン　skein
スケウオモルフ　Skeuomorph
スケージング　scathing
スケーター　skater
スケーティング　skating
スケーティング・リンク　skating rink
スケート　skate
スケートボーダー　skateboarder
スケートボード　skateboard
スケービアス　scabious
スケービーズ　scabies
スケープ　scape
スケープグレース　scapegrace
スケープゴート　scapegoat
スケーラー　scalar, scaler
スケーラビリティー　scalability
スケーラブル　scalable

スケーリー　scaly
スケーリーン　scalene
スケーリング　scaling
スケーリング・ラダー　scaling ladder
スケール　scale
スケール・アップ　scale-up
スケール・インセクト　scale insect
スケールパン　scalepan
スケール・メリット　scale merit
スケジューラー　scheduler
スケジュール　schedule
スケジュールド・フライト　scheduled flight
スケダドル　skedaddle
スケッチ　sketch
スケッチー　sketchy
スケッチパッド　sketchpad
スケッチフォン　sketchphone
スケッチブック　sketchbook
スケッチャーズ　Skechers
ズケット　zucchetto
スケップ　skep
スケネクタディ　Schenectady
スケプティカル　skeptical, scep-
スケプティシズム　skepticism, scep-
スケプティック　skeptic, scep-
スケリッグ・マイケル　Skellig Michael
スケルチ　squelch
スケルツォ　scherzo
スケルトナイズ　skeletonize
スケルトン　skeleton
スケルトン・キー　skeleton key
スケレタル　skeletal
スコア　score
スコアカード　scorecard
スコアキーパー　scorekeeper
スコアブック　scorebook
スコアボード　scoreboard
スコアラー　scorer
スコアリング　scoring
スコアレス　scoreless
スコアレス・ドロー　scoreless draw
スコウクロフト　Scowcroft
スコー　Skaw
スコーシュ　skosh
スコータイ　Sukhothai
スコーチ　scorch
スコーチト・アース・ポリシー　scorched earth policy
スコーチャー　scorcher
スコーチング　scorching
スコーバレー　Squaw Valley
スコーピオン　scorpion
スコービューティック　scorbutic
スコープ　scope, -scope, scaup
スコーフィールド　Scofield
スコーフェル　Scafell
スコーリー　squally
スコール　squall, skoal
スコールズ　Scholes
スコールディング　scalding
スコールド　scold, skald, scald
スコーン　scone, scorn
スコーンフル　scornful
スコシア　Scotia
スコセッシ　Scorsese
スコタイ　Sukhothai
スコッチ　Scotch, scotch
スコッチ・アイリッシュ　Scotch-Irish
スコッチ・ウイスキー　Scotch whisky
スコッチウーマン　Scotchwoman
スコッチ・ウッドコック　Scotch woodcock
スコッチ・エッグ　Scotch egg
スコッチ・テープ　Scotch tape
スコッチ・テリア　Scotch terrier
スコッチ・パイン　Scotch pine
スコッチ・ブロス　Scotch broth
スコッチマン　Scotchman
スコッチ・ミスト　Scotch mist
スコッツ　Scots
スコッツデール　Scottsdale
スコッツマン　Scotsman
スコッティー　Scotti, Scottie, Scotty
スコッティシズム　Scot(t)icism
スコット　Scot, Scott, Sukkot(h), Succot(h)
ズコット　zuccotto
スコットフリー　scot-free
スコットランド　Scotland
スコットランド・ヤード　Scotland Yard
スコッフ　scoff
スコッフロー　scofflaw
スコティアバンク　Scotiabank
スコティッシュ　Scottish
スコティッシュ・テリア　Scottish terrier

スコトフォービア　scotophobia
スコトプシン　scotopsin
スコパリン　scoparin
スコピエ　Skopje
スコフィールド　Scofield
スコプトフィリア　scoptophilia
スコプリエ　Skoplje
スコポフィリア　scopophilia
スコポフィリック　scopophilic
スコポラミン　scopolamine
スコポリン　scopoline
スコポレチン　scopoletin
スコラ　scholar
スコラーリ　Scolari
スコラスティシズム　scholasticism
スコラスティック　scholastic
スコラリ　Scolari
スコルピオ　Scorpio
スコロダイト　scorodite
スコンス　sconce
スザンナ　Susanna(h)
スザンヌ　Suzanne
スシ・ボンバー　Sushi Bomber
ススペ　Susupe
スター　star, stir, Starr
スターアップ　stirrup
スターアップ・カップ　stirrup cup
スターアップ・ポンプ　stirrup pump
スター・ウォーズ　Star Wars
スターウッド　Starwood
スターカーズ　starkers
スターキテクト　starchitect
スターク　stark
スターク・ネイキッド　stark-naked
スター・クレージー　stir-crazy
スター・クロスト　star-crossed
スターゲイザー　stargazer
スターゲイズ　stargaze
スターゲージー・パイ　stargazy pie
スターケード　Starcade
スタージェット　StarJets
スター・シェル　star shell
スターシップ　starship
スタージャン　sturgeon
スターズ・アンド・ストライプス　Stars and Stripes
スターストラック　starstruck
スター・スパングルド　star-spangled
スター・スパングルド・バナー　Star-Spangled Banner
スターター　starter, stertor
スターター・キット　starter kit
スターター・パック　starter pack
スター・ターン　star turn
スターダスト　stardust
スターダム　stardom
スターチ　starch
スターチー　starchy
スター・チェンバー　Star Chamber
スターチ・ブロッカー　starch blocker, starchblocker
スターチ・リデュースト　starch-reduced
スター・ツアーズ　Star Tours
スターディー　sturdy
スターディリー　sturdily
スターティング・ゲート　starting gate
スターティング・ピストル　starting pistol
スターティング・ピッチャー　starting pitcher
スターティング・プライス　starting price
スターティング・ブロック　starting block
スターティング・ポイント　starting point
スターティング・ポスト　starting post
スターティング・ライン　starting line
スターティング・ラインナップ　starting lineup
スタート　start, START
スタート・アップ　start-up
スタートラー　startler
スタート・ライン　⇨スターティング・ライン
スタートラス　stertorous
スタートリング　startling
スタートル　startle
スター・トレック　Star Trek
スターナム　sternum
スターニュテーション　sternutation
スターバックス　Starbucks
スターバト・マーテル　Stabat Mater
スターブ　starve
スターファイター　Starfighter
スターフィッシュ　starfish
スター・フライ　stir-fry
スター・プリズナー　star prisoner
スターブリング　starveling
スター・フルーツ　star fruit

スターベーション　starvation
スターボード　starboard
スター・マイン　star mine
スターラー　stirrer
スターライク　starlike
スターライト　starlight
スターリー　starry
スターリー・アイド　starry-eyed
スターリット　starlit
スターリニスト　Stalinist
スターリニズム　Stalinism
スターリフター　Starlifter
スターリン　Stalin
スターリング　sterling, stirring, starling, Stirling
スターリング・シルバー　sterling silver
スターリング・ブロック　sterling bloc
スターリングラード　Stalingrad
スター・ルート　star route
スターレス　starless
スターレット　starlet
スターン　stern, Sterne
スターンウェー　sternway
スターン・ホイーラー　stern-wheeler
スターンモスト　sternmost
スターンリー　sternly
スターンワーズ　sternwards
スターンワード　sternward
スタイ　sty, stye
スタイケン　Steichen
スタイス　styth, stythe
スタイナー　Steiner
スタイネム　Steinem
スタイプ　stipe
スタイフリング　stifling
スタイフル　stifle
スタイミー　stymie, stymy, stimy
スタイライズ　stylize
スタイライゼーション　stylization
スタイラス　stylus
スタイラックス　styrax
スタイリスティック　stylistic
スタイリスティックス　stylistics
スタイリスト　stylist
スタイリゼーション　stylization
スタイリッシュ　stylish
スタイル　style, stile
スタイル・カウンシル　Style Council
スタイル・シート　style sheet
スタイルブック　stylebook
スタイロフォーム　Styrofoam
スタイロン　Styron
スタイン　stein
スタインウェイ　Steinway
スタインバーグ　Steinberg
スタインブレナー　Steinbrenner
スタインベック　Steinbeck
スタインボック　steenbok, steinbo(c)k
スタインラガー　Steinlager
スタウト　stout
スタウトハーテッド　stouthearted
スタカート　staccato
スタガリング　staggering
スタキオース　stachyose
スタグナンシー　stagnancy
スタグナント　stagnant
スタグネーション　stagnation
スタグネート　stagnate
スタグフレーション　stagflation
スタジアム　stadium
スタジオ　studio
スタジオ・アパートメント　studio apartment
スタジオ・オーディエンス　studio audience
スタジオ・カウチ　studio couch
スタスキー　Starsky
スタチャー　stature
スタチュアリー　statuary
スタチュー　statue
スタチュート　statute
スタチュート・ブック　statute book
スタチュート・マイル　statute mile
スタチュート・ロー　statute law
スタチュエスク　statuesque
スタチュエット　statuette
スタチュトリー　statutory
スタチュトリー・レイプ　statutory rape
スタチン　statin
スタッガー　stagger
スタッカート　staccato
スタッカブル　stackable
スタック　stack, stuck
スタッグ　stag
スタック・アップ　stuck-up
スタックス　Stax

スタックト stacked
スタッグ・ナイト stag night
スタッグ・パーティー stag party
スタッグハウンド staghound
スタッグ・ビートル stag beetle
スタック・ヒール stack heel
スタッコ stucco
スタッシュ stash
スタッター stutter
スタッタラー stutterer
スタッテン・アイランド Staten Island
スタット stat
スタッド stud
スタットオイル Statoil
スタッド・ファーム stud farm
スタッドブック studbook
スタッドホース studhorse
スタッドリー studly
スタッドレス・タイヤ studless tire
スタッバー stabber
スタッビー stubby
スタッビング stabbing
スタッフ staff, stuff
スタッブ stab, stub
スタッファー staffer
スタッフィー stuffy
スタッフィング staffing, stuffing
スタッフォード Stafford
スタッフォードシャー Staffordshire
スタッフォードシャー・ブル・テリア Staffordshire bull terrier
スタッフ・オフィサー staff officer
スタッフ・サージェント staff sergeant
スタッブズ Stubbs
スタッフト・アニマル stuffed animal
スタッフト・シャツ stuffed shirt
スタッフ・ナース staff nurse
スタディー study
スタディー・グループ study group
スタディード studied
スタディー・ホール study hall
スタティカル statical
スタティクス statics
スタティスティカル statistical
スタティスティシャン statistician
スタティスティック statistic
スタティスティックス statistics
スタティスト statist
スタティック static
スタティックス statics
スタテン・アイランド Staten Island
スタトラー Statler
スタナー stunner
スタニスラウス Stanislaus
スタニスラス Stanislas
スタニスラフ Stanislav
スタニスラフスキー Stanislavsky
スタニング stunning
スタノール stanol
スタノゾロール stanozolol
スタバンガー Stavanger
スタバンゲル Stavanger
スタビライザー stabilizer
スタビライズ stabilize
スタビライゼーション stabilization
スタビリゼーション stabilization
スタビリティー stability
スタビル stabile
スタビロ Stabilo
スタフ staph
スタフィロコッカス staphylococcus
スタブル stubble
スタボーン stubborn
スタマー stammer
スタマキック stomachic
スタマケイク stomachache
スタマック stomach
スタマックエイク stomachache
スタマックフル stomachful
スタマック・ポンプ stomach pump
スタマラー stammerer
スタマリングリー stammeringly
スタミナ stamina
スタミネート staminate
スタムフォード Stamford
スタムフォードブリッジ Stamford Bridge
スタラクタイト stalactite
スタラグマイト stalagmite
スタリオン stallion
スタルガルト Stargardt
スタルク Starck
スタルティファイ stultify
スタルティフィケーション stultification
スタローン Stallone

スタン　stun, Stan
スタン・ガン　stun gun
スタンク　stank, stunk
スタング　stung
スタンザ　stanza
スタンス　stance
スタンスル　studding sail
スタンダーダイズ　standardize
スタンダーダイゼーション　standardization
スタンダード　standard
スタンダード・アンド・プアーズ　Standard & Poor's
スタンダード・ゲージ　standard gauge
スタンダード・タイム　standard time
スタンダード・ディビエーション　standard deviation
スタンダード・ナンバー　standard number
スタンダード・ベアラー　standard-bearer
スタンダード・ランプ　standard lamp
スタンダール　Stendhal
スタンダップ・コメディー　standup comedy
スタンチオン　stanchion
スタンディー　standee
スタンディング　standing
スタンディング・オーダー　standing order
スタンディング・オベーション　standing ovation
スタンディング・スタート　standing start
スタンディング・ルーム　standing room
スタント　stunt
スタンド　stand
スタンドアウト　standout
スタンド・アップ　stand-up
スタンド・アローン　stand-alone
スタンド・イン　stand-in
スタントウーマン　stuntwoman
スタンドオフ　standoff
スタンドオフィッシュ　standoffish
スタンドオフ・ハーフ　standoff half
スタンドスティル　standstill
スタンド・ダウン　stand-down
スタンドパイプ　standpipe
スタンドパター　standpatter
スタンドパット　standpat
スタンドポイント　standpoint
スタントマン　stuntman
スタントン　Stanton
スタンナイト　stannite
スタンパー　stamper, stumper
スタンバイ　standby
スタンピー　stumpy
スタンピード　stampede
スタンピング・グラウンド　stamping ground
スタンプ　stamp, stump
スタンプ・アクト　Stamp Act
スタンフォード　Stanford
スタンフォードブリッジ　Stamford Bridge
スタンプ・コレクター　stamp collector
スタンプ・コレクティング　stamp collecting
スタンプ・デューティー　stamp duty
スタンプ・マシン　stamp machine
スタンブリング・ブロック　stumbling block
スタンブル　stumble
スタンブルバム　stumblebum
スタンリー　Stanley
スチーブ　Steve
スチーブン　Steven, Stephen
スチーブンソン　Stevenson, Stephenson
スチーマー　steamer
スチーマー・トランク　steamer trunk
スチーミー　steamy
スチーミング　steaming
スチーム　steam
スチーム・アイロン　steam iron
スチームシップ　steamship
スチーム・シャベル　steam shovel
スチーム・テーブル　steam table
スチーム・バス　steam bath
スチーム・ボイラー　steam boiler
スチームボート　steamboat
スチームローラー　steamroller
スチームロール　steamroll
スチーリー　steely
スチール　steal, steel, still, Stihl
スチール・ウール　steel wool
スチール・ギター　steel guitar
スチール・クラッド　steel-clad
スチール・バンド　steel band
スチール・ブルー　steel blue
スチールヘッド　steelhead
スチール・ミル　steel mill
スチールヤード　steelyard
スチールワーカー　steelworker
スチールワーク　steelwork

スチプノメレン stipnomelane
スチュアート Stuart, Stewart
スチューデンツ・ユニオン students' union
スチューデント student
スチューデントシップ studentship
スチューデント・ティーチャー student teacher
スチューデント・ユニオン student union
スチューパー stupor
スチューピッド stupid
スチューピディティー stupidity
スチュワーデス stewardess
スチュワード steward
スチュワードシップ stewardship
スチル still
スチルベノイド stilbenoid
スチルベン stilbene
スチレン styrene
スツール stool
ズッキーニ zucchini
スッコート Sukkot(h), Succot(h)
ステア stair, stare, steer
ステアー stair
ステアウェー stairway
ステアウェル stairwell
ステアケース staircase
ステアズマン steersman
ステアタイト steatite
ステアプシン steapsin
ステアリック stearic
ステアリック・アシッド stearic acid
ステアリル stearyl
ステアリン stearin, -rine
ステアリング steering
ステアリング・ギア steering gear
ステアリング・コミッティー steering committee
ステアリング・ホイール steering wheel
ステアレッジ steerage
ステアレッジウェー steerageway
ステア・ロッド stair rod
ステアロプテン stearoptene
ステイ stay
スティア steer
スティアズマン steersman
ステイ・アット・ホーム stay-at-home
スティアリング・ギア steering gear
スティアリング・コミッティー steering committee
スティアリング・ホイール steering wheel
スティアレッジ steerage
スティアレッジウェー steerageway
スティーグ・ラーソン Stieg Larsson
スティーグリッツ Stieglitz
スティード steed
スティービー・ワンダー Stevie Wonder
スティーピッシュ steepish
スティーブ Steve
スティープ steep
スティーブ・ジョブズ Steve Jobs
スティーブドア stevedore
スティープル steeple
スティープルジャック steeplejack
スティープルチェイス steeplechase
スティーブン Steven, Stephen
スティープン steepen
スティーブン・ジョブズ Steven Jobs
スティーブンソン Stevenson, Stephenson
スティーブン・ディーダラス Stephen Dedalus
スティーマー steamer
スティーミー steamy
スティーミング steaming
スティーム steam
スティーラ stela
スティーリ stele
スティーリー・ダン Steely Dan
スティール steel, steal, stele, Steele
スティールメーカー steelmaker
ステイ・イン・ストライキ stay-in strike
ステイ・オン・タブ stay-on tab
スティグマ stigma
スティグマタイズ stigmatize
スティグマティカル stigmatical
スティグマティズム stigmatism
スティグマティック stigmatic
スティグリッツ Stiglitz
ステイケーショナー staycationer
ステイケーション staycation
ステイセール staysail
スティッカー sticker
スティッキー sticky
スティッキー・フィンガーズ sticky fingers
スティッキー・フィンガード sticky-fingered

スティッキング・プラスター　sticking plaster
スティッキング・ポイント　sticking point
スティック　stick
スティックアップ　stickup
スティック・イン・ザ・マッド　stick-in-the-mud
スティック・インセクト　stick insect
スティック・オン　stick-on
スティック・シフト　stick shift
スティックス　Styx
スティック・スリップ　stick-slip
スティック・トゥー・イティブ　stick-to-itive
スティック・ドッグ　stick dog
スティックピン　stickpin
スティックボール　stickball
スティックラー　stickler
スティックル　stickle
スティックルバック　stickleback
スティッチ　stitch
スティッフ　stiff
スティッフナー　stiffener
スティッフ・ネックト　stiff-necked
スティップル　stipple
スティッフン　stiffen
ステイド　staid
スティピュレーション　stipulation
スティピュレーター　stipulator
スティピュレート　stipulate
スティプティカル　styptical
スティプティシティー　stypticity
スティプティック　styptic
スティブナイト　stibnite
スティプノメレン　stipnomelane, stipnomelane-
スティペンディアリー　stipendiary
スティペンド　stipend
ステイホーム　stay home
スティミュラス　stimulus
スティミュラント　stimulant
スティミュレーション　stimulation
スティミュレーター　stimulator, stimulater
スティミュレーティブ　stimulative
スティミュレート　stimulate
ステイメン　stamen
ステイヤー　stayer
スティラ　stila
スティラー　Stiller
スティリー　stilly
スティル　still
スティルテッド　stilted
スティルト　stilt
スティルトン　Stilton
スティルトン・チーズ　Stilton cheese
スティルネス　stillness
スティルバース　stillbirth
スティル・ハント　still hunt
スティルボーン　stillborn
ステイルメイト　stalemate
スティル・ライフ　still life
スティルルーム　stillroom
スティレット　stiletto
スティレット・ヒール　stiletto heel
スティログラフ　stylograph
ステイン　stain
スティンカー　stinker
スティンガー　stinger
スティンキング　stinking
スティンギング・ネトル　stinging nettle
スティンク　stink
スティング　sting
スティンクバグ　stinkbug
ステイング・パワー　staying power
スティンクポット　stinkpot
スティンク・ボム　stink bomb
スティングレー　stingray
スティンコ　stinko
スティンゴ　stingo
スティンジー　stingy
スティント　stint
ステー　stay
ステーキ　steak
ステーキ・ナイフ　steak knife
ステーキ・ハウス　steak house
ステーク　stake
ステークアウト　stakeout
ステークス　stakes
ステーク・ボート　stake boat
ステークホルダー　stakeholder
ステージ　stage
ステーシー　Stacey, Stacy
ステージー　stagy, stagey
ステージ・ウィスパー　stage whisper
ステージ・エフェクト　stage effect
ステージクラフト　stagecraft

ステージコーチ　stagecoach
ステーシス　stasis
ステージストラック　stagestruck
ステージ・ディレクション　stage direction
ステージ・ディレクター　stage director
ステージ・ドア　stage door
ステージ・ネーム　stage name
ステージハンド　stagehand
ステージ・フライト　stage fright
ステージ・マネージ　stage-manage
ステージ・マネージャー　stage manager
ステージャー　stager
ステーショナー　stationer
ステーショナリー　stationery, stationary
ステーション　station
ステーション・コール　station call
ステーション・トゥー・ステーション　station-to-station
ステーション・ハウス　station house
ステーション・ブレーク　station break
ステーションマスター　stationmaster
ステーション・ワゴン　station wagon
ステージ・ライト　stage right
ステージ・レフト　stage left
ステージング　staging
ステージング・ポスト　staging post
ステーター　stator, stater
ステータス　status
ステータス・クオー　status quo
ステータス・シンボル　status symbol
ステータス・バー　status bar
ステータス・ライン　status line
ステーツ　States
ステーツウーマン　stateswoman
ステーツマン　statesman
ステーツマンシップ　statesmanship
ステーツ・ライツ　states' rights
ステーティスト　statist
ステーティズム　statism
ステーテッド　stated
ステート　state
ステート・エンロールド・ナース　State Enrolled Nurse
ステート・オブ・ジ・アート　state-of-the-art
ステート・キャピタリズム　state capitalism
ステートクラフト　statecraft
ステートサイド　stateside
ステート・スクール　state school
ステート・ソーシャリズム　state socialism
ステート・デパートメント　State Department
ステートハウス　statehouse
ステートフッド　statehood
ステートメント　statement
ステートリー　stately
ステートリー・ホーム　stately home
ステートルーム　stateroom
ステート・レジスタード・ナース　State Registered Nurse
ステートレス　stateless
ステートレット　statelet
ステートワイド　statewide
ステーピーズ　stapes
ステーブ　stave
ステープラー　stapler
ステーブリング　stabling
ステーブル　stable
ステープル　staple
ステープルトン　Stapleton
ステーブルボーイ　stableboy
ステーブルマン　stableman
ステーブルラッド　stablelad
ステール　stale
ステールメート　stalemate
ステーン　Steen
ステガノグラフィー　steganography
ステゴサウルス　stegosaurus
ステソスコープ　stethoscope
ステソスコピック　stethoscopic
ステッカー　sticker
ステッキ　stick
ステッチ　stitch
ステット　stet
ステッド　stead
ステットソン　Stetson
ステッドファースト　steadfast
ステットラー　Stettler
ステッドラー　Staedtler
ステッパー　stepper
ステッピング・ストーン　stepping-stone
ステップ　step, step-, steppe
ステップ・アップ　step-up
ステップ・イン　step-in
ステップサン　stepson

ステップシスター　stepsister
ステップ・ダウン　step-down
ステップダッド　stepdad
ステップチャイルド　stepchild
ステップト・アップ　stepped-up
ステップトー　steptoe
ステップドーター　stepdaughter
ステップ・バイ・ステップ　step-by-step
ステップファーザー　stepfather
ステップ・ファミリー　step family
ステップブラザー　stepbrother
ステップペアレント　stepparent
ステップマザー　stepmother
ステップマム　stepmom, stepmum
ステップラダー　stepladder
ステップワイズ　stepwise
ステッペンウルフ　Steppenwolf
ステディー　steady
ステディー・ステート・セオリー　steady state theory
ステディリー　steadily
ステデライク　Stedelijk
ステノ　steno
ステノグラフ　stenograph
ステノグラファー　stenographer
ステノグラフィー　stenography
ステノサーマル　stenothermal
ステノサーム　stenotherm
ステノシス　stenosis
ステノタイピスト　stenotypist
ステノタイプ　stenotype
ステノティピー　stenotypy
ステビア　stevia
ステファナ　Stephana
ステファニー　Stephanie
ステファノ　Stefano
ステファノー　Stephano
ステファン　Stefan
ステム　stem
ステムウェア　stemware
ステム・セル　stem cell
ステムド　stemmed
ステムレス　stemless
ステム・ワインダー　stem-winder
ステュアート　Stuart
ステュー　Stu
ステューディアス　studious
ステューディオ　studio
ステューデント　student
ステュードベーカー　Studebaker
ステューパー　stupor
ステューピッド　stupid
ステューピディティー　stupidity
ステューペファイ　stupefy
ステューペファイイング　stupefying
ステューペファクション　stupefaction
ステューペフェーシェント　stupefacient
ステューマー　stumer
ステュクス　Styx
ステュペンダス　stupendous
ステラ　Stella
ステラー　stellar
ステラー・ウインド　stellar wind
ステラ・アルトワ　Stella Artois
ステライル　sterile
ステラジアン　steradian
ステリック　steric
ステリライザー　sterilizer
ステリライズ　sterilize
ステリライズド　sterilized
ステリライゼーション　sterilization
ステリリティー　sterility
ステリル　sterile
ステルシー　stealthy
ステルス　stealth
ステルトン　Stelton
ステレオ　stereo, stereo-
ステレオアキューイティー　stereoacuity
ステレオイメージ　stereoimage
ステレオグノーシス　stereognosis
ステレオグラフ　stereograph
ステレオケミカル　stereochemical
ステレオケミストリー　stereochemistry
ステレオスコープ　stereoscope
ステレオスコピー　stereoscopy
ステレオスペシフィシティー　stereospecificity
ステレオスペシフィック　stereospecific
ステレオタイプ　stereotype
ステレオタイプト　stereotyped
ステレオタクシス　stereotaxis
ステレオタクシック　stereotaxic
ステレオフォニー　stereophony
ステレオフォニック　stereophonic

ステレオプシス　stereopsis
ステレオホン　stereophone
ステレオマイクロスコープ
stereomicroscope
ステレオロジー　stereology
ステロイダル　steroidal
ステロイド　steroid
ステロール　sterol
ステロタイプ　stereotype
ステン・ガン　Sten gun
ステンゲル　Stengel
ステンシル　stencil
ステンター　Stentor
ステンチ　stench
ステンチ・トラップ　stench trap
ステント　stent
ステンド・グラス　stained glass
ステントリアン　stentorian
ステンボロン　stenbolone
ステンレス　stainless
ステンレス・スチール　stainless steel
ストア　store
ストアー　store
ストアキーパー　storekeeper
ストアド・バリュー　stored-value
ストアハウス　storehouse
ストアフロント　storefront
ストア・ボート　store-bought
ストアルーム　storeroom
ストアワイド　storewide
ストイカル　stoical
ストイキオメトリー　stoichiometry
ストイコビッチ　Stojković
ストイシズム　Stoicism
ストイチコフ　Stoichkov
ストイック　Stoic
ストウ　Stowe
ストゥージ　stooge
ストゥージズ　Stooges
ストゥーパ　stupa
ストゥープ　stoop, stoup, stupe
ストゥーリー　stoolie, -ey, stooly
ストゥール　stool, Stour
ストゥール・ピジン　stool pigeon
ストゥッド　stood
ストー　stow
ストーアウェー　stowaway
ストーエッジ　stowage
ストーカー　stalker, stoker, Stoker
ストーキー　stalky
ストーキング　stalking
ストーキング・ホース　stalking-horse
ストーク　stalk, stoke, stork
ストーク・オン・トレント　Stoke-on-Trent
ストークホール　stokehole
ストークホールド　stokehold
ストージー　stogie, stogy, stogey
ストート　stoat
ストーナー　stoner
ストーニー　stony, stoney
ストーニーハーテッド　stonyhearted
ストーニー・ブルック　Stony Brook
ストーニー・ブローク　stony-broke
ストーブ　stove
ストーブパイプ　stovepipe
ストーブパイプ・ハット　stovepipe hat
ストーブ・リーグ　stove league
ストーマ　stoma
ストーミー　stormy
ストーミー・ペトレル　stormy petrel
ストーミング・パーティー　storming party
ストーム　storm
ストーム・ウインドー　storm window
ストーム・クラウド　storm cloud
ストーム・スーワー　storm sewer
ストーム・センター　storm center
ストーム・ドア　storm door
ストーム・トルーパー　storm trooper
ストーム・ドレーン　storm drain
ストームバウンド　stormbound
ストーム・ペトレル　storm petrel
ストーム・ランタン　storm lantern
ストーリー　story, storey
ストーリーテラー　storyteller
ストーリード　storied, storeyed
ストーリーブック　storybook
ストーリーライター　storywriter
ストーリー・ライン　story line
ストール　stall, stole
ストール・フィード　stall-feed
ストールフィヨルド　Storfjord
ストールホルダー　stallholder
ストールワート　stalwart
ストールン　stolen

ストーレージ storage
ストーレージ・バッテリー storage battery
ストーレージ・ヒーター storage heater
ストーン stone
ストーンウェア stoneware
ストーンウォール stonewall
ストーンウォッシュド stonewashed
ストーン・エイジ Stone Age
ストーンカッター stonecutter
ストーン・グラウンド stone-ground
ストーン・コールド stone-cold
ストーン・サークル stone circle
ストーンズ・スロー stone's throw
ストーンチ stanch, staunch
ストーン・デッド stone-dead
ストーン・デフ stone-deaf
ストーンド stoned
ストーントン Staunton
ストーン・ピット stone pit
ストーン・ブラインド stone-blind
ストーン・フルーツ stone fruit
ストーンブレーカー stonebreaker
ストーン・ブローク stone-broke
ストーンヘンジ Stonehenge
ストーンメーソン stonemason
ストーンレス stoneless
ストーン・ローゼズ Stone Roses
ストーンワーク stonework
ストキャスティクス stochastics
ストコフスキー Stokowski
ストッカー stocker
ストッキー stocky
ストッキスト stockist
ストッキネット stockinette
ストッキング stocking
ストッキング・キャップ stocking cap
ストッキングド stockinged
ストッキング・フィラー stocking filler
ストッキングレス stockingless
ストック stock
ストック・イン・トレード stock-in-trade
ストック・エクスチェンジ stock exchange
ストック・オプション stock option
ストック・カー stock car
ストック・カンパニー stock company
ストック・キャラクター stock character
ストック・サーティフィケート stock certificate
ストックジョッバー stockjobber
ストック・スティル stock-still
ストックテイキング stocktaking
ストックトン Stockton
ストックパイラー stockpiler
ストックパイル stockpile
ストック・ファーマー stock farmer
ストック・ファーミング stock farming
ストック・ファーム stock farm
ストックフィッシュ stockfish
ストックブリーダー stockbreeder
ストックブローカー stockbroker
ストックブローカー・ベルト stockbroker belt
ストックブローキング stockbroking
ストックブローケレッジ stockbrokerage
ストックポット stockpot
ストックホルダー stockholder
ストックホルム Stockholm
ストック・マーケット stock market
ストックマン stockman
ストックヤード stockyard
ストックリン Stocrin
ストックルーム stockroom
ストック・レイジング stock raising
ストッケード stockade
ストッジ stodge
ストッジー stodgy
ストッパー stopper
ストッパード Stoppard
ストッパブル stoppable
ストッピッジ stoppage
ストッピング stopping
ストップ stop
ストップ・アウト stop-out
ストップ・アンド・ゴー stop-and-go
ストップウォッチ stopwatch
ストップオーバー stopover
ストップギャップ stopgap
ストップ・ゴー stop-go
ストップコック stopcock
ストップ・プレス stop-press
ストップ・モーション stop motion
ストップライト stoplight
ストップ・ランプ stop lamp
ストップル stopple

ストップ・ロス　stop-loss
ストマ　stoma
ストマッカー　stomacher
ストマック　stomach
ストラータ　strata
ストラータム　stratum
ストライエーション　striation
ストライエーテッド　striated
ストライエート　striate
ストライカー　striker, Stryker
ストライキング　striking
ストライキング・プライス　striking price
ストライク　strike
ストライクアウト　strikeout
ストライク・ゾーン　strike zone
ストライクバウンド　strikebound
ストライク・プライス　strike price
ストライクブレーカー　strikebreaker
ストライクブレーキング　strikebreaking
ストライク・ペイ　strike pay
ストライデンシー　stridency
ストライデント　strident
ストライド　stride
ストライピー　stripy
ストライピング　striping
ストライフ　strife
ストライブ　strive
ストライプ　stripe
ストライプト　striped
ストラウド　Stroud
ストラクチャー　structure
ストラクチャリスト　structuralist
ストラクチャリズム　structuralism
ストラクチュラル　structural
ストラクチュラル・リンギスティックス
structural linguistics
ストラグラー　straggler
ストラグリー　straggly
ストラグリング　straggling
ストラグル　straggle
ストラザー　Struther
ストラス　strath
ストラスクライド　Strathclyde
ストラスブール　Strasbourg
ストラスモア　Strathmore
ストラタジェム　stratagem
ストラタス　stratus
ストラック　struck
ストラット　strut
ストラッド　Strad
ストラットフォード・アポン・エイボン
Stratford-upon-Avon, -on-
ストラッパー　strapper
ストラッピー　strappy
ストラッピング　strapping
ストラップ　strap
ストラップト　strapped
ストラップハンガー　straphanger
ストラップレス　strapless
ストラティグラフィー　stratigraphy
ストラディバリ　Stradivari
ストラディバリウス　Stradivarius,
Stradivari
ストラティファイ　stratify
ストラティフィケーション　stratification
ストラテジー　strategy
ストラテジカル　strategical
ストラテジスト　strategist
ストラテジック　strategic
ストラテジック・エア・コマンド　Strategic Air
Command
ストラテジックス　strategics
ストラテジック・ディフェンス・イニシアティブ
Strategic Defense Initiative
ストラテジャイズ　strategize
ストラテラ　Strattera
ストラトキャスター　Stratocaster
ストラトキュミュラス　stratocumulus
ストラトクルーザー　Stratocruiser
ストラトコム　Stratcom
ストラトジェット　Stratojet
ストラトスフィア　stratosphere
ストラトスフェリック　stratospheric
ストラトタンカー　Stratotanker
ストラトフォー　Stratfor
ストラトフォード・アポン・エイボン
Stratford-upon-Avon, -on-
ストラトフォートレス　Stratofortress
ストラトリフター　Stratolifter
ストラドル　straddle
ストラビスマス　strabismus
ストラビンスキー　Stravinsky
ストラマー　Strummer
ストラム　strum

ストラルドブラグ　Struldbrug
ストランギュレーション　strangulation
ストランギュレート　strangulate
ストラング　strung
ストラングル　strangle
ストラングルホールド　stranglehold
ストランド　strand
ストランペット　strumpet
ストリーカー　streaker
ストリーキー　streaky
ストリーキング　streaking
ストリーク　streak
ストリート　street
ストリート・アーチン　street urchin
ストリート・アラブ　street Arab
ストリートウォーカー　streetwalker
ストリートカー　streetcar
ストリート・クレディビリティー　street credibility
ストリートスケープ　streetscape
ストリート・スマーツ　street smarts
ストリート・ドア　street door
ストリート・バリュー　street value
ストリート・ファニチャー　street furniture
ストリートボール　streetball
ストリートワイズ　streetwise
ストリープ　Streep
ストリーマー　streamer
ストリーミング　streaming
ストリーム　stream
ストリームライン　streamline
ストリームラインド　streamlined
ストリームレット　streamlet
ストリキニーネ　strychnine
ストリキニン　strychnine
ストリクチャー　stricture
ストリクト　strict
ストリクトリー　strictly
ストリクル　strickle
ストリクン　stricken
ストリジュレート　stridulate
ストリックランド　Strickland
ストリッド　stolid
ストリッパー　stripper
ストリップ　strip
ストリップ・アーティスト　strip artist
ストリップ・カートゥーン　strip cartoon
ストリップ・サーチ　strip search, strip-search
ストリップティーザー　stripteaser
ストリップティーズ　striptease
ストリップ・マップ　strip map
ストリップ・モール　strip mall
ストリップ・ライティング　strip lighting
ストリップリング　stripling
ストリディティー　stolidity
ストリンガー　stringer
ストリンギー　stringy
ストリング　string
ストリング・オーケストラ　string orchestra
ストリング・カルテット　string quartet
ストリング・タイ　string tie
ストリングド　stringed
ストリング・バッグ　string bag
ストリング・バンド　string band
ストリング・ビーン　string bean
ストリンジェンシー　stringency
ストリンジェント　stringent
ストリンジェンド　stringendo
ストルー　strew
ストルース　struth, strewth
ストルーマ　struma
ストルザイト　stolzite
ストレイ　stray
ストレイ・キャッツ　Stray Cats
ストレイ・シープ　stray sheep
ストレイチー　Strachey
ストレイト　straight, strait
ストレイナー　strainer
ストレイン　strain
ストレインド　strained
ストレー　stray
ストレージ　storage
ストレート　straight, strait
ストレートアウェー　straightaway
ストレート・アウト　straight-out
ストレート・アップ　straight-up
ストレート・アングル　straight angle
ストレートゥン　straighten
ストレート・エー　straight A
ストレートエッジ　straightedge
ストレート・コース　straight course
ストレートジャケット　straitjacket, straight-

ストレート・ファイト straight fight
ストレート・フェース straight face
ストレートフォワーズ straightforwards
ストレートフォワード straightforward
ストレート・フラッシュ straight flush
ストレートブレッド straightbred
ストレート・マン straight man
ストレート・レーザー straight razor
ストレートレースト straitlaced, straight-
ストレーフ strafe
ストレガ Strega
ストレス stress
ストレス・アクセント stress accent
ストレスフル stressful
ストレス・マーク stress mark
ストレタム Streatham
ストレッサー stressor
ストレッチ stretch
ストレッチー stretchy
ストレッチ・マークス stretch marks
ストレッチャー stretcher
ストレッチャー・パーティー stretcher party
ストレッチャー・ベアラー stretcher-bearer
ストレッチ・ヤーン stretch yarn
ストレッチ・リモ stretch limo
ストレニュアス strenuous
ストレプトキナーゼ streptokinase
ストレプトコッカス streptococcus
ストレプトマイシン streptomycin
ストレンクス strength
ストレンクスン strengthen
ストレンジ strange
ストレンジャー stranger
ストレンジリー strangely
ストレンス strength
ストレンスン strengthen
ストロー straw
ストロー・カラード straw colored
ストローク stroke
ストローク・オール stroke oar
ストローク・プレー stroke play
ストロード strode
ストローブ strobe, strove
ストロー・ボート straw vote
ストロー・ポール straw poll
ストロー・ボス straw boss
ストロー・マン straw man
ストローラー stroller
ストロール stroll
ストロガノフ stroganoff
ストロス・カーン Strauss-Kahn
ストロッピー stroppy
ストロップ strop
ストロフィー strophe
ストロフルス strophulus
ストロペー Sterope
ストロベリー strawberry
ストロベリー・ツリー strawberry tree
ストロベリー・フィールズ・フォーエバー Strawberry Fields Forever
ストロベリー・ブロンド strawberry blond(e)
ストロベリー・マーク strawberry mark
ストロボ strobe
ストロボスコープ stroboscope
ストロボスコピック stroboscopic
ストロボトロン strobotron
ストロボ・ライト strobe light
ストロマトライト stromatolite
ストロング strong
ストロング・アーム strong-arm
ストロング・ウィルド strong-willed
ストロング・ゲール strong gale
ストロング・スーツ strong suit
ストロング・ドリンク strong drink
ストロング・ブリーズ strong breeze
ストロングポイント strongpoint
ストロングホールド stronghold
ストロングボックス strongbox
ストロング・マインデッド strong-minded
ストロングマン strongman
ストロングリー strongly
ストロング・ルーム strong room
ストロンチウム strontium
ストロンボリ Stromboli
ストンプ stomp
スナーキー snarky
スナーク snark
スナーフ snarf
スナール snarl
スナール・アップ snarl-up
スナイダー Snider, Snyder
スナイト Sunnite
スナイド snide

スナイパー　sniper
スナイプ　snipe
スナウト　snout
スナグル　snuggle
スナグルトゥース　snaggletooth
スナジー　snazzy
スナッギー　snaggy
スナック　snack, snuck
スナッグ　snag, snug
スナック・バー　snack bar
スナッジェリー　snuggery, -gerie
スナッチ　snatch
スナッチー　snatchy
スナッチャー　snatcher
スナッバー　snubber
スナッパー　snapper
スナッビー　snubby
スナッピー　snappy
スナッピー・トム　snappy Tom
スナッピッシュ　snappish
スナッピング・タートル　snapping turtle
スナッフ　snuff
スナッブ　snub
スナップ　snap
スナッファー　snuffer
スナッフ・カラード　snuff-colored
スナップショット　snapshot
スナップドラゴン　snapdragon
スナッブ・ノーズド　snub-nosed
スナップ・ビーン　snap bean
スナップ・ファスナー　snap fastener
スナップフィッシュ　Snapfish
スナッフボックス　snuffbox
スナッフル　snuffle, snaffle
スナフー　snafu
スナフキン　Snofkin
ズニ　Zuni, Zuñi
スニアー　sneer
スニアリングリー　sneeringly
スニーカー　sneaker
スニーカー・ネット　sneaker net
スニーキー　sneaky
スニーキング　sneaking
スニーク　sneak
スニーク・シーフ　sneak thief
スニーク・プレビュー　sneak preview
スニーザー　sneezer
スニーズ　sneeze
スニガー　snigger
スニッカー　snicker
スニッカーズ　Snickers
スニック　snick
スニッチ　snitch
スニット　snit
スニッピー　snippy
スニッフ　sniff
スニップ　snip
スニッファー　sniffer
スニッフィー　sniffy
スニッフル　sniffle
スニフター　snifter
スニペット　snippet
スニベル　snivel
スヌーカー　snooker
スヌーク　snook
スヌーズ　snooze
スヌーティー　snooty
スヌート　snoot
スヌード　snood
スヌーバ　snuba
スヌーパー　snooper
スヌーピー　Snoopy, snoopy
スヌープ　snoop
スヌープ・ドッグ　Snoop Dogg
スネア　snare
スネア・ドラム　snare drum
スネイク　snake
スネイクヘッド　snakehead
スネイル　snail
スネーキー　snaky, snakey
スネーク　snake
スネークウィード　snake weed
スネーク・オイル　snake oil
スネークスキン　snakeskin
スネーク・ダンス　snake dance
スネーク・チャーマー　snake charmer
スネークバイト　snakebite
スネーク・ピット　snake pit
スネークヘッド　snakehead
スネークボード　snakeboard
スネール　snail
スネル　snell
スノウ　snow
スノウシュー　snowshoe

スノウパック　snowpack
スノウベルト　snowbelt
スノー　snow
スノーア　snore
スノーイー　snowy
スノー・カバード　snow-covered
スノーキャップト　snowcapped
スノー・グース　snow goose
スノー・クラッド　snow-clad
スノーシェッド　snowshed
スノーシュー　snowshoe
スノーシューズ　snowshoes
スノー・ジョブ　snow job
スノースーツ　snowsuit
スノーストーム　snowstorm
スノースライド　snowslide
スノーター　snorter
スノー・タイヤ　snow tire
スノーデン　Snowden
スノート　snort
スノードリフト　snowdrift
スノードロップ　snowdrop
スノードン　Snowdon
スノーバード　snowbird
スノーバウンド　snowbound
スノーパック　snowpack
スノーバンク　snowbank
スノー・ピー　snow pea
スノービット　Snohvit
スノーフィールド　snowfield
スノーフォール　snowfall
スノー・ブラインド　snow blind
スノー・ブラインドネス　snow blindness
スノープラウ　snowplow, -plough
スノーフレーク　snowflake
スノーブローワー　snowblower
スノーベリー　snowberry
スノーベルト　snowbelt
スノーボーダー　snowboarder
スノーボード　snowboard
スノーボール　snowball
スノー・ホワイト　snow-white
スノーマン　snowman
スノーモービル　snowmobile
スノー・ライン　snow line
スノー・レパード　snow leopard
スノッグ　snog
スノッティー　snotty
スノット　snot
スノッバリー　snobbery
スノッビー　snobby
スノッビズム　snobbism
スノッビッシュ　snobbish
スノッブ　snob
スノバリー　snobbery
スノビズム　snobbism
スノビッシュ　snobbish
スバ　Suva
スパ　spa
スパー　Spar, SPAR, spur
スパー・オブ・ザ・モーメント　spur-of-the-moment
スパー・ギア　spur gear
スパーキング・プラグ　sparking plug
スパーク　spark, Spark
スパーク・プラグ　spark plug
スパークラー　sparkler
スパークリング　sparkling
スパークリング・ウォーター　sparkling water
スパークリング・ワイン　sparkling wine
スパークル　sparkle
スパージ　sparge
スパーシティー　sparsity
スパージャー　sparger
スパース　sparse
スパート　spurt, spirt
スパー・トラック　spur track
スパーブ　superb
スパー・ホイール　spur wheel
スパーマセティ　spermaceti
スパーマティック　spermatic
スパーマトサイド　spermatocide
スパーマトゾーアン　spermatozoon
スパーマトロジー　spermatology
スパーミサイダル　spermicidal
スパーミサイド　spermicide
スパーム・オイル　sperm oil
スパーム・バンク　sperm bank
スパーム・ホエール　sperm whale
スパーリング　sparring
スパーリング・パートナー　sparring partner
スバールバル　Svalbard
スバーロ　Sbarro
スパーン　spurn

スパイ　spy
スパイア　spire
スパイアリー　spiry
スパイウェア　spyware
スパイカー　spiker
スパイキー　spiky
スパイク　spike
スパイクナード　spikenard
スパイク・ヒール　spike heel
スパイグラス　spyglass
スパイシー　spicy
スパイス　spice
スパイス・ガールズ　Spice Girls
スパイセリー　spicery
スパイダー　spider
スパイダー・クラブ　spider crab
スパイダーマン　Spider-Man, spiderman
スパイダー・モンキー　spider monkey
スパイダリー　spidery
スパイト　spite
スパイトフル　spiteful
スパイナル　spinal
スパイニー　spiny
スパイニー・アントイーター　spiny anteater
スパイニー・ロブスター　spiny lobster
スパイホール　spyhole
スパイマスター　spymaster
スパイラル　spiral
スパイラル・リング　spiral ring
スパイラント　spirant
スパイル　spile
スパイロメーター　spirometer
スパイロメトリー　spirometry
スパイン　spine, supine
スパイン・チラー　spine-chiller
スパイン・チリング　spine-chilling
スパインレス　spineless
スパウサル　spousal
スパウザル　spousal
スパウス　spouse
スパウズ　spouse
スパウト　spout
スパゲタータ　spaghettata
スパゲッティ　spaghetti
スパゲッティーニ　spaghettini
スパゲッティ・ウェスタン　spaghetti western
スパゲットーニ　spaghetoini
スパシーボ　spasibo
スパズ　spaz, spazz
スパスティック　spastic
スパズム　spasm
スパズモディカル　spasmodical
スパズモディック　spasmodic
スパチュラ　spatula
スパッカナポリ　Spaccanapoli
スパッター　sputter, spatter
スパッターダッシュ　spatterdash
スパッチコック　spatchcock
スパッツ　spats
スパット　spat
スパッド　spud
スパナ　spanner
スパニアード　Spaniard
スパニエル　spaniel
スパニッシュ　Spanish
スパニッシュ・アメリカ　Spanish America
スパニッシュ・アメリカン　Spanish-American
スパニッシュ・アメリカン・ウォー　Spanish-American War
スパニッシュ・アルマダ　Spanish Armada
スパニッシュ・オニオン　Spanish onion
スパニッシュ・オムレツ　Spanish omelet
スパニッシュ・シビル・ウォー　Spanish Civil War
スパニッシュ・メイン　Spanish Main
スパニヤード　Spaniard
スパビン　spavin(e)
スパビンド　spavined
スパマー　spammer
スパム　spam, Spam
スパム・メール　spam mail
スパルタ　Sparta
スパルタクス　Spartacus
スパルタニズム　Spartanism
スパルタン　Spartan
スハルト　Suharto
スパロー　sparrow
スパローグラス　sparrowgrass
スパロー・ホーク　sparrow hawk
スパン　span, spun
スパンカー　spanker
スパンキー　spunky

スパンキング　spanking
スパンク　spank, spunk
スパングリッシュ　Spanglish
スパングル　spangle
スパン・シュガー　spun sugar
スパンデックス　spandex
スパンドリル　spandril
スパンドレル　spandrel
スパン・ルーフ　span roof
スピア　spear
スピア・ガン　spear gun
スピア・サイド　spear side
スピア・フィッシング　spear phishing
スピアヘッド　spearhead
スピアマン　spearman
スピーカー　speaker
スピーカーシップ　speakership
スピーカーズ・コーナー　Speakers' Corner
スピーカーフォン　speakerphone
スピーカーホン　speakerphone
スピーキング　speaking
スピーキング・クロック　speaking clock
スピーキング・チューブ　speaking tube
スピーク　speak
スピークイージー　speakeasy
スピーシー　specie
スピーシーズ　species
スピーシャス　specious
スピーダー　speeder
スピーチ　speech
スピーチ・サウンド　speech sound
スピーチ・セラピー　speech therapy
スピーチ・セラピスト　speech therapist
スピーチ・デー　speech day
スピーチファイ　speechify
スピーチメーカー　speechmaker
スピーチライター　speechwriter
スピーチレス　speechless
スピーディー　speedy
スピーディング　speeding
スピード　speed, Speedo
スピードアップ　speedup
スピードウェー　speedway
スピードウェル　speedwell
スピード・スケーティング　speed skating
スピードスター　speedster
スピード・トラップ　speed trap
スピード・バンプ　speed bump
スピードボーター　speedboater
スピードボート　speedboat
スピードボール　speedball
スピード・マーチャント　speed merchant
スピードメーター　speedometer
スピード・メタル　speed metal
スピード・リーディング　speed-reading
スピード・リミット　speed limit
スピーリオロジー　speleology, -lae-
スピーリオロジスト　speleologist, -lae-
スピール　spiel
スピゴット　spigot
スピダミター　speedometer
スピタルフィールズ　Spitalfields
スピック　spik, spick, spic
スピック・アンド・スパン　spic(k)-and-span
スピッツ　Spitz
スピッツァー　Spitzer
スピッツベルゲン　Spitsbergen
スピッティング・イメージ　spitting image
スピット　spit
スピットゥーン　spittoon
スピットファイア　spitfire
スピットボール　spitball
スピットル　spittle
スピットルバグ　spittlebug
スピット・ロースト　spit-roast
スピッフ　spiff
スピッフィー　spiffy
スピッフィング　spiffing
スピナー　spinner
スピナッチ　spinach
スピナ・ビフィダ　spina bifida
スピニー　spinney
スピニング　spinning
スピニング・ジェニー　spinning jenny
スピニング・ホイール　spinning wheel
スピネット　spinet
スピネル　spinel
スピノザ　Spinoza
スピブ　spiv
スピム　spim
スピュー　spew
スピュータム　sputum
スピューム　spume
スピュリアス　spurious

スピラクル spiracle
スピリ Spyri
スピリチュアス spirituous
スピリチュアライズ spiritualize
スピリチュアリスト spiritualist
スピリチュアリズム spiritualism
スピリチュアリティー spirituality
スピリチュアル spiritual
スピリチュアル・ジャンキー spiritual junkie
スピリッツ spirits
スピリット spirit
スピリット・ランプ spirit lamp
スピリットレス spiritless
スピリット・レベル spirit level
スピリティズム spiritism
スピリトロジー spiritology
スピル spill
スピルウェー spillway
スピルオーバー spillover
スピルト spilt
スピルバーグ Spielberg
スピルリナ spirulina
スピレッジ spillage
スピロノラクトン spironolactone
スピロヘータ spirochete, -chaete
スピン spin
スピン・アウト spin out
スピン・エレクトロニクス spin electronics
スピン・オフ spin-off
スピン・コントロール spin control
スピンスター spinster
スピンスターフッド spinsterhood
スピン・ドクター spin doctor
スピン・ドライ spin-dry
スピン・ドライヤー spin drier [dryer]
スピンドリー spindly
スピンドリフト spindrift
スピンドル spindle
スピンドル・サイド spindle side
スピンドルシャンクス spindleshanks
スピンドルシャンクト spindle-shanked
スピンドル・ツリー spindle tree
スピンドルレッグズ spindlelegs
スピンドル・レッグド spindle-legged
スピントロニクス spintronics
スピンネーカー spinnaker
スピンボルダック Spin Boldak
スプアー spoor
スファグナム sphagnum
スファレライト sphalerite
スフィア sphere
スフィグモマノメーター sphygmomanometer
スフィンクス sphinx
スフィンクスライク sphinxlike
スフィンクター sphincter
スフィンゴシン sphingosine
スフィンゴリピッド sphingolipid
スフィンゴリピド sphingolipid
スプーキー spooky
スプーク spook
スプートニク Sputnik
スプーナリズム spoonerism
スプーニー spoony, spooney
スプーフ spoof
スプーフィング spoofing
スプーマ spuma
スプーラー spooler
スプーリング spooling
スプール spool
スプーン spoon
スプーンビル spoonbill
スプーン・フィード spoon-feed
スプーン・フェッド spoon-fed
スプーンフル spoonful
スフェア sphere
スフェーン sphene
スフェリカル spherical
スフェリック spheric
スフェロイド spheroid
スフェロプラスト spheroplast
スフォルツァ Sforza
スフォルツァンド sforzando
スフォルマート sformato
スプソン soupçon
スフマート sfumato
スプマンテ spumante
スフミ Sukhumi
スプラージ splurge
スプライ spry
スプライサー splicer
スプライシング splicing
スプライス splice
スプライト sprite, Sprite

スプライトリー　sprightly
スプライン　spline
スプラウト　sprout
スプラウトシー　sproutsy
スブラキ　souvlaki
スプラッシー　splashy
スプラッシャー　splasher
スプラッシュ　splash
スプラッシュ・ガード　splash guard
スプラッシュダウン　splashdown
スプラッシュバック　splashback
スプラッシュボード　splashboard
スプラッシュ・マウンテン　Splash Mountain
スプラッター　splatter, splutter
スプラッター・ムービー　splatter movie
スプラット　splat, sprat
スプラング　sprang, sprung
スプリアス　spurious
スプリー　spree
スプリーン　spleen
スプリーンフル　spleenful
スプリッギー　spriggy
スプリッグ　sprig
スプリッツ　spritz
スプリッツァー　spritzer
スプリッツビル　splitsville
スプリッティング　splitting
スプリット　split, sprit
スプリット・アップ　split-up
スプリット・インフィニティブ　split infinitive
スプリット・シフト　split shift
スプリット・スクリーン　split screen
スプリットセール　spritsail
スプリット・セカンド　split second, split-second
スプリット・チケット　split ticket
スプリット・デシジョン　split decision
スプリット・パーソナリティー　split personality
スプリット・ピー　split pea
スプリット・フィンガード・ファストボール　split-fingered fastball
スプリット・マインド　split mind
スプリット・ラン　split run
スプリット・レベル　split-level
スプリンガー　springer
スプリンガー・スパニエル　springer spaniel
スプリンギー　springy
スプリング　spring
スプリングウォーター　springwater
スプリング・オニオン　spring onion
スプリング・クリーニング　spring-cleaning
スプリング・クリーン　spring-clean
スプリングスティーン　Springsteen
スプリング・タイド　spring tide
スプリングタイム　springtime
スプリング・チキン　spring chicken
スプリング・バンク・ホリデー　Spring Bank Holiday
スプリング・フィーバー　spring fever
スプリングフィールド　Springfield
スプリングヘッド　springhead
スプリングボード　springboard
スプリングボック　springbok
スプリンクラー　sprinkler
スプリンクラー・システム　sprinkler system
スプリンクリング　sprinkling
スプリンクル　sprinkle
スプリング・ロール　spring roll
スプリンジ　springe
スプリンター　sprinter, splinter
スプリンタリー　splintery
スプリント　sprint, splint
スプリント・ボーン　splint bone
スプルー　sprue
スプルーク　spruik
スプルース　spruce
スフレ　soufflé
スプレイ　spray, splay
スプレイン　sprain
スプレー　spray, splay
スプレー・カン　spray can
スプレー・ガン　spray gun
スプレーフット　splayfoot
スプレー・ペイント　spray paint, spray-paint
スプレーヤー　sprayer
スプレッダー　spreader
スプレッダブル　spreadable
スプレッド　spread
スプレッド・イーグル　spread eagle, spread-eagle
スプレッドシート　spreadsheet
スプレニック　splenic

スプレネティック　splenetic
スプレンダー　splendor, -dour
スプレンディド　splendid
スプレンディフェラス　splendiferous
スプロール　sprawl
スプロガー　splogger
スプログ　splog
スプロケット　sprocket
スプロケット・ホイール　sprocket wheel
スプロッジ　splodge
スプロッシュ　splosh
スプロッチ　splotch
スプロッチー　splotchy
スペア　spare
スペア・タイヤ　spare tire
スペア・パート・サージェリー　spare-part surgery
スペアミント　spearmint
スペアリー　sparely
スペアリブ　sparerib
スペアリング　sparing
スペイ　spay
スペイサイド　Speyside
スペイシー　spacy, spacey
スペイシオテンポラル　spatiotemporal
スペイシャリティー　spatiality
スペイスト　spaced
スペイト　spate
スペイン　Spain
スペーサー　spacer
スペーシー　spacy, spacey
スペーシオテンポラル　spatiotemporal
スペーシャス　spacious
スペーシャル　spatial, -cial
スペーシング　spacing
スペース　space
スペース・ウォーク　space walk
スペース・エイジ　space age, space-age
スペース・オペラ　space opera
スペース・カデット　space cadet
スペース・カプセル　space capsule
スペースクラフト　spacecraft
スペース・サイエンス　space science
スペースシップ　spaceship
スペース・シャトル　space shuttle
スペース・スーツ　space suit
スペース・ステーション　space station
スペース・タイム　space-time
スペース・デブリ　space debris
スペースト　spaced
スペースト・アウト　spaced-out
スペース・トラベル　space travel
スペース・バー　space bar
スペース・バイオロジー　space biology
スペース・ビーイクル　space vehicle
スペース・ヒーター　space heater
スペース・フライト　space flight
スペース・プローブ　space probe
スペースポート　spaceport
スペース・マウンテン　Space Mountain
スペースマン　spaceman
スペース・メディシン　space medicine
スペース・ライター　space writer
スペース・ラボ　space lab
スペースレス　spaceless
スペース・ロケット　space rocket
スペーディックス　spadix
スペード　spade
スペードフル　spadeful
スペードワーク　spadework
スペキュラ　specula
スペキュラティブ　speculative
スペキュラム　speculum
スペキュレーション　speculation
スペキュレーター　speculator
スペキュレーティブ　speculative
スペキュレート　speculate
スペクター　specter, -tre, Spector
スペクタキュラー　spectacular
スペクタクル　spectacle
スペクタクルド　spectacled
スペクテーター　spectator
スペクテーター・スポーツ　spectator sports
スペクトラ　spectra
スペクトラム　spectrum
スペクトラル　spectral
スペクトル　spectrum
スペクトログラフ　spectrograph
スペクトログラム　spectrogram
スペクトロスコープ　spectroscope
スペクトロスコピ--　spectroscopy
スペクトロスコピスト　spectroscopist
スペクトロフォトメーター　spectrophotometer

スペクトロフォトメトリー spectrophotometry
スペクトロフォトメトリカル spectrophotometrical
スペクトロフォトメトリック spectrophotometric
スペクトロメーター spectrometer
スペクトロメトリー spectrometry
スペクトロメトリック spectrometric
スペシファイ specify
スペシファイアブル specifiable
スペシファイド specified
スペシフィケーション specification
スペシフィシティー specificity
スペシフィック specific
スペシフィック・グラビティー specific gravity
スペシフィック・ヒート specific heat
スペシメン specimen
スペシャライズ specialize
スペシャライゼーション specialization
スペシャリー specially
スペシャリスト specialist
スペシャリズム specialism
スペシャリゼーション specialization
スペシャリティー speciality
スペシャル special
スペシャル・エフェクツ special effects
スペシャル・エリア special area
スペシャル・コンスタブル special constable
スペシャルティー specialty
スペシャル・ドローイング・ライツ special drawing rights
スペシャル・ブランチ Special Branch
スペシャル・プリーディング special pleading
スペシャル・ライセンス special licence
スペック spec, spec., speck
スペックス specs, specks
スペックル speckle
スペックルド speckled
スペッド sped
スベトラーナ Svetlana
スヘフェニンゲン Scheveningen
スペラー speller
スペランカー spelunker
スペランキング spelunking
スペリアー superior
スペリアー・コート superior court
スペリー Sperry
スペリオリティー superiority
スペリオリティー・コンプレックス superiority complex
スペリオル Superior
スペリング spelling
スペリング・チェッカー spelling checker
スペリング・ビー spelling bee
スペリング・ブック spelling book
スペリング・プロナンシエーション spelling pronunciation
スペル spell
スペルダウン spelldown
スペル・チェッカー spell checker
スベルト svelte
スペルト spelt
スヘルトーヘンボス 's-Hertogenbosch
スベルドロフスク Sverdlovsk
スペルバインダー spellbinder
スペルバインド spellbind
スペルバウンド spellbound
ズベルバンク Sberbank
スペルマ sperm
スペレロガトリー supererogatory
スペンサー Spencer, Spenser
スペンセリアン Spenserian
スペンセリアン・スタンザ Spenserian stanza
スペンダー spender, Spender
スペンディング・マネー spending money
スペント spent
スペンド spend
スペンドスリフト spendthrift
スポイラー spoiler
スポイル spoil
スポイルズ・システム spoils system
スポイルスポート spoilsport
スポイルズマン spoilsman
スポイルト spoilt
スポイレッジ spoilage
スポーア spore
スポーク spoke, spork
スポークスウーマン spokeswoman
スポークスパーソン spokesperson
スポークスマン spokesman

スポークスモデル spokesmodel
スポークン spoken
スポーツ sports
スポーツウーマン sportswoman
スポーツウェア sportswear
スポーツ・カー sports car
スポーツキャスター sportscaster
スポーツキャスト sportscast
スポーツ・プログラマー sports programmer
スポーツマン sportsman
スポーツマンシップ sportsmanship
スポーツマンライク sportsmanlike
スポーツ・メディシン sports medicine
スポーツライター sportswriter
スポーティー sporty
スポーティブ sportive
スポーティング sporting
スポート sport
スポード Spode
スポール spall
スポーレーション spallation
スポーン spawn
スポジュミン spodumene
スポジュメン spodumene
スポック Spock
スポッター spotter
スポッティー spotty
スポッテッド spotted
スポッテッド・ディック spotted dick
スポット spot
スポット・オン spot-on
スポット・キャンペーン spot campaign
スポット・コマーシャル spot commercial
スポット・チェック spot check
スポットビル・ダック spotbill duck
スポットライト spotlight
スポットレス spotless
スポティファイ Spotify
スポラディック sporadic
スポラデス Sporades
スポラン sporran
スポリエーション spoliation
スポルディング Spalding
スポンサー sponsor
スポンサーシップ sponsorship
スポンジ sponge
スポンジー spongy
スポンジ・ケーキ sponge cake
スポンジ・バッグ sponge bag
スポンジフォーム spongiform
スポンジ・プディング sponge pudding
スポンジャー sponger
スポンジ・ラバー sponge rubber
スポンタニーイティー spontaneity
スポンディー spondee
スポンデイイック spondaic
スポンテーニアス spontaneous
スポンテーニアス・ジェネレーション spontaneous generation
ズマ Zuma
スマーク smirk
スマーター smarter
スマーチ smirch
スマーティー smarty
スマーティー・パンツ smarty-pants
スマーティー・ブーツ smarty-boots
スマート smart
スマート・アス smart-ass, -arse
スマート・アレッキー smart alecky
スマート・アレック smart alec [aleck]
スマートゥン smarten
スマート・カード smart card
スマート・グリッド smart grid
スマート・パワー smart power
スマートフォン smartphone
スマートブック smartbook
スマート・ボム smart bomb
スマート・マネー smart money
スマート・メーター smart meter
スマーフ smurf
スマーミー smarmy
スマーム smarm
スマイズソン Smythson
スマイト smite
スマイリー smiley
スマイリング smiling
スマイル smile
スマ・クム・ラウデ summa cum laude
スマグラー smuggler
スマグリング smuggling
スマグル smuggle
スマザー smother
スマター smatter

スマタリング　smattering
スマッカー　smacker
スマッキング　smacking
スマック　smack
スマッグ　smug
スマック・ダブ　smack-dab
スマッジ　smudge
スマッジー　smudgy
スマッジ・ポット　smudge pot
スマッシャー　smasher
スマッシュ　smash
スマッシュアップ　smashup
スマッシュ・アンド・グラッブ　smash-and-grab
スマッシュト　smashed
スマッシュ・ヒット　smash hit
スマッシュマウス　smashmouth
スマッシュワーズ　Smashwords
スマッシング　smashing
スマッチ　smutch
スマッティー　smutty
スマット　smut
スマトラ　Sumatra
スマトラン　Sumatran
スマトリプタン　sumatriptan
スマホ　⇨スマートフォン
スマム・ボウナム　summum bonum
スマラン　Semarang
スマルト　smalt
スミア　smear
スミア・テスト　smear test
スミアリー　smeary
スミザリーンズ　smithereens
スミシー　smithy
スミス　Smith, smith
スミソナイト　smithsonite
スミソニアン・インスティテューション　Smithsonian Institution
スミチオン　Sumithion
スミッジ　smidge
スミッジェン　smidgen
スミッジョン　smidgeon
スミッジン　smidgin
スミトゥン　smitten
スミノフ　Smirnoff
スミルノフ　Smirnoff
スムージー　smoothie
スムーシュ　smoosh
スムージング・プレーン　smoothing plane
スムース　smooth
スムーズ　smooth
スムーズ・スポークン　smooth-spoken
スムーズ・タングド　smooth-tongued
スムーズ・トーク　smooth-talk
スムーズ・フェースト　smooth-faced
スムーズリー　smoothly
スムーチ　smooch
スムガイト　Sumgayit
スメイズ　smaze
スメクタイト　smectite
スメクチック　smectic
スメグマ　smegma
スメタナ　Smetana
スメリー　smelly
スメリング・ソルツ　smelling salts
スメリング・ボトル　smelling bottle
スメル　smell
スメルター　smelter
スメルト　smelt
スモウ　sumo
スモーカー　smoker
スモーカーズ・コフ　smoker's cough
スモーガスボード　smorgasbord, smörgås-
スモーキー　Smoky, smoky, smokey
スモーキング　smoking
スモーキング・カー　smoking car
スモーキング・ガン　smoking gun
スモーキング・キャリッジ　smoking carriage
スモーキング・コンパートメント　smoking compartment
スモーキング・ジャケット　smoking jacket
スモーキング・ルーム　smoking room
スモーク　smoke
スモーク・グレー　smoke gray
スモーク・ジャンパー　smoke jumper
スモーク・スクリーン　smoke screen
スモークスタック　smokestack
スモーク・デテクター　smoke detector
スモーク・ドライド　smoke-dried
スモークハウス　smokehouse
スモーク・フィルド・ルーム　smoke-filled room
スモーク・ボム　smoke bomb
スモーク・マシーン　smoke machine

スモークレス　smokeless
スモート　smote
スモーリッシュ　smallish
スモール　small
スモール・アームズ　small arms
スモール・アド　small ad
スモール・アワーズ　small hours
スモール・インテスティン　small intestine
スモール・カー　small car
スモール・キャピタル　small capital
スモール・クラフト　small craft
スモール・クレームズ・コート　small-claims court
スモール・ゲーム　small game
スモール・サークル　small circle
スモール・スケール　small-scale
スモール・スラム　small slam
スモールダー　smolder, smoul-
スモール・タイマー　small-timer
スモール・タイム　small-time
スモール・タウン　small-town
スモール・チェンジ　small change
スモールト　smalt
スモール・トーク　small talk
スモール・ビア　small beer
スモール・フェイセス　Small Faces
スモール・フライ　small-fry
スモール・プリント　small print
スモール・ボア　small-bore
スモールホールディング　smallholding
スモールポックス　smallpox
スモール・ポテイトーズ　small potatoes
スモールホルダー　smallholder
スモール・マインデッド　small-minded
スモール・メリット　small merit
スモガポリス　smogapolis
スモッギー　smoggy
スモッキング　smocking
スモック　smock
スモッグ　smog
スモック・フロック　smock frock
スモレット　Smollett
スモレンスク　Smolensk
スモン　SMON
スラー　slur
スラープ　slurp
スラーリー　slurry
スライ　sly
スライゴー　Sligo
スライサー　slicer
スライサブル　sliceable
スライス　slice, thrice
スライ・ストーン　Sly Stone
スライダー　slider
スライティング　slighting
スライディング・シート　sliding seat
スライディング・スケール　sliding scale
スライディング・ドアー　sliding door
スライディング・ルーフ　sliding roof
スライト　slight, sleight
スライド　slide
スライドショー　slideshow
スライド・ファスナー　slide fastener
スライトリー　slightly
スライドリーボック　slidereebok
スライド・ルール　slide rule
スライビング　thriving
スライブ　thrive
スライミー　slimy
スライム　slime
スライリー　slyly
スラウ　slough
スラウチ　slouch
スラウチー　slouchy
スラウチ・ハット　slouch hat
スラガード　sluggard
スラグ　slag, slug
スラグヒープ　slagheap
スラグフェスト　slugfest
スラグホーン　Slughorn
スラザー　slather
スラスター　thruster, thrustor
スラスト　thrust
スラスト・ステージ　thrust stage
スラタン　slattern
スラタンリー　slatternly
スラッカー　slacker
スラッガー　slugger
スラッギッシュ　sluggish
スラッギング・アベレージ　slugging average
スラッギング・パーセンテージ　slugging percentage
スラック　slack
スラック・ウォーター　slack water

スラックス　slacks
スラック・スーツ　slack suit
スラックティビスト　slacktivist
スラックティビズム　slacktivism
スラックン　slacken
スラッジ　sludge
スラッシー　slushy
スラッジー　sludgy
スラッシャー　slasher, thrasher
スラッシュ　slash, slush, thrash, thrush
スラッシュ・アンド・バーン　slash-and-burn
スラッシュコア　thrashcore
スラッシュ・ファンド　slush fund
スラッシュ・メタル　thrash metal
スラッシング　slashing, thrashing
スラッティー　slutty
スラッティッシュ　sluttish
スラット　slat, slut
スラットウォーク　Slutwalk
スラッパー　slapper
スラップ　slap
スラップ・アップ　slap-up
スラップジャック　slapjack
スラップスティック　slapstick
スラップスティック・コメディー　slapstick comedy
スラップダッシュ　slapdash
スラップハピー　slaphappy
スラップ・バング　slap-bang
スラッペンス　threepence
スラバー　slaver, slabber
スラバヤ　Surabaya, -ja
スラビック　Slavic
スラフ　sluff
スラブ　Slav, slab
スラブ・サイデッド　slab-sided
スラブル　thurible
スラブン　sloven
スラボニック　Slavonic
スラマー　slammer, slummer
スラミー　slummy
スラム　slum, slam, thrum
スラム・クリアランス　slum clearance
スラム・ダンク　slam dunk
スラム・バング　slam-bang
スラムロード　slumlord
スラローム　slalom
スランギー　slangy
スランギング・マッチ　slanging match
スランク　slunk
スラング　slang, slung
スラングショット　slungshot
スランダー　slander
スランダラス　slanderous
スランティング　slanting
スラント　slant
スラント・アイド　slant-eyed
スラントウェーズ　slantways
スラントワイズ　slantwise
スランバー　slumber
スランバー・パーティー　slumber party
スランプ　slump
スランブラス　slumberous, slumbrous
スランベラス　slumberous, slumbrous
スリー　three
スリー・ウェー・バッグ　three-way bag
スリー・カラー　three-color
スリーク　sleek
スリー・クォーター　three-quarter
スリー・コーナード　three-cornered
スリーサム　threesome
スリージー　sleazy, sleezy
スリーズ　sleaze
スリースコア　threescore
スリー・スター　three-star
スリーズボール　sleazeball
スリーティー　sleety
スリー・ディー　3-D, three-D
スリー・ディメンショナル　three-dimensional
スリー・デッカー　three-decker
スリート　sleet
スリーパー　sleeper
スリー・バッガー　three-bagger
スリー・ハンデッド　three-handed
スリーピー　sleepy
スリー・ピース　three-piece
スリーピート　threepeat
スリーピーヘッド　sleepyhead
スリーピー・ホロー　Sleepy Hollow
スリーピング　sleeping
スリーピング・カー　sleeping car
スリーピング・シックネス　sleeping sickness
スリーピング・スーツ　sleeping suit

スリーピング・タブレット　sleeping tablet
スリーピング・パートナー　sleeping partner
スリーピング・ピル　sleeping pill
スリーピング・ポリスマン　sleeping policeman
スリーブ　sleeve
スリープ　sleep
スリープ・イン　sleep-in
スリープウォーカー　sleepwalker
スリープウォーキング　sleepwalking
スリー・フェーズ　three-phase
スリープオーバー　sleepover
スリーフォールド　threefold
スリーブド　sleeved
スリーブ・ノート　sleeve-note
スリー・プライ　three-ply
スリーブ・リンク　sleeve link
スリーブレス　sleeveless
スリープレス　sleepless
スリー・ヘイペンス　three-halfpence, -ha'pence
スリーベース・ヒット　three-base hit
スリーペニー　threepenny
スリーペンス　threepence
スリー・ホイーラー　three-wheeler
スリー・ポインティッド・スター　Three Pointed Star
スリー・ポイント・ターン　three-point turn
スリーマイル・リミット　three-mile limit
スリーライン・ホイップ　three-line whip
スリー・リング・サーカス　three-ring(ed) circus
スリー・レッグド　three-legged
スリクソン　Srixon
スリケート　suricate
スリザー　slither
スリザリー　slithery
スリッカー　slicker
スリック　slick
スリッティー　slitty
スリット　slit
スリット・アイド　slit-eyed
スリット・スカート　slit skirt
スリッパ　slipper
スリッパリー　slippery
スリッピー　slippy
スリップ　slip
スリップアップ　slipup
スリップウェア　slipware
スリップウェー　slipway
スリップオーバー　slipover
スリップ・オン　slip-on
スリップカバー　slipcover
スリップケース　slipcase
スリップ・シート　slip sheet
スリップショッド　slipshod
スリップストリーム　slipstream
スリップト・ディスク　slipped disk
スリップ・ドレス　slip dress
スリップノット　slipknot
スリップ・ロード　slip road
スリッページ　slippage
スリッポン　slip-on
スリッポン・シューズ　slip-on shoes
スリナガル　Srinagar
スリナム　Suriname, Surinam
スリバー　sliver
スリフティー　thrifty
スリフト　thrift
スリフト・インスティテューション　thrift institution
スリフト・ショップ　thrift shop
スリフトレス　thriftless
スリボビッツ　slivovitz, -witz
スリマー　slimmer
スリミング　slimming
スリム　slim
スリム・アップ　slim up
スリム・ライン　slim line
スリラー　thriller
スリランカ　Sri Lanka
スリランカン　Sri Lankan
スリリング　thrilling
スリル　thrill
スリン　Surin
スリンキー　slinky
スリンク　slink
スリング　sling
スリングショット　slingshot
スリング・チェア　sling chair
スリングバック　slingback
スルー　through, threw, slew, slue, slough
スルーアウト　throughout

スルーイー　sloughy
スルーウェー　throughway, thruway
スルース　sluice, sleuth
スルースウェー　sluiceway
スルース・ゲート　sluice gate
スルー・ストリート　through street
スルースハウンド　sleuthhound
スルース・バルブ　sluice valve
スループ　sloop
スループット　throughput
スルー・フット・スー　Slue Foot Sue
スルコフ　Surkov
ズルシトール　dulcitol
スルタナ　sultana
スルタン　sultan
スルツカヤ　Slutskaya
スルピリド　sulpiride
スルファレート　sulfallate
スルフォネート　sulfonate, sulphonate
スルフォラファン　sulforaphane
スルフォラフェイン　sulforaphane
スルフヒドリル　sulfhydryl
スレイ　sleigh, sley, slay
スレイブ　slave
スレイ・ベル　sleigh bell
スレイン　slain
スレー　sleigh
スレーク　slake
スレーター　slater
スレーティー　slaty
スレート　slate
スレート・ペンシル　slate pencil
スレーバー　slaver
スレーバリー　slavery
スレービッシュ　slavish
スレーブ　slave
スレーブ・アント　slave ant
スレーブ・シップ　slave ship
スレーブ・ステート　Slave State
スレーブ・ドライバー　slave driver
スレーブ・トラフィック　slave traffic
スレーブ・トレーダー　slave trader
スレーブ・トレード　slave trade
スレーブホールディング　slaveholding
スレーブホルダー　slaveholder
スレーブ・レーバー　slave labor
スレシュホールド　threshold
スレッジ　sledge
スレッジハンマー　sledgehammer
スレッシャー　thresher
スレッシュ　thresh
スレッショルド　threshold
スレッシング・マシン　threshing machine
スレッダー　threader
スレッディー　thready
スレッディング　sledding
スレット　threat
スレッド　thread, sled
スレッド・ドッグ　sled dog
スレッドベア　threadbare
スレッド・マーク　thread mark
スレッドライク　threadlike
スレッドワーム　threadworm
スレッペンス　threepence
スレトゥナー　threatener
スレトゥン　threaten
スレノディー　threnody
スレプト　slept
スレブレニツァ　Srebrenica
スレンダー　slender
スレンダライズ　slenderize
スロー　slow, throw, slaw, sloe
スロー・アイド　sloe-eyed
スローアウェー　throwaway
スローイッシュ　slowish
スロー・イン　throw-in
スロー・ウイルス　slow virus
スロー・ウェイト　throw weight
スロー・ウェーブ・スリープ　slow-wave sleep
スロー・オフ　throw-off
スローガニア　sloganeer
スローガン　slogan
スロー・コーチ　slow coach
スロー・ジン　sloe gin
スロース　sloth
ズロース　⇨ドローワーズ
スロースフル　slothful
スロース・ベア　sloth bear
スローター　slaughter
スローターハウス　slaughterhouse
スローダウン　slowdown, throwdown
スローティー　throaty
スローテッド　throated

スローテラス　slaughterous
スロート　throat
スローバック　throwback
スローハンド　slowhand
スロー・ハンドクラップ　slow handclap
スローピング　sloping
スローブ　throve
スロープ　slope
スロー・フード　slow food
スロープ・シンク　slope sink
スローポーク　slowpoke
スロー・ムービング　slow-moving
スローモー　slo-mo
スロー・モーション　slow motion
スロー・ラグ　throw rug
スローリー　slowly
スロール　thrall
スロールダム　thral(l)dom
スローワー　thrower, slower
スローワーム　slowworm
スローン　throne, thrown, Sloane, Sloan
スローンレス　throneless
スローン・レンジャー　Sloane Ranger
ズロチ　zloty
スロッガー　slogger
スロッグ　slog
スロッシュ　slosh
スロッシュト　sloshed
スロッシング　sloshing
スロッスル　throstle
ズロッティ　zloty
スロット　slot
スロット・マシン　slot machine
スロットル　throttle
スロットル・レバー　throttle lever
スロッバー　slobber
スロッバリー　slobbery
スロッピー　sloppy
スロッピー・ジョー　sloppy joe
スロッブ　throb, slob
スロップ　slop
スロップ・ベイスン　slop basin
スロバキア　Slovakia
スロバキアン　Slovakian
スロバック　Slovak
スロベニア　Slovenia
スロベニアン　Slovenian
スロング　throng
スロンボーシス　thrombosis
スロンボティック　thrombotic
スワート　Swat, thwart
スワード　sward
スワービティー　suavity
スワーフ　swarf
スワーブ　suave, swerve
ズワーブ　Zouave
スワーミー　swami, -my
スワール　swirl
スワイニッシュ　swinish
スワイプ　swipe
スワイン　swine
スワインハード　swineherd
スワガー・コート　swagger coat
スワコプムンド　Swakopmund
スワジ　Swazi
スワジランド　Swaziland
スワス　swath
スワズ　swathe
スワスティカ　swastika
スワスモア　Swarthmore
スワッガー　swagger
スワック　thwack
スワッグ　swag
スワッグマン　swagman
スワッシュ　swash
スワッシュバクラー　swashbuckler
スワッシュバクリング　swashbuckling
スワッシュバックル　swashbuckle
スワッター　swatter
スワット　swat
スワッブ　swab
スワップ　swap, swop
スワップション　swaption
スワップ・ファイル　swap file
スワップ・ミート　swap meet
スワドリング・クローズ　swaddling clothes
スワドリング・バンズ　swaddling bands
スワドル　swaddle
スワニー　Suwannee
スワヒリ　Swahili
スワム　swam, swum
スワロー　swallow
スワロー・ダイブ　swallow dive
スワローテール　swallowtail

スワロー・テールド　swallow-tailed
スワロフスキー　Swarovski
スワン　swan
スワンキー　swanky
スワンク　Swank
スワング　swung
スワング・ダッシュ　swung dash
スワンクポット　swankpot
スワンズ・ダウン　swansdown, swan's-
スワンソン　Swanson
スワン・ソング　swan song
スワン・ダイブ　swan dive
スワンナプーム　Suvarnabhumi
スワンピー　swampy
スワンプ　swamp
スワンプランド　swampland
スンダランド　Sundaland
スント　Suunto
スンドゥブ　sundubu
スンナ　Sunna
スンニ　Sunni
スンバ　Sumba
スンバワ　Sumbawa

セ

ゼア　their, there
ゼアアバウツ　thereabouts
ゼアアバウト　thereabout
ゼアアフター　thereafter
ゼアアポン　thereupon
ゼアアンダー　thereunder
ゼアイン　therein
ゼアインアフター　thereinafter
ゼアウィズ　therewith
ゼアオブ　thereof
ゼアオン　thereon
ゼアキサンチン　zeaxanthin
ゼアズ　theirs
ゼアチン　zeatin
ゼアトゥー　thereto
ゼアバイ　thereby
ゼアフォア　therefore
セアラ　Sarah
セアンス　séance, se-
セイ　say, sei
ゼイ　they
セイイング　saying
セイク　sake
セイクリッド　sacred
セイクリッド・アイビス　sacred ibis
セイクリッド・カウ　sacred cow
セイクリッド・カレッジ　Sacred College (of Cardinals)
セイザー　César
セイシェル　Seychelles
セイシュ　seich
セイ・ソー　say-so
セイディー　Sadie
セイバー　saver, saber, sabre, savior, saviour, savor, savour
セイバブル　savable, saveable
セイバリー　savory, savoury
セイブ　save
セイフウェイ　Safeway
セイボリー　savory
セイム　same
セイムネス　sameness
セイレーン　siren
セイロニーズ　Ceylonese
セイロン　Ceylon
セイン　sane, seine, thane
ゼイン　zein
セインズベリーズ　Sainsbury's
セインツ・デー　saint's day
セインツベリー　Saintsbury
セインテッド　sainted
セイント　saint
セイントフッド　sainthood
セイントリー　saintly
ゼウス　Zeus
セー　say
セーガン　Sagan
セーキ　shake
セーク　sake
セーゴー　sago
セージ　sage
セーシエーション　satiation
セーシエート　satiate
セーシェル　Seychelles
セージ・ティー　sage tea
セージブラッシュ　sagebrush
ゼータ　zeta
セーター　sweater
セーター・ガール　sweater girl
セーチェミック　sachemic
セーチェム　sachem
セート　sate
ゼーニー　zany
セーヌ　Seine
セーハ　ceja
セーバー　saver, saber, sabre, savior, saviour, savor, savour
セーバブル　savable, saveable

セーバリー savory, savoury
セーバル sabal
セービング saving
セービング・グレース saving grace
セービングズ・アカウント savings account
セービングズ・アンド・ローン・アソシエーション savings and loan association
セービングズ・バンク savings bank
セービングズ・ボンド savings bond
セービン・ワクチン Sabin vaccine
セーフ safe
セーブ save
セープ cep, cèpe, cepe
セーフウェイ Safeway
セーフガード safeguard
セーフキーピング safekeeping
セーフクラッカー safecracker
セーフクラッキング safecracking
セーフコ・フィールド Sefeco Field
セーフ・コンダクト safe-conduct
セーフ・セックス safe sex
セーフティー safety
セーフティー・アイランド safety island
セーフティー・カーテン safety curtain
セーフティー・キャッチ safety catch
セーフティー・グラス safety glass
セーフティー・シース safety sheath
セーフティー・ゾーン safety zone
セーフティー・ネット safety net
セーフティー・バルブ safety valve
セーフティー・ピン safety pin
セーフティー・ファクター safety factor
セーフティー・ベルト safety belt
セーフティー・マッチ safety match
セーフティー・ランプ safety lamp
セーフティー・レザー safety razor
セーフティー・ロック safety lock
セーフ・デポジット safe deposit
セーフ・ハーバー safe harbor
セーフ・ハウス safe house
セーフ・ピリオド safe period
セーフブレーカー safebreaker
セーフライト safelight
セーフリー safely
セーブル Sèvres
セーブルズ sables
セーボルト saybolt
セーミー samey
セーム same
セームネス sameness
セーラ Sarah, Sara
セーラー sailor, sailer
セーラー・カラー sailor collar
セーラー・スーツ sailor suit
セーラー・ハット sailor hat
セーラーマン sailorman
セーラビリティー salability
セーラブル salable, saleable
セーラム Selem
セーラリング sailoring
セーリーン saline
セーリエンシー saliency
セーリエンス salience
セーリエント salient
ゼーリック Zoellick
セーリング sailing
セーリング・シップ sailing ship
セーリング・デー sailing day
セーリング・ボート sailing boat
セーリング・マスター sailing master
セール sale, sail
セールクロス sailcloth
セールス sales
セールスウーマン saleswoman
セールス・エンジニア sales engineer
セールスガール salesgirl
セールスクラーク salesclerk
セールス・スリップ sales slip
セールス・タックス sales tax
セールス・チェック sales check
セールス・トーク sales talk
セールスパーソン salesperson
セールスピープル salespeople
セールス・ピッチ sales pitch
セールスフォース Salesforce
セールス・プロモーション sales promotion
セールスマン salesman
セールスマンシップ salesmanship
セールス・リプリゼンタティブ sales representative
セールスルーム salesroom
セールス・レジスタンス sales resistance
セールスレディー saleslady
セールフィッシュ sailfish

セールプレーン　sailplane
セールボート　sailboat
セールボード　sailboard
セールルーム　saleroom
セーレム　Salem
セーン　sane
ゼーン　Zane
セオクラシー　theocracy
セオクラット　theocrat
セオクラティカル　theocratical
セオクラティック　theocratic
セオソフィー　theosophy
セオソフィカル　theosophical
セオソフィスト　theosophist
セオソフィック　theosophic
セオドア　Theodore
セオドラ　Theodora
セオドライト　theodolite
セオドリック　Theodoric
セオライズ　theorize
ゼオライト　zeolite
セオリー　theory
セオリスト　theorist
セオレティカル　theoretical
セオレティシャン　theoretician
セオレティック　theoretic
セオレティックス　theoretics
セオレム　theorem
セオロジアン　theologian
セオロジー　theology
セオロジカル　theological
セオロジカル・バーチューズ　theological virtues
セオロジスト　theologist
セガール　Seagal
セカターズ　secateurs
セガフレード・ザネッティ　Segafredo Zanetti
ゼカリヤ　Zechariah
セカンダー　seconder
セカンダリー　secondary
セカンダリー・アクセント　secondary accent
セカンダリー・カラー　secondary color
セカンダリー・スクール　secondary school
セカンダリー・ストレス　secondary stress
セカンダリー・セクシュアル・キャラクタリスティック　secondary sexual characteristic
セカンダリー・セックス・キャラクター　secondary sex character
セカンダリー・テクニカル・スクール　secondary technical school
セカンダリー・モダン　secondary modern
セカンダリー・モダン・スクール　secondary modern school
セカント　secant
セカンド　second
セカンド・アドベント　Second Advent
セカンド・ウインド　second wind
セカンド・オピニオン　second opinion
セカンド・カミング　Second Coming
セカンド・クラス　second class, second-class
セカンド・ゲス　second-guess
セカンド・サイテッド　second sighted
セカンド・サイト　second sight
セカンド・ストーリー・マン　second-story man
セカンド・ストリンガー　second-stringer
セカンド・ストリング　second-string
セカンド・セルフ　second self
セカンド・ソート　second thought
セカンド・チャイルドフッド　second childhood
セカンド・ディグリー　second-degree
セカンド・ネイチャー　second nature
セカンド・ネーチャー　second nature
セカンド・ネーム　second name
セカンド・パーソン　second person
セカンド・ハウス　second house
セカンド・バナナ　second banana
セカンド・ハンド　second hand, secondhand
セカンドハンド・スモーク　secondhand smoke
セカンド・フラッシュ　second flush
セカンド・ブランド　second brand
セカンド・フロア　second floor
セカンド・ベース　second base
セカンド・ベースマン　second baseman
セカンド・ベスト　second best, second-best
セカンド・ランゲージ　second language
セカンドリー　secondly

セカンド・ルーテナント　second lieutenant
セカンド・レーター　second-rater
セカンド・レート　second-rate
セカンド・レフテナント　second lieutenant
セカンド・ワールド　Second World
セカンド・ワールド・ウォー　Second World War
セキュアー　secure
セキュアラブル　securable
セキュラー　secular
セキュラライズ　secularize
セキュラライゼーション　secularization
セキュラリスティック　secularistic
セキュラリスト　secularist
セキュラリズム　secularism
セキュラリゼーション　secularization
セキュラリティー　secularity
セキュリタイズ　securitize
セキュリタイゼーション　securitization
セキュリティー　security
セキュリティー・アナリスト　security analist
セキュリティー・ガード　security guard
セキュリティー・カウンシル　Security Council
セキュリティーズ・アンド・エクスチェンジ・コミッション　Securities and Exchange Commission
セキュリティー・チェック　security check
セキュリティー・パッチ　security patch
セキュリティー・ブランケット　security blanket
セキュリティー・ホール　security hole
セキュリティー・ポリシー　security policy
セキュリティー・リスク　security risk
セグ　seg
セグウェイ　Segway
セグエ　segue
セクエスター　sequester
セクエスタード　sequestered
セクエストレーション　sequestration
セクエストレート　sequestrate
セクサジェネリアン　sexagenarian
セクシー　sexy
セクシスト　sexist
セクシズム　sexism
セクシュアライズ　sexualize
セクシュアライゼーション　sexualization
セクシュアリア　sexualia
セクシュアリー・トランスミッテッド・ディジーズ　sexually transmitted disease
セクシュアリズム　sexualism
セクシュアリゼーション　sexualization
セクシュアリティー　sexuality
セクシュアル　sexual
セクシュアル・アート　sexual art
セクシュアル・インターコース　sexual intercourse
セクシュアル・ハラスメント　sexual harassment
セクシュエーリア　sexualia
セクショナライズ　sectionalize
セクショナリズム　sectionalism
セクショナル　sectional
セクション　section
セクスタプレット　sextuplet
セクスタント　sextant
セクスティング　sexting
セクステット　sextet, -tette
セクステュープル　sextuple
セクスト　sext
セクストン　sexton
セクスプロイテーション　sexploitation
セクソムニア　sexsomnia
セクソロジー　sexology
セクソロジカル　sexological
セクソロジスト　sexologist
セクター　sector
セクタリアニズム　sectarianism
セクタリアン　sectarian
セクタリー　sectary
セクト　sect
ゼクト　Sekt
セクハラ　⇨セクシュアル・ハラスメント
セグメンタル　segmental
セグメンテーション　segmentation
セグメント　segment
セクリーション　secretion
セクリーティブ　secretive
セクリート　secrete
セグリゲーショニスト　segregationist
セグリゲーション　segregation
セグリゲーティブ　segregative
セグリゲーテッド　segregated
セグリゲート　segregate

セクルーシブ　seclusive
セクルージョン　seclusion
セクルーデッド　secluded
セクルード　seclude
セクレターゼ　secretase
セクレタリアット　secretariat(e)
セクレタリアル　secretarial
セクレタリー　secretary
セクレタリー・ジェネラル　secretary-general
セクレタリーシップ　secretaryship
セクレタリー・バード　secretary bird
セクレチン　secretin
セコイア　sequoia
セコバルビタール　secobarbital
セコハン　⇨セカンド・ハンド
セゴビア　Segovia
セゴ・リリー　sego lily
セゴレーヌ　Ségolène
セコンド　second
セザール　César
セサイル　sessile
セサミ　sesame
セサミ・オイル　sesame oil
セサミ・ストリート　Sesame Street
セサミノール　sesaminol
セサミン　sesamine
セザンヌ　Cézanne
セシーダー　seceder
セシード　secede
セシール　Cecile
セジウィック　Sedgwick
セシウム　cesium, cae-
セシウム・クロック　cesium clock
セ・シ・ボン　C'est si bon.
セシリア　Cecilia
セシル　Cecil
セス　Seth
セスキセンテニアル　sesquicentennial
セスキテルペン　sesquiterpene
ゼスター　zester
ゼスト　zest
セストード　cestode
ゼストフル　zestful
セストン　seston
セスナ　Cessna
セスピット　cesspit
セスプール　cesspool
セセーション　cessation
セセッショニスト　secessionist
セセッショニズム　secessionism
セセッション　secession
セゾン　saison
セダカ　Sedaka
セダクション　seduction
セダクティブ　seductive
セダクトレス　seductress
ゼタ・ジョーンズ　Zeta-Jones
セダティブ　sedative
セタン　cetane
セダン　sedan
セダン・チェア　sedan chair
ゼチア　Zetia
ゼチーア　Zetia
セチル　cetyl
セック　sec
セックス　sex
セックス・アクト　sex act
セックス・アピール　sex appeal
セックス・エデュケーション　sex education
セックス・オブジェクト　sex object
セックスカージョン　sexcursion
セックスカペード　sexcapade
セックス・キトゥン　sex kitten
セックス・クロモソーム　sex chromosome
セックス・シンボル　sex symbol
セックス・スターブド　sex-starved
セックス・セラピー　sex therapy
セックス・ツアー　sex tour
セックスト　sexed
セックスパート　sexpert
セックス・ピストルズ　Sex Pistols
セックスポット　sexpot
セックス・ホルモン　sex hormone
セックス・リンクト　sex-linked
セックスレス　sexless
セッジ　sedge
セッジー　sedgy
セッショナル　sessional
セッション　session, cession
セッター　setter
セッティー　settee
セッティング　setting
セット　set, sett
セッド　said

セットアウト　setout
セットアップ　setup
セット・イン　set-in
セットオフ　setoff
セット・スクエア　set square
セット・スクラム　set scrum
セットスクリュー　setscrew
セット・セオリー　set theory
セット・トゥー　set-to
セット・トップ・ボックス　set-top box
セットバック　setback
セット・ピース　set piece
セット・ポイント　set point
セツバル　Setúbal
セップ　cep, cèpe, cepe
セツルメント　settlement
セツワナ　Setswana
セテアリル　cetearyl
セディ　cedi
セディーユ　cedilla
セディシャス　seditious
セディショニスト　seditionist
セディション　sedition
セディメンタス　sedimentous
セディメンタリー　sedimentary
セディメンタル　sedimental
セディメンテーション　sedimentation
セディメント　sediment
セディラ　cedilla
セテーシャス　cetaceous
セテーシャン　cetacean
セデーション　sedation
セデート　sedate
セデューサー　seducer
セデュース　seduce
セデューリティー　sedulity
セデュラス　sedulous
セデル　Cedel
セデンタリー　sedentary
セトゥバル　Setúbal
セドナ　Sedna, Sedona
セトラー　settler
セドリック　Cedric
セトリングズ　settlings
セトリング・デー　settling day
セトル　settle
セトルド　settled
セトルメント　settlement
セナ　Senna
ゼナウィ　Zenawi
セナクル　cenacle
セニオリティー　seniority
ゼニカル　Xenical
ゼニス　zenith
セニョーラ　senora, -ño-
セニョール　senor, -ñor
セニョリータ　senorita, -ño-
セニリティー　senility
セヌリ　Saenuri
セネート　senate
セネカ　Seneca
セネガリーズ　Senegalese
セネガル　Senegal
ゼネコン　⇨ゼネラル・コントラクター
ゼネスト　⇨ゼネラル・ストライキ
セネター　senator
セネッセンス　senescence
セネッセント　senescent
セネトリアル　senatorial
ゼネラリスト　generalist
ゼネラル　general
ゼネラル・コントラクター　general contractor
ゼネラル・スタッフ　general staff
ゼネラル・ストライキ　general strike
ゼネラル・マネージャー　general manager
ゼネラル・ミルズ　General Mills
セノゾイック　Cenozoic, Cae-
ゼノタイム　xenotime
セノタフ　cenotaph
ゼノトランスプラント　xenotransplant
セノバイト　cenobite, coe-
ゼノファイル　xenophile
ゼノフォービア　xenophobia
ゼノフォービック　xenophobic
ゼノフォーブ　xenophobe
ゼノレクシア　xenorexia
ゼノン　Zeno
セバー　sever
セバーグ　Seberg
セパード　shepherd
セバスチャン　Sebastian
セバスチャン・ブルデー　Sébastien Bourdais
セバスチャン・ベッテル　Sebastian Vettel

セバスチャン・ボーデ　Sébastien Bourdais
セバスティアン・ピニェラ　Sebastián Piñera
ゼパニヤ　Zephaniah
セパラティスティック　separatistic
セパラティスト　separatist
セパラティズム　separatism
セパラティブ　separative
セパラビリティー　separability
セパラブル　separable
セバラル　several
セバランス　severance
セバランス・ペイ　severance pay
セパル　sepal
セパルカー　sepulcher, -chre
セパルクラル　sepulchral
セパルチャー　sepulture
セパレーション　separation
セパレーター　separator
セパレート　separate
セバン　Severn
セピア　sepia
セビージャ　Sevilla
セビーチェ　ceviche, seviche
セビニー　Sevigny
ゼビュルン　Zebulun
セビリア　Sevilla, Seville
セビリア・オレンジ　Seville orange
セブ　Cebú
ゼファー　zephyr
ゼファー・クロス　zephyr cloth
セファール　CEFR
セファリック　cephalic
セファルディ　Sephardi
セファログラム　cephalogram
セファロスポリン　cephalosporin
セファロポッド　cephalopod
セファロメトリー　cephalometry
セファロメトリック　cephalometric
セフィロト　sefirot
セフェム　cephem
セフォラ　Sephora
セプシス　sepsis
セプター　scepter, -tre
セプタム　septum
セプティ　septi-
セプティシーミア　septicemia, -cae-
セプティシーミック　septicemic
セプティック　septic
セプティック・タンク　septic tank
セプテット　septet(te)
セプテンバー　September
セフト　theft
セプト　sept-
セプトゥアギンタ　Septuagint
セプトゥアジェシマ　Septuagesima
セプトゥアジェネリアン　septuagenarian
セプトロジー　septology
ゼブラ　zebra
ゼブラ・クロッシング　zebra crossing
ゼブラ・ストライプ　zebra stripe
ゼブラ・ゾーン　zebra zone
セブリング　Sebring
セブルーガ　sevruga
ゼブルン　Zebulun
セブン　seven
セブンアップ　Seven-Up, 7up
セブン・イヤー・イッチ　seven-year itch
セブン・シーズ　seven seas
セブンス　seventh
セブンス・デー　Seventh day
セブンス・デー・アドベンティスト　Seventh-Day Adventist
セブンティー　seventy
セブンティー・エイト　seventy-eight
セブンティース　seventieth
セブンティーン　seventeen
セブンティーンス　seventeenth
セブンフォールド　sevenfold
セベーシャス　sebaceous
セベソ　Seveso
ゼペット　Gepetto
セベリティー　severity
セベルナヤゼムリャ　Severnaya Zemlya
セベンヌ　Cévennes
セポイ　sepoy
セボフルラン　sevoflurane
セマイト　Semite
セマナ・サンタ　Semana Santa
セマフォア　semaphore
セマンティック　semantic
セマンティックス　semantics
セミ　semi, semi-
ゼミ　⇨セミナー
セミアニュアル　semiannual

セミアブストラクション semiabstraction
セミアブストラクト semiabstract
セミアリッド semiarid
セミイヤーリー semiyearly
セミウイークリー semiweekly
セミオートマティック semiautomatic
セミオティック semiotic
セミオティックス semiotics
セミオフィシャル semiofficial
セミオロジー semiology
セミクエーバー semiquaver
セミコミック semicomic
セミコロン semicolon
セミコンシャス semiconscious
セミコンダクター semiconductor
セミサーキュラー semicircular
セミサークル semicircle
セミスイート semisweet
セミスキルド semiskilled
セミソフト semisoft
セミソリッド semisolid
セミダイアメーター semidiameter
セミティズム Semitism
セミティック Semitic
セミデタッチト semidetached
セミ・デタッチト・ハウス semi-detached house
セミトーン semitone
セミドキュメンタリー semidocumentary
セミトランスペアレント semitransparent
セミトレーラー semitrailer
セミトロピカル semitropical
セミナー seminar
ゼミナール ⇨セミナー
セミナリアン seminarian
セミナリー seminary
セミナリスト seminarist
セミナル seminal
セミノーマッド seminomad
セミノール Seminole
セミノマド seminomad
セミノロジー seminology
セミパーミアブル semipermeable
セミバウエル semivowel
セミファイナリスト semifinalist
セミファイナル semifinal
セミフォーマル semiformal
セミプライバシー semiprivacy
セミプライベート semiprivate
セミフルーイッド semifluid
セミブレーブ semibreve
セミプレシャス semiprecious
セミプロ semipro
セミプロフェッショナル semiprofessional
セミベースメント semibasement
セミマンスリー semimonthly
セミヨン Sémillon
セミルーナー semilunar
セム Shem
ゼム them
セムストレス seamstress
ゼムセルブズ themselves
ゼメキス Zemeckis
セメスター semester
セメタリー cemetery
セメンター cementer
セメンタム cementum
セメンタル cemental
セメンチング cementing
セメンテーション cementation
セメント cement
セメント・ミキサー cement mixer
セメントレス cementless
セモリナ semolina
セラ cella
セラー cellar, seller
セラーズ Sellers
セラーズ・マーケット sellers' market
セラード cerade
セラーノ serrano
セラーペ serape
セラーマスター cellarmaster
セラーリオ seraglio
セライト cerite
セライナ Selina
セラス serous
ゼラス zealous
ゼラタナス gelatinous
ゼラチン gelatin, -tine
セラッキング shellacking
セラック shellac, -lack
セラドナイト celadonite
セラトロダスト seratrodast
セラドン celadon

ゼラニウム　geranium
ゼラノール　zeranol
セ・ラ・ビ　C'est la vie.
セラピー　therapy
セラピスト　therapist
セラピューティカル　therapeutical
セラピューティクス　therapeutics
セラピューティスト　therapeutist
セラピューティック　therapeutic
セラフ　seraph
セラフィック　seraphic
セラフィナイト　seraphinite
セラフィム　seraphim
セラブル　sellable
セラマル　ceramal
セラミシスト　ceramicist
セラミスト　ceramist
セラミダーゼ　ceramidase
セラミック　ceramic
セラミックス　ceramics
セラミド　cellamid
セラム　serum
セラヤ　Zelaya
セラレッジ　cellarage
セランダイン　celandine
セリアック　celiac, coe-
ゼリー　jelly
セリーズ　cerise
セリード　serried
セリーナ　Serena
セリーヌ　Celine
ゼリー・ビーンズ　jelly beans
ゼリー・ベビー　jelly baby
セリーン　serene
セリウム　cerium
セリエ・アー　Serie A
セリオコミック　seriocomic
セリカルチャー　sericulture
セリカルチャリスト　sericulturist
ゼリグナイト　gelignite
セリグラフ　serigraph
セリグラフィー　serigraphy
セリシン　sericin
ゼリスケーピング　xeriscaping
ゼリスケープ　xeriscape
セリバシー　celibacy
セリバスタチン　cerivastatin
セリフ　serif, seriph, ceriph
セリプロロール　celiprolol
セリベート　celibate
セリュール　cellule
セリュライト　cellulite
セリン　cerine, serine
セリング・ポイント　selling point
セル　sell, cell
セルアウト　sellout
セルー　Theroux
ゼルウィガー　Zellweger
セルウィン　Selwyn
セル・ウォール　cell wall
セル・オフ　sell-off
セルゲイ・ブリン　Sergey Brin
セルシウス　Celsius
セルジオ　Sergio
セルジュ　Serge
セルジュ・ルタンス　Serge Lutens
ゼルジンスク　Dzerzhinsk
ゼルダ　Zelda
セルダム　seldom
セルツァ　seltzer
セルトラリン　sertraline
セル・バイオロジー　cell biology
セル・バイ・デート　sell-by date
セルバンテス　Cervantes
セルビア　Serbia
セルビアン　Serbian
セルビー　Selby
セルビッジ　selvage, selvedge
セルフ　self, self-
セルフ・アイデンティティー　self-identity
セルフ・アウェアネス　self-awareness
セルフ・アキュゼーション　self-accusation
セルフ・アクチュアライザー　self-actualizer
セルフ・アクチュアライズ　self-actualize
セルフ・アクチュアライゼーション　self-actualization
セルフ・アクチュアリゼーション　self-actualization
セルフ・アクティング　self-acting
セルフ・アグランダイズメント　self-aggrandizement
セルフ・アサーション　self-assertion
セルフ・アサーティブ　self-assertive
セルフ・アサーティング　self-asserting

セルフ・アジャスティング　self-adjusting
セルフ・アシュアード　self-assured
セルフ・アシュアランス　self-assurance
セルフ・アセスメント　self-assessment
セルフ・アドヒーシブ　self-adhesive
セルフ・アドミニスター　self-administer
セルフ・アドミニストレーション　self-administration
セルフ・アドレスト　self-addressed
セルフ・アナリシス　self-analysis
セルフ・アバンダンド　self-abandoned
セルフ・アバンダンメント　self-abandonment
セルフ・アビュース　self-abuse
セルフ・アブソープション　self-absorption
セルフ・アブソーブド　self-absorbed
セルフ・アブニゲーション　self-abnegation
セルフ・アブホーレンス　self-abhorrence
セルフ・アベースメント　self-abasement
セルフ・アポインテッド　self-appointed
セルフィー　selfie
セルフィーユ　serfeuil
セルフィッシュ　selfish
セルフ・イノキュレーション　self-inoculation
セルフ・イメージ　self-image
セルフ・インダクタンス　self-inductance
セルフ・インダルジェンス　self-indulgence
セルフ・インダルジェント　self-indulgent
セルフ・インテレステッド　self-interested
セルフ・インテレスト　self-interest
セルフ・インバイテッド　self-invited
セルフ・インフェクション　self-infection
セルフ・インフリクテッド　self-inflicted
セルフ・インプルーブメント　self-improvement
セルフ・インポーズド　self-imposed
セルフ・インポータンス　self-importance
セルフ・インポータント　self-important
セルフ・ウィル　self-will
セルフ・ウィルド　self-willed
セルフ・エグザイル　self-exile
セルフ・エグザミネーション　self-examination
セルフ・エクスプラナトリー　self-explanatory
セルフ・エクスプレッション　self-expression
セルフ・エジュケーション　self-education
セルフ・エジュケーテッド　self-educated
セルフ・エスティーム　self-esteem
セルフ・エバキュエート　self-evacuate
セルフ・エビデント　self-evident
セルフ・エファシング　self-effacing
セルフ・エファスメント　self-effacement
セルフ・エンプロイド　self-employed
セルフ・エンリッチメント　sel-enrichment
セルフ・オピニオネーテッド　self-opinionated
セルフ・オペレーティング　self-operating
セルフォン　cellphone
セルフ・ガバニング　self-governing
セルフ・ガバメント　self-government
セルフ・ガバンド　self-governed
セルフ・ガバンメント　self-government
セルフ・カラード　self-colored
セルフ・クリーニング　self-cleaning
セルフ・クリティシズム　self-criticism
セルフ・ケア　self-care
セルフ・ケータリング　self-catering
セルフ・コマンド　self-command
セルフ・コレクティング　self-correcting
セルフ・コングラチュラトリー　self-congratulatory
セルフ・コングラチュレーション　self-congratulation
セルフ・コンシーテッド　self-conceited
セルフ・コンシート　self-conceit
セルフ・コンシステンシー　self-consistency
セルフ・コンシステント　self-consistent
セルフ・コンシャス　self-conscious
セルフ・コンシャスネス　self-consciousness
セルフ・コンスティテューテッド　self-constituted
セルフ・コンセプション　self-conception
セルフ・コンセプト　self-concept
セルフ・コンテインド　self-contained
セルフ・コンデムド　self-condemned
セルフ・コンデムネーション　self-condemnation
セルフ・コンテンテッド　self-contented
セルフ・コンテント　self-content
セルフ・コンテンプト　self-contempt
セルフ・コントラディクション　self-contradiction
セルフ・コントラディクトリー　self-

contradictory
セルフ・コントロール self-control
セルフ・コントロールド self-controlled
セルフ・コンフィデンス self-confidence
セルフ・コンフィデント self-confident
セルフ・コンフェスト self-confessed
セルフ・コンプレイセント self-complacent
セルフ・コンポーズド self-composed
セルフ・サービス self-service
セルフ・サービング self-serving
セルフ・サーブ self-serve
セルフ・サクリファイシング self-sacrificing
セルフ・サクリファイス self-sacrifice
セルフ・サステイニング self-sustaining
セルフ・サティスファイド self-satisfied
セルフ・サティスファクション self-satisfaction
セルフ・サファイシング self-sufficing
セルフ・サフィシェンシー self-sufficiency
セルフ・サフィシェント self-sufficient
セルフ・サポーティング self-supporting
セルフ・サポート self-support
セルフ・シーカー self-seeker
セルフ・シーキング self-seeking
セルフ・シーリング self-sealing
セルフ・ジェネレーション self-generation
セルフ・ジャスティフィケーション self-justification
セルブズ selves
セルフ・スクーリング self-schooling
セルフ・スターター self-starter
セルフ・スタイルド self-styled
セルフ・スティミュレーション self-stimulation
セルフ・セイム self-same
セルフ・センサ-シップ self-censorship
セルフ・センタード self-centered
セルフ・ソーン self-sown
セルフ・ダイアグノーシス self-diagnosis
セルフ・タイマー self-timer
セルフ・ダイレクテッド self-directed
セルフ・ダウト self-doubt
セルフ・タン self-tan
セルフ・チェックアウト self-checkout
セルフ・ディシプリン self-discipline
セルフ・ディスカバリー self-discovery
セルフ・ディスチャージ self-discharge
セルフ・ディファレンシエーション self-differentiation
セルフ・ディフェンシブ self-defensive
セルフ・ディフェンス self-defense, self-defence
セルフ・ディベロップメント self-development
セルフ・ディペンデンス self-dependence
セルフ・ディペンデント self-dependent
セルフ・ディレクテッド self-directed
セルフ・デシービング self-deceiving
セルフ・デストラクション self-destruction
セルフ・デストラクティブ self-destructive
セルフ・デストラクト self-destruct
セルフ・デセプション self-deception
セルフ・デセプティブ self-deceptive
セルフ・デターミネーション self-determination
セルフ・デナイアル self-denial
セルフ・デナイイング self-denying
セルフ・デフィーティング self-defeating
セルフ・デプリーシエーション self-deprecation
セルフ・デベロップメント self-development
セルフ・デボーション self-devotion
セルフ・デリュージョン self-delusion
セルフ・デルージョン self-delusion
セルフ・トート self-taught
セルフ・ドライブ self-drive
セルフ・トリートメント self-treatment
セルフ・トレランス self-tolerance
セルフ・ノレッジ self-knowledge
セルフ・パーセプション self-perception
セルフ・パーペチュエーティング self-perpetuating
セルフ・パニッシュメント self-punishment
セルフ・パブリッシュ self-publish
セルフ・ヒール self-heal
セルフ・ピティー self-pity
セルフ・ヒプノーシス self-hypnosis
セルフ・ピュリフィケーション self-purification
セルフ・ビルド self-build
セルフ・ファーティライゼーション self-fertilization
セルフ・フィーダー self-feeder
セルフ・フィーディング self-feeding

セルフ・フォーゲットフル　self-forgetful
セルフフッド　selfhood
セルフ・プライド　self-pride
セルフ・フラジェレーション　self-flagellation
セルフ・プリザーベーション　self-preservation
セルフ・フルフィリング　self-fulfilling
セルフ・フルフィルメント　self-fulfillment
セルフ・プレイズ　self-praise
セルフ・プロテクション　self-protection
セルフ・プロペルド　self-propelled
セルフ・プロモーション　self-promotion
セルフ・ヘイトリッド　self-hatred
セルフ・ヘルプ　self-help
セルフ・ポートレート　self-portrait
セルフ・ポゼスト　self-possessed
セルフ・ポゼッション　self-possession
セルフ・ポリネーション　self-pollination
セルフ・マーダー　self-murder
セルフ・マスタリー　self-mastery
セルフ・ムービング　self-moving
セルフ・メード　self-made
セルフ・メーラー　self-mailer
セルフ・メディケーション　self-medication
セルフ・メディケート　self-medicate
セルフ・ライジング　self-rising
セルフ・ライティアス　self-righteous
セルフ・ライティング　self-righting
セル・プラス　sell plus
セルフ・ラブ　self-love
セルフ・リアリゼーション　self-realization
セルフ・リガード　self-regard
セルフ・リスペクティング　self-respecting
セルフ・リスペクト　self-respect
セルフリッジ　Selfridge
セルフリッジズ　Selfridges
セルフ・リナンシエーション　self-renunciation
セルフ・リビーリング　self-revealing
セルフ・リプローチ　self-reproach
セルフ・リペアー　self-repair
セルフ・リライアンス　self-reliance
セルフ・リライアント　self-reliant
セルフ・ルール　self-rule
セルフ・レイジング　self-raising
セルフ・レギュレーティング　self-regulating
セルフ・レコーディング　self-recording
セルフ・レコグニション　self-recognition
セルフ・レジスタリング　self-registering
セルフレス　selfless
セルフ・レストレイント　self-restraint
セルフ・ローディング　self-loading
セルフ・ロッキング　self-locking
セルブロック　cellblock
セルフ・ワース　self-worth
セルフ・ワインディング　self-winding
セルボ・クロアチアン　Serbo-Croatian
セルホン　cellphone
セルマ　Selma, Thelma
セルメイト　cellmate
セルメート　cellmate
セル・メンブレーン　cell membrane
セルラー　cellular
セルラーゼ　cellulase
セルラー・テレフォン　cellular telephone
セルラー・フォン　cellular phone
セルライト　cellulite
セルラリティー　cellularity
セルリアック　celeriac
セルリアン　cerulean, cae-
セルロイド　Celluloid
セルローシック　cellulosic
セルロージック　cellulosic
セルロース　cellulose
セルロース・アセテート　cellulose acetate
セルロース・ナイトレート　cellulose nitrate
セルン　CERN
セレウス　cereus
セレーション　serration
セレート　serrate
セレール　serail
セレギリン　selegiline
セレクション　selection
セレクター　selector
セレクティー　selectee
セレクティビティー　selectivity
セレクティブ　selective
セレクティブ・サービス　selective service
セレクト　select
セレクト・コミッティー　select committee
セレコキシブ　celecoxib
セレシュ　Seles
セレシン　ceresin
セレス　Ceres

セレスタイト　celestite
セレスタイン　Celestine
セレスチャル・イクエーター　celestial equator
セレスチャル・スフィア　celestial sphere
セレスト　Celeste
セレナ　Selena
セレナータ　serenata
セレナード　serenade
セレニウム　selenium
セレニティー　serenity
セレニド　selenide
セレネ　Selene
セレノ　Celaeno
セレノア　cerenoa
セレノグラフィー　selenography
セレノロジー　selenology
セレブ　⇨セレブリティー
セレブラ　cerebra
セレブラトリー　celebratory
セレブラム　cerebrum
セレブラル　cerebral
セレブラル・アニーミア　cerebral anemia
セレブラル・コルテックス　cerebral cortex
セレブラル・デス　cerebral death
セレブラル・ヘモレッジ　cerebral hemorrhage
セレブラル・ポールジー　cerebral palsy
セレブラント　celebrant
セレブリティー　celebrity
セレブレーション　celebration, cerebration
セレブレーター　celebrator, -brater
セレブレーテッド　celebrated
セレブレート　celebrate, cerebrate
セレブレートリー　celebratory
セレブレックス　Celebrex
セレブロスパイナル　cerebrospinal
セレベス　Celebes
セレベラー　cerebellar
セレベラム　cerebellum
セレモニアス　ceremonious
セレモニアリズム　ceremonialism
セレモニアル　ceremonial
セレモニー　ceremony
セレリア　Selleria
セレリティー　celerity
セレロン　Celeron
セレン　selenium
セレンゲティ　Serengeti
セレンディピティー　serendipity
ゼロ　zero
ゼロ・アップティック　zero uptick
ゼロ・アワー　zero hour
ゼロ・エミッション　zero emission, zero-emission
ゼロ・エミッション・ビークル　zero-emission vehicle, ZEV
セロー　serow, Theroux
ゼロー　Jell-O
ゼロ・クーポン　zero-coupon
ゼロ・サプレッション　zero suppression
ゼロ・サム　zero-sum
ゼロ・サム・ゲーム　zero-sum game
ゼロ・ゼロ　zero-zero
ゼロ・ゼロ・オプション　zero-zero option
ゼロ・ダウンティック　zero downtick
ゼロックス　Xerox
ゼロット　zealot
ゼロットリー　zealotry
ゼロ・ディフェクツ　zero defects
セロテープ　Sellotape
セロトニン　serotonin
ゼロ・トレランス　zero tolerance
セロニアス・モンク　Thelonious Monk
セロハン　cellophane
セロビオース　cellobiose
ゼロ・プラス・ティック　zero-plus tick
ゼロ・ベース　zero-base(d)
ゼロ・マイナス・ティック　zero-minus tick
セロリ　celery
セロロジー　serology
セロン　Theron
ゼン　then
センサー　sensor, censor, censer
センサーシップ　censorship
センサー・フュージョン　sensor fusion
センサス　census
センサリー　sensory
センシェンシー　sentiency
センシェンス　sentience
センシェント　sentient
センシタイザー　sensitizer
センシタイズ　sensitize
センシタイゼーション　sensitization

センシティゼーション　sensitization
センシティビティー　sensitivity
センシティブ　sensitive
センシティブ・プラント　sensitive plant
センシビリティー　sensibility
センシブリー　sensibly
センシブル　sensible
センシュア　censure
センシュアス　sensuous
センシュアリスト　sensualist
センシュアリズム　sensualism
センシュアリティー　sensuality
センシュアル　sensual
センシュラブル　censurable
センス　sense
ゼンス　thence
センス・オーガン　sense organ
ゼンスフォース　thenceforth
ゼンスフォワーズ　thenceforwards
ゼンスフォワード　thenceforward
センスレス　senseless
センセーショナリスト　sensationalist
センセーショナリズム　sensationalism
センセーショナル　sensational
センセーショニズム　sensationism
センセーション　sensation
センセート　sensate
センソーリアス　censorious
センソーリアム　sensorium
センソーリアル　censorial
センソモーター　sensomotor
センソリアル　sensorial
センソリニューラル　sensorineural
センソリモーター　sensorimotor
センター　center, -tre
センダー　sender
センター・スプレッド　center spread
センターピース　centerpiece
センター・ビット　center bit
センタービル　Centreville
センター・フィールダー　center fielder
センター・フィールド　center field
センターフォールド　centerfold
センターボ　centavo
センターボード　centerboard
センターライン　centerline
センダック　Sendak
センタリング　centering
センチ　centi-, cent-
センチアール　centare, centiare
センチグラム　centigram, -gramme
センチメートル　centimeter, -tre
センチモ　centimo
センチモルガン　centimorgan
センチュリー　century
センチュリー・プラント　century plant
センチリットル　centiliter, -tre
センツベリー　Saintsbury
センティーシス　centesis
センティグレイド　centigrade
センティネル　sentinel
センティピード　centipede
センティメンタライズ　sentimentalize
センティメンタリスト　sentimentalist
センティメンタリズム　sentimentalism
センティメンタリティー　sentimentality
センティメンタル　sentimental
センティメント　sentiment
センティリオン　centillion
センテシマル　centesimal
センテッド　scented
センテナリー　centenary
センテニアル　centennial
センテネリアン　centenarian
センテンシャス　sententious
センテンス　sentence
セント　cent, saint, scent, sent
センド　send, scend
センド・アップ　send-up
セントアンドリュース　St. Andrew's
セントアンドルーズ　St. Andrew's
セント・アンドルーズ・クロス　Saint Andrew's cross
セントゥリオン　centurion
セント・エルモズ・ファイア　Saint Elmo's fire
セント・エルモズ・ライト　Saint Elmo's light
セントオールバンズ　St. Albans
センド・オフ　send-off
セント・キッツ・ネビス　St. Kitts-Nevis
セント・クリストファー・ネビス　St. Christopher-Nevis
セントコム　Centcom
セント・ジェームズ・パーク　St. James's Park
セント・ジョージズ・クロス　Saint George's

cross
セント・ジョージズ・チャネル　St. George's Channel
セントジョーンズワート　St. John's Wort
セント・バーナード　Saint Bernard
セント・バイタス・ダンス　St. Vitus('s) dance
セント・バッグ　scent bag
セント・パトリックス・カテドラル　St. Patrick's Cathedral
セント・パトリックス・クロス　St. Patrick's cross
セント・パトリックス・デー　Saint Patrick's Day
セント・バレンタインズ・デー　Saint Valentine's Day
セントパンクラス　St. Pancras
セント・ビンセント・グレナディーンズ　St. Vincent and the Grenadines
セントヘリア　St. Helier
セント・ヘレナ　St. Helena
セントポーリア　saintpaulia
セント・ポール　St. Paul
セント・マーティンズ・サマー　St. Martin's summer
セントラ　Sentra
セントラッド　centrad
セントラム　centrum
セントラライザー　centralizer
セントラライズ　centralize
セントラライゼーション　centralization
セントラリズム　centralism
セントラリゼーション　centralization
セントラリティー　centrality
セントラル　central
セントラル・アフリカン・リパブリック　Central African Republic
セントラル・アメリカ　Central America
セントラル・アメリカン　Central American
セントラル・インテリジェンス・エージェンシー　Central Intelligence Agency, CIA
セントラル・キッチン　central kitchen
セントラル・スタンダード・タイム　central standard time
セントラル・タイム　central time
セントラル・ナーバス・システム　central nervous system
セントラル・パーク　Central Park
セントラル・バンク　central bank
セントラル・ヒーティング　central heating
セントラル・ヒーティング・システム　central heating system
セントラル・プロセッシング・ユニット　central processing unit
セントラル・ユーロピアン・タイム　Central European time
セントラル・リザベーション　central reservation
セントリー　sentry
セントリー・ゴー　sentry go
セントリー・ボックス　sentry box
セントリオール　centriole
セントリカル　centrical
セントリスト　centrist
セントリズム　centrism
セントリック　centric
セントリノ　Centrino
セントリフュージ　centrifuge
セントリフュガル　centrifugal
セントリペタル　centripetal
セント・ルイス　St. Louis
セントルイス・ラムズ　St. Louis Rams
セント・ルシア　St. Lucia
セント・レジャー　St. Leger
セントレス　scentless
セントレックス　centrex
セント・ローレンス・シーウェー　St. Lawrence Seaway
セントロソーム　centrosome
セントロニクス　Centronics
セントロメア　centromere
センナ　senna
センノシド　sennoside
センパー・イーデム　semper idem
センパー・ファデイラス　semper fidelis
ゼンハイザー　Sennheiser
センブランス　semblance

ソ

ソ　sol
ソア　Thor
ソアー　sore, soar
ソアヘッド　sorehead
ソアリー　sorely
ソアリング　soaring
ソイ　soy
ゾイサイト　zoisite
ゾイシア　zoysia
ソイ・ソース　soy sauce
ソイビーン　soybean
ソイビーンズ　soybeans
ソイヤ　soya
ソイヤ・ビーン　soya bean
ソイル　soil
ソイル・サイエンス　soil science
ソイル・パイプ　soil pipe
ソイルボーン　soilborne
ソイル・メカニックス　soil mechanics
ゾウ　though
ソウアー　sewer
ソウェト　Soweto
ソウル　soul, Seoul
ソウル・サーチング　soul-searching
ソウル・シスター　soul sister
ソウルスター　soulster
ソウル・デストロイイング　soul-destroying
ソウル・フード　soul food
ソウル・ブラザー　soul brother
ソウルフル　soulful
ソウル・ミュージック　soul music
ソウル・メート　soul mate
ソウルレス　soulless
ソウワー　sewer
ソエトロ　Soetoro
ソー　so, saw, sew, sow, thaw
ゾー　though
ソー・アンド・ソー　so-and-so
ゾーイ　Zoe, Zooey
ソーイング　sewing
ソーイング・スタッフ　sewing staff
ソーイング・マシン　sewing machine
ソーエッジド　sawedged
ソーエバー　soever
ゾーオファイト　zoophyte
ゾーオロジー　zoology
ゾーオロジカル　zoological
ゾーオロジスト　zoologist
ソーガム　sorghum
ソーキング　soaking
ソーク　soak, Salk
ソークト　soaked
ソーク・ワクチン　Salk vaccine
ソー・コールド　so-called
ソーサ　Sosa
ソーサー　saucer
ソーサー・アイズ　saucer eyes
ソーサラー　sorcerer
ソーサラス　sorcerous
ソーサリー　sorcery
ソーサレス　sorceress
ソーシー　saucy
ソーシャビリティー　sociability
ソーシャブル　sociable
ソーシャライズ　socialize
ソーシャライズド・メディシン　socialized medicine
ソーシャライゼーション　socialization
ソーシャライト　socialite
ソーシャリー　socially
ソーシャリスティック　socialistic
ソーシャリスト　socialist
ソーシャリスト・パーティー　Socialist party
ソーシャリズム　socialism
ソーシャリゼーション　socialization
ソーシャリティー　sociality
ソーシャル　social
ソーシャル・アンスロポロジー　social

anthropology
ソーシャル・インシュアランス social insurance
ソーシャル・ウェルフェア social welfare
ソーシャル・エンジニアリング social engineering
ソーシャル・クライマー social climber
ソーシャル・ゲーム social game
ソーシャル・コスト social cost
ソーシャル・コマース social commerce
ソーシャル・コントラクト social contract
ソーシャル・サービス social service
ソーシャル・サイエンス social science
ソーシャル・サイエンティスト social scientist
ソーシャル・サイコロジー social psychology
ソーシャル・スタディーズ social studies
ソーシャル・セキュリティー social security
ソーシャル・ディスタンス social distance
ソーシャル・デモクラシー social democracy
ソーシャル・デモクラティック・パーティー Social Democratic party
ソーシャル・ポリティクス social politics
ソーシャル・メディア social media
ソーシャル・ライフ social life
ソーシャル・レンディング social lending
ソーシャル・ワーカー social worker
ソーシャル・ワーク social work
ソーシング sourcing
ソース source, sauce
ゾーズ those
ソース・コード source code
ソースパン saucepan
ソースブック sourcebook
ソース・プログラム source program
ソースボート sauceboat
ソーズマン swordsman
ソーズマンシップ swordsmanship
ソーセージ sausage
ソーセージ・ドッグ sausage dog
ソーセージ・ミート sausage meat
ソーセージ・ロール sausage roll
ソー・ソー so-so
ソーダ soda
ソーター sorter
ソーターン sauternes
ゾーダイアカル zodiacal
ソーダ・ウォーター soda water
ソーダ・クラッカー soda cracker
ソーダ・ジャーカー soda jerker
ソーダ・ジャーク soda jerk
ソーダスト sawdust
ソーダ・ビスケット soda biscuit
ソーダ・ファウンテン soda fountain
ソーダ・ブレッド soda bread
ソーダ・ポップ soda pop
ソーダライト sodalite
ソーダリティー sodality
ソーティ sortie
ゾーディアック zodiac
ソーディッド sordid
ソーティング sorting
ソーテーション sortation
ソーテルヌ sauternes
ソート sort, sought, thought
ソード sword
ソート・アウト thought-out
ソート・アフター sought-after
ソートゥース sawtooth
ソード・オフ sawed-off
ソード・スティック sword stick
ソード・ダンス sword dance
ソードテール swordtail
ソート・トランスファーレンス thought transference
ソードフィッシュ swordfish
ソートフル thoughtful
ソードプレー swordplay
ソート・プロボーキング thought-provoking
ソートベイタイト thortveitite
ソート・リーダー thought-reader
ソート・リーディング thought-reading
ソート・リード thought-read
ソートレス thoughtless
ゾーナル zonal
ソーナンス sonance
ソーナント sonant
ソーニー thorny, Sawn(e)y
ソーニャ Sonia, Sonya
ゾーニング zoning
ゾーネーション zonation
ソーバー sober
ソーバーサイズ sobersides
ソーバー・マインデッド sober-minded

ソーバック　sawbuck
ソー・パルメット　saw palmetto
ソーピー　soapy
ソーピット　sawpit
ソーブ　sorb
ソープ　soap
ソープ・オペラ　soap opera
ソープサッズ　soapsuds
ソープション　sorption
ソープストーン　soapstone
ソープバーク　soapbark
ソープ・パウダー　soap powder
ソープ・バブル　soap bubble
ソープ・プラント　soap plant
ソープ・フレークス　soap flakes
ソープボックス　soapbox
ソープメーキング　soapmaking
ソーブリケ　sobriquet
ソープレス　soapless
ソープレス・ソープ　soapless soap
ソープワート　soapwort
ソーベット　sorbet
ソーホー　Soho, SoHo
ゾーホー　Zoho
ソーホース　sawhorse
ソーボーンズ　sawbones
ソーマー　SoMa
ソーミュール　Saumur
ソーミル　sawmill
ソーヤー　sawyer
ソーラー　solar
ソーラー・イヤー　solar year
ソーラー・ウインド　solar wind
ソーラー・エクリプス　solar eclipse
ソーラー・エネルギー　solar energy
ソーラー・コレクター　solar collector
ソーラー・システム　solar system
ソーラー・セル　solar cell
ソーラー・ハウス　solar house
ソーラー・バッテリー　solar battery
ソーラー・パネル　solar panel
ソーラー・パワー　solar power
ソーラー・プレーン　solar plane
ソーラー・プレクサス　solar plexus
ソーリアティック　psoriatic
ソーリアン　saurian
ソーリー　sorry
ソーリリー　sorrily
ソール　sole, thole, Saul
ソールジャー　soldier
ソールズベリー　Salisbury
ソールター　salter, Psalter
ソールタイア　saltire, -tier
ソールティー　salty
ソールティーン　saltine
ソールティッシュ　saltish
ソールテッド　salted
ソールト　salt, SALT
ソールド　sold
ソールト・ウォーター　salt water, saltwater
ソールトシェーカー　saltshaker
ソールト・スプーン　salt spoon
ソールトセラー　saltcellar
ソールト・パン　salt pan
ソールトピーター　saltpeter, -tre
ソールトボックス　saltbox
ソールト・リック　salt lick
ソールト・レーク・シティー　Salt Lake City
ソールトレス　saltless
ソールトワークス　saltworks
ソールピン　tholepin
ソールリー　solely
ソーレシズム　solecism
ソーロー　Thoreau
ゾーローフト　Zoloft
ソー・ロング　so long
ソーワー　sower
ソーン　thorn, sone, sawn, sewn, sown
ゾーン　zone, Zorn
ソーン・アップル　thorn apple
ソーン・オフ　sawn-off
ゾーン・セラピー　zone therapy
ソーンター　saunter
ソーンダーズ　Saunders
ソーンタラー　saunterer
ゾーン・ディフェンス　zone defense
ソーンドラ　Saundra
ソーントン　Thornton
ソーントンズ　Thorntons
ソカ　soca
ソギー　soggy
ソギッポ　Seogwipo
ソクチョ　Sokcho
ソグディアナ　Sogdiana

ソグディアナイト　sogdianite
ソグネフィヨルド　Sognefjord
ソクラティック　Socratic
ソクラティック・アイロニー　Socratic irony
ソクラテス　Socrates
ソケット　socket
ソコー　socko
ゾコール　Zocor
ソサイエタル　societal
ソサエティー　society
ソシアル・ダンス　social dance
ソシエテ・ジェネラル　Société Générale
ソシオエコノミック　socioeconomic
ソシオカルチュラル　sociocultural
ソシオジェニック　sociogenic
ソシオテクノロジカル　sociotechnological
ソシオバイオロジー　sociobiology
ソシオパシック　sociopathic
ソシオパス　sociopath
ソシオポリティカル　sociopolitical
ソシオメトリー　sociometry
ソシオリンギスティックス　sociolinguistics
ソシオレクト　sociolect
ソシオロジー　sociology
ソシオロジカル　sociological
ソシオロジスト　sociologist
ソジャーナー　sojourner
ソジャーン　sojourn
ソシュール　Saussure
ソショー　Sochaux
ゾスター　zoster
ソステヌート　sostenuto
ソズルド　sozzled
ソダー　solder
ソダーバーグ　Soderbergh
ソダリング・アイアン　soldering iron
ソタロール　sotalol
ソチ　Sochi
ソック　sock
ソックアイ　sockeye
ソックス　socks, sox
ソッティッシュ　sottish
ソット　sot
ソッド　sod
ソット・ボーチェ　sotto voce
ソッピー　soppy
ソッピング　sopping
ソッビングリー　sobbingly
ソッブ　sob
ソップ　sop
ソッブ・シスター　sob sister
ソッブ・スタッフ　sob stuff
ソッブ・ストーリー　sob story
ソディウム　sodium
ソディング　sodding
ソテー　sauté
ゾテピン　zotepine
ソドマイズ　sodomize
ソドマイト　Sodomite
ソトマイヨール　Sotomayor
ソドミー　sodomy
ソドム　Sodom
ソドン　sodden
ソナー　sonar
ソナタ　sonata
ソナチネ　sonatine
ソナティナ　sonatina
ソニア・リキエル　Sonia Rykiel
ソニック　sonic
ソニック・バリアー　sonic barrier
ソニック・バング　sonic bang
ソニック・ブーム　sonic boom
ソネッティア　sonneteer
ソネット　sonnet
ソノーラ　Sonora
ソノマ　Sonoma
ソノラ　Sonora
ゾノライト　zonolite
ソノラス　sonorous
ソノリティー　sonority
ソパ　sopa
ゾハール　Zohar
ソビエタイズ　sovietize
ソビエティズム　sovietism
ソビエト　Soviet
ソビエト・ユニオン　Soviet Union
ソビエト・ロシア　Soviet Russia
ソビエトロジー　Sovietology
ソファー　sofa
ソファー・ベッド　sofa bed
ソファルコン　sofalcone
ソフィア　Sophia, Sofia
ソフィア・ローレン　Sophia Loren
ソフィー　Sophie, Sophy

ソフィスティカル sophistical
ソフィスティケーション sophistication
ソフィスティケーテッド sophisticated
ソフィスティケート sophisticate
ソフィスティック sophistic
ソフィスト sophist
ソフィストリー sophistry
ソフィズム sophism
ソフィテル Sofitel
ソフォクレス Sophocles
ソフォモア sophomore
ソフォモリック sophomoric
ソフティー softy, softie
ソフティッシュ softish
ソフト soft
ソフトウェア software
ソフトウェア・ハウス software house
ソフトウッド softwood
ソフト・エラー soft error
ソフト・オプション soft option
ソフト・カーレンシー soft currency
ソフトカバー softcover
ソフト・カレンシー soft currency
ソフト・グッズ soft goods
ソフト・コア soft-core
ソフト・コール soft coal
ソフト・サイエンス soft science
ソフト・シェル soft-shell
ソフトジェル softgel
ソフト・シュガー soft sugar
ソフト・ショルダー soft shoulder
ソフト・スポークン soft-spoken
ソフト・スポット soft spot
ソフト・セル soft sell
ソフト・ソープ soft soap, soft-soap
ソフト・タッチ soft touch
ソフト・ダラー soft dollar
ソフト・ドリンク soft drink
ソフトバウンド softbound
ソフト・パレット soft palate
ソフト・パワー soft power
ソフト・ファーニッシングズ soft furnishings
ソフト・フォーカス soft focus
ソフト・フルーツ soft fruit
ソフト・ペダル soft pedal, soft-pedal
ソフト・ホイート soft wheat
ソフト・ボイルド soft-boiled
ソフトボール softball
ソフト・マター soft matter
ソフト・ライナー soft-liner
ソフト・ランディング soft landing
ソフト・ランド soft-land
ソフトリー softly
ソフトリー・ソフトリー softly-softly
ソフト・ローン soft loan
ソフナー softener
ソフニング softening
ソブライエティー sobriety
ソブラニー Sobranie
ソプラノ soprano
ゾフラン Zofran
ソブリン sovereign
ソブリンティー sovereignty
ソブリン・リスク sovereign risk
ソプレッサ sopressa
ソフン soften
ソポリフィック soporific
ソポリフェラス soporiferous
ソホロリピッド sophorolipid
ソマイト somite
ソマティック somatic
ソマトスタチン somatostatin
ソマトトロピン somatotropin
ソマトメジン somatomedin
ソマトレム somatrem
ソマトロピン somatropin
ソマリ Somali
ソマリア Somalia
ソマリランド Somaliland
ソムナンビュリスト somnambulist
ソムナンビュリズム somnambulism
ソムニアル somnial
ソムニフェラス somniferous
ソムヌス Somnus
ソムノレント somnolent
ソムリエ sommelier
ソユーズ Soyuz
ゾラ Zola
ソラーニオ Solanio
ソライアシス psoriasis
ソラサー solacer
ソラシック thoracic
ソラジン Thorazine
ソラス solace

ソラスメント solacement
ソラックス thorax
ソラニン solanine, solanin
ソラリウム solarium
ソラリス Solaris
ソラリゼーション solarization
ソラレン psoralen
ソリ soli
ソリシター solicitor
ソリシター・ジェネラル solicitor general
ソリシタス solicitous
ソリシチュード solicitude
ソリシット solicit
ソリシテーション solicitation
ソリシテュード solicitude
ソリスト soloist
ソリダス solidus
ソリタリー solitary
ソリタリー・コンファインメント solitary confinement
ソリダリティー solidarity
ソリタリリー solitarily
ソリチュード solitude
ソリッド solid
ソリッド・ジオメトリー solid geometry
ソリッド・ステート solid-state
ソリッド・モデル solid model
ソリティア solitaire
ソリディティー solidity
ソリディファイ solidify
ソリディフィケーション solidification
ソリテール solitaire
ソリテュード solitude
ソリドゥス solidus
ソリプシスティック solipsistic
ソリプシスト solipsist
ソリプシズム solipsism
ソリューション solution
ソリュート solute
ソリュビライズ solubilize
ソリュビライゼーション solubilization
ソリュビリゼーション solubilization
ソリュビリティー solubility
ソリュブル soluble
ソリュブルネス solubleness
ソリロクイ soliloquy
ソリロクワイズ soliloquize
ソル sol
ゾル sol
ソルーション solution
ソルート solute
ゾルゲル solgel
ソルジェニーツィン Solzhenitsyn
ソルジェル solgel
ソルジャー soldier
ソルジャー・アント soldier ant
ソルジャリー soldiery, soldierly
ソルスティス solstice
ソルター salter
ソルダー solder
ソルダリング・アイアン soldering iron
ソルテア Soltaire
ソルティ sortie
ソルティー salty
ソルテッド salted
ソルト salt
ソルト・アンド・ペッパー salt-and-pepper
ソルト・ウォーター salt water, saltwater
ソルトシェーカー saltshaker
ソルト・スプーン salt spoon
ソルトセラー saltcellar
ソルト・パン salt pan
ソルトブッシュ saltbush
ソルトボックス saltbox
ソルト・リック salt lick
ソルトレス saltless
ソルトワークス saltworks
ソルバー solver
ソルバブル solvable
ソルビタン sorbitan
ソルビトール sorbitol
ソルビノース sorbinose
ソルビリティー solubility
ソルビン sorbin
ソルブ solve
ソルファ sol-fa
ソルファタラ solfatara
ソルファタリック solfataric
ソルフェージョ solfeggio
ソルフェリーノ Solferino
ソルブル soluble
ソルブルネス solubleness
ソルベ sorbet
ソルベーション solvation

ソルベート　solvate
ソルベンシー　solvency
ソルベント　solvent
ソルボース　sorbose
ソルボンヌ　Sorbonne
ソルロンタン　seolleongtang
ソレイユ　soleil
ソレーシアム　solatium
ソレノイド　solenoid
ソレム　solemn
ソレムナイズ　solemnize
ソレムナイゼーション　solemnization
ソレムニゼーション　solemnization
ソレムニティー　solemnity
ソレム・マス　solemn mass
ソレル　sorrel, Sorel
ソロ　solo
ゾロ　Zorro
ゾロアスター　Zoroaster
ゾロアストリアニズム　Zoroastrianism
ゾロアストリアン　Zoroastrian
ソロイスト　soloist
ソロー　sorrow, Thoreau
ソローキン　Sorokin
ソローフル　sorrowful
ソロス　Soros
ソロモン　Solomon
ソロモン・アイランズ　Solomon Islands
ソロモンズ・シール　Solomon's seal
ソロリティー　sorority
ソロリャ　Sorolla
ソロン　Solon
ソワニエ　soigné(e)
ソワレ　soiree, soirée
ソンエリュミエール　son et lumière
ソング　song, thong
ソングクラフト　songcraft
ソングスター　songster
ソングストレス　songstress
ソング・スパロー　song sparrow
ソング・スラッシュ　song thrush
ゾンクト　zonked
ソングバード　songbird
ソングフェスト　songfest
ソングブック　songbook
ソングライター　songwriter
ソングレス　songless
ソンタグ　Sontag
ゾンデ　sonde
ソンドハイム　Sondheim
ソンドラ　Sondra
ソンバー　somber, sombre
ゾンビ　zombi(e)
ソンブレロ　sombrero

タ

ター　ta, tar
ダー　da, duh
タアイチーチュアン　t'ai chi (ch'uan), tai chi (chuan)
ダーウィニアン　Darwinian
ダーウィニスト　Darwinist
ダーウィニズム　Darwinism
ダーウィン　Darwin
ダーウェント　Derwent
ダーガバ　dagoba
ターキー　turkey
ダーキー　darky, darkey, -ie
ターキー・コック　turkey-cock
ターキッシュ　Turkish
ダーキッシュ　darkish
ターキッシュ・タオル　Turkish towel
ターキッシュ・ディライト　Turkish delight
ターキッシュ・バス　Turkish bath
ダーク　dark, dirk, Dirk
ダーク・エイジ　Dark Ages
ダーク・カラー　dark color
ダーク・グレー　dark gray
タークス・アンド・カイコス・アイランズ　Turks and Caicos Islands
ダーク・チェンジ　dark change
ダークネス　darkness
ダーク・ホース　dark horse
ダークリー　darkly
ダークリング　darkling
ダークルーム　darkroom
ダークン　darken
ターゲッタブル　targetable
ターゲット　target
ターゲット・デート　target date
ターゲティング　targeting
ターコイズ　turquoise, -quois
ターコイズ・ブルー　turquoise blue
ターサス　tarsus
ターサル　tarsal
ターザン　Tarzan
タージ　taj
ダージ　dirge
ターシアー　tarsier
ターシアン　tertian
ダーシー　Darcey, Darcy
ダーシェンカ　Dášeňka
タージッド　turgid
タージディティー　turgidity
タージバセート　tergiversate
タージマハール　Taj Mahal
タージ・マハル　Taj Mahal
ターシャリー　tertiary
ダージリン　Darjeeling, -ji-
タース　terse
ダース　dearth
ダース・ベイダー　Darth Vader
ダースリー　Dursley
ターセット　tercet
ターセル　tercel
ターセンテナリー　tercentenary
ターセンテニアル　tercentennial
ターター　tartar, ta-ta
ターダッキン　turducken
ダーダネルス　Dardanelles
タータリック　tartaric
タータン　tartan
ダーチャ　dacha
ターチン　Daqing
ダーツ　darts
ターディー　tardy
ダーティー　dirty
ダーティー・ウイークエンド　dirty weekend
ダーティー・ドッグ　dirty dog
ダーティー・トリック　dirty trick
ダーティー・ハリー　Dirty Harry
ダーティー・フロート　dirty float
ダーティー・リネン　dirty linen
ダーティー・ワーク　dirty work

ターティッシュ　tartish
ダーティリー　dirtily
タート　tart
タード　turd
ダート　dirt, dart
ダート・コース　dirt course
ダート・チープ　dirt cheap
ダート・トラック　dirt track
タートネス　tartness
ダート・バイク　dirt bike
ダート・プア　dirt-poor
ダートボード　dartboard
ダートマス　Dartmouth
ダートムア　Dartmoor
タートラジン　tartrazine
タートル　turtle
タートルダブ　turtledove
タートルネック　turtleneck
タートルヘッド　turtlehead
タートレート　tartrate
ダート・ロード　dirt road
ターナー　turner, Turner
ターナリー　ternary, turnery
ターニッシュ　tarnish
ターニップ　turnip
ターニャ　Tanya
ターニング　turning
ダーニング　darning
ターニング・ポイント　turning point
ダーネル　darnel
ターバン　turban
ダーバン　Durban
ターバンド　turbaned
ダービー　Darby, Derby
ダービーシャー　Derbyshire
ダービー・デー　Derby Day
ダービー・ハット　derby hat
タービダイト　turbidite
タービチュード　turpitude
タービッド　turbid
タービディティー　turbidity
タービネート　turbinate
タービュレンス　turbulence
タービュレント　turbulent
タービン　turbine
ターフ　turf
タープ　tarp
ダーブ　derv
ターフ・アカウンタント　turf accountant
ターフィー　turfy
ターフ・ウォーズ　turf wars
ターブーシュ　tarboosh, -bush, -boush, -bouche
ターブル・ドート　table d'hôte
ターペス　turpeth
ターボ　turbo, turbo-
ターポーリン　tarpaulin
ターボジェット　turbojet
ターボジェット・エンジン　turbojet engine
ターボチャージ　turbocharge
ターボチャージド　turbocharged
ターボチャージャー　turbocharger
ターボット　turbot
ターボプロップ　turboprop
ターボプロップ・エンジン　turboprop engine
ターポン　tarpon
ダーマ　derma
ターマー　termer, termor
ターマイト　termite
ターマガンシー　termagancy
ターマガント　termagant
ダーマタイティス　dermatitis
ダーマトロジー　dermatology
ダーマトロジスト　dermatologist
ダーマブレージョン　dermabrasion
ダーマル　dermal
ダーミス　dermis
ターミナス　terminus
ターミナティブ　terminative
ターミナブル　terminable
ターミナル　terminal
ターミナル・アダプター　terminal adapter
ターミナル・ケア　terminal care
ターミネーション　termination
ターミネーター　terminator
ターミネーター・テクノロジー　terminator technology
ターミネーティブ　terminative
ターミネート　terminate
ターミノロジー　terminology
ターミノロジカル　terminological
ターム　term
ダームストラング　Durmstrang

タームリー termly
タームレス termless
ターム・ローン term loan
ターメリック turmeric
ターメロン turmerone
ターモイル turmoil
ダーモット Dermot
ターユゲテー Taygeta
ターラ tala
ダーラ Darla
ターリー thali, Dali
ダーリー Dali
ダーリーン Darlene, -leen
ターリエン Dalian, Talien
ダーリン darling, Darrin
ダーリントン Darlington
タール tar, tahr, thar
ダール Dahl, dhal, dal, dahl
ダール・アル・イスラーム dar al-Islam
ダール・アル・ハルブ dar al-halb
タールブラシ tarbrush
タールマカダム tarmacadam
タールマック Tarmac
ターレット turret
ターン turn, tarn, tern
ダーン darn
ターンアウト turnout
ターンアップ turnup
ターンアバウト turnabout
ターンアラウンド turnaround
ターンオーバー turnover
ターンオフ turnoff
ターン・オン turn-on
ターンキー turnkey
ターンコート turncoat
ターンコック turncock
ターン・シグナル turn signal
ターンスタイル turnstile
ターンスピット turnspit
ターンダウン turndown
ターンテーブリスト turntablist
ターンテーブル turntable
ターンド turned
ダーンド darned
ダーンドル dirndl
ターンパイク turnpike
ターンバックル turnbuckle
ターン・ラウンド turn-round
タイ tie, Thai
ダイ die, dye, di-
タイア tire, tyre
ダイア dire, dia., dia- ⇨ダイアモンド
ダイアー Dyer
ダイアー・ストレイツ Dire Straits
ダイアーナル diurnal
ダイ・アウェイ die-away
ダイアグノーサブル diagnosable, diagnoseable
ダイアグノーザブル diagnosable, diagnoseable
ダイアグノーシス diagnosis
ダイアグノース diagnose
ダイアグノーズ diagnose
ダイアグノスティシャン diagnostician
ダイアグノスティック diagnostic
ダイアグノスティックス diagnostics
ダイアグラマティック diagrammatic
ダイアグラム diagram
ダイアグリッド diagrid
ダイアクリティカル diacritical
ダイアクリティック diacritic
ダイアクロニック diachronic
ダイアゴナル diagonal
ダイアゴナル・スプレッド diagonal spread
ダイアゴン Diagon
タイアサム tiresome
ダイアジノン diazinon
ダイアスターゼ diastase
ダイアスティーマ diastema
ダイアストロフィズム diastrophism
ダイアストロフィック diastrophic
ダイアスポア diaspor
タイ・アップ tie-up
ダイアデム diadem
ダイアトニック diatonic
ダイアトマイト diatomite
ダイアトミック diatomic
ダイアトミン diatomin
ダイアトム diatom
ダイアトライビスト diatribist
ダイアトライブ diatribe
ダイアナ Diana
ダイアナ・ロス Diana Ross
ダイアパー diaper

ダイアバティック　diabatic
ダイアビーティズ　diabetes
ダイアファナス　diaphanous
ダイアフラム　diaphragm
ダイアフル　direful
ダイアベース　diabase
ダイアペーソン　diapason
ダイアベティック　diabetic
ダイアボリカル　diabolical
ダイアボリスト　diabolist
ダイアボリズム　diabolism
ダイアボリック　diabolic
ダイアマグネット　diamagnet
ダイアマグネティック　diamagnetic
ダイアメター　diameter
ダイアメトリカリー　diametrically
ダイアメトリカル　diametrical
ダイアメトリック　diametric
ダイアモンド　diamond
ダイアライザー　dialyzer
ダイアライズ　dialyze, -lyse
ダイアリー　diary
ダイアリーア　diarrhea, -rhoea
ダイアリーアル　diarrheal, -rhoeal
ダイアリシス　dialysis
ダイアリスト　diarist
ダイアリング・コード　dialing code
ダイアリング・トーン　dialing tone
ダイアル　dial
ダイアル・アップ　dial-up
ダイアル・イン　dial in
ダイアレクタル　dialectal
ダイアレクティカル　dialectical
ダイアレクティシャン　dialectician
ダイアレクティック　dialectic
ダイアレクト　dialect
ダイアレクトロジー　dialectology
ダイアレクトロジスト　dialectologist
タイアレス　tireless
ダイアログ　dialogue, -log
ダイアログ・ボックス　dialog box
ダイアロジズム　dialogism
ダイアン　Dian, Diane
ダイアンサス　dianthus
タイ・イン　tie-in
ダイ・イン　die-in
タイイング　tying
ダイイング　dying, dyeing
ダイエター　dieter
ダイエタリー　dietary
ダイエタリー・ファイバー　dietary fiber
ダイエット　diet
ダイエティシャン　dietitian, -tician
ダイエテティック　dietetic
ダイエテティックス　dietetics
ダイエレクトリック　dielectric
ダイエレシス　diaeresis, dier-
ダイオード　diode
タイオガ　Tioga
ダイオキサイド　dioxide
ダイオキシン　dioxin
ダイオシス　diocese
ダイオセサン　diocesan
ダイ・オフ　die-off
ダイオプサイド　diopside
ダイオプシディック　diopsidic
ダイオプター　diopter, -tre
ダイオプテース　dioptase
ダイオプテーズ　dioptase
ダイオライト　diorite
タイ・オン　tie-on
ダイオン　Dion
タイガ　taiga
タイガー　tiger
タイガーアイ　tigereye
タイガー・ウッズ　Tiger Woods
タイガー・キャット　tiger cat
タイガー・シャーク　tiger shark
タイガース　(Detroit) Tigers
タイガーズ・アイ　tiger's-eye
タイガー・ビートル　tiger beetle
タイガー・モス　tiger moth
タイガー・リリー　tiger lily
ダイカスト　⇨ダイ・キャスティング
タイガリッシュ　tigerish
ダイ・キャスティング　die casting
ダイキリ　daiquiri
タイク　tyke, tike
タイグ　Tadhg
ダイク　dike, dyke
タイクーン　tycoon
ダイクシス　deixis
タイ・クラスプ　tie clasp
ダイグラフ　digraph

タイ・クリップ　tie clip
タイグレス　tigress
ダイグレス　digress
ダイグレッシブ　digressive
ダイグレッション　digression
ダイクロティック　dicrotic
タイゲタ　Taygeta
タイコ　Tyco
ダイコティレドン　dicotyledon
ダイコトミー　dichotomy
ダイサー　dicer
ダイ・サイズ　die size
ダイサッカライド　disaccharide
ダイシー　dicey
ダイジェスター　digester
ダイジェスチョン　digestion
ダイジェスティビリティー　digestibility
ダイジェスティブ　digestive
ダイジェスティブ・ビスケット　digestive biscuit
ダイジェスティブル　digestible
ダイジェスト　digest
ダイジェナイト　digenite
タイジング　tithing
ダイシング　dicing
タイズ　Taiz, tithe
ダイス　dice
ダイスタッフ　dyestuff
ダイゼイン　daidzein
タイソン　Tyson
ダイソン　Dyson
タイター　titer, titre
タイ・ダイ　tie-dye
タイ・ダイイング　tie-dyeing
ダイダクティカル　didactical
ダイダクティクス　didactics
ダイダクティック　didactic
タイタス　Titus
タイタスビル　Titusville
タイ・タック　tie tack [tac]
タイタニック　titanic, Titanic
タイダル　tidal
タイダル・ウェーブ　tidal wave
タイダル・フロー　tidal flow
ダイダロス　Daedalus
タイタン　Titan
タイツ　tights
タイディー　tidy
タイディング　tiding
タイト　tight
タイド　tide
タイドウェー　tideway
タイドウォーター　tidewater
タイトゥン　tighten
ダイドー　dido
タイト・ガス　tight gas
タイド・コテージ　tied cottage
タイト・ニット　tight-knit
タイド・ハウス　tied house
タイトフィステッド　tightfisted
タイトフィッティング　tightfitting
タイト・フィット　tight fit
タイド・プール　tide pool
タイドマーク　tidemark
タイドランド　tideland
タイトリー　tightly
タイド・リップ　tide rip
タイト・リップト　tight-lipped
タイトル　title
タイトル・ディード　title deed
タイトルド　titled
タイトル・バー　title bar
タイトル・パート　title part
タイトル・ページ　title page
タイトルホルダー　titleholder
タイトル・ロール　title role
タイトレーション　titration
タイドレス　tideless
タイトロープ　tightrope
タイトロープ・ウォーカー　tightrope walker
タイド・ローン　tied loan
タイトワッド　tightwad
ダイナ　Dinah
ダイナー　diner
ダイナスティー　dynasty
ダイナスティック　dynastic
ダイナスト　dynast
ダイナソー　dinosaur
ダイナブック　Dynabook
ダイナマイズ　dynamize
ダイナマイゼーション　dynamization
ダイナマイト　dynamite
ダイナミカル　dynamical
ダイナミクス　dynamics

ダイナミシスト dynamicist
ダイナミズム dynamism
ダイナミゼーション dynamization
ダイナミック dynamic
ダイナミック・レンジ dynamic range
ダイナモ dynamo
ダイナモエレクトリック dynamoelectric
ダイナモーター dynamotor
ダイナモメーター dynamometer
ダイナモメトリー dynamometry
タイニー tiny
ダイニング・カー dining car
ダイニング・テーブル dining table
ダイニング・ルーム dining room
ダイネット dinette
タイノー Taino
ダイバー diver
ダイバージ diverge
ダイバージェンシー divergency
ダイバージェンス divergence
ダイバージェント divergent
ダイバーシティー diversity
ダイバーシファイ diversify
ダイバーシファイド diversified
ダイバーシフィケーション diversification
ダイバージョナリー diversionary
ダイバージョン diversion
ダイバース diverse
ダイバーティスメント divertissement
ダイバーティング diverting
ダイハード diehard
ダイバート divert
ダイバゲーション divagation
ダイバゲート divagate
タイバック tieback
タイパブル typable, typeable
ダイバルジ divulge
ダイバルジェンス divulgence
ダイバルジメント divulgement
ダイバルジャー divulger
タイパン taipan
ダイバン divan
タイ・ビーム tie beam
タイピスト typist
タイピン tiepin
ダイビング diving
ダイビング・スーツ diving suit
タイピング・プール typing pool
ダイビング・ベル diving bell
ダイビング・ボード diving board
タイプ type
ダイブ dive
ダイファンクショナル difunctional
タイフー Typhoo
タイフーン typhoon
タイフォイド typhoid
タイフォイド・フィーバー typhoid fever
タイプキャスト typecast
タイプスクリプト typescript
タイプセッター typesetter
タイプセッティング typesetting
タイプセット typeset
タイプフェイス typeface
タイプフェース typeface
ダイブ・ボマー dive-bomber
ダイブ・ボム dive-bomb
タイプライター typewriter
タイプライティング typewriting
タイプライト typewrite
タイプリトゥン typewritten
タイ・ブレーカー tie breaker
タイ・ブレーク tie break
タイペイ Taipei, Taipeh
ダイベーシック dibasic
ダイベスティチュア divestiture
ダイベスト divest
タイポ typo
ダイポール dipole
タイボーン thighbone
タイポグラファー typographer
タイポグラフィー typography
タイポグラフィカル typographical
タイポグラフィック typographic
タイポスクワッティング typosquatting
タイポロジー typology
タイマー timer
ダイマー dimer
ダイマライズ dimerize
タイミル Taymyr, Taimyr
タイミング timing
タイム time, Time, thyme
ダイム dime
タイム・アウト time-out
タイム・インメモリアル time immemorial

タイムウォーン　timeworn
タイム・エクスポージャー　time exposure
タイム・オナード　time-honored
タイム・カード　time card
タイム・カプセル　time capsule
タイムキーパー　timekeeper
タイム・キラー　time killer
タイム・クロック　time clock
タイム・コンシューミング　time-consuming
タイムサーバー　timeserver
タイムサービング　timeserving
タイム・シート　time sheet
タイムシェア　timeshare
タイム・シェアリング　time-sharing
タイム・シグナチャー　time signature
タイム・シグナル　time signal
タイム・スイッチ　time switch
タイムスケール　timescale
タイムズ・サイン　times sign
タイムズ・スクエア　Times Square
ダイム・ストア　dime store
タイム・スプレッド　time spread
タイム・スリップ　time slip
タイムセービング　timesaving
タイム・ゾーン　time zone
タイム・ディスタンス　time distance
タイムテーブル　timetable
タイム・デポジット　time deposit
タイム・ドラフト　time draft
タイム・トラベル　time travel
タイム・トリップ　time trip
タイムド・リリース　timed-release
タイム・ノート　time note
ダイム・ノベル　dime novel
ダイムバック　dimeback
タイムピース　timepiece
タイム・ファクター　time factor
タイム・フレーム　time frame
タイム・ボム　time bomb
タイム・マシーン　time machine
ダイムラー　Daimler
ダイムラークライスラー　DaimlerChrysler
タイムライン　timeline
タイム・ラグ　time lag
タイム・ラプス　time-lapse
タイムリー　timely
タイム・リミット　time limit
タイム・レース　time race
タイム・レコーダー　time recorder
タイムレス　timeless
タイム・ロック　time lock
タイムワーク　timework
タイメックス　Timex
ダイメリック　dimeric
タイメン　taimen
タイモクラシー　timocracy
タイモン　Timon
ダイモン　demon, dae-, Dimon
タイヤ　tire, tyre, tier
ダイヤー　dyer
ダイヤグラム　diagram
ダイヤフラム　diaphragm
ダイヤモンド　diamond
ダイヤモンド・ウエディング　diamond wedding
ダイヤモンド・ジュビリー　diamond jubilee
ダイヤモンドバック　diamondback
ダイヤモンドバックス　(Arizona) Diamondbacks
ダイヤリング・コード　dialing code
ダイヤリング・トーン　dialing tone
ダイヤル　dial
ダイヤル・アップ　dial-up
ダイヤル・トーン　dial tone
タイユアン　Taiyuan
タイユヴァン　Taillevent
ダイユレティック　diuretic
タイラー　tiler, Tyler
タイラノザウルス　tyrannosaur
タイラント　tyrant
タイランド　Thailand
タイリング　tiling
タイル　tile
ダイルーション　dilution
ダイルート　dilute
ダイルービアル　diluvial
タイルフィッシュ　tilefish
ダイレーション　dilation
ダイレーター　dilator
タイレード　tirade
ダイレート　dilate
ダイレクショナル　directional
ダイレクション　direction
ダイレクター　director

ダイレクター・ジェネラル　director general
ダイレクターシップ　directorship
ダイレクティビティー　directivity
ダイレクティブ　directive
ダイレクト　direct
ダイレクト・アクション　direct action
ダイレクト・カレント　direct current
ダイレクト・タックス　direct tax
ダイレクト・デビット　direct debit
ダイレクト・バンキング　direct banking
ダイレクト・プロポーション　direct proportion
ダイレクト・メーラー　direct-mailer
ダイレクト・メール　direct mail
ダイレクト・メソッド　direct method
ダイレクトリアル　directorial
ダイレクトリー　directly, directory
ダイレクトリス　directrice
ダイレクトレート　directorate
ダイレクトレス　directress
タイレノール　Tylenol
タイロ　tyro, ti-
タイローン　Tyrone
タイワニーズ　Taiwanese
タイワン　Taiwan
タイン　tine, Tyne
ダイン　dine, dyne
タイン・アンド・ウィア　Tyne and Wear
タウ　tau
ダウ　Dow, Dou, Douw, dow, dhow
ダヴ　Dove
ダウアー　dour, dower
ダウアリー　dowry
ダウイジャー　dowager
ダウィッチャー　dowitcher
タウェリング　towel(l)ing
ダウエル　dowel
タウ・クロス　tau cross
ダウ・ケミカル　Dow Chemical
ダウ・ジョーンズ・アベレージ　Dow-Jones average
ダウス　douse, dowse
ダウズ　dowse, douse
タウズル　tousle
ダウター　doubter
ダウタブル　doubtable
ダウティー　doughty
ダウディー　dowdy
ダウティング・トマス　doubting Thomas
タウト　tout
ダウト　doubt
ダウド　Dowd, dowd
ダウトフル　doubtful
ダウトレス　doubtless
タウナー　towner
ダウナー　downer
タウニー　townee
ダウニー　Downey, downy
ダウニング　Downing
ダウニング・ストリート　Downing Street
タウヒ　towhee
タウポ　Taupo
ダウラターバード　Daulatabad
ダウラタバード　Daulatabad
タウリン　taurine
タウルス　Taurus
タウレート　taurate
タウン　town
ダウン　down
ダウン・アット・ヒール　down-at-heel(s)
ダウン・アンド・アウト　down-and-out
ダウン・アンド・ダーティー　down and dirty
ダウン・イースター　down-easter
ダウン・イースト　down east
ダウンウインド　downwind
タウン・カウンシラー　town council(l)or
タウン・カウンシル　town council
タウン・ガス　town gas
ダウンキャスト　downcast
タウン・クラーク　town clerk
タウン・クライヤー　town crier
ダウングレーディング　downgrading
ダウングレード　downgrade
ダウンコンバーター　downconverter
ダウンサイクリング　downcycling
ダウンサイクル　downcycle
ダウンサイジング　downsizing
ダウンサイズ　downsize
ダウンサイド　downside
タウンシップ　township
ダウンシフト　downshift
ダウン・ジャケット　down jacket
タウンズ　Townes
ダウンスイング　downswing

タウンズウーマン townswoman
タウンスケープ townscape
ダウンスケール downscale
ダウンズ・シンドローム Down's syndrome
ダウンステアー downstair
ダウンステアーズ downstairs
ダウンステージ downstage
ダウンステート downstate
ダウンストリーム downstream
ダウンストローク downstroke
ダウンスパウト downspout
タウンズピープル townspeople
ダウンスピン downspin
タウンズフォーク townsfolk
タウンズマン townsman
ダウンスロープ downslope
タウンゼンド Townshend
ダウンターン downturn
ダウンタイム downtime
ダウンタウン downtown
ダウンティック downtick
ダウン・トゥー・アース down-to-earth
ダウンドラフト downdraft, -draught
ダウントレンド downtrend
ダウン・パーカ down parka
ダウンバースト downburst
ダウンハーテッド downhearted
タウン・ハウス town house
ダウンパトリック Downpatrick
ダウン・ビート down beat, downbeat
ダウンヒラー downhiller
ダウンヒル downhill
ダウンフィールド downfield
ダウンフォース downforce
ダウンフォール downfall
ダウンフォールン downfallen
タウン・プランニング town planning
ダウンプレー downplay
ダウン・ペイメント down payment
タウンページ Town Pages
ダウン・ベスト down vest
ダウンポアー downpour
ダウン・ホーム down-home
タウン・ホール town hall
ダウンホール downhaul
ダウン・マーケット down-market
タウン・ミーティング town meeting
タウン・メイヤー town mayor
ダウンライト downright
ダウンランド downland
ダウンリバー downriver
ダウンリンク downlink
ダウンレインジ downrange
ダウンローダー downloader
ダウンローダブル downloadable
ダウンロード download
ダウンワーズ downwards
ダウンワード downward
タオ Tao
タオイスト Taoist
タオイズム Taoism
タオス Taos
タオバオ Taobao
タオル towel
タオル・ホース towel horse
タオルミーナ Taormina
タオル・ラック towel rack
タオル・レール towel rail
タオレット towelette
タカ taka
ダガー dagger
ダ・カーポ da capo
タカール Takhar
ダカール Dakar
タカジアスターゼ Taka-Diastase
ダカット ducat
タガトース tagatose
タガログ Tagalog
タキオン tachyon
タキシード tuxedo
タキシン taxine
タキシング taxing
タキストスコープ tachistoscope
タキトゥス Tacitus
タキメーター tachymeter
タギング tugging
タグ tag, tug
ダグ dag, dug, Dag, Doug
ダグウッド Dagwood
タグ・エンド tag end
タグ・クエスチョン tag question
タグ・クラウド tag cloud
タクサビリティー taxability
タクサブル taxable

タクシー　taxi
タクシーウェー　taxiway
タクシーキャブ　taxicab
タクシー・スタンド　taxi stand
タクシー・ダンサー　taxi dancer
タクシー・ランク　taxi rank
タクシス　taxis
タクシダーミー　taxidermy
タクシダーミスト　taxidermist
タクシメーター　taximeter
タグ・ジャンプ　tag jump
タクシン　Thaksin
タクシング　taxing
タクセーション　taxation
タクソール　Taxol
タクソノミー　taxonomy
タクソノミスト　taxonomist
タクソノミック　taxonomic
タクソン　taxon
タクタイル　tactile
ダクタイル　ductile
タクチュアル　tactual
タクティカル　tactical
タクティクス　tactics
タクティシャン　tactician
ダクティリック　dactylic
ダクティリティー　ductility
タクティル　tactile
ダクティル　ductile, dactyl
ダクティロロジー　dactylology
タグ・デー　tag day
ダグデール　Dugdale
タクト　tact, takt
ダクト　duct
ダクト・スペース　duct space
タクトタイム　takt time
タクトフル　tactful
タクトレス　tactless
ダクトレス　ductless
タグ・ホイヤー　TAG-Heuer
タグボート　tugboat
タグ・ライン　tag line
ダグラス　Douglas
ダグラス・スプルース　Douglas spruce
ダグラス・パイン　Douglas pine
ダグラス・ファー　Douglas fir
ダグラス・ヘムロック　Douglas hemlock
タクラマカン　Takla Makan, Taklamakan, Taklimakan
タクリード　taqlid
タクロリムス　tacrolimus
ダクロン　Dacron
ダゲスタン　Dagestan
ダゲナム　Dagenham
ダゲレオタイプ　daguerreotype
タコ　tacho, taco
タゴール　Tagore
タコグラフ　tachograph
タコス　tacos
ダコタ　Dakota
ダコタン　Dakotan
タコベル　Taco Bell
タコマ　Tacoma, Takoma
タコメーター　tachometer
タコメトリー　tachometry
ダサーニ　Dasani
タザロテン　tazarotene
タジ　Taji
ダシール　Dashiell
ダシーン　dasheen
タジキスタン　Tajikistan
タシキュレーション　tussiculation
タジク　Tajik, Tadzhik
タシケント　Tashkent
タシターニティー　taciturnity
タシターン　taciturn
タシット　tacit
ダジャン　dudgeon
ダシュル　Daschle
ダ・シルバ　da Silva
タジン　tagine
タス　Tass, TASS
ダズ　does
タスカ　tasca
タスカー　tusker
タスカルーサ　Tuscaloosa
タスカン　Tuscan
ダスキー　dusky
タスキーギ　Tuskegee
タスク　task, tusk
ダスク　dusk
タスクト　tasked, tusked
タスクバー　taskbar
タスク・フォース　task force

タスクマスター taskmaster
タスクミストレス taskmistress
ダスター duster
ダスタード dastard
ダスタビリティー dustability
ダスティー dusty
ダスティー・アンサー dusty answer
ダスティン Dustin
ダスティン・ホフマン Dustin Hoffman
ダスト dust
ダストアップ dustup
ダスト・カート dust cart
ダストカバー dustcover
ダスト・シート dust sheet
ダスト・ジャケット dust jacket
ダスト・シュート dust chute
ダスト・ストーム dust storm
ダスト・バス dust bath
ダストパン dustpan
ダストビン dustbin
ダスト・ボウル dust bowl
ダストマン dustman
ダストレス dustless
タスマニア Tasmania
タスマニアン Tasmanian
タスマニアン・ウルフ Tasmanian wolf
タスマニアン・デビル Tasmanian devil
タスマン Tasman
ダスラー Dassler
ダズラー dazzler
ダズリング dazzling
タスル tussle
ダズル dazzle
ダズン dozen
ダズント doesn't
タソック tussock
タタ Tata
ダダ dada
タタード tattered
ダダーブ Dadaab
タタール Tartar, Tatar
タタールスタン Tatarstan
タダイ Thaddaeus
ダタイ Datai
ダダイスト dadaist
ダダイズム dadaism
タタ・ナノ Tata Nano
タダラフィル tadalafil
タチアナ Tatiana, Tatyana
ダッカ Dhaka, Dacca
タッカー tucker, Tucker
タッキー tacky, tackey
ダッキー ducky, duckie
ダッキング ducking
ダッキング・ストゥール ducking stool
タック tuck, tack
タッグ tag
ダック duck
ダッグ dug
ダッグアウト dugout
タック・イン・タック・アウト tuck-in, tuck-out
ダックウィード duckweed
タック・ショップ tuck shop
タックス tax, tux
ダックス Daks
タックス・アボイダンス tax avoidance
タックス・イベージョン tax evasion
タックス・イヤー tax year
ダック・スープ duck soup
タックス・エグゼンプト tax-exempt
ダックズ・エッグ duck's egg
タックス・コレクター tax collector
タックス・シェルター tax shelter
タックス・スタンプ tax stamp
タックス・デダクティブル tax-deductible
タックス・フリー tax-free
ダックスフント dachshund
タックスペイイング taxpaying
タックス・ヘイブン tax haven
タックスペイヤー taxpayer
タックス・ホリデー tax holiday
タックス・リターン tax return
タッグ・チーム tag-team
ダックバーグ duckburg
ダックビル duckbill
ダックボーズ duckboards
タッグ・マッチ tag match
ダックリング duckling
タックル tackle
ダックワース Duckworth
ダッジ Dodge
ダッシャー dasher
タッシュ tush

ダッシュ　dash
ダッシュボード　dashboard
ダッシング　dashing
タッセル　tassel
タッソー　Tussaud
タッターソール　tattersall
タッチ　touch
ダッチ　Dutch
ダッチ・アクアリアム　Dutch aquarium
タッチ・アップ　touch-up
ダッチ・アブン　Dutch oven
ダッチ・アンクル　Dutch uncle
タッチ・アンド・ゴー　touch-and-go
タッチー　touchy
ダッチー　duchy
タッチー・フィーリー　touchy-feely
タッチウッド　touchwood
ダッチェス　duchess
ダッチ・オークション　Dutch auction
ダッチ・オーブン　Dutch oven
ダッチ・カレッジ　Dutch courage
ダッチ・キャップ　Dutch cap
タッチ・ジャッジ　touch judge
タッチスクリーン　touch screen
タッチストーン　touchstone
タッチ・センシティブ　touch-sensitive
タッチ・タイピング　touch-typing
タッチ・タイプ　touch-type
タッチダウン　touchdown
タッチト　touched
ダッチ・ドア　Dutch door
タッチ・トーン　Touch-Tone
ダッチ・トリート　Dutch treat
ダッチ・バーン　Dutch barn
タッチバック　touchback
タッチ・フットボール　touch football
タッチ・ペーパー　touch paper
ダッチマン　Dutchman
タッチ・ミー・ノット　touch-me-not
タッチャブル　touchable
タッチライン　touchline
タッチ・ラグビー　touch rugby
ダッチ・ロール　Dutch roll
ダッチワイフ　Dutch wife
タッチング　touching, tatting
タッティー　tattie, tatty
タット　tat
タッド　tad, Tad
ダット　DAT
ダッド　dad, dada, dud
ダッドガム　dadgum
タッドポール　tadpole
ダットン　Dutton
タッパー　tapper
ダッパー　dapper
タッパーウェア　Tupperware
タッピング　tapping
タップ　tap, tup
ダッファー　duffer
タップ・ウォーター　tap water
タップスター　tapster
タップ・タップ　tap-tap
タップ・ダンサー　tap dancer
タップ・ダンス　tap dance, tap-dance
ダッフル　duffel, -fle
タップルート　taproot
タップルーム　taproom
ダッフル・コート　duffle [duffel] coat
ダッフル・バッグ　duffel [duffle] bag
タッペニー　twopenny
タッペンス　twopence
ダディー　daddy
ダディー・ロングレッグズ　daddy longlegs
タディッチ　Tadic, Tadić
タトゥイーン　Tatooine
タトゥー　tattoo
タトゥーアー　tattooer
タトゥーイスト　tattooist
タトラー　Tatler, tattler
ダドリー　Dudley
タトル　tattle
タトルテール　tattletale
タナ　Tannat
ダナー　Danner
ダナウェイ　Dunaway
ダナ・キャラン　Donna Karan
タナク　Tanach, Tanakh
タナセタム　Tanacetum
ダナゾール　danasol, danazol
タナトス　Thanatos
タナトロジー　thanatology
タナハ　Tanach, Tanakh
タナパグ　Tanapag
ダナム　Dunham

ダナン　Da Nang, Danang
タニア　Tanya
タニー　tunny
ダニー　Danny, Donny
ダニエラ　Daniela
ダニエル　Daniel, Danielle
ダニオ　danio
ダニューブ　Danube
ダヌンツィオ　D'Annunzio
タネート　tannate
タネジャー　tanager
ダノン　Danone
タバ　Taba
タバード　tabard
タハール　Takhar
ダバオ　Davao
タバコ　tobacco
タバコニスト　tobacconist
タバサ　Tabitha
タパス　tapas
タバスコ　Tabasco
タバナクル　tabernacle
タバン　tavern
タビー　tabby, tubby
ダビータ　Davita
ダビーダ　Davida
タピオカ　tapioca
タビサ　Tabitha
タビス　Tavis
タヒチ　Tahiti
タヒチアン　Tahitian
ダビッシュ　dovish
ダビデ　David
ダビド　David
タヒニ　tahini
タビュラー　tabular
タビュレーション　tabulation
タビュレーター　tabulator
タビュレート　tabulate
ダビン　dubbin
ダビング　dubbing
ダ・ビンチ　da Vinci
タフ　tough
タブ　tab, tub
ダフ　duff
ダブ　dove, dab, dub
タフィー　taffy, Taffy, toffee, toffy, toughie, toughy
ダフィー　daffy, Duffy
タフィー・アップル　toffee apple
タフィー・ノーズ　toffee-nose
タブー　taboo, tabu
タブーラ　tabbouleh, tabouleh
タブーリ　tabouli
ダフォディル　daffodil
タフ・ガイ　tough guy
タブク　Tabuk
ダブコット　dovecote, -cot
タブ・サンパー　tub-thumper
タブス　Tubbs
ダブス　Dobbs
ダプソン　dapsone
タフタ　taffeta
ダフタイト　duftite
ダブチック　dabchick
タフツ　Tufts
タフティー　tufty
ダブテール　dovetail
タフテッド　tufted
タフト　tuft, Taft
ダフト　daft
ダプトマイシン　daptomycin
ダフニ　Daphne
ダフニア　daphnia
ダフネ　Daphne
タフネス　toughness
タブフル　tubful
ダブラー　dabbler
タブラ・ラサ　tabula rasa
ダブリー　doubly
タブリーズ　Tabriz
ダブリン　Dublin
ダブル　double, dabble
ダプル　dapple
ダブル・アクセル　double axel
ダブル・アンタンドル　double entendre
ダブル・イーグル　double eagle
ダブル・エージェント　double agent
ダブル・エッジド　double-edged
ダブル・エントリー　double entry
ダブル・クイック　double-quick
ダブル・クラッチ　double-clutch
ダブル・クリーム　double cream
ダブル・クリック　double-click

ダブル・グレージング　double glazing
ダブル・クロス　double cross, double-cross
ダブル・クロップ　double-crop
ダブル・コンチェルト　double concerto
ダブル・サッシ　double sash
ダブル・ジェパディー　double jeopardy
ダブル・シャープ　double sharp
ダブル・ジョインテッド　double-jointed
ダブルシンク　doublethink
ダブル・スーサイド　double suicide
ダブル・スター　double star
ダブル・スタンダード　double standard
ダブル・ストップ　double-stop
ダブル・スペース　double-space
ダブル・ゼロ・オプション　double zero option
ダブル・ソースパン　double saucepan
ダブル・ダイド　double-dyed
ダブル・タイム　double time, double-time
ダブル・ダガー　double dagger
ダブル・ダッチ　double Dutch
ダブル・ダッチ・メソッド　double Dutch method
ダブル・チェック　double-check
ダブル・ディーラー　double-dealer
ダブル・ディーリング　double-dealing
ダブル・テイク　double take
ダブル・ディジット　double-digit
ダブル・ティップ　double-tip
ダブル・ディップ　double-dip
ダブルデー　Doubleday
ダブル・デート　double date
ダブル・デクラッチ　double-declutch
ダブル・デッカー　double-decker
ダブルド　dappled
ダブル・トーク　double-talk
ダブル・トップ　double top
ダブルトン　doubleton
ダブル・ネガティブ　double negative
ダブル・バー　double bar
ダブル・パーク　double-park
ダブル・バインド　double bind
ダブル・バレルド　double-barreled, -relled
ダブル・ビジョン　double vision
ダブル・ビル　double bill
ダブル・ファースト　double first
ダブル・フィーチャー　double feature
ダブル・フィギュアズ　double figures
ダブル・フェースト　double-faced
ダブル・フォールト　double fault
ダブル・ブッキング　double-booking
ダブル・ブック　double-book
ダブル・ブラインド　double-blind
ダブル・フラット　double flat
ダブル・ブラッフ　double bluff
ダブル・ベース　double bass
ダブルヘッダー　doubleheader
ダブル・ボイラー　double boiler
ダブル・ボギー　double bogey
ダブル・ボトム　double bottom
タフレール　taffrail
タブレット　tablet
ダブレット　doublet
タブロイド　tabloid
タブロー　tableau
タブロー・ビバン　tableau vivant
タフン　toughen
タペストリー　tapestry
タペストリード　tapestried
タペット　tappet
ダベッド　Dyfed
タペナード　tapenade
タベラ　tabella
タベルナ　taberna
ダベンポート　davenport, Davenport
タホ　Tahoe
ダボス　Davos
タボレット　taboret, tabou-
ダマー　dumber
タマーレ　tamale
タマウリパス　Tamaulipas
ダマシーン　damascene
タマス　tamas
ダマスカス　Damascus
ダマスク　damask
ダマスク・ローズ　damask rose
ダマスス　Damasus
タマニー　Tammany
タマラ　Tamara
タマリスク　tamarisk
タマリロ　tamarillo
タマリン　tamarin
タマリンド　tamarind

タマン・ネガラ　Taman Negara
タミー　tummy, tammy
ダミー　dummy
タミーエイク　tummyache
ダミー・ラン　dummy run
タミールナードゥ　Tamil Nadu
ダミット　dammit
タミフル　Tamiflu
タミル　Tamil
ダミング　damning
タム　tum
ダム　dam, dumn, damb, dumb
ダムイット　dammit
ダムウェイター　dumbwaiter
ダム・サイト　dam site
ダム・ショー　dumb show
ダム・ストラック　dumbstruck
ダム・ストリクン　dumbstricken
ダムゼル　damsel
ダムゼルフライ　damselfly
ダムソン　damson
タムタム　tam-tam
ダムダム　dumdum
ダムデスト　damnedest, damndest
ダムド　damned
ダムナトリー　damnatory
ダムナブル　damnable
ダムネーション　damnation
ダムファウンデッド　dum(b)founded
ダムファウンド　dum(b)found
ダムフリース・アンド・ギャロウェー　Dumfries and Galloway
タムラ・モータウン　Tamla Motown
ダメージ　damage
ダメージング　damaging
タメルラン　Tamerlane, Tamburlaine
タモキシフェン　tamoxifen
タ・モク　Ta Mok
ダモクレス　Damocles
タモ・シャンター　tam-o'-shanter
ダヤク　Dayak
タラ　Tara
ダラ　Dara
ダラー　Darragh, dollar
ダラー・エリア　dollar area
ダラー・ギャップ　dollar gap
ダラー・サイン　dollar sign
ダラー・ディプロマシー　dollar diplomacy
ダラード　dullard
ダラー・マーク　dollar mark
ダライア　Daria
ダライアス　Darius
ダライ・ラマ　Dalai Lama
タラゴナ　Tarragona
タラゴン　tarragon
ダラシ　dalasi
ダラス　Dallas
ダラス・カウボーイズ　Dalls Cowboys
ダラス・マーベリックス　Dallas Mavericks
タラソセラピー　thalassotherapy
タラソテラピー　thalassotherapy
タラップ　trap
タラデガ　Talladega
タラハシー　Tallahassee
タラバニ　Talabani
タラマ　tarama　⇨タラモサラタ
ダラム　Durham
ダラムサラ　Dharamsala
タラモア　Tullamore
タラモア・デュー　Tullamore Dew
タラモサラタ　taramasalata, -mo-
タラワ　Tarawa
タランチュラ　tarantula
タランティーノ　Tarantino
タランテラ　tarantella
タランピシリン　talampicillin
ダランベール　d'Alembert
ダリ　Dali
ダリア　dahlia
タリアテッレ　tagliatelle
ダリアンス　dalliance
タリー　tally, tarry, Tully
ダリー　dally, dully, Dari
タリー・シート　tally sheet
タリーズ　Tully's
タリーマン　tallyman
タリーン　tureen
ダリウス　Darius
タリウム　thallium
タリオ　talio
タリオン　talion
タリスカー　Talisker
タリスマニック　talismanic
タリズマニック　talismanic

タリスマン　talisman
タリズマン　talisman
ダリッジ　Dulwich
ダリッシュ　dullish
ダリト　Dalit
タリバナイゼーション　Talibanization
タリバニゼーション　Talibanization
タリバン　Taliban
タリフ　tariff
タリブ・クウェリ　Talib Kweli
タリホー　tallyho
ダリル　Dar(r)yl
タリン　Tallin, Tallinn
ダル　dull
ダルウィーシュ　dervish
ダルース　Duluth
ダルエスサラーム　Dar es Salaam
タルカ　Talca
タルカム　talcum
タルカム・パウダー　talcum powder
タルキー　talcky
タルク　talc
タルゴ　Talgo
タルコース　talcose
タルコフスキー　Tarkovsky
タルサ　Tulsa
ダルシー　Dulce, -cie, -cy
ダルシマー　dulcimer
ダルス　dulse
ダルセット　dulcet
タルセバ　Tarceva
ダルタニアン　D'Artagnan
タルタル・ソース　tartar sauce
タルタロス　Tartarus
タルト　tart
タルト・タタン　tarte Tatin
ダルトリー　Daltrey
タルトレット　tartlet
ダルトン　Dalton
ダルネス　dullness, dulness
ダルビー　Dalby
ダルビッシュ　Darvish
ダルフール　Darfur
ダルフル　Darfur
タルボット　Talbot
ダルマ　dharma
ダルマイヤー　Dallmayr
ダルマチア　Dalmatia
ダルマティア　Dalmatia
ダルマティアン　Dalmatian
タルミガン　ptarmigan
タルムーディズム　Talmudism
タルムード　Talmud
ダルムシュタット　Darmstadt
ダルメシアン　Dalmatian
タレイア　Thalia
ダレイオス　Darius
タレス　Thales
ダレス　Dulles
タレッジョ　Taleggio
タレル　Turrell
ダレル　Darrel(l), Durrell
ダレン　Darren
タレンテッド　talented
タレント　talent
タレント・ショー　talent show
タレント・スカウト　talent scout
タレントレス　talentless
タロ　taro
タロイー　tallowy
ダロウェイ　Dalloway
タロー　tallow, tarot
タロース　talose
タロット　tarot
ダロワイヨ　Dalloyau
タロン　talon
タワー　tower
タワー・ブリッジ　Tower Bridge
タワー・ブロック　tower block
タワリー　towery
タワリング　towering
タン　tan, tun, tongue, tang, Tang
ダン　done, dun, dan, Dan, Donne, Dunn, Dunne
ダンウッディ　Dunwoody
タンカ　thangka, tangka
タンカー　tanker
タンカード　tankard
タンガニーカ　Tanganyika
ダンガリー　dungaree
タンカレー　Tanqueray
ダンカン　Duncan
タンギー　tangy
タンキニ　tankini

タンギング　tonguing
ダンキンドーナツ　Dunkin' Donuts
タンク　tank
タング　tongue, tang, Tang
ダンク　dunk, dank
ダング　dang, dung
タング・イン・チーク　tongue-in-cheek
タングート　Tangut
タンク・カー　tank car
ダンク・シュート　dunk shoot
ダンク・ショット　dunk shot
タングスティック　tungstic
タングステート　tungstate
タングステニック　tungstenic
タングステン　tungsten
タング・タイド　tongue-tied
タンク・タウン　tank town
タング・ツイスター　tongue twister
タングド　tongued
タンク・トップ　tank top
タンク・トラック　tank truck
タンク・トレーラー　tank trailer
ダングヒル　dunghill
タンク・ファーミング　tank farming
タンク・ファーム　tank farm
タング・ラッシュ　tongue-lash
タング・ラッシング　tongue-lashing
タングラム　tangram
タングリー　tangly
ダングリング・パーティシプル　dangling participle
タングル　tangle
ダングル　dangle
タングル・ウィード　tangle weed
タングルウッド　Tanglewood
ダンケシェーン　danke schön
ダンケルク　Dunkirk, -kerque
タンゴ　tango
タンゴール　tangor
ダンサー　dancer
ダンササイズ　dancercise
タンザナイト　tanzanite
タンザニア　Tanzania
ダンサブル　danceable
タンジー　tansy
ダンジー　Dungy
タンジール　Tangier(s)
タンジェ　Tanger
タンジェリン　tangerine
タンジェンシー　tangency
タンジェンシャル　tangential
タンジェント　tangent
ダンジネス　Dungeness
ダンジネス・クラブ　Dungeness crab
タンジビリティー　tangibility
タンジブル　tangible
ダンジョン　dungeon, donjon
ダンス　dance, dunce
ダンス・キャップ　dunce [dunce's] cap
ダンスキン　Danskin
ダンスク　Dansk
ダンス・セラピー　dance therapy
ダンスタブル　Dunstable
ダンスタン　Dunstan
ダンス・ホール　dance hall
ダンダー　dander
ダンダーヘッド　dunderhead
タンタマウント　tantamount
タンタラ　tantara
タンタライジング　tantalizing
タンタライズ　tantalize
タンタラス　Tantalus
タンタル　tantalum
タンタン　Tintin
ダンテ　Dante
ダンディー　dandy
ダンディー・ケーキ　Dundee cake
タンディル　Tandil
タンデム　tandem
ダンデライオン　dandelion
タンドール　tandoor
タントラ　tantra
ダンドラッフ　dandruff
タントラム　tantrum
タンドリー・チキン　tandoori chicken
ダンドル　dandle
タンナー　tanner
タンナリー　tannery
タンニック　tannic
タンニン　tannin
タンニング　tanning
ダンネージ　dunnage
ダンネス　doneness
タンノイ　Tannoy

タンパー　tamper
ダンパー　damper, dumper
タンバーク　tanbark
タンパープルーフ　tamperproof
タンパベイ・バッカニアーズ　Tampa Bay Buccaneers
タンバリン　tambourine
ダンピー　dumpy
タンピオン　tampion, tom-
ダンピッシュ　dumpish
ダンビュライト　danburite
ダンヒル　Dunhill
ダンピング　dumping
タンプ　tamp
ダンプ　damp, dump
ダンファームリン　Dunfermline
ダンフィーズ　Dunphy's
タンブーラ　tamboura, tambura
タンブール　tambour
ダンプカー　⇨ダンプ・トラック
ダンプスター　Dumpster
タン・ブック　tan book
ダンプ・トラック　dump truck
ダンププルーフ　dampproof
タンブラー　tumbler, Tumblr
タンブラーフル　tumblerful
タンブリッジ・ウェルズ　Tunbridge Wells
タンブリル　tumbril
タンブリン　tambourine
タンブリング　tumbling
ダンプリング　dumpling
タンブル　tumble
タンブルウィード　tumbleweed
タンブルダウン　tumbledown
ダンブルドア　Dumbledore
タンブル・ドライ　tumble dry
タンブル・ドライヤー　tumble dryer [drier]
タンブレル　tumbrel, -bril
ダンプン　dampen
ダンベリー　Danbury
ダンベル　dumbbell
ダンボ　dumbo
タンポン　tampon
ダンマーム　Dammam
ダン・ラザー　Dan Rather
ダンロップ　Dunlop

チ

チアー　cheer
チアストライト　chiastolite
チアゾール　thiazole
チアゾリジン　thiazolidine
チアノーゼ　cyanosis
チアパス　Chiapas
チアフル　cheerful
チアベンダゾール　thiabendazole
チア・ホーン　cheer horn
チアマゾール　thiamazole
チアミン　thiamine, -min
チアリー　cheery
チアリーダー　cheerleader
チアリング　cheering
チアレス　cheerless
チアン・カイシエク　Chiang Kaishek, Jiang Jieshi
チアン・ツォーミン　Jing Zemin
チアントール　thianthol
チーキー　cheeky
チーク　cheek, teak
チークボーン　cheekbone
チーグラー　Ziegler
チージー　cheesy
チーズ　cheese
チーズクロス　cheesecloth
チーズケーキ　cheesecake
チーズ・ストロー　cheese straw
チーズド　cheesed
チーズバーガー　cheeseburger
チーズペアリング　cheeseparing
チーズボード　cheeseboard
チーズモンガー　cheesemonger
チーター　cheetah, cheeta, chetah, chita, cheater
チー・チー　chee-chee, chi-chi
チーチ・マリン　Cheech Marin
チート　cheat
チートス　Cheetos
チーナン　Jinan
チーバー　Cheever
チーピー　cheapie
チーフ　chief
チープ　cheap, cheep
チーフ・インスペクター　chief inspector
チーフ・エグゼクティブ　chief executive
チーフ・コンスタブル　chief constable
チープ・シック　cheap chic
チーフ・ジャスティス　chief justice
チープ・ジャック　cheap-jack
チープ・ショット　cheap shot
チーフ・スーパーインテンデント　chief superintendent
チープスケート　cheapskate
チーフタンズ　Chieftains
チーフテン　chieftain
チーフテンシー　chieftaincy
チーフテンシップ　chieftainship
チーフリー　chiefly
チープン　cheapen
チーポ　cheapo
チーム　team
チーム・スピリット　team spirit
チーム・ティーチング　team teaching
チームメート　teammate
チームワーク　teamwork
チーリン　Jilin
チウラム　thiuram
チェア　chair
チェアウーマン　chairwoman
チェア・カー　chair car
チェアパーソン　chairperson
チェアベッド　chairbed
チェアボーン　chairborne
チェアマン　chairman
チェアマンシップ　chairmanship
チェアリー　chary
チェア・リフト　chair lift

チェイサー　chaser
チェイス　chase
チェイスト　chaste
チェイスト・ツリー　chaste tree
チェイスン　chasten
チェイスンド　chastend
チェイニー　Cheney
チェイン　chain
チェーサー　chaser
チェーシング　chasing
チェース　chase
チェーフ　chafe
チェーファー　chafer
チェーフィー　Chafee
チェーホフ　Chek(h)ov
チェーン　chain
チェーン・アーマー　chain armor
チェーン・ギア　chain gear
チェーン・ギャング　chain gang
チェーン・ステッチ　chain stitch
チェーン・ストア　chain store
チェーン・スモーカー　chain-smoker
チェーン・スモーク　chain-smoke
チェーンソー　chain saw
チェーン・ブリッジ　chain bridge
チェーン・メール　chain mail
チェーン・リアクション　chain reaction
チェーン・レター　chain letter
チェキダウト　check it out
チェ・ギュハ　Choi Kyu Hah, Choi Kyu-hah
チェキラ　⇨チェキダウト
チェ・ゲバラ　Che Guevara
チェコ　Czech
チェコスロバキア　Czechoslovakia
チェコスロバキアン　Czechoslovakian
チェコスロバック　Czechoslovak
チェサピーク　Chesapeake
チェサピーク・ベイ　Chesapeake Bay
チェサント　Cheshunt
チェシアキャット　Cheshire cat
チェシャー　Cheshire
チェシャー・キャット　Cheshire cat
チェシャー・チーズ　Cheshire cheese
チェシャム　Chesham
チェジュ　Cheju, Jeju
チェス　chess
チェスター　Chester
チェスターフィールド　Chesterfield
チェスタトン　Chesterton
チェスティー　chesty
チェスト　chest
チェストフル　chestful
チェスト・ボイス　chest voice
チェスナット　chestnut
チェスボード　chessboard
チェスマン　chessman
チェゼーナ　Cesena
チェダー　Cheddar
チェチェン　Chechen
チェチニア　Chechnia, -nya
チェッカー　checker
チェッカーズ　checkers
チェッカースポット　checkerspot
チェッカード　checkered
チェッカー・フラッグ　checkered flag
チェッカーボード　checkerboard
チェッキング・アカウント　checking account
チェック　check, cheque, Czech
チェックアウト　checkout
チェックアップ　checkup
チェックイン　check-in
チェックオフ　checkoff
チェック・カード　check card
チェックサム　checksum
チェックト　checked
チェックブック　checkbook
チェックブック・ジャーナリズム　checkbook journalism
チェックポイント　checkpoint
チェック・ボックス　check box
チェック・マーク　check mark
チェックメート　checkmate
チェックライター　checkwriter
チェックリスト　checklist
チェック・リパブリック　Czech Republic
チェックルーム　checkroom
チェックレイン　checkrein
チェックロール　checkroll
チェット　Chet
チェビー　chevy
チェビオット　cheviot
チェビオット・ヒルズ　Cheviot Hills

チェブラーシカ　Cheburashka
チェボクサリ　Cheboksary
チェボル　chaebol
チェリ　cheri
チェリー　cherry, Chery
チェリーストーン　cherrystone
チェリー・トマト　cherry tomato
チェリー・パイ　cherry pie
チェリー・ピッカー　cherry picker
チェリー・ピック　cherry-pick
チェリー・ブランデー　cherry brandy
チェリー・ブロッサム　cherry blossom
チェリオ　cheerio
チェリスト　cellist
チェリッシュ　cherish
チェリモヤ　cherimoya
チェリャビンスク　Chelyabinsk
チェリル　Cheryl
チェルシー　Chelsea
チェルシー・バン　Chelsea bun
チェルッティ　Cerruti
チェルトナム　Cheltenham
チェルノブイリ　Chernobyl
チェルムズフォード　Chelmsford
チェレスタ　celesta
チェロ　cello
チェロキー　Cherokee
チェン　Chan
チェンジ　change
チェンジ・アップ　change-up
チェンジオーバー　changeover
チェンジフル　changeful
チェンジャー　changer
チェンジャビリティー　changeability
チェンジャブル　changeable
チェンジ・リンギング　change ringing
チェンジリング　changeling
チェンジレス　changeless
チェンジング・ルーム　changing room
チェンナイ　Chennai
チェンバー　chamber
チェンバー・オーケストラ　chamber orchestra
チェンバー・ポット　chamber pot
チェンバー・ミュージック　chamber music
チェンバーメイド　chambermaid
チェンバレン　chamberlain
チェンバロ　cembalo
チェンマイ　Chiang Mai, Chiengmai
チオウレア　thiourea
チオール　thiol
チオカルバミド　thiocarbamide
チオキサンテン　thioxanthene
チオキソロン　thioxolone
チオグリコール　thioglycol
チオチキセン　thiothixene
チオフェノール　thiophenol
チオフェン　thiophene
チオベンカルブ　thiobencarb
チオペンタール　thiopental
チオリダジン　thioridazine
チガー　chigger
チカーノー　Chicano
チカディー　chickadee
チカルシリン　ticarcillin
チキータ　chiquita
チキート　chiquito
チキソトロピー　thixotropy
チキ・チキ・バン・バン　Chitty-Chitty-Bang-Bang
チキン　chicken
チキン・アンド・エッグ　chicken-and-egg
チキン・ナゲット　chicken nugget
チキンハーテッド　chickenhearted
チキン・フィード　chicken feed
チキン・ブレスト　chicken breast
チキン・ホーク　chicken hawk
チキン・ポックス　chicken pox
チキン・リバード　chicken-livered
チキン・ワイヤー　chicken wire
チクタク　ticktack, tictac, ticktock, tictoc
チグリス　Tigris
チクル　chicle
チクレッツ　Chiclets
チクレット　chic(k)let
チクロ　cyclamate
チゲ　chigae, jigae, jjigae
チケット　ticket
チケット・エージェンシー　ticket agency
チケット・エージェント　ticket agent
チケット・オフィス　ticket office
チケット・ショップ　ticket shop
チコ　Chico
チゴー　chigoe

チコリー　chicory, chicco-
チサゲンレクルーセル　tisagenlecleucel
チサゲンレクロイセル　tisagenlecleucel
チザム　Chisholm
チザルピン　cisalpine
チズラー　chisel(l)er
チズル　chisel
チゼラー　chisel(l)er
チゼル　chisel
チソット　Tissot
チタナイト　titanite
チタニウム　titanium
チタン　titanium
チチェスター　Chichester
チチェン・イツァ　Chichén Itzá
チチカカ　Titicaca
チチハル　Qiqihar
チヂミ　jijimi, chijimi
チチャ　chicha
チック　chick, tic
チックウィード　chickweed
チックピー　chickpea
チック・フリック　chick flick
チック・リット　chick lit
チッター　chitter
チッタゴン　Chittagong
チッタリングズ　chitterlings
チット　chit
チットチャット　chitchat
チッパー　chipper
チッピー　chippy, chippie
チッピング・カムデン　Chipping Campden
チッピング・スパロー　chipping sparrow
チップ　chip, tip
チップ・イン　chip-in
チップ・ショット　chip shot
チップセット　chipset, chip set
チップト・ビーフ　chipped beef
チップ・バスケット　chip basket
チップボード　chipboard
チップマンク　chipmunk, -muck
チップメーカー　chipmaker
チッペンデール　Chippendale
チティ・チティ・バン・バン　Chitty-Chitty-Bang-Bang
チトー　Tito
チトクローム　cytochrome
チナール　Cynar
チナワット　Shinawatra
チニダゾール　tinidazole
チヌーク　Chinook
チヌーク・ジャーゴン　Chinook Jargon
チノ　chino
チビー　chivy, chivvy, chivey
チフス　typhus
チベッタン　Tibetan
チベット　Tibet, Thibet
チペワ　Chippewa
チボー　Thibault
チポトレ　chipotle
チポラータ　chipolata
チボロン　tibolone
チマブーエ　Cimabue
チミジン　thymidine
チミペロン　timiperone
チミン　thymine
チムール　Timur, Timour
チムニー　chimney
チムニー・コーナー　chimney corner
チムニー・スイーパー　chimney sweeper
チムニー・スイープ　chimney sweep
チムニー・スイフト　chimney swift
チムニー・スタック　chimney stack
チムニー・スワロー　chimney swallow
チムニーピース　chimneypiece
チムニー・ブレスト　chimney breast
チムニー・ポット　chimney pot
チムネア　chimenea
チメス　tzimmes, tsimmes
チメロサール　thimerosal
チモール　Timor
チモシン　thymosin
チモロール　timolol
チャー　char, charr, chirr, churr
チャーウーマン　charwoman
チャーガ　chaga
チャーコール　charcoal
チャージ　charge
チャージ・アカウント　charge account
チャージ・カード　charge card
チャージ・シート　charge sheet
チャージ・ナース　charge nurse
チャージハンド　chargehand
チャージャー　charger

チャージャブル　chargeable
チャーター　charter
チャーター・コロニー　charter colony
チャーター・スクール　charter school
チャータード　chartered
チャータード・アカウンタント　chartered accountant
チャーター・パーティー　charter party
チャーター・メンバー　charter member
チャータレージ　charterage
チャーチ　church
チャーチウーマン　churchwoman
チャーチウォーデン　churchwarden
チャーチ・キー　church key
チャーチゴーアー　churchgoer
チャーチゴーイング　churchgoing
チャーチ・コミッショナーズ　Church Commissioners
チャーチ・スクール　church school
チャーチスト　Chartist
チャーチズム　Chartism
チャーチマン　churchman
チャーチマンシップ　churchmanship
チャーチヤード　churchyard
チャーチル　Churchill
チャーチ・レジスター　church register
チャーチレス　churchless
チャーティスト　Chartist, chartist
チャーティズム　Chartism
チャート　chart, chaat, chert
チャード　chard
チャーニング　churning
チャーネル　charnel
チャーピー　chirpy
チャービル　chervil
チャープ　chirp
チャーブロイル　charbroil
チャーマー　charmer
チャーミアン　Charmian
チャーミング　charming
チャーミングリー　charmingly
チャーム　charm
チャームド　charmed
チャームレス　charmless
チャーメン　chow mein
チャーモロジー　charmology
チャーリー　Charlie, -ley
チャーリー・ブラウン　Charlie Brown
チャーリー・ホース　charley horse
チャーリー・ワッツ　Charlie Watts
チャーリッシュ　churlish
チャール　churl
チャールズ　Charles
チャールズズ・ウェイン　Charles's Wain
チャールストン　Charleston
チャールズ・ラム　Charles Lamb
チャールトン　Charlton
チャーレディー　charlady
チャーロック　charlock
チャーン　churn
チャイ　chai
チャイコフスキー　Tchaikovsky, Tschai-
チャイド　chide
チャイトヤ　chaitya
チャイナ　China, china
チャイナウェア　chinaware
チャイナ・クレイ　china clay
チャイナ・クローゼット　china closet
チャイナ・シー　China Sea
チャイナ・シンドローム　China syndrome
チャイナタウン　Chinatown
チャイナ・ティー　China tea
チャイナマン　Chinaman
チャイニーズ　Chinese
チャイニーズ・ウォール　Chinese Wall
チャイニーズ・カラー　Chinese collar
チャイニーズ・キャベツ　Chinese cabbage
チャイニーズ・チェッカーズ　Chinese checkers
チャイニーズ・ノット　Chinese knot
チャイニーズ・パズル　Chinese puzzle
チャイニーズ・ボックシーズ　Chinese boxes
チャイニーズ・ランタン　Chinese lantern
チャイブ　chive
チャイム　chime
チャイルズ・プレー　child's play
チャイルディッシュ　childish
チャイルド　child
チャイルド・アビュース　child abuse
チャイルド・ウーマン　child woman
チャイルドケア　childcare
チャイルド・サイコロジー　child psychology
チャイルド・シート　child seat
チャイルド・ショック　child shock

チャイルドバース　childbirth
チャイルドフッド　childhood
チャイルドプルーフ　childproof
チャイルドベアリング　childbearing
チャイルドベッド　childbed
チャイルドベネフィット　child benefit
チャイルドマインダー　childminder
チャイルドライク　childlike
チャイルド・リアリング　child rearing
チャイルド・レーバー　child labor
チャイルドレス　childless
チャイン　chine
チャウ　chow
チャウシェスク　Ceaușescu
チャウダー　chowder
チャウチャウ　chow chow
チャウハウンド　chowhound
チャオ　ciao
チャガラグ　chugalug
チャグ　chug
チャクラ　chakra
チャクリ　Chakkri
チャクル　chuckle
チャクルヘッド　chucklehead
チャクワラ　chuckwalla
チャコ　Chaco
チャコール　charcoal
チャコール・グレー　charcoal gray
チャコール・バーナー　charcoal burner
チャコール・フィルター　charcoal filter
チャスタイズ　chastise
チャスタイズメント　chastisement
チャスティズメント　chastisement
チャスティティー　chastity
チャスティティー・ベルト　chastity belt
チャズブル　chasuble
チャター　chatter
チャターボックス　chatterbox
チャターボット　chatterbot
チャタトン　Chatterton
チャタヌーガ　Chattanooga
チャタム　Chatham
チャタラー　chatterer
チャタリング　chattering
チャタレー　Chatterley
チャチャ　cha-cha
チャチャチャ　cha-cha-cha
チャッカ　chukka
チャッカー　chukker
チャッカ・ブーツ　chukka boots
チャック　chuck
チャック・ベリー　Chuck Berry
チャックホール　chuckhole
チャック・ワゴン　chuck wagon
チャッター　chatter
チャッティー　chatty
チャット　chat, kyat
チャット・ショー　chat show
チャットスピーク　chatspeak
チャットボット　chatbot
チャット・ルーム　chat room
チャツネ　chutney
チャッピー　chappy
チャップ　chap
チャップス　chaps
チャップフォールン　chapfallen
チャップブック　chapbook
チャップマン　chapman
チャップリン　Chaplin
チャテル　chattel
チャテル・モーゲージ　chattel mortgage
チャド　chad, Chad, Tchad
チャトチャック　Chatuchak
チャドル　chador, -dar
チャネリング　channeling
チャネル　channel
チャネル・アイランズ　Channel Islands
チャネル・トンネル　Channel Tunnel
チャパキディック　Chappaquiddick
チャバッタ　ciabatta
チャパティ　chapati, -patti
チャビー　chubby
チャフ　chaff, chough, chuff
チャブ　chav, chub
チャファー　chaffer
チャフィー　chaffy
チャフィング・ディッシュ　chafing dish
チャフィンチ　chaffinch
チャフカッター　chaffcutter
チャプスイ　chop suey
チャプター　chapter
チャプター・ハウス　chapter house
チャフト　chuffed
チャプラン　chaplain

チャプランシー　chaplaincy
チャプリン　Chaplin
チャプレット　chaplet
チャプレン　chaplain
チャプレンシー　chaplaincy
チャベス　Chávez
チャペック　Čapek
チャペル　chapel, Chappelle
チャペル・ゴーアー　chapel goer
チャミー　chammy, chummy
チャム　chum
チャムファー　chamfer
チャモロ　Chamorro
チャラン　Calang
チャリオット　chariot
チャリオティア　charioteer
チャリシー　Charisse
チャリス　chalice
チャリタブル　charitable
チャリティー　charity
チャリティー・ショー　charity show
チャリティー・スクール　charity school
チャリング・クロス　Charing Cross
チャルパ　chalupa
チャレンジ　challenge
チャレンジャー　challenger
チャレンジング　challenging
チャロ　Charo
チャロアイト　charoite
チャン　Chan
チャンキー　chunky
チャンク　chunk
チャンシー　chancy, chancey, Jiangxi
チャンシャー　Changsha
チャンス　chance
チャンスー　Jiangsu
チャンス・メドレー　chance-medley
チャンセラー　chancellor
チャンセラリー　chancellery
チャンセリー　chancery
チャンセル　chancel
チャンター　chanter
チャンチュン　Changchun
チャン・ツォーミン　Jing Zemin
チャンディーカル　Chandigarh
チャンティクリーア　chanticleer, -tecler
チャント　chant
チャンドラ　Chandra
チャンドラー　chandler
チャンドラ・グプタ　Candra Gupta, Chandra Gupta
チャンドラヤーン　Chandrayaan
チャンドラリー　chandlery
チャントリー　chantry
チャンネル　channel, Chunnel
チャンパ　Champa
チャンバー　chamber
チャンピオン　champion
チャンピオンシップ　championship
チャンピオン・フラッグ　champion flag
チャンプ　champ, chump
チャンプ・チョップ　chump chop
チュアンチョウ　Quanzhou
チュー　chew, Chu
チューアブル　chewable
チューイー　chewy
チューイショナル　tuitional
チューイション　tuition
チューインガム　chewing gum
チューク　tuque
チューザー　chooser
チュージー　choosy, choosey
チューズ　choose
チューズデー　Tuesday
チューズデーズ　Tuesdays
チューター　tutor
チューダー　Tudor
チュータレージ　tutelage
チューテラー　tutelar
チューテラリー　tutelary
チュートニック　Teutonic
チュートリアル　tutorial
チュートン　Teuton
チューナー　tuner
チューナブル　tunable, tune-
チューニング　tuning
チューニング・フォーク　tuning fork
チューバ　tuba
チューバル　tubal
チュービュラー　tubular
チュービュラリティー　tubularity
チュービュレート　tubulate
チュービング　tubing
チューブ　tube

チューブウッド　tulipwood
チューブ・トップ　tube top
チューブリン　tubulin
チューブレス　tubeless
チューペロ　Tupelo
チューマー　tumor, tumour
チューマラス　tumorous
チューマルチュアス　tumultuous
チューマルト　tumult
チューミュラス　tumulus
チューリッヒ　Zürich, Zurich
チューリップ　tulip
チューリップ・ツリー　tulip tree
チュール　tulle
チューロ　churro
チューン　tune
チューン・アップ　tune-up
チューンフル　tuneful
チューンレス　tuneless
チュクチ　Chukchi
チュチュ　tutu
チュッパ・チャプス　Chupa Chups
チュニカ　tunica
チュニジア　Tunisia
チュニジアン　Tunisian
チュニス　Tunis
チュニック　tunic
チュバシ　Chuvash
チュバシア　Chuvashia
チュベローズ　tuberose
チュマシュ　Chumash
チュレーン　Tulane
チュロス　churro
チュンチョン　Chuncheon
チュンム　Chungmu
チョア　chore
チョイス　choice
チョウ・ユンファ　Chow Yun-fat
チョーカー　choker
チョーキー　choky, chokey, chalky
チョーキング　choking
チョーク　chalk, choke
チョークダンプ　chokedamp
チョークト　choked
チョーク・ポイント　choke point
チョークボード　chalkboard
チョーサー　Chaucer
チョーサリアン　Chaucerian
チョーズ　chose
チョーズン　chosen
チョーセリアン　Chaucerian
チョーチャン　Zhejiang
チョーンシー　Chauncey
チョクトー　Choctaw
チョコ・アイス　choc-ice
チョコ・バー　choc-bar
チョコホリック　chocoholic
チョコラティー　chocolaty, chocolatey
チョコレート　chocolate
チョコレート・チップ　chocolate chip
チョコレート・ボックス　chocolate-box
チョシッチ　Ćosić
チョッカブロック　chockablock
チョック　chock
チョックフル　chock-full, chockful
チョッパー　chopper
チョッパー・オール　chopper oar
チョッピー　choppy
チョッピング・ナイフ　chopping knife
チョッピング・ブロック　chopping block
チョップ　chop
チョップスティック　chopstick
チョップ・ソッキー　chop-socky
チョップ・チョップ　chop-chop
チョップハウス　chophouse
チョップフォールン　chopfallen
チョップロジック　choplogic
チョムスキー　Chomsky
チョリソー　chorizo
チョンサン　cheongsam
チョンジュ　Chonju
チョンチョウ　Zhengzhou
チョンチン　Chongqing
チョントゥー　Chengdu
チョン・ドゥファン　Chun Doo-hwan
チョン・ドファン　Chun Doo-hwan
チョンプ　chomp
チラー　chiller
チラキレス　chilaquiles
チラックス　chillax
チラノサウルス　tyrannosaur
チラミン　tyramine
チラム　thiram
チリ　Chile, chili, chile, chilli

チリアン　Chilean, Chilian
チリー　chilly
チリコンカルネ　chili con carne
チリコンカン　chili con carne
チリ・サルピーター　Chile saltpeter
チリス　Zyliss
チリ・ソース　chili sauce
チリ・ナイター　Chile niter
チリング・ユニット　chilling unit
チル　chill
チルダ　tilde
チルターン・ヒルズ　Chiltern Hills
チルチル　Tyltyl
チルデン・セーター　Tilden sweater
チルド　chilled
チルト・ホイール　tilt wheel
チルドレナイト　childrenite
チルドレン　children
チル・ファクター　chill factor
チルブレイン　chilblain
チロイド　thyroid
チロキシン　thyroxine, -in
チロシネーゼ　tyrosinase
チロシン　tyrosine
チロライト　tyrolite
チロリアン　Tirolean
チロリーズ　Tirolese
チロル　Tirol
チワワ　chihuahua, Chihuahua
チン　chin
チン・アップ　chin-up
チンキ　tincture
チンギスハーン　Genghis Khan
チンク　chink, Chink
チンクエチェント　Cinquecento
チンクエテッレ　Cinque Terre
チングフォード　Chingford
チンジュ　Chinju
チン・ストラップ　chin strap
チンタオ　Tsingtao, Qingdao
チンダル　Tyndale, Tin-, Tindal
チンチ　chinch
チンチ・バッグ　chinch bug
チンチラ　chinchilla
チンチン　chin-chin
チンツ　chintz
チンツィー　chintzy
チンディア　Chindia
チントーチェン　Jingdezhen
チンハイ　Qinghai
チンパンジー　chimpanzee
チンプ　chimp
チンレス　chinless
チンレス・ワンダー　chinless wonder
チン・ワッグ　chin-wag

ツ

ツァー　czar, tsar, tzar
ツアー　tour
ツアー・コンダクター　tour conductor
ツァーダム　czardom, tsardom, tzardom
ツァーリスト　czarist
ツァーリズム　czarism
ツァイス・イコン　Zeiss Ikon
ツァイトガイスト　Zeitgeist
ツァボ　Tsavo
ツァボライト　tsavorite
ツァリーザ　czaritza
ツァリーナ　czarina
ツァンギライ　Tsvangirai
ツイー　twee
ツイーター　tweeter
ツイーディー　tweedy
ツイート　tweet
ツイード　tweed
ツィガーン　tzigane
ツィゴイネルワイゼン　Zigeunerweisen
ツイスター　twister
ツイスティー　twisty
ツイステッド　twisted
ツイスト　twist
ツィター　zither
ツィタリスト　zitherist
ツイッギー　Twiggy
ツイッター　Twitter
ツイッタラー　twitterer
ツイル　twill
ツイン　twin
ツイン・エンジン　twin-engine
ツイン・サイズ　twin-size
ツインズ　(Minnesota) Twins
ツイン・セット　twin set
ツイン・ニット　twin knit
ツイン・ピークス　Twin Peaks
ツイン・ベッド　twin bed
ツイン・ルーム　twin room
ツー　two
ツー・ウェー　two-way
ツー・エッジド　two-edged
ツー・オーバー　two over
ツー・サイデッド　two-sided
ツー・サウザンド・ギニーズ　Two Thousand Guineas
ツーサム　twosome
ツー・シーター　two-seater
ツー・シーム　two-seam
ツー・ジャパン　two-Japan
ツー・ステップ　two-step
ツーゼ　Zuse
ツー・センツ　two cents
ツー・タイマー　two-timer
ツー・タイム　two-time
ツー・タック　two-tuck
ツー・ディメンショナル　two-dimensional, 2-D
ツー・テン・ジャック　two-ten-jack
ツー・トーン　two-tone
ツー・バイ・フォー　two-by-four
ツー・バッガー　two-bagger
ツー・ピース　two-piece
ツー・ビート　two-beat
ツー・ビット　two-bit
ツー・フィステッド　two-fisted
ツー・フェースト　two-faced
ツー・フォー　two-four
ツーフォールド　twofold
ツー・プライ　two-ply
ツー・ベース・ヒット　two-base hit
ツーリスティー　touristy
ツーリスティック　touristic
ツーリスト　tourist
ツーリスト・クラス　tourist class
ツーリスト・ビューロー　tourist bureau
ツーリズム　tourism
ツーリング　touring

ツーリング・カー　touring car
ツール　tool
ツール・ド・フランス　Tour de France
ツールバー　toolbar
ツールビロン　tourbillion, tourbillon
ツール・ボックス　toolbox
ツーレ　Thule
ツェツェ・フライ　tsetse fly, tzetze fly
ツェッペリン　Zeppelin
ツェナー・ダイオード　Zener diode
ツェラーン　Celan
ツェラン　Celan
ツェルマット　Zermatt
ツタンカーメン　Tutankhamen, -aten
ツチ　Tutsi
ツツ　Tutu
ツナ　tuna
ツナミ　tsunami
ツバイク　Zweig
ツバル　Tuvalu
ツバンギライ　Tsvangirai
ツヒンバリ　Tskhinvali
ツベルクリン　tuberculin
ツベルクリン・テステッド　tuberculin-tested
ツベルクリン・テスト　tuberculin test
ツベルクリン・リアクション　tuberculin reaction
ツベルクローシス　tuberculosis
ツポレフ　Tupolev
ツラノース　turanose
ツラレミア　tularemia, -rae-
ツリー　tree
ツリー・サージェリー　tree surgery
ツリー・サージャン　tree surgeon
ツリートップ　treetop
ツリーネイル　treenail, tre-
ツリー・ハウス　tree house
ツリー・ハガー　tree hugger
ツリー・ファーン　tree fern
ツリー・フリー・ペーパー　tree-free paper
ツリー・フロッグ　tree frog
ツリー・ライン　tree line
ツリー・ラインド　tree-lined
ツリー・リング　tree ring
ツリーレス　treeless
ツリウム　thulium
ツワナ　Tswana
ツングース　Tungus
ツンドラ　tundra

テ

デア　dare
テアー　tare, tear
テアアウェー　tearaway
デアイオナイズ　deionize
デアイサー　deicer
デアイス　deice
テア・シート　tear sheet
テア・ストリップ　tear strip
デアセイ　daresay
デアデビル　daredevil
テアトル　théâtre
テアトロ　teatro
テアニン　theanine
テアフラビン　theaflavin
デアミナーゼ　deaminase
デアリー　dairy
テアリング　tearing
デアリング　daring
テアルビジン　thearubigin
デアント　daren't
デイ　day
ティア　Tia
ディア　dear, deer
ティアー　tear, tier
ティアード・スカート　tiered skirt
ティア・ガス　tear gas
ティアガス　teargas
ディアギレフ　Diaghilev
ディアクリティック　diacritic
ディアジオ　Diageo
ティアジャーカー　tearjerker
ディアス　Díaz
ディアスキン　deerskin
ディアストーカー　deerstalker
ディアスポラ　Diaspora
ティア・ダクト　tear duct
ディアドラ　Diadora
ディアドリ　Deirdre
ティアドロップ　teardrop
ディアナ　Diana, Deanna
ティアナンメン・スクエア　Tiananmen Square
ディアハウンド　deerhound
ティアフル　tearful
ディアブロ　Diablo
ディアボーン　Dearborn
ディアボロ　diabolo
ディアマンテ　diamanté
ディアムイド　Diamuid
ティアラ　tiara
ティアリー　teary
ディアリー　dearly, deary, dearie
ティアレス　tearless
ディアン　Deanne
ディアンジェロ　D'Angelo
ティー　tea, tee
ディー　dee, Dee
ティー・アップ　tee up
ディーイスティック　deistic
ディーイスト　deist
ディーイズム　deism
ディーイティー　deity
ディーイファイ　deify
ディーイフィケーション　deification
ディーエヌエー　DNA
ディーエヌエー・フィンガープリンティング　DNA fingerprinting
ディーエヌエー・フィンガープリント　DNA fingerprint
ディーエヌエー・プローブ　DNA probe
ティー・ガーデン　tea garden
ティー・カート　tea cart
ティーカップ　teacup
ティーカップフル　teacupful
ティー・キャディー　tea caddy
ディーキン　Deakin
ティー・グラウンド　teeing ground
ティー・クリッパー　tea clipper

ティー・クロス　tea cloth
ティーケーキ　teacake
ティーケトル　teakettle
ティー・コージー　tea cozy [cosy]
ディーコネス　deaconess
ディーコン　deacon
ティーザー　teaser
ディーザー　Deezer
ティー・サービス　tea service
ディーサイド　Deeside
ディージェー　deejay
ティーシポネー　Tisiphone
ティーシャツ　T-shirt, tee shirt
ティー・ショット　tee shot
ティー・ショップ　tea shop
ティージング・トラブルズ　teething troubles
ティージングリー　teasingly
ティージング・リング　teething ring
ティース　teeth
ティーズ　tease, teethe
デイイス　dais
ティース・アート　teeth art
ティー・スクエア　T square
デイイスティック　deistic
デイイスト　deist
ティー・ストレイナー　tea strainer
ティースプーン　teaspoon
ティースプーンフル　teaspoonful
デイイズム　deism
ティー・セット　tea set
ティー・セル　T cell
ティーゼル　teasel, teasle
ディーゼル　Diesel
ディーゼル・エレクトリック　diesel-electric
ディーゼル・エンジン　diesel engine
ディーゼル・オイル　diesel oil
ティー・セレモニー　tea ceremony
ディーセンシー　decency
ディーセント　decent
ティーソル　TESOL
ティーター　teeter
ティーター・トッター　teeter-totter
ティーターン　Titan
ティータイム　teatime
ティー・タオル　tea towel
ディーダラス　Dedalus
ティー・ダンス　tea dance
ティーチ　teach
ティーチ・イン　teach-in
ティー・チェスト　tea chest
ティーチャー　teacher
ティーチャーズ・カレッジ　teachers college
ティーチャブル　teachable
ティーチング　teaching
ティーチング・ホスピタル　teaching hospital
ティーチング・マシーン　teaching machine
ティーディアス　tedious
ティーディアム　tedium
デイイティー　deity
ティー・テーブル　tea table
ディーテール　detail
ティート　teat
ディード　deed
ティートータム　teetotum
ティートータラー　teetotal(l)er
ティートータリズム　teetotalism
ティートータル　teetotal
ディートリヒ　Dietrich
ティー・トレイ　tea tray
ティー・トロリー　tea trolley
ディーナ　Dena, Deena
ティーナー　teener
ディーナリー　deanery
ティーニー　teenie, teeny
ティーニー・ウィーニー　teeny-weeny, teenie-weenie
ティーニー・タイニー　teeny-tiny
ティーニーボッパー　teenybopper
ディーネセン　Dinesen
ティーノイド　ctenoid
ディーバ　diva
ティー・パーティー　tea party
ティーハウス　teahouse
ティー・バッグ　tea bag
ディーパック・チョプラ　Deepak Chopra
ディービアス　devious
ディービアンシー　deviancy
ディービアンス　deviance
ディービアント　deviant
ティーヒー　tehee, tee-hee
ティーピー　tepee, tee-, tipi
ディービエート　deviate
ディープ　deep
ディーブイディー　DVD

ディーブイディー・アール　DVD-R
ディーブイディー・アールダブリュー　DVD-R/W
ディーブイディー・ラム　DVD-RAM
ディーブイディー・ロム　DVD-ROM
ディープウォーター　deepwater
ディープ・エコロジー　deep ecology
ディープ・キス　deep kiss
ディープ・シー　deep-sea
ディープ・シーテッド　deep-seated
ディープ・ストラクチャー　deep structure
ディープ・スペース　deep space
ディープ・セラピー　deep therapy
ディープ・ダイド　deep-dyed
ディープ・ディッシュ　deep dish
ディープ・パープル　Deep Purple
ディープ・フライ　deep-fry
ディープ・フリーザー　deep freezer
ディープ・フリーズ　deep freeze
ディープ・モーニング　deep mourning
ディープ・ラーニング　deep learning
ディープリー　deeply
ディープ・レイド　deep-laid
ティー・ブレーク　tea break
ティー・ブレッド　tea bread
ディープン　deepen
ティーボ　TiVo
ディーボ　Devo
ティーボー　Thiebaud
ディーポー　depot
ティー・ボール　tea ball
ティー・ボーン　T-bone
ティーポット　teapot
ティーミング　teeming
ティーム　team, teem
ディーム　deem
ティームスター　teamster
ティーム・スピリット　team spirit
ティーム・ティーチング　team teaching
ティームメート　teammate
ティームワーク　teamwork
ディーモナイズ　demonize
ディーモニゼーション　demonization
ディーモン　demon, dae-
ティーラ　Thera
ディーラー　dealer
ディーラーシップ　dealership
ディーラー・ローダー　dealer loader
ディーリア　Delia
ディーリアス　Delius
ティー・リーフ　tea-leaf
ディーリング　dealing
ティー・リンフォサイト　T lymphocyte
ティール　teal
ディール　deal
ティールーム　tearoom
ディールメーカー　dealmaker
ディールメーキング　dealmaking
ティーレックス　T. Rex
ディーロス　Delos
ティー・ワゴン　tea wagon
ティーン　teen
ディーン　dean, dene, Dean
ティーンエイジ　teenage
ティーンエイジド　teenaged
ティーンエイジャー　teenager
ティーンシー　teensy, teentsy
ティーンシー・ウィーンシー　teensy-weensy, teentsy-weentsy, teensie-weensie
ティーンズ　teens
ディーンズ・リスト　dean's list
デイウェア　daywear
ディエゴ　Diego
ディエゴ・ガルシア　Diego Garcia
ディエゴ・マラドーナ　Diego Maradona
ディエス・イレ　dies irae
ディ・エスカレーション　de-escalation
ティエポロ　Tiepolo
ティエラデルフエゴ　Tierra del Fuego
ティエリ　Thierry
ティエリー　Thierry
ティエンチン　Tianjin
ディエンビエンフー　Dien Bien Phu
ディオール　Dior
ディオゲネス　Diogenes
ディオニュソス　Dionysus, -sos
ディオネ　Dione
ディオン　Dion
テイカー　taker
ティガー　Tigger
デイ・ガール　day girl
ディガステーション　degustation
ディガステート　degustate
ディガスト　degust

ディカプリオ Dicaprio
ディガミー digamy
ディキシー Dixie
ディキシーランド Dixieland
テイキング taking
ディギング digging
ディキンソン Dickinson
テイク take
ティグ tig
ディグ Digg
テイク・アウェー take-away
テイクアウト takeout
テイク・イン take-in
テイクオーバー takeover
テイクオーバー・ビッド takeover bid
テイクオフ takeoff
ディクショナリー dictionary
ディクショナリー・アタック dictionary attack
ディクション diction
ディクソン Dickson, Dixon
ディクタ dicta
ティクターリク Tiktaalik
ティクタクトー ticktacktoe, tic-tac-toe, ticktacktoo
ディクタット diktat
ディクタトリアル dictatorial
ディクタフォン Dictaphone
ディクテーション dictation
ディクテーター dictator
ディクテーターシップ dictatorship
ディクテーティング・マシーン dictating machine
ディクテート dictate
ディクトゥム dictum
ディクトグラフ Dictograph
ディグニタリアル dignitarial
ディグニタリー dignitary
ディグニティー dignity
ディグニファイ dignify
ディグニファイド dignified
ディグビー Digby
テイク・ホーム・ペイ take-home pay
ティクラー tickler
ディクライニスト declinist
ディグリー degree
ティクリート Tikrit
ティグリス Tigris
ティクリッシュ ticklish
ティクル tickle
ディグレス digress
ディグレッシブ digressive
ディグレッション digression
ディグローバリゼーション deglobalization
テイクン taken
デイ・ケア day care, daycare
ディケイ decay
ディケイド decade
デイケーション daycation
ディケーター Decatur
ティケッティー・ブー tickety-boo
ティケット ticket
ディケンズ Dickens
デイ・コーチ day coach
ティサ Tisza
ディザー dither
ディサーテーション dissertation
ディサーニブル discernible, -able
ディサーニング discerning
デイ・サービス day service
ディサーン discern
ディサーンメント discernment
ディサイプル disciple
ディサイプルシップ discipleship
ディザスター disaster
ディザスター・エリア disaster area
ディザスター・プラン disaster plan
ディザストラス disastrous
テイ・サックス Tay-Sachs
ディサピアー disappear
ディサピアランス disappearance
ディサビール dishabille
ディサポインテッド disappointed
ディサポイント disappoint
ディサポイントメント disappointment
ディザラー ditherer
ディザリー dithery
ディザリング dithering
ティジー tizzy
デイジー daisy
ディジー dizzy
ディシース decease
ディジーズ disease
ディシースト deceased

ディジーズド　diseased
デイジー・ダック　Daisy Duck
デイジー・チェイン　daisy chain
デイジー・ホイール　daisy wheel
デイジー・ミラー　Daisy Miller
ディジェスチフ　digestif
ディシェベルド　disheveled, -elled
ディジカム　digicam
ディジタル　digital
ディジット　digit
ディジテーション　digitation
ディジテート　digitate
ディシデンス　dissidence
ディシデント　dissident
デイ・シフト　day shift
ディシプリナブル　disciplinable
ディシプリナリー　disciplinary
ディシプリナント　disciplinant
ディシプリネリアン　disciplinarian
ディシプリン　discipline
ディシペーション　dissipation
ディシペーテッド　dissipated
ディシペート　dissipate
ディシミュレーション　dissimulation
ディシミュレート　dissimulate
ディシミラー　dissimilar
ディシミラリティー　dissimilarity
ディジョネーズ　dijonaise, dijonnaise
ディジョン　Dijon
ディシラビック　disyllabic, dissyl-
ディシラブル　disyllable, dissyl-
ディジリー　dizzily
デイス　dace, dais
ディス　dis, diss
デイズ　daze, days
ディスアーマメント　disarmament
ディスアーミング　disarming
ディスアーム　disarm
ディスアグリー　disagree
ディスアグリーアブル　disagreeable
ディスアグリーメント　disagreement
ディスアコード　disaccord
ディスアセンブリー　disassembly
ディスアセンブル　disassemble
ディスアソシエート　disassociate
ディスアッセンブラー　disassembler
ディスアドバンテージ　disadvantage
ディスアドバンテージャス　disadvantageous
ディスアナル　disannul
ディスアバウ　disavow
ディスアバウアル　disavowal
ディスアピアー　disappear
ディスアピアランス　disappearance
ディスアビューズ　disabuse
ディスアビリティー　disability
ディスアフィリエート　disaffiliate
ディスアフェクション　disaffection
ディスアフェクト　disaffect
ディスアプルーバル　disapproval
ディスアプルービングリー　disapprovingly
ディスアプルーブ　disapprove
ディスアプロベーション　disapprobation
ディスアラウ　disallow
ディスアラウアブル　disallowable
ディスアラウアンス　disallowance
ディスアレー　disarray
ディスアレンジ　disarrange
ディスアンビギュエート　disambiguate
ディスイリュージョン　disillusion
ディスイリュージョンド　disillusioned
ディスインクライン　disincline
ディスインクラインド　disinclined
ディスインクリネーション　disinclination
ディスインジェニュアス　disingenuous
ディスインセンティブ　disincentive
ディスインター　disinter
ディスインタレステッド　disinterested
ディスインタレスト　disinterest
ディスインテグレーション　disintegration
ディスインテグレート　disintegrate
ディスインテレステッド　disinterested
ディスインテレスト　disinterest
ディスインフェクション　disinfection
ディスインフェクター　disinfector
ディスインフェクタント　disinfectant
ディスインフェクト　disinfect
ディスインフェスト　disinfest
ディスインフォーメーション　disinformation
ディスインフレーショナリー　disinflationary
ディスインフレーション　disinflation
ディスインベスト　disinvest
ディスインベストメント　disinvestment
ディスインヘリタンス　disinheritance
ディスインヘリット　disinherit

ディスエイブル　disable
ディスエイブルメント　disablement
ディスエーシブ　dissuasive
ディスエージョン　dissuasion
ディスエード　dissuade
ディスエクイリブリアム　disequilibrium
ディスエスタブリッシュ　disestablish
ディスエスティーム　disesteem
ディスエンカンバー　disencumber
ディスエンゲージ　disengage
ディスエンゲージド　disengaged
ディスエンゲージメント　disengagement
ディスエンスロール　disenthral(l)
ディスエンタングル　disentangle
ディスエンチャント　disenchant
ディスエンチャントメント　disenchantment
ディスエンバーク　disembark
ディスエンバーケーション　disembarkation
ディスエンバウエル　disembowel
ディスエンバウエルメント　disembowelment
ディスエンバラス　disembarrass
ディスエンバラスメント　disembarrassment
ディスエンパワー　disempower
ディスエンフランチャイズ　disenfranchise
ディスエンフランチャイズメント　disenfranchisement
ディスエンブロイル　disembroil
ディスエンボディード　disembodied
ディスオウン　disown
ディスオーガナイザー　disorganizer
ディスオーガナイズ　disorganize
ディスオーガナイズド　disorganized
ディスオーガナイゼーション　disorganization
ディスオーガニゼーション　disorganization
ディスオーダー　disorder
ディスオーダード　disordered
ディスオーダリー　disorderly
ディスオナー　dishonor, -honour
ディスオネスティー　dishonesty
ディスオネスト　dishonest
ディスオノラブル　dishonorable
ディスオビーディエンス　disobedience
ディスオビーディエント　disobedient
ディスオブライジ　disoblige
ディスオブライジング　disobliging
ディスオベイ　disobey
ディスオリエンテーション　disorientation
ディスオリエンテート　disorientate
ディスオリエント　disorient
ディスカーシブ　discursive
ディスカード　discard
ディスガイズ　disguise
ディスカウンター　discounter
ディスカウンテナンス　discountenance
ディスカウント　discount
ディスカウント・ストア　discount store
ディスカウント・セール　discount sale
ディスカウント・ハウス　discount house
ディスカウント・ブローカー　discount broker
ディスカウント・レート　discount rate
ディスカス　discuss, discus
ディスカス・スロー　discus throw
ディスガスティング　disgusting
ディスガスト　disgust
ディスガストフル　disgustful
ディスカッサー　discusser
ディスカッサント　discussant
ディスカッション　discussion
ディスカバー　discover
ディスカバラー　discoverer
ディスカバラブル　discoverable
ディスカバリー　discovery
ディスカバリー・チャンネル　Discovery Channel
ディスカバリー・デー　Discovery Day
ディスカラー　discolor
ディスカラレーション　discoloration
ディスカレッジ　discourage
ディスカレッジメント　discouragement
ディスカレッジング　discouraging
ディスカレッジングリー　discouragingly
ディスク　disk, disc
ディスクイジション　disquisition
デイ・スクール　day school
ディスクオリファイ　disqualify
ディスクオリファイアブル　disqualifiable
ディスクオリフィケーション　disqualification
ディスク・キャッシュ　disk cache
ディスク・ジョッキー　disc jockey, DJ
ディスク・ドライブ　disk drive
ディスク・ハロー　disk harrow

ディスク・ブレーキ　disk brake
ディスクラサイト　dyscrasite
ディスグラントル　disgruntle
ディスグラントルド　disgruntled
ディスグラントルメント　disgruntlement
ディスクリート　discreet, discrete
ディスクリミナティブ　discriminative
ディスクリミナトリー　discriminatory
ディスクリミネーション　discrimination
ディスクリミネーター　discriminator
ディスクリミネーティブ　discriminative
ディスクリミネーティング　discriminating
ディスクリミネート　discriminate
ディスグレース　disgrace
ディスグレースフル　disgraceful
ディスクレーマー　disclaimer
ディスクレーム　disclaim
ディスクレジット　discredit
ディスクレショナリー　discretionary
ディスクレション　discretion
ディスクレディタブル　discreditable
ディスクレディット　discredit
ディスクレパンシー　discrepancy
ディスクレパント　discrepant
ディスクロージャー　disclosure
ディスクローズ　disclose
ディスクワイアティング　disquieting
ディスクワイアト　disquiet
ディスクワイエテュード　disquietude
ディスケット　diskette
ディスコ　disco
ディスゴージ　disgorge
ディスコース　discourse
ディスコース・アナリシス　discourse analysis
ディスコーダンシー　discordancy
ディスコーダンス　discordance
ディスコーダント　discordant
ディスコーティアス　discourteous
ディスコーテシー　discourtesy
ディスコード　discord
ディスコグラフィー　discography
ディスコテック　discotheque, -thèque
ディスコネクション　disconnection, -connexion
ディスコネクテッド　disconnected
ディスコネクト　disconnect
ディスコフィル　discophile, -phil
ディスコンサーティング　disconcerting
ディスコンサーテッド　disconcerted
ディスコンサート　disconcert
ディスコンソレート　disconsolate
ディスコンティニュアス　discontinuous
ディスコンティニュアンス　discontinuance
ディスコンティニュイティー　discontinuity
ディスコンティニュー　discontinue
ディスコンティニュエーション　discontinuation
ディスコンテンテッド　discontented
ディスコンテント　discontent
ディスコンテントメント　discontentment
ディスコンフィチャー　discomfiture
ディスコンフィット　discomfit
ディスコンフォート　discomfort
ディスコンフォート・インデックス　discomfort index
ディスコンポージャー　discomposure
ディスコンポーズ　discompose
ディスコンボビュレート　discombobulate
ディスコンモード　discommode
ディスサービス　disservice
ディスサイミア　dysthymia
ディスサイミック　dysthymic
ディスサティスファイ　dissatisfy
ディスサティスファイド　dissatisfied
ディスサティスファクション　dissatisfaction
ディスサティスファクトリー　dissatisfactory
ディスジェニック　dysgenic
ディスシミラー　dissimilar
ディスシミラリティー　dissimilarity
ディスシミリテュード　dissimilitude
ディスジャンクション　disjunction
ディスジャンクティブ　disjunctive
ディスジョイン　disjoin
ディスジョインテッド　disjointed
ディスジョイント　disjoint
ディスセバー　dissever
ディスセバランス　disseverance
テイスター　taster
デイスター　daystar
ディスターバンス　disturbance
ディスタービング　disturbing
ディスターブ　disturb
ディスターブド　disturbed

ディスタフ distaff
ディスタル distal
ディスタンス distance
ディスタンス・レース distance race
ディスタント distant
ディスチャージ discharge
デイ・スチューデント day student
テイスティー tasty
ディスティラー distiller
ディスティラリー distillery
ディスティル distill, -til
ディスティレーション distillation
ディスティレート distillate
ディスデイン disdain
ディスティンギッシャブル distinguishable
ディスティンギッシュ distinguish
ディスティンギッシュト distinguished
ディスティンクション distinction
ディスティンクティブ distinctive
ディスティンクト distinct
ディスデインフル disdainful
ディステースト distaste
ディステーストフル distasteful
ディステンシブル distensible
ディステンション distension, -tion
ディステンド distend
ディステンパー distemper
テイスト taste
ディストーション distortion
ディストーテッド distorted
ディストート distort
テイスト・バッド taste bud
ディストピア dystopia
ディストピアン dystopian
ディストピック dystopic
テイストフル tasteful
テイストメーカー tastemaker
ディストラクション distraction
ディストラクティビリティー distractibility
ディストラクティブル distractible
ディストラクテッド distracted
ディストラクト distract
ディストラスター distruster
ディストラスト distrust
ディストラストフル distrustful
ディストリクト district
ディストリクト・アトーニー district attorney
ディストリクト・オブ・コロンビア District of Columbia, DC
ディストリクト・コート district court
ディストリクト・ナース district nurse
ディストリクト・ヒーティング district heating
ディストリクト・ビジター district visitor
ディストリビューション distribution
ディストリビューター distributor, -uter
ディストリビュート distribute
ディストリビュティブ distributive
ディストレイ distrait
ディストレイン distrain
ディストレイント distraint
ディストレシング distressing
テイストレス tasteless
ディストレス distress
ディストレス・シグナル distress signal
ディストレスト distressed
ディストレスフル distressful
ディストロート distraught
ディストロフィア dystrophia
ディズニー Disney
ディズニーアナ Disneyana
ディズニーシー Disney Sea
ディズニーランド Disneyland
ディズニーリゾート Disney Resort
ディスバー disbar
ディスバーサー disburser
ディスバーサル disbursal
ディスパーサル dispersal
ディスパーサント dispersant
ディスパーシブ dispersive
ディスパージョン dispersion
ディスバース disburse
ディスパース disperse
ディスバースメント disbursement
ディスバーデン disburden
ディスハートゥン dishearten
ディスハートン dishearten
ディスハーモニアス disharmonious
ディスハーモニー disharmony
ディスパッショネート dispassionate
ディスパッション dispassion
ディスパッチ dispatch, des-
ディスパッチ・ボックス dispatch box

ディスパッチャー　dispatcher
ディスバッド　disbud
ディスパリティー　disparity
ディスパレージ　disparage
ディスパレート　disparate
ディスバンド　disband
ディスバンドメント　disbandment
ディスピュータブル　disputable
ディスピュータント　disputant
ディスピュート　dispute
ディスピュテーシャス　disputatious
ディスピュテーション　disputation
ディスビリーバー　disbeliever
ディスビリーフ　disbelief
ディスビリーブ　disbelieve
ディスピリット　dispirit
ディスファンクショナル　dysfunctional
ディスファンクション　dysfunction, dis-
ディスフィギュア　disfigure
ディスフェーバー　disfavor
ディスフェミズム　dysphemism
ディスフェローシップ　disfellowship
ディスフォーニア　dysphonia
ディスフォーレスト　disforest
ディスプニーア　dyspnea, -noea
ディスフランチャイズ　disfranchise
ディスプリージング　displeasing
ディスプリーズ　displease
ディスプルーフ　disproof
ディスプルーブ　disprove
ディスプレイ　display
ディスプレイズ　dispraise
ディスプレイ・デザイン　display design
ディスプレー　display
ディスプレース　displace
ディスプレーズ　dispraise
ディスプレースト・パーソン　displaced person
ディスプレースメント　displacement
ディスプレジャー　displeasure
ディスフロック　disfrock
ディスプロポーショナル　disproportional
ディスプロポーショネート　disproportionate
ディスプロポーション　disproportion
ティスベ　Thisbe
ディスペプシア　dyspepsia
ディスペプティック　dyspeptic
ディスペル　dispel
ディスペンサー　dispenser
ディスペンサブル　dispensable
ディスペンサリー　dispensary
ディスペンス　dispense
ディスペンセーション　dispensation
ディスポーザー　disposer
ディスポーザブル　disposable
ディスポーザル　disposal
ディスポーザル・バッグ　disposal bag
ディスポーズ　dispose
ディスポーズド　disposed
ディスポート　disport, Dysport
ディスポジション　disposition
ディスポジティブ　dispositive
ディスポゼス　dispossess
ディスポゼスト　dispossessed
ディスポゼッション　dispossession
ディスマウント　dismount
ディスマス　Dismas, Des-
ディスマスト　dismast
ディスマチュリティー　dysmaturity
ディズマル　dismal
ディズマル・スワンプ　Dismal Swamp
ディスマントル　dismantle
ディスミサル　dismissal
ディスミス　dismiss
ディスミッシブ　dismissive
ディスメイ　dismay
ディズメイ　dismay
ディスメンバー　dismember
ディスメンバーメント　dismemberment
ディスユース　disuse
ディスユーズド　disused
ディスユナイト　disunite
ディスユニオン　disunion
ディスユニティー　disunity
ディスライク　dislike
ディスラプション　disruption
ディスラプター　disrupter, disruptor
ディスラプティブ　disruptive
ディスラプト　disrupt
ディスリガード　disregard
ディスリスペクト　disrespect
ディスリスペクトフル　disrespectful
ディスリペア　disrepair
ディスリメンバー　disremember

ディズレーリ　D'Israeli
ディスレギュレーション　dysregulation
ディスレクシア　dyslexia
ディスレクシック　dyslexic
ディスレピュート　disrepute
ディスレピュタブル　disreputable
ディスレリッシュ　disrelish
ディスロイヤル　disloyal
ディスロイヤルティー　disloyalty
ディスローブ　disrobe
ディスロケーション　dislocation
ディスロケート　dislocate
ディスロッジ　dislodge
ディスロッジメント　dislodg(e)ment
ディセーブル　disable
ディセクション　dissection
ディセクター　dissector
ディセクト　dissect
ディセミネーション　dissemination
ディセミネーター　disseminator
ディセミネーティブ　disseminative
ディセミネート　disseminate
ディセンシェント　dissentient
ディセンション　dissension, -tion
ディセンター　dissenter
ディセンダント　descendant
ディセンティング　dissenting
ディセンディング　descending
ディセンデント　descendent
ディセント　descent, dissent
ディセンド　descend
ディセントラリゼーション　decentralization
ディセントリー　dysentery
ディセンバーク　disembark
ディセンバーケーション　disembarkation
ディセンブラー　dissembler
ディセンブル　dissemble
ティソ　Tissot
ディソシアティブ　dissociative
ディソシエーション　dissociation
ディソシエート　dissociate
ディソナンス　dissonance
ディソナント　dissonant
ディソルーション　dissolution
ディソルート　dissolute
ディソルビリティー　dissolubility
ディゾルブ　dissolve
ディソルブル　dissoluble
ディタ　Dita
ティター　titter
ディター　deter
ティターニア　Titania
ディターレンス　deterrence
ディターレント　deterrent
ティターン　Titan
デイタイム　daytime
テイタム　Tatum
デイ・チェコ　De Cecco
ティチュラー　titular
ティチュラリティー　titularity
ティツィアーノ　Tiziano, Titian
ディツィー　ditsy, ditzy
ティッカ　tikka
ティッカー　ticker
ディッカー　dicker
ディッガー　digger
ティッカー・シンボル　ticker symbol
ティッカー・テープ　ticker tape
ティッカー・テープ・パレード　ticker-tape parade
ディッキー　dickey, dicky, dickie
ディッキーズ　Dickies
ティッキー・タッキー　ticky-tacky, ticky-tack
ディッキーバード　dickeybird, dicky-
ティッキング　ticking
ティック　tick
ディック　Dick, dick
ディッグ　dig
ディックス　Dix
ティック・チャート　tick chart
ティックトック　TikTok
ディック・トレーシー　Dick Tracy
ディック・ブルーナ　Dick Bruna
ディッシー　dishy
ティッシュ　tissue
ディッシュ　dish
ディッシュ・アンテナ　dish antenna
ディッシュウェア　dishware
ディッシュウォーター　dishwater
ディッシュウォッシャー　dishwasher
ティッシュー・ペーパー　tissue paper
ディッシュクロス　dishcloth
ディッシュ・タオル　dish towel

ディッシュダッシャー　dishdasha, -dash
ディッシュパン　dishpan
ディッシュフル　dishful
ディッシュラグ　dishrag
ティッセンクルップ　Thyssenkrupp
ディッセンバー　December
ティッチ　titch
ディッチ　ditch
ティッチー　titchy
ディッチウォーター　ditchwater
ディッチャー　dither
ティッツ　tits
ディッティー　ditty
ティット　tit
ディットー　ditto
ディットーヘッド　dittohead
ディットー・マーク　ditto mark
ティットビット　titbit
ティッドビット　tidbit
ティットファー　titfer
ティットマウス　titmouse
ディッバー　dibber
ディッパー　dipper
ディッピー　dippy
ティッピング・ポイント　tipping point
ティップ　tip
ディップ　dip
ティップ・アップ　tip-up
ティップ・オフ　tip-off
ティップカート　tipcart
ティップキャット　tipcat
ティップス　tips
ディップ・スイッチ　dip switch
ティップスター　tipster
ティップスタッフ　tipstaff
ディップスティック　dipstick
ティップトー　tiptoe
ティップ・トップ　tip-top
ティティー　titty, tittie
ディディー　diddy
デイティブ　dative
ティティベート　titivate, titti-
ティティラティブ　titillative
ティティレーション　titillation
ティティレーター　titillater
ティティレート　titillate
ディテール　detail
ディテール・マン　detail man
ディテクション　detection
ディテクター　detector
ディテクタブル　detectable, -ible
ディテクティブ　detective
ディテクティブ・ストーリー　detective story
ディテクト　detect
ディテスタブル　detestable
ディテステーション　detestation
ディテスト　detest
ディテンション　detention
ディテンション・センター　detention center
ディテンション・ホーム　detention home
ディテント　detent
デイ・トゥー・デイ　day-to-day
ティトゥス　Titus
ディドー　Dido
デイトナ　Daytona
デイトナ・ビーチ　Daytona Beach
ティトノス　Tithonus
ティドラー　tiddler
ティドリー　tiddly, tiddley
ディドリー　diddly
ティドリーウィンクス　tiddledywinks, tiddlywinks, tiddley-
デイドリーマー　daydreamer
デイドリーム　daydream
デイ・トリッパー　day tripper, daytripper
デイ・トリップ　day trip
ティトル　tittle
ディドル　diddle
ティトル・タトル　tittle-tattle
デイ・トレーダー　day trader
ディドロ　Diderot
デイトン　Dayton, Deighton
デイトン・ハドソン　Dayton Hudson
ディナー　dinner
ディナーウェア　dinnerware
ディナー・サービス　dinner service
ディナー・シアター　dinner theater
ディナー・ジャケット　dinner jacket
デイ・ナースリー　day nursery
ディナータイム　dinnertime
ディナー・テーブル　dinner table
ディナー・パーティー　dinner party
ディナー・ベル　dinner bell
ディナール　dinar

ティニャネロ　Tignanello
ディネーセン　Dinesen
ディノサウルス　dinosaur
ディバーシティー　diversity
ディバージョン　diversion
ディバーティング　diverting
ディバート　divert
ディバイザー　divisor
ディバイシブ　divisive
ディバイス　device
ディバイダー　divider
ディバイデッド　divided
ディバイド　divide
ディバイナー　diviner
ディバイニング・ロッド　divining rod
ディバイン　divine
ディバイン・コメディー　Divine Comedy
デイパック　day pack
ディバルジ　divulge
ディバルジェンス　divulgence
ディバルジャー　divulger
ディバン　divan
ティビア　tibia
デイビー　Davy
ディビー　divvy, divi
デイビー・ジョーンズ　Davy Jones
ディビエーショニスト　deviationist
ディビエーショニズム　deviationism
ディビエーション　deviation
ティピカリー　typically
ティピカル　typical
ディビジブル　divisible
ディビジョナル　divisional
ディビジョン　division
デイビス　Davis
デイビッド　David
ディビデンド　dividend
ディビニティー　divinity
ディビネーション　divination
ティピファイ　typify
ティピフィケーション　typification
ティフ　tiff, TIF
デイブ　Dave
ディファー　differ
ティファール　T-Fal, Tefal
ティファナ　Tijuana
ティファニー　Tiffany
ディファレンシア　differentia
ディファレンシエーション　differentiation
ディファレンシエート　differentiate
ディファレンシャル　differential
ディファレンシャル・ギア　differential gear
ディファレンシャル・キャルキュラス　differential calculus
ディファレンス　difference
ディファレント　different
ディファレントリー　differently
ディフィーザンス　defeasance
ディフィカルティー　difficulty
ディフィカルト　difficult
ディフィデンス　diffidence
ディフィデント　diffident
ディフィニション　definition
ティフィン　tiffin
ディフェクト　defect
ディフェクト・フリー　defect-free
ディフェンシビリティー　defensibility
ディフェンシブ　defensive
ディフェンシブ・ストック　defensive stock
ディフェンシブル　defensible
ディフェンス　defense, defence
ディフェンスマン　defenseman
ディフェンス・メカニズム　defense mechanism
ディフェンスレス　defenseless
ディフェンダー　defender
ディフェンダント　defendant
ディフェンド　defend
ディフォーメーション　deformation
ティプシー　tipsy
ディプシー　Dipsy
ディブズ　dibs
ディプソ　dipso, dyp-
ディプソマニア　dipsomania
ディプソマニアック　dipsomaniac
ディフソンガル　diphthongal
ディフソング　diphthong
デイブック　daybook
ディプティック　diptych
ディプテラス　dipterous
ディプテレックス　dipterex
ティプトロニック　tiptronic
ディフューザー　diffuser, -fusor
ディフューシビティー　diffusivity

ディフューシブ　diffusive
ディフュージブル　diffusible
ディフュージョン　diffusion
ディフュージョン・ブランド　diffusion brand
ディフューズ　diffuse
ティプラー　tippler
ディフラクション　diffraction
ディフラクト　diffract
ディフラクトメトリー　diffractometry
ディプリバン　Diprivan
ティプル　tipple
ディブル　dibble
デイブレイク　daybreak
ディプロイド　diploid
ディプローマ　diploma
ディプログラミング　deprograming
ディプロマシー　diplomacy
ディプロマット　diplomat
ディプロマティーズ　diplomatese
ディプロマティスト　diplomatist
ディプロマティック　diplomatic
ディプロマティック・イミュニティー　diplomatic immunity
ディプロマティック・バッグ　diplomatic bag
ディプロント　diplont
ディベーター　debater
ディベータブル　debatable, debateable
ディベート　debate
ティペカヌー　Tippecanoe
ディベスティチュア　divestiture
ディベスト　divest
ティベット　Tibet, Thibet
ティペット　tippet
デイベッド　daybed
ディベド　Dyfed
ディベヒ　Divehi
ティベリア　Tiberias
テイベリー　tayberry
ティベリウス　Tiberius
ディベルティスマン　divertissement
ディベルティメント　divertimento
ティペレアリー　Tipperary
ディベロッパー　developer
ディベロッピング　developing
ディベロップ　develop, -ope
ディベロップト　developed
ディベロップメンタル　developmental
ディベロップメント　development, -ope-
ディペンダビリティー　dependability
ディペンダブル　dependable
ディペンダント　dependant
ディペンデンシー　dependency
ディペンデンス　dependence, dependance
ディペンデント　dependent
ディペンド　depend
ディペンドラ　Dipendra
デイ・ボーイ　day boy
ディボース　divorce
ディボット　divot
ディボルセー　divorcé, -cée
ティボルト　Tybalt
ディマー　dimmer
ディマーケティング　demarketing
ディマジオ　DiMaggio
ディマンダブル　demandable
ディマンド　demand
ティミー　Timmy, Timmie
ディミートリアス　Demetrius
ティミッド　timid
ディミティー　dimity
ティミディティー　timidity
ディミニッシュ　diminish
ディミニュション　diminution
ディミニュティブ　diminutive
ディミヌエンド　diminuendo
テイミング　taming
テイム　tame
ティム　Tim
デイム　dame
ディム　dim
ディムウィット　dimwit
ティムール　Timur, Timour
ディム・サム　dim sum
ディムネス　dimness
ディムリー　dimly
ディメーン　demesne
ディメンショナリティー　dimensionality
ディメンショナル　dimensional
ディメンション　dimension
ティモール　Timor
ティモ・グロック　Timo Glock
ティモシー　Timothy, timothy
ティモシェンコ　Tymoshenko

デイモス　Deimos
ティモテ　Timotei
ティモラス　timorous
ティラー　tiller
ディライ　Dirae
デイライト　daylight
ディライト　delight
デイライト・セービング・タイム　daylight saving time
ディライトフル　delightful
ディラシネーション　deracination
ディラシネート　deracinate
ディラテーション　dilatation
ディラトリー　dilatory
ティラナ　Tirana
ティラナイズ　tyrannize
ティラニー　tyranny
ティラニカル　tyrannical
ティラニサイド　tyrannicide
ティラネ　Tiranë
ティラノサウルス　tyrannosaur
ティラピア　tilapia
ディラピデーション　dilapidation
ディラピデート　dilapidate
ティラブル　tillable
ティラミス　tiramisu
ディラン　Dylan
ティランナス　tyrannous
ディリ　Dili
ティリアン・パープル　Tyrian purple
ティリー　Tilley, Tillie, Tilly
デイリー　daily
ディリー　dilly
デイリー・コス　Daily Kos
ディリーダリー　dillydally
ディリジェンス　diligence
ディリジェント　diligent
ディリジズム　dirigisme
ディリジブル　dirigible
ディリンジャー　Dillinger
ティル　till
ディル　dill
デイ・ルイス　Day-Lewis
ディルーション　dilution
ディルート　dilute
ディルービアル　diluvial
デイルーム　dayroom
ティルダ　Tilda
ティルデ　tilde
ティルト　tilt
ティルド　tilde
ディルドー　dildo, dildoe
ティルトヤード　tiltyard
ディルドリン　dieldrin
ティルトローター　tilt-rotor
ディルハム　dirham, dirhem
ディレイ　DeLay
ディレー　delay
ティレージ　tillage
ディレーション　dilation
ディレード・アクション　delayed action
ディレーンジ　derange
ディレーンジド　deranged
ディレクショナル　directional
ディレクション　direction
ディレクション・ファインダー　direction finder
ディレクター　director
ディレクター・ジェネラル　director general
ディレクターシップ　directorship
ディレクターズ・チェア　director's chair
ディレクティビティー　directivity
ディレクティブ　directive
ディレクト　direct
ディレクトリアル　directorial
ディレクトリー　directory, directly
ディレクトレート　directorate
ディレクトレス　directress
ディレッタンティズム　dilettantism, -teism
ディレッタント　dilettante
ティローン　Tyrone
ティロリアン　Tirolean
ティロリーズ　Tirolese
ティロル　Tirol
ディロン　Dillon
デイロング　daylong
ティワナ　Tijuana
ティン　tin
デイン　deign
ディン　din
ティン・イヤー　tin ear
ティンウェア　tinware
ティン・オープナー　tin opener
ディンカ　Dinka

ティンカー　tinker
ティンカー・ベル　Tinker Bell
ディンガス　dingus
ティンカラー　tinkerer
ティンガリング　ting-a-ling
ティン・カン　tin can
ディンキー　dinky, dinkey
ディンギー　dinghy
ティンキー・ウィンキー　Tinky Winky
ディンキンズ　Dinkins
ティング　ting
ディンク　dink
ディング　ding
ディンクス　dinks
ティンクチャー　tincture
ティングリー　tingly
ティンクル　tinkle
ティングル　tingle
ディングル　dingle
ディンゴ　dingo
ティン・ゴッド　tin god
ティンジ　tinge
ディンジー　dingy
デインジャー　danger
デインジャラス　dangerous
デインズ　Danes
ティンストーン　tinstone
ティンスミス　tinsmith
ティンセリー　tinselly
ティンセル　tinsel
ティンセルタウン　Tinseltown
ティン・ソルジャー　tin soldier
ティンダー　tinder
ティンダーボックス　tinderbox
ティンタジェル　Tintagel
ティン・タック　tin tack
ティンダル　Tyndale, Tin-, Tindal
ティンダロメーター　tyndallometer
デインツリー　Daintree
デインティー　dainty
ティンティナビュレーション　tintinnabulation
テイント　taint
ティント　tint
ティンド　tinned
ディント　dint
ティン・トイ　tin toy
テイントレス　taintless
ティントレット　Tintoretto
ティンニー　tinny
ティンバー　timber, timbre
ティンバー・ウルフ　timber wolf
ティンバード　timbered
ティンバーライン　timberline
ティンバー・ラトルスネーク　timber rattlesnake
ティンバーランド　timberland, Timberland
ティンバーレイク　Timberlake
ティンバーワーク　timberwork
ティン・ハット　tin hat
ティンパナイティス　tympanitis
ティンパナム　tympanum
ティンパニ　timpani, tym-
ティンパニスト　timpanist
ティンパニック　tympanic
ティンバリング　timbering
ティン・パン・アレー　Tin Pan Alley
ティンブー　Thimbu
ティンプー　Thimphu
ティンフォイル　tinfoil
ティンブクトゥ　Timbuktu, -buctoo
ディンプル　dimple
ディンブルビー　Dimbleby
ティン・プレート　tin-plate, tinplate
ティンホーン　tinhorn
ティン・ポット　tin-pot
ティンワーク　tinwork
デウォルト　DeWALT
デウス・エクス・マキナ　deus ex machina
デー　day
テーカー　taker
テーキング　taking
テーク　take
テーク・アウェー　take-away
テークアウト　takeout
テーク・イン　take-in
テークオーバー　takeover
テークオーバー・ビッド　takeover bid
テークオフ　takeoff
テークダウン　takedown
テーク・ホーム・ペイ　take-home pay
テークン　taken
テーザー　Taser
デージー　daisy

デージー・チェーン　daisy chain
デース　dace
デ・エスカレート　de-escalate
テースター　taster
テースティー　tasty
テースト　taste
テースト・バッド　taste bud
テーストフル　tasteful
テーストメーカー　tastemaker
テーストレス　tasteless
テーゼ　These
テーセウス　Theseus
テータ　theta
データ　data
データー　dater
データ・ウェアハウス　data warehouse
データ・キャプチャー　data capture
データグローブ　dataglove
データ・バンク　data bank
データブル　datable
データ・プロセッシング　data processing
データベース　database
データ・マート　data mart
データ・マイニング　data mining
テータム　Tatum
テー・タリック　teh tarik
デーツ　date
デーツ・パーム　date palm
デーティブ　dative
デート　date
テート・ギャラリー　Tate Gallery
デート・ライン　date line, dateline
デート・レイプ　date rape
デートレス　dateless
デーナ　Dana
デーニッシュ　Danish
テーバー　tabor, -bour
テーパー　taper, tapir
デービー　Davy, Davie, Devi
デービー・ジョーンズ　Davy Jones
デービス　Davis, Devies
デービソン　Davison
テーピング　taping
テープ　tape
デーブ　Dave
テープ・デッキ　tape deck
テープ・トランスクリプション　tape transcription
テープ・ヒス　tape hiss
テープ・メジャー　tape measure
テープ・ライブラリー　tape library
テープライン　tapeline
テーブル　table
テーブルウェア　tableware
テーブルクロス　tablecloth
テーブル・コーディネーター　table coordinator
テーブルサイド　tableside
テーブルスプーン　tablespoon
テーブルスプーンフル　tablespoonful
テーブル・チャージ　table charge
テーブル・テニス　table tennis
テーブル・トーク　table talk
テーブルトップ　tabletop
テーブル・ホップ　table-hop
テーブル・マット　table mat
テーブル・マナーズ　table manners
テーブル・マネー　table money
テーブル・ライセンス　table licence
テーブルランド　tableland
テーブル・リネン　table linen
テーブル・ワイン　table wine
デーブレーク　daybreak
テープ・レコーダー　tape recorder
テープ・レコーディング　tape recording
テープ・レコード　tape-record
テープワーム　tapeworm
テーベ　Thebes
テーマ　theme
テーマー　tamer
テーマ・ソング　theme song
テーマ・チューン　theme tune
テーマ・パーク　theme park
テーマブル　tamable, tameable
テーミング　taming
テーム　tame
デーム　dame
デーモナイズ　demonize
デーモナイゼーション　demonization
デーモニズム　demonism
デーモニゼーション　demonization
デーモニック　demonic, dae-
デーモノラトリー　demonolatry
デーモノロジー　demonology

デーモン　demon, dae-, Damon
テーラー　tailor
テーラード　tailored
テーラー・メード　tailor-made
テーラリズム　Taylorism
テーラリング　tailoring
テーラワーダ　Theravada
テーリン　theelin
テール　tail, tale
デール　dale
テール・ア・テール　terre-à-terre
テール・ウィンド　tail wind
デールーム　dayroom
テールエンダー　tailender
テール・エンド　tail end
テールゲート　tailgate
テールコート　tailcoat
テールスピン　tailspin
テールズマン　talisman
テール・テラー　tale-teller
テールド　tailed
テールパイプ　tailpipe
テールバック　tailback
テールピース　tailpiece
テール・フィン　tail fin
テールベアラー　talebearer
テールボード　tailboard
テールライト　taillight
テール・ランプ　tail lamp
テールレース　tailrace
テールレス　tailless
デーン　Dane
デーンジャー　danger
デーンジャラス　dangerous
テオ　Theo
デオービット　deorbit
デオキシダイズ　deoxidize
デオキシリボース　deoxyribose
デオキシリボヌクレイック・アシッド　deoxyribonucleic acid
デオドライザー　deodorizer
デオドライズ　deodorize
デオドライゼーション　deodorization
デオドラント　deodorant
デオドリゼーション　deodorization
テオドリック　Theodoric
テオフィリン　theophylline
テオブロマ　Theobroma
テオブロミン　theobromine
デカ　dec-, deca-, dek(a)-
デカアスリート　decathlete
デカアスロン　decathlon
デカール　decal
デガウス　degauss
デカグラム　decagram, -gramme
デカゴン　decagon
デガス　degas
デガステーション　degustation
デガステート　degustate
デガスト　degust
デカダン　⇨デカダンス
デカダンス　decadence
デカダンティスム　décadentisme
デカダント　decadent
デガッサー　degasser
デカップラー　decoupler
デカップリング　decoupling
デカップル　decouple
デカナール　decanal
デカノール　decanol
テガフール　tegafur
デカフェイネイト　decaffeinate
デカポッド　decapod
デカボラン　decaborane
デカラー　decolor
デカラライズ　decolorize
デカリットル　decaliter, -tre
デカルコマニア　decalcomania
デカルコマニー　décalcomanie
デカルト　Descartes
デカローグ　decalogue, -log
デカン　decane, Deccan
デカンター　decanter
デカンテーション　decantation
デカント　decant
テキー　techie
テキーラ　tequila
テキサコ　Texaco
テキサス　Texas
テキサス・リーガー　texas leaguer
デキサメタゾン　Dexamethasone
テキサン　Texan
デキシー　Dixie
デキシー・カップ　Dixie Cup

デキシーズ・ミッドナイト・ランナーズ　Dexys Midnight Runners
デキシーランド　Dixieland
テキスタイル・デザイナー　textile designer
テキスト　text
テキスト・エディタ　text editor
テキスト・ファイル　text file
テキストブック　textbook
テキスト・ボックス　text box
テキスト・マイニング　text mining
テキスト・メッセージング　text messaging
デキストラン　dextran
デキストリン　dextrin, -trine
デキストロアンフェタミン　dextroamphetamine
デキストロース　dextrose
デキストロメトルファン　dextromethorphan
デキストロモラミド　dextromoramide
デキスラゾキサン　dexrazoxane
デキセドリン　Dexedrine
デキャピテーション　decapitation
デキャピテーター　decapitator
デキャピテート　decapitate
デキャント　decant
デキャンプ　decamp
デキュプル　decuple
テギュメント　tegument
テグ　Taegu
デ・クーニング　de Kooning
テク・サビー　tech-savvy
テクサン　Texan
テグシガルパ　Tegucigalpa
デクスター　dexter
テクスタイル　textile
テクスチャー　texture
テクスチャード　textured
テクスチャード・ベジタブル・プロテイン　textured vegetable protein
テクスチャー・マッピング　texture mapping
テクスチャライズ　texturize
テクスチュアリスト　textualist
テクスチュアリズム　textualism
テクスチュアル　textual
デクステラス　dexterous
デクステリティー　dexterity
テクスト　text
テクスト・メッセージング　text messaging
デクストラス　dextrous
デクストラル　dextral
テクセル　texel
テクタイト　tektite
テクトニクス　tectonics
テクトニック　tectonic
テクニーク　technique
テクニカラー　Technicolor
テクニカリティー　technicality
テクニカル　technical
テクニカル・カレッジ　technical college
テクニカル・サポート　technical support
テクニカル・ノックアウト　technical knockout
テクニカル・ヒッチ　technical hitch
テクニカル・ライター　technical writer
テクニシャン　technician
テクニック　technique, technic
テクネチウム　technetium
テクノ　techno, techno-
テクノ・エイド　techno-aid
テクノクラシー　technocracy
テクノクラット　technocrat
テクノストレス　technostress
テクノナショナリズム　technonationalism
テクノファイル　technophile
テクノフォービア　technophobia
テクノフォービック　technophobic
テクノフォーブ　technophobe
テクノヘゲモニー　technohegemony
テクノポップ　technopop
テクノ・マート　techno-mart
テクノ・マネジメント　techno-management
テクノロジー　technology
テクノロジカル　technological
テクノロジスト　technologist
デクパージュ　decoupage, dé-
デクラーク　de Klerk
デクライ　decry
デクライナブル　declinable
デクライニング　declining
デクライン　decline
デクラシファイ　declassify
デクラセ　déclassé
デクラッチ　declutch

デグラデーション　degradation
デクラマトリー　declamatory
デクラメーション　declamation
デクララティブ　declarative
デクラレーション　declaration
デクラン　Declan
デクリー　decree
デグリー　degree
デクリーシングリー　decreasingly
デクリース　decrease
デグリッチャー　deglitcher
デクリネーション　declination
デクリビティー　declivity
デクリミナライズ　decriminalize
デクリミナライゼーション　decriminalization
デクリミナリゼーション　decriminalization
デクリメント　decrement
デクレアー　declare
デクレアード　declared
デクレアラー　declarer
デクレアラブル　declarable
デクレイマー　declaimer
デグレーダブル　degradable
デグレーディング　degrading
デグレード　degrade
デクレーム　declaim
デクレセント　decrescent
デクレッシェンド　decrescendo
デクレピチュード　decrepitude
デクレピット　decrepit
デクレピテュード　decrepitude
デクレンション　declension
デケード　decade
デコ　Deco
デコイ　decoy
デコー　dekko
デコーダー　decoder
デコード　decode
デコール　decor, décor
デコールム　decorum
デコクション　decoction
デコクト　decoct
デコミッション　decommission
デコミュナイズ　decommunize
デコラス　decorous
デコラティブ　decorative
デコラティブ・アート　decorative art
デコラティブ・ペインティング　decorative painting
デコルタージュ　décolletage
デコルテ　décolleté
デコレーション　decoration
デコレーション・ケーキ　⇨デコレーテッド・ケーキ
デコレーション・デー　Decoration Day
デコレーター　decorator
デコレーテッド・ケーキ　decorated cake
デコレート　decorate
デコロナイズ　decolonize
デコンジェスタント　decongestant
デコンストラクション　deconstruction
デコンストラクト　deconstruct
デコンタミネーション　decontamination
デコンタミネート　decontaminate
テコンドー　tae kwon do, taekwondo
デコントロール　decontrol
デコンパイラー　decompiler
デコンパイル　decompile
デコンプレス　decompress
デコンプレッション　decompression
デコンポーズ　decompose
デコンポジション　decomposition
テザー　tether
デザーション　desertion
デザーター　deserter
デザーティファイ　desertify
デザーティフィケーション　desertification
デザーテッド　deserted
デザート　dessert, desert
デザートスプーン　dessertspoon
デザートスプーンフル　dessertspoonful
デザート・ブーツ　desert boots
デザート・ワイン　dessert wine
デザービング　deserving
デザーブ　deserve
デザーブド　deserved
デサイ　Desai
デザイア　desire
デザイアード　desired
デザイアラス　desirous
デザイアラビリティー　desirability
デザイアラブル　desirable
デサイシブ　decisive

デサイダー　decider
デサイディング　deciding
デサイド　decide
デザイナー　designer
デザイナー・ドラッグ　designer drug
デザイナー・ブランド　designer brand
デザイニング　designing
デサイファー　decipher
デザイン　design
デザインド　designed
デサビール　deshabille
デサリナイズ　desalinize
デサリネーション　desalination
デサリネート　desalinate
テザリング　tethering
デサルトリー　desultory
テサロニケ　Thessalonians
デシ　deci-
デ・シーカ　De Sica
デシース　decease
デシースト　deceased
デシーデント　decedent
デシート　deceit
デシートフル　deceitful
デシーバー　deceiver
デシーブ　deceive
デジェクション　dejection
デジェクタ　dejecta
デジェクト　deject
デジェネラシー　degeneracy
デジェネレーション　degeneration
デジェネレーティブ　degenerative
デジェネレート　degenerate
デジカム　digicam
デジカメ　⇨デジタル・カメラ
デシカント　desiccant
デジグネーション　designation
デジグネーター　designator
デジグネーテッド・ヒッター　designated hitter, DH
デジグネート　designate
デシグラム　decigram, -gramme
デシケーション　desiccation
デシケーター　desiccator
デシケート　desiccate
デシジョン　decision
デシジョン・ツリー　decision tree
デシジョン・メーカー　decision maker
デシジョン・メーキング　decision making
デシスタンス　desistance
デジスタンス　desistance
デシスト　desist
デジスト　desist
デジタイザー　digitizer
デジタイズ　digitize
デジタイゼーション　digitization
デジタル　digital
デジタル・カメラ　digital camera
デジタル・コンピュータ　digital computer
デジタル・デバイド　digital divide
デジタル・ネットワーク　digital network
デジタル・リマスタリング　digital remastering
デジタル・レコーディング　digital recording
デジット　digit
デシデュアス　deciduous
デシデラートゥム　desideratum
デシプラミン　desipramine
デシベル　decibel
デシマス　decimus
デシマライズ　decimalize
デシマライゼーション　decimalization
デシマル　decimal
デシマル・フラクション　decimal fraction
デシメーション　decimation
デシメート　decimate
デシメートル　decimeter, -metre
デシャネル　Deschanel
デジャビュ　déjà vu
デジュリ　de jure
テジョン　Taejon
デシリットル　deciliter, -tre
デシル　decile, decyl
デシン　⇨クレープデシン
テス　Tess
デス　death
デスイテュード　desuetude
デス・ウィッシュ　death wish
デスウォッチ　deathwatch
デス・ウォラント　death warrant
デス・エデュケーション　death education
デスカント　descant
デス・キャンプ　death camp
デスク　desk

デスク・クラーク　desk clerk
デスク・ジョッキー　desk jockey
デスクトップ　desktop
デスクトップ・パブリッシング　desktop publishing, DTP
デスクバウンド　deskbound
デスクライ　descry
デスクライバブル　describable
デスクライブ　describe
デス・グラント　death grant
デスクリプション　description
デスクリプター　descriptor
デスクリプティブ　descriptive
デスクワーク　desk work
デスケール　descale
テスコ　Tesco
デス・サーティフィケート　death certificate
デス・サック　death sack
デス・スクワッド　death squad
デス・セル　death cell
テスタ　testa
テスター　tester
デス・タックス　death tax
デスタビライズ　destabilize
テスタブル　testable
テスタメンタリー　testamentary
テスタメント　testament
デスデイ　deathday
テスティー　testee, testy
テスティクル　testicle
テスティス　testis
デスティテューション　destitution
デスティテュート　destitute
デスティニー　destiny
デスティネーション　destination
テスティファイ　testify
テスティファイアー　testifier
テスティモーニアル　testimonial
テスティモニー　testimony
デスティン　destine
テスティング　testing
デスデー　deathday
テステーター　testator
テステート　testate
デズデモーナ　Desdemona
テスト　test
デス・トール　death toll
テスト・キャンペーン　test campaign
テスト・ケース　test case
テストステロン　testosterone
テスト・チューブ　test tube, test-tube
テスト・ドライバー　test-driver
テスト・ドライブ　test-drive
テスト・パイロット　test pilot
テスト・パターン　test pattern
テスト・バン　test ban
テスト・フライ　test-fly
テスト・フライト　test flight
テスト・ペーパー　test paper
テスト・マーケット　test-market
テスト・マーケティング　test marketing
テスト・マッチ　test match
デストラクション　destruction
デストラクター　destructor
デストラクティビティー　destructivity
デストラクティビリティー　destructibility
デストラクティブ　destructive
デストラクティブル　destructible
デストラクト　destruct
テストラクトン　testolactone
デス・トラップ　death trap
デストロイ　destroy
デストロイヤー　destroyer
デス・ネル　death knell
デスパイズ　despise
デスパイト　despite
デス・ハウス　death house
デスパッチ　dispatch, des-
デス・バレー　Death Valley
デスパレーション　desperation
デスパレート　desperate
デスパレートリー　desperately
テスピアン　Thespian
デスピカブル　despicable
デスフルラン　desflurane
デスブロー　deathblow
デスペア　despair
デスペアリング　despairing
デスベッド　deathbed
デス・ペナルティー　death penalty
デスペラード　desperado
デスポイル　despoil
デスポット　despot
デスポティカル　despotical

デスポティズム despotism
デスポティック despotic
デスポリエーション despoliation
デスポンデンシー despondency
デスポンデンス despondence
デスポンデント despondent
デスポンド despond
デス・マーチ death march
デス・マスク death mask
デスメトリン desmetryn
デズモンド Desmond
テスラ tesla, Tesla
デスライク deathlike
デス・ラトル death rattle
デスリー deathly
テスル TESL
デス・レース death race
デス・レート death rate
デスレス deathless
デス・ロー death row
デス・ロール death roll
テセウス Theseus
デセール dessert
デセクシュアライズ desexualize
デセグリゲーション desegregation
デセグリゲート desegregate
デセクレーション desecration
デセクレーター desecrater, desecrator
デセクレート desecrate
デセックス desex
デセプション deception
デセプティブ deceptive
デセラレーション deceleration
テセレーション tessellation
テセレート tessellate
デセレクト deselect
デセレレーション deceleration
デセレレート decelerate
デセンシタイズ desensitize
デセンシタイゼーション desensitization
デセンシティゼーション desensitization
デセンダント descendant
デセンディング descending
デセンデント descendent
デセント descent
デセンド descend
デセントラライズ decentralize
デセントラリゼーション decentralization
デセンニアル decennial
デソーン dethrone
デソキシン Desoxyn
デソルト desalt
デソレーション desolation
デゾレーション desolation
デソレート desolate
デゾレート desolate
テソロ Tesoro
デター deter
デタージェント detergent
デターミナー determiner
デターミナティブ determinative
デターミナブル determinable
デターミナント determinant
デターミニスティック deterministic
デターミニスト determinist
デターミニズム determinism
デターミネーション determination
デターミネート determinate
デターミン determine
デターミンド determined
デターレンス deterrence
デターレント deterrent
デダクション deduction
デダクティビリティー deductibility
デダクティブ deductive
デダクティブル deductible
デダクト deduct
デタッチ detach
デタッチト detached
デタッチト・ハウス detached house
デタッチメント detachment
デタッチャブル detachable
テタナス tetanus
テタニー tetany
テタニック tetanic
テタノイド tetanoid
デタント détente, de-
デッカ Decca
デッカー decker
デッキ deck
デッキ・シューズ deck shoes
デッキ・チェア deck chair
デッキハンド deckhand
テック tech, tec

デック deck
デックス dex
テックス・メックス Tex-Mex
テックラッシュ techlash
デッケル・エッジ deckle edge
テッサ Tessa
デッサウ Dessau
テッサロニカ Thessaloníki
テッサロニキ Thessaloníki
テッセレーション tessellation
テッセレート tessellate
デッセンバー December
デッター debtor
テッタテット tête-à-tête
テッチー tetchy, techy
テッド Ted
デット debt
デッド dead
デッドアイ deadeye
デッド・アサンプション dead assumption
デッドウェイト deadweight
デッドウッド deadwood
デッド・エンド dead end, dead-end
デッド・オン dead-on
デッド・キャット・バウンス dead cat bounce
デッド・コピー dead copy
デッド・シー Dead Sea
デッド・ショット dead shot
デッド・ストック dead stock
デッド・センター dead center
デッド・ソルジャー dead soldier
デッド・タイム dead time
デッド・ダック dead duck
デッド・ドロップ dead drop
デッド・ドロップ・コンタクト dead drop contact
デッドパン deadpan
デッド・ハンド dead hand
デッド・ヒート dead heat, dead-heat
デッド・ビート dead beat, deadbeat
デットフォード Deptford
デッドフォール deadfall
デッド・プレズ Dead Prez
デッドヘッド deadhead
テットベリー Tetbury
デッド・マーチ dead march
デッドマンズ・ハンドル deadman's handle
デッドライン deadline
デッドリー deadly
デッドリフト dead lift
デット・リリーフ・アプローチ debt relief approach
デッド・レター dead letter
デッド・ロス dead loss
デッドロック deadlock
デップ Depp
テディー Teddy
テディー・ガール teddy girl
テディー・ベア teddy bear
テディー・ボーイ teddy boy
デディケーション dedication
デディケーター dedicator
デディケーテッド dedicated
デディケート dedicate
デテイナー detainer
デテイニー detainee
テディ・ペンダーグラス Teddy Pendergrass
デテイン detain
テデウム Te Deum
デテール detail
デテクション detection
デテクター detector
デテクタブル detectable
デテクティブ detective
デテクト detect
テデスキ Tedeschi
デテスタブル detestable
デテステーション detestation
デテスト detest
デデューシブル deducible
デデュース deduce
デテリオレーション deterioration
デテリオレート deteriorate
デテンション detention
デテンション・センター detention center
デテンション・ホーム detention home
デテント detent
デトクシファイ detoxify
デトクシフィケーション detoxification
テトス Titus
デトックス detox
デトナブル detonable
デトネーション detonation

デトネーター　detonator
デトネータブル　detonatable
デトネート　detonate
テトラ　tetra-, tetr-
デトライタス　detritus
テトラエチル　tetraethyl
テトラカルボニル　tetracarbonyl
デトラクション　detraction
デトラクター　detractor
デトラクティブ　detractive
デトラクト　detract
テトラクロロエタン　tetrachloroethane
テトラクロロエチレン　tetrachloroethylene
テトラクロロメタン　tetrachloromethane
テトラコサン　tetracosane
テトラゴン　tetragon
テトラサイクリン　tetracycline
テトラデカン　tetradecane
テトラハイドロゲストリノン　tetrahydrogestrinone
テトラ・パック　Tetra Pak
テトラヒドロカンナビノール　tetrahydrocannabinol
テトラヒドロゲストリノン　tetrahydrogestrinone
テトラヒドロフラン　tetrahydrofuran
テトラフルオライド　tetrafluoride
テトラフローライド　tetrafluoride
テトラブロモビスフェノール　tetrabromobisphenol
テトラヘドロン　tetrahedron
テトラポッド　tetrapod
テトラミン　tetramine
テトラメーター　tetrameter
テトラメチルピラジン　tetramethylpyrazine
テトラロジー　tetralogy
テトリー　Tetley
デトリション　detrition
テトリス　Tetris
デトリタス　detritus
デトリメンタル　detrimental
デトリメント　detriment
デトレイン　detrain
テトレー　Tetley
デトロイト　Detroit
デトロイト・オートメーション　Detroit automation
デトロイト・ピストンズ　Detroit Pistons
デトロイト・ライオンズ　Detroit Lions
テトロース　tetrose
テトロドトキシン　tetrodotoxin
テトン　Teton
テナー　tenor, tenner
テナー・クレフ　tenor clef
テナー・サックス　tenor sax
デナイ　deny
デナイアー　denier
デナイアビリティー　deniability
デナイアブル　deniable
デナイアル　denial
デナウンス　denounce
テナシティー　tenacity
デナショナライズ　denationalize
デナショナライゼーション　denationalization
デナチュラライズ　denaturalize
テナブル　tenable
デナリ　Denaii
デナリウス　denarius
テナルダイト　thenardite
デナンシアトリー　denunciatory
テナンシー　tenancy
デナンシエーション　denunciation
デナンシエーター　denunciator
テナンタイト　tennantite
テナント　tenant
テナント・ファーマー　tenant farmer
テナント・ライト　tenant right
テナントリー　tenantry
デニー　Denny
デニース　Denise
デニーズ　Denny's, Denise
デニール　denier
デ・ニーロ　De Niro
テニエル　Tenniel
デニグラトリー　denigratory
デニグレーション　denigration
デニグレーティブ　denigrative
デニグレート　denigrate
テニス　tennis
デニス　Denis, Dennis
テニス・エルボー　tennis elbow
テニス・コート　tennis court
テニス・シューズ　tennis shoes

テニス・ボール　tennis ball
デニス・ホッパー　Dennis Hopper
テニス・ラケット　tennis racket
デニズン　denizen
デニズンシップ　denizenship
テニソン　Tennyson
デニッシュ　Danish
デニッシュ・ペストリー　Danish pastry
テニポシド　teniposide
デニム　denim
テニュア　tenure
テニュアス　tenuous
テニュアド　tenured
テニュイティー　tenuity
デニュークリアライズ　denuclearize
デニュークリアライゼーション denuclearization
デニュークリアリゼーション denuclearization
デヌーデーショナル　denudational
デヌーデーション　denudation
テヌート　tenuto
デヌード　denude
デヌマン　denouement, dé-
デネイチャー　denature
テネーシャス　tenacious
テネシー　Tennessee
テネシーアン　Tennessean
テネシー・タイタンズ　Tennessee Titans
テネシー・バレー・オーソリティー　Tennessee Valley Authority
テネット　tenet
テネブラス　tenebrous, -brose
テネメント　tenement
テネメント・ハウス　tenement house
テネリフェ　Tenerife
テノイド　ctenoid
デノータティブ　denotative
デノーテーション　denotation
デノーテーティブ　denotative
デノート　denote
テノール　tenor
テノホビル　tenofovir
デノミナティブ　denominative
デノミネーショナル　denominational
デノミネーション　denomination
デノミネーター　denominator
デノミネート　denominate
テノライト　tenorite
テノン　tenon
テパ　tepa
デバー　debar
デパーソナライズ　depersonalize
デパーソナライゼーション depersonalization
デパーチャー　departure
デパート　depart
デパートメンタライズ　departmentalize
デパートメンタル　departmental
デパートメント　department
デパートメント・ストア　department store
テハーノ　Tejano
デバイス　device
デバイズ　devise
デバイタライズ　devitalize
デバイタライゼーション　devitalization
デバイタリゼーション　devitalization
デハイドレーション　dehydration
デハイドレーター　dehydrator
デハイドレート　dehydrate
デバウアー　devour
デバウチ　debouch
デバウチメント　debouchment
デバウト　devout
デバグ　debug
デバクル　debacle, débâcle
デパス　Depas
デバステーション　devastation
デバステーター　devastator
デバステーティング　devastating
デバステート　devastate
デバッガー　debugger
デバッグ　debug, debag
テハノ・ミュージック　Tejano music
デバリュー　devalue
デバリュエーション　devaluation
デバリュエート　devaluate
デ・パルマ　De Palma
デ・バレラ　De Valera
デバンク　debunk
デビアス　De Beers
デビー　Debby, -bie
デピクション　depiction
デピクト　depict

デビス・カップ　Davis Cup
テピッド　tepid
デビット　debit
デビッド・ボウイ　David Bowie
テピディティー　tepidity
デヒドロエピアンドロステロン
dehydroepiandrosterone
デヒドロゲナーゼ　dehydrogenase
デビュー　debut, début
デヒューズ　defuse, -fuze
デピュート　depute
デヒューマナイズ　dehumanize
デヒューマニゼーション　dehumanization
デピュタイズ　deputize
デビュタント　debutant, dé-, debutante
デピュティー　deputy
デピュテーション　deputation
デヒュミディファイ　dehumidify
デヒュミディファイアー　dehumidifier
デピラトリー　depilatory
デビリッシュ　devilish
デビリティー　debility
デビリテーション　debilitation
デビリテーティブ　debilitative
デビリテート　debilitate
デビル　devil
デビルトリー　deviltry
デビルフィッシュ　devilfish
デビルメント　devilment
デビルリー　devilry
デビル・レイズ　(Tampa Bay) Devil Rays
デピレーション　depilation
デピレート　depilate
デフ　deaf, def
デブ　deb
デファー　defer
デファード　deferred
デファーメント　deferment
デファーラル　deferral
デファイ　defy
デファイアー　defier
デファイアンス　defiance
デファイアント　defiant
デファイナブル　definable
デファイル　defile
デファイン　define
デファクト　de facto
デファメーション　defamation
デファルケーション　defalcation
デファルケート　defalcate
デファレンシャル　deferential
デファレンス　deference
デファンクト　defunct
デフィージブル　defeasible
デフィーティスト　defeatist
デフィーティズム　defeatism
デフィート　defeat
デフィシェンシー　deficiency
デフィシェント　deficient
デフィシット　deficit
デフィニション　definition
デフィニット　definite
デフィニットリー　definitely
デフィニティブ　definitive
デフ・エイド　deaf-aid
デフェーサブル　defaceable
デフェース　deface
デフェースメント　defacement
デフェーマー　defamer
デフェーム　defame
デフェクション　defection
デフェクター　defector
デフェクティブ　defective
デフェケーション　defecation
デフェケート　defecate
デフォー　Defoe, Dafoe, De Foe
デフォーミティー　deformity
デフォーム　deform
デフォームド　deformed
デフォーメーション　deformation
デフォーリアント　defoliant
デフォーリエーション　defoliation
デフォーリエート　defoliate
デフォールター　defaulter
デフォールト　default
デフォーレステーション　deforestation
デフォーレスト　deforest
デフォッガー　defogger
デフォッグ　defog
デフォルト　default
デフォルメ　déformer
デフ・シアター　deaf theater
デプス　depth
デフト　deft

デフニング　deafening
デフ・ミュート　deaf-mute
デブラ　Debra
デプライブ　deprive
デプライブド　deprived
デフラグ　defrag　⇨デフラグメンテーション
デフラグメンテーション　defragmentation
デプラビティー　depravity
デプラベーション　depravation
デフラワー　deflower
デブリ　debris, débris
デプリーシアティブ　depreciative
デプリーシアトリー　depreciatory
デプリーシアブル　depreciable
デプリーシエーション　depreciation
デプリーシエート　depreciate
デプリーション　depletion
デプリート　deplete
デブリーフ　debrief
デプリカトリー　deprecatory
デプリケーション　deprecation
デプリケート　deprecate
デプリデーション　depredation
デプリベーション　deprivation
テフル　TEFL
テフルトリン　tefluthrin
デフレ　⇨デフレーション
デフレイ　defray
デフレー　defray
デフレーショナリー　deflationary
デフレーション　deflation
デフレーション・スパイラル　deflation spiral
デフレーター　deflator
デフレート　deflate
デプレーバー　depraver
デプレーブ　deprave
デプレーブド　depraved
デプレーブメント　depravement
デプレーン　deplane
デフレクション　deflection, -flexion
デフレクティブ　deflective
デフレクト　deflect
デプレス　depress
デプレスト　depressed
デプレスト・エリア　depressed area
デフレ・スパイラル　⇨デフレーション・スパイラル
デプレッサント　depressant
デプレッシブ　depressive
デプレッシャライズ　depressurize
デプレッシャライゼーション　depressurization
デプレッシャリゼーション　depressurization
デプレッション　depression
デプレッシング　depressing
デフ・レパード　Def Leppard
デフレンド　defriend
デプロアー　deplore
テフロアイト　tephroite
デプロイ　deploy
デフロード　defraud
デプローラブル　deplorable
デプログラム　deprogram
デフロスター　defroster
デフロスト　defrost
デフロック　defrock
デフロレーション　defloration
テフロン　Teflon
テフロン・プレジデント　Teflon President
デフン　deafen
デベース　debase
デベースメント　debasement
デヘサ　dehesa
テベス　Tévez
デペッシュ・モード　Depeche Mode
テヘラン　Tehran, Teheran
テベレ　Tiber, Tevere
デベロッパー　developer
デベロッピング　developing
デベロップ　develop, -ope
デベロップト　developed
デベロップメンタル　developmental
デベロップメント　development, -ope-
デベンチャー　debenture
デボイド　devoid
デポー　depot
デボーカライズ　devocalize
デボーショナル　devotional
デボーション　devotion
デポーズ　depose
デボーチ　debauch
デボーチト　debauched
デポーテーション　deportation

デボート devote
デポート deport
デポートメント deportment
デポーネント deponent
デホーン dehorn
デボーン debone
デポジション deposition
デポジター depositor
デポジタリー depositary
デポジット deposit
デポジット・アカウント deposit account
デポジトリー depository
テポドン Taepodong, Taepo Dong
デボニアン Devonian
デボネア debonair(e), debonnaire
デポピュレーション depopulation
デポピュレート depopulate
デボラ Deborah
デポリティサイズ depoliticize
デボリューショナリー devolutionary
デボリューショニスト devolutionist
デボリューション devolution
デポリュート depollute
デポルティボ Deportivo
デボルブ devolve
デボン Devon
デボンシャー Devonshire
デマー demur
デマーク demark
デマーケーション demarcation, -ka-
デマーケート demarcate
デマーケティング demarketing
デマーシュ démarche
デマーラル demurral
デマーレージ demurrage
デマイズ demise
デマウンタブル demountable
デマウント demount
デマグネタイズ demagnetize
デマグネティゼーション demagnetization
デマゴーグ demagogue, -gog
デマゴギー Demagogie
デマゴグリー demagoguery
テマゼパム temazepam
デマネタイズ demonetize
デマルシビリティー demulsibility
デマンダブル demandable
デマンド demand
デマントイド demantoid
デマンド・サイド demand-side
デマンド・プル・インフレーション demand-pull inflation
デマンド・ローン demand loan
デミ Demi, demi-
デミアン Demian
デミーナー demeanor, -our
デミーン demean
デミウルゴス demiurge
デミグラス・ソース demiglace sauce
デミゴッデス demigoddess
デミゴッド demigod
デミジョン demijohn
テミス Themis
デミスター demister
デミスティファイ demystify
デミスティフィケーション demystification
デミスト demist
デミセミクエイバー demisemiquaver
デミタス demitasse
デミモンド demimonde
デミュアー demure
デミリタライズ demilitarize
デミリタリゼーション demilitarization
デム Dem
テムズ Thames
テムズ・エンバンクメント Thames Embankment
デメテル Demeter
デメトン demeton
デメララ demerara
デメリット demerit
テメリティー temerity
デメル Demel
デメロール Demerol
デメンシア dementia
デメンテッド demented
デモ demo
デモイン Des Moines
デモーション demotion
デモーティベート demotivate
デモート demote
デモービライズ demobilize
デモービライゼーション demobilization
デモクラシー democracy

デモクラタイズ　democratize
デモクラット　democrat
デモクラティゼーション　democratization
デモクラティック　democratic
デモクラティック・パーティー　Democratic party
デモグラファー　demographer
デモグラフィー　demography
デモグラフィカル　demographical
デモグラフィック　demographic
デモグラフィックス　demographics
デモクリトス　Democritus
デモステネス　Demosthenes
デモッブ　demob
テモテ　Timothy
デモデ　démodé
デモティック　demotic
デモニズム　demonism
デモニック　demonic, dae-
デモノラトリー　demonolatry
デモノロジー　demonology
デモラライズ　demoralize
デモラリゼーション　demoralization
デモリション　demolition
デモリション・ダービー　demolition derby
デモリッシュ　demolish
デモン　demon, dae-
デモンストラティブ　demonstrative
デモンストラビリティー　demonstrability
デモンストラブル　demonstrable
デモンストレーション　demonstration
デモンストレーター　demonstrator
デモンストレート　demonstrate
デュアラビリティー　durability
デュアラブル　durable
デュアリスティック　dualistic
デュアリズム　dualism
デュアリティー　duality
デュアリング　during
デュアル　dual
デュアル・コア　dual-core
デュアル・コート　dual coat
デュアル・コントロール　dual control
デュアルディスク　DualDisk
デュアル・パーパス　dual-purpose
デュアル・ブート　dual boot
デュアル・プロセッサー　dual processor
デュー　due, dew
デューイ　Dewey
デューイー　dewy
デューイー・アイド　dewy-eyed
テューイショナル　tuitional
テューイション　tuition
デューイ・デシマル・クラシフィケーション　Dewey decimal classification
デューイ・デシマル・システム　Dewey decimal system
デューカル　ducal
デューク　duke
デュークドム　dukedom
デュークメジアン　Deukmejian
デュークロー　dewclaw
デュース　deuce
テューズデー　Tuesday
テューズデーズ　Tuesdays
デュースブルク　Duisburg
テューター　tutor
テューダー　Tudor
テュータレージ　tutelage
デューティアス　duteous
デューティアブル　dutiable
デューティー　duty
デューティー・フリー　duty-free
デューティー・ペイド　duty-paid
デューディッシュ　dudish
デューティフル　dutiful
テューテラー　tutelar
テューテラリー　tutelary
デューテリウム　deuterium
デュー・デリジェンス　due diligence
デューテロノミー　Deuteronomy
デューテロン　deuteron
デュード　dude
テュートニック　Teutonic
テュートリアル　tutorial
デュードロップ　dewdrop
テュートン　Teuton
テューバ　tuba
テューバー　tuber
テューバキュラー　tubercular
テューバクル　tubercle
テューバクル・バシラス　tubercle bacillus
デュービアス　dubious
デュービタブル　dubitable

テユービュラー　tubular
テユービュラリティー　tubularity
テユービュレート　tubulate
デユープ　dupe
テユーファ　tufa
デユープリケーション　duplication
デユープリケーター　duplicator
デユープリケーティング・マシーン
duplicating machine
デユープリケート　duplicate
デユープリシタス　duplicitous
デユープリシティー　duplicity
デユープル　duple
デユープレックス　duplex
デユープレックス・ハウス　duplex house
テユーベラス　tuberous
デユーベリー　dewberry
デユー・ポイント　dew point
デユー・ポンド　dew pond
テユーマー　tumor, tumour
テユーマルチュアス　tumultuous
テユーマルト　tumult
テユーミッド　tumid
テユーミディティー　tumidity
テユーミュラス　tumulus
テユーメッセンス　tumescence
テユーメッセント　tumescent
テユーメファイ　tumefy
テユーメファクション　tumefaction
テユーモラス　tumorous
デユー・ライン　DEW line
デユーラップ　dewlap
デユーリー　duly
テユーン　tune
デユーン　dune
デユエット　duet
デユエラー　duel(l)er
デユエル　duel
デユオ　duo
デユオデシマル　duodecimal
デユオデシモ　duodecimo
デユオデナム　duodenum
デユオデナル　duodenal
デユオトーン　duotone
デユオポリー　duopoly
デユオローグ　duologue
デユカキス　Dukakis
デユカス　Ducasse
テユケー　Tyche
デユジャルダン　Dujardin
デユシャン　Duchamp
デユタステライド　dutasteride
デユッセルドルフ　Düsseldorf
デユナン　Dunant
テユバーキュローシス　tuberculosis
デユバイエティー　dubiety
デユバリエ　Duvalier
デユビタティブ　dubitative
デユビテーション　dubitation
デユビテーティブ　dubitative
デユピュイ　Dupuis
デユプリケート　duplicate
デユプリシタス　duplicitous
デユフレナイト　dufrenite
デユベイ　duvet
デユベティカ　Duvetica
デユボア　Dubois
デユポン　Du Pont, DuPont
デユマ　Dumas
デユモーリエ　Du Maurier
デユラス　Duras
デユラム　durum
デユラム・ホイート　durum wheat
デユラレックス　Duralex
デユランゴ　Durango
デユラン・デユラン　Duran Duran
デユラント　Durant
デユランド　Durand
デユリー　Dury
デユレーション　duration
デユレス　duress
デユレックス　Durex
テラ　terra, tera-, Thera, Terah
デラ　Della
テラー　teller, terror
テラー・ストラック　terror-struck
テラー・ストリクン　terror-stricken
デライシブ　derisive
デライソリー　derisory
デライド　deride
デライバブル　derivable
デライブ　derive
テラ・インコグニータ　terra incognita
テラ・インコグニタ　terra incognita

デラウェア　Delaware
デラウェリアン　Delawarean, -ian
デラウス　delouse
デラクレ　Delacre
テラコッタ　terra-cotta
デラシネーション　deracination
デラシネート　deracinate
テラス　terrace
テラスト・ハウス　terraced house
テラス・ハウス　terrace house
テラゾ　terrazzo
デ・ラ・ソウル　De La Soul
デラックス　deluxe, de luxe
テラトーマ　teratoma
テラトーマタス　teratomatous
テラトカルシノーマ　teratocarcinoma
テラトロジー　teratology
デラノ　Delano
テラバイト　terabyte
テラピア　tilapia
テラピー　Therapie, therapy
テラピン　terrapin
テラ・フィルマ　terra firma
テラブル　tellable
テラフロップス　teraflops
テラヘルツ　terahertz
テラマイシン　Terramycin
デラマン　Delamain
デラメア　de la Mare
テラライズ　terrorize
テラリウム　terrarium
デリ　deli
テリア　terrier
デリア　Delia
テリー　Terri, Terry, terry, telly
デリー　dele, Derry
デリー・エアポート　Delhi Airport
テリーサ　Teresa, Theresa
デリーション　deletion
デリート　delete
テリーヌ　terrine
デリーロ　DeLillo
デリエール　derriere, -ère
デリカシー　delicacy
デリガシー　delegacy
デリカテッセン　delicatessen
デリク　Derek
デリゲーション　delegation
デリケート　delicate
デリゲート　delegate
デリシャス　delicious
デリジョン　derision
デリス　derris
デリスティング　delisting
デリダ　Derrida
デリック　Derrick
デリテリアス　deleterious
テリトリアル　territorial
テリトリー　territory
デリニエーション　delineation
デリニエーティブ　delineative
デリニエート　delineate
デリバー　deliver
デリバティブ　derivative
デリバラー　deliverer
デリバラティブ　deliberative
デリバラブル　deliverable
デリバランス　deliverance
デリバリー　delivery
デリバリーマン　deliveryman
デリバレーション　deliberation
デリバレート　deliberate
テリファイ　terrify
テリファイイング　terrifying
テリフィック　terrific
テリブリー　terribly
テリブル　terrible
デリベーション　derivation
デリミター　delimiter
デリミット　delimit
デリミテーション　delimitation
デリミテート　delimitate
デリュージ　deluge
デリューシブ　delusive
デリュージョナリー　delusionary
デリュージョナル　delusional
デリュージョン　delusion
デリューソリー　delusory
デリュード　delude
デリラ　Delilah
デリリアス　delirious
デリリウム　delirium
テリング　telling
デリンクェンシー　delinquency

テリング・オフ　telling-off
デリンケンシー　delinquency
デリンケント　delinquent
デリンジャー　der(r)inger
テル　tell
デル　dell, Dell
テル・アビブ　Tel Aviv
デルーシブ　delusive
デルージョナリー　delusionary
デルージョナル　delusional
デルージョン　delusion
デルーソリー　delusory
デルータ　Deruta
デルード　delude
デルガド　Delgado
テルグ　Telugu, Tele-
テルコ　telco
デル・サルト　del Sarto
テルスター　Telstar
デルタ　delta, Delta
デルタ・ウイング　delta wing
デルタ・ダート　Delta Dart
デルタ・ダガー　Delta Dagger
デルタ・ブルース　Delta blues
デルタメトリン　deltamethrin
デルタ・レイ　delta ray
デルチェフ　Deltchev
テルツァ・リマ　terza rima
テルテール　telltale
デルト　dealt
デルトイド　deltoid
テルニ　Terni
テルネット　telnet
デルバート　Delbert
デルビ　Derbi
テルビウム　terbium
デルピエロ　Del Piero
テルピネオール　terpineol
テルピネン　terpinene
デルフ　delf
デルブ　delve
テルファー　telpher, -fer
デルファイ　Delphi
デルフィ　Delphi
デルフィアン　Delphian
デルフィーヌ　Delphine
デルフィーン　Delphine
デルフィック　Delphic
デルフィニウム　delphinium
デルフィニジン　delphinidin
テルフェナジン　terfenadine
デルフォイ　Delphi
テルプシコラー　Terpsichore
テルプシコレアン　terpsichorean
テルブタリン　terbutaline
デルフト　delft, Delft
デルフトウェア　delftware
テルペノイド　terpenoid
テルペン　terpene
テルペンチン　turpentine
デルボー　Delvaux
テルマ　Thelma
デルマー　Delmer, Delmar
テルミット　thermite
テルミン　theremin, Theremin
テルメ　Therme
テルモピュライ　Thermopylae
デル・モンテ　Del Monte
テルライド　telluride
デルリオ　Del Rio
テルル　tellurium
デル・レイ　Del Rey
デルレイビーチ　Delray Beach
テルロール　tellurol
テレ　tel-, tele-, telo-
テレイグジスタンス　tele-existence
テレイン　terrain
デレール　derail
テレオロジー　teleology
テレオロジカル　teleological
テレオロジスト　teleologist
テレカメラ　telecamera
テレキネシス　telekinesis
テレキネティック　telekinetic
テレキャスター　Telecaster
テレキャスト　telecast
デレギュレーション　deregulation
デレギュレート　deregulate
デレク　Derek
デレクタビリティー　delectability
デレクタブル　delectable
デレクテーション　delectation
テレグラフ　telegraph
テレグラファー　telegrapher

テレグラフィー　telegraphy
テレグラフィーズ　telegraphese
テレグラフィスト　telegraphist
テレグラフィック　telegraphic
テレグラフ・ボード　telegraph board
テレグラフ・ポール　telegraph pole
テレグラフ・ポスト　telegraph post
テレグラム　telegram
デレゲーション　delegation
テレコース　telecourse
テレコネクション　teleconnection
テレコミューティング　telecommuting
テレコミュニケーション　telecommunication
テレコム　telecom
テレコンファレンス　teleconference
テレサ　Teresa
テレジア　Teresa
テレジアンタール　Theresienthal
テレジェニック　telegenic
テレショッピング　teleshopping
テレスコープ　telescope
テレスコピック　telescopic
テレストリアル　terrestrial
デレストリクト　derestrict
テレストレーター　telestrator
テレセールス　telesales
テレセラピー　teletherapy
テレセリング　teleselling
テレソン　telethon
テレタイプ　Teletype
テレタイプライター　teletypewriter
テレタビーズ　Teletubbies
テレックス　telex
テレテキスト　teletext
テレノベラ　telenovela
テレノル　Telenor
テレバイザー　televisor
テレバイズ　televise
テレパシー　telepathy
テレパシスト　telepathist
テレパシック　telepathic
テレパス　telepath
テレパソロジー　telepathology
テレバンキング　telebanking
テレバンジェリスト　televangelist
テレビジュアル　televisual
テレビジョン　television
テレビュー　teleview
テレビューワー　televiewer
テレファクシミリ　telefacsimile
テレフィルム　telefilm
テレフォーン　telephone
テレフォト　telephoto
テレフォトグラフ　telephotograph
テレフォトグラフィー　telephotography
テレフォニー　telephony
テレフォニカ　Telefónica
テレフォニスト　telephonist
テレフォニック　telephonic
テレフタレート　terephthalate
テレプリンター　teleprinter
テレプレゼンス　telepresence
テレプロンプター　TelePrompTer
テレポーテーション　teleportation
テレポート　teleport
テレホニー　telephony
テレホニスト　telephonist
テレホニック　telephonic
テレホン　telephone
テレホン・エクスチェンジ　telephone exchange
テレホン・キオスク　telephone kiosk
テレホン・ディレクトリー　telephone directory
テレホン・ブース　telephone booth
テレホン・ブック　telephone book
テレホン・ポール　telephone pole
テレホン・ボックス　telephone box
テレマーク　telemark
テレマーケッター　telemarketer
テレマーケット　telemarket
テレマーケティング　telemarketing
テレマコス　Telemachus
テレマティックス　telematics
テレメーター　telemeter
テレメカニックス　telemechanics
テレメタリング　telemetering
テレメトリー　telemetry
テレラジオロジー　teleradiology
テレラン　teleran
デレリクション　dereliction
デレリクト　derelict
デレルバ　Dell'erba

テレワーカー teleworker
テレワーキング teleworking
テレワーク telework
デレンジ derange
デレンジド deranged
テレンス Terence
テレンセファリン telencephalin
テレンセファロン telencephalon
デロイト Deloitte
デロガティブ derogative
デロガトリー derogatory
デロゲーション derogation
デロゲート derogate
テロゲン telogen
デロス Delos
テロダクティル pterodactyl
テロップ telop
テロペプチド telopeptide
テロメア telomere
テロメラーゼ telomerase
テロライズ terrorize
テロライゼーション terrorization
テロリスティック terroristic
テロリスト terrorist
テロリズム terrorism
テロリゼーション terrorization
テロル terror
テロワール terroir
テワ Tewa
テン ten
デン den
テン・ガロン・ハット ten-gallon hat
デング・フィーバー dengue fever
テン・コマンドメンツ Ten Commandments
テンサー tensor
テンサイル tensile
テンシオメーター tensiometer
テンシティー tensity
デンシティー density
デンシトメーター densitometer
デンシメーター densimeter
デンジャー danger
デン・シャオピン Deng Xiaoping, Teng Hsiaoping
デンジャラス dangerous
テンシャン Tian Shan
テンジャン doenjang
テンショナル tensional
テンション tension
テンシリティー tensility
テンシル tensile
テンス tense, tenth
デンス dense
テン・スポット ten-spot
テンス・レート tenth-rate
テンセル Tencel, tinsel
デンゼル Denzel
テン・セント・ストア ten-cent store
テンソル tensor
テンダー tender
テンダー・アイド tender-eyed
テンターフック tenterhook
テンダーフット tenderfoot
テンダーロイン tenderloin
テンタクル tentacle
テンタクルド tentacled
テンタティブ tentative
テンダライザー tenderizer
テンダライズ tenderize
テンダライゼーション tenderization
テンダリー tenderly
テンダリゼーション tenderization
デンタル dental
デンタル・ケア dental care
デンタル・サージェリー dental surgery
デンタル・サージャン dental surgeon
デンタル・テクニシャン dental technician
デンタル・フロス dental floss
デンタル・メカニック dental mechanic
テンチ tench
デンチ Dench
デンチャー denture
テンチン Tianjin
デンティション dentition
デンティスト dentist
デンティストリー dentistry
デンティフリス dentifrice
デンティン dentin, -tine
デンテート dentate
テンデンシー tendency
テンデンシャス tendentious
テント tent
テンド tend
デント dent

テントーリアム　tentorium
テント・シルエット　tent silhouette
テント・ペッグ　tent peg
デンドライト　dendrite
デンドリマー　dendrimer
テンドリル　tendril
テンドルカール　Tendulkar
デンドロビウム　dendrobium
デンドロビューム　dendrobium
デンドロロジー　dendrology
デンドロン　dendron
テンドン　tendon
デントン　Denton
テンナンタイト　tennantite
テンパー　temper
デンバー　Denver
テンパード　tempered
デンバー・ナゲッツ　Denver Nuggets
デンバー・ブロンコズ　Denver Broncos
デンパサル　Denpasar
テンパラチャー　temperature
テンパラメンタル　temperamental
テンパラメント　temperament
テンパリング　tempering
テンパレート　temperate
テンパレート・ゾーン　temperate zone
テンピ　Tempe
テンピン　tenpin
テンプ　temp
テンブー　Tembu
テンフォールド　tenfold
デンプシー　Dempsey
テンプター　tempter
テンプタブル　temptable
テンプティング　tempting
テンプテーション　temptation
テンプト　tempt
テンプトレス　temptress
テンブラー　temblor
テンプラー　Templar
テンプラニーリョ　Tempranillo
テンプル　temple
テンプルトン　Templeton
テンプレート　template, -plet
テンペ　tempeh
テンペスチュアス　tempestuous
テンペスト　tempest, Tempest
テンペニー　tenpenny
テンペラ　tempera
テンペラチャー　temperature
テンペラメンタル　temperamental
テンペラメント　temperament
テンペランス　temperance
テンペレート　temperate
テンペレート・ゾーン　temperate zone
テンポ　tempo
デンボス　Den Bosch
テンポライズ　temporize
テンポラリー　temporary
テンポラリティー　temporality
テンポラリリー　temporarily
テンポラル　temporal
デンマーク　Denmark
デンマン　Denman
テンレック　tenrec

ト

ド　do
トア　tore
ドア　door
ドアウェー　doorway
ドアキーパー　doorkeeper
ドアケース　doorcase
ドアジャム　doorjamb
ドアシル　doorsill
ドアステップ　doorstep
ドアストッパー　doorstopper
ドアストップ　doorstop
ドア・チェーン　door chain
ドアティー　Doherty
ドア・トゥー・ドア　door-to-door
ドアネイル　doornail
ドアノー　Doisneau
ドアノブ　doorknob
ドア・プライズ　door prize
ドアプレート　doorplate
ドアフレーム　doorframe
ドアベル　doorbell
ドアポスト　doorpost
ドアマット　doormat
ドアマン　doorman
ドアヤード　dooryard
トイ　toy
ドイエン　doyen, doyenne
トイショップ　toyshop
トイ・ソルジャー　toy soldier
ドイター　deuter
ドイツ・マルク　deutsche mark, Deutschemark
トイボーイ　toyboy
ドイ・モイ　Doi Moi
トイラー　toiler
トイランド　toyland
ドイリー　doily, doy-, doyley
トイル　toil
ドイル　Doyle
トイルウォーン　toilworn
トイルサム　toilsome
トイルフル　toilful
トイレット　toilet
トイレット・ウォーター　toilet water
トイレット・セット　toilet set
トイレット・ソープ　toilet soap
トイレット・ティッシュー　toilet tissue
トイレット・テーブル　toilet table
トイレット・トレーニング　toilet training
トイレット・トレーン　toilet train
トイレット・パウダー　toilet powder
トイレット・ペーパー　toilet paper
トイレットリー　toiletry
トインビー　Toynbee
トウ　tow
ドウ　dough
ドゥアーラ　Douala
トウアウェー　towaway
トゥアレグ　Touareg
トウィー　twee
トウィーク　tweak
トウィーザーズ　tweezers
トウィーティー　Tweety
トウィート　tweet
トウィードル　tweedle
ドウィービー　dweeby, dweebie
ドウィーブ　dweeb
トゥイーン　tween
トウィッギー　twiggy, Twiggy
トウィッグ　twig
トウィッケナム　Twickenham
トウィッター　twitter
トウィッタリー　twittery
トウィッチ　twitch
トウィッチー　twitchy
トウィッチャー　twitcher
トウィット　twit
トウィドル　twiddle

トゥイナー　tweener
トウィル　twill
トウィンキー　twinkie, twinky
トウィンキーズ　Twinkies
トウィンク　twink
トウィンクリング　twinkling
トウィンクル　twinkle
トウィンジ　twinge
ドウィンドル　dwindle
トゥー　two, too
ドゥー　do, deux
ドゥーアー　doer
ドゥーアブル　doable
トゥー・アンド・フロー　to-and-fro
ドゥー・イット・ユアセルフ　do-it-yourself, DIY
ドゥーイング　doing
ドゥー・オア・ダイ　do-or-die
トゥーカン　toucan
ドゥー・グッダー　do-gooder
ドゥー・グッディズム　do-goodism
ドゥー・グッディング　do-gooding
ドゥーザー　doozer
トゥーサン　Toussaint
ドゥーサン　Doosan
トゥーシー　toothy
ドゥージー　doozy, -zie
トゥーシェ　touché
ドゥーシュ　douche
トゥース　tooth
トゥースエイク　toothache
トゥースコーム　toothcomb
トゥースサム　toothsome
トゥースト　toothed
トゥーズド　toothed
トゥースト・ホエール　toothed whale
トゥース・パウダー　tooth powder
トゥースピック　toothpick
トゥース・フェアリー　tooth fairy
トゥースブラシ　toothbrush
トゥースペースト　toothpaste
トゥースレス　toothless
トゥーソン　Tucson
ドゥーダッド　doodad
トゥータンサンブル　tout ensemble
ドゥーディー　doodie, doody
トゥート　toot
トゥー・トゥー　too-too
トゥー・ドゥー　to-do
ドゥードゥー　doodoo
ドゥードゥル　doodle
トゥートル　tootle
ドゥー・ナッシング　do-nothing
トゥーパック　2Pac
トゥー・ビー　to-be
ドゥービー・ブラザーズ　Doobie Brothers
トゥーファー　twofer
ドゥーファス　doofus
ドゥーブル・アンタンドル　double entendre
トゥーペイ　toupee, toupet
トゥーペロ　Tupelo
ドゥーマ　duma
トゥーム　tomb
ドゥーム　doom
ドゥームウォッチ　doomwatch
ドゥームズデイ・カルト　doomsday cult
ドゥームズデー　doomsday
ドゥームズデー・ブック　Domesday Book
トゥームストーン　tombstone
ドゥームド　doomed
トゥーランドット　Turandot
トゥーリオ　Túlio
トゥーリング　tooling
トゥール　tool
トゥールーズ　Toulouse
トゥールーズ・ロートレック　Toulouse-Lautrec
トゥールシェッド　toolshed
トゥール・ダルジャン　Tour D'argent
トゥール・ド・フォルス　tour de force
トゥールハウス　toolhouse
トゥールボックス　toolbox
トゥーレ　Touré
トゥーレット　Tourette
トゥーロン　Toulon
ドゥー・ワップ　doo-wop, do-whop
トゥーン　toon
ドゥーン　dune
ドゥーンズベリー　Doonesbury
トゥーンタウン　Toontown
トゥーン・レンダリング　toon rendering
トウェイン　Twain
ドゥエー　Douai, -ay
トウエージ　towage

ドゥエー・バイブル　Douay Bible
ドゥエーン　Duane
ドウェーン　Dwayne
ドウェラー　dweller
ドウェリング　dwelling
ドウェル　dwell
ドウェルト　dwelt
トウェルブ　twelve
トウェルフス　twelfth
トウェルフス・デー　Twelfth Day
トウェルフス・ナイト　Twelfth Night
トウェルブ・トーン　twelve-tone
トウェルブモー　twelvemo
トウェンティー　twenty
トウェンティース　twentieth
トウェンティー・トウェンティー　twenty-twenty, 20/20
トウェンティーフォールド　twentyfold
トウェンティー・ワン　twenty-one
ドウォーキン　Dworkin
ドウォーフ　dwarf
ドウォーフィッシュ　dwarfish
ドゥオモ　duomo
トゥオンブリー　Twombly
ドゥカティ　Ducati
トゥクトゥク　tuk-tuk
ドゥケーン　Duquesne
トゥゲザー　together
トゥサン　Doosan
ドゥジャイル　Dujail
ドゥダメル　Dudamel
トゥタンカーメン　Tutankhamen, -aten
トゥック　took
トゥッツ　toots
トゥッツィー　tootsy, tootsie
トゥッティ・フルッティ　tutti-frutti
トゥデー　today
トウ・トラック　tow truck
トゥナイト　tonight
トゥバ　Tuva
トウバー　towbar
トウパス　towpath
トゥパック・シャクール　Tupac Shakur
ドゥパッタ　dupatta
トゥバル　Tuvalu
トウヒ　towhee
ドゥビューク　Dubuque
トゥブカール　Toubkal
トウヘッド　towhead
トウボート　towboat
ドゥ・マゴ　Deux Magots
トゥミ　Tumi
トゥムラー　tummler, tummeler
トゥモロー　tomorrow
トウライン　towline
ドゥ・ラ・メール　De La Mer
トゥランドット　Turandot
トゥルー　true
トゥルーイズム　truism
トゥルー・カラー　true color, true-color
トゥルース　truth
トゥルーズ　trews
ドゥルーズ　Deleuze
トゥルース・セラム　truth serum
トゥルース・ドラッグ　truth drug
トゥルースフル　truthful
トゥルー・フォールス・テスト　true-false test
トゥルー・ブルー　true blue
トゥルーブレッド　truebred
トゥルーボーン　trueborn
ドゥルーモア　Drumohr
トゥルー・ライフ　true-life
トゥルー・ラバーズ・ノット　true lover's knot
トゥルーラブ　truelove
トゥルーラブ・ノット　truelove knot
トゥルーリ　Trulli
トゥルーリー　truly
ドゥルガー　Durga
トゥルク　Turku
トゥルネ　tourney
トゥルファン　Turpan, Turfan
トゥレット　Tourette
トウロープ　towrope
トゥワーズ　towards
トゥワード　toward
ドゥワーフ　dwarf
ドゥワーフィッシュ　dwarfish
ドゥンガ　Dunga
トゥングース　Tungus
トー　toe, taw, tor
ドー　Doe, daw, doe, dough
ドーイ　doughy
トーイック　TOEIC

トーガ　toga
トーカー　talker
ドーカス　Dorcus
トーカソン　talkathon
トーカティブ　talkative
ドーギ　dorgi
トーキー　talkie, talky, Torquay
ドーキー　dorky
トー・キャップ　toe cap
トーキョウアイト　Tokyoite
トーキング　talking
トーキング・トゥー　talking-to
トーキング・ピクチャー　talking picture
トーキング・フィルム　talking film
トーキング・ブック　talking book
トーキング・ヘッド　talking head
トーキング・ポイント　talking point
ドーキンズ　Dawkins
トーク　talk, toke, toque
ドーク　dork
トーク・イン　talk-in
トーク・ショー　talk show
トーク・ダウン　talk down
トークナイズ　tokenize
トークナイゼーション　tokenization
トークニズム　tokenism
トークフェスト　talkfest
トークン　token
トークン・ペイメント　token payment
トークン・マネー　token money
トーゴ　Togo
ドーサ　dosai
トーサイ　thosai
ドーサイル　docile
ドーサル　dorsal
ドーシー　Dorsey
ドージー　dozy
トーシス　ptosis
ドーシャ　dosha
トーショナル　torsional
トーション　torsion, torchon
トーション・バランス　torsion balance
ドース　dose
ドーズ　doze
ドーズ・ア・ドー　dos-à-dos
ドースキン　doeskin
トースター　toaster
トースター・オーブン　toaster oven
トースティー　toasty
トースティング・フォーク　toasting fork
トースト　toast
トーストマスター　toastmaster
トーストミストレス　toastmistress
トースト・ラック　toast rack
ドーセ　Dausset
ドーセージ　dosage
ドーセット　Dorset
ドーセント　docent
ドーソナイト　dawsonite
ドーター　daughter
ドーター・イン・ロー　daughter-in-law
ドーター・エレメント　daughter element
ドーター・カード　daughter card
ドータード　dotard
ドーター・ボード　daughter board
トータス　tortoise
トータスシェル　tortoiseshell
トータライザー　totalizer
トータライズ　totalize
トータリー　totally
ドータリー　daughterly
トータリゼーター　totalizator, -sa-
トータリティー　totality
トータリテリアニズム　totalitarianism
トータリテリアン　totalitarian
トータル　total
トータル・コミュニケーション　total communication
トータル・サム　total sum
トータル・ショップ　total shop
トー・ダンス　toe dance
トーチ　torch
ドーチェスター　Dorchester
トーチ・シンガー　torch singer
トーチ・ソング　torch song
トーチベアラー　torchbearer
トーチャー　torture
トーチャラー　torturer
トーチュアス　tortuous
トーチュオシティー　tortuosity
トーチライト　torchlight
ドーティ　dhoti, dhooti(e), dhuti
トーディー　toady
トーディイズム　toadyism

ドーティング doting
ドーテージ dotage
トーテミズム totemism
トーテミック totemic
トーテム totem
トーテム・ポール totem pole
トート taught, taut, tort, tote
トード toad
ドート dote
トード・イン・ザ・ホール toad-in-the-hole
トートー Toto
ドードー dodo
トードストゥール toadstool
トート・バッグ tote bag
トート・ボード tote board
ドードラー dawdler
トードリー tawdry
ドードル dawdle
トートロジー tautology
トートロジカル tautological
トーナー toner
ドーナツ doughnut
トーナメント tournament
トーナル tonal
トーニー Tony, tawny, tony, toney
トーニー・アウル tawny owl
トーヌス tonus
トーネード tornado
トーネール toenail
ドーハ Doha
ドーパ dopa
トーパー torpor
ドーバー Dover, dauber
ドーパー doper
ドーバー・ソール Dover sole
ドーパキノン dopaquinone
ドーパミン dopamine
トーバルズ Torvalds
ドーパント dopant
トーピアリー topiary
トービー Tobey, Toby, toby
トーピー topee, topi
ドーピー dopey, dopy
トーピード torpedo
トーピッド torpid
トーピディティー torpidity
ドービル Deauville
ドーピング doping
トープ taupe, tope
ドーフ Dorff
ドーブ daub, dove
ドープ dope
ドープスター dopester
ドープ・チェック dope check
トーフッティー tofutti
トーフル TOEFL
トーベ・ヤンソン Tove Jansson
ドーベルマン Doberman(n)
ドーベルマン・ピンシャー Doberman(n) pinscher
トーホールド toehold
トーホールド・パーチェス toehold purchase
ドーマー dormer
ドーマー・ウィンドー dormer window
ドーマウス dormouse
トーマス・クック Thomas Cook
ドーマンシー dormancy
ドーマント dormant
ドーミトリー dormitory
ドーミトリー・サバーブ dormitory suburb
ドーミトリー・タウン dormitory town
トーム tome
ドーム dome, dorm, Daum
ドームズデー doomsday
ドームド domed
ドームラン domerun
トーメ Tormé
ドーメル Dormeuil
トーメンター tormentor, tormenter
トーメント torment
ドーラ Dora
トーラー Torah, -ra
トーラス Taurus, torus
ドーラン Dolan
ドーリアン Dorian
トーリー Tory
ドーリー dory
トーリーイズム Toryism
ドーリス Doris
ドーリック Doric
トーリッシュ tallish
トール tall, toll, tole, Thor
ドール doll, Doll, dole, Dole, dhole

トー・ループ　toe loop
トールキーパー　tollkeeper
トールキン　Tolkien
トールゲート　tollgate
トール・コール　toll call
ドールズ・ハウス　doll's [dolls'] house
トールド　told
トール・ドリンク　tall drink
ドールトン　Dalton
トールハウス　tollhouse
ドールハウス　dollhouse
トール・ハット　tall hat
トールブース　tollbooth, tol-
トール・フリー　toll-free
トール・ブリッジ　toll bridge
ドールフル　doleful
トール・ペインティング　tole painting
トールボーイ　tallboy
トール・ロード　toll road
トーレ　Torre
トーレス　Torres
トーン　tone, torn
ドーン　dawn
トーン・ダウン　tone down
トーン・デフ　tone-deaf
トーント　taunt
トーンド　toned
ドーント　don't, daunt
ドーントレス　dauntless
トーントン　Taunton
トーン・ポエム　tone poem
トーン・ランゲージ　tone language
トーンレス　toneless
トガ　toga
ドガ　Degas
トカイ　Tokay
トカチェフ　Tkachev
トガリー　toggery
トカレフ　Tokarev
ドギー　doggy, -gie
ドギー・バッグ　doggie bag
ドギー・パドル　doggy [doggie] paddle
トキサフェン　toxaphene
トキシコゲノミクス　toxicogenomics
トキシコロジー　toxicology
ドキシサイクリン　doxycycline
トキソイド　toxoid
ドキソルビシン　doxorubicin
ドキュドラマ　docudrama
ドキュメンタリー　documentary
ドキュメンタリドラマ　⇨ドキュドラマ
ドキュメンタル　documental
ドキュメンテーション　documentation
ドキュメント　document
トグ　tog
ドク　doc
トクシカント　toxicant
トクシコロジー　toxicology
トクシコロジカル　toxicological
トクシコロジスト　toxicologist
トクシコロジック　toxicologic
トクシシティー　toxicity
トクシック　toxic
トクシン　toxin, tocsin
トクセミア　toxemia, -ae-
ドクソロジー　doxology
ドクター　doctor
ドクター・スース　Dr. Seuss
ドクター・ストレンジラブ　Dr. Strangelove
ドクターハウシュカ　Dr. Hauschka
ドクター・フィールグッド　Dr. Feelgood
ドクター・ペッパー　Dr. Pepper
ドクター・マーティンズ　Dr Martens
ドクトラル　doctoral
ドクトリナル　doctrinal
ドクトリネア　doctrinaire
ドクトリネリアン　doctrinarian
ドクトリン　doctrine
ドクトル・ジバゴ　Doctor Zhivago
ドクトレート　doctorate
ドクトロー　Doctorow
ドグマ　dogma
ドグマタイズ　dogmatize
ドグマティカル　dogmatical
ドグマティズム　dogmatism
ドグマティック　dogmatic
ドグマティックス　dogmatics
トグル　toggle
トグル・スイッチ　toggle switch
ドケット　docket
ドゴール　de Gaulle
ドコサノール　docosanol
ドコサヘキサエノイック　docosahexaenoic
ドコサン　docosane

トコトリエノール　tocotrienol
トコフェリル　tocopheryl
トコフェロール　tocopherol
ドシー　dossy
ドシエ　dossier
ドジソン　Dodgson
ドシド　do-si-do, do-se-do
ドシメータ　dosimeter
ドシメトリー　dosimetry
ドジャース　Dodgers
トシラート　tosylate
ドシリティー　docility
トス　toss
ドス　DOS, doss
トス・アップ　toss-up
トズール　Tozeur
トスカ　Tosca
トスカーナ　Toscana
トスカニ　Tuscany
トスカニーニ　Toscanini
トスカン　Tuscan
トスターダ　tostada, tostado
トスティトス　Tostitos
トスト　tost
ドストエフスキー　Dostoyevsky, -ev-, -ski
トストーネ　tostone
トスト・サラダ　tossed salad
ドス・ハウス　doss house
ドス・パソス　Dos Passos
トス・バッティング　toss batting
ドセタキセル　docetaxel
トター　totter
ドダー　dodder
トタリー　tottery
ドダリー　doddery
ドダリング　doddering
トチポテンシー　totipotency
トチポテント　totipotent
トッカ　Tocca
ドッカー　docker
トッカータ　toccata
ドッガー・バンク　Dogger Bank
トッカテラ　toccatella
ドッキング・ステーション　docking station
ドック　dock
ドッグ　dog
ドッグ・イヤー　dog-ear
ドッグ・イヤード　dog-eared
ドッグウッド　dogwood
ドッグ・エンド　dog end
ドッグカート　dogcart
ドッグ・カラー　dog collar
ドッグキャッチャー　dogcatcher
ドック・グラス　dock glass
ドッグゴーン　doggone
ドックサイド　dockside
ドッグスレッド　dogsled
ドッグ・タッグ　dog tag
ドッグ・デイズ　dog days
ドッグトロット　dogtrot
ドッグハウス　doghouse
ドッグ・パドル　dog paddle
ドッグ・ビスケット　dog biscuit
ドッグファイト　dogfight
ドッグフィッシュ　dogfish
ドッグ・フード　dog food
ドックヤード　dockyard
ドッグライク　doglike
ドックランズ　Docklands
ドックランド　dockland
ドッグレッグ　dogleg
ドックワーカー　dockworker
ドッケージ　dockage
ドッジ　dodge
ドッジー　dodgy
ドッジボール　dodgeball
ドッジャー　dodger
トッシュ　tosh
ドッシュ　dosh
トッズ　Tod's
トッツィー　tootsie, Tootsie
トッティ　Totti
トッティー　tottie, totty
ドッティー　dotty
トッティング・アップ　totting-up
トッテナム　Tottenham
トット　tot
トッド　Todd
ドット　dot
ドッド　Dodd
トッド・オールダム　Todd Oldham
ドット・コム　dot com, dot-com
トットナム　Tottenham
ドット・ピッチ　dot pitch

ドッド・フランク　Dodd-Frank
ドット・マトリックス・プリンター　dot-matrix printer
トッパー　topper
トッピング　topping
トップ　top
トップ・アスリート　top athlete
トップ・アップ　top-up
トップ・エンド　top-end
トップ・オブ・ザ・ライン　top-of-the-line
トップ・ギア　top gear
トップギャラント　topgallant
トップ・グロシング　top-grossing
トップコート　topcoat
トップ・サージェント　top sergeant
トップサイド　topside
トップ・シークレット　top secret
トップシー・タービー　topsy-turvy
トップ・シェルフ　top-shelf
トップショップ　Topshop
トップス　tops
トップスピン　topspin
トップセール　topsail
トップ・セラー　top seller
トップ・セリング　top-selling
トップソイル　topsoil
トップ・ダウン　top-down
トップ・ドッグ　top dog
トップ・ドレス　top-dress
トップドレッシング　topdressing
トップ・ドローワー　top drawer, top-drawer
トップ・ネーム　top-name
トップノート　top note
トップ・ノッチ　top-notch
トップ・ノッチャー　top-notcher
トップノット　topknot
トップ・ハット　top hat
トップ・バナナ　top banana
トップ・ビリング　top billing
トップ・ブーツ　top boots
トップフライター　topflighter
トップフライト　topflight
トップ・ブラス　top brass
トップ・ヘビー　top-heavy
トップ・ホール　top-hole
トップマスト　topmast
トップモスト　topmost
ドップラー　Doppler
ドップラー・エフェクト　Doppler effect
トップ・ラウンド　top round
トップ・ランキング　top-ranking
トップ・ランクト　top-ranked
トップル　topple
トップレス　topless
トップ・レベル　top-level
トップロフティー　toplofty
ドッペル・ゲンガー　Doppel Gänger
ドッペルゲンガー　doppelgänger, -gang-
トッポ・ジージョ　Topo Gigio
トッポッキ　topokki, tteokbokki
トディー　toddy
トティポテンシー　totipotency
トティポテント　totipotent
ドデカゴン　dodecagon
ドデカノール　dodecanol
ドデカフォニー　dodecaphony
ドデカン　dodecane
ドデシル　dodecyl
トト　Toto
トトカルチョ　totocalcio
ドドマ　Dodoma
トトメス　Thutmose
トドラー　toddler
ドトリアコンタン　dotriacontane
トドル　toddle
ドドル　doddle
ドナ　Dona
トナー　toner
ドナー　donor
ドナー・カード　donor card
ドナウ　Danube
ドナテロ　Donatello
ドナヒュー　Donahue
トナリティー　tonality
トナリン　tonalin
ドナルド　Donald
ドナルドソン　Donaldson
ドナルド・ダック　Donald Duck
ドナルベイン　Donalbain
ドニー　donee, Donnie
ドニーブルック　donnybrook
トニーム　toneme
ドニエストル　Dniester

ドニエプル　Dnieper
トニシティー　tonicity
ドニゼッティ　Donizetti
トニック　tonic
トニック・ウォーター　tonic water
ドニッシュ　donnish
ドニャ　doña
ドヌーブ　Deneuve
ドネーション　donation
ドネーションウェア　donationware
ドネーター　donator
ドネート　donate
ドネガン　Donegan
ドネツク　Donetsk
ドネペジル　donepezil
ドノバン　Donovan
ドノヒュー　Donoghue
トノメーター　tonometer
トノメトリー　tonometry
トノメトリック　tonometric
トノン　Thonon
トパーズ　topaz
ドハーティー　Doherty
ドバイ　Dubai, Dubayy
トバイア　Tobiah
トバイアス　Tobias
ドハティー　Doherty
ドパルデュー　Depardieu
トピアリー　topiary
トビー　Tobey, Toby
ドビー　dobby
トピーカ　Topeka
トピカリティー　topicality
トピカル　topical
トピック　topic
トピックス　TOPIX
ドビナ　Dvina
ドビュッシー　Debussy
トピラマート　topiramate
トビリシ　Tbilisi
ドビルパン　de Villepin
ドビン　dobbin
トフ　toff
ドフ　doff
トプカプ　Topkapi
ドブズ　Dobbs
ドブソン　Dobson
ドブニウム　dubnium
ドブラ　dobra
トブラマイシン　tobramycin
トブラローネ　Toblerone
トブルク　Tobruk
ドブロ　Dobro
ドブロブニク　Dubrovnik
トペテ　Tophet, -pheth
トポ　top-, topo-
トポイソメラーゼ　topoisomerase
トボガニング　tobogganing
トボガン　toboggan
トポグラファー　topographer
トポグラフィー　topography
トポグラフィカル　topographical
トポグラフィック　topographic
トポス　topos
ドボルザーク　Dvořak
トポロジー　topology
トマシーナ　Thomasina
トマシーン　Thomasin, Thomasine
トマス　Thomas
トマス・グッド　Thomas Goode
トマト　tomato
トマホーク　tomahawk, Tomahawk
トミー　Tommy, -mie
トミー・ガン　tommy gun
トミー・フィルフィガー　Tommy Hilfiger
トミーロット　tommyrot
ドミサイル　domicile
ドミシリアリー　domiciliary
トミズム　Thomism
ドミナス　Dominus
ドミナンス　dominance, -nancy
ドミナント　dominant
ドミニアー　domineer
ドミニアリング　domineering
ドミニオニスト　dominionist
ドミニオニズム　dominionism
ドミニオン　dominion
ドミニオン・デー　Dominion Day
ドミニカ　Dominica
ドミニカン　Dominican
ドミニク　Dominique
ドミニック　Dominic
ドミネーション　domination
ドミネーター　dominator

ドミネート　dominate
ドミノ　domino
ドミノ・エフェクト　domino effect
ドミノ・セオリー　domino theory
ドミフェン　domiphen
ドミンゴ　Domingo
トム　Tom, Thom
ド・ムーロン　de Meuron
トム・カー・ガイ　tom kha gai
トムキャット　tomcat
トム・クルーズ　Tom Cruise
トムコッド　tomcod
トム・サム　Tom Thumb
トム・ソーヤー　Tom Sawyer
トムソナイト　thomsonite
トムソン　Thompson, Thomson
トムティット　tomtit
トムトム　tom-tom
トムバック　Tombac
トム・ハンクス　Tom Hanks
トムフーラリー　tomfoolery
トムフール　tomfool
トムヤム・クン　tomyam kun
トムリン　Tomlin
トメイトウ　tomato
ドメイン　domain
ドメスティケート　domesticate
ドメスティシティー　domesticity
ドメスティック　domestic
ドメスティック・サイエンス　domestic science
ドメスティック・パートナー　domestic partner
ドメスティック・バイオレンス　domestic violence, DV
ドメニコ　Domenico
トモグラフ　tomograph
トモグラフィー　tomography
トモグラム　tomogram
ドモジェドボ　Domodedovo
トモシンセシス　tomosynthesis
トモセラピー　Tomo Therapy
ドューラー　Dürer
ドュバル　Duvall
ドュパン　Dupin
トラー　tolar
ドラー　dolor, -lour
トラーニオ　Tranio
トラール　Tral
トライ　try
ドライ　dry
トライアー　trier
トライアーキー　triarchy
ドライ・アイ　dry eye
ドライ・アイス　dry ice
ドライ・アイド　dry-eyed
トライアウト　tryout
トライアシック　Triassic
トライアスロン　triathlon
トライアック　triac
トライアッド　triad
ドライアッド　dryad
トライアブル　triable
トライアル　trial
トライアル・アンド・エラー　trial and error
トライアル・キット　trial kit
トライアル・バルーン　trial balloon
トライアル・マリッジ　trial marriage
トライアル・ラン　trial run
トライアンギュラー　triangular
トライアンギュレーション　triangulation
トライアンギュレート　triangulate
トライアングル　triangle
トライアングル・ラブ　triangle love
トライアンバー　triumvir
トライアンビレート　triumvirate
トライアンフ　triumph
トライアンファリスト　triumphalist
トライアンファリズム　triumphalism
トライアンファル　triumphal
トライアンファント　triumphant
トライウイークリー　triweekly
ドライ・ウォール　dry wall
トライ・エックス　Tri-X
トライエニアル　triennial
トライオード　triode
トライオキサイド　trioxide
トライ・オン　try-on
ドライ・ガス　dry gas
トライカスピッド　tricuspid
ドライ・カッパー　dry copper
トライカラー　tricolor
トライキノーシス　trichinosis
トライク　trike

ドライ・グッズ　dry goods
トライグラフ　trigraph
ドライ・クリーナー　dry cleaner
ドライ・クリーニング　dry cleaning
ドライ・クリーン　dry-clean
トライクロマティック　trichromatic
トライケア　Tricare
トライコーン　tricorn
トライコロジー　trichology
ドライサー　Dreiser
トライシクル　tricycle
トライショー　trishaw
ドライ・ショッド　dry-shod
トライシラブル　trisyllable
ドライ・スキン　dry skin
トライ・スクエア　try square
トライステート　tristate
ドライストーン　drystone, Dhrystone
トライスル　trysail
トライセクション　trisection
トライセクト　trisect
トライセプス　triceps
ドライ・セル　dry cell
ドライソールター　drysalter
ドライ・ソケット　dry socket
ドライソルター　drysalter
トライタノーピア　tritanopia
ドライデン　Dryden
トライデント　trident
トライト　trite
トライド　tried
ドライド　dried
ドライド・アップ　dried-up
トライド・アンド・トゥルー　tried-and-true
ドライトートゥガス　Dry Tortugas
ドライ・ドック　dry dock, dry-dock
ドライ・ナース　dry nurse
トライナリー　trinary
トライナル　trinal
トライノーミアル　trinomial
ドライバー　driver
ドライバーズ・シート　driver's seat
ドライバーズ・ライセンス　driver's license
トライパータイト　tripartite
ドライバーレス　driverless
ドライ・バッテリー　dry battery
ドライバビリティー　drivability
トライバリズム　tribalism
トライバル　tribal
トライビューナル　tribunal
ドライビング　driving
ドライビング・アイアン　driving iron
ドライビング・テスト　driving test
ドライビング・フォース　driving force
ドライビング・ホイール　driving wheel
ドライビング・ライセンス　driving licence
ドライビング・レコーダー　driving recorder
ドライビング・レンジ　driving range
トライブ　tribe
トライプ　tripe
ドライブ　drive
ドライ・ファーミング　dry farming
ドライブ・アップ　drive-up
ドライブ・イン　drive-in
ドライブウェー　driveway
トライフェクタ　trifecta
トライフォーリエート　trifoliate
トライブズマン　tribesman
ドライブ・スルー　drive-through
ドライブトレイン　drivetrain
ドライブ・バイ　drive-by
ドライブ・ベイ　drive bay
トライフラー　trifler
ドライ・フライ　dry fly
ドライブライン　driveline
トライフリング　trifling
トライフル　trifle
ドライブ・レター　drive letter
トライベーレント　trivalent
トライベカ　TriBeCa, Tribeca
トライヘドロン　trihedron
ドライポイント　drypoint
トライボケミストリー　tribochemistry
トライポス　tripos
トライポッド　tripod
トライボテスター　tribotester
トライボメーター　tribometer
トライボロジー　tribology
トライボロジカル　tribological
トライボロジスト　tribologist
ドライ・マウス　dry mouth
トライマラン　trimaran
トライマンスリー　trimonthly
ドライ・ミルク　dry milk

ドライ・メジャー　dry measure
トライメスター　trimester
ドライヤー　drier, dryer
トライユーン　triune
トライラテラル　trilateral
ドライ・ラン　dry run
ドライ・ランド　dry land
ドライリー　drily
トライリーム　trireme
トライリンガル　trilingual
トライローベート　trilobate
ドライ・ロット　dry rot
トライロバイト　trilobite
トライン　trine
トライング　trying
ドライング　drying
トラウエル　trowel
トラウザー　trouser
トラウザーズ　trousers
トラウザー・スーツ　trouser suit
トラウザード　trousered
トラウザー・プレス　trouser press
トラウザーレス　trouserless
ドラウジー　drowsy
ドラウズ　drowse
ドラウティー　droughty
トラウト　trout
ドラウト　drought
トラウマ　trauma
トラウマタイズ　traumatize
トラウマタイゼーション　traumatization
トラウマティゼーション　traumatization
トラウマティック　traumatic
ドラウン　drown
トラウンス　trounce
トラガカンチン　tragacanthin
トラガカント　tragacanth
トラギオン　tragion
ドラキュラ　Dracula
トラキュレンシー　truculency
トラキュレンス　truculence
トラキュレント　truculent
ドラグーン　dragoon
トラクション　traction
トラクション・エンジン　traction engine
トラクター　tractor
トラクター・トレーラー　tractor-trailer
トラクタイル　tractile
トラクタブル　tractable
トラクタビリティー　tractability
トラクティブ　tractive
トラクティリティー　tractility
トラクティル　tractile
トラクテート　tractate
トラクト　tract
ドラクマ　drachma
ドラグル　draggle
ドラグルテールド　draggletailed
ドラグルド　draggled
ドラクロワ　Dolacroix
トラコーマ　trachoma
ドラコニアニズム　draconianism
ドラコニアン　draconian
ドラコ・マルフォイ　Draco Malfoy
ドラゴマン　dragoman
ドラゴン　dragon
ドラゴンフライ　dragonfly
ドラザー　druther
トラザミド　tolazamide
トラサルディ　Trussardi
トラジーディアン　tragedian
ドラジェ　dragée
トラジェクトリー　trajectory
トラジェディー　tragedy
トラジカル　tragical
トラジコミカル　tragicomical
トラジコミック　tragicomic
トラジコメディー　tragicomedy
トラジック　tragic
トラジディエンヌ　tragedienne
トラジロール　Trasylol
トラジン　Thorazine
トラス　truss
トラスツズマブ　trastuzumab
トラスティー　trusty, trustee
トラスティーシップ　trusteeship
ドラスティック　drastic
トラスティング　trusting
トラステベレ　Trastevere
トラスト　trust
トラスト・カンパニー　trust company
トラスト・テリトリー　trust territory
トラスト・ファンド　trust fund
トラストフル　trustful

トラストレス　trustless
トラストワージー　trustworthy
トラスフォスフォリラーゼ　transphosphorylase
トラス・ブリッジ　truss bridge
トラセンチン　Trasentine
トラゾドン　trazodone
トラゾリン　tolazoline
トラッカー　tracker, trucker
ドラッカー　Drucker
ドラッガー　dragger
ドラッギー　druggy, druggie
ドラッギスト　druggist
トラッキング　tracking, trucking
トラッキング・ステーション　tracking station
トラッキング・ストック　tracking stock
トラック　track, truck
トラッグ　trug
ドラッグ　drag, drug
ドラッグ・アンド・ドロップ　drag and drop
トラック・イベント　track event
トラックウェー　trackway
ドラッグ・クイーン　drag queen
トラックサイド　trackside
トラック・システム　track system, truck system
トラック・シューズ　track shoes
トラックスーツ　tracksuit
ドラッグストア　drugstore
トラック・ストップ　truck stop
ドラッグ・ストリップ　drag strip
ドラッグネット　dragnet
ドラッグハウンド　draghound
トラックバック　trackback
トラックバック・スパム　trackback spam
トラックバック・ピング　trackback ping
トラックパッド　trackpad
ドラッグ・バント　drag bunt
トラック・ファーマー　truck farmer
トラック・ファーミング　truck farming
トラック・ファーム　truck farm
トラックボール　trackball
トラックマン　trackman, truckman
ドラッグメーカー　drugmaker
トラックル　truckle
トラックル・ベッド　truckle bed
トラックレイヤー　tracklayer
ドラッグ・レース　drag race
トラック・レコード　track record
トラックレス　trackless
トラックロード　truckload
トラッケージ　trackage, truckage
ドラッゲット　drugget
トラッジ　trudge
ドラッジ　drudge
トラッシー　trashy
ドラッジェリー　drudgery
トラッジェン　trudgen
トラッジェン・ストローク　trudgen stroke
トラッシュ　trash
トラッシュ・キャン　trash can
トラッシュ・トーク　trash-talk
トラッド　trad
ドラット　drat
トラットリア　trattoria
トラッパー　trapper
ドラッビング　drubbing
トラッピングズ　trappings
トラップ　trap
ドラッブ　drab, drub
トラップシューター　trapshooter
トラップシューティング　trapshooting
トラップドアー　trapdoor
トラッフル　truffle
ドラッブル　Drabble
ドラティー　Doherty
トラディショナリスティック　traditionalistic
トラディショナリスト　traditionalist
トラディショナリズム　traditionalism
トラディショナル　traditional
トラディション　tradition
トラデューサー　traducer
トラデュース　traduce
トラニー　tranny, -nie
トラニルシプロミン　tranylcypromine
ドラノエ　Delanoë
トラバーサブル　traversable
トラバーサル　traversal
トラバース　traverse
トラバーティン　travertine, -tin
トラバーユ　travail
ドラバイト　dravite
トラバント　Trabant

トラピーズ　trapeze
トラビス　Travis
トラピスト　Trappist
ドラビダ　Dravidian
ドラビディアン　Dravidian
トラフ　trough
トラファルガー　Trafalgar
トラファルガー・スクエア　Trafalgar Square
トラフィッカー　trafficker
トラフィック　traffic
トラフィック・アイランド　traffic island
トラフィック・ウォーデン　traffic warden
トラフィック・コート　traffic court
トラフィック・コップ　traffic cop
トラフィック・サークル　traffic circle
トラフィック・シグナル　traffic signal
トラフィック・ライト　traffic light
ドラフター　drafter
ドラフツ　draughts
ドラフツマン　draftsman, draughtsman
ドラフツマンシップ　draftsmanship
ドラフティー　draftee, drafty, draughty
ドラフト　draft, draught
ドラフト・ビール　draft beer
ドラフト・ホース　draft horse
ドラフト・ボード　draft board, draughtboard
トラブル　trouble
トラブルサム　troublesome
トラブルシューター　troubleshooter
トラブルシューティング　troubleshooting
トラブルシュート　troubleshoot
トラブル・スポット　trouble spot
トラブルド　troubled
トラブルメーカー　troublemaker
トラペーズ　trapèze
トラベール　travail
トラペジアム　trapezium
トラベスティー　travesty
トラペゾイダル　trapezoidal
トラペゾイド　trapezoid
トラベラー　traveler, -eller
トラベラーズ・ダイアリーア　travelers' diarrhea
トラベラーズ・チェック　traveler(')s check
トラベラーズ・テール　traveler's tale
トラベリング　traveling, -elling
トラベル　travel
トラベル・エージェンシー　travel agency
トラベル・エージェント　travel agent
トラベルシック　travel-sick
トラベルド　traveled, -elled
トラベル・ビューロー　travel bureau
トラベローグ　travelogue, -og
トラホーム　trachoma
トラボラ　Tora Bora
トラボルタ　Travolta
トラマ　trama
ドラマ　drama
ドラマー　drummer
ドラマタイズ　dramatize
ドラマタイゼーション　dramatization
ドラマツルギー　dramaturgy, Dramaturgie
ドラマティスト　dramatist
ドラマティズム　dramatism
ドラマティック　dramatic
ドラマティック・アイロニー　dramatic irony
ドラマティックス　dramatics
トラマドール　tramadol
ドラマミン　Dramamine
トラミネール　Traminer
ドラミング　drumming
トラム　tram
ドラム　drum, dram
トラムウェー　tramway
トラムカー　tramcar
ドラムスティック　drumstick
ドラムビート　drumbeat
ドラムファイア　drumfire
ドラム・ブレーキ　drum brake
ドラムヘッド　drumhead
ドラム・マシーン　drum machine
ドラム・メージャー　drum major
ドラム・メジャレット　drum majorette
ドラムライク　drumlike
トラムラインズ　tramlines
トラムロード　tramroad
ドラムロール　drumroll
ドラムンベース　drum 'n' bass
ドラメディー　dramedy
トラメラー　trammeler
トラメル　trammel
ドラモンド　Drummond
ドラリオン　Dralion

ドラン　Derain, Dolan
ドランカード　drunkard
トランギア　trangia
トランキライザー　tranquil(l)izer
トランキライズ　tranquil(l)ize
トランキリティー　tranquil(l)ity
トランキル　tranquil
トランク　trunk
ドランク　drank, drunk
トランクイリティー　tranquil(l)ity
トランクイル　tranquil
トランク・コール　trunk call
トランクス　trunks
トランクフィッシュ　trunkfish
トランク・ホーズ　trunk hose
トランク・ライン　trunk line
トランク・ロード　trunk road
ドランクン　drunken
トランケーション　truncation
トランケーテッド　truncated
トランケート　truncate
ドランコメーター　drunkometer
トランザクショナル・アナリシス　transactional analysis
トランザクション　transaction
トランザクト　transact
トランサブスタンシエーション　transubstantiation
トランサム　transom
トランサム・ウインドー　transom window
トランシーバー　transceiver
トランシェンシー　transiency
トランジェンシー　transiency
トランシェンス　transience
トランジェンス　transience
トランシェント　transient
トランジェント　transient
トランジショナル　transitional
トランジショナル・オブジェクト　transitional object
トランジション　transition
トランジスター　transistor
トランジスタライズ　transistorize
トランジット　transit
トランジット・キャンプ　transit camp
トランジット・ビザ　transit visa
トランシップ　tranship
トランジティブ　transitive
トランジトリー　transitory
トランシュ　tranche
トランシューマー　transumer
トランシルバニア　Transylvania
トランス　trance, trans-
トランスアセチラーゼ　transacetylase
トランスアトランティック　transatlantic
トランスアブドミナル　transabdominal
トランスアミナーゼ　transaminase
トランスアミネーション　transamination
トランスアルピン　transalpine
トランスウデーション　transudation
トランスウデート　transudate
トランスウラニック　transuranic
トランスオセアニック　transoceanic
トランスカイ　Transkei
トランスクライバー　transcriber
トランスクライブ　transcribe
トランスクリプション　transcription
トランスクリプト　transcript
トランスグルコシラーゼ　transglucosylase
トランスグルタミナーゼ　transglutaminase
トランスクレイニアル　transcranial
トランスグレス　transgress
トランスグレッサー　transgressor
トランスグレッシブ　transgressive
トランスグレッション　transgression
トランスケトラーゼ　transketolase
トランスコーダー　transcoder
トランスコーディング　transcoding
トランスコード　transcode
トランスコバラミン　transcobalamin
トランスコルチン　transcortin
トランスコンダクタンス　transconductance
トランスコンティネンタル　transcontinental
トランスサービカル　transcervical
トランスサイレチン　transthyretin
トランスジーニック　transgenic
トランスジーン　transgene
トランスジェニック　transgenic
トランスジェネレーショナル　transgenerational
トランスジェンダー　transgender
トランスシップ　transship
トランスシップメント　transshipment
トランス・スプライシング　trans-splicing

トランスセクシュアリティー transsexuality
トランスセクシュアル transsexual
トランス・ソニック trans-sonic
トランスチレチン transthyretin
トランスデューサー transducer
トランスデュース transduce
トランスナショナル transnational
トランスニストリア Transnistria
トランスネフチ Transneft
トランスバーサル transversal
トランスバージョン transversion
トランスバース transverse
トランスパーソナル transpersonal
トランスパーソナル・サイコロジー transpersonal psychology
トランスバール Transvaal
トランスパイア transpire
トランスバウンダリー transboundary
トランスパシフィック transpacific
トランスピューター transputer
トランスピレーション transpiration
トランスファー transfer
トランスファー・フィー transfer fee
トランスファーラー transfer(r)er
トランスファーラブル transferable
トランスファー・リスト transfer list
トランスファーレンス transference
トランス・ファット trans fat
トランスファラビリティー transferrability
トランスファリー transferee
トランスファレンス transference
トランスフィギュア transfigure
トランスフィギュレーション transfiguration
トランスフィクション transfixion
トランスフィックス transfix
トランスフェクション transfection
トランスフェクト transfect
トランスフェラーゼ transferase
トランスフェリン transferrin
トランスフォーマー transformer
トランスフォーマティブ transformative
トランスフォーマブル transformable
トランスフォーム transform
トランスフォーメーショナル transformational
トランスフォーメーショナル・グラマー transformational grammar
トランスフォーメーション transformation
トランスフュージョン transfusion
トランスフューズ transfuse
トランスプランター transplanter
トランスプランタビリティー transplantability
トランスプランタブル transplantable
トランスプランテーション transplantation
トランスプラント transplant
トランスペアレンシー transparency
トランスペアレンス transparence
トランスペアレント transparent
トランスベスタイト transvestite
トランスベスティズム transvestism
トランスベスト transvest
トランスペプチダーゼ transpeptidase
トランスポーズ transpose
トランスポーター transporter
トランスポーター・ブリッジ transporter bridge
トランスポータブル transportable
トランスポーテーション transportation
トランスポート transport
トランスポート・カフェ transport cafe [café]
トランスポーラー transpolar
トランスポジション transposition
トランスポゾン transposon
トランスポンダー transponder
トランスマイグレーション transmigration
トランスマイグレート transmigrate
トランスマリン transmarine
トランスミッシブル transmissible
トランスミッション transmission
トランスミッター transmitter
トランスミット transmit
トランスミュータブル transmutable
トランスミューテーション transmutation
トランスミュート transmute
トランスメタ Transmeta
トランスモグリファイ transmogrify
トランスリテレーション transliteration
トランスリテレート transliterate
トランスルーセンシー translucency
トランスルーセンス translucence
トランスルーセント translucent
トランスルーナー translunar

トランスルーナリー　translunary
トランスレーション　translation
トランスレーター　translator
トランスレータブル　translatable
トランスレート　translate
トランスローダー　transloader
トランセプト　transept
トランセンデンシー　transcendency
トランセンデンス　transcendence
トランセンデンタリスト　transcendentalist
トランセンデンタリズム　transcendentalism
トランセンデンタル　transcendental
トランセンデンタル・メディテーション　transcendental meditation
トランセンデント　transcendent
トランセンド　transcend
トランソニック　transonic
トランタン　trente ans, 30 ans
トランチョン　truncheon
トランティニャン　Trintignant
トランドル　trundle
トランドル・ベッド　trundle bed
トランニオン　trunnion
トランパー　tramper
トランプ　trump, Trump, tramp
ドランブイ　Drambuie
トランプ・カード　trump card
トランプ・スティーマー　tramp steamer
トランプト・アップ　trumped-up
トランブル　Trumbull
トランプル　trample
トランペッター　trumpeter
トランペット　trumpet
トランペット・クリーパー　trumpet creeper
トランペリー　trumpery
トランポリン　trampoline
トリ　tri-
トリア　thoria
ドリア　doria
ドリアー　drear
トリアージ　triage
トリアコンタノール　triacontanol
トリアコンタン　triacontane
トリアジコン　triaziquone
トリアジン　triazine
トリアセチン　triacetin
トリアセテート　triacetate
トリアゾール　triazole
トリアゾラム　triazolam
トリアノン　Trianon
トリアムシノロン　triamcinolone
トリアムテレン　triamterene
ドリアリー　dreary
ドリアン　durian, -on
ドリー　Dolly, dolly
トリーオレット　triolet
トリークル　treacle
トリーズナス　treasonous
トリーズナブル　treasonable
トリーズン　treason
トリーター　treater
トリータブル　treatable
トリーティー　treaty
トリーティー・ショッピング　treaty shopping
トリーティス　treatise
トリート　treat
トリートメント　treatment
ドリーネ　doline, -na
ドリー・バード　dolly bird
ドリーマー　dreamer
ドリーミー　dreamy
ドリーム　dream
ドリーム・キャッチャー　dream catcher
ドリームスケープ　dreamscape
ドリームボート　dreamboat
ドリームライク　dreamlike
ドリームランド　dreamland
ドリームレス　dreamless
ドリームワークス　DreamWorks
ドリームワールド　dreamworld
トリウム　thorium
トリエステ　Trieste
トリエステル　tri-ester, triester
トリエタノールアミン　triethanolamine
トリエチルアミン　triethylamine
トリエチルボラン　triethylborane
トリオ　trio
トリオース　triose
トリオキサレン　trioxsalen
トリオクタノイン　trioctanoin
トリオナール　Trional
トリオレイン　triolein
トリガー　trigger

トリガー・ハピー trigger-happy
トリガー・フィンガー trigger finger
トリガー・ポイント trigger point
トリガーマン triggerman
トリカイナ trichina
トリカプリリン tricaprylin
トリカラー tricolor
トリキナ trichina
トリキネラ trichinella
トリクシー Trixie, Trixy
トリクス Trix
トリグリセリド triglyceride
トリグリフ triglyph
トリクル trickle
トリクル・ダウン trickle-down
トリクル・チャージャー trickle charger
トリクレゾール tricresol
トリクロカルバン triclocarban
トリクロサン triclosan
トリクロルホン trichlorfon
トリクロロエタン trichloroethane
トリクロロエチレン trichloroethylene
トリクロロカルバニリド trichlorocarbanilide
トリクロロフェノール trichlorophenol
トリクロロメタン trichloromethane
トリコ tricot
トリコーム trichome
トリコサン tricosane
トリコシスト trichocyst
トリコスタチン trichostatin
トリコスポロン Trichosporon
トリコット tricot
トリゴノメトリー trigonometry
トリゴノメトリカル trigonometrical
トリゴノメトリック trigonometric
トリコマイシン trichomycin
トリコメガリー trichomegaly
トリコモナス trichomoniasis
トリコロール tricolore
トリシェ Trichet
トリジェネレーション trigeneration
トリス Tris
ドリス Doris
ドリス・ヴァン・ノッテン Dories Van Noten
トリスタン Tristan
トリステアリン tristearin
トリスト tryst
トリストラム Tristram
トリストラム・シャンディ Tristram Shandy
ドリズル drizzle
トリソミー trisomy
トリタノーピア tritanopia
トリチウム tritium
トリッカーズ Tricker's
トリッカリー trickery
トリッキー tricky
トリック trick
トリッグ trig
トリック・サイクリスト trick cyclist
トリックシー tricksy
トリックスター trickster
トリッシュ Trish
トリッド torrid
トリッド・ゾーン torrid zone
トリッパ trippa
トリッパー tripper
ドリッパー dripper
トリッピー trippy
ドリッピー drippy
トリッピング tripping
ドリッピング dripping
トリップ trip
ドリップ drip
トリップコード tripcode
ドリップ・コーヒー drip coffee
ドリップストーン dripstone
トリップティーク triptyque
ドリップ・ドライ drip-dry
ドリップ・フィード drip-feed
トリップ・ホップ trip hop
ドリップ・マット drip mat
トリップメーター tripmeter
トリップ・ワイヤー trip wire
トリディティー torridity
トリデカン tridecane
トリデセス trideceth
トリテルペノイド triterpenoid
トリテルペン triterpene
トリドーシャ tridosha
ドリトス Doritos
ドリトル Dolittle
トリトン Triton
ドリナミル Drinamyl

トリニダード・トバゴ　Trinidad and Tobago
トリニダディアン　Trinidadian
トリニティー　Trinity
トリニティー・サンデー　Trinity Sunday
トリニティー・ターム　Trinity term
トリニテリアニズム　Trinitarianism
トリニテリアン　Trinitarian
トリニトリン　trinitrin
トリニトロトルエン　trinitrotoluene
トリニトロフェノール　trinitrophenol
トリニトロン　Trinitron
トリヌクレオチド　trinucleotide
トリノ　Torino, Turin
トリハス　torrijas
トリパフラビン　trypaflavine
トリパラノール　triparanol
トリパルサミド　tryparsamide
トリパルミチン　tripalmitin
トリハロメタン　trihalomethane
トリバンドラム　Trivandrum
トリパン・ブルー　trypan blue
トリビア　trivia
トリビアライズ　trivialize
トリビアリズム　trivialism
トリビアリティー　triviality
トリビアル　trivial
トリビュート　tribute
トリビューン　tribune
トリビュタリー　tributary
トリビュレーション　tribulation
トリフェニルティン　triphenyltin
トリフェニルメタン　triphenylmethane
トリフォリウム　triforium
トリプシノゲン　trypsinogen
トリプシン　trypsin
トリフソング　triphthong
ドリフター　drifter
トリプタミン　tryptamine
トリブチリン　tributyrin
トリブチルティン　tributyltin
トリプティック　triptych
ドリフテージ　driftage
ドリフト　drift
ドリプト　dript
ドリフト・アイス　drift ice
ドリフトウッド　driftwood
ドリフト・ネット　drift net
トリプトファナーゼ　tryptophanase
トリプトファン　tryptophan, -phane
ドリブラー　dribbler
トリプリー　triply
トリプリケート　triplicate
トリプリシティー　triplicity
トリプル　triple
ドリブル　dribble
トリプル・アクセル　triple axel
トリプル・ウィッチング・アワー　triple witching hour
トリフルオペラジン　trifluoperazine
トリプル・ジャンプ　triple jump
トリプル・タイム　triple time
トリプル・デッカー　triple-decker
トリプル・プレー　triple play
トリフルプロマジン　triflupromazine
トリフルラリン　trifluralin
トリプレーン　triplane
トリプレックス　triplex
トリプレット　triplet
ドリブレット　driblet, dribblet
トリブロムエタノール　tribromoethanol
トリブロモフェノール　tribromophenol
トリプロリジン　triprolidine
ドリブン　driven
トリヘキシフェニジル　trihexyphenidyl
トリベット　trivet
トリペプチド　tripeptide
トリベヘニン　tribehenin
ドリベラー　drivel(l)er
ドリベル　drivel
トリペレナミン　tripelennamine
トリポダル　tripodal
トリポリ　Tripoli
トリボルミネッセンス　triboluminescence
トリボロジー　tribology
トリボロジカル　tribological
トリボロジスト　tribologist
トリマー　trimmer
トリミプラミン　trimipramine
トリミング　trimming
トリム　trim
トリムールティ　Trimurti
トリムルティ　Trimurti
トリメスター　trimester
トリメター　trimeter

トリメタジオン trimethadione
トリメタファン trimethaphan
トリメチルアミン trimethylamine
トリメチルペンタン trimethylpentane
トリメチレン trimethylene
トリメトプリム trimethoprim
トリメトベンザミド trimethobenzamide
トリメトレキセート trimetrexate
トリメプラジン trimeprazine
ドリュー Drew
トリュフ truffe
トリュフォー Truffaut
トリュモー trumeau
トリヨードサイロニン triiodothyronine
トリヨードチロニン triiodothyronine
ドリラー driller
ドリラブル drillable
トリリオン trillion
トリリトン trilithon
トリリンガル trilingual
ドリリング drilling
トリル trill, tolyl
ドリル drill
ドリルダウン drill-down, drilldown
トリルビー trilby
ドリル・ブック drill book
ドリルマスター drillmaster
トリレンマ trilemma
トリロジー trilogy
ドリンカー drinker
ドリンカブル drinkable
トリンギット Tlingit
トリンキュロー Trinculo
ドリンキング drinking
ドリンキング・ウォーター drinking water
ドリンキング・ソング drinking song
ドリンキング・ファウンテン drinking fountain
ドリンク drink
ドリンク・ドライバー drink-driver
ドリンク・ドライビング drink-driving
トリンケット trinket
トリンケットリー trinketry
トリンプ Triumph
トリンブル Trimble
トル torr
ドル dollar, Dol
トルアミド toluamide
トルイジン toluidine
ドルイディカル druidical
ドルイディズム druidism
ドルイディック druidic
ドルイド druid
トルイル toluyl
ドルー Drew
トルーアンシー truancy
トルーアント truant
トルーアント・オフィサー truant officer
ドルーグ droog
ドルージアン Drusian, -zi-, -se-, -ze-
ドルーシラ Drusilla
トルース truce
ドルーズ Druse, Druze
トルーソー trousseau
トルーディー Trudy
トルーパー trooper, trouper
ドルーピー droopy
トループ troop, troupe
ドループ droop, drupe
トループ・キャリアー troop carrier
トループシップ troopship
トルーマン Truman
ドルール drool
トルエン toluene
トルオール toluol
ドルカス Dorcus
トルキスタン Turkestan, -ki-
トルク torque
トルクメニスタン Turkmenistan
トルクメン Turkoman
トルコ Turkey
トルシエ Troussier
ドルシネア Dulcinea
ドルジュバ Druzhba
ドル・ショック dollar shock
ドル・ショップ dollar shop
トルストイ Tolstoy, -stoi
トルストイアン Tolstoyan
トルソー torso
ドルチェ dolce
ドルチェ・アンド・ガッバーナ Dolce & Gabbana
ドルチェ・ビータ dolce vita
ドルチェラッテ Dolcelatte

トルッロ　trullo
トルテ　torte, Torte
トルティーヤ　tortilla
ドルティッシュ　doltish
トルデシヤス　Tordesillas
トルデシリャス　Tordesillas
トルテッリーニ　tortellini
ドルト　dolt
トルトーニ　tortoni
ドルドーニュ　Dordogne
ドルトムント　Dortmund
ドルドラムズ　doldrums
トルナフテート　tolnaftate
トルニケ　tourniquet
トルネード　tornado
トルバドゥール　troubadour
ドルビー　Dolby
ドルビー・システム　Dolby System
トルピード　torpedo
トルピード・ボート　torpedo boat
トルファン　Turpan, Turfan
ドルフィン　dolphin
ドルフィン・セラピー　dolphin therapy
トルブタミド　tolbutamide
トルベール　trouvère
ドルマ　dolma
トルマリン　tourmaline
ドルマン　dolman
ドルマンシー　dormancy
ドルマン・スリーブ　dolman sleeve
ドルマント　dormant
ドルミカム　Dormicum
トルメチン　tolmetin
ドルメン　dolmen
ドルモア　Drumohr
ドル・ユーザンス　dollar usance
ドルリー　Drury
ドルリー・レーン　Drury Lane
トルロ　Truro
トレアドール　toreador
トレアドル　toreador
トレアドル・パンツ　toreador pants
トレイ　tray
トレイク　Trikke
ドレイク　Drake, drake
トレイサー　traceur
トレイター　traitor
トレイタラス　traitorous
トレイト　trait
トレイナー　trainer
トレイナブル　trainable
トレイニー　trainee
ドレイニング・ボード　draining board
ドレイネージ　drainage
ドレイファス　Dreyfuss
トレイプス　traipse, trapes, trapse
トレイフル　trayful
トレイン　train
ドレイン　drain
トレインシック　trainsick
トレイン・スポッター　train spotter
トレインスポッティング　trainspotting
ドレインパイプ　drainpipe
トレイン・フェリー　train ferry
トレインベアラー　trainbearer
ドレインボード　drainboard
トレインマン　trainman
トレー　tray
ドレー　dray, drey
トレーキア　trachea
トレーキアイティス　tracheitis
ドレーク　Drake, drake
トレーサー　tracer, traceur
トレーサビリティ　traceability
トレーサブル　traceable
トレーサリー　tracery
ドレージ　drayage
トレーシー　Tracy
トレーシング　tracing
トレーシング・ペーパー　tracing paper
トレース　trace
トレース・エレメント　trace element
トレース・ガス　trace gas
トレーズピープル　tradespeople
トレーズマン　tradesman
トレーズ・ユニオン　trades union
トレーダー　trader
トレーダブル　tradable, tradeable
トレーディング　trading
トレーディング・エステート　trading estate
トレーディング・カンパニー　trading company
トレーディング・スタンプ　trading stamp
トレーディング・ポスト　trading post

トレード　trade
トレード・イン　trade-in
トレード・ウインド　trade wind
トレード・エディション　trade edition
トレード・オフ　trade-off
トレード・ギャップ　trade gap
トレード・サープラス　trade surplus
トレード・サイクル　trade cycle
トレード・シークレット　trade secret
トレード・ジャーナル　trade journal
トレード・ディスカウント　trade discount
トレード・デフィシット　trade deficit
トレード・ネーム　trade name
トレード・ブック　trade book
トレード・プライス　trade price
トレード・ペーパー　trade paper
トレードマーク　trademark
トレード・ユニオン　trade union
トレード・ラスト　trade-last
トレーナー　trainer　⇨スエット・シャツ
トレーナブル　trainable
トレーニー　trainee
トレーニング　training
トレーニング・カレッジ　training college
トレーニング・シップ　training ship
トレーニング・スクール　training school
トレーニング・パンツ　training pants
ドレーニング・ボード　draining board
ドレーパー　draper
ドレーパリー　drapery
ドレープ　drape
ドレー・ホース　dray horse
トレーマ　trama
トレー・マン　tray man
トレーラー　trailer
トレーラー・キャンプ　trailer camp
トレーラー・コート　trailer court
トレーラー・パーク　trailer park
トレーラー・ハウス　trailer house
トレーリング・ストップ　trailing stop
トレール　trail
トレール・バイク　trail bike
トレールブレーザー　trailblazer
トレールブレージング　trailblazing
トレールブレーズ　trailblaze
トレールヘッド　trailhead
トレーン　train
ドレーン　drain
ドレーン・コック　drain cock
ドレーンパイプ　drainpipe
ドレーンボード　drainboard
トレオース　threose
トレオニン　threonine
トレオン　Torreón
トレガー　Trager
ドレクセル　Drexel
ドレサージュ　dressage
トレジャー　treasure
トレジャー・トローブ　treasure trove
トレジャー・ハウス　treasure-house
トレジャー・ハント　treasure hunt
トレジャラー　treasurer
トレジャリー　treasury
トレジャリー・ビル　treasury bill
トレジャリー・ベンチ　Treasury Bench
トレジャリー・ボード　Treasury Board
トレジャリー・ボンド　treasury bond
トレス　tress
ドレス　dress
ドレス・アップ　dress-up
ドレス・コート　dress coat
ドレス・コード　dress code
ドレス・サークル　dress circle
ドレス・シャツ　dress shirt
ドレス・スーツ　dress suit
ドレス・ダウン　dress down
ドレスデン　Dresden
ドレスト　dressed
トレスパサー　trespasser
トレスパス　trespass
ドレス・パレード　dress parade
ドレスメーカー　dressmaker
ドレスメーキング　dressmaking
ドレス・ユニフォーム　dress uniform
ドレス・リハーサル　dress rehearsal
トレスル　trestle, tressel
トレスル・テーブル　trestle table
トレスル・ブリッジ　trestle bridge
トレスルワーク　trestlework
トレゼゲ　Trézéguet
トレチェラス　treacherous
トレチェリー　treachery
トレチノイン　tretinoin
トレッカー　trekker

トレッキング trekking
トレッキング・シューズ trekking shoes
トレック trek
ドレック dreck
ドレッグ dreg
ドレッグズ dregs
ドレッサー dresser
ドレッジ dredge
ドレッシー dressy
ドレッジャー dredger
ドレッシング dressing
ドレッシング・ガウン dressing gown
ドレッシング・ケース dressing case
ドレッシング・ダウン dressing-down
ドレッシング・テーブル dressing table
ドレッシング・ルーム dressing room
トレッド tread
ドレッド dread
ドレッドノート dreadnought, -naught
ドレッドフル dreadful
ドレッドヘア ⇨ドレッドロックス
トレッドミル treadmill
トレッドル treadle
ドレッドロックス dreadlocks
トレド Toledo
トレバー Trevor
トレハラーゼ trehalase
トレバリー trevally
トレハロース torehalose
トレパン trepan
トレビ Trevi
トレビアン très bien
トレビス trevise
トレピデーション trepidation
トレピネーション trephination
トレビノ Trevino
トレフォイル trefoil
ドレフュース Dreyfus
ドレフュス Dreyfus
トレブル treble
トレブル・クレフ treble clef
トレベリアン Trevelyan
トレマー tremor
トレマトード trematode
トレミー Ptolemy
トレミフェン toremifene
トレミュラス tremulous
ドレムト dreamt
トレメトール tremetol
トレメンダス tremendous
トレモライト tremolite
トレモロ tremolo
トレラブル tolerable
トレランス tolerance
トレラント tolerant
トレリス trellis
トレリスト trellised
トレリスワーク trelliswork
トレレーション toleration
トレレート tolerate
トレローニー Trelawney
トレンシャル torrential
トレンチ trench
ドレンチ drench
トレンチ・ウォーフェア trench warfare
トレンチ・コート trench coat
トレンチ・モルタル trench mortar
トレンチャー trencher
トレンチャーマン trencherman
トレンチャンシー trenchancy
トレンチャント trenchant
トレンディー trendy
トレンディファイ trendify
トレント torrent, Trent
トレンド trend
トレンドスクライバー trendscriber
トレンドスクリプション trendscription
トレンドセッター trendsetter
トレンドライン trendline
トレントン Trenton
トレンブリー trembly
トレンブリング trembling
トレンブリング・ポプラ trembling poplar
トレンブル tremble
トレンボロン trenbolone
トロア Troyes
トロイ troy, Troy, Trojan
トロイア Trojan, Troy
トロイ・ウェイト troy weight
トロイカ troika
ドロイド droid
トロイラス Troilus
ドロー draw
ドローイー drawee

ドローイング　drawing
ドローイング・カード　drawing card
ドローイング・ピン　drawing pin
ドローイング・ペーパー　drawing paper
ドローイング・ボード　drawing board
ドローイング・ルーム　drawing room
ドロー・ウェル　draw well
ドローカード　drawcard
トローキー　trochee
ドローグ　drogue
ドローシート　drawsheet
ドローシェーブ　drawshave
トロージャン　Trojan
トロージャン・ウォー　Trojan War
トロージャンズ　Trojans
トロージャン・ホース　Trojan horse
トロース　troth
ドローストリング　drawstring
ドローダウン　drawdown
トローチ　troche
ドローナイフ　drawknife
ドローバー　drover
ドローバック　drawback
トローピカル　tropical
トローピズム　tropism
トローフ　trough
トローブ　trove
トロープ　trope
ドローブ　drove
トローブリッジ　Trowbridge
ドローブリッジ　drawbridge
トローマタイズ　traumatize
トローマタイゼーション　traumatization
トローマティゼーション　traumatization
ドローム　drome
トローラー　trawler, troller
トローランド　troland
トローリング　trolling
ドローリング　drawling
トロール　trawl, troll
ドロール　drawl, droll
トロールネット　trawlnet
ドローレス　Dolores
ドローワー　drawer
ドローワーズ　drawers
ドローン　drone, drawn
ドローン・ゲーム　drawn game
ドローン・スレッド・ワーク　drawn-thread work
ドローン・バッター　drawn butter
ドローンワーク　drawnwork
トロカデロ　Trocadéro
ドログバ　Drogba
トログロダイティズム　troglodytism
トログロダイト　troglodyte
トログロディティカル　troglodytical
トログロディティック　troglodytic
トロケイイック　trochaic
トロコイダル　trochoidal
トロコイド　trochoid
ドロシー　Dorothy
ドロシーア　Dorothea
ドロス　dross
ドロスタノロン　drostanolone
ドロストーン　dolostone
ドロスペリノン　drosperinone
トロツキアイト　Trotskyite
トロツキー　Trotsky, -ki
トロツキスト　Trotskyist
トロツキズム　Trotskyism
ドロッシー　drossy
トロッター　trotter
トロット　trot
トロッド　trod
ドロッパー　dropper
ドロッピング　dropping
ドロップ　drop, dollop
ドロップアウト　dropout
ドロップ・イン　drop-in
ドロップ・カーテン　drop curtain
ドロップキック　dropkick
ドロップ・シーン　drop scene
ドロップ・シッピング　drop shipping
ドロップ・シップ　drop ship
ドロップ・ショット　drop shot
ドロップダウン・メニュー　dropdown menu
ドロップ・デッド　drop-dead
ドロップ・ハンマー　drop hammer
ドロップヘッド　drophead
ドロップボックス　Dropbox
ドロップライト　droplight
ドロップ・リーフ　drop leaf
ドロップレット　droplet
トロッポ　troppo

トロパコカイン　tropacocaine
トロピカーナ　Tropicana
トロピカル　tropical
トロピカル・イヤー　tropical year
トロピカル・レイン・フォーレスト　tropical rain forest
トロピック　tropic
トロピック・バード　tropic bird
トロピン　tropine
トロフィー　trophy
トロフィード　trophied
トロフィック　trophic
トロフォプラスト　trophoplast
ドロプシー　dropsy
ドロプシカル　dropsical
ドロペリドール　droperidol
トロポスフィア　troposphere
トロポスフェリック　tropospheric
トロポニン　troponin
トロポミオシン　tropomyosin
ドロマイト　dolomite
ドロミテ　Dolomite
トロメタミン　tromethamine
ドロメダリー　dromedary
ドロラス　dolorous
トロリー　trolley, -ly
トロリー・カー　trolley car
トロリーバス　trolleybus
トロレアンドマイシン　troleandomycin
ドロレリー　drollery
トロロープ　Trollope
トロロップ　trollop
トロワ　Troyes, trois
トロン　thoron
ドロンゴ　drongo
トロント　Toronto
トロント・ラプターズ　Toronto Raptors
トロンバーゼ　thrombase
トロンビン　thrombin
トロンプ　tromp, trompe
トロンプ・ルイユ　trompe l'oeil
トロンボーニスト　trombonist
トロンボーン　trombone
トロンボキサン　thromboxane
トロンボキナーゼ　thrombokinase
トロンボゲン　thrombogen
トロンボプラスチノゲン　thromboplastinogen
トロンボプラスチン　thromboplastin
トロンボモジュリン　thrombomodulin
トワープ　twerp, twirp
ドワーフ　dwarf
ドワーフィッシュ　dwarfish
トワーラー　twirler
トワール　twirl
トワイス　twice
トワイス・トールド　twice-told
ドワイト　Dwight
トワイニング　Twinings
トワイライト　twilight
トワイリット　twilit
トワイン　twine
トワドル　twaddle
トワラー　twirler
トワンギー　twangy
トワング　twang
トン　ton, tonne
ドン　Don, don, dong
トン・アップ　ton-up
トンガ　Tonga
ドンカスター　Doncaster
トンガン　Tongan
ドンキー　donkey
ドンキー・エンジン　donkey engine
ドンキー・ジャケット　donkey jacket
ドンキーズ・イヤーズ　donkey's years [ears]
ドンキーワーク　donkeywork
ドン・キホーテ　Don Quixote
トンキン　tonkin
トング　tong
トングズ　tongs
ドングル　dongle
トンシャー　tonsure
ドン・ジュアン　Don Juan
トンシライティス　tonsillitis
トンシル　tonsil
トンシロトミー　tonsillotomy
トンソリアル　tonsorial
トンチン　tontine
トント　Tonto
トン・トン　tom-tom
ドンナ　donna
トンネージ　tonnage

トンネリング　tunneling
トンネル　tunnel
トンネル・ダイオード　tunnel diode
ドン・ファン　Don Juan
トンプソン　Thompson
ドンペリドン　Domperidone
ドン・ペリニョン　Dom Pérignon
トンボイ　tomboy
トンボイッシュ　tomboyish
トンボーラ　tombola
ドンマイ　don't mind
ドン・マキシミアーノ　Don Maximiano

ナ

ナー　nah
ナーキー　narky
ナーク　nark, narc
ナーコタイズ　narcotize
ナーコティズム　narcotism
ナーコティック　narcotic
ナーコレプティック　narcoleptic
ナーシサス　Narcissus
ナーシング　nursing
ナーシング・ホーム　nursing home
ナーシング・ボトル　nursing bottle
ナース　nurse
ナーズ　Nars
ナースズ・エイド　nurse's aide
ナース・ステーション　nurse station
ナース・プラクティショナー　nurse-practitioner
ナースメイド　nursemaid
ナースリー　nursery
ナースリー・スクール　nursery school
ナースリー・スロープス　nursery slopes
ナースリーマン　nurseryman
ナースリーメイド　nurserymaid
ナースリー・ライム　nursery rhyme
ナースリング　nursling, nurse-
ナーチャー　nurture
ナーチョウ　nacho
ナーディー　nerdy
ナード　nerd, nurd
ナーバス　nervous
ナーバス・システム　nervous system
ナーバス・ブレークダウン　nervous breakdown
ナービー　nervy
ナーブ　nerve
ナーフィ　Naafi, NAAFI
ナーブ・ガス　nerve gas
ナーブ・セル　nerve cell
ナーブ・センター　nerve center
ナーブド　nerved
ナーブ・ファイバー　nerve fiber
ナーブ・ラッキング　nerve-racking, -wrack-
ナーブレス　nerveless
ナーホワル　narw(h)al, -whale
ナーランダー　Nalanda
ナーリー　gnarly
ナーリッシュ　nourish
ナーリッシュメント　nourishment
ナーリッシング　nourishing
ナール　gnarl, knurl
ナールド　gnarled
ナーワル　narw(h)al, -whale
ナーン　naan
ナーンタリ　Naantali
ナイ　nigh, nye
ナイアガラ　Niagara
ナイアガラ・フォールズ　Niagara Falls
ナイアシン　niacin
ナイアシンアミド　niacinamide
ナイアス　naiad
ナイアッド　naiad
ナイーバティー　naivety, -ïve-
ナイーフ　naif, naïf
ナイーブ　naive, naïve
ナイキ　Nike
ナイキスト　Nyquist
ナイザー　neither
ナイシーア　Nicaea
ナイシー・ナイス　necey-nice
ナイシーン・クリード　Nicene Creed
ナイジェリア　Nigeria
ナイジェル　Nigel
ナイス　nice, gneiss
ナイス・ガイ　nice guy
ナイスタチン　nystatin
ナイス・ネリー　nice Nelly [Nellie]
ナイス・ネリーイズム　nice Nellyism
ナイスバディ　nice body

ナイスリー　nicely
ナイセティー　nicety
ナイター　niter, nitre
ナイチンゲール　Nightingale
ナイツ　nights
ナイティー　nightie, nighty
ナイト　night, knight
ナイド　nide
ナイト・アウル　night owl
ナイトウォーカー　nightwalker
ナイト・ウォッチ　night watch
ナイト・ウォッチマン　night watchman
ナイト・エラント　knight-errant
ナイト・エラントリー　knight-errantry
ナイトガウン　nightgown
ナイトキャップ　nightcap
ナイトクラブ　nightclub
ナイトクローズ　nightclothes
ナイト・ゲーム　night game
ナイトシェード　nightshade
ナイト・シフト　night shift
ナイトジャー　nightjar
ナイトシャツ　nightshirt
ナイト・スクール　night school
ナイト・スコープ　night scope
ナイトスタンド　nightstand
ナイトスティック　nightstick
ナイトスポット　nightspot
ナイト・セーフ　night safe
ナイト・ソイル　night soil
ナイトタイム　nighttime
ナイト・テーブル　night table
ナイトドレス　nightdress
ナイト・ナース　night nurse
ナイト・バード　night bird
ナイト・バッチェラー　knight bachelor
ナイトビジョン・ゴーグルズ　night-vision goggles
ナイト・ファイター　night fighter
ナイトフォール　nightfall
ナイトフッド　knighthood
ナイト・ブラインド　night-blind
ナイト・ブラインドネス　night blindness
ナイトホーク　nighthawk
ナイト・ポーター　night porter
ナイトメア　nightmare
ナイトメアリッシュ　nightmarish
ナイト・ライト　night-light
ナイトライト　nitrite
ナイトライド　nitride
ナイトライフ　nightlife
ナイトラス　nitrous
ナイト・ラッチ　night latch
ナイトリー　nightly, knightly
ナイトリック　nitric
ナイトリファイ　nitrify
ナイトレイ　Knightley
ナイトレート　nitrate
ナイト・レター　night letter
ナイトロジェナス　nitrogenous
ナイトロジェン　nitrogen
ナイトロジェン・オキサイド　nitrogen oxide
ナイトロジェン・サイクル　nitrogen cycle
ナイトロジェン・ダイオキサイド　nitrogen dioxide
ナイトロジェン・フィクシング　nitrogen fixing
ナイトロジェン・フィクセーション　nitrogen fixation
ナイトロング　nightlong
ナイトワーク　nightwork
ナイバル　nival
ナイフ　knife
ナイフ・エッジ　knife-edge
ナイフ・グラインダー　knife grinder
ナイブテ　naïveté, naivete, naiveté
ナイフ・プリーツ　knife pleat
ナイフ・ポイント　knife-point
ナイフボード　knifeboard
ナイフ・レスト　knife rest
ナイポール　Naipaul
ナイラ　naira
ナイル　Nile
ナイル・パーチ　Nile perch
ナイロティック　Nilotic
ナイロビ　Nairobi
ナイロン　nylon
ナイン　nine
ナインス　ninth
ナインチェ・プラウス　Nijntje Pluis
ナインティー　ninety
ナインティース　ninetieth
ナインティー・ナイン　ninety-nine
ナインティーン　nineteen

ナインティーンス　nineteenth
ナインティーンス・ホール　nineteenth hole
ナイン・トゥー・ファイブ　nine-to-five
ナインピン　ninepin
ナインフォールド　ninefold
ナウ　now, NOW
ナウアデーズ　nowadays
ナウエルウアピ　Nahuel Huapi
ナウマン　Nauman
ナウル　Nauru
ナウン　noun
ナオミ　Naomi
ナオミ・キャンベル　Naomi Campbell
ナギング　nagging
ナグ　nag
ナクサライト　Naxalite
ナクソス　Naxos
ナグプル　Nagpur
ナゲット　nugget
ナサ　NASA
ナサニエル　Nathaniel
ナザリーン　Nazarene
ナザルバエフ　Nazarbayev
ナザレ　Nazareth
ナシード　Nasheed
ナシ・カンダール　nasi kandar
ナシ・ゴレン　nasi goreng
ナジブラ　Najibullah
ナジャフ　Najaf
ナシュア　Nashua
ナショナライズ　nationalize
ナショナリー　nationally
ナショナリスティック　nationalistic
ナショナリスト　nationalist
ナショナリズム　nationalism
ナショナリゼーション　nationalization
ナショナリティー　nationality
ナショナル　national
ナショナル・アイデンティティー　national identity
ナショナル・アンセム　national anthem
ナショナル・インカム　national income
ナショナル・インシュアランス　National Insurance
ナショナル・ウェザー・サービス　National Weather Service
ナショナル・ガード　National Guard
ナショナル・カラー　national color
ナショナル・キャラクター　national character
ナショナル・ギャラリー　National Gallery
ナショナル・ゲーム　national game
ナショナル・コンセンサス　national consensus
ナショナル・コンベンション　National Convention
ナショナル・サービス　national service
ナショナルズ　(Washington) Nationals
ナショナル・セキュリティー　national security
ナショナル・セメタリー　national cemetery
ナショナル・ソーシャリスト・パーティー　National Socialist Party
ナショナル・デット　national debt
ナショナル・トラスト　National Trust
ナショナル・パーク　national park
ナショナル・バンク　national bank
ナショナル・フラッグ・キャリア　national flag carrier
ナショナル・プレステージ　national prestige
ナショナル・プロダクト　national product
ナショナル・ヘルス　National Health
ナショナル・ヘルス・サービス　National Health Service
ナショナル・ポートレート・ギャラリー　National Portrait Gallery
ナショナル・ホリデー　national holiday
ナショナル・ボンド　national bond
ナショナル・モニュメント　national monument
ナショナル・リーグ　National League
ナシ・レマッ　nasi lemak
ナスカ　Nazca
ナスカー　NASCAR
ナスターシャ・キンスキー　Nastassja Kinski
ナスターチウム　nasturtium
ナスダック　NASDAQ
ナスティー　nasty
ナスララ　Nasrallah
ナズル　nuzzle
ナセル　nacelle, Nasser
ナセンシー　nascency
ナセンス　nascence
ナセント　nascent

ナソロジー　gnathology
ナター　natter
ナターシャ　Natasha
ナタール　Natal
ナタ・デ・ココ　nata de coco
ナタマイシン　natamycin
ナタリア　Natalia
ナタリー　Natalie
ナダル　Nadal
ナタンズ　Natanz
ナチ　Nazi
ナチス　Nazi
ナチズム　Nazism, Naziism
ナチュラライズ　naturalize, -ise
ナチュラライゼーション　naturalization
ナチュラリー　naturally
ナチュラリスティック　naturalistic
ナチュラリスト　naturalist
ナチュラリズム　naturalism
ナチュラリゼーション　naturalization
ナチュラル　natural
ナチュラル・ガス　natural gas
ナチュラル・サイエンス　natural science
ナチュラル・サウンド　natural sound
ナチュラル・セレクション　natural selection
ナチュラル・ターン　natural turn
ナチュラル・チャイルドバース　natural childbirth
ナチュラル・デス　natural death
ナチュラル・ハイ　natural high
ナチュラル・ヒストリアン　natural historian
ナチュラル・ヒストリー　natural history
ナチュラル・ボーン　natural-born
ナチュラル・リソース　natural resources
ナチュラル・レリジョン　natural religion
ナチュラル・ロー　natural law
ナチョ　nacho
ナッカー　knacker
ナッカード　knackered
ナック　knack
ナックル　knuckle
ナックル・サンドイッチ　knuckle sandwich
ナックル・ダスター　knuckle-duster
ナックルヘッド　knucklehead
ナックルボール　knuckleball
ナックルボーン　knucklebone
ナッジ　nudge
ナッシュ　gnash, nash, Nash, Nashe
ナッシュビル　Nashville
ナッシング　nothing
ナッシングネス　nothingness
ナッソー　Nassau
ナッタ　Natta
ナッター　nutter
ナッチ　natch
ナッツ　nuts
ナッツ・アンド・ボルツ　nuts-and-bolts
ナッツィー　nutsy, nutsey
ナッティー　nutty, natty
ナッティング　nutting
ナット　nut, not, gnat, knot, Nat
ナットウエスト　NatWest
ナットクラッカー　nutcracker
ナットケース　nutcase
ナットゴール　nutgall
ナットシェル　nutshell
ナットソー　nutso
ナットハウス　nuthouse
ナットハッチ　nuthatch
ナッピー　nappy
ナッピー・ラッシュ　nappy rash
ナップ　nap, knap
ナップウィード　knapweed
ナップサック　knapsack
ナツメグ　nutmeg
ナディア　Nadia
ナディーン　Nadine
ナティクシス　Natixis
ナトー　NATO, Nato
ナトラン　Nha Trang
ナドロール　nadolol
ナトロジャロサイト　natrojarosite
ナトロライト　natrolite
ナトロン　natron
ナナ　nana, nanna
ナニー　nanny, Nanny
ナニー・ゴート　nanny goat
ナネット　Nanette
ナノ　nano-
ナノアナリシス　nanoanalysis
ナノイオニクス　nanoionics
ナノインプリンティング　nanoimprinting
ナノエレクトロニクス　nanoelectronics
ナノガラス　nanoglass

ナノキャラクタライゼーション nanocharacterization
ナノグラム nanogram
ナノコロイド nanocolloid
ナノコンピュータ nanocomputer
ナノサージャリー nanosurgery
ナノサイエンス nanoscience
ナノサイエンティスト nanoscientist
ナノサイズ nanosize
ナノジュール nanojoule
ナノシンセシス nanosynthesis
ナノスケール nanoscale
ナノストラクチャー nanostructure
ナノセカンド nanosecond
ナノソーム nonosome
ナノチャンネル nanochannel
ナノチューブ nanotube
ナノテク nanotech
ナノテクスチャー nanotexture
ナノテクノロジー nanotechnology
ナノデバイス nanodevice
ナノトライボロジー nanotribology
ナノトリボロジー nanotribology
ナノパーティクル nanoparticle
ナノバイオロジー nanobiology
ナノバイオロジカル nanobiological
ナノハイブリッド nanohybrid
ナノファイバー nanofiber
ナノファンクション nanofunction
ナノフォッシル nanofossil
ナノフォトニクス nanophotonics
ナノプランクトン nanoplankton
ナノプロセシング nanoprocessing
ナノプロセッシング nanoprocessing
ナノポーラス nanoporous
ナノポーロシティー nanoporosity
ナノポジショニング nanopositioning
ナノボット nanobot
ナノポロシティー nanoporosity
ナノマテリアル nanomaterial
ナノメートル nanometer
ナノメカニクス nanomechanics
ナノメカニックス nanomechanics
ナノメディシン nanomedicine
ナノメトロロジー nanometrology
ナノレベル nanolevel
ナノロボット nanorobot
ナノワイヤー nanowire
ナパ napa, Napa
ナパーム napalm
ナパ・バレー Napa Valley
ナバホ Navajo, -ho
ナバム nabam
ナバラ Navarre, Navarra
ナバル Nabal
ナビ ⇨ナビゲーター, ナビゲーション
ナビー navvy
ナビガビリティー navigability
ナビガブル navigable
ナビゲーション navigation
ナビゲーション・システム navigation system
ナビゲーター navigator
ナビゲート navigate
ナビスコ Nabisco
ナビン nubbin
ナフ naff
ナブ nab, nub
ナファゾリン naphazoline
ナフィールド Nuffield
ナプキン napkin
ナプキン・リング napkin ring
ナフサ naphtha
ナプシャル nuptial
ナフシリン nafcillin
ナブスター Navstar
ナプスター Napster
ナフタ NAFTA
ナフタリン naphthalene, -line, -lin
ナフタレン naphthalene
ナフチルアミン naphthylamine
ナブッコ Nabucco
ナフテン naphthene
ナフトール naphthol
ナフトキノン naphthoquinone
ナブルス Nablus
ナプロキセン naproxen
ナポ Napo
ナボコフ Nabokov
ナホトカ Nakhodka
ナボブ nabob
ナホム Nahum
ナポリ Napoli, Naples
ナポリターノ Napolitano

ナポリタン　Neapolitan
ナポリタン・アイス・クリーム　Neapolitan ice cream
ナポレオニック　Napoleonic
ナポレオン　Napoleon
ナマ　Nama
ナマンガン　Namangan
ナミビア　Namibia
ナミング　numbing
ナム　numb
ナムスカル　numskull, numb-
ナムリー　numbly
ナムル　namul
ナラティブ　narrative
ナラトロジー　narratology
ナリシング・クリーム　nourishing cream
ナリティー　nullity
ナリファイ　nullify
ナリフィケーション　nullification
ナリンギン　naringin
ナリンゲニン　naringenin
ナル　null
ナルキッソス　Narcissus
ナルゲン　nalgene
ナルコーシス　narcosis
ナルコテロリズム　narcoterrorism
ナルコレプシー　narcolepsy
ナルコレプティック　narcoleptic
ナルシシスティック　narcissistic
ナルシシスト　narcissist
ナルシシズム　narcissism
ナルシスト　narcist
ナルシズム　narcism
ナルディー　Nardi
ナルトレキソン　naltrexone
ナルニア　Narnia
ナレーション　narration
ナレーター　narrator, -rater
ナレータブル　narratable
ナレート　narrate
ナレッジ　knowledge
ナレッジ・エンジニア　knowledge engineer
ナレッジ・ファクトリー　knowledge factory
ナロー　narrow
ナローキャスティング　narrowcasting
ナロー・ゲージ　narrow-gauge
ナロー・ゲージド　narrow-gauged, -gaged
ナロー・バンキング　narrow banking
ナロー・バンク　narrow bank
ナロー・ボート　narrow boat
ナロー・マインデッド　narrow-minded
ナロキソン　naloxone
ナワ　Nahua
ナワーブ　nawab
ナワトル　Nahuatl
ナワフ・アルハズミ　Nawaf al-Hazmi
ナン　none, nun, nan
ナンキーン　nankeen
ナンキン　Nanking
ナンサッチ　nonesuch
ナンザレス　nonetheless
ナンシー　Nancy
ナンシオー　nuncio
ナンジン　Nanjing
ナンス　Nance
ナンセン　Nansen
ナンセンシカリティー　nonsensicality
ナンセンシカル　nonsensical
ナンセンス　nonsense
ナンタケット　Nantucket
ナンチャン　Nanchang
ナンテール　Nanterre
ナント　Nantes
ナンドロロン　nandrolone
ナンニン　Nanning
ナンネリー　nunnery
ナンバー　number
ナンバー・クランチャー　number cruncher
ナンバー・クランチング　number crunching
ナンバー・ツー　number two
ナンバー・テン　Number Ten
ナンバー・トゥー　number two
ナンバー・プレート　number plate
ナンバー・ポータビリティー　number portability
ナンバー・ルック　number look
ナンバーレス　numberless
ナンバー・ワン　number one
ナンバリング　numbering
ナンバリング・マシーン　numbering machine
ナンビー・パンビー　namby-pamby
ナン・プラー　num pla

ニ

ニア　near
ニア・イースタン　Near Eastern
ニア・イースト　Near East
ニア・ウォーター　near water
ニアサイテッド　nearsighted
ニアサイド　nearside
ニア・ジェム　near gem
ニアショアリング　nearshoring
ニア・シング　near thing
ニア・ソーリー　Near Sawrey
ニア・ターム　near-term
ニアバイ　nearby
ニア・ビール　near beer
ニアブ　Niamh
ニア・マネー　near money
ニア・ミス　near miss
ニアメー　Niamey
ニアリー　nearly
ニー　knee
ニーオネータル　neonatal
ニーオネート　neonate
ニーガス　negus
ニーキャップ　kneecap
ニーザー　neither
ニー・ジャーク　knee jerk, knee-jerk
ニー・ジョイント　knee joint
ニース　niece, Nice
ニーズ　needs
ニーズ・アップ　knees-up
ニータ　Nita
ニーダム　Needham
ニーチェ　Nietzsche
ニーディー　needy
ニー・ディープ　knee-deep
ニート　neat, NEET
ニード　need, knead
ニート・ソープ　neat soap
ニードフル　needful
ニードル　needle
ニードルウーマン　needlewoman
ニードル・クラフト　needle craft
ニードルフィッシュ　needlefish
ニードルポイント　needlepoint
ニードル・マッチ　needle match
ニードルワーク　needlework
ニードレス　needless
ニーナ　Nina
ニー・ハイ　knee-high
ニイハウ　Niihau
ニーバス　nevus, nae-
ニーパッド　kneepad
ニーパン　kneepan
ニープ　neap, neep
ニープ・タイド　neap tide
ニー・ブリーチズ　knee breeches
ニーベルンゲンリート　Nibelungenlied
ニー・ベンド　knee bend
ニーホール　kneehole
ニーマイヤー　Niemeyer
ニーマン・マーカス　Neiman Marcus
ニーム　neem
ニーモニクス　mnemonics
ニーモニック　mnemonic
ニーモニックス　mnemonics
ニーラ　Neera
ニーリング・バス　kneeling bus
ニール　kneel, Neil, Neal, Neale, Niall
ニール・アームストロング　Neil Armstrong
ニールセン　Nielsen
ニー・レンクス　knee-length
ニェット　nyet
ニオー　Niaux
ニオブ　niobium
ニオベ　Niobe
ニガー　nigger
ニガード　niggard
ニガードリー　niggardly
ニカーブ　niqaab

ニガー・ヘッド　nigger head
ニガー・ヘブン　nigger heaven
ニカイア　Nicaea
ニカイア・クリード　Nicene Creed
ニカブ　niqab
ニカラグア　Nicaragua
ニカラグアン　Nicaraguan
ニキータ　Nikita
ニキ・ラウダ　Niki Lauda
ニクシー　nixie, nixy
ニクソニアン　Nixonian
ニクソン　Nixon
ニクラウス　Nicklaus
ニグリング　niggling
ニグル　niggle
ニグレクト　neglect
ニグレクトフル　neglectful
ニグレス　Negress
ニグロ　Negro
ニグロ・アフリカ　Negro Africa
ニグロイド　Negroid
ニグローニ　negroni
ニクロム　Nichrome
ニケ　Nike
ニケア　Nicaea
ニゲーション　negation
ニゲート　negate
ニケタミド　nikethamide
ニコ　Nico
ニゴーシアブル　negotiable
ニゴーシエート　negotiate
ニコーラ　Nicola
ニコール　Nicole
ニコール・キッドマン　Nicole Kidman
ニコシア　Nicosia
ニゴシエーション　negotiation
ニゴシエーター　negotiator
ニコチニズム　nicotinism
ニコチニック・アシッド　nicotinic acid
ニコチン　nicotine
ニコチンアミド　nicotinamide
ニコトロール　Nicotrol
ニコバル　Nicobar
ニコラ　Nicola
ニコライ　Nicolai
ニコラス　Nicholas
ニコル　Nichol, Nicole
ニコルズ　Nichols
ニコルソン　Nicholson
ニコレイ　Nicolay
ニコレット　Nicolette
ニコン　Nikon
ニザム　Nizam
ニジェール　Niger
ニセイ　nisei
ニソワーズ　niçoise
ニッカー　nicker
ニッカーズ　knickers
ニッカーボッカー　knickerbocker
ニッカーボッカーズ　knickerbockers
ニッカド　nicad
ニッキー　Nicky
ニック　Nick, nick
ニックス　knicks, Knicks, nix
ニックナック　knickknack, nicknack
ニックネーム　nickname
ニックポイント　knickpoint
ニックルビー　Nickleby
ニッケル　nickel
ニッケル・アンド・ダイム　nickel-and-dime
ニッケルオデオン　nickelodeon
ニッケル・カドミウム・バッテリー　nickel-cadmium battery
ニッケル・カルボニル　nickel carbonyl
ニッケル・シルバー　nickel silver
ニッケル・スティール　nickel steel
ニッケルバック　nickelback
ニッケル・ブラス　nickel brass
ニッケル・プレート　nickel plate
ニッコロー　Niccolò
ニッシュ　knish
ニッセン・ハット　Nissen hut
ニッター　knitter
ニッチ　niche
ニッチ・マーケット　niche market
ニッチャー　nicher
ニッティー・グリッティー　nitty-gritty
ニッティング　knitting
ニッティング・ニードル　knitting needle
ニッティング・マシーン　knitting machine
ニット　knit, nit
ニットウィット　nitwit
ニットウェア　knitwear
ニットピッカー　nitpicker

ニットピッキー　nitpicky
ニットピッキング　nitpicking
ニットピック　nitpick
ニッパ　nipa
ニッパー　nipper
ニッピー　nippy
ニッピング　nipping
ニップ　nip, Nip
ニップ・アンド・タック　nip and tuck
ニップル　nipple
ニッポニーズ　Nipponese
ニッポン　Nippon
ニトライト　nitrite
ニトラゼパム　nitrazepam
ニトリド　nitride
ニトリル　nitrile, nitryl
ニトロ　nitr-, nitro-
ニトロアニリン　nitroaniline
ニトロアレーン　nitroarene
ニトログリセリン　nitroglycerin, -glycerine
ニトロゲナーゼ　nitrogenase
ニトロセルロース　nitrocellulose
ニトロソアミン　nitrosamine, nitrosoamine
ニトロソグアニジン　nitrosoguanidine
ニトロソジプロピルアミン　nitrosodipropylamine
ニトロパラフィン　nitroparaffin
ニトロピレン　nitropyrene
ニトロフェノール　nitrophenol
ニトロフラン　nitrofuran
ニトロフラントイン　nitrofurantoin
ニトロプロパン　nitropropane
ニトロベンゼン　nitrobenzene
ニトロマンニトール　nitromannitol
ニトロメタン　nitromethane
ニトロメルソール　nitromersol
ニナ・リッチ　Nina Ricci
ニニアン　Ninian
ニニー・ハマー　ninny-hammer
ニネベ　Nineveh
ニノイ・アキノ　Ninoy Aquino
ニヒリスティック　nihilistic
ニヒリスト　nihilist
ニヒリズム　nihilism
ニヒル　nihil
ニフ　niff
ニブ　nib
ニフィー　niffy
ニフェジピン　nifedipine
ニブズ　nibs
ニフティー　nifty
ニブラー　nibbler
ニブリック　niblick
ニブル　nibble
ニプル　nipple
ニベア　Nivea
ニホニウム　nihonium
ニボルマブ　nivolumab
ニミッツ　Nimitz
ニミニー・ピミニー　niminy-piminy
ニムロズ　Nimroz, Nimruz
ニムロッド　Nimrod
ニメタゼパム　nimetazepam
ニモ　Nemo
ニャチャン　Nha Trang
ニュアンス　nuance
ニュー　new, knew
ニューアーク　Newark
ニューアム　Newham
ニューイッシュ　newish
ニューイヤー　New Year
ニューイヤーズ　New Year's
ニューイヤーズ・イブ　New Year's Eve
ニューイヤーズ・デー　New Year's Day
ニュー・イングランダー　New Englander
ニュー・イングランド　New England
ニューイングランド・ペイトリオッツ　New England Patriots
ニュー・イングリッシュ・バイブル　New English Bible
ニュー・ウェーブ　new wave
ニュー・エイジ　New Age
ニュー・エイジー　new-agey
ニュー・エコノミー　New Economy
ニューエル　newel
ニュー・オーリンズ　New Orleans
ニューオーリンズ・セインツ　New Orleans Saints
ニューオリンズ　New Orleans
ニューオリンズ・ホーネッツ　New Orleans Hornets
ニューカッスル　Newcastle
ニューガトリー　nugatory

ニューカマー　newcomer
ニュー・カラー　new-collar
ニューカレドニア　New Caledonia
ニューキー　Newquay
ニューギニア　New Guinea
ニューキャッスル　Newcastle
ニューク　nuke
ニュー・クチュール　new couture
ニュークライド　nuclide
ニュークリアー　nuclear
ニュークリアー・ウインター　nuclear winter
ニュークリアー・ウエイスト　nuclear waste
ニュークリアー・ウェースト　nuclear waste
ニュークリアー・ファミリー　nuclear family
ニュークリアー・フィジシスト　nuclear physicist
ニュークリアー・フィジックス　nuclear physics
ニュークリアー・フリー　nuclear-free
ニュークリアー・リアクター　nuclear reactor
ニュークリアイ　nuclei
ニュークリアス　nucleus
ニュークリアライズ　nuclearize
ニュークリアライゼーション　nuclearization
ニュークリアリゼーション　nuclearization
ニュークリエーション　nucleation
ニュークリエート　nucleate
ニュー・クリティシズム　New Criticism
ニュークレオニックス　nucleonics
ニュークレオン　nucleon
ニューグレンジ　Newgrange
ニュー・サウス・ウェールズ　New South Wales
ニューサンス　nuisance
ニューサンス・タックス　nuisance tax
ニューサンス・バリュー　nuisance value
ニュージー　newsy
ニュージーランダー　New Zealander
ニュージーランド　New Zealand
ニュージャージー　New Jersey
ニュージャージー・ネッツ　New Jersey Nets
ニュース　news
ニュース・アナリスト　news analyst
ニュースウイークリー　newsweekly
ニュース・エージェンシー　news agency
ニュースエージェント　newsagent
ニュースガール　newsgirl
ニュースキャスター　newscaster
ニュースキャスト　newscast
ニュースグループ　newsgroup
ニュース・コンファレンス　news conference
ニューススタンド　newsstand
ニュー・スタイル　New Style
ニュース・チッカー　news ticker
ニュースパーソン　newsperson
ニュースハウンド　newshound
ニュース・バリュー　news value
ニュースピーク　newspeak
ニュースフィード　newsfeed
ニュース・フラッシュ　news flash
ニュースプリント　newsprint
ニュースブレーク　newsbreak
ニュースペーパー　newspaper
ニュースペーパーウーマン　newspaperwoman
ニュースペーパーマン　newspaperman
ニュース・ベンダー　news vendor
ニュースボーイ　newsboy
ニュースホーク　newshawk
ニュースマガジン　newsmagazine
ニュースマン　newsman
ニュースメーカー　newsmaker
ニュースモンガー　newsmonger
ニュースリール　newsreel
ニュースルーム　newsroom
ニュースレター　newsletter
ニュースワージー　newsworthy
ニューター　neuter
ニュー・タウン　new town
ニュー・ディール　New Deal
ニュー・テイラード・スーツ　new tailored suit
ニュー・テスタメント　New Testament
ニューデリー　New Delhi
ニュート　newt
ニュートニアン　Newtonian
ニュートラシューティカル　nutraceutical
ニュートラスーティカル　nutraceutical
ニュートラライザー　neutralizer
ニュートラライズ　neutralize
ニュートラライゼーション　neutralization
ニュートラリスト　neutralist
ニュートラリズム　neutralism
ニュートラリゼーション　neutralization

ニュートラリティー　neutrality
ニュートラル　neutral
ニュートリエント　nutrient
ニュートリゲノミクス　nutrigenomics
ニュートリシャス　nutritious
ニュートリショナル　nutritional
ニュートリショニスト　nutritionist
ニュートリション　nutrition
ニュートリティブ　nutritive
ニュートリノ　neutrino
ニュートリメント　nutriment
ニュートロジーナ　Neutrogena
ニュートロン　neutron
ニュートロン・スター　neutron star
ニュートロン・ボム　neutron bomb
ニュートン　Newton
ニューバイル　nubile
ニュー・バランス　New Balance
ニューハンプシャー　New Hampshire
ニューハンプシャライト　New Hampshirite
ニュービー　newbie, Newby
ニュービル　nubile
ニュー・プア　new-poor
ニューファウンド　newfound
ニュー・ファッションド　new-fashioned
ニューファングル　newfangle
ニューファングルド　newfangled
ニューファンドランド　Newfoundland
ニュー・フェース　new face
ニュー・ブラッド　new blood
ニューブランズウィック　New Brunswick
ニュー・ブルーム　new broom
ニュー・フロンティア　New Frontier
ニューペニー　newpenny
ニューヘブン　New Haven
ニューベリー　Newbery
ニューポート　Newport
ニューボールド　Newbold
ニューボーン　newborn
ニューマーク　Newmark
ニューマティシティー　pneumaticity
ニューマティック　pneumatic
ニューマティックス　pneumatics
ニュー・マン　new man
ニューマン　Newman
ニューミズマティスト　numismatist
ニューミズマティック　numismatic
ニューミズマティックス　numismatics
ニューミナス　numinous
ニュー・ムーン　new moon
ニューメキシカン　New Mexican
ニューメキシコ　New Mexico
ニューメラス　numerous
ニューメラル　numeral
ニューモーニア　pneumonia
ニュー・モーン　new-mown
ニューモダイナミクス　pneumodynamics
ニューヨーカー　New Yorker
ニューヨーク　New York
ニューヨーク・ジェッツ　New York Jets
ニューヨーク・ジャイアンツ　New York Giants
ニューヨーク・ストック・エクスチェンジ　New York Stock Exchange, NYSE
ニューヨーク・ダウ　New York Dow
ニューヨーク・ドールズ　New York Dolls
ニューヨーク・ニックス　New York Nicks
ニューライティス　neuritis
ニュー・ライト　New Right
ニューラステニア　neurasthenia
ニューラナーク　New Lanark
ニューラル　neural
ニューラルジア　neuralgia
ニューリー　newly
ニューリーウェッド　newlywed
ニュー・リッチ　new-rich
ニューリティック　neuritic
ニュー・ルック　new look
ニュー・レイド　new-laid
ニュー・レフト　New Left
ニューロ　neur-, neuro-
ニューロアナトミー　neuroanatomy
ニューロアナトミスト　neuroanatomist
ニューローシス　neurosis
ニューロサージェリー　neurosurgery
ニューロサージカル　neurosurgical
ニューロサージャン　neurosurgeon
ニューロサイエンス　neuroscience
ニューロサイエンティスト　neuroscientist
ニューロサイエンティフィック　neuroscientific
ニューロサイコロジー　neuropsychology
ニューロセンソリー　neurosensory
ニューロティック　neurotic

ニューロディベロップメンタル neurodevelopmental
ニューロディベロップメント neurodevelopment
ニューロデジェネレーティブ neurodegenerative
ニューロデベロップメンタル neurodevelopmental
ニューロデベロップメント neurodevelopment
ニューロトキシン neurotoxin
ニューロトクシン neurotoxin
ニューロトランスミッション neurotransmission
ニューロトランスミッター neurotransmitter
ニューロナル neuronal
ニューロニック neuronic
ニューロバイオロジー neurobiology
ニューロパシー neuropathy
ニューロパチー neuropathy
ニューロファーマコロジー neuropharmacology
ニューロファーマコロジスト neuropharmacologist
ニューロペプチド neuropeptide
ニューロマスキュラー neuromuscular
ニューロロジー neurology
ニューロロジスト neurologist
ニューロロジック neurologic
ニューロン neuron, -rone
ニューロンチン Neurontin
ニューロンティン Neurontin
ニュー・ワールド New World
ニュー・ワン new one
ニュクレイック・アシッド nucleic acid
ニュビリティー nubility
ニュメラシー numeracy
ニュメラブル numerable
ニュメリカル numerical
ニュメリック numeric
ニュメレーション numeration
ニュメレーター numerator
ニュメレート numerate
ニュメロロジー numerology
ニュルブルクリング Nürburgring
ニョク・マム nuoc mam
ニョッキ gnocchi
ニョニャ Nyonya
ニョンビョン Nyongbyon
ニル nil
ニルギリ Nilgiri
ニルス Nils
ニルバーナ nirvana
ニン Nin
ニンコンプープ nincompoop
ニンバス nimbus
ニンビー NIMBY, Nimby, nimby
ニンフ nymph
ニンフェット nymphet, -phette
ニンフェンブルク Nymphenburg
ニンフォ nympho
ニンフォマニア nymphomania
ニンフォマニアック nymphomaniac
ニンブル nimble
ニンポー Ningbo
ニンボストラートゥス nimbostratus
ニンマ Nyingma

ヌ

ヌアクショット　Nouakchott
ヌアッド・ボーラン　Nuad Bo'Rarn
ヌイイ　Neuilly
ヌー　gnu
ヌーギー　noogie
ヌーク　Nuuk
ヌーサ　Noosa
ヌーサンス　nuisance
ヌーサンス・タックス　nuisance tax
ヌーサンス・バリュー　nuisance value
ヌーシャテル　Neuchâtel
ヌース　noose, nous
ヌーディー　nudie
ヌーディスト　nudist
ヌーディズム　nudism
ヌーディティー　nudity
ヌード　nude
ヌートカトン　nootkatone
ヌード・マウス　nude mouse
ヌートリア　nutria
ヌードル　noodle
ヌーヌー　Noo-noo
ヌーブラ　NuBra
ヌーベル　nouvelle
ヌーベル・キュイジーヌ　nouvelle cuisine
ヌーベル・グランマ　nouvelle grandma
ヌーベル・バーグ　nouvelle vague
ヌーボー　nouveau
ヌーボー・ジェンヌ　nouveaux-jeunes
ヌーボー・リッシュ　nouveau riche
ヌーボー・ロマン　nouveau roman
ヌーミナス　numinous
ヌーメラス　numerous
ヌーメラル　numeral
ヌーン　noon
ヌーンタイド　noontide
ヌーンタイム　noontime
ヌーンデー　noonday
ヌエバ　Nueva
ヌエボラレド　Nuevo Laredo
ヌエボレオン　Nuevo León
ヌガー　nougat
ヌクアロファ　Nuku'alofa
ヌクレイック・アシッド　nucleic acid
ヌクレイン　nuclein
ヌクレオシド　nucleoside
ヌクレオソーム　nucleosome
ヌクレオチド　nucleotide
ヌジャメナ　N'Djamena
ヌック　nook
ヌテッラ　Nutella
ヌテラ　Nutella
ヌナブート　Nunavut
ヌナブット　Nunabut
ヌバック　nubuck
ヌビアン・デザート　Nubian Desert
ヌフ　neuf
ヌメア　Nouméa
ヌメラシー　numeracy
ヌメラブル　numerable
ヌメリカル　numerical
ヌメリック　numeric
ヌメレーション　numeration
ヌメレーター　numerator
ヌメレート　numerate
ヌメロロジー　numerology
ヌリスタン　Nuristan
ヌル　null
ヌレエフ　Nureyev

ネ

ネアリー　nary
ネアン　Nairn
ネアンデルタール・マン　Neanderthal man
ネイ　nay, neigh, née, nee
ネイカー　nacre
ネイキッド　naked
ネイキッド・オプション　naked option
ネイクリアス　nacreous
ネイサン　Nathan
ネイセイ　naysay
ネイセイヤー　naysayer
ネイセー　naysay
ネイセーヤー　naysayer
ネイセンシー　nascency
ネイセンス　nascence
ネイダー　Nader
ネイダリズム　Naderism
ネイチャー　nature, Nature
ネイチャー・アクアリウム　nature aquarium
ネイチャー・キュア　nature cure
ネイチャー・スタディー　nature study
ネイチャード　natured
ネイチャー・トレール　nature trail
ネイチャー・リザーブ　nature reserve
ネイチャー・ワーシップ　nature worship
ネイチャリスト　naturist
ネイチャリズム　naturism
ネイチャロパシー　naturopathy
ネイチャロパシック　naturopathic
ネイチャロパス　naturopath
ネイディア　nadir
ネイティビスティック　nativistic
ネイティビスト　nativist
ネイティビズム　nativism
ネイティビティー　nativity
ネイティビティー・プレー　nativity play
ネイティブ　native
ネイティブ・アメリカン　Native American
ネイティブ・サン　native son
ネイティブ・スピーカー　native speaker
ネイティブ・ボーン　native-born
ネイト　Nate
ネイバー　neighbor, -bour, Naver
ネイバーフッド　neighborhood
ネイバーフッド・ウォッチ　neighborhood watch
ネイバリー　neighborly, knavery
ネイバリング　neighboring
ネイビー　navy
ネイビッシュ　knavish
ネイブ　knave
ネイプ　nape
ネイプルズ　Naples
ネイベイ　névé
ネイマール　Neymar
ネイラー　nailer
ネイル　nail
ネイル・エナメル　nail enamel
ネイル・シザーズ　nail-scissors
ネイルズワース　Nailsworth
ネイル・バー　nail bar
ネイル・バイティング　nail-biting
ネイル・ファイル　nail file
ネイルブラシ　nailbrush
ネイルヘッド　nailhead
ネイル・ポリッシュ　nail polish
ネイル・ワニス　nail varnish
ネヴィル・ブラザーズ　Neville Brothers
ネーカー　nacre
ネークリアス　nacreous, nacrous
ネーザライズ　nasalize
ネーザライゼーション　nasalization
ネーザル　nasal
ネーション　nation
ネーション・オブ・イスラム　Nation of Islam
ネーション・ステート　nation-state
ネーションワイド　nationwide
ネースミス　Naismith

ネーセント　nascent
ネーダー　Nader
ネータトリアム　natatorium
ネータトリアル　natatorial
ネーダリズム　Naderism
ネータリティー　natality
ネータル　natal
ネータント　natant
ネーチャー　nature, Nature
ネーチャー・キュア　nature cure
ネーチャー・コールズ　Nature calls
ネーチャー・スタディー　nature study
ネーチャード　natured
ネーチャー・トレール　nature trail
ネーチャー・リザーブ　nature reserve
ネーチャー・ワーシップ　nature worship
ネーチャリスト　naturist
ネーチャリズム　naturism
ネーチャロパシー　naturopathy
ネーチャロパシック　naturopathic
ネーチャロパス　naturopath
ネーディア　nadir
ネーティビスティック　nativistic
ネーティビスト　nativist
ネーティビズム　nativism
ネーティビティー　nativity
ネーティビティー・プレー　nativity play
ネーティブ　native
ネーティブ・アメリカン　Native American
ネーティブ・サン　native son
ネーティブ・スピーカー　native speaker
ネーティブ・ボーン　native-born
ネーパービル　Naperville
ネーバリー　knavery
ネーバル　naval
ネーバル・アーキテクチャー　naval architecture
ネーバル・アーキテクト　naval architect
ネーバル・アカデミー　naval academy
ネーバル・オフィサー　naval officer
ネービー　navy
ネービー・ビーン　navy bean
ネービー・ブルー　navy blue
ネービー・ヤード　navy yard
ネービッシュ　knavish
ネーブ　knave, nave
ネーブル　navel
ネーブル・オレンジ　navel orange
ネー・プルス・ウルトラ　ne plus ultra
ネーマブル　nam(e)able
ネーミング　naming
ネーム　name
ネームセーク　namesake
ネーム・チェック　name-check
ネーム・チャイルド　name child
ネーム・デー　name day
ネーム・ドロッパー　name-dropper
ネーム・ドロッピング　name-dropping
ネーム・ドロップ　name-drop
ネームプレート　nameplate
ネームリー　namely
ネームレス　nameless
ネーラー　nailer
ネール　nail
ネール・アート　nail art
ネール・エナメル　nail enamel
ネール・シザーズ　nail-scissors
ネール・バイティング　nail-biting
ネール・ファイル　nail file
ネールブラシ　nailbrush
ネールヘッド　nailhead
ネール・ポリッシュ　nail polish
ネール・ワニス　nail varnish
ネーレーイス　Nereid
ネーロイフィヨルド　Nærøyfjord
ネオ　ne-, neo-
ネオ・インプレッショニズム　neo-impressionism
ネオーミ　Naomi
ネオクラシカル　neoclassical
ネオクラシシズム　neoclassicism
ネオクラシック　neoclassic
ネオコルテックス　neocortex
ネオコロニアリスト　neocolonialist
ネオコロニアリズム　neocolonialism
ネオコロニアル　neocolonial
ネオコン　neocon
ネオコンサーバティズム　neoconservatism
ネオコンサーバティブ　neoconservative
ネオ・シックスティーズ　neo-sixties
ネオジム　neodymium
ネオスチグミン　neostigmine
ネオ・ダーウィニアン　neo-Darwinian
ネオ・ダーウィニズム　neo-Darwinism

ネオテニー　neoteny
ネオ・ナチ　Neo-Nazi
ネオ・ナチイズム　Neo-Naziism
ネオ・ナチズム　neo-Nazism
ネオニコチノイド　neonicotinoid
ネオネートロジー　neonatology
ネオネートロジスト　neonatlogist
ネオファイト　neophyte
ネオフィティック　neophytic
ネオフォービア　neophobia
ネオプトレモス　Neoptolemus
ネオプラスティシズム　neoplasticism
ネオプラズム　neoplasm
ネオプラトニズム　Neoplatonism
ネオプレン　neoprene
ネオポリス　neopolis
ネオマイシン　neomycin
ネオ・ラッダイト　neo-Luddite
ネオリーカン　Neorican
ネオリシック　Neolithic
ネオリベラリズム　neoliberalism
ネオリベラル　neoliberal
ネオロジー　neology
ネオロジスティカル　neologistical
ネオロジスティック　neologistic
ネオロジズム　neologism
ネオン　neon
ネオン・ライト　neon light
ネオン・ランプ　neon lamp
ネカ　Neka
ネガティビズム　negativism
ネガティブ　negative
ネガティブ・アドバタイズメント　negative advertisement
ネガティブ・アプローチ　negative approach
ネガティブ・オプション　negative option
ネガティブ・ポール　negative pole
ネガティブリー　negatively
ネガワット　negawatt
ネクサス　nexus
ネクステル　Nextel
ネクスト　next
ネクスト・タイム　next time
ネクスト・ドア　next door, next-door
ネクター　nectar
ネクタイ　necktie
ネクタリー　nectary
ネクタリン　nectarine
ネクトン　nekton, nec-
ネグリジェ　negligee, negligé
ネグリジェンス　negligence
ネグリジェント　negligent
ネグリジブル　negligible
ネグリチュード　negritude
ネグレクト　neglect
ネグレクトフル　neglectful
ネグレス　Negress
ネグロ　Negro
ネグロイド　Negroid
ネクローシス　necrosis
ネクロシス　necrosis
ネグロス　Negros
ネクロフィリア　necrophilia
ネクロフォビア　necrophobia
ネクロポリス　necropolis
ネグロポンテ　Negroponte
ネクロマンサー　necromancer
ネクロマンシー　necromancy
ネクロロジー　necrology
ネゴーシアブル　negotiable
ネゴシアン　négociant
ネゴシエーション　negotiation
ネゴシエーター　negotiator
ネゴシエート　negotiate
ネザー　nether
ネザーモスト　nethermost
ネザーランズ　Netherlands
ネザーランダー　Netherlander
ネシエンス　nescience
ネシエント　nescient
ネス　Ness, -ness
ネスカフェ　Nescafé
ネスター　Nestor
ネスタブル　nestable
ネスティング　nesting
ネステッド　nested
ネスト　nest
ネスト・エッグ　nest egg
ネストール　Nestor
ネスト・テーブル　nest table
ネストフル　nestful
ネストライク　nestlike
ネスパ　n'est-ce pas
ネズ・パース　Nez Percé, Nez Perce

ネズビット　Nesbit, Nesbitt
ネスプレッソ　Nespresso
ネスリング　nestling
ネスル　nestle
ネスレ　Nestlé
ネセサリー　necessary
ネセサリリー　necessarily
ネセシタス　necessitous
ネセシティー　necessity
ネセシテート　necessitate
ネタニヤフ　Netanyahu
ネチケット　netiquette
ネチズン　netizen
ネッカチーフ　neckerchief
ネッキング　necking
ネック　neck
ネックウェア　neckwear
ネックト　necked
ネックバンド　neckband
ネックライン　neckline
ネックレス　necklace
ネックレット　necklet
ネッシー　Nessie
ネッスル　Nestlé
ネッティング　netting
ネット　net
ネッド　Ned
ネット・サーフィン　net surfing
ネットスケープ　Netscape
ネットトップ　nettop
ネット・トン　net ton
ネット・ナショナル・プロダクト　net national product
ネットブック　netbook
ネットフリックス　Netflix
ネット・プロフィット　net profit
ネットボール　netball
ネットルーツ　netroots
ネットワーカー　networker
ネットワーキング　networking
ネットワーク　network
ネッビオーロ　Nebbiolo
ネティー　Nettie, Netty
ネディー　Neddy
ネティズン　netizen
ネトル　nettle
ネトルサム　nettlesome
ネトル・ラッシュ　nettle rash
ネトレブコ　Netrebko
ネネツ　Nenets, Nentsi, Nentsy
ネバー　never
ネバー・エンディング　never-ending
ネバー・ギブ・アップ　never give up
ネバー・ネバー　never-never
ネバー・ネバー・ランド　never-never land
ネバーモア　nevermore
ネバーランド　neverland
ネパーリ　Nepali
ネパール　Nepal
ネバザレス　nevertheless
ネバダ　Nevada
ネバダン　Nevadan
ネパリーズ　Nepalese
ネビッシュ　nebbish, -bich
ネピドー　Naypyidaw
ネビュー　nephew
ネビュラ　nebula
ネビュラー　nebular
ネビュラー・ハイポセシス　nebular hypothesis
ネビュラス　nebulous
ネビュロシティー　nebulosity
ネビラピン　nevirapine
ネビル　Nevil(le), Nevile, Nevill
ネビル・ロングボトム　Neville Longbottom
ネビン　Nevin
ネビンソン　Nevinson
ネフェリアス　nefarious
ネフォパム　nefopam
ネブカドネザル　Nebuchadnezzar
ネプチューン　Neptune
ネプチュナイト　neptunite
ネプツニウム　neptunium
ネプトゥヌス　Neptune
ネフュー　nephew
ネブライザー　nebulizer
ネフライティス　nephritis
ネフライト　nephrite
ネブラスカ　Nebraska
ネプリライシン　neprilysin
ネフローシス　nephrosis
ネフローゼ　Nephrose, nephrosis
ネフロパシー　nephropathy
ネヘミヤ　Nehemiah

ネペンタ　nepenta
ネポティスティック　nepotistic
ネポティスト　nepotist
ネポティズム　nepotism
ネポティック　nepotic
ネマチック　nematic
ネマトーダ　Nematoda
ネマトサイド　nematocide
ネム・コン　nem. con., nem con
ネメシス　Nemesis
ネリー　Nellie, Nelly
ネリッサ　Nerissa
ネル　Nell, knell
ネルー　Nehru
ネルーダ　Neruda
ネルスプライト　Nelspruit
ネルソン　Nelson, nelson
ネルト　knelt
ネルドリップ　flannel drip
ネレイド　Nereid
ネロ　Nero, Nello
ネロール　nerol
ネロリ　neroli
ネロリドール　nerolidol
ネワーリ　Newari
ネワール　Newar
ネンブタール　Nembutal
ネンミョン　naengmyeon

ノ

ノア　Noah, nor
ノアズ・アーク　Noah's ark
ノイサム　noisome
ノイジー　noisy
ノイジー・マイノリティー　noisy minority
ノイシュバンシュタイン　Neuschwanstein
ノイジリー　noisily
ノイズ　noise
ノイズキャンセリング・ヘッドホン　noise-cancelling headphone
ノイズ・ポリューション　noise pollution
ノイズメーカー　noisemaker
ノイズ・リダクション　noise reduction
ノイズレス　noiseless
ノイダ　Noida
ノイノイ　Noynoy
ノイマン　Neumann
ノイラミニダーゼ　neuraminidase
ノイローゼ　neurosis
ノウ　know, no
ノウアビリティー　knowability
ノウアブル　knowable
ノウ・イット・オール　know-it-all
ノウイング　knowing
ノウイングリー　knowingly
ノウ・オール　know-all
ノウ・ナッシング　know-nothing
ノウ・ハウ　know-how
ノウハウ　nohow
ノウル　Knole
ノウン　known
ノエミ　Noémie
ノエル　Noël, Noel, noel
ノー　no, noh, know, gnaw
ノーアイロン　noniron
ノー・アカウント　no-account
ノーイング　gnawing
ノー・ウィン　no-win
ノーウェア　nowhere
ノー・ウェイト　no wait
ノーウェー　noway
ノーウェーズ　noways
ノーウッド　Norwood
ノー・グッド　no-good
ノー・クレーム・ボーナス　no-claim(s) bonus
ノー・ゴー　no-go
ノー・コメント　no comment
ノーザー　norther
ノーサイド　no side
ノーザナー　northerner
ノーサラトン　Northallerton
ノーザリー　northerly
ノーザン　northern
ノーザン・アイルランド　Northern Ireland
ノー・サンキュー　No, thank you.
ノーザン・テリトリー　Northern Territory
ノーサンバーランド　Northumberland
ノーサンプトン　Northampton
ノーサンプトンシャー　Northamptonshire
ノーサンブリア　Northumbria
ノーサンブリアン　Northumbrian
ノーザン・ヘミスフィア　northern hemisphere
ノーザン・マリアナ・アイランズ　Northern Mariana Islands
ノーザンモスト　northernmost
ノーザン・ライツ　northern lights
ノーシア　gnosia
ノージア　nausea
ノージー　nosy, nosey
ノージー・パーカー　nosey [nosy] parker
ノージエーティング　nauseating
ノージエート　nauseate
ノーシス　gnosis
ノーシャス　nauseous
ノー・ショー　no-show
ノーショナル　notional

ノーション notion
ノース north, Norse
ノーズ nose
ノース・アトランティック・トリーティー・オーガニゼーション North Atlantic Treaty Organization, NATO
ノース・アメリカ North America
ノース・アメリカン North American
ノースイースター northeaster
ノースイースタリー northeasterly
ノースイースタン northeastern
ノースイースト northeast
ノースイーストワーズ northeastwards
ノースイーストワード northeastward
ノースウエスター northwester
ノースウエスタリー northwesterly
ノースウエスタン northwestern
ノースウエスト northwest
ノースウエスト・テリトリーズ Northwest Territories
ノースウエストワーズ northwestwards
ノースウエストワード northwestward
ノースカロライナ North Carolina
ノースカロリニアン North Carolinian
ノース・カントリー North Country
ノース・カントリーマン north-countryman
ノーズ・キャンディー nose candy
ノーズゲイ nosegay
ノース・ケープ North Cape
ノーズ・コーン nose cone
ノース・コリア North Korea
ノース・シー North Sea
ノーズ・シャドー nose shadow
ノース・スター North Star
ノーズダイブ nosedive
ノース・ダコタ North Dakota
ノース・ダコタン North Dakotan
ノー・ストリングズ no strings
ノース・ノースイースト north-northeast
ノース・ノースウエスト north-northwest
ノースバウンド northbound
ノーズ・バッグ nose bag
ノーズバンド noseband
ノーズピース nosepiece
ノース・フェイス North Face
ノーズブリード nosebleed
ノース・ブリッジ North Bridge
ノース・ブリテン North Britain
ノーズホイール nosewheel
ノース・ポール north pole
ノースマン Northman, Norseman
ノー・スモーキング no-smoking
ノースヨークシャー North Yorkshire
ノーズ・ラグ nose rag
ノースランド northland
ノーズ・リング nose ring
ノースロップ Northrop
ノースワーズ northwards
ノースワード northward
ノータビリティー notability
ノータブル notable
ノータ・ベネ nota bene
ノータライズ notarize
ノータリー notary
ノータリー・パブリック notary public
ノーダル nodal
ノーチ nautch
ノーチェ noche
ノーティー naughty
ノーティカル nautical
ノーティカル・マイル nautical mile
ノーティサブル noticeable
ノーティス notice
ノーティス・ボード notice board
ノーティファイ notify
ノーティファイアブル notifiable
ノーティフィケーション notification
ノーティラス nautilus
ノー・ティル no-till
ノー・ティレージ no-tillage
ノーテーション notation
ノーテッド noted
ノーテリアル notarial
ノーテル Nortel
ノート note, naught, nought
ノード node
ノートケース notecase
ノードストローム Nordstrom
ノートテイカー notetaker
ノート・テイキング note-taking
ノートパッド notepad
ノートブック notebook
ノートペーパー notepaper
ノー・トランプ no-trump

ノートルダム　Notre Dame
ノートレス　noteless
ノートワージー　noteworthy
ノートン　Norton, Naughton
ノーナ　Nona
ノー・ネーム　no-name
ノーノー　no-no
ノー・ノック　no-knock
ノーバート　Norbert
ノーバディー　nobody
ノービシアット　novitiate, noviciate
ノービシエート　novitiate, noviciate
ノーヒッター　no-hitter
ノーフォーク　Norfolk
ノーフォーク・ジャケット　Norfolk jacket
ノーフォーク・テリア　Norfolk terrier
ノー・フォールト　no-fault
ノーブリー　nobly
ノー・フリルズ　no-frills
ノーブル　noble
ノーブル・アート　noble art
ノーブルウーマン　noblewoman
ノーブル・サイエンス　noble science
ノーブル・マインデッド　noble-minded
ノーブルマン　nobleman
ノー・ブレイナー　no-brainer
ノープレース　noplace
ノー・ブレーナー　no-brainer
ノーブレス・オブリージュ　noblesse oblige
ノーベリウム　nobelium
ノーベリスト　nobelist
ノーベル　Nobel
ノーベル・バイオケア　Nobel Biocare
ノーベル・プライズ　Nobel prize
ノーベンバー　November
ノーホー　NoHo
ノーボディー　nobody
ノーマ　Norma
ノーマカマリ　Norma Kamali
ノーマッド　nomad
ノーマティブ　normative
ノーマライザブル　normalizable
ノーマライズ　normalize
ノーマライゼイション　normalization
ノーマリティー　normality
ノーマル　normal
ノーマルシー　normalcy
ノーマル・スクール　normal school
ノーマン　Nauman, Norman
ノー・マン　no-man
ノー・マンズ・ランド　no-man's-land
ノーミック　gnomic
ノーム　norm, gnome
ノーメンクレーチャー　nomenclature
ノーラ　Nora, Norah
ノーラッド　NORAD
ノーラン　no run, Nolan
ノーリーン　Noreen
ノール　knoll, Nord
ノールーズ　Nowruz
ノールズ　Knowles, Knolles
ノールフィヨルド　Nordfjord
ノー・ワン　no one
ノカルジア　nocardia
ノギン　noggin
ノグ　nog, nogg
ノクシャス　noxious
ノクターナル　nocturnal
ノクターナル・エミッション　nocturnal emission
ノクターン　nocturne
ノクタンブリスト　noctambulist
ノクタンブリズム　noctambulism
ノシーボ　nocebo
ノジュール　nodule
ノジュラー　nodular
ノスカピン　noscapine
ノスタルジア　nostalgia
ノスタルジック　nostalgic
ノストラダムス　Nostradamus
ノストラム　nostrum
ノストリル　nostril
ノズル　nozzle
ノセボ　nocebo
ノセラ　Nocera
ノッカー　knocker
ノッキング・ショップ　knocking shop
ノック　knock, nock
ノックアウト　knockout
ノックアウト・ドロップス　knockout drops
ノックアップ　knockup
ノックアバウト　knockabout
ノックオフ　knockoff
ノック・オン　knock-on

ノックス　Knox
ノックスビル　Knoxville
ノックダウン　knockdown
ノック・ダウン・ドラッグ・アウト　knock-down-(and-)drag-out
ノック・ニー　knock-knee
ノック・ニード　knock-kneed
ノッコン　⇨ノック・オン
ノッシャー　nosher
ノッシュ　nosh
ノッシュ・アップ　nosh-up
ノッチ　notch
ノッチー　notchy
ノッチト　notched
ノッチド・カラー　notched collar
ノッチバック　notchback
ノッティー　knotty
ノッティンガム　Nottingham
ノッティンガムシャー　Nottinghamshire
ノッディング・アクエインタンス　nodding acquaintance
ノッティング・ヒル　Notting Hill
ノット　not, knot
ノッド　nod
ノットウィズスタンディング　notwithstanding
ノット・フォー・プロフィット　not-for-profit
ノットホール　knothole
ノットワーク　knotwork
ノッブ　nob, knob
ノディー　noddy
ノ・テウ　Roh Tae Woo
ノトーリアス　notorious
ノトライエティー　notoriety
ノトリアス　notorious
ノドル　noddle
ノドン　No-Dong, Nodong
ノナコサン　nonacosane
ノナゴン　nonagon
ノナジェネリアン　nonagenarian
ノナデカン　nonadecane
ノナン　nonane
ノニ　noni
ノニ・ジュース　Noni Juice
ノニリオン　nonillion
ノニルフェノール　nonylphenol
ノネット　nonet
ノノキシノール　nonoxynol
ノバ　nova
ノバーリス　Novalis
ノバキュライト　novaculite
ノバ・スコシア　Nova Scotia
ノバック　Novak
ノバト　Novato
ノバヤゼムリャ　Novaya Zemlya
ノバルティス　Novartis
ノビー　knobby
ノビス　novice
ノビリティー　nobility
ノビレチン　nobiletin
ノブ　nob, knob
ノブゴロド　Novgorod
ノブル　nobble
ノブレス・オブリージ　noblesse oblige
ノベッラ　novella
ノベナ　novena
ノベライズ　novelize
ノベリスティック　novelistic
ノベリスト　novelist
ノベル　novel, Novell
ノベルティー　novelty
ノベレット　novelette
ノボカイン　novocaine
ノボシビルスク　Novosibirsk
ノボテル　Novotel
ノボノルディスク　Novo Nordisk
ノボロシースク　Novorossiysk
ノマディズム　nomadism
ノマディック　nomadic
ノマド　nomad
ノミナティブ　nominative
ノミナリズム　nominalism
ノミナル　nominal
ノミニー　nominee
ノミネーション　nomination
ノミネーター　nominator
ノミネート　nominate
ノム・デ・ゲール　nom de guerre
ノム・ド・プリュム　nom de plume
ノ・ムヒョン　Roh Moo Hyun
ノメンクラチャー　nomenclature
ノモグラフ　nomograph
ノモグラム　nomogram
ノモマニア　Nomomania

ノライズム　Noraism
ノラ・ジョーンズ　Norah Jones
ノリーン　Noreen
ノリウッド　Nollywood
ノリエガ　Noriega
ノリス　Norris
ノリッジ　Norwich
ノリリスク　Norilsk
ノルアンドロステンジオン
norandrostenedione
ノルウィージャン　Norwegian
ノルウェー　Norway
ノルエチノドレル　norethynodrel
ノルエチンドロン　norethindrone
ノルエピネフリン　norepinephrine
ノルクロステボール　norclostebol
ノルディア　Nordea
ノルディック　Nordic
ノルテストステロン　nortestosterone
ノルデナウ　Nordenau
ノルトリプチリン　nortriptyline
ノルニコチン　nornicotine
ノルバスク　Norvasc
ノルビキシン　norbixin
ノルフェンフルラミン　norfenfluramine
ノルフロキサシン　norfloxacin
ノルボッテン　Norrbotten
ノルボレトン　norboletone
ノルマ　norm
ノルマル　normal
ノルマン　Norman
ノルマン・イングリッシュ　Norman English
ノルマン・コンクェスト　Norman Conquest
ノルマンディー　Normandy
ノルマン・フレンチ　Norman-French
ノルム　norm
ノルン　Norn
ノレッジ　knowledge
ノレッジャブル　knowledg(e)able
ノロウイルス　Norovirus
ノワーリッシュ　noirish
ノワール　noir
ノワゼット　noisette
ノワレ　Noiret
ノン　non-
ノンアイロン　noniron
ノンアグリカルチャル　nonagricultural
ノンアグレッション　nonaggression
ノンアサーティブ　nonassertive
ノンアテンダンス　nonattendance
ノンアピアランス　nonappearance
ノンアラージック　nonallergic
ノンアライメント　nonalignment
ノンアルコーリック　nonalcoholic
ノン・アルコール　non-alcohol
ノンイシュー　nonissue
ノンイベント　nonevent
ノンイマージェンシー　nonemergency
ノンインターフィアレンス　noninterference
ノンインターベンション　nonintervention
ノンインフラマブル　noninflammable
ノンエイジ　nonage
ノンエグジステンス　nonexistence
ノンエグジステント　nonexistent
ノンエグゼクティブ　nonexecutive
ノンエッセンシャル　nonessential
ノンエフェクティブ　noneffective
ノンエマージェンシー　nonemergency
ノンエンティティー　nonentity
ノンオーガニック　nonorganic
ノン・オケージョン　non-occasion
ノンオブザーバンス　nonobservance
ノンオブジェクティブ　nonobjective
ノンカノニカル　noncanonical
ノンガバメンタル　nongovernmental
ノンカロリック　noncaloric
ノンキャノニカル　noncanonical
ノンキャンディデート　noncandidate
ノンコオペラティブ　noncooperative
ノンコオペレーション　noncooperation
ノンコマーシャル　noncommercial
ノンコミッションド・オフィサー
noncommissioned officer
ノンコミッタル　noncommittal
ノンコム　noncom
ノンコンカーレンス　nonconcurrence
ノンコンダクター　nonconductor
ノンコンタクト　noncontact
ノンコントリビュトリー　noncontributory
ノンコンバッタント　noncombatant
ノンコンフォーミスト　nonconformist
ノンコンフォーミズム　nonconformism
ノンコンフォーミティー　nonconformity
ノンコンプライアンス　noncompliance

ノンコンプライアント　noncompliant
ノン・コンポス・メンティス　non compos mentis
ノンサッチ　nonesuch, non-
ノンサポート　nonsupport
ノンシチズン　noncitizen
ノンシティズン　noncitizen
ノンシャランス　nonchalance
ノンシャラント　nonchalant
ノンシュガー　nonsugar
ノンス　nonce
ノンスート　nonsuit
ノンスキッド　nonskid
ノンスケジュールド　nonscheduled
ノンスケッド　nonsked
ノンスターター　nonstarter
ノンスタンダード　nonstandard
ノンスティック　nonstick
ノンステップ・バス　nonstep bus
ノンステロイド　nonsteroid
ノンストップ　nonstop
ノンスモーカー　nonsmoker
ノンスモーキング　nonsmoking
ノンスリップ　nonslip
ノン・セクイトゥル　non sequitur
ノンセクシスト　nonsexist
ノンセクシュアル　nonsexual
ノンセクタリアン　nonsectarian
ノンセルフ　nonself
ノンセンシカリティー　nonsensicality
ノンソーシャル　nonsocial
ノンソリューション　nonsolution
ノンソルーション　nonsolution
ノンターゲット　nontarget
ノン・タリフ・バリヤー　non-tariff barrier
ノンデアリー　nondairy
ノンディスクロージャー・アグリーメント　nondisclosure agreement, NDA
ノンディスティンクティブ　nondistinctive
ノンデスクリプト　nondescript
ノンテニュアド　nontenured
ノンデノミネーショナル　nondenominational
ノンデュアラブル　nondurable
ノンデュアラブルズ　nondurables
ノンデリバリー　nondelivery
ノントクシック　nontoxic
ノントラディショナル　nontraditional
ノントリビアル　nontrivial
ノンドリンカー　nondrinker
ノンドリンキング　nondrinking
ノントレーダブル　nontradable
ノン・トロッポ　non troppo
ノン・ナンセンス　no-nonsense
ノンニゴーシアブル　nonnegotiable
ノンニュークリアー　nonnuclear
ノンネイティブ　nonnative
ノンネーティブ　nonnative
ノンネゴーシアブル　nonnegotiable
ノンネセシティー　nonnecessity
ノンパーソン　nonperson
ノンパーティー　nonparty
ノンパーティザン　nonpartisan
ノンパーティザンシップ　nonpartisanship
ノンバーバル　nonverbal
ノンバイアブル　nonviable
ノンバイオデグレーダブル　nonbiodegradable
ノンバイオレンス　nonviolence
ノンバイオレント　nonviolent
ノンハイブリッド　nonhybrid
ノンバインディング　nonbinding
ノンパフォーマンス　nonperformance
ノンパフォーミング　nonperforming
ノンパレル　nonpareil
ノンバンク　nonbank
ノンバンク・バンク　nonbank bank
ノンヒューマン　nonhuman
ノンビリーバー　nonbeliever
ノンファーム　nonfarm
ノンファット　nonfat
ノンフィーザンス　nonfeasance
ノンフィクション　nonfiction
ノンフード　nonfood
ノンフェラス　nonferrous
ノンブック　nonbook
ノンプラス　nonplus
ノンフラマブル　nonflammable
ノンプリスクリプション　nonprescription
ノンブル　nombre
ノンフルフィルメント　nonfulfillment
ノンプロダクティブ　nonproductive
ノンプロフィット　nonprofit
ノン・プロフィット・オーガニゼーション　non-

profit organization, NPO
ノン・プロフィット・メーキング　non-profit-making
ノンプロフェッショナル　nonprofessional
ノンプロリフェレーション　nonproliferation
ノンペイメント　nonpayment
ノンベリジェレント　nonbelligerent
ノンポイズナス　nonpoisonous
ノンボーター　nonvoter
ノンボラタイル　nonvolatile
ノンポリ　⇨ノンポリティカル
ノンポリティカル　nonpolitical
ノンポリューティング　nonpolluting
ノンポルーティング　nonpolluting
ノンホワイト　nonwhite
ノンメタリック　nonmetallic
ノンメタル　nonmetal
ノンメンバー　nonmember
ノンモラル　nonmoral
ノン・ユー　non-U
ノン・ユークリディアン　non-Euclidean
ノンユース　nonuse
ノン・ユーロピアン　non-European
ノンユニオニスト　nonunionist
ノンユニオニズム　nonunionism
ノンユニオン　nonunion
ノンユニオン・ショップ　nonunion shop
ノン・ヨーロピアン　non-European
ノンラー　non la
ノンライフ　nonlife
ノンランダム　nonrandom
ノンリーダー　nonreader
ノンリコース・ローン　nonrecourse loan
ノンリストリクティブ　nonrestrictive
ノンリターナブル　nonreturnable
ノンリニア　nonlinear
ノンリプリゼンテーショナル　nonrepresentational
ノンルフールマン　non-refoulement
ノンレジスタンス　nonresistance
ノンレジスタント　nonresistant
ノンレジデンシャル　nonresidential
ノンレジデント　nonresident

ハ

パ　pas
ハー　her, ha, huh
バー　bar, baa, ba, bah, bur, burr
パー　par, per, pa, Paar, per-, pah, parr, purr
パーアンガ　pa'anga
ハーヴィー　Harvey
パーオキサイド　peroxide
パーカ　parka
バーカー　barker
バーガー　burger, burgher
パーカー　Parker
バーガー・キング　Burger King
バー・ガール　bar girl
パーカッシブ　percussive
パーカッショニスト　percussionist
パーカッション　percussion
パーカッション・インストルメント　percussion instrument
パーカッション・キャップ　percussion cap
パーガティブ　purgative
パーガトリアル　purgatorial
パーガトリー　purgatory
バーカロ　bacaro
バーガンディー　Burgundy
パーキー　perky, parky
ハーキー・ジャーキー　herky-jerky
バーキーパー　barkeeper
バーキープ　barkeep
ハーキュリアン　Herculean
ハーキュリーズ　Hercules
バーキン　Barkin, Birkin
パーキング　parking
パーキング・オービット　parking orbit
パーキング・チケット　parking ticket
パーキング・メーター　parking meter
パーキング・ライト　parking light
パーキング・ロット　parking lot
パーキンズ　Perkins
パーキンソンズ・シンドローム　Parkinson's syndrome
パーキンソンズ・ディジーズ　Parkinson's disease
パーキンソンズ・ロー　Parkinson's law
ハーク　hark
ハーグ　Hague
バーク　bark, barque, berk, burk, birk, Burke
バーグ　berg, burg
パーク　park, perk
パーク・アベニュー　Park Avenue
パーク・アンド・ライド　park-and-ride
パークイジット　perquisite
ハークイブス　harquebus, -buse, -buss
バークー　baku
パークウェー　parkway
バアクーバ　Baqubah
パーク・ゴルフ　park golf
バークシャー　Berkshire
バークシャー・ハサウェイ　Berkshire Hathaway
バーグステン　Bergsten
バーグドーフ・グッドマン　Bergdorf Goodman
パーク・ファクトリー　park factory
バーグマン　Bergman
バーグラー　burglar
バーグラー・アラーム　burglar alarm
バーグラープルーフ　burglarproof
バー・グラフ　bar graph
バーグラライズ　burglarize
バーグラリー　burglary
パークランド　parkland
バークリー　Berkeley
ハーグリーブズ　Hargreaves
バークリウム　berkelium
バークル　Burkle
バーグル　burgle

バークレー　Berkeley, Barclay
バークレーズ　Barclays
バーグレリアス　burglarious
パーク・レンジャー　park ranger
パークロラート　perchlorate
パークロレート　perchlorate
パークロロエチレン　perchloroethylen
ハークン　hearken, harken
パーケイ　parquet
パーゲーション　purgation
パーケトリー　parquetry
バーゲニング　bargaining
バーゲニング・チップ　bargaining chip
バーゲニング・パワー　bargaining power
ハーケン　hearken, harken
バーゲン　bargain, Bergen
ハーケンクロイツ　Hakenkreuz
ハーゲンダッツ　Häagen-Dazs
バーゲン・ビン　bargain bin
バーゲン・ベースメント　bargain basement
バーケンヘッド　Birkenhead
バーゴ　Virgo
バーコード　bar code, bar-code
パーコセット　Percocet
パーゴラ　pergola
パーコレーション　percolation
パーコレーター　percolator
パーコレート　percolate
バーサ　Bertha, bertha, versa
バーサー　bursar, birther
パーサー　parser, purser
パーザー　parser
バーサーカー　berserker
バーサーク　berserk
バーサス　versus
バーサタイル　versatile
バーサティリティー　versatility
バーサティル　versatile
バーサリー　bursary
パーサルフェート　persulfate
バージ　barge, verge
パージ　purge
バージー　bargee
パーシー　Percy
ハーシーズ　Hershey's
パーシーバブル　perceivable
パーシーブ　perceive
パーシェ　Paasche
バージェス　burgess
ハーシェル　Herschel
バーシクル　versicle
パーシステンシー　persistency
パーシステンス　persistence
パーシステント　persistent
バーシスト　Baathist
パーシスト　persist
バーシズム　Baathism
バーシティー　varsity
バージナル　virginal
バージニア　Virginia
バージニア・クリーパー　Virginia creeper
バージニア・リール　Virginia reel
バージニアン　Virginian
バー・シニスター　bar sinister
バージニティー　virginity
パーシビア　persevere
パーシビアランス　perseverance
パーシビアリング　persevering
パーシピエンス　percipience
パーシピエント　percipient
バーシファイ　versify
バーシファイアー　versifier
バーシフィケーション　versification
パーシフラージ　persiflage
バージ・ポール　barge pole
バージマン　bargeman
パーシモニアス　parsimonious
パーシモニー　parsimony
パーシモン　persimmon
バージャー　verger
パーシャリー　partially
パーシャリティー　partiality
パーシャル　partial
バージャン　burgeon, bour-
ハーシュ　harsh
バージュア　verdure
パージュア　perjure
パーシュー　pursue
パーシューアー　pursuer
パーシューアンス　pursuance
パーシューアント　pursuant
バージュース　verjuice
パーシュート　pursuit
ハーシュバック　Herschbach

パージュラー　perjurer
バージュラス　verdurous
パージュリー　perjury
バージョン　version
バージル　Vergil, Vir-
バージン　virgin
バージン・アイランズ　Virgin Islands
バージン・ウォーター　virgin water
バージン・クイーン　Virgin Queen
バージン・バース　virgin birth
バージン・マリア　Virgin Mary
ハース　hearse, hearth
ハーズ　hers
バース　birth, berth, Baath, Bath, Barth, verse
バーズ　vase, Byrds
パース　purse, parse, Perth, Paas
パーズ　parse, Paas
バーズ・アイ　bird's-eye
バーズ・アイ・ビュー　bird's-eye view
パースー　pursue
パースーアー　pursuer
パースーアンス　pursuance
パースーアント　pursuant
ハースート　hirsute
パースート　pursuit
パースエイダー　persuader
パースエイダブル　persuadable
パースエイド　persuade
パースエーシブ　persuasive
パースエージョン　persuasion
バース・コントロール　birth control
バース・サーティフィケート　birth certificate
ハースサイド　hearthside
パースシア　perthshire
パースシャー　perthshire
ハースストーン　hearthstone
バースストーン　birthstone
パース・ストリングズ　purse strings
パース・スナッチャー　purse-snatcher
バース・チェア　bath chair
バースツール　barstool
バースデー　birthday
バースデー・オナーズ　birthday honours
バースデー・ケーキ　birthday cake
バースデー・スーツ　birthday suit
ハースト　Hearst, Hurst
バースト　burst
バースト・プルーフ　burst-proof
パースニップ　parsnip
バーズ・ネスト　bird's-nest
バーズ・ネスト・スープ　bird's nest soup
パースパイア　perspire
バース・バン　Bath bun
バース・パング　birth pang
パースピカシティー　perspicacity
パースピキュアス　perspicuous
パースピキュイティー　perspicuity
パースピケーシャス　perspicacious
パースピレーション　perspiration
パース・プラウド　purse-proud
バースプレース　birthplace
バース・ペアレント　birth parent
パースペクティブ　perspective
パースペックス　Perspex
バースマーク　birthmark
ハーズマン　herdsman
バースライト　birthright
ハースラグ　hearthrug
パースラン　purslane
バースレート　birthrate
パースン　person
パーセキューション　persecution
パーセキューション・コンプレックス　persecution complex
パーセキューター　persecutor
パーセキュート　persecute
パーセク　parsec
パーセノジェネシス　parthenogenesis
パーセプション　perception
パーセプション・ギャップ　perception gap
パーセプチュアル　perceptual
ハーセプチン　Herceptin
パーセプティビティー　perceptivity
パーセプティビリティー　perceptibility
パーセプティブ　perceptive
パーセプティブル　perceptible
バーゼル　Basel
パーセル　parcel, Purcell
ハーセルフ　herself
パーセル・ポスト　parcel post
バーセルミ　Barthelme
パーセンタイル　percentile
パーセンテージ　percentage

パーセント　percent, per cent
バーソー　verso
パーソナブル　personable
パーソナライズ　personalize
パーソナライゼーション　personalization
パーソナリー　personally
パーソナリティー　personality
パーソナリティ・カルト　personality cult
パーソナル　personal
パーソナル・アイデンティフィケーション・ナンバー　personal identification number, PIN
パーソナル・アシスタント　personal assistant
パーソナル・イクエーション　personal equation
パーソナル・エステート　personal estate
パーソナル・エフェクツ　personal effects
パーソナル・オーガナイザー　personal organizer
パーソナル・オリエンテッド　personal oriented
パーソナル・コール　personal call
パーソナル・コミュニケーション　personal communication
パーソナル・コラム　personal column
パーソナル・コンピュータ　personal computer, PC
パーソナル・ステレオ　personal stereo
パーソナル・チェック　personal check
パーソナルティー　personalty
パーソナル・テスト　personality test
パーソナル・ヒストリー　personal history
パーソナル・ブック　personal book
パーソナル・プロナウン　personal pronoun
パーソナル・プロパティー　personal property
パーソナル・ヘルパー　personal helper
パーソニファイ　personify
パーソニフィケーション　personification
パーソネージ　parsonage
パーソネート　personate
パーソネル　personnel
バーソロミュー　Bartholomew
パーソン　person
パーソンカインド　personkind
パーソンズ・ノーズ　parson's nose
パーソン・トゥー・パーソン　person-to-person
パーソンフッド　personhood
パーソンホール　personhole
ハーダー　harder, herder
バーター　barter
バーダー　birder
パーターブ　perturb
パーターベーション　perturbation
バーダンシー　verdancy
バーダント　verdant
バーチ　birch
パーチ　perch, parch
パーチェサー　purchaser
パーチェサブル　purchasable
パーチェシング・パワー　purchasing power
パーチェス　purchase
パーチト　parched
パーチメント　parchment
バーチャ　⇨バーチャル
バー・チャート　bar chart
バーチャライズ　virtualize
バーチャライゼーション　virtualization
バーチャリー　virtually
バーチャル　virtual
バーチャル・カンパニー　virtual company
バーチャル・シアター　virtual theater
バーチャル・メモリー　virtual memory
バーチャル・モール　virtual mall
バーチャル・リアリティー　virtual reality
パーチャンス　perchance
バーチュアス　virtuous
バーチュアリー　virtually
バーチュアル　virtual
バーチュー　virtue, virtu, ver-
パーチング　parching
ハーツ　Hertz
バーツ　baht
パーツ　parts
ハーツ・イーズ　heart's-ease, heartsease
ハーツォグ　Herzog
ハーツ・ブラッド　heart's-blood
パーツメーカー　partsmaker
ハーデ　Haarde
パーティアー　partyer, partier
ハーティー　hearty
ハーディー　Hardy, hardie, hardy

バーティー　Berty, Bertie
バーディー　birdie
パーティー　party
パーディー　Purdy
ハーディー・アニュアル　hardy annual
パーティー・ウォール　party wall
ハーディー・ガーディー　hurdy-gurdy
パーティー・ハーティー　party-hearty
パーティー・ピース　party piece
パーティー・プーパー　party pooper
パーティー・ポリティックス　party politics
パーティー・ライン　party line
パーティ・カラード　parti-colored
バーティカル　vertical
バーティカル・スプレッド　vertical spread
パーティキュレート　particulate
パーテイク　partake
バーディクト　verdict
バーディグリス　verdigris
パーティクル　particle
パーティクル・ボード　particle board
バーティゴ　vertigo
バーティザン　bartizan
パーティザン　partisan, -zan
パーティザンシップ　partisanship, -zanship
バーティジナス　vertiginous
パーティシパント　participant
パーティシピアル　participial
パーティシプル　participle
パーティシペーション　participation
パーティシペート　participate
パーティション　partition
パーディション　perdition
パーディタ　Perdita
パーティティブ　partitive
パーティナシティー　pertinacity
パーティネーシャス　pertinacious
パーティネンシー　pertinency
パーティネンス　pertinence
パーティネント　pertinent
ハーディフッド　hardihood
ハーティリー　heartily
ハーディリー　hardily
パーテイン　pertain
ハーディング　Harding
パーティング　parting
パーティング・ショット　parting shot
バーテックス　vertex
ハーテッド　hearted
ハーテビースト　hartebeest
バーテブラ　vertebra
バーテブラル　vertebral
バーテブレート　vertebrate
パーデュアラブル　perdurable
パーテュリエント　parturient
パーテュリション　parturition
パーテルノステル　paternoster
パーテルファミリアス　paterfamilias
バーテン　bartender
バーデン　burden
バーデンサム　burdensome
バーテンダー　bartender
ハート　heart, hurt, hart
ハード　hard, herd
バート　Bert, Burt
バード　bird, Byrd, bard, barred
パート　part, pert
パード　pard
ハード・アス　hard-ass
ハート・アタック　heart attack
ハード・アンド・ファースト　hard-and-fast
ハード・インスティンクト　herd instinct
バードウィーク　birdweek
ハードウィック　Hardwick
ハードウェア　hardware
ハードウェアリング　hardwearing
パートウェー　partway
ハートウォーミング　heartwarming
バード・ウォッチャー　bird-watcher
バード・ウォッチング　bird-watching
ハートウッド　heartwood
ハードウッド　hardwood
ハートゥン　hearten
ハードゥン　harden
バードゥン　burden
ハートエイク　heartache
パート・エクスチェンジ　part-exchange
ハード・エッジド　hard-edged
パート・オーナー　part owner
ハード・オン　hard-on
ハード・カーレンシー　hard currency
ハードカバー　hardcover
ハード・カレンシー　hard currency
ハード・キャシュ　hard cash

ハード・キャッツ　hard cats
バードケージ　birdcage
ハード・コア　hard core, hard-core
ハード・コート　hard court
ハード・コール　hard coal
バードコール　birdcall
ハード・コピー　hard copy
ハート・サーチング　heart-searching
ハード・サイエンス　hard science
バード・サンクチュアリー　bird sanctuary
バードシード　birdseed
ハード・シェル　hard-shell
ハード・シェルド　hard-shelled
ハートシック　heartsick
ハードシップ　hardship
バード・ショット　bird shot
ハード・ショルダー　hard shoulder
ハードスクラブル　hardscrabble
ハードスタンディング　hardstanding
ハードスタンド　hardstand
ハート・ストッピング　heart-stopping
バード・ストライク　bird strike
ハートストリングズ　heartstrings
ハートスロップ　heartthrob
バード・セーバー　bird saver
ハード・セット　hard-set
ハード・セル　hard sell
ハートソア　heartsore
バードソング　birdsong
パート・ソング　part-song
パート・タイマー　part-timer
パート・タイム　part time, part-time
ハードタック　hardtack
ハード・チャージング　hard-charging
バードック　burdock
ハート・ディジーズ　heart disease
ハード・ディスク　hard disk
バード・テーブル　bird table
ハート・トゥー・ハート　heart-to-heart
バード・ドッグ　bird dog, bird-dog
ハードトップ　hardtop
ハード・ドラッグ　hard drug
ハード・ドリンキング　hard-drinking
ハードナー　hardener
パートナー　partner
パードナー　pardner, pardoner
パートナーシップ　partnership
パートナー・ドッグ　partner dog
ハード・ナット　hard nut
パードナブル　pardonable
ハードネス　hardness
ハード・ノーズド　hard-nosed
ハートバーニング　heartburning
ハートバーン　heartburn
バードハウス　birdhouse
ハードバウンド　hardbound
バードバス　birdbath
ハードバック　hardback
ハード・ハット　hard hat
バード・パトロール　bird patrol
ハード・パレート　hard palate
ハード・パワー　hard power
ハードパン　hardpan
ハートビート　heartbeat
ハード・ヒッティング　hard-hitting
ハード・ヒット　hard-hit
バード・ファンシアー　bird fancier
バード・フィーダー　bird feeder
ハート・フェイリャー　heart failure
ハートフェルト　heartfelt
ハートフォード　Hartford, Hertford
ハード・フォート　hard-fought
ハートフォードシャー　Hertfordshire
ハートフル　heartful, hurtful
ハートブレーカー　heartbreaker
ハートブレーキング　heartbreaking
ハートブレーク　heartbreak
バードブレーン　birdbrain
バードブレーンド　birdbrained
ハード・プレスト　hard-pressed
ハートブロークン　heartbroken
ハードヘッデッド　hardheaded
ハードヘッド　hardhead
ハード・ホイート　hard wheat
ハード・ボイルド　hard-boiled
ハードボード　hardboard
ハードボール　hardball
バードマン　birdman
ハードラー　hurdler
ハード・ライト　hard right
ハード・ライナー　hard-liner
バードライム　birdlime
ハード・ライン　hard line, hard-line
ハード・ラインズ　hard lines

ハード・ラック　hard luck
ハード・ラック・ストーリー　hard luck story
バートラム　Bertram
ハート・ラング・マシーン　heart-lung machine
ハード・ランディング　hard landing
ハートランド　heartland
バートランド　Bertrand
ハートリー　Hartley
ハードリー　hardly
パートリー　partly
ハード・リカー　hard liquor
パートリッジ　partridge
ハードリング　hurdling
ハートル　hurtle
ハードル　hurdle
バートルビー　Bartleby
パードレ　padre
ハード・レイバー　hard labor
ハートレス　heartless, hurtless
バートレット　Bartlet, Bartlett
ハート・レンチング　heart-wrenching
ハートレンディング　heartrending
ハード・ロック　hard rock
ハードワーキング　hardworking
ハード・ワイヤード　hard-wired
ハード・ワン　hard-won
バートン　Burton
パートン　Parton
パードン　pardon
バーナ　Verna
バーナー　burner
バーナーズリー　Berners-Lee
バーナード　Bernard
バーナードー　Barnardo
バーナキュラー　vernacular
バーナクル　barnacle
バーナクル・グース　barnacle goose
バーナディーン　Bernadine
バーナデット　Bernadette
バーナバス　Barnabas
バーナビー　Barnaby
バーナム　Barnum, Burnham
バーナライズ　vernalize
バーナライゼーション　vernalization
バーナリゼーション　vernalization
バーナル　vernal
バーナル・イクイノックス　vernal equinox
バーナンキ　Bernanke
バーニア　vernier
バーニー　Barney, Bernie, barney
バーニーズ　Barneys
ハーニウム　hahnium
ハーニエート　herniate
パーニケッティー　pernickety
パーニシャス　pernicious
パーニシャス・アニーミア　pernicious anemia
バーニス　Bernice
バーニッシュ　burnish, varnish
バーニヤ　vernier
バーニャ・カウダ　bagna cauda
バーニング　burning
バーニング・グラス　burning glass
バーネーション　vernation
ハーネス　harness
バーネット　Barnet, Burnett
バーノン　Vernon
ハーハ　ha-ha
ハーバー　harbor, harbour
ハーパー　harper, Harper
バーバー　barber, Barber, Barbour
ハーパーコリンズ　HarperCollins
ハーバー・シール　harbor seal
パーバーシティー　perversity
パーバーシブ　perversive
バーバーショップ　barbershop
パーバージョン　perversion
パーバース　perverse
バーバーズ・イッチ　barber's itch
ハーパーズ・バザー　Harper's Bazaar
パーバーテッド　perverted
ハーバート　Herbert
ハーバード　Harvard
パーバート　pervert
ハーバード・ユニバーシティ　Harvard University
バーバー・ポール　barber('s) pole
ハーバー・マスター　harbor master
パーパシブ　purposive
パーパス　purpose
パーパス・ビルト　purpose-built
パーパスフル　purposeful
パーパス・メイド　purpose-made

パーパスリー　purposely
パーパスレス　purposeless
パーハップス　perhaps
バーバティム　verbatim
バーバパパ　Barbapapa
バーバラ　Barbara
バーバライズ　barbarize, verbalize
バーバラス　barbarous
バーバリ　Burberry, Barbary
バーバリアン　barbarian
バーバリー・シープ　Barbary sheep
バーバリーズ　Burberrys
ハーバリウム　herbarium
ハーバリスト　herbalist
バーバリスト　verbalist
ハーバリズム　herbalism
バーバリズム　barbarism, verbalism
バーバリック　barbaric
バーバリティー　barbarity
パー・バリュー　par value
ハーバル　herbal
バーバル　verbal
ハーバレージ　harborage
バーバンク　Burbank
パービアス　pervious
ハービー　Harvey, herby
ハーピー　Harpy
パービー　pervy
バービー・ドール　Barbie Doll
ハービー・ニコラス　Harvey Nicholas
パーヒーリオン　parhelion
バービカン　Barbican, barbican
ハービサイダル　herbicidal
ハービサイド　herbicide
ハーピスト　harpist
バービセル　barbicel
バービチュレート　barbiturate
バービッジ　verbiage
ハービボア　herbivore
ハービボラス　herbivorous
パービュー　purview
パービュール　parvule
パーピュラ　purpura
バービル　Babil
ハービンガー　harbinger
ハーフ　half
ハーブ　herb, Herb, halve
ハープ　harp
バーフ　barf
バーブ　verb, verve, barb, burb, Bab
バープ　burp
パーブ　perv
パープ　perp
パーファービッド　perfervid
ハーフ・ア・クラウン　half-a-crown
ハーフ・アスト　half-assed
ハーフ・アワー　half hour
パーファンクトリー　perfunctory
ハーフ・アンド・ハーフ　half-and-half
パーフィディアス　perfidious
パーフィディー　perfidy
ハーフ・イヤーリー　half-yearly
ハーフ・ウィット　half-wit
ハーフウェー　halfway
ハーフウェー・ハウス　halfway house
ハープーン　harpoon
パーフェクショニスト　perfectionist
パーフェクショニズム　perfectionism
パーフェクション　perfection
パーフェクタ　perfecta
パーフェクター　perfector
パーフェクティビリティー　perfectibility
パーフェクティブル　perfectible
パーフェクト　perfect, perfecto
パーフェクト・ゲーム　perfect game
パーフェクト・パーティシプル　perfect participle
パーフェクト・ピッチ　perfect pitch
バーフォード　Burford
パーフォレーション　perforation
パーフォレーター　perforator
パーフォレーテッド　perforated
パーフォレート　perforate
ハーフ・カースト　half-caste
バープ・ガン　burp gun
ハーフ・クラウン　half crown
ハーフ・ゲイナー　half gainer
ハーフ・コック　half cock
ハーフ・コックト　half-cocked
ハーフ・シーズ・オーバー　half-seas over
ハープシコード　harpsichord
ハーフ・シスター　half sister
ハーフ・ジップ　half-zip
ハーフ・スタッフ　half-staff

ハーフ・ステップ　half step
ハーフ・スリップ　half-slip
ハーフ・ソール　half sole, half-sole
ハーフ・ターム　half-term
ハーフタイム　halftime
ハーフ・ダラー　half-dollar
ハーブ・ティー　herb tea
ハーフ・ティンバード　half-timbered
ハーフ・デュープレックス　half duplex
バーブド　barbed
ハーフ・トゥルース　half-truth
ハーフトーン　halftone
ハーブ・ドクター　herb doctor
ハーフ・トラック　half-track
バーブド・ワイヤー　barbed wire
パーブニュー　parvenu
ハーフ・ネルソン　half nelson
ハーフ・ノート　half note
ハーフ・ハーディー　half-hardy
ハーフ・パイプ　half pipe
ハーフ・バインディング　half binding
ハーフ・パイント　half-pint
ハーフ・バス　half bath
ハーフバック　halfback
ハーフ・ブーツ　half boots
ハーフ・ブラザー　half brother
ハーフ・ブラッド　half blood
ハーフ・ブリード　half-breed
ハーフ・プレート　half-plate
ハーフ・ブレッド　half-bred
ハーフ・ベイクト　half-baked
ハーフ・ボード　half board
ハーフ・ホリデー　half-holiday
ハーフ・ボレー　half volley
ハーフ・マスト　half-mast
ハーフ・マラソン　half marathon
ハーフ・ミット　half mitt
ハーフ・ミラー　half mirror
ハーフ・ムーン　half-moon
ハーフ・メジャー　half measure
ハーフ・モーニング　half mourning
パーフューマー　perfumer
パーフューマリー　perfumery
パーフューム　perfume
ハーフ・ライト　half-light
ハーフ・ライフ　half-life (period)
パーブラインド　purblind
ハーフ・ランディング　half-landing
バーフリー　barfly
パープリー　purply
パープリッシュ　purplish
バーブル　burble
パープル　purple
パーフルオロカーボン　perfluorocarbon
パープル・ハート　Purple Heart
パープレクシティー　perplexity
パープレクシング　perplexing
パープレックス　perplex
パープレックスト　perplexed
ハーフ・レンクス　half-length
バーブワイヤー　barbwire
パーベイ　purvey
パーベイヤー　purveyor
パーベイヤンス　purveyance
ハーベージ　herbage
パーベーシブ　pervasive
ハーベーシャス　herbaceous
ハーベーシャス・ボーダー　herbaceous border
パーベージョン　pervasion
パーベード　pervade
バーベキュー　barbecue
バーベキュー・ソース　barbecue sauce
バーベキュー・ピット　barbecue pit
ハーベスター　harvester
ハーベスト　harvest
ハーベスト・フェスティバル　harvest festival
ハーベスト・ホーム　harvest home
ハーベストマン　harvestman
ハーベスト・ムーン　harvest moon
パーペチュアル　perpetual
パーペチュアル・カレンダー　perpetual calendar
パーペチュアル・モーション　perpetual motion
パーペチュイティー　perpetuity
パーペチュエーション　perpetuation
パーペチュエート　perpetuate
バーベッジ　Burbage
パーペトレーション　perpetration
パーペトレーター　perpetrator
パーペトレート　perpetrate
ハーペトロジー　herpetology
ハーペトロジスト　herpetologist

バーベナ　verbena
ハーベリアム　herbarium
バーベリー　barberry
バーベリス　berberis
バーベル　barbell, barbel
パーペンディキュラー　perpendicular
パーペンディキュラリティー　perpendicularity
パーボイル　parboil
バーホー　Burhoe
バーボース　verbose
パーポーテッド　purported
パーポーテッドリー　purportedly
パーポート　purport
バーボシティー　verbosity
パーポシブ　purposive
バーホップ　barhop
ハーボロジー　herbology
バーボン　bourbon, Bourbon
バーボン・ウイスキー　bourbon whiskey
パー・ボンド　par bond
パーマ　perm　⇨パーマネント・ウェーブ
パーマー　palmar, Palmer
ハーマイオニー　Hermione
パーマカルチャー　permaculture
パーマタン　permatan
パーマネンシー　permanency
パーマネンス　permanence
パーマネント　permanent
パーマネント・ウェー　permanent way
パーマネント・ウェーブ　permanent wave
パーマネント・マグネット　permanent magnet
パーマフロスト　permafrost
ハーマフロダイト　hermaphrodite
ハーマフロディティック　hermaphroditic
パーマリンク　permalink
ハーマン　Herman
バーマン　barman
パーマンガネート　permanganate
ハーマンズ・ハーミッツ　Herman's Hermits
ハーミア　Hermia
パーミアビリティー　permeability
パーミアブル　permeable
パーミアン　Permian
バーミー　barmy
パーミー　palmy
バーミーズ　Burmese
パーミエーション　permeation
パーミエート　permeate
バーミキュラー　vermicular
バーミキュライト　vermiculite
バーミサイド　vermicide
パーミスト　palmist
パーミストリー　palmistry
バーミセリ　vermicelli
バーミチェリ　vermicelli
パーミッシブ　permissive
パーミッシブル　permissible
パーミッション　permission
パーミッター　permitter
パーミッティー　permittee
パーミッテッド　permitted
ハーミット　hermit
パーミット　permit
ハーミット・クラブ　hermit crab
ハーミテージ　hermitage
ハーミド・カルザイ　Hamid Karzai
バーミナス　verminous
バーミフォーム　vermiform
バーミフュージ　vermifuge
バーミヤン　Bamiyan
パーミュート　permute
パーミュテーション　permutation
バーミリオン　vermilion, vermillion
バーミル　vermeil
バーミン　vermin
バーミンガム　Birmingham
バーミント　varmint
ハーム　harm
バーム　balm, barm, berm
パーム　palm, perm
パーム・オイル　palm oil
パーム・サイズド　palm-sized
パーム・サンデー　Palm Sunday
パームスプリングズ　Palm Springs
パームトップ　palmtop
パーム・ビーチ　Palm Beach
ハームフル　harmful
パーム・リーフ　palm leaf
ハームレス　harmless
パーム・レスト　palm rest
バーメイド　barmaid
バーメイル　vermeil

パーメーテッド　palmated
パーメート　palmate
バーメサイダル　Barmecidal
バーメサイド　Barmecide
ハーメティック　hermetic
ハーメルン　Hameln, Hamelin
ハーモナイズ　harmonize, -nise
ハーモナイゼーション　harmonization
ハーモニアス　harmonious
ハーモニー　harmony
ハーモニウム　harmonium
ハーモニカ　harmonica
ハーモニクス　harmonics
ハーモニゼーション　harmonization
ハーモニック　harmonic
ハーモニックス　harmonics
ハーモニック・モーション　harmonic motion
バーモンジー　Bermondsey
バーモント　Vermont
ハーラー　hurler
パーラー　parlor, parlour, purler
パーラー・カー　parlor car
パーラー・ゲーム　parlor game
ハーラー・ダービー　Hurler Derby
パーラーメイド　parlormaid
パーライズ　pearlize
パーライト　pearlite, perlite
パーラス　parlous
バーラップ　burlap
パーラビオン　par avion
パーラフォン　Parlaphone
パーラメンタリー　parliamentary
パーラメンタリズム　parliamentarism
パーラメンテリアン　parliamentarian
パーラメント　parliament
ハーラン　Harlan
パーランス　parlance
バーリ　Bari
パーリア　pariah
ハーリー　hurley, hurly, Hurley
バーリー　barley, burly, Burleigh, Burley, Burghley, Buehrle
パーリー　pearly, parlay, parley, Pali
バーリー・ウォーター　barley water
パーリー・ゲーツ　pearly gates
バーリーコーン　barleycorn
バーリー・シュガー　barley sugar
パーリー・ノーティラス　pearly nautilus
ハーリー・バーリー　hurly-burly
バーリー・マウ　barley mow
バーリー・ワイン　barley wine
バーリナー　Berliner
パーリュー　purlieu
ハーリング　hurling
バーリング　barring
バーリントン　Burlington
ハール　hurl
バアル　Baal
バール　burl, bar, var, Var
パール　pearl, purl
パール・アビオン　par avion
バールーム　barroom
パール・エクセランス　par excellence
パール・オイスター　pearl oyster
パール・オニオン　pearl onion
パール・グレー　pearl gray
パール・ステッチ　purl stitch
パール・ダイバー　pearl diver
パール・ハーバー　Pearl Harbor
パール・バーリー　pearl barley
パールバティー　Parvati
パール・フィッシャリー　pearl fishery
ハールム・スカールム　harum-scarum
ハールレム　Haarlem
パーレイ　parlay
バーレイニ　Bahraini
バーレージ　barrage
バーレージ・バルーン　barrage balloon
ハーレー・ストリート　Harley Street
ハーレー・ダビッドソン　Harley Davidson
バーレーニ　Bahraini
バーレーン　Bahrain, -rein
ハーレキン　harlequin
ハーレクイネード　harlequinade
ハーレクイン　harlequin
ハーレ・クリシュナ　Hare Krishna
バーレスク　burlesque
バーレット　varlet
ハーレム　harem, Haarlem, Harlem
ハーレム・パンツ　harem pants
バー・レリーフ　bas-relief, bass-
バーレル　barrel
パーロイナー　purloiner
パーロイン　purloin

バーロウ　borough
バーロー　burrow, burro
ハーロット　harlot
ハーン　Hahn, Hearn
バーン　burn, barn, Byrne
バーンアウト　burnout
バーン・アウル　barn owl
バーンアップ　burnup
バーンサイズ　burnsides
バーンズ　Burns, Barnes
バーンスタイン　Bernstein
バーンストーマー　barnstormer
バーンストーミング　barnstorming
バーンストーム　barnstorm
バーン・スワロー　barn swallow
バーン・ダンス　barn dance
バーント　burnt
バーント・アウト　burnt-out
バーンド・アウト　burned-out
バーント・オファリング　burnt offering
バーント・オレンジ　burnt orange
バーント・シエナ　burnt sienna
バーン・バーナー　barn burner
バーンヤード　barnyard
ハイ　high, hi, hie, heigh, Hi, Hy
バイ　by, buy, bye, bi-, vie, Vi
パイ　pie, pi, Pi.
パイア　pyre
ハイアー　hire
ハイアー・カー　hire car
ハイアード　hired
ハイアー・パーチェス　hire purchase
パイ・アイド　pie-eyed
バイアウト　buyout
バイアクシアル　biaxial
バイアグラ　Viagra
バイアコム　Viacom
バイアス　bias
パイアス　pious
バイアスト　biased, -assed
バイアス・バインディング　bias binding
バイアスリート　biathlete
バイアスロン　biathlon
バイアダクト　viaduct
ハイアタス　hiatus
ハイアット　Hyatt
バイアット　Byatt
ハイアット・リージェンシー　Hyatt Regency
ハイ・アップ　high-up
バイアニュアル　biannual
バイアビリティー　viability
バイアブル　viable
ハイアラー　hirer
ハイアラーカル　hierarchal
ハイアラーキー　hierarchy
ハイアラーキカル　hierarchical
ハイアラーキック　hierarchic
ハイアラーク　hierarch
ハイアライ　jai alai
ハイアライト　hyalite
バイアラス　virus
ハイアラブル　hir(e)able
ハイアリン　hyaline
ハイアリング　hireling
バイアル　vial
ハイアロイド　hyaloid
ハイアロイド・メンブレーン　hyaloid membrane
バイアンド　viand
バイ・アンド・バイ　by-and-by
ハイ・アンド・マイティー　high-and-mighty
パイイーミア　pyemia
パイイーミック　pyemic
ハイ・イールド　high-yield
バイイヤーリー　biyearly
バイ・イン　buy-in
バイイング　vying
ハイ・インパクト　high-impact
バイウイークリー　biweekly
ハイウィカム　High Wycombe
ハイウィコム　High Wycombe
ハイウェー　highway
バイウェー　byway
ハイウェー・カード　Highway Card
ハイウェーマン　highwayman
ハイウェー・ロッバリー　highway robbery
ハイ・ウォーター　high water
ハイ・ウォーター・マーク　high-water mark
ハイ・エクスプローシブ　high explosive
パイエティー　piety
ハイエナ　hyena, -ae-
ハイ・エナジー　high-energy
バイエニアル　biennial
パイエライティス　pyelitis

バイエル　Bayer
バイエルン　Bayern, Bavaria
バイ・エレクション　by-election, bye-
ハイ・エンド　high-end, high end
バイエンニアル　biennial
バイオ　bio, bi-, bio-, VAIO
バイオアイデンティカル　bioidentical
バイオアキュミュレーション　bioaccumulation
バイオアキュミュレート　bioaccumulate
バイオアッセイ　bioassay
バイオアベイラビリティー　bioavailability
バイオアベイラブル　bioavailable
バイオアベーラビリティー　bioavailability
バイオアルコール　bioalcohol
バイオインダストリー　bioindustry
バイオインフォーマティックス　bioinformatics
バイオインフォマティクス　bioinformatics
バイオエクイバレント　bioequivalent
バイオエシカル　bioethical
バイオエシシスト　bioethicist
バイオエシックス　bioethics
バイオエタノール　bioethanol
バイオエネルギー　bioenergy
バイオエレクトリカル　bioelectrical
バイオエレクトリシティー　bioelectricity
バイオエレクトリック　bioelectric
バイオエレクトロニクス　bioelectronics
バイオエンジニア　bioengineer
バイオエンジニアリング　bioengineering
バイオオーグメンテーション　bioaugmentation
バイオータ　biota
バイオーム　biome
ハイ・オールター　high altar
バイオガシフィケーション　biogasification
バイオガス　biogas
バイオガソリン　biogasoline
バイオカタリスト　biocatalyst
ハイオク　⇨ハイ・オクタン
ハイ・オクタン　high-octane
バイオクライマティック　bioclimatic
バイオクライマトロジー　bioclimatology
バイオグラファー　biographer
バイオグラフィー　biography
バイオグラフィカル　biographical
バイオグラフィック　biographic
バイオクリーン　bioclean
バイオケミカル　biochemical
バイオケミカル・オキシジェン・デマンド　biochemical oxygen demand
バイオケミスト　biochemist
バイオケミストリー　biochemistry
バイオケモーフォロジー　biochemorphology
バイオコントロール　biocontrol
バイオコンパチブル　biocompatible
バイオコンパティビリティー　biocompatibility
バイオコンパティブル　biocompatible
バイオコンピューター　biocomputer
バイオサーファクタント　biosurfactant
バイオサイエンス　bioscience
バイオサイエンティスト　bioscientist
バイオサイエンティフィック　bioscientific
バイオサイダル　biocidal
バイオサイド　biocide
バイオサテライト　biosatellite
バイオジェニック　biogenic
バイオジェネシス　biogenesis
バイオジェネリック　biogeneric
バイオジオグラフィー　biogeography
バイオジオケミストリー　biogeochemistry
バイオシミラー　biosimilar
バイオシンセサイズ　biosynthesize
バイオシンセシス　biosynthesis
バイオシンセティック　biosynthetic
バイオス　BIOS
バイオスタティカル　biostatical
バイオスタティクス　biostatics
バイオスタティック　biostatic
バイオスタティックス　biostatics
バイオスティミュレーション　biostimulation
バイオスパージング　biosparging
バイオスフィア　biosphere
バイオセーフティー　biosafety
バイオ・センサー　bio-sensor
バイオセンター　Biocenter
バイオターベーション　bioturbation
バイオタイト　biotite
バイオダイナミクス　biodynamics
バイオダイナミック　biodynamic
バイオダイバーシティー　biodiversity

バイオダイバース　biodiverse
バイオタイプ　biotype
バイオチャー　biochar
バイオックス　Vioxx
バイオディーゼル　biodiesel
バイオティック　biotic
バイオディバーシティー　biodiversity
バイオディバース　biodiverse
バイオテク　biotech
バイオテクノロジー　biotechnology
バイオデグレーダビリティー
biodegradability
バイオデグレーダブル　biodegradable
バイオデグレード　biodegrade
バイオテックス　biotex
バイオデバイス　biodevice
バイオテレメトリー　biotelemetry
バイオテロリズム　bioterrorism
バイオトープ　biotope
バイオトランスフォーメーション
biotransformation
バイオトリートメント　biotreatment
バイオトロン　biotron
バイオ・ナーサリー　bio-nursery
パイオニア　pioneer
バイオニクス　bionics
バイオニック　bionic
バイオニックス　bionics
バイオノイド　bionoid
バイオノミックス　bionomics
バイオハザード　biohazard, Biohazard
バイオヒストリー　biohistory
バイオピック　biopic
バイオファウリング　biofouling
バイオフィージビリティー　biofeasibility
バイオフィードバック　biofeedback
バイオフィジックス　biophysics
バイオフィルター　biofilter
バイオフィルトレーション　biofiltration
バイオフィルム　biofilm
バイオフォトン　biophoton
バイオプシー　biopsy
バイオブタノール　biobutanol
バイオプトロン　Bioptron
バイオフューエル　biofuel
バイオプラスチック　bioplastic
バイオフラボノイド　bioflavonoid
バイオプロセス　bioprocess
バイオペリン　Bioperine
バイオベンチャー　bioventure
バイオベンティング　bioventing
バイオポリマー　biopolymer
バイオマーカー　biomarker
バイオマイニング　biomining
バイオマス　biomass
バイオマス・エタノール　biomass ethanol
バイオマテリアル　biomaterial
バイオミミクリー　biomimicry
バイオミメティック　biomimetic
バイオミメティックス　biomimetics
バイオメカトロニクス　biomechatronics
バイオメカニカル　biomechanical
バイオメカニクス　biomechanics
バイオメディカル　biomedical
バイオメディシン　biomedicine
バイオメトリー　biometry
バイオメトリカル　biometrical
バイオメトリック　biometric
バイオメトリックス　biometrics
バイオモーフ　biomorph
バイオモニタリング　biomonitoring
バイオモルフィック　biomorphic
バイオラ　viola
バイオラブル　violable
バイオリアクター　bioreactor
パイオリーア　pyorrhea, -rhoea
バイオリージョナリズム　bioregionalism
バイオリージョン　bioregion
バイオリーチング　bioleaching
バイオリサーチ　bioresearch
バイオリシス　biolysis
バイオリスク　biorisk
バイオリズム　biorhythm
バイオリニスト　violinist
バイオリファイナリー　biorefinery
バイオリン　violin
バイオルミネッセンス　bioluminescence
バイオレーション　violation
バイオレーター　violator
バイオレート　violate
バイオレッタ　Violetta
バイオレット　violet
バイオレメディエーション　bioremediation
バイオレンス　violence

バイオレント　violent
バイオレントリー　violently
バイオロジー　biology
バイオロジカル　biological
バイオロジカル・ウォーフェア　biological warfare
バイオロジカル・クロック　biological clock
バイオロジスト　biologist
バイオロジック　biologic
バイオワクチン　biovaccine
パイカ　pica, pika
ハイカー　hiker
バイカー　biker
パイカー　piker
バイカーブ　bicarb
バイカーボネート　bicarbonate
バイカウンティー　viscounty
バイカウンテス　viscountess
バイカウント　viscount
バイカウントシー　viscountcy
バイカウントシップ　viscountship
バイカスピッド　bicuspid
バイカメラル　bicameral
バイカラー　bicolor
バイカル　Baikal, Bay-
バイカルチュラリズム　biculturalism
バイカルチュラル　bicultural
ハイキー　high-key
ハイ・キード　high-keyed
ハイ・キック　high kick
ハイ・ギヤ　high gear
バイキャメラル　bicameral
ハイ・キャンプ　high camp
ハイキング　hiking
バイキング　Viking
ハイク　hike, haiku
バイク　bike
パイク　pike
バイクウェー　bikeway
パイクスタッフ　pikestaff
パイクマン　pikeman
ハイ・クラス　high-class
パイクラスト　piecrust
ハイグル　Heigl
ハイ・グレード　high-grade
パイクレット　pikelet
バイクローライド　bichloride
ハイグロスコピック　hygroscopic
ハイグロメーター　hygrometer
ハイグロメトリー　hygrometry
バイクロライド　bichloride
バイケリアス　vicarious
ハイコウ　Haikou
バイコースタル　bicoastal
ハイ・コート　high court
バイコール　Baycol
バイコーン　bicorn
バイゴーン　bygone
バイコディン　Vicodin
バイコプロフェン　Vicoprofen
ハイ・コマンド　high command
ハイ・コミッショナー　high commissioner
バイコロビクス　bikorobics
バイコンケーブ　biconcave
ハイ・コンセプト　high-concept
バイコンベックス　biconvex
パイサ　paisa
バイザー　visor, -zor
ハイ・サイン　high sign
ハイ・サウンディング　high-sounding
ハイジ　Heidi
ハイ・シー　high sea
パイシーズ　Pisces
ハイ・シーズン　high season
ハイジーニスト　hygienist
ハイジーニック　hygienic
ハイジーニックス　hygienics
ハイジーン　hygiene
ハイ・シェリフ　high sheriff
パイシカルチャー　pisciculture
バイシクリスト　bicyclist
バイシクル　bicycle
バイシクル・キック　bicycle kick
バイシクル・クリップ　bicycle clip
バイシクル・メッセンジャー　bicycle messenger
バイシクル・モトクロス　bicycle motocross
バイシ・バーサ　vice versa
ハイ・ジャーマン　High German
ハイジャッカー　hijacker, high-jacker
ハイジャッキング　hijacking, high-jacking
ハイジャック　hijack, high-jack
ハイ・ジャンプ　high jump
ハイ・ジンクス　high jinks, hijinks

バイス　vice, vice-, vise, bice
バイス・アドミラル　vice admiral
ハイ・スクール　high school
バイスクル　bicycle
バイス・コンスル　vice-consul
バイス・スクワッド　vice squad
ハイ・スタイル　high style
バイスタンダー　bystander
バイス・チェアマン　vice-chairman
バイス・チャンセラー　vice-chancellor
ハイ・ステークス　high-stakes
ハイ・ステッパー　high-stepper
ハイ・ステッピング　high-stepping
ハイスト　heist
ハイ・ストラング　high-strung
ハイ・ストリート　high street
バイス・バーサ　vice versa
ハイ・スピード　high-speed
バイス・プレジデンシー　vice presidency
バイス・プレジデント　vice president
ハイスポット　highspot
ハイスマン・トロフィー　Heisman Trophy
バイスライク　viselike, vice-
バイスリーガル　viceregal
バイスロイ　viceroy
バイセクシャル　bisexual
バイセクシュアリティー　bisexuality
バイセクシュアル　bisexual
バイセクショナル　bisectional
バイセクション　bisection
バイセクター　bisector
バイセクト　bisect
バイセップス　biceps
バイセニアル　vicennial
バイセンテナリー　bicentenary
バイセンテニアル　bicentennial
ハイソ　⇨ハイ・ソサエティー
ハイ・ソサエティー　high society
バイソシエーション　bisociation
ハイソン　hyson
バイソン　bison
パイソン　python
バイダ　Vida
バイター　biter
バイダーベック　Beiderbecke
ハイ・タイド　high tide
バイダイレクショナル　bidirectional
ハイダウェー　hideaway
ハイ・タッチ　high touch
バイタライズ　vitalize
バイタライゼーション　vitalization
バイタリスティック　vitalistic
バイタリスト　vitalist
バイタリズム　vitalism
バイタリゼーション　vitalization
バイタリティー　vitality
バイタル　vital
バイタル・キャパシティー　vital capacity
バイタル・サインズ　vital signs
バイタル・スタティスティクス　vital statistics
ハイチ　Haiti
ハイチアン　Haitian, Hay-
ハイ・チェア　high chair
ハイ・チャーチ　High Church
ハイ・チャーチマン　High Churchman
パイ・チャート　pie chart
ハイツ　heights
バイツマン　Weizmann
ハイティ　Haiti
ハイ・デイ　high day
ハイティアン　Haitian, Hay-
ハイ・ティー　high tea
ハイ・ティーン　high teen
ハイティズム　heightism
ハイ・ディ・ホー　hi-de-ho
バイディレクショナル　bidirectional
ハイディング　hiding
バイティング　biting
ハイ・テーブル　high table
ハイテール　hightail
ハイテク　high tech, hi-tech
ハイ・テクノロジー　high technology
ハイデッガー　Heidegger
バイテューペラティブ　vituperative
バイテューペレーション　vituperation
バイテューペレート　vituperate
ハイデラバード　Hyderabad
ハイデルベルク　Heidelberg
ハイデン　Heiden
バイデン　Biden
ハイ・デンシティー　high-density
ハイ・テンション　high-tension
ハイト　height
ハイド　hide, Hyde

バイト　bite, byte, bight
バイド　bide
パイド　pied
バイドア　Baidoa
ハイドアウェー　hideaway
ハイドアウト　hideout
ハイド・アンド・ゴー・シーク　hide-and-go-seek
ハイド・アンド・シーク　hide-and-seek
バイドゥ　Baidu
ハイトゥン　heighten
ハイ・ドース　high-dose
バイ・ドール　Bayh-Dole
ハイ・トーン　high-tone
ハイ・トーンド　high-toned
ハイ・トップ　high-top
ハイド・パーク　Hyde Park
パイド・パイパー　Pied Piper
ハイドバウンド　hidebound
ハイドフェルド　Heidfeld
ハイドライド　hydride
ハイドラジン　hydrazine
ハイドランジア　hydrangea
ハイドラント　hydrant
ハイドリック　hydric
バイトリン　Vytorin
ハイドレーション　hydration
ハイドレート　hydrate
ハイドロ　hydro, hydr-, hydro-
ハイドロエレクトリシティー　hydroelectricity
ハイドロエレクトリック　hydroelectric
ハイドローリシティー　hydraulicity
ハイドローリック　hydraulic
ハイドローリックス　hydraulics
ハイドロカーボナス　hydrocarbonous
ハイドロカーボニック　hydrocarbonic
ハイドロカーボネーシャス　hydrocarbonaceous
ハイドロカーボン　hydrocarbon
ハイドロカルチャー　hydroculture
ハイドロキサイド　hydroxide
ハイドロキシアパタイト　hydroxyapatite
ハイドロキシダーゼ　hydroxydase
ハイドロキノン　hydroquinone
ハイドロクサイド　hydroxide
ハイドロクマリック　hydrocoumaric
ハイドログラフィー　hydrography
ハイドロクロリック　hydrochloric
ハイドロクロリック・アシッド　hydrochloric acid
ハイドロゲル　hydrogel
ハイドロコロイド　hydrocolloid
ハイドロサーマル　hydrothermal
ハイドロサイアニック　hydrocyanic
ハイドロサイアニック・アシッド　hydrocyanic acid
ハイドロジェナス　hydrogenous
ハイドロジェネーション　hydrogenation
ハイドロジェネート　hydrogenate
ハイドロジェン　hydrogen
ハイドロジェン・イオン　hydrogen ion
ハイドロジェン・サルファイド　hydrogen sulfide
ハイドロジェン・ペルオキサイド　hydrogen peroxide
ハイドロジェン・ボム　hydrogen bomb
ハイドロジェン・ボンド　hydrogen bond
ハイドロジオロジー　hydrogeology
ハイドロジオロジカル　hydrogeological
ハイドロジオロジスト　hydrogeologist
ハイドロスコープ　hydroscope
ハイドロスタティカル　hydrostatical
ハイドロスタティクス　hydrostatics
ハイドロスタティック　hydrostatic
ハイドロスフェア　hydrosphere
ハイドロセファラス　hydrocephalus
ハイドロセラピー　hydrotherapy
ハイドロゾーアン　hydrozoan
ハイドロダイナミクス　hydrodynamics
ハイドロダイナミシスト　hydrodynamicist
ハイドロダイナミック　hydrodynamic
ハイドロティック　hidrotic
ハイドロトロピズム　hydrotropism
ハイドロパシー　hydropathy
ハイドロパシック　hydropathic
ハイドロパワー　hydropower
ハイドロフィリック　hydrophilic
ハイドロフォイル　hydrofoil
ハイドロフォービア　hydrophobia
ハイドロフォービック　hydrophobic
ハイドロフラクチャリング　hydrofracturing
ハイドロプレーン　hydroplane
ハイドロポニシスト　hydroponicist

ハイドロポニック　hydroponic
ハイドロポニックス　hydroponics
ハイドロホン　hydrophone
ハイドロメーター　hydrometer
ハイドロメカニックス　hydromechanics
ハイドロメトリー　hydrometry
ハイドロライザブル　hydrolysable
ハイドロライズ　hydrolyze
ハイドロライゼーション　hydrolyzation
ハイドロリシス　hydrolysis
ハイドロリティック　hydrolytic
ハイドン　Haydn
バイナショナル　binational
バイナス　vinous
バイナック　BINAC
パイナップル　pineapple
バイナリー　binary, vinery
パイナリー　pinery
バイナリー・スター　binary star
バイナリー・ディジット　binary digit
ハイナン　Hainan
パイニアル　pineal
パイニー　piny, piney
ハイ・ヌーン　high noon
バイヌル　vinyl
ハイネ　Heine
バイネーム　byname
ハイネケン　Heineken
ハイネス　highness
ハイ・ネックト　high-necked
バイノーミアル　binomial
バイノーラル　binaural
バイノキュラー　binocular
バイバ　viva
ハイパー　hyper, hyper-
バイパー　viper
パイパー　piper
ハイパーアクティビティー　hyperactivity
ハイパーアクティブ　hyperactive
ハイパーアシッド　hyperacid
ハイパーアシディティー　hyperacidity
ハイパーイリタビリティー　hyperirritability
ハイパーイリタブル　hyperirritable
ハイパーインフレーション　hyperinflation
ハイパーオーピア　hyperopia
ハイパーカプニア　hypercapnia
ハイパーキネティック　hyperkinetic
ハイパークリティカル　hypercritical
ハイパーセクシュアリティー　hypersexuality
ハイパーセクシュアル　hypersexual
ハイパーセンシティビティー　hypersensitivity
ハイパーセンシティブ　hypersensitive
ハイパーソニック　hypersonic
ハイパーソニック・エフェクト　hypersonic effect
バイパータイト　bipartite
ハイパーチャージ　hypercharge
バイパーティザニズム　bipartisanism
バイパーティザン　bipartisan, -zan
ハイパーテキスト　hypertext
ハイパーテンシブ　hypertensive
ハイパーテンション　hypertension
ハイパーテンシン　hypertensin
ハイパートニシティー　hypertonicity
ハイパートニック　hypertonic
ハイパートロフィー　hypertrophy
ハイパートロフィック　hypertrophic
ハイバーナル　hibernal
ハイバーニアン　Hibernian
ハイバーネーション　hibernation
ハイバーネート　hibernate
ハイパープレージア　hyperplasia
ハイパーボラ　hyperbola
ハイパーボリ　hyperbole
ハイパーボリック　hyperbolic
ハイパーボロイド　hyperboloid
ハイパーマーケット　hypermarket
ハイパーマート　hypermart
ハイパーメディア　hypermedia
ハイパーモダン　hypermodern
ハイパーリピデミア　hyperlipidemia
ハイパーリンク　hyperlink
バイバイ　bye-bye, by-by
バイパス　bypass, bypath
バイバック　buyback
ハイ・ハット　high hat, high-hat
ハイ・パフォーマンス　high-performance
バイパラス　viperous
バイパリッシュ　viperish
バイバルブ　bivalve
ハイ・パワード　high-powered
ハイ・ハンデッド　high-handed
ハイ・ビーム　high beam

ハイビスカス　hibiscus
ハイ・ピッチト　high-pitched
パイピング　piping
ハイブ　hive
ハイプ　hype
パイプ　pipe
ハイファ　Haifa
バイファーケーション　bifurcation
バイファーケート　bifurcate
ハイ・ファイ　hi-fi　⇨ハイ・フィデリティー
ハイ・ファイナンス　high finance
ハイ・ファイブ　high-five
ハイ・ファッション　high fashion
ハイファルーティン　highfalutin, hifa-
バイファンクショナル　bifunctional
ハイ・フィデリティー　high fidelity, high-fidelity
ハイフェッツ　Heifetz
バイフォーカル　bifocal
ハイフォネーション　hyphenation
パイプ・オルガン　pipe organ
ハイフォン　Hai phong
パイプ・クリーナー　pipe cleaner
パイプ・クレー　pipe clay
パイプ・シャフト　pipe shaft
ハイブズ　hives
バイブズ　vibes
ハイプト・アップ　hyped-up
パイプ・ドリーム　pipe dream
ハイフネーテッド　hyphenated
ハイフネート　hyphenate
パイプフル　pipeful
ハイ・プライスト　high-priced
ハイフライヤー　highflier, -flyer
パイプライン　pipeline
ハイ・フライング　high-flying
ハイブラウ　highbrow
パイプ・ラック　pipe rack
バイブラトリー　vibratory
バイブランシー　vibrancy
バイブラント　vibrant
ハイ・フリーケンシー　high frequency
ハイ・プリースト　high priest
ハイブリダイズ　hybridize
ハイブリダイゼーション　hybridization
ハイブリッド　hybrid
ハイブリッド・メール　hybrid mail
ハイブリディズム　hybridism
ハイブリディゼーション　hybridization
ハイブリディティー　hybridity
バイブル　Bible
バイブル・オース　Bible oath
バイブル・クラス　Bible class
バイブル・ソサエティー　Bible society
バイブル・ベルト　Bible Belt
バイプレー　byplay
バイブレーション　vibration
バイブレーター　vibrator
バイブレート　vibrate
バイプレーヤー　byplayer
バイプレーン　biplane
ハイ・プレッシャー　high-pressure
ハイブレッド　highbred
ハイブロー　⇨ハイブラウ
ハイ・フローン　high-flown
バイブロサイス　vibroseis
バイ・プロダクト　by-product
ハイ・プロファイル　high profile
ハイフン　hyphen
バイベーレンシー　bivalency
バイベーレンス　bivalence
バイベーレント　bivalent
バイペッド　biped
ハイペリオン　Hyperion
ハイペリシン　hypericin
ハイポ　hypo
ハイポアシディティー　hypoacidity
ハイポアラージェニック　hypoallergenic
ハイポイド　hypoid
ハイホー　heigh-ho
ハイボーイ　highboy
ハイ・ホース　high horse
バイポーラー　bipolar
ハイボール　highball
パイボールド　piebald
ハイボーン　highborn
ハイポグリセミア　hypoglycemia
ハイポサーミア　hypothermia
ハイポサイクロイド　hypocycloid
ハイポサラマス　hypothalamus
ハイポサラミック　hypothalamic
ハイポサラムス　hypothalamus
ハイポサルファイト　hyposulfite
ハイポスタシス　hypostasis

ハイポスタタイズ　hypostatize
ハイポセケーション　hypothecation
ハイポセケート　hypothecate
ハイポセサイズ　hypothesize
ハイポセシス　hypothesis
ハイポセティカル　hypothetical
ハイポセンター　hypocenter
ハイポダーミス　hypodermis
ハイポダーミック　hypodermic
ハイポタクシス　hypotaxis
ハイポテニューズ　hypotenuse
ハイポテンシブ　hypotensive
ハイポテンション　hypotension
ハイポトニシティー　hypotonicity
ハイポトニック　hypotonic
ハイポトロコイド　hypotrochoid
バイポラリティー　bipolarity
ハイ・ポリティックス　high politics
ハイ・ポリマー　high polymer
バイ・マイナス　buy minus
ハイ・マインデッド　high-minded
ハイ・マス　high mass
ハイマン　Hyman
バイマンスリー　bimonthly
ハイム　Heim
ハイム・ポトク　Chaim Potok
ハイ・メインテナンス　high-maintenance
バイメタリスト　bimetallist
バイメタリズム　bimetallism
バイメタリック　bimetallic
バイメタル　bimetal
ハイメニーアル　hymeneal
ハイメン　hymen
ハイ・メンテナンス　high-maintenance
ハイヤー　hire
バイヤー　buyer, Byer
ハイヤー・アップ　higher-up
ハイヤー・カー　hire car
バイヤーズ・マーケット　buyers' market
ハイヤード　hired
ハイヤー・パーチェス　hire purchase
バイヤスドルフ　Beiersdorf
ハイヤラー　hirer
ハイヤリング　hireling
バイユー　bayou
バイヨン　baião
ハイ・ライズ　high-rise
ハイライター　highlighter
ハイライト　highlight, hi-lite
パイライト　pyrite
バイライン　byline
パイラシー　piracy
ハイラックス　hyrax
パイラティカル　piratical
バイラテラル　bilateral
ハイラム　Hiram
バイラル　viral
バイラル・マーケティング　viral marketing
ハイ・ランキング　high-ranking
ハイランダー　highlander
ハイランド　highland
ハイランド・フリング　Highland fling
ハイリー　highly
ハイリー・ストラング　highly-strung
ハイリゲンダム　Heiligendamm
ハイ・リスク　high-risk
ハイ・リターン　high-return
バイリンガリズム　bilingualism
バイリンガル　bilingual
パイリング　piling
バイル　Bayrou, bile, vile
パイル　pile
パイルアップ　pileup
パイル・ドライバー　pile driver
バイレーシャル　biracial
パイレーツ　(Pittsburgh) Pirates
パイレート　pirate
バイレービアル　bilabial
ハイレグ・カット　high-leg cut
ハイレゾ　high-res, hi-res　⇨ハイ・レゾリューション
ハイ・レゾリューション　high-resolution
パイレックス　Pyrex
パイレティック　pyretic
ハイ・レベル　high-level
パイロ　pyro
バイロイト　Bayreuth
バイロウ　Biro
パイロエレクトリック　pyroelectric
バイロー　bylaw, byelaw
ハイロード　highroad
バイロード　byroad
ハイ・ローラー　high roller
パイロクラスティック　pyroclastic

パイロジェン　pyrogen
パイロッテージ　pilotage
パイロット　pilot
パイロット・オフィサー　pilot officer
パイロット・サーベイ　pilot survey
パイロット・バーナー　pilot burner
パイロットハウス　pilothouse
パイロット・バルーン　pilot balloon
パイロット・フィッシュ　pilot fish
パイロット・ボート　pilot boat
パイロット・ライト　pilot light
パイロット・ランプ　pilot lamp
パイロットレス　pilotless
パイロテクニクス　pyrotechnics
パイロテクニック　pyrotechnic
パイロフォリック　pyrophoric
パイロマニア　pyromania
パイロマニアック　pyromaniac
パイロメーター　pyrometer
パイロメトリー　pyrometry
パイロモーファイト　pyromorphite
パイロリシス　pyrolysis
バイロロジー　virology
バイロロジスト　virologist
バイロン　Byron
パイロン　pylon, pyron
バイワード　byword
ハイ・ワイヤー　high wire
バイン　bine, vine
パイン　pine
パインウッド　pinewood
パインコーン　pinecone
ハインズ　Heinz
バイン・セオ　banh xeo
パインタ　pinta
ハインダー　hinder
バインダー　binder
バインダリー　bindery
バイン・チャン　banh trang
ハインツ　Heinz
パイン・ツリー　pine tree
バインディング　binding
バインディング・エナジー　binding energy
ハインド　hind
バインド　bind
パイント　pint
バインドウィード　bindweed
ハインドガット　hindgut
ハインドクオーター　hindquarter
パイント・サイズ　pint-size
ハインドサイト　hindsight
ハインドマーチ　Hindmarch
ハインドモスト　hindmost
ハインドル　Heindl
ハインド・レッグ　hind leg
バインドレッサー　vinedresser
パイン・ナット　pine nut
パイン・ニードル　pine needle
パイン・マツテン　pine marten
バイン・ミー　banh mi
バインヤード　vineyard
ハインライン　Heinlein
ハインリク　Heinrich
ハインリヒ　Heinrich
ハウ　how, Howe
バウ　bow, bough, vow
パウ　pow
バウアー　Bauer, bower
ハウイッツァー　howitzer
ハウエバー　however
バウエル　bowel, vowel
パウエル　Powell
バウエル・ムーブメント　bowel movement
バウエルライク　vowellike
バウ・オール　bow oar
ハウサ　Hausa
ハウザー　Houser
バウシュ　Bausch
パウシュ　Pausch
ハウジング　housing
ハウジング・アソシエーション　housing association
ハウジング・エステート　housing estate
ハウジング・ディベロップメント　housing development
ハウジング・プロジェクト　housing project
ハウス　house
ハウス・アレスト　house arrest
ハウスウェアズ　housewares
ハウスウォーミング　housewarming
ハウス・エージェント　house agent
ハウス・カード　house card
ハウスキーパー　housekeeper
ハウスキーピング　housekeeping

ハウスクラフト　housecraft
ハウスクリーニング　housecleaning
ハウスゲスト　houseguest
ハウスコート　housecoat
ハウス・コール　house call
ハウス・サージャン　house surgeon
ハウス・サウンド　house sound
ハウス・シッター　house-sitter
ハウス・シット　house-sit
ハウス・スタイル　house style
ハウス・スパロー　house sparrow
ハウス・ダスト　house dust
ハウス・デテクティブ　house detective [dick]
ハウステンボス　Huis Ten Bosch
ハウス・トゥー・ハウス　house-to-house
ハウス・ドクター　house doctor
ハウストップ　housetop
ハウス・トレインド　house-trained
ハウス・トレーラー　house trailer
ハウスドレス　housedress
ハウス・パーティー　house party
ハウスバウンド　housebound
ハウスハズバンド　househusband
ハウス・ハンティング　house-hunting
ハウスファーザー　housefather
ハウス・フィジシャン　house physician
ハウスフライ　housefly
ハウスフラウ　hausfrau
ハウス・プラウド　house-proud
ハウスプラント　houseplant
バウスプリット　bowsprit
ハウスフル　houseful
ハウスブレーカー　housebreaker
ハウスブレーキング　housebreaking
ハウスブロークン　housebroken
ハウスボーイ　houseboy
ハウスボーター　houseboater
ハウスボート　houseboat
ハウスホールダー　householder
ハウスホールド　household
ハウスホールド・キャバルリー　Household Cavalry
ハウス・マーティン　house martin
ハウスマザー　housemother
ハウスマスター　housemaster
ハウスマン　houseman, Housman
ハウスメイズ・ニー　housemaid's knee
ハウスメイド　housemaid
ハウスライツ　houselights
ハウスルーム　houseroom
ハウス・レイジング　house-raising
ハウスレス　houseless
ハウスレッカー　housewrecker
ハウスワーク　housework
ハウスワイフ　housewife
ハウスワイフェリー　housewifery
ハウソーエバー　howsoever
ハウダ　howdah, hou-
パウター　pouter
パウダー　powder
パウダー・ケッグ　powder keg
パウダー・スノー　powder snow
パウダード　powdered
パウダー・パフ　powder puff
パウダー・ブルー　powder blue
パウダー・ルーム　powder room
パウダリー　powdery
バウチ　vouch
パウチ　pouch
バウチセーフ　vouchsafe
パウチト　pouched
バウチャー　voucher
ハウツー　how-to
ハウディー　howdie, -dy
バウティスタ　Bautista
ハウテン　Gauteng
バウト　bout
パウト　pout
バウハウス　Bauhaus
ハウプトマン　Hauptmann
バウマン　bowman
バウムクーヘン　Baumkuchen
ハウラー　howler
パウリスタ　paulista
ハウリング　howling
ハウル　howl
パウル・クレー　Paul Klee
パウロ　Paul
バウワウ　bowwow
パウワウ　powwow
バウンサー　bouncer
バウンシー　bouncy
バウンシング　bouncing

バウンス　bounce
パウンス　pounce, Pownce
ハウンズ・トゥース　hound's tooth
ハウンズロー　Hounslow
バウンダー　bounder
パウンダー　pounder
バウンダリー　boundary
パウンダル　poundal
バウンティアス　bounteous
バウンティー　bounty
バウンティー・ハンター　bounty hunter
バウンティフル　bountiful
パウンディング　pounding
バウンデン　bounden
ハウンド　hound
バウンド　bound
パウンド　pound, Pound
パウンド・ケーキ　pound cake
パウンド・サイン　pound sign
パウンド・ノート　pound note
バウンドレス　boundless
パエージャ　paella
バエズ　Baez
パエリア　paella
ハエン　Jaén
バオバブ　baobab
パオリーニ　Paolini
パオロ　Paolo
パオロッツィ　Paolozzi
パオロ・ベロネーゼ　Paolo Veronese
ハカ　haka
ハガード　Haggard, haggard
パガーニ・ゾンダ　Pagani Zonda
ハガー・マガー　hugger-mugger
ハガイ　Haggai
ハカシア　Khakassia
ハカス　Khakassia
バガス　bagasse
バガテル　bagatelle
ハカニ　Haqqani
パガニーニ　Paganini
バガブー　bugaboo, buggaboo
ハガブル　huggable
バガボンデージ　vagabondage
バガボンド　vagabond
バカラ　baccara(t), Baccarat
バカラオ　bacalao
バカラ・グラス　Baccarat glass
バカラック　Bacharach
バカルディ　Bacardi
バカロリエート　baccalaureate
バカロレア　baccalauréat
バカンス　vacance, vacation
バカンピシリン　bacampicillin
パキ　Paki, Pakki, Pakky
ハキア　Hakia
バギー　bagie, baggy, buggy
パギー　puggy
バギー・ルック　baggy look
ハギオグラフィー　hagiography
ハギオグラフィカル　hagiographical
ハギオグラフィック　hagiographic
ハギオロジー　hagiology
パキシル　Paxil
ハギス　haggis
パキスターニ　Pakistani
パキスタン　Pakistan
パキダーマタス　pachydermatous
パキダーマル　packydermal
パキダーム　pachyderm
パキダーモイド　packydermoid
ハギッシュ　haggish
パギッシュ　puggish
バギナ　vagina
バギナイティス　vaginitis
バキュアス　vacuous
バキュイティー　vacuity
バキュウム　vacuum
バキューム・クリーナー　vacuum cleaner
バキューム・ゲージ　vacuum gauge
バキューム・チューブ　vacuum tube
バキューム・パックト　vacuum-packed
バキューム・フラスコ　vacuum flask
バキューム・ブレーキ　vacuum brake
バキューム・ボトル　vacuum bottle
バキューム・ポンプ　vacuum pump
バキュロウイルス　baculovirus
ハギン　Huggin
ハグ　hug, hag
バグ　bug
パク　Park
パグ　pug
バクー　Baku
バクーバ　Baquabah, Baqubah

パク・クネ　Park Geun Hye, Park Geun-hye
バグジー　bugsy
バクシーシ　baksheesh
バクシナル　vaccinal
バクシネーション　vaccination
バクシネート　vaccinate
バクシン　vaccine
パクス・アメリカーナ　Pax Americana
パクス・イスラミカ　Pax Islamica
パクス・シニカ　Pax Sinica
バクスター　Baxter
バクストン　Buxton
パクストン　Paxton
バグズ・バニー　Bugs Bunny
パクス・ブリタニカ　Pax Britannica
パクス・ロマーナ　Pax Romana
バクソム　buxom
バグダッド　Baghdad, Bagdad
バグダディ　Baghdadi
パク・チー　phak chi
パク・チソン　Park Ji-Sung
パク・チョンヒ　Park Chung-hee
パクティーカ　Paktika
パクティカ　Paktika
バクテリア　bacteria
バクテリアル　bacterial
バクテリーミア　bacteremia, -rae-
バクテリーミック　bacteremic
バクテリウム　bacterium
バクテリオシン　bacteriocin
バクテリオファージ　bacteriophage
バクテリオプランクトン　bacterioplankton
バクテリオロジー　bacteriology
バクテリオロジカル　bacteriological
バクテリオロジスト　bacteriologist
バクテリサイダル　bactericidal
バクテリサイド　bactericide
バクテロイド　bacteroid
パクト　pact
バクトリアン・キャメル　Bactrian camel
パグナシティー　pugnacity
ハクニー　hackney
ハクニー・キャリッジ　hackney carriage
ハクニー・コーチ　hackney coach
ハクニード　hackneyed
パグネーシャス　pugnacious
パグ・ノーズ　pug nose
パグ・ノーズド　pug nosed
バグパイパー　bagpiper
バグパイプ　bagpipe
バグハウス　bughouse
バグ・フィックス　bug fix
バグベーン　bugbane
バグボ　Gbagbo
ハグラー　haggler
バクラバ　baklava
バグラム　Bagram
パクリタクセル　paclitaxel
ハグル　haggle
バクロフェン　baclofen
バゲージ　baggage
バケーショナー　vacationer
バケーショニスト　vacationist
バケーション　vacation
バケーションランド　vacationland
バケート　vacate
バケツ　bucket
ハケット　Hackett, hackette
バケット　bucket
バゲット　baguet(te)
パケット　packet
バケット・シート　bucket seat
バケット・ショップ　bucket shop
バケット・ブリゲード　bucket brigade
バケットフル　bucketful
パケット・ボート　packet boat
バゲリアス　vagarious
バコール　Bacall
パゴダ　pagoda
パゴダイト　pagodite
パゴパゴ　Pago Pago
パコ・ラバンヌ　Paco Rabanne
バザー　bazaar, -zar, bother
バザーサム　bothersome
パサージュ　passage
バサースト　Bathurst
パサータ　passata
ハザード　hazard
バザード　buzzard
パサート　Passat
ハザード・マップ　hazard map
バザール　bazaar, -zar
ハサウェイ　Hathaway

ハザダス hazardous
ハサップ HACCP
パサデナ Pasadena
パサブリー passably
パサブル passable
ハザラ Hazara
バザレーション botheration
バサロ Vassallo
ハサン Hasan
ハジ hajji, haji, hadji
バジー buzzy
ハシーシ hashish, hasheesh
バジェタリー budgetary
バジェット budget
バジェット・アカウント budget account
バジェット・プラン budget plan
ハシエンダ hacienda
パジェントリー pageantry
バシコルトスタン Bashkortostan
ハシシュ hashish, hasheesh
ハシッシュ hashish, hasheesh
ハジッチ Hadžić
ハシッド Hasid
ハシップ HACCP
ハシディズム Hasidism
ハシド Hasid
パジナル paginal
パジネーション pagination
パジネート paginate
バシネット bassinet, -nette
パシビティー passivity
パシファイ pacify
パシファイアー pacifier
パシフィケーション pacification
パシフィコ pacifico
パシフィスト pacifist
パシフィズム pacifism
パシフィック pacific
パシフィック・アイランズ Pacific Islands
パシフィック・オーシャン Pacific Ocean
パシフィック・スタンダード・タイム Pacific standard time, PST
パシフィック・タイム Pacific time
パシフィック・リム Pacific Rim
パシャ pasha, -cha
バジャイ Bajaj
バジャウル Bajaur
バジャジ Bajaj
パジャマ pajama, py-
パシュート pursuit
パシュト Pashto, Pashtu
パシュトゥーン Pashtun
パシュトー Pashto, Pashtu
パシュミナ pashmina
バシュラン vacherin
バシュロン・コンスタンタン Vacheron Constantin
バジョット Bagehot
バシラス bacillus
バシラリー bacillary
バジリオン bazillion
バシリカ basilica
バジリカータ Basilicata
バシリカン basilican
バジリコ basilico, basil
バシリスク basilisk
バシル Bashir
バジル basil
バシレーション vacillation
バシレーター vacillator
バシレート vacillate
バシング busing, bussing
ハシンタ Jacinta
ハズ has
バス bus, bass, bath, vas
バズ buzz
パス pass, path, pus
パスウェー pathway
バズーカ bazooka
バスーニスト bassoonist
バスーン bassoon
バス・オイル bath oil
パスオーバー Passover
ハスカー husker
バスカー busker
バスガール busgirl
バズカット buzzcut
バスカビル Baskerville
パスカル Pascal, pascal, paschal
バスキア Basquiat
ハスキー husky
パスキー passkey
ハスキー・ボイス husky voice
バスキュール・ブリッジ bascule bridge

バスキュラー　vascular
バスキュラム　vasculum
バスキュラライズ　vascularize
バスキュラライゼーション　vascularization
バスキュラリゼーション　vascularization
バスキン　buskin
ハスキング　husking
ハスキング・ビー　husking bee
バスキン・ロビンズ　Baskin-Robbins
ハスク　husk
バスク　Basque, bask, busk
パスクイネード　pasquinade
パスクフラワー　pasqueflower
バス・クレフ　bass clef
バスケス　Vázquez
バスケット　basket
バスケット・ウィーブ　basket weave
バスケット・ケース　basket case
バスケットフル　basketful
バスケットボール　basketball
バスケットリー　basketry
バスケットワーク　basketwork
バスコ　Vasco
バスコ・ダ・ガマ　Vasco da Gama
バズコックス　Buzzcocks
バス・コンダクター　bus conductor
バス・シェルター　bus shelter
バスシバ　Bathsheba
バス・ステーション　bus station
バス・ストップ　bus stop
パス・スルー　pass-through
バズ・ソー　buzz saw
バス・ソルト　bath salts
パスタ　pasta
バスター　buster
パスター　pastor
パスターシップ　pastorship
バスターダイズ　bastardize
バスターダイゼーション　bastardization
バスターディー　bastardy
バスターディゼーション　bastardization
ハスタート　Hastert
バスタード　bastard, bustard
パスターン　pastern
パスタイム　pastime
バスタブ　bathtub
パスチャー　pasture
パスチャーランド　pastureland
パスチャラー　pasturer
パスチャレージ　pasturage
パスチュール　pustule
バスチョン　bastion
パスツーライズ　pasteurize
パスツーリゼーション　pasteurization
パスツール　Pasteur
バスティー　busty
パスティー　pasty
パスティーシュ　pastiche
バスティーユ　Bastille
パスティール　pastille, pastil
バスティオン　bastion
パスティス　pastis
パスティラ　pastilla
パスティング　pasting
ハスティングズ　hustings
バステール　Basseterre
バステッド　busted
パステュール　pustule
パステル　pastel
パステルナーク　Pasternak
ハステロイ　Hastelloy
バスト　bust, vast, bast
パスト　past, passed
パストゥール　Pasteur
パストゥライズ　pasteurize
パストゥライゼーション　pasteurization
バストネサイト　bastnasite, bastnaesite
パスト・パーティシプル　past participle
パスト・パーフェクト　past perfect
パスト・ボール　passed ball
パスト・マスター　past master
パストラーレ　pastorale
パストラミ　pastrami
バス・ドラム　bass drum
パストラル　pastoral
パストラル・エピッスル　Pastoral Epistles
パストラル・スタッフ　pastoral staff
ハストリー　herstory
バストリー　vastly
パストレート　pastorate
バスハウス　bathhouse
パス・パルトゥー　passe-partout
ハズバンド　husband
ハズバンドリー　husbandry

バズビー busby
ハズ・ビーン has-been
ハスプ hasp
パスファインダー pathfinder
バズフィード BuzzFeed
パスブック passbook
パスブレーカー pathbreaker
パスブレーキング pathbreaking
パスフレーズ passphrase
ハズブロ Hasbro
バスボーイ busboy
パスポート passport
バス・ホルン bass horn
バズ・マーケティング buzz marketing
バス・マウス bus mouse
ハズマット hazmat
バス・マット bath mat
バズマティ basmati
バスマン busman
バスマンズ・ホリデー busman's holiday
バスラ Basra, Busra
ハスラー hustler
パズラー puzzler
バズ・ライトイヤー Buzz Lightyear
ハズリット Hazlitt
バスリング bustling
パズリング puzzling
ハスル hassle, hassel, hustle
バスル bustle
パズル puzzle
バスルーム bathroom
バスルーム・ティッシュー bathroom tissue
パズルメント puzzlement
バス・レーン bus lane
パスレス pathless
バス・レリーフ bas-relief, bass-
バスロード busload
バスローブ bathrobe
バズワード buzzword
パスワード password
ハズント hasn't
パセ pase
バセクトミー vasectomy
バセッタイト bassetite
バセット basset
バセット・ハウンド basset hound
ハセップ HACCP
パセティカル pathetical
パセティック pathetic
パセティック・ファラシー pathetic fallacy
バセドー Basedow
バゼドーズ・ディジーズ Basedow's disease
パセリ parsley
バセンジー basenji
バソールト basalt
パソジェニー pathogeny
パソジェネシス pathogenesis
パソジェン pathogen
ハソック hassock
パソ・ドブレ paso doble
バソフ Basov
バソプレシン vasopressin
バソメーター bathometer
バソリン bassorin
パソロジー pathology
パソロジカル pathological
パソロジスト pathologist
バター butter
パター putter, patter
バターカップ buttercup
バタークリーム buttercream
バタースコッチ butterscotch
バター・スプレッダー butter spreader
パターソン Paterson, Patterson
パター・ソング patter song
バタード・ウーマン battered woman
バター・ナイフ butter knife
バターナット butternut
パターナリスティック paternalistic
パターナリスト paternalist
パターナリズム paternalism
パターナル paternal
パダーニア Padania
パターニティー paternity
パターニティー・テスト paternity test
パターニティー・リーブ paternity leave
パダーニャ Padania
パターノ Paterno
バター・ビーン butter bean
バターファット butterfat
バターフィールド Butterfield
バターフィンガーズ butterfingers
バターフィンガード butterfingered
バターヘッド butterhead

バターボール　butterball
バターミルク　buttermilk
バターワース　Butterworth
バターン　Bataan
パターン　pattern, Pathan
パターンド　patterned
パターン・ブック　pattern book
パターン・プラクティス　pattern practice
パターン・ボミング　pattern bombing
パターンメーカー　patternmaker
パターンメーキング　patternmaking
バタイユ　Bataille
バタカップ　buttercup
パタゴニア　Patagonia
パタゴニアン　Patagonian
バタシー　Battersea
バタスナ　Batasuna
パタタス・ブラバス　patatas bravas
パダニア　Padania
バダフシャン　Badakhshan
バタフライ　butterfly
バタフライ・スプレッド　butterfly spread
ハタミ　Khatami
パタヤ　Pattaya
ハタ・ヨーガ　hatha yoga
バタリ　Batali
バタリー　buttery
バタリオン　battalion
バタリング・ラム　battering ram
パタン　pattern
パダン　Padang
ハダンゲルフィヨルド　Hadangerfjord
パタンナー　patterner
パチーノ　Pacino
ハチェット　hatchet
パチェット　Patchett
ハチェット・ジョブ　hatchet job
ハチェット・フェース　hatchet face
ハチェット・フェースト　hatchet faced
ハチェット・マン　hatchet man
バチェラー　bachelor
バチェレ　Bachelet
バチカン　Vatican
バチカン・シティー　Vatican City
バチスカーフ　bathyscaphe, -scaph
バチスタ　Batista
バチスト　batiste
バチスフィア　bathysphere
ハチスン　Hutcheson
ハチソン　Hutchison
バチック　batik
パチュリー　patchouli, -ly, pachouli
パチョリ　patchouli, -ly, pachouli
バチル　batyl
バツータ　Battuta
ハッカ　Hakka
ハッカー　hacker
バッカー　backer
バッガー　bugger
パッカー　packer, pucker
パッカード　Packard
バッカス　Bacchus
バッカナリア　Bacchanalia
バッカナリアン　bacchanalian
バッカナル　bacchanal
バッカニア　buccaneer, -nier
ハッカバック　huckaback
ハッカビー　Huckabee
バッガリー　buggery
パッカリー　puckery
バッカル　buccal
バッカルー　buckaroo
バッカント　bacchant, bacchante
ハッキー　hackie
バッキー・オニオン　bucky onion
ハッキーサック　Hacky Sack
バッキーチューブ　buckytube
バッキーボール　buckyball
バッキック　bacchic
パッキッシュ　puckish
ハッキネン　Hakkinen
バッキンガムシャー　Buckinghamshire
バッキンガム・パレス　Buckingham Palace
ハッキング　hacking
バッキング　backing
バッギング　bugging
パッキング　packing
パッキング・ケース　packing case
ハッキング・コート　hacking coat
ハッキング・コーフ　hacking cough
ハッキング・ジャケット　hacking jacket
パッキング・ボックス　packing box
ハック　hack, huck, Huck
バック　back, buck, Buck, vac

バッグ　bag, bug
パック　pack, puck
バックアイ　buckeye
パック・アイス　pack ice
バッグ・アイド　bug-eyed
バックアップ　backup
バックアップ・ライト　backup light
パック・アニマル　pack animal
バック・イシュー　back issue
バックウォーター　backwater
バックウォッシュ　backwash
バックウッズ　backwoods
バックウッズマン　backwoodsman
バックエイク　backache
バック・エンド　back end, back-end
バック・オーダー　back order
バック・オフィス　back office
バック・カタログ　back catalog
バックカントリー　backcountry
バックキャスティング　backcasting
バックキャスト　backcast
バックギャモン　backgammon
バックグラウンダー　backgrounder
バックグラウンド　background
バックグラウンド・ミュージック　background music, BGM
バックグランド　background
バック・クロール　back crawl
バッククロス　backcloth, backcross
バックコート　backcourt
バックコーム　backcomb
バックサイド　backside
パックサドル　packsaddle
バックシー　buckshee
バックシーシュ　baksheesh, -shish, back-
バックシート　backseat
バックシート・ドライバー　backseat driver
バックショアリング　backshoring
バックショット　buckshot
パックス　pax
パックス・イスラミカ　Pax Islamica
バックスイング　backswing
バックスウェプト　backswept
バックスキャッター　backscatter
バックスキン　buckskin
バック・スクラッチャー　back scratcher
パックス・シニカ　Pax Sinica
ハックスター　huckster
バックスタッバー　backstabber
バックスタッビング　backstabbing
バックスタッブ　backstab
バックステアズ　backstairs
バックステイ　backstay
バックスティッチ　backstitch
バックステージ　backstage
バックステッチ　backstitch
ハックステリズム　hucksterism
バックストーリー　backstory
バックストップ　backstop
バック・ストリート　back-street
バックストリート・ボーイズ　Backstreet Boys
ハックストレス　huckstress
バックストレッチ　backstretch
バックストローク　backstroke
バッグズ・バニー　Bugs Bunny
ハックスピーク　hakspeak, hackspeak
バックスピン　backspin
バック・スプレッド　back spread
バックスペース　backspace
バックスライダー　backslider
バックスライド　backslide
バックスラッシュ　backslash
バックスラッピング　backslapping
バック・スラング　back slang
ハックスリー　Huxley
パックスレッド　packthread
ハックソー　hacksaw
バックソー　bucksaw
バックソーン　buckthorn
バックダウン　backdown
バック・タックス　back tax
バックチャット　backchat
バックチャンネル　backchannel
ハックティビスト　hacktivist
ハックティビズム　hacktivism
バックデート　backdate
バックト　backed, bucked
パックト　packed
バック・ドア　back door, backdoor
バックトゥース　bucktooth
バック・トゥー・バック　back-to-back
バック・トーク　back talk
バックトラック　backtrack

バックドロップ　backdrop
バック・ナイブズ　Buck Knives
バックナンバー　back number
バック・バーナー　back burner
バックバイティング　backbiting
バックバイト　backbite
バック・バウエル　back vowel
バックパッキング　backpacking
バックパック　backpack
バック・パッセージ　back passage
バックハンダー　backhander
バックハンデッド　backhanded
バックハンド　backhand
バック・ハンドスプリング　back handspring
バックビート　backbeat
バックファイア　backfire
バックフィールド　backfield
バックフィット　backfit
バックフィル　backfill
バック・フォーメーション　back-formation
バックフリップ　backflip
バッグフル　bagful
バックブレーカー　backbreaker
バックブレーキング　backbreaking
バックプロパゲーション　backpropagation
バッグベア　bugbear
バックペダル　backpedal
ハックベリー　hackberry
バックベンチ　backbench
バックベンチャー　backbencher
バックホイート　buckwheat
バックホイート・ケーキ　buckwheat cake
バック・ボイラー　back boiler
バックホー　backhoe
パックホース　packhorse
バックボード　backboard, buckboard
バックホール　backhaul
バックボーン　backbone
ハックマン　hackman
バックマン　Bachmann
バッグマン　bagman
パックマン　Pac-Man
バックミラー　⇨リアビュー・ミラー
バックミンスターフラーレン
buckminsterfullerene
バックモスト　backmost
バックヤード　backyard
バックラー　buckler
バックライト　backlight
バックラッシュ　backlash
パック・ラット　pack rat
バックラム　buckram
バックリー　Buckley
バックリスト　backlist
ハッグリデン　hagridden
バックリフト　backlift
ハックル　hackle
バックル　buckle
バック・ルーム　back room
バックルーム・ボーイ　backroom boy
ハックルベリー　huckleberry
ハックルベリー・フィン　Huckleberry Finn
バックレーキング　buckraking
バックレス　backless
バックレスト　backrest
バッグレディ　bag lady
バック・ロード　back road
バックロード　backload
バックログ　backlog
バックロット　backlot
バックロニム　backronym
ハックワーク　hackwork
バックワーズ　backwards
バックワーデーション　backwardation
バックワード　backward
バッグワーム　bagworm
バッゲージ　baggage
パッケージ　package
バッゲージ・カー　baggage car
バッゲージ・クレーム　baggage claim
パッケージ・ストア　package store
バッゲージ・チェック　baggage check
パッケージ・ツアー　package tour
パッケージ・ディール　package deal
パッケージ・バイク　package bike
パッケージ・ホリデー　package holiday
バッゲージ・ルーム　baggage room
パッケージング　packaging
パッケリ　paccheri
バッサー　Vassar
バッサーニオ　Bassanio
パッサーバイ　passerby
パッサブリー　passably
パッサブル　passable

バッサル　vassal
バッサレージ　vassalage
ハッサン　Hassan
パッサント　passant
ハッジ　hajj, haj, hadj
バッジ　badge, budge
ハッシー　Hassey, Hussey, hussy
バッシー　Bassey
パッジー　pudgy
ハッシウム　hassium
ハッシシ　hashish, hasheesh
パッシビティー　passivity
パッシブ　passive
パッシブ・オビーディエンス　passive obedience
パッシブ・スモーキング　passive smoking
パッシベーション　passivation
パッシベート　passivate
パッシム　passim
バッシャー　basher
バッジャー　badger
ハッシャビー　hushaby(e)
ハッシュ　hash, hush
バッシュ　bash
パッシュ　pash
ハッシュタグ　hashtag
ハッシュド・ビーフ　hashed beef
ハッシュ・ハウス　hash house
ハッシュ・ハッシュ　hush-hush
ハッシュ・パピー　hush puppy
ハッシュ・パピーズ　Hush Puppies
ハッシュ・ブラウンズ　hash [hashed] browns
ハッシュフル　hushful
バッシュフル　bashful
ハッシュ・マーク　hash mark
ハッシュ・マネー　hush money
パッショネート　passionate
パッション　passion
パッション・ウイーク　Passion Week
パッション・サンデー　Passion Sunday
パッションフラワー　passionflower
パッション・フルーツ　passion fruit
パッション・プレー　passion play
パッションレス　passionless
バッシング　bashing
パッシング　passing
ハッシング・サウンド　hushing sound
パッシング・ショット　passing shot
パッシング・ストローク　passing stroke
パッシング・ベル　passing bell
ハッスル　hustle, hassle
パッセ　passé
ハッセー　Hassey, Hussey
パッセージ　passage
パッセージウェー　passageway
バッセル　Bussell
パッセル　passel
パッセンジャー　passenger
パッセンジャー・シート　passenger seat
ハッダ　Hadda
ハッター　hatter
バッター　batter
パッ・タイ　pad thai
ハッチ　hatch, hutch
バッチ　batch, bach
パッチ　patch
パッチ・アップ　patch-up
パッチー　patchy
ハッチウェー　hatchway
ハッチ・ウォール　hatch wall
バッチェラー　bachelor
バッチェラー・ガール　bachelor girl
バッチェラーズ・デグリー　bachelor's degree
バッチェラーフッド　bachelorhood
ハッチェリー　hatchery
パッチ・コード　patch cord
パッチ・テスト　patch test
ハッチバック　hatchback
バッチ・ファイル　batch file
バッチ・プロセッシング　batch processing
パッチ・ポケット　patch pocket
ハッチメント　hatchment
ハッチリング　hatchling
パッチワーク　patchwork
ハッチング　hatching
ハッチンソン　Hatchinson, Hutchinson
バッツ　bats
パッツ　putz
パッツィー　patsy
バッツマン　batsman
バッティー　batty, butty
バッティング　batting, butting, vatting

バッディング　budding
パッティング　patting, putting
パッティング・グリーン　putting green
バッティング・ケージ　batting cage
パッデッド　padded
バッテリー　battery
バッテリー・パーク　Battery Park
バッテン　batten
パッテン　Patten
ハット　hat, hut
ハッド　had
バット　but, butt, bat, vat, VAT
バッド　bad, bud, Bud, Budd
パット　pat, Pat, putt
パッド　pad
バッドアス　badass
バットゥータ　Battuta
バッドウェア　badware
バッド・カンパニー　Bad Company
ハットチェック　hatcheck
ハット・ツリー　hat tree
バッド・テンパード　bad-tempered
ハット・トリック　hat trick
バッド・トリップ　bad trip
パットニー　Putney
バッド・ニュース　bad news
ハットバンド　hatband
ハットピン　hatpin
ハットフィールド　Hatfield
バッドフィンガー　Badfinger
バッド・ブラッド　bad blood
バットヘッド　Butt-head
バットボーイ　batboy
ハットボックス　hatbox
バッド・マウス　bad mouth, bad-mouth
バットマン　batman, Batman
ハットメント　hutment
ハット・ラック　hat rack
バッドランズ　badlands
バッドリー　badly
ハットレス　hatless
バットレス　buttress
ハットン　Hutton, Hatton
パットン　Patton
バッハ　Bach
バッパー　bopper
ハッハッ　ha-ha, haha
パッパルデッレ　pappardelle
ハッピー　happy
バッピー　buppie
ハッピー・アワー　happy hour
ハッピー・エンド　happy end [ending]
ハッピー・ゴー・ラッキー　happy-go-lucky
ハッピー・ハンティング・グラウンド　happy hunting ground
ハッピー・メディアム　happy medium
バップ　bap, bop
パップ　pap, pop, pup
バッファー　buffer
バッファー・アンダーラン　buffer underrun
バッファー・ステート　buffer state
バッファー・ゾーン　buffer zone
バッファロー　buffalo, Buffalo
バッファロー・スプリングフィールド　Baffalo Springfield
バッファロー・ビル　Buffalo Bill
バッファロー・ビルズ　Buffalo Bills
バッフェイ　buffet
バップスター　bopster
パップ・スミア　Pap smear
パップ・テスト　Pap test
パップ・テント　pup tent
バッフリング　baffling
ハッブル　Hubble
バッフル　baffle
バッフルメント　bafflement
ハッラー　challa(h), hallah
パテ　pâté, putty
ハティー　Hatty, Hattie
バディー　baddie, baddy, buddy
パティー　Patty, Pattie, patty, pattie, puttee, putty
パディー　Paddy, paddy, padi
ハディーサ　Haditha
バディー・システム　buddy system
ハディース　hadith
バディー・バディー　buddy-buddy
パディー・フィールド　paddy field
パディー・ワゴン　paddy wagon
パティオ　patio
バディ・ガイ　Buddy Guy
バティカン　Vatican
バティカン・シティー　Vatican City
パティキュラー　particular

パティキュラライズ　particularize
パティキュラライゼーション　particularization
パティキュラリー　particularly
パティキュラリゼーション　particularization
パティキュラリティー　particularity
ハティクバ　Hatikvah
パティシエ　pâtissier
バティスタ　Batista
バティスト　Baptiste
パティ・スミス　Patti Smith
パティスリー　pâtisserie
バティック　batik
パティック・フィリップ　Patek Philippe
ハディド　Hadid
パティナ　patina
バディナージ　badinage
バディ・ホリー　Buddy Holly
バディム　Vadim
パディメート　padimate
パディング　padding
バテシバ　Bathsheba
ハデス　Hades
パテ・ド・フォワグラ　pâté de foie gras
パテナ　paten
バデ・メークム　vade mecum
パデュー　Purdue
パテラ　patella
パテンシー　patency
パテンタブル　patentable
パテンティー　patentee
パテント　patent
パテント・オフィス　patent office
パテント・トロール　patent troll
パテント・メディシン　patent medicine
パテントリー　patently
パテント・レザー　patent leather
バトゥーミ　Batumi
バトー　bateau, batteau
パドカレ　Pas-de-Calais
パトグラフィー　pathography
ハトシェプスト　Hatshepsut
パドシャ　pas de chat
パトス　pathos
ハドソン　Hudson
ハドソン・ベイ　Hudson Bay
ハドック　haddock
バトック　buttock
パドック　paddock
パドドゥ　pas de deux
パトナ　Patna
バトミツバー　bat mi(t)zvah
バドミントン　badminton
ハトラ　Hatra
パドラ　paddler
バトラー　butler, Butler
バトラーズ・パントリー　butler's pantry
バトラキア　Batrachia
バトラキアン　Batrachian
パトラッシュ　Patrasche
パトリアーカル　patriarchal
パトリアーカル・クロス　patriarchal cross
パトリアーキー　patriarchy
パトリアーク　patriarch
ハドリアヌスズ・ウォール　Hadrian's Wall
ハドリー　Hadley
パトリオット　patriot
パトリオティズム　patriotism
パトリオティック　patriotic
パトリサイド　patricide
パトリシア　Patricia
パトリシアン　patrician
パトリスティック　patristic
パトリズム　patrism
パトリック　Patrick
パトリモニアル　patrimonial
パトリモニー　patrimony
パドリング・プール　paddling pool
ハドル　huddle
バトル　battle
パドル　paddle, puddle
バトル・アックス　battle-ax, -axe
バトル・クライ　battle cry
バトルグラウンド　battleground
バトル・クルーザー　battle cruiser
バトルシップ　battleship
バトル・ジャケット　battle jacket
バトル・スカード　battle-scarred
パドル・スティーマー　paddle steamer
バトルドア　battledore
バトル・ファティーグ　battle fatigue
バトルフィールド　battlefield
パドルフィッシュ　paddlefish
バトルフロント　battlefront

パドル・ホイール　paddle wheel
パドルボート　paddleboat
パドルボード　paddleboard
バトルメント　battlement
バトル・ロイヤル　battle royal
バトルワゴン　battlewagon
パドレイグ　Padraig
パドレス　(San Diego) Padres
パトロール　patrol
パトロールウーマン　patrolwoman
パトロール・カー　patrol car
パトロールマン　patrolman
パトロール・ワゴン　patrol wagon
ハドロサウルス　hadrosaurus
ハドロソー　hadrosaur
パドロック　padlock
パトロナイジング　patronizing
パトロナイズ　patronize
パトロニミック　patronymic
パトロネッジ　patronage
パトロン　patron, Patrón
パトロン・セイント　patron saint
バドワ　Badoit
パトワ　patois
バドワイザー　Budweiser
バトン　baton, batten, button, Button
バトン・チャージ　baton-charge
ハドント　hadn't
バトン・トワラー　baton twirler
バトン・ルージュ　Baton Rouge
ハナ　Hannah
バナー　banner
バナー・ヘッドライン　banner headline
パナイ　Panay
パナシーア　panacea
パナシーアン　panacean
バナジウム　vanadium
パナッシュ　panache
バナディック　vanadic
バナディナイト　vanadinite
バナデート　vanadate
パナテラ　panatela, -tella
バナナ　banana
バナナ・スキン　banana skin
バナナ・スプリット　banana split
バナナ・リパブリック　banana republic
パナビジョン　Panavision
ハナフォード　Hannaford
パナマ　Panama
ハナ・マウイ　Hana Maui
パナマ・カナル　Panama Canal
パナマ・カナル・ゾーン　Panama Canal Zone
パナマ・ハット　Panama hat
パナメーニアン　Panamanian
バナラス　Banaras
バナリティー　banality
バナル　banal
バナル・ファッション　banal fashion
バナレット　banneret, -ette
ハニー　honey
バニー　bunny
ハニーイーター　honeyeater
バニー・ガール　bunny girl
ハニーサッカー　honeysucker
ハニーサックル　honeysuckle
ハニー・スイート　honey-sweet
ハニーデュー　honeydew
ハニード　honeyed
パニーニ　panini
ハニー・バケット　honey bucket
ハニー・バン　honey bun
ハニーバンチ　honeybunch
ハニービー　honeybee
ハニーポット　honeypot
パニエ　pannier, panier
バニオン　bunion
ハニカム　honeycomb
ハニカムド　honeycombed
パニキン　pannikin
バニシング・クリーム　vanishing cream
バニスター　banister, bannis-
パニッキー　panicky
パニック　panic
パニック・ステーションズ　panic stations
パニック・ストリクン　panic-stricken
パニック・ディスオーダー　panic disorder
パニック・トレンド　panic trend
パニック・ボタン　panic button
パニッシャビリティー　punishability
パニッシャブル　punishable
バニッシュ　banish, vanish
パニッシュ　punish
バニッシュメント　banishment

パニッシュメント　punishment
パニッシング　punishing
バニッシング・クリーム　vanishing cream
バニッシング・ポイント　vanishing point
ハニティ　Hannity
バニティー　vanity
バニティー・ケース　vanity case
バニティー・バッグ　vanity bag
バニティー・パブリッシャー　vanity publisher
バニティー・フェア　Vanity Fair
バニティー・プレート　vanity plate
バニティー・プレス　vanity press
ハニ・ハンジュール　Hani Hanjour
バニヤン　Bunyan
バニラ　vanilla
バニリック　vanillic
バニリン　vanillin
バニング　vanning
バヌアツ　Vanuatu
ハヌカー　Hanukkah, -nu(k)ka
ハヌマン　Hanuman
パネジリスト　panegyrist
パネジリック　panegyric
バネッサ　Vanessa
パネットーネ　panettone
ハネデュー・メロン　honeydew melon
パネトーネ　panettone
ハネムーナー　honeymooner
ハネムーン　honeymoon
ハネムーン・ブリッジ　honeymoon bridge
パネラー　⇨パネリスト
パネライ　Panerai
パネリスト　panelist, -ellist
パネリング　paneling, -elling
パネル　panel
パネル・カンファレンス　panel conference
パネル・ゲーム　panel game
パネル・ディスカッション　panel discussion
パネル・トラック　panel truck
パネル・ビーター　panel beater
パネル・ヒーティング　panel heating
ハノイ　Hanoi
ハノイ・ロックス　Hanoi Rocks
ハノーバー　Hanover
ハノーバリアン　Hanoverian
バノック　bannock
バノフィー・パイ　banoffi pie, banoffee pie
パノプティコン　panopticon
パノプティック　panoptic
パノプリー　panoply
パノラマ　panorama
パノラミック　panoramic
ババ　baba, bubba
パパ　papa, poppa
バハーイー　Baha'i, Bhai
ハバーサック　haversack
ハバーダッシャー　haberdasher
ハバーダッシャリー　haberdashery
ハバード　Hubbard
ハバーフォード　Haverford
ババール　Babar
バハイ　Baha'i, Bhai
パパイヤ　papaya
パパイン　papain
バハカリフォルニア　Baja California
ハバクク　Habakkuk
バハサ　Bahasa
ハバッブ　hubbub
ハバッブー　hubbaboo, hubbuboo
パハップス　perhaps
ハバナ　Havana
ハバネラ　habanera
ハバネロ　habanero
バハマ　Bahamas
バハマ・アイランズ　Bahama Islands
バハミアン　Bahamian
パパラッチ　paparazzi
ババリア　Bavaria
ババロア　bavarois
パバロッティ　Pavarotti
ハバロフスク　Khabarovsk
パパン　Papin
パパンドレウ　Papandreou
バビ　Babbi
パビア　Pavia
バヒアグラス　bahiagrass
ハビー　hubby
バビー　Babbie
パピー　puppy, pappy
パピー・ウォーカー　puppy walker
パピー・ファット　puppy fat
パピー・ラブ　puppy love

パピエ・マシェ　papier-mâché
ハビタット　habitat
ハビタビリティー　habitability
ハビタブル　habitable
ハビタント　habitant
ハビチュアル　habitual
ハビチュード　habitude
ハビチュエ　habitué
ハビチュエーション　habituation
ハビチュエート　habituate
ハビット　habit
バビット　Babbitt
バピッド　vapid
ハビット・フォーミング　habit-forming
バビットリー　Babbittry
バピディティー　vapidity
ハビテーション　habitation
ハビテュード　habitude
ハピネス　happiness
パピュール　papule
パビュラム　pabulum
パピヨン　papillon
パピラ　papilla
ハピリー　happily
パビリオン　pavilion
ハビリメント　habiliment
パピルス　papyrus
バビロニア　Babylonia
バビロニアン　Babylonian
バビロン　Babylon
ハビング　having
バビントン　Babington
ハフ　huff
ハブ　have, hub
バフ　buff
バブ　bub
パフ　puff
パブ　pub　⇨パブリック・ハウス
パプア　Papua
パファー　puffer
バファー・ゾーン　buffer zone
パフ・アダー　puff adder
バファナ・バファナ　Bafana Bafana
パプアニューギニア　Papua New Guinea
バファリン　Bufferin
パプアン　Papuan
ハブ・アンド・スポーク　hub-and-spoke
ハフィー　huffy
パフィー　puffy
ハフィッシュ　huffish
バフィン　Baffin
パフィン　puffin
ハフィントン・ポスト　Huffington Post
バブーシュカ　babushka
パプース　papoose, pappoose
バフーン　buffoon
バブーン　baboon
パフェ　parfait
バフェット　buffet, Buffett
バフェテリア　buffeteria
パフォース　perforce
パフォーマー　performer
パフォーマブル　performable
パフォーマンス　performance
パフォーマンス・アート　performance art
パフォーミング・アーツ　performing arts
パフォーム　perform
ハブキャップ　hubcap
パブ・クローラー　pub crawler
パブ・クロール　pub crawl
バブズ　Babs
パブスト　Pabst
ハプスブルク　Hapsburg
パフ・スリーブ　puffed sleeve
バプタイザー　baptizer
バプタイズ　baptize, -tise
パフ・ダディ　Puff Daddy
バフチン　Bakhtin
バプティスタ　Baptista
バプティステリー　baptistery
バプティスト　baptist
バプティストリー　baptistry
バプティズマル　baptismal
バプティズム　baptism
バプテスト　baptist
ハプテン　hapten, -tene
ハフト　haft
パフト　puffed
ハフニウム　hafnium
ハプニング　happening
ハブ・ノット　have-not
ハプハザード　haphazard
パフ・パフ　puff-puff
パフ・ペースト　puff paste

パフボール　puffball
パフューマー　perfumer
パフューム　perfume
バブラー　babbler, bubbler
バブリー　bubbly
パプリカ　paprika
パブリカン　publican
パブリケーション　publication
パブリサイズ　publicize
パブリシス　Publicis
パブリシスト　publicist
パブリシティー　publicity
パブリシティー・エージェント　publicity agent
パブリック　public
パブリック・アクセス・テレビジョン　public-access television
パブリック・アクセプタンス　public acceptance
パブリック・アシスタンス　public assistance
パブリック・アドレス・システム　public-address system
パブリック・エネミー　public enemy
パブリック・オーナーシップ　public ownership
パブリック・オピニオン　public opinion
パブリック・オフィス　public office
パブリック・カンパニー　public company
パブリック・キー　public key
パブリック・コーポレーション　public corporation
パブリック・コンビニエンス　public convenience
パブリック・サーバント　public servant
パブリック・サービス　public service
パブリック・サービス・コーポレーション　public-service corporation
パブリック・スクール　public school
パブリック・スピーキング　public speaking
パブリック・スピリット　public spirit
パブリック・セール　public sale
パブリック・セクター　public sector
パブリック・ディフェンダー　public defender
パブリック・ドメイン　public domain
パブリック・ニューサンス　public nuisance
パブリック・バー　public bar
パブリック・ハウス　public house
パブリック・ビル　public bill
パブリック・フットパス　public footpath
パブリック・プロセキューター　public prosecutor
パブリック・マインデッド　public-minded
パブリック・ユーティリティー　public utility
パブリックリー　publicly
パブリック・リミテッド・カンパニー　public limited company
パブリック・リレーションズ　public relations
パブリック・レンディング・ライト　public lending right
パブリック・ロー　public law
パブリック・ワークス　public works
パブリッシャー　publisher
パブリッシュ　publish
パブリッシング　publishing
バフリング　baffling
バフル　baffle
バブル　babble
バブル・カー　bubble car
バブル・ガム　bubble gum
バブル・キャノピー　bubble canopy
バブル・スカート　bubble skirt
バブルトップ　bubbletop
バブル・バス　bubble bath
バブル・パック　bubble pack
ハブル・バブル　hubble-bubble
バフルメント　bafflement
ハプレス　hapless
パブロ　Pablo
ハプロイド　haploid
パブ・ロック　pub rock
パブロビアン　Pavlovian
パブロ・ピカソ　Pablo Picasso
パブロフ　Pavlov
ハプロント　haplont
ハプン　happen
ハプンスタンス　happenstance
ハブント　haven't
パベ　pavé
ハベアス・コープス　habeas corpus
パベーゼ　Pavese
バベッジ　Babbage
パペッティア　puppeteer
バベット　Babette

パペット　puppet
パペットリー　puppetry
ハベリ　haveli
ハベル　Havel
バベル　Babel
ハボック　havoc
バポレット　vaporetto
ハマ　Hama
バマー　bummer
ハマースタイン　Hammerstein
ハマースミス・アンド・フラム　Hammersmith and Fulham
ハマー・スロー　hammer throw
ハマー・スローワー　hammer thrower
ハマード　Hamad
ハマートン　Hamerton
ハマーム　hammam
バマコ　Bamako
ハマス　Hamas
ハマダン　Hamadan
ハマドライアス・バブーン　hamadryas baboon
ハマドリュアス　hamadryad
ハマブル　hummable
ハマム　hammam
パミール　Pamir(s)
パミス　pumice
ハミティック　Hamitic
ハミド・カルザイ　Hamid Karzai
バミューダ　Bermuda
バミューダ・ショーツ　Bermuda shorts
バミューダ・トライアングル　Bermuda Triangle
ハミュラー　hamular
ハミュラス　hamulus
ハミルトン　Hamilton
ハミング・トップ　humming top
ハミングバード　hummingbird
ハム　ham, Ham, hum
バム　bum
バムース　vamoose, -mose
ハムズ　Hamm's
ハムスター　hamster
ハムステッド　Hampstead
ハムストリング　hamstring
バムズ・ラッシュ　bum's rush
パムッカレ　Pamukkale
ハムディンガー　humdinger
ハムトラミック　Hamtramck
ハムドラム　humdrum
ハムネット　Hamnett
ハムバッカー　humbucker
バムバッグ　bumbag
ハム・ハンデッド　ham-handed
ハムビー　Humvee
ハム・フィステッド　ham-fisted
バムボート　bumboat
ハムラビ　Hammurabi
ハムレット　Hamlet, hamlet
ハメット　Hammett
ハメネイ　Khamenei
パメラ　Pamela
パメル　pummel
ハモック　hummock
ハモン・イベリコ　jamón ibérico
ハモン・セラーノ　jamón serrano
ハモンド・オルガン　Hammond organ
パヤ　Payar
ハヤシライス　⇨ハッシュド・ビーフ
バヨネット　bayonet
バラ　borough, burgh
パラ　palla, para, para-, par-
ハラー　challa(h), hallah, huller
バラー　valor, valour
パラー　pallor
バラージ　barrage
ハラーズ　Harrah's
パラアセトアルデヒド　paracetaldehyde
パラーター　paratha
バラード　ballad, ballade, Ballard
パラアミロイドーシス　paramyloidosis
ハラーム　haram
ハラール　halal
パラアルデヒド　paraldehyde
パラアルブミン　paralbumin
パラアレルギー　parallergy
バライエタル　varietal
パライエタル　parietal
パライエタル・ボーン　parietal bone
ハライト　halite
ハライド　halide
バライト　barite
バラエティー　variety
バラエティー・ショー　variety show

バラエティー・ストア　variety store
バラエティー・ミート　variety meat
パラオ　Palau
パラオキソン　paraoxon
パラオクソン　paraoxon
パラカゼイン　paracasein
パラカルミン　paracarmine
パラガングリオーマ　paraganglioma
パラキート　parakeet, parra-
ハラキリ　hara-kiri
バラク　Barak
パラグアイ　Paraguay
パラグアイアン　Paraguayan
バラクータ　Baracuta
バラクーダ　barracuda
パラグライダー　paraglider
パラグライディング　paragliding
バラクラバ　balaclava
バラクラバ・ヘルメット　balaclava helmet
パラグラフ　paragraph
パラクリート　paraclete
パラクリン　paracrine
パラクレゾール　paracresol
パラクロマチン　parachromatin
パラクロロフェノール　parachlorophenol
パラコート　paraquat
パラコーン　paracone
パラコレラ　paracholera
パラゴン　paragon
パラサイコロジー　parapsychology
パラサイト　parasite
パラジウム　palladium
パラジクロロベンゼン
paradichlorobenzene
パラシティカル　parasitical
パラシティズム　parasitism
パラシティック　parasitic
パラシトロジー　parasitology
パラシューター　parachuter
パラシューティスト　parachutist
パラシュート　parachute
パラシュラーマ　Parashurama
ハラショー　khorosho
パラシンパセティック　parasympathetic
ハラス　harass
パラス　Pallas
パラスーサイド　parasuicide
バラスター　baluster
ハラスト　harassed
バラスト　ballast
バラスト・タンク　ballast tank
バラストレード　balustrade
ハラスメント　harassment
パラセーリング　parasailing
パラセール　parasail
パラセタモール　paracetamol
ハラゼパム　halazepam
パラソル　parasol
ハラゾン　halazone
バラタ　balata
パラタ　paratha
バラター　barrator, -ter, barretor
パラダイス　paradise
パラタイフォイド　paratyphoid
パラダイム　paradigm
パラダイム・シフト　paradigm shift
パラタイン・ヒル　Palatine Hill
パラタクシス　parataxis
パラタクティカル　paratactical
パラタクティック　paratactic
パラタブル　palatable
パラタライズ　palatalize
パラタル　palatal
パラチオン　parathion
パラチフス　paratyphoid (fever)
パラチロイド　parathyroid
パラチロイド・グランド　parathyroid gland
パラチン　palatine
バラック　barrack, Ballack, Barack
ハラッサー　harasser
パラッツォ　palazzo
パラッツォ・ピッティ　Palazzo Pitti
バラッディア　balladeer
バラッド　ballad
パラット　palate
バラッドリー　balladry
パラディウム　palladium
パラディオ　(Andrea) Palladio
パラディグマティック　paradigmatic
パラディサイアカル　paradisiacal
パラディジアック　paradisiac
パラティヌス　⇨パラタイン・ヒル
パラティノ　⇨パラタイン・ヒル
パラディン　paladin

パラデンタル paradental
パラトープ paratope
パラドクシカル paradoxical
パラドックス paradox
パラトニック paratonic
バラトバイト baratovite
パラドベンチャー peradventure
パラトラコーマ paratrachoma
パラトルーパー paratrooper
パラトループ paratroop
パラトループス paratroops
パラトルモン parathormone
パラナ Paraná
バラナシ Varanasi
パラニューロン paraneuron
パラヌクレイン paranuclein
パラノイア paranoia
パラノイアック paranoiac
パラノイディズム paranoidism
パラノイド paranoid
パラノーマリティー paranormality
パラノーマル paranormal
ハラパ Jalapa
バラバ Barabbas
パラパ palapa
パラバー palaver
パラハイドロジェン parahydrogen
バラバス Barabbas
バラハス・エアポート Barajas Airport
バラバノフ Balabanov
ハラバルー hullabaloo
パラフィン paraffin, -fine
パラフィン・オイル paraffin oil
パラフィン・ワックス paraffin wax
パラフェルネーリア paraphernalia
パラフォイル parafoil
ハラブジャ Halabja
パラフラスティック paraphrastic
パラプリージア paraplegia
パラプリージック paraplegic
パラブル parable
パラフレーズ paraphrase
パラプレジア paraplegia
パラプレジック paraplegic
パラプロテイン paraprotein
パラプロフェッショナル paraprofessional
ハラペーニョ jalapeño, -no
パラペット parapet
パラベラム Parabellum
パラベン paraben
パラボラ parabola
パラボリック parabolic
パラホルモン parahormone
パラマウント paramount
パラマリボ Paramaribo
バラマンディ barramundi
パラミオシン paramyosin
パラミリタリー paramilitary
パラミリタリスト paramilitarist
パラミリタリズム paramilitarism
パラミロン paramylum
バラム Balham
パラムール paramour
パラメーター parameter
パラメサゾン paramethasone
パラメシウム paramecium, -moecium
パラメター parameter
パラメタジオン paramethadione
パラメディカル paramedical
パラメディック paramedic
バラモン Brahman
バララーマ Balarama
バラライカ balalaika
バラライズ valorize
パラライズ paralyze, -lyse
バラライゼーション valorization
バララス valorous
パララックス parallax
バララト Ballarat
パラリーガル paralegal
パラリシス paralysis
バラリゼーション valorization
パラリティック paralytic
パラリンピアン Paralympian
パラリンピック Paralympic
ハラレ Harare
パラレリズム parallelism
パラレル parallel
パラレル・インターフェース parallel interface
パラレルギー parallergy
パラレル・バーズ parallel bars
パラレログラム parallelogram
パラワン Palawan

ハラン　Haran, Harran
パランキーン　palanquin, -keen
ハラング　harangue
バランサー　balancer
パランジ　parangi
バランシン　Balanchine
バランシング・アクト　balancing act
バランス　balance, valance
バランス・シート　balance sheet
バランスト　balanced
バランス・ビーム　balance beam
バランタイン　Ballantine, Ballantyne
パランビュレーション　perambulation
パランビュレーター　perambulator
パランビュレート　perambulate
ハランフ　harrumph
バリ　Bali
パリ　Paris
ハリアー　harrier
バリアー　barrier
バリアー・クリーム　barrier cream
バリアー・リーフ　barrier reef
パリアス　palliasse
パリアティブ　palliative
パリアティブ・ケア　palliative care
バリアビリティー　variability
バリアフリー　barrier-free
バリアブル　variable
バリアブル・コンデンサー　variable condenser
バリアブル・スター　variable star
バリアンシー　valiancy
バリアンス　variance, valiance
バリアント　variant, valiant
ハリー　hurry, harry, Harry
バリー　bally, Barrie, Bally, Barry, valley
パリー　parry, pally, -lie
ハリー・ウィンストン　Harry Winston
バリース　valise
ハリー・スカリー　hurry-scurry, -skurry
ハリーズ・コメット　Halley's comet
ハリード　hurried
ハリー・ポッター　Harry Potter
バリー・ボンズ　Barry Bonds
ハリーム　haleem
バリーン　baleen
ハリウッド　Hollywood
バリウム　barium, Valium
バリウム・ミール　barium meal
バリエーション　variation
パリエーティブ　palliative
バリエート　variate
パリエート　palliate
バリエゲーション　variegation
バリエゲーテッド　variegated
ハリエット　Harriet
バリオ　barrio
バリオーラム　variorum
バリオラ　variola
ハリガン　Harrigan
バリケード　barricade
ハリケーン　hurricane
ハリケーン・ランプ　hurricane lamp
ハリコー　haricot
バリコース　varicose
パリサイ　Pharisaic
パリサイズム　Pharisaism
パリサイド　parricide
パリジェンヌ　parisienne
バリシニコフ　Baryshnikov
パリジャン　Parisian
パリショナー　parishioner
ハリス　Harris
パリス　Paris
ハリスコ　Jalisco
バリスタ　barista
バリスター　barrister, varistor
ハリス・ツイード　Harris tweed
バリスティック　ballistic
バリスティックス　ballistics
バリスティック・ミサイル　ballistic missile
ハリスバーグ　Harrisburg
パリス・ヒルトン　Paris Hilton
バリスム　ballism
バリズム　ballism
バリスムス　ballism
ハリスン　Harrison
パリセード　palisade
ハリソン・フォード　Harrison Ford
バリタ　baryta
パリダカ　⇨パリ・ダカール・ラリー
パリ・ダカール・ラリー　Paris-Dakar Rally
ハリダン　harridan
バリチェロ　Barrichello

パリッシュ parish
パリッシュ・カウンシル parish council
パリッシュ・クラーク parish clerk
パリッシュ・チャーチ parish church
パリッシュ・プリースト parish priest
パリッシュ・ポンプ parish-pump
パリッシュ・レジスター parish register
バリッド valid
パリッド pallid
パリティー parity
パリティー・チェック parity check
バリディティー validity
バリティン barytine
バリデーション validation
バリデート validate
ハリド・アルミダル Khalid al-Mihdhar
ハリトーシス halitosis
パリトキシン palytoxin
ハリドワール Haridwar
バリトン baritone, barytone
バリニーズ Balinese
パリノード palinode
ハリバートン Halliburton
パリ・パス pari passu
ハリバット halibut
ハリファックス Halifax
バリフー ballyhoo
ハリマン Harriman
パリ・ミューチュエル pari-mutuel
バリモア Barrymore
パリモニー palimony
ハリヤー harrier
バリヤー barrier
ハリヤード halyard, halliard, haulyard
バリュアブル valuable
バリュー value
バリューアー valuer
バリュー・ジャジメント value judgment
バリュー・ストック value stock
バリュー・チェーン value chain
バリュード valued
バリュー・ファンド value fund
バリューレス valueless
バリュエーション valuation
バリュエート valuate
パリュレート pullulate
バリラ Barilla
バリル valyl
バリローチェ Bariloche
バリン valine
ハリンゲー Haringey
パリンドローム palindrome
ハリントン Harrington
パリンプセスト palimpsest
ハル hull, Halle, Hal
バル Val
パル pal
ハルー halloo
パルーザル perusal
ハルーシネーション hallucination
ハルーシネート hallucinate
バルーシュ barouche
パルーズ peruse
バルーニスト balloonist
バルーニング ballooning
ハルーミ halloumi
パルーリス parulis
バルーン balloon
バルーン・タイヤ balloon tire
バルガー vulgar
バルガー・フラクション vulgar fraction
バルガー・ラテン Vulgar Latin
ハルガダ Harghada
バルカナイズ Balkanize, vulcanize
バルカナイゼーション vulcanization
バルカナイト vulcanite
バルカニゼーション vulcanization
バルガライズ vulgarize
バルガライゼーション vulgarization
バルガリズム vulgarism
バルガリゼーション vulgarization
バルガリティー vulgarity
バルカロール barcarole, -rolle
バルカン Balkan, Vulcan
バルカン・ステーツ Balkan States
バルカン・ペニンスラ Balkan Peninsula
バルキー bulky
バルキリー Valkyrie
ハルキング hulking
ハルク hulk
バルク bulk
パルクール parkour
バルク・バイイング bulk buying
バルクヘッド bulkhead

バルク・メール bulk mail
パルクリテューディナス pulchritudinous
パルクリテュード pulchritude
バルク・ワイン bulk wine
バルゲリアン vulgarian
バルコニー balcony
バルコニード balconied
バルコネット balconet, -nette
バルサ balsa, Barça
パルサー pulsar
バルサザー Balthazar
バルサザール Balthazar
バルザック Balzac
バルサミコ balsamico
バルサミック balsamic
バルサム balsam
バルサム・ファー balsam fir
バルサルタン valsartan
バルジ bulge
バルジー bulgy
パルシー Parsi, Parsee
パルジー・ワルジー palsy-walsy
ハルシオン halcyon
ハルシオン・デーズ halcyon days
ハルシナトリー hallucinatory
ハルシノゲニック hallucinogenic
ハルシノゲン hallucinogen
ハルス Hals
パルス pulse
パルスオキシメーター pulse oximeter
パルス・コード・モジュレーション pulse code modulation, PCM
パルセーション pulsation
パルセート pulsate
バルセロナ Barcelona
バルセロナ・エル・プラット・エアポート Barcelona El Plat Airport
バルセロナ・チェア Barcelona chair
パルチアン・ショット Parthian shot
パルチザン partisan, -zan
バルチスタン Baluchistan
バルチック Baltic
バルチャー vulture
バルディーズ Valdez
パルティータ partita
バルティック Baltic
バルティック・シー Baltic Sea
バルティック・ステーツ Baltic States
パルテール parterre
バルデナフィル vardenafil
パルテノン Parthenon
バルト Barthes
ハルトゥーム Khartoum
バルドー Bardot
バルトーク Bartók
パルトーク PalTalk
バルトネラ bartonella
バルトリン Bartholin
パルドリン paludrine
バルトルディー Bartholdi
パルトロー Paltrow
バルトロメ・エステバン・ムリリョ Bartolomé Esteban Murillo
バルトロメオ Bartholomew
ハルドワール Hardwar
バルナ Varna
パルナシアン Parnassian
パルナッソス Parnassus
バルナバ Barnabas
バルネオセラピー balneotherapy
バルネラビリティー vulnerability
バルネラブル vulnerable
バルバ vulva
ハルバースタム Halberstam
ハルバード halberd
バルパイン vulpine
バルバス bulbous
バルバディアン Barbadian
バルバドス Barbados
パルパブル palpable
バルハラ Valhalla
パルピー pulpy
バルビゾン Barbizon
バルビタール barbital
パルピテーション palpitation
パルピテート palpitate
バルビトン barbitone
バルビュラー valvular
ハルビン Harbin
ハルピン Harbin
バルフ Balkh
バルブ valve, bulb
パルプ pulp
パルブアルブミン parvalbumin

パルプウッド　pulpwood
ハルフェンプロックス　halfenprox
バルフォア　Balfour
バルフォア・デクラレーション　Balfour Declaration
バルブド　valved
パルプ・モールド　pulp mold
バルブリガン　balbriggan
バルプロエート　valproate
パルペーション　palpation
パルペート　palpate
バルベーラ　barbera
パルベライザー　pulverizer
パルベライザブル　pulverizable
パルベライズ　pulverize
パルベライゼーション　pulverization
パルベリゼーション　pulverization
バルボア　balboa, Balboa
パルボウイルス　parvovirus
バルポリチェッラ　Valpolicella
パルマ　Parma, Palma
バルマー　Ballmer
ハルマゲドン　Armageddon
ハルマッタン　harmattan
パルマラット　Parmalat
ハルマリン　harmaline
パルマローザ　palmarosa
バルミー　balmy
パルミエ　palmier
パルミサーノ　Palmisano
パルミジャーニ・フルリエ　Parmigiani Fleurier
パルミジャーノ・レッジャーノ　Parmigiano-Reggiano
パルミジャニーノ　Parmigianino
パルミチック　palmitic
パルミチン　palmitin
バルミツバー　bar mi(t)zvah
パルミテート　palmitate
パルミトイル　palmitoyl
パルミラ　Palmyra
パルムドール　Palme d'Or
パルメイラス　Parmeiras
パルメザン　Parmesan
パルメザン・チーズ　Parmesan cheese
パルメジャーノ　Parmigiano
パルメジャーノ・レジャーノ　parmigiano-reggiano
パルメット　palmetto
パルモナリー　pulmonary
パルモノロジー　pulmonology
パルモノロジスト　pulmonologist
バルモラル　Balmoral
ハルヤナ　Haryana
ハレ　Halle, Hallé
パレ　palais
ハレアカラ　Haleakala
ハレイワ　Haleiwa
バレエ　ballet
バレー　valley, volley, valet, barré
バレーオ　Vallejo
パレーシャル　palatial
ハレーション　halation
ハレーズ・コメット　Halley's comet
バレエ・スリッパ　ballet slipper
パレーダー　parader
バレエ・ダンサー　ballet dancer
パレーディアム　palladium
パレーディアン　Palladian
パレード　parade
パレード・グラウンド　parade ground
バレーホ　Vallejo
バレーボール　volleyball
パレオ　pareo
パレオエコロジー　paleoecology
パレオエコロジカル　paleoecological
パレオエコロジスト　paleoecologist
パレオグラフィー　paleography
パレオシーン　Paleocene
パレオゾイック　Paleozoic
パレオリシック　Paleolithic
パレオントロジー　paleontology
パレオントロジスト　paleontologist
ハレクラニ　Halekulani
パレス　palace
パレスタイン　Palestine
パレスチナ　Palestine, Palaestina
パレスティニアン　Palestinian
バレステロス　Ballesteros
バレストル　Balestre
パレタイザー　palletizer
パレチゼーション　palletization
パレツキー　Paretsky
バレッタ　barretta, Valletta, Valetta

バレット　barrette, Barrett
パレット　palette, pallet
パレット・ナイフ　palette [pallet] knife
ハレディ　Haredi
バレディクション　valediction
バレディクトリアン　valedictorian
バレディクトリー　valedictory
バレティック　balletic
バレテューディナリー　valetudinary
バレテューディネリアン　valetudinarian
バレリア　Valeria
バレリアン　valerian
バレリー　Valerie, Valéry
バレリーナ　ballerina
バレリック　valeric
バレル　barrel
バレル・オーク　barrel oak
バレル・オルガン　barrel organ
バレル・スカート　barrel skirt
バレルハウス　barrelhouse
バレルフル　barrelful
バレル・ボールト　barrel vault
パレルモ　Palermo
ハレルヤ　hallelujah, -iah
バレン　barren
バレンシア　Valencia
バレンシアガ　Balenciaga
バレンス　valence
パレンセサイズ　parenthesize
パレンセシス　parenthesis
パレンセティカル　parenthetical
パレンセティック　parenthetic
バレンタイン　Valentine
バレンタインデー　Valentine('s) Day
パレンタル　parental
バレンツ　Barents
バレンティーナ　Valentina
パレンプトリー　peremptory
バレンボイム　Barenboim
バロア　varroa
パロアルト　Palo Alto
ハロウィーン　Halloween
バロウズ　Burroughs
ハロウミ　halloumi
ハロー　hello, hallow, halo, harrow, Harrow
バロー　barrow, burrow
ハローイング　harrowing
パローキアル　parochial
バローズ　Burroughs
バローゾ　Barroso
ハロード　hallowed
バローニ　boloney, balon(e)y
ハロービアン　Harrovian
バロー・ボーイ　barrow boy
ハローマス　Hallowmas, -mass
バロー・マン　barrow man
ハローミ　halloumi
パロール　parole
バローロ　Barolo
ハロカーボン　halocarbon
パロキアリズム　parochialism
ハロキサゾラム　haloxazolam
パロキシズム　paroxysm
パロキセチン　paroxetine
ハロクライン　halocline
バログラフ　barograph
バログラム　barogram
ハロゲン　halogen
パロタイティス　parotitis
ハロタン　halothane
バロック　baroque
バロック・オルガン　baroque organ
バロックス　ballocks
バロッサ　Barossa
ハロッズ　Harrods
バロッター　balloter
バロット　ballot
パロット　parrot
パロット・ファッション　parrot-fashion
パロット・フィーバー　parrot fever
バロット・ペーパー　ballot paper
バロット・ボックス　ballot box
パロディー　parody
パロディスト　parodist
パロティッド　parotid
パロティッド・グランド　parotid gland
バロニアル　baronial
バロニー　barony
バロネージ　baronage
バロネス　baroness
バロネット　baronet
バロネットシー　baronetcy
ハロバクテリア　halobacteria

ハロハロ　halo-halo
ハロファントリン　halofantrine
ハロペリドール　haloperidol
パロマ　Paloma
パロマー　Palomar
パロミノ　palomino
ハロメーター　halometer
バロメーター　barometer
バロメトリカル　barometrical
バロメトリック　barometric
パロモマイシン　paromomycin
パロリー　parolee
ハロルド　Harold
バロン　baron
バロン・ドール　Ballon d'Or
パワー　power
パワー・カット　power cut
パワー・ゲーム　power game
パワー・シェアリング　power-sharing
パワー・ショベル　power shovel
ハワース　Haworth
パワー・ステアリング　power steering
パワー・ステーション　power station
パワー・ダイブ　power dive
パワー・ツール　power tool
ハワード　Howard
パワード　powered
パワーハウス　powerhouse
パワー・ハラスメント　power harassment
パワー・ヒッター　power hitter
パワー・プラント　power plant
パワー・プレー　power play
パワー・ブレーキ　power brake
パワー・ブローカー　power broker
パワー・ベース　power base
パワー・ポイント　power point
パワーポイント　PowerPoint
パワーボーティング　powerboating
パワーボート　powerboat
パワー・ポリティクス　power politics
パワー・ユーザー　power user
パワー・ライズ　Power Rise
パワー・ランチ　power lunch
パワーリフター　powerlifter
パワーリフティング　powerlifting
パワーレス　powerless
ハワイ　Hawaii
ハワイアン　Hawaiian
ハワイアン・アイランズ　Hawaiian Islands
ハワイアン・ギター　Hawaiian guitar
ハワイイ　Hawaii
パワハラ　⇨パワー・ハラスメント
パワフル　powerful
バワリー　Bowery
ハン　Han, hon
バン　van, ban, bun, bang
パン　Pan, pan, pan-, pun
パン・アメリカニズム　Pan-Americanism
パン・アメリカン　Pan-American
パン・アラビズム　Pan-Arabism
パン・アラビック　Pan-Arabic
パン・アラブ　Pan-Arab
パン・オ・ショコラ　pain au chocolat
パンカ　punka(h)
ハンカー　hanker, hunker
ハンガー　hangar, hunger
バンカー　banker, bunker
バンガー　banger
ハンガー・オン　hanger-on
ハンカーズ　hunkers
バンカーズ・オーダー　banker's order
バンカーズ・カード　banker's card
ハンガー・ストライカー　hunger striker
ハンガー・ストライキ　hunger strike
バンカーズ・ビル　banker's bill
ハンガー・ディスプレー　hanger display
バンガード　vanguard
バンカー・バスター　bunker buster
バンカーヒル　Bunker Hill
ハンガー・ブレス　hanger breath
ハンガー・マーチ　hunger march
ハンカチーフ　handkerchief
バンカビリティー　bankability
バンカブル　bankable
バンカム　bunkum, -combe
バンカメリカ　BankAmerica
ハンガリアン　Hungarian
ハンガリー　Hungary
ハンカリング　hankering
バンガロー　bungalow
バンガロール　Bangalore
バンギ　Bangui
ハンキー　hanky, -kie, -key; hunky
ハンキー・ドーリー　hunky-dory

ハンキー・パンキー　hanky-panky, hankey-pankey
パンキシ　Pankisi
バンキッシャー　vanquisher
バンキッシャブル　vanquishable
バンキッシュ　vanquish
バンキッシュメント　vanquishment
バン・キムン　Ban Ki-moon
ハンギング　hanging
バンキング　banking
ハンク　hunk, hank
ハング　hang, hung
バンク　bank, bunk
バング　bang, bhang, bung
パンク　punk
パング　pang
ハングアウト　hangout
バンク・アカウント　bank account
ハング・アップ　hang-up
バンク・アップ　bunk-up
バング・アップ　bang-up
バンクイッシャー　vanquisher
バンクイッシャブル　vanquishable
バンクイッシュ　vanquish
バンクイッシュメント　vanquishment
バンクーバー　Vancouver
バンクォー　Banquo
ハングオーバー　hangover, hungover
バンク・カード　bank card
バンク・クラーク　bank clerk
ハング・グライダー　hang glider
ハング・グライディング　hang glidering
ハング・グライド　hang glide
バンクシー　Banksy
ハング・ジュアリー　hung jury
バンク・ショット　bank shot
ハンクス　Hanks
バンク・ステートメント　bank statement
パンクチャー　puncture
パンクチュアリティー　punctuality
パンクチュアル　punctual
パンクチュエーション　punctuation
パンクチュエーション・マーク　punctuation mark
パンクチュエート　punctuate
パンクティリアス　punctilious
パンクティリオ　punctilio
ハングテン　hang ten
ハングドッグ　hangdog
バンク・ドラフト　bank draft
ハングネイル　hangnail
バンクノート　banknote
パンクハースト　Pankhurst
ハング・パーラメント　hung parliament
バンクハウス　bunkhouse
バンク・バランス　bank balance
バング・バング　bang-bang
バンク・ビル　bank bill
パンク・ファッション　punk fashion
バンクブック　bankbook
バンク・ベッド　bunk bed
バングホール　bunghole
バンク・ホリデー　bank holiday
ハングマン　hangman
バングラ　bhangra
バングラー　bungler
パンクラス　Pancras
バングラデシ　Bangladeshi
バングラデシュ　Bangladesh
バンクラプシー　bankruptcy
バンクラプト　bankrupt
ハングリー　hungry
ハングリリー　hungrily
バングリング　bungling
ハングル　Hangul
バングル　bangle, bungle
ハング・ルーズ　hang loose
バングルズ　bangles
バングルド　bangled
パンクレアス　pancreas
パンクレアティック　pancreatic
バンク・レート　bank rate
バンクローラー　bankroller
バンクロール　bankroll
バンク・ローン　bank loan
パンク・ロッカー　punk rocker
パンク・ロック　punk rock
バンクロフト　Bancroft
パンクロマティック　panchromatic
パンケーキ　pancake
パンケーキ・チューズデー　Pancake Tuesday
パンケーキ・デー　Pancake Day
パンケーキ・ランディング　pancake landing
パンケーキ・ロール　pancake roll

バンケット banquet, banquette
パンケット punkette
バンケット・ルーム banquet room
バンコ banco, bunco, -ko
パンコール Pangkor
バンコク Bangkok
バンコ・サンタンデール Banco Santander
ハンコック Hancock
バン・ゴッホ van Gogh
バンコマイシン vancomycin
パンゴリン pangolin
ハンザ Hansa, Hanse
パンサー panther
ハンサード Hansard
バンザイ banzai
ハンサム handsome, hansom
バンサンカン vingt-cinq ans, 25 ans
ハンシアティック Hanseatic
ハンジアティック Hanseatic
ハンシアティック・リーグ Hanseatic League
バンシー banshee, -shie
バンジー bungee
パンジー pansy
バンジー・ジャンパー bungee jumper
バンジー・ジャンピング bungee jumping
バンジー・ジャンプ bungy jump
パンシイスティック pantheistic
パンシイスト pantheist
パンシイズム pantheism
パンジェンシー pungency
パンジェント pungent
パンジシール Panjshir
パンシット pancit
バンジャックス banjax
パンジャビ Punjabi
パンジャブ Punjab
パンシャン penchant
パンジャンドラム panjandrum
バンジュール Banjul
バンジョー banjo
バンジョーイスト banjoist
ハンジン Hanjin
ハンス Hans
バンス Vance
バンズ banns, bans, buns
ハンズ・オフ hands-off
ハンズ・オン hands-on
パンスター punster
ハンズ・ダウン hands-down
パンスト ⇨パンティー・ストッキングズ
パンスネ pince-nez
ハンズ・フリー hands-free
ハンズベリー Hansberry
ハンスル handsel
パンセ pensée
ハンセン Hansen
ハンセンズ・ディジーズ Hansen's disease
ハンソル Hansol
ハン・ソロ Han Solo
ハンソン Hanson
バンダ Banda
パンダ panda
ハンター hunter
バンター banter
パンター punter
パンダー pander
ハンターズ・ムーン hunter's moon
バンダアチェ Banda Aceh
バンダービルト Vanderbilt
バン・ダイク Van Dyck
バンダイク Vandyke
バンダイク・ビアド Vandyke beard
バンダイク・ブラウン Vandyke brown
パンタイル pantile
ハンタウイルス hantavirus
パンダウディー pandowdy
パンダ・カー panda car
パンタグラフ pantograph
バンダナ bandanna, -dana
パンタナール Pantanal
バンタム bantam
バンタムウェイト bantamweight
パンダラー panderer
バンダライズ vandalize
バンダラナイケ Bandaranaike
バンダリスティック Vandalistic
バンダリズム Vandalism
バンダル Vandal
バンダル・スリ・ブガワン Bandar Seri Begawan
パンタロン pantaloon
ハンチ hunch
バンチ bunch

パンチ　punch
パンチ・アップ　punch-up
パンチ・アンド・ジュディー・ショー　Punch-and-Judy show
バンチー　bunchy
パンチー　punchy
パンチェッタ　pancetta
パンチェンラマ　Panchen Lama
パンチ・カード　punch card
パンチ・カーペット　punch carpet
バンチグラス　bunchgrass
パンチト・カード　punched card
パンチ・ドランク　punch-drunk
パンチネロ　Punchinello
ハンチバック　hunchback
ハンチバックト　hunchbacked
パンチ・ボウル　punch bowl
パンチボール　punchball
パンチャー　puncher
パンチャカルマ　Panchakarma
パンチョ　Pancho
ハンチョウ　Hangzhou
ハンチョー　honcho
パンチ・ライン　punch line
ハンチング　hunting
パンチング・バッグ　punching bag
ハンチントンズ・コリーア　Huntington's chorea
ハンチントンズ・ディジーズ　Huntington's disease
パンツ　pants
パンツァー　panzer
パンツァネッラ　panzanella
バンツー　Bantu
パンツェロット　panzerotto
パンツスーツ　pantsuit, pants suit
ハンツマン　huntsman
バンテアン　vingt-et-un, 21
ハンディー　handy
バンディー　bandy
パンティーウエスト　pantywaist
パンティー・ガードル　pantie girdle
パンティー・ストッキングズ　panty stockings
ハンディー・ダンディー　handy-dandy
パンティー・ホーズ　panty hose, pantihose
ハンディーマン　handyman
バンディー・レッグド　bandy-legged
ハンディキャッパー　handicapper
ハンディキャップ　handicap
ハンディキャップト　handicapped
ハンディクラフター　handicrafter
ハンディクラフツマン　handicraftsman
ハンディクラフト　handicraft
バンディット　bandit
パンディット　pundit
パンディットリー　punditry
ハンディリー　handily
ハンディワーク　handiwork
ハンティング　hunting
バンティング　bunting
ハンティング・キャップ　hunting cap
ハンティング・グラウンド　hunting ground
ハンティング・クロップ　hunting crop
ハンティング・ドッグ　hunting dog
ハンティング・ピンク　hunting pink
ハンティング・ホーン　hunting horn
ハンティング・ボックス　hunting box
パンティングリー　pantingly
ハンティング・ワールド　Hunting World
ハンティントン　Huntington
バンテージ　vantage
バンデージ　bandage
バンテージ・グラウンド　vantage ground
バンテージ・ポイント　vantage point
パンテーン　Pantene
パンテオン　pantheon, Pantheon
パンデクト　pandect
パンテクニコン　pantechnicon
パンテチン　pantethine
ハンデッド　handed
パンテテイン　pantetheine
パンテノール　panthenol
パンデミック　pandemic
パンデモニウム　pandemonium
バンデラス　Banderas
バンデロール　banderol(e)
ハンテン　hang ten
バンテン　banteng
バンテング　banteng
バンデンバーグ　Vandenberg
ハント　hunt, Hunt
ハンド　hand
バント　bunt

バンド　band, bund, bandh, bundh
パント　pant, punt, panto
ハンドアウト　handout
バンドウィッズ　bandwidth
バントゥー　Bantu
バントゥースタン　Bantustan
ハンドウォーブン　handwoven
バンド・エイド　Band-Aid
バンドー　bandeau
ハンドオーバー　handover
ハンドオフ　handoff
バンドーム　Vendôme
バンドール　Bandol
ハンド・オルガン　hand organ
パンドーロ　pandoro
ハンドカー　handcar
ハンドカート　handcart
ハンドカフ　handcuff
ハンドガン　handgun
パン・ド・カンパーニュ　pain de campagne
ハンド・グラス　hand glass
ハンドクラスプ　handclasp
ハンドクラップ　handclap
ハンドクラフト　handcraft
ハンド・クリーム　hand cream
ハンドグリップ　handgrip
ハンド・グルネード　hand grenade
ハンドシェーク　handshake
バンド・シェル　band shell
ハンドスタンド　handstand
バンドスタンド　bandstand
ハンドスティッチ　handstitch
ハンドステッチ　handstitch
ハンドスパイク　handspike
ハンドスプリング　handspring
ハンドセット　handset
パントセニック　pantothenic
ハンドソー　handsaw
バンド・ソー　band saw
バンドッグ　bandog
バンド・デシネ　bande dessinée
パントテニック　pantothenic
パントテノール　pantothenol
ハンド・トゥー・ハンド　hand-to-hand
ハンド・トゥー・マウス　hand-to-mouth
ハンド・ドリル　hand drill
ハンド・ニット　hand-knit
バンドネオン　bandonion, -ne-
ハンドバウンド　handbound
ハンドバッグ　handbag
ハンドバロー　handbarrow
ハンドピース　handpiece
ハンドピック　handpick
ハンドピックト　handpicked
ハンドビル　handbill
ハンドブック　handbook
ハンドプリント　handprint
ハンドフル　handful
ハンドブレーキ　handbrake
ハンドブレッズ　handbreadth
ハンドブローン　handblown
ハンド・ヘルド　hand-held
ハンドボール　handball
ハンドホールド　handhold
バンドボックス　bandbox
ハンド・ポンプ　hand pump
パントマイミスト　pantomimist
パントマイム　pantomime
バンドマスター　bandmaster
バンドマン　bandsman
パン・ド・ミー　pain de mie
ハンド・ミー・ダウン　hand-me-down
ハンドメイデン　handmaiden
ハンドメイド　handmade, handmaid
パンドラ　Pandora
ハンドラー　handler
ハンドライティング　handwriting
ハンド・ラゲージ　hand luggage
パンドラズ・ボックス　Pandora's box
バンドリアー　bandolier, -leer
パントリー　pantry
バンドリーダー　bandleader
ハンドリスト　handlist
ハンド・リンギング　hand-wringing
ハンドリング　handling
ハンドル　handle
バンドル　bundle
ハンドルーム　handloom
ハンドル・ネーム　handle name
ハンドルバー　handlebar
ハンドルバー・マスターシュ　handlebar mustache
パン・ドレイナー　pan drainer
ハンドレール　handrail

ハントレス　huntress
ハンドレッド　hundred
ハンドレッド・イヤーズ・ウォー　Hundred Years' War
ハンドレッドウェイト　hundredweight
ハンドレッドス　hundredth
ハンドレッド・パーセンター　hundred-percenter
ハンドレッド・パーセント　hundred-percent
ハンドレッドフォールド　hundredfold
バンドレロ　bandolero
バンドロス　Vandross
ハンドワーク　handwork
ハンドワークト　handworked
バンドワゴン　bandwagon
バンドン　Bandung, (Du) Bandoeng
パントン　panton
ハンナ　Hannah
パンナ・コッタ　panna cotta
ハンニバル　Hannibal
ハンニバル・レクター　Hannibal Lector
パンネット　punnet
パンパ　pampa
ハンバー　Humber
ハンパー　hamper
バンパー　bumper
パンパー　pamper
ハンバーガー　hamburger
バンパー・カー　bumper car
ハンバーグ・ステーキ　hamburg steak
ハンバーグラー　Hamburglar
ハンバーサイド　Humberside
バンバーシュート　bumbershoot
パンパース　Pampers
ハンバート　Humbert
バンパー・トゥー・バンパー　bumper-to-bumper
バンパイア　vampire
バンパイア・バット　vampire bat
パンパイプ　panpipe
パン・パシフィック　Pan-Pacific
パンパス　pampas
パンパス・グラス　pampas grass
ハンバッグ　humbug
バンパホリック　bumpaholic
バン・バン　bang-bang
ハンバントータ　Hambantota
ハンバントタ　Hambantota
パンハンドラー　panhandler
パンハンドル　panhandle
バンビ　Bambi
ハンピー　humpy
バンピー　bumpy
バンビーノ　bambino
バンビエン　Vang Vieng
バンピリック　vampiric
ハンプ　hump
バンフ　bumf, bumph, Banff
バンプ　bump, vamp
ハンファ　Hanwha
バン・ファイト　bun fight
バンブー　bamboo
バンブー・シュート　bamboo shoot
バンブーズル　bamboozle
バンブーズルメント　bamboozlement
バンプール　vanpool
パン・フォーカス　pan-focus
バンプキン　bumpkin
パンプキン　pumpkin
ハンプシャー　Hampshire
バンプシャス　bumptious
パンプス　pumps
ハンプティー・ダンプティー　Humpty-Dumpty
ハンプト　humped
ハンプトン　Hampton
ハンプトン・コート　Hampton Court
ハンプバック　humpback
ハンプバックト　humpbacked
ハンプバック・ブリッジ　humpback [humpbacked] bridge
ハンプバック・ホエール　humpback whale
バンプ・マッピング　bump mapping
バンプラー　bumbler
パンフライ　panfry
ハンフリー　Humphrey, Humphry
ハンブリー　humbly
ハンブル　humble
バンブル　bumble
ハンブルガー　Hamburger
ハンブルク　Hamburg
ハンブル・パイ　humble pie
ハンブル・ビー　humble-bee
バンブルビー　bumblebee

パンフレット　pamphlet
パンフレティア　pamphleteer
パンプローナ　Pamplona
バンベリー　Banbury
ハンボルン　Hamborn
ハンマー　hammer, hummer
ハンマーヘッド　hammerhead
ハンマーロック　hammerlock
バン・マリー　bain-marie
ハンムラビ　Hammurabi
パンムンジョム　Panmunjom
ハンメルフェスト　Hammerfest
ハンモック　hammock
バンヤン　banyan, banian
ハンワグ　hanwag

ヒ

ヒア　hear, here
ビア　beer, via
ピア　Pierre
ビアー　bier, veer
ピアー　peer, pier
ピアー・グループ　peer group
ビアード　beard
ビアードレス　beardless
ヒアアバウト　hereabout
ヒアアフター　hereafter
ヒアアポン　hereupon
ビアーリ　bialy
ヒアアンダー　hereunder
ヒアイン　herein
ヒアインアフター　hereinafter
ヒアインビフォア　hereinbefore
ヒアウィズ　herewith
ヒアオブ　hereof
ヒアオン　hereon
ビア・ガーデン　beer garden
ピアジオ　Piaggio
ピアシング　piercing
ビアス　Bierce
ピアス　Pierce
ビアスタット　Bierstadt
ピアスト　pierced
ピアストル　piastre
ビアズリー　Beardsley
ヒアセイ　hearsay
ヒアセイ・エビデンス　hearsay evidence
ビアセチル　biacetyl
ピアソン　Pearson
ピアチェンツァ　Piacenza
ピア・ツー・ピア　peer-to-peer
ピアッツァ　piazza
ビアティテュード　beatitude
ビアティファイ　beatify
ビアティフィケーション　beatification
ビアティフィック　beatific
ヒアトゥー　hereto
ヒアトゥーフォア　heretofore
ピアニシモ　pianissimo
ピアニスト　pianist
ピアニッシモ　pianissimo
ピアノ　piano
ピアノ・オルガン　piano organ
ピアノフォルテ　pianoforte
ピアノラ　pianola
ヒアバイ　hereby
ビアハウス　beerhouse
ピアバル　Pierval
ピア・プロダクション　peer production
ビアボーム　Beerbohm
ビア・ホール　beer hall
ヒアラー　hearer
ビアリー　beery
ピアリー　Peary
ピアリッジ　peerage
ビアリッツ　Biarritz
ヒアリング　hearing
ヒアリング・イヤー・ドッグ　hearing ear dog
ヒアリング・インペアード　hearing-impaired
ヒアリング・エイド　hearing aid
ヒアルロニック・アシッド　hyaluronic acid
ピアレス　peeress, peerless
ビアンカ　Bianca
ビアンキ　Bianchi
ヒー　he, hee
ビー　be, bee, bi-, Bea
ピー　pea, pee
ビーアン　Behan
ピーアン　paean
ビーイメンス　vehemence
ビーイメント　vehement
ビー・イン　be-in
ビーイング　being
ピーウィー　pewee, peewee

ピーウィット　pewit, peewit
ピーオニー　peony, pae-
ピーオニック　paeonic
ピーオン　paeon
ビーカー　beaker
ビーカーフル　beakerful
ビーガニズム　veganism
ピーカブー　peekaboo
ビーガン　vegan
ピーキー　peaky
ビーキーパー　beekeeper
ビーキーピング　beekeeping
ビーク　beak
ピーク　peak, peek, peke, pique, Peake
ピーク・オイル　peak oil
ピークト　peaked
ヒーク・ヤーケット　hic jacet, hic iacet
ピー・グリーン　pea green
ビーグリング　beagling
ビークル　vehicle
ビーグル　beagle
ピーコウ　pekoe
ヒー・ゴート　he-goat
ピーコート　peacoat
ピーコック　peacock
ピーコック・バタフライ　peacock butterfly
ピーコック・ブルー　peacock blue
ビーコン　beacon
ピーザ　Pisa
ビー・サイド　B-side
ピーサブル　peaceable
ビーザム　besom
ヒーシー　heathy
ビー・ジーズ　Bee Gees
ピー・ジャケット　pea jacket
ビージャン　vegan
ピーシューター　peashooter
ヒース　heath
ビーズ　beads
ピース　peace, piece
ピーズ　pease
ピース・ウォー　peace war
ピー・スーパー　pea-souper
ピー・スープ　pea soup
ピース・オファリング　peace offering
ピース・オフィサー　peace officer
ピースキーピング　peacekeeping
ピース・グッズ　piece goods
ヒースクリフ　Heathcliff
ピース・コーズ　Peace Corps
ピースタイム　peacetime
ビースティ　beastie
ピース・ディビデンド　peace dividend
ビースティ・ボーイズ　Beastie Boys
ビースト　beast
ビーストリー　beastly
ヒーズニズム　heathenism
ピースニック　peacenik
ヒーズニッシュ　heathenish
ビースバーデン　Wiesbaden
ピース・パイプ　peace pipe
ピーズ・プディング　pease pudding
ピースフル　peaceful
ピース・ボート　Peace Boat
ピース・マーク　peace mark
ピースミール　piecemeal
ピースメーカー　peacemaker
ピースメーキング　peacemaking
ビーズル　bezel
ピース・レーツ　piece rates
ヒースロー・エアポート　Heathrow Airport
ヒース・ロビンソン　Heath Robinson
ピースワーク　piecework
ビーズワックス　beeswax
ヒーズン　heathen
ヒーズンダム　heathendom
ビーセンタール　Wiesenthal
ビーゼント　wisent
ピーゾエレクトリック　piezoelectric
ビータ　Vita
ビーダ　Vida
ヒーター　heater
ビーター　beater
ピーター　Peter, peter
ピーターソン　Peterson
ピーターバラ　Peterborough
ピーターパン　Peter Pan
ピーターパン・カラー　Peter Pan collar
ピーターマン　peterman
ピーター・ラビット　Peter Rabbit
ビーチ　beach, beech
ピーチ　peach
ビーチ・アンブレラ　beach umbrella
ビーチー　beachy

ピーチー　peachy
ビーチー・ヘッド　Beachy Head
ビーチウェア　beachwear
ビーチウッド　beechwood
ビーチェン　beechen
ビーチゴーアー　beachgoer
ビーチコーマー　beachcomber
ビーチコーミング　beachcombing
ビーチコーム　beachcomb
ピーチ・スキン　peach skin
ピーチック　peachick
ビーチ・バギー　beach buggy
ビーチ・ピープル　beach people
ビーチ・フラッグス　beach flags
ビーチ・フリー　beach flea
ビーチフロント　beachfront
ビーチヘッド　beachhead
ビーチ・ボーイズ　Beach Boys
ビーチ・ボール　beach ball
ビーチ・マスト　beech mast
ピーチ・メルバ　peach Melba
ビーチャム　Beecham
ヒーチュン　hyson
ビーティ　Beattie
ビーディー　beady
ピーティー　peaty
ヒーティング　heating
ビーティング　beating
ビーディング　beading
ヒーテッド　heated
ヒート　heat
ヒード　heed
ビート　beat, beet
ビード　bead
ピート　Pete, pete, peet, peat
ヒート・アイランド　heat island
ヒートアップ　heatup
ビート・アップ　beat-up
ヒート・ウェーブ　heat wave
ビートゥン　beaten
ヒート・エクスチェンジャー　heat exchanger
ヒート・エグゾースチョン　heat exhaustion
ヒート・エンジン　heat engine
ビートー　veto
ヒート・ガン　heat gun
ヒート・キャパシティー　heat capacity
ヒート・シールド　heat shield
ビート・ジェネレーション　beat generation
ビート・シュガー　beet sugar
ヒート・シンク　heat sink
ヒートストローク　heatstroke
ヒート・スプレッダー　heat spreader
ピート・チューブ　Pitot tube
ヒート・デス　heat death
ヒードニスティック　hedonistic
ヒードニスト　hedonist
ヒードニズム　hedonism
ビートニック　beatnik
ヒート・パイプ　heat pipe
ヒート・バリヤー　heat barrier
ヒードフル　heedful
ヒートプルーフ　heatproof
ピート・ボッグ　peat bog
ビート・ボックス　beat box
ヒート・ポンプ　heat pump
ピート・モス　peat moss
ヒート・ライトニング　heat lightning
ヒート・ラッシュ　heat rash
ビートリング　beetling
ビートル　beetle, betel
ビードル　beadle
ビートルート　beetroot
ビートル・クラッシャー　beetle-crusher
ビートルズ　Beatles
ビートル・ナット　betel nut
ビートル・パーム　betel palm
ビートル・ブラウド　beetle-browed
ビートルマニア　Beatlemania
ヒート・レジスタント　heat-resistant
ヒートレス　heatless
ヒードレス　heedless
ビードワーク　beadwork
ビートン　Beaton
ビーナ　vena, vina, veena
ピーナイル　penile
ビーナス　Venus, venus, venous
ピーナス　penis
ピーナツ　peanut
ピーナツ・オイル　peanut oil
ピーナツ・ギャラリー　peanut gallery
ピーナッツ　peanut, Peanuts
ピーナッツ・オイル　peanut oil
ピーナッツ・ギャラリー　peanut gallery
ピーナッツ・バター　peanut butter

ピーナッツ・ポリティシャン　peanut politician
ピーナツ・バター　peanut butter
ピーナライズ　penalize
ピーナライゼーション　penalization
ビーナリティー　venality
ビーナル　venal
ピーナル　penal
ビーニアル　venial
ヒーニー　Heaney
ビーニー　beanie
ビーニー・ベイビーズ　Beanie Babies
ピーニス　penis
ビーニョ・ベルデ　vinho verde
ビーノ　vino, beano
ビーバー　beaver, Bieber
ビーパー　beeper
ピーパー　peeper
ビーバートン　Beaverton
ビーバー・ヌード　beaver nude
ビーバーボード　beaverboard
ビーバーライト　beaverite
ビーハイブ　beehive
ビーバス　Beavis
ビーバップ　bebop
ピーパル　pipal
ビーハン　Behan
ヒービー・ジービーズ　heebie-jeebies, heeby-
ビーヒキュラー　vehicular
ピービッシュ　peevish
ヒーピング　heaping
ピーピング・トム　Peeping Tom
ヒーブ　heave, HEIB
ヒープ　heap
ビーフ　beef
ビーブ　Beeb
ビープ　beep, veep
ピーブ　peeve
ピープ　peep
ピーファウル　peafowl
ビーフィー　beefy
ビーフィーター　beefeater
ビーフ・ウェリントン　beef Wellington
ビーフ・キャトル　beef cattle
ビーフケイク　beefcake
ビーフ・ジャーキー　beef jerky
ピープ・ショー　peep show
ピーブズ　Peeves
ピープス　Pepys
ビーフステーキ　beefsteak
ビーフ・ストロガノフ　beef stroganoff
ビーフ・ティー　beef tea
ピーブド　peeved
ビーフバーガー　beefburger
ビーフ・ボウル　Beef Bowl
ヒーブ・ホー　heave-ho
ピープホール　peephole
ヒーブル　Hebrew
ピープル　people
ピーブレイン　peabrain
ビーブレッド　beebread
ピーベリー　peaberry
ピーヘン　peahen
ヒー・ホー　hee-haw
ピーボディー　Peabody
ビーマー　beamer, Beemer
ヒーマル　hemal
ヒー・マン　he-man
ビーミー　beamy
ビーミング　beaming
ビーム　beam
ビーム・エンズ　beam-ends
ビーム・コンパス　beam compass
ヒーメン　hymen, Hymen
ヒーラー　healer
ビーラー　velar
ピーラー　peeler
ビーライン　beeline
ビーラム　velum
ヒーラ・モンスター　Gila monster
ビーラライズ　velarize
ヒーリー　Healy
ヒーリング　healing
ピーリング　peeling
ヒーリング・ミュージック　healing music
ヒール　heal, heel, hele
ビール　beer, veal
ピール　peel, peal
ヒール・アンド・トー　heel-and-toe
ビール・エンジン　beer engine
ヒール・オール　heal-all
ビールス　virus
ヒールタップ　heeltap

ヒールド　heeled
ヒールボール　heelball
ビール・ポンプ　beer pump
ビール・マット　beer-mat
ビールマン・スピン　Biellmann spin
ビーレフェルト　Bielefeld
ヒーロー　hero
ヒーロー・ワーシップ　hero worship
ビーン　been, bean, Bean
ピーン　peen
ビーン・カード　bean curd
ビーン・カウンター　bean counter
ビーン・ケイク　bean cake
ビーンズ　beans
ビーンストーク　beanstalk
ビーン・スプラウト　bean sprout
ビーン・タウン　Bean Town
ビーンバッグ　beanbag
ビーンフィースト　beanfeast
ビーンボール　beanball
ビーンポール　beanpole
ビウィスカード　bewhiskered
ビウィッグド　bewigged
ビウィッチ　bewitch
ビウィッチング　bewitching
ビウィルダー　bewilder
ビウェアー　beware
ビウェイル　bewail
ビウェール　bewail
ピウス　Pius
ピエール　Pierre
ピエール・バルマン　Pierre Balmain
ピエール・マルコリーニ　Pierre Marcolini
ピエス・ド・レジスタンス　pièce de résistance
ピエゾエレクトリシティー　piezoelectricity
ピエゾエレクトリック　piezoelectric
ピエゾメーター　piezometer
ピエタ　pietà
ピエダテール　pied-à-terre
ピエトロ　Pietro
ビエニーズ　Viennese
ピエモンテ　Piedmont, Piemonte
ヒエラルキー　hierarchy
ピエロ　pierrot
ヒエログリフ　hieroglyph
ヒエログリフィック　hieroglyphic
ヒエロニムス・ボス　Hieronymus Bosch
ヒエロニムス・ボッシュ　Hieronymus Bosch
ビエンチャン　Vientiane
ピエンツァ　Pienza
ビエンナーレ　biennale
ビオール　viol
ピオグリタゾン　pioglitazone
ビオス　bios
ビオチン　biotin
ビオテルム　Biotherm
ビオトープ　biotope
ビオフラボノイド　bioflavonoid
ビオモルフ　biomorph
ビオモルフィック　biomorphic
ビオラ　viola
ビオラ・ダ・ガンバ　viola da gamba
ピオリア　Peoria
ビオリスト　violist
ビオレッタ　Violetta
ビオロンチェリスト　violoncellist
ビオロンチェロ　violoncello
ビオンデロ　Biondello
ビカー　vicar
ビガー　vigor, vigour
ビカーム　becalm
ビガイラー　beguiler
ビガイリング　beguiling
ビガイル　beguile
ピカサ　Picasa
ピカソ　Picasso
ピカタ　picata
ピカデリー　Piccadilly
ピカデリー・サーカス　Piccadilly Circus
ピカドール　picador
ビガマス　bigamous
ビガミー　bigamy
ビガミスト　bigamist
ビカミング　becoming
ビカム　become
ピカユーン　picayune
ビガラード　bigarade
ピカリリー　piccalilli
ピカルーン　picaroon, pickaroon
ビカルタミド　bicalutamide
ビカルボナート　bicarbonate
ビカレージ　vicarage
ピカレスク　picaresque

ビガン　begun, Vigan
ピギー　piggy
ピギーバック　piggyback
ピギー・バンク　piggy bank
ビギナー　beginner
ビキニ　Bikini, bikini
ビギニング　beginning
ビギャン　began
ビキューナ　vicuña, vicuna
ビギン　begin, beguine
ヒギンズ　Higgins
ビグアニド　biguanide
ビクイーサル　bequeathal
ビクイース　bequeath
ビクーニャ　vicuña, -na, -gna
ビクエスト　bequest
ピクサー　Pixar
ピクシー　pixie, pixy
ピクシー・ハット　pixie hat
ピクシー・フード　pixie hood
ピクシレーション　pixilation
ピクシレーテッド　pixilated
ピグスティー　pigsty
ビクセニッシュ　vixenish
ピクセル　pixel
ピクセレーション　pexelation
ピクセレート　pixelate
ビクセン　vixen
ヒクソン・グレーシー　Rickson Gracie
ビクター　victor, Victor
ピクチャー　picture
ピクチャー・ウインドー　picture window
ピクチャー・カード　picture card
ピクチャー・ギャラリー　picture gallery
ピクチャーゴーアー　picturegoer
ピクチャー・チューブ　picture tube
ピクチャー・パズル　picture puzzle
ピクチャー・ハット　picture hat
ピクチャー・ブック　picture book
ピクチャー・ポストカード　picture postcard, picture-postcard
ピクチャー・モールディング　picture molding
ピクチャー・ライティング　picture writing
ピクチャライズ　picturize
ピクチャレスク　picturesque
ビクティマイザー　bictimizer
ビクティマイズ　victimize
ビクティマイゼーション　victimization
ビクティミゼーション　victimization
ビクティム　victim
ビクティムフッド　victimhood
ピクト　Pict
ビクトアール　Victoire
ピクトグラフ　pictograph
ピクトグラフィー　pictography
ピクトグラム　pictogram
ピクトブリッジ　PictBridge
ビクトリア　Victoria, victoria
ビクトリアーナ　Victoriana
ビクトリア・クロス　Victoria Cross
ビクトリアス　victorious
ビクトリアニズム　Victorianism
ピクトリアル　pictorial
ビクトリアン　Victorian
ビクトリー　victory
ビクトリノックス　Victorinox
ビクトル　Victor
ビクトル・エリセ　Victor Erice
ビクトワール　Victoire
ピクニッカー　picnicker
ピクニッキー　picnicky
ピクニック　picnic, Picnik
ピクノジェノール　pycnogenol
ピグマリオン　Pygmalion
ピグミー　pygmy, pig-
ピグメンタリー　pigmentary
ピグメンテーション　pigmentation
ピグメント　pigment
ビグライム　begrime
ビクラウド　becloud
ビグラッジ　begrudge
ヒグル　higgle
ピクルス　pickles
ヒグルディー・ピグルディー　higgledy-piggledy
ピグレット　Piglet
ビグロー　Biglow
ピクロラム　picloram
ビクロリド　bichloride
ピケ　picket, piqué, Piquet
ビケイム　became
ビゲット　beget
ピケット　picket, piquet, Pickett

ピケット・フェンス picket fence
ピケ・ライン picket line
ピケンズ Pickens
ビコ Biko
ピコ pico-, picot
ビコーズ because
ビゴーン begone
ピコキュリー picocurie
ピコグラム picogram
ビゴス bigos
ピコセル picocell
ピコセルラー picocellular
ビゴット begot, bigot
ピコット picot
ビゴットゥン begotten
ビゴットリー bigotry
ピコ・デ・ガヨ pico de gallo
ピコ・デ・ガロ pico de gallo
ピコファラド picofarad
ビゴ・モーテンセン Viggo Mortensen
ビゴラス vigorous
ピコリットル picolitre
ピコルナウイルス picornavirus
ビザ visa, Visa
ピサ Pisa
ピザ pizza
ヒザー hither
ヒザートゥー hitherto
ヒザーモスト hithermost
ビザール bizarre
ビザーロ bizarro
ビサイズ besides
ビサイド beside
ビサウ Bissau
ピザズ pizzazz, pizazz
ピザハット Pizza Hut
ビザビ vis-à-vis
ビサボロール bisabolol
ビサヤ Visayas
ピサロ Pissarro, Pizarro
ビザンチウム Byzantium
ビザンチン Byzantine
ピシアス Pythias
ピシアン Pythian
ビジー busy
ピシー pithy
ビジーザス bejesus
ビシージ besiege
ビシージャー besieger
ビシーチ beseech
ビジーボディー busybody
ビシーム beseem
ビジーワーク busywork
ビジーンド bejeaned
ビシエーション vitiation
ビシエート vitiate
ビシケク Bishkek
ビジゴート Visigoth
ビジゴシック Visigothic
ビシシテュード vicissitude
ビシソワーズ vichyssoise
ビジター visitor
ビジターズ・ブック visitors' book
ビジタント visitant
ビシッド viscid
ビジット visit
ビシディティー viscidity
ビジティング visiting
ビジティング・カード visiting card
ビジティング・ナース visiting nurse
ビジティング・ファイアーマン visiting fireman
ビジティング・プロフェッサー visiting professor
ビジテーション visitation
ビシナル vicinal
ビシニティー vicinity
ビジネス business, busyness
ビジネス・アドミニストレーション business administration
ビジネス・アワーズ business hours
ビジネス・イングリッシュ business English
ビジネスウーマン businesswoman
ビジネス・エンド business end
ビジネス・カード business card
ビジネス・カレッジ business college
ビジネス・クラス business class
ビジネス・サイクル business cycle
ビジネス・スーツ business suit
ビジネス・スクール business school
ビジネス・スタディーズ business studies
ビジネス・パーク business park
ビジネスパーソン businessperson
ビジネスピープル businesspeople

ビジネスマン　businessman
ビジネス・モデル　business model
ビジネスライク　businesslike
ビジネス・ランチ　business lunch
ビジビリティー　visibility
ビジブル　visible
ビジャ　Villa
ヒジャーブ　hijab
ビシャス　vicious
ビシャス・サークル　vicious circle
ビシャス・スパイラル　vicious spiral
ビジャレアル　Villarreal
ビジュアライズ　visualize
ビジュアライゼーション　visualization
ビジュアリー　visually
ビジュアリゼーション　visualization
ビジュアル　visual
ビジュアル・エイド　visual aid
ビジュアル・エフェクツ　visual effects
ビジュアル・キャプチャー　visual capture
ビジュアル・コミュニケーション　visual communcation
ビジュアル・ディスプレー・ユニット　visual display unit
ビジュー　bijou
ビジュエル　bejewel
ビジュエルド　bejewel(l)ed
ビシュト　bisht
ビシュヌ　Vishnu
ヒジュラ　Hegira, -ji-
ビショップ　bishop
ビショップリック　bishopric
ビジョナリー　visionary
ビジョン　vision
ピジョン　pigeon
ビジョン・セラピー　vision therapy
ビション・フリーゼ　bichon frisé
ビジョン・ミキサー　vision-mixer
ビジランス　vigilance
ビジランス・コミッティー　vigilance committee
ビジランティ　vigilante
ビジランティズム　vigilantism
ビジラント　vigilant
ビジリー　busily
ビジル　vigil
ピジン　pidgin, pigeon
ピジン・イングリッシュ　Pidgin English
ビシンク　bethink
ピジン・トード　pigeon-toed
ピジン・ブレスト　pigeon breast
ピジン・ペア　pigeon pair
ピジンホール　pigeonhole
ヒス　hiss　⇨ヒステリア
ヒズ　his
ビス　bis
ビズ　biz
ピス　piss, pith
ピス・アーチスト　piss artist
ピス・アップ　piss-up
ビスカス　viscous, viscus
ピスカトリアル　piscatorial
ピスカトリー　piscatory
ビスカヤ　Vizcaya, Biscaya
ビスキュイ　biscuit
ビスク　bisque
ビスクイック　Bisquick
ビスケー　Biscay
ピスケス　Pisces
ビスケット　biscuit
ピスコ　pisco
ビスコエラスティシティー　viscoelasticity
ビスコエラスティック　viscoelastic
ビスコース　viscose
ビスコシティー　viscosity
ビスコシメーター　viscosimeter
ビスコッティー　biscotti
ビスコメーター　viscometer
ビスコメトリー　viscometry
ビスコンティ　Visconti
ビスタ　vista, bister, -tre
ビスター　bestir
ピスタチオ　pistachio
ヒスタミニック　histaminic
ヒスタミン　histamine
ビスチェ　bustier
ヒスチジン　histidine
ピス・テイキング　piss-taking
ピスティル　pistil
ピスティレート　pistillate
ヒステリア　hysteria
ヒステリー　hysteria, Hysterie
ヒステリカル　hysterical
ヒステリシス　hysteresis

ヒステリック　hysteric
ヒステリックス　hysterics
ヒステレクトマイズ　hysterectomize
ヒステレクトミー　hysterectomy
ピスト　piste, pissed
ビストート　bistort
ヒストグラム　histogram
ビストライド　bestride
ヒストリアン　historian
ヒストリー　history
ピストリウス　Pistorius
ヒストリオグラファー　historiographer
ヒストリオグラフィー　historiography
ヒストリオニック　histrionic
ヒストリオニックス　histrionics
ヒストリカル　historical
ヒストリカル・プレゼント　historical present
ヒストリシズム　historicism
ヒストリシティー　historicity
ヒストリック　historic
ヒストリック・プレゼント　historic present
ピストル　pistol
ビストルー　bestrew
ピストル・ホイップ　pistol-whip
ビストロ　bistro
ヒストロジー　histology
ヒストロジカル　histological
ヒストン　histone
ピストン　piston
ピストン・リング　piston ring
ピストン・ロッド　piston rod
ビスパッター　bespatter
ヒスパニア　Hispania
ヒスパニオラ　Hispaniola
ヒスパニック　Hispanic
ビスパングル　bespangle
ビスピーク　bespeak
ピス・プア　piss-poor
ビスフェノール　bisphenol
ビスプリンクル　besprinkle
ヒズブル・イスラム　Hizbul Islam
ビスペクタクルド　bespectacled
ビスベンチアミン　bisbentiamine
ビスポーク　bespoke
ヒズボラ　Hezbollah, Hizbollah, -ballah
ビズマーク　Bismarck
ビスマーチ　besmirch
ビスマイト　bismite
ビスマス　bismuth
ビスマルク　Bismarck
ビスミア　besmear
ビズラ　vizsla
ビゼー　Bizet
ビゼッジ　visage
ビゼッジド　visaged
ピゼッタ　pizzetta
ビセッティング　besetting
ビセット　beset, Bisset
ビセットメント　besetment
ビセラ　viscera
ビセラル　visceral
ビセンテ　Vicente
ビソート　besought
ビソッテッド　besotted
ヒソップ　hyssop
ビソプロロール　bisoprolol
ピタ　pita
ビター　bitter
ビター・オレンジ　bitter orange
ビタースイート　bittersweet
ビター・ビール　bitter beer
ビターン　bittern
ビダイズン　bedizen
ビタイド　betide
ビタイムズ　betimes
ビタクラフト　Vita Craft
ピタゴラス　Pythagoras
ピタゴリーアン　Pythagorean
ビダズル　bedazzle
ビタネス　bitterness
ビダブル　bedabble
ビタミナイズ　vitaminize
ビタミン　vitamin, -mine
ビタリッシュ　bitterish
ビダル　Vidal
ヒダントイン　hydantoin
ピチェッタ　pizzetta
ビチェリン　bicerin
ビチェンツァ　Vicenza
ピチカート　pizzicato
ビチューミナス　bituminous
ビチューミナス・コール　bituminous coal
ビチューメン　bitumen
ビッカー　bicker

ピッカー　picker
ピッカード　Pickard
ヒッカップ　hiccup
ピッカニニー　pickaninny, picca-
ピッカバック　pickaback
ピッガリー　piggery
ピッカント　piquant
ピッカンンシー　piquancy
ヒッキー　hickey
ビッキー　Vicky, Vicki
ビッギー　biggie, biggy
ピッキー　picky
ピッキー・イーター　picky eater
ビッギッシュ　biggish
ピッギッシュ　piggish
ピッキング　picking
ヒック　hick
ビック　Vic
ビッグ　big, bigg
ピック　pick, pic
ピッグ　pig
ビッグアイ　bigeye
ピッグ・アイアン　pig iron
ピッグ・アウト　pig-out
ピックアックス　pickax, pickaxe
ピックアップ　pickup
ピックアップ・トラック　pickup truck
ビッグ・アップル　Big Apple
ピッグウィード　pigweed
ピックウィッキアン　Pickwickian
ビッグウィッグ　bigwig
ピックウィック　Pickwick
ビッグ・エンド　big end
ピックオフ　pickoff
ピックガード　pickguard
ビッグ・ガン　big gun
ビッグ・ゲーム　big game
ビッグサー　Big Sur
ビッグ・サンダー・マウンテン　Big Thunder Mountain
ビッグ・シー　big C
ビッグ・ショット　big shot
ヒックス　Hicks
ヒッグズ　Higgs
ピックス　pix, pyx
ピッグス　PIGS
ピッグズウィル　pigswill
ピッグズ・ウォッシュ　pig's wash
ピッグスキン　pigskin
ピッグスタイ　pigsty
ピッグスティッカー　pigsticker
ビッグ・スティック　big stick
ビックス・バイダーベック　Bix Beiderbecke
ビッグ・スモーク　big smoke
ビッグ・タイマー　big-timer
ビッグ・タイム　big time, big-time
ビッグ・ダディー　big daddy
ビッグ・チーフ　big chief
ビッグ・チケット　big-ticket
ビッグ・ツリー　big tree
ビッグ・ディール　big deal
ビッグ・ディッパー　big dipper
ビッグデータ　big data
ピッグテール　pigtail
ピッグテールド　pigtailed
ビッグ・テント　big-tent
ピックト　picked
ビッグ・トー　big toe
ビッグ・トップ　big top
ビッグ・ネーム　big name, big-name
ビッグネス　bigness
ビッグ・ノイズ　big noise
ビッグ・バード　Big Bird
ビッグ・ハウス　big house
ビッグ・バグ　big bug
ビッグ・バックス　big bucks
ビッグ・バン　big bang
ビッグ・バン・セオリー　big bang theory
ビッグ・ビジネス　big business
ピックフォード　Pickford
ビッグフッティング　bigfooting
ビッグフット　bigfoot
ビッグ・ブラザー　big brother
ビッグヘッド　bighead
ビッグ・ベン　Big Ben
ピッグペン　pigpen
ビッグ・ホイール　big wheel
ビッグ・ボード　Big Board
ピッグボート　pigboat
ビッグホーン　bighorn
ピックポケット　pickpocket
ビッグ・マウス　big mouth
ビッグマウスト　bigmouthed
ビッグ・マック　Big Mac

ビッグ・マネー　big money
ピック・ミー・アップ　pick-me-up
ピッグ・ミート　pig meat
ピック・ユア・オウン　pick-your-own
ビッグ・リーグ　big league
ピックルド　pickled
ピッグレット　piglet
ピックロック　picklock
ピッケレル　pickerel
ヒッコリー　hickory
ピッコロ　piccolo
ピッシュ　pish
ピッシンガー　Pischinger
ヒッシング・サウンド　hissing sound
ヒッター　hitter
ビッダー　bidder
ピッター・パッター　pitter-patter
ヒッタイト　Hittite
ピッタパット　pit-a-pat
ビッダブル　biddable
ピッタンス　pittance
ヒッチ　hitch
ビッチ　bitch
ピッチ　pitch
ピッチ・アンド・トス　pitch-and-toss
ビッチー　bitchy
ピッチー　pitchy
ピッチウーマン　pitchwoman
ピッチカート　pizzicato
ヒッチコック　Hitchcock
ピッチ・ショット　pitch shot
ピッチ・ダーク　pitch-dark
ピッチト・バトル　pitched battle
ヒッチハイカー　hitchhiker
ヒッチハイク　hitchhike
ピッチフォーク　pitchfork
ピッチ・ブラック　pitch-black
ピッチブレンド　pitchblende
ピッチマン　pitchman
ピッチャー　pitcher
ピッチャー・プラント　pitcher plant
ピッチャーフル　pitcherful
ピッチング　pitching
ピッツァ　pizza
ピッツェリア　pizzeria
ピッツバーグ　Pittsburgh
ピッツバーグ・スティーラーズ　Pittsburgh Steelers
ビッティー　bitty
ビッディング　bidding
ヒット　hit
ヒッド　hid
ビット　bit
ビッド　bid
ピット　pit
ヒット・アンド・ミス　hit-and-miss
ヒット・アンド・ラン　hit-and-run
ヒットエンドラン　hit-and-run
ヒット・オア・ミス　hit-or-miss
ピット・クルー　pit crew
ビットコイン　bitcoin
ビットトレント　BitTorrent
ビット・パート　bit part
ピット・バイパー　pit viper
ヒット・パレード　hit parade
ピットフォール　pitfall
ビットブリット　BitBlt
ピット・ブル　pit bull
ビットブルガー　Bitburger
ピットヘッド　pithead
ビット・マップ　bit map
ビット・マップト・グラフィックス　bit-mapped graphics, BMG
ヒット・マン　hit man
ピットマン　pitman
ヒットラー　Hitler
ビットリーニ　Vittorini
ヒット・リスト　hit list
ヒット・レート　hit rate
ビット・レート　bit rate
ピットレーン　pitlane
ピッパ　Pippa
ヒッピー　hippie, hippy
ヒッピー・ディッピー　hippy-dippy
ヒップ　hip, hep
ビップ　VIP
ピップ　pip
ヒップ・キャット　hip cat
ヒップ・ジョイント　hip joint
ピップスクイーク　pipsqueak
ヒップスター　hipster
ヒップト　hipped
ヒップ・ハガー　hip-hugger
ヒップ・バス　hip bath

ヒップ・パッド　hip pad
ヒップ・ブーツ　hip boots
ヒップ・フラスコ　hip flask
ヒップボーン　hipbone
ヒップ・ポケット　hip pocket
ヒップ・ホップ　hip-hop
ヒップ・ルーフ　hip roof
ヒッポー　hippo　⇨ヒポポタマス
ヒッポカンポス　hippocampus
ヒッポグリフ　hippogriff, -gryph
ヒッポクレネ　Hippocrene
ビデ　bidet
ビデイ　bidet
ヒディアス　hideous
ピティアス　piteous
ピティアブル　pitiable
ビディー　biddy
ピティー　pity
ピティーイング　pitying
ピティーレス　pitiless
ビティカルチャー　viticulture
ビティカルチュラル　viticultural
ビティカルチュリスト　viticulturist
ビテイク　betake
ピティフル　pitiful
ビディムド　bedimmed
ピティレス　pitiless
ヒディンク　Hiddink
ビディング　bidding
ビデオ　video
ビデオ・アダプター　video adapter
ビデオカセット　videocassette
ビデオ・キャプチャー　video capture
ビデオグラファー　videographer
ビデオグラフィー　videography
ビデオグラム　videogram
ビデオ・ゲーム　video game
ビデオ・コントローラー　video controller
ビデオコンファレンス　videoconference
ビデオ・シアター　video theater
ビデオジェニック　videogenic
ビデオディスク　videodisc, -disk
ビデオ・ディスプレー・ターミナル　video display terminal, VDT
ビデオテープ　videotape
ビデオテープ・レコーダー　videotape recorder
ビデオテープ・レコーディング　videotape recording
ビデオテックス　videotex, -text
ビデオ・ナスティー　video nasty
ビデオフォーン　videophone
ビデオ・ボード　video board
ビデオ・マガジン　video magazine
ビデオ・ラム　video RAM
ピテカントロプス　pithecanthropus
ビデック　bedeck
ビデビル　bedevil
ピテュイタリー・グランド　pituitary gland
ビテリン　vitellin
ビトゥイーン　between
ビトゥイクスト　betwixt
ビトゥック　betook
ヒドゥン　hidden
ヒドゥン　hidden
ビトークン　betoken
ピトー・チューブ　Pitot tube
ビドーブ　bedaub
ビトゲンシュタイン　Wittgenstein
ピトシン　Pitocin
ヒドラ　Hydra, hydra
ヒトラー　Hitler
ビトラー　victual(l)er
ヒドラーゼ　hydrase
ビドラグルド　bedraggled
ヒドラジン　hydrazine
ビトリアス　vitreous
ビトリオール　vitriol
ビトリオリック　vitriolic
ビトリファイ　vitrify
ビトリフィケーション　vitrification
ピドリング　piddling
ビトル　victual
ビドル　Biddle
ピドル　piddle
ビトレイ　betray
ビトレイヤー　betrayer
ビトレイヤル　betrayal
ヒドロ　hydr-, hydro-
ビトローザル　betrothal
ビトロース　betroth
ビトローズド　betrothed
ヒドローリシティー　hydraulicity
ヒドローリック　hydraulic

ヒドローリックス hydraulics
ヒドロカーボナス hydrocarbonous
ヒドロカーボニック hydrocarbonic
ヒドロカーボネーシャス hydrocarbonaceous
ヒドロカーボン hydrocarbon
ヒドロキシ hydroxy
ヒドロキシカルバミド hydroxycarbamide
ヒドロキシジン hydroxyzine
ヒドロキシステロイド hydroxysteroid
ヒドロキシド hydroxide
ヒドロキシトルエン hydroxytoluene
ヒドロキシプロリン hydroxyproline
ヒドロキシベンゼン hydroxybenzene
ヒドロキシル hydroxyl
ヒドロキノン hydroquinone
ヒドロクロリック hydrochloric
ヒドロクロリック・アシッド hydrochloric acid
ヒドロゲナーゼ hydrogenase
ヒドロゲル hydrogel
ヒドロゲン hydrogen
ヒドロコルチゾン hydrocortisone
ヒドロシアニック hydrocyanic
ヒドロシアニック・アシッド hydrocyanic acid
ヒドロジオロジー hydrogeology
ヒドロジオロジカル hydrogeological
ヒドロジオロジスト hydrogeologist
ヒドロスフェア hydrosphere
ヒドロゾル hydrosol
ヒドロダイナミクス hydrodynamics
ヒドロダイナミシスト hydrodynamicist
ヒドロダイナミック hydrodynamic
ヒドロティック hidrotic
ヒドロニウム hydronium
ヒドロパワー hydropower
ヒドロモルフォン hydromorphone
ヒドロモルホン hydromorphone
ピトン piton
ビナイテッド benighted
ビナイン benign
ビナクル binnacle
ピナクル pinnacle
ピナツボ Pinatubo
ピナトゥボ Pinatubo
ピナ・バウシュ Pina Bausch
ビナパクリル binapacryl
ピナフォア pinafore
ビナム benumb
ヒナヤナ Hinayana
ビニー Vinnie, Vinny
ピニー pinny
ビニース beneath
ビニール vinyl
ピニェラ Piñera
ピニオン pinion
ビニカルチャー viniculture
ビニグナンシー benignancy
ビニグナント benignant
ビニグニティー benignity
ビニサレム Binissalem
ピニャータ piñata
ピニャコラーダ piñacoláda
ビニュロン vigneron
ピニョン piñon
ビニリデン vinylidene
ビニル vinyl
ビヌージアン Venusian
ピネアル pineal
ピネート pinnate
ビネガー vinegar
ビネガリー vinegary
ビネグレット vinaigrette
ビネグレット・ソース vinaigrette sauce
ビネット vignette
ピネン pinene
ピノ Pinot
ピノイ Pinoy
ピノー Pinault
ピノキオ Pinocchio
ヒノキチオール hinokitiol
ピノ・グリ Pinot Gris
ピノクル pinoc(h)le
ピノチェト Pinochet
ピノ・ノワール Pinot Noir
ピノ・ブラン Pinot Blanc
ピノ・ムニエ Pinot Meunier
ビバ viva
ビバーク bivouac
ビバーチェ vivace
ヒバーニアン Hibernian
ビハーフ behalf
ビハーリ Bihari

ビハール　Bihar
ビハインド　behind
ビハインド・ザ・シーンズ　behind-the-scenes
ビハインドハンド　behindhand
ヒバオア　Hiva Oa
ビバシティー　vivacity
ヒバチ　hibachi
ビバップ　bebop
ビバリー・ヒルズ　Beverly Hills
ビバルディー　Vivaldi
ビビアン　Vivian, Vivien, Vivienne
ビビセクショナル　vivisectional
ビビセクショニスト　vivisectionist
ビビセクション　vivisection
ビビセクト　vivisect
ビビッド　vivid
ピピット　pipit
ビビディ・バビディ・ブー　Bibbidi-Bobbidi-Boo
ビビパラス　viviparous
ビビファイ　vivify
ビビフィケーション　vivification
ビヒモス　behemoth
ビビュラス　bibulous
ピピン　pippin
ビビンバ　bibimbap
ビフ　biff
ビブ　bib
ビファウル　befoul
ビファドル　befuddle
ビファドルメント　befuddlement
ビファミン　vifamine
ビフィズス　bifidus
ビフィッティング　befitting
ビフィット　befit
ビフィドバクテリア　bifidobacteria
ビフーブ　behoove, -hove
ビフール　befool
ビフェニル　biphenyl
ビフォア　before
ビフォア・クライスト　before Christ, B.C.
ビフォアハンド　beforehand
ビフォー　before
ビフォール　befall
ビフォッグ　befog
ビブコック　bibcock, bibb cock
ヒプノーシス　hypnosis
ヒプノセラピー　hypnotherapy
ヒプノタイズ　hypnotize, -tise
ヒプノティスト　hypnotist
ヒプノティズム　hypnotism
ヒプノティック　hypnotic
ビブラート　vibrato
ビブラホン　vibraphone
ビブリオ　biblio-, bibli-, vibrio
ビブリオグラファー　bibliographer
ビブリオグラフィー　bibliography
ビブリオグラフィカル　bibliographical
ビブリオグラフィック　bibliographic
ビブリオセラピー　bibliotherapy
ビブリオフィル　bibliophile, -phil
ビブリオマニア　bibliomania
ビブリオマニアック　bibliomaniac
ビブリカル　biblical
ピフリング　piffling
ピフル　piffle
ビフレンド　befriend
ビブワック　bivouac
ビヘイビアー　behavior, -iour
ビヘイビアー・セラピー　behavior therapy
ビヘイビアー・パターン　behavior pattern
ビヘイビアリスティック　behavioristic
ビヘイビアリスト　behaviorist
ビヘイビアリズム　behaviorism
ビヘイビオラル　behavioral
ビヘイビオラル・サイエンス　behavioral science
ビヘイブ　behave
ビベーシャス　vivacious
ビヘービアー　behavior, -iour
ビヘービアー・セラピー　behavior therapy
ビヘービアー・パターン　behavior pattern
ビヘービアリスティック　behavioristic
ビヘービアリスト　behaviorist
ビヘービアリズム　behaviorism
ビヘービオラル　behavioral
ビヘービオラル・サイエンス　behavioral science
ビヘーブ　behave
ビヘスト　behest
ビヘッド　behead
ピペット　pipet(te)
ピペラシリン　piperacillin

ビベリアム vivarium
ヒペリシン hypericin
ピペリジン piperidine
ビペリデン biperiden
ピペリン piperine
ビヘルド beheld
ヒベルニア Hibernia
ヒベルニアン Hibernian
ピペロナール piperonal
ピペロニルブトキシド piperonyl butoxide
ビベンディ Vivendi
ビホールダー beholder
ビホールド behold
ヒポキサンチン hypoxanthine
ヒポキャンパス hippocampus
ヒポクラティック・オース Hippocratic oath
ヒポクラテス Hippocrates
ヒポクリシー hypocrisy
ヒポクリット hypocrite
ヒポクリティカル hypocritical
ヒポコンデリア hypochondria
ヒポコンドリアカル hypochondriacal
ヒポコンドリアック hypochondriac
ヒポサイクロイド hypocycloid
ヒポセンター hypocenter
ピボッタル pivotal
ピボット pivot
ヒポドローム hippodrome
ヒポトロコイド hypotrochoid
ヒポポタマス hippopotamus
ヒポリタ Hippolita
ピマ pima
ビマー Bimmer
ヒマール khimar
ビマイア bemire
ヒマチャルプラデシュ Himachal Pradesh
ビマトプロスト bimatoprost
ピマリシン pimaricin
ピミエント pimiento
ビミューズ bemuse
ヒム him, hymn
ビム vim
ピムズ Pimm's
ヒムセルフ himself
ヒムナル hymnal
ヒムブック hymnbook
ヒムラー Himmler
ピムリコ Pimlico
ピメント pimento
ビモーン bemoan
ビヤエルモサ Villahermosa
ヒヤシンス hyacinth
ピュア pure
ピュアブラッド pureblood
ピュアブレッド purebred
ピュアリー purely
ビュイック Buick
ピュイッサンス puissance
ピュイフォルカ Puiforcat
ヒュー Hugh, hew, hue
ビュー view
ピュー pew
ビューアー viewer
ピューアーペラル puerperal
ヒューイ Hughie, Huie
ビューイック Buick
ヒューイッツ Hewitts
ヒューイット Hewitt
ピューク puke
ビューグラー bugler
ビューグル bugle
ヒューゴ・ボス Hugo Boss
ビューコリック bucolic
ヒュージ huge
ピュージェット・サウンド Puget Sound
ピューシラニマス pusillanimous
ピュージリスト pugilist
ピュージリズム pugilism
ヒューズ fuse, Hughes
ピュース puce
ヒューストニアン Houstonian
ヒューストン Houston, Huston
ヒューストン・テキサンズ Houston Texans
ヒューストン・ロケッツ Houston Rockets
ヒューズ・ボックス fuse box
ヒューズ・ワイヤー fuse wire
ピューター pewter
ピュータティブ putative
ビューティアス beauteous
ビューティー beauty
ビューティー・クイーン beauty queen
ビューティー・コンテスト beauty contest
ビューティー・サロン beauty salon
ビューティー・ショー ⇨ビューティー・コンテ

スト
ビューティー・ショップ　beauty shop
ビューティー・スポット　beauty spot
ビューティー・スリープ　beauty sleep
ビューティー・パーラー　beauty parlor
ビューティシャン　beautician
ビューティファイ　beautify
ビューティフル　beautiful
ビューティフル・ピープル　beautiful people
ビューデータ　viewdata
ピューデンダム　pudendum
ヒュード　hued
ビュート　beaut, butte
ピュートリッド　putrid
ピュートリディティー　putridity
ピュートリファイ　putrefy
ピュートリファクション　putrefaction
ピュートリファクティブ　putrefactive
ピュートレッセンス　putrescence
ピュートレッセント　putrescent
ピューニー　puny
ピューニク　Punic
ピューニック　Punic
ピューニック・ウォーズ　Punic Wars
ピューニティブ　punitive
ピューパ　pupa
ヒューバート　Hubert
ピューバティー　puberty
ピューパル　pupal
ピュービーズ　pubes
ピュービス　pubis
ピュービック　pubic
ピュービック・ヘア　pubic hair
ピュービック・ボーン　pubic bone
ピュービック・リージョン　pubic region
ピューピル　pupil
ビューファインダー　viewfinder
ビューフォート・スケール　Beaufort scale
ヒューブリス　hubris
ヒューブリスティック　hubristic
ピューペート　pupate
ピューベッセンス　pubescence
ビューポイント　viewpoint
ピューマ　puma
ヒューマー　humor, humour
ヒューマード　humored
ヒューマーレス　humorless
ヒューマス　humus
ヒューマナイズ　humanize, -ise
ヒューマニスティック　humanistic
ヒューマニスト　humanist
ヒューマニズム　humanism
ヒューマニティー　humanity
ヒューマニテリアニズム　humanitarianism
ヒューマニテリアン　humanitarian
ヒューマノイド　humanoid
ヒューマラス　humorous
ヒューマリスト　humorist
ヒューマン　human
ヒューマン・イクエーション　human equation
ヒューマン・イミュノデフィシェンシー・ウイルス　human immunodeficiency virus, HIV
ヒューマン・インテレスト　human interest
ヒューマン・エコロジー　human ecology
ヒューマン・エンジニアリング　human engineering
ヒューマンカインド　humankind
ヒューマン・グロース・ホルモン　human growth hormone
ヒューマン・セキュリティー　human security
ヒューマン・ネイチャー　human nature
ヒューマンリー　humanly
ヒューマン・リソーシズ　human resources
ヒューマン・リレーションズ　human relations
ヒューミック　humic
ヒューミッド　humid
ヒューミファイ　humify
ヒューミフィケーション　humification
ヒューム　Hume, Hulme
ヒューメクタント　humectant
ヒューメラス　humerus
ビューラ　Beulah
ヒューリスティック　heuristic
ピューリスト　purist
ピューリズム　purism
ピューリタニカル　puritanical
ピューリタニズム　Puritanism
ピューリタン　Puritan
ピューリツァー・プライズ　Pulitzer prize
ピュール　pule
ピューレ　purée, -ree

ビューレス　viewless
ピューレックス　Purex
ヒューレット　Hewlett
ヒューレット・パッカード　Hewlett-Packard
ビューロー　bureau
ビューロクラシー　bureaucracy
ビューロクラタイズ　bureaucratize
ビューロクラタイゼーション　bureaucratization
ビューロクラット　bureaucrat
ビューロクラティズム　bureaucratism
ビューロクラティック　bureaucratic
ヒューロン　Huron
ヒューワー　hewer
ビューワー　viewer
ヒューン　hewn
ピュエライル　puerile
ピュエリリティー　puerility
ピュエリル　puerile
ヒュギエイア　Hygeia
ピュタゴラス　Pythagoras
ビュッフェ　buffet
ビュッフェ・カー　buffet car
ピュティアス　Pythias
ヒュドラ　Hydra
ヒュプノス　Hypnos
ヒュペリオン　Hyperion
ヒュポスタシス　hypostasis
ヒュマンガス　humongous, -mun-
ヒュミダー　humidor
ヒュミディティー　humidity
ヒュミディファイ　humidify
ヒュミディファイアー　humidifier
ヒュミディフィケーション　humidification
ヒュミラ　Humira
ヒュミリエーション　humiliation
ヒュミリエーティング　humiliating
ヒュミリエート　humiliate
ヒュミリティー　humility
ヒュメイン　humane
ヒュメーン　hymen
ピュラモス　Pyramus
ヒュリスティック　heuristic
ピュリッツァー・プライズ　Pulitzer prize
ピュリティー　purity
ピュリファイ　purify
ピュリファイアー　purifier
ピュリフィカトリー　purificatory
ピュリフィケーション　purification
ピュルレンス　purulence
ピュルレント　purulent
ビュレット　buret(te)
ピュレル　Purell
ピュロス　Pyrrhus
ヒュンダイ　Hyundai
ヒュンメル　hummel
ビョーク　Bjork
ビョークマン　Björkman
ピョートル　Peter
ヒヨスチン　hyoscine
ビョルン・ボルグ　Björn Borg
ヒョレア　chorea
ビヨンセ　Beyoncé
ビヨンド　beyond
ビヨン・ボルグ　Björn Borg
ピョンヤン　Pyongyang
ビラ　villa
ピラー　pillar
ビラーゴ　virago
ピラー・ボックス　pillar box
ビライ　belie, villi
ピライティーズ　pyrites
ビライル　virile
ピラジン　pyrazine
ビラス　villus
ピラスター　pilaster
ピラゾロン　pyrazolone
ピラティス　pilates
ピラト　Pilate
ピラニア　piranha
ピラノース　pyranose
ピラフ　pilaf, pilaff
ビラブド　beloved
ピラミダル　pyramidal
ピラミッド　pyramid
ピラミッド・セリング　pyramid selling
ピラミッド・パワー　pyramid power
ヒラリアス　hilarious
ヒラリー　Hilary
ヒラリティー　hilarity
ピラルク　pirarucu
ビラロボス　Villa-Lobos
ビランデル　Wilander
ビリ　villi

ビリアーズ　billiards
ビリアード　billiard, Viread
ビリアス　bilious
ビリアリー　biliary
ヒリー　hilly
ビリー　Billy, Billie, billy
ビリーガー　beleaguer
ビリーガーメント　beleaguerment
ビリーカン　billycan
ビリー・クラブ　billy club
ヒリー・コース　hilly course
ビリー・ゴート　billy goat
ビリーバー　believer
ビリーバビリティー　believability
ビリーバブル　believable
ビリービング　believing
ビリーフ　belief
ビリーブ　believe, bereave
ビリーブド　believed, bereaved
ビリー・ホリデイ　Billie Holiday
ピリオディカル　periodical
ピリオディシティー　periodicity
ピリオディック　periodic
ピリオディック・テーブル　periodic table
ピリオディック・ロー　periodic law
ピリオド　period
ピリオド・ピース　period piece
ビリオネア　billionaire
ビリオン　billion, virion
ピリオン　pillion
ビリオンス　billionth
ビリケン　Billiken
ビリジアン　viridian
ピリック　Pyrrhic
ビリデッセント　viridescent
ピリドキシン　pyridoxine, -in
ビリトル　belittle
ビリナイト　bilinite
ピリピリ　piri-piri
ビリファイ　vilify
ビリフィケーション　vilification
ピリポ　Philip
ビリボンド　beribboned
ピリミジン　pyrimidine
ビリヤーズ　billiards
ビリヤード　billiard
ビリヤーニ　biriani, biryani
ビリヤニ　biriani, biryani
ビリュレンシー　virulency
ビリュレンス　virulence
ビリュレント　virulent
ピリラミン　pyrilamine
ビリリティー　virility
ビリル　virile
ビリンガム　Billingham
ビリング　billing
ヒリングドン　Hillingdon
ヒル　hill, Hill
ビル　Bill, bill, birr　⇨ビルディング
ピル　pill
ピルエット　pirouette
ビルギュール　virgule
ビルク　bilk
ピルグリム　pilgrim
ピルグリム・ファーザーズ　Pilgrim Fathers
ピルグリメージ　pilgrimage
ビル・ゲイツ　Bill Gates
ビルケンシュトック　Birkenstock
ヒルサイド　hillside
ビルジ　bilge
ビルジー　bilgy
ビルジ・ウォーター　bilge water
ビルスティッカー　billsticker
ピルスナー　pilsner, pilsener
ヒルズバラ　Hillsborough
ピルズベリー　Pillsbury
ヒルズボロ　Hillsborough
ピルゼン　Pilsen
ヒルダ　Hilda
ビルダー　builder
ビルダーバーグ　Bilderberg
ピルチャード　pilchard, -cher
ビルチュオーソ　virtuoso
ビルチュオシティー　virtuosity
ビルディング　building
ビルディング・ソサエティー　building society
ビルディング・ブロック　building block
ヒルト　hilt
ビルト　built
ビルド　build
ビルト・アップ　built-up
ビルドアップ　buildup
ヒルドイド　Hirudoid

ビルト・イン　built-in
ビルドゥングスロマン　Bildungsroman
ヒルトップ　hilltop
ビルド・トゥ・オーダー　build to order, build-to-order
ヒルトン　Hilton
ヒルドン　Hildon
ビルヌーブ　Villeneuve
ビルバオ　Bilbao
ヒルビリー　hillbilly
ヒルビリー・ミュージック　hillbilly music
ピルファー　pilfer
ピルファラー　pilferer
ピルファレッジ　pilferage
ビルフィッシュ　billfish
ビルフォールド　billfold
ビルフック　billhook
ビルベリー　bilberry
ヒルベルト　Hilbert, Gilberto
ビルボード　billboard
ビルポスター　billposter
ピルボックス　pillbox
ピル・ポッパー　pill popper
ピル・ポッピング　pill-popping
ビルマ　Burma, Vilma
ビルレンシー　virulency
ビルレンス　virulence
ビルレント　virulent
ビル・ワイマン　Bill Wyman
ヒレ　fillet
ヒレア　Hilaire
ビレイ　belay
ビレイテッド　belated
ビレイバー　belabor, -bour
ピレウス　Piraeus
ビレー　belay
ビレーイング・ピン　belaying pin
ピレージ　pillage
ビレーテッド　belated
ビレート　berate
ビレジャー　villager
ピレジャー　pillager
ピレスラム　pyrethrum
ピレスロイド　pyrethroid
ビレッジ　village
ピレッジ　pillage
ビレッタ　biretta, berretta
ビレット　billet
ビレ・ドゥー　billet-doux
ピレトリン　pyrethrin
ビレナス　villainous
ビレニー　villainy
ピレニーアン　Pyrenean
ピレネー　Pyrenees
ビレネージ　villenage, villein-
ビレフト　bereft
ピレモン　Philemon
ピレリ　Pirelli
ビレン　villain, villein
ビレンドラ　Birendra
ヒロ　Hilo
ヒロイカリー　heroically
ヒロイズム　heroism
ヒロイック　heroic
ヒロイック・カプレット　heroic couplet
ヒロイック・バース　heroic verse
ヒロイン　heroine
ビロウィー　billowy
ビロー　below, bellow, billow
ピロー　pillow, pyr-, pyro-
ピローグ　pirogue
ピローケース　pillowcase
ピロー・スリップ　pillow slip
ピロー・トーク　pillow talk
ピロー・ファイト　pillow fight
ピロール　pyrrole, pyrrol
ピロガロール　pyrogallol
ビロクシ　Biloxi
ピロシキ　pirozhki
ヒロック　hillock
ピロック　pillock
ヒロット　hilot
ピロティ　piloti(s)
ピロリ　pylori
ピロリー　pillory
ピロリジン　pyrrolidine
ピロリドン　pyrrolidone
ビロンギング　belonging
ビロング　belong
ビン　bin, been, Vin
ピン　pin, PIN
ピンイン　Pinyin
ビンカ　vinca
ピンガ　Pinga

ピンガー　pinger
ピンカートン　Pinkerton
ピン・カール　pin curl
ビンカ・アルカロイド　vinca alkaloid
ビンガム　Bingham
ピンキー　pinkie
ヒンギス　Hingis
ピンキッシュ　pinkish
ビンキュリン　vinculin
ピンキング・シアーズ　pinking shears
ピンキング・シザーズ　pinking scissors
ビング　bing, Bing
ピンク　pink
ピング　ping
ピンクアイ　pinkeye
ピングー　Pingu
ピンク・エレファント　pink elephant(s)
ピンク・カラー　pink-collar
ピンク・ジン　pink gin
ピンク・スリップ　pink slip, pink-slip
ピンクッション　pincushion
ピンク・パンサー　Pink Panther
ピンク・フロイド　Pink Floyd
ピンク・マルティーニ　Pink Martini
ヒンクリー　Hinckley
ビンクリスチン　vincristine
ビンクロゾリン　vinclozolin
ビンゴ　bingo
ピンコ　pinko
ピンサーズ　pincers
ピンサーズ・ムーブメント　pincers movement
ヒンジ　hinge
ビンジ　binge
ピンシェル　pinscher
ヒンジド　hinged
ピンシャー　pinscher
ビンス　Vince
ピンストライプ　pinstripe
ピンストライプト　pinstriped
ピンセッター　pinsetter
ピンセット　⇨トウィーザーズ
ビンセント　Vincent
ピンタ　pinta
ヒンダー　hinder
ピンター　Pinter
ヒンターランド　hinterland
ピン・タック　pin tuck
ビンダルー　vindaloo
ビンチ　Vinci
ピンチ　pinch
ピンチ・ヒッター　pinch hitter
ピンチ・ヒット　pinch-hit
ピンチベック　pinchbeck
ピンチペニー　pinchpenny
ピンチョ　pincho
ピンチョス　pinchos
ピンチョン　Pynchon
ヒンディー　Hindi
ビンディー　bindi
ビンディカトリー　vindicatory
ビンディカブル　vindicable
ビンディクティブ　vindictive
ビンディケーション　vindication
ビンディケーティブ　vindicative
ビンディケート　vindicate
ビンテージ　vintage
ビンテージ・イヤー　vintage year
ビンテージ・カー　vintage car
ビンテージャー　vintager
ピン・テーブル　pin table
ヒント　hint
ピント　pinto
ヒンドゥー　Hindu, -doo
ヒンドゥーイズム　Hinduism
ヒンドゥークシュ　Hindu Kush
ヒンドゥスターニ　Hindustani, -do-
ヒンドゥスタン　Hindustan, -do-
ビント・ジバイル　Bint Jbeil
ビントナー　vintner
ビントフーク　Windhoek
ヒンドランス　hindrance
ピンドロール　pindolol
ヒントン　Hinton
ビントン　Vinton
ピンナップ　pinup
ヒンニー　hinny
ピンネス　pinnace
ピンパーネル　pimpernel
ピン・ヒール　pin heal
ピンプ　pimp
ピンフィッシュ　pinfish
ビンブラスチン　vinblastine
ピンプリック　pinprick

ピンプル　pimple
ピンプルド　pimpled
ピンヘッド　pinhead
ピンホイール　pinwheel
ピンポイント　pinpoint
ピンポイント・アタック　pinpoint attack
ビンボー　bimbo
ピンホール　pinhole
ピンボール　pinball
ピンホール・カメラ　pinhole camera
ピンボール・マシーン　pinball machine
ビンポセチン　vinpocetine
ピンポン　ping-pong
ピン・マネー　pin money
ヒンメルファーブ　Himmelfarb
ビン・ライナー　bin liner
ビンラディン　⇨オサマ・ビンラディン
ビンランド　Vinland, Vineland
ピンレバー・ウォッチ　pin-lever watch
ピンワーク　pinwork
ピンワーム　pinworm

フ

ファ　fa, fah
プア　poor
ファー　far, fur, fir, fore
ブアー　boor
ファーアウェー　faraway
ファー・アウト　far-out
ファー・イースタン　Far Eastern
ファー・イースト　Far East
ファーウェイ　Huawei
ファー・ウエスタン　Far Western
ファー・ウエスト　Far West
ファーヴル　Favre
ファー・オフ　far-off
ファーガス　Fergus
ファーガソン　Ferguson
ファーギー　Fergie
ファーキン　firkin
ファーケート　furcate
ファーゴ　Fargo
ファー・ゴーン　far-gone
ファーザー　farther, further
ファーザー・イメージ　father image
ファーザー・イン・ロー　father-in-law
ファーザー・エデュケーション　further education
ファーザー・クリスマス　Father Christmas
ファーザーズ・デー　Father's Day
ファーザー・タイム　Father Time
ファーザー・フィギュア　father figure
ファーザーフッド　fatherhood
ファーザーモア　furthermore
ファーザーモスト　farthermost, furthermost
ファーザーライク　fatherlike
ファーザーランド　fatherland
ファーザーレス　fatherless
ファーサイテッド　farsighted
ファーザリー　fatherly
ファーシ　Farsi
ファージ　phage
ファーシーイング　farseeing
ファー・シール　fur seal
ファーシカリティー　farcicality
ファーシカル　farcical
ファージング　farthing
ファージンゲール　farthingale
ファース　farce, firth
ファーズ　furze
ファースト　first, fast
ファースト・インプレッション　first impression
ファースト・エイド　first aid, first-aid
ファースト・エバー　first-ever
ファースト・オフィサー　first officer
ファーストカジュアル　fastcasual
ファースト・クラス　first class, first-class
ファースト・コーズ　first cause
ファースト・サージェント　first sergeant
ファースト・ジェネレーション　first-generation
ファーストスキン　Fastskin
ファースト・スクール　first school
ファースト・ストライク　first strike, first-strike
ファースト・ストリング　first-string
ファースト・ターマー　first-termer
ファースト・タイマー　first timer
ファースト・デー　fast day
ファースト・デー・カバー　first day cover
ファースト・デグリー　first-degree
ファースト・トーク　fast-talk
ファースト・トラック　fast track
ファースト・ナイター　first-nighter
ファースト・ナイト　first night
ファースト・ネーム　first name, first-name
ファーストネス　fastness
ファースト・パーソン　first person
ファーストバック　fastback

ファーストハンド firsthand
ファースト・ファッション fast fashion
ファースト・フィンガー first finger
ファースト・フード fast food, fast-food
ファースト・フォワード fast-forward
ファースト・フラッシュ first flush
ファースト・ブリーダー fast breeder
ファースト・ブリーダー・リアクター fast-breeder reactor
ファーストフルーツ firstfruits
ファースト・ブレーク fast break
ファースト・フロアー first floor
ファースト・ベース first base
ファースト・ベースマン first baseman
ファーストボール fastball
ファーストボーン firstborn
ファースト・ラン first-run
ファーストリー firstly
ファーストリング firstling
ファースト・ルーテナント first lieutenant
ファースト・レーター first-rater
ファースト・レート first-rate
ファースト・レーン fast lane
ファースト・レディー first lady
ファースト・ワールド First World
ファースト・ワールド・ウォー First World War
ファーゼスト farthest, furthest
ファーゼランス furtherance
ファーターラント Vaterland
ファータイル fertile
ファーディナンド Ferdinand
ファーティブ furtive
ファーティライザー fertilizer
ファーティライズ fertilize
ファーティライゼーション fertilization
ファーティリティー fertility
ファーティル fertile
ファート fart
ファード furred
ファーナム Farnham
ファーナンド Fernando
ファーニー ferny
ファーニチャー furniture
ファーニッシャー furnisher
ファーニッシュ furnish
ファーニッシュト furnished
ファーニッシングズ furnishings
ファーネス furnace
ファーネリー fernery
ファー・ノース Far North
ファーバ fava
ファーバー fervor, fervour
ファーバーカステル Faber-Castell
ファービー Furby
ファービスト fauvist
ファービッシュ furbish
ファービッド fervid
ファー・フェッチト far-fetched
ファー・フラング far-flung
ファーブル Fabre
ファーベロー furbelow
ファーベンシー fervency
ファーベント fervent
ファーマ pharma
ファーマー farmer
ファーマコカイネティクス pharmacokinetics
ファーマコキネティクス pharmacokinetics
ファーマコゲノミクス pharmacogenomics
ファーマコジェネティクス pharmacogenetics
ファーマコジェノミクス pharmacogenomics
ファーマコセラピー pharmacotherapy
ファーマコダイナミクス pharmacodynamics
ファーマコピーア pharmacopoeia, -peia
ファーマコビジランス pharmacovigilance
ファーマコフォア pharmacophore
ファーマコロジー pharmacology
ファーマコロジカル pharmacological
ファーマコロジスト pharmacologist
ファーマコン pharmacon
ファーマシー pharmacy
ファーマシスト pharmacist
ファーマスーティカル pharmaceutical
ファーマスーティクス pharmaceutics
ファーマナ Fermanagh
ファーマブル farmable
ファーマメンタル firmamental
ファーマメント firmament
ファーミング farming, pharming
ファーム farm, firm

ファームウェア　firmware
ファーム・カレッジ　farm college
ファームステッド　farmstead
ファーム・チーム　farm team
ファームネス　firmness
ファームハウス　farmhouse
ファームハンド　farmhand
ファームヤード　farmyard
ファームランド　farmland
ファームリー　firmly
ファーメンター　fermenter, fermentor
ファーメンタビリティー　fermentability
ファーメンタブル　fermentable
ファーメンテーション　fermentation
ファーメント　ferment
ファー・ライト　far right, far-right
ファーラウェイ　faraway
ファーリア　furrier
ファーリアリー　furriery
ファーリー　furry, Farley
ファー・リーチング　far-reaching
ファール　furl, foul
ファー・レフト　far left, far-left
ファーレンハイト　Fahrenheit
ファーロー　furrow, furlough
ファーロング　furlong
ファーン　fern
ファーンバラ　Farnborough
ファイ　phi, fie
ファイア　fire
ファイアアーム　firearm
ファイア・アイアンズ　fire irons
ファイア・アラーム　fire alarm
ファイア・イーター　fire-eater
ファイア・インシュアランス　fire insurance
ファイアウォーター　firewater
ファイア・ウォーデン　fire warden
ファイアウォール　firewall, fire wall
ファイアウォッチャー　firewatcher
ファイアウッド　firewood
ファイア・エクスティンギッシャー　fire extinguisher
ファイア・エスケープ　fire escape
ファイア・エンジン　fire engine
ファイア・オフィス　fire office
ファイアガード　fireguard
ファイア・カンパニー　fire company
ファイアクラッカー　firecracker
ファイアクレー　fireclay
ファイア・コントロール　fire control
ファイアサイド　fireside
ファイア・スクリーン　fire screen
ファイア・スターター　fire starter, Firestarter
ファイア・ステーション　fire station
ファイアストーム　firestorm
ファイアストーン　firestone
ファイア・セール　fire sale
ファイア・タワー　fire tower
ファイア・タングズ　fire tongs
ファイアダンプ　firedamp
ファイア・チーフ　fire chief
ファイア・デパートメント　fire department
ファイア・ドア　fire door
ファイアドッグ　firedog
ファイア・トラック　fire truck
ファイアトラップ　firetrap
ファイア・ドリル　fire drill
ファイアバード　firebird
ファイア・ハイドラント　fire hydrant
ファイアハウス　firehouse
ファイアバグ　firebug
ファイアパワー　firepower
ファイアファイター　firefighter
ファイア・ファイティング　fire fighting
ファイアファイト　firefight
ファイアフライ　firefly
ファイア・ブライト　fire blight
ファイアプラグ　fireplug
ファイアブランド　firebrand
ファイア・ブリゲード　fire brigade
ファイアブリック　firebrick
ファイアプルーフ　fireproof
ファイアブレーク　firebreak
ファイアプレース　fireplace
ファイア・ベル　fire bell
ファイア・ホース　fire hose
ファイアボート　fireboat
ファイアボーラー　fireballer
ファイアボール　fireball
ファイアボックス　firebox
ファイアボム　firebomb
ファイア・マーシャル　fire marshal
ファイアマン　fireman

ファイアライター　firelighter
ファイアライト　firelight
ファイアリー　fiery
ファイアリング　firing
ファイアリング・スクワッド　firing squad
ファイアリング・ライン　firing line
ファイアル　phial
ファイア・レイザー　fire-raiser
ファイア・レイジング　fire-raising
ファイアレス　fireless
ファイアワーク　firework
ファイアンス　faience, faïence
ファイカス　ficus
ファイコロジー　phycology
ファイザー　Pfizer
ファイザバード　Faizabad
ファイター　fighter
ファイティング　fighting
ファイティング・スピリット　fighting spirit
ファイティング・チェア　fighting chair
ファイティング・チャンス　fighting chance
ファイト　fight
ファイトアレキシン　phytoalexin
ファイドー　Fido
ファイトケミカル　phytochemical
ファイトケミスト　phytochemist
ファイトケミストリー　phytochemistry
ファイトステロール　phytosterol
ファイトセラピー　phytotherapy
ファイトトロン　phytotron
ファイトニュートリエント　phytonutrient
ファイトプランクトン　phytoplankton
ファイト・マネー　fight money
ファイトレメディエーション　phytoremediation
ファイナイト　finite
ファイナイト・バーブ　finite verb
ファイナブル　finable, fine-
ファイナライズ　finalize
ファイナリー　finally, finery
ファイナリスト　finalist
ファイナリティー　finality
ファイナル　final
ファイナンシャル　financial
ファイナンシャル・イヤー　financial year
ファイナンシャル・プランナー　financial planner
ファイナンス　finance
ファイナンス・カンパニー　finance company
ファイネリー　finery
ファイバー　fiber, fibre, fiver
ファイバー・オプティクス　fiber optics
ファイバー・オプティック　fiber-optic
ファイバーグラス　fiberglass
ファイバースコープ　fiberscope
ファイバーフィル　fiberfill
ファイバーボード　fiberboard
ファイバーレス　fiberless
ファイフ　fife
ファイブ　five
ファイファー　fifer, Pfeiffer
ファイブ・オクロック・シャドー　five-o'clock shadow
ファイブ・オクロック・ティー　five-o'clock tea
ファイブズ　fives
ファイブスター　five-star
ファイブ・デー・ウイーク　five-day week
ファイブフォールド　fivefold
ファイブラス　fibrous
ファイブリラー　fibrillar
ファイブロサイティス　fibrositis
ファイブロシス　fibrosis
ファイブロシスティック　fibrocystic
ファイブロマイアルジア　fibromyalgia
ファイ・ベータ・カッパ　Phi Beta Kappa
ファイヤー　fire
ファイヤー・スターター　fire starter
ファイヤー・セール　fire sale
ファイヤーバード　firebird
ファイヤーフォックス　Firefox
ファイヤーボム　firebomb
ファイヤーライター　firelighter
ファイヤド　Fayyad
ファイユ　faille
ファイラー　filer
ファイラム　phylum
ファイリング　filing
ファイリング・キャビネット　filing cabinet
ファイル　file
ファイル・アクセス・メソッド　file access method
ファイル・クラーク　file clerk
ファイル・サーバー　file server

ファイルメーカー　FileMaker
ファイロファックス　Filofax
ファイン　fine
ファイン・アート　fine art
ファイン・グレインド　fine-grained
ファイン・ケミカル　fine chemical
ファイン・ケミカルズ　fine chemicals
ファインゴールド　Feingold
ファイン・スチール　fine steel
ファインスパン　finespun
ファイン・セラミックス　fine ceramics
ファインダー　finder
ファイン・チューニング　fine tuning
ファイン・チューン　fine-tune
ファインディング　finding
ファインド　find
ファイン・ドローン　fine-drawn
ファインネス　fineness
ファイン・プリント　fine print
ファイン・プレー　fine play
ファイン・モード　fine mode
ファインリー　finely
ファウスト　Faust
ファウナ　fauna
ファウヌス　Faunus
ファウラー　Fowler
ファウル　foul, fowl
ファウル・アップ　foul-up
ファウル・ショット　foul shot
ファウルズ　Fowles
ファウル・スポークン　foul-spoken
ファウル・ティップ　foul tip
ファウル・プレー　foul play
ファウル・ボール　foul ball
ファウルマウス　foulmouth
ファウルマウスト　foulmouthed
ファウル・ライン　foul line
ファウンダー　founder
ファウンダーシップ　foundership
ファウンダー・メンバー　founder member
ファウンディング　founding
ファウンディング・ファーザー　founding father
ファウンデーショナル　foundational
ファウンデーション　foundation
ファウンデーション・ガーメント　foundation garment
ファウンデーション・クリーム　foundation cream
ファウンデーション・スクール　foundation school
ファウンデーション・ストーン　foundation stone
ファウンテン　fountain
ファウンテンヘッド　fountainhead
ファウンテン・ペン　fountain pen
ファウント　fount
ファウンド　found
ファウンドリー　foundry
ファウンドリング　foundling
ファエトン　Phaëthon
ファエナ　faena
ファカルティー　faculty
ファギー　fuggy
ファキール　fakir, -keer, -quir, -qir
ファキュラ　facula
ファグ　fag, fug, phag-
ファグ・エンド　fag end
ファクシミリ　facsimile
ファクシャス　factious
ファクショナリズム　factionalism
ファクショナル　factional
ファクション　faction
ファクス　fax
ファクター　factor
ファクタリング　factoring
ファクタレージ　factorage
ファクチュアル　factual
ファクティシャス　factitious
ファクティティブ　factitive
ファクト　fact
ファクトイド　factoid
ファクトー　facto
ファクトートゥム　factotum
ファクト・シート　fact sheet
ファクト・チェック　fact-check
ファクト・ファインダー　fact-finder
ファクト・ファインディング　fact-finding
ファクトライズ　factorize
ファクトリアル　factorial
ファクトリー　factory
ファクトリー・シップ　factory ship
ファクトリー・チーム　factory team
ファクトリー・ファーミング　factory farming

ファクトリー・ファーム　factory farm
ファクトレージ　factorage
ファゴサイト　phagocyte
ファゴット　fagot, faggot
ファゴットリー　faggotry
ファサード　facade, -çade
ファシー　fussy
ファジー　fuzzy
ファシーシャス　facetious
ファシーズ　fasces
ファジー・ロジック　fuzzy logic
ファシクル　fascicle
ファシスト　fascist
ファシズム　fascism
ファシネーション　fascination
ファシネーター　fascinator
ファシネーティング　fascinating
ファシネート　fascinate
ファシリティー　facility
ファシリティー・マネジメント　facility management
ファシリテーション　facilitation
ファシリテート　facilitate
ファシル　facile
ファス　fuss
ファズ　fuzz
ブアス　bourse
ファスチアン　fustian
ファスティー　fusty
ファスティディアス　fastidious
ファスト　fast
ファストスキン　Fastskin
ファスト・トラッキング　fast tracking
ファスト・ファッション　fast fashion
ファストフード　fast food
ファスト・フォワード　fast-forward
ファスナー　fastener
ファスニング　fastening
ファスバジェット　fussbudget
ファスポット　fusspot
ファスミド　phasmid
ファスン　fasten
ファセット　facet
ファゾマブル　fathomable
ファゾム　fathom
ファゾムレス　fathomless
ファタ　Fatah
ファチュアス　fatuous
ファッカー　fucker
ファッキング　fucking
ファッキング・ウェル　fucking well
ファック　fuck
ファックアップ　fuckup
ファックス　fax
ファッジ　fudge
ファッショナブル　fashionable
ファッショニースタ　fashionista
ファッション　fashion
ファッション・インダストリー　fashion industry
ファッション・ゲリラ　fashion guerrilla
ファッション・コーディネーター　fashion coordinator
ファッション・ショー　fashion show
ファッション・デザイナー　fasion designer
ファッション・プレート　fashion plate
ファッツェル　Fazer
ファッティー　fatty
ファッティー・アシッド　fatty acid
ファッティッシュ　fattish
ファット　fat, phut(t), fut
ファット・キャット　fat cat
ファット・シティー　fat city
ファット・スプレッド　fat spread
ファットバック　fatback
ファット・フリー　fat-free
ファットヘッド　fathead
ファッドラッカーズ　Fuddruckers
ファット・リップ　fat lip
ファットリング　fatling
ファットレス　fatless
ファディー　faddy
ファティーグ　fatigue
ファディー・ダディー　fuddy-duddy
ファディスト　faddist
ファディズム　faddism
ファティック　phatic
ファディッシュ　faddish
ファティマ　Fátima
ファテューイティー　fatuity
ファド　fado, fad
ファドゥーツ　Vaduz
ファドラッカーズ　Fuddruckers
ファドル　fuddle

ファトワー fatwa
ファナティカル fanatical
ファナティシズム fanaticism
ファナティック fanatic
ファニー funny, fanny, Fannie, Fanny
ファニー・アダムズ Fanny Adams
ファニータ Juanita
ファニー・パック fanny pack
ファニー・ハッハ funny-ha-ha
ファニー・ビジネス funny business
ファニー・ファーム funny farm
ファニー・フェース funny face
ファニー・ペーパー funny paper
ファニー・ペキュリアー funny-peculiar
ファニー・ボーン funny bone
ファニー・マネー funny money
ファニッシュ fannish
ファニリー funnily
ファニング Fanning
プアネス poorness
プアハウス poorhouse
ファハド Fahd
ファビア Fabia
ファビアーノ Fabiano
ファヒータ fajita
ファビオ Fabio
ファビコン favicon
ファビュラス fabulous
ファビュリスト fabulist
ファビュレート fabulate
ファフ faff
ファブ fab
ファブ・フォー Fab Four
ファブリーズ Fabreze
ファブリオ fabliau
ファブリケーション fabrication
ファブリケーター fabricator
ファブリケート fabricate
ファブリック fabric
ファブレス fabless
ファブレット phablet
ファブロー Favreau
ファベラ favela
ファベルジェ Fabergé
プア・ボックス poor box
プア・ホワイト poor white
プア・マウス poor mouth, poor-mouth
プア・マンズ poor man's
プア・マンズ・ポルシェ poor man's Porsche
ファミッシュ famish
ファミッシュト famished
ファミリアー familiar
ファミリアー・スピリット familiar spirit
ファミリアライズ familiarize
ファミリアライゼーション familiarization
ファミリアリゼーション familiarization
ファミリアリティー familiarity
ファミリアル familial
ファミリー family
ファミリー・アラウアンス family allowance
ファミリー・インカム・サプルメント Family Income Supplement
ファミリー・クレジット family credit
ファミリー・コート family court
ファミリー・サークル family circle
ファミリー・サイズ family-size
ファミリー・スケルトン family skeleton
ファミリー・スタイル family style
ファミリー・セラピー family therapy
ファミリー・ツリー family tree
ファミリー・ディビジョン Family Division
ファミリー・ドクター family doctor
ファミリー・ナンバー family number
ファミリー・ネーム family name
ファミリー・バイブル family Bible
ファミリー・プラクティス family practice
ファミリー・プランニング family planning
ファミリー・マン family man
ファミリー・メディシン family medicine
ファミリー・ルーム family room
ファミリー・レストラン family restaurant
ファミン famine
ファム femme
ファム・ファタール femme fatale
ファモチジン famotidine
ファラー Farah, Farrah
ファラーゴ farrago
ファラオ Pharaoh
ファラオ・ハウンド pharaoh hound
ファラガット Farragut
ファラシー fallacy
ファラジナス farraginous
ファラス phallus

ファラッド　farad
ファラデー　Faraday
ファラド　farad
ファラフェル　falafel
ファラロープ　phalarope
ファランクス　phalanx
ファランジャー　phalanger
ファランステール　phalanstery
ファリアー　farrier
プアリー　poorly
ファリーナ　farina
ファリシー　Pharisee
ファリック　phallic
ブアリッシュ　boorish
ファリネーシャス　farinaceous
ファリビリティー　fallibility
ファリブル　fallible
ファリャ　Falla
プア・リレーション　poor relation
ファリンガル　pharyngal
ファリンクス　pharynx
ファリンジアル　pharyngeal
ファリンジャイティス　pharyngitis
ファリンドン　Farringdon
ファルージャ　Falluja(h)
ファルクラム　fulcrum
ファルコ　Falco
ファルコナー　falconer
ファルコン　falcon
ファルコンリー　falconry
ファルシー　farci
ファルス　phallus
ファルセット　falsetto
ファルド　Faldo
ファルネーゼ　Farnese
ファルネシル　farnesyl
ファルネセン　farnesene
ファルネソール　farnesol
ファルファッレ　farfalle
ファルミナトリー　fulminatory
ファルミネーション　fulmination
ファルミネーター　fulminator
ファルミネート　fulminate
ファレーシャス　fallacious
ファレル　Farrell
ファロ　Faro
ファロイジン　phalloidin
ファロー　fallow, farrow, furrow
プア・ロー　poor law
ファロー・ディア　fallow deer
ファロス　pharos
ファロセントリズム　phallocentrism
ファロセントリック　phallocentric
ファロトキシン　phallotoxin
ファロピアン・チューブ　fallopian tube
ファロン　Fallon
ファン　fan, fun, Juan, van
ファン・アイク　van Eyck
ファン・エイク　van Eyck
ファンガール　fangirl
ファンガス　fungus, fungous
ファンカデリック　Funkadelic
ファンキー　funky
ファンク　funk
ファング　fang
ファンクショナリー　functionally, functionary
ファンクショナリスト　functionalist
ファンクショナリズム　functionalism
ファンクショナリティー　functionality
ファンクショナル　functional
ファンクショナル・フード　functional food
ファンクション　function
ファンクション・キー　function key
ファンクション・ワード　function word
ファングル　fangle
ファンゴ　fango, fungo
ファンゴイド　fungoid
ファンゴ・スティック　fungo stick
ファンゴ・バット　fungo bat
ファンシアー　fancier
ファンシー　fancy
ファンシー・ウーマン　fancy woman
ファンシー・グッズ　fancy goods
ファンシード　fancied
ファンシー・ドレス　fancy dress
ファンシー・ドレス・パーティー　fancy dress party
ファンシー・ドレス・ボール　fancy dress ball
ファンシー・フリー　fancy-free
ファンシー・マン　fancy man
ファンシーワーク　fancywork
ファン・ジェット　fan-jet
ファンジサイド　fungicide

ファンジック　fungic
ファンシフル　fanciful
ファンジャイ　fungi
ファンジン　fanzine
ファンダー　funder
ファンタサイズ　fantasize, phan-
ファンタジア　fantasia
ファンタジー　fantasy, phan-
ファンタジーランド　fantasyland
ファンタジスタ　fantasista
ファンタシスト　fantasist
ファンタジスト　fantasist
ファンタスティカル　fantastical
ファンタスティック　fantastic
ファンタスマゴリア　phantasmagoria, fan-
ファンタスマゴリック　phantasmagoric, fan-
ファンタスマル　phantasmal
ファンタズム　phantasm, fan-
ファンタビュラス　fantabulous
ファンダム　fandom
ファンダメンタリズム　fundamentalism
ファンダメンタル　fundamental
ファンダンゴ　fandango
ファンディー　fundie, fundy
ファンデーション　foundation
ファンデーション・クリーム　foundation cream
ファンテール　fantail
ファンデルワールス　van der Waals
ファンド　fund
ファン・ド・シエークル　fin de siècle
ファンドホールダー　fundholder
ファントム　phantom, fan-
ファントム・リム　phantom limb
ファンド・レイザー　fund-raiser
ファンド・レイジング　fund-raising
ファン・ニステルロイ　Van Nistelrooy
ファンネル　funnel
ファン・ハウス　fun house
ファン・バステン　Van Basten
ファン・ヒーター　fan heater
ファンファーレ　fanfare
ファンフィク　fanfic
ファンフィクション　fanfiction
ファンフェア　funfair, fanfare
ファンフォールド　fanfold
ファンブル　fumble
ファンプレックス　funplex
ファンプロファゾン　famprofazone
ファン・ブロンクホルスト　Van Bronckhorst
ファン・ベース　fan base
ファン・ベルト　fan belt
ファンボーイ　fanboy
ファン・マイテンス　van Meytens
ファン・メール　fan mail
ファンライト　fanlight
ファン・ラン　fun run
ファンレス　fanless
ファン・レター　fan letter
ファンロンパイ　Van Rompuy
ファンロンパウ　Van Rompuy
ブイ　buoy
フィアー　fear
フィアーモンガー　fearmonger
フィアサム　fearsome
フィアス　fierce
フィアスコ　fiasco
フィアスリー　fiercely
フィアット　Fiat, fiat
フィアット・マネー　fiat money
フィアフリー　fearfully
フィアフル　fearful
フィアレス　fearless
フィアンセ　fiancé, fiancée
フィアンナ・ファイル　Fianna Fáil
フィー　fee
フィーカル　fecal, fae-
フィーゴ　Figo
フィーザンス　feasance
フィージアン　Fijian
フィージー　Fiji
フィーシーズ　feces, fae-
フィージビリティー　feasibility
フィージビリティー・スタディー　feasibility study
フィージブル　feasible
フィースト　feast
フィースト・デー　feast day
フィーター　fetor, foe-
フィーダー　feeder
フィータス　fetus, foe-
フィータル　fetal, foe-
フィータル・アルコール・シンドローム　fetal

alcohol syndrome
フィーチャー　feature
フィーチャード　featured
フィーチャーレス　featureless
フィーチャー・レンクス　feature-length
フィーチャレット　featurette
フィーティサイド　feticide, foe-
フィーディング・フレンジー　feeding frenzy
フィーディング・ボトル　feeding bottle
フィート　feet, feat
フィード　feed
フィートスコープ　fetoscope
フィードストック　feedstock
フィードバック　feedback
フィードバッグ　feedbag
フィードフォワード　feedforward
フィードラー　Fiedler
フィートロジー　fetology
フィードロット　feedlot
フィーニックス　Phoenix, phoenix
フィーノタイプ　phenotype
フィーノティピカル　phenotypical
フィーノティピック　phenotypic
フィーバー　fever, Pheba
フィーバード　fevered
フィーバー・ピッチ　fever pitch
フィーバーフュー　feverfew
フィーバー・ブリスター　fever blister
フィーバリッシュ　feverish
フィービー　Phoebe
フィー・ビジネス　fee business
フィーフ　fief
フィーフダム　fiefdom
フィーブリー　feebly
フィーブル　feeble
フィーブルマインデッド　feebleminded
フィーマ　FEMA
フィーマー　femur
フィーミー　Phemie
フィーメール　female
フィーメール・インパーソネーター　female impersonator
フィーラー　feeler
フィーリー　feelie
フィーリックス　Felix
フィーリング　feeling
フィール　feel
フィール・グッド　feel-good
フィールズマン　fieldsman
フィールダー　fielder
フィールティー　fealty
フィールディング　fielding, Fielding
フィールド　field
フィールド・アーティレリー　field artillery
フィールド・オフィサー　field officer
フィールド・グラス　field glass
フィールド・ゴール　field goal
フィールド・コーン　field corn
フィールド・スポーツ　field sports
フィールド・デー　field day
フィールド・テスト　field-test
フィールド・トリップ　field trip
フィールド・ハウス　field house
フィールド・ハンド　field hand
フィールド・ホスピタル　field hospital
フィールド・ホッケー　field hockey
フィールド・マーシャル　field marshal
フィールド・マウス　field mouse
フィールドワーク　fieldwork
フィーンディッシュ　fiendish
フィーンド　fiend
ブイ・エイト　V-eight, V-8
フィエスタ　fiesta
フィエルド　fjeld
フィオソル　Feosol
フィオナ　Fiona
フィオリーナ　Fiorina
フィオルッチ　Fiorucci
フィオレンティーナ　Fiorentina
フィカス　ficus
フィガロ　Figaro
フィギュア　figure
フィギュア・スケーター　figure skater
フィギュア・スケーティング　figure skating
フィギュアド　figured
フィギュアヘッド　figurehead
フィギュラティブ　figurative
フィギュリン　figurine
フィギュレーション　figuration
フィグ　fig
フィクサー　fixer
フィクサー・アッパー　fixer-upper
フィクサティブ　fixative
フィクシティー　fixity

フィクショナライズ fictionalize
フィクショナライゼーション fictionalization
フィクショナリゼーション fictionalization
フィクショナル fictional
フィクション fiction
フィクシング fixing
フィクスチュア fixture
フィクスト fixed
フィクスト・アセッツ fixed assets
フィクスト・サテライト fixed satellite
フィクスト・スター fixed star
フィクセーション fixation
フィクセーテッド fixated
フィクセート fixate
フィクティシャス fictitious
フィグメント figment
フィグ・リーフ fig leaf
フィクル fickle
フィゲラス Figueras
フィコエリトリン phycoerythrin
フィコキサンチン phycoxanthin
フィコシアニン phycocyanin
フィコビリン phycobilin
ブイ・サイン V sign
フィジー Fiji, Fidji, fizzy
フィジー・アイランズ Fiji Islands
フィジーク physique
フィジェット fidget
フィジェティー fidgety
フィジオ physio
フィジオグノミー physiognomy
フィジオグノミスト physiognomist
フィジオグラフィー physiography
フィジオセラピー physiotherapy
フィジオセラピスト physiotherapist
フィジオノミー physiognomy
フィジオノミスト physiognomist
フィジオロジー physiology
フィジオロジカル physiological
フィジオロジスト physiologist
フィジカライズ physicalize
フィジカリティー physicality
フィジカル physical
フィジカル・アンスロポロジー physical anthropology
フィジカル・エグザミネーション physical examination
フィジカル・エデュケーション physical education
フィジカル・ケミストリー physical chemistry
フィジカル・サイエンス physical science
フィジカル・ジオグラフィー physical geography
フィジカル・ジャークス physical jerks
フィジカル・トレーニング physical training
フィジケラ Fisichella
フィジコケミカル physicochemical
フィジシスト physicist
フィジシャン physician
フィジシャンシップ physicianship
フィジック physic
フィジックス physics
フィシュー fichu
フィシン ficin
フィズ fizz, phiz
フィズウォーター fizzwater
フィスカー Fisker
フィスカル fiscal
フィスカル・イヤー fiscal year
フィスカル・ドラッグ fiscal drag
フィスク fisc, fisk, Fisk
フィスチュラ fistula
フィスティカフ fisticuff
フィスティック fistic
フィスト fist
フィストゥラ fistula
フィストファイト fistfight
フィストフル fistful
フィズル fizzle
フィセル ficelle
フィターゼ phytase
ブイチップ V-chip
フィチン phytin
フィックス fix
フィックスト fixed
フィックスト・アセッツ fixed assets
フィックスト・サテライト fixed satellite
フィックスト・スター fixed star
フィックル fickle
フィッサイル fissile
フィッシー fishy
フィッシパラス fissiparous
フィッシャー fisher, fissure, Fischer,

phisher
フィッシャー・ディースカウ　Fischer-Dieskau
フィッシャーマン　fisherman
フィッシャーマンズ・ワーフ　Fisherman's Wharf
フィッシャポッド　fishapod
フィッシャリー　fishery
フィッシュ　fish, fiche
フィッシュアイ　fisheye
フィッシュ・ケーキ　fish cake
フィッシュ・スティック　fish stick
フィッシュ・ストーリー　fish story
フィッシュ・スライス　fish slice
フィッシュテール　fishtail
フィッシュ・ナイフ　fish knife
フィッシュネット　fishnet
フィッシュ・フィンガー　fish finger
フィッシュフック　fishhook
フィッシュプレート　fishplate
フィッシュボウル　fishbowl
フィッシュ・ボール　fish ball
フィッシュポンド　fishpond
フィッシュ・ミール　fish meal
フィッシュモンガー　fishmonger
フィッシュライン　fishline
フィッシュ・ラダー　fish ladder
フィッシュワイフ　fishwife
フィッショナブル　fissionable
フィッショナル　fissional
フィッション　fission
フィッシリティー　fissility
フィッシル　fissile
フィッシング　fishing, phishing
フィッシング・タックル　fishing tackle
フィッシング・バンクス　fishing banks
フィッシング・ライン　fishing line
フィッター　fitter
フィッチ　fitch
フィッツ　Fitz
フィッツウィリアム　Fitzwilliam
フィッツジェラルド　Fitzgerald
フィッツロイ　Fitzroy
フィッティパルディ　Fittipaldi
フィッティング　fitting
フィッティング・ルーム　fitting room
フィット　fit
フィットネス　fitness
フィットフル　fitful
フィットメント　fitment
フィットリー　fitly
フィットロジック　Fitlogic
ブイティックス　VTICs
フィデューシャリー　fiduciary
フィデリオ　Fidelio
フィデリティー　fidelity
フィデル　Fidel
フィトアレキシン　phytoalexin
ブイトーニ　Buitoni
フィトール　phytol
フィトクロム　phytochrome
フィトケミカル　phytochemical
フィトステリン　phytosterin
フィトステロール　phytosterol
フィトセラピー　phytotherapy
フィトテラピー　phytotherapy
フィトナジオン　phytonadione
フィトプランクトン　phytoplankton
フィトヘマグルチニン　phytohemagglutinin
フィトメナジオン　phytomenadione
フィドラー　fiddler
フィドリー　fiddly
フィドリング　fiddling
フィドル　fiddle
フィドルスティック　fiddlestick
フィドルスティックス　fiddlesticks
フィドル・ファドル　fiddle-faddle
フィドルヘッド　fiddlehead
フィドル・ボウ　fiddle bow
フィトンチッド　phytoncide
フィナーレ　finale
フィナ・ゲール　Fine Gael
フィナステリド　finasteride
フィナン　Finnan
フィナンシアー　financier
フィナンシェ　financier
フィナンシャル　financial
フィニアス　Phineas
フィニアル　finial
フィニー　finny
フィニカル　finical
フィニス　finis
フィニッキー　finicky, finnicky
フィニッキング　finicking
フィニック　Finnic

フィニッシャー finisher
フィニッシュ finish, Finnish
フィニッシュト finished
フィニッシング finishing
フィニッシング・スクール finishing school
フィニンベスト Fininvest
フィネーグル finagle, -gel
フィネガン Finnegan
フィネス finesse
ブイ・ネック V neck
ブイ・ネックト V necked
フィネル Finel
フィノ fino
フィビュラ fibula
フィブ fib
フィファ FIFA
フィフィ Fifi
フィフス fifth
フィフス・アベニュー Fifth Avenue
フィフス・アメンドメント Fifth Amendment
フィフス・コラム fifth column
フィフス・コラムニスト fifth columnist
フィフス・ジェネレーション・コンピュータ fifth-generation computer
フィフス・ホイール fifth wheel
フィフティー fifty
フィフティー・フィフティー fifty-fifty
フィフティーン fifteen
フィフティーンス fifteenth
フィフティエス fiftieth
フィブリナーゼ fibrinase
フィブリノイド fibrinoid
フィブリノゲン fibrinogen
フィブリノペプチド fibrinopeptide
フィブリノリジン fibrinolysin
フィブリラー fibrillar
フィブリリン fibrillin
フィブリル fibril
フィブリン fibrin
フィブロイド fibroid
フィブロイン fibroin
フィブロサイティス fibrositis
フィブロシスティック fibrocystic
フィブロネクチン fibronectin
フィブロブラスト fibroblast
フィブロマイアルジア fibromyalgia
フィボナッチ Fibonacci
ブイヤベース bouillabaisse
ブイヤンシー buoyancy
ブイヤンス buoyance
ブイヤント buoyant
フィヨルド fjord, fiord
ブイヨン bouillon
フィラ Fila
フィラー filler
フィラー・キャップ filler cap
フィラクテリー phylactery
フィラグリン filaggrin
フィラチャー filature
フィラテリー philately
フィラテリスト philatelist
フィラテリック philatelic
フィラデルフィア Philadelphia
フィラデルフィア・イーグルス Philadelphia Eagles
フィラデルフィア・クロモソーム Philadelphia chromosome
フィラデルフィア・セブンティーシクサーズ Philadelphia 76ers
フィラデルフィア・ローヤー Philadelphia lawyer
ブイラム VRAM
フィラメント filament
フィラリア filaria
フィランスロピー philanthropy
フィランスロピスト philanthropist
フィランスロピズム philanthropism
フィランスロピック philanthropic
フィランダー philander
フィランダラー philanderer
プイリ puili
フィリアル filial
フィリー filly, Philly
フィリーズ (Philadelphia) Phillies
フィリウス・フリットウィック Filius Flitwick
フィリグリー filigree
フィリシン filicin
フィリス Phyllis
フィリスティア Philistine
フィリスティニズム Philistinism
フィリッパ Philippa
フィリップ Philip, fillip, filip
フィリップス Philips

フィリップ・スタルク　Philippe Starck
フィリップ・ノワレ　Philippe Noiret
フィリップ・マーロウ　Philip Marlowe
フィリップ・モリス　Philip Morris
フィリバスター　filibuster
フィリピ　Philippi
フィリピーナ　Filipina
フィリピーノ　Filipino
フィリピック　Philippic
フィリピン　Philippine, filipin
フィリピン・アイランズ　Philippine Islands
フィリング　filling
フィリング・ステーション　filling station
フィル　fill, Phil
フィル・イン　fill-in
フィルグラスチム　filgrstim
フィルシー　filthy
フィルシー・ルーカー　filthy lucre
フィルス　filth
フィルソン　Filson
フィルター　filter, philter, -tre
フィルター・ティップ　filter tip
フィルター・ティップト　filter tipped
フィルター・ペーパー　filter paper
フィルター・ベッド　filter bed
フィルタラブル　filterable, filtrable
フィルタリング　filtering
フィルチ　filch
フィルトラブル　filterable, filtrable
フィルトレーション　filtration
フィルトレート　filtrate
フィルバート　filbert
フィルハーモニック　philharmonic
フィルブリック　Philbrick
フィルヘリーン　philhellene
フィルヘレニック　philhellenic
フィルマブル　filmable
フィルミー　filmy
フィルミック　filmic
フィルム　film
フィルム・クリップ　film clip
フィルムゴーアー　filmgoer
フィルム・スキャナー　film scanner
フィルム・スター　film star
フィルムストリップ　filmstrip
フィルムダム　filmdom
フィルム・ノワール　film noir
フィルムメーカー　filmmaker
フィルムメーキング　filmmaking
フィルム・ライブラリー　film library
フィルモア　Fillmore
フィルモア・ウエスト　Fillmore West
フィルモグラフィー　filmography
フィレ　fillet, filet
フィレ・オ・フィッシュ　Fillet-O-Fish
フィレッテ　Filette
フィレット　fillet
フィレ・ミニヨン　filet mignon
フィレンツェ　Firenze, Florence
フィロ　phyllo, filo, fillo
フィロウイルス　filovirus
ブイログ　vlog
フィロジェニー　phylogeny, philogyny
フィロソファー　philosopher
フィロソファーズ・ストーン
philosophers' [philosopher's] stone
フィロソファイズ　philosophize
フィロソファイゼーション　philosophization
フィロソフィー　philosophy
フィロソフィカル　philosophical
フィロソフィゼーション　philosophization
フィロソフィック　philosophic
フィロマス　philomath
フィロメラ　Philomela
フィロメル　Philomel
フィロロジー　philology
フィロロジカル　philological
フィロロジスト　philologist
フィン　fin, Finn, Fionn
フィンカ　finca
フィンガー　finger
フィンガー・アルファベット　finger alphabet
フィンガー・ウェーブ　finger wave
フィンガーストール　fingerstall
フィンガー・スペリング　finger spelling
フィンガーティップ　fingertip
フィンガード　fingered
フィンガー・ドライ　finger-dry
フィンガーネイル　fingernail
フィンガーピッキング　fingerpicking
フィンガーピック　fingerpick
フィンガープリント　fingerprint
フィンガー・プレート　finger plate
フィンガー・ペインティング　finger painting

フィンガー・ボウル　finger bowl
フィンガーボード　fingerboard
フィンガー・ホール　finger hole
フィンガーポスト　fingerpost
フィンガーマーク　fingermark
フィンガー・ランゲージ　finger language
フィンガーリング　fingerling
フィンガーレス　fingerless
フィンガリング　fingering
フィンガル　Fingal
フィンガルズ・ケーブ　Fingal's Cave
フィンク　fink
フィンズベリー　Finsbury
フィンチ　finch
フィンチャー　Fincher
フィンチリー　Finchley
フィンテック　fintech, FinTech
フィンドホーン　Findhorn
フィンバック　finback
フィン・ホエール　fin whale
フィンランド　Finland
フィンリー　Finlay, -ley
フー　who, hoo
ブー　boo
プー　poo, pooh
プーアール　pu-er(h)
フーイー　hooey, phooey
フーイナム　Houyhnhnm
ブーイング　booing
フーエバー　whoever
フーガ　fugue
ブーガルー　boogaloo
ブークレ　bouclé
ブーケ　bouquet
ブーケ・ガルニ　bouquet garni
プーケット　Phuket
ブーゲンビリア　bougainvillea
フーコー　Foucault
ブーザー　boozer
ブージー　boozy
フージーズ　Fugees
ブーシェ　bouche, Boucher
プーシキン　Pushkin
フーシャ　fuchsia
フージャー　hoosier
フーズ　foods, hoose, hooze, whose
ブース　booth, Booth, Boothe
ブーズ　booze
ブーズ・アップ　booze-up
フーズエバー　whosever
フースガウ　hoos(e)gow
フーズソーエバー　whosesoever
ブースター　booster
ブースト　boost
ブーズハウンド　boozehound
フーズ・フー　who's who
フーズボール　foosball
フーズル　foozle
フーゼル　fusel
フーソーエバー　whosoever
フーター　hooter
ブータニーズ　Bhutanese
フーダニット　whodunit, whodunnit
[=Who done (=did) it?]
ブータブル　bootable
フーダホリック　foodaholic
ブータン　Bhutan
プータンフワ　putonghua, p'u-t'ung hua
フーチ　hooch, hootch
プーチ　pooch
フーチェン　Fujian
フーチョウ　Fuzhou
プーチン　Putin
フー・チンタオ　Hu Jintao
ブーツ　boots
ブーツカット　bootcut
フーツラ　Futura
ブーティ　bootee, -tie
フーディー　foodie, foody, hoodie
ブーティー　booty
ブーティー・コール　booty call
フーディーニ　Houdini
フーディズム　foodism
プーティン　poutine
フーテナニー　hootenanny, hoot-
フート　hoot, hoots
フード　food, hood
ブート　boot
フート・アウル　hoot owl
フード・アディティブ　food additive
フードウィンク　hoodwink
フードゥー　hoodoo
ブードゥー　voodoo
ブードゥーイスト　voodooist

ブードゥーイズム voodooism
フード・ウェブ food web
フード・ギャザリング food-gathering
ブート・キャンプ boot camp
フード・クーポン food coupon
フードコート food court
フード・サイクル food cycle
ブートジャック bootjack
フードスタッフ foodstuff
フード・スタンプ food stamp
ブートストラップ bootstrap
ブートストラップ・ローダー bootstrap loader
ブート・セクター boot sector
フード・チェーン food chain
ブート・ツリー boot tree
フード・バリュー food value
フード・バンク food bank
ブートブラック bootblack
フード・プロセッサー food processor
フード・ポイズニング food poisoning
フート・ポンド foot-pound
フード・マイレージ food mileage
ブードラ boodler
フードラム hoodlum
ブートリック bootlick
フートル footle
ブードル boodle
プードル poodle
ブートレース bootlace
ブートレッガー bootlegger
ブートレッグ bootleg
ブートローダー bootloader
ブードワール boudoir
フートン Hooton
プートン Pudong
プーナ Poona, Pune
フーナニース Hunanese
フーナニーズ Hunanese
フーナン Hunan
ブーニーズ boonies
フーハー hoo-ha
フーバー Hoover
プーバー poo(h)-bah
プーパー・スクーパー pooper scooper
フーバー・ダム Hoover Dam
フーバービル Hooverville
ブービー booby
プービー poovey, poovy
ブービー・トラップ booby trap, booby-trap
ブービー・ハッチ booby hatch
ブービー・プライズ booby prize
フーピング・クレーン whooping crane
フーピング・コフ whooping cough
フーピング・スワン whooping swan
フーフ hoof
フープ hoop, whoop
ブーブ boob
プーフ pouf, pouff(e), poof
プーブ poove
プープ poop
フーファー hoofer
ブーファーント bouffant
ブーファン bouffant
プーフィー poofy
フープー hoopoe, -poo
ブーフー boohoo
ブーブー boo-boo, booboo
プープー pooh-pooh
ブーブ・クリコ Veuve Clicquot
フープシー whoopsie, -sy
フープスカート hoopskirt
フープスター hoopster
プーフター poofter, pooftah
ブーブ・チューブ boob tube
フーフト hoofed
プープト pooped
フーフビート hoofbeat
フープマン hoopman
フープラ hoopla
プー・ベアー Pooh Bear
ブーヘンヴァルト Buchenwald
ブーヘンバルト Buchenwald
ブーボニック・プレーグ bubonic plague
プーマ puma
ブーマー boomer
ブーミー boomy
ブーミング booming
フーム whom
ブーム boom
ブーム・アンド・バスト boom-and-bust
フームエバー whomever
フームソーエバー whomsoever

ブームタウン　boomtown
ブームタウン・ラッツ　Boomtown Rats
ブーム・ボックス　boom box
ブームレット　boomlet
ブーメラン　boomerang
ブーメラン・キッド　boomerang kid
ブーメラン・ベビー　boomerang baby
フーラ　Houla
プーラ　Pula
プーラー　pooler
ブーラ・ブーラ　boola-boola
ブーランジェリー　boulangerie
フーリ　houri
プーリア　Apulia, Puglia
ブーリアン　Boolean
プーリー　pulley, puli, puri, Puri
ブーリーミック　bulimic
フーリエ　Fourier
フーリガニズム　hooliganism
フーリガン　hooligan
フーリッシュ　foolish
ブーリミック　bulimic
ブーリン　Boleyn
フール　fool
ブール　Boer, boules
プール　pool
フールー　Hulu
プール・ゲーム　pool game
プールサイダー　poolsider
プールサイド　poolside
フールズ・エランド　fool's errand
フールスキャップ　foolscap
フールズ・キャップ　fool's cap
フールズ・ゴールド　fool's gold
フールズ・パラダイス　fool's paradise
プール・テーブル　pool table
フールハーディー　foolhardy
ブールバード　boulevard, Blvd
フールプルーフ　foolproof
プール・ホール　pool hall
ブール・マニエ　beurre manié
フールリー　foolery
プールルーム　poolroom
ブーローニュ　Boulogne
ブーン　boon, Bohun, Boone
プーンギ　pungi
ブーンドグル　boondoggle
ブーンドックス　boondocks
フェア　fair, fare
フェアアイル・セーター　Fair Isle sweater
フェアウェー　fairway
フェア・ウェザー　fair-weather
フェアウェル　farewell
フェア・キャッチ　fair catch
フェアグラウンド　fairground
フェア・ゲーム　fair game
フェア・シェイク　fair shake
フェア・ステージ　fare stage
フェア・スポークン　fair-spoken
フェアチャイルド　Fairchild
フェア・トレード　fair trade, fair-trade
フェアネス　fairness
フェアバンクス　Fairbanks
フェアファクス　Fairfax
フェア・プレー　fair play
フェア・ヘアード　fair-haired
フェアポート・コンベンション　Fairport Convention
フェア・ボール　fair ball
フェア・マインデッド　fair-minded
フェアモント　Fairmont
フェア・ユース　fair use
フェアリー　fairy, fairly
フェアリー・ゴッドマザー　fairy godmother
フェアリー・ストーリー　fairy story
フェアリー・テール　fairy tale, fairy-tale
フェアリー・ライツ　fairy lights
フェアリーランド　fairyland
フェアリー・リング　fairy ring
フェアリング　fairing
フェイ　fay, fey, Fay, Faye
フェイカー　faker
フェイク　fake
フェイク・ニューズ　fake news
フェイク・ファー　fake fur
フェイクリー　fakery
フェイゲン　Fagen
フェイザー　phaser
フェイシャル　facial
フェイジョア　feijoa
フェイジョアーダ　feijoada
フェイス　face, faith
フェイズ　phase, faze
フェイス・キュアー　faith cure

フェイスティー feisty
フェイス・バリュー face value
フェイス・ヒーラー faith healer
フェイス・ヒーリング faith healing
フェイスブック Facebook
フェイスフリー faithfully
フェイスフル faithful
フェイス・ペインティング face painting
フェイス・ライン face line
フェイス・リフト face-lift
フェイスレス faithless
フェイタリー fatally
フェイタリスティック fatalistic
フェイタリズム fatalism
フェイタリティー fatality
フェイタリティー・レート fatality rate
フェイタル fatal
フェイト fate, FYT
フェイトフル fateful
フェイバリット favorite
フェイバリティズム favoritism
フェイブル fable
フェイマス famous
フェイム fame
フェイリャー failure
フェイリング failing
フェイル fail
フェイル・セーフ fail-safe
フェイル・ソフト fail-soft
フェイン feign, fain
フェイント feint, faint
フェインド feigned
フェイントハーテッド fainthearted
フェーカー faker
フェーク fake
フェーク・ニュース fake news
フェークリー fakery
フェーサー facer
フェーサブル faceable
フェーシア fascia, facia
フェーシャル facial
フェーシング facing
フェース face, faith
フェーズ phase, faze
フェーズアウト phaseout
フェーズイン phasein
フェース・エイク face-ache
フェース・オフ face-off
フェース・カード face card
フェース・クリーム face cream
フェースクロース facecloth
フェース・セービング face-saving
フェースダウン facedown
フェーズダウン phasedown
フェース・トゥー・フェース face-to-face
フェース・パウダー face powder
フェース・パック face pack
フェース・バリュー face value
フェースブック Facebook
フェース・フランネル face flannel
フェースプレート faceplate
フェース・マスク face mask
フェース・リフティング face-lifting
フェース・リフト face-lift
フェースレス faceless
フェーダー fader
フェード fade
フェードアウェイ fadeaway
フェード・アウト fade-out
フェード・イン fade-in
フェードレス fadeless
フェートン phaeton, phaëton
フェーバー favor, favour
フェーバード favored
フェーバラビリティー favorability, favourability
フェーバリティズム favoritism
フェーブル fable
フェーベ Phoebe
フェーボラブリー favorably
フェーボラブル favorable
フェーボリット favorite
フェーボリティズム favoritism
フェーマス famous
フェーム fame
フェームド famed
フェーリング failing
フェール fail
フェール・セーフ fail-safe
フェール・ソフト fail-soft
フェーン foehn, föhn
フェーン・フェノメナン foehn phenomenon
フェオクチストフ Feoktistov

フェオメラニン　pheomelanin
フェカンディティー　fecundity
フェカンデート　fecundate
フェカンド　fecund
フェキソフェナジン　fexofenadine
フェザー　feather
フェザーウェイト　featherweight
フェザーエッジ　featheredge
フェザーステッチ　featherstitch
フェザード　feathered
フェザーブレイン　featherbrain
フェザーブレインド　featherbrained
フェザーベッディング　featherbedding
フェザーベッド　featherbed
フェザーレス　featherless
フェザリー　feathery
フェザリング　feathering
フェザント　pheasant
フェス　fess, fesse, Fez, Fès　⇨フェスティバル
フェズ　fez, Fez, Fès
フェスキュー　fescue
フェスタ　festa
フェスター　fester
フェスタル　festal
フェスティバル　festival
フェスティビティー　festivity
フェスティブ　festive
フェストゥーン　festoon
フェストシュリフト　festschrift
フェタ　feta
フェタコンプリ　fait accompli
フェタ・チーズ　feta cheese
フェチ　⇨フェティシズム, フェティシスト
フェックレス　feckless
フェッター　fetter
フェッターレス　fetterless
フェッチ　fetch
フェッチング　fetching
フェット　fete, fête
フェッド　fed
フェットチーネ　fettuccine
フェットロック　fetlock
フェッラレッレ　Ferrarelle
フェティシスト　fetishist
フェティシズム　fetishism
フェティシャイズ　fetishize
フェティッシュ　fetish, -ich(e)
フェティッド　fetid, foet-
フェデックス　FedEx
フェデラー　Federer
フェデラシー　federacy
フェデラティブ　federative
フェデラライズ　federalize
フェデラリスティック　federalistic
フェデラリスト　federalist
フェデラリスト・パーティー　Federalist party
フェデラリズム　federalism
フェデラリゼーション　federalization
フェデラル　federal
フェデラル・パーティー　Federal party
フェデリーコ　Federico
フェデリーニ　fedelini
フェデリコ　Federico
フェデリコ・フェリーニ　Federico Fellini
フェデレーション　federation
フェデレーティブ　federative
フェデレート　federate
フェドーラ　fedora
フェトチーネ　fettuccine
フェナジン　phenazine
ブエナス・ノーチェス　buenas noches
フェナセチン　phenacetin
ブエナビスタ　Buena Vista
フェニー　fenny
フェニキア　Phoenicia, Phe-
フェニキアン　Phoenician, Phe-
フェニック　Fenwick
フェニックス　phoenix, phe-
フェニックス・サンズ　Phoenix Suns
フェニトイン　phenytoin
フェニトロチオン　fenitrothion
フェニル　phenyl
フェニルアラニン　phenylalanine
フェニルエタン　phenylethane
フェニルエチルアミン　phenylethylamine
フェニルエチレン　phenylethylene
フェニルフェノール　phenylphenol
フェニルベンゼン　phenylbenzene
フェニルマーキュリー　phenylmercury
フェニレフリン　phenylephrine
フェニレンジアミン　phenylenediamine
フェネストレーション　fenestration
フェネチシリン　phenethicillin

フェネチリン fenetylline
フェネルバフチェ Fenerbahçe
フェノール phenol
フェノキシ phenoxy
フェノキシエタノール phenoxyethanol
ブエノスアイレス Buenos Aires
ブエノス・ディアス buenos días
フェノタイプ phenotype
フェノチアジン phenothiazine
フェノティピカル phenotypical
フェノティピック phenotypic
フェノバルビタール phenobarbital
フェノバルビトン phenobarbitone
フェノホルミン phenoformin
フェノミナ phenomena
フェノミナリズム phenomenalism
フェノミナル phenomenal
フェノミノロジー phenomenology
フェノミノン phenomenon
フェノム phenom
フェノメナ phenomena
フェノメナリズム phenomenalism
フェノメナル phenomenal
フェノメナン phenomenon
フェノメノロジー phenomenology
フェノメノン phenomenon
フェノリック phenolic
フェノロサ Fenollosa
フェノロジー phenology
フェノロジスト phenologist
フェビアニズム Fabianism
フェビアン Fabian
フェビアン・ソサエティー Fabian Society
フェブライル febrile
フェブラリー February
フェブリフュージ febrifuge
プエブロ pueblo
フェミナイズ feminize
フェミニスト feminist
フェミニズム feminism
フェミニティー feminity
フェミニニティー femininity
フェミニン feminine
フェミニン・エンディング feminine ending
フェミニン・ライム feminine rhyme
フェム femme
フェムト femto-
フェムトセカンド femtosecond
フェムトセコンド femtosecond
フェムトセル femtocell
フェモラル femoral
フェラ fella, fellah ⇨フェラチオ
フェラー feller
フェラー・バンチャー feller buncher
フェラーラ Ferrara
フェラーリ Ferrari
フェラーロ Ferraro
フェライト ferrite
フェライン feline
フェラガモ Ferragamo
フェラス ferrous
フェラチオ fellatio
フェラッカ felucca
フェラル feral, ferrule, ferule
フェランドレン phellandrene
フェリア feria
フェリー ferry
フェリーニ Fellini
フェリーボート ferryboat
フェリーマン ferryman
フェリシア Felicia
フェリシタス felicitous
フェリシティー felicity
フェリシテーション felicitation
フェリシテート felicitate
フェリス・ホイール Ferris wheel
フェリチン ferritin
フェリック ferric
フェリックス Felix
フェリペ・マッサ Felipe Massa
フェル fell
フェルガナ Fergana, -gha-
フェルサム Feltham
フェルスパー felspar
プエルタ puerta
フェルッチ Ferrucci
フェルディナンド Ferdinand
フェルト felt
フェルドスパー feldspar
フェルト・ティップト・ペン felt-tipped pen
フェルト・ペン felt pen
プエルトリカン Puerto Rican
プエルトリコ Puerto Rico
フェルナンデス Fernandez, Fernández

フェルナンド　Fernando
フェルナンド・ペソア　Fernando Pessoa
フェルビナク　felbinac
フェルプス　Phelps
フェルマータ　fermata
フェルミウム　fermium
フェルメール　Vermeer
フェレ　Ferré
フェレット　ferret
フェレドキシン　ferredoxin
フェレル　Ferrell
フェロ　ferro-
フェロエレクトリック　ferroelectric
フェロー　fellow, Faeroe
フェロー・アイランズ　Faeroe Islands
フェローシップ　fellowship
フェローシャス　ferocious
フェロー・トラベラー　fellow traveler
フェローニアス　felonious
フェロー・フィーリング　fellow feeling
フェローマン　fellowman
フェロコンクリート　ferroconcrete
フェロシティー　ferocity
フェロシリコン　ferrosilicon
フェロタイプ　ferrotype
フェロタングステン　ferrotungsten
フェロニー　felony
フェロマグネティズム　ferromagnetism
フェロマグネティック　ferromagnetic
フェロモン　pheromone
フェロン　felon
フェン　fain(s), fen(s)
フェンウィック　Fenwick
フェンカミン　fencamine
フェンカンファミン　fencamfamin
フェンサー　fencer
フェンシクリジン　phencyclidine
フェンジメトラジン　phendimetrazine
フェンシング　fencing
フェンス　fence
フェンス・シッター　fence-sitter
フェンス・メンディング　fence-mending
フェンスレス　fenceless
フェンダー　fender, Fender
フェンダー・ベンダー　fender bender
フェンタニール　fentanyl
フェンタニル　fentanyl
フェンチオン　fenthion
フェンチン　fentin
フェンディ　Fendi
フエンテス　Fuentes
フェンテルミン　phentermine
フェンド　fend
フェントエート　phenthoate
フェントン　Fenton
フェンネル　fennel
フェンバレレート　fenvalerate, phenvalerate
フェンブトラゼート　fenbutrazate
フェンフルラミン　fenfluramine
フェンプロポレックス　fenproporex
フェンプロメタミン　phenpromethamine
フェンメトラジン　phenmetrazine
フォア　for, fore
フォアアーム　forearm
フォアウーマン　forewoman
フォアウォーン　forewarn
フォアオーデイン　foreordain
フォアガット　forgot, foregut
フォアキャスティング　forecasting
フォアグラ　foie gras
フォアグラウンド　foreground
フォアクロージャー　foreclosure
フォアクローズ　foreclose
フォアゴー　forego
フォアゴーイング　foregoing
フォアコート　forecourt
フォアゴーン　foregone
フォアゴーン・コンクルージョン　foregone conclusion
フォアサイテッド　foresighted
フォアサイト　foresight
フォアジャッジ　forejudge
フォアシャドー　foreshadow
フォアシャドーイング　foreshadowing
フォアショア　foreshore
フォアショー　foreshow
フォアショートゥン　foreshorten
フォアスキン　foreskin
フォアステーション　forestation
フォアストール　forestall
フォアストールメント　forestallment, forestalment
フォアセール　foresail

フォアソート　forethought
フォアテイスト　foretaste
フォアデッキ　foredeck
フォアテル　foretell
フォアトークン　foretoken
フォアヌーン　forenoon
フォアネーム　forename
フォアノウ　foreknow
フォアノレッジ　foreknowledge
フォアパート　forepart
フォアハンデッド　forehanded
フォアハンド　forehand
フォアファーザー　forefather
フォアファーザーズ・デー　Forefathers' Day
フォアフット　forefoot
フォアプレー　foreplay
フォアブレーン　forebrain
フォアプレジャー　forepleasure
フォアフロント　forefront
フォアベイ　forebay
フォアヘッド　forehead
フォアポー　forepaw
フォアマスト　foremast
フォアマン　foreman
フォアラン　forerun
フォアランド　foreland
フォアランナー　forerunner
フォアリム　forelimb
フォアレッグ　foreleg
フォアレディー　forelady
フォアローゼズ　Four Roses
フォアロック　forelock
フォアワード　foreword
フォイアー　foyer
フォイエルバッハ　Feuerbach
フォイスト　foist
フォイブル　foible
フォイル　foil
フォー　for, four, fore, foe, faugh, pho, faux
フォー・アイズ　four-eyes
フォー・イン・ハンド　four-in-hand
フォーウーマン　forewoman
フォー・ウォール　four-wall
フォーウォーン　forewarn
フォーエバー　forever
フォーエバーマーク　Forevermark
フォーエバモア　forevermore
フォーオーデイン　foreordain
フォー・オン・ザ・フロア　four-on-the-floor
フォーカス　focus
フォーカス・プラー　focus puller
フォーガット　forgot, foregut
フォーカライズ　focalize
フォーカル　focal
フォーカル・ポイント　focal point
フォーキー　folkie
フォーギー　fogy, -gey
フォーギバブル　forgivable
フォーギビング　forgiving
フォーギブ　forgive
フォーギブネス　forgiveness
フォーギャザー　forgather, fore-
フォーキャスター　forecaster
フォーキャスタブル　forecastable
フォーキャスティング　forecasting
フォーキャスト　forecast
フォーク　folk, fork
フォーク・アート　folk art
フォークウェイ　folkway
フォークウェーズ　folkways
フォーク・エティモロジー　folk etymology
フォーククラフト　folkcraft
フォークシー　folksy
フォークシンガー　folksinger
フォークス　Fawkes
フォークスル　forecastle
フォークソノミー　folksonomy
フォークソノミック　folksonomic
フォーク・ソング　folk song
フォークテール　folktale
フォークト　forked
フォークト・タング　forked tongue
フォークナー　Faulkner, Falkner
フォークフル　forkful
フォークボール　forkball
フォーク・ミサ　folk mass
フォーク・ミュージック　folk music
フォーク・メディシン　folk medicine
フォークランド　Falkland
フォークリフト　forklift
フォークロア　folklore
フォークロアリスト　folklorist
フォークローザブル　foreclosable

フォークロージャー　foreclosure
フォークローズ　foreclose
フォーク・ロック　folk-rock
フォーゲイブ　forgave
フォーゲッタブル　forgettable
フォーゲット　forget
フォーゲットフル　forgetful
フォーゲット・ミー・ノット　forget-me-not
フォーゴー　forgo, fore-
フォーゴーイング　foregoing
フォー・コーナーズ　four corners
フォーゴーン　foregone
フォーゴーン・コンクルージョン　foregone conclusion
フォーゴット　forgot
フォーゴットゥン　forgotten
フォーサイス　Forsyth, Forsythe
フォーサイテッド　foresighted
フォーサイト　foresight
フォーサム　foursome
フォージ　forge
フォーシー　foresee
フォーシーアブル　foreseeable
フォージェリー　forgery
フォーシシア　forsythia
フォーシビリティー　forcibility
フォーシブル　forcible
フォージャー　forger
フォージャッジ　forejudge
フォーシャドー　foreshadow
フォーシャドーイング　foreshadowing
フォーショー　foreshow
フォーショートン　foreshorten
フォージング　forging
フォース　force, forth, fourth, Forth
フォース・アウト　force-out
フォース・インディア　Force India
フォースウィズ　forthwith
フォースウェア　forswear, fore-
フォース・エステート　fourth estate
フォース・カバー　fourth cover
フォースカミング　forthcoming
フォースキン　foreskin
フォースクエア　foursquare
フォース・クラス　fourth class, fourth-class
フォースコア　fourscore
フォースター　Forster
フォー・スター　four-star
フォースック　forsook
フォース・ディメンション　fourth dimension
フォーステーション　forestation
フォースト　forced
フォーストール　forestall
フォーストールメント　forestallment, forestalment
フォー・ストローク　four-stroke
フォース・フィード　force-feed
フォースフル　forceful
フォース・プレー　force play
フォース・ポンプ　force pump
フォース・マーケット　fourth market
フォースミート　forcemeat
フォースライト　forthright
フォース・ランド　force land
フォースル　foresail
フォース・ワールド　Fourth World
フォーセイク　forsake
フォーセイクン　forsaken
フォーセット　faucet, Fawcett
フォーセップス　forceps
フォーソート　forethought
フォーダー　Fodor
フォーダブル　fordable
フォーダム　Fordham
フォーチューン　fortune
フォーチューン・クッキー　fortune cookie
フォーチューン・テラー　fortune-teller
フォーチューン・テリング　fortune-telling
フォーチューン・ハンター　fortune hunter
フォーチュネート　fortunate
フォーチュネートリー　fortunately
フォーティー　forty
フォーティー・ウインクス　forty winks
フォーティー・ナイナー　forty-niner
フォーティー・ファイブ　forty-five
フォーティーン　fourteen
フォーティーンス　fourteenth
フォーティエス　fortieth
フォーティス　Fortis
フォーテイスト　foretaste
フォーディズム　Fordism
フォーティテュード　fortitude
フォーティファイ　fortify

フォーティファイアブル　fortifiable
フォーティファイド・ワイン　fortified wine
フォーティフィケーション　fortification
フォー・ディメンショナル　four-dimensional
フォーティンブラス　Fortinbras
フォーテスキュー　Fortescue
フォーテューイタス　fortuitous
フォーテューイティー　fortuity
フォーテル　foretell
フォート　fort, forte, fought
フォード　Ford, ford
フォートアーウィン　Fort Irwin
フォートークン　foretoken
フォート・シェリダン　Fort Sheridan
フォート・スチュアート　Fort Stuart
フォートディクス　Fort Dix
フォートディックス　Fort Dix
フォート・デトリック　Fort Detrick
フォートナイト　fortnight
フォートナイトリー　fortnightly
フォートナム・アンド・メーソン　Fortnum & Mason
フォート・ノックス　Fort Knox
フォートフッド　Fort Hood
フォートブラッグ　Fort Bragg
フォート・ベニング　Fort Benning
フォートベルボア　Fort Belvoir
フォート・ライリー　Fort Riley
フォー・ドラゴンズ　Four Dragons
フォートラン　FORTRAN, Fortran
フォート・ルイス　Fort Lewis
フォートレス　fortress
フォートローダーデール　Fort Lauderdale
フォート・ワース　Fort Worth
フォーナ　fauna
フォー・ナイン　four-nine
フォーニー　phony, -ney
フォーニケーション　fornication
フォーニケート　fornicate
フォーニング　fawning
ブォーノ　buono
フォーノウ　foreknow
フォーノレッジ　foreknowledge
フォー・パ　faux pas
フォー・パート　four-part
フォーバッド　forbad(e)
フォー・ハンデッド　four-handed
フォー・ハンド　four-hand
フォービア　phobia, -phobia
フォービズム　fauvism
フォービック　phobic
フォー・ビッツ　four bits
フォービッド　forbid
フォーブ　fauve
フォーファチャー　forfeiture
フォーファット　forfeit
フォーフィンガー　forefinger
フォーフェンド　forfend, fore-
フォーフォールド　fourfold
フォーブス　Forbes
フォー・フラッシャー　four-flusher
フォー・フラッシュ　four flush
フォー・フリーダムズ　four freedoms
フォー・プロフィット　for-profit
フォーフロント　forefront
フォーベアー　forbear, forebear
フォーベアランス　forbearance
フォーベアリング　forbearing
フォーベイド　forbad(e)
フォーヘッド　forehead
フォーペニー　fourpenny
フォーボア　forbore
フォー・ホイール　four-wheel
フォー・ホイールド　four-wheeled
フォー・ホイール・ドライブ　four-wheel drive, 4WD
フォー・ボー　pho bo
フォーボーディング　foreboding
フォーボード　forebode, for-
フォーボーン　forborne
フォー・ポスター　four-poster
フォーマー　former
フォーマイカ　Formica
フォーマッター　formatter
フォーマット　format
フォーマティブ　formative
フォーマライザブル　formalizable
フォーマライズ　formalize
フォーマライゼーション　formalization
フォーマリー　formally, formerly
フォーマリスティック　formalistic
フォーマリスト　formalist
フォーマリズム　formalism
フォーマリゼーション　formalization

フォーマリティー formality
フォーマル formal
フォーマン foreman
フォーミー foamy
フォーミダブル formidable
フォーミック formic
フォーミック・アシッド formic acid
フォーミュラ formula
フォーミュライズ formulize
フォーミュラリー formulary
フォーミュラ・ワン formula one, F1
フォーミュレイイック formulaic
フォーミュレーション formulation
フォーミュレート formulate
フォーム form, foam
フォーム・エクスティンギッシャー foam extinguisher
フォーム・ファクター form factor
フォーム・フィード form feed
フォームフィッティング formfitting
フォーム・ラバー foam rubber
フォームレス formless
フォーム・レター form letter
フォーメーション formation
フォーメート formate
フォーメンター fomenter
フォーメンテーション fomentation
フォーメント foment
フォーモスト foremost
フォーラ fora
フォーラム forum
フォーランド foreland
フォーリー Foley
フォー・リーフ・クローバー four-leaf clover
フォー・リーブド・クローバー four-leaved clover
フォーリエート foliate
フォーリッジ foliage
フォーリッジ・プラント foliage plant
フォーリッド forehead
フォーリナー foreigner
フォーリム forelimb
フォーリン foreign
フォーリン・アフェアーズ foreign affairs
フォーリン・エイド foreign aid
フォーリン・エクスチェンジ foreign exchange
フォーリン・オフィス foreign office
フォーリング・アウト falling-out
フォーリング・スター falling star
フォーリン・コレスポンデント foreign correspondent
フォーリン・バージョン foreign version
フォーリン・プレスセンター Foreign Press Center
フォーリン・ボーン foreign-born
フォーリン・ミニスター foreign minister
フォーリン・リージョン foreign legion
フォール fall, foal
フォールアウト fallout
フォールウェル Falwell
フォールオフ falloff
フォール・ガイ fall guy
フォールシー falsie
フォールシティー falsity
フォールシファイ falsify
フォールシファイアブル falsifiable
フォールシフィケーション falsification
フォールス false
フォールス・アカシア false acacia
フォールス・インプリズンメント false imprisonment
フォールス・スタート false start
フォールス・ステップ false step
フォールスタッフ Falstaff
フォールス・ドーン false dawn
フォールスネス falseness
フォールス・フェース false face
フォールスフッド falsehood
フォールス・ボトム false bottom
フォールスリー falsely
フォールス・リブ false rib
フォールスワーク falsework
フォールター falter
フォールダブル foldable
フォールティー faulty
フォールディング folding
フォールディング・ドア folding door
フォールディング・マネー folding money
フォールト fault
フォールド fold
フォールドアウェー foldaway
フォールドアウト foldout
フォールド・アップ fold-up

フォールト・トレランス　fault tolerance
フォールドバック　foldback
フォールトファインダー　faultfinder
フォールトファインディング　faultfinding
フォール・ド・フランス　Fort-de-France
フォールトボート　faltboat
フォールドボート　foldboat
フォールト・ライン　fault line
フォールトレス　faultless
フォール・パイプ　fall-pipe
フォールバック　fallback
フォールン　fallen
フォーレイ　foray
フォーレー　foray
フォーレージ　forage
フォーレージ・キャップ　forage cap
フォーレスト　forest
フォー・レター・ワード　four-letter word
フォーレディー　forelady
フォーローン　forlorn
フォーローン・ホープ　forlorn hope
フォーロック　forelock
フォーワード　forward, foreword
フォーン　phone, fawn, faun
フォーン・イン　phone-in
フォーンカード　phonecard
フォーン・コール　phone call
フォーントルロイ　Fauntleroy
フォーンビー　Formby
フォーン・ブース　phone booth
フォーン・ブック　phone book
フォーン・ボックス　phone box
フォガーティー　Fogarty
フォカッチャ　focaccia
フォガティ　Fogerty
フォグ　fog
フォグ・コンピューティング　fog computing
フォクシー　foxy
フォクシー・ブロンド　foxy blonde
フォクスグローブ　foxglove
フォクスホール　foxhole
フォグ・ライト　fog light
フォグ・ランプ　fog lamp
フォサマックス　Fosamax
フォション　Fauchon
フォス　fosse, foss
フォスター　foster, Foster
フォスターズ　Foster's
フォスター・プラン　foster plan
フォスター・ホーム　foster home
フォスタリング　fosterling
フォスファイド　phosphide
フォスフォリレーション　phosphorylation
フォスフォリレート　phosphorylate
フォスフォレス　phosphoresce
フォスフォレセンス　phosphorescence
フォスフォレセント　phosphorescent
フォズベリー　Fosbury
フォダー　fodder
フォッギー　foggy
フォッギー・ボトム　Foggy Bottom
フォッグ　fog
フォッグ・シグナル　fog signal
フォックス　fox, Fox, Foxx
フォックスグラブ　foxglove
フォックスコン　Foxconn
フォックステイル　foxtail
フォックス・テリア　fox terrier
フォックス・トロット　fox-trot
フォックスハウンド　foxhound
フォックスハンティング　foxhunting
フォックスハント　foxhunt
フォックスリバー　FoxRiver
フォッグバウンド　fogbound
フォッグバンク　fogbank
フォッグボウ　fogbow
フォッグホーン　foghorn
フォッグ・ライト　fog light
フォッグ・ランプ　fog lamp
フォッサ　fossa
フォッサマグナ　Fossa Magna
フォッジア　Foggia
フォッジャ　Foggia
フォッシライズ　fossilize
フォッシライゼーション　fossilization
フォッシル　fossil
フォッシル・フューエル　fossil fuel
フォッス　fosse, foss
フォッダー　fodder
フォッピッシュ　foppish
フォップ　fop
フォッブ・チェーン　fob chain
フォッペリー　foppery
フォト　photo, phot, phot-, photo-

フォトエージング photoaging, photoageing
フォト・エッセー photo-essay
フォトエッチング photoetching
フォト・エレクトリック photoelectric
フォトエレクトリック・セル photoelectric cell
フォトエングレービング photoengraving
フォトエングレーブ photoengrave
フォトオートトロフ photoautotroph
フォト・オプ photo op
フォト・オポチューニティー photo opportunity
フォトカタリシス photocatalysis
フォトカタリスト photocatalyst
フォトカタリティック photocatalytic
フォトグ photog
フォトグラビア photogravure
フォトグラフ photograph
フォトグラファー photographer
フォトグラフィー photography
フォトグラフィック photographic
フォトグラム photogram
フォトクロミズム photochromism
フォトケミカル photochemical
フォトケミストリー photochemistry
フォトコール photocall
フォトコピアー photocopier
フォトコピー photocopy
フォトコンポーザー photocomposer
フォトコンポジション photocomposition
フォトジェニック photogenic
フォトジャーナリスト photojournalist
フォトジャーナリズム photojournalism
フォトショップ Photoshop
フォトシンセサイズ photosynthesize
フォトシンセシス photosynthesis
フォトスタット Photostat
フォトスフィア photosphere
フォト・セセッション Photo-Secession
フォトセル photocell
フォトセンシタイズ photosensitize
フォトセンシティビティー photosensitivity
フォトセンシティブ photosensitive
フォトダイオード photodiode
フォトタイプ phototype
フォトタクシス phototaxis
フォトテレグラフィー phototelegraphy
フォトトロピズム phototropism
フォトトロフ phototroph
フォトニクス photonics
フォトニック photonic
フォトバイオロジー photobiology
フォトピア photopia
フォトピリオディック photoperiodic
フォトピリオド photoperiod
フォト・フィニッシュ photo finish
フォトフォスフォリレーション photophosphorylation
フォトフラッシュ photoflash
フォトフラッド photoflood
フォトボルタイック photovoltaic
フォトボルテイックス photovoltaics
フォトマイクログラフ photomicrograph
フォトマスク photomask
フォトメーター photometer
フォトメカニカル photomechanical
フォトメトリー photometry
フォトメトリカル photometrical
フォトメトリック photometric
フォトモンタージュ photomontage
フォト・ライブラリー photo library
フォトラジオグラフ photoradiograph
フォトラジオグラフィー photoradiography
フォトリアリスティック photorealistic
フォトリアリスト photorealist
フォトリアリズム photorealism
フォトリシス photolysis
フォトリソグラフィー photolithography
フォトレジスト photoresist
フォトレセプター photoreceptor
フォトログ photolog
フォトン photon
フォニーミシスト phonemicist
フォニーミック phonemic
フォニーミックス phonemics
フォニーム phoneme
フォニック phonic
フォニックス phonics
フォネティシャン phonetician
フォネティック phonetic
フォネティックス phonetics
フォノ phon-, phono-
フォノグラフ phonograph

フォノグラム　phonogram
フォノロジー　phonology
フォノロジカル　phonological
フォノロジスト　phonologist
フォブ　fob
フォボス　Phobos
フォリー　folly
フォリオ　folio
フォリキュラー　follicular
フォリクリン　folliculin
フォリクル　follicle
フォリック　folic
フォリック・アシッド　folic acid
フォリフォリ　Folli Follie
フォリント　forint
フォルカーク　Falkirk
フォルクスワーゲン　Volkswagen
フォルクローレ　folklore
フォルスタッフ　Falstaff
フォルス・マジェール　force majeure
フォルダー　folder
フォルダロール　folderol
フォルツァ　forza
フォルツァ・イタリア　Forza Italia
フォルテ　forte
フォルティシモ　fortissimo
フォルティス　Fortis
フォルテシモ　fortissimo
フォルデラル　falderal
フォルト　forte
フォルトゥーナ　Fortuna
フォルナセッティ　Fornasetti
フォルム　form
フォルメスタン　formestane
フォルメボロン　formebolone
フォルモーサ　Formosa
フォルモーサン　Formosan
フォルモテロール　formoterol
フォレイ　foray
フォレー　foray
フォレージ　forage
フォレージ・キャップ　forage cap
フォレート　folate
フォレスター　forester, Forrester
フォレスタル　Forrestal
フォレステッド　forested
フォレスト　forest
フォレスト・ガンプ　Forrest Gump
フォレストランド　forestland
フォレストリー　forestry
フォレスト・レンジャー　forest ranger
フォレックス　forex
フォレンシック　forensic
フォレンシック・メディシン　forensic medicine
フォロー　follow
フォロー・アップ　follow-up
フォローイング　following
フォロー・オン　follow-on
フォロー・スルー　follow-through
フォロワー　follower
フォロワーシップ　followership
フォワーズ　forwards
フォワーダー　forwarder
フォワーディング　forwarding
フォワーディング・アドレス　forwarding address
フォワーデーション　forwardation
フォワード　forward
フォワード・パス　forward pass
フォワード・ルッキング　forward-looking
フォワグラ　foie gras
フォン　phon, phone, phong, Fon
フォン・シェーディング　phong shading
フォンセカ　Fonseka
フォンダ　Fonda
フォンターネ　Fontane
フォンタナ　Fontana
フォンタネル　fontanel(le)
フォンダン　fondant
フォンティーナ　fontina
フォンテーン　Fontaine
フォンデュ　fondu(e)
フォンテンブロー　Fontainebleau
フォント　font
フォンド　fond
フォンドール　Font d'Or
フォンドネス　fondness
フォン・ド・ボー　fond de veau
フォンドリー　fondly
フォンドル　fondle
フカ　hookah, hooka
ブガー　booger
フガジ　Fugazi

ブガッティ　Bugatti
ブカティーニ　bucatini
ブカレスト　Bucharest
ブギ　boogie
ブギウギ　boogie-woogie
ブキャナン　Buchanan
フクシャ　fuchsia
フクシン　fuchsine, -sin
フコイダン　fucoidan
ブコウスキー　Bukowski
フコース　fucose
フコキサンチン　fucoxanthin
ブコフスキー　Bukowski
ブザー　buzzer
プサイ　psi
フサイン　Husain
ブザミー　bosomy
ブザム　bosom
フザリウム　fusarium
プサルテリウム　psaltery, -try
プサン　Pusan
ブジー　Bougie
プシー　psi
ブシール　Bushire
ブシェミ　Buscemi
プシケ　Psyche
フジッリ　fusilli
プシュケー　Psyche
ブシュロン　Boucheron
ブジュンブラ　Bujumbura
プショー　pshaw
プジョー　Peugeot
プジョル　Puyol
フス　Huss
プス　puss
ブズーキ　bouzouki, -sou-
ブスルファン　busulfan
フセイン　Hussein
ブゼク　Buzek
ブゼック　Buzek
ブセラス　Bucelas
プソイドエフェドリン　pseudoephedrine
ブターリ　Boutari
ブタジエン　butadiene
ブタノール　butanol
ブダペスト　Budapest
フタラート　phthalate
フタレート　phthalate
フタロシアニン　phthalocyanine
ブタン　butane
ブタンジオール　butanediol
ブタンジオン　butanedione
プチ　petit
プチート　petite
ブチェラッティ　Buccellati
プチグレン　petitgrain
プチ・ジューリー　petit jury
プチ・バトー　Petit Bateau
プチ・フール　petit four
プチ・ブル　⇨プチ・ブルジョア
プチ・ブルジョア　petit bourgeois
ブチムゲ　buchimgae
ブチリック・アシッド　butyric acid
ブチリル　butyryl
ブチリン　butyrin
ブチル　butyl
ブチルパラベン　butylparaben
ブチレート　butyrate
ブチレン　butylene
ブチロフェノン　butyrophenone
フツ　Futu
フッカー　hooker
ブッカー・プライズ　Booker Prize
ブッカブル　bookable
フッキー　hooky, hookey
ブッキー　bookie
ブッキッシュ　bookish
ブッキング　booking
ブッキング・オフィス　booking office
ブッキング・クラーク　booking clerk
フック　hook
ブック　book
フックアップ　hookup
フック・アンド・ループ・ファスナー　hook and loop fastener
ブックエンド　bookend
ブックキーパー　bookkeeper
ブックキーピング　bookkeeping
ブック・クラブ　book club
ブックケース　bookcase
ブックシェルフ　bookshelf
ブック・ジャケット　book jacket
ブックショップ　bookshop
ブックスタンド　bookstand

ブックストア　bookstore
ブックストール　bookstall
ブックセラー　bookseller
フックト　hooked
ブック・トークン　book token
フックト・シュワー　hooked schwa
フックノーズド　hook-nosed
ブックバインダー　bookbinder
ブックバインダリー　bookbindery
ブックバインディング　bookbinding
ブック・バリュー　book value
ブック・バンド　book band
ブックプレート　bookplate
ブックマーク　bookmark
ブックマークレット　bookmarklet
ブックマッチ　book matches
ブックマン　bookman
ブックメーカー　bookmaker
ブックメーキング　bookmaking
ブックモービル　bookmobile
ブック・ラーニング　book learning
ブックラック　bookrack
ブックレスト　bookrest
ブックレット　booklet
ブック・レビュー　book review
ブック・レビューワー　book reviewer
ブックワーク　bookwork
フックワーム　hookworm
ブックワーム　bookworm
フッサール　hussar
ブッシー　bushy
プッシー　pussy, pushy
プッシー・ウィロー　pussy willow
プッシーキャット　pussycat
プッシーフット　pussyfoot
ブッシェル　bushel
プッシャー　pusher
ブッシュ　bush, Bush, Busch
プッシュ　push
プッシュアウト　pushout
プッシュ・アップ　push-up
ブッシュウィック　Bushwick
プッシュオーバー　pushover
プッシュカート　pushcart
ブッシュ・ジャケット　bush jacket
プッシュ・スタート　push-start
プッシュチェア　pushchair
ブッシュ・テレグラフ　bush telegraph
ブッシュト　bushed
プッシュト　pushed
プッシュ・トゥ・トーク　push-to-talk
ブッシュ・ド・ノエル　bûche de Noël
プッシュ・バイク　push-bike
プッシュピン　pushpin
ブッシュファイア　bushfire
プッシュフル　pushful
プッシュ・ブルーム　push broom
ブッシュ・ベビー　bush baby
プッシュボール　pushball
プッシュ・ボタン　push button, push-button
ブッシュマン　bushman
ブッシュミート　bushmeat
ブッシュミルズ　Bushmills
ブッシュ・リーグ　bush league
ブッシュレーンジャー　bushranger
ブッシュワック　bushwhack
ブッシング　bushing
プッシング　pushing
ブッダ　Buddha
フッター　footer
プッター　putter
ブッダガヤ　Buddh Gaya
プッタネスカ　puttanesca
ブッチ　butch
フッチー　footsie, Footsie
プッチーニ　Puccini
ブッチェリー　butchery
ブッチャー　butcher
ブッチャー・バード　butcher-bird
ブッチャリー　butchery, butcherly
プッチュ　putsch
フッティー　footie, footy
ブッディスティカル　Buddhistical
ブッディスティック　Buddhistic
ブッディスト　Buddhist
ブッディズム　Buddhism
フッティング　footing
フッテージ　footage
フット　foot
フッド　hood
ブット　Bhutto
プット　put, putto
プッド　pud

プットアウト　putout
プット・アップ　put-up
プット・アポン　put-upon
フットウェア　footwear
フットウェイ　footway
フットウォーン　footworn
プット・オフ　put-off
プット・オプション　put option
プット・オン　put-on
フット・ガーズ　Foot Guards
フットギア　footgear
フットサル　futsal
フットステップ　footstep
フットストゥール　footstool
フットストーン　footstone
プット・スプレッド　put spread
フットスロッグ　footslog
フットソア　footsore
フット・ソルジャー　foot soldier
プット・ダウン　put-down
プット・トゥ・セラー　put to seller
フット・ドラッギング　foot-dragging
フットノート　footnote
フット・バインディング　foot-binding
フットバス　footbath
フットパス　footpath
フットバッグ　footbag
フットパッド　footpad
フットヒル　foothill
フット・フェティシズム　foot fetishism
フットフォール　footfall
フット・フォールト　foot fault
フットブリッジ　footbridge
フットプリント　footprint
フット・ブレーキ　foot brake
プット・プレミアム　put premium
フットペース　footpace
フットボード　footboard
フットボール　football
フットホールド　foothold
フットボール・プールズ　football pools
プット・ボンド　put bond
フットマーク　footmark
フット・マッサージャー　foot massager
フットマン　footman
フッドライク　hoodlike
フットライツ　footlights
フットリング　footling
フットルース　footloose
フット・ルール　foot rule
フットレース　footrace
フットレス　footless
フットレスト　footrest
フットワーク　footwork
フツパ　chutzpa(h), hutz-
ブッファ　buffa
ブッフォン　Buffon
プティ　petit
プティート　petite
ブディコ　Budyko
ブティジェッジ　Buttigieg
ブティック　boutique
ブティックス　VTICs
プティ・メリエ　Petit Meslier
プディング　pudding
プディング・ストーン　pudding stone
プディング・フェース　pudding face
ブデソニド　budesonide
プテラノドン　pteranodon
プテリジン　pteridine
プテリン　pterin
プテロサウルス　pterosaur
ブテン　butene
ブトキシド　butoxide
ブトニエール　boutonniere
プトマイン　ptomaine
プトラジャヤ　Putrajaya
プトレマイオス　Ptolemy, Ptolemaeus
プトレメイック　Ptolemaic
フトン　futon
プナホウ　Punahou
プナン　Punan
プニウ　puniu
ブネイ・ブリス　B'nai B'rith
ブノア・マンデルブロ　Benoît Mandelbrot
ブノロール　bunolol
プノンペン　Phnom Penh, Pnom Penh
ブハラ　Bukhara
フビライ・ハン　Kublai [Kubla] Khan
フフーフ　Hofuf
ブブゼラ　vuvuzela
ブプレノルフィン　buprenorphine
ブプロピオン　bupropion
ブベー　Vevey

フペルジン huperzine
ブホルミン buformin
ブミプトラ Bumiputra
プミポン Bhumibol
フミン humin
フムレン humulene
ブメタニド bumetanide
ブメトリゾール bumetrizole
フモン Hmong
フモング Hmong
フュー few, feu, phew
フューエラー fueler
フューエル fuel
フューエル・エフィシェンシー fuel efficiency
フューエル・エフィシェント fuel-efficient
フューエル・オイル fuel oil
フューエル・セル fuel cell
フューエル・バルブ fuel valve
フュージー fusee, -zee
フュージティブ fugitive
フュージブル fusible
フュージョニスト fusionist
フュージョニズム fusionism
フュージョン fusion
フュージョン・ボム fusion bomb
フュージラージュ fuselage
フュージラード fusillade
フュージレード fusillade
フューズ fuse, fuze
フュータイル futile
フューダトリー feudatory
フューダリスティック feudalistic
フューダリズム feudalism
フューダリティー feudality
フューダル feudal
フューダル・ロード feudal lord
フューチャー future
フューチャージェン FutureGen
フューチャー・ショック future shock
フューチャー・プルーフ future-proof
フューチャーレス futureless
フューチャリスティック futuristic
フューチャリスト futurist
フューチャリズム futurism
フューチュオロジー futurology
フューチュリティー futurity
フューチュロロジー futurology
フューチュロロジカル futurological
フューチュロロジスト futurologist
フューティリティー futility
フューティル futile
フュード feud
フューネス fewness
フューネラル funeral
フューミー fumy
フューミゲーション fumigation
フューミゲート fumigate
フューム fume
フューラー fuehrer, führer, furor
フューリアス furious
フューリー fury
フューロー furor
フュニキュラー funicular
フュネラリー funerary
フュネラル funeral
フュネリアル funereal
フュマロール fumarole
フュミゲーション fumigation
フュリエス Furies
プヨ Puyo, Buyeo
フラ hula
ブラ bra, brassiere, bulla
フラー fuller, Fuller, Fra
ブラー blur, blah
フラーイ vlaai
ブラーク Buraq
プラーク plaque
プラーグ Prague
フラーズ・アース fuller's earth
ブラータ burrata
フラーテーシャス flirtatious
フラーテーション flirtation
フラート flirt
ブラート blurt
ブラートブルスト bratwurst
フラートン Fullerton
プラーナ prana, Purana
ブラーニー blarney
ブラーニー・ストーン Blarney Stone
ブラーブ blurb
ブラーフマナ Brahmana
ブラーミン Brahmin
ブラームス Brahms

フラーリー flurry
ブラーリー blurry
フラーリッシュ flourish
フラーリッシング flourishing
フラール foulard
フラーレン fullerene
フライ fly, fry, vlaai
ブライ brei
プライ ply, pry
プライア Praia
フライアー friar
ブライアー Breyer, brier, -ar
プライアー prior, plier, Pryor
ブライアーウッド brierwood, briar-
ブライアールート brierroot, briar-
フライアウェイ flyaway
フライ・アッシュ fly ash
フライ・アップ fry-up
フライアビリティー friability
プライアビリティー pliability
フライアブル friable
プライアブル pliable
ブライアン Brian, Bryan
プライアンシー pliancy
ブライアン・ジョーンズ Brian Jones
ブライアント Bryant
プライアント pliant
フライイング flying
プライイング prying
フライイング・ウイング flying wing
フライイング・オフィサー flying officer
フライイング・コラム flying column
フライイング・ジブ flying jib
フライイング・スクワッド flying squad
フライイング・スクワレル flying squirrel
フライイング・スタート flying start
フライイング・ソーサー flying saucer
フライイング・ダッチマン Flying Dutchman
フライイング・ドクター flying doctor
フライイング・バットレス flying buttress
フライイング・フィッシュ flying fish
フライイング・フォックス flying fox
フライイング・ボート flying boat
フライイング・リーマー flying lemur
フライイング・リザード flying lizard
フライウェイ flyway
フライウェイト flyweight
プライウッド plywood
フライオーバー flyover
プライオシーン Pliocene, Pleio-
ブライオニー bryony, bri-
フライオフ flyoff
プライオリー priory
プライオリタイズ prioritize
プライオリタイゼーション prioritization
プライオリティー priority
プライオリティゼーション prioritization
プライオレス prioress
フライ・キャスティング fly casting
フライキャッチャー flycatcher
プライケーション plication
プライシー pricey, pricy
フライ・シート fly sheet
フライシュマン Fleischmann
フライジング Freising
プライシング pricing
フライス fraise
ブライス Bryce
ブライズ blithe, Blythe
プライス price
プライズ prize
プライス・アーニングズ・レーシオ price-earnings ratio
プライス・インデックス price index
プライズウィナー prizewinner
プライズウィニング prizewinning
プライス・ウォー price war
プライス・コントロール price control
プライス・サポート price support
ブライズサム blithesome
プライス・スプレッド price spread
プライス・タグ price tag
プライズ・デー prize day
プライスト priced
プライストシーン Pleistocene
フライ・ストライク fly-strike
プライズファイター prizefighter
プライズファイティング prizefighting
プライズファイト prizefight
プライス・フィクシング price-fixing
フライスペック flyspeck
プライズ・マネー prize money
プライズマン prizeman
ブライズメイド bridesmaid

プライス・ライニング　price lining
プライスライン　Priceline
プライス・リスト　price list
プライズ・リング　prize ring
プライスレス　priceless
フライスワッター　flyswatter, -swat
ブライソン　Bryson
ブライター　blighter
フライターグ　Freitag
ブライダル　bridal
ブライダル・コンサルタント　bridal consultant
ブライツ・ディジーズ　Bright's disease
フライティー　flighty
ブライディー　Bridey, Bridie
フライ・ティッピング　fly-tipping
フライ・ティップ　fly-tip
フライデー　Friday
フライデーズ　Fridays
フライト　flight, fright
フライド　fried
ブライト　bright, blight
ブライド　bride
プライト　plight
プライド　pride
ブライト・アイド　bright-eyed
フライト・アテンダント　flight attendant
フライトゥン　frighten
ブライトゥン　brighten
フライトゥンド　frightened
フライト・オフィサー　flight officer
ブライト・カラー　bright-collar
ブライドグルーム　bridegroom
フライドケーキ　friedcake
ブライドケーキ　bridecake
フライト・コントロール　flight control
フライト・ジャケット　flight jacket
フライト・スーツ　flight suit
フライド・チキン　fried chicken
フライト・テスト　flight-test
フライト・デッキ　flight deck
フライトナー　frightener
ブライトナー　brightener
フライト・パス　flight path
フライト・バッグ　flight bag
フライト・フェザー　flight feather
フライトフル　frightful
プライドフル　prideful
ブライトホルン　Breithorn
ブライト・ライツ　bright lights
ブライト・ライン　bright-line
フライトラップ　flytrap
ブライトリング　Breitling
ブライドル　bridle
フライト・ルーテナント　flight lieutenant
ブライドル・パス　bridle path
フライト・レコーダー　flight recorder
フライトレス　flightless
フライトワージー　flightworthy
ブライトン　Brighton, Blyton
ブライナー　briner
ブライニー　briny
ブライニッシュ　brinish
ブライバー　briber
フライ・ハーフ　fly half
フライバイ　flyby
フライ・バイ・ナイト　fly-by-night
プライバシー　privacy
プライバシー・ポリシー　privacy policy
フライパスト　flypast
プライバティズム　privatism
ブライバブル　bribable
ブライバリー　bribery
フライパン　frypan
フライ・ピッチャー　fly pitcher
ブライブ　bribe
フライ・フィッシング　fly-fishing
フライブルク　Freiburg
フライブロー　flyblow
フライブローン　flyblown
プライベーション　privation
プライベート　private
プライベート・エクイティー・ファンド　private equity fund
プライベート・セクター　private sector
プライベート・ソルジャー　private soldier
プライベート・パーツ　private parts
プライベート・バンキング　private banking
プライベート・ファースト・クラス　private first class
プライベート・プラクティス　private practice
プライベート・ペイシェント　private patient
プライベート・ホテル　private hotel
プライベート・ミーンズ　private means

プライベート・メンバー　private member
プライベートリー　privately
プライベート・ルーム　private room
プライベート・ロー　private law
フライペーパー　flypaper
プライベタイズ　privatize
プライベタイゼーション　privatization
プライベティア　privateer
プライベティゼーション　privatization
フライホイール　flywheel
フライボーイ　flyboy
フライポスト　flypost
プライマー　primer
プライマーク　Primark
プライマシー　primacy
プライマス　primus
プライマトロジー　primatology
プライマトロジカル　primatological
プライマトロジスト　primatologist
プライマ・フェイシー　prima facie
プライマリー　primary
プライマリー・アクセント　primary accent
プライマリー・エレクション　primary election
プライマリー・カラー　primary color
プライマリー・ケア　primary care
プライマリー・スクール　primary school
プライマリー・ストレス　primary stress
プライマリー・ディーラー　primary dealer
プライマリリー　primarily
プライマル　primal
プライマル・スクリーム　primal scream
ブライミー　blimey
プライミーバル　primeval, -mae-
プライム　prime
プライム・コスト　prime cost
プライム・タイム　prime time
プライム・ナンバー　prime number
プライム・ミニスター　prime minister
プライム・ムーバー　prime mover
プライム・メリディアン　prime meridian
プライム・レート　prime rate
プライメート　primate
プライモーディアル　primordial
プライモジェニター　primogenitor
プライモジェニチュア　primogeniture
フライヤー　fryer, frier, flier, flyer
プライヤー　plier
ブライユ　Braille
ブライユライター　braillewriter
フライリーフ　flyleaf
フライ・ロッド　fly rod
ブライン　brine
フライング　⇨フォールス・スタート
フライング・ウイング　flying wing
フライング・オフィサー　flying officer
フライング・コラム　flying column
フライング・ジブ　flying jib
フライング・スクワッド　flying squad
フライング・スクワレル　flying squirrel
フライング・スタート　flying start
フライング・ソーサー　flying saucer
フライング・ダッチマン　Flying Dutchman
フライング・ディスク　flying disc
フライング・ドクター　flying doctor
フライング・パン　frying pan
フライング・ブイ　Flying V
フライング・フィッシュ　flying fish
フライング・フォートレス　Flying Fortress
フライング・フォックス　flying fox
フライング・ボート　flying boat
フライング・リーマー　flying lemur
フライング・リザード　flying lizard
ブラインダー　blinder
ブラインディング　blinding
ブラインド　blind
ブラインド・アレー　blind alley
ブラインド・カーボン・コピー　blind carbon copy, BCC
ブラインド・ガット　blind gut
ブラインド・コール　blind coal
ブラインド・サイド　blind side, blindside
ブラインド・スポット　blind spot
ブラインド・タッチ　⇨タッチ・タイピング
ブラインド・デート　blind date
ブラインド・テスト　blind test
ブラインドネス　blindness
ブラインドフォールデッド　blindfolded
ブラインドフォールド　blindfold
ブラインドマンズ・バフ　blindman's buff
ブラインドリー　blindly
フラウ　Frau
ブラウ　brow
プラウ　plow, plough

フラウアー　flower, flour
プラウエス　prowess
ブラウザー　browser
ブラウザブル　browsable
フラウジー　frowsy, frowzy, frouzy
ブラウジー　blowzy
プラウシェア　plowshare, ploughshare
ブラウジング・コーナー　browsing corner
ブラウス　blouse
ブラウズ　browse
フラウスティー　frowsty
フラウスト　frowst
プラウダ　Pravda
フラウター　flouter
フラウト　flout
プラウド　proud
プラウトゥス　Plautus
プラウド・フレッシュ　proud flesh
プラウドリー　proudly
ブラウナイト　braunite
ブラウニアン・ムーブメント　Brownian movement
ブラウニアン・モーション　Brownian motion
ブラウニー　brownie
ブラウニー・ポイント　Brownie point
ブラウニッシュ　brownish
ブラウニング　Browning
ブラウビーター　browbeater
ブラウビート　browbeat
ブラウビートゥン　browbeaten
プラウボーイ　plowboy
プラウマン　plowman
プラウマンズ・ランチ　ploughman's lunch
プラウラー　prowler
プラウランド　plowland
フラウリー　floury
プラウル　prowl
プラウル・カー　prowl car
フラウン　frown
ブラウン　brown, Browne, Braun
ブラウンアウト　brownout
ブラウン・エール　brown ale
ブラウン・コール　brown coal
フラウンシー　flouncy
ブラウン・シュガー　brown sugar
ブラウンシュバイク　Brunswick
フラウンス　flounce
ブラウン・スタディー　brown study
ブラウンストーン　brownstone
フラウンダー　flounder
ブラウン・チューブ　Braun tube
ブラウン・トラウト　brown trout
ブラウンノーズ　brownnose
ブラウン・バッグ　brown-bag
ブラウンフィールド　brownfield
ブラウン・ブレッド　brown bread
ブラウン・ベア　brown bear
ブラウン・ペーパー　brown paper
ブラウン・マフィン　brown muffin
ブラウン・ライス　brown rice
ブラウン・ラット　brown rat
プラエトル　praetor, pre-
ブラガ　Braga
ブラガート　braggart
プラカード　placard
フラカス　fracas
ブラガドーシオ　braggadocio
プラカブル　placable
ブラキーセラピー　brachytherapy
ブラキーテラピー　brachytherapy
フラギシャス　flagitious
ブラキッシュ　brackish
フラグ　flag
プラグ　plug
プラグ・アグリー　plug-ugly
プラグ・アンド・プレイ　plug and play
プラグイン　plug-in
プラグイン・ハイブリッド　plug-in hybrid
プラクシス　praxis
ブラクシズム　bruxism
フラクシッド　flaccid
フラクシディティー　flaccidity
フラクシャス　fractious
フラクショナル　fractional
フラクショネーション　fractionation
フラクショネート　fractionate
フラクション　fraction
ブラクスプロイテーション　blaxploitation
フラクセン　flaxen
フラクタル　fractal
フラクタル・ジオメトリー　fractal geometry
プラクチカ　Praktica
フラクチャー　fracture

フラクチャリング　fracturing
フラクチュエーション　fluctuation
フラクチュエート　fluctuate
プラクティカビリティー　practicability
プラクティカブル　practicable
プラクティカリー　practically
プラクティカリティー　practicality
プラクティカル　practical
プラクティカル・ジョーカー　practical joker
プラクティカル・ジョーク　practical joke
プラクティカル・ナース　practical nurse
プラクティショナー　practitioner
プラクティシング　practicing, -tis-
プラクティス　practice, -tise
プラクティス・ティーチ　practice-teach
プラクティス・ティーチャー　practice teacher
プラクティス・ティーチング　practice-teaching
プラクティスト　practiced, -tised
フラクティファイ　fructify
フラクティフィケーション　fructification
ブラクト　bract
プラクトロール　practolol
プラグ・ハット　plug hat
プラグホール　plughole
プラグマティカル　pragmatical
プラグマティクス　pragmatics
プラグマティスト　pragmatist
プラグマティズム　pragmatism
プラグマティック　pragmatic
プラグマティックス　pragmatics
フラグメンタリー　fragmentary
フラグメンタル　fragmental
フラグメンテーション　fragmentation
フラグメント　fragment
プラクリティ　prakriti
プラケーション　placation
プラケーター　placater
プラケーティブ　placative
プラケート　placate
ブラケット　bracket, Blackett
プラケット　placket
プラコード　placode
ブラゴジェビッチ　Blagojevich
フラゴナール　Fragonard
フラゴリーニ　fragolini
フラコン　flacon
フラゴン　flagon
プラザ　plaza
ブラザー　brother, blather
ブラザー・イン・ロー　brother-in-law
ブラザースカイト　blatherskite
ブラザーフッド　brotherhood
ブラザビル　Brazzaville
フラザボール　furazabol
ブラザリー　brotherly
ブラシ　brush
プラシアン　Prussian
プラシーボ　placebo
フラジェラム　flagellum
フラジェランティズム　flagellantism
フラジェラント　flagellant
フラジェリン　flagellin
フラジェレーション　flagellation
フラジェレーター　flagellator
フラジェレート　flagellate
フラジォレット　flageolet
ブラジキニン　bradykinin
プラシック・アシッド　prussic acid
フラシッド　flaccid
プラシッド　placid
フラシディティー　flaccidity
プラシディティー　placidity
プラシド　Placido
ブラジャー　brassiere, -sière
フラジャイル　fragile
フラジャル　fragile
フラジョレット　flageolet
ブラジリア　Brasília
ブラジリアン　Brazilian
フラジリティー　fragility
ブラジル　Brazil
ブラジルウッド　brazilwood
ブラジル・ナット　Brazil nut
ブラシン　brassin
ブラス　brass
プラス　plus, Plath
ブラス・カラー　brass-collar
プラスキー　Pulaski
フラスク　flask
ブラスク　brusque, brusk
フラスク・ボトル　flask bottle
フラスコ　flask

ブラス・サイズ　plus size, plus-size
プラス・サイン　plus sign
フラスター　fluster
ブラスター　bluster
プラスター　plaster
プラスター・キャスト　plaster cast
プラスター・セイント　plaster saint
プラスタード　plastered
プラスターボード　plasterboard
プラスターワーク　plasterwork
フラスタム　frustum
プラスタラー　plasterer
プラスタリング　plastering
プラスチームガイスト　+Teamgeist
プラスチッキー　plasticky
プラスチック　plastic
プラスチック・エクスプローシブ　plastic explosive
プラスチック・サージェリー　plastic surgery
プラスチック・バッグ　plastic bag
プラスチック・ブレット　plastic bullet
プラスチック・マネー　plastic money
プラスチド　plastid
ブラスチュラ　blastula
プラスティー　plasty
プラスティサイザー　plasticizer
プラスティサイズ　plasticize
プラスティシティー　plasticity
プラスティシン　Plasticine
プラスティッキー　plasticky
プラスティック　plastic
プラス・ティック　plus tick, plus-tick
プラスティック・アート　plastic art
プラスティック・バッグ　plastic bag
プラスティネーション　plastination
ブラステリー　blustery
プラステロン　prasterone
ブラスト　blast
ブラスト・オフ　blast-off
プラストキノン　plastoquinone
プラストシアニン　plastocyanin
ブラスト・ファーネス　blast furnace
ブラストマイシン　blastomycin
フラストレーション　frustration
フラストレーティング　frustrating
フラストレート　frustrate
プラストロン　plastron
ブラス・ナックルズ　brass knuckles
ブラス・ハット　brass hat
ブラス・バンド　brass band
ブラスフィーム　blaspheme
ブラスフェマス　blasphemous
ブラスフェミー　blasphemy
プラス・フォーズ　plus fours
プラズマ　plasma
プラスマジーン　plasmagene
プラズマ・ディスプレー　plasma display
プラズマティック　plasmatic
プラスマロゲン　plasmalogen
プラズミック　plasmic
プラスミド　plasmid
プラスミノゲン　plasminogen
プラスミン　plasmin
プラズム　plasm
プラズモイド　plasmoid
プラスモガミー　plasmogamy
プラスモジウム　plasmodium
プラスモン　plasmon
プラズモン　plasmon
ブラス・ラビング　brass rubbing
フラズル　frazzle
ブラゼ　blasé, -se
プラセオジム　praseodymium
プラゼパム　prazepam
プラセボ　placebo
プラセンタ　placenta
プラゾシン　prazosin
フラゾリドン　furazolidone
プラダ　Prada
フラター　flatter
ブラダー　bladder
ブラダーウォート　bladderwort
フラターナイズ　fraternize
フラターナル　fraternal
フラターナル・ツインズ　fraternal twins
フラターニティー　fraternity
プラタナス　platanus
フラタニティ　fraternity
フラタラー　flatterer
フラタリー　flattery
フラタリング　flattering
フラ・ダンス　hula dance
ブラチスラバ　Bratislava
プラチナ　platinum

プラチナ・ディスク　platinum disc
プラチナ・ブロンド　platinum blonde
プラチノール　Platinol
フラチュレンシー　flatulency
フラチュレンス　flatulence
フラチュレント　flatulent
プラッキー　plucky
ブラッキッシュ　blackish
フラッキング　fracking
フラッギング　flagging
ブラッキング　blacking
フラック　flak, flack
フラッグ　flag
ブラック　black, Braque
ブラッグ　brag, blag
プラック　pluck
ブラック・アート　black art
ブラック・アイ　black eye
ブラック・アイス　black ice
ブラック・アイド・スーザン　black-eyed Susan
ブラック・アイド・ピー　black-eyed pea
ブラックアウト　blackout
ブラックアダー　Blackadder
ブラック・アフリカ　black Africa
ブラック・アンド・ブルー　black-and-blue
ブラック・アンド・ホワイト　black-and-white
ブラック・イングリッシュ　Black English
ブラック・インダストリー　black industry
ブラック・ウィドー　black widow
フラッグ・ウェーバー　flag-waver
フラッグ・ウェービング　flag-waving
ブラックウォーター・フィーバー　blackwater fever
ブラック・ウォールナット　black walnut
フラッグ・オフィサー　flag officer
ブラックガード　blackguard
ブラック・カラント　black currant
ブラック・カントリー　Black Country
ブラックキャップ　blackcap
ブラック・キャブ　black cab
フラッグ・キャプテン　flag captain
ブラック・グラウス　black grouse
ブラック・ゲーム　black game
ブラック・コーヒー　black coffee
ブラック・コメディー　black comedy
ブラック・コンテンポラリー　black contemporary
ブラック・サバス　Black Sabbath
ブラック・シー　Black Sea
ブラック・シープ　black sheep
フラッグシップ　flagship
フラック・ジャケット　flak jacket
ブラックシャツ　Blackshirt
ブラックジャック　blackjack
フラックス　flux, flax
フラックスシード　flaxseed
フラッグスタッフ　flagstaff
ブラック・スタディーズ　black studies
フラッグストーン　flagstone
ブラックストラップ　blackstrap
ブラックスネーク　blacksnake
ブラックスバーグ　Blacksburg
ブラック・スポット　black spot
ブラックスミス　blacksmith
ブラック・スワン　black swan
ブラックソーン　blackthorn
ブラック・タイ　black tie, black-tie
ブラックダンプ　blackdamp
ブラック・チェンバー　black chamber
ブラック・ティー　black tea
フラッグ・デー　flag day
ブラック・デス　black death
ブラックトップ　blacktop
ブラック・ナイト　black knight
ブラック・ナショナリズム　black nationalism
ブラックバード　blackbird
ブラックバーン　Blackburn
ブラック・バイル　black bile
ブラック・バス　black bass
ブラックバック　blackbuck
ブラック・パワー　black power
ブラック・パンサー　Black Panther
ブラックフィッシュ　blackfish
ブラックプール　Blackpool
ブラックフェース　blackface
ブラックフェースト　blackfaced
ブラック・ブック　black book
ブラック・ブッシュ　Black Bush
ブラックフット　Blackfoot
ブラック・プディング　black pudding
ブラックフライ　blackfly

ブラック・フライアー　Black Friar
ブラック・フラッグ　black flag
ブラック・プリンス　Black Prince
ブラック・ブレッド　black bread
ブラック・フロスト　black frost
ブラック・ベア　black bear
フラック・ベスト　flak vest
ブラックヘッド　blackhead
ブラック・ペッパー　black pepper
ブラックベリー　blackberry
ブラック・ベルト　black belt
ブラック・ベルベット　black velvet
ブラックボード　blackboard
フラッグポール　flagpole
ブラック・ホール　black hole
ブラックボール　blackball
ブラック・ボックス　black box
ブラック・マーク　black mark
ブラック・マーケター　black marketeer
ブラック・マーケット　black market, black-market
ブラック・マーケティアー　black marketeer
ブラック・マジック　black magic
ブラック・マス　Black Mass
ブラック・マネー　black money
ブラック・マリア　Black Maria
フラッグマン　flagman
ブラック・マンデー　Black Monday
ブラック・ミュージック　black music
ブラック・ムービー　black movie
ブラック・ムスリム　Black Muslim
ブラックメール　blackmail
ブラック・モンク　Black Monk
ブラック・ユーモア　black humor
ブラック・ライト　black light
ブラック・ラング　black lung
ブラックリー　blackly
ブラックリスト　blacklist
ブラック・レター　black letter
ブラックレッグ　blackleg
ブラックレッド　blacklead
ブラック・レパード　black leopard
ブラック・ロッド　Black Rod
ブラックン　blacken
ブラッケン　bracken
ブラッケンデール　Brackendale
ブラッサイ　Brassaï
フラッシー　flashy
ブラッシー　brassie, brassy, brassey, brushy
プラッシー　plushy
フラッシャー　flasher
ブラッシャー　blusher
フラッシャブル　flushable
ブラッジャン　bludgeon
フラッシュ　flash, flush
ブラッシュ　blush, brush, brash
プラッシュ　plash, plush
ブラッシュアップ　brushup
ブラッシュウッド　brushwood
ブラッシュ・オフ　brush-off
フラッシュ・カード　flash card
フラッシュガン　flashgun
フラッシュキューブ　flashcube
フラッシュ・ゴードン　Flash Gordon
ブラッシュストローク　brushstroke
フラッシュ・トイレット　flush toilet
フラッシュ・バーン　flash burn
フラッシュパス　FlashPath
フラッシュバック　flashback
ブラッシュバック　brushback
フラッシュバルブ　flashbulb
ブラッシュファイア　brushfire
ブラッシュファイヤー　brushfire
フラッシュ・フォワード　flash-forward
フラッシュ・フラッド　flash flood
フラッシュ・フリーズ　flash-freeze
フラッシュポイント　flashpoint
ブラッシュ・ボール　brush ball
フラッシュ・マーケティング　flash marketing
フラッシュ・メモリー　flash memory
フラッシュ・モブ　flash mob
フラッシュライト　flashlight
フラッシュ・ランプ　flash lamp
ブラッシュワーク　brushwork
ブラッシュ・ワイン　blush wine
ブラッシング　brushing
ブラッスリー　brasserie
ブラッセリー　brasserie
ブラッセルズ　Brussels
フラッター　flutter, flatter
フラッダー　flooder
ブラッター　Blatter

プラッター　platter
フラッター・エコー　flutter echo
フラッター・キック　flutter kick
フラッダブル　floodable
フラッタラー　flatterer
フラッタリー　flattery
フラッタリング　flattering
フラッティー　flattie, flatty
ブラッティー　bratty
ブラッディー　bloody
ブラッディー・シャツ　bloody shirt
ブラッディー・マインデッド　bloody-minded
ブラッディー・メアリー　Bloody Mary
フラッティッシュ　flattish
フラッディング　flooding
フラット　flat, frat
フラッド　flood
ブラット　blat, brat
ブラッド　blood, brad
プラット　plat, plait, prat
フラット・アーサー　flat-earther
フラットアイアン　flatiron
フラット・アウト　flat-out
ブラッド・アンド・サンダー　blood-and-thunder
フラットウェア　flatware
フラットウェーズ　flatways
フラッドウォーター　floodwater
フラッドウォール　floodwall
ブラッド・オレンジ　blood orange
フラットカー　flatcar
ブラッドカードリング　bloodcurdling
ブラッド・カウント　blood count
フラット・キャラクター　flat character
ブラッド・グループ　blood group
ブラッド・クロット　blood clot
フラッドゲート　floodgate
フラット・ケーブル　flat cable
ブラッド・コーパスル　blood corpuscle
ブラッドサースティー　bloodthirsty
ブラッドサッカー　bloodsucker
フラット・シェーディング　flat shading
ブラッドシェッド　bloodshed
ブラッドシェディング　bloodshedding
ブラッド・シュガー　blood sugar
ブラッドショー　Bradshaw
ブラッドショット　bloodshot
ブラッドステイン　bloodstain
ブラッドステインド　bloodstained
ブラッドストーン　bloodstone
ブラッドストック　bloodstock
ブラッドストリーム　bloodstream
フラット・スピン　flat spin
ブラッド・スポート　blood sport
ブラッド・セラム　blood serum
ブラッド・セル　blood cell
ブラッド・ソーセージ　blood sausage
フラッド・タイド　flood tide
ブラッド・タイプ　blood type
ブラッド・テスト　blood test
ブラッド・ドーピング　blood doping
フラットトップ　flattop
ブラッド・ドナー　blood donor
ブラッド・トランスフュージョン　blood transfusion
フラットネス　flatness
ブラッドハウンド　bloodhound
ブラッドバス　bloodbath
ブラッド・バンク　blood bank
ブラッド・ヒート　blood heat
フラットピッキング　flatpicking
フラット・ピック　flat pick
ブラッド・ピット　Brad Pitt
フラットフィッシュ　flatfish
ブラッドフォード　Bradford
プラットフォーマー　platformer
プラットフォーム　platform
プラットフォーム・シューズ　platform shoes
プラットフォール　pratfall
フラット・フッテッド　flat-footed
フラット・フッテッドネス　flat-footedness
フラットフット　flatfoot
ブラッド・プディング　blood pudding
ブラッド・フュード　blood feud
ブラッド・ブラザー　blood brother
ブラッド・プラズマ　blood plasma
フラッドプレーン　floodplain
ブラッド・プレッシャー　blood pressure
フラットブレッド　flatbread
ブラッド・ベッセル　blood vessel
フラットベッド　flatbed
フラットベッド・スキャナー　flatbed scanner
ブラッドベリー　Bradbury
ブラッド・ポイズニング　blood poisoning

フラットボート　flatboat
プラットホーマー　platformer
プラットホーム　platform
プラットホーム・シューズ　platform shoes
プラットホーム・チケット　platform ticket
フラット・ボトムド　flat-bottomed
フラット・ホワイト　flat white
ブラッド・マネー　blood money
ブラッドモービル　bloodmobile
フラッドライティング　floodlighting
フラッドライト　floodlight
フラットライン　flatline
ブラッドライン　bloodline
ブラッドラスト　bloodlust
フラットランド　flatland
フラットリー　flatly
ブラッドリー　Bradley
ブラッド・リレーション　blood relation
ブラッドルート　bloodroot
フラット・ルーフ　flat roof
フラット・レース　flat race
ブラッドレス　bloodless
ブラッドレス・レボリューション　Bloodless Revolution
ブラッドレッター　bloodletter
ブラッドレッティング　bloodletting
フラットレット　flatlet
ブラッドレッド　bloodred
ブラッド・レラティブ　blood relative
ブラッド・ロイヤル　blood royal
フラットワーク　flatwork
フラットワイズ　flatwise
フラッパー　flapper
ブラッバー　blubber
フラッバーガスト　flabbergast
フラッパブル　flappable
フラッビー　flabby
フラッビネス　flabbiness
フラッピング　flapping
フラッフ　fluff
フラッブ　flub
フラップ　flap
ブラッフ　bluff
フラッフィー　fluffy
フラップジャック　flapjack
フラップドゥードル　flapdoodle
フラップ・ポケット　flap pocket
フラッペ　frappe, frappé
ブラッベリー　blubbery
プラティーク　pratique
ブラティスラバ　Bratislava
ブラティッシュ　brattish
プラティテューディナス　platitudinous
プラティテュード　platitude
プラティナム　platinum
プラティニ　Platini
プラティパス　platypus
ブラディ・マリー　Bloody Mary
プラ・デュ・ジュール　plat du jour
プラテン　platen
プラト　Prato
プラトー　plateau
プラトーン　platoon
プラトニズム　Platonism
プラトニック　Platonic
プラトニック・ラブ　platonic love
プラトラー　prattler
フラトリサイダル　fratricidal
フラトリサイド　fratricide
プラトル　prattle
フラトン　Fullerton
プラトン　Plato
ブラナー　Branagh
フラナガン　Flanagan
プラナカン　Peranakan
プラナリア　planaria, planarian
フラニ　Fulani
フラニー　Franny
プラニスフィア　planisphere
プラニメーター　planimeter
プラニング　planning
プラニング・パーミッション　planning permission
プラネタリー　planetary
プラネタリー・ネビュラ　planetary nebula
プラネタリウム　planetarium
プラネット　planet
プラネトイド　planetoid
プラネトロジー　planetology
フラノース　furanose
プラノ・コンケーブ　plano-concave
プラノ・コンベックス　plano-convex
ブラバ　brava
プラハ　Prague

ブラバー　blabber
プラバー　plover
ブラバード　bravado
ブラバーマウス　blabbermouth
プラバスタチン　pravastatin
ブラバツキー　Blavatsky
フラバノール　flavanol
フラバノン　flavanone
ブラバム　Brabham
フラパン　Frapin
フラバンジェノール　flavangenol
ブラビューラ　bravura
フラビン　flavin, flavine
フラブ　flab
ブラフ　bluff
ブラブ　blab
フラ・フープ　hula hoop
ブラブーラ　bravura
フラブジャス　frabjous
ブラフマー　Brahma
ブラフマニズム　Brahmanism
ブラフマプトラ　Brahmaputra
ブラフマン　Brahma, Brahman
フラペチーノ　Frappuccino
ブラボー　bravo
フラボノイド　flavonoid
フラボノール　flavonol
フラボプロテイン　flavoprotein
フラボマイシン　flavomycin
フラボン　flavone
プラマー　plumber
プラマーズ・フレンド　plumber's friend
プラマーズ・ヘルパー　plumber's helper
フラマブル　flammable
フラマン　Fleming
ブラマンク　Vlaminck
ブラマンジェ　blancmange
プラミー　plummy
プラミング　plumbing
フラミンゴ　flamingo
フラム　Fulham
プラム　plum, plumb, pram
プラム・ケーキ　plum cake
プラム・ツリー　plum tree
プラムバム　plumbum
プラムビズム　plumbism
プラム・プディング　plum pudding
プラム・ライン　plumb line
ブラムリー　Bramley
ブラムリーズ・シードリング　Bramley's seedling
プラメージ　plumage
プラメット　plummet
フラメリー　flummery
フラメル　flamel
フラメンコ　flamenco
フラメンゴ　Flamengo
フラモックス　flummox, flummux
プラヤ・ビスタ　Playa Vista
プラリーヌ　praline
フラリッシュ　flourish
フラリッシング　flourishing
プラリネ　praline
ブラレス　braless
フラワー　flower, flour
フラワー・ガーデン　flower garden
フラワー・ガール　flower girl
フラワー・ショー　flower show
フラワー・ショップ　flower shop
フラワード　flowered
フラワー・バッド　flower bud
フラワーベッド　flowerbed
フラワーポット　flowerpot
フラワー・ミル　flour mill
フラワー・リフォーム　flower reform
フラワーレス　flowerless
フラワーレット　flowerlet
フラワラー　flowerer
フラワリー　flowery
フラワリング　flowering
フラワリング・ドッグウッド　flowering dogwood
フラン　franc, flan, furan, Fran
ブラン　bran, blanc
プラン　plan
フランカー　flanker
ブランキア　branchia
フランキー　flunk(e)y, Frankie
フランキッシュ　Frankish
プランキッシュ　prankish
ブランキング　blanking
プランキング　planking
フランキング・マシーン　franking machine
フランキンセンス　frankincense

フランク frank, Frank, Franck, flank, flunk
フラング flung
ブランク blank
プランク plank, plunk, plonk, prank
プラング prang
ブランク・カートリッジ blank cartridge
プランクスター prankster
ブランク・スレート blank slate
ブランク・チェック blank check
プランクトン plankton
ブランク・バース blank verse
ブランクフェイン Blankfein
フランクフォート Frankfort
フランクフルター frankfurter
フランクフルト Frankfurt, frankfurt
フランクフルト・ソーセージ frankfurt sausage
プランク・ベッド plank bed
フランク・ミュラー Franck Muller
フランクリー frankly
フランクリン Franklin
フラングリン frangulin
フラングレ Franglais
ブランケット blanket
ブランケット・ステッチ blanket stitch
ブランケット・バス blanket bath
ブランケティー blankety
ブランケティー・ブランク blankety-blank
フランケン Franken
フランケンサーラー Frankenthaler
フランケンシュタイン Frankenstein
フランケンフード Frankenfood
フランコ Franco, Franco-
フランコ・アメリカン Franco-American
フランコイスト Francoist
フランコニア Franconia
フランコファイル Francophile
フランコフォーン francophone
フランコフォン francophone
フランジ flange
プランジ plunge
フランシー Francie
フランシーヌ Francine
フランシーン Francine
フランシウム francium
ブランシェット Blanchett, Blanchette
プランシェット planchette
ブランジェリーナ Brangelina
プランジェント plangent
フランシス Francis, Frances
フランシスカン Franciscan
フランシスコ Francisco
フランジパニ frangipani
フランジブル frangible
プランジャー plunger
ブランショ Blanchot
プランジング・ネックライン plunging neckline
フランス France
プランス prance
ブランズウィック Brunswick
フランス・ハルス Frans Hals
フランゼン Franzen
フランソワ François
ブランソン Branson
ブランダー blunder
プランター planter
プランダー plunder
フランダース Flanders, Flandre
ブランダーバス blunderbuss
プランタジネット Plantagenet
ブランダラー blunder
プランダラー plunder
プランタン printemps, plantain
ブランチ brunch, branch, blanch, Blanche
ブランチー branchy
ブランチ・ウォーター branch water
フランチェスカ Francesca
フランチェスコ Francesco
フランチェスコ・ビアジア Francesco Biasia
プランチェット planchet
ブランチ・オフィス branch office
ブランチ・コート brunch coat
フランチャイザー franchiser, franchisor
フランチャイジー franchisee
フランチャイズ franchise
フランチョット Franchot
ブランチライン branchline
フランツ Franz
プランディアル prandial
フランティック frantic
ブランディッシュ brandish, blandish

ブランディッシュメント　blandishment
ブランディング　branding
ブランディング・アイアン　branding iron
ブランデー　brandy
ブランデージ　Brundage
プランテーション　plantation
ブランデー・スナップ　brandy snap
ブランデン　Blunden
ブランデンブルク　Brandenburg
ブラント　blunt, brunt, brant, Brant
ブランド　brand, bland, Brando
プラント　plant
ブランド・ニュー　brand-new
ブランド・ネーム　brand name
プラント・ラウス　plant louse
フランドル　Flanders, Fleming
ブラントン　Brunton
ブランドン　Brandon
プランナー　planner
プランニング　planning
フランネル　flannel
フランネル・ボード　flannel board
フランネレット　flannelette, -et
プランバナン　Prambanan
ブランパン　Blancpain
フランピー　frumpy
フランピッシュ　frumpish
プランピッシュ　plumpish
フランプ　frump, flump
プランプ　plump
ブランフォード　Branford
フランプトン　Frampton
フランフラン　Francfranc
ブランブリング　brambling
ブランブル　bramble
フランベ　flambé
フランベジア　frambesia, -boe-
フランボイヤンシー　flamboyancy
フランボイヤンス　flamboyance
フランボイヤント　flamboyant
フランボー　flambeau
フランボワーズ　framboise
フランマブル　flammable
プランルカスト　pranlukast
プリ　pre-, prae-, puli
ブリアー　blear
ブリアー・アイド　blear-eyed
フリアーズ　Frears
フリアイ　Furiae
プリアクティビティー　preactivity
プリアモス　Priam
ブリアリー　bleary
ブリアリー・アイド　bleary-eyed
プリアンプ　preamp
プリアンプリファイアー　preamplifier
プリアンブル　preamble
フリー　free, flee, flea, fully
ブリー　bully, bree, brie, Brie
プリー　plea, pulley
フリーア　fleer
フリー・アソシエーション　free association
フリーアンス　Fleance
フリー・ウィル　free will
フリーウーマン　freewoman
フリーウェア　freeware
フリーウェー　freeway
フリー・エージェント　free agent
フリー・エンタープライズ　free-enterprise
ブリーオ　brio
プリーオナスティック　pleonastic
プリーオナズム　pleonasm
ブリー・オフ　bully-off
フリーガニズム　freeganism
フリー・カラー　flea collar
フリーガン　freegan
フリー・キック　free kick
フリーキッシュ　freakish
フリーク　freak, phreak
ブリーク　bleak
フリーク・アウト　freak-out
プリークウェル　prequel
フリークエンシー　frequency
フリークエンター　frequenter
フリークエンタティブ　frequentative
フリークエンテーション　frequentation
フリークエント　frequent
フリークエントリー　frequently
フリーク・ショー　freak show
プリークネス・ステークス　Preakness Stakes
フリー・クライミング　free climbing
フリーケンシー　frequency
フリーケンシー・ディストリビューション　frequency distribution
フリーケンシー・モジュレーション　frequency

modulation
フリーケンター　frequenter
フリーケンタティブ　frequentative
フリーケンテーション　frequentation
フリーケント　frequent
フリーケントリー　frequently
フリーザー　freezer
ブリーザー　breather
ブリーザビリティー　breathability
ブリーザブル　breathable
フリージア　freesia
フリージアン　Friesian
フリーシー　fleecy
ブリージー　breezy
フリーシンカー　freethinker
フリーシンキング　freethinking
フリージング　freezing
ブリージング　breathing
プリージング　pleasing
ブリージング・キャパシティー　breathing capacity
ブリージング・スペース　breathing space
フリージング・ポイント　freezing point
フリース　fleece
フリーズ　freeze, frieze
ブリーズ　breeze, breathe
プリーズ　please
フリーズ・アップ　freeze-up
ブリーズウェイ　breezeway
フリー・スクール　free school
フリースタイラー　freestyler
フリースタイル　freestyle
フリースタイル・スキーイング　free-style skiing
フリースタンディング　freestanding
フリー・ステート　free state
プリーステス　priestess
プリースト　priest
プリーズド　pleased
フリーストーン　freestone
プリーストフッド　priesthood
フリーズ・ドライ　freeze-dry
プリーストリー　priestly, Priestley
フリーズ・フレーム　freeze-frame
フリー・スペンディング　free-spending
フリー・スポークン　free-spoken
フリー・スロー　free throw
フリー・ソート　free thought
フリーダ　Frieda
ブリーダー　breeder, bleeder
プリーダー　pleader
プリーターナチュラリズム　preternaturalism
プリーターナチュラル　preternatural
ブリーダー・リアクター　breeder reactor
フリーダイヤル　⇨フリーフォン
フリータウン　Freetown
フリーダム　freedom
フリーダン　Friedan
ブリーチ　bleach, breach, breech
プリーチ　preach, pleach
プリーチー　preachy
ブリーチーズ　breeches
ブリーチクラウト　breechclout
ブリーチクロス　breechcloth
プリーチファイ　preachify
プリーチメント　preachment
ブリーチャー　bleacher
プリーチャー　preacher
ブリーチャーズ　bleachers
フリー・チャーチ　Free Church
ブリーチローダー　breechloader
ブリーチング　bleaching
ブリーチング・パウダー　bleaching powder
プリーツ　⇨プリーテッド
プリーツシート　pleated sheet
プリーツ・スカート　pleated skirt
フリーティング　fleeting
ブリーディング　breeding, bleeding
プリーディング　pleading
ブリーディング・エッジ　bleeding edge, bleeding-edge
ブリーディング・グラウンド　breeding ground
ブリーディング・ハート　bleeding heart
プリーテッド　pleated
フリート　fleet
ブリート　bleat, burrito
ブリード　breed, bleed
プリート　pleat
プリード　plead
フリート・アドミラル　fleet admiral
フリートウッド・マック　Fleetwood Mac
フリードキン　Friedkin
フリート・ストリート　Fleet Street

フリート・フッテッド fleet-footed
フリードマナイト Friedmanite
フリードマン freedman, Friedman
フリードリヒ Friedrich
フリードリヒスハーフェン Friedrichshafen
フリー・トレード free trade, free-trade
プリーナイト prehnite
プリーナム plenum
プリーナリー plenary
ブリーパー bleeper
プリー・バーゲニング plea bargaining
フリー・バース free verse
フリーバイト fleabite
フリー・ハウス free house
フリーバッグ fleabag
フリー・ハンド free hand, freehand
プリービアス previous
プリービアス・クエスチョン previous question
プリービアスリー previously
ブリービアリー breviary
フリービー freebie, -bee, -by
フリーピット fleapit
プリーピュース prepuce
ブリーフ brief
ブリープ bleep
プリーブ plebe
ブリーファー briefer
フリー・ファイト free fight
フリー・ファッションド fully-fashioned
プリー・フィークス prix fixe
プリーフィクス prefix
ブリーフィング briefing
フリーブーター freebooter
フリーブート freeboot
プリーフェクト prefect, prae-
フリー・フォー・オール free-for-all
フリー・フォーム free-form
フリー・フォール free fall
フリーフォン Freefone, -phone
ブリーフケース briefcase
フリー・フライト free flight
ブリーフリー briefly
ブリーフレス briefless
フリー・フレッジド fully-fledged
フリー・フローティング free-floating
フリーベース freebase
フリーホイーリング freewheeling
フリーホイール freewheel
ブリーボーイ bullyboy
フリーボード freeboard
フリー・ポート free port
フリーホールド freehold
フリーボーン freeborn
フリーポスト freepost
フリーホルダー freeholder
フリー・マーケット flea market
フリーマーチン freemartin
フリーマン freeman
フリーマントル Fremantle, Freemantle
ブリーミア bulimia
フリーミアム freemium
プリーミー preemie, premie
ブリーム bream
フリーメイソン Freemason
フリーメイソンリー Freemasonry
フリーメーソン Freemason
フリーメーソンリー Freemasonry
フリーモント Fremont
フリー・ユニバーシティー free university
フリー・ライディング free riding
フリー・ライド free ride, freeride
フリー・ラジカル free radical
フリーランサー freelancer
フリーランス freelance
フリーリー freely
フリー・リバー free-liver
フリー・リビング free-living
フリー・レイバー free labor
フリー・レイン free rein
フリー・レーンジ free-range
フリーローダー freeloader
フリーロード freeload
フリーワート fleawort
フリー・ワールド free world
プリーン preen
プリインダストリアル preindustrial
プリウス Prius
プリエ plié
プリエグジスト preexist
プリエミネンス preeminence
プリエミネント preeminent
プリエレクション preelection
プリエンファシス preemphasis

プリエンプション　preemption
プリエンプティブ　preemptive
プリエンプト　preempt
フリオ　Julio
プリオーデイン　preordain
ブリオーニ　Brioni
プリオキュパイ　preoccupy
プリオキュパイド　preoccupied
プリオキュペーション　preoccupation
ブリオッシュ　brioche
ブリオニア　bryony, bri-
ブリオレット　briolette
ブリオン　bullion
プリオン　prion
プリカーサー　precursor
プリカーソリー　precursory
フリカッセ　fricassee, -seé
ブリガディエ　brigadier
フリカティブ　fricative
ブリガム　Brigham
ブリガンティーン　brigantine
ブリガンデージ　brigandage
ブリガンド　brigand
フリギア　Phrygia
フリギアン　Phrygian
プリギッシュ　priggish
フリクショナル　frictional
フリクション　friction
フリクション・テープ　friction tape
フリクション・マッチ　friction match
フリクションレス　frictionless
ブリクストン　Brixton
ブリクセン　Blixen
プリクック　precook
ブリクル　brickle
プリクルーシブ　preclusive
プリクルージョン　preclusion
プリクルード　preclude
プリケアリアス　precarious
フリゲート　frigate
ブリゲード　brigade
フリゲート・バード　frigate bird
ブリケット　briquet(te)
プリコーイタル　precoital
プリコーシャス　precocious
プリコーショナリー　precautionary
プリコーション　precaution
プリコグニション　precognition
プリコシティー　precocity
ブリコラージュ　bricolage
プリコンサート　preconcert
プリコンセプション　preconception
プリコンディション　precondition
ブリザード　blizzard
プリザーバー　preserver
プリザーバティブ　preservative
プリザーバブル　preservable
プリザーブ　preserve
プリザーベーション　preservation
プリサイス　precise
プリサイスリー　precisely
プリザイド　preside
プリザベーショニスト　preservationist
プリサポーズ　presuppose
プリサポジション　presupposition
ブリザリング　blithering
プリザンプション　presumption
プリザンプチュアス　presumptuous
プリザンプティブ　presumptive
プリシーディング　preceding
プリシーデンス　precedence
プリシーデント　precedent
プリシード　precede
ブリジェット　Bridget
プリシジョン　precision
フリジッド　frigid
ブリジット　Brigit, Brigitte
ブリジット・ジョーンズ　Bridget Jones
フリジッド・ゾーン　frigid zone
フリジディティー　frigidity
プリジャッジ　prejudge
プリジューマブリー　presumably
プリジューマブル　presumable
プリジューミング　presuming
プリジューム　presume
プリシュティナ　Priština
プリシラ　Priscilla
プリシンクト　precinct
フリス　frith
ブリス　bliss
プリズーマブリー　presumably
プリズーマブル　presumable
プリズーミング　presuming
プリズーム　presume

フリスキー frisky
フリスク frisk
ブリスク brisk
プリスクライブ prescribe
プリスクリプション prescription
プリスクリプション・チャージ prescription charge
プリスクリプティブ prescriptive
プリスクリプト prescript
ブリスケ brisket
ブリスケット brisket
フリスコ Frisco
ブリスター blister
ブリスター・コッパー blister copper
ブリスター・パック blister pack
ブリスタリング blistering
プリスティン pristine
ブリストル Bristol
ブリストル・チャネル Bristol Channel
ブリストル・マイヤーズ Bristol-Myers
ブリストル・マイヤーズ・スクイブ Bristol-Myers Squibb
プリズナー prisoner
プリズナーズ・ベース prisoner's base
フリスビー Frisbee
ブリスフル blissful
ブリスフル・イグノランス blissful ignorance
ブリスベン Brisbane
プリズマティック prismatic
プリズム prism
プリズモスフィア prismosphere
ブリスリー bristly
フリズル frizzle
ブリスル bristle
ブリスルテール bristletail
プリズン prison
プリズン・キャンプ prison camp
プリズン・ブレーカー prison breaker
プリズン・ブレーキング prison breaking
プリセ plissé, -se
プリセッション precession
プリセット preset
プリセプター preceptor
プリセプト precept
プリセンター precentor
プリゼンタブル presentable
プリゼンティメント presentiment
プリゼント present
プリゼントメント presentment
プリゾナー prisoner
フリソン frisson
プリゾン prison
ブリタ Brita
プリターナチュラリズム preternaturalism
プリダイジェスト predigest
ブリタニア Britannia
ブリタニー Brittany, Bretagne
ブリタニック Britannic
フリダン Friedan
ブリタンニア Britannia
ブリチェル britchel
プリチャード Pritchard
フリッカー flicker, Flickr
プリッカー pricker
プリツカー Pritzker
プリツカー・アーキテクチャー・プライズ Pritzker Architecture Prize
フリッカー・テスト flicker test
ブリッカブラック bric-a-brac, -à-
フリッギング frigging
フリック flick, Frick
フリッグ frig, frige
ブリック brick
ブリッグ brig
プリック prick
プリッグ prig
プリック・イヤード prick-eared
ブリックキルン brickkiln
ブリックス BRICs
ブリッグズ Briggs
プリック・ソング prick song
ブリック・チーズ brick cheese
フリック・ナイフ flick-knife
ブリックバット brickbat
ブリックフィールド brickfield
ブリックヤード brickyard
プリックリー prickly
プリックリー・ヒート prickly heat
プリックリー・ペア prickly pear
プリックル prickle
ブリックレイイング bricklaying
ブリックレイヤー bricklayer
ブリック・レッド brick red

ブリックワーク brickwork
ブリッゲン Bryggen
フリッジ fridge
ブリッジ bridge
フリッジー frizzy
プリッシー prissy
ブリッジウォーター Bridgewater
ブリッジエンド Bridgend
ブリッジタウン Bridgetown
ブリッジデイル bridgedale
ブリッジ・バンク bridge bank
フリッジ・フリーザー fridge-freezer
ブリッジヘッド bridgehead
ブリッジポート Bridgeport
ブリッジャブル bridgeable
フリッシュ flysch
ブリッシュ bullish
ブリッジ・ローン bridge loan
ブリッジワーク bridgework
ブリッジング・ローン bridging loan
フリッズ frizz, friz
フリッズリー frizzly
フリッター fritter, flitter
フリッタータ frittata
フリッチ flitch
フリッツ Fritz
ブリッツ blitz
フリット flit, frite
ブリット Brit
ブリットポップ Britpop
フリッパー flipper
フリッパリー frippery
フリッパンシー flippancy
フリッパント flippant
フリッピング flipping
フリップ flip
ブリップ blip
フリップ・アウト flip-out
フリップ・オーバー flip-over
フリップ・サイド flip side
フリップ・チャート flip chart
フリップ・トップ flip-top
フリップ・フロップ flip-flop
フリップボード Flipboard
プリティー pretty
プリティー・プリティー pretty-pretty
ブリティシズム Briticism
プリディスポーザル predisposal
プリディスポーズ predispose
プリディスポジション predisposition
プリディターミナー predeterminer
プリディターミン predetermine
ブリティッシズム Britishism
ブリティッシャー Britisher
ブリティッシュ British
ブリティッシュ・アイルズ British Isles
ブリティッシュ・アカデミー British Academy
ブリティッシュ・イングリッシュ British English
ブリティッシュ・エンパイア British Empire
ブリティッシュ・カウンシル British Council
ブリティッシュ・コモンウェルス British Commonwealth
ブリティッシュ・コロンビア British Columbia
ブリティッシュ・サーマル・ユニット British thermal unit
ブリティッシュ・サマー・タイム British summer time
ブリティッシュ・ミュージアム British Museum
ブリティッシュ・リージョン British Legion
プリティファイ prettify
プリ・ディユ prie-dieu
プリティリー prettily
プリディレクション predilection
ブリティン bulletin
ブリティン・ボード bulletin board, BB
プリデーシャス predacious, -ceous
プリデート predate
プリテクスト pretext
プリデスティネーション predestination
プリデスティネート predestinate
プリデスティン predestine
ブリテン Britain, Britten
プリテンシャス pretentious
プリテンション pretension
プリテンス pretense, pretence
プリテンダー pretender
プリテンダーズ Pretenders
プリテンド pretend
ブリトー burrito
フリトズ Fritos

ブリトニー・スピアーズ　Britney Spears
プリドミナンス　predominance
プリドミナント　predominant
プリドミネート　predominate
ブリトル　brittle
フリトレイ　Frito-Lay
ブリトン　Briton, Britton
プリニビル　Prinivil
ブリヌイ　blin, blini, blinis
フリバー　flivver
フリバーティジベット　flibbertigibbet
プリバイオティクス　prebiotics
プリパック　prepack
プリパッケージ　prepackage
プリバリケート　prevaricate
プリビー　privy
プリビーアン　plebeian
プリビー・カウンシラー　privy councilor
プリビー・カウンシル　Privy Council
プリビー・カウンセラー　privy counsellor
プリビー・シール　privy seal
プリヒート　preheat
プリビー・パース　privy purse
プリビジョン　prevision
プリヒストリー　prehistory
プリヒストリック　prehistoric
プリビット　privet
プリビリッジ　privilege
プリビリッジド　privileged
プリファー　prefer
プリファード・シェア　preferred share
プリファード・ストック　preferred stock
プリファーメント　preferment
プリファブリケート　prefabricate
プリフェクチャー　prefecture
プリフェッチ　prefetch
プリフェッチャー　prefetcher
プリフライト　preflight
プリプレス　prepress
プリプロセッサー　preprocessor
プリペアー　prepare
プリペアード　prepared
プリペイ　prepay
プリペイアブル　prepayable
プリペイド　prepaid
プリペイド・カード　prepaid card
プリペイメント　prepayment
プリベーリング　prevailing
プリベール　prevail
プリヘンサイル　prehensile
プリベンション　prevention
プリヘンシル　prehensile
プリベンタティブ　preventative
プリベンタビリティー　preventability
プリベンタブル　preventable
プリベンティブ　preventive
プリベンティブ・ディテンション　preventive detention
プリベント　prevent
フリホーレ　frijole
プリポステラス　preposterous
プリポゼス　prepossess
プリポゼッション　prepossession
プリポゼッシング　prepossessing
フリボラス　frivolous
フリボリティー　frivolity
フリボル　frivol
プリポンデランス　preponderance
プリポンデラント　preponderant
プリポンデレート　preponderate
ブリマー　brimmer
プリマキン　primaquine
プリマス　Plymouth
プリマス・ロック　Plymouth Rock
プリマチュア　premature
プリマ・ドンナ　prima donna
プリマ・バレリーナ　prima ballerina
フリマントル　Fremantle
ブリミア　bulimia
プリミティビズム　primitivism
プリミティブ　primitive
プリミティブ・アート　primitive art
プリミドン　primidone
ブリム　brim
プリム　prim, Purim
フリムジー　flimsy
プリムス　Primus
ブリムストーン　brimstone
プリムソル　plimsoll, -sole
プリムソル・マーク　Plimsoll mark
プリムソル・ライン　Plimsoll line
フリムフラム　flimflam
ブリムフル　brimful, -full
プリムラ　primula

ブリムレス brimless
プリムローズ primrose
プリムローズ・イエロー primrose yellow
プリムローズ・パス primrose path
プリモニション premonition
プリモニトリー premonitory
ブリヤート Buryat
ブリュイエール Bruyerre
ブリューゲル Brueghel, -gel; Breughel
プリューム plume
ブリュッケ Brücke
ブリュッゲン Bryggen
ブリュッセル Bruxelles, Brussels
ブリュッセル・グリフォン Brussels griffon
ブリュッセル・スプラウト Brussels sprout
ブリュッセル・レース Brussels lace
ブリュンヒルデ Brünnhilde
ブリリアンシー brilliancy
ブリリアンス brilliance
ブリリアンティン brilliantine
ブリリアント brilliant
フリリー frilly
フリリング frilling
フリル frill
ブリル brill
フリルド frilled
フリルド・リザード frilled lizard
ブリロ Brillo
プリロカイン prilocaine
プリロガティブ prerogative
プリロセック Prilosec
フリン Flynn
ブリン Boleyn, brin, Brin
プリン purine ⇨プディング
ブリンカー blinker
ブリンガー blinger
ブリンキング blinking
フリング fling
ブリンク blink, brink
ブリング bring
プリンク prink, plink
ブリンクスマンシップ brinksmanship
ブリング・ブリング bling bling
ブリンクマン brinkman
ブリンクマンシップ brinkmanship
プリングル Pringle
プリングルズ Pringles
フリンジ fringe
フリンジ・エリア fringe area
プリンシパリー principally
プリンシパリティー principality
プリンシパル principal
プリンシパル・ボーイ principal boy
プリンシプル principle
プリンシプルド principled
フリンジ・ベネフィット fringe benefit
プリンス prince, plinth
プリンス・アルバート Prince Albert
プリンス・エドワード・アイランド Prince Edward Island
プリンス・コンソート prince consort
プリンスダム princedom
プリンス・チャーミング Prince Charming
プリンストン Princeton
プリンスリー princely
プリンスリング princeling
プリンス・ロイヤル prince royal
プリンセス princess
プリンセス・ライン princess line
プリンター printer
フリンダーズ flinders
プリンタブル printable
フリンチ flinch
ブリンツ blintz
ブリンツェ blintze
フリンティー flinty
ブリンディジ Brindisi
プリンティング printing
プリンティング・インク printing ink
プリンティング・オフィス printing office
プリンティング・プレス printing press
プリンティング・マシーン printing machine
プリンテッド・サーキット printed circuit
プリンテッド・ペーパーズ printed papers
プリンテッド・マター printed matter
プリンテッド・ワード printed word
フリント flint, Flint
プリント print
プリントアウト printout
プリント・オン・デマンド print on demand
フリント・グラス flint glass
フリント・コーン flint corn
プリント・ショップ print shop
フリントストーンズ Flintstones

プリントヘッド　printhead
プリントメーカー　printmaker
ブリンドルド　brindled
フリントロック　flintlock
ブリンプ　blimp
プリンプ　primp
プリン・ベース　purine base
フル　full, -ful
ブル　bull
プル　pull
プルアウト　pullout
プル・アップ　pull-up
フルイション　fruition
フルイッド　fluid
フルイディック　fluidic
フルイディックス　fluidics
フルイディティー　fluidity
プル・イン　pull-in
フルー　flu, flue, flew
ブルー　blue, brew, blew
プルー　Prue
ブルー・アイド・ソウル　blue-eyed soul
ブルー・アイド・ボーイ　blue-eyed boy
ブルーアム　brougham
プルーアル　prual
フルーイション　fruition
フルーイダイズ　fluidize
フルーイダイゼーション　fluidization
ブルーイッシュ　bluish, blue-
フルーイディゼーション　fluidization
フルーイド　fluid
フルーイド・オンス　fluid ounce
フルーイド・ドラム　fluid dram [drachm]
ブルーイン　Bruin
ブルーイング　brewing, bluing, blue-
フルーエンシー　fluency
ブルー・エンジェルズ　Blue Angels
フルーエント　fluent
フルーオライト　fluorite
フルーオリーン　fluorine
ブルー・オン・ブルー　blue-on-blue
ブルー・カラー　blue-collar
ブルーカラー・ワーカー　blue-collar worker
フルーガリティー　frugality
フルーガル　frugal
フルーキー　fluky, flukey
ブルー・ギャラクシー　blue galaxy
フルーク　fluke
ブルーグラス　bluegrass
ブルーコート　bluecoat
ブルー・コーム　blue comb
ブルーザー　bruiser
フルージー　floozy, -zie, -sie, -sy; fluzy, floogy, flugie, faloosie
ブルー・ジーンズ　blue jeans
ブルージェイ　bluejay
ブルー・ジェイズ　(Toronto) Blue Jays
ブルージャケット　bluejacket
ブルース　blues, Bruce
ブルーズ　bruise
ブルーズ・アンド・ロイヤルズ　Blues and Royals
ブルー・スカイ　blue-sky
ブルー・スカイ・ロー　blue-sky law
ブルース・スプリングスティーン　Bruce Springsteen
プルースト　Proust
ブルーストッキング　bluestocking
ブルース・ハープ　blues harp
ブルース・ブラザーズ　Blues Brothers
ブルースマン　bluesman
ブルース・リー　Bruce Lee
ブルーター　brouter
ブルーダー　brooder
ブルータス　Brutus
フルータラー　fruiterer
ブルータライズ　brutalize
ブルータライゼーション　brutalization
フルータリアン　fruitarian
ブルータリゼーション　brutalization
ブルータリティー　brutality
ブルータル　brutal
ブルータング　bluetongue
ブルー・チーズ　blue cheese
ブルー・チップ　blue chip, blue-chip
ブルーチャー　blucher
フルーツ　fruit
フルーツ・カクテル　fruit cocktail
フルーツ・カップ　fruit cup
フルーツケーキ　fruitcake
フルーツ・サラダ　fruit salad
フルーツ・シュガー　fruit sugar
フルーツ・ツリー　fruit tree
フルーツ・ナイフ　fruit knife

フルーツ・バット　fruit bat
フルーツ・ビネガー　fruit vinegar
フルーツ・フライ　fruit fly
フルーツ・マシーン　fruit machine
ブルーテ　velouté
フルーティー　fruity, fluty, flutey
ブルーディー　broody
フルーティスト　flutist
ブルーティッシュ　brutish
プルーディッシュ　prudish
ブルー・ティット　blue tit
フルーティング　fluting
フルーテッジ　fruitage
プルーデリー　prudery
プルーデンシャル　prudential
プルーデンス　prudence
プルーデント　prudent
フルート　flute, fruit
ブルート　brute, bruit, brut, Bluto
ブルード　brood
プルード　prude
ブルートゥース　Bluetooth
ブルートゥス　Brutus
ブルートー　Bluto
プルートー　Pluto
プルートーン　Pluto
プルートス　Plutus
ブルート・フォース　brute force
フルートフル　fruitful
ブルードメア　broodmare
フルートレス　fruitless
ブルーナ　Bruna
ブルー・ナイル　Blue Nile
ブルーニ　Bruni
プルーニング・シアーズ　pruning shears
プルーニング・フック　pruning hook
プルーネラ　Prunella
ブルーノ　Bruno
ブルーノーズ　bluenose
ブルー・ノート　blue note
ブルーパー　blooper
ブルー・バード　Blue Bird, bluebird
プルーパーフェクト　pluperfect
フルー・パイプ　flue pipe
ブルーハウス　brewhouse
ブルーハハ　brouhaha
ブルーパブ　brewpub
プルーバブル　provable
ブルービアード　Bluebeard
フルービアル　fluvial
プルービアル　pluvial
ブルー・ピーター　blue peter
プルービオメーター　pluviometer
ブルー・ピル　blue pill
プルービング・グラウンド　proving ground
ブループ　bloop
プルーフ　proof
プルーブ　prove
ブルーフィッシュ　bluefish
ブルー・フィルム　blue film
ブルーフィン　bluefin
ブルー・フォックス　blue fox
プルーフ・シート　proof sheet
プルーフ・スピリット　proof spirit
ブルー・ブック　blue book
ブルー・フラッグ　blue flag
ブルー・ブラック　blue-black
ブルー・ブラッデッド　blue-blooded
ブルー・ブラッド　blue blood
プルーフリーダー　proofreader
プルーフリーディング　proofreading
プルーフリード　proofread
ブループリント　blueprint
フルーフルー　froufrou
プルーブン　proven
プルーベ　Prouvé
ブルー・ベイビー　blue baby
ブルー・ヘブン　blue heaven
ブルーベリー　blueberry
ブルーベル　bluebell
ブルー・ヘルメット　blue helmet
ブルー・ペンシル　blue pencil
ブルー・ホエール　blue whale
ブルーボトル　bluebottle
ブルーマー　bloomer
ブルー・マス　blue mass
ブルーマスター　brewmaster
ブルー・マンデー　Blue Monday
プルーミー　plumy
ブルーミング　blooming
ブルーミングデールズ　Bloomingdale's
フルーム　flume
ブルーム　bloom, broom, Broome
プルーム　plume

ブルームスティック　broomstick
ブルームズベリ　Bloomsbury
プルームド　plumed
ブルームバーグ　Bloomberg
ブルームフィールド　Bloomfield
ブルームフォンテーン　Bloemfontein
ブルーメンソール　Blumenthal
ブルーメンタール　Blumenthal
プルーモース　plumose
ブルー・モールド　blue mold
プルーラ　pleura
プルーラライズ　pluralize
プルーラライゼーション　pluralization
プルーラリスティック　pluralistic
プルーラリズム　pluralism
プルーラリゼーション　pluralization
プルーラリティー　plurality
プルーラル　plural, pleural
プルーリシー　pleurisy
ブルー・リボン　blue ribbon, blue-ribbon
ブルー・リンス　blue-rinse
ブルー・リンスト　blue-rinsed
フルール・ド・リ　fleur-de-lis, -lys
フルーレ　fleuret, foil
ブルーレイ・ディスク　Blu-ray Disc
ブルー・ロー　blue law
ブルーワー　brewer
ブルーワリー　brewery
プルーン　prune
フル・エージ　full age
フルエンシー　fluency
フルエンス　fluence
プルオーバー　pullover
フルオキシメステロン　fluoxymesterone
フルオキセチン　fluoxetine
フルオシノニド　fluocinonide
フルオシノロン・アセトニド　fluocinolone acetonide
フルオライト　fluorite
フルオライド　fluoride
フルオリデート　fluoridate
フルオリン　fluorine
フルオルアセタミド　fluoracetamide
フルオレセイン　fluorescein
フルオレセンス　fluorescence
フルオレセント　fluorescent
フルオレッス　fluoresce
フルオレッセンス　fluorescence
フルオレッセント　fluorescent
フルオレン　fluorene
フルオロアパタイト　fluoroapatite
フルオロウラシル　fluorouracil
フルオロエタン　fluoroethane
フルオロカーボン　fluorocarbon
フルオロキノロン　fluoroquinolone
フルオロヒドロコルチゾン　fluorohydrocortisone
フルオロフォトメトリー　fluorophotometry
フルオロホルム　fluoroform
フルオロメタン　fluoromethane
フルオロメトロン　fluorometholone
フル・オン　full-on
プル・オン　pull-on
ブルカ　burka, burkha, burqa
ブルガ　Bulga
ブル・カット　bull cut
フル・カラー　full color, full-color
ブルガリ　Bulgari
ブルガリア　Bulgaria
ブルガリアン　Bulgarian
ブルキナファソ　Burkina Faso
ブルキニ　burkini
ブルグア　bulgur
フルクサス　Fluxus
フルクタン　fructan
フルクトース　fructose
フルクトキナーゼ　fluctokinase
フルクトサン　fructosan
フルクトシド　fructoside
フルクトシル　fructosyl
フルクトフラノース　fructofuranose
フルクラム　fulcrum
フル・クリーム　full-cream
フル・グローン　full-grown
フル・コース　full-course
ブルゴーニュ　Bourgogne
プルコギ　bulgogi
フルコナゾール　fluconazole
ブルサ　Bursa
フル・サービス　full-service
フル・サイズ　full-size
フル・サイズド　full-sized
プルサチラ　pulsatilla
フルサム　fulsome

フルジアゼパム　fludiazepam
プルシェンコ　Plushenko
フルシチョフ　Khrushchev
ブルシット　bullshit
フルシトシン　flucytosine
プルシャ　purusha
ブルジュ・ハリファ　Burj Khalifa
ブルジョア　bourgeois
ブルジョアジー　bourgeoisie
ブルシン　brucine
ブルズ・アイ　bull's-eye
フル・スケール　full-scale
ブルスケッタ　bruschetta
フル・スコア　full score
ブルスト　wurst
フル・ストップ　full stop
ブル・スプレッド　bull spread
フルスルチアミン　fursultiamine
ブル・セッション　bull session
ブルセラ　brucella
ブルセリン　brucellin
ブルセルム　vulsellum
ブルセレルゲン　brucellergen, -gin
ブルゾン　blouson
プルターク　Plutarch
ブルターニュ　Bretagne, Brittany
フル・ターム　full-term
フル・タイマー　full-timer
フル・タイム　full time, full-time
プルダウン・メニュー　pull-down menu
ブルタバ　Vltava
プル・タブ　pull tab
フルタミド　flutamide
フルダラビン　fludarabine
プルタルコス　Plutarch
フルチカゾン　fluticasone
ブルッカイト　brookite
ブルッキングズ　Brookings
ブルック　brook, Brooke
ブルックス　Brooks
ブルックス・ブラザーズ　Brooks Brothers
ブルックナー　Bruckner, Brookner
ブルック・ボンド　Brooke Bond
ブルックリナイト　Brooklynite
ブルックリン　Brooklyn
ブルックレット　brooklet
フルティガー　Frutiger
ブルデー　Bourdais
フル・デュープレックス　full duplex
フルテリア　fruteria
ブルテリア　bullterrier
ブルドーザー　bulldozer
ブルドーズ　bulldoze
プルドーベイ　Prudhoe Bay
プルトクラシー　plutocracy
プルトクラット　plutocrat
プルトクラティカル　plutocratical
プルトクラティック　plutocratic
ブルドッグ　bulldog
ブルドッグ・チップ　bulldog clip
プルトニアン　Plutonian
プルトニウム　plutonium
プルトニック　Plutonic
フルトベングラー　Furtwängler
フル・ドレス　full dress, full-dress
フルドロコルチゾン　fludrocortisone
フルトン　Fulton
ブルトン　Breton
プルナーゼ　prunase
プルナシン　prunasin
フルニソリド　flunisolide
フルニトラゼパム　flunitrazepam
ブルネイ　Brunei
フルネス　fullness, ful-
ブルネックト　bullnecked
ブルネット　brunet, -nette
ブルネッレスキ　Brunelleschi
フル・ネルソン　full nelson
ブルネレスキ　Brunelleschi
ブルノ　Brno
ブルノーズ　bullnose
フル・ハウス　full house
フルバック　fullback
プルバック　pullback
フルハム　Fulham
フル・ハンド　full hand
フル・ピッチ　full pitch
プルピット　pulpit
ブルファイター　bullfighter
ブルファイティング　bullfighting
ブルファイト　bullfight
フル・ファッションド　full-fashioned
ブル・フィドル　bull fiddle
フルフィル　fulfill, -fil

ブルフィンチ　bullfinch
フル・フェース　full-face
フル・フェースト　full-faced
フルフェナジン　fluphenazine
フルフェノレックス　furfenorex
フルフラール　furfural
フルブライト　Fulbright
フル・ブラウザー　full browser
フル・ブラッド　full blood
プルプリン　purpurin
ブルブル　bulbul
フル・フレッジド　full-fledged
フル・ブローン　full-blown
ブルフロッグ　bullfrog
フル・フロンタル　full-frontal
フル・ページ　full-page
フルベストラント　fulvestrant
ブルヘッド　bullhead
ブルペン　bull pen
フル・ボア　full-bore
フル・ポイント　full point
フル・ボード　full board
ブルホーン　bullhorn
ブルボカプニン　bulbocapnine
フル・ボディード　full-bodied
ブルボン　Bourbon
フルマー　fulmar
ブルマー　bloomer
ブル・マーケット　bull market
フル・マラソン　full marathon
ブルマリン　Blumarine
プルマン　Pullman
プルマン・キッチン　Pullman kitchen
フルミナトリー　fulminatory
フルミネーション　fulmination
フルミネーター　fulminator
フルミネート　fulminate
フルミネンセ　Fluminense
フル・ムーン　full moon
プルムバギン　plumbagin
フルメタゾン　flumethasone
プルメリア　plumeria
プルモーター　pulmotor
フル・モンティ　full monty [monte]
フルラ　Furla
フルラゼパム　flurazepam
ブルラッシュ　bulrush, bull-
フルランドレノリド　flurandrenolide
プルリエンス　prurience
プルリエント　prurient
フル・リッグド　full-rigged
プルリポテント　pluripotent
ブルリング　bullring
フルルビプロフェン　flurbiprofen
フル・レンクス　full-length
プルローラシン　prulaurasin
フルロチル　flurothyl
ブルワー　brewer
ブルワーク　bulwark
ブルワーズ　(Milwaukee) Brewers
ブルワリー　brewery
ブルンジ　Burundi
ブルンディ　Burundi
プレ　pre-, prae-
フレア　flare, flair
ブレア　Blair, blare
フレアー　flare, flair
プレアー　prayer
フレアー・スカート　flare skirt
フレア・アップ　flare-up
プレアー・ブック　prayer book
プレアーフル　prayerful
プレアー・ホイール　prayer wheel
プレアー・マット　prayer mat
プレアー・ミーティング　prayer meeting
プレアー・ラグ　prayer rug
ブレア・ウィッチ　Blair Witch
プレアデス　Pleiades
フレア・パス　flare path
ブレアライト　Blairite
フレアリング　flaring
プレアルブミン　prealbumin
プレアレンジ　prearrange
フレイ　fray, fley, flay, Frey
ブレイ　bray
プレイ　play, pray, prey
プレイアード　Pleiad
プレイイング・マンティス　praying mantis
ブレイカー　breaker
プレイガール　playgirl
ブレイカブル　breakable
ブレイキー　Blakey
ブレイキング・ニュース　breaking news
ブレイキング・ポイント　breaking point

ブレイク　break, brake, Blake
プレイグ　plague
ブレイクアウェイ　breakaway
ブレイクアウト　breakout
ブレイクアップ　breakup
ブレイク・イーブン　break-even
ブレイク・イン　break-in
ブレイクウォーター　breakwater
ブレイクスルー　breakthrough
ブレイクダウン　breakdown
ブレイク・ダンシング　break dancing
ブレイク・ダンス　break dance
ブレイクネック　breakneck
ブレイクポイント　breakpoint
ブレイケッジ　breakage
ブレイジャー　brazier, brasier
ブレイズ　braze, braise
プレイス　place, plaice
プレイズ　praise
プレイスシフト　placeshift
プレイステーション　PlayStation
プレイスブロガー　placeblogger
プレイスブログ　placeblog
プレイスレス　placeless
プレイズワージー　praiseworthy
ブレイズン　brazen
プレイ・セラピー　play therapy
フレイター　freighter
ブレイディング　braiding
フレイテージ　freightage
プレイテックス　Playtex
フレイト　freight
ブレイド　braid
プレイト　plait
プレイド　plaid
フレイト・カー　freight car
フレイト・トレイン　freight train
フレイトライナー　freightliner
プレイナー　planar
プレイナリティー　planarity
ブレイニー　brainy
フレイバー　flavor, -vour
ブレイブ　brave
プレイフィールド　playfield
プレイフル　playful
プレイボーイ　playboy, Playboy
プレイメーカー　playmaker
プレイメート　playmate
プレイヤー　player, prayer
プレイヤブル　playable
フレイル　frail
プレイルーム　playroom
フレイルティー　frailty
プレイレット　playlet
ブレイン　brain
プレイン　plain, plane
ブレイン・ウェーブ　brain wave
ブレインウォッシュ　brainwash
ブレインウォッシング　brainwashing
ブレインケース　braincase
ブレインシック　brainsick
ブレイン・ステム　brain stem
ブレインストーミング　brainstorming
ブレインストーム　brainstorm
プレインストール　preinstall
ブレインズ・トラスト　brains trust
ブレイン・セル　brain cell
プレインダストリアル　preindustrial
ブレインチャイルド　brainchild
プレインティフ　plaintiff
プレインティブ　plaintive
ブレイン・デス　brain death
ブレイン・デッド　brain-dead
プレイント　plaint
ブレイン・トラスター　brain truster
ブレイン・トラスト　brain trust
ブレイン・ドレイン　brain drain
ブレインパワー　brainpower
ブレインパン　brainpan
ブレイン・ファート　brain fart
ブレインファート　brainfart
ブレイン・フィーバー　brain fever
プレインプランテーション　preimplantation
ブレインレス　brainless
プレインロード　planeload
プレウォー　prewar
フレー　fray, fley, flay, hooray, hurray
ブレー　bray
プレー　play, pray, prey
プレーアクティング　playacting
プレーアクト　playact
プレーイング・カード　playing card
プレーイング・フィールド　playing field
プレー・オフ　play-off

ブレーカー　breaker
プレーガール　playgirl
ブレーカブル　breakable
ブレーキ　brake
フレーキー　flaky, flakey
ブレーキ・ドラム　brake drum
ブレーキ・バン　brake van
ブレーキ・フルイド　brake fluid
ブレーキ・ブロック　brake block
ブレーキ・ペダル　brake pedal
ブレーキ・ホースパワー　brake horsepower
ブレーキマン　brakeman
ブレーキ・ライト　brake light
ブレーキング・ポイント　breaking point
フレーク　flake
ブレーク　break, brake, Blake
プレーグ　plague
ブレークアウェイ　breakaway
ブレークアウト　breakout
ブレークアップ　breakup
ブレーク・イーブン　break-even
ブレーク・イン　break-in
ブレークウォーター　breakwater
ブレークスルー　breakthrough
ブレークダウン　breakdown
ブレーク・ダンシング　break dancing
ブレーク・ダンス　break dance
ブレークネック　breakneck
ブレーク・ビーツ　break beats
ブレークポイント　breakpoint
プレーグラウンド　playground
フレーグランシー　flagrancy
プレーグループ　playgroup
ブレーケージ　breakage
プレーゴーアー　playgoer
フレーザー　Fraser, Frazer
ブレーサー　bracer
ブレーザー　blazer
フレーザル　phrasal
フレーザル・バーブ　phrasal verb
プレージアライズ　plagiarize
プレージアリスト　plagiarist
プレージアリズム　plagiarism
フレージオロジー　phraseology
フレージャー　Frazier
ブレージャー　brazier, brasier
フレージング　phrasing
ブレーシング　bracing
ブレージング　blazing
プレーシング　plaything
フレーズ　phrase
ブレース　brace
ブレーズ　blaze, braise, braze, Blaise, Blase, Blaze
プレース　place, plaice
プレーズ　praise
プレースーツ　playsuit
プレース・カード　place card
プレースキッカー　placekicker
プレースキック　placekick
プレースクール　playschool
プレースシフト　placeshift
プレース・セッティング　place setting
プレース・ネーム　place-name
フレーズ・ブック　phrase book
プレースブロガー　placeblogger
プレースブログ　placeblog
プレース・ベット　place bet
プレースホールダー　placeholder
プレース・マット　place mat
プレースメント　placement
プレースメント・テスト　placement test
プレースレス　placeless
プレーズワージー　praiseworthy
ブレーズン　brazen
ブレーゾン　blazon
ブレーゾンリー　blazonry
プレータイム　playtime
フレータス　flatus
ブレータンシー　blatancy
ブレータント　blatant
ブレーディー　Brady
ブレーディング　braiding
プレーティング　plating
プレーテッド　plated
ブレード　blade, braid
プレート　plate, plait, prate
プレード　plaid
プレート・アーマー　plate armor
プレート・グラス　plate glass, plateglass
プレート・テクトニクス　plate tectonics
プレート・テクトニックス　plate tectonics
プレートフル　plateful
プレート・ラック　plate rack

プレートレイヤー　platelayer
プレート・レール　plate rail
プレートレット　platelet
プレーナー　planar, planer
プレーナリティー　planarity
フレーバー　flavor, -vour
フレーバーサム　flavorsome
フレーバード　flavored, -voured
フレーバード・コーヒー　flavored coffee
フレーバーフル　flavorful
フレーバーレス　flavorless, -vourless
プレー・バイ・プレー　play-by-play
プレーハウス　playhouse
プレーバック　playback
ブレーバリー　bravery
フレーバリスト　flavorist
フレーバリング　flavoring
フレービア　Flavia
プレービル　playbill
ブレーブ　brave, breve
プレーフィールド　playfield
プレーフェロー　playfellow
ブレーブス　(Atlanta) Braves
プレーブック　playbook
ブレーブリー　bravely
プレーフル　playful
プレーペン　playpen
プレーボーイ　playboy, Playboy
フレーマー　framer
ブレーマブル　blamable, blameable
フレーミング　framing, flaming
フレーム　frame, flame
ブレーム　blame
フレームアウト　flameout
フレーム・アップ　frame-up
フレーム・アンテナ　frame antenna
フレーム・ガン　flame gun
フレームシフト　frameshift
フレームスローワー　flamethrower
フレーム・ハウス　frame house
ブレームフル　blameful
フレームプルーフ　flameproof
フレームレス　frameless, flameless
ブレームレス　blameless
フレームワーク　framework
ブレームワージー　blameworthy
プレーメーカー　playmaker
プレーメート　playmate
ブレーメン　Bremen
プレーヤー　player, prayer
プレーヤー・ピアノ　player piano
プレーヤブル　playable
プレーライト　playwright
プレーリー　prairie
プレーリー・ウルフ　prairie wolf
プレーリー・オイスター　prairie oyster
プレーリー・スクーナー　prairie schooner
プレーリー・ドッグ　prairie dog
フレール　flail
プレールーム　playroom
プレエレクション　preelection
ブレーン　brain
プレーン　plain, plane
ブレーン・ウェーブ　brain wave
ブレーンウォッシュ　brainwash
ブレーンウォッシング　brainwashing
プレーン・クローズ　plain clothes, plainclothes
プレーンクローズマン　plainclothesman
ブレーンケース　braincase
ブレーンシック　brainsick
プレーンズ・インディアン　Plains Indian
ブレーン・ステム　brain stem
ブレーンストーミング　brainstorming
ブレーンストーム　brainstorm
ブレーンズ・トラスト　brains trust
プレーンスポークン　plainspoken
プレーンズマン　plainsman
プレーン・セーリング　plane sailing
ブレーン・セル　brain cell
プレーンソング　plainsong
ブレーンチャイルド　brainchild
プレーンチャント　plainchant
プレーン・チョコレート　plain chocolate
プレーン・ツリー　plane tree
プレーン・ディーリング　plain dealing
プレーンティフ　plaintiff
プレーンティブ　plaintive
プレーン・テキスト　plain text, plaintext
ブレーン・デス　brain death
ブレーン・デッド　brain-dead
プレーント　plaint
ブレーン・トラスター　brain truster
ブレーン・トラスト　brain trust

ブレーン・ドレーン brain drain
プレーン・バニラ plain-vanilla
ブレーンパワー brainpower
ブレーンパン brainpan
ブレーン・ファート brain fart, brainfart
ブレーン・フィーバー brain fever
プレーン・フラウアー plain flour
プレーンリー plainly
ブレーンレス brainless
プレーンロード planeload
プレオーダー pre-order
プレオーデイン preordain
プレオキュパイ preoccupy
プレオキュパイド preoccupied
プレオキュペーション preoccupation
フレオマイシン phleomycin
ブレオマイシン bleomycin
プレオモーフィズム pleomorphism
フレオン Freon
ブレガ Brega
プレガーズ preggers
プレカンブリアン Precambrian
プレキシガラス Plexiglas
フレキシキュリティ flexicurity
フレキシタリアン flexitarian
フレキシビライザー flexibilizer
フレキシビライズ flexibilize
フレキシビリティー flexibility
フレキシブリー flexibly
フレキシブル flexible
プレキャスト・コンクリート precast concrete
プレキャンセラス precancerous
フレクサー flexor
プレクサス plexus
プレクシー prexy, prexie
プレクシグラス Plexiglas
フレクシタイム flexitime
ブレグジット Brexit
フレクシャー flexure
フレクション flexion, flection
プレクス prex
フレクセクティブ flexecutive
プレクック precook
プレクトラム plectrum
プレグナビリティー pregnability
プレグナブル pregnable
プレグナン pregnane
プレグナンシー pregnancy
プレグナント pregnant
プレグネノロン pregnenolone
ブレグマ bregma
フレグマティカル phlegmatical
フレグマティック phlegmatic
フレグランス fragrance, flagrance
フレグラント fragrant, flagrant
ブレゲー Breguet
プレコーイタル precoital
プレ・コロンビアン pre-Columbian
プレコンセプション preconception
プレコンディション precondition
プレザー pleather
プレ・サイクル pre-cycle
ブレサライザー Breathalyzer
ブレサライズ breathalyze, -alyse
プレザント pleasant
プレザントリー pleasantry
ブレシア Brescia
ブレシー breathy
プレシー précis
プレジー pledgee
プレシーズン preseason
フレシェット freshet
プレシエンス prescience
プレシエント prescient
プレシオサウルス plesiosaur, plesiosaurus
プレシオシティー preciosity
プレシジョン precision
プレジデンシー presidency
プレジデンシャル presidential
プレジデンシャル・プライマリー presidential primary
プレシデンス precedence
プレシデント precedent
プレジデント president
プレジデント・エレクト president-elect
ブレジネフ Brezhnev
プレシピス precipice
プレシピタス precipitous
プレシピタンシー precipitancy
プレシピタンス precipitance
プレシピタント precipitant
プレシピテーション precipitation
プレシピテート precipitate

プレジャー　pleasure, pledger
プレジャー・グラウンド　pleasure ground
プレジャー・プリンシプル　pleasure principle
プレジャー・ボート　pleasure boat
プレシャス　precious
プレジャラブル　pleasurable
プレジュディシャル　prejudicial
プレジュディス　prejudice
プレジュディスト　prejudiced
プレシング　pressing
ブレス　breath, bless
プレス　press
プレズ　prez
プレス・アップ　press-up
プレス・エージェンシー　press agency
プレス・エージェント　press agent
フレスカ　Fresca
プレス・カード　press card
プレス・カッティング　press cutting
プレス・ギャラリー　press gallery
プレス・ギャング　press-gang
プレスクーラー　preschooler
プレスクール　preschool
プレスクリーン　prescreen
プレスクリプション　prescription
プレスクリプション・チャージ　prescription charge
プレスクリプティブ　prescriptive
プレスクリプト　prescript
ブレス・グループ　breath group
フレスコ　fresco
プレス・コー　press corps
プレスコット　Prescott
プレス・コンファレンス　press conference
プレス・スタッド　press-stud
プレス・セクレタリー　press secretary
プレス・センター　press center
プレスティージ　prestige
プレスティージャス　prestigious
ブレステイキング　breathtaking
プレスティシモ　prestissimo
プレスティディジテーション　prestidigitation
プレスティディジテーター　prestidigitator
ブレス・テスト　breath test
プレステル　Prestel
ブレスト　breast, blessed, blest, breathed, Brest
プレスト　presto
ブレスト・サクラメント　Blessed Sacrament
ブレストストローク　breaststroke
ブレストネス　blessedness
ブレスト・バージン・メアリー　Blessed Virgin Mary
ブレスト・ハイ　breast-high
ブレストピース　breastpiece
ブレスト・ビーティング　breast-beating
ブレストピン　breastpin
ブレスト・フィード　breast-feed
ブレスト・フェッド　breast-fed
ブレストプレート　breastplate
ブレストボーン　breastbone
ブレスト・ポケット　breast pocket
ブレスト・ミルク　breast milk
プレストレスト・コンクリート　prestressed concrete
ブレストワーク　breastwork
プレストン　Preston
フレズノ　Fresno
プレス・バロン　press baron
プレズビオピア　presbyopia
プレズビオピック　presbyopic
プレスビター　presbyter
プレスビテリアニズム　Presbyterianism
プレスビテリアン　Presbyterian
プレスビテリー　presbytery
プレス・ボタン　press-button
プレス・ボックス　press box
プレスマーク　pressmark
プレスマン　pressman
プレス・リリース　press release
プレスルーム　pressroom
ブレスレス　breathless
ブレスレット　bracelet
ブレズレン　brethren
プレセール　presale
プレセッジ　presage
プレゼン　⇨プレゼンテーション
プレゼンス　presence
プレゼンス・チェンバー　presence chamber
プレゼンター　presenter
プレゼンタブル　presentable
プレゼンティー　presentee
プレゼンティーズム　presenteeism

プレゼンティズム　presenteeism
プレゼンティメント　presentiment
プレゼンテーション　presentation
プレゼンテーション・コピー　presentation copy
プレゼント　present
プレゼント・デー　present-day
プレゼント・パーティシプル　present participle
プレゼント・パーフェクト　present perfect
プレゼントリー　presently
プレソラ　plethora
プレソリック　plethoric
ブレダ　Breda
プレダイジェスト　predigest
プレタックス　pretax
プレダトリー　predatory
プレタポルテ　pret-a-porter, prêt-à-porter
ブレチリウム　bretylium
フレック　fleck
フレックス　flex
フレックスタイム　flextime
フレックス・フューエル　flex-fuel
ブレックナー　Bleckner
ブレックファスト　breakfast
ブレックファスト・シリアル　breakfast cereal
ブレックファスト・フード　breakfast food
フレックル　freckle
フレックルド　freckled
プレッサー　presser
フレッジ　fledge
プレッジ　pledge
フレッシー　fleshy
プレッジー　pressie, prezzie
フレッシェナー　freshener
フレッシェン　freshen
プレッシェンス　prescience
プレッシェント　prescient
フレッジド　fledged
フレッシャー　fresher
プレッシャー　pressure
プレッジャー　pledger, pledg(e)or
プレッシャー・キャビン　pressure cabin
プレッシャー・クッカー　pressure cooker
プレッシャー・クック　pressure cook
プレッシャー・グループ　pressure group
プレッシャー・ゲージ　pressure gauge
プレッシャー・スーツ　pressure suit
プレッシャー・ポイント　pressure point
プレッシャライズ　pressurize
プレッシャライズド・ウォーター・リアクター　pressurized water reactor
プレッシャライゼーション　pressurization
プレッシャリゼーション　pressurization
フレッシュ　fresh, flesh
フレッシュ・ウーンド　flesh wound
フレッシュウォーター　freshwater
フレッシュウォーター・ドラム　freshwater drum
フレッシュ・カラー　flesh color
フレッシュ・カラード　flesh-colored
フレッシュ・ゲール　fresh gale
フレッシュ・サイド　flesh side
フレッシュ・ブリーズ　fresh breeze
フレッシュポット　fleshpot
フレッシュマン　freshman
フレッシュリー　freshly, fleshly
フレッジリング　fledgling, fledge-
ブレッシング　blessing
プレッシング　pressing
ブレッズ　breadth
ブレッソン　Bresson
フレッチャー　fletcher, Fletcher
ブレッツ　breadth
プレッツェル　pretzel
フレット　fret
フレッド　Fred, fled
ブレット　Brett, bullet
ブレッド　bread, bred
プレット　pullet
プレッド　pled
ブレッド・アンド・バター　bread-and-butter
ブレッド・イン・ザ・ボーン　bred-in-the-bone
ブレッドウィナー　breadwinner
ブレッドクラム　breadcrumb
ブレッドスタッフ　breadstuff
ブレッドスティック　breadstick
フレット・ソー　fret saw
ブレット・トレイン　bullet train
ブレッド・ナイフ　bread knife
ブレッドバスケット　breadbasket
ブレッド・ビン　bread bin

フレットフル　fretful
ブレッドフルーツ　breadfruit
ブレットプルーフ　bulletproof
フレッド・ペリー　Fred Perry
ブレッドボード　breadboard
ブレッドボックス　breadbox
ブレッドライン　breadline
フレットレス　fretless
フレットワーク　fretwork
プレッピー　preppy, -pie
ブレッブ　bleb
プレッブ　pleb
プレップ　prep
プレップ・スクール　prep school
フレディー　Freddie, -dy
フレディー・マック　Freddie Mac
プレティーン　preteen
プレディカティブ　predicative
プレディカブル　predicable
プレディカメント　predicament
プレディクション　prediction
プレディクター　predictor
プレディクタブル　predictable
プレディクティブ　predictive
プレディクト　predict
プレディケーティブ　predicative
プレディケート　predicate
プレディスポーザル　predisposal
プレディスポーズ　predispose
プレディスポジション　predisposition
プレディレクション　predilection
ブレティン　bulletin
ブレティン・ボード　bulletin board, BB
プレデシース　predecease
プレデスティネーション　predestination
プレデスティネート　predestinate
プレデスティン　predestine
プレテスト　pretest
プレデセッサー　predecessor
プレデター　predator
プレデターミナー　predeterminer
プレデターミン　predetermine
フレデリーカ　Frederica
フレデリカ　Frederica
フレデリクトン　Fredericton
フレデリック　Frederic, Frederick, Frédéric
プレテリット　preterit(e)
プレドーン　predawn
プレドニゾロン　prednisolone
プレドニゾン　prednisone
プレドニン　Predonin
プレトリア　Pretoria
フレドリック　Fredric, Fredrich
ブレトンウッズ　Bretton Woods
プレナイト　prehnite
プレナップ　prenup
プレナプシャル　prenuptial
ブレナム　Blenheim
ブレナム・パレス　Blenheim Palace
プレナリー　plenary
ブレナン　Brennan
プレニテュード　plenitude
プレニポテンシャリー　plenipotentiary
プレネータル　prenatal
フレネティック　frenetic
フレネミー　frenemy, frienemy
フレネル　Fresnel
フレノシン　phrenosin
フレノロジー　phrenology
フレノロジスト　phrenologist
プレバイオロジカル　prebiological
フレバイティス　phlebitis
プレバイバー　previvor
プレパック　prepack
プレパッケージ　prepackage
プレハブ　prefab　⇨プレファブリケーテッド
プレパラティブ　preparative
プレパラトリー　preparatory
プレパラトリー・スクール　preparatory school
プレパレーション　preparation
プレバレンス　prevalence
プレバレント　prevalent
ブレビアリー　breviary
プレヒート　preheat
プレビサイト　plebiscite
プレビジョン　prevision
プレヒストリー　prehistory
プレヒストリック　prehistoric
プレビタミン　previtamin
ブレビティー　brevity
ブレヒト　Brecht

プレビュー preview
プレヒューマン prehuman
プレファトリー prefatory
プレファブリケーテッド prefabricated
プレファブリケート prefabricate
ブレファライティス blepharitis
プレファラブル preferable
プレファレンシャル preferential
プレファレンス preference
プレファレンス・シェア preference share
プレファレンス・ストック preference stock
プレフィギュア prefigure
プレフィス preface
プレフィックス prefix
プレフライト preflight
プレプリント preprint
プレプロインスリン preproinsulin
プレプログラム preprogram
プレプロテイン preprotein
プレプロホルモン preprohormone
プレベータリポプロテイン prebetalipoprotein
ブレベット brevet
プレベンダリー prebendary
プレベンド prebend
プレポジショナル prepositional
プレポジション preposition
プレポジティブ prepositive
プレポステラス preposterous
プレホスピタル・ケア prehospital care
フレボトミー phlebotomy
プレマーケティング premarketing
プレマリタル premarital
プレマリン Premarin
プレミア premier, premiere
プレミアシップ premiership
プレミアム premium
プレミア・リーグ Premier League
プレミエール premiere, première
プレミス premise
フレミッシュ Flemish
ブレミッシュ blemish
フレミング Fleming
フレム phlegm
プレメッド premed
プレメディカル premedical
プレメディケーション premedication
プレメディテーション premeditation
プレメディテート premeditate
プレメンストルアル premenstrual
プレモーラー premolar
プレモニション premonition
プレモニトリー premonitory
プレヤー prayer
プレヤー・ブック prayer book
プレヤーフル prayerful
プレヤー・ホイール prayer wheel
プレヤー・マット prayer mat
プレヤー・ミーティング prayer meeting
プレヤー・ラグ prayer rug
プレヤデス Pleiades
プレラシー prelacy
プレラティック prelatic
プレリテレート preliterate
プレリミナリー preliminary
プレリム prelim
プレリュード prelude
プレレート prelate
プレレクイジット prerequisite
プレレコード prerecord
プレローンチ prelaunch
フレンケル Frenquel
フレンジー frenzy
フレンジード frenzied
ブレンダ Brenda
ブレンダー blender
ブレンダン Brendan
フレンチ French
ブレンチ blench
フレンチー Frenchy
フレンチ・ウィンドー French window
フレンチウーマン Frenchwoman
フレンチ・カーブ French curve
フレンチ・カナディアン French Canadian
フレンチ・カフス French cuffs
フレンチ・カンカン French cancan
フレンチ・キス French kiss
フレンチ・コネクション French Connection
フレンチ・コミュニティー French Community
フレンチ・シーム French seam
フレンチ・チョーク French chalk
フレンチ・ドア French door
フレンチ・トースト French toast

フレンチ・ドレッシング　French dressing
フレンチ・ビーンズ　French beans
フレンチ・フライ　French fry
フレンチ・フライド・ポテト　French fried potato
フレンチ・ブルー　French Blue
フレンチ・プレス　French press
フレンチ・ブレッド　French bread
フレンチ・ベルモット　French vermouth
フレンチ・ポリッシュ　French polish
フレンチ・ホルン　French horn
フレンチ・マスタード　French mustard
フレンチマン　Frenchman
フレンチ・リーブ　French leave
フレンチ・レター　French letter
フレンチ・レボリューション　French Revolution
フレンチ・ローフ　French loaf
プレンティアス　plenteous
プレンティー　plenty
プレンティフル　plentiful
ブレンディング　blending
ブレンデッド　blended
フレンド　friend
ブレント　Brent, blent
ブレンド　blend
ブレントウッド　Brentwood
フレンドシップ　friendship
フレンドスター　Friendster
フレンドリー　friendly
フレンドリー・ソサエティー　friendly society
フレンドリー・ファイア　friendly fire
フレンドリネス　friendliness
フレンドレス　friendless
プロ　pro, pro-
フロア　floor
フロアウォーカー　floorwalker
フロア・エクササイズ　floor exercise
プロアクセレリン　proaccelerin
プロアクティビティー　proactivity
プロアクティブ　proactive
フロアクロース　floorcloth
フロア・サンプル　floor sample
フロアシフト　floorshift
フロア・ショー　floor show
フロア・スルー　floor-through
フロア・ディスプレー　floor display
フロア・プラン　floor plan
フロアボード　floorboard
フロア・ポリッシュ　floor polish
プロ・アマ　pro-am
フロア・マネージャー　floor manager
フロア・ランプ　floor lamp
フロア・リーダー　floor leader
プロアントシアニジン　proanthocyanidin
プロイ　ploy
ブロイアー　Breuer
プロイセン　Prussia
フロイディアン　Freudian
フロイディアン・スリップ　Freudian slip
フロイディズム　Freudism
フロイト　Freud
フロイド　Floyd
ブロイラー　broiler
ブロイラー・ハウス　broiler house
フロイライン　Fräulein
ブロイリング　broiling
ブロイル　broil
プロインスリン　proinsulin
プロエンザイム　proenzyme
プロエンザ・スクーラー　Proenza Schouler
フロー　flow, flaw, floe, Flo
ブロー　blow, burro
ブローアウト　blowout
ブローアップ　blowup
フローイング　flowing
ブローウィー　blowy
プローエム　proem
ブローカー　broker
ブローカレージ　brokerage
ブローガン　blowgun, brogan
ブローク　broke, bloke
ブローグ　brogue
ブロークン　broken
ブロークン・イングリッシュ　broken English
ブロークン・コード　broken chord
ブロークン・ダウン　broken-down
ブロークンハーテッド　brokenhearted
ブロークン・リード　broken reed
ブロークン・ワインデッド　broken-winded
ブローコー　Brokaw
フローシー　frothy
プロージー　prosy
プロージット　prosit

プロージビリティー　plausibility
プローシブ　plosive
プロージブル　plausible
ブローシュア　brochure
フロージュレンス　fraudulence
フロージュレント　fraudulent
ブロー・ジョブ　blow job
フロース　froth
フローズ　froze
ブロース　broth
プローズ　prose
フローズン　frozen
フローズン・フード　frozen food
フローズン・ミット　frozen mitt
フローター　floater
ブローター　bloater
フロー・ダイアグラム　flow diagram
フロータブル　floatable
ブローチ　brooch, broach
ブローチ・スパイア　broach spire
ブローチャー　broacher
フローチャート　flowchart
プローティアン　protean
ブローティガン　Brautigan
フローティスト　flautist
プローディット　plaudit
フローティング　floating
フローティング・アイランド　floating island
フローティング・デット　floating debt
フローティング・ドック　floating dock
フローティング・ブリッジ　floating bridge
フローティング・ボーター　floating voter
フローティング・ボート　floating vote
フローティング・ライト　floating light
フローティング・リブ　floating rib
フローテージ　flotage, floatage
フローテーション　flotation, floata-
ブローテッド　bloated
プロー・テム　pro tem
フローデュレンス　fraudulence
フローデュレント　fraudulent
フローテル　floatel, flotel
プロー・テンポレ　pro tempore
フロート　float, fraught
フロード　fraud
ブロート　brought, bloat
ブロード　broad
ブロード・アロー　broad arrow
ブロードウェー　Broadway
ブロードウェーズ　broadways
ブロードゥン　broaden
ブロートーチ　blowtorch
ブロードキャスター　broadcaster
ブロードキャスティング　broadcasting
ブロードキャスト　broadcast
ブロードキャスト・サテライト　broadcast satellite
フロート・グラス　float glass
ブロードクロス　broadcloth
ブロード・ゲージ　broad-gauge
ブロードサイド　broadside
ブロードシート　broadsheet
ブロード・ジャンプ　broad jump
ブロード・スペクトラム　broad-spectrum
ブロード・スペクトル　broad-spectrum
ブロード・チャーチ　Broad Church
ブロードテール　broadtail
ブロードバンド　broadband, BB
ブロード・ビーン　broad bean
ブロード・ブラッシュ　broad-brush
フロートプレイン　floatplane
フロートプレーン　floatplane
ブロード・マインデッド　broad-minded
ブロー・ドライ　blow-dry
ブロー・ドライヤー　blow-dryer
ブロードリー　broadly
ブロードルーム　broadloom
ブロードワイズ　broadwise
ブローニー　brawny
ブローニング　Browning
フローニンゲン　Groningen
ブローバ　Bulova
ブローハード　blowhard
ブローパイパー　blowpiper
ブローパイプ　blowpipe
ブロー・バイ・ブロー　blow-by-blow
ブローバック　blowback
プロービティー　probity
プローブ　probe
ブローフィッシュ　blowfish
ブローフライ　blowfly
フローベール　Flaubert
ブローホール　blowhole
ブローボール　blowball

ブローマ　broma
ブローミン　bromine
フローメーター　flowmeter
ブローモ　bromo
フローラ　flora
ブローラー　brawler
プロー・ラータ　pro rata
フローライド　fluoride
フローラル　floral
ブローランプ　blowlamp
フローリカルチャー　floriculture
フローリカルチャリスト　floriculturist
フローリカルチュラル　floricultural
フローリスト　florist
フローリゼル　Florizel
フローリッド　florid
フローリン　florin, fluorine
ブローリン　Brolin
フローリング　flooring
ブロール　brawl
プロール　prole
フローレス　flawless
フローレット　floret
フローレンス　Florence
ブローワー　blower
フローン　flown
ブローン　blown, brawn
プローン　prawn, prone
フローント　flaunt
ブロガー　blogger
プロカイン　procaine
プロカインアミド　procainamide
プロガストリン　progastrin
プロカリオート　prokaryote
プロカルバジン　procarbazine
フロキシン　phloxine
プロキュア　procure
プロキュアメント　procurement
プロキュアラー　procurer
プロキュアラブル　procurable
プロキュアレス　procuress
フロキュレーション　flocculation
フロキュレート　flocculate
フロキュレント　flocculent
ブログ　blog　⇨ウェブログ
プログアニル　proguanil
ブログサイト　blogsite
プロクシー　proxy
プロクシー・ファイト　proxy fight
プロクシマル　proximal
プロクシミティー　proximity
プロクシメート　proximate
プロクシモ　proximo
プロクセミクス　proxemics
プロクター　proctor
プロクター・アンド・ギャンブル　Procter & Gamble, P&G
プロクトロジー　proctology
プログナサス　prognathous
プロクネ　Procne
プログノーシス　prognosis
プログノスティケーション　prognostication
プログノスティケーター　prognosticator
プログノスティケーティブ　prognosticative
プログノスティケート　prognosticate
プログノスティック　prognostic
フロクマリン　furocoumarin
プロクラスティアン　Procrustean
プロクラスティネーション　procrastination
プロクラスティネート　procrastinate
プログラマー　programmer, -gramer
プログラマティック　programmatic
プログラマビリティー　programmability
プログラマブル　programmable, -gramable
プログラミング　programming, -graming
プログラム　program, -gramme
プログラム・ディレクター　program director
プログラムド・コース　programmed course
プログラムド・ラーニング　programmed learning
プログラム・ピクチャー　program picture
プログラム・ミュージック　program music
プロクラメーション　proclamation
プロクリエーション　procreation
プロクリエート　procreate
プロクリット　Procrit
プロクリビティー　proclivity
プロクレーム　proclaim
プログレス　progress
プログレッシビズム　progressivism
プログレッシブ　progressive
プログレッシブ・ロック　progressive rock
プログレッション　progression

プロ・グロース　pro-growth
プロクロルペマジン　prochlorpemazine
プロクロルペラジン　prochlorperazine
ブロケーデッド　brocaded
ブロケード　brocade
プロゲスチン　progestin
プロゲステーショナル　progestational
プロゲステロン　progesterone
プロゲストゲン　progestogen, -ta-
プロケッズ　PRO-Keds
ブロコー　Brokaw
ブロゴスフィア　blogosphere
プロコラーゲン　procollagen
プロコンスル　proconsul
プロザック　Prozac
プロシア　Prussia
プロシアン　Prussian
プロシアン・ブルー　Prussian blue
プロシージャー　procedure
プロシージュラル　procedural
プロシーズ　proceeds
プロシーディング　proceeding
プロシード　proceed
プロジェクショニスト　projectionist
プロジェクション　projection
プロジェクション・ブース　projection booth
プロジェクター　projector
プロジェクタイル　projectile
プロジェクティブ　projective
プロジェクティル　projectile
プロジェクティング　projecting
プロジェクト　project
ブロシェット　brochette
プロジェニー　progeny
プロジェニター　progenitor
プロシクリジン　procyclidine
プロシミドン　procymidone
ブロシャンタイト　brochantite
ブロシュアー　brochure
プロシュート　prosciutto
プロシューマー　prosumer
プロシュット　prosciutto
フロス　floss, Flos
ブロス　broth, bros.
プロスカー　Proscar
プロスクライバー　proscriber
プロスクライブ　proscribe
プロスクリプション　proscription
プロスクリプティブ　proscriptive
フロス・シルク　floss silk
プロスタグランジン　prostaglandin
プロスタシクリン　prostacyclin
プロスタティック　prostatic
プロスタテクトミー　prostatectomy
プロスタノゾール　prostanozol
フロスティー　frosty
プロスティテューション　prostitution
プロスティテュート　prostitute
フロスティング　frosting
プロステート　prostate
プロステート・グランド　prostate gland
プロステシス　prosthesis
フロステッド　frosted
プロステティック　prosthetic
フロスト　frost, Frost
プロスト　Prost
フロストバイト　frostbite
フロストバウンド　frostbound
フロスト・ヒーブ　frost heave
フロストベルト　Frostbelt
プロストレーション　prostration
プロストレート　prostrate
フロストワーク　frostwork
プロスパー　prosper
プロスペクター　prospector
プロスペクタス　prospectus
プロスペクティブ　prospective
プロスペクト　prospect
プロスペラス　prosperous
プロスペリティー　prosperity
プロスペロー　Prospero
プロゼイック　prosaic
プロセキューション　prosecution
プロセキューター　prosecutor
プロセキューティング・アトーニー
prosecuting attorney
プロセキュート　prosecute
プロセクション　prosection
プロセクレチン　prosecretin
プロセシング　processing
プロセス　process
プロセス・チーズ　process cheese
プロセッコ　prosecco
プロセッサー　processor

プロセッサブル　processable
プロセッショナル　processional
プロセッション　procession
プロセッシング　processing
プロセニアム　proscenium
フロセミド　furosemide, frusemide
プロセラ　Procera
プロセライト　proselyte
プロセリタイザー　proselytizer
プロセリタイズ　proselytize
プロセリタイゼーション　proselytization
プロセルピナ　Proserpina
プロソディー　prosody
プロソディック　prosodic
プロタイド　protide
プロダクション　production
プロダクション・エフィシェンシー　production efficiency
プロダクション・コスト　production cost
プロダクション・システム　production system
プロダクション・ライン　production line
プロダクション・レベリング　production leveling
プロダクタイズ　productize
プロダクツ　products
プロダクティビティー　productivity
プロダクティブ　productive
プロダクト　product
プロダクト・アド　product ad
プロダクト・マネージャー　product manager
プロダクト・ライアビリティー　product liability
プロタゴニスト　protagonist
プロタシス　protasis
プロタミン　protamine
プロチウム　protium
ブロチェタ　brocheta
プロチオナミド　prothionamide
プロチニウム　protinium
プロ・チョイサー　pro-choicer
プロ・チョイス　pro-choice
ブロッカー　blocker
ブロッキー　blocky
ブロッキッシュ　blockish
フロッキュレント　flocculent
フロッギング　flogging
フロック　flock, floc, frock, fluke
フロッグ　frog, flog
ブロック　block, bloc, bullock
フロッグ・キック　frog kick
ブロック・キャピタル　block capital
フロック・コート　frock coat
ブロック・シグナル　block signal
ブロック・システム　block system
フロックス　phlox
フロッグ・スポーン　frog spawn
ブロック・ダイアグラム　block diagram
ブロックチェーン　blockchain
フロッグド　frogged
ブロックハウス　blockhouse
ブロックバスター　blockbuster
ブロックバスティング　blockbusting
フロッグフィッシュ　frogfish
ブロック・プリンティング　block printing
ブロック・プリント　block print
ブロックヘッド　blockhead
ブロック・ボート　block vote
フロッグマーチ　frogmarch
フロッグマン　frogman
ブロック・レター　block letter
ブロッケージ　blockage
ブロッケーダー　blockader
ブロッケード　blockade
ブロッケード・ランナー　blockade-runner
ブロッコフラワー　broccoflower
ブロッコリー　broccoli
ブロッサミー　blossomy
ブロッサム　blossom
フロッシー　flossy, Flossie
ブロッター　blotter
プロッター　plotter
プロッダー　plodder
フロッタージュ　frottage
ブロッチ　blotch
ブロッチー　blotchy
ブロッティング・ペーパー　blotting paper
ブロット　blot, blotto
プロット　plot
プロッド　plod, prod
フロットサム　flotsam
プロットライン　plotline
プロットレス　plotless

フロッピー floppy
フロッピー・ディスク floppy disk
フロップ flop
ブロッブ blob
プロップ prop, plop
プロップ・アート plop art
フロップオーバー flopover
プロップジェット propjet
フロップス flops, FLOPS
フロップハウス flophouse
プロップマン propman
プロテア protea
プロテアーゼ protease
プロテアソーム proteasome
ブロディ Brody
プロディ Prodi
フロティーラ flotilla
プロディガリティー prodigality
プロディガル prodigal
プロディジー prodigy
プロディジャス prodigious
プロテイナーゼ proteinase
プロテイン protein
プロテウス Proteus
プロテオース proteose
プロテオーム proteome
プロテオグリカン proteoglycan
プロテオホルモン proteohormone
プロテオミクス proteomics
プロテオリピン proteolipin
プロテクショニスト protectionist
プロテクショニズム protectionism
プロテクション protection
プロテクション・ラケット protection racket
プロテクター protector
プロテクタント protectant
プロテクティブ protective
プロテクティブ・カスタディ protective custody
プロテクティブ・カラリング protective coloring
プロテクティブ・カラレーション protective coloration
プロテクティブ・タリフ protective tariff
プロテクト protect
プロテクトレート protectorate
プロテジェ protégé
プロテスター protester, -tor
プロテスタンティズム Protestantism
プロテスタント Protestant
プロテステーション protestation
プロテスト protest
プロデモクラシー prodemocracy
プロデモクラティック prodemocratic
プロデューサー producer
プロデューサー・ガス producer gas
プロデューサー・グッズ producer goods
プロデューサーズ・グッズ producer's goods
プロデューシビリティー producibility
プロデューシブル producible
プロデュース produce
プロテューベランス protuberance
プロテューベラント protuberant
プロテロゾイック Proterozoic
プロト prot-, proto-
プロトアクチニウム protactinium
プロトウイルス protovirus
ブロドゥリ・アングレーズ broderie anglaise
プロトゲン protogen
プロトコル protocol
プロトスタイリッド protostylid
プロトスパズム protospasm
プロトゾーアン protozoan
プロトゾーオン protozoon
プロトタイプ prototype
プロトティピカル prototypical
プロトトロピー prototropy
プロトネーション protonation
プロトネート protonate
フロド・バギンズ Frodo Baggins
プロトパム Protopam
プロトピン protopine
プロトフィラメント protofilament
プロトプラスト protoplast
プロトプラズマティック protoplasmatic
プロトプラズミック protoplasmic
プロトプラズム protoplasm
プロトプロテオース protoproteose
プロトペクチン protopectin
プロトヘミン protohemin
プロトベラトリン protoveratrine
プロトポルフィリン protoporphyrin
プロトラクション protraction
プロトラクター protractor

プロトラクタイル　protractile
プロトラクティブ　protractive
プロトラクティル　protractile
プロトラクト　protract
プロドラッグ　prodrug
プロトリプチリン　protriptyline
プロトルーシブ　protrusive
プロトルージョン　protrusion
プロトルード　protrude
プロトロンビン　prothrombin
プロトン　proton
プロナーゼ　pronase
プロナウン　pronoun
プロナウンサブル　pronounceable
プロナウンス　pronounce
プロナウンスト　pronounced
プロナウンスメント　pronouncement
プロナミド　pronamide
プロナンシエーション　pronunciation
フロネシス　phronesis
プロネタロール　pronethalol
プロノミナル　pronominal
プロパー　proper
プロパージン　properdin
プロパー・タックス　property tax
プロパー・ナウン　proper noun
プロパー・ネーム　proper name
プロバービアル　proverbial
プロ・バーブ　pro-verb
プロバーブ　proverb
プロパー・フラクション　proper fraction
プロパー・モーション　proper motion
プロバイオティクス　probiotics
プロバイゾー　proviso
プロバイゾリー　provisory
プロバイダー　provider
プロバイディング　providing
プロバイデッド　provided
プロバイド　provide
プロパウンド　propound
プロパガブル　propagable
プロパガンダ　propaganda
プロパガンダイズ　propagandize
プロパガンディスティック　propagandistic
プロパガンディスト　propagandist
プロバクテリオファージ　probacteriophage
プロパゲーション　propagation
プロパゲーター　propagator
プロパゲート　propagate
プロパティー　property
プロパティード　propertied
プロパティー・マン　property man
プロパナール　propanal
プロパニル　propanil
プロパノール　propanol
プロパノリド　propanolide
プロパノン　propanone
プロバビリスティック　probabilistic
プロバビリスト　probabilist
プロバビリズム　probabilism
プロバビリティー　probability
プロバブリー　probably
プロバブル　probable
プロパミジン　propamidine
プロパリー　properly
プロパルシブ　propulsive
プロパルション　propulsion
プロバルビタール　probarbital
プロパン　propane
プロパンガス　Propangas
プロバング　probang
プロバンサル　Provençal
プロパンジオール　propandiol
プロバンス　Provence
ブロビエーション　bloviation
ブロビエーター　bloviator
ブロビエート　bloviate
プロピオニル　propionyl
プロピオフェノン　propiophenone
プロピオマジン　propiomazine
プロピオラクトン　propiolactone
プロピオンアルデヒド　propionaldehyde
プロピザミド　propyzamide
プロピシアトリー　propitiatory
プロピシエーション　propitiation
プロピシエート　propitiate
プロピシャス　propitious
プロビジョナル　provisional
プロビジョニング　provisioning
プロビジョン　provision
プロビタミン　provitamin
プロビット　probit
プロビデンシャル　providential
プロビデンス　providence, Providence

プロビデント provident
プロヒビショニスト prohibitionist
プロヒビション prohibition
プロヒビット prohibit
プロヒビティブ prohibitive
プロヒビトリー prohibitory
プロピフェナゾン propyphenazone
プロヒューモ Profumo
プロピル propyl
プロピルアミン propylamine
プロピルパラベン propylparaben
プロピルヘキセドリン propylhexedrine
プロピレン propylene
プロピレンイミン propyleneimine
プロピレングリコール propylene glycol
プロピンクイティー propinquity
プロビンシャリズム provincialism
プロビンシャリティー provinciality
プロビンシャル provincial
プロビンス province
プロフ ⇨プロフィール
プロファー proffer
プロファージ prophage
プロファーメント proferment
プロファイラー profiler
プロファイリング profiling
プロファイル profile
プロファウンド profound
プロファウンドリー profoundly
プロファチ Profaci
プロファニティー profanity
プロファネーション profanation
プロ・ファミリー pro-family
プロファンディティー profundity
プロフィール profile
プロフィシェンシー proficiency
プロフィシェント proficient
プロフィタビリティー profitability
プロフィタブル profitable
プロフィット profit
プロフィット・シェアリング profit sharing
プロフィット・マージン profit margin
プロフィットレス profitless
プロフィティア profiteer
プロフィトロール profiterole
プロフィラクシス prophylaxis
プロフィラクティック prophylactic
プロフィル profile
プロフェーン profane
プロフェサイ prophesy
プロフェシー prophecy
プロフェス profess
プロフェスト professed
プロフェストリー professedly
プロフェソーリアル professorial
プロフェッサー professor
プロフェッサーシップ professorship
プロフェッショナライズ professionalize
プロフェッショナライゼーション professionalization
プロフェッショナリズム professionalism
プロフェッショナリゼーション professinalization
プロフェッショナル professional
プロフェッション profession
プロフェット prophet
プロフェティカル prophetical
プロフェティック prophetic
プロフェテス prophetess
プロ・フォーマ pro forma
プロブコール probucol
フロプシー Flopsy
フロプティカル・ディスク floptical disk
ブロブディンナギアン Brobdingnagian
ブロブディンナグ Brobdingnag, -dig-
プロプトメーター proptometer
プロブナンス provenance
プロフュージョン profusion
プロフュース profuse
プロプライエター proprietor
プロプライエターシップ proprietorship
プロプライエタリー proprietary
プロプライエティー propriety
プロプライエトリアル proprietorial
プロプライエトレス proprietress
プロプラノロール propranolol
プロフラビン proflavine
プロフリガシー profligacy
プロフリゲート profligate
プロブレマティカル problematical
プロブレマティック problematic
プロブレム problem
プロプロテイン proprotein
プロベーショナー probationer

プロベーショナリー　probationary
プロベーション　probation
プロベーション・オフィサー　probation officer
プロベート　probate
フロベール　Flaubert
プロペシア　Propecia
プロペナール　propenal
プロベナンス　provenance
プロペニル　propenyl
プロベネシッド　probenecid
プロペラ　propeller, -lor
プロペラント　propellant, -lent
プロペリシアジン　propericyazine
プロペリング・ペンシル　propelling pencil
プロペル　propel
プロペレント　propellant, -lent
プロペン　propene
プロペンアミド　propenamide
プロペンシティー　propensity
プロベンダー　provender
プロペンニトリル　propenenitrile
プロボーキング　provoking
プロボーク　provoke
プロポーザー　proposer
プロポーザル　proposal
プロポーショナル　proportional
プロポーショナル・レプリゼンテーション　proportional representation
プロポーショネート　proportionate
プロポーション　proportion
プロポーションド　proportioned
プロポーズ　propose
プロポーネント　proponent
プロボカティブ　provocative
プロポキシフェン　propoxyphene
プロポクサー　propoxur
プロボケーション　provocation
プロポジション　proposition
プロボシス　proboscis
プロボシス・モンキー　proboscis monkey
プロボスト　provost
プロボスト・ガード　provost guard
プロボスト・マーシャル　provost marshal
プロ・ボノ　pro bono
プロポフォール　propofol
プロポリス　propolis
プロホルモン　prohormone
プロボローネ　provolone
プロホロフ　Prokhorov
フロマージュ　fromage
ブロマール　bromal
ブロマイド　bromide
ブロマイド・ペーパー　bromide paper
プロマジン　promazine
ブロマゼパム　bromazepam
プロマルゲーション　promulgation
プロマルゲーター　promulgator
プロマルゲート　promulgate
ブロマンス　bromance
ブロマンタン　bromantan
プロミーシアン　Promethean
プロミシング　promising
プロミス　promise
プロミスキュアス　promiscuous
プロミスキュイティー　promiscuity
プロミスト・ランド　Promised Land
プロミス・リング　promise ring
プロミゾール　Promizole
プロミソリー　promissory
ブロミック　bromic
ブロミディック　bromidic
ブロミド　bromide
ブロミネーション　bromination
ブロミネート　brominate
プロミネンス　prominence
プロミネント　prominent
ブロミン　bromine
プロミン　promine
フロム　from, Flåm, Fromm
プロム　prom
プロムナード　promenade
プロムナード・コンサート　promenade concert
プロムナード・デッキ　promenade deck
プロムネーダー　promenader
ブロムフィールド　Bromfield
ブロムフェニルアミン　brompheniramine
ブロムヘキシン　bromhexine
ブロムペリドール　bromperidol
ブロムリー　Bromley
ブロメート　bromate
プロメタジン　promethazine
プロメチウム　promethium

プロメテウス　Prometheus
プロメトリン　prometryn
ブロメライン　bromelain
プロモ　promo
ブロモアセトン　bromoacetone
ブロモウラシル　bromouracil
ブロモエチレン　bromoethylene
ブロモエテン　bromoethene
プロモーショナル　promotional
プロモーション　promotion
プロモーター　promoter
プロモーティブ　promotive
プロモート　promote
フロモキセフ　flomoxef
ブロモクリプチン　bromocriptine, -cryp-
ブロモクレゾール・グリーン　bromocresol green
ブロモクレゾール・パープル　bromocresol purple
ブロモジフルオロエタン　bromodifluoroethane
ブロモジフルオロプロパン　bromodifluoropropane
ブロモジフルオロメタン　bromodifluoromethane
ブロモプロパン　bromopropane
ブロモホルム　bromoform
ブロモメタン　bromomethane
フロモントー　Fromonteau
プロモントリー　promontory
プロ・ライフ　pro-life
プロ・ライファー　pro-lifer
プロラクチノーマ　prolactinoma
プロラクチン　prolactin
プロラミン　prolamin
プロラン　prolan
フロリアノポリス　Florianópolis
フロリアン　Florian
ブロリー　brolly
フロリジン　phlorizin
フロリスト　florist
フロリダ　Florida
プロリダーゼ　prolidase
フロリダン　Floridan
フロリック　frolic
フロリックサム　frolicsome
プロリックス　prolix
フロリディアン　Floridian
フロリディティー　floridity
プロリナーゼ　prolinase
プロリフィック　prolific
プロリフェレーション　proliferation
プロリフェレート　proliferate
プロリル　prolyl
プロリン　proline
プロリンタン　prolintane
プロレーション　proration
プロレータブル　proratable
プロレート　prorate
プロレタリア　proletarian, Proletarier
プロレタリアート　proletariat, -ate
プロレタリアン　proletarian
フロレチン　phloretin
フロレッセンス　florescence
フロレッセント　florescence
フロレナ　Florena
フロレンティン　Florentine
プロローグ　prologue, -log
フロログルシノール　phloroglucinol
フロログルシン　phloroglucin
プロロゲーション　prorogation
プロ・ロック　pro-lock
プロロング　prolong
プロロングド　prolonged
プロロンゲーション　prolongation
フロン　⇨クロロフルオロカーボン
プロンカー　plonker
ブロンカイティス　bronchitis
ブロンキ　bronchi
ブロンキアル　bronchial
ブロンキティック　bronchitic
プロンク　plonk
プロング　prong
ブロンクス　Bronx, bronchus
ブロンクス・チアー　Bronx cheer
プロングド　pronged
プロングホーン　pronghorn
ブロンコ　bronco
ブロンコバスター　broncobuster
ブロンズ　bronze
ブロンズ・エイジ　Bronze Age
ブロンズベリー　Brondesbury
ブロンズ・メダル　bronze medal
ブロンソン　Bronson

フロンタル frontal
ブロンテ Brontë
フロンティア frontier
フロンティア・スピリット frontier spirit
フロンティアマン frontiersman
ブロンディー Blondie
フロンティスピース frontispiece
フロンテージ frontage
フロンテージ・ロード frontage road
フロント front
フロンド frond
ブロンド blond, blonde
プロント pronto
フロント・エンド front end
フロント・オフィス front office
ブロントサウルス brontosaurus, brontosaur
プロントジル prontosil
フロント・デスク front desk
フロント・ドア front door
フロント・バーナー front burner
フロント・バウエル front vowel
フロント・ページ front page, front-page
フロント・ベンチ front bench
フロント・ベンチャー front bencher
フロント・マター front matter
フロント・マネー front money
フロント・マン front man
フロント・ヤード front yard
フロント・ライン front line, frontline
フロントラッシュ frontlash
フロント・ランナー front-runner
フロント・ルーム front room
フロントレット frontlet
フロント・ロード front-load
プロンプター prompter
プロンプティテュード promptitude
プロンプト prompt
フワン・ホー Hwang Ho
フン Hun
ブンゼン・バーナー Bunsen burner
ブンタウ Vung Tau
ブンデスターグ Bundestag
ブンデスベーア Bundeswehr
ブンデスリーガ Bundesliga
プンパーニッケル pumpernickel
フンベルト Humbert
ブン・ボー・フエ bun bo hue
フンボルト Humboldt

ヘ

ヘア　hair, hare, Herr
ベア　bear, bare
ペア　pair, pear, pare
ヘアー　hair
ベアー　bear
ベアー・スターンズ　Bear Stearns
ヘアード　haired
ベアード　Baird
ヘアーワーム　hairworm
ヘア・アンド・トータス　hare and tortoise
ヘア・アンド・ハウンズ　hare and hounds
ヘア・ウィグ　hair wig
ベア・ガーデン　bear garden
ヘアカット　haircut
ヘア・キャスト　hair cast
ベアキャット　bearcat
ヘア・クラック　hair crack
ヘアクリップ　⇨バレッタ
ヘア・グリップ　hair grip
ヘアクロス　haircloth
ヘア・ケア　hair care
ペア・シェイプト　pear-shaped
ヘア・シャツ　hair shirt
ベアスキン　bearskin
ヘアスタイル　hairstyle
ヘアスプリッター　hairsplitter
ヘアスプリッティング　hairsplitting
ヘアスプリング　hairspring
ヘア・スプレー　hair spray
ヘアズブレッズ　hairsbreadth
ベア・スプレッド　bear spread
ヘア・スライド　hair slide
ヘアドゥー　hairdo
ヘア・ドライヤー　hair drier [dryer]
ベア・トラップ　bear trap
ベアトリーチェ　Beatrice
ヘア・トリガー　hair trigger, hair-trigger
ベアトリクス・ポッター　Beatrix Potter
ベアトリス　Beatrice
ヘアドレッサー　hairdresser
ヘアドレッシング　hairdressing
ペア・ドロップ　pear drop
ベア・ナックル　bare-knuckle
ベア・ナックルド　bare-knuckled
ヘアネット　hairnet
ベア・ハグ　bear hug
ベアバック　bareback
ベアバックト　barebacked
ベア・ハンデッド　bare-handed
ヘアピース　hairpiece
ヘアピン　hairpin
ベアフェイスト　barefaced
ベアフット　barefoot
ベアフットテッド　barefooted
ヘアブラシ　hairbrush
ヘアブレインド　harebrained
ヘアブレッズ　hairbreadth
ベアベイティング　bearbaiting
ベアヘッデッド　bareheaded
ベアヘッド　barehead
ベアベリー　bearberry
ヘアベル　harebell
ベアボート　bareboat
ヘアボール　hairball
ベアボーン　barebone
ベア・ボーンズ　bare bones
ペア・ボンド　pair-bond
ベア・マーケット　bear market
ヘア・マニキュア　hair manicure
ペアメイン　pearmain
ベアラー　bearer
ペアラー　parer
ヘアライク　hairlike
ヘアライン　hairline
ベアラブル　bearable
ベアリアス　various
ヘアリー　hairy
ベアリー　barely, vary

ベアリード　varied
ベアリカラード　varicolored
ベアリックス　varix
ベアリッシュ　bearish
ヘアリップ　harelip
ヘアリップト　hareliped
ベアリフォーム　variform
ベアリング　bearing, Baring
ペアリング　pairing, paring
ベアルネーズ　béarnaise
ヘア・レイジング　hair-raising
ヘアレス　hairless
ヘア・レストアラー　hair restorer
ベアレッグド　barelegged
ペアレンティング　parenting
ペアレンテッジ　parentage
ペアレント　parent
ペアレント・カンパニー　parent company
ペアレントシップ　parentship
ペアレント・ティーチャー・アソシエーション　parent-teacher association, PTA
ペアレントフッド　parenthood
ヘアワーム　hairworm
ヘイ　hay, hey, heigh
ベイ　bay
ペイ　pay
ペイアウト　payout
ペイ・アズ・ユー・アーン　pay-as-you-earn
ペイ・アズ・ユー・ゴー　pay-as-you-go
ペイイー　payee
ペイイング・ゲスト　paying guest
ベイ・ウインドー　bay window
ペイウォール　paywall
ヘイウッド　Haywood, Heywood
ベイ・エリア　bay area
ペイ・エンベロープ　pay envelope
ペイオーラ　payola
ペイオフ　payoff
ヘイガー　Hagar
ベイカー　baker
ベイカーズ・ダズン　baker's dozen
ベイカー・ストリート　(221b) Baker Street
ベイカリー　bakery
ヘイキ・コバライネン　Heikki Kovalainen
ベイキング　baking
ベイキング・ソーダ　baking soda
ベイキング・パウダー　baking powder
ヘイク　hake
ヘイグ　Haig
ベイク　bake
ベイクショップ　bakeshop
ベイクト　baked
ペイ・クレーム　pay claim
ヘイコック　haycock
ベイザー　bather
ベイサル　basal, vasal
ベイザル　vasal
ベイサル・メタボリズム　basal metabolism
ヘイジー　hazy
ベイシー　Basie
ヘイシード　hayseed
ペイシェンス　patience
ペイシェント　patient
ベイシカリー　basically
ベイシス　basis
ベイシック　basic, BASIC, Basic
ベイ・シティ・ローラーズ　Bay City Rollers
ベイジン　Beijing
ベイジンガー　Beijinger
ベイジング　bathing
ベイジング・キャップ　bathing cap
ベイジング・コスチューム　bathing costume
ベイジング・スーツ　bathing suit
ベイジング・ビューティー　bathing beauty
ベイジング・マシーン　bathing machine
ヘイズ　haze, Hayes
ベイズ　bathe, Bayes
ベイズウォーター　Bayswater
ヘイスタック　haystack
ヘイスティー　hasty
ヘイスティー・プディング　hasty pudding
ペイ・ステーション　pay station
ヘイスト　haste
ペイ・スリップ　pay slip
ヘイズル　hazel
ヘイズル・グラウス　hazel grouse
ヘイズルナッツ　hazelnut
ヘイスン　hasten
ベイスン　basin
ヘイゼル　hazel
ヘイゼル・グラウス　hazel grouse
ヘイゼルナッツ　hazelnut
ヘイター　hater
ペイター　Pater

ペイ・ダート　pay dirt
ペイチェック　paycheck
ベイツ　Bates
ベイ・ツリー　bay tree
ヘイデイ　heyday, heydey
ペイデー　payday
ヘイデン　Hayden
ヘイト　hate
ベイト　bait
ベイド　bade
ペイド　paid
ヘイト・アシュベリー　Haight-Ashbury
ペイド・アップ　paid-up
ベイト・アンド・スイッチ　bait and switch
ベイドース　vadose
ヘイト・クライム　hate crime
ヘイトフル　hateful
ヘイトモンガー　hatemonger
ヘイトリッド　hatred
ペイトン・プレイス　Peyton Place
ベイナー　Boehner
ベイナイト　bainite
ペイナイト　painite
ヘイナス　heinous
ベイニング　veining
ペイネ　Peynet
ヘイバー　haver
ペイ・パー・クリック　pay-per-click
ペイ・パケット　pay packet
ペイ・バック　payback
ヘイバリング　Havering
ペイパル　PayPal
ベイビー　baby
ベイビーフェイス　Babyface
ベイブ　babe
ヘイ・フィーバー　hay fever
ヘイフィールド　hayfield
ヘイフォーク　hayfork
ペイ・フォーン　pay phone
ベイブ・ルース　Babe Ruth
ヘイブン　haven
ペイ・ベッド　pay bed
ヘイペニー　halfpenny
ヘイペニワース　halfpennyworth
ベイベリー　bayberry
ヘイマーケット　Haymarket
ヘイマウ　haymow
ペイマスター　paymaster
ペイマスター・ジェネラル　Paymaster General
ヘイミッシュ　Hamish
ヘイメーカー　haymaker
ヘイメーキング　haymaker
ペイメント　payment
ペイヤー　payer
ペイヤブル　payable
ペイヨーテ　peyote
ベイラー　baler, Baylor
ヘイライド　hayride
ヘイラック　hayrack
ベイラブル　bailable
ベイラム　bay rum
ベイラム・ツリー　bay-rum tree
ヘイリー　Hailey, Haley, Hayley
ベイリー　bailey, Bailey, Baily, Baillie
ベイ・リーフ　bay leaf
ベイリー・ブリッジ　Bailey bridge
ベイリオル　Balliol
ヘイリック　hayrick
ベイリフ　bailiff
ペイリン　Palin
ペイリング　paling
ヘイル　hail, hale
ベイル　bail, bale
ペイル　pale, pail
ベイルアウト　bailout
ベイルアウト・ボンド　bailout bond
ベイルート　Beirut, Bayrut, Beyrouth
ヘイルストーム　hailstorm
ヘイルストーン　hailstone
ベイルズマン　bailsman
ベイルドナイト　bayldonite
ペイルフェース　paleface
ヘイル・フェロー　hail-fellow(-well-met)
ベイルフル　baleful
ペイルフル　pailful
ヘイル・メアリー　Hail Mary
ベイルメント　bailment
ペイロード　payload
ペイロール　payroll
ヘイロフト　hayloft
ヘイロンチャン　Heilongjiang
ヘイワース　Hayworth
ヘイワイヤー　haywire

ベイン　vain, vane, vein, Bain
ペイン　pain, pane, Paine, Payne
ペインキラー　painkiller
ペイン・クリニック　pain clinic
ベイングローリアス　vainglorious
ベイングローリー　vainglory
ヘインズ　Hanes, Haynes
ベインズ　Bains
ペインズテーキング　painstaking
ペインター　painter
ペインターリー　painterly
ペインティング　painting
ベインド　veined
ペイント　paint
ペインド　pained
ペイントブラシ　paintbrush
ペイントボール　paintball
ペイント・ボックス　paint box
ペイント・ローラー　paint roller
ペイントワーク　paintwork
ベインブリッジ　Bainbridge
ペインフル　painful
ペインレス　painless
ベインレット　veinlet
ヘヴィ　heavy
ベウラ　Beulah
ベーオウルフ　Beowulf
ベーカー　baker, Baker
ベーカーズ・ダズン　baker's dozen
ベーカー・ストリート　(221b) Baker Street
ベーガス　vagus
ベーガス・ナーブ　vagus nerve
ペーガニズム　paganism
ベーカリー　bakery
ベーガリー　vagary
ベーガン　vegan
ペーガン　pagan
ベーカンシー　vacancy
ベーカント　vacant
ベーカント・ポゼッション　vacant possession
ベーキング　baking
ベーキング・ソーダ　baking soda
ベーキング・パウダー　baking powder
ベーク　bake
ベーグ　vague
ベークショップ　bakeshop
ベークト　baked
ベークド・アラスカ　baked Alaska
ベークト・ビーンズ　baked beans
ベークド・ポテト　baked potato
ベーグネス　vagueness
ベークハウス　bakehouse
ベークライト　Bakelite
ベーグランシー　vagrancy
ベーグラント　vagrant
ベーグル　bagel, bei-
ベーケート　vacate
ヘーゲリアン　Hegelian
ヘーゲル　Hegel
ペーコス・ビル　Pecos Bill
ベーコニアン　Baconian
ベーコン　bacon, Bacon
ペーサー　pacer
ベーサル　basal
ベーサル・メタボリズム　basal metabolism
ペーシ　pace
ページ　page, Paige
ペーシー　pacy, pacey
ペーシェンス　patience
ペーシェント　patient
ページェント　pageant
ページェントリー　pageantry
ベーシカリー　basically
ベーシス　basis
ベーシスト　bassist
ページ・スリー・ガール　page three girl
ページ・ターナー　page-turner
ベーシック　basic, BASIC, Basic
ベーシック・イングリッシュ　Basic English
ページ・ビュー　page view
ページ・プリンター　page printer
ページ・ボーイ　page boy
ページャー　pager
ベージュ　beige
ベージュ・ブック　beige book
ページランク　PageRank
ページング　paging
ベージング・スーツ　bathing suit
ヘーズ　haze
ベース　base, bass
ベーズ　vase, baize
ペース　pace
ベース・ギター　bass guitar

ベース・キャンプ　base camp
ベース・クラス　base class
ベース・クレフ　bass clef
ベース・コート　base coat
ペースセッター　pacesetter
ベースター　baster
ペースティー　pasty
ペースティー・フェースト　pasty-faced
ヘースティングズ　Hastings
ベースト　based, baste
ペースト　paste
ペーストアップ　pasteup
ペーストボード　pasteboard
ベース・ドラム　bass drum
ペーストリー　pastry
ペーストリークック　pastrycook
ベースバンド　baseband
ベース・ビオール　bass viol
ベース・ヒット　base hit
ベースボード　baseboard
ベースボール　baseball
ベース・ホルン　bass horn
ベースマン　baseman
ペースメーカー　pacemaker
ベースメント　basement
ベースメント・ジャックス　Basement Jaxx
ベースライン　baseline
ベース・ランナー　base runner
ベースランニング　baserunning
ペーズリー　paisley, Paisley
ペーズリー・パターン　paisley pattern
ベース・レート　base rate
ベースレス　baseless
ベースン　basin
ヘーゼル　hazel
ヘーゼルナッツ　hazelnut
ベーソス　bathos
ペーソス　pathos
ベータ　beta
ベーダ　Veda
ペーター　pater, Peter
ベータ・カロチン　beta-carotene
ベータキソロール　betaxolol
ベータ・グルカン　beta-glucan
ベータトロン　betatron
ベータ・パーティクル　beta particle
ベータ・ブロッカー　beta-blocker
ベータマックス　Betamax
ベータ・リーダー　beta reader
ベータ・レイ　beta ray
ベーチェット　Behçet
ベード　bade
ペート　pate
ベートーベン　Beethoven
ベーネバー　Beneba
ベーパー　vapor, vapour
ペーバー　paver
ペーパー　paper
ペーパーウェイト　paperweight
ペーパー・カッター　paper cutter
ペーパー・カンパニー　paper company
ペーパー・クラフト　paper craft
ペーパー・クリップ　paper clip
ペーパー・シン　paper-thin
ペーパー・タイガー　paper tiger
ペーパー・タトゥー　paper tattoo
ペーパー・チェイス　paper chase
ペーパー・ドール　paper doll
ベーパー・トレール　vapor trail
ペーパー・ナイフ　paper knife
ペーパー・ノーティラス　paper nautilus
ベーパー・バス　vapor bath
ペーパーバック　paperback
ペーパーバック・ライター　Paperback Writer
ペーパーハンガー　paperhanger
ペーパーハンギング　paperhanging
ペーパー・プッシャー　paper pusher
ベーパー・プレッシャー　vapor pressure
ペーパーボーイ　paperboy
ペーパーボード　paperboard
ペーパー・マネー　paper money
ペーパー・ラウンド　paper round
ペーパーレス　paperless
ペーパーワーク　paperwork
ペーパシー　papacy
ベーパライザー　vaporizer
ベーパライズ　vaporize
ベーパライゼーション　vaporization
ベーパラス　vaporous
ペーパリー　papery
ベーパリッシュ　vaporish
ペーパル　papal
ペーパル・クロス　papal cross
ペーピスト　papist

ペービング　paving
ペービング・ストーン　paving stone
ベーブ　babe
ベープ　vape
ペーブ　pave
ペーブド　paved
ペーブメント　pavement
ペーブメント・アーティスト　pavement artist
ベーブ・ルース　Babe Ruth
ヘーベー　Hebe
ベーポライズ　vaporize
ベーポリゼーション　vaporization
ベーム　Böhm
ヘーラー　Hera
ベーラー　baler
ベーラム　bay rum
ベーラム・ツリー　bay-rum tree
ペーリー　Paley
ペーリオエコロジー　paleoecology
ペーリオエコロジカル　paleoecological
ペーリオエコロジスト　paleoecologist
ペーリオグラフィー　paleography
ペーリオシーン　Paleocene
ペーリオゾイック　Paleozoic
ペーリオリシック　Paleolithic
ペーリオントロジー　paleontology
ペーリッシュ　palish
ベーリング　Bering, veiling
ペーリング　paling
ベーリング・シー　Bering Sea
ベーリング・ストレイト　Bering Strait
ベール　veil, vale, vail, Vail
ペール　pale, pail
ベールド　veiled
ペールフェース　paleface
ペールフル　pailful
ペール・ペッテルソン　Per Petterson
ベール・リーブル　vers libre
ベーレンシー　valency
ベーレンス　valence
ベーレント　-valent
ベーン　bane
ペーン　pane
ベーンフル　baneful
ベーンベリー　baneberry
ベオグラード　Beograd, Belgrade
ベガ　Vega
ベガー　beggar
ベガーリー　beggarly, beggary
ペガサス　Pegasus
ヘカテ　Hecate
ペカディッロ　peccadillo
ヘカトゥーム　hecatomb
ペガノン　Peganone
ヘカベー　Hecuba
ペカン　pecan
ペギー　Peggy
ヘキサ　hex-, hexa-, hexo-
ヘキサグラム　hexagram
ヘキサクロロエタン　hexachloroethane
ヘキサクロロフェン　hexachlorophene
ヘキサクロロブタジエン　hexachlorobutadiene
ヘキサクロロベンゼン　hexachlorobenzene
ヘキサコサン　hexacosane
ヘキサゴン　hexagon
ヘキサデカドロール　hexadecadrol
ヘキサデカン　hexadecane
ヘキサデシマル　hexadecimal
ヘキサノール　hexanol
ヘキサビタミン　hexavitamin
ヘキサヒドロキシシクロヘキサン　hexahydroxycyclohexane
ヘキサヒドロチモール　hexahydrothymol
ヘキサベーレント　hexavalent
ヘキサヘドロン　hexahedron
ヘキサペプチド　hexapeptide
ヘキサポッド　hexapod
ヘキサミン　hexamine
ヘキサメター　hexameter
ヘキサメトニウム　hexamethonium
ヘキサン　hexane
ヘキシトール　hexitol
ヘキシル　hexyl
ヘキシルレゾルシノール　hexylresorcinol
ヘキシレン　hexylene
ヘキセストロール　hexestrol, hexoestrol
ヘキセン　hexene
ヘキソーゲン　hexogen
ヘキソース　hexose
ヘキソキナーゼ　hexokinase
ヘキソゲン　hexogen
ヘキソサミニダーゼ　hexosaminidase

ヘキソサミン　hexosamine
ヘキソサン　hexosan
ヘキソバルビタール　hexobarbital
ヘキソン　hexone
ペキニーズ　Pekingese
ペキューニアリー　pecuniary
ペキュリアー　peculiar
ペキュリアリー　peculiarly
ペキュリアリティー　peculiarity
ペキュレーション　peculation
ペキュレート　peculate
ベギン　Begin
ペキン　Peking　⇨ベイジン
ペキンダック　Peking duck
ペキン・マン　Peking man
ペク　pec
ペグ　peg, Peg
ヘクサ　hex-, hexa-, hexo-
ヘクサグラム　hexagram
ヘクサゴン　hexagon
ヘクサデシマル　hexadecimal
ヘクサテューク　Hexateuch
ヘクサベーレント　hexavalent
ヘクサヘドロン　hexahedron
ヘクサポッド　hexapod
ヘクサメター　hexameter
ベクスト　vexed
ベクスリー　Bexley
ベクスレー　Bexley
ベクセーシャス　vexatious
ベクセーション　vexation
ベクセル　Vexel
ヘクター　Hector
ベクター　vector
ベクター・グラフィックス　vector graphics
ペクターゼ　pectase
ヘクタール　hectare
ペクチナーゼ　pectinase
ペクチノゲン　pectinogen
ペクチン　pectin
ヘクティック　hectic
ヘクト　hect-, hecto-
ペクトーゼ　pectose
ヘクトグラム　hectogram, -gramme
ペグ・トップ　peg top, peg-top
ペグ・トップト　peg-topped
ヘクトパスカル　hectopascal
ヘクトメートル　hectometer, -metre
ヘクトライト　hectorite
ペクトラル　pectoral
ヘクトリットル　hectoliter, -litre
ヘクトル　hector
ベクトル　vector
ヘクバ　Hecuba
ペグフィルグラスチム　pegfilgrastim
ペグボード　pegboard
ペグ・レッグ　peg leg
ベクレル　becquerel
ベクロメタゾン　beclomethasone
ベケット　Beckett
ヘゲモニー　hegemony
ヘゲモニズム　hegemonism
ヘゲモン　Hegemon
ベゴ　vego
ペコー　pekoe
ベコジ　Bekoji
ベコナーゼ　Beconase
ベゴニア　begonia
ペコリーノ　pecorino
ベコン　beckon
ヘザー　heather
ヘザー・ミクスチャー　heather mixture
ベサニー　Bethany
ヘザリー　heathery
ペザント　peasant
ペザントリー　peasantry
ヘシアン・クロス　Hessian cloth
ヘシアン・ブーツ　Hessian boots
ベジー　veggie, vegie, veggy
ベジーク　bezique
ベジェ　Bezier
ベシカル　vesical
ベシキュラー　vesicular
ベシクル　vesicle
ベジタティブ　vegetative
ベジタブル　vegetable
ベジタブル・ガーデン　vegetable garden
ベジタブル・スポンジ　vegetable sponge
ベジタブル・マロー　vegetable marrow
ベジタリアニズム　vegetarianism
ベジタリアン　vegetarian
ヘジタンシー　hesitancy
ヘジタンス　hesitance
ヘジタント　hesitant

ベジテーショナル vegetational
ヘジテーション hesitation
ベジテーション vegetation
ベジテーティブ vegetative
ヘジテート hesitate
ベジテート vegetate
ベジバーガー vegeburger
ベジマイト Vegemite
ペシミスティック pessimistic
ペシミスト pessimist
ペシミズム pessimism
ベジャール Béjart
ベシャメル béchamel
ベシャメル・ソース béchamel sauce
ペシャワール Peshawar
ペジョーラティブ pejorative
ベス Bess, Beth
ペスカタリアン pescatarian
ペスカトーレ pescatore
ペスカラ Pescara
ペスキー pesky
ベスタ Vesta
ヘスター Hester, Hesther
ベスター bester, Bester
ペスター pester
ヘスター・プリン Hester Prynne
ベスタル vestal
ベスタル・バージン vestal virgin
ペスタロッチ Pestalozzi
ベスチアリー bestiary
ベスチャー vesture
ベスチャリティー bestiality
ベスチャル bestial
ヘスティア Hestia
ベスティアリー bestiary
ベスティアリティー bestiality
ベスティアル bestial
ベスティージ vestige
ペスティサイド pesticide
ベスティジアル vestigial
ベスティビュール vestibule
ベスティビュール・トレイン vestibule train
ベスティビュラー vestibular
ペスティフェラス pestiferous
ペスティレンシャル pestilential
ペスティレンス pestilence
ペスティレント pestilent
ベステッド・インテレスト vested interest
ベステッド・ライト vested right
ベスト best, vest
ペスト pest
ベストウ bestow
ベストウアル bestowal
ペストー pesto
ベスト・ケース best-case
ベスト・セラー best-seller
ベスト・セリング best-selling
ベスト・ビフォア・デート best before date
ベスト・ポケット vest-pocket
ベスト・マン best man
ベストメント vestment
ベストリー vestry
ペストリー pastry
ベストリーマン vestryman
ベストルー bestrew
ペストロジー pestology
ヘストン Heston
ベスナル Bethnal
ベスパ Vespa
ベスパー vesper
ベスビアナイト vesuvianite
ベスビアン Vesuvian
ベスビウス Vesuvius
ベスビオ Vesuvio
ベスプッチ Vespucci
ヘスペラス Hesperus
ヘスペリアン Hesperian
ヘスペリジン hesperidin
ヘスペリチン hesperitin
ヘスペリデス Hesperides
ヘスペレチン hesperetin
ベズル bezel
ペスル pestle
ベセスダ Bethesda
ペセタ peseta
ペセタリアン pescetarian
ベセル bethel
ペソ peso
ペソア Pessoa
ベゾス Bezos
ベター better
ペタード petard
ベター・ハーフ better half
ベターメント betterment

ベタイン betaine
ペダゴーグ pedagogue, -gog
ペダゴジー pedagogy
ペダゴジカル pedagogical
ペダゴジック pedagogic
ベタニヤ Bethany
ベタニン betanin
ペタバイト petabyte
ヘタフェ Getafe
ペタライト petalite
ペタル petal
ペダル pedal
ペタルーマ Petaluma
ペダル・スティール pedal steel
ペダル・スティール・ギター pedal steel guitar
ペタルド petal(l)ed
ペダル・ビン pedal bin
ペダル・ペール pedal pail
ペダル・ボート pedal boat
ペダロ pedalo, -allo
ペタンク pétanque
ペダンクル peduncle
ペダンティズム pedantism
ペダンティック pedantic
ペダント pedant
ペダントリー pedantry
ベチェマン Betjeman
ペチコーティズム petticoatism
ペチコート petticoat
ペチコート・ガバメント petticoat government
ペチジン pethidine
ベチバー vetiver
ペチュニア petunia
ペチュニア・ダーズリー Petunia Dursley
ペチュランス petulance
ペチュラント petulant
ベッカー Becker
ベッガー beggar
ペッカー pecker
ペッカブル peccable
ベッカム Beckham
ペッカム Peckham
ペッカリー peccary
ベッキー Becky
ペッキッシュ peckish
ペッキング・オーダー pecking order
ベッキンセイル Beckinsale
ヘック heck
ベック beck
ベッグ beg, veg
ペック peck
ペッグ peg, Peg
ベックウィス beckwith
ペック・オーダー peck order
ヘックス hex
ベックス vex
ヘックラー heckler
ヘックル heckle
ヘッケル Heckel
ベッケンバウアー Beckenbauer
ベッサラビア Bessarabia
ペッサリー pessary
ヘッジ hedge
ヘッジー hedgy
ベッシー Bessie, Bessy
ヘッジ・スパロー hedge sparrow
ヘッジ・ファンド hedge fund
ヘッジホッグ hedgehog
ヘッジホッパー hedgehopper
ヘッジホップ hedgehop
ヘッジャー hedger
ヘッジロー hedgerow
ヘッズマン headsman
ヘッセ Hesse
ベッセマー・プロセス Bessemer process
ベッセル vessel
ヘッセン・ブーツ Hessian boots
ベッソン Besson
ヘッダ Hedda
ヘッダー header
ベッダブル beddable
ベッチ vetch
ベッチン ⇨ベルベッティーン
ベッツィー Betsy, -sey
ベッティング betting
ベッディング bedding
ペッティング petting
ベッティング・ショップ betting shop
ペッティング・ズー petting zoo
ベッディング・プラント bedding plant
ヘッデッド headed
ベッテル Vettel

ペッテルソン　Petterson
ベッテルハイム　Bettelheim
ヘッド　head
ベット　bet, vet, Bette
ベッド　bed
ペット　pet
ベッド・イン　bed-in
ヘッド・ウインド　head wind
ヘッドウェイ　headway
ヘッドウェイター　headwaiter
ベッド・ウェッティング　bed-wetting
ヘッドウォーター　headwater
ヘッド・オン　head-on
ヘッド・カウント　head count
ベッドカバー　bedcover
ヘッドギア　headgear
ヘッドクオーターズ　headquarters
ベッドクローズ　bedclothes
ヘッド・ゲート　head gate
ヘッド・コールド　head cold
ベッドサイド　bedside
ベッドサイド・マナー　bedside manner
ベッド・シッター　bed-sitter
ベッド・シッティング・ルーム　bed-sitting room
ベッド・シット　bed-sit
ヘッドシップ　headship
ヘッドシュリンカー　headshrinker
ヘッドスカーフ　headscarf
ヘッド・スクラッチング　head-scratching
ヘッド・スタート　head start
ヘッドスタンド　headstand
ベッドステッド　bedstead
ヘッドストール　headstall
ヘッドストーン　headstone
ヘッドストック　headstock
ヘッドストリーム　headstream
ヘッドストロング　headstrong
ヘッドスピン　headspin
ベッドスプリング　bedspring
ベッドスプレッド　bedspread
ヘッドセット　headset
ペット・セラピー　pet therapy
ベッドソアー　bedsore
ヘッド・ターナー　head-turner
ヘッド・ターニング　head-turning
ベッドタイム　bedtime
ベッドタイム・ストーリー　bedtime story
ヘッドチーズ　headcheese
ヘッド・トゥー・ヘッド　head-to-head
ヘッド・トリップ　head trip
ヘッドドレス　headdress
ペット・ネーム　pet name
ヘッドノート　headnote
ベット・ノワール　bête noire
ベッドバグ　bedbug
ヘッド・バット　head butt
ベッドパン　bedpan
ヘッドバンガー　headbanger
ヘッドハンター　headhunter
ヘッド・ハンティング　head-hunting
ヘッド・ハント　head-hunt
ヘッドバンド　headband
ヘッドピース　headpiece
ペット・ビジネス　pet business
ヘッドピン　headpin
ヘッドファースト　headfirst
ベッドフェロー　bedfellow
ヘッドフォアモスト　headforemost
ベッドフォード　Bedford
ベッドフォードシャー　Bedfordshire
ヘッド・ボイス　head voice
ヘッドボード　headboard
ベッドポスト　bedpost
ヘッドホン　headphone
ヘッドマスター　headmaster
ヘッドマン　headman
ヘッドミストレス　headmistress
ヘッドモスト　headmost
ヘッドライト　headlight
ヘッドライナー　headliner
ヘッドライン　headline
ベッドラム　bedlam
ヘッドランド　headland
ヘッドランプ　headlamp
ベッドリドン　bedridden
ベッド・リネン　bed linen
ヘッドルーム　headroom
ベッドルーム　bedroom
ヘッドレス　headless
ヘッドレスト　headrest
ベッドロール　bedroll
ヘッドロック　headlock
ベッドロック　bedrock

ヘッドロング headlong
ヘッドワーク headwork
ヘッドワード headword
ペッパー pepper
ペッパー・アンド・ソルト pepper-and-salt
ペッパーコーン peppercorn
ペッパーコーン・レント peppercorn rent
ペッパージャック pepperjack
ペッパーボックス pepperbox
ペッパー・ポット pepper pot
ペッパー・ミル pepper mill
ペッパリー peppery
ヘップ hep
ペップ pep
ヘップキャット hepcat
ヘップスター hepster
ペップ・トーク pep talk
ヘップバーン Hepburn
ペップ・ピル pep pill
ヘップワース Hepworth
ベッリーニ Bellini
ベツレヘム Bethlehem
ベティ Bette
ペディアトリシャン pediatrician, pae-
ペディアトリック pediatric, pae-
ペディアトリックス pediatrics, pae-
ヘティー Hetty
ヘディー heady, Hedy, Heddie
ベティー Betty, -tie
ベディー veddy
ペティー petty
ベティー・クロッカー Betty Crocker
ペティート petite
ベティーナ Bettina
ペティオール petiole
ペティ・オフィサー petty officer
ヘデイキー headachy
ペティ・キャッシュ petty cash
ペディキャブ pedicab
ペディキュア pedicure
ヘデイク headache
ペディグリー pedigree
ペディグリード pedigreed
ペディクル pedicle
ペティ・ジューリー petty jury
ペティショナー petitioner
ペティショナリー petitionary
ペティション petition
ペディセル pedicel
ペティッシュ pettish
ベディビア Bedivere
ベティ・ブープ Betty Boop
ペティフォギング pettifogging
ペティフォッグ pettifog
ペディメント pediment
ペティ・ラーセニー petty larceny
ヘディング heading
ペデート pedate
ベデカー Baedeker
ペデスタル pedestal
ペデストリアン pedestrian
ペデストリアン・クロッシング pedestrian crossing
ペデストリアン・プレシンクト pedestrian precinct
ヘデック headache
ベテラン veteran
ベテラン・カー veteran car
ベテランズ・アドミニストレーション Veterans Administration
ベテランズ・デー Veterans Day
ベテリナリー veterinary
ベテリナリー・サージャン veterinary surgeon
ベテリネリアン veterinarian
ペデリン pederin
ベテル bethel
ヘテロ heter-, hetero-
ペテロ Peter
ヘテロエロティシズム heteroeroticism
ヘテロエロティズム heteroerotism
ヘテログラフト heterograft
ヘテロクロナス heterochronous
ヘテロクロニー heterochrony
ヘテロクロマチン heterochromatin
ヘテロサイクリック heterocyclic
ヘテロサイクル heterocycle
ヘテロジーニアス heterogeneous
ヘテロジェニーイティー heterogeneity
ヘテロジャンクション heterojunction
ヘテロストラクチャー heterostructure
ヘテロセクシズム heterosexism
ヘテロセクシャル heterosexual
ヘテロセクシュアリティー heterosexuality

ヘテロセクシュアル　heterosexual
ヘテロダイン　heterodyne
ヘテロドクシー　heterodoxy
ヘテロドックス　heterodox
ヘテロトピア　heterotopia
ヘテロトピー　heterotopy
ヘテロトロフィック　heterotrophic
ヘテロニム　heteronym
ヘテロフォービア　heterophobia
ヘテロポリマー　heteropolymer
ヘテロロジー　heterology
ヘドウィグ　Hedwig
ベドウィン　Bed(o)uin
ベトコン　Vietcong, Viet Cong, VC
ベトナミーズ　Vietnamese
ベトナム　Vietnam, Viet Nam
ベトナム・ウォー　Vietnam War
ヘドニズム　hedonism
ペドファイル　pedophile
ペドフィリア　pedophilia
ペドフィリアック　pedophiliac
ペドフィリック　pedophilic
ベトミン　Vietminh, Viet Minh
ペドメーター　pedometer
ペトラ　Petra
ペドラー　peddler, pedlar, -ler
ペトラエウス　Petraeus
ペドラスティー　pederasty
ペドラスト　pederast, paed-
ペトラルカ　Petrarch, Petrarca
ペトリーニ　Petrini
ペトリファイ　petrify
ペトリファイド　petrified
ペトリファクション　petrifaction
ペトリフィケーション　petrification
ベドリントン・テリア　Bedlington terrier
ペドル　peddle
ペトルーキオ　Petruchio
ペトレル　petrel
ペトロ　petr-, petri-, petro-
ペドロ　pedro, Pedro
ベトローザル　betrothal
ベトロース　betroth
ベトローズド　betrothed
ペトローリアム　petroleum
ペトローリアム・ジェリー　petroleum jelly
ペトロール　petrol
ペトロール・ステーション　petrol station
ペトログラフィー　petrography
ペトロケミカル　petrochemical
ペトロケミストリー　petrochemistry
ペトロザボーツク　Petrozavodsk
ペトロダラー　petrodollar
ペトロネラ　Petronella
ペトロパブロフスク　Petropavlovsk
ペトロブラス　Petrobrás
ペトロポリティクス　petropolitics
ペトロポリティックス　petropolitics
ペトロラタム　petrolatum
ペトロロジー　petrology
ペトロロジスト　petrologist
ヘナ　henna
ペナインズ　Pennines
ベナジル・ブット　Benazir Bhutto
ベナセラフ　Benacerraf
ヘナ・タトゥー　henna tattoo
ベナドリル　Benadryl
ペナルティー　penalty
ペナルティー・エリア　penalty area
ペナルティー・キック　penalty kick
ペナルティー・クローズ　penalty clause
ペナルティー・スロー　penalty throw
ペナルティー・ボックス　penalty box
ペナルティメート　penultimate
ペナルト　penult
ベナレス　Benares
ベナン　Benin
ペナン　Penang, Pinang
ペナンス　penance
ペナント　pennant
ペナンブラ　penumbra
ペナンブラル　penumbral
ベニア　veneer
ベニー　Benny
ペニー　penny
ペニー・アーケード　penny arcade
ペニー・イン・ザ・スロット　penny-in-the-slot
ペニーウェイト　pennyweight
ベニータ　Benita
ベニート　Benito
ペニー・ドレッドフル　penny dreadful
ベニーニ　Benini
ペニー・ピンチ　penny-pinch

ペニー・ピンチャー　penny-pincher
ペニー・ピンチング　penny-pinching
ペニー・ファージング　penny-farthing
ペニー・ヘイペニー　penny-halfpenny
ペニー・ホイッスル　penny whistle
ペニーワース　pennyworth
ペニー・ワイズ　penny-wise
ベニグナンシー　benignancy
ベニグナント　benignant
ベニグニティー　benignity
ベニグノ・アキノ　Benigno Aquino
ペニシリナーゼ　penicillinase
ペニシリン　penicillin
ベニス　Venice, Venezia
ペニス　penis
ベニソン　venison
ペニッヒ　pfennig
ペニテンシャリー　penitentiary
ペニテンシャル　penitential
ペニテンス　penitence
ペニテント　penitent
ベニトアイト　benitoite
ベニトイト　benitoite
ベニニーズ　Beninese
ペニヒ　pfennig
ベニュー　venue
ペニュリアス　penurious
ペニュリー　penury
ペニレス　penniless
ベニン　Benin
ベニング　Bening
ペニンシュラ　peninsula
ペニンシュラー　peninsular
ベニントン　Bennington
ヘネシー　Hennessy
ベネズエラ　Venezuela
ベネズエラン　Venezuelan
ベネチア　Venezia, Venice
ベネチアン　Venetian
ベネチアン・グラス　Venetian glass
ベネチアン・ブラインド　venetian blind
ベネット　Bennett
ベネディクション　benediction
ベネディクタ　Benedicta
ベネディクティン　Benedictine
ベネディクト　Benedict
ベネディクトゥス　Benedictus
ベネディクトリー　benedictory
ベネディシテ　Benedicite
ベネディック　Benedick
ベネト　Veneto
ペネトラビリティー　penetrability
ペネトラブル　penetrable
ペネトレーション　penetration
ペネトレーティブ　penetrative
ペネトレーティング　penetrating
ペネトレート　penetrate
ベネトン　Benetton
ベネファクション　benefaction
ベネファクター　benefactor
ベネフィシャリー　beneficiary
ベネフィシャル　beneficial
ベネフィス　benefice
ベネフィスト　beneficed
ベネフィセンス　beneficence
ベネフィセント　beneficent
ベネフィット　benefit
ベネフィット・アソシエーション　benefit association
ベネフィット・ソサエティー　benefit society
ベネボレンス　benevolence
ベネボレント　benevolent
ベネラビリティー　venerability
ベネラブル　venerable
ベネリアル　venereal
ベネリアル・ディジーズ　venereal disease, VD
ベネリー　venery
ベネルクス　Benelux
ベネレーション　veneration
ベネレーター　venerator
ベネレーティブ　venerative
ベネレート　venerate
ペネロープ　Penelope
ペネロペ　Penelope
ベノア　Benoist
ベノマス　venomous
ベノミル　benomyl
ベノム　venom
ペノロジー　penology
ペノン　pennon
ペパーダイン　Pepperdine
ペパーミント　peppermint
ペパーミント・パティ　Peppermint Patty

ベバシツマブ　bevacizumab
ヘパタイティス　hepatitis
ヘパティカ　hepatica
ヘパティック　hepatic
ヘパトーマ　hepatoma
ヘパトグラム　hepatogram
ヘパトサイト　hepatocyte
ヘパトパシー　hepatopathy
ヘパトリス　hepatolith
ベバトロン　bevatron
ベバリー　Beverley
ベバリー・ヒルズ　Beverly Hills
ヘパリチン　heparitin
ヘパリナーゼ　heparinase
ヘパリナイズ　heparinize
ヘパリノイド　heparinoid
ヘパリン　heparin
ベバレッジ　beverage
ペパローニ　pepperoni
ヘビー　heavy
ベビー　baby, bevy
ペピー　peppy
ヘビー・アーティレリー　heavy artillery
ヘビー・インダストリー　heavy industry
ヘビーウェイト　heavyweight
ベビー・ウォーカー　baby walker
ヘビー・ウォーター　heavy water
ヘビー・オイル　heavy oil
ベビー・キャリッジ　baby carriage
ベビー・グランド　baby grand
ベビー・シグナル　baby signal
ベビー・シッター　baby-sitter
ベビー・シット　baby-sit
ヘビー・スモーカー　heavy smoker
ヘビーセット　heavyset
ベビイッシュ　babyish
ヘビー・デューティー　heavy-duty
ペピート　Pepito
ベビー・トゥース　baby tooth
ベビー・トーク　baby talk
ベビー・ドール　baby doll
ベビー・バギー　Baby Buggy
ベビー・バスター　baby buster
ヘビー・ハンデッド　heavy-handed
ベビー・ピンク　baby pink
ベビー・ファーム　baby farm
ベビー・フード　baby food
ベビー・ブーマー　baby boomer
ベビー・ブーム　baby boom
ベビーフッド　babyhood
ベビー・ブルー　baby blue
ヘビー・ボマー　heavy bomber
ベビー・ボンド　baby bond
ベビー・マインダー　baby-minder
ヘビー・メタル　heavy metal
ベビーライク　babylike
ヘビー・レイドン　heavy-laden
ヘビー・ローテーション　heavy rotation
ペビバイト　pebibyte
ヘビメタ　⇨ヘビー・メタル
ヘビリー　heavily
ヘビロテ　⇨ヘビー・ローテーション
ヘファー　heifer
ヘファートン　Hefferton
ヘファイストス　Hephaestus
ペプシ　Pepsi
ペプシコ　PepsiCo
ペプシド　Pepcid
ペプシノゲン　pepsinogen
ペプシン　pepsin
ペプスタチン　pepstatin
ヘプタ　hept-, hepta-
ヘプターキー　heptarchy
ペプタイザー　peptizer
ペプタイズ　peptize
ヘプタクロル　heptachlor
ヘプタコサン　heptacosane
ヘプタゴン　heptagon
ヘプタデカン　heptadecane
ヘプタテューク　Heptateuch
ヘプタミノール　heptaminol
ヘプタメター　heptameter
ペプチゼーション　peptization
ペプチダーゼ　peptidase
ペプチド　peptide
ペプチドグリカン　peptidoglycan
ヘプツロース　heptulose
ヘフティ　Hefti
ヘフティー　hefty
ペプティック　peptic
ペプティック・アルサー　peptic ulcer
ヘフト　heft
ヘプト　hept-, hepta-
ヘプトース　heptose

ペプトトキシン　peptotoxin
ペプトナイズ　peptonize
ペプトナイゼーション　peptonization
ペプトノイド　peptonoid
ヘブドマダル　hebdomadal
ペプトン　peptone
ヘフナー　Hefner
ヘブライ　Hebrew
ヘブライスティック　Hebraistic
ヘブライスト　Hebraist
ヘブライズム　Hebraism
ヘブライック　Hebraic
ペプラム　peplum
ヘブリディアン　Hebridean, Hebridian
ヘブリディーズ　Hebrides
ペブル　pebble
ペブル・ダッシュ　pebble dash
ペプロス　peplos, -lus
ペプロマー　peplomer
ヘブロン　Hebron
ヘブン　heaven
ヘブン・セント　heaven-sent
ヘブンリー　heavenly
ヘブンワーズ　heavenwards
ヘブンワード　heavenward
ペペ　Pepe
ベベリン　bebeerine
ベベル　bevel
ベベル・ギア　bevel gear
ペペロンチーノ　peperoncino
ベボ　Bebo
ヘボン　Hepburn
ヘマタイト　hematite
ヘマチン　hematin
ヘマティティック　hematitic
ヘマトポルフィリン　hematoporphyrin
ヘミ　hemi-
ペミカン　pem(m)ican
ヘミスフィア　hemisphere
ヘミスフェリカル　hemispherical
ヘミスフェリック　hemispheric
ヘミセクション　hemisection
ヘミセルロース　hemicellulose
ヘミテルペン　hemiterpene
ヘミトロープ　hemitrope
ヘミポード　hemipode
ベミューズ　bemuse
ヘミン　hemin
ヘミングウェイ　Hemingway
ヘム　hem, heme, haem
ヘムステッチ　hemstitch
ヘムライン　hemline
ヘムロック　hemlock
ペメクス　PEMEX, Pemex
ヘモグロビン　hemoglobin
ヘモスタット　hemostat
ヘモスタティック　hemostatic
ヘモダイアリシス　hemodialysis
ヘモフィリア　hemophilia
ヘモフィリアック　hemophiliac
ヘモフィルス　Haemophilus
ヘモラジック　hemorrhagic
ペモリン　pemoline
ヘモレージ　hemorrhage
ヘモロイド　hemorrhoid
ベラ　Bella, Vera, Berra
ヘラー　heller
ベラージオ　Bellagio
ヘラート　Herat
ベライゾン　Berizon, Verizon
ベラウ　Belau
ベラウナイト　beraunite
ペラギウス　Pelagius
ペラグラ　pellagra
ベラクルス　Veracruz
ヘラクレス　Hercules
ペラジック　pelagic
ベラシティー　veracity
ヘラス　Hellas
ベラスケス　Velázquez
ベラトリン　veratrine
ベラドンナ　belladonna
ベラパミル　verapamil
ベラフォンテ　Belafonte
ベラミー　Bellamy
ペラミビル　peramivir
ベラム　bellum, vellum
ペラム　Pelham
ベラルーシ　Belarus, Byelarus
ベラルーシアン　Belarusian
ペラルゴニウム　pelargonium
ヘラルディック　heraldic
ヘラルド　Herald, Geraldo, Gerardo
ヘラルド・トリビューン　Herald Tribune

ヘラルドリー　heraldry
ベランダ　veranda(h)
ペリ　peri-
ベリアル　burial
ベリアル・グラウンド　burial ground [place]
ベリアル・プレイス　burial place
ベリー　very, belly, berry, bury
ペリー　Perry, perry
ベリー・アップ　belly-up
ベリーエイク　bellyache
ベリーシャ・ビーコン　Belisha beacon
ベリーズ　Belize
ペリース　pelisse
ベリー・ダンサー　belly dancer
ベリー・ダンス　belly dance
ベリード　buried, bellied
ベリーニ　Bellini
ベリー・ハイ・フリーケンシー　very high frequency
ベリー・バトン　belly button
ヘリー・ハンセン　Helly Hansen
ベリーバンド　bellyband
ベリーフル　bellyful
ベリー・フロップ　belly flop
ベリーボード　belly board, bellyboard
ベリー・ボタン　belly button
ペリー・メイスン　Perry Mason
ベリー・ライト　Very light
ベリー・ラフ　belly laugh
ベリー・ランディング　belly landing
ベリー・ランド　belly land
ベリー・ロー・フリーケンシー　very low frequency
ペリウィッグ　periwig
ペリウィンクル　periwinkle
ヘリウム　helium
ペリエ　perrier
ベリエスト　veriest
ヘリオ　helio-
ペリオービタル　periorbital
ヘリオグラフ　heliograph
ヘリオグラフィー　heliography
ヘリオグラム　heliogram
ヘリオス　Helios
ヘリオスタット　heliostat
ヘリオセントリック　heliocentric
ヘリオトロープ　heliotrope
ヘリオトロピズム　heliotropism
ヘリオトロピック　heliotropic
ヘリオトロピン　heliotropin
ペリオドンタイティス　periodontitis
ペリオドンタル　periodontal
ペリオペレーティブ　perioperative
ヘリオポリス　Heliopolis
ヘリオメーター　heliometer
ヘリオン　hellion
ペリカープ　pericarp
ヘリカル　helical
ペリカン　pelican, Pelikan
ペリカン・クロッシング　pelican crossing
ペリクレス　Pericles
ベリコーズ　bellicose
ペリゴール　Périgord
ベリコシティー　bellicosity
ヘリコバクター　helicobacter
ヘリコプター　helicopter
ヘリコン　Helicon
ベリサイン　VeriSign
ペリジー　perigee
ベリジェレンシー　belligerency
ベリジェレンス　belligerence
ベリジェレント　belligerent
ペリシテ　Philistine
ヘリシティー　helicity
ベリシミラー　verisimilar
ベリシミリテュード　verisimilitude
ペリスコープ　periscope
ペリスタイル　peristyle
ペリスタルシス　peristalsis
ベリズモ　verism, verismo
ヘリセノン　hericenone
ペリセメンタル　pericemental
ヘリタビリティー　heritability
ヘリタブル　heritable
ベリタブル　veritable
ヘリック　Herrick
ヘリックス　helix
ペリッシャー　perisher
ペリッシャブル　perishable
ヘリッシュ　hellish
ペリッシュ　perish
ペリッシング　perishing
ベリティー　verity

ヘリテッジ heritage
ペリデンタル peridental
ペリドット peridot
ペリトナイティス peritonitis
ペリトネウム peritoneum
ペリトモレノ Perito Moreno
ペリネウム perineum
ペリネータル perinatal
ヘリパッド helipad
ペリパテティック peripatetic
ペリヒーリオン perihelion
ベリファイ verify
ベリファイアブル verifiable
ベリフィケーション verification
ペリフェラル peripheral
ペリフェリー periphery
ペリフラシス periphrasis
ペリフラスティック periphrastic
ペリプラズム periplasm
ベリベリ beriberi
ヘリボー hellebore
ヘリポート heliport
ヘリボーン heliborne
ペリメター perimeter
ペリメノポーザル perimenopausal
ペリメノポーズ perimenopause
ペリラス perilous
ベリリー verily
ベリリウム beryllium
ベリル beryl
ペリル peril
ヘリング herring, Haring
ヘリング・ガル herring gull
ヘリングボーン herringbone
ベリンダ Belinda
ペリンドプリル perindopril
ヘリンボン herringbone
ヘル hell, Herr
ベル bell, belle, bel, Bell, Belle, Bel
ペル per-
ペル・アンヌム per annum
ベルイマン Bergman
ペルー Peru
ベル・ウェザー bellwether
ベルーカ verruca
ベルーガ beluga, verruga
ペルーク peruke
ペルーザル perusal
ベルーシ Belushi
ペルーシッド pellucid
ペルージャ Perugia
ペルーズ peruse
ペルービアン Peruvian
ベルエア Bel Air
ベル・エポック belle époque
ペルオキシソーム peroxisome
ペルオキシダーゼ peroxidase
ペルオキシド peroxide
ヘルガ Helga
ヘルガ・ハッフルパフ Helga Hufflepuff
ペル・カピタ per capita
ベルガモ Bergamo
ベルガモット bergamot
ベルガンス Bergans
ベル・カント bel canto
ベルカンプ Bergkamp
ベルギー Belgium
ベルギー・ワッフル Belgian waffle
ヘルキャット hellcat
ベル・キャプテン bell captain
ベルク Berg
ベルグソニアン Bergsonian
ベルグソン Bergson
ベルグラード Belgrade
ベル・グラス bell glass
ヘルクラネウム Herculaneum
ベルグレービア Belgravia
ベルグレーブ Belgrave
ヘルクレス Hercules
ベルクロ Velcro
ペルクロロエチレン perchloroethylene
ベルゲン Bergen
ベル・コット bell cot [cote]
ベルサーチ Versace
ベルサイユ Versailles
ヘルシー healthy
ヘルシオン Healtheon
ペルシャ Persia
ベル・ジャー bell jar
ペルシャード persillade
ベルジャム Belgium
ベルジャン Belgian
ペルシャン Persian
ペルシャン・ブラインズ Persian blinds

ヘルシンキ　Helsinki
ヘルス　health
ベルズ　Bell's
ヘルズ・エンジェルズ　Hell's Angels
ヘルス・クラブ　health club
ヘルスケア　healthcare
ヘルス・サーティフィケート　health certificate
ヘルス・サービス　health service
ヘルス・センター　health center
ヘルス・ビジター　health visitor
ヘルス・ファーム　health farm
ヘルス・フード　health food
ヘルスフル　healthful
ヘルスフルネス　healthfulness
ヘルス・ホリック　health-holic
ペルセウス　Perseus
ペル・セー　per se
ベルセド　Versed
ペルセフォネ　Persephone
ベルゼブル　Beelzebub
ペルセポリス　Persepolis
ベルゼン　Belsen
ペルソーナ・グラータ　persona grata
ペルソーナ・ノーン・グラータ　persona non grata
ペルソナ　persona
ペルソナ・グラータ　persona grata
ペルソナ・ノン・グラータ　persona non grata
ペルソル　Persol
ヘルダー　Herder
ベルター　belter
ヘルター・スケルター　helter-skelter
ベル・タワー　bell tower
ベルチ　belch
ヘルチェゴビナ　Herzegovina
ヘルチェゴビニアン　Herzegovinian
ヘルツ　hertz
ヘルツィアン・ウェーブ　hertzian wave
ヘルツォーク　Herzog
ヘルツォーゲンアウラハ　Herzogenaurach
ベルッチ　Bellucci
ベルディ　Verdi
ペル・ディエム　per diem
ベルティヨン　Berthillon
ベルティング　belting
ベル・テント　bell tent
ヘルド　held
ベルト　belt
ベルド　veld(t)
ペルト　pelt
ベルトウェイ　beltway
ベルト・コンベヤー　belt conveyor
ベルト・サンダー　belt sander
ベルト・タイトニング　belt-tightening
ベルト・ハイウェイ　belt highway
ベルト・バッグ　belt bag
ベルト・ライン　belt line, beltline
ベルトラン　Beltrán
ベルトラン・ドラノエ　Bertrand Delanoë
ペルトリー　peltry
ベルトルッチ　Bertolucci
ベルナー　Werner
ベルナール　Bernhardt
ベルナルド　Bernardaud
ヘルニア　hernia
ベルニーナ　Bernina
ベルニーニ　Bernini
ベルヌ　Verne
ペルノー　Pernod
ペルノ・リカール　Pernod Ricard
ヘルパー　helper
ヘルハウンド　hellhound
ベルバディア　belvedere
ペルビス　pelvis
ペルビック　pelvic
ヘルピング　helping
ヘルピング・ハンド　helping hand
ヘルブ　helve
ヘルプ　help
ペルフ　pelf
ヘルファイア　hellfire
ベル・ファウンダー　bell founder
ベルファスト　Belfast
ベル・ブイ　bell buoy
ペルフェティ・ファン・メル　Perfetti Van Melle
ペルフェナジン　perphenazine
ヘル・フォー・レザー　hell-for-leather
ベル・プッシュ　bell push
ヘルプ・デスク　help desk
ヘルプフル　helpful
ヘルプミート　helpmeet

ヘルプメート　helpmate
ヘルプライン　helpline
ベルフラワー　bellflower
ベルフリー　belfry
ヘルプレス　helpless
ヘルペス　herpes
ヘルベチカ　Helvetica
ベルベッティーン　velveteen
ベルベット　velvet
ベル・ペッパー　bell pepper
ヘルベティア　Helvetia
ベルベティー　velvety
ベルベデーレ　belvedere
ベルベリン　berberine
ベルベル　Berber
ヘルベルト・フォン・カラヤン　Herbert von Karajan
ヘル・ベント　hell-bent
ベルボーイ　bellboy
ヘルホール　hellhole
ベルホップ　bellhop
ベル・ボトム　bell-bottom
ベル・ボトムド　bell-bottomed
ベルマ　Velma
ヘルマー　helmer
ヘルマン　Hellman
ベルマン　bellman
ヘルマンド　Helmand
ヘルミオネー　Hermione
ペルミラ　Permira
ヘルム　helm
ヘルムート　Helmut
ヘルムート・ラング　Helmut Lang
ヘルムズマン　helmsman
ヘルムホルツ　Helmholtz
ヘルムレス　helmless
ヘルメース　Hermes
ヘルメット　helmet
ペルメット　pelmet
ペルメトリン　permethrin
ペル・メル　pell-mell, Pall Mall
ベルモット　vermouth, -muth
ベルモパン　Belmopan
ベルモント　Belmont
ベルモンド　Belmondo
ベルモント・ステークス　Belmont Stakes
ベルリオーズ　Berlioz
ベルリッツ　Berlitz
ベルリン　Berlin
ベル・リンガー　bell ringer
ベル・リンギング　bell ringing
ベルルスコーニ　Berlusconi
ヘル・レイザー　hell-raiser
ベルレーヌ　Verlaine
ベル・レトル　belles lettres
ベルン　Bern, Berne
ベレ　Bellet
ペレ　Pelé
ペレイラ　Pereira
ベレー　beret
ベレーシャス　veracious
ペレグリネーション　peregrination
ペレグリネート　peregrinate
ペレグリン　peregrine
ペレグリン・ファルコン　peregrine falcon
ヘレシー　heresy
ペレス　Peres
ペレストロイカ　perestroika
ヘレスポント　Hellespont
ベレゾフスキー　Berezovsky
ペレタイズ　pelletize
ペレタイゼーション　pelletization
ペレッタル　pelletal
ペレット　pellet
ペレット・ストーブ　pellet stove
ヘレティカル　heretical
ペレティゼーション　pelletization
ヘレディタブル　hereditable
ヘレディタメント　hereditament
ヘレディタリー　hereditary
ヘレティック　heretic
ヘレディティー　heredity
ヘレナ　Helena
ベレナイス　Berenice
ヘレナ・ルビンスタイン　Helena Rubinstein
ペレニアル　perennial
ヘレニアン　Hellenian
ベレニケ　Berenice
ベレニス　Berenice
ヘレニスティック　Hellenistic
ヘレニスト　Hellenist
ヘレニズム　Hellenism
ヘレニック　Hellenic
ヘレネー　Helen

ベレネンセス　Belenenses
ヘレフォード　Hereford
ヘレフォード・アンド・ウスター　Hereford and Worcester
ヘレフォードシャー　Herefordshire
ヘレン　Helen
ベレン　belén
ヘレンド　Herend
ペレンプトリー　peremptory
ベロア　velour(s)
ヘロイン　heroin
ベロー　Bellow
ペロー　Perot, Perrault
ベローズ　bellows
ヘローディアス　Herodias
ベローナ　Bellona, Verona
ベロール　Berol
ペロシ　Pelosi
ベロシティー　velocity
ペロタ　pelota
ヘロット　Helot
ヘロデ　Herod
ヘロドトス　Herodotus
ベロドローム　velodrome
ベロナール　Veronal
ベロニカ　veronica
ベロネーゼ　Veronese
ペロポネソス　Peloponnesus, -sos
ベロルシア　Belorussia, Byelo-
ベロルシアン　Belorussian
ペロレーション　peroration
ペロレート　perorate
ヘロン　heron
ペロン　Perón
ヘロンリー　heronry
ヘン　hen, hem
ベン　Ben, ben
ペン　pen, Penn
ペン・アンド・インク　pen-and-ink
ベン・アンド・ジェリーズ　Ben & Jerry's
ベンガジ　Benghazi
ベンガリ　Bengali, -galee
ベンガリーズ　Bengalese
ベンガル　Bengal
ペンキ　⇨ペイント
ペンギン　penguin
ヘンクープ　hencoop
ベングリオン　Ben-Gurion
ベン・ケーシー　Ben Casey
ヘンケル　Henkel
ベンゲル　Wenger
ヘンケルス　Henckels
ペンサコーラ　Pensacola
ペンサコラ　Pensacola
ベンサミズム　Benthamism
ベンサム　Bentham
ベンザリン　benzalin
ベンザルコニウム　benzalkonium
ベンジー　Benji, Benjy, -jie
ベンジェンス　vengeance
ベンジジン　benzidine
ベンシック　benthic
ペンシブ　pensive
ベンジフル　vengeful
ベンジャミン　Benjamin
ペンジュラス　pendulous
ペンジュラム　pendulum
ヘンショー　Henshaw
ペンショナー　pensioner
ペンショナブル　pensionable
ペンショナリー　pensionary
ペンション　pension
ペンシル　pencil, pencel
ペンシル・ケース　pencil case
ペンシル・シャープナー　pencil sharpener
ペンシル・パンツ　pencil pants
ペンシル・プッシャー　pencil pusher
ペンシルベニア　Pennsylvania
ペンシルベニア・ダッチ　Pennsylvania Dutch
ペンシルベニアン　Pennsylvanian
ベンジン　benzine, -zin
ヘンス　hence
ペンス　pence, Pence
ベンズアルデヒド　benzaldehyde
ペンストック　penstock
ベンズフェタミン　benzphetamine
ヘンスフォース　henceforth
ヘンスフォーワード　henceforward
ペンスリット　penthrite
ベンゼドリン　Benzedrine
ヘンゼル　Hänsel
ベンゼン　benzene
ベンゼン・ニュークリアス　benzene nucleus

ベンゼン・リング　benzene ring
ベンゾアート　benzoate
ベンゾイック　benzoic
ベンゾイック・アシッド　benzoic acid
ベンゾイミダゾール　benzimidazole
ベンゾイル　benzoyl
ベンゾイン　benzoin
ベンゾエピン　benzoepin
ベンゾール　benzol, -zole
ベンゾカイン　benzocaine
ベンゾキノン　benzoquinone
ベンゾグリオキサリン　benzoglyoxaline
ベンゾジアゼピン　benzodiazepine
ベンゾトリクロリド　benzotrichloride
ベンゾナタート　benzonatate
ベンソニック　benthonic
ベンゾニトリル　benzonitrile
ベンゾピレン　benzopyrene
ベンゾフェノン　benzophenone
ベンゾリン　benzoline
ヘンソン　Henson
ベンソン　Benson
ペンタ　penta-, pent-
ベンダー　vendor, vender, bender
ペンダーグラス　Pendergrass
ヘンダーソン　Henderson
ヘンダイアディス　hendiadys
ベンタイン　Ben Thanh
ペンタエリスリトール　pentaerythritol
ペンタグラム　pentagram
ペンタクロロフェノール　pentachlorophenol
ペンタコサン　pentacosane
ペンタゴナル　pentagonal
ペンタコン　Pentacon
ペンタゴン　pentagon
ペンタスロン　pentathlon
ペンタセン　pentacene
ペンタゾシン　pentazocine
ペンタデカン　pentadecane
ペンタテューク　Pentateuch
ペンタノール　pentanol
ペンタノン　pentanone
ベンダブル　bendable
ペンタヘドロン　pentahedron
ペンタボラン　pentaborane
ペンタマー　pentamer
ペンタミター　pentameter
ペンタン　pentane
ペンタンジアール　pentanedial
ペンダント　pendant
ベンチ　bench
ベンチウォーマー　benchwarmer
ベンチ・コート　bench coat
ベンチプレス　bench press
ベンチマーキング　benchmarking
ベンチマーク　benchmark
ヘンチマン　henchman
ベンチャー　venture, bencher
ベンチャー・キャピタリスト　venture capitalist
ベンチャー・キャピタル　venture capital
ベンチャーサム　venturesome
ベンチャー・スカウト　Venture Scout
ベンチャー・ビジネス　venture business
ベンチャラー　venturer
ベンチャラス　venturous
ペンチャント　penchant
ベンチリー　Benchley
ペンチル　pentyl
ベンチレーター　ventilator
ベンツ　Benz, vents
ベンティ　venti
ペンティアム　Pentium
ベンディー　vendee, bendy
ベンディゴ　Bendigo
ベンディックス　Bendix
ベンディブル　vendible
ベンティレーション　ventilation
ベンティレーター　ventilator
ベンティレーティブ　ventilative
ベンティレート　ventilate
ペンディング　pending
ペンディング・トレー　pending tray
ベンディング・マシン　vending machine
ペンテコスタリスト　Pentecostalist
ペンテコスタリズム　Pentecostalism
ペンテコスタル　Pentecostal
ペンテコステ　Pentecost
ベンデッタ　vendetta
ベンデッティスト　vendettist
ペンテトラゾール　pentetrazol
ペンデュラム　pendulum
ヘンデル　Handel

ペンデント　pendent
ベント　bent, vent
ベンド　bend, vend
ペント　pent
ペント・アップ　pent-up
ベントウッド　bentwood
ペントース　pentose
ベント・グラス　bent grass
ペントサン　pentosan
ベンド・シニスター　bend sinister
ベントス　benthos
ベンド・デクスター　bend dexter
ベントナイト　bentonite
ペントハウス　penthouse, Penthouse
ペントバルビタール　pentobarbital
ペントミノ　pentomino
ベントラル　ventral
ヘントリアコンタン　hentriacontane
ベントリー　Bentley
ペンドリーノ　Pendolino
ヘンドリクス　Hendrix
ベントリクル　ventricle
ヘンドリック　Hendrick
ヘンドリックス　Hendrix
ベントリローキアル　ventriloquial
ベントリロカイズ　ventriloquize
ベントリロキー　ventriloquy
ベントリロキスト　ventriloquist
ベントリロキズム　ventriloquism
ペンドルトン　Pendleton
ベントレー　Bentley
ペン・トレー　pen tray
ヘンドン　Hendon
ベントン　Benton
ベントンビル　Bentonville
ヘンナ　henna
ペンナイフ　penknife
ヘンナド　hennaed
ペンニン・アルプス　Pennine Alps
ペンネ　penne
ペン・ネーム　pen name
ベン・ネビス　Ben Nevis
ヘンネリー　hennery
ベンハー　Ben-Hur
ヘン・パーティー　hen party
ヘンハウス　henhouse
ペンハリガン　Penhaligon's
ペン・パル　pen pal
ヘンプ　hemp
ベンフィカ　Benfica
ペンフォールズ　Penfolds
ベンフォチアミン　Benfotiamine
ペン・プッシャー　pen pusher
ペンブルック　Pembroke
ペン・フレンド　pen-friend
ペンブローク　Pembroke
ヘンベイン　henbane
ヘンペック　henpeck
ヘンペックト　henpecked
ヘンペックト・ハズバンド　henpecked husband
ヘンペン　hempen
ペンホルダー　penholder
ペンマン　penman
ペンマンシップ　penmanship
ベンヤミン　Benjamin
ペンライト　penlight, -lite
ヘンリー　Henry, Henley, henry
ヘンリーオンテムズ　Henley-on-Thames
ヘンリー・レガッタ　Henley Regatta
ヘンリエッタ　Henrietta
ヘンリック　Henrik
ヘンリベンデル　Henri Bendel
ペンローズ　Penrose

ホ

ボア　bore, boa
ポア　pore, pour
ホアー　hoar
ボアー　boar
ホアキン　Joaquín
ボア・コンストリクター　boa constrictor
ボアダム　boredom
ホアチン　hoatzin
ボアビスタ　Boavista
ホアヒン　Hoa Hin
ホアフロスト　hoarfrost
ボアホール　borehole
ボアラ　voilà, voila
ボアラー　borer
ホアリー　hoary
ホアリッシュ　whorish
ホアルー　Hoa Lu
ポアンカレ　Poincaré
ポアント　pointe
ポイ　poi
ボイアリズム　voyeurism
ホイアン　Hoi An
ホイージー　wheezy
ホイーズ　wheeze
ホイーティーズ　Wheaties
ホイート　wheat
ホイートグラス　wheatgrass
ホイート・ジャーム　wheat germ
ホイート・ブラン　wheat bran
ホイート・ベルト　wheat belt
ホイートミール　wheatmeal
ホイーラー　wheeler
ホイーラー・ディーラー　wheeler-dealer
ホイーリー　wheelie
ホイーリング　wheeling
ホイール　wheel, wheal
ホイール・クランプ　wheel clamp
ホイールスピン　wheelspin
ホイールズマン　wheelsman
ホイールチェア　wheelchair
ホイールド　wheeled
ホイールハウス　wheelhouse
ホイール・バック　wheel-back
ホイールバロー　wheelbarrow
ホイールベース　wheelbase
ホイールホース　wheelhorse
ホイール・マウス　wheel mouse
ホイールマン　wheelman
ホイールライク　wheellike
ホイールライト　wheelwright
ホイールレス　wheelless
ホイク　hoick
ボイコット　Boycott
ボイシ　Boise
ボイジ　voyage
ボイジャー　voyager
ボイス　voice
ポイズ　poise
ボイス・オーバー　voice-over
ホイス・グレーシー　Royce Gracie
ボイステラス　boisterous
ホイスト　whist, hoist
ボイスト　voiced
ポイズド　poised
ホイスト・ドライブ　whist drive
ボイス・トレーナー　voice trainer
ポイズナー　poisoner
ポイズナス　poisonous
ポイズニング　poisoning
ボイスプリント　voiceprint
ボイス・ボート　voice vote
ボイス・ボックス　voice box
ホイスラー　Heusler, whistler
ホイスリング・ケトル　whistling kettle
ホイスル　whistle
ボイス・レコーダー　voice recorder
ボイスレス　voiceless
ポイズン　poison

ポイズン・アイビー poison ivy
ポイズンウッド poisonwood
ポイズン・ガス poison gas
ポイズン・ピル poison pill
ポイズン・プット poison put
ポイズン・ペン poison-pen
ボイゼンベリー boysenberry
ボイダブル voidable
ホイッガリー Whiggery
ホイッギズム Whiggism
ホイッグ Whig
ホイッスラー whistler
ホイッスル whistle
ホイッスル・ストップ whistle-stop
ホイッスル・ブローワー whistle-blower
ホイッテイカー Whittaker
ホイット whit
ホイットサン Whitsun
ホイットサンタイド Whitsuntide
ホイットサンデー Whitsunday, Whit Sunday
ホイットニー Whitney
ホイットビー Whitby
ホイットブレッド Whitbread
ホイットマン Whitman
ホイットマンデー Whitmonday, Whit Monday
ホイットル whittle
ホイットロー whitlow
ホイッパー whipper
ホイッパー・イン whipper-in
ホイッパーウィル whippoorwill
ホイッパースナッパー whippersnapper
ホイッピー whippy
ホイッピング whipping
ホイッピング・クリーム whipping cream
ホイッピング・トップ whipping top
ホイッピング・ボーイ whipping boy
ホイップ whip
ホイップ・クリーム whipped cream
ホイップコード whipcord
ホイップステッチ whipstitch
ホイップソー whipsaw
ホイップ・ハンド whip hand
ホイップ・ラウンド whip-round
ホイップラッシュ whiplash
ホイッペット whippet
ホイティー・トイティー hoity-toity
ホイデニッシュ hoydenish, hoi-
ホイデン hoyden, hoi-
ボイド Boyd, void
ポイニャンシー poignancy
ポイニャント poignant
ポイベー Phoebe
ホイヘンス Huygens
ポイボス Phoebus
ホイ・ポロイ hoi polloi
ボイヤージ voyage
ボイラー boiler
ボイラースーツ boilersuit
ボイラープレート boilerplate
ボイラーメーカー boilermaker
ボイラー・ルーム boiler room
ボイリング boiling
ボイリング・ポイント boiling point
ホイル foil, Hoyle
ボイル boil, voile, Boyle
ボイルド boiled
ボイルド・エッグ boiled egg
ボイルド・シャツ boiled shirt
ホイレイク Hoylake
ボイン Boyne
ポインセチア poinsettia
ポインター pointer
ポインツマン pointsman
ポインティー pointy
ポインティリスト pointillist
ポインティリズム pointillism
ポインティング・デバイス pointing device
ポインテッド pointed
ポインテッド・カラー pointed collar
ポインテッド・ヘッド pointed head
ポイント point
ポイント・アンド・シュート point-and-shoot
ポイント・オブ・セール point-of-sale, POS
ポイント・オブ・パーチェス point of purchase, POP
ポイント・オブ・ビュー point of view
ポイント・ガード point guard
ポイント・システム point system
ポイント・デューティー point duty
ポイント・トゥー・ポイント point-to-point
ポイント・ブランク point-blank

ポイントレス　pointless
ボウ　bow, Bowe
ボウイ　Bowie
ホウィズ　whiz(z)
ホウィズ・キッド　whiz(z) kid
ホウィスク　whisk
ホウィスク・ブルーム　whisk broom
ホウィズ・バング　whiz(z)-bang
ホウィッシュ　whish
ホウィッチ　which
ホウィッチエバー　whichever
ホウィッチソーエバー　whichsoever
ホウィニー　whinny
ホウィム　whim
ホウィムジカリティー　whimsicality
ホウィムジカル　whimsical
ボウイング　bowing
ホウィンジ　whinge
ボウ・ウインドー　bow window
ホウェア　where
ホウェアアズ　whereas
ホウェアアト　whereat
ホウェアアバウツ　whereabouts
ホウェアアポン　whereupon
ホウェアイン　wherein
ホウェアウィズ　wherewith
ホウェアウィゾール　wherewithal
ホウェアオブ　whereof
ホウェアオン　whereon
ホウェアソーエバー　wheresoever
ホウェアトゥー　whereto
ホウェアバイ　whereby
ホウェアフォア　wherefore
ホウェアリー　wherry
ホウェネバー　whenever
ホウェレバー　wherever
ホウェン　when
ホウェンソーエバー　whensoever
ホウォートルベリー　whortleberry
ホウォーブ　wharve
ホウォール　whorl
ホウォッパー　whopper, whap-
ホウォッピング　whopping, whap-
ホウォップ　whop, whap
ボウショット　bowshot
ボウストリング　bowstring
ボウ・タイ　bow tie
ボウノット　bowknot
ボウ・ベルズ　Bow bells
ホウボン　Holborn
ボウモア　Bowmore
ボウラー　bowler
ボウラー・ハット　bowler hat
ボウリング　bowling
ボウリング・アベレージ　bowling average
ボウリング・アレー　bowling alley
ボウリング・グリーン　bowling green
ボウル　bowl
ボウル・ゲーム　bowl game
ボウルズ　Bowles
ボウルフル　bowlful
ボウレッグ　bowleg
ボウレッグド　bowlegged
ホエー　whey
ホエー・フェースト　whey-faced
ホエーラー　whaler
ホエーリング　whaling
ホエーリング・マスター　whaling master
ホエール　whale
ホエール・ウォッチング　whale watching
ホエール・オイル　whale oil
ホエール・シャーク　whale shark
ホエールバック　whaleback
ホエールボート　whaleboat
ホエールボーン　whalebone
ホエールボーン・ホエール　whalebone whale
ポエジー　poesy
ポエタスター　poetaster
ポエッテス　poetess
ポエット　poet
ポエット・ローリエート　poet laureate
ポエティカル　poetical
ポエティクス　poetics
ポエティック　poetic
ポエティック・ジャスティス　poetic justice
ポエティックス　poetics
ポエティック・ライセンス　poetic license
ポエトリー　poetry
ポエム　poem
ホエル　Joel
ホー　ho, hoe, haw, whoa
ボー　bow, beau, baud
ポー　Poe, paw, pour, po

ホーア　whore
ボーア　Boer
ボーア・ウォー　Boer War
ホーアチン　hoatzin
ボーイ　boy
ボーイー・ナイフ　bowie knife
ボーイ・スカウト　Boy Scout
ボーイズ・トゥー・メン　Boys II Men
ボーイチック　boychik, -chick
ボーイッシュ　boyish
ボーイフッド　boyhood
ボーイフレンド　boyfriend
ボーイ・ミーツ・ガール　boy-meets-girl
ボーイング　Boeing
ボーエン　Bowen
ボーオーテズ　Boötes
ホーカー　hawker
ポーカー　poker, porker
ポーカー・フェース　poker face
ポーカー・フェースト　poker faced
ポーカー・ワーク　poker work
ボーカス　Baucus
ボーガス　bogus
ホーカス・ポーカス　hocus-pocus
ボーカブル　vocable
ホーカム　hokum
ボーカライズ　vocalize
ボーカリスト　vocalist
ボーカリック　vocalic
ボーカル　vocal
ボーカル・コーズ　vocal cords [chords]
ホーガン　hogan, Hogan
ホーキー　hokey
ボーキー　balky
ポーキー　poky, pokey, porkey, porky, pawky
ポーギー　porgy
ホーキー・ポーキー　hok(e)y-pok(e)y
ボーキサイト　bauxite
ホーキッシュ　hawkish
ポーキュパイン　porcupine
ホーキング　Hawking
ホーキンズ　Hawkins
ホーク　hawk, hoke, Hawke
ボーク　balk, baulk
ボーグ　vogue
ポーク　pork, poke, Polk
ホークアイ　hawkeye, Hawkeye
ホーク・アイド　hawk-eyed
ボークー　beaucoup
ホークウィード　hawkweed
ホークス　Hawks, Hawkes, hoax
ポーグス　Pogues
ホークスビル　hawksbill
ポーク・ソテー　pork sauté
ポークチョップ　porkchop
ポーク・パイ　pork pie, porkpie
ポークパイ・ハット　porkpie hat
ポーク・バレル　pork barrel
ポーク・ブッチャー　pork butcher
ホークラックス　Horcrux
ボーグル　bogle
ポーク・ロイン　pork loin
ポーグロム　pogrom
ポーコ　poco
ポーゴー・スティック　pogo stick
ホーザー　hawser
ポーザー　poser
ポーサイン　porcine
ホーシー　horsey, horsy
ボージー　bogey, -gy, -gie
ポージー　posey, posy
ポージー・リング　posy ring
ポーシティー　paucity
ポーシャ　Portia
ホージャー　hosier
ホージャリー　hosiery
ボーシャン　Beauchamp
ボージュ　Vosges
ボージョレ　Beaujolais
ボージョレ・ヌーボー　Beaujolais nouveau
ポーション　portion, potion
ホース　horse, hose, hoarse
ボース　both
ボーズ　Bose
ポーズ　pause, pose
ホース・アンド・バギー　horse-and-buggy
ホースウーマン　horsewoman
ホース・オペラ　horse opera
ホースカー　horsecar
ホース・ガーズ　Horse Guards
ホースクロス　horsecloth
ホースシット　horseshit
ホースシュー　horseshoe

ホースシュー・クラブ　horseshoe crab
ホースズ・ネック　horse's neck
ホース・センス　horse sense
ホース・ソルジャー　horse soldier
ボースター　boaster
ホース・チェスナット　horse chestnut
ホーステイル　horsetail
ホースト　Khost, Khowst
ボースト　boast
ホース・ドクター　horse doctor
ボーストフリー　boastfully
ボーストフル　boastful
ホース・トレーダー　horse trader
ホース・トレーディング　horse trading
ホース・トレード　horse trade
ホース・ドローン　horse-drawn
ホースハイド　horsehide
ホースパイプ　hosepipe
ホースバック　horseback
ホースパワー　horsepower
ホースフェザーズ　horsefeathers
ホースフライ　horsefly
ホースプレー　horseplay
ホースブレーカー　horsebreaker
ホースフレッシュ　horseflesh
ホース・ブロック　horse block
ホースヘア　horsehair
ホースホイップ　horsewhip
ホース・ボックス　horse box
ポースポロス　Phosphorus
ホースポンド　horsepond
ホース・マッケレル　horse mackerel
ホース・マッシュルーム　horse mushroom
ホースマン　horseman
ホースマンシップ　horsemanship
ホースラディッシュ　horseradish
ホース・ラティテューズ　horse latitudes
ホースラフ　horselaugh
ポースラン　porcelain
ポースラン・クレー　porcelain clay
ポースレイン　porcelain
ポースレイン・クレー　porcelain clay
ホース・レーシング　horse racing
ボースン　boatswain
ボーゾー　bozo
ホーソーン　Hawthorne, hawthorn
ボーター　voter, boater
ボーダー　border, boarder
ポーター　porter, Porter
ボーダーコリー　Border collie
ボーダー・テリア　Border terrier
ポーターハウス　porterhouse
ボーダーライン　borderline
ボーダーランド　borderland
ボーダーレス　borderless
ホーダウン　hoedown
ポータケット　pawtucket
ホータティブ　hortative
ホータトリー　hortatory
ポータビリティー　portability
ボーダフォン　Vodafone
ボータブル　votable
ポータブル　portable, potable
ボーダラー　borderer
ボータリー　votary
ボータリスト　votarist
ポータル　portal
ポータル・サイト　portal site
ポータル・トゥー・ポータル・ペイ　portal-to-portal pay
ポータレージ　porterage
ボータレス　votaress
ホータン　Hotan, Khotan
ポーチ　porch, poach
ポーチコ　portico
ポーチド・エッグズ　poached eggs
ホー・チ・ミン　Ho Chi Minh
ホーチミン・シティー　Ho Chi Minh City
ポーチャー　poacher
ポーチャギーズ　Portuguese
ポーチュラカ　portulaca
ポーツマス　Portsmouth
ボー・ツリー　bo tree
ボーデ　Bourdais
ホーティー　haughty
ボーディー　bawdy
ポーティエール　portiere, -tière
ボーティカル　vortical
ホーティカルチャー　horticulture
ホーティカルチャリスト　horticulturist
ボーティシズム　vorticism
ボーティシティー　vorticity
ホーテイティブ　hortative
ボー・ディドリー　Bo Diddley

ボーティブ　votive
ボーデイン　Bourdain
ホーディング　hoarding
ボーティング　boating
ボーディング　boarding
ポーティング　porting
ボーディング・カード　boarding card
ボーディング・スクール　boarding school
ボーディングハウス　boardinghouse
ボーディング・パス　boarding pass
ボーディング・ランプ　boarding ramp
ポーテージ　portage
ボーデーシャス　bodacious
ホーテーション　hortation
ポーテーション　potation
ボーテックス　vortex
ボーテル　boatel
ボーデン　Borden
ポーテンシー　potency
ホーテンシオ　Hortensio
ポーテンタス　portentous
ポーテンテート　potentate
ポーテント　potent, portent
ポーテンド　portend
ホード　horde, hoard
ボート　boat, bought, vote
ボード　board, bawd, bode
ポート　port
ポートアーサー　Port Arthur
ボードウォーク　boardwalk
ポートオブスペイン　Port of Spain
ポートカリス　portcullis
ボード・ゲーム　board game
ボード・サーティファイド　board-certified
ポート・サイド　Port Said
ポートスタンリー　Port Stanley
ボードセーリング　boardsailing
ポート・トランキング　port trunking
ボート・トレイン　boat train
ボート・ネック　boat neck
ボートハウス　boathouse
ボート・ピープル　boat people
ボードビリアン　vaudevillian
ボードビル　vaudeville
ボートビルダー　boatbuilder
ポートフォリオ　portfolio
ポートフォリオ・インシュアランス　portfolio insurance
ボート・フック　boat hook
ボード・フット　board foot
ポートベロー　Portobello
ポートホール　porthole
ボートマン　boatman
ポートマン　Portman
ポートモレスビー　Port Moresby
ポートラチュア　portraiture
ボードラライズ　bowdlerize
ポートランド　Portland
ポートランド・トレイル・ブレイザーズ　Portland Trail Blazers
ポートリー　portly
ボートリフト　boatlift
ボードリヤール　Baudrillard
ポートルイス　Port Louis
ボードルーム　boardroom
ポートレイ　portray
ポートレイヤー　portrayer
ポートレイヤル　portrayal
ポートレー　portray
ボート・レース　boat race
ポートレーティスト　portraitist
ポートレート　portrait
ポートレーヤー　portrayer
ポートレーヤル　portrayal
ボードレール　Baudelaire
ボートレス　voteless
ボートロード　boatload
ポート・ワイン　port wine
ホートン　Houghton, Horton
ボートンオンザウォーター　Bourton-on-the-Water
ホートン・ミフリン　Houghton Mifflin
ボーナー　Boehner, boner
ボーナス　bonus
ボーナム　Bonham
ボーナムズ　Bonhams
ホーナン　Henan
ホーニー　horny
ボーニー　bony
ポーニー　Pawnee
ホーネッカー　Honecker
ホーネット　hornet
ボーノナイト　bournonite
ポーパー　pauper

ホーバーク　hauberk
ホーバークラフト　hovercraft
ホーバート　Hobart
ポーパス　porpoise
ホー・ハム　ho-hum
ポーパライズ　pauperize
ポーパリー　popery
ボーバン　Vauban
ボーピープ　bopeep
ポーピッシュ　popish
ホーブ　hove
ホープ　hope
ポープ　Pope, pope
ポーフィリー　porphyry
ホーフェイ　Hefei
ポー・フェースト　po-faced
ボーフォート　Beaufort
ポープス・ノーズ　pope's nose
ホープ・チェスト　hope chest
ホープフリー　hopefully
ホープフル　hopeful
ボーブル　bauble
ホープレス　hopeless
ホープレスリー　hopelessly
ホーペイ　Hebei
ホーホ　Hooch
ボーボアール　Beauvoir
ホー・ホー　haw-haw, ho-ho
ホーボー　hobo
ポーポー　pawpaw
ポーボーイ　po'boy
ボーボワール　Beauvoir
ホーマー　Homer, homer
ボーマルシェ　Beaumarchais
ホーミー　homey, homy
ボーミー　balmy
ホーミリー　homily
ホーミング　homing
ホーミング・ピジン　homing pigeon
ホーム　home, holm, haulm
ボーム　balm
ポーム　pome
ホームウェア　homeware
ホーム・エコノミクス　home economics
ホーム・オーク　holm oak
ホームオーナー　homeowner
ホーム・オフィス　home office
ホーム・ガード　home guard
ホームガール　homegirl
ホーム・カウンティーズ　Home Counties
ホームカミング　homecoming
ホーム・グラウンド　home ground
ホームグローン　homegrown
ホーム・ケア　home-care
ホーム・コンピュータ　home computer
ホーム・シグナル　home signal
ホームシック　homesick
ホームズ　Holmes
ホームスクーラー　homeschooler
ホームスクーリング　homeschooling
ホームステイ　homestay
ホームステッダー　homesteader
ホームステッド　homestead
ホーム・ストレート　home straight
ホームストレッチ　homestretch
ホームスパン　homespun
ホーム・セクレタリー　Home Secretary
ホーム・ターフ　home turf
ホームタウン　hometown
ホームディーポ　Home Depot
ホームデポ　Home Depot
ホーム・トゥルース　home truth
ホームバード　homebird
ホームバウンド　homebound
ホームバディー　homebody
ホーム・ピープル　home people
ホームビルダー　homebuilder
ホームビルディング　homebuilding
ホーム・ファーム　home farm
ホーム・ブルー　home brew
ホーム・ブルード　home brewed
ホーム・プレート　home plate
ホームブレッド　homebred
ホーム・フロント　home front
ホームページ　home page
ホームベース　home base
ホーム・ヘルプ　home help
ホームボーイ　homeboy
ホーム・ポート　home port
ホームボディー　homebody
ホームメイド　homemade
ホームメーカー　homemaker
ホームメーキング　homemaking
ホームライク　homelike

ホームラン home run
ホームランド homeland
ホームリー homely
ホームルーム homeroom
ホーム・ルール home rule
ホームレス homeless
ホーム・レンジ home range
ホームワーク homework
ホームワーズ homewards
ホームワード homeward
ホーメージ homage
ボーモント Beaumont
ボー・モンド beau monde
ポーヨ pollo
ホーラ hora, horah
ボーラ bola
ポーラ Paula
ホーラー hauler
ボーラー baller
ポーラー polar
ポーラー・スター polar star
ポーラー・ベアー polar bear
ポーライナ Paulina
ポーライン Pauline
ボーラス bolus
ポーラス porous
ホーラス・ボーラス holus-bolus
ポーラライザー polarizer
ポーラライザビリティー polarizability
ポーラライザブル polarizable
ポーラライズ polarize
ポーラリゼーション polarization
ポーラログラフィー polarography
ポーランド Poland
ボーリアル boreal
ホーリー holy, wholly, holey
ホーリー・ウイーク Holy Week
ホーリー・ウォーター holy water
ホーリー・オーダーズ holy orders
ホーリー・グレイル Holy Grail
ホーリー・ゴースト Holy Ghost
ホーリー・コミュニオン Holy Communion
ホーリー・サーズデー Holy Thursday
ホーリー・サタデー Holy Saturday
ホーリー・シー Holy See
ホーリー・シティー Holy City
ホーリー・ジョー Holy Joe
ホーリー・スクリプチャー Holy Scripture
ホーリー・スピリット Holy Spirit
ホーリー・セパルカー Holy Sepulcher
ホーリー・デー holy day
ホーリー・バイブル Holy Bible
ホーリー・ファーザー Holy Father
ホーリー・ランド Holy Land
ホーリー・リット Holy Writ
ホーリー・ルード Holy Rood
ホーリー・ローマン・エンパイア Holy Roman Empire
ホーリー・ローラー Holy Roller
ポーリーン Pauline
ホーリズム holism
ボーリック boric
ボーリック・アシッド boric acid
ポーリッシュ Polish, poolish
ホーリネス holiness
ホーリヤー haulier
ボーリン bowline
ポーリン Pauline
ボーリング boring, bowling
ポーリング polling
ポーリング・ステーション polling station
ポーリング・デー polling day
ポーリング・ブース polling booth
ポーリング・プレース polling place
ボーリン・ノット bowline knot
ホール hall, hole, haul, whole
ボール ball, bawl, bole, bowl, vole
ポール pole, poll, pall, pawl, Paul, Pole, Poll
ポールアックス poleax, poleaxe
ホール・アンド・オーツ Hall & Oates
ホール・アンド・コーナー hole-and-corner
ボール・アンド・ソケット・ジョイント ball-and-socket joint
ホール・イン・ワン hole in one
ボール・ウィービル boll weevil
ホールウェー hallway
ホール・オブ・フェイマー Hall of Famer
ホール・オブ・フェイム Hall of Fame
ポールカ Paule Ka
ホールガーメント Wholegarment
ボール・ガール ball girl
ボールガウン ballgown
ボールカナイズ Balkanize

ボールカン Balkan
ポールキャット polecat
ホール・グレイン whole-grain
ボール・ゲーム ball game
ホール・ゲール whole gale
ボール・コック ball cock
ボールサミック balsamic
ホールサム wholesome
ボールサム balsam
ボールジー ballsy
ポールジー palsy
ポールジード palsied
ポール・ジャンプ pole jump
ポールスター polestar, pollster
ホールスタンド hallstand
ホール・ステップ whole step
ポール・スミス Paul Smith
ホールセーラー wholesaler
ホールセール wholesale
ポールソン Paulson
ホールター halter
ホールダー holder
ボールダー boulder
ポールター palter
ボールダーダッシュ balderdash
ホールターネック halterneck
ポール・タックス poll tax
ポールタラー poulterer
ホール・ツリー hall tree
ホールティング halting
ホールディング holding
ボールティング vaulting
ボールディング balding
ホールディング・カンパニー holding company
ボールティング・ホース vaulting horse
ボールテッド vaulted
ホールデン Holden
ホールデン・コールフィールド Holden Caulfield
ホールト halt
ホールド hold
ボールト vault
ボールド bold, bald
ポールト poult
ホールドアウト holdout
ホールドアップ holdup
ボールド・イーグル bald eagle
ボールドウィン Baldwin
ホールドオーバー holdover
ホールドオール holdall
ホール・トーン whole tone
ホールド・ダウン hold-down
ホールドバック holdback
ホールドファスト holdfast
ボールドフェース boldface
ボールドフェースト boldfaced
ボールドペート baldpate
ボールドヘッド baldhead
ボールドリー baldly
ポールトリー poultry, paltry
ポールトリーマン poultryman
ポールトリス poultice
ボールドリック baldric, -drick
ホール・ナンバー whole number
ホール・ノート whole note
ボールパーク ballpark
ポール・バニヤン Paul Bunyan
ホールフード wholefood
ボールフル bowlful
ボールプレーヤー ballplayer
ポールベアラー pallbearer
ボール・ベアリング ball bearing
ホール・ホイート whole-wheat
ボール・ボーイ ball boy
ホール・ポーター hall porter
ポール・ボールト pole vault, pole-vault
ポール・ポジション pole position
ホール・ホッグ whole hog, whole-hog
ホール・ホリデー whole holiday
ホールマーク hallmark
ポール・マッカートニー Paul McCartney
ポール・マッソン Paul Masson
ホールミール wholemeal
ホール・ミルク whole milk
ポール・モール Pall Mall
ポール・ライト pole light
ボールルーム ballroom
ボールルーム・ダンシング ballroom dancing
ホール・レスト whole rest
ポールン pollen
ホーレージ haulage
ボーレージ borage

ボーレート　borate
ポーレット　Paulette
ホオレフア　Hoolehua
ポーレンティー　Pawlenty
ポーロ　Polo
ポーロシティー　porosity
ボーロッティ・ビーン　borlotti bean
ホーワース　Haworth
ホーン　horn, hone
ボーン　bone, born, borne, bourn(e), Vaughan, Vaughn
ポーン　pawn, porn, pone
ボーン・アゲイン　born-again
ボーンシェーカー　boneshaker
ポーンショップ　pawnshop
ホーンズビー　Hornsby
ボーンセッター　bonesetter
ボーンセッティング　bonesetting
ボーンター　vaunter
ホーンチ　haunch
ポーンチ　paunch
ポーンチー　paunchy
ポーン・チケット　pawn ticket
ボーン・チャイナ　bone china
ホーンティング　haunting
ホーンテール　horntail
ホーンテッド　haunted
ボーンテッド　vaunted
ホーンテッド・マンション　haunted mansion
ホーント　haunt
ホーンド　horned
ボーント　vaunt
ボーンド　boned
ホーンド・アウル　horned owl
ホーンドッグ　horndog
ボーン・ドライ　bone-dry
ホーンパイプ　hornpipe
ホーンビー　Hornby
ホーンビーヒルズ　Holmby Hills
ホーンビーム　hornbeam
ホーンビル　hornbill
ポーンブローカー　pawnbroker
ボーンヘッド　bonehead
ボーンマス　Bournemouth
ボーン・ミール　bone meal
ボーンヤード　boneyard
ホーンライク　hornlike
ホーン・リムズ　horn-rims
ホーン・リムド　horn-rimmed
ホーンレス　hornless
ボーンレス　boneless
ホガース　Hogarth
ボガート　Bogart
ボガード　Bogarde
ボカ・ジュニアーズ　Boca Juniors
ボカディージョ　bocadillo
ボカティブ　vocative
ポカホンタス　Pocahontas
ポカラ　Pokhara
ボギー　bogey, bogy, bogie, boggy
ボギーマン　bogeyman
ボキャブラリー　vocabulary
ボキューズ　Bocuse
ボグ　bog
ポグ　pog
ボクサー　boxer
ボクササイズ　boxercise
ボクシー　boxy
ホクシャ　fuchsia
ボクシング　boxing
ボクシング・ウェイツ　boxing weights
ボクシング・グラブ　boxing glove
ボクシング・デー　Boxing Day
ボクスター　Boxster
ボクスホール　Vauxhall
ホグズミード　Hogsmeade
ボクソール　Vauxhall
ボクナー　Bochner
ホグマネー　Hogmanay
ボグル　boggle
ホグワーツ　Hogwarts
ボケーショナリズム　vocationalism
ボケーショナル　vocational
ボケーション　vocation
ポケッタブル　pocketable
ポケット　pocket
ポケット・エディション　pocket edition
ポケット・サイズ　pocket-size
ポケット・サイズド　pocket-sized
ポケットナイフ　pocketknife
ポケット・ハンカチーフ　pocket-handkerchief
ポケット・ビートー　pocket veto

ポケットブック　pocketbook
ポケットフル　pocketful
ポケット・マネー　pocket money
ポコ　poco
ボコーダー　vocoder
ボゴタ　Bogotá
ポコノ　Pocono
ボコ・ハラム　Boko Haram
ホコモモラ　Jocomomola
ボザー　bother
ポザー　pother
ポサダ　posada
ホサナ　hosanna, -nah
ボサノバ　bossa nova
ホサンナ　hosanna, -nah
ボシー　bossy
ポシェット　pochette
ホジキン　Hodgkin
ポジショナル　positional
ポジショニング　positioning
ポジション　position
ポジション・ペーパー　position paper
ボジゼ　Bozizé
ホジソン　Hodgson
ポジターノ　Positano
ポジット　posit
ポジティビスト　positivist
ポジティビズム　positivism
ポジティビティー　positivity
ポジティブ　positive
ポジティブ・ポール　positive pole
ポジティブリー　positively
ポジティブ・ロー　positive law
ポジトロン　positron
ポシビリティー　possibility
ボシフェラス　vociferous
ボシフェラント　vociferant
ボシフェレーション　vociferation
ボシフェレート　vociferate
ポシブリー　possibly
ポシブル　possible
ボシュロム　Bausch & Lomb
ボジョレー　Beaujolais
ボジンカ　Bojinka
ボス　boss, Bosch
ボス・アイド　bos(s)-eyed
ボスイズム　bossism
ボズウェル　Boswell
ボスウォッシュ　BosWash
ポズール　poseur
ホスエ　Josué
ボスキー　bosky
ホスキンス　Hoskins
ボスケージ　boscage, -kage
ホスゲン　phosgene
ボスコ　Bosco
ポスコ　Posco
ボスコム　Boscombe
ボス・ショット　boss-shot
ポスター　poster
ポスター・カラー　poster color
ポスター・ペイント　poster paint
ポスターン　postern
ホスタイル　hostile
ポスタル　postal
ポスタル・オーダー　postal order
ポスタル・カード　postal card
ポスタル・コード　postal code
ポスタル・サービス　postal service
ホスチア　hostia, host
ポスチャー　posture
ポスチュマス　posthumous
ポスチュラント　postulant
ポスチュレーション　postulation
ポスチュレート　postulate
ポスティリオン　postilion, -tillion
ホスティリティー　hostility
ホスティル　hostile
ポスティング　posting
ホステージ　hostage
ポステージ　postage
ポステージ・スタンプ　postage stamp, postage-stamp
ポステージ・メーター　postage meter
ホステス　hostess
ホステラー　hostel(l)er
ポステリアー　posterior
ポステリティー　posterity
ホステル　hostel
ホステルリー　hostelry
ホスト　host
ポスト　post, post-
ポスト・イット　Post-it
ポストインダストリアル　postindustrial

ポストインプレッショニスト Postimpressionist
ポストインプレッショニズム Postimpressionism
ポストウォー postwar
ポスト・エクスチェンジ post exchange
ポスト・オフィス post office
ポスト・オフィス・ボックス post-office box
ポストオペラティブ postoperative
ポストカード postcard
ポストクウェイク postquake
ポスト・クライシス post-crisis
ポストグラジュエート postgraduate
ポストゲーム postgame
ポストコーイタル postcoital
ポストコード postcode
ポストコンシューマー postconsumer
ホスト・コンピューター host computer
ポストシーズン postseason
ポストスクリプト postscript
ポストスティミュラス poststimulus
ポストストローク poststroke
ポストセカンダリー postsecondary
ポスト・タックス post-tax
ポストデート postdate
ポストドク postdoc
ポストドクトラル postdoctoral
ポストトラウマティック posttraumatic
ポストナプシャル postnuptial
ボストニアン Bostonian
ポストネータル postnatal
ポストパータム postpartum
ポストハーベスト postharvest
ポストバイタル postvital
ポストバッグ postbag
ポスト・パンク post-punk
ホスト・ファミリー host family
ポストフライト postflight
ポストプランディアル postprandial
ポスト・フリー post-free
ポストプロダクション postproduction
ポストペイド postpaid
ポストヘースト posthaste
ポストベラム postbellum
ポストポーン postpone
ポストポーンメント postponement
ポストポジション postposition
ポストボックス postbox
ポスト・ホルン post horn
ポストマーク postmark
ポストマスター postmaster
ポストマスター・ジェネラル postmaster general
ポストマン postman
ポストミストレス postmistress
ポストメノポーザル postmenopausal
ポスト・メリディエム post meridiem, PM
ポストモダニズム postmodernism
ポストモダン postmodern
ポストモルテム postmortem
ポスト・レスタント poste restante
ボストン Boston
ボストン・セルティックス Boston Celtics
ボストン・ティー・パーティー Boston Tea Party
ボストン・テリア Boston terrier
ボスニア Bosnia
ボスニア・ヘルツェゴビナ Bosnia and Herzegovina
ボスニアン Bosnian
ホスピス hospice
ホスピタブル hospitable
ホスピタラー hospitaler
ホスピタライズ hospitalize
ホスピタライゼーション hospitalization
ホスピタリゼーション hospitalization
ホスピタリティー hospitality
ホスピタル hospital
ホスファターゼ phosphatase
ホスフェート phosphate
ホスホアルギニン phosphoarginine
ホスホペプチド phosphopeptide
ホスホラス phosphorus
ボスポラス Bosporus, -pho-
ホスホランバン phospholamban
ホスホリック phosphoric
ホスホリパーゼ phospholipase
ホスメット phosmet
ホスラー hostler
ポスルキュー POSSLQ
ボスワース Bosworth
ボズワース Bosworth
ホセ José
ホセア Hosea

ポセイドン　Poseidon
ポゼス　possess
ポゼスト　possessed
ポゼッサー　possessor
ポゼッシブ　possessive
ポゼッション　possession
ポセット　posset
ポソ　Poso
ポゾラニック　pozzolanic
ポゾラン　pozzolana
ポソロジー　posology
ボソン　boson
ボゾン　boson
ボタ　Botha
ポタージュ　potage
ポダイアトリスト　podiatrist
ポタッシウム　potassium
ポタッシウム・アイオダイド　potassium iodide
ポタッシウム・クロライド　potassium chloride
ポタッシウム・サイアナイド　potassium cyanide
ポタッシュ　potash
ボタナイズ　botanize
ボタニー　botany
ボタニカル　botanical
ボタニカル・アート　botanical art
ボタニスト　botanist
ボタニック　botanic
ボタニック・ガーデン　botanic garden
ボダム　Bodum
ボタン　button
ボタン・スルー　button-through
ボタン・ダウン　button-down
ボタンド・アップ　buttoned-up
ボタンホール　buttonhole
ポチョムキン　Potemkin
ボッカチオ　Boccaccio
ホッギッシュ　hoggish
ホック　hock, hook
ホッグ　hog
ボック　bock
ポック　pock
ホッグウォッシュ　hogwash
ホックショップ　hockshop
ボックス　box, vox
ポックス　pox
ボックス・アンド・コックス　Box and Cox
ボックスウッド　boxwood
ボックス・オフィス　box office, box-office
ボックスカー　boxcar
ボックス・カイト　box kite
ボックス・カッター　box cutter
ボックス・カメラ　box camera
ボックス・シート　box seat
ボックス・ジャンクション　box junction
ボックス・スコア　box score
ボックス・ストール　box stall
ボックス・ナンバー　box number
ボックス・プリーツ　box pleat
ボックスフル　boxful
ホッグスヘッド　hogshead
ボックス・ポップ　vox pop
ボックス・ランチ　box lunch
ホッグ・タイ　hog-tie
ポックト　pocked
ホックニー　Hockney
ボック・ビール　bock beer
ポックマーク　pockmark
ポックマークト　pockmarked
ホッグ・ワイルド　hog-wild
ホッケー　hockey, hocky, hockie, hook(e)y
ホッケー・スティック　hockey stick
ホッケンハイム　Hockenheim
ボッコーニ　Bocconi
ホッジ　Hodge
ポッシ　posse
ポッジー　podgy
ポッシブル　possible
ホッジポッジ　hodgepodge
ボッシュ　Bosch, bosh
ポッシュ　posh
ホッセイニ　Hosseini
ポッター　Potter, potter
ポッターズ・フィールド　potter's field
ポツダム　Potsdam
ポッタリー　pottery
ボッタルガ　bottarga
ボッチ　boccie, botch
ボッチー　botchy
ホッチキス　Hotchkiss
ホッチポッチ　hotchpotch

ボッチョーニ　Boccioni
ホッティー　hottie, hotty
ポッティー　potty
ボッティチェリ　Botticelli
ポッティング・シェッド　potting shed
ポッテージ　pottage
ボッテガ・ヴェネタ　Bottega Veneta
ホッテントット　Hottentot
ホット　hot
ホッド　hod
ボット　bot, bott
ポット　pot
ポッド　pod
ホット・イシュー　hot issue
ホット・ウェル　hot well
ホット・ウォー　hot war
ホット・ウォーター　hot water
ホット・ウォーター・バッグ　hot-water bag
ホット・ウォーター・ボトル　hot-water bottle
ホット・エア　hot air
ホット・エア・バルーン　hot-air balloon
ホット・キー　hot key
ボッドキャスティング　vodcasting
ポッドキャスティング　podcasting
ボッドキャスト　vodcast
ポッドキャスト　podcast
ホッド・キャリアー　hod carrier
ホット・クロス・バン　hot cross bun
ホットケーキ　hotcake
ホット・コーナー　hot corner
ホット・シート　hot seat
ポットシャード　potsherd
ホット・シュー　hot shoe
ホットショット　hotshot
ポットショット　potshot
ホット・スタッフ　hot stuff
ホット・ストック　hot stock
ホットスパー　hotspur
ホット・スプリング　hot spring
ホット・スポット　hot spot
ポッドスラーピング　podslurping
ホット・スワップ　hot-swap
ポット・チーズ　pot cheese
ホット・テンパード　hot-tempered
ホットドッグ　hot dog
ホット・ニュース　hot news
ボットネット　botnet
ポットハーブ　potherb
ポットパイ　potpie
ホットハウス　hothouse
ポット・バウンド　pot-bound
ポットハンター　pothunter
ホット・パンツ　hot pants
ホット・プー　hot-poo
ポットフック　pothook
ホットフット　hotfoot
ボットフライ　botfly
ホット・ブラスト　hot blast
ホット・フラッシュ　hot flash [flush]
ポット・プラント　pot plant
ポットフル　potful
ホット・プレート　hot plate
ホットヘッデッド　hotheaded
ホットヘッド　hothead
ホットベッド　hotbed
ポットヘッド　pothead
ホット・ペッパー　hot pepper
ポットベリー　potbelly
ポットベリード　potbellied
ポットボイラー　potboiler
ポットホーリング　potholing
ポットホール　pothole
ホット・ボタン　hot button, hot-button
ホット・ポット　hot pot
ホット・ポテト　hot potato
ホット・マネー　hot money
ポット・マリゴールド　pot marigold
ホッドマン　hodman
ホットメール　Hotmail
ホット・ヨガ　hot yoga
ホット・ライン　hot line
ポットライン　potline
ポットラック　potluck
ポットラック・サパー　potluck supper
ホット・リーディング　hot reading
ホット・リンク　hot link
ポット・ロースト　pot roast, pot-roast
ホッド・ロッダー　hot-rodder
ホット・ロッド　hot rod
ホット・ワイヤー　hot wire
ホッパー　hopper
ボッパー　bopper
ポッパー　popper

ホッピング　hopping
ポッピング・クリース　popping crease
ホップ　hop
ボップ　bop
ポップ　pop, POP
ポップ・アート　pop art
ポップ・アイド　pop-eyed
ポップ・アップ　pop-up
ポップ・アンダー　pop-under
ボッフィ　Boffi
ボッフォ　boffo
ポップオーバー　popover
ポップガン　popgun
ポップコーン　popcorn
ポップショップ　popshop
ホッブス　Hobbes
ポップス　pops
ホップスコッチ　hopscotch
ボップスター　bopster
ポップ・トップ　pop-top
ホップ・ピッカー　hop picker
ポップ・フェスティバル　pop festival
ポップ・フライ　pop fly
ホップヘッド　hophead
ポップ・ライター　POP writer
ホッブル　hobble
ホッブル・スカート　hobble skirt
ホッブルデホイ　hobbledehoy
ボツリズム　botulism
ボツリヌス　botulinus
ボツリヌス・バシラス　botulinus bacillus
ボツリン　Botulin
ボツワナ　Botswana
ポディアトリー　podiatry
ポディアトリスト　podiatrist
ポディアム　podium
ボディー　body
ボディー・ウォーマー　body warmer
ボディー・オーダー　body odor
ボディーガード　bodyguard
ボディー・カウント　body count
ボディー・コーポレート　body corporate
ボディー・サーチ　body-search
ボディーサーフ　bodysurf
ボディー・ショップ　body shop
ボディースーツ　bodysuit
ボディー・スキャナー　body scanner
ボディー・ストッキング　body stocking
ボディー・スナッチャー　body snatcher
ボディー・チェック　body check
ボディー・バッグ　body bag
ボディービルダー　bodybuilder
ボディービルディング　bodybuilding
ボディー・ブロー　body blow
ボディーボーダー　bodyboarder
ボディーボーディング　bodyboarding
ボディーボード　bodyboard
ボディー・ポッピング　body-popping
ボディー・ポリティック　body politic
ボディー・マイク　body mike
ボディー・ライン・ボウリング　body-line bowling
ボディー・ランゲージ　body language
ボディーレス　bodiless
ボディーワーク　bodywork
ボディウェーブ　bodywave
ボディ・シャンプー　body shampoo
ボディス　bodice
ボディ・トーク　body talk
ボディ・パンプ　body pump
ボディ・ピアッシング　body piercing
ボディリー　bodily
ボデガ　bodega
ポデスタ　Podesta
ポテト　potato
ポテト・クリスプ　potato crisp
ポテト・チップ　potato chip
ポテト・ビートル　potato beetle
ホテリエ　hotelier
ホテル　hotel
ホテルキーパー　hotelkeeper
ポテンシエーション　potentiation
ポテンシエート　potentiate
ポテンシオメトリー　potentiometry
ポテンシャリー　potentially
ポテンシャリティー　potentiality
ポテンシャル　potential
ポテンショメーター　potentiometer
ボトキエ　Botkier
ボドキン　bodkin
ポトク　Potok
ホトクロミズム　photochromism
ポドゴリツァ　Podgorica, -tsa
ボトックス　Botox

ボドニ　Bodoni
ポトフ　pot-au-feu
ポドフィリン　podophyllin
ポドフィルム　podophyllum
ポドフィロトキシン　podophyllotoxin
ポトマック　Potomac
ボドミン　Bodmin
ボトム　bottom
ボトム・ギアー　bottom gear
ボトム・ドッグ　bottom dog
ボトム・ドローアー　bottom drawer
ボトム・フィッシャー　bottom fisher
ボトムモスト　bottommost
ボトム・ライン　bottom line
ボトムレス　bottomless
ボトラー　bottler
ボトリング　bottling
ボトル　bottle
ボトル・オープナー　bottle opener
ボトル・グリーン　bottle green
ホドルコフスキー　Khodorkovsky
ボトル・シップ　bottle ship
ポドルスキー　Podolski
ボトルド　bottled
ボトルド・ウォーター　bottled water
ボトルネック　bottleneck
ボトルノーズ　bottlenose
ボトルノーズド・ドルフィン　bottle-nosed dolphin
ボトル・パーティー　bottle party
ボトル・バンク　bottle bank
ボトル・フィード　bottle-feed
ボトルフル　bottleful
ボナール　Bonnard
ボナパルト　Bonaparte
ボナブ　Bonab
ボナ・フィデ　bona fide
ボナ・フィデス　bona fides
ボナムズ　Bonhams
ボナンザ　bonanza
ボナンノ　Bonanno
ホニアラ　Honiara
ボニー　bonny, -nie
ポニー　pony
ボニータ　bonita
ポニーテール　ponytail
ボニート　bonito
ポニー・トレッキング　pony-trekking
ホニトン　Honiton
ボニファス　Boniface
ボニファティウス　Boniface
ポニヤード　poniard
ボニン・アイランズ　Bonin Islands
ボネガット　Vonnegut
ボノ　Bono
ボノボ　bonobo
ボノミ　bonho(m)mie
ホノルル　Honolulu
ホバー　hover
ボバー　bovver
ホバークラフト　hovercraft
ホバートレイン　hovertrain
ボバー・ブーツ　bovver boot
ホバー・フライ　hover fly
ボバー・ボーイ　bovver boy
ボパール　Bhopal
ポパイ　Popeye
ボバイン　bovine
ポバティー　poverty
ポバティー・ストリクン　poverty-stricken
ポバティー・トラップ　poverty trap
ポバティー・ライン　poverty line
ボバリー　Bovary
ホバリング　hovering
ポハン　Pohang
ホピ　Hopi
ホビー　hobby
ボビー　Bobby, Bobbie
ポピー　poppy
ホビーイスト　hobbyist
ポピーコック　poppycock
ボビー・ソクサー　bobby-soxer
ボビー・ソックス　bobby socks [sox]
ボビー・ダズラー　bobby-dazzler
ポピー・デー　Poppy Day
ボビー・ピン　bobby pin
ボビー・ブラウン　Bobby Brown
ホビーホース　hobbyhorse
ホビット　hobbit
ポピュラー　popular
ポピュラー・エティモロジー　popular etymology
ポピュラー・ソング　popular song
ポピュラー・フロント　popular front

ポピュラー・ボート　popular vote
ポピュラス　populous
ポピュラライズ　popularize
ポピュラライゼーション　popularization
ポピュラリー　popularly
ポピュラリゼーション　popularization
ポピュラリティー　popularity
ポピュリスト　populist
ポピュリズム　populism
ポピュレーション　population
ポピュレーション・エクスプロージョン　population explosion
ポピュレート　populate
ポピュレス　populace
ボビン　bobbin
ポピンジェイ　popinjay
ボビン・レース　bobbin lace
ホブ　hob
ボフ　boff
ボブ　Bob, bob
ボフィン　boffin
ボブキャット　bobcat
ホプキンズ　Hopkins
ホブグロビン　hobgoblin
ホブゴブリン　hobgoblin
ボブ・サップ　Bob Sapp
ポプシー　popsy
ポプシクル　Popsicle
ボブスレー　bobsleigh
ボブスレッダー　bobsledder
ボブスレッド　bobsled
ホブソン　Hobson
ホブソンズ・チョイス　Hobson's choice
ボブ・ディラン　Bob Dylan
ボブテール　bobtail
ボブテールド　bobtailed
ボブド　bobbed
ホフナー　Hofner
ホブネイル　hobnail
ホブネイルド　hobnailed
ホブノッブ　hobnob
ボブホワイト　bobwhite
ボブ・マーリー　Bob Marley
ホフマン　Hoffman
ポプラ　poplar, Poplar
ポブラノ　poblano
ポプリ　potpourri
ボブリル　Bovril
ポプリン　poplin
ボブル　bobble
ボベスパ　Bovespa
ポペット　poppet
ボヘミア　Bohemia
ボヘミアニズム　Bohemianism
ボヘミアン　Bohemian
ボヘミアン・グラス　Bohemian glass
ホベル　hovel
ボホ　boho
ボホール　Bohol
ホホバ　jojoba
ホホバ・オイル　jojoba oil
ボボリンク　bobolink
ボマー　bomber
ポマード　pomade
ポマス　pomace
ポマンダー　pomander
ポミー　pommy, -mie
ホミサイダル　homicidal
ホミサイド　homicide
ボミット　vomit
ホミナイズ　hominize
ホミナイゼーション　hominization
ホミニアン　hominian
ホミニー　hominy
ホミニゼーション　hominization
ホミニッド　hominid
ホミレティック　homiletic
ホミレティックス　homiletics
ボミング　bombing
ボム　bomb
ポム　pom, pomme
ボム・サイト　bomb site
ボムサイト　bombsight
ボムシェル　bombshell
ホムス　hummus
ボム・スケア　bomb scare
ボム・ディスポーザル　bomb disposal
ボムド　bombed
ポムドテール　pomme de terre
ボムプルーフ　bombproof
ポムフレット　pomfret
ボム・ベイ　bomb bay
ポムポム　pom-pom
ボムレット　bomblet

ホメイニ　Khomeini
ホメオスタシス　homeostasis
ホメオパシー　homeopathy
ポメグラナット　pomegranate
ポメラート　Pomellato
ポメラニア　Pomerania
ポメラニアン　Pomeranian
ホメリック　Homeric
ポメル　pommel
ポメル・ホース　pommel horse
ポメロ　pomelo
ホメロス　Homer
ホモ　homo, Homo, hom-, homo-
ホモエロティシズム　homoeroticism
ホモエロティズム　homoerotism
ホモエロティック　homoerotic
ポモーナ・スプラウト　Pomona Sprout
ホモグラフ　homograph
ホモグラフト　homograft
ホモ・サピエンス　Homo sapiens
ホモサラート　homosalate
ホモサレート　homosalate
ホモジーニアス　homogeneous
ホモジェナイズ　homogenize
ホモジェナイゼーション　homogenization
ホモジェニーイティー　homogeneity
ホモジェニゼーション　homogenization
ホモシステイン　homocysteine
ホモセクシャル　homosexual
ホモセクシュアリティー　homosexuality
ホモソーシャル　homosocial
ポモドーロ　pomodoro
ポモナ　Pomona
ホモニム　homonym
ホモニュークリアー　homonuclear
ホモフィリー　homophily
ホモフォービア　homophobia
ホモフォーン　homophone
ホモフォナス　homophonous
ホモフォニー　homophony
ホモフォニック　homophonic
ホモポーラー　homopolar
ホモモーフィー　homomorphy
ホモモーフィズム　homomorphism
ホモローグ　homologue, -log
ホモロガス　homologous
ホモロジー　homology
ポヨ　pollo
ポヨタリアン　pollotarian
ホラー　horror, holler
ホラーキー　holarchy
ホラー・ストラック　horror-struck
ホラー・ストリクン　horror-stricken
ボラート　borate
ボラード　bollard
ポラード　pollard
ボラーニョ　Bolaño
ホライズン　horizon
ポライト　polite
ポライトネス　politeness
ポライトリー　politely
ボラカイ　Boracay
ホラクラシー　holacracy
ボラサイト　boracite
ボラシック　boracic
ボラシティー　voracity
ポラス　porous
ホラス・スラグホーン　Horace Slughorn
ボラステロン　bolasterone
ボラゾン　Borazon
ボラタイル　volatile
ポラック　pollack, Polack, Pollack
ボラックス　borax
ボラット　Borat
ホラティウス　Horace
ボラティリティー　volatility
ボラティル　volatile
ボラプチュアス　voluptuous
ボラプチュアリー　voluptuary
ボラボラ　Bora-Bora
ポララミン　Polaramine
ポラリス　Polaris
ポラリスコープ　polariscope
ポラリティー　polarity
ポラロイド　Polaroid
ポラロイド・カメラ　Polaroid camera
ボラン　Bolan
ポラン　pollan
ボランジェ　Bollinger
ボランジオール　bolandiol
ポランスキー　Polanski
ホランダー　Hollander
ボランタリー　voluntary
ボランタリー・スクール　voluntary school

ボランタリスト　voluntarist
ボランタリズム　voluntarism
ボランチ　volante
ボランツーリズム　voluntourism
ボランティア　volunteer
ボランティアリズム　volunteerism
ホランド　Holland
ボラント　volant
ポリ　poly, poly-, Polly
ポリアクリルアミド　polyacrylamide
ポリアシッド　polyacid
ポリアセタール　polyacetal
ポリアミド　polyamide
ポリアミン　polyamine
ポリアリレート　polyarylate
ポリアロマティック　polyaromatic
ポリアンサス　polyanthus
ポリアンサチュレート　polyunsaturate
ポリアンドラス　polyandrous
ポリアンドリー　polyandry
ポリアンドリスト　polyandrist
ポリアンナ　Pollyanna
ホリー　holly
ボリー　volley
ホリー・オーク　holly oak
ポリース　police
ポリイソブチレン　polyisobutylene
ポリープ　polyp
ホリーホック　hollyhock
ポリイミド　polyimide
ポリウォッグ　polliwog, -ly-
ボリウッド　Bollywood
ポリウレタン　polyurethane, -urethan
ポリウレタン・フォーム　polyurethane foam
ポリエーテル　polyether
ポリエーテルイミド　polyetherimide
ポリエーテルケトン　polyetherketone
ポリエステル　polyester
ポリエチレン　polyethylene
ポリオ　polio
ホリオーク　Holyoak
ポリオール　polyol
ポリオマイエライティス　poliomyelitis
ポリオレフィン　polyolefin
ポリオ・ワクチン　polio vaccine
ポリオン　porion
ポリカーボネート　polycarbonate
ポリガマイズ　polygamize
ポリガマス　polygamous
ポリガミー　polygamy
ポリガミスト　polygamist
ポリガラクツロナーゼ　polygalacturonase
ポリカルボフィル　polycarbophil
ポリクシニーズ　Polixenes
ポリグラフ　polygraph
ポリグラフィー　polygraphy
ポリグラム　polygram, PolyGram
ポリグリシン　polyglycine
ポリクリスタリン　polycrystalline
ポリクリスタル　polycrystal
ポリクリニック　polyclinic
ポリクローム　polychrome
ポリグロット　polyglot
ポリクロマティック　polychromatic
ポリクロミー　polychromy
ポリクロメータ　polychromator
ポリケタイド　polyketide
ポリケチド　polyketide
ポリゴン　polygon
ポリコンデンセーション　polycondensation
ポリシー　policy
ポリシーイスティカル　polytheistical
ポリシーイスティック　polytheistic
ポリシーイスト　polytheist
ポリシーイズム　polytheism
ポリシーホルダー　policyholder
ポリシー・ミックス　policy mix
ポリシーメーカー　policymaker
ポリシーメーキング　policymaking
ポリシーン　polythene
ポリジーン　polygene
ボリシェビキ　Bolsheviki
ポリジニー　polygyny
ボリショイ　Bolshoi
ボリショナル　volitional
ボリション　volition
ポリシラビック　polysyllabic
ポリシラブル　polysyllable
ポリシリコン　polysilicon
ボリス　Boris
ポリス　police
ポリスウーマン　policewoman
ポリス・オフィサー　police officer

ポリス・カー　police car
ポリス・コート　police court
ポリス・コンスタブル　police constable
ポリス・ステーション　police station
ポリス・ステート　police state
ホリスター　Hollister
ポリスチレン　polystyrene
ホリスティック　holistic
ポリス・ドッグ　police dog
ポリス・フォース　police force
ポリスマン　policeman
ポリス・リポーター　police reporter
ポリソルベート　polysorbate
ホリゾンタル　horizontal
ホリゾンタル・スプレッド　horizontal spread
ホリゾンタル・バー　horizontal bar
ポリタイプ　polytype
ポリチオフェン　polythiophene
ボリックス　bollix
ポリッジ　porridge
ポリッシャー　polisher
ポリッシュ　polish
ポリッシュト　polished
ホリッド　horrid
ポリティー　polity
ポリティカリー・コレクト　politically correct, PC
ポリティカル　political
ポリティカル・アサイラム　political asylum
ポリティカル・エコノミー　political economy
ポリティカル・コレクトネス　political correctness, PC
ポリティカル・サイエンス　political science
ポリティカル・サイエンティスト　political scientist
ポリティカル・ジオグラフィー　political geography
ポリティクス　politics
ポリティコ　politico
ポリティサイズ　politicize
ポリティサイゼーション　politicization
ポリティシゼーション　politicization
ポリティシャン　politician
ポリティッカー　politicker
ポリティッキング　politicking
ポリティック　politic, politick
ポリティックス　politics
ホリデー　holiday
ホリデー・キャンプ　holiday camp
ホリデーズ　holidays
ホリデーメーカー　holidaymaker
ホリデーメーキング　holidaymaking
ポリデキストロース　polydextrose
ポリテクニック　polytechnic
ポリテフ　polytef
ポリドール　Polydor
ポリトコフスカヤ　Politkovskaya
ポリトビュロー　Politburo, -bureau
ポリネーション　pollination
ポリネーター　pollinator
ポリネート　pollinate
ポリネシア　Polynesia
ポリネシアン　Polynesian
ポリネシアン・セックス　Polynesian sex
ポリノーシス　pollinosis, -le-
ポリノーミアル　polynomial
ポリパス　polypous, polypus
ボリバル　Bolívar, bolivar
ボリビア　Bolivia
ボリビアノ　boliviano
ボリビアン　Bolivian
ポリヒスター　polyhistor
ポリヒストリック　polyhistoric
ポリヒドロキシ　polyhydroxy
ポリビニル　polyvinyl
ポリビニル・クロライド　polyvinyl chloride
ポリヒュムニア　Polyhymnia
ホリピレーション　horripilation
ホリピレート　horripilate
ポリプ　polyp
ポリファーマシー　polypharmacy
ホリファイ　horrify
ホリファイイング　horrifying
ポリファジー　polyphagy
ホリフィケーション　horrification
ホリフィック　horrific
ポリフェイジア　polyphagia
ポリフェーズ　polyphase
ポリフェニル　polyphenyl
ポリフェニレン　polyphenylene
ポリフェノール　polyphenol
ポリフォニー　polyphony

ポリフォニック　polyphonic
ポリブチレン　polybutylene
ポリプティック　polyptych
ホリブリー　horribly
ホリブル　horrible
ポリプロピレン　polypropylene
ポリヘドロン　polyhedron
ポリペプチド　polypeptide
ポリベンゾイミダゾール　polybenzimidazole
ポリポシス　polyposis
ポリマー　polymer
ポリマー・アロイ　polymer alloy
ポリマシー　polymathy
ポリマシック　polymathic
ポリマス　polymath
ポリミキシン　polymyxin
ポリメチレン　polymethylene
ポリメラーゼ　polymerase
ポリメライズ　polymerize
ポリメライゼーション　polymerization
ポリメリゼーション　polymerization
ポリメリック　polymeric
ポリモーファス　polymorphous
ポリモーフィズム　polymorphism
ポリモーフィック　polymorphic
ポリューション　pollution
ポリューター　polluter
ポリュータント　pollutant
ポリュート　pollute
ボリューマイザー　volumizer
ボリューマイズ　volumize
ボリューミナス　voluminous
ボリューム　volume
ボリュビリティー　volubility
ボリュブル　voluble
ポリュペーモス　Polyphemus
ボリュメトリカル　volumetrical
ボリュメトリック　volumetric
ポリラクチド　polylactide
ポリラクティック　polylactic
ポリリシン　polylysine
ポリリズミック　polyrhythmic
ポリリズム　polyrhythm
ポリリボソーム　polyribosome
ボリンゲン　Bollingen
ポリンジャー　porringer
ポル　Poll, pol
ボルヴィック　Volvic
ポルーション　pollution
ポルーター　polluter
ポルータント　pollutant
ボルーテッド　voluted
ボルート　volute
ポルート　pollute
ボルーミナス　voluminous
ホルガ　Holga
ボルガ　Volga
ポルカ　polka
ボルカー　Volcker
ポルカ・ドット　polka dot
ボルカニズム　volcanism
ボルカニック　volcanic
ボルカノロジー　volcanology
ボルカノロジスト　volcanologist
ボルグ　Borg
ポルケ　Polke
ボルゲーゼ　Borghese
ボルケーノ　volcano
ボルゲリ　Bolgheri
ボルゴグラード　Volgograd
ボルサリーノ　Borsalino
ボルジア　Borgia
ボルシー　Bolshie, -shy
ポルシェ　Porsche
ボルシェビキ　Bolsheviki
ボルシェビスト　Bolshevist
ボルシェビズム　Bolshevism
ボルジオン　boldione
ボルシチ　borscht, borsht, bors(c)h, bortsch, borshch
ホルスター　holster
ボルスター　bolster
ホルスタイン　Holstein
ボルスタル　Borstal
ホルステン　Holsten
ホルスト　Holst, horst
ボルセック　Borsec
ボルゾイ　borzoi
ボルタ　Volta
ホルダー　holder
ボルター　bolter
ポルターガイスト　poltergeist
ホルターネック　halterneck
ボル・ダム　Voll-Damm

ボルタメーター voltameter
ボルタレン Voltaren
ボルタンメトリー voltammetry
ポルチーニ porcino
ボルチモア Baltimore
ボルチモア・オリオールズ Baltimore Orioles
ポルチュギーズ Portuguese
ボルチン volutin
ホルツァー Holzer
ボルティシティー vorticity
ボルテイック voltaic
ボルティモア Baltimore
ボルティモア・レイブンズ Baltimore Ravens
ホルデイン hordein
ボルテージ voltage
ボルテール Voltaire
ボルテックス vortex
ボルデノン boldenone
ボルテマンド Voltemand
ボルデモート Voldemort
ボルデロ bordello
ボルト volt, volte, bolt
ポルト Porto
ボルト・アンペア volt-ampere
ボルドー Bordeaux
ポルトープランス Port-au-Prince
ボルドー・ミクスチャー Bordeaux mixture
ボルト・オン bolt-on
ポルトガル Portugal
ポルト・コシェール porte cochere, -chère
ポルトス Porthos
ポルトノボ Porto-Novo
ボルト・ファース volte-face
ポルトフィーノ Portofino
ポルトベーネレ Portovenere
ボルト・ホール bolt-hole
ポルトマント portmanteau
ポルトマント・ワード portmanteau word
ボルトメーター voltmeter
ポルトランド・ストーン Portland stone
ポルトランド・セメント portland cement
ポルトルーン poltroon
ボルトン Bolton
ポルナレフ Polnareff
ボルネオ Borneo
ボルネオール borneol
ボルネマン Bornemann
ポルノ porn, porno
ポルノグラファー pornographer
ポルノグラフィー pornography
ポルノグラフィック pornographic
ホルバイン Holbein
ボルビック Volvic
ボルビリス Volubilis
ポルフィラチン porphyratin
ポルフィリン porphyrin
ポルフィロキシン porphyroxine
ポルフィロプシン porphyropsin
ポルフィン porphin, porphine
ボルフガング Wolfgang
ボルフスブルク Wolfsburg
ホルブルック Holbrooke
ボルプレーン volplane
ホルヘ Jorge
ボルヘス Borges
ボルボ Volvo
ホルボール phorbol
ホルボーン Holborn
ポルホビリノゲン porphobilinogen
ホルマール formal
ホルマリン formalin
ホルミウム holmium
ホルミル formyl
ホルム Holm
ホルムアミダーゼ formamidase
ホルムアミド formamide
ホルムアルデヒド formaldehyde
ホルムズ Hormuz
ホルメシス hormesis
ホルモール formol
ホルモナル hormonal
ホルモン hormone
ホルン horn
ポルン pollen
ポルン・カウント pollen count
ボレアス Boreas
ホレイショー Horatio
ホレイショー・アルジャー Horatio Álger
ボレー volley
ホレーシアン Horatian
ボレーシャス voracious
ホレート phorate
ホレス Horace
ポレノーシス pollinosis, -le-

ポレミカル　polemical
ポレミシスト　polemicist
ポレミスト　polemist
ポレミック　polemic
ポレミックス　polemics
ボレリア　borrelia
ホレリス　Hollerith
ボレロ　bolero
ポレンタ　polenta
ホレンダス　horrendous
ポロ　polo, Polo
ボロエタン　boroethane
ホロエンザイム　holoenzyme
ホロー　hollow, hollo, -loo
ボロー　borrow
ホロー・アイド　hollow-eyed
ボローイング　borrowing
ホローウェア　hollowware
ポローニアス　Polonius
ボローニー　boloney, balon(e)y
ボローニャ　Bologna
ボローニャン　Bolognan
ボローバン　vol-au-vent
ホロガミー　hologamy
ポロキサマー　poloxamer
ホログラフ　holograph
ホログラフィー　holography
ホログラム　hologram
ポロクワネ　Polokwane
ホロコースト　holocaust
ホロシーン　Holocene
ポロシティー　porosity
ポロ・シャツ　polo shirt
ホロスコープ　horoscope
ボロスコープ　boroscope
ホロスコピー　horoscopy
ホロスリン　holothurin
ボロ・タイ　bolo tie
ポロック　Pollock
ボロックス　bollocks
ボロディノ　Borodino
ボロディン　Borodin
ポロニー　polony
ボロニーズ　Bolognese
ポロニウム　polonium
ボロネーズ　Bolognese
ポロネーズ　polonaise
ボロネーゼ　bolognese
ポロ・ネック　polo neck
ボロハイドライド　borohydride
ホロビッツ　Horowitz
ホロフィティック　holophytic
ホロプター　horopter
ボロブドゥール　Borobudur
ホロマイクロスコピー　holomicroscopy
ボロメーター　bolometer
ホロロージ　horologe
ホロロジー　horology
ホロロジカル　horological
ホロロジスト　horologist
ホロロジック　horologic
ホロワー　follower
ボロワー　borrower
ホロン　holon
ボロン　boron
ホワー　whir, whirr
ホワーリーバード　whirlybird
ホワーリギグ　whirligig
ホワール　whirl
ホワールウインド　whirlwind
ホワールプール　whirlpool
ホワールプール・バス　whirlpool bath
ホワイ　why
ホワイエ　foyer
ホワイティー　whity, whitey
ホワイティッシュ　whitish
ホワイティング　whiting
ホワイテッド・セパルカー　whited sepulcher
ホワイテリーフ　Whyteleafe
ホワイト　white
ホワイトアウト　whiteout
ホワイト・アント　white ant
ホワイト・アンド・マッカイ　Whyte And McCkay
ホワイト・ウエディング　white wedding
ホワイト・ウォーター　white water
ホワイトウォッシュ　whitewash
ホワイトウッド　whitewood
ホワイトゥン　whiten
ホワイト・エレファント　white elephant
ホワイト・エンサイン　white ensign
ホワイト・オーク　white oak
ホワイト・カラー　white-collar
ホワイトキャップ　whitecap

ホワイト・グッズ　white goods
ホワイト・クラッピー　white crappie
ホワイト・コーパスル　white corpuscle
ホワイト・コール　white coal
ホワイト・ゴールド　white gold
ホワイト・シーダー　white cedar
ホワイト・シュガー　white sugar
ホワイト・スープレマシー　white supremacy
ホワイト・スクワイア　white squire
ホワイトスネイク　Whitesnake
ホワイト・スピリット　white spirit
ホワイトスミス　whitesmith
ホワイト・スレーバリー　white slavery
ホワイト・スレーブ　white slave
ホワイトスロート　whitethroat
ホワイト・セール　white sale
ホワイト・セル　white cell
ホワイト・ソース　white sauce
ホワイトソーン　whitethorn
ホワイト・ソックス　(Chicago) White Sox
ホワイト・タイ　white tie, white-tie
ホワイトチャペル　Whitechapel
ホワイト・ドワーフ　white dwarf
ホワイト・ナイト　white knight, white night
ホワイト・ナイル　White Nile
ホワイト・ナックル　white-knuckle
ホワイトニング　whitening
ホワイト・ノイズ　white noise
ホワイト・バーチ　white birch
ホワイト・パーチ　white perch
ホワイト・ハウス　White House
ホワイト・ヒート　white heat
ホワイトフィッシュ　whitefish
ホワイトフェース　whiteface
ホワイト・フェザー　white feather
ホワイト・ブック　white book
ホワイトフライ　whitefly
ホワイト・フライアー　white friar
ホワイト・フラッグ　white flag
ホワイト・ブラッド・セル　white blood cell
ホワイト・ブレッド　white bread
ホワイト・フロスト　white frost
ホワイト・ベア　white bear
ホワイト・ヘアード　white-haired
ホワイトベイト　whitebait
ホワイト・ペーパー　white paper
ホワイト・ペッパー　white pepper
ホワイト・ホエール　white whale
ホワイト・ホース　white horse, Whitehorse
ホワイトボード　whiteboard
ホワイト・ホープ　white hope
ホワイトホール　Whitehall
ホワイト・ホット　white-hot
ホワイト・ポテト　white potato
ホワイト・マジック　white magic
ホワイト・マター　white matter
ホワイト・マン　white man
ホワイト・ミート　white meat
ホワイト・メタル　white metal
ホワイト・ライ　white lie
ホワイト・ライト　white light
ホワイト・リバード　white-livered
ホワイト・レース　white race
ホワイト・レッド　white lead
ホワイト・ワイン　white wine
ホワイト・ワックス　white wax
ホワイナー　whiner
ボワイユール　voyeur
ボワイユリスティック　voyeuristic
ボワイユリズム　voyeurism
ホワイル　while
ホワイン　whine
ポワソン　poisson
ポワゾン　poison
ポワチエ　Poitier
ホワッチャマコーリット　whatchamacallit
ホワット　what
ホワット・イフ　what-if
ホワットエバー　whatever
ホワットソーエバー　whatsoever
ホワットノット　whatnot
ホワップ　whup
ポワレ　poêler
ポワロ　Poirot
ホン　phon, phone
ボン　bon, Bonn
ボン・ヴォヤージュ　bon voyage
ボンカーズ　bonkers
ホンキー　honkie, -ky, -key
ポンギー　pongy
ホンキー・トンク　honky-tonk
ホンク　honk

ボンク　bonk
ボング　bong
ポング　pong
ポングラッツ　Pongratz
ボンゴ　bongo
ボンゴレ　vongole
ホンコン　Hong Kong, Hongkong
ポンシー　ponce
ポンジー　pongee, Ponzi
ボンジュール　bonjour
ホンジュラス　Honduras
ボン・ジョヴィ　Bon Jovi
ボンズ　Bonds, bonze
ポンス　ponce
ポンズ　Pond's
ボンズマン　bondsman
ポンセ　Ponce
ボンゾ　Bonzo
ポンソー　ponceau
ボンソワール　bonsoir
ポンダー　ponder
ポンダラス　ponderous
ポンダラブル　ponderable
ポンダル　poundal
ポンチ　punch
ポンチョ　poncho
ポンティアック　Pontiac
ポンディシェリー　Pondicherry
ポンティック　pontic
ポンティフ　pontiff
ポンティフィカル　pontifical
ポンティフィケーション　pontification
ポンティフィケーター　pontificator
ポンティフィケート　pontificate
ボンディング　bonding
ボンデージ　bondage
ポンデージ　poundage
ポン・デ・ケージョ　pão de queijo
ポンテコルボ　Pontecorvo
ボンデッド　bonded
ポンテ・ベッキオ　Ponte Vecchio
ポンデローサ　ponderosa
ホンド　hondo
ボンド　bond, Bond
ポンド　pound, pond
ボンドウーマン　bondwoman
ポントゥーン　pontoon
ポントゥーン・ブリッジ　pontoon bridge
ボンド・サーバント　bond servant
ポンド・スターリング　pound sterling
ボンド・ストリート　Bond Street
ポンド・フーリッシュ　pound-foolish
ボンドホルダー　bondholder
ボンドマン　bondman
ボンドメイド　bondmaid
ポンド・ライフ　pond life
ポンド・リリー　pond lily
ポンヌフ　Pont-Neuf
ボンネット　bonnet
ボンバー　⇨ボマー
ボンバード　bombard
ボンバードメント　bombardment
ボンバジーン　bombazine, -sine
ポンパス　pompous
ボンバスティック　bombastic
ボンバスト　bombast
ボンバディアー　bombardier
ポンパドール　Pompadour
ボンバルディア　Bombardier
ポンピドゥー　Pompidou
ポンピドー・センター　Pompidou Center
ボン・ビバン　bon vivant
ポンプ　pump, pomp
ボンファイア　bonfire
ポンプ・ハンドル　pump-handle
ポンプ・プライミング　pump priming
ポンフリー　Pomfrey
ポンプ・ルーム　pump room
ホンブルク　homburg
ポンペ　Pompe
ボンベイ　Bombay
ポンペイ　Pompeii
ポンペイアン　Pompeian, -pei-
ポンポシティー　pomposity
ボンポワン　Bonpoint
ボンボン　bonbon
ポンポン　pompon, pompom
ボンモ　bon mot, bons mots
ボンレス　boneless

マ

マー　ma, mar
マー・アンド・パー　ma-and-pa
マーカー　marker
マーカーソン　Merkerson
マーカサイト　marcasite
マーカス　Marcus
マーカス・ガーベイ　Marcus Garvey
マーカム　Markham
マーガリン　margarine, -rin
マーガレット　Margaret, marguerite
マーガレット・ハウエル　Margaret Howell
マーカンタイル　mercantile
マーカンタイル・マリーン　mercantile marine
マーカンティリスティック　mercantilistic
マーカンティリスト　mercantilist
マーカンティリズム　mercantilism
マーキー　marquee, murky, mirky
マーキーズ　marquise
マーキス　marquess, marquis
マーキューシオ　Mercutio
マーキュリアニズム　mercurialism
マーキュリアル　mercurial
マーキュリー　mercury, Mercury
マーキュリー・ベーパー・ランプ　mercury-vapor lamp
マーキュリック　mercuric
マーキュロクロム　Mercurochrome
マーキング　marking
マーキング・インク　marking ink
マーク　mark, Mark, marc, murk, mirk, marque
マークアップ　markup
マークアップ・タグ　markup tag
マークウィス　marquess, marquis
マーク・ジェイコブズ　Marc Jacobs
マークス・アンド・スペンサー　Marks and Spencer
マークスウーマン　markswoman
マークスマン　marksman
マークスマンシップ　marksmanship
マークダウン　markdown
マークト　marked
マーク・トウェイン　Mark Twain
マーク・マグワイア　Mark McGwire
マーゲート　Margate
マーケタイズ　marketize
マーケタイゼーション　marketization
マーケッター　marketer
マーケッタビリティー　marketability
マーケッタブル　marketable
マーケッティング　marketing
マーケット　market
マーケット・ガーデナー　market gardener
マーケット・ガーデニング　market gardening
マーケット・ガーデン　market garden
マーケット・クロス　market cross
マーケット・シェア　market share
マーケット・タウン　market town
マーケット・デー　market day
マーケット・バリュー　market value
マーケット・プライス　market price
マーケットプレース　marketplace
マーケット・メカニズム　market mechanism
マーケット・リサーチ　market research
マーケティア　marketeer
マーケティゼーション　marketization
マーケティング　marketing
マーケティング・サーベイ　marketing survey
マーケティング・リサーチ　marketing research
マーケトリー　marquetry, -terie
マーコ　Marco
マーゴ　Margo
マーゴー　Margot
マーサ　Martha

マーサー　mercer
マージ　merge, marge, Marge
マーシー　mercy, marshy, Marcie
マージー　mergee, Mersey, Margie
マーシー・キリング　mercy killing
マージーサイド　Merseyside
マージー・サウンド　Mersey sound
マージー・ビート　Mersey beat
マーシー・フライト　mercy flight
マージナライズ　marginalize
マージナライゼーション　marginalization
マージナリー　marginally
マージナリゼーション　marginalization
マージナル　marginal
マージナル・コスト　marginal cost
マージナル・ピープル　marginal people
マージネイリア　marginalia
マーシフル　merciful
マーシャ　Marcia, Marsha
マージャー　merger
マージャリン　margarine, -rin
マーシャリング・ヤード　marshaling yard
マーシャル　martial, marshal, Marshall
マーシャル・アーティスト　martial artist
マーシャル・アート　martial art
マーシャル・アイランズ　Marshall Islands
マーシャル・ロー　martial law
マーシャン　Martian
マージャン　mah-jongg, -jong
マーシュ　marsh
マーシュ・ガス　marsh gas
マーシュ・フィーバー　marsh fever
マーシュランド　marshland
マーショネス　marchioness
マージョラム　marjoram
マージョリー　Margery, Marjorie, -ry
マーシリッド　Marsilid
マーシレス　merciless
マージン　margin
マージン・コール　margin call
マース　Maes, Merce, mirth
マーズ　Mars, MERS
マースーピアル　marsupial
マーストリヒト　Maastricht
マーストリヒト・トリーティー　Maastricht Treaty
マーストン　Marston
マースナリー　mercenary
マースフル　mirthful
マースレス　mirthless
マーセラ　Marcella
マーセライズ　mercerize
マーセラス　Marcellus
マーセリゼーション　mercerization
マータ　Marta
マーター　martyr
マーダー　murder
マーターダム　martyrdom
マーダーボール　murderball
マータイ　Maathai
マーダラー　murderer
マーダラス　murderous
マーダレス　murderess
マーチ　march, March, merch
マーチ・パスト　march-past
マーチ・ヘア　March Hare
マーチャー　marcher
マーチャンダイザー　merchandiser
マーチャンダイジング　merchandising
マーチャンダイズ　merchandise
マーチャンタブル　merchantable
マーチャント　merchant
マーチャント・ネイビー　merchant navy
マーチャント・バンク　merchant bank
マーチャント・マリーン　merchant marine
マーチャントマン　merchantman
マーチン　Martin
マーチング・オーダーズ　marching orders
マーチング・バンド　marching band
マーディ　Mahdi
マーティー　Marty
マーティーナ　Martina
マーティネット　martinet
マーティン　Martin, martin
マーティン・スコセッシ　Martin Scorsese
マーティンマス　Martinmas
マーティン・ルーサー・キング・デー　Martin Luther King Day
マーテル　Martel
マーテロ・タワー　martello tower
マーテン　marten
マーデン　Marden
マート　mart
マードック　Murdoch

マートル　myrtle
マートン　Merton, Murton
マーナ　Myrna
マービン・ゲイ　Marvin Gaye
マーブ　Merv, MIRV
マーフィー　murphy
マーフィーズ・ロー　Murphy's Law
マーフィー・ブラウン　Murphy Brown
マーブリング　marbling
マーブル　marble
マーブル・アーチ　Marble Arch
マーブル・ケーキ　marble cake
マーブルド　marbled
マーベラス　marvelous, -vellous
マーベル　marvel, Marvell
マーマー　murmur
マーマイト　Marmite, marmite
マーマデューク　Marmaduke
マーマラス　murmurous
マーマレード　marmalade
マーマン　merman
マーム　ma'am
マームジー　malmsey
マームズベリー　Malmesbury
マーメード　mermaid
マーモセット　marmoset
マーモット　marmot
マーモリアル　marmoreal
マーヤ　Maya
マーラー　Mahler
マーライオン　Merlion
マーリア　maria
マーリーン　Marlene
マーリキ　al-Maliki
マーリン　marlin, merlin, Merlin
マーリンズ　(Florida) Marlins
マール　maar, marl, marc, Merle
マールボロ　Marlboro
マーレ　mare
マーレー　Marley
マーレン　murrain
マーロー　Marlowe
マーロックス　Maalox
マーロン　Marlon
マイ　my
マイア　mire, Maia
マイアズマ　miasma
マイアミ　Miami
マイアミ・ドルフィンズ　Miami Dolphins
マイアミ・バイス　Miami Vice
マイアミ・ヒート　Miami Heat
マイアリー　miry
マイアルジア　myalgia
マイエライティス　myelitis
マイエリン　myelin, -line
マイエロイド　myeloid
マイエロジェナス　myelogenous
マイエロジェニック　myelogenic
マイオエレクトリック　myoelectric
マイオーシス　meiosis
マイオーピア　myopia
マイオシーン　Miocene
マイオピック　myopic
マイカ　mica
マイク　Mike, mike, mic　⇨マイクロホン
マイク・タイソン　Mike Tyson
マイク・ハマー　Mike Hammer
マイグラトリー　migratory
マイグラント　migrant
マイグレイン　migraine
マイグレーション　migration
マイグレーター　migrator
マイグレート　migrate
マイクロ　micro, micro-, micr-
マイクロアーキテクチャー　microarchitecture
マイクロアナライザー　microanalyser
マイクロアナリシス　microanalysis
マイクロアルガ　microalga
マイクロアレイ　microarray
マイクロインジェクション　microinjection
マイクロインジェクト　microinject
マイクロインシュアランス　microinsurance
マイクロウイルス　microvirus
マイクロウェーバブル　microwavable, -waveable
マイクロウェーブ　microwave
マイクロウェーブ・オーブン　microwave oven
マイクロエレクトロニクス　microelectronics
マイクロエンジニア　microengineer
マイクロエンジニアリング　microengineering
マイクロエンタープライズ　microenterprise

マイクロオーガニズム　microorganism
マイクローブ　microbe
マイクロカー　microcar
マイクロカーネル　microkernel
マイクロカルチャー　microculture
マイクロキュリー　microcurie
マイクロクライマティック　microclimatic
マイクロクライメート　microclimate
マイクログラフ　micrograph
マイクログラム　microgram, -gramme
マイクロクリン　microcline
マイクログルーブ　microgroove
マイクロ・クレジット　micro-credit, microcredit
マイクロケファリン　microcephalin
マイクロケミストリー　microchemistry
マイクロコズミック　microcosmic
マイクロコズム　microcosm
マイクロコピー　microcopy
マイクロコントローラー　microcontroller
マイクロコンピュータ　microcomputer
マイクロサーキット　microcircuit
マイクロサージェリー　microsurgery
マイクロサージカル・インセミネーション　microsurgical insemination
マイクロシーベルト　microsievert
マイクロシステム　microsystem
マイクロシリンジ　microsyringe
マイクロスカート　microskirt
マイクロスケール　microscale
マイクロスコープ　microscope
マイクロスコピー　microscopy
マイクロスコピカル　microscopical
マイクロスコピック　microscopic
マイクロステート　microstate
マイクロストラクチャー　microstructure
マイクロストラクチュラル　microstructural
マイクロスフィア　microsphere
マイクロスフェリカル　microspherical
マイクロセービングズ　microsavings
マイクロセカンド　microsecond
マイクロセファリー　microcephaly
マイクロ・セル・リアクター　micro cell reactor
マイクロソフト　Microsoft
マイクロターゲティング　microtargeting
マイクロダーマブレーション　microdermabrasion
マイクロチップ　microchip
マイクロドース　microdose
マイクロドメイン　microdomain
マイクロニュートリエント　micronutrient
マイクロバースト　microburst
マイクロパーティクル　microparticle
マイクロバール　microbar
マイクロバイオロジー　microbiology
マイクロバイオロジスト　microbiologist
マイクロバス　microbus
マイクロビアル　microbial
マイクロビアン　microbian
マイクロビーム　microbeam
マイクロビジネス　microbusiness
マイクロビック　microbic
マイクロピペット　micropipet(te)
マイクロファイナンス　microfinance
マイクロファイバー　microfiber
マイクロファクトリー　microfactory
マイクロファブリケーテッド　microfabricated
マイクロファラド　microfarad
マイクロフィッシュ　microfiche
マイクロフィルム　microfilm
マイクロフォーナ　microfauna
マイクロフォーマット　microformat
マイクロフォーム　microform
マイクロフォッシル　microfossil
マイクロフォトグラフ　microphotograph
マイクロフォトニクス　microphotonics
マイクロフォトメーター　microphotometer
マイクロフォン　microphone
マイクロフト　Mycroft
マイクロフラクチャー　microfracture
マイクロプリント　microprint
マイクロフルイディクス　microfluidics
マイクロフルイディック　microfluidic
マイクロフルイディックス　microfluidics
マイクロブルー　microbrew
マイクロブルーワー　microbrewer
マイクロブルーワリー　microbrewery
マイクロブルワー　microbrewer
マイクロブルワリー　microbrewery
マイクロフローラ　microflora
マイクロブログ　microblog
マイクロプログラミング

microprogramming
マイクロプロセシング　microprocessing
マイクロプロセッサー　microprocessor
マイクロプロセッシング　microprocessing
マイクロフロッピー　microfloppy
マイクロペイメント　micropayment
マイクロポア　micropore
マイクロポリス　micropolice
マイクロポリタン　micropolitan
マイクロホン　microphone
マイクロマシニング　micromachining
マイクロマシン　micromachine
マイクロマニピュレーション　micromanipulation
マイクロマネージ　micromanage
マイクロマネージャー　micromanager
マイクロマネジメント　micromanagement
マイクロミニ　micromini
マイクロミニアチュア　microminiature
マイクロミラー　micromirror
マイクロメーター　micrometer
マイクロメカトロニクス　micromechatronics
マイクロメカニクス　micromechanics
マイクロメカニックス　micromechanics
マイクロメッシュ　micromesh
マイクロライト　microlight
マイクロリーダー　microreader
マイクロレベル　microlevel
マイクロレンジング　microlensing
マイクロレンディング　microlending
マイクロローン　microloan
マイクロロボット　microrobot
マイクロロン　Microlon
マイクロン　micron
マイケル　Michael
マイケル・コース　Michael Kors
マイケル・ジャクソン　Michael Jackson
マイケル・ジョーダン　Michael Jordan
マイコシス　mycosis
マイコスタチン　Mycostatin
マイコティック　mycotic
マイコトキシン　mycotoxin
マイコバクテリウム　mycobacterium
マイコプラズマ　mycoplasma
マイコロジー　mycology
マイザー　miser
マイス　mice
マイスター　Meister
マイスペース　MySpace
マイズマル　miasmal
マイセニーアン　Mycenaean, Mycenian
マイゼリー　miserly
マイセルフ　myself
マイセン　Meissen
マイセン・チャイナ　Meissen china
マイソロジー　misology
マイター　miter, mitre
マイター・ジョイント　miter joint
マイ・タイ　mai tai
マイティー　mighty
マイティネス　mightiness
マイティリー　mightily
マイテラーゼ　Mytelase
マイト　might, mite
マイトーシス　mitosis
マイトジェン　mitogen
マイト・ハブ・ビン　might-have-been
マイナ　myna, -nah
マイナー　minor, miner
マイナー・キー　minor key
マイナー・チェンジ　minor change
マイナー・パーティー　minor party
マイナー・プラネット　minor planet
マイナー・プレミス　minor premise
マイナー・プロフェッツ　minor prophets
マイナー・リーグ　minor league
マイナー・レーベル　minor label
マイナス　minus, maenad, me-
マイナス・サイン　minus sign
マイナス・ティック　minus tick
マイニュート　minute
マイニング　mining
マイノリティー　minority
マイポ　Maipo
マイム　mime
マイヤー　Mayer, Meyer
マイヤーズ　Myers
マイヨ　maillot
マイヨール　Maillol
マイヨ・ジョーヌ　Maillot Jaune
マイラ　Mira, Myra
マイラー　miler
マイランダー　Mayländer

マイリー　Miley
マイル　mile
マイルス・デイビス　Miles Davis
マイルストーン　milestone
マイルド　mild
マイルド・スティール　mild steel
マイルドネス　mildness
マイルドリー　mildly
マイルポスト　milepost
マイレージ　mileage, milage
マイレックス　mirex
マイロメーター　mileometer, milometer
マイロン　Myron
マイン　mine
マインズ・アイ　mind's eye
マインスイーパー　minesweeper
マインスイーピング　minesweeping
マインダー　minder
マインツ　Mainz
マインデッド　minded
マイン・デテクター　mine detector
マインド　mind
マインド・エクスパンディング　mind-expanding
マインド・セット　mind-set
マインドフル　mindful
マインドフルネス　mindfulness
マインド・ブローイング　mind-blowing
マインドベンダー　mindbender
マインド・ベンディング　mind-bending
マインド・ボグリング　mind-boggling
マインド・マッパー　mind mapper
マインド・マップ　mind map
マインド・リーダー　mind reader
マインド・リーディング　mind reading
マインドル　Meindl
マインドレス　mindless
マインフィールド　minefield
マインレイヤー　minelayer
マイン・ワーカー　mine worker
マウアー　Mauer
マウイ　Maui
マウイ・ワウイ　Maui Waui
マウサー　mouser
マウシー　mousy, mousey
マウジー　mouthy
マウス　mouse, mouth
マウス・ウォータリング　mouth-watering
マウスウォッシュ　mouthwash
マウス・オーガン　mouth organ
マウス・カーソル　mouse cursor
マウスケティア　Mouseketeer
マウスト　mouthed
マウズド　mouthed
マウス・トゥー・マウス　mouth-to-mouth
マウス・トラッキング　mouse tracking
マウストラップ　mousetrap
マウス・パッド　mouse pad
マウスピース　mouthpiece
マウスフィール　mouthfeel
マウスフル　mouthful
マウス・ポインター　mouse pointer
マウナ・ケア　Mauna Kea
マウナ・ロア　Mauna Loa
マウリシオ　Mauricio
マウリッツハイス　Mauritshuis
マウリヤ　Maurya
マウンタブル　mountable
マウンティー　Mountie, Mounty
マウンティング　mounting
マウンテッド　mounted
マウンテナス　mountainous
マウンテニア　mountaineer
マウンテニアリング　mountaineering
マウンテバンク　mountebank
マウンテン　mountain
マウンテン・アッシュ　mountain ash
マウンテン・キャット　mountain cat
マウンテン・ゴート　mountain goat
マウンテン・サイド　mountain side
マウンテン・シックネス　mountain sickness
マウンテンスケープ　mountainscape
マウンテン・チェーン　mountain chain
マウンテン・デュー　mountain dew
マウンテントップ　mountaintop
マウンテン・バイク　mountain bike
マウンテン・ライオン　mountain lion
マウンテン・レンジ　mountain range
マウント　mount
マウンド　mound
マウント・バーノン　Mount Vernon
マウントバッテン　Mountbatten
マエストーソ　maestoso
マエストロ　maestro

マオ　Mao
マオイスト　Maoist
マオイズム　Maoism
マオタイ　Moutai
マオ・ツェ・ドゥン　Mao Zedong, Mao Tse-tung
マオリ　Maori
マオン　Mahón
マカ　maka
マガー　mugger
マカーブル　macabre, -ber
マガウアン　McGowan
マカオ　Macao, Macau
マカク　macaque
マガジン　magazine
マカダマイズ　macadamize
マカダミア・ナッツ　macadamia nut
マカダム　macadam
マガダン　Magadan
マカッサル　Makassar
マカパガル　Macapagal
マカラパ　makarapa
マカリー　McCulley
マカリース　McAleese
マカリスター　McAllister
マカルーン　macaroon
マガルドレート　magaldrate
マカロック　McCulloch
マカロニ　macaroni, macca-
マカロニアン　maccheronian
マカロン　macaron
マキアベリ　Machiavelli
マキアベリアニズム　Machiavellianism
マキアベリアン　Machiavellian
マキアベリズム　Machiavellism
マギー　Maggie, muggy, Maggi, Maggy
マキキ　Makiki
マキシ　maxi
マキシスカート　maxiskirt
マキシドレス　maxidress
マキシペン　Maxipen
マキシボリン　Maxibolin
マキシマ　maxima
マキシマム　maximum
マキシマリスト　maximalist
マキシミリアン　Maximillian
マキシム　maxim
マキシム・ド・パリ　Maxim's de Paris
マキナニー　McInerney
マキネーション　machination
マキネート　machinate
マキノー　mackinaw
マキャベリ　Machiavelli
マキャベリアニズム　Machiavellianism
マキャベリアン　Machiavellian
マキャベリズム　Machiavellism
マキューアン　McEwan
マキューシオ　Mercutio
マキュラ　macula
マキュラー　macular
マキラドーラ　maquiladora
マギル　McGill
マギング　mugging
マギンズ　muggins
マグ　mug, mag
マグー　magoo
マクガイバー　MacGyver
マクガバン　McGovern
マクゴナガル　McGonagall
マクシ　maxi
マクシーン　Maxine
マクシスカート　maxiskirt
マクシマイズ　maximize
マクシマム　maximum
マクシマル　maximal
マクシミリアン　Maximilian
マグ・ショット　mug shot
マクシラ　maxilla
マグス　Magus
マクスウェル　maxwell, Maxwell
マグズ・ゲーム　mug's game
マグダ　Magda
マクダーモット　McDermott
マクダニエル　McDaniel
マクダネル　McDonnell
マクダフ　Macduff
マグダラ　Magdala
マグダレナ　Magdalena
マグダレン　Magdalen, Magdalene
マクトゥーム　Maktoum
マクドナルド　McDonald's, MacDonald
マクドネル　McDonnell
マクドノウ　McDonough
マグナ・カルタ　Magna Carta [Charta]

マグナ・クム・ラウデ magna cum laude
マグナス Magnus
マグナニマス magnanimous
マグナニミティー magnanimity
マクナマラ McNamara
マグナム magnum
マクニール McNeill
マクニコル McNichol
マグニチュード magnitude
マグニファイ magnify
マグニファイアー magnifier
マグニファイイング・グラス magnifying glass
マグニファイイング・パワー magnifying power
マグニフィケーション magnification
マグニフィセンス magnificence
マグニフィセント magnificent
マグニロケンス magniloquence
マグニロケント magniloquent
マグヌム・オープス magnum opus
マグネート magnate
マグネサイト magnesite
マグネシア magnesia
マグネシウム magnesium
マグネター magnetar
マグネタイズ magnetize
マグネタイゼーション magnetization
マグネタイト magnetite
マグネット magnet
マグネット・スクール magnet school
マグネティスト magnetist
マグネティズム magnetism
マグネティゼーション magnetization
マグネティック magnetic
マグネティック・コンパス magnetic compass
マグネティックス magnetics
マグネティック・ストーム magnetic storm
マグネティック・ディスク magnetic disk
マグネティック・テープ magnetic tape
マグネティック・ノース magnetic north
マグネティック・ポール magnetic pole
マグネティティック magnetitic
マグネト magneto
マグネトエレクトリック magnetoelectric
マグネトエレクトロニクス magnetoelectronics
マグネト・オプティカル magneto-optical, MO
マグネトストリクション magnetostriction
マグネトスフィア magnetosphere
マグネトメーター magnetometer
マグネトモーティブ・フォース magnetomotive force
マグネトロン magnetron
マグノリア magnolia
マグノン magnon
マグパイ magpie
マクビティーズ McVitie's
マクファーソン MacPherson, Macpherson, McPherson
マクファーランド McFarland
マクファーレン McFarlane
マクフィー McPhee
マクブライド Mcbride
マグフル mugful
マクベイン McBain
マクベス Macbeth
マグマ magma
マクマーン MacMahon
マクマスター McMaster
マクマナス McManus
マクマホン MacMahon
マクマラン McMullan
マクマンション McMansion
マクミラン Macmillan
マクモニーグル McMoneagle
マクラーレン McLaren
マクラクラン McLachlan
マクラフリン McLaughlin
マクラメ macramé, -me
マクラレン McLaren
マクリーン Maclean, McLean
マクリスタル McChrystal
マグリット Magritte
マクル macle
マグル muggle, Muggle
マクレーン MacLaine, McLean, Maclean
マグレガー McGregor
マグレブ Maghreb, Maghrib, maglev
マクロ macr-, macro-
マグロウ McGraw
マクロ・ウイルス macro virus

マグロウヒル　McGraw-Hill
マクロエコノミー　macroeconomy
マクロエコノミクス　macroeconomics
マクロエコノミック　macroeconomic
マクローリン　McLoughlin
マクログラフィー　macrography
マクロゴール　macrogol
マクロコズム　macrocosm
マクロシスト　macrocyst
マクロスコピック　macroscopic
マクロストラクチャー　macrostructure
マクロダンチン　macrodantin
マクロトーム　macrotome
マクロバイオティック　macrobiotic
マクロバイオティックス　macrobiotics
マクロビアン　macrobian
マクロビジョン　Macrovision
マクロファージ　macrophage
マクロ・ファンド　macro fund
マクロフォーナ　macrofauna
マクロ・ヘッジ・ファンド　macro hedge fund
マクロポア　macropore
マクロポリタン　macropolitan
マクロマーケティング　macromarketing
マクロライド　macrolide
マクロレベル　macrolevel
マグワート　mugwort
マグワイア　McGwire, Maguire
マグワンプ　mugwump
マゲイ　maguey
マゲイニン　magainin
マケイン　McCain
マケヴォイ　McEvoy
マケドニア　Macedonia
マケナ　Makena
マケボイ　McEvoy
マケマケ　Makemake
マコー　macaw
マコーミック　McCormick
マコーリフ　McAuliffe
マコーレー　Macaulay
マゴット　maggot
マサ　masa
マザー　mother
マザー・イン・ロー　mother-in-law
マザー・ウィット　mother wit
マザーウェル　Motherwell
マザー・オブ・パール　mother-of-pearl
マザー・カントリー　mother country
マザー・グース　Mother Goose
マザー・グース・ライム　Mother Goose rhyme
マザークラフト　mothercraft
マザー・シップ　mother ship
マザー・スーペリアー　mother superior
マザーズ・デー　Mother's Day
マザーズ・ボーイ　mother's boy
マザーズ・ルーイン　mother's ruin
マザー・タング　mother tongue
マザー・ネイチャー　Mother Nature
マザーファッカー　motherfucker
マザーファッキング　motherfucking
マザー・フィギュア　mother figure
マザーフッド　motherhood
マザーボード　motherboard
マザーライク　motherlike
マザー・ランゲージ　mother language
マザーランド　motherland
マザーリー　motherly
マザーレス　motherless
マザーワート　motherwort
マサイ　Masai
マサカー　massacre
マサチューセッツ　Massachusetts
マザッチオ　Masaccio
マザッチョ　Masaccio
マサモラ・モラダ　mazamora morada
マサラ　masala
マザリング・サンデー　Mothering Sunday
マシー　mussy
マジー　muzzy
マシーセン　Matthiessen
マシーナビリティー　machinability
マシーナブル　machinable
マシーナリー　machinery
マシーフ　massif
マシーン　machine
マジェスティー　majesty
マジェスティック　majestic
マジェラン　Magellan
マシェル　Machel
マジェンタ　magenta
マジカル　magical

マシコット　massicot
マジシャン　magician
マジステリアル　magisterial
マジストラシー　magistracy
マジストレート　magistrate
マジック　magic
マジック・アイ　Magic Eye
マジック・スクエア　magic square
マジック・ナンバー　magic number
マジック・マーカー　Magic Marker
マジック・マッシュルーム　magic mushroom
マジック・ミラー　magic mirror
マジック・ランタン　magic lantern
マジック・リアリズム　magic realism
マシニスト　machinist
マシネーション　machination
マシネート　machinate
マジパン　marzipan
マジャール　Magyar
マジャスキュール　majuscule
マジャスキュラー　majuscular
マシュー　Matthew, Mathew
マシューズ　Mathews, Matthews
マジュスキュール　majuscule
マシュハド　Mashhad, Mashad
マシュマロ　marshmallow
マジョドモ　Majordomo
マジョリカ　majolica, -iol-
マジョリティー　majority
マジョルカ　Majorca, Mallorca
マジョレル　Majorelle
マシン　machine
マシン・ガン　machine gun, machine-gun
マシン・コード　machine code
マシン・ツール　machine tool
マシン・メード　machine-made
マシンライク　machinelike
マシン・ランゲージ　machine language
マシン・リーダブル　machine-readable
マス　mass, math, maths, muss
マスール　masoor
マス・オブザーベーション　mass observation
マスカー　masker
マス・カスタマイゼーション　mass customization
マスカット　muscat
マスカテル　muscatel
マスカラ　mascara
マスカルポーネ　mascarpone
マスカレーダー　masquerader
マスカレード　masquerade
マスキー　Muskie, muskie, -ky
マスキュラー　muscular
マスキュラー・ジストロフィー　muscular dystrophy
マスキュラリティー　muscularity
マスキュリニティー　masculinity
マスキュリン　masculine
マスキュリン・エンディング　masculine ending
マスキュリン・ライム　masculine rhyme
マスキュロスケレタル　musculoskeletal
マスキング　masking
マスキング・テープ　masking tape
マスク　mask, masque, musk
マスク・オックス　musk ox
マスクオッシュ　musquash
マスク・ディア　musk deer
マスクト　masked
マスクメロン　muskmelon
マスクラット　muskrat
マスグレーブ　Musgrave
マスク・ローズ　musk rose
マスケット　musket
マスケットリー　musketry
マスケティア　musketeer
マスコギ　Muskogee
マスコット　mascot
マスコバイト　Muscovite
マスコミ　⇨マス・コミュニケーション
マス・コミュニケーション　mass communication
マス・サイコロジー　mass psychology
マスジッド　masjid
マス・セールス　mass sales
マス・ソサエティー　mass society
マスター　master, muster
マスター・アト・アームズ　master-at-arms
マスター・オブ・アーツ　master of arts, MA
マスター・オブ・ロー　master of law
マスター・カード　master card, MasterCard
マスター・キー　master key

マスター・クラス　master class
マスター・コピー　master copy
マスター・サージェント　master sergeant
マスターシップ　mastership
マスターシュ　mustache, mous-
マスターズ　master's
マスター・スイッチ　master switch
マスターズ・トーナメント　Masters Tournament
マスターストローク　masterstroke
マスタード　mustard
マスタード・ガス　mustard gas
マスタード・シード　mustard seed
マスタード・プラスター　mustard plaster
マスタード・ポット　mustard pot
マスター・トラスト　master trust
マスターバッチ　masterbatch
マスター・ハンド　master-hand
マスターピース　masterpiece
マスター・ビルダー　master builder
マスター・プラン　master plan
マスターフル　masterful
マスターベーション　masturbation
マスターベート　masturbate
マスター・ベッドルーム　master bedroom
マスターマインド　mastermind
マスター・マリナー　master mariner
マスダール　Masdar
マスターレス　masterless
マスターワーク　masterwork
マスタイティス　mastitis
マスタシオ　mustachio, mous-
マスタリー　mastery, masterly
マスタリング　mastering
マスタング　Mustang, mustang
マスチェラーノ　Mascherano
マスチック　mastic
マスチフ　mastiff
マスティー　musty
マスティケーション　mastication
マスティケーター　masticator
マスティケート　masticate
マスティック　mastic
マステクトミー　mastectomy
マステッド　masted
マス・デモクラシー　mass democracy
マスト　must, mast, massed
マスト・アイテム　must item
マストイダイティス　mastoiditis
マストイド　mastoid
マスト・ウィン　must-win
マストドン　mastodon
マスト・ハブ　must-have
マストヘッド　masthead
マス・トランジット　mass transit
マストロヤンニ　Mastroianni
マス・ナウン　mass noun
マスネ　Massenet
マスバテ　Masbate
マス・プロダクション　mass production
マス・プロデュース　mass-produce
マス・マーケット　mass market, mass-market
マス・マーケティング　mass marketing
マス・メディア　mass media
マズリム　Muslim, -lem
マスリン　muslin
マスル　muscle, mussel
マズル　muzzle
マズルカ　mazurka, -zour-
マスルド　muscled
マスル・バウンド　muscle-bound
マズル・ベロシティー　muzzle velocity
マスルマン　muscleman
マズル・ローダー　muzzle-loader
マスレス　massless
マズロー　Maslow
マスント　mustn't
マセドニア　macedonia
マセマティカル　mathematical
マセマティクス　mathematics
マセマティシャン　mathematician
マセマティックス　mathematics
マセラティ　Maserati
マゼラン　Magellan
マセル　Maseru
マセレーション　maceration
マセレート　macerate
マゼンタ　magenta
マゾヒスティック　masochistic
マゾヒスト　masochist
マゾヒズム　masochism
マター　matter, mutter
マダー　madder

マター・オブ・コース matter-of-course
マター・オブ・ファクト matter-of-fact
マター・オブ・ファクトリー matter-of-factly
マターナリスティック maternalistic
マターナリズム maternalism
マターナル maternal
マターニティー maternity
マタイ Matthew
マダイン・サーレ Mada'in Saleh
マダイン・サーレハ Mada'in Saleh
マダガスカル Madagascar
マタドール matador
マタニティー maternity
マタニティ・ブルー maternity blue
マタハリ Mata Hari
マダム madam, madame
マダム・タッソーズ Madame Tussaud's
マチェーテ machete
マチェドニア macedonia
マチコレーション machicolation
マチス Matisse
マチズモ machismo
マチネー matinee, -née
マチネー・アイドル matinée idol
マチネー・コート matinée coat
マチネー・ジャケット matinée jacket
マチュア mature
マチュアリー maturely
マチュタイナル matutinal
マチュピチュ Machu Picchu
マチュリティー maturity
マチュレーショナル maturational
マチュレーション maturation
マチュレート maturate
マチルダイト matildite
マツォー matzo, matzoh
マッカー mucker
マッカーサー MacArthur, Macarthur
マッカーシー McCarthy
マッカーシズム McCarthyism
マッカートニー McCartney
マッカイ McKay
マッカラン Macallan, McCallan, McCarran
マッキー mucky
マッギー McGee
マッキノン McKinnon
マッキャラン・エアポート McCarran Airport
マッキャン McCann
マッギン McGuinn
マッキンゼー McKinsey
マッキンタイア McIntire
マッキントッシュ Macintosh, McIntosh, mackintosh, macin-
マッキンリー McKinley
マック Mac, Mac-, mac, mack, muck
マックイーン McQueen
マックオーエス macOS
マックス Max, max
マックス・アズリア Max Azria
マックスウェット mucksweat
マックス・ファクター Max Factor
マックスマーラ MaxMara
マックツイスト McTwist
マックヒープ muckheap
マックヒル muckhill
マックマスター McMaster
マックレーカー muckraker
マックレーキング muckraking
マックレーク muckrake
マッグロー MacGraw
マッケ Macke
マッケイ McCay
マッケイグ McCaig
マッケイブ McCabe
マッケイン McCain
マッケラン McKellan
マッケレル mackerel
マッケレル・スカイ mackerel sky
マッケンジー Mackenzie
マッケンロー McEnroe
マッコイ McCoy
マッコーリー Macquarie
マッコール MacColl, McCall
マッサ Massa
マッサージ massage
マッサワ Massawa
マッジ Madge
マッシー Massey, mushy
マッシブ massive
マッシモ Massimo
マッシャー masher
マッシュ MASH, mash, mush

マッシュアップ　mashup
マッシュルーム　mushroom
マッスーズ　masseuse
マッスール　masseur
マツダ　Mazda
マッターホルン　Matterhorn
マッチ　much, match
マッチアップ　matchup
マッチ・アドゥ・アバウト・ナッシング　Much Ado about Nothing
マッチウッド　matchwood
マッチスティック　matchstick
マッチネス　muchness
マッチブック　matchbook
マッチ・プレー　match play
マッチ・ポイント　match point
マッチボックス　matchbox
マッチメーカー　matchmaker
マッチメーキング　matchmaking
マッチョ　macho
マッチョドラマ　machodrama
マッチレス　matchless
マッチロック　matchlock
マッチング　matching
マッティング　matting
マット　mat, Mat, Matt, mutt, mut
マッド　mad, mud
マッドウーマン　madwoman
マッドガード　mudguard
マッド・カウ・ディジーズ　mad cow disease
マッドキャップ　madcap, mudcap
マッド・サイエンティスト　mad scientist
マッドスキッパー　mudskipper
マッドストーン　mudstone
マッドスライド　mudslide
マッドスリンガー　mudslinger
マッドスリンギング　mudslinging
マッド・タートル　mud turtle
マッドネス　madness
マッド・パイ　mud pie
マッドハウス　madhouse
マッド・バス　mud bath
マッドパック　mudpack
マッド・ハッター　Mad Hatter
マッド・フラット　mud flat
マッドフラップ　mudflap
マッドフロー　mudflow
マッドマン　madman
マッドラーク　mudlark
マッドリー　madly
マットレス　mattress
マッハ　Mach
マッパー　mapper
マッハ・ナンバー　Mach number
マッピン・アンド・ウェッブ　Mappin & Webb
マッピング　mapping
マップ　map
マップメーカー　mapmaker
マップメーキング　mapmaking
マテ　maté, mate
マティー　Matty
マディー　muddy
マティーニ　martini
マディ・ウォーターズ　Muddy Waters
マディガン　Madigan
マティス　Matisse, Mathis
マディソン　Madison, Maddison
マディソン・アベニュー　Madison Avenue
マディソン・スクエア　Madison Square
マティファイ　mattify
マデイラ　Madeira
マデイラ・ケーキ　Madeira cake
マディラン　Madiran
マティルダ　Matilda
マディング　madding
マティンズ　matins, mattins
マテウス　Mateus, Matthäus
マテオ　Mateo
マテラ　Matera
マテラッツィ　Materrazzi
マテリアライズ　materialize, -ise
マテリアライゼーション　materialization
マテリアリー　materially
マテリアリスティック　materialistic
マテリアリスト　materialist
マテリアリズム　materialism
マテリアリゼーション　materialization
マテリアリティー　materiality
マテリアル　material
マテリアル・ガール　material girl
マテリアル・ナウン　material noun
マテリアル・ハンドリング　material handling

マテリアル・メディカ materia medica
マテリエル matériel, -te-
マデリン Madelyn
マテル Mattel
マデレン Madeleine, Madeline
マト mato
マトック mattock
マドック Madoc
マドフ Madoff
マドモワゼル mademoiselle
マドラー muddler
マドラサ madrasa, madrasah
マドラス Madras
マトリアーカル matriarchal
マトリアーキー matriarchy
マトリアーク matriarch
マドリード Madrid
マトリカリア matricaria
マドリガル madrigal
マトリキュレーション matriculation
マトリキュレート matriculate
マトリクス matrix
マトリサイド matricide
マトリック matric
マトリックス matrix
マトリモニアル matrimonial
マトリモニー matrimony
マトリョーシカ matryoshka
マトリリニアル matrilineal
マドリン Madlyn, -lynne
マドル muddle
マドレーヌ madeleine
マドローニャ madroña
マトロック Matlock
マトロン matron
マトロンシップ matronship
マトロンフッド matronhood
マトロンリー matronly
マトン mutton
マドン madden
マトン・チョップ mutton chop
マトンチョップ・ウィスカーズ muttonchop whiskers
マトンチョップス muttonchops
マドンナ Madonna
マドンナ・リリー Madonna lily
マトンヘッド muttonhead
マナ manna
マナー manner, manor
マナード mannered
マナー・ハウス manor house
マナーリー mannerly
マナーレス mannerless
マナイト mannite
マナグア Managua
マナクル manacle
マナグワ Managua
マナティー manatee
マナマ Manama
マニア mania
マニアカル maniacal
マニアック maniac
マニー Mannie, Manny, money
マニエリスム maniérisme
マニオク manioc
マニキーアン Manichean, Manichaean
マニキーイズム Manicheism, Manichaeism
マニキュア manicure
マニキュアリスト manicurist
マニキン manikin
マニック manic
マニックス Mannix
マニック・デプレッシブ manic-depressive
マニッシュ mannish
マニトバ Manitoba
マニピュラティブ manipulative
マニピュレーション manipulation
マニピュレーター manipulator
マニピュレート manipulate
マニフィカト Magnificat
マニフェステーション manifestation
マニフェスト manifest, manifesto
マニフェスト・デスティニー manifest destiny
マニフォールド manifold
マニャーナ mañana
マニュア manure
マニュアル manual
マニュアル・アルファベット manual alphabet
マニュアル・トレーニング manual training
マニュエル Manuel
マニュスクリプト manuscript

マニュファクチャー　manufacture
マニュファクチャラー　manufacturer
マニュファクチャリング　manufacturing
マニュファクチュラブル　manufacturable
マニュファクチュラル　manufactural
マニュファクトリー　manufactory
マニュミッション　manumission
マニュミット　manumit
マニラ　Manila
マニラ・ファイバー　Manila fiber
マニラ・ペーパー　Manila paper
マニラ・ヘンプ　Manila hemp
マニロウ　Manilow
マニング　Manning
マヌーバー　maneuver, manoeuvre
マヌーバラー　maneuverer
マヌーバラビリティー　maneuverability
マヌーバラブル　maneuverable
マヌエラ　Manuela
マヌエル　Manuel
マヌエル・デ・ファリャ　Manuel de Falla
マヌカ　manuka
マヌカン　mannequin
マネ　Manet
マネー　money
マネー・オーダー　money order
マネーグラッバー　moneygrubber
マネーグラッビング　moneygrubbing
マネー・サプライ　money supply
マネージ　manage, manège, -nege
マネージメント　management
マネージャー　manager
マネージャブル　manageable
マネージャレス　manageress
マネージング　managing
マネージング・エディター　managing editor
マネージング・ディレクター　managing director
マネー・スピナー　money-spinner
マネー・スプレッド　money spread
マネー・チェンジャー　money changer
マネード　moneyed, monied
マネー・バック　money-back
マネーバッグ　moneybag
マネー・ボックス　money box
マネー・マーケット　money market
マネー・マーケット・ファンド　money-market fund, MMF
マネー・マシーン　money machine
マネーマン　moneyman
マネーメーカー　moneymaker
マネーメーキング　moneymaking
マネーレス　moneyless
マネーレンダー　moneylender
マネー・ロンダリング　money laundering
マネキン　mannequin
マネジェリアル　managerial
マネジメント　management
マネジメント・インフォメーション・システム　management information system
マネジメント・バイアウト　management buyout
マネジメント・バイイン　management buy-in
マネジャー　manager
マネジャブル　manageable
マネジャレス　manageress
マネジング　managing
マネジング・エディター　managing editor
マネジング・ディレクター　managing director
マネタイズ　monetize
マネタイゼーション　monetization
マネタリー　monetary
マネタリー・ベース　monetary base
マネタリスト　monetarist
マネタリズム　monetarism
マネティゼーション　monetization
マノア　Manoa
マノメーター　manometer
マノリアル　manorial
マノン　Manon
マハ　maja
マハーバーラタ　Mahabharata
マハーマーヤ　Mahamaya
マハーラージャ　maharaja, -jah
マハチカラ　Makhachkala
マハティール　Mahathir
マハトマ　mahatma
マハヤーナ　Mahayana
マハラジャ　maharaja, -jah
マハラシュトラ　Maharashtra
マハリシ　Maharishi
マハリシ・マヘッシ・ヨギ　Maharishi

Mahesh Yogi
マハロ mahalo
マヒマヒ mahimahi
マヒンダ・ラジャパクサ Mahinda Rajapaksa
マヒンドラ Mahindra
マフ muff
マブ Mab
マフィア Mafia, Maffia
マフィオーソ mafioso
マフィン muffin
マプチェ Mapuche
マフティ mufti
マフディー Mahdi
マプト Maputo
マフフーズ Mahfouz
マフラー muffler
マフル muffle
マプロチリン maprotiline
マヘーラ Mahala
マヘーリア Mahalia
マヘーリー Mahalie
マペット Muppet, mappet
マホ majo
マホガニー mahogany
マホメッタン Mahometan
マホメット Mahomet, Muhammad
ママ mama, mamma
ママー mummer
ママズ・ボーイ mama's boy
ママリー mummery
マミー mammy, mammie, mommy, mummy
マミニス Maminis
マミファイ mummify
マミフィケーション mummification
マミリアス Mamillius
マム mom, mum, Mumm
マム・アンド・パップ mom-and-pop
マムート Mammut
マムルーク Mamluk
マメット Mamet
マモグラフィー mammography
マモグラフィック mammographic
マヤ Maya
マヤグエス Mayagüez
マヤコフスキー Mayakovsky
マヨ Mayo
マヨネーズ mayonnaise
マヨラナ marjoram
マラ mulla(h), molla(h)
マラーキー malark(e)y
マラード mallard
マライア・キャリー Mariah Carey
マライン malign
マラウィ Malawi
マラウィアン Malawian
マラガ Málaga, Malaga
マラカイト malachite
マラカイト・グリーン malachite green
マラガシー Malagasy
マラカス maracas
マラカニアン・パレス Malacañan(g) Palace
マラカンダ Maracanda
マラキ Malachi
マラキー Malachy
マラケシュ Marrakech, -kesh
マラスキーノ maraschino
マラスキーノ・チェリー maraschino cherry
マラソナー marathoner
マラソン marathon
マラチオン malathion
マラッカ Malacca
マラッカ・ケーン malacca cane
マラディー malady
マラティヤ Malatya
マラドーナ Maradona
マラバル Malabar
マラブー marabou
マラボ Malabo
マラマッド Malamud
マラミュート malamute
マラヤ Malaya
マラヤーラム Malayalam, -laam
マラリア malaria
マラリアル malarial
マラリオロジー malariology
マラルメ Mallarmé
マランツァーノ Maranzano
マリ Mali
マリア Maria, Malia
マリアージュ・フレール Mariage Frères
マリアス malleus

マリアッチ　mariachi
マリアナ　Mariana
マリアナ・アイランズ　Mariana Islands
マリアビリティー　malleability
マリアブル　malleable
マリアブルネス　malleableness
マリアン　Marian
マリアンナ　Marianna
マリー　marry, Marie, Mary, Murray, Murry
マリー・アントワネット　Marie Antoinette
マリーオラス　malleolus
マリー・クワント　Mary Quant
マリー・シャンタル　Marie-Chantal
マリード　married
マリーナ　marina
マリーン　marine
マリーン・コーズ　Marine Corps
マリインスキー　Mariinsky
マリエッタ　Marietta
マリ・エル　Mari El
マリエンバート　Marienbad
マリオ　Mario
マリオット　Marriott, Mariott, Mariotte
マリオネット　marionette
マリオ・バルガス・リョサ　Mario Vargas Llosa
マリオン　Marion, mullion
マリオンベリー　marionberry
マリガトーニ　mulligatawny
マリカルチャー　mariculture
マリガン　mulligan, Mulligan
マリグナンシー　malignancy
マリグナンス　malignance
マリグナント　malignant
マリグニティー　malignity
マリ・コール　Mary Cohr
マリゴールド　Marigold
マリシャス　malicious
マリス　malice
マリスケリア　Marisqueria
マリタイム　maritime
マリタイム・プロビンシズ　Maritime Provinces
マリタル　marital
マリック・アシッド　malic acid
マリッジ　marriage
マリッジ・ガイダンス　marriage guidance
マリッジ・サーティフィケート　marriage certificate
マリッジャブル　marriageable
マリッジ・ライセンス　marriage license
マリッジ・ラインズ　marriage lines
マリナー　mariner
マリナーズ　(Seattle) Mariners
マリナーラ　marinara
マリナ・デル・レイ　Marina Del Rey
マリネ　mariné, marinade
マリネート　marinate
マリネード　marinade
マリブ　Malibu
マリファナ　marijuana, -hua-
マリメッコ　marimekko
マリリン　Marylyn(ne), Mari-
マリン　marine, Marin
マリンガー　malinger
マリン・ストア　marine store
マリン・スノー　marine snow
マリンバ　marimba
マル　Malle, mal-, mull
マルアジャステッド　maladjusted
マルアジャストメント　maladjustment
マルアダプティブ　maladaptive
マルアダプテーション　maladaptation
マルアダプテッド　maladapted
マルアドミニスター　maladminister
マルアドミニストレーション　maladministration
マルアドロイト　maladroit
マルアブソープション　malabsorption
マルアブゾープション　malabsorption
マルアプロピズム　malapropism
マルアプロポ　malapropos
マルウェア　malware
マルーン　maroon
マルオーダー　malodor
マルオードラス　malodorous
マルガリータ　Margarita
マルキーズ　Marquise
マルキオーネ　Marchionne
マルキオンネ　Marchionne
マルキシスト　Marxist
マルキシズム　Marxism
マルキスト　Marxist

マルキ・ド・サド　Marquis de Sade
マルキル　Markill
マルク　mark
マルクシスト　Marxist
マルクシスト・レーニニスト　Marxist-Leninist
マルクシズム　Marxism
マルクシズム・レーニニズム　Marxism-Leninism
マルクス　Marx
マルクト　mulct
マルケサス　Marquesas
マルケット　Marquette
マルゲリータ　Margherita
マルケルス　Marcellus
マルコ　Marco, Mark
マルゴー　Margoux
マルコーニ　Marconi
マルコス　Marcos
マルコビッチ　Malkovich
マルコビッツ　Markovits
マルコ・ポーロ　Marco Polo
マルコム　Malcolm
マルコム・エックス　Malcolm X
マルコンテント　malcontent
マルサーラ　Marsala
マルサス　Malthus
マルサリス　Marsalis
マルジャ　Marjah
マルス　Mars
マルセイユ　Marseille, Marseilles
マルセル　Marcel
マルソー　Marceau
マルタ　Malta, Marta
マルタン・デュ・ガール　Martin du Gard
マルタン・マルジェラ　Martin Margiela
マルチ　multi-, mulch
マルチアクセス　multiaccess
マルチーズ　Maltese
マルチーズ・キャット　Maltese cat
マルチウインドー　multiwindow
マルチエスニック　multiethnic
マルチェロ　Marcello
マルチカラー　multicolor
マルチカラード　multicolored
マルチカルチャー　multiculture
マルチカルチュラリズム　multiculturalism
マルチカルチュラル　multicultural
マルチカントリー　multicountry
マルチキャスト　multicast
マルチグレイン　multigrain
マルチ・コア　multi-core
マルチジェネレーショナル　multigenerational
マルチスキャニング・モニター　multiscanning monitor
マルチ・スキルド　malti-skilled
マルチステージ　multistage
マルチステップ　multistep
マルチストーリー　multistory
マルチセルラー　multicellular
マルチセンター　multicenter
マルチソーシング　multisourcing
マルチタスカー　multitasker
マルチタスク　multitask
マルチ・タッチ　multi-touch
マルチチャネル　multichannel
マルチチャンネル　multichannel
マルチディシプリナリー　multidisciplinary
マルチトール　maltitol
マルチナショナル　multinational
マルチネス　Martinez
マルチパータイト　multipartite
マルチパーティー　multiparty
マルチパーパス　multipurpose
マルチパス　multipath
マルチパラス　multiparous
マルチビタミン　multivitamin
マルチファリアス　multifarious
マルチフェイス　multifaith
マルチフェース　multifaith
マルチフォーム　multiform
マルチフォトン　multiphoton
マルチプライ　multiply
マルチプライヤー　multiplier
マルチプラットフォーム　multiplatform
マルチブランド　multibrand
マルチプリカンド　multiplicand
マルチプリケーション　multiplication
マルチプリシティー　multiplicity
マルチプル　multiple
マルチプル・アグリカルチャー　multiple agriculture
マルチプル・スクレロシス　multiple sclerosis

マルチプル・ストア multiple store
マルチプル・チョイス multiple-choice
マルチプレイ multiplay
マルチプレー multiplay
マルチプレーヤー multiplayer
マルチプレクサー multiplexer, -or
マルチプレックス multiplex
マルチプロセッサー multiprocessor
マルチプロセッシング multiprocessing
マルチポイント multipoint
マルチポーラー multipolar
マルチポラリティー multipolarity
マルチボリューム multivolume
マルチミリオネア multimillionaire
マルチメーター multimeter
マルチメディア multimedia
マルチ・ユーザー multi-user
マルチラテラル multilateral
マルチリンガリズム multilingualism
マルチリンガル multilingual
マルチレーシャリズム multiracialism
マルチレーシャル multiracial
マルティ multi-
マルティーズ Maltese
マルティーズ・クロス Maltese cross
マルディーニ Maldini
マルディ・グラ Mardi Gras
マルティチューディナス multitudinous
マルティチュード multitude
マルティテューディナス multitudinous
マルティテュード multitude
マルティニク Martinique
マルティバーシティー multiversity
マルティプライ multiply
マルティプライヤー multiplier
マルティプリカティブ multiplicative
マルティプリカンド multiplicand
マルティプリケーション multiplication
マルティプリケーション・サイン multiplication sign
マルティプリケーション・テーブル multiplication table
マルティベイレント multivalent
マルテンサイト martensite
マルドゥーク Marduk
マルドゥーン Muldoon
マルドゥク Marduk
マルドゥック Marduk
マルトース maltose
マルトシド maltoside
マルトデキストリン maltodextrin
マルトナイト martonite
マルトリーター maltreater
マルトリート maltreat
マルトリートメント maltreatment
マルナーリッシュト malnourished
マルナーリッシュメント malnourishment
マルニ Marni
マルニュートリション malnutrition
マルヌ・ラ・バレ Marne-la-Vallée
マルバイナ Malvina
マルバイン Malvine
マルバシア malvasia
マルバセーション malversation
マルビーナ Malvina
マルビーン Malvine
マルファンクション malfunction
マルフィーザンス malfeasance
マルフィーザント malfeasant
マルフォームド malformed
マルフォーメーション malformation
マルプラクティショナー malpractitioner
マルプラクティス malpractice
マルベリー mulberry
マルベリャ Marbella
マルペンサ・エアポート Malpensa Airport
マルマラ Marmara
マルミット marmite
マルモッタン Marmottan
マルロー Malraux
マレ Marais
マレー Malay, Marais, Murray
マレー・アーキペラゴー Malay Archipelago
マレーシア Malaysia
マレーシアン Malaysian
マレーズ malaise
マレート malate
マレーネ・ディートリヒ Marlene Dietrich
マレー・ペニンスラ Malay Peninsula
マレーヤ Malaya
マレーヤン Malayan
マレット mallet, mullet
マレディクション malediction
マレファクター malefactor

マレファクトレス　malefactress
マレフィセント　maleficent
マレボレンス　malevolence
マレボレント　malevolent
マレリ　Marelli
マレン　Mullen
マロー　marrow, mallow, Murrow
マローダー　marauder
マロード　maraud
マローファット　marrowfat
マローボーン　marrowbone
マローン　Malone
マロスティカ　Marostica
マロナイト　Maronite
マロニー　Maloney
マロニル　malonyl
マロリー　Mallory
マロン・グラッセ　marrons glacés
マン　man, Man, Mann, maun, mun
マン・アト・アームズ　man-at-arms
マン・アバウト・タウン　man-about-town
マン・アワー　man-hour
マン・イーター　man-eater
マン・イーティング　man-eating
マン・オブ・ウォー　man-of-war
マンカインド　mankind
マンガニーズ　manganese
マンガン　Mangan　⇨マンガニーズ
マンガン・ノデュール　manganese nodule
マンキューニアン　Mancunian
マング　mung
マングース　mongoos(e)
マンクス　Manx
マンクス・キャット　Manx cat
マンクスマン　Manxman
マングル　mangle
マングル・ワーゼル　mangel-wurzel
マングレル　mongrel
マングローブ　mangrove
マンケ　manqué
マンゴー　mango
マンゴスチン　mangosteen
マンコゼブ　mancozeb
マンサード　mansard
マンサーバント　manservant
マン・サイズド　man-sized
マンザニタ　manzanita
マンサン　Manseng
マンシーニ　Mancini
マンシャフト　Mannschft
マンシュー　Manchu
マンション　mansion
マンション・ハウス　mansion house
マンシングウェア　Munsingwear
マンス　month, manse
マンスール　Mansour
マンスター　Munster
マンスフィールド　Mansfield
マンスリー　monthly
マンスローター　manslaughter
マンスロング　monthlong
マンゼブ　manzeb
マンセル　Mansell
マンゾーニ　Manzoni
マンソン　Manson
マンタ　manta
マンダトリー　mandatory
マンダラ　mandala
マンダリック　mandalic
マンダリン　mandarin
マンダリン・スリーブ　mandarin sleeve
マンダリン・ダック　mandarin duck
マンダレー　Mandalay
マンチ　munch, munchie
マンチーニ　Mancini
マンチェゴ　Manchego
マンチェスター　Manchester
マンチェスター・ユナイテッド　Manchester United, Man United
マンチキン　Munchkin, munchkin
マンチュア　mantua
マンチューリア　Manchuria
マンツーマン　man-to-man
マンツーマン・ディフェンス　man-to-man defense
マンディー　Mandy
マンティコア　manticore
マンティコウ　manticore
マンティス　mantis
マンティッサ　mantissa
マンディブル　mandible
マンティラ　mantilla
マンデイン　mundane
マンデー　Monday, man-day

マンデーズ　Mondays
マンデート　mandate
マンデビル　Mandeville
マンテラ　Mantella
マンデラ　Mandela
マンデル　Mandel
マンデルブロ　Mandelbrot
マンド　manned
マン・トゥー・マン　man-to-man
マントバ　Mantova, Mantua
マントラ　mantra
マンドラックス　Mandrax
マン・トラップ　man-trap
マンドリーヌ　mandoline
マンドリル　mandrill
マンドリン　mandolin, -line
マントル　mantel, mantle
マントルシェルフ　mantelshelf
マントルピース　mantelpiece
マンドレーク　mandrake
マンドレル　mandrel
マンナン　mannan
マンニトール　mannitol
マンネブ　maneb
マンネリ　⇨マンネリズム
マンネリズム　mannerism
マンノース　mannose
マンバ　mamba
マンハイム　Mannheim
マンハッタナイト　Manhattanite
マンハッタン　Manhattan
マンパワー　manpower
マンパワー・セービング　manpower-saving
マンハント　manhunt
マンハンドル　manhandle
マンプス　mumps
マンフッド　manhood
マン・フライデー　man Friday
マンフル　manful
マンブル　mumble
マンブルコア　mumblecore
マンフレッド　Manfred
マンフレッド・マン　Manfred Mann
マンボ　mambo
マンホール　manhole
マンボ・ジャンボ　Mumbo Jumbo
マンマ　mamma
マンマー　mummer
マンマ・ミーア　mamma mia
マンマリアン　mammalian
マンマリー　mammary, mummery
マンマル　mammal
マン・メード　man-made
マンモグラフ　mammograph
マンモグラフィー　mammography
マンモグラフィック　mammographic
マンモグラム　mammogram
マンモス　mammoth
マンモニズム　mammonism
マンモン　mammon
マンライク　manlike
マンリー　manly
マン・レイ　Man Ray
マンロー　Munro

ミ

ミ　me, mi
ミア　mere, Mia
ミアシャム　meerschaum
ミアリー　merely
ミアンセリン　mianserin
ミアンダー　meander
ミアンダリング　meandering
ミーアキャット　meerkat, mier-
ミーイズム　meism
ミーガー　meager, -gre
ミーガン　Megan
ミーク　meek
ミー・ゴレン　mee goreng
ミーシズム　mecism
ミーシャ　Mischa
ミース　Meath
ミーズ　Meath
ミーズ・アン・セーヌ　mise-en-scène
ミーズリー　measly
ミーズルズ　measles
ミータ　Meta
ミーター　meter, metre
ミーチ　meech
ミーチャム　Meacham
ミーディアトリー　mediately
ミーディアル　medial
ミーディアン　median
ミーディアン・ストリップ　median strip
ミーティー　meaty
ミーディエーション　mediation
ミーディエーター　mediator
ミーディエート　mediate
ミーティオー　meteor
ミーディオーカー　mediocre
ミーティング　meeting
ミーティングハウス　meetinghouse
ミート　meet, meat, mete
ミード　mead, meed
ミートアップ　meetup
ミート・アンド・ポテイトーズ　meat and potatoes, meat-and-potatoes
ミー・トゥー　me-too
ミー・トゥーイズム　me-tooism
ミート・セーフ　meat safe
ミートソース　meat sauce
ミートボール　meatball
ミート・ローフ　meat loaf
ミーニアル　menial
ミーニー　meanie
ミーニング　meaning
ミーニングフル　meaningful
ミーニングレス　meaningless
ミー・ママック　mee mamak
ミーム　meme
ミーリー　mealy
ミーリーバグ　mealybug
ミーリー・マウス　mealy-mouth
ミーリーマウズド　mealymouthed
ミーリオリズム　meliorism
ミーリオレート　meliorate
ミール　meal
ミールタイム　mealtime
ミール・チケット　meal ticket
ミーレ　Miele
ミーン　mean, mien
ミーンズ　means
ミーンズ・テスト　means test
ミーンタイム　meantime
ミーンホワイル　meanwhile
ミーンリー　meanly
ミウッチャ・プラダ　Miuccia Prada
ミエリン　myelin, -line
ミオイノシトール　myoinositol
ミオグロビン　myoglobin
ミオシン　myosin
ミオパシー　myopathy
ミオパチー　myopathy
ミカ　Micah

ミカエル　Michael
ミカティ　Mikati
ミカド　mikado
ミカ・ハッキネン　Mika Hakkinen
ミキサー　mixer
ミキシング　mixing
ミキシング・ボウル　mixing bowl
ミグ　MiG, Mig, MIG
ミクサー　mixer
ミクサブル　mixable
ミクシング・ボウル　mixing bowl
ミクスチャー　mixture
ミクスト　mixed
ミクスト・アップ　mixed-up
ミクスト・アビリティー　mixed-ability
ミクスト・エコノミー　mixed economy
ミクスト・グリル　mixed grill
ミクスト・バッグ　mixed bag
ミクスト・ファーミング　mixed farming
ミクスト・ブレシング　mixed blessing
ミクスト・メタファー　mixed metaphor
ミクソロジー　mixology
ミクソロジスト　mixologist
ミクル　mickle
ミクルマス　Michaelmas
ミグレーン　migraine
ミクロ　micro-, micr-
ミクロアドベンチャー!　MicroAdventure!
ミクロアナリシス　microanalysis
ミクロアルガ　microalga
ミクロインジェクション　microinjection
ミクロインジェクト　microinject
ミクロエコノミクス　microeconomics
ミクロエコノミック　microeconomic
ミクロエコノミックス　microeconomics
ミクロクライマティック　microclimatic
ミクロクライメート　microclimate
ミクログリア　microglia
ミクロコズミック　microcosmic
ミクロコズム　microcosm
ミクロコスモス　microcosm
ミクロコッカス　micrococcus
ミクロシステム　microsystem
ミクロスケール　microscale
ミクロスコピカル　microscopical
ミクロスコピック　microscopic
ミクロストラクチャー　microstructure
ミクロストラクチュラル　microstructural
ミクロスフェア　microsphere
ミクロスフェリカル　microspherical
ミクロソーム　microsome
ミクロダスト　microdust
ミクロトーム　microtome
ミクロドメイン　microdomain
ミクロネシア　Micronesia
ミクロネシアン　Micronesian
ミクロバースト　microburst
ミクロビーム　microbeam
ミクロピペット　micropipet, micropipette
ミクロファブリケーテッド　microfabricated
ミクロフィブリル　microfibril
ミクロフォトニクス　microphotonics
ミクロポア　micropore
ミクロポリス　micropolice
ミクロポリタン　micropolitan
ミクロマーケティング　micromarketing
ミクロマシニング　micromachining
ミクロマニピュレーション　micromanipulation
ミクロミラー　micromirror
ミクロン　micron
ミケーネ　Mycenae
ミケランジェロ　Michelangelo
ミゲル　Miguel
ミケルソン　Mickelson
ミケロブ　Michelob
ミコナゾール　miconazole
ミコノス　Mykonos
ミコバクテリウム　mycobacterium
ミサ　mass
ミサイル　missile
ミサイルマン　missileman
ミサンスロープ　misanthrope
ミサンスロピー　misanthropy
ミサンスロピカル　misanthropical
ミサンスロピスト　misanthropist
ミサンスロピック　misanthropic
ミサンドリー　misandry
ミザントロープ　misanthrope
ミジェット　midget
ミシカル　mythical
ミシガン　Michigan
ミシシッピ　Mississippi
ミシシッピアン　Mississippian

ミシビリティー　miscibility
ミシブル　miscible
ミシャ　Mischa
ミジャヒディーン　mujahedin
ミシュー　Michoud
ミシュナ　Mishnah, -na
ミシュラン　Michelin
ミショナリー　missionary
ミショナリー・ポジション　missionary position
ミス　miss, myth, mis-
ミズ　Ms., Ms
ミスアイデンティファイ　misidentify
ミスアイデンティフィケーション　misidentification
ミスアドベンチャー　misadventure
ミスアプライ　misapply
ミスアプリケーション　misapplication
ミスアプリヘンション　misapprehension
ミスアプリヘンド　misapprehend
ミスアプロプリエーション　misappropriation
ミスアプロプリエート　misappropriate
ミスアライアンス　misalliance
ミスアレンジ　misarrange
ミスアンスロープ　misanthrope
ミスアンスロピー　misanthropy
ミスアンスロピカル　misanthropical
ミスアンスロピスト　misanthropist
ミスアンスロピック　misanthropic
ミスアンダースタンディング　misunderstanding
ミスアンダースタンド　misunderstand
ミスアンダーストゥッド　misunderstood
ミスアンドリー　misandry
ミスインタープリット　misinterpret
ミスインタープリテーション　misinterpretation
ミスインフォーム　misinform
ミスインフォーメーション　misinformation
ミズーリ　Missouri
ミズーリアン　Missourian
ミスエジュケート　miseducate
ミスエデュケート　miseducate
ミスエロチカ　miserotica
ミスエロティカ　miserotica
ミスエンプロイ　misemploy
ミスガイデッド　misguided
ミスガイド　misguide
ミスカウント　miscount
ミスガバメント　misgovernment
ミスガバン　misgovern
ミスガバンメント　misgovernment
ミスカルキュレーション　miscalculation
ミスカルキュレート　miscalculate
ミスギビング　misgiving
ミスキャスト　miscast
ミスキャラクタライズ　mischaracterize
ミスキャリー　miscarry
ミスキャリッジ　miscarriage
ミスキャルキュレーション　miscalculation
ミスキャルキュレート　miscalculate
ミスキュー　miscue
ミスクォーテーション　misquotation
ミスクォート　misquote
ミスクリエーション　miscreation
ミスクリエート　miscreate
ミスクレアント　miscreant
ミスコール　miscall
ミスコピー　miscopy
ミスコミュニケーション　miscommunication
ミスコミュニケート　miscommunicate
ミスコンストラクション　misconstruction
ミスコンストルー　misconstrue
ミスコンセプション　misconception
ミスコンダクト　misconduct
ミスジャッジ　misjudge
ミスステート　misstate
ミスステートメント　misstatement
ミスステップ　misstep
ミススペリング　misspelling
ミススペル　misspell
ミススペント　misspent
ミススペンド　misspend
ミス・セルフリッジ　Miss Selfridge
ミスセンド　missend
ミスター　mister, Mr.
ミスターゲット　mistarget
ミスター・チャーリー　Mister Charlie
ミスター・ビーン　Mr. Bean
ミスダイアグノーシス　misdiagnosis
ミスダイアグノース　misdiagnose
ミスダイアグノーズ　misdiagnose

ミスダイアル　misdial
ミスタイム　mistime
ミスダイヤル　misdial
ミスダイレクション　misdirection
ミスダイレクト　misdirect
ミスチーフ　mischief
ミスチーフ・メーカー　mischief-maker
ミスチバス　mischievous
ミスチャンス　mischance
ミスティー　misty
ミスティーク　mystique
ミスディード　misdeed
ミスディール　misdeal
ミステイカブル　mistakable, -take-
ミスティカル　mystical
ミステイク　mistake
ミステイクン　mistaken
ミスティシズム　mysticism
ミスティック　mystic
ミスティファイ　mystify
ミスティフィケーション　mystification
ミスディレクション　misdirection
ミスディレクト　misdirect
ミステーカブル　mistakable, -take-
ミステーク　mistake
ミステークン　mistaken
ミスデート　misdate
ミスデミーナー　misdemeanor
ミステリアス　mysterious
ミステリー　mystery
ミステリー・ツアー　mystery tour
ミステリー・プレー　mystery play
ミスト　mist
ミスドゥー　misdo
ミスドゥーイング　misdoing
ミストゥック　mistook
ミストライアル　mistrial
ミストラスト　mistrust
ミストラストフル　mistrustful
ミストラル　mistral
ミストランスレーション　mistranslation
ミストランスレート　mistranslate
ミストリート　mistreat
ミストリートメント　mistreatment
ミストレス　mistress
ミスネーム　misname
ミスノーマー　misnomer
ミスパーシーブ　misperceive
ミスパーセプション　misperception
ミスハップ　mishap
ミスハプン　misshapen
ミスハンドル　mishandle
ミスヒア　mishear
ミスビカム　misbecome
ミスビゴットゥン　misbegotten
ミスヒット　mishit
ミスビヘービアー　misbehavior
ミスビヘーブ　misbehave
ミスファイア　misfire
ミスファイル　misfile
ミスフィーザンス　misfeasance
ミスフィット　misfit
ミスフォーチューン　misfortune
ミスブランド　misbrand
ミスプリジョン　misprision
ミスプリント　misprint
ミスプレー　misplay
ミスプレース　misplace
ミスプレースメント　misplacement
ミスプロナウンス　mispronounce
ミスプロナンシエーション　mispronunciation
ミス・マープル　Miss Marple
ミスマッチ　mismatch
ミスマネージ　mismanage
ミスマネジメント　mismanagement
ミスマリッジ　mismarriage
ミスユース　misuse
ミスユーズ　misuse
ミスユーセージ　misusage
ミスラタ　Misrata, Misratah, Misurata
ミスラベル　mislabel
ミスリーディング　misleading, misreading
ミスリード　mislead, misread
ミスリプリゼンテーション　misrepresentation
ミスリプリゼント　misrepresent
ミズル　mizzle
ミスルール　misrule
ミスルトー　mistletoe
ミスレイ　mislay
ミスレーベル　mislabel
ミスレポート　misreport
ミズン　mizzen, mizen

ミズンマスト miz(z)enmast
ミセジェネーション miscegenation
ミセラー micellar
ミセライト miserite
ミセラニー miscellany
ミゼラブリー miserably
ミゼラブル miserable
ミゼリー misery
ミセル micelle, micell
ミセレーニア miscellanea
ミセレーニアス miscellaneous
ミソガミー misogamy
ミソガミスト misogamist
ミソジニー misogyny
ミソジニスティック misogynistic
ミソジニスト misogynist
ミソロジー mythology, misology
ミソロジカル mythological
ミソロジスト mythologist
ミソロジャイズ mythologize
ミダス Midas
ミダス・タッチ Midas touch
ミダゾラム midazolam
ミチョアカン Michoacán
ミチル Mytyl
ミツィー Mitzi, Mitzie
ミッキー Mickey, mickey, micky
ミッキー・フィン Mickey Finn
ミッキー・マウス Mickey Mouse
ミック mick
ミック・ジャガー Mick Jagger
ミックス mix
ミックス・アップ mix-up
ミックス・アンド・マッチ mix-and-match
ミックスト mixed
ミックス・ベジタブル mixed vegetables
ミッサル missal
ミッジ midge
ミッシー missy
ミッシェル・クラン Michel Klein
ミッシブ missive
ミッシュマッシュ mishmash
ミッシュ・メタル misch metal
ミッショナリー missionary
ミッション mission
ミッション・クリティカル mission-critical
ミッション・コントロール mission control
ミッシング missing
ミッシング・リンク missing link
ミッソーニ Missoni
ミッタル Mittal
ミッチ mitch, mich, miche
ミッチェル Mitchell
ミッチャム Mitcham, Mitchum
ミッテラン Mitterrand
ミット mitt
ミッド mid
ミッド・アトランティック mid-Atlantic
ミッドアフタヌーン midafternoon
ミッドイースタン Mideastern
ミッドイースト Mideast
ミッドイヤー midyear
ミッドウイーク midweek
ミッドウインター midwinter
ミッドウェイト midweight
ミッドウェー midway
ミッドウェー・アイランズ Midway Islands
ミッドウエスタン Midwestern
ミッドウエスト Midwest
ミッドエア midair
ミッドオーシャン midocean
ミッドガット midgut
ミッド・キャリア mid-career
ミッド・グラモーガン Mid Glamorgan
ミッドコース midcourse
ミッドサイズ midsize
ミッドサマー midsummer
ミッドサマー・デー Midsummer Day
ミッドサマー・マッドネス midsummer madness
ミッドシップ midship
ミッドシップマン midshipman
ミッドストリーム midstream
ミッドセクション midsection
ミッドセンチュリー midcentury
ミッドターム midterm
ミッドタウン midtown
ミッドデー midday
ミッドナイト midnight
ミッドナイト・サン midnight sun
ミッドナイト・ブルー midnight blue
ミッド・ビクトリアン mid-Victorian
ミッドフィールダー midfielder
ミッドフィールド midfield

ミッド・フライト mid-flight
ミッドポイント midpoint
ミッドマーケット midmarket
ミッドモーニング midmorning
ミッドモスト midmost
ミッド・ライフ mid-life
ミッド・ライフ・クライシス mid-life crisis
ミッドランド midland
ミッドランド・ダイアレクト Midland dialect
ミッドリフ midriff
ミッドレーンジ midrange
ミッドレンジ midrange
ミッドワイフ midwife
ミッドワイフリー midwifery
ミツバー mitzvah
ミッフィー Miffy
ミデアン Midian
ミディ midi, MIDI
ミディアム medium
ミディアム・ウェーブ medium wave
ミディアム・サイズド medium-sized
ミディアム・フリーケンシー medium frequency
ミディアン Midian
ミディー middy
ミディーバリスト medievalist
ミディーバリズム medievalism
ミディーバル medieval, -diae-
ミディー・ブラウス middy blouse
ミディオクラシー midiocracy
ミディオクリティー mediocrity
ミティゲーション mitigation
ミティゲーティング・サーカムスタンシズ mitigating circumstances
ミティゲート mitigate
ミデルブルフ Middelburg
ミトゲン mitogen
ミトコンドリア mitochondria
ミトコンドリオン mitochondrion
ミドラー Midler
ミドラシュ midrash
ミドリング middling
ミドル middle
ミドル・アトランティック・ステーツ Middle Atlantic States
ミドル・アメリカ Middle America
ミドル・イースタン Middle Eastern
ミドル・イースト Middle East
ミドル・イヤー middle ear
ミドル・イングリッシュ Middle English
ミドルウェア middleware
ミドルウェイト middleweight
ミドル・ウェスタナー Middle Westerner
ミドル・ウェスタン Middle Western
ミドル・ウェスト Middle West
ミドル・エイジ middle age
ミドル・エイジズ Middle Ages
ミドル・エイジ・スプレッド middle-age spread
ミドル・エイジド middle-aged
ミドル・エイジド・スプレッド middle-aged spread
ミドル・エイジャー middle-ager
ミドル・オブ・ザ・ローディズム middle-of-the-roadism
ミドル・オブ・ザ・ロード middle-of-the-road
ミドル・クラス middle class
ミドル・コース middle course
ミドル・サイズド middle-sized
ミドル・スクール middle school
ミドル・ステーツ Middle States
ミドルズブラ Middlesbrough
ミドルセックス Middlesex, Middx
ミドル・ディスタンス middle distance
ミドルトン Middleton
ミドル・ネーム middle name
ミドル・フィンガー middle finger
ミドルブラウ middlebrow
ミドルベリー Middlebury
ミドル・マネージメント middle management
ミドル・マネージャー middle manager
ミドル・マネジメント middle management
ミドル・マネジャー middle manager
ミドルマン middleman
ミドルモスト middlemost
ミトン mitten
ミナ Minna
ミナトリー minatory
ミナマタ・ディジーズ Minamata disease
ミナルディ Minardi
ミナレット minaret
ミニ mini, mini-

ミニアチュア　miniature
ミニアチュアライズ　miniaturize
ミニアチュアライゼーション　miniaturization
ミニアチュアリスト　miniaturist
ミニアチュリゼーション　miniaturization
ミニー　Minnie
ミニー・マウス　Minnie Mouse
ミニカー　minicar
ミニキャブ　minicab
ミニクーパー　Mini Cooper
ミニコンピュータ　minicomputer
ミニシリーズ　miniseries
ミニスカート　miniskirt
ミニスキー　miniski
ミニスキュール　minuscule
ミニスケート　ministate
ミニスター　minister
ミニスターシップ　ministership
ミニスタリング・エンジェル　ministering angel
ミニステリアル　ministerial
ミニストラント　ministrant
ミニストリー　ministry
ミニストレーション　ministration
ミニタワー　minitower
ミニチュア　miniature
ミニチュア・シュナウザー　miniature schnauzer
ミニチュア・ダックスフント　miniature dachshund
ミニチュア・ピンシェル　miniature pinscher
ミニチュア・ブルテリア　miniature bull terrier
ミニチュアリスト　miniaturist
ミニッツ　minutes
ミニッツ・メイド　Minute Maid
ミニット　minute
ミニット・ガン　minute gun
ミニット・ステーキ　minute steak
ミニット・ハンド　minute hand
ミニット・ブック　minute book
ミニットマン　minuteman
ミニディスク　minidisc, MiniDisk, MD
ミニテル　Minitel
ミニドレス　minidress
ミニバー　minibar, miniver
ミニバイク　minibike
ミニバス　minibus
ミニバン　minivan
ミニフロッピー　minifloppy
ミニマ　minima
ミニマーケット　minimarket
ミニマート　minimart
ミニマイズ　minimize
ミニマム　minimum
ミニマム・ウェイジ　minimum wage
ミニマム・ペイメント　minimum payment
ミニマリズム　minimalism
ミニマル　minimal
ミニマル・アート　minimal art
ミニム　minim
ミニュエット　minuet
ミニョネット　mignonette
ミニョン　mignon, minion
ミヌーシアイ　minutiae
ミネアポリス　Minneapolis
ミネオラ　Mineola
ミネストローネ　minestrone
ミネソタ　Minnesota
ミネソタ・ティンバーウルブズ　Minnesota Timberwolves
ミネソタ・バイキングズ　Minnesota Vikings
ミネソタン　Minnesotan
ミネトンカ　Minnetonka
ミネラライズ　mineralize
ミネラライゼーション　mineralization
ミネラリゼーション　mineralization
ミネラリティー　minerality
ミネラル　mineral
ミネラル・ウール　mineral wool
ミネラル・ウォーター　mineral water
ミネラル・オイル　mineral oil
ミネラロイド　mineraloid
ミネラロジー　mineralogy
ミネラロジカル　mineralogical
ミネラロジスト　mineralogist
ミネリ　Minnelli
ミネルバ　Minerva
ミノアン　Minoan
ミノウ　minnow
ミノーグ　Minogue
ミノサイクリン　minocycline
ミノス　Minos
ミノタウロス　Minotaur

ミノディエール　minaudière
ミノルカ　Minorca
ミノルカン　Minorcan
ミハイル・シューマッハ　Michael Schumacher
ミフ　miff
ミフィ　Miffy, miffy
ミフト　miffed
ミボレロン　mibolerone
ミマス　Mimas
ミミ　Mimi
ミミック　mimic
ミミックリー　mimicry
ミメオグラフ　mimeograph
ミメシス　mimesis
ミメタイト　mimetite
ミメティック　mimetic
ミモザ　mimosa
ミモレット　Mimolette
ミャウ　meow
ミャオ　Miao
ミャンマー　Myanmar, -ma
ミュア　Muir
ミュアー　Muir
ミュー　mew
ミューオン　muon
ミューカス　mucous, mucus
ミューザック　Muzak
ミュージアム　museum
ミュージアムゴーアー　museumgoer
ミュージアム・ピース　museum piece
ミュージカル　musical
ミュージカル・チェアズ　musical chairs
ミュージカル・ボックス　musical box
ミュージコロジー　musicology
ミュージコロジカル　musicological
ミュージコロジスト　musicologist
ミュージシャン　musician
ミュージシャンシップ　musicianship
ミュージック　music
ミュージック・スタンド　music stand
ミュージック・ドラマ　music drama
ミュージック・ペーパー　music paper
ミュージック・ホール　music hall
ミュージック・ボックス　music box
ミューシラジナス　mucilaginous
ミューシレージ　mucilage
ミュージング　musing
ミューズ　Muse, mews, muse
ミューズリ　muesli
ミュータジェネシス　mutagenesis
ミュータジェン　mutagen
ミュータビリティー　mutability
ミュータブル　mutable
ミュータンス　mutans
ミュータント　mutant
ミューチュアリー　mutually
ミューチュアリスティック　mutualistic
ミューチュアリズム　mutualism
ミューチュアリティー　mutuality
ミューチュアル　mutual
ミューチュアル・ファンド　mutual fund
ミューティナス　mutinous
ミューティニア　mutineer
ミューティニー　mutiny
ミューティレーション　mutilation
ミューティレート　mutilate
ミューテーション　mutation
ミューテート　mutate
ミューテッド　muted
ミュート　mute
ミュートン　muton
ミューニ　muni
ミューニシパライズ　municipalize
ミューニシパリティー　municipality
ミューニシパル　municipal
ミューニション　munition
ミューニック　Munich
ミューニフィセンス　munificence
ミューニフィセント　munificent
ミューニメンツ　muniments
ミュウミュウ　Miumiu
ミューラリスト　muralist
ミューラル　mural
ミューリッシュ　mulish
ミュール　mule, mewl
ミュールズ　mules
ミュールダール　Myrdal
ミュール・ディア　mule deer
ミューレティア　muleteer
ミュケナイ　Mycenae
ミュコーサ　mucosa
ミュコーザ　mucosa
ミュコーサル　mucosal

ミュコーザル　mucosal
ミュコサ　mucosa
ミュコサル　mucosal
ミュジカール　musicale
ミュスカデ　muscadet
ミュゼット　musette
ミュラー　Müller
ミュリアティック・アシッド　muriatic acid
ミュリエル　Muriel
ミュルミドン　Myrmidon
ミュンヘン　München, Munich
ミヨー　Millau
ミラ　Mira
ミラー　mirror, Miller, miller
ミラー・イメージ　mirror image
ミラー・サイト　mirror site
ミラージュ　mirage
ミラー・シンメトリー　mirror symmetry
ミラーズ　Millars
ミラード　Millard
ミラー・ボール　mirror ball
ミラーライク　mirrorlike
ミラーリング　mirroring
ミラキュラス　miraculous
ミラクル　miracle
ミラクル・ドラッグ　miracle drug
ミラクル・プレー　miracle play
ミラ・ショーン　Mila Schön
ミラ・ジョボビッチ　Milla Jovovich
ミラニーズ　Milanese
ミラニスタ　Milanista
ミラノ　Milano, Milan
ミラビライト　mirabilite
ミラベル　mirabelle
ミラマックス　Miramax
ミラン　Milan
ミランダ　Miranda
ミランダイズ　Mirandize
ミリ　milli-
ミリアード　milliard
ミリアッド　myriad
ミリアム　Miriam
ミリアンプ　milliamp
ミリアンペア　milliampere
ミリー　Millie, Milly
ミリオネア　millionaire, -lionnaire
ミリオレーション　melioration
ミリオン　million
ミリオンス　millionth
ミリオン・セラー　million seller
ミリオン・ダラー　million dollar
ミリオンフォールド　millionfold
ミリガン　Milligan
ミリキュリー　millicurie
ミリグラム　milligram, -gramme
ミリシア　militia
ミリシアマン　militiaman
ミリシーベルト　millisievert
ミリシル・アルコール　myricyl alcohol
ミリスチル　myristyl
ミリスチン　myristin
ミリセカンド　millisecond
ミリセチン　myricetin
ミリセント　Mil(l)icent
ミリタライズ　militarize
ミリタライゼーション　militarization
ミリタリー　military
ミリタリー・アカデミー　military academy
ミリタリー・インダストリアル・コンプレックス　military-industrial complex
ミリタリー・インテリジェンス　military intelligence
ミリタリー・ガバメント　military government
ミリタリー・クロス　Military Cross
ミリタリー・サイエンス　military science
ミリタリー・スクール　military school
ミリタリー・ポリス　military police
ミリタリー・ポリスマン　military policeman
ミリタリスティック　militaristic
ミリタリスト　militarist
ミリタリズム　militarism
ミリタリゼーション　militarization
ミリタンシー　militancy
ミリタント　militant
ミリテート　militate
ミリナー　milliner
ミリナリー　millinery
ミリバール　millibar
ミリバンド　Miliband
ミリピード　millipede, -le-
ミリペッド　milliped, -le-
ミリボルト　millivolt
ミリメーター　millimeter, -tre

ミリメートル　millimeter, -tre
ミリュー　milieu
ミリリッター　milliliter, -tre
ミリリットル　milliliter, -tre
ミリワット　milliwatt
ミリング　milling
ミル　mill, Mill, mil
ミルウォーキー　Milwaukee
ミルウォーキー・バックス　Milwaukee Bucks
ミルカ　Milka
ミルカー　milker
ミルキー　milky
ミルキー・ウェー　Milky Way
ミルキング・マシーン　milking machine
ミルク　milk
ミルク・アンド・ウォーター　milk-and-water
ミルクウィード　milkweed
ミルク・グラス　milk glass
ミルク・シェーク　milk shake
ミルク・シュガー　milk sugar
ミルク・セーキ　milk shake
ミルクソップ　milksop
ミルク・チョコレート　milk chocolate
ミルク・トゥース　milk tooth
ミルク・トースト　milk toast, milk-toast, milquetoast
ミルク・バー　milk bar
ミルク・パウダー　milk powder
ミルク・フィーバー　milk fever
ミルク・プディング　milk pudding
ミルク・フロート　milk float
ミルク・ホワイト　milk white
ミルクマン　milkman
ミルクメイド　milkmaid
ミルク・ラウンド　milk round
ミルク・ラン　milk run
ミルク・ローフ　milk loaf
ミルクワート　milkwort
ミルストーン　millstone
ミルセン　myrcene
ミルダム　milldam
ミルチ　milch
ミルデュー　mildew
ミルト　milt
ミルトニアン　Miltonian
ミルトニック　Miltonic
ミルドレッド　Mildred
ミルトン　Milton
ミルトン・キーンズ　Milton Keynes
ミルナー　Millner, Milner
ミルハウザー　Millhauser
ミルバンク　Millbank
ミルフィーユ　mille-feuille
ミルフォイル　milfoil
ミルフォード　Milford
ミルブロガー　milblogger
ミルブログ　milblog
ミル・ホイール　mill wheel
ミルボー　Mirbeau
ミルボード　millboard
ミルポンド　millpond, -pool
ミルラ　myrrh
ミルライト　millwright
ミルレース　millrace
ミルワーク　millwork
ミルン　Milne
ミレイ　Millais
ミレイユ　Mireille
ミレー　Millet, Millais
ミレーユ　Mireille
ミレット　millet
ミレディー　milady, -di
ミレナリアン　millenarian
ミレナリー　millenary
ミレナリオ　millenario
ミレニア　millennia
ミレニアム　millennium
ミレニアル　millennial
ミレネリアン　millenarian
ミレライト　millerite
ミレン　Mirren
ミロ　Miró, milo
ミロード　milord
ミロシェビッチ　Milosevic
ミン　Ming, Min
ミンガス　Mingus
ミンク　mink, minke
ミンクス　minx
ミンク・ホエール　minke whale
ミングル　mingle
ミンゲラ　Minghella
ミンサー　mincer
ミンジー　mingy

ミンシング　mincing
ミンス　mince
ミンスキー　Minsky
ミンスク　Minsk
ミンスター　minster
ミンストレル　minstrel
ミンストレルシー　minstrelsy
ミンストレル・ショー　minstrel show
ミンス・パイ　mince pie
ミンスミート　mincemeat
ミンダナオ　Mindanao
ミンチ　mince
ミンチンハンプトン　Minchinhampton
ミンディー　Mindy
ミンテージ　mintage
ミンテル　Mintel
ミント　mint
ミント・ジュレップ　mint julep
ミント・ソース　mint sauce
ミントティー　mint tea
ミンドロ　Mindoro
ミントン　Minton
ミンバー　Mimba
ミンバール　minbar
ミンハグ　minhag

ム

ムア　moor, Moor, Moore
ムアコック　moorcock
ムアファウル　moorfowl
ムアヘン　moorhen
ムアリング　mooring
ムアレッジ　moorage
ムー　moo
ムーア　Moor, moor, Moore
ムーアランド　moorland
ムーアリッシュ　Moorish
ムーカウ　moo-cow
ムーサ　Muse
ムース　mousse, moose
ムーズ　Meuse
ムースリ　muesli, mües-, mus-
ムーターティス・ムータンディス　mutatis mutandis
ムーチ　mooch
ムーチャー　moocher
ムーディー　moody
ムーディーズ　Moody's
ムート　moot
ムード　mood
ムートン　mouton
ムーニー　Mooney, moony, Moonie
ムーニズム　Moonism
ムーニング　mooning
ムーバー　mover
ムーバブル　movable, move-
ムーバブル・フィースト　movable feast
ムービー　movie
ムービー・カメラ　movie camera
ムービーゴーアー　moviegoer
ムービーダム　moviedom
ムービーメーカー　moviemaker
ムービーメーキング　moviemaking
ムービーランド　movieland
ムービング　moving
ムービング・ステアケース　moving staircase
ムービング・セール　moving sale
ムービング・バン　moving van
ムービング・ピクチャー　moving picture
ムービング・ペーブメント　moving pavement
ムーブ　move
ムーブメント　movement
ムーミン　Moomin
ムーミントロール　Moomintroll
ムーミン・バレー　Moomin Valley
ムーミンランド　Moominland
ムームー　muumuu
ムーラ　moola, -lah
ムーラン・ルージュ　Moulin Rouge
ムーリス　Meurice
ムーン　moon
ムーンウォーク　moonwalk
ムーンカーフ　mooncalf
ムーンクウェーク　moonquake
ムーンサルト　moonsaut
ムーンシャイナー　moonshiner
ムーンシャイン　moonshine
ムーン・ショット　moon shot
ムーンスケープ　moonscape
ムーンストーン　moonstone
ムーンストラック　moonstruck
ムーンスル　moonsail
ムーンセット　moonset
ムーンビーム　moonbeam
ムーン・フェイズ　moon phase
ムーンフェースト　moonfaced
ムーン・ブラインド　moon-blind
ムーンフラワー　moonflower
ムーンマン　moonman
ムーンライズ　moonrise
ムーンライト　moonlight
ムーンライト・フリット　moonlight flit
ムーンリット　moonlit
ムーンレイカー　moonraker

ムーンレス　moonless
ムエジン　muezzin
ムガール　Mogul, Mughal
ムガール・エンパイア　Mogul Empire
ムガベ　Mugabe
ムコイド　mucoid
ムコサール　mucosal
ムコプロテイン　mucoprotein
ムコポリサッカライド　mucopolysaccharide
ムサカ　moussaka, mousa-
ムサビ　Mousavi
ムジ　MUJI
ムジャヒディン　mujahideen, -hedin, -hedeen, -heddin
ムジャヘディン　mujahideen, -hedin, -hedeen, -heddin
ムシャラフ　Musharraf
ムスカリン　muscarine
ムスコバド　muscovado
ムスタング　⇨マスタング
ムスティーク　Mustique
ムスリーヌ　mousseline
ムスリム　Muslim, -lem
ムソルグスキー　Mussorgsky, Mous-
ムチン　mucin
ムック　mook
ムッシュー　monsieur
ムッソリーニ　Mussolini
ムニエル　meunière
ムバソゴ　Mbasogo
ムババネ　Mbabane
ムハマド　Muhammad
ムバラク　Mubarak
ムハンマダニズム　Muhammadanism
ムハンマダン　Muhammadan
ムハンマド　Muhammad
ムベキ　Mbeki
ムラート　mulatto
ムラーノ　Murano
ムラジッチ　Mladić
ムラディッチ　Mladić
ムラミル　muramyl
ムラリー　Mulally
ムリーリョ　Murillo
ムリキ　muriqui
ムリリョ　Murillo
ムルシ　Mursi, Morsi
ムルシア　Murcia
ムルシエラゴ　Murciélago
ムルソー　Meursault
ムルタン　Multan
ムルマンスク　Murmansk
ムレイン　murein
ムレタ　muleta
ムンク　Munch
ムン・ジェイン　Moon Jae-in
ムンバイ　Mumbai
ムンプス　mumps

メ

メア　mare
メア・クルパ　mea culpa
メアズ・ネスト　mare's nest
メアリアン　Maryanne
メアリアンナ　Marianna
メアリー　Mary
メアリー・スチュアート　Mary Stuart
メアリー・ポピンズ　Mary Poppins
メイ　may, May, Mae
メイア　Meir
メイ・ウエスト　Mae West
メイオール　Mayall
メイク　make
メイクアップ・アーティスト　make-up artist
メイク・アヘッド　make-ahead
メイ・クイーン　May queen
メイクレディー　makeready
メイシー　Macy, Maisy
メイジー　mazy, Maisie
メイシーズ　Macy's
メイジャー　major, Major
メイジャー・ジェネラル　major general
メイズ　maze, maize
メイスン　Mason
メイソン　Mason
メイタグ　Maytag
メイ・デイ　May Day
メイティー　matey, maty
メイティング　mating
メイデン　maiden
メイト　mate
メイド　made, maid
メイド・イン・ジャーマニー　made in Germany
メイドサーバント　maidservant
メイドフ　Madoff
メイナード　Maynard
メイバリック　maverick
メイビー　maybe
メイビス　mavis
メイフィールド　Mayfield
メイフェア　Mayfair
メイフライ　mayfly
メイフラワー　mayflower
メイプル　maple
メイプルソープ　Mapplethorpe
メイブン　maven, mavin, mayvin
メイヘム　mayhem, mai-
メイベリン　Maybelline
メイベル　Mabel
メイポール　maypole
メイミー　Mamie
メイム　maim
メイヤー　mayor, Mayer
メイヤラル　mayoral
メイヤラルティー　mayoralty
メイヤレス　mayoress
メイヨー　mayo, mayonnaise
メイラー　mailer, Mailer
メイラード　Meillard
メイランダー　Mayländer
メイリオ　Meiryo
メイル　mail
メイン　main, Maine
メイン・イベント　main event
メイン・クローズ　main clause
メイン・コース　main course
メインジ　mange
メインジー　mangy, -gey
メインジャー　manger
メインズ　mains
メインステイ　mainstay
メインステム　main stem
メインストリート　mainstreet
メインストリーム　mainstream
メインスプリング　mainspring
メイン・チャンス　main chance
メイン・ディッシュ　main dish

メインテイナブル maintainable
メインテイン maintain
メインテインド・スクール maintained school
メイン・テーブル main table
メイン・デッキ main deck
メインテナンス maintenance
メインテナンス・オーダー maintenance order
メイントップ maintop
メイン・トップマスト main-topmast
メイン・ドラッグ main drag
メイン・バーブ main verb
メインフレーム mainframe
メインマスト mainmast
メイン・メモリー main memory
メイン・ヤード main yard
メイン・ライン main line, mainline
メインランダー mainlander
メインランド mainland
メインリー mainly
メーカー maker
メーカーズマーク Maker's Mark
メーキャップ makeup
メーキング making
メーク make
メークアップ makeup
メーク・アヘッド make-ahead
メークウェイト makeweight
メーク・オア・ブレーク make-or-break
メークオーバー makeover
メークグッド makegood
メークシフト makeshift
メーク・ドゥー make-do
メーク・ビリーブ make-believe
メーク・ラブ make love
メークレディー makeready
メーク・ワーク make-work
メーコン macon, Macon
メーサ Mesa
メーザー maser
メージー mazy
メージャー major
メージャー・リーガー major leaguer
メージャー・リーグ major league
メージャレット majorette
メース Mace, mace
メーズ maze, maize
メース・ベアラー mace-bearer
メーソニック Masonic
メーソン mason
メーソン・ディクソン・ライン Mason-Dixon line
メーソンリー masonry
メーター meter, metre
メーター・メイド meter maid
メーデイア Medea
メーティー matey, maty
メーティング mating
メーデー May Day, Mayday
メーテルリンク Maeterlinck
メート mate
メード maid, made
メード・アップ made-up
メード・イン・ジャパン made in Japan
メードサーバント maidservant
メード・トゥー・オーダー made-to-order
メード・トゥー・メジャー made-to-measure
メートル meter, metre
メートル・ドテル maître d'hôtel
メービウス Möbius
メープル maple
メープル・シュガー maple sugar
メープル・シロップ maple syrup
メープル・リーフ maple leaf
メーラー mailer, Mailer
メーラブル mailable
メーリング・リスト mailing list
メール mail, male
メールウェア mailware
メール・オーダー mail order, mail-order
メール・キャリヤー mail carrier
メールグラム Mailgram
メール・コーチ mail coach
メール・サーバー mail server
メール・ショービニスト male chauvinist
メール・ショービニスト・ピッグ male chauvinist pig, MCP
メール・ショービニズム male chauvinism
メールショット mailshot
メールストーム maelstrom
メールド・フィスト mailed fist
メール・トレイン mail train
メール・ドロップ mail drop

メールバッグ　mailbag
メールボックス　mailbox
メール・マガジン　mail magazine
メールマン　mailman
メールルーム　mailroom
メーン　main, Maine, mane
メーンジ　mange
メーンジー　mangy, -gey
メーンジャー　manger
メーンスル　mainsail
メーンド　maned
メーンフレーム　mainframe
メガ　mega, mega-, meg-
メガイラ　Megaera
メガオーム　megohm
メガカンパニー　megacompany
メガキャリア　megacarrier
メガキュリー　megacurie
メガコーポレーション　megacorporation
メガサイクル　megacycle
メガシティー　megacity
メガジュール　megajoule
メガスター　megastar
メガストア　megastore
メガチャーチ　megachurch
メガディール　megadeal
メガデス　megadeath
メガトニック　megatonic
メガトレンド　megatrend
メカトロニクス　mechatronics
メガトン　megaton
メカナイズ　mechanize
メカナイゼーション　mechanization
メカニカル　mechanical
メカニカル・エンジニアリング　mechanical engineering
メカニカル・オートメーション　mechanical automation
メカニカル・ドローイング　mechanical drawing
メカニカル・ペンシル　mechanical pencil
メカニカル・マウス　mechanical mouse
メカニクス　mechanics
メカニシャン　mechanician
メカニスティック　mechanistic
メカニスト　mechanist
メカニズム　mechanism
メカニゼーション　mechanization
メカニック　mechanic
メカニックス　mechanics
メカノケミカル　mechanochemical
メカノケミストリー　mechanochemistry
メカノレセプター　mechanoreceptor
メガバイト　megabyte
メガバジェット　megabudget
メガバック　megabuck
メガバンク　megabank
メガピクセル　megapixel
メガビタミン　megavitamin
メガヒット　megahit
メガビット　megabit
メガフォーナ　megafauna
メガフォニック　megaphonic
メガプレックス　megaplex
メガフロート　Megafloat
メガプロジェクト　megaproject
メガヘルツ　megahertz, MHz
メガポード　megapode
メガポリタン　megapolitan
メガホン　megaphone
メガマージャー　megamerger
メガリシック　megalithic
メガリス　megalith
メガロポリス　megalopolis
メガロポリタン　megalopolitan
メガロマニア　megalomania
メガロマニアック　megalomaniac
メガワット　megawatt
メガワティ　Megawati
メガン　Megan, Meghan
メキシカン　Mexican
メキシコ　Mexico, Méjico, México
メキシコ・シティー　Mexico City
メキシレチン　mexiletine
メキタジン　mequitazine
メギルプ　megilp
メグ　Meg
メクネス　Meknès
メグ・ライアン　Meg Ryan
メグレ　Maigret
メクレンブルク　Mecklenburg
メクロフェノキサート　meclofenoxate
メコン　Mekong
メサ　mesa

メサイア　Messiah
メザニン　mezzanine
メサネーション　methanation
メサ・バード　Mesa Verde
メザリアンス　mésalliance
メザン　meson
メシア　Messiah
メシアニズム　messianism
メシアニック　messianic
メジアン　median
メシー　messy
メシズム　mecism
メシチレン　mesitylene
メジャー　major, measure
メジャー・キー　major key
メジャード　measured
メジャー・プレミス　major premise
メジャー・プロフェッツ　major prophets
メジャーメント　measurement
メジャーメント・トン　measurement ton
メジャー・リーガー　major leaguer
メジャー・リーグ　major league
メジャーレス　measureless
メジャラー　measurer
メジャラブリー　measurably
メジャラブル　measurable
メジャリティー　majority
メジャリティー・リーダー　majority leader
メジャリング・ワーム　measuring worm
メシレート　mesylate
メス　mess, meth
メス・アイナク　Mes Aynak
メス・アップ　mess-up
メスカリン　mescaline, -lin
メスカル　mescal
メスキータ　mezquita
メス・キット　mess kit
メスクラン　mesclun
メスタノロン　mestanolone
メスティーソ　mestizo
メスティゾ　mestizo
メステロロン　mesterolone
メストラノール　mestranol
メスナ　mesna
メス・ホール　mess hall
メスメート　messmate
メスメライズ　mesmerize
メスメリスト　mesmerist
メスメリズム　mesmerism
メスメリック　mesmeric
メズロシリン　mezlocillin
メゼ　meze
メセドリン　Methedrine
メセニー　Metheny
メソ　mes-, meso-
メゾ　mezzo
メソアメリカ　Mesoamerica
メソード　method
メソカルブ　mesocarb
メソカルプ　mesocarp
メソサーマル　mesothermal
メソジスト　methodist
メソジズム　methodism
メゾスカーフ　mesoscaph, -scaphe
メソスフィア　mesosphere
メソセラピー　mesotherapy
メソゾーイック　Mesozoic
メゾ・ソプラノ　mezzo-soprano
メソダーム　mesoderm
メソダイズ　methodize
メゾチント　mezzotint
メソッド　method
メソディカル　methodical
メソディスト　methodist
メソディズム　methodism
メソテクノロジー　mesotechnology
メソドロジー　methodology
メソドロジカル　methodological
メゾネット　maiso(n)nette
メソポア　mesopore
メソポタミア　Mesopotamia
メソポタミアン　Mesopotamian
メソミル　methomyl
メソリシック　Mesolithic
メソン　meson
メゾン　maison
メタ　meta-, met-
メタアナリシス　metanalysis
メダイヨン　medallion
メタカーパス　metacarpus
メタカーパル　metacarpal
メタキャラクタ　metacharacter
メタクアロン　methaqualone
メタクリレート　methacrylate

メタクロナス metachronous
メタゲノミクス metagenomics
メタゲノム metagenome
メタコニッド metaconid
メタサイコロジー metapsychology
メタジェノミクス metagenomics
メタスタサイズ metastasize
メタスタシーズ metastasis
メタスタシス metastasis
メタスタティック metastatic
メタステロン methasterone
メタセオリー metatheory
メタセコイア metasequoia
メタセシス metathesis
メタセチン methacetin
メダゼパム medazepam
メタゾーアン metazoan
メタターサス metatarsus
メタターサル metatarsal
メタデータ metadata
メタトーン Metatone
メタドラマ metadrama
メタドン methadone, -don
メタナール methanal
メタネーション methanation
メタネックス Methanex
メタノール methanol
メタノロン metanolone
メタバース metaverse
メタバイオシス metabiosis
メタヒストリー metahistory
メタファー metaphor
メタフィクション metafiction
メタフィジカル metaphysical
メタフィジシャン metaphysician
メタフィジックス metaphysics
メタフェン Metaphen
メタフォリカル metaphorical
メタブログ metablog
メタボ ⇨メタボリック・シンドローム
メタボライズ metabolize
メタボライト metabolite
メタボリズム metabolism
メタボリック metabolic
メタボリック・シンドローム metabolic syndrome
メタボローム metabolome
メタボロミクス metabolomics
メタマー metamer
メタマテリアル metamaterial
メタミドホス methamidophos
メダム mesdames
メタムシル Metamucil
メタモーフィック metamorphic
メタモーフォーズ metamorphose
メタモーフォシス metamorphosis
メタモルフォーゼ Metamorphose
メタラージスト metallurgist
メタライズ metallize, metalize
メタラジー metallurgy
メタランゲージ metalanguage
メダリオン medallion
メタリカ Metallica
メタリサイズ metallicize
メダリスト medalist, -allist
メタリック metallic
メタリック・カラー metallic color
メタリフェラス metalliferous
メタル metal
メダル medal
メタルスミス metalsmith
メタル・デテクター metal detector
メタルビタール metharbital
メタル・ファティーグ metal fatigue
メダル・プレー medal play
メタルヘッド metalhead
メタル・ボンド metal bond
メタルワーカー metalworker
メタルワーク metalwork
メタレプシス metalepsis
メタロジック metalogic
メタロチオネイン metallothionein
メタロプロテアーゼ metalloprotease
メタン methane
メダン Medan
メタンアミド methanamide
メタンジエノン methanedienone
メタンドリオール methandriol
メタン・ハイドレート methane hydrate
メタンハイドレート methane hydrate
メタンフェタミン methamphetamine
メチアミド metiamide
メチオニン methionine
メチコン methicone

メチシリン　methicillin
メチダチオン　methidathion
メチプラノロール　metipranolol
メチマゾール　methimazole
メチラート　methylate
メチル　methyl
メチルアニリン　methylaniline
メチル・アルコール　methyl alcohol
メチルアンフェタミン　methylamphetamine
メチルエフェドリン　methylephedrine
メチルエルゴノビン　methylergonovine
メチルクロロイソチアゾリノン　methylchloroisothiazolinone
メチルジエノロン　methyldienolone
メチルシラノール　methylsilanol
メチルテストステロン　methyltestosterone
メチルトリエノロン　methyltrienolone
メチルノルテストステロン　methylnortestosterone
メチルパラベン　methylparaben
メチルフェニデート　methylphenidate
メチルフェノール　methylphenol
メチルプレドニゾロン　methylprednisolone
メチルペントース　methylpentose
メチルマーキュリー　methylmercury
メチレーテッド・スピリッツ　methylated spirits
メチレン　methylene
メチレンジオキシメタンフェタミン　methylenedioxymethamphetamine
メチロース　methylose
メチロン　methylone
メッカ　Mecca
メッシ　Messi
メッシーナ　Messina
メッシュ　mesh
メッシュー　messieurs
メッセ　Messe
メッセージ　message
メッセージング　messaging
メッセル　Messel
メッセンジャー　messenger
メッセンジャー・アールエヌエー　messenger RNA
メッセンジャー・ボーイ　messenger boy
メッツ　(New York) Mets
メッツォ・レリーボ　mezzo-relievo, -rilievo
メット　met
メッド　Med
メット・オフィス　Met Office
メットブルスト　mettwurst
メディア　media
メディア・イベント　media event
メディアジェニック　mediagenic
メディアセット　Mediaset
メディアム　medium
メディア・リテラシー　media literacy
メティエ　métier, metier
メディオン　Medion
メディカブル　medicable
メディカメント　medicament
メティカル　metical
メディカル　medical
メディカル・イグザミナー　medical examiner
メディカル・イラストレーション　medical illustration
メディカル・スクール　medical school
メディカル・チェック　medical check
メディカル・プロフェッション　medical profession
メディギャップ　medigap
メティキュラス　meticulous
メディケア　Medicare
メディケーション　medication
メディケーティブ　medicative
メディケート　medicate
メディケード　Medicaid
メディコ　medico, medico-
メディシナル　medicinal
メディシン　medicine
メディシン・キャビネット　medicine cabinet
メディシン・チェスト　medicine chest
メディシン・ボール　medicine ball
メディシン・マン　medicine man
メディタティブ　meditative
メディタレニアン　Mediterranean
メディタレニアン・シー　Mediterranean Sea
メディチ　Medici
メディック　medic
メディテーション　meditation
メディテーター　meditator
メディテーティブ　meditative

メディテート　meditate
メディナ　Medina
メテオ　meteor
メテオライト　meteorite
メテオリック　meteoric
メテオロイド　meteoroid
メテオロロジー　meteorology
メテオロロジカル　meteorological
メテオロロジスト　meteorologist
メデジン　Medellín
メテナミン　methenamine
メテノロン　methenolone
メデバック　Medevac
メデューサ　Medusa
メデリン　Medellín
メテルギン　Methergine
メテンシコーシス　metempsychosis
メドゥーサ　Medusa
メドウフォーム　meadowfoam
メドゥラ　medulla
メドー　meadow
メドースイート　meadowsweet
メトープ　metope
メドーラーク　meadowlark
メドーランド　meadowland
メトカーフ　Metcalfe
メトカチノン　methcathinone
メトキシアニリン　methoxyaniline
メトキシド　methoxide
メトセラ　Methuselah
メドック　Médoc
メトトリメプラジン　methotrimeprazine
メトトレキサート　methotrexate
メトニウム　methonium
メトニミー　metonymy
メトピオン　metopion
メドフォード　Medford
メトプロロール　metoprolol
メドベージェフ　Medvedev
メトホルミン　metformin
メトポン　metopon
メドモワゼル　mesdemoiselles
メドラー　meddler, medlar
メトラクロール　metolachlor
メトラゾン　metolazone
メトリカル　metrical
メトリケーション　metrication
メトリケート　metricate
メトリサイズ　metricize
メトリック　metric
メトリック・システム　metric system
メトリック・トン　metric ton
メトリブジン　metribuzin
メトル　mettle
メドル　meddle
メトルサム　mettlesome
メドルサム　meddlesome
メドレー　medley
メドレー・リレー　medley relay
メドレー・レース　medley race
メトロ　metro, Met-
メトロ・カード　Metro Card
メトロセクシュアル　MetroSexual
メトロニダゾール　metronidazole
メトロノーム　metronome
メトロノミック　metronomic
メトロパシー　metropathy
メトロプレックス　Metroplex
メトロポリス　metropolis
メトロポリタン　metropolitan
メトロライナー　Metroliner
メトロロジー　metrology
メナーキ　menarche
メナージ　ménage
メナジェリー　menagerie
メナジオン　menadione
メナス　menace
メニー　many
メニスカス　meniscus
メニュー　menu
メニューイン　Menuhin
メニンクス　meninx
メニンジャイティス　meningitis
メヌエット　minuet, menuet, menuette
メネラオス　Menelaus
メノーラ　menorah
メノッティ　Menotti
メノナイト　Mennonite
メノポーザル　menopausal
メノポーズ　menopause
メパクリン　mepacrine
メパジン　mepazine
メバナジン　mebanazine
メビウス　Möbius

メビウス・ストリップ　Möbius strip [band, loop], Moe-
メヒカリ　Mexicali
メヒタベル　Mehitabel
メピバカイン　mepivacaine
メピラミン　mepyramine
メピリゾール　mepirizole
メブ　MeV
メフィストフィーリアン　Mephistophelian, -le-
メフィストフェレス　Mephistopheles
メフィトン　Mephyton
メフェニトイン　mephenytoin
メフェネシン　mephenesin
メフェノキサロン　mephenoxalone
メフェノレックス　mefenorex
メフェンテルミン　mephentermine
メフォバルビタール　mephobarbital
メフスード　Mehsud
メブタメート　mebutamate
メプラ　Mepra
メプレドニゾン　meprednisone
メフロキン　mefloquine
メプロスパン　Meprospan
メプロバメート　meprobamate
メヘタベル　Mehetabel
メペリジン　meperidine
メベンダゾル　mebendazole
メマンチン　memantine
メムリンク　Memling
メメント　memento
メメント・モリ　memento mori
メモ　memo
メモ・パッド　memo pad
メモライズ　memorize
メモライゼーション　memorization
メモラビリア　memorabilia
メモラブル　memorable
メモランダム　memorandum
メモリアライズ　memorialize
メモリアライゼーション　memorialization
メモリアリゼーション　memorialization
メモリアル　memorial
メモリアル・デー　Memorial Day
メモリアル・パーク　memorial park
メモリー　memory
メモリー・カード　memory card
メモリー・キャッシュ　memory cache
メモリー・チップ　memory chip
メモリー・バンク　memory bank
メモリゼーション　memorization
メモワーリスト　memoirist
メモワール　memoir
メラカ　Melaka
メラズマ　melasma
メラトニン　melatonin
メラニー　Melanie
メラニン　melanin
メラネシア　Melanesia
メラネシアン　Melanesian
メラノイジン　melanoidin
メラノーマ　melanoma
メラノサイト　melanocyte
メラノソーム　melanosome
メラノファージ　melanophage
メラミン　melamine
メランコリア　melancholia
メランコリー　melancholy
メランコリック　melancholic
メランジェン　Melungeon
メランジュ　mélange
メランテライト　melanterite
メリー　merry, Mary
メリー・アンドルー　merry-andrew
メリー・イングランド　Merry [Merrie] England
メリー・ゴー・ラウンド　merry-go-round
メリーソート　merrythought
メリーメーカー　merrymaker
メリーメーキング　merrymaking
メリーランダー　Marylander
メリーランド　Maryland
メリオン　Merrion
メリケン　⇨アメリカン
メリジオナル　meridional
メリステム　meristem
メリダ　Mérida
メリッサ　Melissa
メリット　merit
メリット・システム　merit system
メリディアン　meridian
メリディオナル　meridional
メリトース　melitose
メリトクラシー　meritocracy

メリトクラット　meritocrat
メリトクラティック　meritocratic
メリトリアス　meritorious
メリトリオース　melitriose
メリノ　merino
メリノール　Maryknoll
メリビオース　melibiose
メリフルアス　mellifluous
メリマック　Merrimack
メリメ　Mérimée
メリメント　merriment
メリル　Merrill, Meryl
メリルハースト　Marylhurst
メリルボン　Marylebone, Merylebone
メリル・リンチ　Merrill Lynch
メリロート　melilot
メリンダ　Melinda
メル　Mel
メル・イ・マト　mel y mato
メルカド　mercado
メルカトル・プロジェクション　Mercator('s) projection
メルカプタン　mercaptan
メルカプトエタノール　mercaptoethanol
メルキュール　Mercure
メルク　Merck
メルクシャム　Melksham
メルクマール　Merkmal
メルケル　Merkel
メルコジ　Merkozy
メルコスール　Mercosur
メルシー　merci
メルシー・ボクー　merci beaucoup
メルセデス・ベンツ　Mercedes-Benz
メルタビリティー　meltability
メルタブル　meltable
メルティング　melting
メルティング・ポイント　melting point
メルティング・ポット　melting pot
メルテッド　melted
メルト　melt
メルド　meld
メルトウォーター　meltwater
メルトダウン　meltdown
メルトン　melton
メルバ・トースト　Melba toast
メルビル　Melville
メルビン　Melvin
メルファラン　melphalan
メルヘン　Märchen
メルポメネ　Melpomene
メルボルン　Melbourne
メルロー　merlot
メルローズ　Melrose
メレー　melee, mêlée
メレジトース　melezitose
メレディス　Meredith
メレトリシャス　meretricious
メレンゲ　meringue
メロー　mellow
メローペ　Merope
メロディアス　melodious
メロディー　melody, Melodie
メロディオン　melodeon
メロディスト　melodist
メロディック　melodic
メロドラマ　melodrama
メロドラマチック　melodramatic
メロペー　Merope
メロン　melon, Mellon
メワール　Mewar
メン　men, men-
メンケン　Mencken
メンサ　mensa
メンシーズ　menses
メンシウス　Mencius
メンシェビキ　Menshevik
メンシュ　mensch
メンシュラブル　mensurable
メンシュレーション　mensuration
メンション　mention
メンス　⇨メンストルエーション
メンズウェア　menswear
メンストルアル　menstrual
メンストルエーション　menstruation
メンストルエート　menstruate
メンスラブル　mensurable
メンスル　mainsail
メンズ・ルーム　men's room
メンスレーション　mensuration
メンソール　menthol
メンソレーテッド　mentholated
メンター　Mentor, mentor
メンダー　mender

メンタジエン　menthadiene
メンダシティー　mendacity
メンダブル　mendable
メンタリー　mentally
メンタリスティック　mentalistic
メンタリズム　mentalism
メンタリティー　mentality
メンタリング　mentoring
メンタル　mental
メンタル・エイジ　mental age
メンタル・カルチャー　mental culture
メンタル・テスト　mental test
メンタル・デフィシェンシー　mental deficiency
メンタル・デフェクティブ　mental defective
メンタル・ブロック　mental block
メンタル・ヘルス　mental health
メンタル・マネジメント・システム　mental management system
メンタル・リターデーション　mental retardation
メンチル　menthyl
メンティー　mentee
メンディカンシー　mendicancy
メンディカント　mendicant
メンディング　mending
メンデーシャス　mendacious
メンデス　Mendes
メンテナビリティー　maintainability
メンテナブル　maintainable
メンテナンス　maintenance
メンデリアン　Mendelian
メンデリズム　Mendelism
メンデル　Mendel
メンデルスゾーン　Mendelssohn
メンデルズ・ロー　Mendel's law
メンデレビウム　mendelevium
メント　meant
メンド　mend
メンドーサ　Mendoza
メントール　menthol, Mentor
メンドサ　Mendoza
メントス　Mentos
メントレーテッド　mentholated
メントン　menthone
メンバー　member
メンバーシップ　membership
メンヒル　menhir
メンフィス・グリズリーズ　Memphis Grizzlies
メンフォーク　menfolk
メンフォークス　menfolks
メンブラノイド　membranoid
メンブレーン　membrane
メンブレナス　membranous
メンヘーデン　menhaden
メンローパーク　Menlo Park

モ

モア　more, More, moa
モアイ　moai
モアオーバー　moreover
モアレ　moiré, moire
モイエティー　moiety
モイスチャー　moisture
モイスチャライザー　moisturizer
モイスチャライズ　moisturize
モイスト　moist
モイスン　moisten
モイニアン　Moynihan
モイニハン　Moynihan
モイラ　Moira
モイル　moil
モウリーニョ　Mourinho
モエ・エ・シャンドン　Moët & Chandon
モー　mo, mow, mot, maw, mho
モーアー　mower
モー・イエン　Mo Yan
モーガジー　mortgagee
モーガジャー　mortgager
モーガジョー　mortgagor
モーガナイト　morganite
モーガナティック　morganatic
モーカム　Morecambe
モーガン　Morgan
モーキッシュ　mawkish
モーク　moke
モーグル　mogul
モーゲージ　mortgage
モーゲージ・バンカー　mortgage banker
モーゲージ・レート　mortgage rate
モージー　mosey
モー・ジュスト　mot juste
モーション　motion
モーション・キャプチャー　motion capture
モーション・シックネス　motion sickness
モーション・ピクチャー　motion picture
モーションレス　motionless
モース　Morse
モース・アルファベット　Morse alphabet
モース・コード　Morse code
モーズ・スケール　Mohs' scale
モースト　most
モーセ　Moses
モーゼ　Moses
モーゼイック　Mosaic
モーゼズ　Moses
モーセル　morsel
モーゼル　Moselle, Mosel, Moser
モーソレウム　mausoleum
モーター　motor
モーターウェー　motorway
モーターカー　motorcar
モーターケード　motorcade
モーターサイクリスト　motorcyclist
モーターサイクル　motorcycle
モーター・ジェネレーター　motor generator
モーター・シップ　motor ship
モーター・スクーター　motor scooter
モータードローム　motordrome
モーター・ナーブ　motor nerve
モーターバイク　motorbike
モーター・バイシクル　motor bicycle
モーター・ビーイクル　motor vehicle
モーターボーティング　motorboating
モーターボート　motorboat
モーター・ホーム　motor home
モーターマウス　motormouth
モーターマン　motorman
モーター・ロッジ　motor lodge
モータウン　Motown
モータウン・レコード　Motown Record
モーダス　modus
モータライズ　motorize
モータライゼーション　motorization
モータリー　mortally
モータリスト　motorist

モータリゼーション　motorization
モータリティー　mortality
モータリティー・テーブル　mortality table
モータリング　motoring
モータル　mortal
モーダル　modal
モーダル・シフト　modal shift
モーダント　mordant
モーチュアリー　mortuary
モーツァルト　Mozart
モーティー　Morty
モーティシャン　mortician
モーティス　mortise
モーティス・ロック　mortise lock
モーディッシュ　modish
モーティブ　motive
モーティファイ　mortify
モーティファイイング　mortifying
モーティフィケーション　mortification
モーティブレス　motiveless
モーティベーショナル　motivational
モーティベーション　motivation
モーティベーター　motivator
モーティベーティブ　motivative
モーティベート　motivate
モーティマー　Mortimer
モーティリティー　motility
モーテル　motel
モーテンセン　Mortensen
モーデント　mordent
モート　moat, mote, Mort
モード　mode, Maud(e)
モードゥス　modus
モードゥス・ヴィヴェンディ　modus vivendi
モードゥス・オペランディ　modus operandi
モートメイン　mortmain
モードリン　maudlin, Magdalene
モードレス　modeless
モートン　Morton
モートンインマーシュ　Moreton-in-Marsh
モーナ　Morna
モーナー　mourner, moaner
モーニズム　monism
モーニング　morning, mourning
モーニング・アフター　morning after
モーニング・アフター・ピル　morning-after pill
モーニング・グローリー　morning glory
モーニング・コート　morning coat
モーニング・シックネス　morning sickness
モーニングズ　mornings
モーニング・スター　morning star
モーニング・ダブ　mourning dove
モーニング・ドレス　morning dress
モーニング・バンド　mourning band
モーニング・ブレス　morning breath
モーニング・プレヤー　Morning Prayer
モーニング・ルーム　morning room
モーパッサン　Maupassant
モーパン　Maupin
モービー・ディック　Moby-Dick
モーピッシュ　mopish
モービッド　morbid
モービッド・アナトミー　morbid anatomy
モービディティー　morbidity
モービライズ　mobilize
モービライゼーション　mobilization
モービリゼーション　mobilization
モービル　mobile, Mobil
モービル・ホーム　mobile home
モーフ　morph
モーブ　mauve
モープ　mope
モーフィーム　morpheme
モーフィニズム　morphinism
モーフィン　morphine
モーフィング　morphing
モーフェミックス　morphemics
モーフォロジー　morphology
モーベンピック　Mövenpick
モーム　Maugham
モーメンタ　momenta
モーメンタス　momentous
モーメンタム　momentum
モーメンタリー　momentary
モーメンタリリー　momentarily
モーメント　moment
モーメントリー　momently
モーラ　Maura, mola
モーラー　molar, Mohler, Morar
モーラコット　Morakot
モーリアック　Mauriac
モーリー　Maury
モーリーン　Maureen

モーリシャス　Mauritius
モーリス　Maurice, Morris
モーリタニア　Mauritania
モーリヤック　Mauriac
モール　mall, mole, maul, mawl
モールス　morse
モールス・アルファベット　Morse alphabet
モールスキン　moleskin, Moleskine
モールス・コード　Morse code
モールスティック　maulstick, mahl-
モールダー　molder, moulder
モールディー　moldy, mouldy
モールディング　molding, moulding
モールデン　Malden
モールト　molt, moult
モールド　mold, mould
モールドン　Maldon
モールヒル　molehill
モーレス　mores
モーレスク　Moresque
モーロン　moron
モーワー　mower
モーン　moan, morn, mourn, mown
モーンダー　maunder
モーンディー　maundy
モーンディー・サーズデー　Maundy Thursday
モーンディー・マネー　Maundy money
モーンフル　moanful, mournful
モカ　mocha
モカ・コーヒー　mocha coffee
モカシン　moccasin
モガディシュ　Mogadishu
モギー　moggy
モキュメンタリー　mockumentary
モグ　mog
モクサ　moxa
モクシー　moxie
モクテル　mocktail
モグワイ　Mogwai
モケット　moquette
モザイク　mosaic
モササウルス　mosasaur
モサド　Mossad
モサラベ　Mozarab
モザンビーカン　Mozambican
モザンビーク　Mozambique
モシー　mossy, mothy
モシャブ　moshav
モジュール　module
モジュラー　modular
モジュラー・ジャック　modular jack
モジュラス　modulus
モジュレーション　modulation
モジュレーター　modulator
モジュレート　modulate
モジョ　mojo
モジラ　Mozilla
モジリアニ　Modigliani
モス　moss, moth
モス・イートゥン　moth-eaten
モスカテル　Moscatel
モスキート　mosquito
モスキートーン　mosquitone
モスキート・ネット　mosquito net
モスキーノ　Moschino
モスク　mosque
モス・グリーン　moss green
モス・グローン　moss-grown
モスクワ　Moskva, Moscow
モスコー　Moscow
モス・デフ　Mos Def
モスト　most
モスト・フェイバード・ネーション　most favored nation, MFN
モストリー　mostly
モスバック　mossback
モスプルーフ　mothproof
モスボール　mothball
モスル　Mosul
モスレム　Moslem
モダール　modal
モダス　modus
モダナイザー　modernizer
モダナイズ　modernize
モダナイゼーション　modernization
モダニスティック　modernistic
モダニスト　modernist
モダニズム　modernism
モダニゼーション　modernization
モダニティー　modernity
モダノロジー　modernology
モダフィニル　modafinil
モダリティー　modality

モダン modern
モダン・イングリッシュ Modern English
モダン・グリーク Modern Greek
モダン・ジャズ modern jazz
モダン・バレエ modern ballet
モダン・ペンタスロン modern pentathlon
モダン・ランゲージズ modern languages
モチーフ motif
モチベーション motivation
モツ Motu
モッカー mocker
モッカリー mockery
モッキングバード mockingbird
モッキングリー mockingly
モック mock
モック・アップ mock-up
モック・オレンジ mock orange
モック・サン mock sun
モック・タートル・スープ mock turtle soup
モック・ヒロイック mock-heroic
モック・ムーン mock moon
モッシュ mosh
モッズ mods
モッズ・ルック mods look
モッツァレラ mozzarella
モッド mod
モットー motto
モッド・コンズ mod cons, mod. cons.
モット・ザ・フープル Mott the Hoople
モットレー motley
モップ mop
モップ・アップ mop-up
モップ・トップ mop-top
モッポ Mokpo
モティーフ motif
モディカム modicum
モディファイ modify
モディファイアー modifier
モディフィケーション modification
モティベーション motivation
モディリアニ Modigliani
モデスティー modesty
モデスティン Modestine
モデスト modest, Modesto
モテット motet
モデナ Modena
モデム modem
モデラー modeler, modeller
モデラート moderato
モデリスト modelist
モデリング modeling, modelling
モデル model
モデルナ Moderna
モデレーション moderation
モデレーター moderator
モデレート moderate
モデレート・ゲール moderate gale
モデレート・ブリーズ moderate breeze
モト・グッチ Moto Guzzi
モトクロス motocross
モトラー mottler
モトリン Motrin
モトル mottle
モトルド mottled
モトローラ Motorola
モナ Mona
モナーカル monarchal
モナーキー monarchy
モナーキカル monarchical
モナーキスト monarchist
モナーキズム monarchism
モナーキック monarchic
モナーク monarch
モナコ Monaco
モナザイト monazite
モナシュ Monash
モナスタリー monastery
モナスティカル monastical
モナスティシズム monasticism
モナスティック monastic
モナステリアル monasterial
モナステリー monastery
モナッシュ Monash
モナディック monadic
モナド monad
モナハン Monahan
モナリザ Mona Lisa
モニーク Mo'Nique
モニカ Monica
モニション monition
モニズム monism
モニター monitor
モニタリング monitoring
モニッカー moniker, -icker, monacer,

monniker
モニトリー monitory
モニュメンタル monumental
モニュメント monument
モネ Monet
モノ mono, mon-, mono-
モノアミン monoamine
モノアンサチュレート monounsaturate
モノカイン monokine
モノガマス monogamous
モノガミー monogamy
モノガミスト monogamist
モノカルチャー monoculture
モノカルチュラル monocultural
モノキニ monokini
モノキュラー monocular
モノクサイド monoxide
モノグラフ monograph
モノグラマティック monogrammatic
モノグラム monogram
モノクリスタル monocrystal
モノクリニック monoclinic
モノクル monocle
モノクローナル monoclonal
モノクローム monochrome
モノグロット monoglot
モノクロトホス monocrotophos
モノクロマティシティー monochromaticity
モノクロマティック monochromatic
モノクロメーター monochromator
モノコード monochord
モノコック monocoque
モノコック・ボディー monocoque body
モノコティレドン monocotyledon
モノサイクル monocycle
モノシーイスティック monotheistic
モノシーイスト monotheist
モノシーイズム monotheism
モノシラビック monosyllabic
モノシラブル monosyllable
モノセクシャル monosexual
モノセクシュアリティー monosexuality
モノセクシュアル monosexual
モノソーディウム・グルータメート monosodium glutamate
モノタイプ monotype
モノディー monody
モノテルペン monoterpene
モノトーン monotone
モノトナス monotonous
モノトニー monotony
モノドラマ monodrama
モノヌクレオチド mononucleotide
モノフィラメント monofilament
モノフィル monofil
モノフォニー monophony
モノフォニック monophonic
モノフォビア monophobia
モノプソニー monopsony
モノフソング monophthong
モノプレーン monoplane
モノプロペラント monopropellant
モノベイレント monovalent
モノベンゾン monobenzone
モノポライズ monopolize
モノポライゼーション monopolization
モノポリー monopoly
モノポリスティック monopolistic
モノポリスト monopolist
モノポリズム monopolism
モノポリゼーション monopolization
モノマー monomer
モノマニア monomania
モノマニアック monomaniac
モノミアル monomial
モノメタリズム monometallism
モノメタリック monometallic
モノメリック monomeric
モノライン monoline
モノラル monaural, mono
モノリシック monolithic
モノリス monolith
モノリンガル monolingual
モノレール monorail
モノローグ monologue, -log
モノロジー monology
モノロジスト monologist
モノロジャイズ monologize
モハー Moher
モパー Mopar
モハービ Mohave, Mojave
モハーベ Mohave, Mojave
モバイル mobile
モバイル・コンピューティング mobile

computing
モバイル・バンキング　mobile banking
モハカール　Mojácar
モハカル　Mojácar
モハメダニズム　Mohammedanism
モハメダン　Mohammedan
モハメッド　Muhammad, Mohammed
モハメッド・アリ　Muhammad Ali
モヒート　Mojito
モビール　mobile
モヒカン　Mahican, Mo-
モビソード　mobisode
モビリティー　mobility
モブ　mob
モプシー　Mopsy
モブスター　mobster
モプティ　Mopti
モブロガー　moblogger
モブログ　moblog
モヘア　mohair
モペット　moppet
モペッド　moped
モヘンジョ・ダロ　Mohenjo-daro
モホーク　Mohawk
モボクラシー　mobocracy
モラー　molar
モラール　morale
モラール・サーベイ　morale survey
モラス　morass
モラスカン　molluskan
モラスク　mollusk, -lusc
モラッシズ　molasses
モラトリアム　moratorium
モラビア　Moravia
モラビアン　Moravian
モラビト　Morabito
モラライズ　moralize
モラライゼーション　moralization
モラリー　morally
モラリスティック　moralistic
モラリスト　moralist
モラリズム　moralism
モラリゼーション　moralization
モラリティー　morality
モラリティー・プレー　morality play
モラル　moral
モラル・サートンティー　moral certainty
モラル・サイエンス　moral science
モラル・センス　moral sense
モラル・ハザード　moral hazard
モラル・ポリューション　moral pollution
モラル・マジョリティー　Moral Majority
モラル・リアーマメント　Moral Re-
Armament
モラレス　Morales
モリアーティー　Moriarty
モリー　Molly, Mollie
モリーコドル　mollycoddle
モリーン　Moline
モリエール　Molière
モリエンテス　Morientes
モリコープ　Molycorp
モリス　Morris
モリス・ダンス　morris dance
モリソン　Morrison
モリッシー　Morrissey
モリバンディティー　moribundity
モリバンド　moribund
モリファイ　mollify
モリフィケーション　mollification
モリブデート　molybdate
モリブデナイト　molybdenite
モリブデン　molybdenum
モル　mole, mol, moll, Moll
モルガナイト　morganite
モルガン　morgan
モルガン・スタンレー　Morgan Stanley
モルグ　morgue
モルシーリャ　morcilla
モルジブ　Maldives
モルダウ　Moldau
モルタデッラ　mortadella
モルダバイト　moldavite
モルダビア　Moldavia
モルタル　mortar
モルタルボード　mortarboard
モルティー　malty
モルディビアン　Maldivian
モルディブ　Maldives
モルテッド・ミルク　malted milk
モルデナイト　mordenite
モルテン　molten
モルデント　mordent
モルト　malt, molto

モルドヴァ　Moldova, Moldavia
モルトスター　maltster
モルトハウス　malthouse
モルドバン　Moldovan
モルト・リカー　malt liquor
モルトン・ブラウン　Molton Brown
モルネー　mornay
モルビエ　Morbier
モルヒネ　morphine
モルフィア　morphia
モルフィン　morphine
モルフェウス　Morpheus
モルモット　marmotte
モルモニズム　Mormonism
モルモン　Mormon
モルラ　morula
モレ　Mollet
モレー　moray
モレーン　moraine
モレキュール　molecule
モレキュラー　molecular
モレキュラー・ジェネティックス　molecular genetics
モレキュラー・バイオロジー　molecular biology
モレキュラリティー　molecularity
モレク　Moloch
モレスキン　moleskin, Moleskine
モレスター　molester
モレステーション　molestation
モレスト　molest
モレノ　Moreno
モレリア　Morelia
モレル　morel
モレロ　morello
モロー　morrow, Moreau
モロース　morose
モロカイ　Molokai
モロゾフ　Morozov
モロッカン　Moroccan
モロッコ　Morocco
モロトフ・カクテル　Molotov cocktail
モロニ　Moroni
モロニック　moronic
モワレ　moiré, moire
モンガー　monger
モンキー　monkey
モンキーイッシュ　monkeyish
モンキーシャイン　monkeyshine
モンキーズ　Monkees
モンキー・トリックス　monkey tricks
モンキー・ナット　monkey-nut
モンキー・パズル　monkey puzzle
モンキー・ビジネス　monkey business
モンキーポッド　monkeypod
モンキー・レンチ　monkey wrench
モンク　monk
モンクフィッシュ　monkfish
モンクレール　Moncler
モンゴメリー　Montgomery
モンゴリア　Mongolia
モンゴリアン　Mongolian
モンゴリズム　mongolism
モンゴル　Mongol
モンゴロイド　Mongoloid
モンサント　Monsanto
モンサンミッシェル　Mont-Saint-Michel
モンシニョル　monsignor
モンス　Mons
モンスーン　monsoon
モンスター　monster
モンストラス　monstrous
モンストランス　monstrance
モンストロシティー　monstrosity
モンタージュ　montage
モンタギュー　Montague
モンタディート　montadito
モンタナ　Montana
モンタナン　Montanan
モンタニー　Montagny
モンダリズ　Mondariz
モンタレー　Monterey
モンタン　Montand
モンツァ　Monza
モンテアルバン　Monte Albán
モンティ　Monti
モンティー　monty, Monty
モンティニャック　Montignac
モンティ・パイソン　Monty Python
モンテーニュ　Montaigne
モンデール　Mondale
モンテーン　montane
モンテ・カルロ　Monte Carlo
モンテ・クリスト　Monte Cristo

モンテスキュー　Montesquieu
モンデックス　Mondex
モンテッソリ　Montessori
モンテネグリン　Montenegrin
モンテネグロ　Montenegro
モンテビアンコ　Monte Bianco
モンテビデオ　Montevideo
モンテプルチャーノ　Montepulciano
モンテレー　Monterrey
モンテ・ローザ　Monte Rosa
モンド　monde, mondo
モントセラト　Montserrat
モンドセレクション　Monde Selection
モントピーリア　Montpelier
モンドリアン　Mondrian
モントリオール　Montreal, Montréal
モントルー　Montreux
モントレー　Monterey
モントレー・ジャック　Monterey Jack
モンバサ　Mombasa
モンバジャック　Monbazillac
モンパルナス　Montparnasse
モンブラン　Mont Blanc
モンペリエ　Montpellier
モンマス　Monmouth
モンマルトル　Montmartre
モンモリロナイト　montmorillonite
モンロー　Monroe
モンロー・ドクトリン　Monroe Doctrine
モンロビア　Monrovia

ヤ

ヤー　yeah, yah
ヤーウェ　Yahwe(h), -ve(h)
ヤーギン　Yergin
ヤーコン　yacón
ヤーデッジ　yardage
ヤード　yard
ヤードアーム　yardarm
ヤード・グッズ　yard goods
ヤードスティック　yardstick
ヤード・セール　yard sale
ヤードバーズ　Yardbirds
ヤーニング　yearning
ヤール　yard
ヤールスバーグ　Jarlsberg
ヤーン　yarn, yearn
ヤイク　yike
ヤイクス　yikes
ヤイプ　yipe
ヤウティア　yautia
ヤウル　yowl
ヤウレンスキー　Jawlensky
ヤウンデ　Yaoundé
ヤオ　Yao
ヤキマ　Yakima
ヤク　yak
ヤクーチア　Yakutia
ヤクーツク　Yakutsk
ヤクーティア　Yakutia
ヤクート　Yakut
ヤコブ　Jacob
ヤコブソン　Jakobson
ヤコブレフ　Yakovlev
ヤシュマック　yashmak, -mac, yasmak
ヤジュル・ベーダ　Yajur-Veda
ヤスニ　Yasuni
ヤスパース　Jaspers
ヤスミン　Yasmin
ヤズミン　Yasmin
ヤタガン　yataghan, -gan
ヤッキー　yucky, yukky, ye(c)chy
ヤック　yuck, yuk, yu(c)ch, yec, ye(c)ch
ヤッケ　Jacke
ヤッピー　yuppie, yuppy
ヤップ　yap, yup
ヤナーチェク　Janáček
ヤヌーク　Yanuk
ヤヌコビッチ　Yanukovych
ヤヌス　Janus
ヤヌス・フェースト　Janus-faced
ヤヌック　Yanuk
ヤハウェ　Jehovah, Yahwe(h), -ve(h)
ヤフー　Yahoo, yahoo
ヤマー　yammer
ヤミー　yummy
ヤム　yam
ヤム・ヤム　yum-yum
ヤムルカ　yarmulke, -mel-, -mulka
ヤヤ・トゥーレ　Yaya Touré
ヤラッパ　jalap
ヤリス　Yaris
ヤルカンド　Yarkand
ヤルタ　Yalta
ヤルタ・コンファレンス　Yalta Conference
ヤルノ・トゥルーリ　Jarmo Trulli
ヤロー　yarrow
ヤン　yang
ヤン・アルテュス=ベルトラン　Yann Arthus-Bertrand
ヤンキー　Yankee, yanqui
ヤンキーイズム　Yankeeism
ヤンキーズ　(New York) Yankees
ヤンキー・ドゥードル　Yankee Doodle
ヤンギッシュ　youngish
ヤンク　Yank, yank
ヤング　young
ヤング・アダルト　young adult
ヤング・オフェンダー　young offender
ヤング・ガン　young gun

ヤングスター　youngster
ヤング・ブラッド　young blood
ヤングリング　youngling
ヤンゴン　Yangon
ヤン・ステーン　Jan Steen
ヤンセン　Jansen
ヤンソン　Jansson
ヤンデックス　Yandex
ヤンニョム　yangnyeom
ヤン・マーテル　Yann Martel

ユ

ユア　your, you're
ユアーズ　yours
ユアセルフ　yourself
ユアン　Ewan, yuan
ユイスマンス　Huysmans
ユー　you, yew, ewe
ユーアー　ewer
ユーアート　Ewart
ユーイング　Ewing
ユーエル　Ewell
ユー・オール　you-all
ユーカリ　⇨ユーカリプトゥス
ユーカリオート　eukaryote
ユーカリスト　Eucharist
ユーカリプトゥス　eucalyptus
ユーカリプトゥス・オイル　eucalyptus oil
ユーカリプトール　eucalyptol
ユークセナイト　euxenite
ユークリッド　Euclid
ユークリディアン　Euclidean, -ian
ユークリディアン・ジオメトリー　Euclidean geometry
ユークレイニアン　Ukrainian
ユークレース　euclase
ユーゴー　Hugo
ユーコード　ucode
ユーゴスラビア　Yugoslavia, Ju-
ユーゴスラブ　Yugoslav, Ju-
ユーコン　Yukon
ユーザー　user
ユーザー・インターフェース　user interface
ユーザーシップ　usership
ユーザーネーム　username
ユーサープ　usurp
ユーザープ　usurp
ユーザー・フレンドリー　user-friendly
ユーサーペーション　usurpation
ユーザーペーション　usurpation
ユーサナイズ　euthanize
ユーサネイジア　euthanasia
ユーザビリティー　usability
ユーザブル　usable, useable
ユーザンス　usance
ユージアライト　eudialyte
ユージーニア　Eugenia
ユージーン　Eugene
ユー・シェイプト　U-shaped
ユージェニスト　eugenist
ユージェニック　eugenic
ユージェニックス　eugenics
ユージュアリー　usually
ユージュアル　usual
ユーシュフラクト　usufruct
ユージュラー　usurer
ユージュリー　usury
ユース　youth, use
ユーズ　use
ユースクウェイク　youthquake
ユースクエーク　youthquake
ユース・クラブ　youth club
ユース・センター　youth centre
ユースタス　Eustace
ユースト　used
ユーズド　used
ユーズド・ウォッシュ　used wash
ユーズド・カー　used car
ユーズ・バイ・デート　use-by date
ユーズフラクト　usufruct
ユースフリー　usefully
ユースフル　useful, youthful
ユースフル・ロード　useful load
ユース・ホステラー　youth hosteler
ユース・ホステル　youth hostel
ユースレス　useless
ユーセージ　usage
ユーセニックス　euthenics
ユー・ターン　U-turn
ユーダイアライト　eudialyte

ユータクシー　eutaxy
ユータナジー　euthanasie
ユーチューバー　YouTuber
ユーチューブ　YouTube
ユーティカ　Utica
ユーティライザブル　utilizable
ユーティライズ　utilize
ユーティライゼーション　utilization
ユーティリゼーション　utilization
ユーティリティー　utility
ユーティリティー・ナイフ　utility knife
ユーティリティー・ポール　utility pole
ユーティリティー・ルーム　utility room
ユーティリテリアニズム　utilitarianism
ユーティリテリアン　utilitarian
ユーテクティック　eutectic
ユーテライン　uterine
ユーテラス　uterus
ユーテンシル　utensil
ユートピア　Utopia
ユートピアニズム　utopianism
ユートピアン　utopian
ユードラ　Eudora
ユートロピック　eutropic
ユートロフィケーション　eutrophication
ユートロフィック　eutrophic
ユーナ　Una
ユーナック　eunuch
ユーニス　Eunice
ユー・ノウ・フー　you-know-who
ユー・ノウ・ホワット　you-know-what
ユーバー　über-, uber-
ユーピック　U-pick
ユービュラ　uvula
ユービュラー　uvular
ユーフィーミア　Euphemia
ユーフェニックス　euphenics
ユーフェミスティック　euphemistic
ユーフェミズム　euphemism
ユーフォー　UFO, ufo
ユーフォニアス　euphonious
ユーフォニー　euphony
ユーフォニウム　euphonium
ユーフォニック　euphonic
ユーフォリア　euphoria
ユーフォロジー　ufology, UFOlogy
ユーフォロジスト　ufologist, UFOlogist
ユーフュイズム　euphuism
ユーフラテス　Euphrates
ユー・ボート　U-boat
ユーマン　Yuman
ユーメラニン　eumelanin
ユーモア　humor, humour
ユーモアレス　humorless
ユーモラス　humorous
ユーモリスト　humorist
ユーモレスク　humoresque
ユーラシア　Eurasia
ユーラシアン　Eurasian
ユーラトム　Euratom
ユーリ　Yuri
ユーリー　Yuri
ユーリズミック　eurythmic, -rhyth-
ユーリズミックス　eurythmics, -rhyth-, Eurythmics
ユーリック　Ulick, uric
ユーリディシー　Eurydice
ユーリュレート　ululate
ユーリン　urine
ユール　yule
ユールタイド　yuletide
ユール・ログ　yule log
ユーレイル・パス　Eurail Pass
ユーレカ　eureka
ユーロ　Euro, Eur-, Euro-
ユーロ・アトランティック　Euro-Atlantic
ユーロイェン　Euroyen
ユーロエン　Euroyen
ユーロカーレンシー　Eurocurrency
ユーロカレンシー　Eurocurrency
ユーロキッド　Eurokid
ユーロクラット　Eurocrat
ユーロクリア　Euroclear
ユーロコミュニズム　Eurocommunism
ユーロジー　eulogy
ユーロジスティック　eulogistic
ユーロジスト　eulogist
ユーロシティ・トレイン　Eurocity train
ユーロジャイズ　eulogize
ユーロスター　Eurostar
ユーロスタット　Eurostat
ユーロセントリック　Eurocentric
ユーロゾーン　eurozone
ユーロダラー　Eurodollar

ユーロ・ディズニーランド　Euro-Disneyland
ユーロディフ　Eurodif
ユーロテル　Eurotel
ユーロトンネル　Eurotunnel
ユーロネクスト　Euronext
ユーロパリア　Europalia
ユーロバロメーター　Eurobarometer
ユーロバンク　Eurobank
ユーロピアニスト　Europeanist
ユーロピアニズム　Europeanism
ユーロピアン　European
ユーロピアン・イングリッシュ　European English
ユウロピウム　europium
ユーロビジョン　Eurovision
ユーロファイター　Eurofighter
ユーロファイル　Europhile
ユーロボンド　Eurobond
ユーロマーケット　Euromarket
ユーロマネー　Euromoney
ユーロランド　Euroland
ユエヤン　Yueyang
ユカイパ　Yucaipa
ユカタン　Yucatán
ユグノー　Huguenot
ユゴー　Hugo
ユコス　Yukos
ユシチェンコ　Yushchenko
ユジノ・サハリンスク　Yuzhno-Sakhalinsk
ユジュリアス　usurious
ユタ　Utah
ユダ　Judas, Judah, Jude
ユタ・ジャズ　Utah Jazz
ユダヤ　Jew, Jewess, Judah, Judea, -daea
ユッカ　yucca
ユッケ　yukhoe
ユッスー・ンドゥール　Youssou N'Dour
ユドヨノ　Yudhoyono
ユトランド　Jutland
ユトリロ　Utrillo
ユトレヒト　Utrecht
ユナイター　uniter
ユナイタブル　unitable
ユナイテッド　united
ユナイテッド・アラブ・エミレーツ　United Arab Emirates
ユナイテッド・キングダム　United Kingdom, UK
ユナイテッド・ネーションズ　United Nations, UN
ユナイテッド・フロント　united front
ユナイト　unite
ユナニー　Unani
ユナニマス　unanimous
ユナニミティー　unanimity
ユナボマー　Unabomber
ユニ　uni-
ユニーク　unique
ユニオナイズ　unionize
ユニオナイゼーション　unionization
ユニオニスト　unionist
ユニオニズム　unionism
ユニオニゼーション　unionization
ユニオン　union
ユニオン・カタログ　union catalog
ユニオン・ジャック　union jack
ユニオン・ショップ　union shop
ユニオン・スーツ　union suit
ユニオン・フラッグ　Union Flag
ユニカメラル　unicameral
ユニキャスト　unicast
ユニクレジット　UniCredit
ユニクロ　UNIQLO
ユニコード　Unicode
ユニコーン　unicorn
ユニサイクル　unicycle
ユニシス　Unisys
ユニセクシュアル　unisexual
ユニセックス　unisex
ユニセックスト　unisexed
ユニセフ　UNICEF, Unicef
ユニセルラー　unicellular
ユニゾン　unison
ユニゾン・ストリング　unison string
ユニタード　unitard
ユニタイズ　unitize
ユニタイゼーション　unitization
ユニダイレクショナル　unidirectional
ユニタリー　unitary
ユニタリー・タックス　unitary tax
ユニックス　UNIX
ユニット　unit
ユニット・コントロール　unit control

ユニット・トラスト　unit trust
ユニット・ドレス　unit dress
ユニット・プライシング　unit pricing
ユニットホルダー　unitholder
ユニティー　unity
ユニディレクショナル　unidirectional
ユニテリアニズム　Unitarianism
ユニテリアン　Unitarian
ユニテリアン・チャーチ　Unitarian Church
ユニバーサライズ　universalize
ユニバーサリズム　universalism
ユニバーサリティー　universality
ユニバーサル　universal
ユニバーサル・サービス　universal service
ユニバーサル・サファレッジ　universal suffrage
ユニバーサル・ジョイント　universal joint
ユニバーサル・タイム　Universal time
ユニバーサル・デザイン　universal design
ユニバーサル・プロダクト・コード　Universal Product Code
ユニバーサル・ポスタル・ユニオン　Universal Postal Union
ユニバーサル・ランゲージ　universal language
ユニバーシティ・アイデンティティー　university identity
ユニバーシティー　university
ユニバース　universe
ユニバック　Univac
ユニバルブ　univalve
ユニファイ　unify
ユニフィケーション　unification
ユニフェイス　uniface
ユニフェース　uniface
ユニフォーミティー　uniformity
ユニフォーム　uniform
ユニフォームド　uniformed
ユニフォームリー　uniformly
ユニベーレント　univalent
ユニホーム　uniform
ユニポーラー　unipolar
ユニポラリティー　unipolarity
ユニラテラリズム　unilateralism
ユニラテラル　unilateral
ユニリーバ　Unilever
ユニリンガル　unilingual
ユニロキュラー　unilocular
ユヌス　Yunus
ユネスコ　UNESCO, Unesco
ユノ　Juno
ユノカル　Unocal
ユビキタス　ubiquitous
ユビキチン　ubiquitin
ユビキノン　ubiquinone
ユビクイティー　ubiquity
ユピテル　Jupiter
ユプシロン　upsilon
ユペール　Huppert
ユベントス　Juventus
ユマ　Yuma
ユマ・サーマン　Uma Thurman
ユマニスト　humanist, humaniste
ユラニック　uranic
ユリア　urea
ユリーア　urea
ユリイカ　⇨ユーレカ
ユリースラ　urethra
ユリースラル　urethral
ユリーミア　uremia, urae-
ユリウス　Julius
ユリウス・カエサル　Julius Caesar
ユリ・ゲラー　Uri Geller
ユリシーズ　Ulysses
ユリター　ureter
ユリック・アシッド　uric acid
ユリナリー　urinary
ユリナリシス　urinalysis, ura-
ユリナル　urinal
ユリネーション　urination
ユリネート　urinate
ユリノメーター　urinometer
ユリン　urine
ユルチェンコ　Yurchenko
ユルト　yurt
ユル・ブリンナー　Yul Brynner
ユルマラ　Jūrmala
ユレーニナイト　uraninite
ユロジェニタル　urogenital
ユロロジー　urology
ユロロジカル　urological
ユロロジスト　urologist
ユロロジック　urologic
ユロング　Eurong

ユンカー　Juncker, Junker
ユング　Jung
ユングフラウ　Jungfrau
ユンケル　Juncker
ユンナン　Yunnan
ユン・ボソン　Yun Bo Seon, Yun Bo-seon

ヨ

ヨアキム　Joachim
ヨアン　Ioan
ヨエル　Joel
ヨー　yo, yaw
ヨーイング　yawing
ヨーガ　yoga
ヨーキー　yolky, Yorkie
ヨーキスト　Yorkist
ヨーギック　yogic
ヨーク　York, yoke, yolk
ヨークシャー　Yorkshire
ヨークシャー・テリア　Yorkshire terrier
ヨークシャー・プディング　Yorkshire pudding
ヨークタウン　Yorktown
ヨーグルト　yog(h)urt, yoghourt
ヨーケル　yokel
ヨーズ　yaws
ヨーゼフ　Josef, Joseph
ヨーダ　Yoda
ヨーデラー　yodeler, yodeller
ヨーデル　yodel
ヨード　iodine, -din
ヨード・チンキ　iodine tincture
ヨードホルム　iodoform
ヨードメタン　iodamethane
ヨーナー　yawner
ヨーニング　yawning
ヨープ　yawp, yaup
ヨー・ホー　yo-ho
ヨー・ホー・ホー　yo-ho-ho
ヨーマン　yeoman
ヨーマンリー　yeomanly, yeomanry
ヨーヨー　yo-yo
ヨール　yawl
ヨーロッパ　Europe
ヨーロピアナイズ　Europeanize
ヨーロピアナイゼーション　Europeanization
ヨーロピアニスト　Europeanist
ヨーロピアニズム　Europeanism
ヨーロピアニゼーション　Europeanization
ヨーロピアン　European
ヨーロピアン・エコノミック・コミュニティー　European Economic Community, ECC
ヨーロピアン・コミッション　European Commission, EC
ヨーロピアン・コミュニティー　European Community, EC
ヨーロピアン・パーラメント　European Parliament
ヨーロピアン・パスポート　European Passport
ヨーロピアン・プラン　European plan
ヨーロピアン・マネタリー・システム　European Monetary System, EMS
ヨーロピアン・ユニオン　European Union, EU
ヨーロペン　Yoropen
ヨーン　yawn
ヨガ　yoga
ヨギ　yogi, yogin
ヨギ・ベラ　Yogi Berra
ヨクナパトーファ　Yoknapatawpha
ヨシュア　Joshua
ヨス　Yeosu, Yosu
ヨセフ　Joseph
ヨセミテ　Yosemite
ヨセミテ・ナショナル・パーク　Yosemite National Park
ヨッツマン　yachtsman
ヨッティング　yachting
ヨット　yacht
ヨット・クラブ　yacht club
ヨット・レース　yacht race
ヨナ　Jonah, Yonah
ヨナス・ビョークマン　Jonas Björkman
ヨナタン　Jonathan

ヨハネ　Johannes, John
ヨハネス　Johannes
ヨハネスバーグ　Johannesberg
ヨハネ・パウロ　Johannes Paulus, John Paul
ヨハン　Johann
ヨハン・クライフ　Johan Cruyff
ヨハンソン　Johansson
ヨハンナ・シュピーリ　Johanna Spyri
ヨハンナ・スピリ　Johanna Spyri
ヨヒンベ　yohimbe
ヨブ　Job
ヨボー　yob, yobbo
ヨム・キプール　Yom Kippur
ヨランダ　Yolanda
ヨリック　Yorick
ヨルダン　Jordan
ヨルダンス　Jordaens
ヨルバ　Yoruba
ヨンクス　yonks
ヨンダー　yonder
ヨンビョン　Yongbyon
ヨンプ　yomp

ラ

ラ　la, lah
ラー　rah, Ra
ラーガ　raga
ラーカー　lurker
ラーガー　laager
ラーガ・ロック　raga-rock
ラーキン　Larkin
ラーク　lark, lurk
ラークスパー　larkspur
ラーゲルレーブ　Lagerlöf
ラーケン　Laken
ラージ　large, raj
ラージ・インテスティン　large intestine
ラージェス　largess(e)
ラージ・キャップ　large-cap
ラージ・スケール　large-scale
ラージ・スケール・インテグレーション　large-scale integration
ラージッシュ　largish, large-
ラージプターナ　Rajputana
ラージャ　raja, -jah
ラージャー・ザン・ライフ　larger-than-life
ラージャスターン　Rajasthan
ラージャ・ヨーガ　raja yoga
ラージャ・ヨガ　raja yoga
ラーション　Larsson
ラージリー　largely
ラーセナー　larcener
ラーセナス　larcenous
ラーセニー　larceny
ラーセニスト　larcenist
ラーソン　Larson, Larsson
ラータ　rata
ラーダ　Lada, RADA
ラーダー　larder, Radha
ラーチ　lurch, larch
ラーディー　lardy
ラーディー・ケーキ　lardy cake
ラード　lard
ラートケ　latke
ラードナー　Lardner
ラードン　lardon
ラーナー　learner
ラーナー・ドライバー　learner-driver
ラーナブル　learnable
ラーニー　rani, -nee
ラーニド　learned
ラーニング　learning
ラーニング・カーブ　learning curve
ラーニング・ディスアビリティー　learning disability, LD
ラーニング・ディスエイブルド　learning disabled, LD
ラーニング・ディスオーダーズ　learning disorders, LD
ラーノ　llano
ラーバ　lava, larva
ラーバー・ブレッド　laver bread
ラーバル　larval
ラービー　larvae
ラーベイト　larvate
ラーベート　larvate
ラーマ　Rama
ラーマーヤナ　Ramayana
ラーマチャンドラ　Ramachandra
ラーマン　Rahman
ラーム　Rahm
ラーラ　Laa-Laa
ラー・ラー　rah-rah
ラーラー・ランド　la-la land
ラーリギャグ　lallygag
ラーワルピンディー　Rawalpindi
ラーン　learn, larn
ラーンスロット　Lancelot
ラーント　learnt
ライ　lie, lye, rye, wry, rai
ライアー　liar
ライアバード　lyrebird

ライアビリティー　liability
ライアブル　liable
ライアン　Ryan
ライアンエア　Ryanair
ライ・イン　lie-in
ライイング　lying
ライイング・イン　lying-in
ライ・ウイスキー　rye whiskey
ライオター　rioter
ライオタス　riotous
ライオット　riot
ライオット・アクト　riot act
ライオット・スクワッド　riot squad
ライオット・ポリス　riot police
ライオナイズ　lionize
ライオナイゼーション　lionization
ライオニゼーション　lionization
ライオネス　lioness
ライオネル　Lionel
ライオン　lion
ライオンズ・クラブ　Lions Club
ライカ　Leica, laika
ライカールト　Rijkaard
ライカブル　likable, like-
ライキング　liking
ライク　like
ライ・クーダー　Ry Cooder
ライク・マインデッド　like-minded
ライクラ　Lycra
ライクリー　likely
ライクリネス　likeliness
ライクリフッド　likelihood
ライクワイズ　likewise
ライゲート　Reigate
ライゲット　Reigate
ライケナス　lichenous, -ose
ライケノイド　lichenoid
ライケル　Raichle
ライケン　lichen
ライケンド　lichened
ライコス　Lycos
ライコネン　Räikkönen
ライザ　Lisa, Liza
ライサー　ricer
ライザー　riser
ライザー・カード　riser card
ライサンダー　Lysander
ライシアム　lyceum
ライシーアム　lyceum
ライシス　lysis
ライジビリティー　risibility
ライジブル　risible
ライシメーター　lysimeter
ライシン　lysine, ricin
ライジング　rising
ライジング・ダンプ　rising damp
ライス　rice, lice, Rhys, lyse
ライズ　rise, lyse, lithe, writhe
ライス・ウォーター　rice water
ライスクリスピーズ　Rice Krispies
ライズサム　lithesome
ライス・プディング　rice pudding
ライス・ブラン　rice bran
ライス・ペーパー　rice paper
ライス・ボウル　rice bowl
ライスリップ　Ruislip
ライセンサー　licenser, licensor
ライセンシー　licensee, -cencee
ライセンシエート　licentiate
ライセンシャス　licentious
ライセンシング　licensing
ライセンス　license, licence
ライセンス・ツアー　license tour
ライセンスト　licensed
ライセンス・プレート　license plate
ライソ　litho
ライゾーム　rhizome
ライゾスフィア　rhizosphere
ライター　lighter, writer
ライダー　rider, lidar, Ryder
ライター・ザン・エアー　lighter-than-air
ライダーシップ　ridership
ライターズ・クランプ　writer's cramp
ライターマン　lighterman
ライダーレス　riderless
ライ・ダウン　lie-down
ライタリー　writerly
ライタレージ　lighterage
ライチ　litchi, lychee, liche, lizhi
ライチャス　righteous
ライツ　lights, rights, Leitz
ライツ・アウト　lights-out
ライティスト　rightist
ライ・ディテクター　lie detector

ライティング　lighting, writing
ライディング　riding
ライディング・アーチェリー　riding archery
ライティング・アップ・タイム　lighting-up time
ライディング・スクール　riding school
ライティング・デスク　writing desk
ライティング・パッド　writing pad
ライティング・ペーパー　writing paper
ライティング・マテリアルズ　writing materials
ライディング・ライト　riding light
ライディング・ランプ　riding lamp
ライデン　Leiden
ライト　light, right, write, rite, wright, Wright, lite
ライド　ride
ライト・アーム　right arm
ライト・アップ　write-up
ライト・アバウト　right-about
ライト・アバウト・ターン　right-about-turn
ライト・アバウト・フェース　right-about-face
ライド・アロング　ride-along
ライト・アングルド　right-angled
ライト・イヤー　light-year
ライト・イン　write-in
ライト・インダストリー　light industry
ライト・ウィンガー　right-winger
ライト・ウイング　right wing
ライトウェイト　lightweight
ライトゥン　lighten
ライト・エア　light air
ライト・エール　light ale
ライト・エミッティング・ダイオード　light-emitting diode
ライト・オフ　write-off
ライト・オブ・ウェー　right-of-way
ライト・オブ・サーチ　right of search
ライト・オブ・センター　right-of-center
ライト・カクテル　light cocktail
ライトコイン　litecoin
ライト・コート　light court
ライト・サイジング　right sizing
ライトサイズ　rightsize
ライトサム　lightsome
ライドシェアリング　ridesharing
ライトシップ　lightship
ライト・ショー　light show
ライト・シンキング　right-thinking
ライト・スタッフ　right stuff
ライト・スルー　write-through
ライトセイバー　lightsaber
ライトセーバー　lightsaber
ライトティーズ　litotes
ライト・トゥー・ダイ　right-to-die
ライト・トゥー・ライフ　right-to-life
ライト・トゥー・ライファー　right-to-lifer
ライトニング　lightning
ライトニング・アレスター　lightning arrester
ライトニング・コンダクター　lightning conductor
ライトニング・バグ　lightning bug
ライトニング・ロッド　lightning rod
ライトネス　lightness, rightness
ライトハウス　lighthouse
ライト・バック　write-back
ライト・バルブ　light bulb
ライト・ハンダー　right-hander
ライト・ハンデッド　right-handed
ライト・ハンド　right hand, right-hand
ライト・フィールダー　right fielder
ライト・フィールド　right field
ライト・フィンガード　light-fingered
ライトフェース　lightface
ライトフェースト　lightfaced
ライト・フライウェイト　light flyweight
ライト・ブリーズ　light breeze
ライトフル　rightful
ライトプルーフ　lightproof
ライト・プロテクト　write-protect
ライト・ペン　light pen
ライト・ホエール　right whale
ライト・ホースマン　light-horseman
ライト・ポリューション　light pollution
ライト・マインデッド　right-minded
ライトマン　right man, Reitman
ライト・メーター　light meter
ライトモチーフ　leitmotiv, -tif
ライトリー　lightly, rightly
ライドル　Lidle
ライトワーズ　rightwards
ライトワード　rightward
ライト・ワンス　write-once

ライナー　liner
ライナー・トレイン　liner train
ライナー・ノーツ　liner notes
ライナイティス　rhinitis
ライナス　Linus
ライニング　lining
ライネージ　linage, lineage
ライノ　lino, rhino
ライノウイルス　rhinovirus
ライノカット　linocut
ライノセロス　rhinoceros
ライノタイプ　Linotype
ライノプラスティー　rhinoplasty
ライバル　rival
ライバルリー　rivalry
ライヒ　Reich
ライフ　life, rife
ライブ　live, rive
ライプ　ripe
ライファー　lifer
ライフ・アンド・デス　life-and-death
ライプール　Raipur
ライフ・エクスペクタンシー　life expectancy
ライフ・ガーズ　Life Guards
ライフガード　lifeguard
ライフ・ギビング　life-giving
ライフ・サイエンス　life science
ライフ・サイエンティスト　life scientist
ライフ・サイクル　life cycle
ライフ・サイズ　life-size
ライフ・サイズド　life-sized
ライフ・サポート　life-support
ライブジャーナル　LiveJournal
ライフ・ジャケット　life jacket
ライフスタイル　lifestyle
ライブストック　livestock
ライフ・スパン　life span
ライフ・スペース　life space
ライフセーバー　lifesaver
ライフセービング　lifesaving
ライフ・センテンス　life sentence
ライフタイム　lifetime
ライプツィヒ　Leipzig
ライプニッツ　Leibniz
ライフ・ネット　life net
ライフハッカー　lifehacker
ライフハック　lifehack, life hack
ライフ・ピア　life peer
ライフ・ヒストリー　life history
ライフ・ブイ　life buoy
ライフブラッド　lifeblood
ライフ・プリザーバー　life preserver
ライフ・ベスト　life vest
ライフ・ベルト　life belt
ライフボート　lifeboat
ライフ・マスク　life mask
ライフライク　lifelike
ライフライン　lifeline
ライフ・ラフト　life raft
ライブラリアン　librarian
ライブラリアンシップ　librarianship
ライブラリー　library
ライブラリー・エディション　library edition
ライブラリー・サイエンス　library science
ライブリー　lively
ライブリフッド　livelihood
ライフリング　rifling
ライフル　rifle
ライプル　Raipur
ライフルマン　rifleman
ライフル・レーンジ　rifle range
ライフレス　lifeless
ライ・ブレッド　rye bread
ライブレル　Lybrel
ライフロング　lifelong
ライフワーク　lifework
ライブ・ワイヤー　live wire
ライブン　liven
ライプン　ripen
ライベーション　libation
ライベラス　libelous, -bellous
ライベル　libel
ライボー　LIBOR
ライマビーン　lima bean
ライマ・ブレスレット　Rayma bracelet
ライマン　Lyman
ライミ　Raimi
ライミー　limy, limey, rimy
ライミング・スラング　rhyming slang
ライム　lime, rhyme, rime
ライムウォーター　limewater
ライムエード　limeade
ライムキルン　limekiln
ライム・ジュース　lime juice

ライムスター　rhymester, rime-
ライムストーン　limestone
ライム・ツリー　lime tree
ライム・ディジーズ　Lyme disease
ライムライト　limelight
ライモナイト　limonite
ライヨール　Laguiole
ライラ　Lyra, Lila
ライラック　lilac
ライリー　Riley
ライリスト　lyrist
ライル　rile, Lyle, Ryle
ライロー　Li-Lo
ライン　line, Rhine
ライン・アウト　line-out
ラインアップ　lineup
ライン・シート　line sheet
ラインストーン　rhinestone
ラインズマン　linesman
ラインド　lined, rind
ライン・ドライブ　line drive
ライン・ドローイング　line drawing
ラインナップ　lineup
ラインバッカー　linebacker
ラインハルト　Reinhard, Reinhardt
ライン・フィード　line feed
ラインフェルト　Reinfeldt
ライン・プリンター　line printer
ラインベック　Rhinebeck
ラインマン　lineman
ラインランド　Rhineland, Rheinland
ライン・ワイン　Rhine wine
ラウ　row
ラウアン　rowan
ラウエル　rowel
ラウジー　lousy
ラウシェンバーグ　Rauschenberg
ラウジング　rousing
ラウス　louse, Louth
ラウズ　rouse
ラウストアバウト　roustabout
ラウティッシュ　loutish
ラウト　lout, rout, route
ラウド　loud
ラウドスピーカー　loudspeaker
ラウドネス　loudness
ラウド・ヘイラー　loud-hailer
ラウドマウス　loudmouth
ラウドマウズド　loudmouthed
ラウリー　Lowry
ラウリル　lauryl
ラウリンアルデヒド　lauraldehyde
ラウル　Raúl
ラウレス　laureth
ラウロイル　lauroyl
ラウンジ　lounge
ラウンジー　loungey
ラウンジ・スーツ　lounge suit
ラウンジ・バー　lounge bar
ラウンジャー　lounger
ラウンジ・リザード　lounge lizard
ラウンズマン　roundsman
ラウンダー　rounder
ラウンディッシュ　roundish
ラウンデッド　rounded
ラウンデル　roundel
ラウンド　round
ラウンド・アイド　round-eyed
ラウンドアップ　roundup
ラウンドアバウト　roundabout
ラウンド・キャラクター　round character
ラウンド・ザ・クロック　round-the-clock
ラウンド・ショルダード　round-shouldered
ラウンド・テーブル　round table
ラウンド・トリップ　round-trip
ラウンドハウス　roundhouse
ラウンド・ハンド　round hand
ラウンド・ブラケット　round bracket
ラウンドヘッド　Roundhead
ラウンドリー　roundly
ラウンド・ロビン　round-robin
ラウンドワーム　roundworm
ラオ　Lao
ラオコーン　Laocoön
ラオシアン　Laotian
ラオス　Laos
ラガ　ragga
ラガー　lager, lugger, rugger
ラガーディア　La Guardia
ラガーディア・エアポート　La Guardia Airport
ラガード　laggard
ラガードネス　laggardness
ラガー・ビール　lager beer

ラガーフェルド　Lagerfeld
ラガー・ラウト　lager lout
ラカストリン　lacustrine
ラガマフィン　ragamuffin
ラガルド　Lagarde
ラカン　Lacan
ラガン　lagan
ラギッド　ragged, rugged
ラギング　lagging
ラグ　rag, rug, lag, lug
ラグ・アンド・ボーン・マン　rag-and-bone man
ラクイラ　L'Aquila
ラグー　ragout
ラグウィード　ragweed
ラクーナ　lacuna
ラグーナ　Laguna
ラクーン　raccoon, racoon
ラグーン　lagoon, -gune
ラクーン・ドッグ　raccoon dog
ラクサ　laksa
ラクサティブ　laxative
ラクシティー　laxity
ラクシャリー　luxury
ラグジュアリアンス　luxuriance
ラグジュアリアント　luxuriant
ラグジュアリー　luxury
ラクシュミー　Lakshmi
ラグジュリアス　luxurious
ラクシュリー　luxury
ラグジュリエート　luxuriate
ラクション　ruction
ラグスル　lugsail
ラクセーション　luxation
ラクセート　luxate
ラクターゼ　lactase
ラグタイム　ragtime
ラグタグ　ragtag
ラクタム　lactam
ラクチド　lactide
ラクチトール　lactitol
ラクティアル　lacteal
ラクティック　lactic
ラクティック・アシッド　lactic acid
ラクテーション　lactation
ラクテート　lactate
ラクトアルブミン　lactalbumin
ラクトース　lactose
ラグ・ドール　rag doll
ラクトニック　lactonic
ラクトバシラス　lactobacillus
ラクトフェリン　lactoferrin
ラクトフラビン　lactoflavin
ラクトメーター　lactometer
ラグ・トレード　rag trade
ラクトン　lactone
ラクナウ　Lucknow
ラグナグ　Luggnagg
ラグ・ナット　lug nut
ラグバッグ　ragbag
ラグビー　rugby, Rugby
ラグビー・フットボール　rugby football
ラグピッカー　ragpicker
ラグ・ブック　rag book
ラグ・ペーパー　rag paper
ラグヘッド　raghead
ラグホール　lughole
ラグ・マット　rag mat
ラグマン　ragman
ラグラッツ　Rugrats
ラクラン　Lachlan
ラグラン　raglan
ラクリマトリー　lacrimatory, lachry-, lacry-
ラクリマトル　lacrimator, lachry-, lacry-
ラクリマル　lachrymal, lacri-, lacry-
ラクリメーター　lacrimator, lachry-, lacry-
ラクリモース　lachrymose
ラグル・タグル　raggle-taggle
ラクレット　raclette
ラクロ　Laclos
ラクロア　Lacroix
ラクロス　lacrosse
ラクロワ　Lacroix
ラグワーム　lugworm
ラゲージ　luggage
ラゲージ・バン　luggage van
ラゲージ・ラック　luggage rack
ラケシス　Lachesis
ラケタ　Raketa
ラケッティア　racketeer
ラケッティアリング　racketeering
ラケッティー　racket(t)y
ラケット　racket

ラケットボール racquetball
ラケル Rachel
ラゴス Lagos
ラコステ Lacoste
ラコタ Lakota
ラコニシズム laconicism
ラコニズム laconism
ラコニック laconic
ラコルーニャ La Coruña
ラゴンダ Lagonda
ラコンター raconteur
ラコントゥール raconteur
ラサ Lhasa
ラザー rather, Rather, lather
ラサート Russert
ラザード Lazard
ラサ・アプソ Lhasa apso
ラザク Razak
ラザニア lasagna, -gne
ラザフォード Rutherford
ラザラス Lazarus
ラザロ Lazarus
ラジアル radial
ラジアン radian
ラシー wrathy
ラシーヌ Racine
ラシーム raceme
ラジウム radium
ラジウム・セラピー radium therapy
ラジエーション radiation
ラジエーター radiator
ラジエーター・グリル radiator grille
ラジオ radio, radi-, radio-
ラジオアイソトープ radioisotope
ラジオアイソトピック radioisotopic
ラジオアクティビティー radioactivity
ラジオアクティブ radioactive
ラジオアクティブ・デーティング radioactive dating
ラジオアクティベーション radioactivation
ラジオアクティベート radioactivate
ラジオ・アストロノミー radio astronomy
ラジオ・ウェーブ radio wave
ラジオエレメント radioelement
ラジオカーボン radiocarbon
ラジオカーボン・デーティング radiocarbon dating
ラジオグラフ radiograph
ラジオグラファー radiographer
ラジオグラフィー radiography
ラジオグラフィック radiographic
ラジオグラム radiogram
ラジオケミストリー radiochemistry
ラジオ・コントロール radio control
ラジオ・コントロールド radio controlled
ラジオ・コンパス radio compass
ラジオサージェリー radiosurgery
ラジオジェニック radiogenic
ラジオシティー radiosity
ラジオシャック RadioShack
ラジオスコピー radioscopy
ラジオ・スター radio star
ラジオ・ステーション radio station
ラジオセラピー radiotherapy
ラジオセラピスト radiotherapist
ラジオゾンデ radiosonde
ラジオテクノロジー radiotechnology
ラジオテレグラフィー radiotelegraphy
ラジオ・テレスコープ radio telescope
ラジオテレホン radiotelephone
ラジオニュークライド radionuclide
ラジオバイオロジー radiobiology
ラジオ・ビーコン radio beacon
ラジオ・ビーム radio beam
ラジオファーマスーティカル radiopharmaceutical
ラジオフォト radiophoto
ラジオフォトグラフ radiophotograph
ラジオフォン radiophone
ラジオ・フリークエンシー radio frequency
ラジオブロードキャスト radiobroadcast
ラジオメーター radiometer
ラジオロケーション radiolocation
ラジオロジー radiology
ラジオロジカル radiological
ラジオロジスト radiologist
ラジオロジック radiologoic
ラジカリスト radicalist
ラジカリズム radicalism
ラジカル radical
ラシッド Rashid
ラシテュード lassitude
ラシビアス lascivious
ラジャー roger

ラシャス　luscious
ラジャス　rajas
ラジャスターン　Rajasthan
ラジャパクサ　Rajapaksa
ラジャブ　Rajab
ラジャラトナム　Rajaratnam
ラシュカルガー　Lashkar Gah
ラシュディ　Rushdie
ラシュモア　Rushmore
ラ・ジョコンダ　La Gioconda
ラショナール　rationale
ラショナライズ　rationalize
ラショナライゼーション　rationalization
ラショナリスティック　rationalistic
ラショナリスト　rationalist
ラショナリズム　rationalism
ラショナリゼーション　rationalization
ラショナリティー　rationality
ラショナル　rational
ラション　ration
ラジ・ラジャラトナム　Raj Rajaratnam
ラス　lass, lath, wrath, Russ, wrasse
ラズ　razz
ラスカム　Luscombe
ラスカリー　rascally
ラスカリティー　rascality
ラスカル　rascal
ラスク　rusk
ラスコー　Lascaux
ラスシャムラ　Ras Shamra
ラスタ　Rasta
ラスター　luster, raster
ラスタファリアン　Rastafarian
ラスタファリズム　Rastafarism
ラスタライズ　rasterize
ラスタライゼーション　rasterization
ラスタン　Rastan
ラスティー　rusty, lusty
ラスティケート　rusticate
ラスティシティー　rusticity
ラスティック　rustic
ラスティング　lasting
ラステンバーグ　Rustenburg
ラスト　last, lust, rust
ラスト・カラード　rust-colored
ラスト・サパー　Last Supper
ラスト・ジャジメント　Last Judgment
ラスト・ストロー　last straw
ラスト・ディッチ　last-ditch
ラスト・ネーム　last name
ラストフル　lustful
ラストプルーフ　rustproof
ラスト・ベルト　rust belt
ラスト・ミニット　last-minute
ラスト・ライツ　last rites
ラストラス　lustrous
ラストリー　lastly
ラストレス　rustless
ラスト・ワード　last word
ラスパイレス　Laspeyres
ラスピー　raspy
ラスピング　rasping
ラスプ　rasp
ラスプーチン　Rasputin
ラスフル　wrathful
ラスベガス　Las Vegas
ラズベリー　raspberry
ラズマタズ　razzmatazz, razzamatazz
ラスムセン　Rasmussen
ラスラー　rustler
ラズライト　lazulite
ラスリング　rustling
ラスル　rustle
ラズル　razzle
ラズル・ダズル　razzle-dazzle
ラズロ　Laszlo
ラセター　Lasseter
ラセッティー　russety
ラセット　russet
ラセマーゼ　racemase
ラセラティブ　lacerative
ラセルズ　Lascelles
ラセレーション　laceration
ラセレーティブ　lacerative
ラセレート　lacerate
ラター　latter, ratter
ラダー　ladder, rudder
ラター・デー　latter-day
ラター・デー・セイント　Latter-day Saint
ラターリー　latterly
ラダーレス　rudderless
ラタキア　Latakia
ラタトゥイユ　ratatouille
ラタフィア　ratafia

ラタン　Latin, rattan, ratan
ラチェット　ratchet
ラチェット・ホイール　ratchet wheel
ラチチュード　latitude
ラツィオ　Lazio
ラツィンガー　Ratzinger
ラッカ　Raqqa
ラッカー　lacquer
ラッカーウェア　lacquerware
ラッカス　ruckus
ラッカデイジカル　lackadaisical
ラッカワナ　Lackawanna
ラッキー　lucky, lackey, lacquey
ラッキー・ストライク　Lucky Strike
ラッキー・ディップ　lucky dip
ラッキリー　luckily
ラッキング　lacking, racking
ラック　lack, luck, lakh, lac, rack, ruck, wrack, WRAC
ラックス　lax, lux, Lux, luxe
ラックスネス　laxness
ラックスペース　Rackspace
ラックナウ　Lucknow
ラック・ホイール　rack wheel
ラックマウント　rack-mount, rackmount
ラッククラスター　lackluster
ラック・レールウェイ　rack railway
ラックレス　luckless
ラック・レント　rack rent, rack-rent
ラッサ・フィーバー　Lassa fever
ラッシー　lassi, rushy, Lassie
ラッシェル　raschel
ラッシャー　rasher
ラッシュ　rush, rash, lash, lush
ラッシュ・アップ　lash-up
ラッシュ・アワー　rush hour
ラッシュ・キャンドル　rush candle
ラッシュライト　rushlight
ラッシング　lashing
ラッセル　raschel, Russell, Russel
ラッソ　lasso
ラッダイティズム　Ludditism
ラッダイト　Luddite
ラッチ　latch
ラッチキー　latchkey
ラッチキー・チャイルド　latchkey child
ラッツィンガー　Ratzinger
ラッツベーン　ratsbane
ラッティー　ratty, rutty
ラット　rat, rut
ラッド　lad, Rudd
ラットキャッチャー　ratcatcher
ラットトラップ　rattrap
ラットバッグ　ratbag
ラット・パック　rat pack
ラット・フィンク　rat fink
ラットホール　rathole
ラットライン　ratlin(e)
ラット・レース　rat race
ラッパー　rapper, wrapper
ラッピング　wrapping
ラッピング・ペーパー　wrapping paper
ラップ　rap, lap, wrap, Lapp
ラップ・アカウント　wrap account
ラップ・アップ　wrap-up
ラップアラウンド　wraparound
ラップウイング　lapwing
ラップ・シート　rap sheet
ラップ・スカート　wrap skirt
ラップ・タイム　lap time
ラップドッグ　lapdog
ラップトップ　laptop
ラップトップ・コンピュータ　laptop computer
ラップフル　lapful
ラップボード　lapboard
ラップ・ミュージック　rap music
ラップランダー　Laplander
ラップランド　Lapland
ラッフル　ruffle
ラッフルズ　Raffles
ラップ・ローブ　lap robe
ラディー　laddie, ruddy
ラティーナ　Latina
ラティーノ　Latino
ラティーン　lateen
ラティウム　Latium
ラティオシネーション　ratiocination
ラティオシネート　ratiocinate
ラディカライズ　radicalize
ラディカライゼーション　radicalization
ラディカリズム　radicalism
ラディカリゼーション　radicalization
ラディカル　radical

ラティガン　Rattigan
ラディキュラー　radicular
ラディクル　radicle
ラティス　lattice
ラティスウインドー　latticewindow
ラティスト　latticed
ラティスワーク　latticework
ラディダ　la-di-da, la-de-da, lah-di-dah
ラディッキオ　radicchio
ラディックス　radix
ラディッシュ　radish
ラティテューディナル　latitudinal
ラティテュード　latitude
ラティテュディナリアン　latitudinarian
ラティナ　Latina
ラティファ　Latifah
ラティファイ　ratify
ラティフィケーション　ratification
ラティマー　Latimer
ラデクトミー　radectomy
ラテックス　latex
ラテナイズ　latinize
ラテニスト　Latinist
ラテニズム　Latinism
ラデュレ　Ladurée
ラテライト　laterite
ラテラル　lateral
ラテラル・シンキング　lateral thinking
ラテラル・ライン　lateral line
ラテン　Latin
ラテン・アメリカ　Latin America
ラテン・アメリカン　Latin American
ラテン・クロス　Latin cross
ラド　rad
ラドウィグ　Ludwig
ラトゥール　Latour
ラドー　Rado
ラトガーズ　Rutgers
ラドクリフ　Radcliffe
ラトナー　Rattner
ラトビア　Latvia
ラトビアン　Latvian
ラドフォード　Radford
ラドヤード　Rudyard
ラトヤートラー　Rath Yatra
ラトラー　rattler
ラドラム　Ludlam
ラトリー　rattly
ラトリーン　latrine
ラトリング　rattling
ラトル　rattle
ラドル　ruddle
ラトルスネーク　rattlesnake
ラトルトラップ　rattletrap
ラトルブレイン　rattlebrain
ラトルブレインド　rattlebrained
ラドン　radon
ラナ　Lana
ラナー　runner
ラナーカイト　lanarkite
ラナーク　Lanark
ラナークシャー　Lanarkshire
ラナース　Randers
ラナイ　Lanai
ラナトシド　lanatoside
ラナンキュラス　ranunculus
ラニアップ　lagn(i)appe
ラニー　runny, rani, -nee, Lanny
ラニーニャ　La Niña
ラニエ　Lanier
ラニカイ　Lanikai
ラニチジン　ranitidine
ラニナミビル　laninamivir
ラニミード　Runnymede
ラニャーニャ　La Niña
ラノステロール　lanosterol
ラノリン　lanolin, -line
ラバー　lover, rubber, lubber
ラバー・グッズ　rubber goods
ラバー・スタンプ　rubber stamp, rubber-stamp
ラバー・ソール　rubber sole
ラバー・チェック　rubber check
ラバー・チキン・サーキット　rubber-chicken circuit
ラバー・ツリー　rubber tree
ラバー・ディンギー　rubber dinghy
ラバーナム　laburnum
ラバーネック　rubberneck
ラバー・バンド　rubber band
ラバー・プラント　rubber plant
ラバーメイド　Rubbermaid
ラハイナ　Lahaina
ラパカヒ　Lapakahi

ラパシティー　rapacity
ラパス　La Paz
ラバト　Rabat
ラバトーリアル　lavatorial
ラバトリー　lavatory
ラバトリー・ペーパー　lavatory paper
ラバブル　lovable, love-
ラパマイシン　rapamycin
ラバライズ　rubberize
ラバリー　rubbery
ラバル　Laval
ラバレ　lavaret
ラバレット　lavaret
ラパロトミー　laparotomy
ラパン　lapin
ラバンジン　lavandin
ラビ　rabbi, rabat
ラピアクタ　Rapiacta
ラビア・マジョーラ　labia majora
ラビア・ミノーラ　labia minora
ラビー　lovey, Lovie
ラビー・ダビー　lovey-dovey
ラビーン　ravine, Lavigne
ラビオデンタル　labiodental
ラビオリ　ravioli
ラビ・シャンカール　Ravi Shankar
ラビ・シャンカル　Ravi Shankar
ラピス・ラズリ　lapis lazuli
ラピダリー　lapidary
ラビッジ　lovage
ラビッシー　rubbishy
ラビッシュ　lavish, ravish, rubbish
ラビッシュ・ビン　rubbish bin
ラビッシング　ravishing
ラビット　rabbit
ラビッド　rabid
ラピッド　rapid
ラピッド・アイ・ムーブメント　rapid eye movement, REM
ラピッド・アイ・ムーブメント・スリープ　rapid eye movement sleep
ラビット・イヤーズ　rabbit ears
ラピッド・トランジット　rapid transit
ラビット・ハッチ　rabbit hutch
ラビット・パンチ　rabbit punch
ラピッド・ファイア　rapid-fire
ラピッドリー　rapidly
ラビット・ワレン　rabbit warren
ラビディティー　rabidity
ラピディティー　rapidity
ラビニカル　rabbinical
ラピュータ　Laputa
ラピュータン　Laputan
ラピュタ　Laputan
ラビリティー　lability
ラビリンサイン　labyrinthine
ラビリンシアン　labyrinthian
ラビリンシン　labyrinthine
ラビリンス　labyrinth
ラビン　Lavigne
ラピン　rapine
ラビング　loving, rubbing
ラビング・アルコール　rubbing alcohol
ラビング・カインドネス　loving-kindness
ラビング・カップ　loving cup
ラビンドラナート　Rabindranath
ラフ　rough, raff, ruff, laugh, luff, WRAF
ラブ　love, lab, rub
ラファ　Rafah
ラファー　laugher
ラファージュ　Lafarge
ラファイエット　Lafayette
ラブアウト　rubout
ラファエル　Rafael
ラファエロ　Raphael
ラブ・アップ　rub-up
ラブ・アフェア　love affair
ラファブル　laughable
ラフ・アンド・タンブル　rough-and-tumble
ラフ・アンド・レディー　rough-and-ready
ラフィア　raffia, raphia
ラフィアル　Raphael
ラフィアン　ruffian
ラフィー　roughy
ラフィエット　Lafayette
ラフィッシュ　raffish
ラフィット　Lafite
ラフィノース　raffinose
ラフィノーゼ　raffinose
ラブ・イン　love-in
ラフィング　laughing
ラフィング・ガス　laughing gas
ラフィング・ジャックアス　laughing jackass

ラフィングストック laughingstock
ラフィング・ハイエナ laughing hyena
ラブーフ LaBeouf
ラフェッジ roughage
ラフカディオ・ハーン Lafcadio Hearn
ラフキャスト roughcast
ラブ・ゲーム love game
ラフ・コート rough coat
ラブ・コール love call
ラフ・コピー rough copy
ラフサンジャニ Rafsanjani
ラプサン・スーチョン Lapsang souchong
ラブ・シート love seat
ラブシック lovesick
ラフ・ジャスティス rough justice
ラフショッド roughshod
ラプス lapse
ラプスカリオン rapscallion
ラフ・スタッフ rough stuff
ラプスト lapsed
ラブストラック lovestruck
ラプス・レート lapse rate
ラブ・セット love set
ラプソダイズ rhapsodize
ラプソディー rhapsody
ラプソディック rhapsodic
ラブ・ソング love song
ラフター laughter, rafter
ラプター raptor
ラフタード raftered
ラブダウン rubdown
ラプチャー rapture, rupture
ラブ・チャイルド love child
ラプチャラス rapturous
ラフツマン raftsman
ラフティング rafting
ラプテフ Laptev
ラフト raft
ラプト rapt
ラフト・グラウス ruffed grouse
ラフ・ドライ rough-dry
ラプトリアル raptorial
ラフネック roughneck
ラブ・ノット love knot
ラブバード lovebird
ラフハウス roughhouse
ラフ・パッセージ rough passage
ラフ・ハンドル rough-handle
ラフ・ヒューン rough-hewn
ラブ・フィルター love-philter
ラブフェスト lovefest
ラブ・プレー love play
ラブ・ヘイト love-hate
ラブ・ヘイト・リレーションズ love-hate relations
ラブ・ポーション love-potion
ラフマ lafuma
ラブ・マッチ love match
ラフマニノフ Rachmaninoff
ラブメーキング lovemaking
ラフモノフ Rakhmonov, Rahmonov
ラフライダー roughrider
ラブラドール Labrador
ラブラドール・レトリーバー Labrador retriever
ラブラドライト labradorite
ラフリー roughly
ラブリー lovely
ラフル raffle, ruffle
ラブル rabble, rubble
ラフルド ruffled
ラブル・ラウザー rabble-rouser
ラブル・ラウジング rabble-rousing
ラブレー Rabelais
ラブレージアン Rabelaisian, -lae-
ラブレース Lovelace
ラブレス loveless
ラブ・レター love letter
ラ・プレリー la prairie
ラフロイグ Laphroaig
ラブローン lovelorn
ラブロック lovelock
ラプロッシュマン rapprochement
ラフン roughen
ラブン raven
ラベージ lovage
ラペーシャス rapacious
ラベタロール labetalol
ラベッジ ravage
ラベット rabbet
ラペット lappet
ラ・ペドレラ La Pedrera
ラベナス ravenous
ラベニング ravening

ラベプラゾール　rabeprazole
ラベル　label, ravel, Ravel, Lovell
ラペル　lapel
ラ・ペルラ　La Perla
ラベンダー　lavender
ラベンダー・ウォーター　lavender water
ラベンナ　Ravenna
ラベンハム　Lavenham
ラボ　lab　⇨ラボラトリー
ラポート　rapport
ラホーヤ　La Jolla
ラボーリアス　laborious
ラホール　Lahore
ラポール　rapport
ラボラトリー　laboratory
ラマ　lama, llama
ラマイスト　Lamaist
ラマイズム　Lamaism
ラ・マシア　La Masia
ラマス　Lammas
ラマセリー　lamasery
ラマダ　Ramada
ラマダン　Ramadan
ラマック　RAMAC
ラマディ　Ramadi
ラマラ　Ramallah
ラマルク　Lamarck
ラマンチャ　La Mancha
ラミー　ramie, ramee, rummy, Lamy
ラミスコ　Ramisco
ラミナ　lamina
ラミナー　laminar
ラミナラン　laminaran
ラミネーション　lamination
ラミネーテッド　laminated
ラミネート　laminate
ラミネート・ベニア　laminate veneer
ラミノグラフ　laminograph
ラミノグラフィー　laminography
ラミファイ　ramify
ラミフィケーション　ramification
ラミブジン　lamivudine
ラミレス　Ramirez
ラム　lamb, ram, rum, lam, Lamb, RAM
ラムカン　ramekin, ramequin
ラムキン　lambkin
ラムサール　Ramsar
ラムジー　Ramsay, Ramsey
ラムジェット・エンジン　ramjet engine
ラムシャクル　ramshackle
ラムスキン　lambskin
ラムズフェルド　Rumsfeld
ラムゼー　Ramsay
ラムセス　Ramses, Rameses
ラムダ　lambda
ラム・チョップ　lamb chop
ラムノース　rhamnose
ラムライク　lamblike
ラムロッド　ramrod
ラメ　lamé
ラメージ　rummage
ラメージ・セール　rummage sale
ラメラ　lamella
ラメンタブル　lamentable
ラメンテーション　lamentation
ラメント　lament
ラモーナ　Ramona
ラモーン　Ramon
ラモーンズ　Ramones
ラモス　Ramos
ラモス・ホルタ　Ramos-Horta
ラモツエ　Ramotswe
ラモックス　lummox
ラモント　Lamont
ララバイ　lullaby
ララミー　Laramie
ラリアット　lariat
ラリー　rally, Larry
ラリーイング・クライ　rallying cry
ラリー・カー　rally car
ラリー・ページ　Larry Page
ラリサ　Larissa
ラリック　Lalique
ラリッサ　Larissa
ラリマー　larimar
ラリンクス　larynx
ラリンジアル　laryngeal
ラリンジャイティス　laryngitis
ラル　lull
ラルゲット　larghetto
ラルゴ　largo
ラルティーグ　Lartigue
ラルナカ　Larnaca
ラルフ　Ralph

ラルフ・クラムデン　Ralph Kramden
ラルフ・シューマッハ　Ralf Schumacher
ラルフ・ローレン　Ralph Lauren
ラレード　Laredo
ラレンタンド　rallentando
ラロキシフェン　raloxifene
ラ・ロシュフコー　La Rochefoucauld
ラワン　lauan
ラン　run, ran, LAN
ランアウェー　runaway
ラン・アップ　run-up
ランアバウト　runabout
ランアラウンド　runaround
ラン・イン　run-in
ランヴァン　Lanvin
ランウェー　runway
ランオフ　runoff
ラン・オブ・ザ・ミル　run-of-the-mill
ラン・オン　run-on
ランカー　ranker, rancor, -cour
ランガー　languor
ランカウイ　Langkawi
ランカシャー　Lancashire
ランカスター　Lancaster
ランカストリアン　Lancastrian
ランガム　Langham
ランカラス　rancorous
ランガラス　languorous
ランキー　lanky
ランギッシュ　languish
ランギッド　languid
ランキン　Rankine
ランキング　ranking
ランク　rank, lank
ラング　lung, langue, Lang, Lange, rang, rung, wrung
ランク・アンド・ファイル　rank and file
ラングイッジ　language
ラングイッシュ　languish
ラングイッド　languid
ラングール　langur
ラングーン　Rangoon
ラング・サイン　lang syne
ラング・パワー　lung-power
ラングフィッシュ　lungfish
ランクヘッド　lunkhead
ラングミュア　Langmuir
ラングラー　wrangler, Wrangler
ラングランド　Langland
ラングリー　Langley
ランクル　rankle
ラングル　wrangle
ラングレン　Rundgren
ラングワート　lungwort
ランゲージ　language
ランゲージ・ラボラトリー　language laboratory, LL
ランコム　Lancôme
ランサー　lancer
ランサック　ransack
ランサム　ransom, Ransome
ランサムウェア　ransomware
ランジ　longe, lunge
ランジェリー　lingerie
ランシッド　rancid
ランシング　Lansing
ランス　lance, Lance, Lens, Reims
ランズ・エンド　Land's End, Lands End
ランス・コーポラル　lance corporal
ランス・サージェント　lance sergeant
ランズマン　landsman
ラン・スルー　run-through
ランスロット　Lancelot
ランセット　lancet
ランセット・アーチ　lancet arch
ランセット・ウインドー　lancet window
ランセル　Lancel
ランソプラゾール　lansoprazole
ランター　ranter
ランダー　lander
ラン・タイム　run time
ラン・タイム・エラー　run-time error
ラン・ダウン　run-down, rundown
ランタス　Lantus
ランタニド　lanthanide
ランタノイド　lanthanoid
ランダマイザー　randomizer
ランダマイズ　randomize
ランダマイゼーション　randomization
ランダミゼーション　randomization
ランダム　random
ランダム・アクセス　random access
ランダム・アクセス・メモリー　random-access memory, RAM

ランダム・サンプリング random sampling
ランダム・サンプル random sample
ランダム・ハウス Random House
ランダル Randall
ランタン lantern, lanthanum
ランタン・ジョード lantern-jawed
ランタンボール Ranthambore
ランチ lunch, launch, ranch
ランチア Lancia
ランチ・アワー lunch hour
ランチェスター Lanchester
ランチ・カウンター lunch counter
ランチタイム lunchtime
ランチ・ハウス ranch house
ランチ・ペイル lunch-pail
ランチ・ボックス lunch box
ランチマン ranchman
ランチャー launcher, rancher, luncher
ランチョ rancho
ランチョウ Lanzhou
ランチョネット luncheonette
ランチョン luncheon
ランチョン・バー luncheon bar
ランチョン・バウチャー luncheon voucher
ランチョン・マット ⇨プレース・マット
ランチョン・ミート luncheon meat
ランチルーム lunchroom
ランディー randy
ラン・ディーエムシー Run-D.M.C.
ランティエ rentier
ランディス Landis
ランディング landing
ランディング・ギア landing gear
ランディング・クラフト landing craft
ランディング・ステージ landing stage
ランディング・ストリップ landing strip
ランディング・ネット landing net
ランディング・フィールド landing field
ランデッド landed
ランデブー rendezvous
ラント rant, runt
ランド land, rand
ランド・エージェント land agent
ランドー landau
ランドオーナー landowner
ランド・オフィス land office
ランド・オフィス・ビジネス land-office business
ランド・クラブ land crab
ランド・グラント land grant
ランドクルーザー Land Cruiser
ランドサット Landsat
ランドスケープ landscape
ランドスケープ・アーキテクチャー landscape architecture
ランドスケープ・アーキテクト landscape architect
ランドスケープ・ガーデナー landscape gardener
ランドスケープ・ガーデニング landscape gardening
ランドスケープ・ペインター landscape painter
ランドスライド landslide
ランドスリップ landslip
ランド・トゥー・ランド land-to-land
ランド・バンク land bank
ランド・プア land-poor
ランドフィル landfill
ランド・フォース land force
ランドフォーム landform
ランドフォール landfall
ランド・ブリーズ land breeze
ランド・ブリッジ land bridge
ランドホールディング landholding
ランドホルダー landholder
ランドマーク landmark
ランド・マイン land mine
ランドマス landmass
ランドライン landline
ランドラバー landlubber
ランドリー laundry, Landry
ランドリーウーマン laundrywoman
ランドリー・バスケット laundry basket
ランドリーマン laundryman
ランド・リフォーム land reform
ランドル Randall
ランドルフ Randolph
ランドレス landless
ランドレット launderette, laundrette
ランドレディー landlady
ランド・ロー land law
ランドローディズム landlordism
ランドロード landlord

ランド・ローバー　Land Rover
ランドローパー　landloper
ランドロックト　landlocked
ランドロマット　Laundromat
ランドワーズ　landwards
ランドワード　landward
ランドン　Landon
ランナー　runner
ランナー・アップ　runner-up
ランナーズ・ハイ　runner's high
ランナー・ビーン　runner bean
ランナウェー　runaway
ランニング　running
ランニング・アカウント　running account
ランニング・ウォーター　running water
ランニング・コスト　running cost
ランニング・コメンタリー　running commentary
ランニング・ジャンプ　running jump
ランニング・ストック　running stock
ランニング・タイトル　running title
ランニング・ノット　running knot
ランニング・バック　running back, RB
ランニング・ファイア　running fire
ランニング・ヘッド　running head
ランニング・ヘッドライン　running headline
ランニング・ボード　running board
ランニング・メート　running mate
ランニング・ライト　running light
ランニング・リペアズ　running repairs
ランネル　runnel
ランバー　lumber, lumbar
ランバーゴ　lumbago
ランバージャック　lumberjack
ランバート　Lambert
ランパート　rampart
ランパード　Lampard
ランバートソン・トリュックス　Lambertson Truex
ランバーマン　lumberman
ランバーミル　lumbermill
ランバーヤード　lumberyard
ランバー・ルーム　lumber room
ランバス　Rambus
ランパス　rumpus
ランバスチャス　rumbustious
ランバスト　lambaste, -bast
ランパス・ルーム　rumpus room
ランバダ　lambada
ランバラー　lumberer
ランバリング　lumbering
ランバンクシャス　rambunctious
ランパント　rampant
ランピー　lumpy
ランピッシュ　lumpish
ランプ　lamp, lump, ramp, rump
ランブータン　rambutan
ランプーナー　lampooner
ランプーニスト　lampoonist
ランプーン　lampoon
ランプ・サム　lump sum
ランプシェード　lampshade
ランプ・スタンダード　lamp standard
ランプ・ステーキ　rump steak
ランプ・チムニー　lamp chimney
ランプブラック　lampblack
ランプポスト　lamppost
ランブラー　rambler
ランプライター　lamplighter
ランプライト　lamplight
ランプリー　lamprey
ランブリング　rambling, rumbling
ランプリング　Rampling
ランブル　ramble, rumble
ランプル　rumple
ランブル・シート　rumble seat
ランブレッタ　Lambretta
ランプレドット　lampredotto
ランページャス　rampageous
ランベースト　lambaste
ランペクトミー　lumpectomy
ランベス　Lambeth
ランベンシー　lambency
ランベント　lambent
ランボー　Rambo, Rimbaud
ランボルギーニ　Lamborghini
ランマー　rammer
ランヤード　lanyard

リ

リア　rear, Lear, lehr, leer
リアー　rear
リアーゼ　lyase, lyace
リア・アドミラル　rear admiral
リアーマメント　rearmament
リアーム　rearm
リア・ウィンドー　rear window
リア・エンド　rear end
リア・ガード　rear guard
リアガード・アクション　rearguard action
リアクショナリー　reactionary
リアクション　reaction
リアクター　reactor
リアクタンス　reactance
リアクタント　reactant
リアクティブ　reactive
リアクティベート　reactivate
リアクト　react, re-act
リアクトル　reactor
リアサート　reassert
リアジェット　Learjet
リアジャスト　readjust
リアジャストメント　readjustment
リアシュア　reassure
リアシュアランス　reassurance
リアシュアリング　reassuring
リアドレス　readdress
リアニメート　reanimate
リアピアー　reappear
リアピアランス　reappearance
リアビュー・ミラー　rearview mirror
リアフォーレスト　reafforest
リアプレイザル　reappraisal
リアム　Liam
リアモスト　rearmost
リアライザブル　realizable
リアライズ　realize
リアライゼーション　realization
リアライン　realign, -aline
リアリー　really, leery
リアリスティック　realistic
リアリスト　realist
リアリズム　realism
リアリゼーション　realization
リアリティー　reality
リアル　real, rial
リアル・エステート　real estate
リアルオーディオ　RealAudio
リアルガー　realgar
リアルター　Realtor
リアル・タイム　real time, real-time
リアルティー　realty
リアル・テニス　real tennis
リアルト　Rialto
リアルネットワークス　RealNetworks
リアルプレイヤー　RealPlayer
リアルプレーヤー　RealPlayer
リアルポリティック　realpolitik
リアル・マッコイ　real McCoy
リアル・ライフ　real-life
リアレンジ　rearrange
リアレンジメント　rearrangement
リアワーズ　rearwards
リアワード　rearward
リアン　Leanne
リー　Lee, Leigh, lea, lee, re
リーア　Leah
リーアム　Liam
リーアン　Leanne
リーウェー　leeway
リーエン　lien
リーカー　leaker
リーガー　leaguer
リーガ・エスパニョーラ　Liga Española
リーガライズ　legalize
リーガライゼーション　legalization
リーガリー　legally
リーガリーズ　legalese

リーガリスティック　legalistic
リーガリスト　legalist
リーガリズム　legalism
リーガリゼーション　legalization
リーガリティー　legality
リーガル　legal, regal
リーガル・エイド　legal aid
リーガル・コンサルタント　legal consultant
リーガル・サイズド　legal-sized
リーガル・システム　legal system
リーガル・プロシーディングズ　legal proceedings
リーガル・ホリデー　legal holiday
リーガン　Regan
リーキ　leek
リーキー　leaky, reeky
リーキーン　likin, lekin, liken
リーク　leak, leek, reek, wreak
リーグ　league
リーグ・テーブル　league table
リーケージ　leakage
リーサ　Lisa
リーザ　Lisa
リーサス・ファクター　rhesus factor
リーサス・モンキー　rhesus monkey
リーサブル　leasable
リーサリティー　lethality
リーサル　lethal
リーサル・ウエポン　Lethal Weapon
リージェンシー　regency
リージェント　regent
リーシス　lysis
リージス　Regis
リーシュ　leash
リージュ　liege
リイシュー　reissue
リーシュマニア　leishmania
リージョナライズ　regionalize
リージョナライゼーション　regionalization
リージョナリー　legionary
リージョナリズム　regionalism
リージョナリゼーション　regionalization
リージョナル　regional
リージョネア　legionnaire
リージョン　region, legion, lesion
リージョン・コード　region code
リージョン・フリー　region-free
リース　lease, wreath, Reese, Reiss, Rhys
リーズ　Leeds, lees, wreathe
リーズ・アンド・ラグズ　leads and lags
リーズ・アンド・ラッグズ　leads and lags
リースト　least
リーストワイズ　leastwise
リーズナブリー　reasonably
リーズナブル　reasonable
リーズニング　reasoning
リースバック　leaseback
リースホールド　leasehold
リースホルダー　leaseholder
リーズ・マジェスティ　lése [léze] májesty
リースリング　Riesling
リーズン　reason
リーズンド　reasoned
リーズンレス　reasonless
リーセフィヨルド　Lysefjord
リーセント　recent
リーセントリー　recently
リーダー　leader, reader
リーダーシップ　leadership, readership
リーダーズ・ダイジェスト　Reader's Digest
リーダーボード　leaderboard
リーダーリー　readerly
リーダーレス　leaderless
リーダビリティー　readability
リーダブル　readable
リーチ　reach, leech, leach
リーチ・アウト　reach-out
リーチ・ミー・ダウン　reach-me-down
リーチャビリティー　reachability
リーチャブル　leachable, reachable
リーディー　reedy
リーディング　leading, reading
リーディング・アーティクル　leading article
リーディング・エイジ　reading age
リーディング・エッジ　leading edge
リーディング・カンパニー　leading company
リーディング・クエスチョン　leading question
リーディング・グラス　reading glass
リーディング・ストリングズ　leading strings
リーディング・デスク　reading desk
リーディング・マター　reading matter
リーディング・ライト　leading light

リーディング・ルーム　reading room
リーディング・レインズ　leading reins
リイテレーション　reiteration
リイテレート　reiterate
リート　lied, REIT
リード　lead, read, reed, Reed, Reid
リードアウト　readout
リード・アップ　lead-up
リード・イン　lead-in
リード・インストルメント　reed instrument
リードオフ　leadoff
リード・オルガン　reed organ
リード・オンリー　read-only
リード・ギター　lead guitar
リード・ジェネレーション　lead generation
リートスピーク　leetspeak
リード・スルー　read-through
リード・タイム　lead time
リード・パイプ　reed pipe
リートフェルト　Rietveld
リードミー・ファイル　readme file
リードロー　redraw
リーナ　Lena, Lina
リーナル　renal
リーニエンシー　leniency
リーニエンス　lenience
リーニエント　lenient
リーニング　leaning
リーニング・タワー・オブ・ピサ　Leaning Tower of Pisa
リーノー　Reno
リーバ　Reba
リーパー　leaper, reaper
リーバーマン　Lieberman, Liebermann
リーバーマン・ワーナー　Lieberman-Warner
リーハイ　Lehi, Lehigh
リーバイ　Levi
リーバイス　Levi's
リーバイ・ストラウス　Levi Strauss
リーバス　rebus
リーヒー　Leahy
リーフ　leaf, reef, lief, Leif
リーブ　leave, reeve
リープ　leap, reap
リーファー　reefer
リーフィー　leafy, reefy
リープ・イヤー　leap year
リーフェージ　leafage
リーブズ　Reeves
リーフストーク　leafstalk
リーブ・テイキング　leave-taking
リープ・デー　leap day
リーフト　leafed
リーブド　leaved
リーフ・ノット　reef knot
リーフ・バッド　leaf bud
リープフロッグ　leapfrog
リーフ・マイナー　leaf miner
リーフ・モールド　leaf mold
リーブリング　Liebling
リーブルビル　Libreville
リーフレス　leafless
リーフレット　leaflet
リーベカイト　riebeckite
リーベッカイト　riebeckite
リーボック　Reebok, reebok, rhebok
リーボビッツ　Leibovitz
リーマー　reamer, lemur
リーマス・ルーピン　Remus Lupin
リーマン　Lehman
リーマン・ブラザーズ　Lehman Brothers
リーム　ream
リーラ　Leila(h), Lela, lila
リーランド　Leland
リール　reel, Lisle, Lille
リール・スレッド　lisle thread
リーワード　leeward
リーン　lean
リインカーネーション　reincarnation
リインカーネート　reincarnate
リインシュア　reinsure
リインシュアランス　reinsurance
リインステート　reinstate
リインステートメント　reinstatement
リーン・トゥー　lean-to
リインバース　reimburse
リインフォース　reinforce
リインフォースト・コンクリート　reinforced concrete
リインフォースメント　reinforcement
リーン・プロダクション　lean production
リインベスト　reinvest
リインベストメント　reinvestment
リーン・マニュファクチャリング　lean

manufacturing
リウォード reward
リウ・シャオチー Liu Shaoqi
リウマチ ⇨リューマチズム
リエイリア realia
リエージェント reagent
リエーズ liaise
リエグザミネーション reexamination
リエグザミン reexamine
リエコー reecho
リエゾン liaison
リエット rillettes
リエデュケーション reeducation
リエデュケート reeducate
リエル riel
リエレクション reelection
リエレクト reelect
リエンジニア reengineer
リエンジニアリング reengineering
リエンター reenter
リエントラント reentrant
リエントリー reentry
リオーガナイズ reorganize
リオーガナイゼーション reorganization
リオーガニゼーション reorganization
リオーダー reorder
リオープン reopen
リオグランデ Rio Grande
リオ・ティント Rio Tinto
リオデジャネイロ Rio de Janeiro
リオハ Rioja
リガ Riga
リカー liquor, recur
リガー rigger, rigor, rigour
リガージタント regurgitant
リガージテーション regurgitation
リガージテート regurgitate
リカーシブ recursive
リガーゼ ligase
リガーディング regarding
リガード regard
リガードフル regardful
リガードレス regardless
リカーブ recurve
リカーリング recurring
リカーレンス recurrence
リカーレント recurrent
リカウント recount
リガチャー ligature
リガティーニ rigatini
リガトーニ rigatoni
リガトンチェッロ rigatoncello
リカバー recover, re-cover
リカバラブル recoverable
リカバリー recovery
リカバリー・ショット recovery shot
リカバリー・ルーム recovery room
リガメンタス ligamentous
リガメント ligament
リカルシトランシー recalcitrancy
リカルシトランス recalcitrance
リカルシトラント recalcitrant
リカンテーション recantation
リカント recant
リガンド ligand
リカンベント recumbent
リキシャ ricksha, -shaw
リキッド liquid
リキッドアンバー liquidambar
リキッド・オクシジェン liquid oxygen
リキッド・クリスタル liquid crystal
リキッド・クリスタル・ディスプレー liquid crystal display, LCD
リキッド・メジャー liquid measure
リキディティー liquidity
リキテンシュタイン Lichtenstein
リギフター regifter
リギフト regift
リキャスト recast
リキャップ recap
リキャピチュレーション recapitulation
リキャピチュレート recapitulate
リキャプチャー recapture
リキューペラティブ recuperative
リキューペレーティブ recuperative
リキューペレート recuperate
リキュール liqueur
リギング rigging
リキンドル rekindle
リグ rig
リグ・アウト rig-out
リクイダイザー liquidizer
リクイダイズ liquidize
リクイッド liquid

リクイッドアンバー　liquidambar
リクイディティー　liquidity
リクイデーション　liquidation
リクイデーター　liquidator
リクイデート　liquidate
リクイファイ　liquefy
リクイファイアー　liquefier
リクイファイアビリティー　liquefiability
リクイファイアブル　liquefiable
リクイファイド・ナチュラル・ガス　liquefied natural gas, LNG
リクイファイド・ペトローリアム・ガス　liquefied petroleum gas, LPG
リクイファクション　liquefaction
リクード　Likud
リクープ　recoup
リクエスト　request
リクエスト・ストップ　request stop
リクエッセンス　liquescence
リクエッセント　liquescent
リクショー　rickshaw, -sha
リクテンスタイン　Lichtenstein
リグナーゼ　lignase
リグナイト　lignite
リグナン　lignan
リグニアス　ligneous
リグニティック　lignitic
リグニファイ　lignify
リグニン　lignin
リグノカイン　lignocaine
リグ・ベーダ　Rig-Veda
リグマロール　rigmarole
リグラー　wriggler
リクライナー　recliner
リクライナブル　reclinable
リクライニング・シート　reclining seat
リクライニング・チェア　reclining chair
リクライン　recline
リグリー　wriggly, Wrigley
リグリーン　regreen
リクリエーション　re-creation
リクリエート　re-create
リクリミナトリー　recriminatory
リクリミネーション　recrimination
リクリミネート　recriminate
リグル　wriggle
リクルーター　recruiter
リクルート　recruit
リクルートメント　recruitment
リグループ　regroup
リクルデッセンス　recrudescence
リクルデッセント　recrudescent
リグレー　Wrigley
リクレーム　reclaim
リグレス　regress
リグレッシブ　regressive
リグレッション　regression
リグレッタブル　regrettable
リグレット　regret
リグレットフル　regretful
リクワイア　require
リクワイアメント　requirement
リクワイタル　requital
リクワイト　requite
リゲイン　regain
リゲーリア　regalia
リゲール　regale
リケッチア　rickettsia
リケッチアル・ディジーズ　rickettsial desease
リケッツ　rickets
リケッティー　rickety
リケッティー・スプリット　lickety-split
リケルメ　Riquelme
リコイル　recoil
リコイルレス　recoilless
リコー　Ricoh
リコース　recourse
リコーダー　recorder
リコール　recall
リコシェ　ricochet
リコッタ　ricotta
リコネサンス　reconnaissance
リコネサンス・サテライト　reconnaissance satellite
リコノイター　reconnoiter, -tre
リコピン　lycopene
リコミッタル　recommittal
リコミット　recommit
リコメンダブル　recommendable
リコメンデーション　recommendation
リコメンド　recommend
リゴラス　rigorous
リコリス　licorice, liquo-

リコリン　lycorine
リゴル・モルティス　rigor mortis
リコレクション　recollection
リコレクト　re-collect, recollect
リゴレット　Rigoletto
リコンシダー　reconsider
リコンシダレーション　reconsideration
リコンスティテュート　reconstitute
リコンストラクション　reconstruction
リコンストラクト　reconstruct
リコンディション　recondition
リコンバイン　recombine
リコンビナント　recombinant
リコンビネーション　recombination
リコンファーム　reconfirm
リコンファーメーション　reconfirmation
リコンペンス　recompense
リサ　Lisa
リサージェンス　resurgence
リサージェント　resurgent
リサーチ　research
リサーチャー　researcher
リザード　lizard
リザービスト　reservist
リザーブ　reserve
リサーフェス　resurface
リザーブド　reserved
リザーブ・バンク　reserve bank
リザーブ・プライス　reserve price
リサイクラー　recycler
リサイクラブル　recyclable
リサイクリング　recycling
リサイクル　recycle
リサイズ　resize
リサイタル　recital
リサイト　recite
リザイド　reside
リザイン　resign
リザインド　resigned
リサウンディング　resounding
リサウンド　resound
リサシテーション　resuscitation
リサシテート　resuscitate
リザベーション　reservation
リサモール　Risamol
リザルタント　resultant
リザルト　result
リザルトフル　resultful
リザルトレス　resultless
リサレクション　resurrection
リサレクト　resurrect
リザンプション　resumption
リシア　lithia
リジー　Lizzie, Lizzy
リシート　reseat
リシード　recede
リシーバー　receiver
リシーバーシップ　receivership
リシーバブル　receivable
リシービング　receiving
リシーブ　receive
リシーブド　received
リシーブド・スタンダード・イングリッシュ　Received Standard English
リシーブド・プロナンシエーション　Received Pronunciation, RP
リジェクション　rejection
リジェクター　rejecter, -tor
リジェクト　reject
リジェネラティブ　regenerative
リジェネレーション　regeneration
リジェネレート　regenerate
リジグ　rejig
リシケシ　Rishikesh
リシジョン　rescission
リシック　lithic
リシット　licit
リジッド　rigid
リジディティー　rigidity
リシノプリル　lisinopril
リシャール　Richart
リシャッフル　reshuffle
リジューバネーター　rejuvenator
リジューベネーション　rejuvenation
リジューベネート　rejuvenate
リジューム　resume
リシュケシュ　Rishikesh
リシュモン　Rishemont
リショアリング　reshoring
リジョイシング　rejoicing
リジョイス　rejoice
リジョイン　rejoin
リジョインダー　rejoinder
リシン　ricin, lysine

リジン　lysine
リシンク　rethink
リシンド　rescind
リズ　Liz
リスキー　risky
リスク　risk, RISC
リスク・アービトラージ　risk arbitrage
リスク・キャピタル　risk capital
リスクヘッジ　risk hedge
リスク・マネージメント　risk management
リスケ　⇨リスケジュール
リスケイ　risqué
リスケジュール　reschedule
リスター　lister
リスティー　wristy
リスティング　listing
リステージ　restage
リステート　restate
リステリア　listeria
リステリン　Listerine
リスト　list, wrist, Liszt
リストア　restore
リストウォッチ　wristwatch
リストック　restock
リスト・パッド　wrist pad
リストバンド　wristband
リスト・プライス　list price
リスト・ブローカー　list broker
リスト・ボックス　list box
リストラ　⇨リストラクチャリング
リストラクチャー　restructure
リストラクチャリング　restructuring
リストランテ　ristorante
リストリクション　restriction
リストリクト　restrict
リストレス　listless
リスト・レスト　wrist rest
リストレット　wristlet
リスナー　listener
リスナブル　listenable
リスプ　lisp
リズ・フェア　Liz Phair
リスペクター　respecter
リスペクタビリティー　respectability
リスペクタブル　respectable
リスペクティブ　respective
リスペクティブリー　respectively
リスペクティング　respecting
リスペクト　respect
リスペクトフリー　respectfully
リスペクトフル　respectful
リズベス　Lizbeth
リスボン　Lisbon
リスポンシビリティー　responsibility
リスポンシブ　responsive
リスポンシブル　responsible
リスポンス　response
リズミカル　rhythmical
リズミシティー　rhythmicity
リズミック　rhythmic
リズミック・ジムナスティックス　rhythmic gymnastics
リズム　rhythm
リズム・アンド・ブルース　rhythm and blues, R & B
リズム・セクション　rhythm section
リズム・マシーン　rhythm machine
リズム・メソッド　rhythm method
リスン　listen
リズン　risen
リセ　lycée
リセール　resale
リセール・バリュー　resale value
リセール・プライス・メンテナンス　resale price maintenance
リセス　recess
リセッシブ　recessive
リセッショナル　recessional
リセッション　recession
リセット　reset
リセトル　resettle
リセル　resell
リゼント　resent
リゼントフル　resentful
リゼントメント　resentment
リゼンブランス　resemblance
リゼンブル　resemble
リソース　resource
リソース・シェアリング　resource sharing
リソースフル　resourceful
リソート　re-sort
リゾート　resort
リソープション　resorption
リゾープション　resorption

リソール　resole, rissole
リゾーン　rezone
リソグラフ　lithograph
リソグラファー　lithographer
リソグラフィー　lithography
リソグラフィック　lithographic
リソスフェア　lithosphere
リソソーム　lysosome
リソチーム　lysozyme
リゾチーム　lysozyme
リゾット　risotto
リゾビウム　rhizobium
リゾリュブル　resoluble
リゾルバブル　resolvable
リゾルブ　resolve
リゾルブド　resolved
リソロジー　llithology
リタ　Rita
リター　litter
リターゲティング　retargeting
リタージカル　liturgical
リタージック　liturgic
リターダンシー　retardancy
リターダント　retardant
リターデーション　retardation
リターデート　retardate
リターデッド　retarded
リタード　retard
リターナブル　returnable
リターニー　returnee
リターニング・オフィサー　returning officer
リターバグ　litterbug
リターバスケット　litterbasket
リターバッグ　litterbag
リタービン　litterbin
リターラウト　litterlout
リターン　return
リターン・カード　return card
リターン・チケット　return ticket
リターン・トリップ　return trip
リタイア　retire
リタイアド　retired
リタイアメント　retirement
リタイアメント・ペンション　retirement pension
リタイアリー　retiree
リタイアリング　retiring
リタイアリング・エイジ　retiring age
リダイヤル　redial
リダイレクション　redirection
リダイレクト　redirect
リダウタブル　redoubtable
リダウト　redoubt
リダウンド　redound
リダクショニスティック　reductionistic
リダクショニズム　reductionism
リダクション　reduction
リダクタンス　redundance
リダクティブ　reductive
リダクト　redact
リタジー　liturgy
リダックス　redux
リタッチ　retouch
リタニー　litany
リダブル　redouble
リタリアティブ　retaliative
リタリアトリー　retaliatory
リタリエーション　retaliation
リタリエーティブ　retaliative
リタリエート　retaliate
リタリン　Ritalin
リタルダンド　ritardando
リダンダンシー　redundancy
リダンダント　redundant
リチウム　lithium
リチェック　recheck
リチャージ　recharge
リチャージャー　recharger
リチャージャブル　rechargeable
リチャーズ　Richards
リチャード　Richard
リチャード・ギア　Richard Gere
リチャード・ジノリ　Richard Ginori
リチャードソン　Richardson
リチャード・ロー　Richard Roe
リチュアリスティック　ritualistic
リチュアリスト　ritualist
リチュアリズム　ritualism
リチュアル　ritual
リツイート　retweet
リッカート　Likert
リッキー　Ricky, Rickie
リツキサン　Rituxan
リツキシマブ　rituximab

リッキャップ　recap
リッキング　licking
リック　lick, rick, wrick, Rick
リックスピットル　lickspittle
リッケンバッカー　Rickenbacker
リッサム　lissom(e)
リッジ　ridge
リッジウェイ　ridgeway
リッジ・タイル　ridge tile
リッジフィールド　Ridgefield
リッジポール　ridgepole
リッター　liter, litre
リッダンス　riddance
リッチ　rich, Rich
リッチー　Richie, Ritchie
リッチ・ゲート　lych-gate, lich-
リッチズ　riches
リッチ・テキスト　rich text
リッチネス　richness
リッチモンド　Richmond
リッチョリ　riccioli
リッチリー　richly
リッツ　Ritz
リッツィー　ritzy
リッツ・カールトン　Ritz-Carlton
リット　lit, writ
リッド　lid, rid
リットル　liter, litre
リッドレス　lidless
リットン　Lytton
リッパー　ripper
リッピ　Lippi
リッピー　lippy
リッピング　ripping
リップ　lip, rip
リップ・ヴァン・ウィンクル　Rip Van Winkle
リップ・オフ　rip-off
リップ・カレント　rip current
リップ・グロス　lip gloss
リップ・コード　rip cord
リップ・サービス　lip service
リップサルブ　lipsalve
リップ・シンク　lip-sync, -synch
リップスティック　lipstick
リップストップ　ripstop
リップスノーター　ripsnorter
リップソー　ripsaw
リップタイド　riptide
リップト　lipped
リッフラッフ　riffraff
リップラップ　riprap
リップリーディング　lipreading
リップ・リード　lip-read
リップル　ripple
リップ・ロアリング　rip-roaring
リディア　Lydia
リディー　Liddie
リディーマー　redeemer
リディーマブル　redeemable
リディーミング　redeeming
リディーム　redeem
リティガント　litigant
リディキュール　ridicule
リディキュラス　ridiculous
リテイク　retake
リティゲーション　litigation
リティゲート　litigate
リティジャス　litigious
リディストリビュート　redistribute
リテイナー　retainer
リテイニング・ウォール　retaining wall
リディフュージョン　Rediffusion
リディベロップ　redevelop
リテイン　retain
リテインド・オブジェクト　retained object
リテーラー　retailer
リテール　retail
リデコレート　redecorate
リデノミネーション　redenomination
リデプロイ　redeploy
リデベロップ　redevelop
リデューサー　reducer
リデューシブル　reducible
リデュース　reduce
リデュープリケーション　reduplication
リデュープリケート　reduplicate
リテラーティ　literati
リテラーティム　literatim
リテラシー　literacy
リテラチャー　literature
リテラトゥール　litterateur, -tér-
リテラライズ　literalize
リテラリー　literally, literary
リテラリスト　literalist

リテラリズム　literalism
リテラル　literal
リテル　retell
リデル　Liddell
リテレート　literate
リテンション　retention
リテンティブ　retentive
リデンプション　redemption
リデンプティブ　redemptive
リトアニア　Lithuania
リトアニアン　Lithuanian
リドゥー　redo
リトゥール　retool
リドー　Lido
リトート　retort
リドカイン　lidocaine
リトグラフ　lithograph
リトグラファー　lithographer
リトグラフィー　lithography
リトグラフィック　lithographic
リドゲート　Lydgate
リトドリン　ritodrine
リトナビル　ritonavir
リトバルスキー　Littbarski
リトビネンコ　Litvinenko
リトマス　litmus
リトマス・テスト　litmus test
リトマス・ペーパー　litmus paper
リトミック　rythmique
リトライアル　retrial
リトライバライズ　retribalize
リトライバライゼーション　retribalization
リトライバリゼーション　retribalization
リトラクション　retraction
リトラクタイル　retractile
リトラクタブル　retractable
リトラクティル　retractile
リトラクト　retract
リドラフト　redraft
リトラル　littoral
リドリー　ridley, Ridley
リトリート　retreat
リトリーバー　retriever
リトリーバル　retrieval
リトリーブ　retrieve
リトリビューション　retribution
リトリビューティブ　retributive
リトル　little
リドル　riddle
リトル・アメリカ　Little America
リトル・イタリー　Little Italy
リトル・ウーマン　little woman
リトル・シアター　little theater
リトル・スラム　little slam
リトル・ディッパー　Little Dipper
リトル・トー　little toe
リトル・ドッグ　Little Dog
リトルトン　Littleton
リトル・ハングルトン　Little Hangleton
リトル・ピープル　little people
リトル・フィート　Little Feat
リトル・フィンガー　little finger
リトル・ベア　Little Bear
リトル・マガジン　little magazine
リトル・リーグ　Little League
リトル・リチャード　Little Richard
リトル・ロシア　Little Russia
リトル・ロック　Little Rock
リトレイニング　retraining
リトレイン　retrain
リトレース　retrace
リトレーニング　retraining
リトレーン　retrain
リドレス　redress
リトレッド　retread
リトレンチ　retrench
リトレンチメント　retrenchment
リナウン　renown
リナウンス　renounce
リナウンド　renowned
リナカー　Linacre
リナシェンテ　Rinascente
リナセンス　renascence
リナセント　renascent
リナックス　Linux
リナライト　linarite
リナリル　linalyl
リナロール　linalool
リナンシエーション　renunciation
リニア　linear
リニア・メジャー　linear measure
リニアメント　lineament
リニア・モーター　linear motor
リニアル　lineal

リニエーション　lineation
リニグ　renege, -negue
リニメント　liniment
リニュー　renew
リニューアビリティー　renewability
リニューアブル　renewable
リニューアル　renewal
リニュロン　linuron
リネーム　rename
リネッジ　lineage
リネット　linnet, Lynette
リネン　linen
リノベーション　renovation
リノリウム　linoleum
リノレニック　linolenic
リバー　river, liver, libber, rebar
リパーカッション　repercussion
リバーサイド　riverside
リハーサル　rehearsal
リバーサル　reversal
リバーサル・フィルム　reversal film
リバーシ　reversi
リバーシブル　reversible
リバージョナリー　reversionary
リバージョン　reversion
リバーシング・ライト　reversing light
リハース　rehearse
リバース　reverse, rebirth
リバース・エンジニアリング　reverse engineering
リバース・オークション　reverse auction
リバース・モーゲージ　reverse mortgage
リパーゼ　lipase
リバーダンス　Riverdance
リバーティーン　libertine
リバーティニズム　libertinism
リバート　revert
リバーバティブ　rebarbative
リバーバラトリー　reverberatory
リバーバラント　reverberant
リバーバレーション　reverberation
リバーバレート　reverberate
リバーバンク　riverbank
リバーブ　reverb
リバーブラトリー　reverberatory
リバーブラント　reverberant
リバーブレーション　reverberation
リバーブレート　reverberate
リバー・プレート　River Plate
リバーフロント　riverfront
リバー・ベイスン　river basin
リバーヘッド　riverhead
リバーベッド　riverbed
リバーベラント　reverberant
リバーベレーション　reverberation
リバーベレート　reverberate
リバー・ホース　river horse
リバーボート　riverboat
リバーワート　liverwort
リバイアサン　leviathan
リバイザー　reviser
リバイザル　revisal
リバイズ　revise
リバイズド・スタンダード・バージョン　Revised Standard Version, RSV
リバイズド・バージョン　Revised Version, RV
リバイタライズ　revitalize, -ise
リバイタライゼーション　revitalization
リバイタリゼーション　revitalization
リハイドレーション　rehydration
リハイドレータブル　rehydratable
リハイドレート　rehydrate
リバイバリスト　revivalist
リバイバリズム　revivalism
リバイバル　revival
リバイブ　revive
リバイル　revile
リパイン　repine
リバインド　rebind
リハウズ　rehouse
リバウド　Rivaldo
リバウンド　rebound
リパグナンス　repugnance
リパグナント　repugnant
リバスチグミン　rivastigmine
リパスト　repast
リバタリアニズム　libertarianism
リバタリアン　libertarian
リハッシュ　rehash
リバッタル　rebuttal
リバット　rebut
リハッブ　rehab
リバッフ　rebuff

リバティー　liberty
リバティー・アイランド　Liberty Island
リバティー・キャップ　liberty cap
リバティー・ベル　Liberty Bell
リパトリエーション　repatriation
リパトリエート　repatriate
リバパドリアン　Liverpudlian
リハビリ　⇨リハビリテーション
リハビリテーション　rehabilitation
リハビリテーティブ　rehabilitative
リハビリテート　rehabilitate
リバプール　Liverpool
リバプール・サウンド　Liverpool Sound
リパブリカニズム　republicanism
リパブリカン　republican
リパブリカン・パーティー　Republican party
リパブリック　republic
リバブル　livable, live-
リバライン　riverine
リバランス　rebalance
リバリー　livery
リバリー・カンパニー　livery company
リバリー・ステーブル　livery stable
リバリーマン　liveryman
リバリュー　revalue
リバリュエーション　revaluation
リパルシブ　repulsive
リバルション　revulsion
リパルション　repulsion
リパルス　repulse
リパワリング　repowering
リバンプ　revamp
リビア　Libya, Revere, revere, revers, Livia
リヒアー　rehear
リビアン　Libyan
リビアン・デザート　Libyan Desert
リビー　Libby
リピーター　repeater
リピータブル　repeatable
リピーティング　repeating
リピーテッド　repeated
リヒート　reheat
リピート　repeat
リピーラビル　repealable
リビーリング　revealing
リビール　reveal
リピール　repeal
リビールド・レリジョン　revealed religion
リビエラ　Riviera
リビジット　revisit
リビジョニスト　revisionist
リビジョニズム　revisionism
リビジョン　revision
リヒター・スケール　Richter scale
リビッド　livid
リピッド　lipid, lipide
リビディナス　libidinous
リビディナル　libidinal
リピデーション　lipidation
リヒテンシュタイン　Liechtenstein
リビドー　libido
リビドーパス　libidopath
リピトール　Lipitol, Lipitor
リビビファイ　revivify
リヒャルト　Richard
リビュー　review
リビューク　rebuke
リピューディエーション　repudiation
リピューディエート　repudiate
リピュート　repute
リビューワー　reviewer
リビュレット　rivulet
リビルド　rebuild
リビング　living, ribbing
リビング・ウィル　living will
リビング・ウェージ　living wage
リビングストン　Livingstone, Livingston
リビング・スペース　living space
リビングソーシャル　LivingSocial
リビング・デス　living death
リビング・ニーズ　living needs
リビング・フォッシル　living fossil
リビング・ルーム　living room
リビントン　Rivington
リフ　riff
リブ　live, lib, rib
リファー　refer
リファービッシュ　refurbish
リファービッシュメント　refurbishment
リファーラブル　referable
リファーラル　referral
リブ・アイ　rib eye
リファイナー　refiner

リファイナリー　refinery
リファイナンス　refinance
リファイン　refine
リファインド　refined
リファインメント　refinement
リファクター　refactor
リファクタリング　refactoring
リファッション　refashion
リファラー　referrer
リファルジェンス　refulgence
リファルジェント　refulgent
リファレンス　reference
リファンダブル　refundable
リファンド　refund
リファンピシン　rifampicin
リファンピン　rifampin
リフィー　Liffey
リフィット　refit
リフィラブル　refillable
リフィル　refill
リブ・イン　live-in
リブート　reboot
リフェ　Lifue
リフェース　reface
リフェクション　refection
リフェクトリー　refectory
リフェクトリー・テーブル　refectory table
リフォーマー　reformer
リフォーマティブ　reformative
リフォーマトリー　reformatory
リフォーマビリティー　reformability
リフォーマブル　reformable
リフォーミスト　reformist
リフォーミング　reforming
リフォーム　reform, re-form
リフォーム・スクール　reform school
リフォームド　reformed
リフォーメーション　reformation, re-formation
リフォーレスト　reforest
リフォレステーション　reforestation
リブ・ケージ　rib cage
リプケン　Ripken
リプスコム　Lipscomb
リブ・セーター　ribbed sweater
リフター　lifter
リブ・デムズ　Lib Dems
リフト　lift, rift
リブド　ribbed
リフトオフ　liftoff
リフトバック　liftback
リフト・バレー　rift valley
リフトボーイ　liftboy
リフトマン　liftman
リプトン　Lipton
リブニ　Livni
リフューザー　refuser
リフューザル　refusal
リフューズ　refuse
リフューズニック　refusenik
リフュータブル　refutable
リフュート　refute
リフュエル　refuel
リブラ　libra
リプライ　reply
リプライザル　reprisal
リプライ・ペイド　reply-paid
リフラグ　reflag
リフラクション　refraction
リフラクター　refractor
リフラクティビティー　refractivity
リフラクティブ　refractive
リフラクティング・テレスコープ　refracting telescope
リフラクト　refract
リフラクトリー　refractory
リフラッグ　reflag
リフラックス　reflux
リプリー　Ripley
リプリーション　repletion
リプリーズ　reprise
リプリート　replete
リプリーブ　reprieve
リフリジラント　refrigerant
リフリジレーション　refrigeration
リフリジレーター　refrigerator
リフリジレーター・カー　refrigerator car
リフリジレート　refrigerate
リプリゼンタティブ　representative
リプリゼンテーショナル　representational
リプリゼンテーション　representation
リプリゼント　represent, re-present
リプリヘンシビリティー　reprehensibility
リプリマンド　reprimand

リプリント reprint
リフル riffle
リプル ripple
リプルーフ reproof
リプルーブ reprove
リプル・エフェクト ripple effect
リプル・マーク ripple mark
リプレイ replay
リフレイン refrain
リプレー replay
リプレーサブル replaceable
リフレーショナリー reflationary
リフレーション reflation
リフレーズ rephrase
リプレース replace
リプレースメント replacement
リフレート reflate
リフレーミング reframing
リフレクシブ reflexive
リフレクション reflection, reflexion
リフレクソロジー reflexology
リフレクソロジスト reflexologist
リフレクター reflector
リフレクタンス reflectance
リフレクティブ reflective
リフレクティング・テレスコープ reflecting telescope
リフレクト reflect
リプレス repress
リプレスト repressed
リプレゼンタティブ representative
リフレックス reflex
リフレックス・カメラ reflex camera
リプレッサー represser
リプレッシビリティー repressibility
リプレッシブ repressive
リプレッシブル repressible
リフレッシャー refresher
リフレッシュ refresh
リフレッシュ・サイクル refresh cycle
リフレッシュメント refreshment
リフレッシュメント・ルーム refreshment room
リフレッシュ・リーブ refresh leave
リプレッション repression
リフレッシング refreshing
リブレッティスト librettist
リブレット libretto
リプレニッシュ replenish
リプロ repro
リブ・ロース rib roast
リプローチ reproach
リプローチフル reproachful
リフロート refloat
リブロードキャスト rebroadcast
リプログラフィー reprography
リプログラミング reprogramming
リプログラム reprogram
リプロセス reprocess
リプロセッシング・プラント reprocessing plant
リプロダクション reproduction
リプロダクション・プルーフ reproduction proof
リプロダクティブ reproductive
リプロデューサー reproducer
リプロデューシビリティー reproducibility
リプロデューシブル reproducible
リプロデュース reproduce
リプロベーション reprobation
リプロベート reprobate
リブロング livelong
リブン riven
リペアー repair
リペアーマン repairman
リペアラビリティー repairability
リペアラブル repairable
リペイ repay
リペイド repaid
リペイヤブル repayable
リベート rebate
リベカ Rebekah
リベッター riveter
リベッティング riveting
リベット rivet
リベットメント revetment
リベラシオン Libération
リベラライザー liberalizer
リベラライズ liberalize
リベラライゼーション liberalization
リベラリー liberally
リベラリスティック liberalistic
リベラリスト liberalist
リベラリズム liberalism

リベラリゼーション liberalization
リベラリティー liberality
リベラル liberal
リベラル・アーツ liberal arts
リベラル・パーティー Liberal Party
リベリ Ribéry
リベリア Liberia
リベリアス rebellious
リベリアン Liberian
リペリアン riparian
リベリー Ribéry
リベリード liveried
リベリオン rebellion
リベリッシュ liverish
リペル repel
リベレーショニスト liberationist
リベレーション liberation
リベレーション・セオロジー liberation theology
リベレーター liberator
リベレーテッド liberated
リベレート liberate
リペレント repellent, -lant
リベロ libero
リベンジ revenge
リベンジフル revengeful
リベンジャー revenger
リペンタンス repentance
リペンタント repentant
リペント repent
リポイック・アシッド lipoic acid
リポイント repoint
リボーカビリティー revocability
リボーカブル revocable
リボーク revoke
リボース ribose
リポーズ repose
リポーター reporter
リポータブル reportable
リポーティング reporting
リポート report
リホーム rehome
リボーン reborn
リポキシゲナーゼ lipoxygenase
リポグラム lipogram
リポクローム lipochrome
リボケーション revocation
リポサクション liposuction
リボシド riboside
リポジトリー repository
リポスト riposte, -post
リポゼス repossess
リポゼッション repossess
リボソーム ribosome
リポソーム liposome
リポット repot
リボヌクレイック・アシッド ribonucleic acid
リボフラビン riboflavin, -flavine
リポプロテイン lipoprotein
リポペプチド lipopeptide
リボルティング revolting
リボルト revolt
リボルド ribald
リボルドリー ribaldry
リボルノ Livorno, Leghorn
リボルバー revolver
リボルビング revolving
リボルビング・ドア revolving door
リボルビング・ローン revolving loan
リボルブ revolve
リボン ribbon
リボン・ディベロップメント ribbon development
リボン・ワーム ribbon worm
リマ Lima
リマー limner
リマーカブリー remarkably
リマーカブル remarkable
リマーク remark
リマーケティング remarketing
リマインダー reminder
リマインド remind
リマインドフル remindful
リマウント remount
リマソル Limassol
リマッチ rematch
リマリー remarry
リマリッジ remarriage
リマンド remand
リマンド・センター remand centre
リマンド・ホーム remand home
リミーディアブル remediable
リミーディアル remedial

リミス　remiss
リミックス　remix
リミッション　remission
リミッター　limiter, remitter
リミッタブル　limitable
リミッタンス　remittance
リミッテント　remittent
リミット　limit, remit
リミットレス　limitless
リミティング　limiting
リミテーション　limitation
リミテッド　limited
リミテッド・エディション　limited edition
リミナリティー　liminality
リミナル　liminal
リミニ　Rimini
リミューネラティブ　remunerative
リミューネレーション　remuneration
リミューネレーティブ　remunerative
リミューネレート　remunerate
リミリタライズ　remilitarize
リミリタライゼーション　remilitarization
リミリタリゼーション　remilitarization
リム　rim, limb, limn
リムーバー　remover
リムーバブル　removable, removeable
リムーバル　removal
リムーブ　remove
リムーブド　removed
リムジン　limousine
リムド　rimmed, limbed
リムナー　limner
リムノロジー　limnology
リムフォーマ　lymphoma
リムランド　rimland
リムレス　rimless, limbless
リムロック　rimrock
リメイク　remake
リメイン　remain
リメインダー　remainder
リメーク　remake
リメーリング　remailing
リメリック　limerick
リメンバー　remember
リメンブランサー　remembrancer
リメンブランス　remembrance
リメンブランス・サンデー　Remembrance Sunday
リメンブランス・デー　Remembrance Day
リモー　limo
リモージュ　Limoges
リモース　remorse
リモースフル　remorseful
リモースレス　remorseless
リモート　remote
リモート・アクセス　remote access
リモート・コントロール　remote control
リモート・コントロールド　remote-controlled
リモールド　remold, remould
リモデル　remodel
リモネッロ　limonello
リモネン　limonene
リモンストラティブ　remonstrative
リモンストランス　remonstrance
リモンストラント　remonstrant
リモンストレーション　remonstration
リモンストレート　remonstrate
リモンチーノ　limoncino
リモンチェッロ　limoncello
リャオニン　Liaoning
リヤド　Riyadh
リヤドロ　Lladró
リャマ　llama
リヤル　riyal
リューキン　Liukina, Lioukine
リューゲン　Rügen
リユーザブル　reusable
リュージュ　luge
リユース　reuse
リユーズ　reuse
リュータニスト　lutenist, -ta-
リュート　lute
リューベック　Lübeck
リューマチ　⇨リューマチズム
リューマチズム　rheumatism
リュクサンブール　Luxembourg
リュクス　luxe
リュケイオン　lyceum
リュックサック　rucksack
リュック・ベッソン　Luc Besson
リュディア　Lydia
リユナイト　reunite
リユニオン　reunion

リュブリャナ　Ljubljana
リュミエール　Lumière
リョサ　Llosa
リヨセル　Lyocell
リヨン　Lyon
リラ　lira, lyre, lilac, Lyra
リライ　rely
リライアビリティー　reliability
リライアブリー　reliably
リライアブル　reliable
リライアンス　reliance
リライアント　reliant
リライタブル　rewritable
リライト　rewrite
リライン　reline
リラキシン　relaxin
リラクサント　relaxant
リラクシング　relaxing
リラクセーション　relaxation
リラクタンシー　reluctancy
リラクタンス　reluctance
リラクタント　reluctant
リラックス　relax
リラックスト　relaxed
リラプス　relapse
リラン　rerun
リランジェニ　lilangeni
リリアン　Lilian
リリー　lily, Lilli, Lily, Lili
リリー・オブ・ザ・バレー　lily of the valley
リリース　release
リリード　reread
リリーバー　reliever
リリーフ　relief
リリーブ　relieve
リリーブド　relieved
リリーフ・ピッチャー　relief pitcher
リリーフ・マップ　relief map
リリーフ・ロード　relief road
リリー・ホワイト　lily-white
リリー・リバード　lily-livered
リリカル　lyrical
リリシスト　lyricist
リリシズム　lyricism
リリスト　lyrist
リリック　lyric
リリパット　Lilliput
リリピューシャン　Lilliputian
リリブ　relive
リリベット　Lilibet
リル　rill, Lil
リルート　reroute
リルケ　Rilke
リルティング　lilting
リルト　lilt
リルハンメル　Lillehammer
リレー　relay
リレーショナル　relational
リレーション　relation
リレーションシップ　relationship
リレー・ステーション　relay station
リレーター　relater
リレータブル　relatable
リレーテッド　related
リレート　relate
リレー・レース　relay race
リレンザ　Relenza
リレント　relent
リレントレス　relentless
リロ　Lilo
リロード　reload
リロケーション　relocation
リロケータブル　relocatable
リロケート　relocate
リロングウェ　Lilongwe
リワーク　rework
リワーディング　rewarding
リワード　reward, reword
リワイヤー　rewire
リワインド　rewind
リン　Lynn, Lynne
リンガ　lingua, linga, lingam
リンカー　linker
リンガー　linger, ringer, wringer
リンガーハット　Ringer Hut
リンカーン　Lincoln
リンガ・フランカ　lingua franca
リンガム　lingam
リンガル　lingual
リンカンシャー　Lincolnshire
リンカンズ・バースデー　Lincoln's Birthday
リンキー・ディンク　rinky-dink
リンギスティック　linguistic
リンギスティック・アトラス　linguistic atlas

リンギスティック・ジオグラフィー　linguistic geography
リンギスティックス　linguistics
リンギスト　linguist
リンギット　ringgit
リンギング　ringing, wringing
リンキング・バーブ　linking verb
リンク　link, rink
リング　ring, ling, wring
リングア　lingua
リンクアップ　linkup
リングイネ　linguine
リングサイド　ringside
リンクシス　Linksys
リンクス　links, lynx
リンクス・アイド　lynx-eyed
リンクタス　linctus
リング・テールド　ring-tailed
リンクトイン　LinkedIn
リングトーン　ringtone
リング・ネックト　ring-necked
リング・バインダー　ring binder
リンク・ファーム　link farm
リング・フィンガー　ring finger
リング・プル　ring-pull
リングマスター　ringmaster
リンクマン　linkman
リンクリー　wrinkly
リングリーダー　ringleader
リンクル　wrinkle
リンクル・ケア　wrinkle care
リングレット　ringlet
リング・ロード　ring road
リンク・ロット　link rot
リングワーム　ringworm
リンケージ　linkage
リンゴ　lingo, Ringo
リンゴ・スター　Ringo Starr
リンコマイシン　lincomycin
リンゴンベリー　lingonberry
リンジィ　Rindsay
リンシード　linseed
リンシード・オイル　linseed oil
リンス　rinse
リンスパイア　Linspire
リンソ　Rinso
リンダ　Linda
リンター　linter
リンダーペスト　rinderpest
リンチ　lynch
リンチバーグ　Lynchburg
リンチピン　linchpin
リンチ・ロー　lynch law
リンツ　Lindt, Linz
リンデ　Linde
リンディー　Lindie, Lind(e)y
リンディスファーン　Lindisfarne
リンテル　lintel
リンデン　lindane, linden
リント　lint
リンドウズ　Lindows
リンドグレーン　Lindgren
リンドストローム　Lindstrom
リンドバーグ　Lindbergh
リントン　Linton
リンドン　Lindon, Lyndon
リンネル　linen
リンネル・ドレーパー　linen draper
リンネル・バスケット　linen basket
リンパ　lymph
リンバー　limber
リンパドレナージュ　Lymphdrainage
リンビック　limbic
リンピッド　limpid
リンピディティー　limpidity
リンプ　limp
リンファティック　lymphatic
リンフィールド　Linfield
リンフェン　Linfen
リンフォイド　lymphoid
リンフォーマ　lymphoma
リンフォカイン　lymphokine
リンフォサイト　lymphocyte
リンフォトキシン　lymphotoxin
リンフ・グランド　lymph gland
リンフ・ノード　lymph node
リンプ・リスト　limp wrist
リンペット　limpet
リンボー　limbo, Limbaugh
リンボー・ダンス　limbo dance
リンホカイン　lymphokine
リンホトキシン　lymphotoxin
リンポポ　Limpopo
リンメル　Rimmel

ル

ルアー　lure
ルアーバック　roorback, -bach
ルアーブル　Le Havre
ルアイリ　Ruairi
ルアウ　luau
ルアンダ　Luanda
ルアンプラバン　Luang Prabang
ルイ　Louis
ルイ・アームストロング　Louis Armstrong
ルイーザ　Louisa
ルイーズ　Louise
ルイ・ヴィトン　Louis Vuitton
ルイジアナ　Louisiana
ルイシャム　Lewisham
ルイス　Lewis, Louis, Lewes
ルイス・キャロル　Lewis Carroll
ルイナール　Ruinart
ルイビル　Louisville
ルイボス　rooibos
ルイボス・ティー　rooibos tea
ルイ・マル　Louis Malle
ルイユ　rouille
ルー　loo, roux, rue, Lew, Lou, Lu, Roo
ルーアウ　luau
ルーアン　Rouen
ルウィット　LeWitt
ルーイナス　ruinous
ルーイネーション　ruination
ルーイン　ruin
ルーインド　ruined
ルウェリン　Llewellyn
ルーカー　lucre
ルーカス　Lucas
ルーキー　rookie, rookey, rooky
ルーキーミア　leukemia, -kae-
ルーク　Luke, rook
ルークウォーム　lukewarm
ルーク・スカイウォーカー　Luke Skywalker
ルークラティブ　lucrative
ルーコサイト　leukocyte, -co-
ルーサー　Luther, Reuther
ルーザー　loser
ルーサイト　Lucite
ルーサラニズム　Lutheranism
ルーサラン　Lutheran
ルーシアス　Lucius
ルーシー　Lucy
ルージー　loosey
ルーシー・グーシー　loosey-goosey
ルーシー・ダットン　Rusie Dutton
ルーシー・バン・ペルト　Lucy Van Pelt
ルーシオ　Lucio
ルーシッド　lucid
ルーシディティー　lucidity
ルーシファー　Lucifer
ルーシャン　Lushan
ルーシュ　louche
ルージュ　rouge
ルーシュン　Lu Xun
ルージング　losing
ルース　loose, Ruth, Luce
ルーズ　lose, ruse
ルース・エンド　loose end
ルース・カバー　loose cover
ルース・ジョインテッド　loose-jointed
ルースター　rooster
ルース・タングド　loose-tongued
ルースト　roost
ルース・フィッティング　loose-fitting
ルーズ・フィット　loose fit
ルーズベルト　Roosevelt
ルース・ボックス　loose-box
ルーズリーフ　loose-leaf
ルース・リムド　loose-limbed
ルースレス　ruthless
ルースン　loosen
ルーセンシー　lucency
ルーセンシオ　Lucentio

ルーセント　lucent
ルーター　router, rooter, looter
ルータベイガ　rutabaga
ルーチナイズ　routinize
ルーチン　routine
ルーツ　roots
ルーディ　Rudy
ルーティー　rooty
ルーティーン　routine
ルーディクラス　ludicrous
ルーティナイズ　routinize
ルーディメンタリー　rudimentary
ルーディメント　rudiment
ルーティング　routing
ルーティング・トゥーティング　rooting-tooting
ルーテシア　Lutecia
ルーテッド　rooted
ルーテナント　lieutenant
ルーテナント・カーネル　lieutenant colonel
ルーテナント・ガバナー　lieutenant governor
ルーテナント・コマンダー　lieutenant commander
ルーテナント・ジェネラル　lieutenant general
ルーテナント・ジュニア・グレード　lieutenant junior grade
ルーデラル　ruderal
ルーテル　Luther
ルート　root, route, loot, lieut
ルード　rude, rood, lewd
ルードー　ludo
ルートキット　rootkit
ルート・クロップ　root crop
ルート・サーバー　root server
ルード・スクリーン　rood screen
ルートストック　rootstock
ルート・ディレクトリー　root directory
ルート・ビア　root beer
ルードビク　Ludovic
ルート・ヘア　root hair
ルート・ベジタブル　root vegetable
ルートル　rootle
ルートレス　rootless
ルートレット　rootlet
ルートン　Luton
ルーナー　lunar
ルーナー・イヤー　lunar year
ルーナー・エクリプス　lunar eclipse
ルーナー・カレンダー　lunar calendar
ルーナー・デイ　lunar day
ルーナー・マンス　lunar month
ルーナ・ラブグッド　Luna Lovegood
ルーニー　loony, looney, loonie, Rooney
ルーニー・ビン　loony bin
ルーニック　runic
ルーネート　lunate
ルーバー　louver, -vre
ルーパー　looper
ルーパート　Rupert
ルーパイン　lupine
ルーパス　lupus
ルーピー　loopy
ルービック・キューブ　Rubik('s) Cube
ルービン　Rubin
ルーピン　lupine, -pin
ルービンスタイン　Rubinstein
ルーフ　roof
ルーブ　lube, rube
ループ　loop
ルーファー　roofer, loofa(h)
ルーファス　Rufus
ルーフィング　roofing
ルーフ・ガーデン　roof garden
ループ・ザ・ループ　loop-the-loop
ルーフツリー　rooftree
ループト　looped
ルーフトップ　rooftop
ループバック　loopback
ループホール　loophole
ループ・ライン　loop line
ルーフ・ラック　roof rack
ルーブリカル　rubrical
ルーブリカント　lubricant
ルーブリケーション　lubrication
ルーブリケーター　lubricator
ルーブリケーティブ　lubricative
ルーブリケート　lubricate, rubricate
ルーブリシティー　lubricity
ルーブリシャス　lubricious
ルーブリック　rubric
ルーフル　rueful
ルーブル　Louvre, ruble, rou-

ルーフレス　roofless
ルーペ　loupe
ルーベラ　rubella
ルーベン　Reuben
ルーベンス　Rubens
ルーベンス・バリチェロ　Rubens Barrichello
ルーマー　rumor, rumour, roomer
ルーマートラージ　rumortrage
ルーマーモンガー　rumormonger
ルーマティキー　rheumaticky
ルーマティズム　rheumatism
ルーマティック　rheumatic
ルーマトイド　rheumatoid
ルーマニア　Romania, Rumania
ルーマニアン　Romanian, Rumanian
ルーミー　roomy, roomie, rheumy
ルーミー・シャツ　roomy shirt
ルーミナル　luminal
ルーミナント　ruminant
ルーミネーション　rumination
ルーミネーティブ　ruminative
ルーミネート　ruminate
ルーミネス　roominess
ルーミング・ハウス　rooming house
ルーム　room, loom, rheum
ルーム・サービス　room service
ルーム・チャージ　room charge
ルームド　roomed
ルームフル　roomful
ルームメート　roommate
ルーメット　roomette
ルーメン　lumen, rumen
ルーモア　rumor, rumour
ルーモアモンガー　rumormonger
ルーラー　ruler
ルーラード　roulade
ルーラリティー　rurality
ルーラル　rural
ルーラル・アメニティ　rural amenity
ルーラル・ディーン　rural dean
ルーラル・フリー・デリバリー　rural free delivery
ルーリッド　lurid
ルーリング　ruling
ルール　rule, Ruhr
ルールー　lulu
ルールキー　Roorkee
ルールド　ruled
ルールブック　rulebook
ルーレット　roulette
ルーン　rune, loon
ルオ　Luo
ルオヤン　Luoyang
ルカ　Luke
ルカシェンコ　Lukashenko
ルキアノス　Lucian
ルキシロン　Luxilon
ルギューブリアス　lugubrious
ル・グイン　Le Guin
ル・グウィン　Le Guin
ルクオイル　Lukoil
ルクス　lux
ルクスエア　Luxair
ルクセンブルク　Luxembourg, -burg
ルクソール　Luxor
ルクソル　Luxor
ルクリーシア　Lucretia
ル・クルーゼ　Le Creuset
ルクレチア　Lucrezia
ルゴ　Lugo
ル・コック・スポルティフ　le coq sportif
ル・コルビュジェ　Le Corbusier
ルサーン　lucerne, lucern
ルサカ　Lusaka
ルサンチマン　ressentiment
ルシア　Lucia
ルシアス　Lucius
ルシアン　Lucian
ルシール　Lucil(l)e
ルシェ　Ruscha
ルシェルシェ　recherché
ルシタニア　Lusitania
ルシフェラーゼ　luciferase
ルシフェリン　luciferin
ルシフェル　Lucifer
ルシンダ　Lucinda
ルステンブルグ　Rustenburg
ルセフ　Rousseff
ルソー　Rousseau
ルソン　Luzon
ルター　Luther
ルタバガ　rutabaga
ルダンゴト　redingote
ルチアーノ　Luciano

ルチノース　rutinose
ルチル　rutile
ルツ　Ruth
ルツェルン　Lucerne
ルッカー　looker
ルッカー・オン　looker-on
ルッカリー　rookery
ルッキー　lookee, looky
ルッキング　looking
ルッキング・グラス　looking glass
ルック　look, rook
ルックアウト　lookout
ルック・アライク　look-alike
ルック・イン　look-in
ルック・オーバー　look-over
ルック・シー　look-see
ルック・ダウン　look down
ルッコラ　ruccola
ルッツ　lutz
ルテイン　lutein
ルテオリン　luteolin
ルテチウム　lutetium
ルテニウム　ruthenium
ルトルセ　retroussé
ルドルフ　Rudolf, Rudolph
ルナ　Luna
ルナー　lunar
ルナシー　lunacy
ルナティック　lunatic
ルナティック・アサイラム　lunatic asylum
ルナティック・フリンジ　lunatic fringe
ルネ　René
ルネッサンス　Renaissance
ルノー　Renault
ルノートル　Lenôtre
ルノワール　Renoir
ルパート　Rupert
ルバーブ　rhubarb
ルパン　Lupin
ルピア　rupiah
ルビー　ruby
ルピー　rupee
ルビウス・ハグリッド　Rubeus Hagrid
ルビオ　Rubio
ルビカンド　rubicund
ルビコン　Rubicon
ルビジウム　rubidium
ルビニ　Roubini
ルビンスタイン　Rubinstein
ルフィヤ　rufiyaa
ルフトハンザ　Lufthansa
ルフラン　refrain
ルブラン　Leblanc
ルブロション　Reblochon
ルプロン　Lupron
ルベライト　rubellite
ルポ　⇨ルポルタージュ
ルポルタージュ　reportage
ル・マン　Le Mans
ルミナス　luminous
ルミナリー　luminary
ルミナンス　luminance
ルミニフェラス　luminiferous
ルミネッセンス　luminescence
ルミネッセント　luminescent
ルミノール　luminol
ルミノシティー　luminosity
ルメット　Lumet
ル・メリディアン　Le Meridien
ル・モンド　Le Monde
ルラード　roulade
ルラブ　lulab, lulav
ルルーシュ　Lelouch
ルル・ギネス　Lulu Guiness, Lulu Guinness
ルルド　Lourdes
ルルフォ　Rulfo
ルルベ　relevé
ルロイ　Leroy
ルワンダ　Rwanda
ルワンダン　Rwandan
ルワンディーズ　Rwandese
ルンダン　rendang
ルンド　Lund
ルンバ　Roomba, rumba

レ

レ　re, ray
レア　rare, lair, Rhea, Leah
レアー　Rhea
レア・アース　rare earth
レア・アース・エレメント　rare earth element
レア・アース・メタル　rare earth metal
レアード　Laird
レアティーズ　Laertes
レアビット　rarebit
レアメタル　rare metal
レアリア　realia
レアリー　rarely
レアリティー　rarity
レアリファイ　rarify, rarefy
レアリファイド　rarified, rarefied
レアリング　raring
レアル　real
レアル・ソシエダ　Real Sociedad
レアルポリティーク　realpolitik
レアル・マドリード　Real Madrid
レイ　lay, lei, ray, Ray, re
レイアー　layer, Rhea
レイアウター　layouter
レイアウト　layout
レイアバウト　layabout
レイイカル　laical
レイイサイズ　laicize
レイイック　laic
レイウーマン　laywoman
レイエット　layette
レイエティー　laity
レイオーバー　layover
レイオフ　layoff
レイ・ガン　ray gun
レイキ　reiki
レイキッシュ　rakish
レイキャビック　Reykjavík
レイク　lake, rake
レイク・オフ　rake-off
レイクサイド　lakeside
レイクショア　lakeshore
レイクスリップ　Leixlip
レイク・ディストリクト　Lake District [Country]
レイクフロント　lakefront
レイク・ポエッツ　Lake Poets
レイクレット　lakelet
レイザー　razor, raiser
レイザー・エッジ　razor-edge
レイザー・シャープ　razor-sharp
レイザーバック　razorback
レイザー・ブレード　razor blade
レイシ　litchi
レイジー　lazy
レイジー・スーザン　lazy Susan
レイジー・トングズ　lazy tongs
レイジーボーンズ　lazybones
レイシーム　raceme
レイシスト　racist
レイシズム　racism
レイシャライズ　racialize
レイシャリスト　racialist
レイシャリズム　racialism
レイシャル　racial
レイス　wraith
レイズ　raise, raze, lathe, laze
レイセオン　Raytheon
レイター　later
レイダー　raider
レイチェル　Rachel
レイット　Raitt
レイテ　Leyte
レイディ　lady
レイディオ　radio
レイディオアクティベーション　radioactivation
レイディオアクティベート　radioactivate

レイディオサージェリー radiosurgery
レイディオジェニック radiogenic
レイディオシティー radiosity
レイディオロジー radiology
レイディオロジカル radiological
レイディオロジック radiologic
レイティッシュ latish
レイテスト latest
レイテンシー latency
レイテンシー・ピリオド latency period
レイテント latent
レイト late
レイド laid, raid
レイトカマー latecomer
レイト・ショー late show
レイド・バック laid-back
レイト・モデル late model, late-model
レイトリー lately
レイ・トレーシング ray tracing
レイトン Leyton
レイナー Rayner
レイナード Reynard
レイニー rainy
レイニング reigning
レイノー Raynaud
レイバー labor, labour, laver
レイバー・インテンシブ labor-intensive
レイバー・エクスチェンジ Labour Exchange
レイバー・キャンプ labor camp
レイパースン layperson
レイバーセイビング laborsaving
レイパーソン layperson
レイバー・デー Labor Day
レイバード labored
レイバー・パーティー Labour Party
レイバー・フォース labor force
レイバー・ブレッド laver bread
レイバー・マーケット labor market
レイバー・ユニオン labor union
レイバーン Rayburn
レイ・バイ lay-by
レイバイル labile
レイバラー laborer
レイバライト Labourite
レイバン Ray-Ban
レイビーズ rabies
レイピスト rapist
レイビリティー lability
レイフ Leif, Ralph
レイブ lave, rave, Leif
レイプ rape
レイファイ reify
レイフィアル Raphael
レイ・フィギュア lay figure
レイプシード rapeseed
レイマン layman
レイム lame
レイム・ダック lame duck
レイム・ダック・ビル lame duck bill
レイムブレイン lamebrain
レイメント raiment
レイモンド Raymond, -mund
レイヤー layer
レイヤー・ケーキ layer cake
レイヤード layered
レイラ Layla, Leila(h)
レイランド Leyland
レイ・リーダー lay reader
レイン rain, reign, rein, lain, laine, lane
レインアウト rainout
レインウェア rainwear
レインウォーター rainwater
レイン・クラウド rain cloud
レイン・ゲージ rain gauge
レインコート raincoat
レインストーム rainstorm
レイン・チェック rain check
レインディア reindeer
レイン・デート rain date
レインドロップ raindrop
レインフォース reinforce
レインフォール rainfall
レイン・フォレスト rain forest
レインプルーフ rainproof
レインボー rainbow
レインボー・トラウト rainbow trout
レインボー・ラナー rainbow runner
レインメーカー rainmaker
レインメーキング rainmaking
レウ leu
レーウィンゾンデ rawinsonde
レーガナイト Reaganite
レーガニズム Reaganism
レーガノミクス Reaganomics

レーガノミックス　Reaganomics
レーガン　Reagan
レーキ　rake
レーク　lake
レーク・カントリー　Lake Country
レーク・ディストリクト　Lake District
レークプラシッド　Lake Placid
レーゲンスブルク　Regensburg
レーコン　racon
レーサー　racer
レーザー　laser, razor
レーザー・エッジ　razor-edge
レーザー・シャープ　razor-sharp
レーザー・ディスク　laser disc [disk]
レーザー・ハープ　laser harp
レーサーバック　racerback
レーザーバック　razorback
レーザー・プリンター　laser printer
レーザー・ブレード　razor blade
レーザー・レーサー　LZR Racer
レージ　rage, ragi, ragee, raggee, raggy
レーシー　lacy, lacey, racy
レーシオ　ratio
レーシスト　racist
レーシズム　racism
レーシック　Lasik
レーシャライズ　racialize
レーシャリスト　racialist
レーシャリズム　racialism
レーシャル　racial
レーション　ration
レーシング　lacing, racing
レージング　raging
レーシング・カー　racing car
レーシング・フォーム　racing form
レース　lace, race
レーズ　lase, raze
レース・アップ　lace-up
レースカード　racecard
レース・クイーン　race queen
レースコース　racecourse
レースト　laced
レーストラック　racetrack
レースホース　racehorse
レーズ・マジェステ　lèse-majesté
レース・ミーティング　race meeting
レース・ミュージック　race music
レースワーク　lacework
レーズン　raisin
レーゾン・デートル　raison dêtre
レーター　later
レーダー　radar
レーダー・トラップ　radar trap
レーダー・ビーコン　radar beacon
レーダー・プロッティング　radar plotting
レータブル　ratable, rate-
レーディアス　radius
レーディアル　radial
レーディアンシー　radiancy
レーディアンス　radiance
レーディアント　radiant
レーディアント・ヒーター　radiant heater
レーディエーション　radiation
レーディエーター　radiator
レーディエート　radiate
レーディックス　radix
レーティッシュ　latish
レーティング　rating
レーディング　lading
レーテスト　latest
レーテンシー　latency
レーテンシー・ピリオド　latency period
レーテント　latent
レート　rate, late
レード　lade
レードーム　radome
レート・キャッピング　rate-capping
レートペイヤー　ratepayer
レートリー　lately
レードル　ladle
レードルフル　ladleful
レーナード・スキナード　Lynyrd Skynyrd
レーニエ　Rainier
レーニニスト　Leninist
レーニニズム　Leninism
レーニン　Lenin
レーノルズ　Reynolds
レーバー　labor, labour, laver, raver
レーバー・パーティー　Labor Party
レーバー・ユニオン　labor union
レーピア　rapier
レービアル　labial
レーヒー　Leahy
レービング　raving

レーブ　lave, rave
レーブ・アップ　rave-up
レーブクーヘン　lebkuchen
レーブン　raven
レーブン・ヘアード　raven-haired
レーベル　label
レーベンブロイ　Löwenbräu
レーマン　Lehmann
レーム　lame
レーム・ダック　lame duck
レーム・ダック・ビル　lame duck bill
レームブレーン　lamebrain
レーモン　Ramon
レーヤー　layer
レーヤー・ケーキ　layer cake
レーヤード・ルック　layered look
レーヨン　rayon
レーラリー　raillery
レーリング　railing
レール　rail
レールウェイ　railway
レールウェー　railway
レールウェーマン　railwayman
レールウェー・ヤード　railway yard
レールカー　railcar
レール・ガン　rail gun
レールデュタン　L'Air du Temps
レールバード　railbird
レール・フェンス　rail fence
レールヘッド　railhead
レールマン　railman
レールヤード　railyard
レールローダー　railroader
レールロード　railroad
レールロード・アパートメント　railroad apartment
レールロード・フラット　railroad flat
レーワルデン　Leeuwarden
レーン　rain, lane, laine
レーンウェア　rainwear
レーンウォーター　rainwater
レーン・クラウド　rain cloud
レーン・ゲージ　rain gauge
レーンコート　raincoat
レーンジ　range
レーンジー　rangy
レーンジャー　ranger
レーンストーム　rainstorm
レーン・チェック　rain check
レーン・デート　rain date
レーンドロップ　raindrop
レーンフォール　rainfall
レーン・フォレスト　rain forest
レーンプルーフ　rainproof
レーンメーカー　rainmaker
レーンメーキング　rainmaking
レオ　Leo
レオウイルス　reovirus
レオーナ　Leona
レオーニ　Lionni
レオーネ　leone
レオスタット　rheostat
レオタード　leotard
レオナ　Leona
レオナイン　leonine
レオナルド・ダ・ビンチ　Leonardo da Vinci
レオニ　Lionni
レオニダス　Leonidas
レオニッド　Leonid
レオノア　Leonore
レオノーラ　Leonora
レオポルド　Leopold
レオミュール　Réaumur
レオ・レオニ　Leo Lionni
レオロジー　rheology
レオン　Leon, Léon, León
レオンティーズ　Leontes
レガーズ　leg-guards
レガート　legato
レガシー　legacy
レガッタ　regatta
レガティー　legatee
レガリア　regalia
レキ　Leki
レギオン　legion
レキシカル　lexical
レキシコグラファー　lexicographer
レキシコグラフィー　lexicography
レキシコグラフィカル　lexicographical
レキシコグラフィック　lexicographic
レキシコロジー　lexicology
レキシコン　lexicon
レキシス　lexis
レキシントン　Lexington

レギューミナス　leguminous
レギューム　legume
レギュラー　regular
レギュラー・メンバー　regular member
レギュラライズ　regularize
レギュラライゼーション　regularization
レギュラリー　regularly
レギュラリゼーション　regularization
レギュラリティー　regularity
レギュレーション　regulation
レギュレーター　regulator
レギュレーティブ　regulative
レギュレート　regulate
レギュロ　regulo
レギンス　leggings
レキント　requinto
レク　lek
レクイエム　requiem
レクイジション　requisition
レクイジット　requisite
レクサス　Lexus
レクシカル　lexical
レクシコン　lexicon
レクシス　lexis
レクター　lector, rector
レクターン　lectern
レクタス　rectus
レクタス・アブドミニス　rectus abdominis
レクタム　rectum
レクタル　rectal
レクタンギュラー　rectangular
レクタングル　rectangle
レクチャー　lecture
レクチャー・シアター　lecture theater
レクチャーシップ　lectureship
レクチャラー　lecturer
レクチン　lectine
レクティテュード　rectitude
レクティファイ　rectify
レクティファイアー　rectifier
レクティファイアブル　rectifiable
レクティフィケーション　rectification
レクティリニアー　rectilinear
レクト　recto
レクトリー　rectory
レグナント　regnant
レグホーン　Leghorn
レクラメーション　reclamation
レクリアント　recreant
レクリエーショナル　recreational
レクリエーショナル・ビークル　recreational vehicle
レクリエーション　recreation
レクリエーション・グラウンド　recreation ground
レクリエーション・ルーム　recreation room
レクリエート　recreate
レクルース　recluse
レク・ルーム　rec room
レゲエ　reggae
レゲーション　legation
レゲート　legate
レゲトン　reggaeton
レゴ　Lego
レコーダー　recorder
レコーダブル　recordable
レコーディング　recording
レコーディング・エンジェル　recording angel
レコーデッド・デリバリー　recorded delivery
レコード　record
レコード・ブレーカー　record breaker
レコード・ブレーキング　record-breaking
レコード・プレーヤー　record player
レコード・ホルダー　record holder
レコード・ライブラリー　record library
レコグナイザビリティー　recognizability
レコグナイザブル　recognizable
レコグナイズ　recognize
レコグニザンス　recognizance
レコグニション　recognition
レコナー　reckoner
レコニング　reckoning
レコメンダブル　recommendable
レコメンデーション　recommendation
レコメンド　recommend
レコン　reckon
レコンサイラビリティー　reconcilability
レコンサイラブル　reconcilable
レコンサイル　reconcile
レコンシリエーション　reconciliation
レコンダイト　recondite
レザー　leather, razor
レザー・コート　leather coat

レサージカル lethargical
レサージック lethargic
レザーネック leatherneck
レザー・バウンド leather-bound
レザーバック leatherback
レザーリー leathery
レザーワーカー leatherworker
レザーワーク leatherwork
レサジー lethargy
レザボア reservoir
レザボワール reservoir
レザミ・デュ・ヴァン Les Amis du Vin
レザレット leatherette
レジー lezzie, lezzy, Reggie, -gy
レシート receipt
レジーナ Regina
レシーバー receiver
レシーバーシップ receivership
レシーバブル receivable
レシービング receiving
レシービング・エンド receiving end
レシービング・オーダー receiving order
レシーブ receive
レシーブド received
レシーブド・スタンダード・イングリッシュ Received Standard English
レシーブド・プロナンシエーション Received Pronunciation, RP
レジーム regime, régime
レジェ Léger
レジェドゥマン legerdemain
レジェンダリー legendary
レジェンド legend
レシオ ratio
レジオネール legionnaire
レジオネラ legionella
レジグネーション resignation
レジサイド regicide
レシジョン rescission
レジスター register, resistor
レジスター・オフィス register office
レジスタード registered
レジスタード・ナース registered nurse
レジスター・トン register ton
レジスタンス resistance
レジスタント resistant
レジスティビティー resistivity
レジスティブ resistive
レジスティブル resistible
レジスト resist
レジストラー registrar
レジストラブル registrable
レジストラント registrant
レジストリー registry
レジストリー・オフィス registry office
レジストレーション registration
レジストレーション・ナンバー registration number
レジストレーション・マーク registration mark
レジスラティブ legislative
レジスレーション legislation
レジスレーター legislator
レジスレーチャー legislature
レジスレーティブ legislative
レジスレート legislate
レシチン lecithin
レジット legit
レシディビスティック recidivistic
レシディビスト recidivist
レシディビズム recidivism
レジティマシー legitimacy
レジティマタイズ legitimatize
レジティメート legitimate
レシテーション recitation
レジデュアム residuum
レジデュアリー residuary
レジデュアル residual
レジデュー residue
レジデンシー residency
レジデンシャル residential
レジデンシャル・ホテル residential hotel
レジデンス residence
レジデンス・オフィス residence office
レジデント resident
レジナス resinous
レジナルド Reginald
レジノイド resinoid
レシピ recipe
レシピエント recipient
レジビリティー legibility
レジブル legible
レシプロカル reciprocal
レシプロケーション reciprocation

レシプロケーティング・エンジン reciprocating engine
レシプロケート reciprocate
レシプロシティー reciprocity
レジメン regimen
レジメンタル regimental
レジメンタル・カラー regimental color
レジメンテーション regimentation
レジメント regiment
レジャー leisure, Ledger
レジャーウェア leisurewear
レジャード leisured
レジャー・マーケット leisure market
レジャー・ライン leger line
レジャーリー leisurely
レジャーレス leisureless
レジャイナ Regina
レジューサー reducer
レジューム resume
レジュメ résumé, resume
レジリエンシー resiliency
レジリエンス resilience
レジリエント resilient
レジン resin
レシング Lessing
レシンド rescind
レス less, -less, loess ⇨レスポンス
レズ lez, lezz ⇨レズビアン
レスキュー rescue
レスキューアー rescuer
レスター Leicester, Lester
レスターシャー Leicestershire
レスター・スクエア Leicester Square
レスティテューション restitution
レスティテューティブ restitutive
レスティブ restive
レスティング・プレース resting-place
レスト rest, lest, wrest
レストア restore
レストアラー restorer
レストアラティブ restorative
レストアラブル restorable
レスト・エリア rest area
レスト・キュア rest cure
レスト・ストップ rest stop
レスト・デー rest day
レスト・ハウス rest house
レストフル restful
レスト・ホーム rest home
レストラトゥール restaurateur
レストラン restaurant
レストラン・カー restaurant car
レストラン・シアター restaurant-theater
レストラントゥール restauranteur
レストリクション restriction
レストリクション・エンザイム restriction enzyme
レストリクティブ restrictive
レストリクト restrict
レスト・ルーム rest room
レストレイン restrain
レストレイント restraint
レストレインド restrained
レストレーション restoration
レストレード Lestrade
レストレス restless
レストン Reston
レスパイア respire
レスパイト respite
レズビアニズム Lesbianism
レズビアン Lesbian
レスピラトリー respiratory
レスピレーション respiration
レスピレーター respirator
レスブリッジ Lethbridge
レスプレンデンシー resplendency
レスプレンデンス resplendence
レスプレンデント resplendent
レスベラトロール resveratrol
レスポートサック LeSportsac
レス・ポール Les Paul
レスボス Lesbos
レスポンシビリティー responsibility
レスポンシブ responsive
レスポンシブル responsible
レスポンス response
レスポンダー responder
レスポンデント respondent
レスポンド respond
レスラー wrestle
レスリー Leslie
レズリー Leslie
レスリング wrestling
レスル wrestle

レセプショニスト　receptionist
レセプション　reception
レセプション・オーダー　reception order
レセプション・デスク　reception desk
レセプション・ルーム　reception room
レセプター　receptor
レセプタクル　receptacle
レセプティビティー　receptivity
レセプティブ　receptive
レセム　Lethem
レゾーン　rezone
レソト　Lesotho
レゾナンス　resonance
レゾナント　resonant
レゾネーター　resonator
レゾネート　resonate
レゾリューション　resolution
レゾリュート　resolute
レゾルーション　resolution
レゾルート　resolute
レゾルシノール　resorcinol
レゾルシン　resorcin
レゾルバブル　resolvable
レゾルブ　resolve
レゾルブド　resolved
レゾン・デートル　raison d'être
レター　letter
レターカード　lettercard
レター・キャリヤー　letter carrier
レター・サイズ　letter-size
レターズ・パテント　letters patent
レタード　lettered
レター・パーフェクト　letter-perfect
レタープレス　letterpress
レターヘッド　letterhead
レター・ボックス　letter box
レター・ボム　letter bomb
レターマン　Letterman
レターレス　letterless
レダクターゼ　reductase
レダクティオー・アド・アブスルドゥム
reductio ad absurdum
レタス　lettuce
レダックス　redux
レダラッハ　Läderach
レタリング　lettering
レチクル　reticle
レチタティーヴォ　recitativo, recitative
レチナール　retinal
レチニル　retinyl
レチノイド　retinoid
レチノール　retinol
レチノパシー　retinopathy
レチン　Retin
レッカー　wrecker
レッキ　recce
レッギー　leggy
レック　wreck, reck, rec
レッグ　leg, reg
レッグ・ウォーマー　leg warmer
レッグ・オブ・マトン　leg-of-mutton, -o'-
レッグ・ガーズ　leg guards
レッグ・ショー　leg show
レックス　rex, Rex
レッグド　legged
レッグ・プル　leg-pull
レッグ・ホルダー　leg holder
レッグマン　legman
レッグルーム　legroom
レックレス　reckless
レッグレス　legless
レッグ・レスト　leg-rest
レッグワーク　legwork
レッケージ　wreckage
レッサー　lesser
レッサー・イーブル　lesser evil
レッサー・ギャンブル　lesser gamble
レッサー・パンダ　lesser panda
レッジ　ledge
レッシー　lessee
レッジーナ　Reggina
レッジド　ledged
レッジャー　ledger
レッジャー・ライン　ledger line
レッズ　(Cincinnati) Reds
レッスン　lesson, lessen
レッスン・プロ　lesson pro
レッセフェール　laissez-faire, laisser-
レッソー　lessor
レッチ　lech, letch, retch, wretch
レッチェラス　lecherous
レッチェリー　lechery
レッチャー　lecher
レッツ　let's

レッディッシュ　reddish
レット　let
レッド　red, read, lead, led
レッド・アイ　red-eye
レット・アウト　let-out
レットアップ　letup
レッド・アドミラル　red admiral
レッド・アラート　red alert
レット・イット・ビー　Let it be
レッド・インディアン　Red Indian
レッドウイング　redwing
レッドウッド　redwood
レッド・エンサイン　red ensign
レッド・オーカー　red ocher
レッド・カード　red card
レッド・カーペット　red carpet, red-carpet
レッド・カラント　red currant
レッドキャップ　redcap
レッド・グラウス　red grouse
レッドグレーブ　Redgrave
レッド・クレッセント　Red Crescent
レッド・クローバー　red clover
レッド・クロス　Red Cross
レッドコート　redcoat
レッド・コーパスル　red corpuscle
レッド・シー　Red Sea
レッド・ジャイアント　red giant
レッドスキン　redskin
レッド・スクワレル　red squirrel
レッドスタート　redstart
レッド・セル　red cell
レッド・セント　red cent
レッド・ソックス　(Boston) Red Sox
レッド・タイド　red tide
レットダウン　letdown
レッド・ダスター　red duster
レッド・チップ　red chip
レッド・ツェッペリン　Led Zeppelin
レッド・ディア　red deer
レッド・データ・ブック　red data book
レッド・テープ　red tape
レッド・トップ　red-top
レッドネック　redneck
レッドバード　redbird
レッド・パイプ・シンチ　lead-pipe cinch
レッド・ハット　red hat
レット・バトラー　Rhett Butler
レッド・ハンデッド　red-handed
レッド・ヒート　red heat
レッド・ビッディー　red biddy
レッド・フード　red food
レッド・フェースト　red-faced
レッドフォード　Redford
レッド・フォックス　red fox
レッドフット　leadfoot
レッド・フラッグ　red flag
レッド・ブラッド・コーパスル　red blood corpuscle
レッド・ブラッド・セル　red blood cell
レッド・フリー　lead-free
レッドブリック　redbrick
レッドブリッジ　Redbridge
レッド・ブル　Red Bull
レッドブレスト　redbreast
レッドベター　Leadbetter
レッドヘッド　redhead
レッド・ペッパー　red pepper
レッドベリー　Leadbelly
レッド・ヘリング　red herring
レッド・ペンシル　lead pencil, red-pencil
レッド・ポイズニング　lead poisoning
レッド・ホット　red-hot
レッド・ホット・チリ・ペッパーズ　Red Hot Chili Peppers
レッド・マン　red man
レッド・ミート　red meat
レッド・ミラージュ　red mirage
レッド・ライト　red light
レッド・ライト・ディストリクト　red-light district
レッドライニング　redlining
レッドライン　redline
レッド・ラグ　red rag
レッドリー　redly
レッド・リバー　Red River
レッド・レッド　red lead
レッド・ワイン　red wine
レップ　rep, repp, reps
レテ　Lethe
レディー　ready, lady
レディー・ガガ　Lady Gaga
レディー・キラー　lady-killer
レディーシップ　ladyship
レディーズ　ladies

レディーズ・フィンガーズ　ladies' fingers
レディーズ・マン　ladies' man, lady's man
レディーズ・メード　lady's maid
レディーズ・ルーム　ladies' room
レディー・チャペル　lady chapel
レディー・デー　Lady Day
レディー・トゥー・ウェア　ready-to-wear
レディーバード　ladybird
レディーバグ　ladybug
レディーフィンガー　ladyfinger
レディーボーデン　Lady Borden
レディー・マネー　ready money
レディー・ミックス　ready-mix
レディー・メード　ready-made
レディーライク　ladylike
レディー・レコナー　ready reckoner
レディ・イン・ウェイティング　lady-in-waiting
レディエーション　radiation
レディエーション・ケミストリー　radiation chemistry
レディエーション・シックネス　radiation sickness
レディエーション・セラピー　radiation therapy
レディオヘッド　Radiohead
レティキュール　reticule
レティキュレーション　reticulation
レディス　ladies
レティセンス　reticence
レティセント　reticent
レティナ　retina
レティニュー　retinue
レディネス　readiness
レディリー　readily
レディング　Reading, leading
レディンゴート　redingote
レデューサー　reducer
レデュース　reduce
レトゥール　retool
レドックス　redox
レドモンド　Redmond
レトライバライズ　retribalize
レトライバライゼーション　retribalization
レトライバリゼーション　retribalization
レトラクト　retract
レトリーバー　retriever
レトリカル　rhetorical
レトリカル・クエスチョン　rhetorical question
レトリシャン　rhetorician
レトリック　rhetoric
レドル　reddle
レトルト　retort
レトルト・パウチ　retort pouch
レドレス　redress
レドレンス　redolence
レドレント　redolent
レトロ　retro, retro-　⇨レトロスペクティブ
レトロアクティブ　retroactive
レトロウイルス　retrovirus
レトログレイド　retrograde
レトログレス　retrogress
レトログレッシブ　retrogressive
レトログレッション　retrogression
レトロスペクション　retrospection
レトロスペクティブ　retrospective
レトロスペクト　retrospect
レトロゾール　letrozole
レトロバイラル　retroviral
レトロファイア　retrofire
レトロフィット　retrofit
レトロフレクション　retroflexion, -flection
レトロフレックス　retroflex
レトロフレックスト　retroflexed
レトロ・ロケット　retro-rocket
レドン　redden
レナード　Leonard, Reynard
レナード・スキナード　Lynyrd Skynyrd
レナード・バーンスタイン　Leonard Bernstein
レナウン　renown
レニー　Lenny
レニウム　rhenium
レニッシュ　Rhenish
レニティー　lenity
レニティブ　lenitive
レニュー　ReNu
レニン　renin
レニングラード　Leningrad
レネ　Resnais
レネゲード　renegade
レネッタ　Renetta
レノ　Leno, Reno

レノア　Lenore
レノーラ　Lenora
レノックス　Lennox, Lenox
レノベーション　renovation
レノベート　renovate
レノボ　Lenovo
レノマ　Renoma
レノルド　Reynold
レノン　Lennon
レバ　Reva
レバー　lever, liver
レパー　leper
レバークーゼン　Leverkusen
レバー・ソーセージ　liver sausage
レパーティー　repartee
レパード　leopard
レパートリー　repertory, repertoire
レパートリー・システム　repertory system
レバーブルスト　liverwurst
レハール　Lehár
レバイアサン　leviathan
レハイドレーション　rehydration
レハイドレート　rehydrate
レバニーズ　Lebanese
レバノン　Lebanon
レバノン・シーダー　Lebanon cedar
レパラブル　reparable
レパレーション　reparation
レバレッジ　leverage
レバレッジド・バイアウト　leveraged buyout, LBO
レバレッジド・ローン　leveraged loan
レバレット　leveret
レバレンシャル　reverential
レバレンス　reverence
レバレント　reverent
レバレンド　reverend
レバンティン　Levantine
レバント　levant, Levant
レヒ　Lehi
レビ　Levi, Leviticus
レビー　levy, levee
レビーン　Levine
レビ・ストロース　Lévi-Strauss
レビター　leviter
レビティー　levity
レビテーション　levitation
レビテート　levitate
レピドプテラン　lepidopteran
レピドライト　lepidolite
レビヤタン　leviathan
レビュー　review, revue
レビューアー　reviewer
レピュート　repute
レピュタブル　reputable
レピュディエーション　repudiation
レピュテーション　reputation
レビン　levin, Levin
レビンソン　Levinson
レフ　ref, lev, Lev, Leffe
レブ　Lev, rev
レファ　lehua
レファラブル　referable
レファレンシャル　referential
レファレンス　reference
レファレンス・サービス　reference service
レファレンス・ブック　reference book
レファレンス・マーク　reference mark
レファレンス・ライブラリー　reference library
レファレンダム　referendum
レファレント　referent
レフェリー　referee
レフ・カチンスキ　Lech Kaczyński
レフコシア　Lefkosia
レプタイル　reptile
レプチン　leptin
レフティー　lefty, leftie
レフティー・グッズ　lefty goods
レフティスト　leftist
レフティズム　leftism
レプティリアン　reptilian
レフテナント　lieutenant
レフテナント・カーネル　lieutenant colonel
レフテナント・ガバナー　lieutenant governor
レフテナント・コマンダー　lieutenant commander
レフテナント・ジェネラル　lieutenant general
レフト　left
レプト　leapt
レフト・ウインガー　left winger
レフト・ウイング　left wing

レフトオーバー leftover
レフト・オブ・センター left-of-center
レフト・ハンダー left-hander
レフト・ハンデッド left-handed
レフト・ハンド left-hand
レフト・フィールダー left fielder
レフト・フィールド left field
レフトモスト leftmost
レフト・ラゲージ・オフィス left-luggage office
レフト・リーニング left-leaning
レフトワーズ leftwards
レフトワード leftward
レブメタンフェタミン levmethamfetamine
レフューザー refuser
レフュージ refuge
レフュース refuse
レフューズ refuse
レフューズニック refusenik
レフュジー refugee
レフュテーション refutation
レプラコーン leprechaun
レプラス leprous
レブランド rebrand
レフリー referee
レプリカ replica
レプリケーション replication
レプリケート replicate
レプリコン replicon
レプリゼンタティブ representative
レプリゼンテーショナル representational
レプリゼンテーション representation
レプリゼント represent
レプリヘンシブ reprehensive
レプリヘンシブル reprehensible
レプリヘンド reprehend
レプリント reprint
レプレホーン leprechaun
レブロース levulose, laev-
レプロシー leprosy
レブロン Revlon
レブン leaven
レベイユ reveille
レベッカ Rebecca, Rebekah
レベッカ・テイラー Rebbeca Taylor
レペティシャス repetitious
レペティション repetition
レペティティブ repetitive
レベニュー revenue
レベニュー・エクスペンディチャー revenue expenditure
レベニュー・シェア revenue share
レベニュー・スタンプ revenue stamp
レベニュー・タックス revenue tax
レベニュー・タリフ revenue tariff
レベラー leveler, -eller; reveler, -eller
レベラトリー revelatory
レベリアス rebellious
レベリー reverie, revery
レベリオン rebellion
レベリング leveling, -elling
レベル level, rebel, revel, Revelle
レベル・オフ level-off
レベル・クロッシング level crossing
レベル・ペッギング level pegging
レベル・ヘッデッド level-headed
レベルリー revelry
レベレーション revelation
レポーター reporter
レポータブル reportable
レポート report
レポート・カード report card
レポートリアル reportorial
レボカビリティー revocability
レボカブル revocable
レポジトリー repository
レボチロキシン Levothyroxine
レボノルゲストレル levonorgestrel
レボブノロール levobunolol
レボメプロマジン levomepromazine
レボリューショナイズ revolutionize
レボリューショナリー revolutionary
レボリューショニスト revolutionist
レボリューション revolution
レボルティング revolting
レボルト revolt
レボルバー revolver
レボルビング revolving
レボルビング・ドア revolving door
レボルブ revolve
レマルク Remarque
レミー・マルタン Rémy Martin
レミケード Remicade
レ・ミゼラブル Les Misérables

レミッション　remission
レミッター　remitter
レミッタブル　remittable
レミッタンス　remittance
レミッテント　remittent
レミット　remit
レミットメント　remitment
レミニッス　reminisce
レミニッセンス　reminiscence
レミニッセント　reminiscent
レミフェンタニル　remifentanil
レミュー　Lemieux
レミング　lemming
レム　rem, REM
レムス　Remus
レム・スリープ　REM sleep
レムデシビル　Remdesivir
レムナント　remnant
レムラード　remoulade
レメク　Lamech
レメディー　remedy
レメディエーション　remediation
レモニー　lemony
レモネード　lemonade
レモラ　remora
レモン　lemon
レモン・イエロー　lemon yellow
レモン・カード　lemon curd
レモン・グラス　lemon grass
レモン・スカッシュ　lemon squash
レモン・スクイーザー　lemon squeezer
レモンストラティブ　remonstrative
レモンストレーション　remonstration
レモンストレート　remonstrate
レモン・ソーダ　lemon soda
レモン・ソール　lemon sole
レモン・チーズ　lemon cheese
レモン・ライム　lemon lime
レモン・ロー　lemon law
レユニオン　Réunion
レラキシン　relaxin
レラゲーション　relegation
レラゲート　relegate
レラティビスティック　relativistic
レラティビズム　relativism
レラティビティー　relativity
レラティブ　relative
レラティブリー　relatively
レラバンシー　relevancy
レラバンス　relevance
レラバント　relevant
レリース　release
レリーフ　relief
レリーボ　relievo
レリクト　relict
レリジオース　religiose
レリジオシティー　religiosity
レリジャス　religious
レリジョニスト　religionist
レリジョニズム　religionism
レリジョン　religion
レリスタット　Lelystad
レリチ　Lerici
レリック　relic
レリッシュ　relish
レリンクイッシュ　relinquish
レルム　realm
レレドス　reredos
レン　wren, Wren, Len
レンクシー　lengthy
レンクス　length
レンクスワイズ　lengthwise
レンジ　range
レンシー　lengthy
レンジ・ファインダー　range finder
レンジャー　ranger
レンジャーズ　(Texas) Rangers
レンジランド　rangeland
レンジ・ローバー　Range Rover
レンジング　lensing
レンス　length
レンズ　lens
レンスター　Leinster
レンズ・フィールド　lens field
レンズ・フード　lens hood
レンスワイズ　lengthwise
レンター　renter
レンダー　lender, render
レンタカー　rent-a-car
レンタサイクル　rent-a-cycle
レンタブル　rentable
レンダリング　rendering
レンタル　rental
レンタル・トランク・ルーム　rental trunk

room
レンタル・ビラ　rental villa
レンタル・ライブラリー　rental library
レンタル・ルーム　rental room
レンチ　wrench
レンチナン　lentinan
レンティキュラー　lenticular
レンディション　rendition
レンティル　lentil
レンディング・ライブラリー　lending library
レンテン　lenten
レント　lent, rent, leant, lento, Lent
レンド　lend, rend
レントゲン　Roentgen, Röntgen
レント・ターム　Lent term
レント・フリー　rent-free
レント・ボーイ　rent boy
レンドル　Lendl
レンニン　rennin
レンネット　rennet
レンピッカ　Lempicka
レンピラ　lempira
レンブラント　Rembrandt
レンミンビ　renminbi

ロ

ロアー　roar
ロアール　Loire
ロアノーク　Roanoke
ロアリング　roaring
ロアルド　Roald
ロイ　Roy
ロイコトリエン　leukotriene
ロイコボリン　leucovorin
ロイシル　leucyl
ロイシン　leucine, Roisin
ロイス　Royce, Lois
ロイズ　Lloyd's
ロイスダール　Ruysdael
ロイスタラー　roister
ロイズ・レジスター　Lloyd's Register
ロイター　Reuters, loiter
ロイタラー　loiterer
ロイド　Lloyd
ロイド・ジョージ　Lloyd George
ロイボス　rooibos
ロイボス・ティー　rooibos tea
ロイヤリー　royally
ロイヤリスト　royalist, loyalist
ロイヤリズム　royalism
ロイヤリティー　royalty, loyalty
ロイヤル　royal, loyal
ロイヤル・アイシング　royal icing
ロイヤル・アカデミー　Royal Academy
ロイヤル・アカデミー・オブ・アーツ　Royal Academy of Arts
ロイヤル・アスコット　Royal Ascot
ロイヤル・インスティテューション　Royal Institution
ロイヤル・ウースター　Royal Worcester
ロイヤル・ウェディング　royal wedding
ロイヤル・ウォラント　royal warrant
ロイヤル・エア・フォース　Royal Air Force
ロイヤル・オーク　Royal Oak
ロイヤル・コペンハーゲン　Royal Copenhagen
ロイヤル・サルート　Royal Salute
ロイヤルズ　(Kansas City) Royals
ロイヤル・スコッツ　Royal Scots
ロイヤル・スタンダード　royal standard
ロイヤル・スマイル　royal smile
ロイヤル・ゼリー　royal jelly
ロイヤル・ソサエティー　Royal Society
ロイヤル・ダッチ・シェル　Royal Dutch Shell, Royal Dutch/Shell
ロイヤルティー　royalty, loyalty
ロイヤル・デルフト　Royal Delft
ロイヤル・ドルトン　Royal Doulton
ロイヤル・ネービー　Royal Navy
ロイヤル・パープル　royal purple
ロイヤル・ハイネス　Royal Highness
ロイヤル・パビリオン　Royal Pavilion
ロイヤル・フラッシュ　royal flush
ロイヤル・ブリティッシュ・リージョン　Royal British Legion
ロイヤル・プリロガティブ　royal prerogative
ロイヤル・ブルー　royal blue
ロイヤル・ボックス　royal box
ロイヤル・マリーンズ　Royal Marines
ロイヤル・ミント　Royal Mint
ロイヤル・メール　Royal Mail
ロイヤル・ロード　royal road
ロイル　roil
ロイン　loin
ロインクロス　loincloth
ロウ　Lowe, Rowe
ロウアー　lower, lour
ロウアー・クラス　lower class, lower-class
ロウアークラスマン　lowerclassman
ロウアー・ケース　lower case, lowercase
ロウアー・チェンバー　lower chamber
ロウアー・デッキ　lower deck
ロウアー・ハウス　lower house
ロウアーモスト　lowermost

ロウアー・リージョン　lower region
ロウアー・ワールド　lower world
ロウェナ・レイブンクロー　Rowena Ravenclaw
ロウリー　lowly
ロエベ　Loewe
ロー　law, low, raw, rho, roe, row
ローア　lore
ロー・アバイディング　law-abiding
ロー・アングル　low angle
ローイング　rowing
ローイング・ボート　rowing boat
ロー・インパクト　low-impact
ロー・インパクト・キャンプ　low impact camp
ロー・インパクト・ハイ・コンタクト　low impact high contact
ローウェル　Lowell
ロー・ウォーター　low water
ロー・ウォーター・マーク　low-water mark
ロー・エンド　low end
ローカー　Roker
ロー・カーブ　low-carb
ロー・カーボン　low-carbon
ローカール　locale
ローカス　locus, raucous
ローカス・クラシクス　locus classicus
ローカスト　locust
ローカスト・ビーン　locust bean
ロー・カット　low-cut
ローカム　locum
ローカム・ティーネンズ　locum tenens
ローカライズ　localize
ローカライゼーション　localization
ローカリー　locally
ローガリー　roguery
ローカリスティック　localistic
ローカリスト　localist
ローカリズム　localism
ローカリゼーション　localization
ローカリティー　locality
ローカル　local
ロー・カル　low-cal　⇨ロー・カロリー
ローカル・エコー　local echo
ローカル・エデュケーション・オーソリティー　Local Education Authority
ローカル・オーソリティー　local authority
ローカル・オプション　local option
ローカル・ガバメント　local government
ローカル・カラー　local color
ローカル・コスト　local cost
ローカル・コンテンツ　local contents
ローカル・タイム　local time
ローカル・ニュース　local news
ローカルネス　localness
ローカル・プリーチャー　local preacher
ロー・カロリー　low calorie
ロー・カントリーズ　Low Countries
ローガンベリー　loganberry
ロー・ギア　low gear
ロー・キー　low-key
ローギー　logy, loggy
ロー・キード　low-keyed
ローギッシュ　roguish
ローギバー　lawgiver
ロー・キャンプ　low camp
ローク　Rourke
ローグ　rogue
ローグズ・ギャラリー　rogues' gallery
ロー・クラス　low-class
ロークワット　loquat
ローゲーション　rogation
ローゲーション・デーズ　Rogation Days
ローコート　lawcourt
ロー・コスト　low-cost
ロー・コスト・ハウス　low cost house
ロー・コメディー　low comedy
ローザ　Rosa
ローザベル　Rosabel
ロー・サンデー　Low Sunday
ローザンナ　Roseanna
ローザンヌ　Lausanne
ロージ　loge
ローシー　wrathy
ロージー　rosy
ロー・シーズン　low season
ロージエート　roseate
ロージクルーシャン　Rosicrucian
ロー・ジャーマン　Low German
ローシャン　Leshan
ローション　lotion
ロージン　rosin
ロージング　loathing
ロース　loath, wrath, wroth

ローズ rose, loath, loathe, Rhodes
ローズ・ウインドー rose window
ローズ・ウォーター rose water
ローズウッド rosewood
ロースート lawsuit
ローズ・カラード rose-colored
ロー・スクール law school
ローズクランズ Rosecrans
ローズ・サパー Lord's Supper
ロースサム loathsome
ローズサム loathsome
ロースター roaster
ロースティング roasting
ローズ・ティンテッド rose-tinted
ローズ・デー Lord's day
ロースト roast
ロースト・ビーフ roast beef
ローズバッド rosebud
ローズ・ヒップ rose hip
ローズ・ピンク rose-pink
ローズブッシュ rosebush
ロースフル wrathful
ローズ・プレヤー Lord's Prayer
ローズベルト Roosevelt
ローズ・ボウル rose bowl
ローズ・マダー rose madder
ローズマリー Rosemarie, rosemary
ロー・スラング low-slung
ローズリーフ roseleaf
ローズ・レッド rose red
ローゼンクランツ Rosencrantz
ロー・センター law center
ローゼンタール Rosenthal
ローゼンダール Rosendahl
ローゼンバーグ Rosenberg
ローゼンバウム Rosenbaum
ローゼンフェルド Rosenfeld
ローソン Lawson
ロータ rota
ローダ Rhoda, Roda
ローター rotor
ローダーヒル Lauderhill
ロー・ターム law term
ロー・タイド low tide
ロー・ダウン low-down, lowdown
ロータス lotus, lotos
ロータス・イーター lotus-eater
ロータス・ポジション lotus position
ロータトリー rotatory
ローダトリー laudatory
ローダナム laudanum
ローダブル laudable
ロータメーター rotameter
ロータリアン Rotarian
ロータリー rotary
ロータリー・クラブ Rotary Club
ロータンダ rotunda
ロータンド rotund
ローチ Loach, roach, loach
ロー・チャーチ Low Church
ロー・チャーチマン Low Churchman
ロー・ディア roe deer
ローティー roti
ローディー rowdy, roadie
ローディイズム rowdyism
ローディザイト rhodizite
ローディング loading
ローテーション rotation
ローデーション laudation
ローテーター rotator
ローテート rotate
ローテク low-tech
ローデシア Rhodesia
ローデッド loaded
ローデント rodent
ロート wrote, wrought, rote, Lhote
ロード road, rode, load, laud, lode, lord, Rhode
ロート・アイアン wrought iron
ロード・アイランド Rhode Island
ロート・アップ wrought-up
ロードウェー roadway
ロード・エージェント road agent
ロード・オブ・ザ・リングズ Lord of the Rings
ロード・カー road car
ロード・カンパニー road company
ロードキル roadkill
ロートグラビア rotogravure
ロードクロサイト rhodochrosite
ロードサイド roadside
ロード・シェッディング load shedding
ロードシップ lordship
ロード・ショー road show

ロートシルト　Rothschild
ロードス　Rhodes
ロードスター　roadster, lodestar, load-
ロードステッド　roadstead
ロードストーン　lodestone, load-
ロード・スピリチュアル　Lord Spiritual
ロード・セーフティー　road safety
ロード・センス　road sense
ロード・タックス　road tax
ロード・チーフ・ジャスティス　Lord Chief Justice (of England)
ロード・チェンバレン　Lord Chamberlain (of the Household)
ロード・テスト　road test
ロード・テンポラル　Lord Temporal
ロードナイト　rhodonite
ロード・ハイ・チャンセラー　Lord High Chancellor
ロードハウス　roadhouse
ロード・バランサー　load balancer
ロード・バランシング　load balancing
ロード・ハンプ　road hump
ロード・ファクター　load factor
ロード・ファンド　load fund
ロード・ファンド・ライセンス　road fund licence
ロード・プライシング　road pricing
ロード・プリビー・シール　Lord Privy Seal
ロードブロック　roadblock
ロード・プロテクター　Lord Protector (of the Commonwealth)
ロードベッド　roadbed
ロードホールディング　roadholding
ロード・ホッグ　road hog
ロード・マップ　road map
ロード・マネジャー　road manager
ロードマン　roadman
ロード・ムービー　road movie
ロード・メイヤー　Lord Mayor
ロード・メタル　road metal
ロード・メンダー　road mender
ロード・ライン　load line
ロードランナー　roadrunner
ロードリー　lordly
ロードリング　lordling
ロード・レーシング　road racing
ロード・レース　road race
ロードレス　roadless
ロートレック　⇨トゥールーズ・ロートレック
ロード・ローラー　road roller
ロードワーク　roadwork
ロードワージー　roadworthy
ロートン　Loughton
ローナ　Lorna
ローナー　loner
ローヌ　Rhône, Rhone
ロー・ネックト　low-necked
ローバー　rover, Rover, lobar, Lowa
ローハイド　rawhide, Rawhide
ローハイド・ハンマー　rawhide hammer
ロー・ハウス　row house
ローバスト　robust
ローバック　Roebuck, roebuck
ロー・パワー　low-power
ローハン　Lohan
ローピー　ropy, ropey
ロー・ビーム　low beam
ロー・ヒールド・シューズ　low-heeled shoes
ロー・ピッチト　low-pitched
ロービング　roving
ロービング・アイ　roving eye
ロービング・コミッション　roving commission
ローフ　loaf
ローブ　robe, rove, lobe
ロープ　rope, lope
ローファー　loafer
ロー・ファイ　lo-fi
ロー・ファイブ　low-five
ロー・ファット　low-fat
ロープウェー　ropeway
ロープウォーカー　ropewalker
ロープウォーキング　ropewalking
ロープウォーク　ropewalk
ロー・フード　raw food
ローフ・シュガー　loaf sugar
ロープダンサー　ropedancer
ロープダンシング　ropedancing
ロープ・トー　rope tow
ロープ・ヤード　rope yard
ローブラウ　lowbrow
ロープ・ラダー　rope ladder
ロー・フリーケンシー　low frequency
ローフル　lawful

ローブレーカー　lawbreaker
ローブレーキング　lawbreaking
ロー・プレッシャー　low-pressure
ローブレッド　lowbred
ローブロー　⇨ローブラウ
ロー・プロファイル　low profile
ローベーション　lobation
ローボーイ　lowboy
ローボート　rowboat
ローボール　lowball
ローボーン　lowborn
ローボーンド　rawboned
ローマ　Rome
ロー・マインデッド　low-minded
ローマ・カトリック　Roman Catholic
ロー・マス　low mass
ロー・マテリアル　raw material
ローマナイズ　Romanize
ローマナイゼーション　Romanization
ローマニア　Romania
ローマニアン　Romanian
ローマニゼーション　Romanization
ローマン　Roman, lawman
ローマン・ア・クレフ　roman à clef
ローマン・アルファベット　Roman alphabet
ローマン・エンパイア　Roman Empire
ローマン・カトリシズム　Roman Catholicism
ローマン・カトリック　Roman Catholic
ローマン・キャンドル　Roman candle
ローマン・ニューメラル　Roman numeral
ローマン・ノーズ　Roman nose
ローマン・ホリデー　Roman holiday
ローマン・ロー　Roman law
ローミー　loamy
ローミッシュ　Romish
ローミング　roaming
ローム　roam, loam
ローメイン　romaine
ローメーカー　lawmaker
ローメーキング　lawmaking
ローモンド　Lomond
ローヤー　lawyer
ローヤル　royal
ローヤル・ゼリー　royal jelly
ローラ　Laura, Lola
ローラー　roller
ローラー・コースター　roller coaster
ローラ・アシュレイ　Laura Ashley
ローラー・スケーター　roller skater
ローラー・スケート　roller skate
ローラー・タオル　roller towel
ローラー・ブラインド　roller blind
ローラーブレード　Rollerblade
ローラー・ベアリング　roller bearing
ローラー・ホッケー　roller hockey
ローラー・ミル　roller mill
ローライ　Rollei
ロー・ライイング　low-lying
ロー・ライズ　low-rise
ローライダー　lowrider
ローライフ　lowlife
ローライフレックス　Rolleiflex
ローラン　loran
ローランダー　lowlander
ローランド　lowland, Roland
ローラン・ペリエ　Laurent-Perrier
ローリ　Lori
ローリー　lorry, lowly, Lawrie, Rowley, Raleigh, Rory, Lorrie
ローリエ　laurier
ローリエート　laureate
ローリエートシップ　laureateship
ロー・リスク　low-risk
ローリング　rolling, Rowling
ローリング・ストーン　rolling stone
ローリング・ストーンズ　Rolling Stones
ローリング・ストック　rolling stock
ローリング・ピン　rolling pin
ローリング・フォーキャスト　rolling forecast
ローリング・ミル　rolling mill
ローリン・ヒル　Lauryn Hill
ロール　role, rôle, roll, Laure
ロールアウェー　rollaway
ロール・アウト　roll-out
ロールアウト　rollout
ロール・アップ　roll-up
ロール・アボード　roll-aboard
ロール・イン　roll-in
ロールオーバー　rollover
ロール・オン　roll-on
ロール・オン・ロール・オフ　roll-on roll-off
ロール・コール　roll call
ロールシャッハ・テスト　Rorschach test

ロールズ　Rawls
ロールストランド　Rörstrand
ロールス・ロイス　Rolls-Royce
ロールド・オーツ　rolled oats
ロールド・ゴールド・プレート　rolled gold plate
ロールトップ・デスク　rolltop desk
ロール・バー　roll bar
ロールバック　rollback
ロール・フィルム　roll film
ロール・ブック　roll book
ロール・プレイング　role-playing
ロール・プレイング・ゲーム　role playing game, RPG
ロールモップ　rollmop
ロール・モデル　role model
ローレス　lawless
ローレゾ　low rez
ローレッタ　Lauretta
ロー・レベル　low-level
ローレライ　Lorelei
ロー・レリーフ　low relief
ローレル　laurel
ローレン　Lauren, Loren
ローレンシウム　lawrencium
ローレンス　Lawrence, Laurence
ローレンス・オリヴィエ　Laurence Olivier
ローレンツ　Lorenz
ローレン・バコール　Lauren Bacall
ローロデックス　Rolodex
ローワー　lower, lour, rower
ローワー・クラス　lower class, lower-class
ローワークラスマン　lowerclassman
ローワー・ケース　lower case, lowercase
ローワー・チェンバー　lower chamber
ローワー・デッキ　lower deck
ローワー・ハウス　lower house
ローワーモスト　lowermost
ローワー・リージョンズ　lower regions
ローワー・ワールド　lower world
ローン　loan, lawn, lone, lorn, roan
ローン・ウルフ　lone wolf
ローン・コレクション　loan collection
ローンサム　lonesome
ローン・シャーク　loan shark
ローンダー　launder
ローンダラー　launderer
ローンチ　launch
ローンチー　raunchy, raunchie
ローンチ・ウインドー　launch window
ローンチパッド　launchpad
ローンチ・ビークル　launch vehicle
ローンチャー　launcher
ローンチング・サイト　launching site
ローンチング・パッド　launching pad
ローン・テニス　lawn tennis
ローン・トランスレーション　loan translation
ローンドリー・リスト　laundry list
ローンドレス　laundress
ローン・ボウリング　lawn bowling
ローン・ホルダー　loan holder
ローン・モウアー　lawn mower
ローン・レンジャー　Lone Ranger
ローンワード　loanword
ロガーヘッド　loggerhead
ロガール　Logar, Lowgar
ロカビリー　rockabilly
ロカボーア　locavore
ロガリズミック　logarithmic
ロガリズム　logarithm
ロカルノ　Locarno
ロキア　lochia
ロキシー・ミュージック　Roxy Music
ロキソプロフェン　loxoprofen
ロキューション　locution
ロキュラー　locular
ロギング　logging
ログ　log
ログ・アウト　log-out
ログ・イン　log-in
ログウッド　logwood
ロクエーシャス　loquacious
ログ・オフ　log-off
ログ・キャビン　log cabin
ロクサーナ　Roxana
ロクサーヌ　Roxanne
ロクサン　Roxanne
ロクシー　Roxy
ロクシタン　L'Occitane
ログジャム　logjam
ロクスバラ　Roxburgh
ロクフォール　Roquefort
ログブック　logbook

ログローリング　logrolling
ログロール　logroll
ロクワシティー　loquacity
ロゲ　Rogge
ロゲイン　Rogaine
ロケーション　location
ロケータブル　locatable
ロケート　locate
ロケッティア　rocketeer
ロケット　rocket, locket
ロケット・エンジン　rocket engine
ロケット・サイエンス　rocket science
ロケット・シップ　rocket ship
ロケット・プロペルド　rocket-propelled
ロケット・モーター　rocket motor
ロケットリー　rocketry
ロコ　loco
ロゴ　logo, LOGO, Logo
ロコウィード　locoweed
ロゴグラム　logogram
ロココ　rococo
ロゴス　logos
ロゴタイプ　logotype
ロコ・ディジーズ　loco disease
ロコモーション　locomotion
ロコモーター　locomotor
ロコモーティブ　locomotive
ロコ・モコ　loco moco
ロザー　rozzer
ロザモンド　Rosamond, -mund
ロザラム　Rotherham
ロザリー　Rosalie
ロサリオ　Rosario
ロザリオ　rosary
ロザリン　Rosalyn, Rosalynn
ロザリンド　Rosalind
ロサルタン　losartan
ロザン　Rosanne, Roseanne
ロサンゼルス　Los Angeles
ロサンゼルス・クリッパーズ　Los Angeles Clippers
ロサンゼルス・レイカーズ　Los Angeles Lakers
ロザンナ　Rosanna, Roseanna
ロシア　Russia
ロジア　loggia
ロシアン　Russian
ロシアン・ウルフハウンド　Russian wolfhound
ロシアン・エンパイア　Russian Empire
ロシアン・オーソドックス・チャーチ　Russian Orthodox Church
ロシアン・ルーレット　Russian roulette
ロシアン・レボリューション　Russian Revolution
ロジータ　Rosita
ロジウム　rhodium
ロジエ　Rozie
ロジェ・シソーラス　Roget's Thesaurus
ロジェ・バディム　Roger Vadim
ロシェル　Rochelle
ロジカリー　logically
ロジカル　logical
ロシグリタゾン　rosiglitazone
ロジシャン　logician
ロジスティカル　logistical
ロジスティック　logistic
ロジスティックス　logistics
ロシッキー　Rosicky
ロジック　logic
ロジナール　rhodinal
ロシナンテ　Rosinante, Roc-
ロジャー　Roger
ロジャーズ　Rodgers
ロシャス　Rochas
ロシュ　Roche
ロシュ・ハシャーナ　Rosh Hashana(h), -shono(h)
ロシュフォール　Rochefort
ロジン　rosin
ロス　loss, Roth, Ross
ロスアトム　Rosatom
ロスアラモス　Los Alamos
ロスアンジェルス　Los Angeles
ロズウェル　Roswell
ロスガトス　Los Gatos
ロスキージャス　rosquillas
ロスキウス　Roscius
ロスコー　Roscoe, Rothko
ロスコモン　Roscommon
ロスシー　Rothesay
ロスター　roster
ロスタン　Rostand
ロスチャイルド　Rothschild

ロスト　lost
ロスト・コーズ　lost cause
ロスト・ジェネレーション　Lost Generation
ロスト・プロパティー　lost property
ロストラム　rostrum
ロストラル　rostral
ロスネフチ　Rosneft
ロスバスタチン　rosuvastatin
ロズベルグ　Rosberg
ロスマン　Rothman
ロスマンズ　Rothmans
ロスメーカー　lossmaker
ロスメーキング　lossmaking
ロス・リーダー　loss leader
ロズリン　Roslyn
ロス・レシオ　loss ratio
ロスレス　lossless
ロス・ロボス　Los Lobos
ロゼ　rosé
ロゼッタ　Rosetta
ロゼッタ・ストーン　Rosetta stone
ロセッティ　Rossetti
ロゼット　rosette
ロゼンジ　lozenge
ロゾー　Roseau
ロタ　Rota
ロタウイルス　rotavirus
ロダム　rodham
ロダン　Rodin
ロチェスター　Rochester
ロッカー　locker, rocker
ロッガー　logger
ロッカー・ルーム　locker room, locker-room
ロッカバイ　rockaby(e)
ロッカビー　Lockerbie
ロッカビリー　rockabilly
ロッカリー　rockery
ロッキー　rocky, Rocky
ロッキーズ　Rockies
ロッキード　Lockheed
ロッキー・マウンテンズ　Rocky Mountains
ロッキー・マルシアノ　Rocky Marciano
ロッキング・ストーン　rocking stone
ロッキング・チェア　rocking chair
ロッキング・ホース　rocking horse
ロック　lock, rock, roc, Locke
ロックアウト　lockout
ロックアップ　lockup
ロック・アップ・オプション　lock-up option
ロック・アンド・ロール　rock and roll
ロック・ウール　rock wool
ロックウェル　Rockwell
ロック・オペラ　rock opera
ロック・ガーデン　rock garden
ロックキーパー　lockkeeper
ロック・キャンディー　rock candy
ロック・クライマー　rock-climber
ロック・クライミング　rock-climbing
ロック・クライム　rock climb, rock-climb
ロック・クリスタル　rock crystal
ロック・ケーキ　rock cake
ロック・ゲート　lock gate
ロック・サーモン　rock salmon
ロック・シェッド　rock shed
ロックジョー　lockjaw
ロックス　lox
ロックステッチ　lockstitch
ロックステップ　lockstep
ロック・ステディー　rock steady
ロックスミス　locksmith
ロック・ソリッド　rock solid
ロック・ソルト　rock salt
ロックダウン　lockdown
ロック・ダッシュ　rock dash
ロックナット　locknut
ロックハート　Rockhart
ロックバウンド　rockbound
ロックビル　Rockville
ロックフィッシュ　rockfish
ロックフェラー　Rockefeller
ロックフェラー・センター　Rockefeller Center
ロックフォード　Rockford
ロックフォール　rockfall, Roquefort
ロック・フォワード　lock forward
ロック・プラント　rock plant
ロックボックス　lockbox
ロック・ボトム　rock bottom, rock-bottom
ロックマウント　Rockmount
ロックリア　Locklear
ロックンロール　rock 'n' roll
ロッコ・ミーディエート　Rocco Mediate

ロッジ　lodge
ロッシー　lossy
ロッシーニ　Rossini
ロッジメント　lodgment, lodge-
ロッジャー　lodger
ロッジング　lodging
ロッジング・ハウス　lodging house
ロッセリーニ　Rossellini
ロッセリーノ　Rossellino
ロッタ　Lotta
ロッター　rotter
ロッタリー　lottery
ロッテ　Lotte
ロッティー　Lottie, Lotty
ロッテルダム　Rotterdam
ロッテ・ワールド　Lotte World
ロット　lot, rot, lotto
ロッド　rod
ロットゥン　rotten
ロットー　lotto
ロットガット　rotgut
ロット・ナンバー　lot number
ロットリング　rotring
ロットワイラー　rottweiler
ロッパー　lopper
ロッブ　rob
ロップ　lop
ロップ・イヤード　lop-eared
ロップサイデッド　lopsided
ロッベン　Robben
ロッホ　loch
ロッホ・ネス　Loch Ness
ロティ　roti
ロディア　Rhodia
ロディー　Roddy
ロティーニ　rotini
ロティサリー　rottisserie
ロティスリー　rotisserie
ロティ・チャナイ　roti canai
ロディック　Roddick
ロティファー　rotifer
ロティ・プラタ　roti prata
ロデオ　rodeo
ロテノン　rotenone
ロデリック　Roderic, Roderick
ロト　Loto
ロトスコープ　rotoscope
ロドデンドロン　rhododendron
ロドニー　Rodney
ロドプシン　rhodopsin
ロドモンタード　rodomontade
ロドリー　Rodley
ロドリーゴ　Rodorigo, Rodrigo
ロドリゲス　Rodrigues, Rodriguez
ロドリゴ　Rodorigo, Rodrigo
ロトン　roton
ロナウジーニョ　Ronaldinho
ロナウド　Ronaldo
ロナバラ　Lonavala
ロナルド　Ronald
ロニー　Ronnie, -ni, -ny
ロネッツ　Ronettes
ロバー　robber
ロバータ　Roberta
ロバーツ　Roberts
ロバート　Robert
ロバートソン　Robertson
ロバート・デ・ニーロ　Robert De Niro
ロバート・モンダビ　Robert Mondavi
ロハス　LOHAS, Roxas
ロバスタチン　lovastatin
ロバニエミ　Rovaniemi
ロバリー　robbery
ロビー　lobby, Robby, Robbie, Robbye
ロビーイスト　lobbyist
ロビーイズム　lobbyism
ロビーイング　lobbying
ロビイスト　lobbyist
ロビイズム　lobbyism
ロビーニョ　Robinho
ロビネット　Robinett, Robinette
ロヒプノール　rohypnol
ロビュール　lobule
ロビン　Robin, robin, Robyn
ロヒンギャ　Rohingya
ロビン・グッドフェロー　Robin Goodfellow
ロビンソン　Robinson
ロビンソン・クルーソー　Robinson Crusoe
ロビン・フッド　Robin Hood
ロビン・レッドブレスト　robin redbreast
ロブ　lob, rob, Rob
ロフェコキシブ　rofecoxib
ロフェンタニル　lofentanil
ロブ・グリエ　Robbe-Grillet

ロブション　Robuchon
ロブスタ　robusta
ロブスター　lobster
ロブスター・ポット　lobster pot
ロフター　lofter
ロフティー　lofty
ロフト　loft
ロフト・アーティスト　loft artist
ロフト・ジャズ　loft jazz
ロフト・ビジネス　loft business
ロベージ　lovage
ロペス　Lopes, Lopez
ロベリア　lobelia
ロベルト・カヴァッリ　Roberto Cavalli
ロベルト・カルロス　Roberto Carlos
ロベルト・ボラーニョ　Roberto Bolaño
ロボコップ　Robocop
ロボット　robot
ロボティシスト　roboticist
ロボティックス　robotics
ロボトマイズ　lobotomize
ロボトミー　lobotomy
ロマ　Roma
ロマーノ　Romano
ロマーリオ　Romário
ロマニー　Romany
ロマネ・コンティ　Romanée Conti
ロマネスク　Romanesque
ロマネスコ　romanesco
ロマノ　Romano
ロマノフ　Romanov, -noff
ロマンシュ　Romansh, Romansch
ロマンス　romance
ロマンス・シート　⇨ラブ・シート
ロマンス・ランゲージズ　Romance languages
ロマンチシスト　romanticist
ロマンチシズム　romanticism
ロマンチスト　romanticist
ロマンチック　romantic
ロマンティサイズ　romanticize
ロマンティシスト　romanticist
ロマンティシズム　romanticism
ロマンティスト　romanticist
ロマンティック　romantic
ロマン・フルーブ　roman-fleuve
ロマン・ポランスキー　Roman Polanski
ロミオ　Romeo
ロミオ・アンド・ジュリエット　Romeo and Juliet
ロミロミ　lomi lomi, lomilomi
ロム　ROM, Rom, rhomb
ロムコム　romcom
ロムニー　Romney
ロムルス　Romulus
ロメ　Lomé
ロメール　Rohmer
ロメオ　Romeo
ロメスコ　romesco
ロメロ　Romero
ロモグラフィー　Lomography
ロヨラ　Loyola
ロラゼパム　lorazepam
ロラパルーザ　la(l)lapalooza, lollapaloosa, lollapalooza
ロラン　Lorrain
ロリー　lolly
ロリータ　Lolita, Loleta
ロリーナ　Lorena
ロリー・ポリー　roly-poly
ロリッキング　rollicking
ロリポップ　lollipop, -ly-
ロリポップ・ウーマン　lollipop woman
ロリポップ・マン　lollipop man
ロリンズ　Rollins
ロル　loll
ロルカ　Lorca
ロルキャット　lolcat
ロルネット　lorgnette
ロルフ　Rolf, Rolfe
ロルフィング　rolfing
ロレアル　L'Oréal
ロレイン　Lorraine
ロレーヌ　Lorraine
ロレックス　Rolex
ロレッタ　Loretta
ロレンゾー　Lorenzo
ロロ　Rollo
ロロック　rowlock
ロロップ　lollop
ロロ・ピアーナ　Loro Piana
ロワール　Loire
ロワイヤル　Royal, royale
ロン　Lon, Ron

ロンギッシュ　longish
ロンギング　longing
ロング　long, wrong
ロング・アイアン　long iron
ロング・アイランド　Long Island
ロング・アゴー　long-ago
ロング・アンダーウェア　long underwear
ロングイールビュアン　Longyearbyen
ロング・イヤード　long-eared
ロング・ウィンデッド　long-winded
ロングウェアリング　longwearing
ロングウェーズ　longways
ロング・ウェーブ　long wave
ロング・ウエスト　long waist
ロング・クーポン　long coupon
ロング・グレイン　long grain
ロング・コール　long call
ロングサイテッド　longsighted
ロング・サファリング　long-suffering
ロング・ジャンプ　long jump
ロングショア　longshore
ロングショアウーマン　longshorewoman
ロングショアマン　longshoreman
ロング・ショット　long shot
ロング・ジョンズ　long johns
ロング・スーツ　long suit
ロング・スタンディング　long-standing
ロング・ストップ　long stop
ロング・ストラドル　long straddle
ロング・ストラングル　long strangle
ロング・スリーブド　long-sleeved
ロング・セラー　long seller
ロング・ダース　⇨ロング・ダズン
ロング・ターム　long-term
ロングタイム　longtime
ロング・ダズン　long dozen
ロング・ディスタンス　long distance, long-distance
ロング・デー　long-day
ロング・デーテッド　long-dated
ロング・テール　long tail, longtail
ロングドゥーアー　wrongdoer
ロングドゥーイング　wrongdoing
ロング・ドローン　long-drawn
ロング・ドローン・アウト　long-drawn-out
ロング・トン　long ton
ロングハウス　longhouse
ロング・バケーション　long vacation
ロングハンド　longhand
ロング・ハンドレッドウェイト　long hundredweight
ロング・ビーチ　Long Beach
ロング・フェース　long face
ロング・フェースト　long-faced
ロングフェロー　Longfellow
ロングフォード　Longford
ロング・フット　wrong-foot
ロング・プット　long put
ロング・ブラック　long black
ロングフル　wrongful
ロング・プレイング　long-playing
ロング・プレー　long play
ロングヘア　longhair
ロングヘアド　longhaired
ロングボー　longbow
ロングボーダー　longboarder
ロングボート　longboat
ロングボード　longboard
ロング・ホール　long haul
ロングホーン　longhorn
ロング・ポジション　long position
ロングマン　Longman
ロング・メジャー　long measure
ロング・ライナー　long-liner
ロング・ライフ　long-life
ロング・ライブド　long-lived
ロング・ラスティング　long-lasting
ロング・ラン　long run
ロング・リブド　long-lived
ロング・レーンジ　long-range
ロング・レッグ　long leg
ロング・レッグド　long-legged
ロングワイズ　longwise
ロング・ワインデッド　long-winded
ロンゴリア　Longoria
ロンサール　Ronsard
ロンサム　lonesome
ロンジェビティー　longevity
ロンジテューディナル　longitudinal
ロンジテュード　longitude
ロンシャン　Longchamp
ロンシュタット　Ronstadt
ロンジン　Longines, Longjing
ロンズデール　Lonsdale

ロンダ　Rhonda
ロンダート　rondart
ロンダレット　launderette
ロンド　rondo
ロンドー　rondeau
ロン・ド・ジャンブ　rond de jambe
ロンドナー　Londoner
ロンドニスタン　Londonistan
ロンドロマット　Laundromat
ロンドン　London
ロンドン・アイ　London Eye
ロンドンデリー　Londonderry
ロンドン・ブリッジ　London Bridge
ロンパー　romper
ロンバード　Lombard
ロンバード・ストリート　Lombard Street
ロンパー・ルーム　romper room
ロンバス　rhombus
ロンバルディ　Lombardi
ロンバルディア　Lombardia, Lombardy
ロンブ　rhomb
ロンプ　romp
ロンブロン　Romblon
ロンボイド　rhomboid
ロンボク　Lombok
ロンメル　Rommel
ロンリー　lonely
ロンリー・ハーツ　lonely hearts
ロンリコ　Ronrico
ロンリネス　loneliness

ワ

ワー　were
ワーウィック　Warwick
ワーカー　worker
ワーカーズ・コレクティブ　worker's collective
ワーカデー　workaday
ワーカビリティー　workability
ワーカブル　workable
ワーカホリズム　workaholism
ワーカホリック　workaholic
ワーキング　working
ワーキング・アウト　working-out
ワーキング・アワーズ　working hours
ワーキングウーマン　workingwoman
ワーキング・オーダー　working order
ワーキング・ガール　working girl
ワーキング・カップル　working couple
ワーキング・キャピタル　working capital
ワーキング・クラス　working class, working-class
ワーキング・グループ　working group
ワーキング・チーム　working team
ワーキング・ディナー　working dinner
ワーキング・デー　working day
ワーキング・パーティー　working party
ワーキング・ハイポセシス　working hypothesis
ワーキング・プア　working poor
ワーキング・ホリデー　Working Holiday
ワーキング・ホリデー・ビザ　Working Holiday Visa
ワーキングマン　workingman
ワーキング・モデル　working model
ワーク　work
ワークアウト　workout
ワークアラウンド　workaround
ワーク・イン・プロセス　work-in-process
ワークウイーク　workweek
ワークウーマン　workwoman
ワークウェア　workwear
ワーク・キャンプ　work camp
ワーク・サーフェス　work surface
ワークサイト　work site, worksite
ワーク・シート　work sheet
ワーク・シェアリング　work sharing
ワーク・シャイ　work-shy
ワークショップ　workshop
ワークス・カウンシル　works council
ワーク・スタディー　work study
ワークステーション　workstation
ワークスペース　workspace
ワーク・ソング　work song
ワークデー　workday
ワークテーブル　worktable
ワークト・アップ　worked up
ワーク・トゥー・ルール　work-to-rule
ワークトップ　worktop
ワーグナー　Wagner
ワークハウス　workhouse
ワークバスケット　workbasket
ワークバッグ　workbag
ワークピース　workpiece
ワークピープル　workpeople
ワークフェア　workfare
ワーク・フォース　work force
ワークブック　workbook
ワーク・プラザ　Work Plaza
ワークプレース　workplace
ワークフロー　workflow
ワークベンチ　workbench
ワークホース　workhorse
ワークボックス　workbox
ワークマン　workman
ワークマンシップ　workmanship
ワークマンライク　workmanlike
ワークメート　workmate
ワーク・ライフ・バランス　work-life balance
ワークルーム　workroom

ワークレス　workless
ワークロード　workload
ワージー　worthy, -worthy
ワーシッパー　worship(p)er
ワーシップ　worship
ワーシップフル　worshipful
ワージリー　worthily
ワージング　Worthing
ワース　worse, worth
ワースト　worst
ワースト・ケース　worst-case
ワースホワイル　worthwhile
ワースレス　worthless
ワーズワース　Wordsworth
ワースン　worsen
ワーツ　Wirtz
ワーディー　wordy
ワーディング　wording
ワーデッジ　wordage
ワーテルロー　Waterloo
ワート　wort
ワード　word, ward
ワード・オーダー　word order
ワード・オブ・マウス　word-of-mouth
ワード・カウント　word count
ワード・パーフェクト　Word Perfect, word-perfect
ワード・ピクチャー　word picture
ワード・フォーメーション　word-formation
ワード・フォー・ワード　word-for-word
ワードブック　wordbook
ワード・ブラインドネス　word blindness
ワードプレー　wordplay
ワード・プロセッサー　word processor
ワード・プロセッシング　word processing
ワード・ペインティング　word-painting
ワードラッピング　wordwrapping
ワードラップ　wordwrap
ワードルーム　wardroom
ワードレス　wordless
ワードローブ　wardrobe
ワードローブ・トランク　wardrobe trunk
ワードローブ・マスター　wardrobe master
ワードローブ・ミストレス　wardrobe mistress
ワーナー　Werner
ワーフ　wharf
ワープ　warp
ワープロ　⇨ワード・プロセッサー
ワーミー　wormy
ワーム　worm
ワーム・イートゥン　worm-eaten
ワームウッド　wormwood
ワーム・ギア　worm gear
ワームキャスト　wormcast
ワーム・ホイール　worm wheel
ワームホール　wormhole
ワーラーナシー　Varanasi
ワーリアー　worrier
ワーリー　worry
ワーリーイング　worrying
ワーリーウォート　worrywart
ワーリー・ガッツ　worry guts
ワーリード　worried
ワーリー・ビーズ　worry beads
ワーリサム　worrisome
ワーリメント　worriment
ワールズ・フェア　world's fair
ワールド　world
ワールド・ウィアリー　world-weary
ワールド・ウォー　world war
ワールド・ウォー・ツー　World War II
ワールド・ウォー・ワン　World War I
ワールド・カップ　World Cup
ワールド・カレンシー・ショップ　world currency shop
ワールド・クラス　world-class
ワールド・コート　World Court
ワールドコム　WorldCom
ワールド・シェイキング　world-shaking
ワールド・シリーズ　world series
ワールド・パワー　world power
ワールド・バンク　World Bank
ワールド・ビーター　world-beater
ワールド・ビーティング　world-beating
ワールドビュー　worldview
ワールド・フェイムド　world-famed
ワールド・フェーマス　world-famous
ワールド・ヘリテッジ・サイト　World Heritage Site
ワールド・ミュージック　World Music
ワールド・ランゲージ　world language
ワールドリー　worldly
ワールドリー・マインデッド　worldly-

minded
ワールドリー・ワイズ worldly-wise
ワールドリング worldling
ワールドワイド worldwide
ワールド・ワイド・ウェブ World Wide Web, WWW
ワー・ワー wa-wa, wah-wah
ワーント weren't
ワイア wire
ワイアット Wyatt, -at
ワイアリー wiry
ワイアリング wiring
ワイアレス wireless
ワイエス Wyeth
ワイオミンガイト Wyomingite
ワイオミング Wyoming
ワイキキ Waikiki
ワイクリフ・ジョン Wyclef Jean
ワイ・クロモソーム Y chromosome
ワイス Weiss, Wythe, Wyeth
ワイズ wise, -wise
ワイズアス wiseass
ワイズエーカー wiseacre
ワイズ・ガイ wise guy
ワイズクラック wisecrack
ワイズ・ソー wise saw
ワイスマン Weisman
ワイズ・マン wise man
ワイズミュラー Weissmuller
ワイズリー wisely
ワイダ Wajda
ワイツマン Weizmann
ワイデン Wyden
ワイト wight, Wight
ワイド wide, -wide
ワイド・アイド wide-eyed
ワイド・アウェイク wide-awake
ワイド・アングル wide-angle
ワイドゥン widen
ワイド・オープン wide-open
ワイド・スクリーン wide-screen
ワイドスプレッド widespread
ワイドリー widely
ワイド・レンジング wide-ranging
ワイナリー winery
ワイニー winy, winey
ワイノー wino
ワイパー wiper
ワイバン wyvern, wivern
ワイフ wife
ワイプ wipe
ワイ・ファイ Wi-Fi, WiFi, wifi
ワイプ・アウト wipe out, wipeout
ワイプ・イン wipe in
ワイフ・スワッピング wife swapping
ワイフ・ビーター wife beater
ワイフフッド wifehood
ワイフライク wifelike
ワイフリー wifely
ワイブル Weibull
ワイフレス wifeless
ワイマール Weimar
ワイマラナー Weimaraner
ワイマン Wyman
ワイメア Waimea
ワイヤー wire
ワイヤー・ウール wire wool
ワイヤー・ウォーカー wire-walker
ワイヤー・エージェンシー wire agency
ワイヤー・カッター wire cutter
ワイヤー・ゲージ wire gauge
ワイヤー・サービス wire service
ワイヤータッパー wiretapper
ワイヤータッピング wiretapping
ワイヤータップ wiretap
ワイヤード wired
ワイヤードロー wiredraw
ワイヤー・ネッティング wire netting
ワイヤー・ハーネス wire harness
ワイヤー・プラー wire-puller
ワイヤー・ブラシ wire brush
ワイヤー・プリング wire-pulling
ワイヤーフレーム wireframe, wire frame
ワイヤーヘアード wirehaired
ワイヤーヘアード・テリア wirehaired terrier
ワイヤー・ロープ wire rope
ワイヤーワーム wireworm
ワイヤフォト Wirephoto
ワイヤマン wireman
ワイヤリング wiring
ワイヤレス wireless
ワイラー Wyler
ワイリー wily, Wiley
ワイル Weill, wile

ワイルダー　Wilder
ワイルディング　wilding
ワイルド　wild, Wilde
ワイルド・アイド　wild-eyed
ワイルド・ウェスト　Wild West
ワイルドウッド　wildwood
ワイルド・オート　wild oat
ワイルド・カード　wild card
ワイルドキャッター　wildcatter
ワイルドキャット　wildcat
ワイルドキャット・ストライキ　wildcat strike
ワイルド・グース　wild goose
ワイルド・グース・チェース　wild-goose chase
ワイルド・シルク　wild silk
ワイルドターキー　Wild Turkey
ワイルド・ダック　wild duck
ワイルド・ピッチ　wild pitch
ワイルドファイア　wildfire
ワイルドファウル　wildfowl
ワイルドフラワー　wildflower
ワイルド・ボア　wild boar
ワイルド・ホース　wild horse
ワイルド・ライス　wild rice
ワイルドライフ　wildlife
ワイルドランド　wildland
ワイルドリー　wildly
ワイルド・ローズ　wild rose
ワイレア　Wailea
ワイン　wine, whine
ワイン・カラー　wine color
ワイン・カラード　wine colored
ワイン・クーラー　wine cooler
ワイングラス　wineglass
ワイングローイング　winegrowing
ワイングローワー　winegrower
ワインスキン　wineskin
ワインズバーグ　Winesburg
ワイン・セラー　wine cellar
ワインダー　winder
ワイン・テイスター　wine taster
ワインディング　winding
ワインディング・シート　winding-sheet
ワインディング・ロード　winding road
ワインド　wind
ワインド・アップ　wind-up
ワイン・バー　wine bar
ワインバーガー　Weinberger
ワインバーグ　Weinberg
ワインハウス　Winehouse
ワイン・ビネガー　wine vinegar
ワインビバー　winebibber
ワインビビング　winebibbing
ワインプレス　winepress
ワインプレッサー　winepresser
ワインボトル　winebottle
ワインメーカー　winemaker
ワイン・リスト　wine list
ワウ　wow
ワウンド　wound
ワエル・ゴニム　Wael Ghonim
ワガドゥグ　Ouagadougou
ワカモーレ　guacamole
ワキ　Wakhi
ワギナ　vagina
ワグ　wag
ワクシー　waxy
ワクセン　waxen
ワクチン　vaccine
ワグテール　wagtail
ワグナー　Wagner
ワグネリアン　Wagnerian
ワクフ　waqf
ワグル　waggle
ワゴナー　wagoner
ワゴネット　wagonette
ワコビア　Wachovia
ワゴン　wagon, waggon
ワゴン・サービス　wagon service
ワゴン・トレイン　wagon train
ワゴンロード　wagonload
ワジ　wadi, wady
ワシタ　Ouachita
ワショー　Washoe
ワシラ　Wasilla
ワジリスタン　Waziristan
ワシントニアン　Washingtonian
ワシントン　Washington
ワシントン・ウィザーズ　Washington Wizards
ワシントンズ・バースデー　Washington's Birthday
ワシントン・ディー・シー　Washington, D.C.
ワシントン・レッドスキンズ　Washington

Redskins
ワズ　was
ワスピー　waspy
ワスピッシュ　waspish
ワスプ　wasp, WASP, Wasp
ワスプ・ウエスト　wasp waist
ワズント　wasn't
ワセリン　Vaseline
ワッガリー　waggery
ワッキー　wacky, whacky
ワッギッシュ　waggish
ワッキング　whacking
ワッギング　wagging
ワック　wack, whack, Wac
ワックス　wax
ワックスウイング　waxwing
ワックス・ペーパー　wax paper
ワックス・ミュージアム　wax museum
ワックス・リリカル　wax lyrical
ワックスワーク　waxwork
ワックスワークス　waxworks
ワックト　whacked
ワックト・アウト　whacked-out
ワッコー　whacko, wacko
ワッサースタイン　Wasserstein
ワッセナー　Wassenaar
ワッセルマン・テスト　Wassermann test
ワッツ　WATS, Watts
ワッツアップ　WhatsApp
ワッディング　wadding
ワッテッジ　wattage
ワット　watt, Watt, wat, Wat
ワッド　wad
ワット・アワー　watt-hour
ワット・プラ・シー・サンペット　Wat Phra Si Sanphet
ワット・マハタート　Wat Mahatat
ワットメーター　wattmeter
ワッパー　whopper
ワッハービズム　Wahhabism
ワッハーブ　Wa(h)habi
ワッフル　waffle
ワッフル・アイアン　waffle iron
ワディラム　Wadi Rum
ワトキンズ　Watkins
ワトソン　Watson
ワトフォード　Watford
ワトル　wattle
ワドル　waddle
ワトルド　wattled
ワナビー　wannabe, -bee, wanabe
ワナビーズ　wannabe's
ワナメーカー　Wanamaker
ワニス　varnish
ワハービ　Wa(h)habi
ワハーン　Wakhan
ワヒ　Wakhi
ワピチ　wapiti
ワヒネ　wahine
ワフ　Waf
ワフト　waft
ワミー　whammy
ワム　wham
ワム!　Wham!
ワム・バン　wham-bam [-bang]
ワヤン　wayang, wajang
ワラビー　wallaby
ワラント　warrant
ワリー　wally
ワルキューレ　Walküre, Valkyrie
ワルサー　Walther
ワルシャワ　Warsaw, Warszawa
ワルダック　Wardak, Vardak
ワルツ　waltz
ワルトブルク　Wartburg
ワルファリン　warfarin
ワレサ　Walesa
ワレズ　warez
ワロー　wallow
ワロッピング　walloping
ワロップ　wallop
ワロニア　Wallonia
ワロン　Walloon
ワン　one, wan, won
ワン・アームド・バンディット　one-armed bandit
ワン・アップ　one-up
ワン・アップマンシップ　one-upmanship [-upsmanship]
ワン・ウーマン・マン　one-woman man
ワン・ウェー　one-way
ワン・オフ　one-off
ワン・オン・ワン　one-on-one
ワンカー　wanker

ワンガリ・マータイ　Wangari Maathai
ワンキー　wanky
ワンキッシュ　wonkish
ワンク　wank, wonk
ワング　whang
ワングル　wangle
ワンゲル　⇨ワンダーフォーゲル
ワン・サイデッド　one-sided
ワン・サイデッド・ゲーム　one-sided game
ワン・サウザンド・ギニーズ　One Thousand Guineas
ワンジー　onesie
ワン・ショット　one-shot
ワン・ショルダー　one shoulder
ワンス　once
ワンス・オーバー　once-over
ワン・ステップ　one-step
ワン・ストップ　one-stop
ワンストップ・ショッピング　one-stop shopping
ワン・セルド　one-celled
ワンセルフ　oneself
ワンダ　Wanda
ワンダー　wonder, wander
ワンダーストラック　wonderstruck
ワンダーストリクン　wonderstricken
ワンダーフォーゲル　Wandervogel
ワンダーブラ　Wonderbra
ワンダーメント　wonderment
ワンダーラスト　wanderlust
ワンダーランド　wonderland
ワンダーワーカー　wonderworker
ワンタイム　onetime
ワン・タッチ　one-touch
ワンダフル　wonderful
ワンダラー　wanderer
ワンダラス　wondrous
ワンダリング　wondering, wandering
ワンダリング・ジュー　Wandering Jew
ワンタン　wonton
ワンチュク　Wangchuck
ワンツー　one-two
ワンツー・パス　one-two pass
ワン・ディメンショナル　one-dimensional
ワンド　wand
ワン・トゥー・ワン　one-to-one
ワン・トラック　one-track
ワントン　wanton
ワン・ナイト・スタンド　one-night stand
ワンネス　oneness
ワン・バッガー　one-bagger
ワンパム　wampum
ワン・ハンデッド　one-handed
ワン・ピーサー　one-piecer
ワン・ピース　one-piece
ワン・ホース　one-horse
ワン・マン　one-man
ワン・マン・バンド　one-man band
ワン・ライナー　one-liner
ワンレン　⇨ワン・レンクス
ワン・レンクス　one-length

KENKYUSHA

〈検印省略〉

カタカナで引く スペリング辞典 第2版

2021年3月31日 初版発行

編　者　研究社編集部
発行者　吉 田 尚 志
印刷所　研究社印刷株式会社

発行所　株式会社　研 究 社
〒102-8152
東京都千代田区富士見 2-11-3
電話 (編集) 03(3288)7755(代)
　　 (営業) 03(3288)7777(代)
振替 00150-9-26710

Printed in Japan / ISBN978-4-7674-3483-4　C0582
http://www.kenkyusha.co.jp/
装丁：大谷信之